ISBN 978-0-666-50929-1
PIBN 10437682

CODEX

IPLOMATICUS ET EPISTOLARIS MORAVI

URKUNDEN-SAMMLUNG ZUR GESCHICHTE MÄHRENS.

IM AUFTRAGE DES MÄHRISCHEN LANDES – AUSSCHUSSES

HERAUSGEGEBEN VON

VINCENZ BRANDL.

ELFTER BAND. VOM 13. NOVEMBER 1375 BIS 1390.

BRÜNN 1885.

VERLAG DES MÄHRISCHEN LANDES-AUSSCHUSSES.

K. K. HOFBUCHDRUCKER FR. WINIKER & SCHICKARDT.

VORWORT.

In seinem dritten, zugleich letzten Testamente vom 21. März 1371 hatte Markgraf Johann Verfügungen getroffen, durch welche die Apanagen seiner zwei jüngeren Söhne Johann Soběslav und Prokop und ihr Verhältniss zu des Markgrafen ältestem Sohne Jodok festgesetzt wurde. Der zweitgeborene Sohn Johann Soběslav erhielt als Apanage die Stadt und Burg Bisenz, die Burgen Karlsburg, Ruckstein, Ostrov, Rabenstein mit zahlreichen zum Burgbanne gehörigen Dörfern und Märkten, ferner die Städte Eibenschitz, Pohrlitz, Ung. Brod und Ung. Ostra. Der drittgeborene Sohn Prokop erhielt die Burgen Aussee, Bludov, Plankenberg, Napajedl mit ihren unterthänigen Ortschaften, ferner die Städte Prerau, Littau und Mähr. Neustadt. Beiden jüngeren Brüdern wurde gestattet, den Titel marchio Moraviae zu führen, aber sie sollten kein aus diesem Titel fliessendes Hoheits- oder Souverainitätsrecht ausüben.

Das Souverainitätsrecht, allerdings beschränkt durch die Lehensoberhoheit der Krone Böhmens, war dem ältesten Sohne des Markgrafen Johann, Jodok vorbehalten. Zum Zeichen, dass er die staatlichen Rechte des Landesfürsten auszuüben habe, wurde im Testamente bestimmt, dass in seinem Titel nach dem Worte marchio der Ausdruck d o m i n u s zu folgen habe (marchio et dominus Moraviae), während seine zwei jüngeren Brüder sich nur marchio ohne den Beisatz d o m i n u s nennen durften. Auch heisst Jodok in den gleichzeitigen Quellen s e n i o r marchio, starší markrabí, der a l t e oder auch der ä l t e r e Markgraf.

Nur dem Markgrafen Jodok als Erben der Souverainitätsrechte kam es zu, in den von der Landesverfassung gestatteten Grenzen die berna oder allgemeine Landsteuer auszuschreiben und einzuheben, die Landtage und Landrechte einzuberufen, die obersten Landesbeamten und Districtsrichter (popravci) zu ernennen, Münzen zu prägen, Staatsverträge zu schliessen u. s. w., während seinen beiden jüngeren Brüdern in ihren Apanagen nur Dominialrechte zukamen, wie sie jeder Baron des Landes auf seinen Besitzungen auszuüben berechtigt war. Namentlich war den jüngeren Brüdern kein Dispositionsrecht über die in ihren Apanagen liegenden Klöster eingeräumt, sondern a l l e Klöster gehörten zur Kammer des Markgrafen Jodok, als oberstem Herrn des Landes Mähren. Da die jüngeren Brüder keine Hoheitsrechte ausüben durften, war es gleichfalls nicht gestattet, einen in ihren Apanagen ansässigen Baron, Ritter oder Edelmann vor ihr Dominikalgericht zu citiren, sondern dieselben mussten bei dem Landrechte, welches Jodok als dominus Moraviae berief, belangt werden.

Die beiden jüngeren Brüder standen daher zu Jodok in einem gewissen Abhängigkeitsverhältnisse, das seine Formen dem Geiste der Zeit gemäss dem Lehenswesen entlehnte. Markgraf Johann bestimmte nämlich in seinem Testamente, dass die beiden jüngeren Söhne Johann Sobĕslav und Prokop ihre Apanagen von Jodok und seinen Nachfolgern zu Lehen empfangen und ihm den Homagialeid leisten sollen. Der Lehensverband, in welchem die beiden Brüder bezüglich ihrer Güter mit dem Markgrafen Jodok traten, brachte es mit sich, dass sie von ihren Gütern nichts verpfänden, verkaufen oder entäussern durften, ohne Genehmigung Jodoks als Lehensherrn; auch war es ihnen nicht gestattet, Vasallen des Markgrafthums, d. h. des Markgrafen Jodok an sich zu ziehen oder in ihre Dienste zu nehmen, noch auch neue Lehensleute für sich zu stiften, ausser es würde Markgraf Jodok seine ausdrückliche Genehmigung hiezu ertheilen, eine Bestimmung, zu deren Umgehung leicht der Vorwand gefunden werden konnte und auch gefunden wurde, dadurch, dass neue Vasallen nicht mit den im Testamente angeführten Gütern, sondern mit solchen dotirt wurden, welche die jüngeren Markgrafen mit ihrem Gelde neu erwarben.

Das Testament traf auch genaue Verfügungen über die erbliche Nachfolge und Descendenz. Stürbe Jodok ohne männliche Erben, dann sollte die Markgrafschaft, d. h. die Souverainität in derselben auf den zweitgeborenen Sohn Johanns, Johann Sobĕslav und seine Erben[1]) übergehen, welcher in diesem Falle seine Apanage dem Markgrafen Prokop abzutreten und ihn damit zu belehnen hätte; stürbe Prokop ohne männliche Erben früher als Johann Sobĕslav, so sollte dieser jenen beerben. Giengen aber beide, Sobĕslav und Prokop, ohne männliche Erben mit dem Tode ab, sollten ihre Apanagen an Jodok fallen. Träte der Fall ein, dass alle drei Markgrafen ohne männliche Leibeserben stürben, dann sollte ganz Mähren als cadukes Lehen an die Krone Böhmens zurückfallen, deren Träger verpflichtet sein sollte, die hinterlassenen Töchter der mährischen Luxemburger zu versorgen.

Durch diese Bestimmungen des Testamentes, welches von den böhmischen Königen Karl IV. und Wenzel IV. bestätigt wurde, glaubte Markgraf Johann allen möglichen Zwisten und Uneinigkeiten seiner Söhne vorgebeugt zu haben, eine Hoffnung, die sich nach seinem Ableben leider nicht erfüllte.

Markgraf Johann starb nach einem länger andauernden schleichenden Fieber am 12. November 1375 und es folgte ihm in der Regierung sein damals vierundzwanzigjähriger Sohn Jodok[2]), welcher auch gleich die Erbhuldigung der königlichen Städte ent-

---

[1]) Im Testamente ist von Kindern (filiis) Johann Sobĕslav's die Rede, wohl nur wegen der Conformität mit anderen Stellen der Urkunde; bekanntlich war Johann Sobĕslav für den geistlichen Stand bestimmt.

[2]) Jodok war damals bereits das zweitemal verheirathet. Seine erste Gemalin war Elisabeth von Oppeln, (nicht von Uugarn, wie Boček im Přehled angibt) Tochter des Herzogs Ladislav von Oppeln, zugleich Nadispan in Ungarn. Nach ihrem Tode heirathete er Agnes von Oppeln. (1374.)

gegennahm. Zu diesem Zwecke war er im December des J. 1375 in Olmütz (Nr. 5). Anfangs Jänner des J. 1376 finden wir den Markgrafen Jodok in Böhmen, wo er in Karlsbad am 9. Jänner vom K. Wenzel IV. mit der Markgrafschaft belehnt wurde (Nr. 12. 13. 14.); am 12. Jänner weilte er wahrscheinlich in Prag, wo die Urkunde (Nr. 16) datirt ist, in welcher Johann Burggraf zu Magdeburg und Graf zu Hardegg durch Schiedsspruch den Streit entschied, in welchen Jodok mit seinem Bruder Soběslav bezüglich der Städte Bisenz, Göding und Ung. Ostra, und bezüglich des von ihrem Vater Johann hinterlassenen Baarschatzes gerathen waren. Am 19. Jänner war Jodok bereits in Brünn, wo er das Landrecht eröffnete; die nächstfolgenden Monate scheint er in Brünn zugebracht zu haben: am 6. März bestätigt er hier (am Spielberge) die Privilegien der Stadt Ung. Brod (Nr. 28, verleiht am 13. und 28. März Lehen an Petr von Habrowan und Johann von Meziřič (Nr. 30, 31), begnadet am 15. April die Stadt Brünn mit dem Rechte der freien Wahl des Stadtrichters (Nr. 32), bestätigt am 22. April den Iglauern den Verkauf der kleineren Mauth (Nr. 22). Hierauf begab sich Jodok mit Karl IV. und Wenzel IV. nach Deutschland, wo Wenzel zum deutschen Könige gewählt wurde; wir finden den Markgrafen am 31. Mai zu Bacherach (Nr. 40), am 10. Juni (dem Wahltage Wenzels) zu Frankfurt am Main (Nr. 42), am 21. Juli zu Aachen. Am 19. December weilte Jodok wahrscheinlich in Prag (Nr. 55).

Am Anfange des Jahres **1377** finden wir den Markgrafen in Brünn, wo er am 17. Jänner das Landrecht eröffnete (Nr. 63), am 23. die Stadt Olmütz von der Mauthzahlung befreite (Nr. 66). Am 17. Februar ist der Markgraf in Prag, wo er mit seinem Bruder Johann Soběslav ein Übereinkommen bezüglich des Anfalles von Soběslavs Apanage trifft (Nr. 69): am 24. April war der Markgraf in Brünn (Nr. 74), ebenso 10. Juni (Nr. 81), 17. Juli (Nr. 85), 24. Juli (Nr. 87) und 31. August (Nr. 90).

Im Jahre **1378** finden wir den Markgrafen am 26. Jänner in Znaim, wo er dieser Stadt alle älteren Privilegien bestätiget (Nr. 98), am 6. Februar in Brünn, wo er das Landrecht eröffnet (Nr. 100), am 14. Februar gleichfalls in Brünn (Nr. 104), am 7. Mai wahrscheinlich in Budweis (Nr. 109), am 21. October wahrscheinlich in Prag (Nr. 128). am 8. November in Olmütz.

Im Jahre **1379** ist der Markgraf am 7. Februar in Olmütz (Nr. 141), am 30. Mai in Brünn (Nr. 154), am 11. Juni in Znaim (Nr. 155), am 30. Juni, 24. und 25. Juli in Brünn (Nr. 156, 159, 160), am 26. August in Olmütz (Nr. 161).

Im Jahre **1380** finden wir den Markgrafen am 5. April in Laa (Nr. 180), 1. Mai in Olmütz (Nr. 184), 3. Juni, 26. Juli in Brünn (Nr. 195, 197), am 27. September in Znaim (Nr. 200).

Im Jahre **1381** ist der Markgraf am 15. 17. 18. April in Brünn (Nr. 216, 217. 218), am 21. April in Časlau (Nr. 219), am 13. Juni, 26. Juli, 3. August und 27. Octob. in Brünn (Nr. 225, 229, 230, 236).

Im Jahre **1382** ist der Markgraf am 24. März und 7. Mai in Brünn (Nr. 255. 258), am 2. Juli in Olmütz (Nr. 260), 9. August, 3., 6., 18. September, 26. November und 29. November in Brünn (Nr. 262. 264, 265, 267, 279, 280).

Im Jahre **1383** ist der Markgraf am 17. Februar in Prag (Nr. 286), 7. und 28. Mai in Brünn (Nr. 293, 295), am 9. December in Olmütz (Nr. 315).

Im Jahre **1384** ist der Markgraf am 21. u. 29. Jänner in Brünn (Nr. 319, 320), am 23. April in Prag (Nr. 326), 15. Juli in Brünn (Nr. 329).

Im Jahre **1385** finden wir den Markgrafen am 7., 8. und 13. Jänner in Olmütz (Nr. 345, 346, 347), am 27. Februar in Frain (Nr. 352), am 13., 16. März und 4. Mai in Brünn (Nr. 353, 355, 356), am 2. und 20. Juni in Prag (Nr. 359, 361), am 24. Juni und 25. Juli in Brünn (Nr. 362, 368), am 24. August in Pressburg (Nr. 370), am 24. October in Brünn (Nr. 374).

Im Jahre **1386** ist der Markgraf am 27. Jänner in Brünn (Nr. 385), am 8. Februar in Prag (Nr. 387), am 11. März in Brünn (Nr. 391), 11. u. 12. Mai in Raab (Nr. 396, 397), am 5. u. 7. Juni in Brünn (Nr. 398, 400).

Im Jahre **1387** ist Jodok am 25. Februar in Brünn (Nr. 417), am 18. April in Znaim (Nr. 425), am 16. Mai in Sempte (Nr. 431), am 3. Juni in Brünn (Nr. 433), am 27. Juni in Olmütz (Nr. 438), am 5., 7., 11. Juli, 6. und 27. August in Brünn (Nr. 440, 441, 444, 446, 449), am 13. October in Olmütz (Nr. 456).

Im Jahre **1388** war Jodok am 24. Februar wahrscheinlich in Prag (Nr. 467), am 5. März in Brünn (Nr. 468), am 16. u. 17. April in Prag (Nr. 473, 474), am 11. Mai in Brünn (Nr. 475), am 20. Mai in Sempte (Nr. 477), am 22. Mai in Schintau (Nr. 479), am 2. Juni in Sempte (Nr. 481), am 3. u. 4. Juni in Schintau (Nr. 482, 483), am 4. u. 9. August in Berlin (Nr. 492, 493), am 13. August in Eberswalde (Nr. 496), am 31. August in Prenzlau (Nr. 497), am 8. September in Brandenburg (Nr. 499), am 10. September in Ratenau (Nr. 500), am 11. u. 14. September in Tangermünde (Nr. 501, 502), am 16. September in Gardeleg (Nr. 504), am 17. September in Salzwedel (Nr. 506), am 27. September in Prenzlau (Nr. 507), am 1. u. 5. October in Berlin (Nr. 510, 511), am 13. October in Eberswalde (Nr. 512), am 15. October in Straussberg (Nr. 513), am 22. October in Müncheberg (Nr. 516), am 26. October in Seieser (Nr. 518), am 27. October in Tangermünde (Nr. 519), am 25. November in Prag (Nr. 523), am 20. December in Olmütz (Nr. 528).

Im Jahre **1389** ist Jodok am 10. Jänner in Olmütz (Nr. 538), am 24. Jänner, 17. März u. 22. April in Brünn (Nr. 539, 545, 549), am 4. Mai in Prag (Nr. 551), am 14., 21., 23., 24. Juni in Olmütz (Nr. 554, 557, 558), am 17. u. 20. September in Beraun (Nr. 566, 569), am 12. October in Olmütz (Nr. 571), am 29. October in Brünn (Nr. 574).

Im Jahre **1390** finden wir den Markgrafen am 13. Jänner und 8. April in Brünn (Nr. 586, 592), am 2. Juni wahrscheinlich in Pressburg (Nr. 599), am 8. August in Brandenburg (Nr. 609), am 28. August in Tangermünde (Nr. 613), am 31. October in Berlin (Nr. 625), am 18., 26., 29. December in Tangermünde (Nr. 632, 633, 634).

Nach Feststellung des Itinerarium des Markgrafen Jodok werfen wir einen flüchtigen Blick auf die 15 Regierungsjahre (1375—1390) des Markgrafen, auf welche sich die Urkunden dieses Bandes beziehen.

Markgraf Jodok zeigte eine ungewöhnliche Begabung und manche glänzenden Eigenschaften eines regen Geistes, welche namentlich der ausgezeichnete Olmützer Bischof Johann von Neumarkt mit den Worten: „datum vobis divinitus clarum ingenium" lobend hervorhob (p. 159). Gleich seinem Onkel Karl IV. beschäftigte er sich gerne mit Studien und gelehrter Lecture, die er sich auch leihweise zu verschaffen wusste [3]). Aber gerade die glänzenden Vorzüge des Geistes sind Ursache, dass die Mängel und Fehler von Jodoks Gemüthe und Charakter überhaupt umso schärfer hervortreten. Es scheint, als ob die Bestrebungen seines Grossvaters und Onkels, durch welche beide eine bedeutende Luxemburgische Hausmacht im Herzen Europas begründet hatten, bei Jodok in ihre Extreme, d. h. in schädliche Leidenschaften sich entwickelt hätten. König Johanns Streben nach Erweiterung seiner Herrschaft wird bei Jodok zur Ländergier, seines Vaters Johann weise Sparsamkeit zum Geize und zur Geldsucht, Karl IV. diplomatische Gewandtheit zur Schlauheit, Ränkesucht und Treulosigkeit, welche sich nicht scheut, das gegebene Wort nicht zu halten. Fügen wir noch hinzu, dass, wie die beiden nach Karl IV. Tode hervorragendsten Mitglieder des Luxemburger Hauses K. Wenzel und Sigismund sich gegenseitig befeindeten, auch die beiden Luxemburger in Mähren in heissen Kämpfen einander bekriegten, dann werden wir es begreiflich finden, wie so die Dynastie der Luxemburger, trotzdem sie über bedeutende Ländercomplexe herrschte, nach Karl IV. Tode keine grossartige Macht mehr entfaltete, sondern von ihrer Höhe rasch herabsank.

Obwohl Markgraf Johann in seinem Testamente bestrebt war, durch klare Verfügungen Einigkeit unter seinen Söhnen zu erhalten, entstanden dennoch bald nach seinem Tode unter ihnen Zwistigkeiten. So erhob Jodok bald nach dem Tode Johanns Ansprüche auf Bisenz, Ostroh und Dürnholz, welche testamentarisch seinem Bruder Johann Sobèslav zugedacht waren. Der Burggraf von Magdeburg, welchen die Brüder zum Schiedsrichter in diesem Streite erwählten, entschied, dass Jodok diese Güter zwar erhalten, dafür aber dem Sobèslav wöchentlich zwanzig Schock Prager Groschen und nebstdem zweitausend Schock als Abtretungssumme zahlen solle (Nr. 16). Aus dem Schiedsspruche erfahren wir zugleich, dass auch der vom Markgrafen Johann hinterlassene Baarschatz, über welchen er im Testamente nichts Näheres verfügt hatte, Gegenstand des Streites war, bezüglich dessen der Schiedsrichter entschied, dass derselbe von Jodok unter Mitwissen seiner Brüder Sobèslav und Prokop angelegt werden solle. Dagegen waren die 64.000 Goldgulden, welche Markgraf Johann im October des Jahres 1373 K. Karl IV. geliehen hatte, als freier Erbantheil dem Markgrafen Jodok zugefallen; [4]) Jodok liess sich den Schuldbrief erneuern und da im Schuldbriefe vom 3. October 1373 keine Interessen und kein Pfand festgesetzt waren, liess er beides im neuen Schuldbriefe ddo. 19. Dec. 1376 feststellen (Nr. 55, 109). K. Karl IV. und sein Sohn Wenzel IV. verpflichteten sich nämlich, die 64.000 Goldgulden zu Lichtmess

---

[3]) So entlehnte er vom Kloster Strahov des Jos. Flavius Antiquitates Judaicae, vom Augustinerkloster in Prag die Werke des Petrus Damiauus. Ein gelehrter Zeitgenosse nennt Jodok: principum doctissimus. — Diese Daten enthält der Codex Vaticauus Nr. 3995, aus dem wir die (undatirten) Urkunden dem nächsten Bande des Diplomatars beifügen werden.

[4]) B. X. Nr. 202. 246. 247.

VI

des Jahres 1378 zurückzuzahlen; thäten sie dies nicht, so sollten dem Markgrafen Jodok die Burgen und Güter Glatz, Frankenstein, Habelsschwerdt und Neupatzkau mit ihren Einkünften als Pfand eingeantwortet werden; von diesen Einkünften sollte Jodok für je 1000 Schock Geldes 100 Schock als jährliche Interessen beziehen und wenn die Einkünfte zur Bezahlung der Interessen von den 64.000 Goldgulden nicht ausreichten, sollte die fehlende Summe aus den Kuttenberger Bergwerken ergänzt werden. Aus diesen Interessen und dieser Pfandschaft bezog Jodok jährlich bedeutende Summen, da die Schuldsumme weder im Jahre 1378 noch in den nächstfolgenden zehn Jahren rückgezahlt wurde; erst im Jahre 1388 (Febr. 24. Nr. 467) wurde zwischen Jodok und Wenzel IV. ein neuer Vertrag geschlossen, vermöge welchem Jodok dem K. Wenzel die alten Pfänder einantwortete, dafür aber als neues Pfand das Herzogthum Luxemburg und die Landvogtei Elsass bis zur Rückzahlung der 64.000 Goldgulden erhielt. [5]

Wenn Jodok seinen Besitz jenseits der Grenzen Mährens erweiterte, so war es gewiss löblich, dass er die Folgen der Theilung Mährens in drei Gebiete, wie sie im Testamente des Markgrafen Johann angeordnet war, so viel als möglich abschwächen wollte. Jodok war zwar mit der Souveränität in der Markgrafschaft belehnt, aber seine beiden Brüder wurden bezüglich ihrer Apanagen von der Krone Böhmens nicht belehnt. Um nun die Oberhoheit über seine beiden Brüder auch in ihren Apanagen mit grösserem Nachdruck geltend machen zu können, wollte Jodok auch ihre Gebiete als Lehen von der Krone Böhmens erhalten, unbeschadet des Nutzgenusses und der Dominialrechte, welche den Brüdern in diesen Gebieten zukommen. Mit dem Bruder Soběslav traf Jodok ein solches Übereinkommen und erhielt in Soběslavs Gebiete die Lehenschaft von K. Wenzel IV. (Nr. 69); dass er ein ähnliches Übereinkommen mit dem Bruder Prokop beabsichtigte, ist aus der betreffenden Urkunde ersichtlich; aber es kam nicht zu Stande und die Weigerung Prokops, ein solches Übereinkommen zu treffen, war wahrscheinlich mit ein Grund zu den Zwisten und Kriegen, welche später zwischen Jodok und Prokop entstanden.

Um dieselbe Zeit gerieth Markgraf Jodok in Misshelligkeiten mit dem Olmützer Kapitel. Schon zur Zeit des Markgrafen Johann beschwerte sich das Kapitel einigemale, dass die Kirchengüter mannigfach occupirt und geschädigt würden; die Eingriffe in das Vermögen der Olmützer Kirche mehrten sich aber in der Art, dass das Kapitel hierüber Beschwerde in Rom führte, worauf Papst Gregor XI. den Breslauer und Leitomyschler Bischof und den Schottenabt in Wien am 1. Februar 1377 aufforderte, das Kapitel gegen alle Schädiger und Gewaltthäter zu schützen (Nr. 67).

Unter diesen Schädigern befand sich auch Markgraf Jodok. Welche Gründe den Markgrafen bewogen, feindlich gegen das Kapitel aufzutreten, wird nicht ausdrücklich gesagt; aber aus dem Vergleiche, welchen der Prager Erzbischof zwischen Jodok und dem Kapitel vermittelte (Nr. 160), sowie aus den Präliminarfriedensartikeln zwischen Jodok und dem

---

[5] Die Sicherstellung der 64.000 Goldgulden ist also der wahre Grund, aus welchem König Wenzel das Herzogthum Luxemburg an Jodok verschrieb. Vgl. Palacký, Gesch. v. Böhm. III. B. Abth. I. p. 47.

Olmützer Bischofe (Nr. 187) kann man mehrere Ursachen combiniren, welche die Feind-
seligkeiten Jodoks gegen das Kapitel veranlassten.

Was zunächst den Streit Jodoks mit dem Kapitel anbelangt, so wurde er durch
die Weigerung des Kapitels, die Berna überhaupt oder in der von Jodok ausgeschriebenen
Summe zu zahlen, angefacht. Als das Kapitel bei seiner Weigerung verharrte, nahm der
Markgraf mehrere Besitzungen desselben in Beschlag und liess aus den sequestrirten Einkünften die Steuer einbringen; als die Kanonici gegen diese Sequestration protestirten,
verhängte er über dieselben die Acht, liess sie durch den Olmützer Stadtrath aus Olmütz
vertreiben, ja er debnte die Acht derselben auf ganz Mähren aus. Die geächteten Domherren
führten Beschwerde in Rom, auf welche hin Jodok eine Gegenbeschwerde an Papst Urban VI.
sandte (Nr. 174), welcher aber nichtsdestoweniger am 15. October 1379 dem Leitomyschler
Bischofe den Auftrag ertheilte, den Markgrafen Jodok, den Olmützer Stadtrath und alle jene,
welche an der Vertreibung des Kapitels aus Olmütz und der Besetzung der Kirchengüter
Antheil hatten, mit dem Kirchenbanne zu belegen, in welchem sie bis zur vollständigen
Genugthuung zu verbleiben hätten (Nr. 166). Der Leitomyschler Bischof, Albert von Sternberg,
liess den Sachbefund feststellen und sprach nach Feststellung desselben am 12. Jänner 1380,
also zwei Tage vor seinem Tode, über Jodok, den Olmützer Stadtrath und alle ihre Com-
plicen den Bann und über Mähren das Interdict aus (Nr. 172). Wahrscheinlich hatte Jodok,
als naher Verwandter des böhmischen und römischen Königs, diese äusserste Massregel
umsoweniger gefürchtet, als er selbst, sowie Wenzel IV., ein Anhänger Urban VI. und
Widersacher des Gegenpapstes Clemens VII. war; aber je unerwarteter der Bannstrahl kam,
desto mächtiger wirkte er auf Jodok, welcher alle Hebel in Bewegung setzte, um sich vom
Banne und sein Land vom Interdicte zu befreien. Durch Vermittlung des Prager Erzbischofes,
des päpstlichen Legaten Pano und des Teschner Herzoges Přemislav kam zwischen Jodok
und dem Olmützer Kapitel ein Vergleich zu Stande, in welchem mit Zustimmung K. Wenzel IV.
bestimmt wurde, erstens dass der Markgraf alle dem Olmützer Kapitel entzogenen Güter
und die von denselben erhobenen Zinsungen und Steuern rückerstatten, zweitens das Kapitel
und alle der Olmützer Kirche angehörigen Personen bei ihren bisherigen Rechten und Freiheiten belassen, drittens die Acht aufheben und die geächteten Domherren zurückberufen
solle; das Kapitel hingegen verpflichtete sich, die letzthin ausgeschriebene Berna nach der
auf dasselbe repartirten Summe zu bezahlen, hingegen solle bei einer künftig ausgeschriebenen
Berna die bisher übliche Summe vom Kapitel entrichtet werden (Nr. 175). Aus dem
zweiten Punkte dieses Vergleiches ist ersichtlich, dass von Seite des Markgrafen auch Eingriffe in die Immunitäten des Kapitels geschahen, wahrscheinlich in jene, vermöge welchen
dasselbe die Gerichtsbarkeit über alle kirchlichen oder der Kirche untergeordneten Personen
ausübte. Auf Grundlage dieses Vergleiches hob der päpstliche Legat und Kardinal Pileus
den über Jodok verhängten Bann und das Interdict auf mittelst Urkunde ddo. Pisek
20. Februar 1380, in welcher der obige Vergleich wörtlich eingeschaltet wurde (Nr. 176).

Aber nicht nur mit dem Kapitel war Jodok in Streit gerathen, sondern auch mit
dem Olmützer Bischofe Johann: dieser Streit scheint noch gedauert zu haben, als Jodok

vom Banne bereits befreit war. Denn nach einer Notiz im Olmützer Kapitelarchive
(Nr. 186) geht hervor, dass die Dienerschaft Jodoks am 10. Mai 1380 gegen Sonnen-
untergang (hora completorii) einen Brand — ob absichtlich oder nicht, wird nicht gesagt
· verursachte, durch welchen das Dach der Domkirche und der bischöfliche Palast gänzlich
zerstört wurde. Auch über den Streit mit dem Bischofe können nicht alle speciellen Ver-
anlassungen eruirt werden; aus den Präliminararlikeln des Friedensvertrages zwischen Jodok
und dem Bischofe Johann (Nr. 187) geht vor allem hervor, dass Markgraf Johann und das
Landrecht die weltliche Gerichtsbarkeit auch auf die Vasallen des Olmützer Bischofes und
auf die Verbrechen der Geistlichkeit ausdehnen wollte, ein Streit, der späterhin noch öfter
in Mähren ausbrach. Was die Geistlichen und die von ihnen begangenen Verbrechen
anbelangt, war das kanonische Recht unzweifelhaft auf Seiten des Bischofes; und wenn
das Landrecht dieselben in dieser Beziehung seiner Gerichtsbarkeit unterwerfen wollte, so
war dies unzweifelhaft eine Überschreitung seiner Competenz. Aber oft verstanden das
Olmützer Kapitel und die landtäfliche Güter besitzende Geistlichkeit die bezüglich ihrer
Personen geltende Immunität dahin, dass auch ihre Güter vor das geistliche Gericht
gehören, ein Grundsatz, den die Stände immer bekämpften und der auch seitens der Geistlichkeit nie vollständig zur Geltung gebracht wurde, da die Pûhonenbücher von 1370 ab
eine Menge von Klagen enthalten, in welchen die Geistlichen bezüglich ihrer Güter vor
das Landrecht belangen und belangt werden. Was die Vasallen des Olmützer Bisthums
betrifft, so waren sie, was ihre Lehensgüter und die aus dem Lehensverbande fliessenden
persönlichen Verhältnisse anbelangt, allerdings dem bischöflichen Lehenshofe unter-
geordnet; aber Conflicte konnten leicht entstehen und entstanden auch, wenn ein und dieselbe Person ein freies landtäfliches und zugleich ein markgräfliches und bischöfliches
Lehensgut besass; bezüglich des ersten unterstand dieselbe Person quoad reale dem Landrechte, bezüglich des zweiten dem markgräflichen Hofrichter, bezüglich des dritten dem
bischöflichen Lehensrechte. Aber wenn eine mit dieser dreifachen Rechtseigenschaft begabte
Person sich ein Verbrechen, sei es als freier landtäflicher Besitzer oder als markgräflicher
oder bischöflicher Vasall zu Schulden kommen liess, dann gab es häufig Competenzconflicte,
vor welches Forum die Person des Verbrechers zu ziehen sei.[6]) Diese Grundsätze beziehen
sich auf die Artikel 1. 3. 4. 5. 7. der Friedenspräliminarien zwischen Jodok und dem
Olmützer Bischofe.

Was den zweiten Punkt dieser Präliminarien anbelangt, geht daraus hervor, dass
der Bischof auch mit den Markgrafen Sobèslav und Prokop Misshelligkeiten hatte. Der
Bischof spricht sich dahin aus, dass er bereit sei, vor dem Könige von Böhmen als seinem
obersten Lehensherrn oder vor dem geistlichen Gerichte Rede und Antwort zu stehen und
wenn die beiden Markgrafen oder wer immer anderer damit nicht zufrieden wären, so soll
Markgraf Jodok verpflichtet sein, den Bischof zu vertheidigen. Im Schlussartikel hingegen

---

[6]) In dieser Beziehung zeigt die ganze mährische Rechtsentwicklung die Tendenz, den Grundsatz „accessorium
sequitur principale" zur Geltung zu bringen.

verpflichtet sich wieder der Bischof, den Markgrafen Jodok gegen jedermann, den König von Böhmen ausgenommen, zu unterstützen.

Wir irren kaum, wenn wir in dem zweiten und in dem Schlussartikel dieser Präliminarien eine Andeutung erblicken, dass Markgraf Jodok schon zur Zeit dieser Verhandlungen den Ausbruch des Streites zwischen ihm und seinem Bruder Prokop voraussah, der unter den mächtigen Landesbaronen einen grossen Anhang besass. Um desto fester gegen ihn auftreten zu können, wollte sich Jodok der Hilfe des Olmützer Bischofs versichern; aus demselben Grunde erneuerte er das Schutz- und Trutzbündnis, welches sein Vater Johann mit dem österreichischen Herzoge Albrecht (vid. B. X., Nr. 203) im Jahre 1373 abgeschlossen hatte; die bezüglichen Urkunden wurden zwischen beiden Fürsten in Laa am 5. April 1380 ausgetauscht (Nr. 179, 180). Der Krieg zwischen Jodok und Prokop brach im Jahre 1380 wohl nicht aus, weil K. Wenzel IV. damals in Begleitung des Cardinals Pileus durch Mähren nach Ungarn reiste und auch die Rückreise nach Böhmen durch Mähren bewerkstelligte,[7] so dass kaum anzunehmen ist, dass die Markgrafen in einer Zeit, wo der oberste Lehensherr zweimal in Mähren verweilte, die Waffen gegen sich ergriffen hätten (Nr. 207).

Obwohl die eigentliche Ursache des Krieges zwischen Jodok und Prokop nicht bekannt ist, so entstand derselbe wahrscheinlich aus den Differenzen, welche sich ergaben, als Johann Sobèslav das ihm in Mähren gehörige Gebiet an Jodok abtreten wollte, welche Abtretung, obwohl sie gegen die im Testamente des Markgrafen Johann begründeten Rechte Prokops verstiess, in dem am 17. Febr. 1377 zwischen Sobèslav und Jodok abgeschlossenen Vertrage vorgesehen war. Der Krieg zwischen Jodok und Prokop fällt in das Jahr 1381 und wurde nach Sitte oder Unsitte jener Zeit nicht bloss mit Waffen, sondern auch mit Plünderung und Brand geführt (Nr. 258, 267), bis die Entscheidung durch Jodok an Schiedsrichter, nämlich K. Wenzel IV., Albrecht von Österreich und Wilhelm von Meissen übertragen wurde. Jodok verpflichtete sich, den Ausspruch, der vor dem nächsten S. Jakobstage (25. Juli) gefällt werden sollte, seinem Bruder Prokop binnen vier Wochen zu erfüllen (Nr. 258). Der Ausspruch ist uns nicht näher bekannt; aber dass es sich in diesem Kriege um die Gebietsantheile Sobèslavs handelte, geht daraus hervor, dass die Stadt Eibenschitz, die im Testamente des Markgrafen Johann dem Sobèslav zugetheilt war, am 10. Sept. 1382 die Erklärung abgab (Nr. 266), dass sie Markgraf Prokop von dem ihm geleisteten Eide der Treue entband und sie nun dem Margrafen Jodok das Homagium geleistet habe. Daraus geht hervor, dass Prokop einzelner Theile der Apanage Sobèslavs sich bemächtigt hatte, die er dann — wie viel und welche, ist nicht bekannt — nach dem Ausspruche der

---

[7] Die richtige Zeitangabe dieser Reise König Wenzels war bisher nicht bekannt. Pelzel setzte sie nach einer Angabe in den gleichzeitigen Annales Mediolanenses in das Ende des Monats Juni 1379, was Palacký mit Recht bezweifelte. Nach Nr. 205 des XI. B. unseres codex diplomaticus datirte Kardinal Pileus eine Urkunde für das Kloster Neureisch in Altsohl am 2. December 1380 und am 21. December 1380 befand sich der König mit dem genannten Kardinale auf der Rückreise in Zuaim (Nr. 207). Die Reise des Königs nach Ungarn fand daher wahrscheinlich im November des J. 1380 statt. Auch ist zu erwähnen, dass der König auf der Rückreise die österreichischen Herzoge besuchte (Nr. 207). — Vgl. Palacký, Gesch. v. Böhm. 3 B. 1 Abth. p. 17. Akg. 19.

Schiedsrichter zu Jodok herausgeben musste. Nach Beilegung dieses Streites herrscht zwischen Jodok und Prokop für mehrere Jahre ein gutes Einvernehmen, so dass Prokop auch die Regierungsgeschäfte im Falle der Verhinderung Jodoks besorgte (Nr. 267, 329, 330, 316, 348, 363, 364, 381, 457, 458, 586).

So viel über das persönliche Verhältnis, in welchem die Brüder Jodok, Sobĕslav und Prokop zu einander standen.

Was die Urkunden anbelangt, in welchen die wichtigen politischen und staatlichen Ereignisse jener Zeit oder die mit ihnen zusammenhängenden minder wesentlichen Incidenzien zum Ausdruck gelangen, enthält dieser Band eine erkleckliche Anzahl Originalien. So über die Schuld K. Karl IV. von 600 polnischen Mark an den Burggrafen von Nürnberg (Nr. 51); über die Verpfändung des Elsasses durch K. Wenzel an seinen Vetter Wenzel von Luxemburg für 30.000 Goldgulden (Nr. 92); über die Fehdeankündigung zwischen Albert von Puchheim etc. und Peter von Rosenberg etc. (Nr. 224); den Ausspruch K. Wenzel IV. zwischen dem Herzoge Albrecht von Österreich und Peter von Rosenberg etc. (Nr. 250); über die Schuld von 2000 Mark des Markgrafen Jodok an Prokop (Nr. 286); über die Ernennung Jodoks zum Reichsvicar in Italien (298). Die Nummer 301 enthält den Schuldbrief K. Wenzels über 40.000 Goldgulden, welche er vom Jodok entlehnt hatte; Nr. 302 den Schiedspruch der Grafen von Hardegg zwischen Georg und Albrecht von Lichtenburg; Nr. 303 die Vollmacht K. Wenzels für Jodok, dass er im Namen Wenzels mit dem Könige von Frankreich und dem Herzoge von Anjou ein Bündnis schliesse; Nr. 304 den Auftrag K. Wenzels an den Reichsvicar Jodok, er möge mit allen Mitteln das Schisma zu beheben trachten; Nr. 365. 366 den Pfandbrief, in welchem Sigmund, Markgraf von Brandenburg, dem Jodok und Prokop für die ihm gegen Ungarn zu leistende Hilfe die alte Mark mit mehreren Städten in 50.000 Schock Groschen verpfändet; Nr. 370 die Erneuerung des Bündnisses zwischen Jodok und dem Herzog Albrecht von Österreich; Nr. 388 den Ausspruch der Schiedsleute zwischen Albrecht von Österreich und Ulrich von Boskowitz; Nr. 393, 394, 496. 397 enthalten Nachrichten über die ungarischen Verwicklungen Sigmunds; Nr. 431 die Übereinkunft zwischen Sigmund und Jodok und Prokop betreffs der von den beiden Markgrafen besetzten Territorien in Ungarn; Nr. 467 die Verpfändung von Luxemburg und der Elsasser Landvogtei in 64.000 Gulden an Jodok; Nr. 472 die Erklärung K Wenzels, dass er den Markgrafen Jodok zur Unterhandlung mit K. Sigmund betreffs der Mark Brandenburg bevollmächtigt habe; Nr. 474, 477 über das Bündnis zwischen K. Wenzel, K. Sigmund, Jodok und Prokop; Nr. 478, 479, 482, 483 enthalten die Verhandlungen über die Verpfändung der Mark Brandenburg an Jodok; Nr. 481 die Erklärung Sigmunds, dass er die an Jodok und Prokop schuldigen 25.000 Gulden in fünf Jahren rückzahlen wolle; Nr. 492, 501, 503, 504, 509, 517 enthalten bisher ungedruckte Urkunden über die Huldigung, welche Brandenburg'sche Städte dem Markgrafen Jodok leisteten: Nr. 538 die Erklärung Jodoks, dass er seinem Bruder Prokop für die Ablösung der in Ungarn besessenen Schlösser 25.000 Schock Groschen schulde; Nr. 552 die Erklärung des Herzogs Albrecht von Österreich, dass er die Bestrebungen Jodoks zur Erlangung der deutschen Kaiserkrone unterstützen wolle; Nr. 561 die Verwilligung des Grafen von S. Georgen, dass er sich über Aufforderung des Markgrafen Jodok wieder in die Gefangenschaft stellen werde; Nr. 603 die Erklärung der Grafen von S. Georgen etc., dass sie ihre Gefangenschaft dem Markgrafen Jodok nie übel entgelten wollen; Nr. 565, 566, 567 betreffen Jodoks zweite Ernennung zum Reichsvicar; Nr. 569, 572 die Ernennung Jodoks zum Schiedsrichter zwischen K. Wenzel und Albrecht von Österreich; Nr. 589 den Kauf Jägerndorfs durch Jodok; Nr. 599 das Bündniss zwischen K. Sigmund, Albrecht von Österreich und Jodok von Mähren. —

Was die kirchlichen Verhältnisse anbelangt, waren dieselben in dem Zeitraume, welchen dieser Band umfasst, keineswegs günstige zu nennen. Des Streites, welchen Jodok mit dem Olmützer Kapitel und Bischofe hatte, ist schon oben gedacht worden; trotzdem derselbe bereits im Februar des Jahres 1380 beigelegt war, wurden die Kirchengüter durch Laien weiter geschädigt. Diese unerquicklichen Verhältnisse wurden noch gesteigert, als der geistvolle, stil- und redegewandte Olmützer Bischof Johann von Neumarkt am 24. December des Jahres 1380 gestorben war, welcher im vollen Masse das Lob verdiente, das der Prager Erzbischof Johann von Jenzenstein über ihn aussprach (Nr. 213). Durch 29 Jahre hatte er den Olmützer Bischofstuhl inne; doch war er als Kanzler K. Karl IV. oft aus seiner Diöcese abwesend und so konnte seine persönliche Integrität und Autorität nicht verhindern, dass verschiedene Übelstände im höheren und niederen Clerus emporwucherten (183, 192, 562, 594). Das unglückselige Schisma, welches die katholische Welt spaltete, war durch die Wahl[8]) des Cardinals Robert von Genf, welcher als Gegenpapst den Namen Clemens VII. annahm, noch mehr angefacht worden. Die Bannstrahlen, welche beide Päpste gegeneinander schleuderten, die Bemühungen, durch welche sie ihre Anerkennung bei den Monarchen Europas erreichen wollten, die widersprechendsten Regierungsacte, welche aus den Kanzleien beider erflossen, mussten der damaligen Welt ein grosses Ärgernis geben, aus dem sich eine schädliche Herabsetzung der Würde des Papstthums und infolge dessen auch der kirchlichen Autorität nothwendig ergab. Die Sitten des Clerus lockerten sich in bedenklichem Masse; es ist daher kein Wunder, wenn diese Sittenlosigkeit und die masslosen Angriffe, mit welchen der Gegenpapst Clemens VII. das Ansehen des rechtmässigen Papstes Urban VI. herabsetzte, von den Gegnern des katholischen Dogma und der kirchlichen Disciplin ausgebeutet wurden, um das feste Gefüge derselben zu sprengen. Die Vorläufer des Hussitenthums, die Waldenser, deren Anfänge in Mähren bis in die Zeit König Johanns, Vaters Karl IV., hinaufreichen, mehrten sich zusehends, so dass der Prager Erzbischof Johann von Jenzenstein in dieser Beziehung im Jahre 1381 schreiben konnte: Baldensium heresiarcharum superseminata zysania adeo crevit, ut jam difficultas sit extirpare tanta mala et magnus timor evellendi eosdem (p. 218).

Markgraf Jodok hatte nach dem Vorbilde K. Karl IV. und K. Wenzel IV. den rechtmässigen Papst Urban VI. anerkannt; aber sein Bruder Prokop war Anhänger Clemens VII.

---

[8]) Wurde am 20. September 1378 in Fondi gewählt.

2*

und nahm auch den bekannten Konrad von Wessel, ehedem Dekan der Vyšehrader Kirche, in seinen Schulz (Nr. 245). Auch der Olmützer Bischof Petr war ein Begünstiger der Schismatiker und musste sich als solcher eine Strafrede des Prager Erzbischofes gefallen lassen (Nr. 241). Wie in vielen anderen Ländern äusserte sich daher auch die kirchliche Spaltung in Mähren dadurch, dass die Einwohner eines und desselben Landes theils dem rechtmässigen, theils dem Gegenpapste anhiengen. Welche Unzukömmlichkeiten das zur Folge hatte, ersieht man daraus, dass die Dominikaner in Olmütz während des Interdictes nichtsdestoweniger Messe lasen (Nr. 241). Die kirchliche Zucht war namentlich unter der Seelsorgegeistlichkeit so gesunken, dass K. Wenzel den Olmützer Bischof Johann aufforderte, namentlich die im Concubinate lebenden Geistlichen strenge zu strafen, widrigenfalls er selbst gegen dieses Übel einschreiten müsste (Nr. 183), worauf der Bischof auf der Synode in Kremsier eine scharfe Satzung und Drohung gegen die der Fornication und des Concubinates beschuldigten Geistlichen erliess (Nr. 192).

Das Jahr 1380 hatte unsere Länder zweier ausgezeichneter Kirchenfürsten beraubt: am 14. Jänner starb nämlich in der von ihm gestifteten Karthause bei Leitomyschl der Leitomyschler Bischof Albert von Sternberg, am Schlusse des Jahres, wie schon erwähnt, der Olmützer Bischof Johann von Neumarkt. Den Leitomyschler Stuhl erhielt der Bruder Jodoks, Johann Soběslav, welcher schon als Jüngling (seit 1369) Probst am Vyšehrad war; seine Ernennung zum Bischof von Leitomyschl muss bald nach Alberts Tode erfolgt sein, da er sich schon in einer vom 31. October 1380 datirten Urkunde Lutomislensis episcopus nennt (Nr. 203). Ob er und seine Brüder, die Markgrafen Jodok und Prokop, die Absicht hatten, ihm nach Bischof Johanns Tode (24. December 1380) zum Olmützer Bischofsstuhle zu verhelfen, ist, da die bisher bekannten Quellen darüber schweigen, schwer zu behaupten; jedenfalls aber ist sicher, dass der Streit zwischen dem Markgrafen Jodok und dem Olmützer Kapitel im Jahre 1379 und 1380 nicht dadurch entstand, weil sich das Kapitel geweigert haben sollte, falls der Olmützer Stuhl erledigt würde, die Stimmen für Johann Soběslav abzugeben. [9] Als nun am Schlusse des Jahres 1380 das Olmützer Bisthum wirklich erledigt wurde, erhielt Johann Soběslav dasselbe nicht, sondern es wurde hauptsächlich auf Wunsch K. Wenzels der Magdeburger Erzbischof Petr vom Kapitel zum Olmützer Bischof gewählt. [10]

Petr stand damals in ziemlich vorgerücktem Alter; dieser Umstand, sowie seine Neigung zu heiterem Lebensgenusse bewirkten (Nr. 235), dass er geringe Energie zeigte

---

[9] Diese Meinung stellt Gregor Volný in seiner Abhandlung: Excommunication des Markgrafen Prokop etc. (VIII. B. des Archivs f. K. öst. Geschichtsq.) auf. Aber die Urkunde, auf welche hin Volný seine Vermuthung gründet, stammt nicht von Urban V., sondern von Urban VI.; denn die Urkunde ist in Rom datirt, Urban V. residirte aber in Avignon; daher ist die betreffende Bulle (dt. Romae VIII. Kal. Dec. pontif. anno quarto) nicht in das Jahr 1366, sondern 1381 zu setzen (vid. Nr. 239).

[10] Petr führt den Beinamen Jelito (Wurst) nach einem „Wurstgrund" genannten Bauernhofe im Orte Nieder-Johnsdorf bei Landskron in Böhmen, wo er geboren ward. Er war seit 1355 Bischof von Chur, seit 1364 Bischof von Leitomyschl, seit 1371 Erzbischof von Magdeburg. Über die Gründe, welche K. Wenzel bewogen, den Magdeburger erzbischöflichen Sitz zu erledigen, siehe Lindner Gesch. des d. Reiches unter K. Wenzel VI. B. I. p. 121. — Auch Loserth's Publication: Codex epist. des Erzb. v. Prag. Joh. von Jenzenstein im 55. B. des Arch. für öst. Gesch. liefert sehr schätzenswerthe Winke und treffende kritische Bemerkungen über die damaligen kirchlichen und politischen Verhältnisse in Mähren.

und namentlich anfänglich keine Strenge anwandte, um die in der Olmützer Diöcese ein-
gerissenen Übelstände zu beheben (Nr. 244). Desto mehr kümmerte sich das Kapitel, um
wenigstens die Angriffe auf das Kircheneigenthum zu verhindern und die Angreifer durch
kirchliche Censuren und durch Republication älterer gegen Kirchenraub gerichteter Synodalstatuten von weiteren Gewaltacten abzuschrecken. Die bezüglichen Nachrichten liefern die
Nummern 191, 202, 232, 239, 240, 241, 269, 279, 287, 338, 407.

Die Zeit, welche Bischof Peter die Olmützer Kirche regierte, war keine für ihn glückliche zu nennen. Gleich im Anfange seiner Regierung scheint er Differenzen mit dem Kapitel
gehabt zu haben; aber in eine schwierigere Lage brachte er sich durch die Unterstützung
des Schismatikers Konrad von Wessel und anderer Schismatiker, welchen er auf seinen
Schlössern sicheren Aufenthalt gewährte, so dass er mit dem kirchlichen Banne belegt
wurde. So ist zu schliessen aus einem Briefe des Prager Erzbischofes an den Papst,[11]
welche Angabe noch ein anderes Schreiben desselben an denselben unterstützt; „unum est,
quod timeo, ne forte vocatus a domino viam universe carnis ingrediar, sepultura sicque
caream fidelium sicut similiter ob huiuscemodi causam[12] felicis memorie Petro Olomucensi
episcopo novissime contigit, qui aliquandiu inhumatus jacuit et adhuc dubito, si jam sit
sepultus." Auffallend ist daher die Nr. 416 aus einem alten Codex des Olmützer Kapitelarchives entnommene Nachricht, dass Bischof Peter in dem von ihm gestifteten Augustinerkloster in Landskron beerdigt wurde, ohne dass mit einem Worte von seiner Excommunication
oder dessen Erwähnung geschieht, er sei einige Zeit unbegraben gelegen, so wie auch
das ihm dort wegen seiner Freigebigkeit gespendete Lob dem Urtheile anderer wider-
spricht, er sei habsüchtig und geizig gewesen.

Bischof Peter starb am 13. Februar 1387, wie der eben angeführte Codex berichtet.[13]
Die diesmalige Erledigung des Olmützer Rechtes benützten K. Wenzel und die mährischen
Markgrafen, um Johann Soběslav das reich dotirte Olmützer Bisthum zu verschaffen. Nur
diesen Versuch, Johann Soběslav auf den Olmützer Bischofssitz zu erheben, ist urkundlich
erhärtet, während das, was von früheren Versuchen Neuere behaupten, nur auf blossen Muth-
massungen beruht. Aber dieser Versuch stiess auf Schwierigkeiten. Papst Urban VI. hatte
nämlich bald nach dem Tode des Bischofs Peter den Bischof von Constanz und ehemaligen
Probst von Brünn, Nikolaus von Riesenburg,[14] wohl auf dessen Wunsch und Bewerbung, aber

---

[11] „Qui Conradum decanum quondam Wissegradensem in castris suis et plures alios per me ex commissione vestra
baunitos tenet pariter et defendit" schreibt über Petr der Prager Erzbischof an den Pabst. Vid. Loserth a. a. O.
p. 324.

[12] Bezieht sich auf die im Briefe früher vorkommenden Worte: „ego . . . . . excommunicationis comepde
nexus." Loserth a. a. O. p. 363. — Vielleicht bezog der Probst Augustin eine Nachricht über die Excommunication
eines am Schlusse des 14. Jahrh. lebenden Olm. Bischofes auf den Bischof Johann Mráz, welcher mehrere Kirchengüter,
durch die Noth gedrungen, verpfändete oder verkaufte und nahm in seine Series bei Johann Mráz († 1403) die unwahre
Nachricht auf: „moritur anathemate damnatus ac corio bubulco involutus in domo sua episcopali sepelitur" . . .

[13] Gegen dieses Datum erhob Volný a. a. O. Zweifel und wollte den Tod Peters ins Jahr 1386 verlegen.
Lindner a. a. O. p. 408 hält gegen Volný an dem Datum 13. Februar 1387 fest und zwar mit Recht, weil, wie aus
Nr. 392 unseres Diplomatars hervorgeht, Bischof Petr am 13. April 1386 noch lebte.

[14] Über die Abstammung desselben sind verschiedene Ansichten, welche Lindner a. a. O. p. 407 zusammen-
stellt. Lindner selbst hält ihn für einen Abkömmling der böhmischen Riesenburge (páni z Oseku), wie uns scheint mit.

gegen das Wahlrecht des Kapitels, zum Olmützer Bischof ernannt; am 22. April d. J. 1387 nennt ihn Papst Urban VI. in einer an die Regensburger gerichteten Urkunde bereits episcopus Olomucensis. [15]) Diese Ernennung kreuzte aber den Plan Wenzels, welcher Olmütz seinem Verwandten, dem Leitomyschler Bischofe Johann Sobèslav zugedacht hatte und deshalb ein eindringliches Schreiben an den Papst richtete [16]) (Nr. 532). Um wahrscheinlich seinem Wunsche einen grösseren Nachdruck zu verleihen, ersuchte er das Olmützer Kapitel, dass es den Leitomyschler Bischof für den Olmützer Sitz postulire; wirklich nennt sich Johann Sobèslav in einer Urkunde vom 11. Mai 1388: „Johannes episcopus Luthomislensis et postulatus ecclesie Olomucensis" (Nr. 476). Aber dass dieser Postulation so manche Misshelligkeiten und Missliebigkeiten, die vielleicht noch in die Zeit des Bischofes Peter reichen, vorangiengen, ist aus Nr. 389 ersichtlich, wo der Oberstlandmarschall von Böhmen Heinrich von Lipá als Bevollmächtigter des Bischofes Peter erscheint in einer Lehensangelegenheit, die er nur mit Bewilligung des böhmischen Königs als oberstem Lehensherrn des Olmützer Bisthums durchführen konnte. Nach dem Tode Peters verwaltete Heinrich von Lipá das Olmützer Bisthum im Namen des Königes (Nr. 429); aus der Urkunde ddo. Wischau 15. Mai 1387 ist zu ersehen, dass während der Zeit seiner Verwaltung (tempore nostri regiminis) so manche Zwiste zwischen ihm und dem Kapitel bestanden und wenn sie um diese Zeit beigelegt wurden, ist der Schluss erlaubt, dass sich damals das Kapitel zur Postulation Johann Sobèslavs bereit erklärte. In Folge dessen nahm dieser die Bisthumsgüter in Besitz (Nr. 476. 495). So hatte die Olmützer Diöcese eigentlich zwei Bischöfe, den vom Papste ernannten Niklas und den vom Kapitel postulirten Johann Sobèslav. Urban VI., welcher gute Gründe hatte. sich dem Könige Wenzel gefällig zu erweisen, benützte die nächste Gelegenheit, um die abnorme Lage des Olmützer Bisthumes aufzuheben, ohne die frühere Ernennung des Nikolaus von Riesenburg cassieren zu müssen; er ernannte daher am Schlusse des Jahres 1387 an Stelle des Cardinales Philipp von Alençon den Johann Sobèslav zum Patriarchen von Aquileja. Diese Ernennung war bis Mitte Mai 1388 in Mähren nicht bekannt (Nr. 476). wohl aber bald danach, da sich Johann Sobèslav am 10. August desselben Jahres: „Aquilegiensis patriarcha et Olomucensis postulatus" nennt (Nr. 495).

Dadurch wurde das Hindernis beseitigt, welches den Bischof Nikolaus bisher verhinderte, von der Olmützer Diöcese Besitz zu nehmen. Seine Ankunft in Mähren erfolgte vor dem November des Jahres 1388. da die Urkunde vom 1. November 1388 (Nr. 521) einen Johann als Official des Olmützer Bischofes Nikolaus anführt. In die Vollrechte eines Lehensherrn gelangte er erst durch seine am 15. December erfolgte Inthronisation

---

Recht. Erstens gehörte Nikolaus zu den vertrautesten Räthen Karl IV., welcher, so wie K. Wenzel bekanntlich seine Vertrauten gerne mit einflussreichen Posten bedachte. So war Albert von Sternberg 1357—64 Bischof von Schwerin, 1368—72 Erzbischof von Magdeburg (dann Bischof von Leitomyschel), Pûta von Potenstein war 1379—1381 Bischof von Münster, dann von 1381--1390 von Schwerin, Andreas von Duba erhielt 1382 das Bisthum Merseburg, dem böhmischen Unterkämmerer Hanko Brunonis war das Bisthum Bamberg zugedacht; es ist daher nichts Auffallendes, dass ein Böhme das Bisthum Konstanz erhielt und wird daher Niklas von Riesenburg der alten böhmischen Herrenfamilie d. N. um so wahrscheinlicher angehört haben, als er die erste höhere Würde auf seiner kirchlichen Laufbahn in Mähren erhielt.

[15]) Lindner a. a. O. pag. 408.

[16]) Das Schreiben stammt entweder aus dem Ende des J. 1387 oder Anfang des J. 1388.

(Nr. 525). Wie sehr das Bisthum Olmütz durch die Erschütterungen der letzten Jahre geschädigt war, ist daraus zu ersehen, dass Bischof Nikolaus bald nach seiner Inthronisation mehrere Güter an den Markgrafen Jodok um 5050 Mark verpfänden musste (Nr. 527). Mit dem Markgrafen war der neue Bischof im besten Einvernehmen; der Markgraf versprach dem Bischofe, ihn gegen alle Angriffe zu schützen, während der Bischof sich verpflichtete, dem Markgrafen wider alle Feinde, den König von Böhmen ausgenommen, mit seinen Leuten und Vesten beihilflich zu sein. Wie sehr ein solches Bündnis Noth that, zeigt der um diese Zeit abgeschlossene Landfriede (Nr. 529), der Verfügungen trifft, aus denen sich auf die damals im Lande herrschende Unsicherheit, Gewaltthätigkeit und ein rücksichtsloses Stegreifthum schliessen lässt. Denselben Schluss gestattet das zwischen Jodok, dem Breslauer und Olmützer Bischof und den schlesischen Fürsten gegen die Landschädiger am 8. Jänner 1389 abgeschlossene Bündnis (Nr. 536).

In kirchlicher Beziehung ist noch zu erwähnen, dass Albert von Sternberg im Jahre 1378 bei Leitomyschl ein Karthäuserkloster errichtete, das später nach Dolein bei Olmütz verlegt wurde (Nr. 133, 480); ferner gründete Beneš von Kravář im Jahre 1389 das Augustinerchorherrenstift in Fulnek (Nr. 570). — Über die in Mähren entrichtete päpstliche Steuer geben die Nummern 127, 131, 165, 215, 268, 274 Aufschlüsse.

Auch ist erwähnungswert, dass nach einem in dem Copiare des Bischofes Johann enthaltenen von Ferd. Tadra im Sborník hist. III., 2. p. 120 mitgetheilten Briefe dieses Bischofes an Papst Urban VI. die Tradition, nach welcher Velehrad der Metropolitansitz des heil. Method war, in jener Zeit in Mähren verbreitet und fest begründet war. Die bezügliche Stelle des Briefes, welcher im Hinblick auf Nr. 146 dieses Bandes im Jahre 1378 abgeschickt wurde, lautet: „cum alias insignis Welegradensis ecclesia in honore metropolitico velut aliarum ecclesiarum mater et princeps extiterit .... congruum non tamquam dignum eciam foret, tanto metropolitico dignitatem relinqui, ne tantus honor .... penitus apud hominum negligenciam mitteretur." —

Was die politisch-judicielle Verwaltung des Landes anbelangt, enthält Nr. 451 den Landtagsbeschluss gegen die Landesschädiger, welcher die Grundlage aller nachfolgenden ähnlichen Beschlüsse bildet. — Nr. 197 enthält den Beschluss der mährischen Herren vom 26. Juli 1380, durch welche die glebae adscriptio der unterthänigen Leute verschärft werden sollte dadurch, dass keinem Unterthanen gestattet wurde, ohne Erlaubnis seines Grundherrn auf ein anderes Dominium zu ziehen; doch gestaltete sich trotz dieses Beschlusses das Unterthänigkeitsverhältnis in Mähren nie so hart als in Böhmen und anderen Ländern, da sich in Mähren das ältere Gewohnheitsrecht so fest gewurzelt hatte, dass die Erlaubnis zum Abzuge nie verweigert werden durfte. — Nr. 464 enthält Bestimmungen über das Einlager, aus welchen hervorgeht, dass das Einlager schon im 14. Jahrhunderte sehr viele Übelstände mit sich brachte, die zu beheben man noch im Anfang des 17. Jahrhunderts vergebens versuchte. [17])

---

[17]) Vrgl. in meinem Glossar den Artikel Ležení.

Die Exemtion der den geistlichen Corporationen unterthänigen Leute von der Gerichtsbarkeit der Cuda war um diese Zeit schon so allgemein durchgeführt, dass in dem funfzehnjährigen Zeitraume (1375—1390) nur eine einzige Exemtionsverleihung verzeichnet ist (Nr. 438).

Über Industrie, Handwerke, Bergwerke, Mauthen u. s. w. geben Nachricht die Nummern 56, 66, 81, 113, 114, 119, 120, 130, 141, 156, 428, 461, 462, 463, worunter Nr. 119, 120 besonders hervorzuheben sind, welche Beschwerden der Brünner Handwerker enthalten, aus denen hervorgeht, dass die Klagen der „kleinen Leute“ auch damals schon bestanden und auch damals schon berechtigt waren.

Nachrichten über Schulen geben die Nummern 85, 447, 507, 508, 615.

Bezüglich der Hofhaltung des Markgrafen erfährt man über den obersten Marschall, den obersten Mundschenk, den Protonotar, den Kämmerer, die Falkoniere, Trompeter und Flötenspieler.[18]) Zum Hofhalte des Markgrafen Jodok gehörte auch der Baumeister Heinrich (magister structurarum), dem aus den Losungen der Stadt Brünn wöchentlich die für jene Zeit bedeutende Summe einer halben Mark (= 11 fl.) ausgezahlt wurde (Nr. 229). Dieser Auftrag ergieng an den Brünner Stadtrath am 26. Juli 1381. Hiebei wird der Baumeister schlechthin nur Heinrich genannt; aber in Nr. 333 (ai. 1384) heisst er Heinrich von Gemunde, d. h. von Gmünd, seine Frau Drudekin (Gertrud), welche in Nr. 452 (ai. 1387) eine Tochter des Dombaumeisters in Köln, Michael, genannt wird. Wahrscheinlich gehörte dieser Heinrich der berühmten Künstlerfamilie an, die sich von Gmünden nannte, aber in Köln ansässig war; dafür spricht sein Name, seine Beziehungen zu Köln, wie denn seine Frau selbst die Tochter des Kölner Dombaumeisters war. Wie oben erwähnt, war Markgraf Jodok ein Freund wissenschaftlicher Lecture; die Aufnahme des Heinrich von Gmünd in seine Dienste und dessen ehrenvolle Stellung an seinem Hofe[19]) zeigen, dass Jodok auch ein Freund der Kunst war, ein Umstand, welcher auch dadurch bestätigt wird, dass er die „Geräthe und Kleinode,“ welche Bischof Johann seinem Kämmerer Johann von Münsterberg testamentarisch vermacht hatte, „um etwa vil geltes an bereiten pfenigen“ kaufte, statt dessen er dem genannten Kämmerer, wie er es selbst wünschte, für dessen Leblage eine jährliche Rente von zehn Mark (= 220 Gulden) aus den Losungen der Stadt Brünn anwies, eine für jene Zeit sehr bedeutende Summe, aus welcher man auf den bedeutenden Wert jener Kunstgegenstände schliessen kann (Nr. 218).

Diese kurzen Andeutungen mögen genügen, um die Reichhaltigkeit des historischen Materiales anzudeuten, welches dieser eilfte Band des Codex diplomaticus enthält. —

Schliesslich spreche ich meinen Dank aus Sr. Eminenz dem Herrn Cardinal Fürsterzbischof von Olmütz Friedrich Landgrafen von Fürstenberg für die Erlaubnis zur Benützung des Kremsierer fürsterzbischöflichen, und dem Bürgermeister der königlichen Landeshauptstadt Brünn, Herrn G. Winterholler, für die Benützung des Brünner Stadtarchives.

Brünn, im Juli 1885.   *V. Brandl.*

---

[18]) Siehe den Index sub **Mähren**.
[19]) Es heisst über ihn in Nr. 229: „quem in familiarem nostrum recipere decrevimus.“

1.

Statut des Olmützer Kapitels. 16. November 1375.

Anno dom. MCCCLXXV feria sexta post festum s. Martini ordinatum est per capitulum, quod in silva magna nullus audeat deponere abietes pro fustibus sepium sub pena quinque grossorum, quorum duo grossi sunt dandi famulis forestarii custodientibus silvam et tres capitulo. Item sub eadem pena nullus debet recipere ligna aliqua in silva pertinente ad Weskam.

(Aus dem Codex E. I. 40, p. 15 im Olm. Kapitelarchive.)

2.

Statut des Olmützer Kapitels. 16. November 1375.

Anno dom. 1375 fer. VI. post festum s. Martini declaratum est statutum de missa defunctorum, cum tenetur et servatur interdictum, quod eque bene tenentur stare domini et vicarii circa evangelium cum candelis sicut cum nullum servatur interdictum sub pena eiusdem statuti videlicet privacionis seu amissionis offertorii.

(Ans dem Codex E. I. 40, p. 15 im Olm. Kapitelarchive.)

3.

Bunko von Mostitz tritt den mähr. Markgrafen das Dorf Třebetitz ab.
Dat. 20. November 1375.

Nos Bunko de Mosticz et Busko natus eiusdem et tituli recognoscimus tenore presencium publice profitentes universis. Quod quia illustribus, clementissimis principibus et dominis nostris generosis domino Jodoco et . . fratribus suis ac eorum in solidum heredibus. marchionibus Moravie, resignavimus omnia et quelibet nostra jura ville Trebeticz, que ad nos et heredes nostros in solidum hactenus pertinuisse dinoscuntur, presentibus cedimus. tradimus et resignamus, renunnciantes itaque in hiis scriptis ammodo in perpetuum pro nobis et heredibus nostris in solidum omnibus penitus et singulis accionibus, impeticionibus seu questionibus vel requisicionibus pretextu dicte ville Trebeticz ullo umquam tempore de jure canonico vel civili nobis et heredibus nostris competere potentibus quovis ingenio vel cautela. promittentes quoque bona nostra fide sine dolo quolibet per nos in solidum manuque coniuncta pro indiviso eadem resignata jura in registro seu tabulis provincie, quam primum Brune in generali dominorum terre Moravie colloquio seu parlamento patuerint, nobis et heredibus nostris insolidum delere et cancellare secundum jus terre Moravie solitum et consuetum. Quod si non fecerimus, extunc statim nos ambo in solidum, cum a dictis dominis nostris et suis commissariis vel eorum altero in solidum monebimur, cum duobus famulis et quatuor equis obstagium verum et solitum in civitate Bruna et domo honesta nobis per eosdem dominos nostros et suos deputata parabimus intemerate. Quo obstagio quatuordecim diebus a die monicionis huiusmodi continuis prestito vel non prestito nobis et heredibus nostris dictis juribus in registro provincie nondum cancellatis, mox per dictos dominos nostros et suos triginta marce grossorum denariorum pragensium moravici numeri et pagamenti in nostra et heredum nostrorum in solidum dampna recipiantur inter judeos et christianos nostro in solidum periculo sarcienda et nichilominus dictum illese conservabitur obstagium nulla juris causa interrumpendum, donec dictorum jurium extabulacio aut dictarum triginta marcarum persolucio, cuius causa si extiterit, exacta fuerit totaliter et complete cum omni eorum causa indempnitate sine qualibet in contrarium accione. Sub harum quas nostris et in testimonium plenius nobilium virorum dominorum Janonis de Meserzicz senioris, Petri dicti Hecht de Rossicz testimonium instanter rogatorum sigillis dedimus testimonio literarum in crastino sancte Elisabeth vidue anno domini millesimo trecentesimo septuagesimo quinto.

(Orig. Perg. 4 H. Sig. im mähr. Land. Archive.)

4.

Margaretha, Frau des Lucek von Lulč, und Dorothea, ihre Schwester, stellen einen
Quittbrief über das ihnen eingeantwortete väterliche Erbtheil aus.
.' ' **Dt. Brünn 30. November 1375.**

Ich Margareta Luczken hausvrow von Lulcz und ich Dorothea ir swester, etewenn Adams tochter von Durcbloz, so im got genedig sei, vergehen und bekennen offenbar allen leuten mit disem gegenburtigen brief, daz wir unsern veterleichen angeboren erbteil, der uns von recht von unsers vater angestarben gut solt und macht angepüren und gefallen miteinander und besunders, von den erbern unsern vreunden Busken und sein brüdern, ettewenn herrn Mixen von Geywicz, alz im got genad, kindern und von allen iren erben vollicleich ganz unde gar haben an allez vorhalden genumen und enphangen. Darumme sagen wir und machen se alle mit allen unsern erben die obgenannten unser vreunt mit allen iren erben und alle ir güter varunde und unvarunde dez vorgenannten unsers erbteils klein unde groz, varunde und unvarunde von unser und aller der unsern wegen ledig und vrei aller anspruch und hindernusse mit disem gegenburtigen quitprief und geloben bei unsern guten trewen an alles geverd, kein monunge, ursache noch recht darumme und darinnen gegen den oftgenannten unsern vreunden allen mit kein sachen ewicleichen uns nicht zu vorhaben. Da für gelob ich auch sunderleich Luczko der obgeschriben an alle argelist bei mein guten trewen, allez das, das vorgeschriben stet, ganz und unvormaylt zu halten und zu vollbringen. Dez alles zu ewigen urchunden und sicherheit vorsigle ich diesen brief mit meinem anhangunden insigel. Dieser sach sein zeugen die erbern leut, unser vreunt Bohusch von Ywancz, Thass von Tassow, Hirsk und Boczek prüder von Selicz, die zu zeuknusse durch unser pet willen ir iusigel auch bengen mit gewissen an diesen brief. Geben zu Brunn nach Cristes gepurd tausent dreyhundert in dem fumfundsibenziksten jar an sand Andreas tag des heiligen zwelfpoten.

(Orig. Perg. 5 h. Sig. im mähr. Land. Archive.)

5.

Markgraf Jodok schenkt dem Markte Kralitz einen Wald. Dt. Olmütz, 8. Dzbr. 1375.

Jodocus dei gratia marchio Moravie notum facimus tenore presentium universis. Quod quia ad implendum ea, que illustris princeps et dominus Johannes, olim marchio Moravie, genitor noster carissimus, pro utilitate subditorum nostrorum implere intendebat, efficaciter advertimus adimplere, sano igitur animo deliberato de certa nostra scientia et gratia speciali toti communitati et habitatoribus universis indivisim tam pauperibus quam divitibus oppidi Grelicz, fidelibus nostris dilectis, silvam seu rubetum situatum prope Grelicz, cui silve quatuor ville contigue adjacent, videlicet Czerhovicz, Trpanovicz, Wrahovicz et Rakus, dedimus, contulimus et donavimus, damus, conferimus presentibus et donamus habendi tenendi (sic) ad utifruendum sic, quod pauperes oppidani incole oppidi predicti in succisione participatione lignorum equalem cum divitibus habere debent portionem perpetuis temporibus affuturis, sub ea conditione, quod predicti oppidi communitas et incole nobis, heredibus et successoribus nostris, marchionibus Moravie propter donationem silve predicte singulis annis duas marcas grossorum denariorum pragensium moravici pagamenti sub hac sequenti divisione videlicet in festo sancti Georgi unam marcam et in festo sancti Michaelis unam marcam grossorum numeri et pagamenti supradictorum dare et censuare debent et teneantur perpetue et in evum. Mandamus igitur universis et singulis baronibus, nobilibus, militibus, clientibus, burgraviis, officialibus civitatum, oppidorum et villarum communitatibus et aliis circumsedentibus silve predicte presentibus seriose, quatenus predictos oppidanos et incolas nostros in presenti nostra gratia (?) et in silva ipsorum predicta, quam ipsis dedisse dinoscimus, ut prefertur, impedire, molestare seu inquietare non debeant quovis modo, sed potius eosdem ab omni injuria et molestia defensare fideliter et tueri. Presentium sub appensione nostri sigilli testimonio literarum. Datum Olmucz anno domini millesimo trecentesimo septuagesimo quinto, sabato proximo post diem sancti Nicolai confessoris.

(Abschrift aus dem 16. Jahrh. in dem Privilegiencodex der Herrschaft Prerau, fol. 38
im Landesarchive.)

6.

Peter von Sternberg verspricht den Ausspruch zu halten, welchen die Schiedsrichter bezüglich gewisser Güter zwischen ihm und dem Leitomysler Bischofe Albert von Sternberg fällten. Dt. Leitomysl 13. Dezbr. 1375.

Nos Petrus de Sternberg notum facimus universis presentes literas inspecturis, quod ad magne peticionis instanciam per nos factam reverendus in Christo pater et dominus, dominus Albertus Luthomislensis episcopus, dominus et patruus noster karissimus super assignandis nobis bonis paternis pro necessitate nostra corporea ad vite sue tempora duntaxat (in) nobiles viros amicos nostros karissimos dominos Sezemam de Usk prepositum Tynensem, Johannem de Sternberg dictum de Lukow, Benessium de Crawar dictum de Chrumnaw, Smylonem de Sternberg dictum de Holicz, Wenczeslaum de Crawar dictum de Straznicz, Sdenkonem de Sternberg dictum de Zabrich, Albertum de Sternberg dictum de Swyetlaw et Petrum de Crawar dictum de Plumlaw compromisit et nos similiter prehabito consilio cum amicis et fidelibus nostris diligenti conpromisimus in eosdem, quorum pronuncciacionem sive arbitrium fide nostra bona sine fraude et dolo ipsi domino episcopo, et ipse nobis inviolabiliter promisimus in omnibus clausulis, dictis, articulis et sentenciis observare. Qui quidem domini compromissarii nostri supradicti huiusmodi conpromissum sive arbitrium ad peticionem nostram voluntarie assumentes diversis tractatibus et matura deliberacione cum sapientibus prehabitis eiusdem conpromissi sive arbitrii vigore inter nos et prefatum dominum episcopum patruum nostrum pronuncciaverunt, dixerunt et ordinaverunt arbitratique sunt in hunc modum. Primo, quod prefatus dominus episcopus nobis pro necessitate nostra corporea dare tenetur infrascripta bona videlicet castrum Bechinam cum opidis, villis, araturis, silvis, piscinis, utilitatibus et pertinenciis suis universis, in quibuscunque rebus consistant, ac pleno dominio prout ipsemet tenuit et possedit, et cciam cum illis censibus, quos in bonis Benesow dinoscitur habere. Item omnia bona relicte quondam domini Wilhelmi de Straconicz preter illa videlicet Byelczicz, que ipsa domina actu possidet. Item castrum Radsicz cum villa eidem castro subiacenti et villis subscriptis videlicet Drnovicz, Pyeskovicz, Socolo, Gyescowiczie, Nossalovicz cum araturis, silvis, piscinis, molendinis et omnibus aliis utilitatibus ad ipsum castrum pertinentibus ac pleno dominio prout ipsemet tenuit et possedit. Item pronuncciaverunt et arbitrati sunt, quod decente domina Anna, matre nostra, omnia bona, ipsi matri nostre in dotalicio assignata et obligata, ad nos pertinebunt. De piscinis autem in bonis Bechinensibus situatis pronuncciaverunt et sunt arbitrati, quod prefatus dominus episcopus ipsas emittere et depiscari omnes debet et potest per suos officiales sine nostro et nostrorum quocumque impedimento et hoc a nativitate Christi proxime venturo usque ad nativitatem Christi anno revoluto, et idem dominus episcopus omnia debita sua et specialiter dampna servitorum Bechinensium cum eisdem pecuniis tenere, solvere et expedire. Item pronuncciaverunt et disposuerunt, quod de supradictis bonis nos contenti esse debemus ad tempora vite prefati domini episcopi et ultra illa non debemus eundem dominum episcopum nec de iure nec de facto impetere nec cciam sibi aliquas molestias inferre, nec de ulteriori porcione ammodo inquietare, ammonere aut ab ipso requirere verbo vel facto, in parte vel in toto, nec umquam pro bonis aliis ulterioribus quantumcunque magnis vel parvis in Bohemia et in Moravia situatis eundem .dominum episcopum, patruum nostrum ad quodcunque iudicium citare, trahere aut evocare de iure vel de facto, directe vel indirecte quocunque quesito colore per nos aut alias interpositas personas omnibus diebus vite nostre. Item pronuncciaverunt et arbitrati sunt, quod sepefatus dominus episcopus patruus noster omne aliud dominium in Moravia cum omnibus castris, opidis, villis, piscinis, silvis, allodiis, araturis, montibus, vincis omni libertate, pleno dominio et cum omnibus et singulis suis pertinenciis, in quibuscunque rebus et utilitatibus consistant, quibuscunque nominibus censeantur, nichil excipiendo, per omnia et in omnibus integraliter et ex toto tenere, habere et possidere debet pacifice et quiete absque impedimentis et contradiccionibus nostris quibuscunque. Item pronuncciaverunt, arbitrati sunt et disposuerunt, quod idem dominus episcopus omnia bona ultra illa, que nobis sunt assignata, patrimonialia, non debet nec potest a nobis et a pueris nostris, si quos habuerimus, dare, vendere aut obligare nec quocumque modo alienare sine consensu nostro preter tria milia marcarum, quas in bonis Odrensibus et Koliczin in parte vel in toto potest dare, legare et obligare cuicumque et quantumque in vita vel in morte sibi placuerit vel videbitur expedire. Et quandocunque hoc facere voluerit et nos requisitos habuerit, statim a die monicionis nobis facte infra dies quatuordecim prefatam donacionem, legacionem et obligacionem sigillo nostro roborare, firmare et approbare debemus et tenemur cum testimonio trium vel quatuor amicorum nostrorum. Nos cciam suprascripta bona nobis assignata non debemus nec possumus a prefato domino episcopo, quamdiu vixerit, dare, obligare aut quocunque modo alienare preter tria milia marcarum, quas similiter in bonis nobis deputatis in parte vel in toto possumus dare, legare et obligare in vita et in morte cuicumque nobis placuerit et videbitur expedire. Et quandocumque hoc facere voluerimus et ipsum dominum episcopum requisitum habuerimus, statim a die monicionis infra dies quatuordecim prefatus dominus episcopus prefatam donacionem, legacionem et obligacionem cum literis suis roborare, firmare et approbare debet et tenebitur cum testimonio trium vel quatuor suorum amicorum. Item pronuncciaverunt et arbitrati sunt, quod omnia bona, cuiuscunque fuerint valoris, que dominus episcopus patruus noster ultra paterna bona, que nunc possidet, per suam industriam ademet vel acquiret, quod illa dare potest, cuicumque voluerit et de illis cciam disponere pro sue libito voluntatis in vita sua et in morte; cciam cum pecuniis omnibus paratis, quas adiuvante altissimo acquiret, tamquam sua propria et non nostra disponere potest sine quocumque nostro impedimento. Item pronuncciaverunt, quod omnia clenodia sive jocalia aurea et argentea gemmata et non gemmata ac cciam vestes et pannos sericeos et omnia ornamenta, qualiacunque fuerint, que actu habet vel in futurum habere poterit, dare, donare, legare et obligare vel quocunque modo alienare possit pro sue libito voluntatis sine nostra contradiccione. Et similiter nos, si que bona cuiuscumque fuerint valoris, per nostram industriam ademerimus vel acquireremus, quod illa dare possumus, cuicumque voluerimus et de illis cciam disponere pro nostre libito voluntatis in vita et in morte; cciam cum pecuniis omnibus paratis et clenodiis et aliis, ut prefertur, quas adiuvante domino acquiremus, tam—

quam nostra propria et non domini episcopi sine quocumque ipsius impedimento. Item pronuncciaverunt, quod hanc pronuncciacionem debemus in primo colloquio dominorum in Bohemia et in Moravia de verbo ad verbum intabulare et ad terre tabulas inponere. Nos igitur Petrus de Sternberg predictus suprascriptam pronuncciacionem, arbitracionem de maturo consilio amicorum et fidelium nostrorum laudamus, approbamus, firmam et ratam tenemus et habere volumus, ac ipsam pronuncciacionem bona et sincera et inviolabili fide nostra ac irrevocabiliter de certa nostra sciencia tenore presencium promittimus atque spondemus omnibus diebus vite nostre firmiter observare nec umquam contra premissam pronuncciacionem aut partem ipsius et contenta superius hiis in literis nostris volumus contraire aliqua racione directe vel indirecte quocumque quesito colore, de iure vel de facto, tacite vel expresse. Et ut omnia et singula per nos promissa, que superius describuntur, inviolabiliter et firmius observentur et teneantur, pro hiis omnibus et singulis, ut premittitur, ad cautelam maiorem damus et constituimus pro nobis ac una nobiscum fideiussores et compromissores nobiles viros dominos amicos nostros carissimos Wenczeslaum de Crawar dictum de Straznicz, Albertum de Sternberg dictum de Swietlow, Sdenkonem de Sternberg dictum de Lucow, Wilhelmum de Sternberg dictum de Zlina, Laczconem de Crawar dictum de Helphsteyn et Petrum de Crawar dictum de Plumlaw. Et nos Wenczeslaus de Crawar dictus de Straznicz, Albertus de Sternberg dictus de Swyetlow, Sdenco de Sternberg dictus de Lucow, Wilhelmus de Sternberg dictus de Zlina, Laczco de Crawar dictus de Helphsteyn et Petrus de Crawar dictus de Plumlaw iam dicti fideiussores promittimus et fideiubemus ipsi domino episcopo, prememorato Petro de Sternberg amico nostro dilecto et pro ipso et una cum ipso insolidum et manu coniuncta in hunc modum, quod ipse Petrus arbitrium et pronuncciacionem prefatorum compromissariorum dominorum in omnibus suis clausulis, sentenciis, articulis, dictis et toto eius tenore de verbo ad verbum necnon omnia et singula hiis in literis superius descripta rata, grata et firma tenebit et observabit omnibus diebus vite sue. Si autem contra pronuncciacionem huiusmodi aut partem ipsius contravenerit, ut est premissum, quod absit, extunc quicumque sex ex nobis fideiussoribus ad id moniti fuerimus per dominum episcopum predictum, illi omnes unus alium non exspectando nec se per absenciam alterius excusando quilibet pro se per unum militem in obstagium ad opidum Sternberg olomucensis diocesis ad honesti viri hospicium, quod nobis per predictum dominum episcopum fuerit ostensum et deputatum, fideliter intrare tenebimur, ut est premissum, promittimus et debemus quilibet cum quatuor equis et tribus famulis ibidem verum et debitum obstagium prestaturi et ab eo non recessuri tam diu, donec prefata omnia et singula, ut premittitur, fuerint integraliter adimpleta (per) Petrum prenominatum, necnon omnia et singula dampna, que suprascriptus dominus episcopus rite et racionabiliter perceperit occasione premissorum eidem per Petrum superius nominatum fuerint refusa et integraliter restaurata. Premissa eciam omnia et singula in omnibus suis condicionibus, clausulis et articulis, ut prefertur, ad manus invictissimi principis Karoli Romanorum imperatori (sic) semper augusti et Bohemie regis, domini nostri metuendissimi, dominorum Petri et Johannis fratrum de Rosemberg, Johannis de Sternberg dicti de Lucow et Benessii de Crawar dicti de Chrumlaw amicorum nostrorum nos Petrus de Sternberg principalis et nos omnes et singuli fideiussores sui supra memorati promittimus bona et inviolabili nostra fide omnes insolidum et manu coniuncta fideliter adimplere sub nostre fidei puritate. In quorum omnium testimonium et evidenciam pleniorem sigilla nostra de certa nostra sciencia presentibus sunt appensa. Datum et actum Luthomislii anno domini millesimo trecentesimo septuagesimo quinto die beate Lucie virginis et martiris gloriose.

(Aus dem III. Buche der Olmützer Landtafel. Abgedruckt in der Ausgabe derselben Olm. Cuda III., p. 89.)

7.

Albrecht von Sternberg, Bischof von Leitomyšl, verspricht den Ausspruch zu halten, welchen die Schiedsrichter bezüglich gewisser Güter zwischen ihm und Peter von Sternberg fällten. Dt. Leitomyšl 13. Dezember 1375.

Albertus dei gracia Luthomislensis episcopus notum facimus universis presentes literas inspecturis, quod ad magne peticionis nobilis Petri de Sternberg fratruelis nostri amantissimi instanciam super assignandis eidem bonis paternis pro necessitate sua corporea, ad vite nostre tempora dumtaxat, in nobiles viros amicos nostros carissimos dominos Sezemiam de Usk prepositum, Johannem de Sternberg dictum de Lucow, Beneschium de Crawar dictum de Straznicz, Sdenkonem de Sternberg dictum de Zabrziech, Albertum de Sternberg dictum de Swyetlow et Petrum de Krawar dictum de Plumlow conpromisimus et ipse similiter prehabito consilio diligenti cum amicis et fidelibus suis in eosdem conpromisit, quorum pronuncciacionem sive arbitrium fide nostra bona ipsi fratrueli nostro et ipse nobis inviolabiliter promisimus in omnibus clausulis, dictis, articulis et sentenciis observare. Qui quidem domini conpromissarii nostri supradicti huiusmodi conpromissum seu arbitrium ad peticionem nostram voluntarie assumentes diversis tractatibus et matura deliberacione cum sapientibus prehabitis eiusdem conpromissi sive arbitrii vigore inter nos et prenominatum Petrum fratruelem nostrum pronuncciaverunt, dixerunt et ordinaverunt arbitratique sunt in hunc modum. Primo, quod eidem nostro fratrueli pro necessitate sua corporea dare tenemur infrascripta bona videlicet castrum Bechinam cum opidis, villis, araturis, silvis, piscinis, utilitatibus et pertinenciis suis universis, in quibuscumque rebus consistunt, ac pleno dominio prout nos tenuimus et possedimus et eciam cum illis censibus, quos in bonis Beneschaw habere dinoscimur. Item omnia bona relicte quondam domini Wilhelmi de Straconicz, preter illa bona videlicet Bielczicz, que ipsa domina actu possidet. Item castrum Ratczicz cum villa eidem castro subiacente et villis subscriptis videlicet Drnowicz, Prescowicz, Sokole, Giezkowicz, Nossalowicz cum araturis, silvis, piscinis, molendinis et omnibus aliis utilitatibus ad ipsum castrum pertinentibus ac pleno dominio prout nos tenuimus et possedimus. Item pronuncciaverunt et arbitrati sunt, quod decedente domina Anna matre dicti nostri fratruelis omnia bona ipsi domine in dotalicio obligata ad dictum fratruelem nostrum pertinebunt. De piscinis autem in bonis Bechinensibus situatis pronuncciaverunt, arbitrati sunt et disposuerunt, quod nos easdem piscinas emittere et expiscare in toto debemus et possumus per officiales nostros sine dicti fratruelis omni et suorum quorumcunque impedimento, et hoc a nativitate Christi proxime venturo usque ad nativitatem Christi anno revoluto, cum quibus omnia debita nostra et specialiter dampna servitorum Bechinensium tenemur solvere et expedire. Item pronuncciaverunt ac disposuerunt, quod de supradictis bonis prefatus Petrus patruelis noster contentus esse debeat ad tempora vite nostre et ultro illa non debet nos de iure vel de facto omnino impetere nec nobis aliquas molestias inferre nec de ulteriori porcione amplius inquietare, ammonere aut a nobis requirere verbo vel facto in parte vel in toto, nec umquam pro bonis ulterioribus quamcumque magnis vel parvis in Boemia vel Moravia situatis nos ad quodcunque iudicium de iure vel de facto directe vel indirecte qoucunque quesito colore per se aut alias personas interpositas omnibus diebus vite sue non poterit neque potest citare, trahere aut quovis modo evocare. Item pronuncciaverunt et arbitrati sunt, quod nos omne aliud dominium in marchionatu Moravie situatum cum omnibus castris, opidis, villis, silvis, piscinis, curiarum araturis, allodiis, montibus, vincis, omni libertate et pleno dominio, cum omnibus et singulis suis pertinenciis, in quibuscumque rebus et utilitatibus consistant, quibuscumque nominibus censeantur, nichil excipiendo per omnia et in omnibus integraliter et ex toto tenere, habere et possidere debemus pacifice et quiete absque impedimentis et contradiccionibus ipsius fratruelis nostri quibuscumque. Item pronuncciaverunt et disposuerunt, quod nos omnia bona nostra ultra illa eidem fratrueli nostro per nos assignata patrimonialia non debemus neque possumus ab eodem Petro et a pueris suis, si quos habuerit, dare, vendere vel obligare aut quocumque modo alienare sine suo consensu preter tria milia marcarum, quas in bonis Odrensibus et Coliczin, in parte vel in toto possumus dare, legare et obligare cuicumque et quandocumque in vita et in morte nobis placuerit et videbitur expedire. Et quandocumque hoc facere voluerimus et ipsum Petrum requisitum habuerimus, statim a die monicionis sibi per nos facto infra quatuordecim dies prefatam nostram donacionem, legacionem et obligacionem sigillo suo roborare, firmare et approbare debet et tenetur cum testimonio bono trium vel quatuor amicorum nostrorum. Ipse eciam suprascripta bona sibi per nos assignata non debet neque potest a nobis, quamdiu vixerimus, dare et donare, obligare aut quocunque modo a nobis alienare preter tria milia marcarum, quas similiter in bonis sibi assignatis in parte vel in toto potest dare, legare et obligare in vita vel in morte, cuicumque sibi placuerit et videbitur expedire. Et quandocunque hoc facere voluerit et nos requisitos habuerit, statim a die monicionis infra quatuordecim dies prefatam donacionem, legacionem et obligacionem cum literis nostris roborare, firmare et approbare cum testimonio trium vel quatuor amicorum nostrorum tenebimur et debemus. Item pronuncciaverunt et disposuerunt, quod omnia bona cuiuscumque fuerint valoris, que nos ultra paterna bona, que nunc possidemus, per nostram industriam ademenus vel aquireremus, dare possumus et donare cuicumque voluerimus et de illis etiam disponere pro nostre libito voluntatis in vita nostra vel in morte, eciam cum pecuniis omnibus paratis, quas adiuvante altissimo aquiremus, tamquam nostra propria et non fratruelis nostri disponere possumus sine quocumque suo impedimento. Item pronuncciaverunt, quod omnia clénodia sive jocalia aurea et argentea gemmata et non gemmata ac cciam vestes, pannos sericeos et omnia ornamenta qualiacunque fuerint et sint, que actu babemus vel in futurum habere poterimus, dare, donare, legare et obligare vel quocumque modo alienare possumus pro nostro libito voluntatis sine ipsius fratruelis nostri quavis contradiccione. Et similiter prefatus Petrus si que bona, cuiuscumque fuerint valoris, per suam industriam ademerit vel aquisierit, quod illa bona dare poterit cuicumque voluerit et de illis eciam disponere pro sue libito voluntatis in vita vel in morte. eciam cum pecuniis omnibus paratis, clenodiis et omnibus aliis, ut prefertur, quas adiuvante altissimo acquiret, tamquam sua propria et non nostra disponere potest sine quocumque nostro impedimento. Item pronuncciaverunt, quod hanc pronuncciacionem debemus in primo colloquio dominorum in Boemia et in Moravia de verbo ad verbum intabulare et ad terre tabulas inponere. Nos igitur Albertus episcopus supra-nominatus supranotatam pronuncciacionem et arbitracionem de maturo consilio amicorum et fidelium nostrorum laudamus, approbamus, firmam et ratam tenere et habere volumus, ac ipsam pronuncciacionem bona fide nostra et de certa nostra sciencia tenore presencium promittimus et spondemus omnibus diebus vite nostre observare. Et ut omnia et singula per nos promissa, que superius describuntur, inviolabiliter et firmius observentur et teneantur, pro hiis omnibus et singulis, ut premittitur, ad cautelam maiorem, damus et constituimus pro nobis et unanobiscum fideiussores et conpromissores infrascriptos nobiles viros dominos amicos nostros carissimos Johannem seniorem de Mezirziecz, Johannem de Sternberg dictum de Lukow, Vokonem de Crawar dictum de Giczin, Beneschium de Crawar dictum de Crum-now, Sdenconem et Smilonem fratres de Sternberg dictos de Zabrzieh. Et nos Johannes senior de Mezirziecz, Johannes de Sternberg dictus de Lukow, Wokko de Crawar dictus de Giczin, Beneschius de Crawar dictus de Crumnow, Sdenco et Smylo fratres de Stern-berg dicti de Zabrzieh prenominati fideiubemus et promittimus ipsi domino Petro, prememorato domino episcopo, domino nostro carissimo, pro ipso ac cum ipso, omnes in solidum et manu coniuncta in hunc modum, quod prefatus dominus episcopus arbitrium et pronuncciacionem predictorum dominorum conpromissariorum seu arbitratorum in omnibus suis clausulis, sen-tenciis, articulis, dictis et toto eius tenore de verbo ad verbum necnon omnia et singula superius descripta rata et firma tenebit et observabit. Si autem contra pronuncciacionem huiusmodi contravenerit aut partem ipsius, quod absit, quicumque sex ex nobis fideiussoribus admoniti fuerimus per dictum dominum Petrum, unus alium non expectando nec se per alterius absenciam excusando, quilibet pro se per unum militem in obstagium ad opidum Sternberg diocesis Olomucensis ad honesti viri hospicium, quod nobis per dictum dominum Petrum fuerit ostensum et deputatum, quilibet cum quatuor equis et tribus famulis fideliter intrare promittimus et debemus ad prestandum obstagium verum et consuetum et ab eodem non exituri tamdiu, donec prefata omnia et singula, ut premittitur, fuerint integraliter adim-pleta per nominatum dominum episcopum necnon omnia et singula dampna, que supradictus dominus Petrus rite et racionabiliter perceperit occasione premissorum eidem domino Petro per dominum episcopum predictum fuerint refusa et integraliter restaurata. Premissa autem omnia et singula in omnibus suis clausulis et articulis, ut prefertur, ad manus serenissimi principis domini Karoli Romanorum imperatoris domini nostri gloriosi necnon nobilium virorum dominorum amicorum nostrorum Jaroslai de Sternberg, Alberti de Sternberg alias de Swyetlow nos Albertus Luthomislensis episcopus prenominatus principalis et nos omnes et singuli fideiussores sui supramemorati promittimus bona nostra fide omnes insolidum manu coniuncta fideliter adimplere. In quorum omnium testimonium et evidenciam pleniorem sigilla nostra de certa nostra sciencia presentibus sunt appensa. Datum et actum Luthomusli anno domini millesimo CCC°LXX° quinto, die sancte Lucie virginis et martiris.

(Aus dem III. Ruche der Olmützer Landtafel. Abgedruckt in der Ausgabe derselben Olm. Cnda III. p. 91.)

8.

Johann der Ältere von Mezříč verpflichtet sich alle Abgaben zu leisten, welche ihm als Besitzer des Olm. Lehensgutes Slavičín obliegen. Dt. Brünn 21. Dezember 1375.

Ego Johannes de Mezzersicz senior notumfacio tenore presencium universis. Quod quia pridem super bonis in Slawiczin pertinentibus ad castrum Engelsperg, utpote ducentis decem Ianeis agrorum, de quibus possessores seu domini bonorum eorundem unam marcam auri reverendo in Christo patri ac domino, domino . . Olomucensi episcopo et venerabili eius Olomucensi capitulo solvere tenebantur, aliquanta remansit dubietas, non ex defectu iuris, quod habuerit seu tunc haberet aut nunc habeat Olomucensis ecclesia, sed ex parte possidencium eadem bona, qui iura predicta tam dominorum episcopi quam capituli solvere neglexerunt. Igitur reverendus in Christo pater ac dominus, dominus Johannes modernus antedicte Olomucensis ecclesie episcopus, dominus meus graciosus, animo deliberato in personam nepolis sui, domini Heinrici dicti de Drzebschicz, pro tunc bona huiusmodi legittime possidentis, sibi formando conscienciam super talibus iuribus limitandis, ut et sibi ac successoribus suis Olomucensis ecclesie episcopis et antedicto venerabili Olomucensi capitulo satisfieret, ita decrevit racionabiliter ordinandum. Quod idem nepos suus pro se heredibus ac successoribus suis, cum antedicti ducenti decem lanei non ex tolo in sua potestate consisterent, eam partem dicte marce auri sub modo et forma, quibus ipsum pro rata laneorum quos possidebat contingeret, ammodo pro se et suis heredibus ac successoribus, sibi prefato domino meo episcopo et antedicto capitulo, utpute medietatem in festo sancti Georii et alteram medietatem in festo sancti Galli annis singulis dare et solvere tenentur. Et quando seu quocies eundem Heinricum nepotem suum, suos heredes vel successores ampliorem numerum laneorum, qui sunt expressati superius, quovis titulo obtinere contingeret, quod extunc iterum pro rata accrescencium sibi laneorum iuxta modum expressatum superius supradictis episcopo et capitulo Olomucensis ecclesie necnon successoribus eorum imperpetuum, congrua estimacione rate predicte, ad amplioris solucionis onera tenentur, prout hec omnia sunt nocione publica manifesta. Nunc vero, cum eadem bona idem dominus Henricus de Drzebschicz nepos antedicti domini mei episcopi michi prefato Johanni de Mezzerziecz seniori rite vendiderit, et coram antedicto domino meo episcopo tamquam feudi domino eadem michi bona legittime resignaverit, et idem graciosus dominus meus Olomucensis episcopus de sue superioritatis dominio michi, heredibus et successoribus meis eadem bona in feudum nobile contulerit et me meo quidem et heredum meorum nomine in possessionem mitti iusserit corporalem, et antedictus dominus meus Olomucensis episcopus non per errorem aut improvide, sed de certa sua sciencia et supradicti venerabilis capituli juridico ac pleno accedente consensu omnia supradicta iura soluciones et onera secundum omnem modum expressatum superius in me antedictum Johannen de Mezzersicz seniorem, heredes et successores meos auctoritate ordinaria et potestate, qua fungitur, rite transtulerit, modo et forma, quibus hoc fieri poterat meliore; ego igitur antedictus Johannes de Mezzersiecz senior considerato et diligenter inspecto, quod antedicti domini mei Olomucensis episcopi racionabile fuit et est utile atque benignum propositum, et quoniam, antequam ego adipiscerer bona predicta, super eis omnibus fuit et est in hiis omnibus per antedictum dominum meum episcopum de consensu et voluntate venerabilis Olomucensis capituli deliberate conclusum, ego heredum et successorum meorum nomino imperpetuum ad solucionem jura et onera predicta me obligo sub omnibus modis et condicionibus de verbo ad verbum, prout expressantur superius. Promittens bona fide absque omni dolo pro me heredibus et successoribus meis imperpetuum, eadem bona cum eorum pertinenciis in toto vel in aliqua sui parte non vendere, obligare, seu modo quovis distrahere absque prefati domini mei episcopi consensu et venerabilis sui capituli sciencia speciali. Presencium sub meo et subscriptorum amicorum meorum videlicet nobilium dominorum Styborii de Czynnenburg et Petri Lutei de Rossicz sigillis testimonio literarum. Datum Brunne anno domini millesimo trecentesimo septuagesimo quinto in die sancti Thome apostoli gloriosi.

(Orig. Perg. 3 h. S. im Fürsterzb. Archive in Kremsier.)

9.

Johann von Boskovic, Kanonikus in Olmütz, widmet der Olm. Kirche einen jährl. Zins
von 2 Mark im Dorfe Voděrady. Dt. 1375 s. l. et d.

Noverint universi presentes literas inspecturi. Quod ego Johannes de Bozcowicz canonicus Olomucensis et decanus ecclesie Chremsirensis desiderans post incolatum huius transitorie vito celestis patrie mansionem adiuvante superna gracia consequi et in eterna leticia beatorum felici consorcio sociari, ad laudem et honorem omnipotentis dei et gloriose virginis Marie genitricis domini nostri Jesu Christi pro remedio quoque peccatorum meorum et anime salute mee nomine perpetui testamenti duas marcas annui census ecclesie Olomucensi et fratribus meis presentibus et futuris decano, preposito et capitulo Olomucensi de duobus laneis in villa dicta Wodyerad, quam ex paterna successione in hereditatem possideo constitutus, una cum Rusticis videlicet Wenceslao alias dicto Berca et Andrea eosdem lancos colentibus, solvendis dono trado liberaliter et assigno et in corundem census et hominum

2*

corporalem possessionem cum omni iure et dominio, quod michi inibi competebat, presentibus introduco ordinans nichilominus et disponens expresse, quod prefatus census, dum vixero, singulis annis in festo assumpcionis prefate virginis Marie taliter dividatur: pauperibus infirmis in hospitali sex grossi, leprosis duo grossi et inter communes pauperes duo grossi, campanariis quatuor grossi et bonifantibus quatuor grossi distribuantur; quilibet altarista in ecclesia unum grossum accipiat et quilibet prebendatus habeat unum grossum. Residuum eiusdem census inter fratres meos supradictos et vicarios more solito dividatur. Et qui ex ipsis et similiter altaristis et vicariis aliis ambabus vesperis et maiori misse predicti festi non interfuerint, nullam ex distribucione predicti census accipiant porcionem. Cum vero deo placuerit me de hac luce migrare, predictum censum eodem modo in anniversario obitus mei die constituo dividendum. quem fratres carnales duntaxat vel quisquam eorum si in aliis certis bonis assignare ecclesie et capitulo supradicto firmare voluerint vel pro illis duabus marcis census vigintiquatuor marcas grossorum pragensium dare et numerare decano, preposito et capitulo Olomucensi liberam habeant potestatem. In quorum omnium testimonium perpetuo valiturum presentes literas meo et fratrum meorum infrascriptorum videlicet Ulrici et Vanconis sigillorum appensione eidem ecclesie et capitulo tradidi roboratas. Actum anno millesimo trecentesimo septuagesimo quinto.

(Orig. Perg. 3 h. Sig., das erste abgerissen, das zweite verletzt, im Olm. Kapitelarchive.)

10.

Statut des Olmützer Kapitels 1375 s. d.

Anno dom. MCCCLXXV. in capitulo generali statutum est: quod nullus prelatorum, canonicorum vel vicariorum assumet aliquem civem in civitate quacumque morantem ad bona ecclesie absque consensu et noticia capituli. Quod si quis predictorum fecerit, pro pena ad fabricam quatuor marcas solvere tenebitur et debebit.

(Aus dem Codex E. I. 40 p. 14 im Olm. Kapitelarchive.)

11.

Pabst Gregor XI. erlaubt dem Markgrafen Johann einen tragbaren Altar zu haben und bei demselben Messe lesen zu lassen. Dt. Avignon 7. Jänner 1376.

Gregorius episcopus servus servorum dei dilecto filio nobili viro Judocho marchioni Moravie salutem et apostolicam benediccionem. Sincere devocionis affectus, quem ad nos et romanam geris ecclesiam, non indigne meretur, ut peticionibus tuis, illis presertim, quas ex devocionis fervore prodire conspicimus, quantum cum deo possumus, favorabiliter annuamus. Hinc est. quod nos tuis devotis supplicacionibus inclinati, ut liceat tibi habere altare portatile cum debita reverencia et honore, super quo in locis ad hoc congruentibus et honestis missam et alia divina officia possis per proprium vel alium sacerdotem ydoneum sine unius alieni preiudicio in tua presencia facere celebrari, devocioni tue tenore presencium indulgemus. Nulli ergo omnino hominum liceat hanc paginam nostre concessionis infringere vel ei ausu temerario contraire. Si quis autem hoc attemptare presumpserit, indignacionem omnipotentis dei et beatorum Petri et Pauli apostolorum eius se noverit incursurum. Datum Avinione VII. idus Januarii, pontificatus nostri anno sexto.

(Auf der Plicatur: P. Vitalis. — Orig. Perg. mit an Seidenfäden h. Bleibulle, im mähr. Landes-Archiv.)

12.

1376 Jänner 9.

K. Wenzel IV. von Böhmen belehnt nach dem Tode des Markgrafen Johann von Mähren dessen ältesten Sohn Jodok in Gegenwart und auf Geheiss seines Vaters Kaiser Karl IV. mit dem Markgrafthume Mähren in derselben Art, wie solches durch die Erbfolgeordnung des Markgrafen Johann festgesetzt wurde. Dt. zu Karlsbaden des nehsten mitwochen nach dem obirsten.

(Orig. im k. k. geheimen Archive in Wien. — Die Urkunde wurde auch in lat. Sprache ausgestellt. Vid. n. 13.)

13.

K. Wenzel IV. belehnt den Markgrafen Jodok mit der Markgrafschaft Mähren und bestättigt von neuem die Urkunde ddo. 12. Mai 1371, mittelst welcher er die vom Markgrafen Johann getroffene Erbfolgeordnung confirmirt hatte. Dt. Karlsbad 10. Jänner 1376.

Wenczeslaus dei gracia Boemie rex, Brandenburgensis marchio et Slesie dux notumfacimus tenore presencium universis. Quod veniens coram nobis illustris Jodocus marchio Moravie, princeps, patruus et fidelis noster dilectus cum instancia supplicavit, quatenus sibi principatum et dominium marchionatus Moravio cum suis pertinenciis, que a rege, regno et corona Boemie dependent in feodum et ad eum velut marchionem Moravie per mortem felicis memorie illustris quondam Johannis marchionis Moravio, patris sui, patrui nostri, extant rite et racionabiliter devoluta, secundum ordinacionem ab antiquo tentam et ut ordinacionis eiusdem virtute idem genitor suus pluribus annis elapsis, dum adhuc ageret in humanis, sanus corpore et compos debite racionis ipsius Jodoci necnon Johannis et Procopii, fratrum suorum, ac eciam nostra velut regis Boemie, veri et superioris domini feodi, principatus marchionatus Moravie supradicti voluntate et pleno consensu marchionatum eundem inter eosdem Jodocum et fratres suos et cuiuslibet corundem heredes signanter divisisse, ordinasse, statuisse et litteris sigillatis desuper roborasse dinoscitur, ac cciam sicut super hoc dudum consensus et confirmacionis littere nostre date sunt, conferre graciosius dignaremur in feodum eo modo et forma, quemadmodum ordinacionis et confirmacionis littere in eadem materia protunc edite manifeste declarant, quarum tenor per omnia sequitur in hec verba: „Wenczeslaus dei gracia Boemie rex, Brandemburgensis marchio et Slesie dux etc. bis: Datum Prage anno domini millesimo trecentesimo septuagesimo primo indictione nona IV. idus Maji.–*) –– Nos itaque supradictus Wenczeslaus, Boemie rex, propensius advertentes, quod huiusmodi ordinacionem, disposicionem et divisionem principatus marchionatus Moravie, quas dictus quondam Johannes marchio Moravie recordacionis felicis, patruus noster, dictorum Jodoci, Johannis et Procopii genitor, ante multa tempora mortis eius, dum in humanis ageret, sanus corpore et compos debite racionis inter eosdem filios suos cum eorum bona voluntate, connivencia, sciencia et consensu previse fecit, ordinavit et statuit, protunc tamquam superior feodi dominus principatus marchionatus predicti dudum approbavimus, laudavimus et regia auctoritate Boemie per litteras nostras confirmavimus, prout hec omnia clarent notorie et superius plenius sunt expressa et quod signanter constat, tam ordinacionis predicte, que a progenitoribus nostris ab antiquo tenta est, quam cciam huiusmodi divisionis, disposicionis et litterarum virtute, que sicut premittitur rite et racionabiliter processerunt, principatum marchionatus Moravie predictum ad dictum Jodocum tamquam verum marchionem et principem Moravie et neminem alium post obitum dicti quondam Johannis, patris sui, patrui nostri, fore legittime devolutum. Et ideo animo deliberato, non per errorem aut improvide sed sano principum, baronum et nobilium nostrorum fidelium accedente consilio, de scitu eciam et assensu invictissimi principis domini Karoli Romanorum imperatoris semper augusti, genitoris nostri carissimi et in eius presencia velut rex Boemie, verus et superior feodi dominus principatus marchionatus Moravie dicto Jodoco marchioni Moravie principatum marchionatus Moravie cum suis pertinenciis secundum ordinacionis modum dicti quondam Johannis, genitoris sui, expressum superius in illustre pheodum rite et racionabiliter contulimus adhibitis ad hoc sollempnitatibus et cerimoniis debitis et consuetis et cciam conferimus per presentes a nobis, regno et corona Boemie tamquam naturali suo dominio in verum principatum et illustre pheodum cum mera et plena dominii potestate principatus marchionatus Moravie per ipsum et heredes suos legittimos masculini sexus, prout superius est expressum, habendum, tenendum et pacifice possidendum omni forma et modo, quibus eadem dictus quondam felicis memorie genitor eius, dum vixit, habuit, tenuit et possedit. Et nos quidem Wenczeslaus, rex Boemie supradictus, regia potestate Boemie de certa sciencia iterum laudamus, approbamus et confirmamus de novo ordinacionem, disposicionem, divisionem et infeodacionem predictas necnon litteras desuper conceptas et datas, statuentes et decernentes expresse: quod omnia et singula premissa in pleno debite et inconvulse firmitatis robore perpetuo perseverent. Testes huius rei sunt: venerabiles Johannes archiepiscopus Pragensis, apostolice sedis legatus, Echardus episcopus Wormacensis; illustres Heinricus Brigensis, Bunczlaus Lygniczensis et Johannes Opavie duces; nobiles Johannes lantgravius in Lutemberge

*) Vide die diesem Bande beigefügten Nachträge.

curie nostre magister, Hinczo de Lypa supremus mareschallus regni Boemie, Borsso de Risemburg, Marquardus de Wartemberg. Hawlo de Zwereticz, Boczko de Podibrad, Henselinus de Vethovia, Potha de Holenstein, Erhardus de Cunstat, Jesco Swab de Gyek et quam plures alii barones, nobiles, milites et clientes nostri et regni Boemie fideles dilecti. Presencium sub regie Maiestatis nostre sigillo testimonio litterarum. Datum Karlsbaden anno domini millesimo trecentesimo septuagesimo sexto IIII idus Januarii, regni nostri anno tercio decimo.

(Orig. Perg. h. verletztes Sig. im k. k. geh. Haus-, Hof- u. Staatsarchive, mitgetheilt von Josef Ritter von Fiedler. — Die Urkunde wurde auch in deutscher Sprache ausgestellt. vid. n. 12.)

14.

K. Karl IV. bezeugt, dass sein Sohn Wenzel als König von Böhmen den Markgrafen Jodok mit der Markgrafschaft Mähren belehnt habe nach der von ihm, Karl, schon früher bestättigten Erbfolgeordnung. Dt. Karlsbad 11. Jänner 1376.

Karolus quartus divina favente clemencia Romanorum imperator semper augustus et Boemie rex. Notum facimus tenore presencium universis, quod veniens coram nobis illustris Jodocus marchio Moravie, princeps, patruus et fidelis noster dilectus cum instancia supplicavit, quatenus sibi principatus et dominium marchionatus Moravie cum suis pertinenciis, que a rege, regno et corona Boemie dependet, in feodum et ad eum velud marchionem Moravie per mortem felicis memorie illustris quondam Johannis marchionis Moravie patris sui, fratris nostri, extant rite et racionabiliter devoluta secundum ordinacionem ab antiquo tentam et ut ordinacionis eiusdem virtute idem genitor suus pluribus annis elapsis, dum adhuc ageret in humanis, sanus corpore et compos debite racionis, ipsius Jodoci necnon Johannis et Procopii fratrum suorum, ac eciam nostra velud regis Boemie veri et superioris domini feodi principatus marchionatus Moravie supradicti voluntate et pleno consensu marchionatum eundem inter eosdem Jodocum et fratres suos et cuiuslibet corundem heredes signanter divisisse, ordinasse, statuisse et litteris sigillatis desuper roborasse dinoscitur, ac eciam sicut super hoc dudum consensus et confirmacionis littere nostre date sunt, graciose conferrentur in feodum eo modo et forma, quemadmodum ordinacionis et confirmacionis littere in eadem materia protunc edite manifeste declarant, quarum tenor per omnia sequitur in hec verba: Karolus quartus divina favente clemencia Romanorum imperator semper augustus et Boemie rex etc. Datum Prage anno domini millesimo trecentesimo septuagesimo primo, indiccione nona IIII idus Maii regnorum nostrorum anno vicesimo quinto imperii vero XVII. (vid. B. X. n. 123). — Nos itaque supradictus Karolus Romanorum imperator et Boemie rex propensius advertentes quod huiusmodi ordinacionem, disposicionem et divisionem principatus marchionatus Moravie, quas dictus quondam Johannes marchio Moravie recordacionis felicis frater noster dictorum Jodoci, Johannis et Procopii genitor ante multa tempora mortis eius. dum in humanis ageret. sanus corpore et compos debile racionis inter eosdem filios suos cum eorum bona voluntate. connivencia. sciencia et consensu previse fecit. ordinavit et statim. protunc tanquam superior feodi dominus principatus marchionatus predicti dudum approbavimus. laudavimus et regia auctoritate Boemie per litteras nostras confirmavimus, prout hec omnia clarent notorie et superius plenius sunt expressa. et quod signanter constat, tam ordinacionis predicte. que a progenitoribus nostris ab antiquo tenta est. quam eciam huiusmodi divisionis. disposicionis et litterarum virtute. que. sicut premittitur. rite et racionabiliter processerunt. principatum marchionatus Moravie predictum ad dictum Jodocum tamquam verum marchionem et principem Moravie et neminem alium post obitum dicti quondam Johannis patris sui. fratris nostri. fore legittime devolutum. Et ideo serenissimus Wenceslaus rex Boemie. Brandemburgensis marchio et Slesie dux. filius noster carissimus, velud rex Boemie verus et superior feodi dominus principatus marchionatus Moravie in nostra presencia. de nostri eciam sciencia et consensu dicto Jodoco marchioni Moravie principatum marchionatus Moravie cum suis pertinenciis secundum ordinacionis modum dicti quondam Johannis genitoris sui expressum superius in illustre pheodum rite et racionabiliter contulit adhibitis ad hoc solempnitatibus et cerimoniis debitis et consuetis. Et nos quidem Karolus supradictus regia potestate Boemie de certa sciencia iterum laudamus, approbamus et confirmamus de novo ordinacionem. disposicionem, divisionem et impheodacionem predictas necnon litteras desuper conceptas et datas. statuentes et decernentes expresse, quod omnia et singula premissa in plene. debite et inconvulse firmitatis robore perpetuo perseverent. Presencium sub imperialis maiestatis nostre sigillo testimonio litterarum. Datum Karlsbaden anno domini millesimo trecentesimo septuagesimo sexto, indiccione quarta decima, III idus Januarii, regnorum nostrorum anno tricesimo, imperii vero vicesimo primo.

De mandato domini imperatoris
Nicolaus Cameriensis prepositus.

(In dorso: Registravit Wilhelmus Kortelangen. — Orig. Perg. mit wohlerhaltenem an Perg. Kordel häng. Kaisersiegel, im k. k. geh. Archive in Wien, mitgetheilt von Josef Ritter von Fiedler. — Die Urkunde wurde auch in deutscher Sprache ausgestellt.)

15.

Eröffnungsformel des Olmützer Landrechtes 12. Jänner 1376.

Anno domini millesimo trecentesimo septuagesimo sexto sabbato post epyphaniam domini Olomucense celebratum est colloquium generale dominorum ex speciali mandato et jussu serenissimi principis domini. domini Jodoci marchionis Moravie, qui pro tunc temporis fuit extra terram Moravie, per nobiles dominos Wenczeslaum de Straznicz supremum camerarium. Jaroslaum de Knyehnicz czudarium, Wenczeslaum notarium terre et presentibus nobilibus dominis Johanne de Mezericz seniore eiusdem domini marchionis locum tenente, reverendo in Christo patre domino Albertho episcopo Lythomislensi alias de Sternberg,

Ulrico de Bozkovicz, Jescone de Lucow, Stiborio de Czimburg alias de Tovaczow, Sdenkone
et Smilone de Zabrzieh fratribus, Petro de Sternberg, Laczkone de Cravar, Petro de Plumnaw,
Benessio de Buzaw, Potha de Losticz, Smilone de Lesnycz, Sulikone de Konycz et aliis
quam pluribus fidedignis ad premissa.

16.

Johann Burggraf zu Magdeburg u. Graf zu Hardeck stiftet einen Vergleich zwischen dem
Markgrafen Jodok und seinem Bruder Johann Soběslav, nach welchem Johann Soběslav
die Güter Bisenz, Göding u. s. w. nebst einer bestimmten Geldsumme erhalten soll.
Dt. Prag 12. Jänner 1376.

Wir Johanns von gotes gonaden burggraff von Meigdeburg und Grave zu Hardeck
bekennen und tun kunt offenlich mit diesem brieve allen den, die yn sehen oder horen
lesen. Wann die hochgebornen fursten und hern, her Jost marggraff und berre zu Merbern
und her Johanns, genant Sobesla, gebruder, auch marggraff zu Merbern, sulcher zweiunge,
stosse und missehelunge, die zwischen yn gewesen seint, an uns sint gegangen, das wir
doruber sprechen solten, was uns nach guter gewizzen zimlich und billich duchte in den
sachen, des haben wir durch sunderliche liebe, die wir tragen zu den egenanten fursten
hern Josten und Johansen uns underwunden sulcher sache und haben ausgesprochen und
sprechen auch zu dem ersten also: das von wegen des vorgenanten fursten hern Josts die
nachgeschriben guter Biesentz mit allen seinen zugehorungen, Gödingen mit allen seinen
zugehorungen, Ostroh genannt Stanicz mit allen seinen zugehorungen, Dornholtz mit allen
seinen zugehorungen, ausgenommen das Newe haus mit dem dorffe Burgmanicze und alles
das zu demselben dorffe gehoret, dem egenannten seinen bruder mit allem dem viehe, das
zu den hoffen der egenannten guter gehoret, und was den egenannten hern Jost antrit,
genzlich abgetreten und yngeantwortet sullen werden. Auch sprechen wir, das der egenannte
furste, berre und marggraff Jost seinem egenannten bruder hern Johans alle wochenlich
zwenzig schok grozzer pfenninge prager muntze reichen und geben sal alle die zeit, als
hernach geschrieben steet. Wir sprechen auch zwei tawsent schok grozzer pfenninge prager
muntze sol der egenannte herre und marggraff Jost dem obgenannten hern Johansen seinem
bruder uff die nachgeschrieben tege, das ist uff mittvasten, die nehste kunftig ist, tawsent
schok grozzer pfenninge prager muntze, und darnach uff den nehsten sante Georgen tag
tawsent schok grosser pfenninge und muntze, als obgeschrieben ist, geben und bezalen sal.
Wir sprechen auch, das der offtgenannte herre und marggraff Jost den schatz der bereit-
schafft, den seliger gedechtnuzze der hochgeborne furste her Johans, sein vater, ettwenn
marggraff zu Merhern, gelazzen hat, anlegen sal mit wizzen des egenannten hern Johansen
und Procopien, seiner brudere, on geverde. Auch sprechen wir, das alle obgeschrieben
unsere sprache mit allen iren meinungen von unser frawen tag liechtmesse, der aller schirste
kunftig ist, dri ganze jare naheinander zu zelen, genzlich unzubruchen und on alles geverde

beiderseite gehalten sullen werden, aussgenommen der obgeschrieben zwei tawsent schok, die nicht wann eines der egenannt herre und marggraff Jost uff die tege, als dovor geschrieben ist, bezalen sol. Und nach den egenannten drin jaren wer es, das sulche obgeschrieben meinunge unsirs ausspruches den egenannten gebrudern beiderseite, hern Josten und Johansen gevallen wurde, so sal furbas mer dieser brieff lenger krafft und macht haben. Were aber sache, das den egenannten herren und gebruderen oder ir einem nach den obgenannten drin jaren sulche satzunge, als dovor und hernach geschrieben steet, nicht geviel, so sal dieser brieff und alles, das dorinne geschrieben steet, furbass kein kraft noch macht haben, und sal auch der egenannt her Johans abtreten aller der obgeschrieben guter mit allem dem und in aller der weise, als sie ym yngeantwortet werden, on allen schaden und wiederrede. Auch sprechen wir, ob dheinerlei krieg oder stosse innewendig den egenannten drin jaren in dem lande oder uss dem lande zu Merhern entstunde, in welcher weise das geschehe, und zu schaden kummen mochte dem egenannten herren und marggraff Joste, so sol der obgenannte her Johans heimelich noch offenbar wieder den egenannten herren und marggraff Jost, seinem bruder schedlich sein in dheine weis, sunder ym beigestendig und getruwelich geholffen sein on alles geverde in guten truwen on arge list. Wir sprechen auch, das alle unsere ausspruche, die dovor geschrieben sein, den egenannten hern Josten und Johansen gebruderen an andirn iren rechten und briefen keinen schaden bringen, sunder alle obgeschrieben sachen stete und ganz halten on alles geverde. Wir sprechen auch, das der egenannt her Johans ym genugen sal lazzen an dem spruch, als dovor geschrieben steet. Wir sprechen auch, ob under den egenannten hern Jost und Johans gebrudern innewendig den vorgenannten drin jaren dheinerlei schult uff sich burgten, die sol yederman selber bezalen von dem seinen. Des zu einer merer sicherheit so haben wir obgenannter graff Johans unser insigel an diesen brieff gehangen, der geben ist zu Prage nach Crists geburte drewzenhundert jare darnach in dem sechs und siebenzigistem jare an dem nehsten sunabend vor dem achten tage des obristen.

(Inserirt in Nr. 17.)

17.

Johann Soběslav, Bruder des Markgrafen Jodok, verspricht den Ausspruch, welchen Johann von Hardeck zwischen beiden Brüdern fällte, unverbrüchlich zu halten.
Dt. Prag 13. Jänner 1376.

Wir Johanns genant Sobesla von gotes genaden marggraff zu Merhern bekennen und tun kunt offenlich mit diesem briefe allen den, die yn sehen oder horen lesen. Das wir sulcher zweiung, stosse und missehelunge, die zwischen uns an einem teile und den hochgebornen fursten hern Josten, herren und marggraffen zu Merhern unsirm lieben Bruder, an dem andern gewesen sein, an den edlen hern Johansen burggraff von Meigdeburg und graven zu Hardeck, unsirn lieben Oheim, genzlichen gegangen sein und zu seinen handen gesatzt haben, also das wir unzubruchen und unverrucket on alles geverde halten wollen und sullen aussprach und teydinge, die der egenannt graff Johans geteydinget, ausgespruchen und zu bevestenunge sulcher sache sein insigel angehangen hat als desselben ausspruches briefe, sinne und meinunge von worte zu worte in diesem briefe geschriben steen: Wir Johanns von gotes genaden burggraff von Magdeburg etc. geben zu Prage etc. an dem nehsten sunabend vor dem achten tage des obristen (v. n. 16). — Des geloben wir obgenaṅnt Johanns, genannt Sobesla, bei ganzen unsirn truwen und eren an eydes stat und on alles geverde, alle die obgeschrieben sachen und ir iglichs besunder in allen iren sinnen, meinungen, puncten und artikeln steto, ganz und unzubruchen halten wollen und haben gebeton die edlen Hintzen von der Lypen obristen marschalk des kunigreiches zu Beheim, Hartlieben von der Cunstatt, Hansen von Leuchtemburg herren zu Vetow, Peter Hecht von Rossitz, Erharten von der Cunstatt, Georgen von Leuchtemburg herren zu Vetow, Sdenken von Stermberg und Cuniken von Drahthus, das sie zu gezugnusse der obgenannten sachen ire insigel zu dem unsirn an diesen brieff haben gehangen. Der geben ist zu Prage nach Crists geburte drewzenhundert jare und darnach in dem sechs und siebenzigistem jare an dem achten tage des obristen.

(Orig. Perg. 9 h. Sig. im mähr. Land. Archive.)

18.

Eröffnungsformel des Brünner Landrechtes 19. Jänner 1376.

Anno domini M⁰CCC⁰LXXVI⁰ sabbato post festum beati Anthonii celebratum est colloquium baronum terre Moravie presidente serenissimo principe domino Jodoco marchione Moravio per nobiles Johannem de Sternberc alias de Lucaw supremum camerarium, Unkam de Maietin czudarium supremum et Wenczeslaum de Mladieiow prothonotarium terre, presentibus claris principibus Sobieslao et Procopio necnon nobilibus Johanne de Mezrziecz seniore, Hynczone de Lyppa, Jenczone de Lompnicz, Igramo de Pernstain, Ulrico de Bozcowicz, Henzlino et Georgio fratribus de Wethovia, Wenczeslao et Petro de Straznicz alias de Crawarn, Johanne juniore de Mezrziecz, Petro de Sternberg, Henrico de Durrnholcz, Herhardo de Cunstat, Igramo de Jacubow, Henrico de Straz, Wenczeslao de Mysliborzicz, Jeskone Puska, Benessio de Buzow, Kunycone de Drahotus, Paulo et Pawlicone de Eulburg, Petro Hecht de Rossicz, Jeskone et Wznata de Crzizans, Jaroslao de Langenberc alias de Ḱnyehnycz et Ebrio Wznata de Lompnicz, aliis quam pluribus, quorum interest, iudicio suprascripto.

(Aus der gedr. Landtafel p. 118.)

19.

Markgraf Jodok legt dem Karthäuser Kloster in Königsfeld gewisse Güter und Rechte in die Landtafel. Dt. cir. 19. Jänner 1376.

Serenissimus princeps et dominus dominus Judocus marchio Moravie ex fundacione nova, quam olim serenissimus princeps dominus marchio genitor ipsius dominus Johannes pie recordacionis pro officio sancte trinitatis et beatissime virginis Marie et beati Johannis Baptiste pro ordine perpetuo servando et divino cultu in Novavilla, que vulgo Kunygesfeld nuncupatur, priori et conventui ordinis Cartusiensis ipsam aream ibidem fundacionis cum omnibus suis edificiis, melioracionibus seu augmentacionibus, pomeriis, agris cultis et incultis, ortis, pratis, viredis, censibus, piscariis et iure piscandi in riparia dicta Panaw, et specialiter magnam novam piscinam sublus lacentem cum fundamento et litoribus suis circumquaque, ac aliis singulis et universis suis pertinenciis, item molendinum supra Eswitaviam et Swarczaviam rivos in loco, qui vocatur vulgo Derrendrusl et area molendini cum attinentibus sibi mansis ac agris, censibus, edificiis, piscariis, pomeriis, ortis, pratis, virgultis, villulis, jurisdiccionibus, pleno dominio, vincam unam in Obrzas cum decimis ipsius et iure montano ibidem et pleno dominio, villam Strelicz cum silva dicta Hayholcz, cum omnibus suis iuribus et pleno dominio et pertinenciis universis, Czernowicz villam totam et integram cum suis libertatibus, proprietatibus, usufructibus, pleno iure et dominio, nichil penitus iuris, proprietatis et dominii in supradictis omnibus bonis sibi et suis heredibus reservans, iuxta cciam tenorem literarum originalium, quas genitor felicis recordacionis dominus noster Johannes marchio Moravie antedictus clarius et evidencius super dicta fundacione et bonis ipsius confectas ipsi monasterio tribuit, prout de verbo ad verbum lucidius in hiis continetur, eidem monasterio condescendentes libere damus et assignamus temporibus perpetuis possidenda.

(Aus der gedr. Brünner Landtafel.)

20.

Markgraf Jodok legt dem Brünner Kloster der Augustiner Eremiten die Güter Prac und Testitz in die Landtafel. Dt. cir. 19. Jänner 1376.

Serenissimus princeps et dominus dominus Judocus marchio Moravie ex fundacione nova, quam olim serenissimus princeps dominus marchio genitor ipsius dominus Johannes pie recordacionis pro officio beatissime et gloriosissime Marie virginis, quod alias Mansionaria dicitur, perpetuo priori et conventui sancti Augustini ordinis fratrum heremitarum in suburbio Brunnensi, villam Pracz totam et integram exclusa curia arature cum suis pertinenciis, et una curticula cum omnibus suis pertinenciis, villam Tesczicz totam, exceptis IIII laneis monasterii de Luca, cum omnibus et singulis iuribus et proprietatibus, pleno dominio, nichil penitus sibi proprietatis reservans, dedit et vendidit perpetuo possidendam inclusis iuribus moncium et vincis.

(Aus der gedr. Brünner Landtafel.)

21.

Johann von Lešan verkauft dem Augustiner Kloster in Sternberg einen Zins von fünf Mark und fünf Groschen in dem Dorfe Výšovitz. Dt. 20. Jänner 1376.

Nos Johannes et uxor mea legitima domina Sbinka et Albertus progenitor noster de Lessan notumfacimus tenore presencium universis presentes literas inspecturis. Quod nos certo consilio prebabito cum amicis nostris veram nostram hereditatem, videlicet quinque marcas cum quinque grossis pragensium denariorum, sexaginta quatuor grossos pro marca qualibet computando, veri census annui in villa Vyssowicz cum hominibus et laneis et omnibus juribus libertatibus in villa et in campis cum pleno dominio et proprietate ac cum universis pertinenciis suis ad illas quinque marcas cum quinque grossis quomodolibet spectantibus, quibuscunque nominibus censeantur, nil penitus proprietatis aut dominii nobis in premissa villa Vissouicz quinque marcarum et quinque grossorum censibus prenominatis reservantes, honorabilius dominis Wenczeslao preposito et canonicis ac conventui monasterii novi canonicorum regularium in Sternberg presentibus et eorum posteris et racionabiliter vendidimus pro quinquaginta quatuor marcis grossorum ac numeri predictorum paratis et numeratis pecuniis nobis ad plenum persolutis per prefatos dominos prepositum, canonicus et conventum possidendos, tenendos et perpetue habendos sine nostro, beredum et amicorum nostrorum et aliorum quorumcunque quovis impedimento et contradiccione. Et promittimus bona et inviolabili fide, dictos census quinque marcarum cum quinque grossis prefatis dominis preposito, canonicis et conventui, qui nunc sunt et erunt pro tempore, juste et legitime exbrigare et libertare iuxta consuetudinem terre Moravie approbatam a concilio et abscussione et a quibuscunque impedientibus illos census et nichilominus dictos census supranominatis dominis intabulare cum universis pertinenciis, ut prefertur, in proximo dominorum in Olomucz colloquio nostra bona fide promittimus et debemus. Quod si non fecerimus, extunc quicunque ex nobis infrascriptis fideiussoribus nostris, quos constituimus, videlicet Dirsslauum de Stralech, Onsikonem de Czelechouicz et Stephanum de Seluticz, duo requisiti fuerint per dominum prepositum, canonicos et conventum, qui nunc sunt et erunt pro tempore, illi duo unus alium non expectando nec se per alterius absenciam excusando quilibet cum duobus equis et famulo obstagium verum et consuetum in civitate Stermberg prestare et observare tenebuntur et debebunt in hospicio probi viri, qui ipsis per prefatos dominos fuerit deputatum et ostensum et abinde non exire, donec dicti census quinque marcarum cum quinque grossis fuerint a quolibet impediente iusto et legitime exbrigati et intabulati in colloquio, ut superius exponitur, ac omnia alia et singula dampna, que prenominati domini prepositus, canonici et conventus perceperint quocumque modo in premissis et propter premissa per nos fuerint realiter et ex toto refusa et restaurata. Nos igitur Dirslaus, Onsiko et Stephanus prenominati pro prefatis Hcnslino, domina Sbinka et Alberto filio eorum cum ipsis et pro ipsis ac unanimiter omnes in solidum de certa nostra sciencia promittimus et eciam fideiubemus sub omni modo et forma, ut superius in his literis est descriptum, et eciam omnia et singula in omnibus et per omnia nostra fide bona promittimus inplere prefatis dominis Wenczlao preposito, canonicis et conventui novi monasterii in Stermberg superius notatis premissa et singula supra scripta ad manus reverendi domini Alberti episcopi Luthomisslensis tam nos principales quam nos fideiussores promittimus bona fide inviolabiliter observare. In cuius rei testimonium et fidem pleniorem sigilla nostra in solidum duximus appendenda. Datum anno domini millesimo trecentesimo septuagesimo sexto in die sanctorum Fabiani et Sebastiani martirum beatorum.

(Orig. Perg. 5 h. Sig. im mähr. Land. Archive. — Das Siegel des Dirslaus zeigt das Wappen der Kraváře.)

22.

Benesch von Wildenberg bekennt, dem Dominikanerkloster in Brünn 50 Mark schuldig zu sein. Dt. 24. Jänner 1376 s. l.

Nos Benessius de Wildenberg alias de Busaw notum facimus universis, quod ex testato olim divae recordationis domini Potonis fratris nostri de Wildenberg tenemur venorandae religionis fratribus priori et conventui ordinis praedicatorum domus sancti Michaelis in Bruna de vero debito quinquaginta marcas grossorum denariorum pragensium moravici numeri et pagamenti pro anniversario dicti domini Potonis et suorum praedecessorum singulis annis peragendo destinatas. quas quidem pecunias promittimus nos Benessius praedictus, Proczko natus eiusdem et tituli, et Pota de Wildenberg dictus Saczler bona nostra fide sine dolo quolibet omnes in solidum manuque coniuncta et indivisa dictis fratribus in grossis duntaxat denariis praedictis solvere et numerare, hinc a festo sancti Georgii nunc proxime venturo per quinque annos continue revolvendos, necnon eisdem fratribus medio tempore singulis annis quinque marcas nomine veri census dictorum denariorum porrigere et in Brunam ad eorum conventum eis deferre, tertiam dimidiam videlicet marcas in Georgii incipiendo proxime nunc venturo et ierliam dimidiam marcas in Michaelis beatorum festis. Quorum terminos si quos vel quem eorum alterum in solutione debiti sui neglexerimus, ex tunc statim elapsis quindecim diebus census sic neglectos praedicti fratres in nostra in solidum dampna recipiant inter Judaeos et Christianos nostro in solidum periculo sarcienda. Si vero capitalis pecunia negligeretur, ex tunc duo nostrum in solidum, qui cum a dictis fratribus monebuntur, quilibet eorum cum uno famulo et duobus equis obstagium verum et solitum in civitate Bruna et domo honesta ipsis per eosdem fratres deputata praestabunt intemerate. Quo obstagio quatuordecim diebus a die monitionis huiusmodi continuis praestito vel non praestito, dicto debito nondum soluto, mox id ipsum principale debitum in nostra omnium in solidum dampna praedicti fratres recipiant inter Judaeos et Christianos nostro in solidum periculo

sarcienda et nichilominus dictum illeso servabitur obstagium nullo jure tam diu interrumpendum, donec memoratis fratribus dictum debitum cum dampnis singulis et universis quovis
modo inde notabiliter contractis ac suo quolibet interesse integre persolvemus sine qualibet
in contrarium actione canonica vel civili. Sub harum nostris in testimonium et nobilis domini
Pothae de Hollenstein et strenuorum virorum et dominorum Machniconis de Drahotausch,
Petri dicti Schrzetin de Sdanitz, Henrici de Newogicz testium instanter rogatorum sigillis
dedimus testimonio literarum. In vigilia conversionis sancti Pauli anno domini millesimo trecentesimo septuagesimo sexto.

(Spätere, aus dem Originale entnommene Abschrift in der Bočekschen Sammlung n. 5423
im Land. Archive. Wohin das Orig. gelangte, ist unbekannt.)

23.

*Petr von Zahrádka tritt dem Bartoš v. Červeny unter gewissen Bedingungen 7 Schock
jährl. Zinses in Zahrádka und Dvořec ab. Dt. 25. Jänner 1376. s. l.*

Ego Petrus dictus Peczenecz de Zahradka venditor bonorum subscriptorum, Beneschius de Olsan, Domaslaus de Olesny, Rynart de Prosty, necnon Nicolaus de Prosty fideiussores eiusdem tenore presencium recognoscimus. Quod Barthossyo de Czerweny, uxori
sue ac heredibus eorum racione mutue commutacionis bonorum seu hereditatum, videlicet
dotalicium uxorum nostrarum condescendimus de septem sexagenis grossorum pragensium
denariorum, videlicet in Zahradka sex sexagenas minus octo grossos census annuatim, et in
Dworzecz unam sexagenam et octo grossos census annuatim cum omni iure, libertate et
voluntate eadem, sicuti solus tenui et possedi, jure hereditario ad habendum, tenendum, utifruendum et possidendum et in usus eorum secundum eorum placitum convertendum. Hoc
tamen incluso, quod dictus Barthossius et sui heredes de siluis meis, dictis bonis adiacenti-
bus, pro necessitate eorum videlicet pro edificiis emendandis seu edificandis necnon ad con-
burendum et homines sui in dictis bonis existentes et hoc si comoda seu edificia eorum per
voraginem ignis, quod absit, essent consumpta, debent procurare et adducere, quantum
volunt; hoc tamen interiecto, quod domina Raczka, dicti Barthossii conthoralis, super cadem
bona racione veri eius dotalicii debet induci et eadem debent ci resignari sine quouis impedimento. Et promittimus nos omnes predicti manu coniuncta sine malo zelo, dictum censum
in villis predictis dicto Barthossio uxori sue ac heredibus corum in tabulas terre Morauie
inponere in ciuitate Brunne et intabulare, cum primum ibidem dies placiti fuerit celebrata
et dicte tabule ibidem fuerint aperte, iuxta dicte terre morem et conswetudinem aprobatam.
Si autem in dicta intabulacione racione infirmitatis aut aliorum arduorum negociorum dicta
bona non intabularemus, extunc in alio termino videlicet die placiti inde sequenti promittimus
et debemus dicta bona predictis intabulare. Si autem hoc non faceremus, extunc promittimus et debemus bona fide sine malo zelo obstagium debitum et consuetum duo nostrum,
quicunque per predictos seu vnum ex ipsis moniti fuerimus, vnus alium non expectando,

quilibet cum vno famulo et duobus equis in ciuitate Gyemnycz in hospicio nobis per ipsos deputato super sexaginta sexagenas grossorum subintrare mansuri ibidem, siculi iuris et moris obstagialis expostulat et requirit et abinde super nullum ius exituri, donec dicte sexaginta sexagene una cum dampnis exinde perceptis non fuerint predictis persolute. Harum nostrarum, quibus sigilla nostra presentibus sunt appensa, testimonio literarum. Datum et actum Anno domini Millesimo trecentesimo sexagesimo sexto in die conversionis sancti Pauli Appostoli gloriosi.

(Orig. Perg. 5 h. Sig., wovon das zweite abgerissen, im Olm. Kapitelarchive.)

24.

Olmützer Kapitelstatut 22. Februar 1376.

Anno dom. 1376 in capitulo generali festi Kathedre s. Petri in stuba domini Laurencii ordinatum et statutum est, quod deinceps occurrente steura regali obedienciarius maioris obediencie mediam marcam et non plus debet habere de remanencia.

(Aus dem Codex E. I. 40 p. 15 im Olm. Kapitelarchive.)

25.

Das Olmützer Kapitel genehmigt den Verkauf des Hofes in Přikaz.
Dt. Olmütz 27. Februar 1376.

Nos Bedericus decanus et capitulum Olomucense notumfacimus presencium inspectoribus uniuersis, quod honorabilis vir dominus Henricus de Poczenicz, perpetuus vicarius nostre Olom. ecclesie. curiam in Przikaz ad vicariam eiusdem domini Henrici cum agris et cum omnibus suis juribus pertinentem, de nostro communi consensu et maturo consilio et deliberacione inter nos factis in nostro generali capitulo, quod celebrari solet in Cathedra sancti Petri Apostoli et sequentibus diebus, ut condicio predicte vicarie fieret melior, discreto viro Andree de Cornicz, aduocato in Luthouia, uxori sue, liberis, heredibus et legitimis successoribus pro certa pecuniarum summa vendidit, in qua solutus est totaliter et pagatus, taliter, quod dictus Andreas. uxor, liberi, heredes et legitimi successores singulis annis prefato domino Henrico et successoribus, vicariis ecclesie Olomucensis, qui pro tempore fuerint, quatuor marcas grossorum pragensium, sexaginta quatuor grossos pragenses pro marca computando, videlicet duas marcas in festo Penthecostes et duas reliquas in festo s. Martini pontificis racione annui et perpetui census censuare debent cum effectu. Quibus solutis prefatus Andreas. uxor, liberi, heredes legitimi successores vel eiusdem curie possessores ad nichil aliud dandum soluendum et faciendum nisi ad dandum steuram regalem tenebuntur, cuius quidem de ipsa curia solucioni predicti Andreas uxor, liberi, heredes ac legitimi Successores coram judice ville in Prikaz sicut ceteri homines eiusdem ville Prikaz in casibus

emergentibus debent respondere . . . . . In quorum omnium testimonium inperpetuum valiturum presentes literas scribi iussimus sigilli nostri minoris appensione munitas. Datum
Olomucz in nostro generali Capitulo feria quarta post festum Cathedre s. Petri Anno domini Millesimo Trecentesimo Septuagesimo sexto.

(Nach einer einfachen Abschrift im Olm. Kapitelarchive.)

26.

*Unka von Majetein bekennt, gewisse Güter in Tršitz und Bělá vom Markgrafen Jodok
zu Lehen erhalten zu haben. Dt. Brünn 2. März 1376.*

Ego Hunko de Magietin notumfacio tenore presencium universis. Quod ab illustri
principe et domino, domino Jodoco marchione ct domino terre Moravio domino meo gene-
rosissimo, in reconpensam serviciorum per me sibi exhibitorum, bona sua videlicet in villa
Trssicz duodecim laneos, quatuor thabernas, duos ortos et curiam unius arature, et in villa
Byela terciam partem bonorum, que ibi fore noscuntur, cum omnibus eorum pertinenciis,
utilitatibus, juribus, dominio, fructibus. proventibus et obvencionibus universis, quibuscunque
nominibus censeantur, pro mc ct heredibus meis masculini dumptaxat sexus verum in feudum
suscepi, promittens predictis cum heredibus bona mea fide de predictis bonis omnibus et
eorum pertinenciis universis iuxta quantitatem eorum et prout se extendunt, prefato domino
marchioni, heredibus et successoribus suis, marchionibus Moravie servire, obedire, obsequi
fideliter ct parere, sicuti veri feudales suis naturalibus ct legittimis dominis obediunt, serviunt, obsecuntur et parent. In cuius rei testimonium sigillum meum et ad mee peticionis
instanciam nobilium virorum dominorum Johannis senioris de Mesirziecz, Johannis de Byethow,
Stiborii de Czinburk et Petri Hecht de Rossicz, prefati domini marchionis feudalium, sigilla
presentibus sunt appensa. Scriptum Brunne dominica prima in quadragesima, qua canitur
Invocavit anno domini millesimo trecentesimo septuagesimo sexto.

(Orig. Perg. 5 h. Sig. im mähr. Landes-Archive.)

27.

*Peter Fischer von Altbrünn kauft einen jährlichen Zins von Gertrud der Subpriorin des
Klosters Schwester Herburg. Dt. Brünn 3. März 1376.*

In nomine domini amen. Anno a nativitate domini millesimo trecentesimo septuagesimo sexto, indiccione quarta decima, die tercia, mense Marti, in monasterio sancte Marie
virginis, alias dicto Suesterherbok (sic) in parva stuba priorisse, in civitate Brunensi Olomucensis diocesis, hora quasi vesperorum, pontificatus sanctissimi in christo patris ac domini
nostri Gregorii divina providentia pape XI. anno VI⁰, in mci notarii publici ct testium presencia subscriptorum constitutus personaliter discretus vir et honestus Petrus piscator de

antiqua Bruna Olomucensis diocesis nomine suo et heredum suorum ac nomine Elizabet, relicte quondam Johannis de Griluviez, emit unum fertonem census iusta, vera et legitima empcione pro quinque fertonibus grossorum denariorum argenteorum pragensium, sedecem grossos pro fertone quolibet computando, apud sanctimonialem feminam nomine Gerdrudem subpriorissam monasterii sancte Marie, alias dicto Suesterherbork predicto, quam pecuniam mox et immediate coram infrascriptis testibus eidem Gerdrude dedit, numeravit et omnimode persolvit, quem censum in suo et in Elizabet ortis dicta Gerdrudis habuit, tenuit et rexit ac singulis annis ab ipsis Petro et Elizabet et ab eorum ortis, qui sunt iuxta ortum Nicolai dicti Brother et ab alio latere iuxta ortum dictum Rosberger in Griluvicz situati, percepit et recepit dictum fertonem census, quem censum eisdem Petro et heredibus suis ac dicte Elizabet per quendam pileum, quem tunc in manibus tenuit, coram subnotatis testibus, libere resignavit omni iure, modo et forma. quibus ipsa Gerdrudis habuit, tenuit, possedit et rexit dictum censum. Insuper omnimode renunciavit omnibus iuribus, literis et occupacionibus quibuscumque tam ex parte conventus quam eciam ex parte sua nunc et in evum in dicto censu. De qua quidem empcione et resignacione dicti census prefatus Petrus piscator petivit sibi per me notarium fieri publicum instrumentum. Acta sunt hec in Bruna sub anno, indiccione. die. mense. loco. hora et pontificatus suprascriptis presentibus venerabilibus viris et dominis fratre Zavissio priore, fratre Johanne dicto Czulber subpriore domus sancti Michaelis fratrum predicatorum in Bruna, domicella Dorothea priorissa dicti monasterii, Petro dicto Liseck canonico ecclesie sancti Petri in Bruna et preposito dicti monasterii ac Petro presbytero de Gumayn, eiusdem monasterii capellano, testibus fidedignis ad predicta vocatis specialiter et rogatis.

Et ego Hermannus quondam Philippi clericus Olom . . . notarius etc. Et hanc dictionem annis sub tali signo non merito sed errore in nona linea obmissam hic propria manu scripsi. Insuper Marci dicti Funex et Ditlini dicti Wolczgot scabinorum Brunensimn sigilla . . . . presentibus sunt appensa.

(Orig. Perg. 5 h. Sig. im Archive des Königinklosters Lit. R. num. 6 im Laudes-Archive.)

28.

Markgraf Jodok bestättigt der Stadt Ung. Brod das ihr vom Markgrafen Johann ddo. Brünn 16. Dezbr. 1351 ertheilte Privilegium. Dt. Spielberg 6. März 1376.

Ve jméno svaté a nerozdílné trojice amen. Jošt z Boží milosti markrabí a pán země moravské ku paměti věčné známo činíme timto listem vuobec tak nynějším jako i budoucím, že ačkoliv naše dobrovolnost k každým dobře zaslouživým, kteréž širokost našcho markrabství obsahuje, štědrá jest, k těm však našcho uráčení pravici štědřejší ráčí vztahovati, kteréžto mnohonásobné cnosti a šlechetnosti, zásluhy a také samé věrnosti ustavičná uslužnost vychvalují. Jistě vedle měšťanů Brodu Uherského našich věrných milých přednešené ponížené, jakž v sobě obsahovala. prosby, abychom privilegium jim od nejjasnějšího knížete a pána pana Jana slavné paměti markrabí moravského, otec naścho nejmilejšího, milostivě nadané a všecky věci v témž nadání obsažené, výsřečeným měšťanům našim a jich městu dotčenému z dobrotivosti nám přirozené ujistili, upevniti, potvrditi a obnoviti milostivě ráčili, kteréžto nadání ve všem zní jakž následuje. (vid. B. 8 p. 97 n. 132.) — My tedy na již psaných měšťanův našich upřímé čistoty horlivost a vnitřni věrnosti stálost a jiných cnosti zásluhy očima mysli naší jasněji vzhledajíce jich sníženým prosbám jakožto spravedlivým a náležitým jsouc naklonění řečené privilegium nebo obdarování jakž nahoře slovo od slova jest vyrčeno, také i všecko a obzvláštní v něm obsažené s dobrým rozmyslem a z jistého našeho vědomi ujišťujeme, utvrzujeme a výš jmenovaným našim měšťanům a městu našemu častopsanému ve všem obnovujeme a mocí listu tohoto přítomného potvrzujeme, chtíce tomu, aby řečené obdarování se všemi svými a každými punkty a klauzuly skrze nás, jak dotčeno, ujištěné, upevněné, obnovené neporušitedlné ustavičnosti věčnou stálost obdrželo. A na svědomí toho pečet naši k tomuto listu přivěsili sme poručili. Dán na Spilnberce hradě našem ve čtvrtek po neděli postní, v kterouž se zpívá Invocavit léta Páně tisícího třístého sedmdesátého šestého.

Übersetzung aus dem XVI. Jahrhdt. des abhanden gekommenen Originales in der Bočekschen
Sammlung n. 6836 im mähr. Landesarchive.)

29.

Beneš von Kravař etc. verbürgen sich der Frau des Sezema von Čalonitz die Morgengabe aus der Landtafel zu löschen. Dt. 9. März 1376.

Wir Benesch von Crawar, gesessen zu Chrumnaw selb geschol, Dirslaw von Crawar gesessen zu Fulnek, Jesk von Chueperch und Bohunk von Stihnicz zugeluber und mitpurgen voriehen und tun chunt an discm priefe, das wir geluben und vorhaisen mit gesampter hant und ungetaylt dem edeln herrn, herrn Waczlaw und Ratibori seinem pruder von Misliboricz und auch zu getrewer hant dem edlen herrn, herrn Hansen von Leuchtenpurch herrn zu Wetow, dy morgengab der edlen vrau Sezams weib etbenn gesprochen von Czalonicz, dy sy gehabt hat in dem dorffe zu Churhaw, an dem ersten lantgesprech aus der lanttavel zu legen. Tet wir des nicht, welich zwen under uns gemant wirt von dem egenannten herrn Waczlaw und Ratybori seynem pruder und von herrn Hansen von Vetaw yecleicher mit aynem chnechte und mit zwayn pherden sullen laysten in dy stat gen Brünne in eyn erber gasthaus, wo in von den vorgenannten gezaiget wirt und do laisten als innelegers recht und gewonhait ist in dem lande zu Merhern und aus der laistunge nich chomen auf chain recht, es wert dann dem vorgenannten herrn Waczlaw und Ratibori, seynem pruder und auch herrn Hansen von Wetaw aller der schaden, den die des nemet, den sie beweisen mochten, von uns und von unsern erben wert ganz und gar vergolten und schol unser schade seyn und nicht der ir. Und zu eyner steten sicherhait geb wir in den priff vorsigilt mit unsern anhangunden insigeln, der geben ist nach Cristus gepurt dreizehenhundert jar und darnach in dem sechs und sibenzigsten jar an dem andern suntage in der Faste, als man singet Reminiscere.

(Orig. Perg. 4 h. Sig. im mähr. Land. Archive.)

30.

Peter von Habrowan erklärt, vom Markgrafen Jodok gewisse Güter zu Lehen erhalten zu haben. Dt. Spielberg 13. März 1376.

Ego Petrus de Habrowan notumfacio tenore presencium universis. Quod a serenissimo principe et domino, domino Jodoco marchione Moravie, domino meo gracioso, in recompensam serviciorum per me sibi exhibitorum fideliter, bona sua videlicet in villa Habrowan municionem, duas araturas, decemnovem laneos, undecim curticulas, unam tabernam, ortum pomerium, duas piscinas, in Rauscins unam marcam census et de Copanyna tres fertones novem grossos annui census cum omnibus et singulis eorum pertinenciis, silvis, rubetis, pratis, pascuis, rivis, aquis, piscacionibus, agris cultis et incultis, metis, limitibus et graniciis, juribus, utilitatibus, pleno dominio, proventibus, fructibus et obvencionibus universis, quibuscunque nominibus censeantur, pro me et meis masculinis tantum heredibus in verum feudum suscepi. Promittens cum predictis meis heredibus bona nostra fide, fraudis semota dolositate, de predictis municione, bonis et eorum pertinenciis universis prefato domino marchioni, heredibus et successoribus suis, marchionibus Moravie, servire, obedire, intendere, obsequi fideliter et parere sicut veri feudales suis naturalibus veris et legittimis dominis serviunt, obediunt, intendunt, obescuntur fideliter et parent, bonum eorum prosequendo et malum precavendo in omni loco publice et occulte. Et quandocunque necesse fuerit, sive quociens requisiti fuerimus per dictum marchionem, heredes et successores ipsius marchiones Moravie, tunc cum una galea ego vel heredes mei predicti personaliter aut, si legittimis nostris negociis pro tunc occupati fuerimus, per aliam idoneam personam nobis condicione similem debebimus et tenebimur apte et decenter deservire. In cuius rei testimonium sigilla meum et discreti viri domini Nicolai fratris mei, plebani in Wazan et nobilium virorum dominorum Johannis senioris de Mezirziecz et Petri Hecht de Rossicz, predicti domini marchionis feudalium, presentibus sunt appensa. Datum Spilberg quinta feria post dominicam Reminiscere anno domini millesimo trecentesimo septuagesimo sexto.

(Orig. Perg. 4 h. Sig. im mähr. Landesarchive.)

31.

Johann der ältere von Meziřič bekennt, vom Markgrafen Jodok das Gut Osová zu Lehen erhalten zu haben. Dt. Spielberg 28. März 1376.

Ego Joannes senior de Mezirziecz notum facio tenore presencium universis, quod a serenissimo principe et domino, domino Jodoco marchione et domino terre Moravie, domino meo gracioso, pro serviciis ipsi per me prestitis et adhuc fideliter prestandis in futurum bona sua Ossowe, videlicet municionem Ossowe cum una aratura et villa, item subscriptas villas puta Nyehow, Bytesska cum molendino. Wlkove, Brzieske, Brzezie, Hermanslag, Skrzimarzow, Orziechowe, Kadolcze, Mileschin et Zablatye cum omnibus et singulis eorum pertinenciis, iuribus, utilitatibus, silvis, rubetis, nemoribus, pratis, pascuis, planis, planiciis, montibus, vallibus, aquis, rivis aquarumve decursibus, piscinis, piscacionibus, aucupiis, aucupacionibus, venacionibus, agris cultis et incultis, pleno iure ac dominio, metis, limitibus, gadibus et graniciis, prout circumferencialiter liminata consistunt, ac eciam cum omnibus eorum fructibus, proventibus et obvencionibus universis, quibuscunque censeantur nominibus, pro me et meis masculinis duntaxat heredibus verum in feudum suscepi. Promittens cum predictis heredibus de prefata municione et bonis omnibus ac eorum universis pertinenciis prefato domino marchioni, heredibus et successoribus suis marchionibus Moravie tamquam nostris veris et naturalibus dominis ac legitimis vera fide, servitute debita et fidelitate sincera omni tempore fideliter astringi, prout veri feudales suis veris et naturalibus dominis omni fidelitate et continua promptitudine astringuntur bonum eorum prosequendo in omni loco et malum precavendo publice et occulte. In cuius rei testimonium sigilla mei et ad peticionis mee instanciam nobilis viri domini Henslini de Byethow et strenui militis Petri Hecht de Rossicz predicti domini marchionis feudalium presentibus snut appensa. Datum Spilberg sexta feria post dominicam, qua decantatur Letare Hierusalem anno domini millesimo trecentesimo septuagesimo sexto.

(Orig. unter den Karlsteiner Privilegien, Abschrift im mähr. Landesarchive. — Abgedr. in Balb. Miscell. Dec. I. lib. 8. Vol. I. p. 163.)

32.

Markgraf Jodok gibt der Stadt Brünn das Recht, den Stadtrichter selbst wählen zu können. Dt. Brünn 15. April 1376.

Jodocus dei gracia marchio et dominus Moravie. Si specialibus et expertis nostris fidelibus dilectis graciam facimus specialem non est indignum, sed consonat omnimodo equitati. Ea propter universis et singulis tam presentibus quam futuris volumus esse notum, quod animo deliberato, non per errorem aut improvide, sed sano baronum, procerum et nobilium nostrorum accedente consilio prudentibus et discretis viris scabinis civitatis Brunensis, qui nunc sunt aut pro tempore fuerint, fidelibus nostris dilectis, hanc graciam perpetuo valituram fecimus et facimus vigore presencium specialem, quod scabini eiusdem civitatis Brunensis post decessum Joannis dicti Stemmerkhütl, nunc iudicis, in antea iuxta ipsorum industriam pro utilitate et bono statu predicte civitatis nostre Brunensis instituendi iudicem plenariam potestatem habere debeant perpetuis temporibus affuturis, volentes, quod predictum iudicium et ipsius iudicis institucio et destitucio ad civitatem et scabinos Brunenses predictos sub modo superius expressato cum omni iurisdiccione, iure, libertate et singulis eius obvencionibus ac fructibus, qui exinde derivari poterunt, pertinere et spectare debent perpetuo et in evum. Presencium sub appenso nostro sigillo testimonio literarum. Datum Brune anno domini millesimo trecentesimo septuagesimo sexto feria tercia infra octavas pasche.

(Orig. Perg. h. Sig. im Brünner Stadtarchive. — Auf der Plicatur: ad mandatum domini marchionis Nicolaus de Praga.)

33.

20. April 1376.

Johannes de Dobroczkowicz cum filiis suis Wlczkone et Laurencio vendunt domine Hylarie abbatisse et conventui monasterii salvatoris infancie Christi in Pustmyr decem marcas annui census pro centum septemdecim et dimidia marcis grossorum in villa seu opido Swabenicz. — Fideiussores Wilhelmus de Coberzicz alias de Dobroczkowicz, Sbynco de Drzienowe, Ulricus Ky de Hartmanicz alias de Herolticz, Wilhelmus de Opatowicz alias de Olomuczan et Woyczicscho de Wazan. Datum dominica Quasimodo geniti anno domini millesimo trecentesimo septuagesimo sexto.

(Notiz im fürsterzb. Archive in Kremsier.)

34.

Wenzel Probst des Klosters Kanitz verkauft als Vormund der Waisen nach Franko von Kunowitz Güter derselben im Werthe von 300 Mark und verpflichtet sich, innerhalb sechs Jahren gleichwerthige Landgüter zu kaufen und vom Markgrafen Jodok zu Lehen anzunehmen. Dt. Brünn 22. April 1376.

Nos Wenczeslaus divina miseracione prepositus monasterii Cunycensis, tutor orphanorum olim domini Franconis de Cunowicz, Petrus germanus eiusdem de Cunowicz, Wenczeslaus fratruelis corundem, principales, Johannes de Luchtenburch dominus in Wethovia, Pawlico de Sowinecz fideiussores manu coniuncta, notumfacimus universis tenore presencium, nos vendidisse bona, videlicet theloneum minus in civitate Iglaviensi et villas Ranczier, Rosschicz et partem Neustift pro trecentis marcis grossorum denariorum pragensium moravici numeri discretis viris Jacobo et Johanni fratribus dictis de Pilgrams, civibus Iglaviensibus, de licencia speciali et favore serenissimi principis et domini, domini nostri Jodoci marchionis Moravie. Et hoc tali condicione adiecta, quod nos predicti infra sex annorum spacio debemus et tenemur emere et comparare in recompensam illius vendicionis pro trecentis marcis grossorum bona libera in terra Moravie et ea suscipere in verum omagium et feodum a predicto serenissimo principe et domino, domino nostro Jodoco marchione Moravie. Quod si non fieret, quod absit, extunc quicunque nostrum duo moniti fuerint per predictum dominum nostrum marchionem Moravie, quivis cum uno famulo et duobus equis propria in persona obstagium verum et solitum in civitate Brunna in domo per predictum dominum marchionem deputata parare debent et tenentur, abinde non exituri, donec pro trecentis marcis bona per nos comparata et empta a predicto principe et domino, domino Jodoco, marchione Moravie eciam in feodum suscepta fuerint effective. Actum et datum Brune anno domini millesimo trecentesimo septuagesimo sexto tercia feria ante festum Georgii martiris gloriosi.

(Orig. Perg. 4 h. Sig. im mähr. Land. Archive.)

35.

Markgraf Jodok bestättigt den Verkauf der kleineren Mauth in Iglau an die Iglauer Bürger Jacob und Johann und ihre Erben. Dt. Brünn 22. April 1376.

Jodocus dei gracia marchio et dominus Moravie notum facimus tenore presencium universis, quod in nostra constituti presencia honorabilis et religiosus vir Wenceslaus prepositus monasterii in Cunitz ordinis premonstratensis, tutor orphanorum olim strenui militis Franconis de Chunowitz, germanus (sic) preposti predicti et Wenceslaus fratruelis ipsorum de Chunowitz, nobis diligenti precum instancia supplicarunt, quatenus ut minus theloneum in civitate Iglaviensi, quod a nobis in feudum dependet, fidelibus nostris dilectis Jacobo et Johanni fratribus civibus Iglaviensibus vendere possent, ad hoc nostrum vellemus consensum tribuere et assensum. Nos predictorum preposti Petri (?) et Wenceslai precibus favorabiliter inclinati ad vendicionem prefatam nostrum consensum dedimus et donavimus, damus et donamus vigore presencium et largimur, sic quod Jacobus et Johannes predicti, ipsorum heredes et successores legittimi masculini duntaxat sexus predictum theloneum minus cum villis infrascriptis videlicet tota villa Ranczer, tota villa Newstift exclusis quatuor laneis, tota villa Roschitz, pratis, pascuis, silvis, rubetis, censibus, fructibus, obvencionibus, agris cultis et incultis, aquis, rivis, piscinis, piscacionibus et singulis suis pertinenciis, quibuscumque vocentur nominibus, a nobis, heredibus et successoribus nostris, marchionibus Moravie, in verum feudum habere, tenere et possidere debent perpetuis temporibus affuturis. Mandamus igitur universis et singulis officialibus et aliis in marchionatu nostro constitutis fidelibus dilectis firmiter et districte, quatenus Jacobum et Johannem prefatos, ipsorum heredes et successores legittimos, ut premittitur, in predicta nostra gracia non impedient nec impediri permittant, quinpocius ipsos manuteneant, protegant favorabiliter et defendant. Presencium sub appenso nostro sigillo testimonio literarum. Datum Brunne anno domini millesimo trecentesimo septuagesimo sexto, feria tercia proxima post dominicam, qua cantatur Quasimodogeniti.

(Aus einer älteren Abschrift der Bestättigungsurkunde K. Ladislavs, in welcher diese Urkunde inserirt ist, in der Bočekschen Sammlung n. 8266 im Laudesarchive.)

36.

Nicolaus Vogel verkauft das halbe Dorf Wilanz. Dt. 23. April 1376 s. l.

Ego Mixo Vogel civis Iglaviensis cum heredibus meis notumfacio tenore presencium universis. quod mediam villam meam Wylancz dictam in Moravia cum universis ac singulis utilitatibus. censibus. redditibus. obvencionibus . . . . . ac collacione ecclesie et jurepatronatus parrochialis ibidem et honore ac omni dominio necnon cum omnibus et singulis pertinenciis sub et super terram existentibus. que mmc ibi sunt vel fieri poterunt infuturum, ad dictam mediam villam meam. Wylancz dictam, spectantibus sponte ac heredum meorum nomine bona et matura deliberacione prehabita ac de consilio meorum amicorum et precipue uxoris mee de consensu vendidi discretis viris et honestis Frenczlino et Henelino Schonmelczer, fratribus germanis. civibus civitatis Iglavie et ipsorum heredibus rite et racionabiliter pro centum sexagenis grossorum et duabus sexagenis grossorum pragensium denariorum et presentibus de dicta media villa mea Wylancz in Moravia cum suis metis et finibus ac omnibus suis juribus. sicut ego Mixo Vogel et frater meus Johannes Vogel pie memorie tenuimus temporibus ab antiquis. condescendo et iam condescendi, quia dicti fratres videlicet Frenczlinus et Henellinus Schonmelczer cives Iglavie suprascriptas centum sexagenas grossorum et duas sexagenas grossorum pragensium denariorum michi persolverunt plenarie pecunia cum parata. Preterea nos Mixo Vogel, Petrus Vogel, Nicolaus Vogel, Jacobus de Pylgryms, Johannes de Pylgryms, judex civitatis Iglavie, fratres germani, Peschiko de Roschowicz et Henricus de Peranaw et nostri heredes coniuncta manu et sine dolo malo promittimus, dictam mediam villam Wilancz cum omnibus suis juribus suprascriptis finibus ac metis, ita quod dictus Mixo Vogel sibi et suis heredibus in dicta villa Wilancz media nichil reservavit nec debet reservare. disbrigare et libera facere a quocunque homine inpediente seu inpetente secundum consuetudinem terre Moravie et ab omnibus personis spiritualibus vel secularibus. Et precipue promittimus pro omnibus judeis et de tabulis terre Moravie in Brunna excipere et delere et disbrigare et predictis fratribus videlicet Frenczlino et Henellino Schonmelczer fratribus (sic) et ipsorum heredibus ad tabulas terre Moravie inscribere et intabulare. Eciam promittimus principaliter predictis fratribus Frenczlino et Henellino Schonmelczer et ipsorum heredibus pro illo, quod sutye vulgariter dicitur. Et primum postquam fuerit Colloquium dominorum in Brunna vel ad maius secundum colloquium dominorum, quod vulgariter Snem nuncupatur. tenebimur supradictam villam Wilancz mediam ad tabulas terre Moravie in Brunna inscribere et intabulare. Sin autem aliqua premissorum negligeremus seu facere non curaremus. videlicet si dictam mediam villam Wilancz . . . . . ipsis fratribus Frenczlino et Henellino et ipsorum heredibus non disbrigaremus seu liberas non faceremus et ad tabulas terre Moravie non inscriberemus. extunc duo nostrum, qui per dictos fratres Frenczlinum et Henellinum Schonmelczer et ipsorum heredes nominalim fuerimus moniti, quilibet cum uno famulo et duobus equis obstagium debitum et conswetum in civitate Iglaviensi in hospicio honesto nobis ad instanciam dictorum fratrum deputato vel suorum heredum promittimus observare. Elapsis autem quatuordecim diebus a secundo colloquio dominorum in Brunna et si predictis fratribus Frenczlino et Henellino Schonmelczer et ipsorum heredibus centum sexagenas grossorum et quinquaginta sexagenas grossorum pragensium denariorum non persolveremus pecunia cum parata, ipso obstagio prestito vel non prestito, extunc sepedictis fratribus Frenczlino et Henellino Schonmelczer et ipsorum heredibus damus plenum posse antedictas centum sexagenas grossorum et quinquaginta sexagenas grossorum pragensium denariorum inter christianos recipiendi vel judeos ubicunque locorum ipsis melius videbitur expedire, nostrorum omnium super dampna, nobis tamen suprascriptis obstagium debitum continue servaturis, donec supradictis fratribus Frenczlino et Henellino Schonmelczer et ipsorum heredibus de pecunia capitali una cum usuris omnibus desuper crescentibus ac dampnis omnibus inde, que simplicibus verbis affirmant percepisse, integraliter fuerit satisfactum, quod verbo nec facto numquam volumus reclamare data fide. In cuius rei testimonium et robur obtinendum sigilla nostra de certa nostra sciencia presentibus sunt appensa. Datum Anno domini Millesimo trecentesimo septuagesimo sexto in die sancti Georgii martiris gloriosi.

(Orig. Perg. 7 h. Sig. im Igl. St. Archive.)

37.

Markgraf Jodok kündigt dem Kajetan, Grafen im Sundgau, an, dass die Bevollmächtigten des Markgrafen Prokop wegen seiner Heirath mit Jacobella, Kajetans Tochter, bei dem genannten Grafen erscheinen werden. Dt. Brünn 14. Mai circa 1376.

Illustris, magnifice vir dominabilis, amice carissime. Quemadmodum serenissimus et invictissimus princeps et dominus, dominus Karolus quartus, Romanorum imperator semper augustus et Boemie rex, dominus noster metuendissimus, pater pariter et patruus amantissimus, intimata ea deliberacione honorabilis vestri consiliarii super parentele contractu in personas illustrium Procopii, nostri fratris, et Jacobelle filie vestre grata recepit et accepta, ut animo suo placeant, prout in literis suis, quas magnifice dominacioni vestre dirigit, plenius est expressum: Sic et nos eandem parentelam animo sincero diligimus et magnitudini vestre eximias graciarum acciones referrimus, quod ad nos et domum nostram Boemicam pre aliis mundi principibus oculos vestri favoris et amicicie direxistis, magnificam dominacionem vestram affectuose rogantes, quatenus nuncios et procuratores antedicti carissimi nostri fratris Procopii, qui de presenti ad vestram vadunt presenciam cum procuratorio et mandato eius sufficiente, sicut hoc in nostris partibus melius et utilius potuit ordinari, dignetur vestra sublimitas clementer accipere et ad hoc operari, quod antedictum negocium et officium speratum veniat (ad finem), quemadmodum imperialis maiestas de vestra ingenuitate confidit. Et nos similiter gerimus presumpcionem indubiam fiducie singularis, deus omnipotens illustrem personam vestram sanam et incolumem conservare dignetur tempore diuturno. Datum Brune die XIIII mensis Maii.

Illustri et magnifico viro, domino domino honorato Gaiethano comiti Sundorum, dominabili amico suo carissimo.

„Aus dem gleichzeitigen Pergamentcodex sign. VII. 885 in der Olmützer Kapitelbibliothek.)

38.

Die Grosse Karthause theilt dem Karthäuser Kloster in Königsfeld die Bulle Gregor XI. ddo. 15. März 1371 in Abschrift mit. mittelst welcher die Privilegien der Karthause in Grenoble auf alle Karthäuser Klöster ausgedehnt werden. Dt. Chartreuse 15. Mai 1376.

Gregorius episcopus servus servorum dei ad perpetuam rei memoriam. Suadet religionis honestas et debitum racionis exposcit, ut religiosa loca et persone in eis sub religionis observancia virtutum domino grati famulatus obsequia impensure benignius favoribus ac graciarum et privilegiorum exhibicionibus per sedem apostolicam foveantur, ut eo suavius eedem persone iugum domini perferant, quo et ipse et loca earum maiori prerogativa libertatum fuerint communite. Hinc est, quod nos dilectorum filiorum prioris et conventus domus Cartusie Grationopolitanensis diocesis supplicacionibus inclinati, ut omnia privilegia predicte domus Cartusiensis et aliis domibus Cartusiensis ordinis a predecessoribus nostris in pontificibus concessa ad omnes et singulas domus dicti ordinis extunc edificatas et edificari inchoatas ac eciam imposterum inchoandas, cum canonice fundate et edificate extiterint, se extendat et quod domus ipse et persone, que in eis pro tempore morabuntur, omnibus et singulis privilegiis huiusmodi gaudeant, sicut gaudent domus Cartusie et alie domus antedicte ac persone prefate degentes in ipsis, eisdem priori et conventui ac ordini auctoritate apostolica concedimus de gracia speciali. Nulli ergo omnino hominum liceat hanc paginam nostre concessionis infringere vel ei ausu temerario contraire. Si quis autem hoc attemptare presumpserit, indignacionem omnipotentis dei et beatorum Petri et Pauli apostolorum eius se noverit incursurum. Datum Avinione Idus Marcii Pontificatus nostri anno primo. — Datum per copiam sub sigillo autentico domus maioris Cartusiensis ordinis anno domini Millesimo CCC°LXXVI. XV die mensis Maii.

(Orig. Perg. h. Sig. im Arch. des Kl. Raigern.)

39.

Wilhelm. Prior der grossen Karthause, bittet den Markgrafen Jodok, dass er für hinlängliche Einkünfte der Karthause in Königsfeld sorge. Dt. Chartreuse 15. Mai 1376.

Serenissimo principi nobisque in Christo precarissimo domino Jodoco divina providencia Marchioni Moravie frater Guillelmus humilis prior Maioris domus Cartusie ceterique diffinitores nostri capituli generalis recommendacionem humilem et incrementa continua vite salutaris. Quando quidem venerande memorie domino Johanne patre vestro Marchione Moravie viam universe carnis catholice ingrediente et non minus venerande vite filium in paternum thronum dei gracia non solum legitime succedente, sed et inceptum paternum usque ad optatum finem perducere satagente ad immensas laudes prorumpimus salvatoris, qui de lumbis patris talem produxit filium, qui patris adimpleret voluntatem et quod nostro generali capitulo domuique Cartusie iam per quinque annos propter incendium destructe donariis inclitis liberaliter subvenistis, pro quibus quantum possumus secundum nostram parvitatem. nos et totum nostrum capitulum generale vestre dominacioni debitas referrimus graciarum acciones. Et ut tam sancte et eximie caritati vestre valeamus respondere, in presenti capitulo duximus ordinandum, ut statim post acceptam cartam nostri capituli per omnes domos ordinis nostri unum tricenarium de spiritu sancto, quod XXX missas includit. pro vobis in qualibet domo singulariter celebretur, ut ipse spiritus sanctus vitam vestram et statum dirigat in presenti et animam vestram sanctorum suorum consorcio jungat in futuro. Denique de legalitate vestra per carissimum fratrem nostrum Gotfridum, priorem vestrum nove fundacionis videlicet domus sancte trinitatis, plenius informati supplicacionibus eius pro parte vestra nobis super hoc factis inclinati, sed et consolacionem anime memorati principis patris vestri vestramque devocionem non mediocriter attendentes prefatam domum sancte trinitatis prope Brunam per memoratum principem patrem vestrum, ut premittitur inceptam, per vestram autem magnificenciam usque ad finem optatum donante domino perducendam, nobis et nostro ordini concordi animo et deliberata voluntate associavimus et incorporavimus in eternum eamque sic unam de domibus nostri ordinis tenemus et nostri appellamus corporis membrum. ut in ea psalmorum, vigiliarum, jeiuniorum et missarum ceterorumque nostri ordinis fructus crescant et floreant, quibus christiani spiritus velut in cibis regalibus et deliciis exultent, exhortantes devotam vestram magnificenciam, quatenus huiusmodi novam sponsam, videlicet fundacionem vestram, per vos deo dicatam, edificiis et redditibus possesionibusque et aliis necessariis corporalibus taliter dotare curetis, ne propter defectum temporalium exercicium minuere cogatur in ea eternorum. Facientes in premissis, quod ipso dei filio prestante participes fieri mereamini omnium bonorum spiritualium, que fiunt in toto ordine, autem una cum patre vestro defuncto mereamini per totum ordinem monachatum possidere. Datum Cartusie anno domini Millesimo CCC^{mo}LXXVI° die XV mensis Maii nostro sedente capitulo generali.

(Orig. Perg. h. Sig. im Arch. des Kl. Raigern.)

40.

1376 Mai 31. Dt. Bacherach.

K. Karl IV. erhöbt dem Erzbischof Kuno von Trier die Pfandsumme der von dessen Kirche innegehabten Reichspfandschaften der Städte Boppard und Wesel und der halben Burg Sterrenberg etc. von 50.000 Mark reinen Silbers Kölner Gewichts auf 60.000 Mark. — Unter den Zeugen: J o d o c u s m a r c h i o M o r a v i e, Albertus de Sterinberg, Johannes,

Andreas et Wanko de Leuchtemberg, Erhardus de Chunstat, Petrus Hecht de Rossicz, Sdenco de Sterinberg.

(Weizsäcker: Reichstagsakten I. p. 28.)

41.

31. Mai 1376.

Der Prager erzbischöfliche Offizial verurtheilt den Nicolaus Sohn des Michael weiland Richters in Deutschbrod, dass er dem Pfarrer in Deutschbrod den ihm durch 6 Jahre zurückgehaltenen Zehent von seinem Hofe Kupferberg erstatten müsse. Dt. in Consistorio Pragensi a. d. 1376 die vltima mensis Maii.

(Orig. Perg. h. Sig. im Iglauer St. Archive.)

42.

1376 Juni 10. Dt. Frankfurt.

K. Wenzel an Pabst Gregor XI., bevollmächtigt bei ihm seine Gesandten, den Eid der Treue zu leisten und um die Kaiserkrone zu bitten. Unter den Zeugen: Jodocus Marchio Moraviae.

(Weizsäcker: Reichstagsakten I. p. 118.)

43.

Wenzel von Kravář verkauft dem Fridrich und Smil von Kunstat seinen Hof in Čechovic. Dt. Olmütz 24. Juni 1376.

Nos Wenceslaus de Cravar alias de Straznicz supremus czude Olomucensis camerarius ad universorum deducimus noticiam presencium tenore. Quod nos matura deliberacione et amicorum nostrorum consilio prehabitis, araturam seu curiam tres laneos in se continentes, duos laneos solventes annuatim per unam marcam grossorum, pro messe et robota per unum fertonem quatuor pullos et viginti ova, tres curticulas, quarum quelibet solvit annuatim cum robota quatuor grossos unum pullum in solidum, in villa nostra Czechovicz, inter Crassicz et Domislicz villas locata, et residuos proventus, quibuscunque nominibus censeantur, ultra sortem et proventus honorabilis domini decani Olomucensis se extendentes, cum omnibus pertinenciis, agris cultis et incultis necnon cum rubetis, silvis, pratis, pascuis, aquis, rivis, aquarumque decursibus, piscacionibus, aucupacionibus, venacionibus, saxis, rupibus, montibus, collibus, viis, accessibus, egressibus et regressibus, limitibus et libertatibus, redditibus et servitutibus, usibus et fructibus, proventibus et juribus universis, que ad nos et heredes ac

successores nostros ex paterna et legittima successione cum pleno dominio et integra libertate jure hereditario dinoscitur devenisse, et prout hactenus met tenuimus et possedimus,
nichil nobis aut nostris heredibus juris aut proprietatis ibidem reservando, vendidimus honorabili viro domino Bedrico decano Olomucensi et nobili viro domino Smiloni de Cunstat
alias de Lesnicz et suis heredibus pro nonaginta sex marcis grossorum pragensium moravici
numeri et pagamenti per ipsum nostrum emptorem et suos heredes tenendum, habendum et
in perpetuum jure hereditario possidendum. Promittentes nos Wenceslaus prefatus principaliter, Petrus de Cravar alias de Plumlaw, Stiborius de Czimburg dictus de Towaczow,
Geblinus de Guczeraw, Jan de Hustienovicz, Radslaus de Cracowcze et Stephanus dictus
Stiepan de Zeluticz, ipsius compromissores manibus in solidum coniunctis, bona nostra et
sincera fide absque dolo et fraude eadem bona in Czechovicz cum suis universis pertinenciis
pro voluntate prefati domini Smilonis et suorum heredum ad tabulas terre, cum primum
aperte fuerint, imponere et a quibuslibet impetentibus jure et conswetudine terre Moravie
disbrigare ac pro eviccione specialiter promittentes. Si vero aliqui amici nostri vera origine
consanquineitatis et nostro clipeo nobis confederati dicta bona pro eviccione voluerint rehabere, ex tunc super nonaginta sex marcas grossorum superadditis quindecim marcis
grossorum predictorum et ipsis absque omni occasione assignatis, ipsi emptores de predictis
bonis in Czechovicz cum suis pertinenciis condescendere tenentur. Quod si aliquid ex premissis non fecerimus, extunc quicunque duo ex nobis de hoc moniti per prefatum dominum
Smilonem aut suos heredes seu requisiti fuerimus, nos Wenceslaus, Petrus et Stiborius
predicti per interpositas personas militaris gradus, alii vero propriis in personis quilibet cum
uno famulo et duobus equis conswetum obstagium in civitate Olomucensi in domo honesti
hospitis per predictum Smilonem aut suos heredes ad hoc deputata tenebimur subintrare,
abinde nullatenus egressuri, quousque prenotata bona in Czechovicz ad tabulas terre fuerint
imposita et ab impetentibus quibuslibet disbrigata et eciam dampna desuper accreta et racione
huiusmodi negligencie contracta, que tamen racionabiliter possent demonstrari, per nos integraliter fuerint persoluta. Harum, quas sigillis nostris propriis roborari fecimus, testimonio
literarum. Actum et datum Olomucz Anno domini nostri Redemptoris Millesimo trecentesimo
septuagesimo sexto, die et festo sancti Johannis baptiste anni eiusdem.

Per Jo. arcium Baccalarium Pragensem.

(Orig. Perg. 7 h. Sig. im Olm. Kapitelarchive.)

44.

Eröffnungsformel des Olmützer Landrechtes 2. Juli 1376.

Anno domini millesimo trecentesimo septuagesimo sexto feria quarta proxima post
octavas Johannis Baptiste celebratum est colloquium terre generale per nobiles dominos
Venceslaum de Crawar alias de Straznicz supremum camerarium. Jaroslaum de Longberg
alias de Knienicz czudarium supremum, Wenceslaum de Radyczow notarium supremum czude

Olomucensis. presentibus nobilibus dominis Alberto de Sternberg episcopo Luthomislensi, Johanne de Sternberg alias de Lucaw supremo camerario czude Brunensis. Petro de Sternberg. Vokcone et Laczcone fratrum (sic) de Crawar. Petro de Crawar, Styborio de Czimburg alias de Towaczow. Pothone de Losczicz. Pothone de Wildenberg. Oldrzichone, Vancone, Tassone fratrum (sic) de Bozkovicz. Arclebo de Starzechovic. Jescone. Proczcone fratrum (sic) de Richvald. Cunicone de Drahothus. Polbone de Holnstayn, Sdencone, Alsicone de Sternberg et Uncone supremo purchravio Olomucensi.

(Olmützer Landtafel.)

45.

Das Olmützer Kapitel befreit den Wenzel von Kravář von dem Zinse, den er dem Olmützer Kapiteldechanten ablieferte, unter der Bedingung, dass er der Kapiteldechantei in dem Dorfe Čechowitz 9 Lahne und 13 Mark Zinses kaufe. Dt. Olmütz 3. Juli 1376.

Bedricus decanus. Fridericus prepositus, Daniel archidiaconus et totum capitulum ecclesie Olomucensis recognoscimus. quod quia nobilis Wenczeslaus de Crawar, alias de Straznicz supremus czude Olomucensis camerarius, qui de villa Hossczicz sitta in districtu Oppaviensi. quam a decano Olomucensi tenebat in feodum, singulis annis X marcas grossorum perpetui census ipsi decano Olomucensi pro tempore existenti solvere tenebatur, desideravit a dictis jure feudi et solucione census X marcarum liberari. Nos consensum prebemus et de assensu Johannis episcopi Olomucensis concordavimus, quod idem Wenczeslaus a jure feodi et solucione X marcarum census de dicta villa Hossczicz liber esse debeat eo, quod ipse Wenczeslaus in villa Czechowicz prope Olomucz novem lancos cum dimidio, taberna cum sua area, molendinum cum duobus ortis et XIII marcis perpetui census cum omni iure decanatui et decano Olomucensi assignavit et de consensu Jodoci marchionis Moravie intabulavit. Datum Olomucz 1376 tercio die mensis Julii.

(Aus dem Codex n. II. des Olm. Metropolitankapitels.)

46.

Eröffnungsformel des Brünner Landrechtes 4. Juli 1376.

Anno domini M°CCC°LXXVI° feria sexta in die sancti Procopii celebratum est concilium generale baronum terre Moravie in Brunna per nobiles dominos Johannem seniorem de Mezirieez capitaneum protunc marchionatus Moravie, Johannem de Sternberk alias de Lucaw, Uncam de Magetyn supremum czudarium czude Brunnensis et Wenczlaum de Radyegow notarium czude Brunnensis supremum, presentibus nobilibus Ulrico de Bozkovicz, Jenczone et Proczkone fratrum de Deblyn, Czenkone Cruschina, Henslino et Jeorgio de Wetovia. Gymramo de Pernstain, Gymramo et Wznata de Jacobav, Wenczeslao et Ratiborio de Mysliborzicz. Benessio de Crawar alias de Crumnaw, Wznata et Czenkone (de) Skuhrow,

Sazema de Jewissowicz, Petro de Sternberg, Pota de Vildenberg, Jescone dicto Pusca de Rychwald, Johanne de Krzyzanow, Johanne de Holubek, Jescone Cropacz de Holnstein. Paulo de Rassovicz et aliorum plurimorum.

(Brünner Landtafel.)

47.

Johann, Bischof von Olmütz, bestättiget die Stiftung der Felix- und Adauctus-Kapelle bei der s. Mauritzkirche in Olmütz. Dt. Meilitz 10. Juli 1376.

In nomine domini amen. Dei et apostolice sedis gracia Olomucensis episcopus Johannes ad perpetuam rei memoriam notumfacimus tenore presencium universis. Cura pastoralis officii nos inducit, ut ad ea frequenter, que ecclesiarum nobis subditarum profectum et maxime divini cultus augmentum respiciunt, operose sollicitudinis studium apponere debeamus. Sane cum discretus vir Fridricus dictus Sleichenkauff, pie memorie olim civis Olomucensis, de bonis suis paternis et hereditariis capellam in honorem beatorum Felicis et Adaucti martirum in cimiterio ecclesie sancti Mauricii in Olomuncz de novo fundavit, cuius jus patronatus ad honestos viros dictos Sleichkauff, videlicet Adam in Brespurg olim in Olom. civem et Nicolaum civem Olom. jure successionis pertinere dinoscitur, nobisque pro parte ipsorum fuit cum instancia supplicatum, ut eandem capellam erigere et cum bonis et redditibus suis confirmare ex officii nostri debito dignaremur, sicut super hiis omnibus patentes literas vidimus, quarum tenor per omnia sequitur in hec verba: „In nomine domini amen. Cum humana natura mortis caligine etc. die s. Thome Apostoli a. d. 1360 (vid. Band IX n. 218). — Nos igitur predictorum Ade Sleichenkauff in Brespurg olim in Olom. civis et Nicolai Sleichenkauff civis Olomucensis plis desideriis affectu voluntario concurrentes ad honorem et laudem omnipotentis dei et beatorum Felicis et Adaucti martirum, in quorum honore predicta capella fundata dinoscitur, de pretaxatis redditibus et bonis eo, quod ad hoc sufficere novimus, capellam predictorum sanctorum de novo erigimus et in dei nomine facimus et creamus ac de pastoralis officii debito auctoritate qua fungimur predictam fundacionem de certa nostra sciencia approbamus, ratificamus et confirmamus necnon eundem censum cum omnibus fructibus, usibus, utilitatibus, bonis et pertinenciis suis, quibuscunque specialibus possint vocabulis designari, antedicte capelle et eius ministris seu altaristis, qui sunt vel pro tempore fuerint, perpetue incorporamus, unimus, invisceramus et adiungimus, subicientes predictum censum et bona libertati ecclesiastice, ita ut ipse census, bona et fructus per censuram ecclesiasticam, dum et quociens oportunitas illud exegerit, postulari debeant et requiri. Presencium sub appenso nostro maiori sigillo testimonio literarum. Datum in castro nostro Meylicz Anno domini Millesimo trecentesimo septuagesimo sexto feria quinta ante festum beate Margarethe.

(Orig. Perg. h. Sig. im Olmützer Stadtarchive.)

48.

1376 Juli 21. Dt. Aachen.

K. Wenzel bestättigt der Stadt Aachen alle Privilegien. Unter den Zeugen: Jodocus marchio Moravie.

(Weizsäcker: Reichstagsakten I. p. 177.)

49.

*Koloman. Probst des Augustiner Chorherrnstiftes in Kloster–Neuburg, überträgt die
päbstliche Vollmacht, den Streit zwischen dem Karthäuserprior in Königsfeld und
dem Probste von Kumrowitz zu entscheiden, auf den Abt der Schotten in Wien.
Dt. Kl. Neuburg 17. Septbr. 1376.*

Cholomannus dei gracia prepositus canonicorum regularium ecclesie Newnburgensis
ordinis sancti Augustini, Pataviensis diocesis, conservator ad infrascripta a sede apostolica
cum clausulis sequentibus, locis et personis ordinis Cartusiensis, Jaurinensis et Pragensis
provinciarum et diocesis deputatus, venerabili in Christo patri domino . . . . abbati Scotorum
Wiennensi, ordinis sancti Benedicti, dicte Pataviensis diocesis, salutem in domino et infrascriptis nostris mandatis et verius apostolicis firmiter obedire. Noveritis nos literas apostolicas
recepisse reverenter, quarum principium sonat: „Gregorius episcopus servus servorum dei,
venerabilibus fratribus . . . Pragensi et Jaurinensi episcopis ac dilecto filio . . . preposito
ecclesie Neunburgensis, Pataviensis diocesis, salutem et apostolicam benediccionem. Militanti
ecclesie licet immeriti disponente domino presidentes etc.“ ad quas quidem literas vos re-
mittimus et presentibus habere volumus pro insertis, finiunt autem sic: „Datum Avinione
IV Nonas Julii, pontificatus nostri anno secundo.“ Quibus literis visis et diligenter auscul-
tatis proposuit nobis venerabilis vir dominus Gotfridus, prior domus in Chünigsvelt prope
Brunnam ordinis Cartusiensis, Olomucensis diocesis, quod religiosus vir Styboslaus, prepositus
in Luha. ordinis sancti Benedicti, Olomucensis diocesis, per violentam et iniuriosam ablacionem
quorundam equorum iniuriaretur eidem, petens sibi et ecclesie sue auctoritate predicta de
iusticia provideri ac procedi tamquam super notorio simpliciter et de plano, presertim cum
probaciones habere se asserat paratas in continenti. Nos igitur in diversis occupati in predictis procedere non valentes paternitati vestre auctoritatem nostram in hac parte in totum
committimus et subdelegamus, vobis eadem auctoritate per excommunicacionis sentenciam
iniungentes, quatenus debite requisiti ammonere seu citare curetis eundem Styboslaum ac
alias eundem ad restitucionem rerum et satisfaccionem dampnorum compellere, prout ordo
iuris dictaverit et racionis. Datum et actum Newnburge feria IV. post exaltacionem sancte
crucis anno domini millesimo trecentesimo septuagesimo sexto.

(Inserirt in der Urkunde des Schottenabten Donat ddo. 9. Dezember 1376. Vid. n. 54.)

50.

Andreas von Bludov verkauft drei Lahne in Lechwitz dem Znata von Pernstein.
Dt. 8. November 1376.

Noverint universi presens scriptum (?). Quod ego Andreas de Bludow alias de Nechwalin laneos tres in Lechwicz hereditarie vendidi cum omnibus juribus ad eosdem pertinentibus et cum omni dominio et libertate, prout eos solus tenui pacifice, nichil mihi juris in eisdem reservando pro XXX marcis grossorum argenteorum pragensium moravici numeri et pagamenti, sexaginta IIII^{or} grossos pro qualibet marcis (sic) computando, nobili viro domino Znate de Pernstain alias de Jacobau et suis heredibus presentibus et futuris vendidi, tradidi et resignavi in perpetuum possidendos. Insuper ego Andreas prefatus tamquam principalis promitto una (cum) nobilibus viris domino Hanuskone de Ledecz et Seslino de Lucau, quos pro me fideiussores constituo, manu pari in solidum et indivisim predictos tres laneos ab omnibus impedicionibus secundum jus terre Moravie ad trigennium volumus exbrigare et spondemus. Sin autem exbrigare non possemus infra trigennium sine dolo, tunc predictas predictus Andreas reponat XXX marcas predicto domino Znate et suis heredibus et intromittat se de suis tribus laneis una cum suis juribus ad eosdem pertinentibus. Quod si non fecerimus, extunc duo statim ex nobis prius dictis, quos prefatus dominus Znata vel sui heredes monuerint, mox cum uno famulo et duobus equis civitatem Znoymam ad hospitem honestum, quem sepe dictus dominus Znata aut sui heredes ostenderunt, more veri obstagii sine omni dilacione tenebuntur subintrare et abinde non exituri, donec omnis inpedicio sive omnis infestacio cum omnibus dampnis abinde perceptis per nos prius dictos totaliter fuerit exbrigata. In cuius rei testimonium nostra sigilla de certa nostra sciencia sunt appensa. Datum anno domini MCCCLXXVI^o sabato ante Martini confessoris domini.

(Orig. Perg. 3 h. Sig. im mähr. Landesarchive.)

51.

Kaiser Karl IV. bekennt, Johann Burggrafen von Magdeburg 600 polnische Mark
schuldig zu sein. Dt. Prag 6. Dezember 1376.

Wir Karl von gotes gnaden römischer keiser zu allen zeiten merer des reiches und kunig zu Beheim, bekennen und tun kunt offenlichen mit diesem briefe allen den, die yn sehent oder borent lesen, daz wir von rechter und redelicher schult schuldig seyn dem edeln Johannsen burggraven von Magdeburg und grafen zu Hardek unserm lieben getrewen und seinen rechten erben sechshundert poleinsche mark, acht und vierzig grosse vor yedye mark zu reyten. Und geloben fur uns, unsre erben und nachkomen, kunige zu Beheim, dem egenannten grafen Johannsen und seinen erben die vorgenannten sechshundert mark uff den nehesten sante Jeorgen tag, der schirest kümpt, in der statt zu Prage zu richten und genzlichen bezalhen one allirley vorzog, hindernusse und on allirley widerrede. Mit

6

urkund ditz briefes vorsigelt mit unserer keiserlichen Maiestat ingsigel. Der geben ist zu
Prage noch Crists geburte dreyzehenhundert jar dornach in dem sechsundsibenzigsten jare
an sante Nikles tag. unsrer reiche in dem cynnunddryssigsten und des keisertumes in dem
zweyundzwenzigsten jaren.

(Auf der Plicatur: Per dominum pragensem archiepiscopum Nicolaus Camerie. prepositus. —
In dorso: R. Wilhelmus Kortelangen. — Orig. Perg. h. Sig. im mähr. Landes-Archive.)

52.

*Die Schwester Anna des Katharinenklosters in Olmütz fundirt einen jährl. Zins von
24 Groschen für den Kaplan beim Marienaltare. Dt. 7. Dezember 1376.*

Liqueat universis presentem litteram contemplaturis, quod ego soror Anna Ebrowna
recogitans reminiscibiliter. quod animarum salus vitam eternam capescendam non consistit,
nisi in oracione devotam obsecracionem, per quam interpelletur flagitabiliter creator animarum. ut eis sempiternalis salvator redemptorius existat et hoc propter hostiam salutarem,
que sibi offertur in misse celebracione, cuius ipse auctor credibiliter docmatizatur et a Christi
fidelibus katholice profitetur: hinc est, quod ego prefata soror propter animarum salutem
nec non et mee ipsius ob remedium emi et legittime comparavi viginti quatuor grossos
perpetui census pro quatuor marcis grossorum denariorum pragensium moravici numeri et
pagamenti et hoc in nostro conventu ac monasterio sancte Katherine in Olomucz ab Adlyczka
protunc priorissa cenobii prenominati de consensu nec non et assensu favorabili tocius monasterii ut puta Mabcze, Byetcze, Anne Oppaviensis, Hercze, que protunc sorores seniores
existebant, ita dumtaxat. quod prelibatus census debet derivari dirigibiliter pro capellano
Virginis beate, qui unam missam de eadem debet devote legere singulis diebus sabbatis.
Nec silentio pretereundum est, quod pretactus census divisim debet dari, duodecim in festo
sancti Georgii et totidem in festo sancti Wenczeslai, tali condicione adiecta, quod si ego
soror Anna Ebrowna viam universe carnis migrarer, quecunque soror monasterii supradicti
literam presentem habuerit de meo beneplacito et assensu, eandem iurisdiccionem habeat
pecuniam sepe dictam dispensandi, ut prefertur. In cuius rei evidenciam clariorem sigilla
reverendi patris nostri provincialis ac monasterii presentibus sunt appensa. Datum et actum
dominica secunda adventus anno domini millesimo trecentesimo septuagesimo sexto.

(Orig. Perg. 2 h. Sig. im mähr. Landes-Archive.)

53.

*Wenzel. römischer und böhmischer König, bekennt Johann dem Burggrafen von Magdeburg
600 polnische Mark schuldig zu sein. Dt. Prag 7. Dezember 1376.*

Wir Wenczlaw von gotes gnaden romischer kunig, zu allen ziten merer des reiches
und kunig zu Beheim, bekennen und tun kunt offenlichen mit diesem brieff allen den, die

yn sehen oder horen lesen. Daz wir von rechter und redlicher schult schuldig seyn dem edlen Hansen burggrafen von Meidburg und grafen zu Hardeke, unserm lieben getrewen und synen rechten erben sechshundert polonische mark, acht und virzig grosse fur ytliche marke zu reiten. Und geloben fur uns, unsre erben und nachkomen, kunige zu Beheim, dem egenannten grafen Hansen unde seinen erben die vorgenannten sechshundert mark uff den nehesten sand Jurgen tag, der schirest kumet, in der stat zu Prag zu richten und genzlichen zu bezalen, als die briefe sagen, die der allerdurchluchtigste furste und berre, her Karl romischer keiser, zu allen ziten merer des reichs und kunig zu Beheim, unser lieber gnediger berre und vater dem egenannten graf Hansen umb die vorgenannten sechshundert mark doruber geben hat. Mit urkunde diz briefs versigelt mit unsrer Maiestat insigel. Der geben ist zu Prag nach Crists geburt dreuzenhundert jar darnach in dem sechs und sibenzigisten jar am suntag, als man singet Populus Syon in dem heiligen advent, unsres kunigreiches des behemischen in dem virzenden und des romischen reiches in dem ersten jare.

(Auf der Plicatur: Per dominum regem archiepiscopus pragensis. — In dorso: R. —
Orig. Perg. h. Sig. im mähr. Landes-Archive.)

54.

Donatus, Abt zu den Schotten in Wien, verurtheilt den Probsten in Kumrowitz, den Karthäusern in Königsfeld vier denselben genommene Pferde zurückzustellen. Dt. Wien 9. Dezember 1376.

Donatus permissione divina abbas monasterii beate Virginis Marie Scotorum in Wienna, ordinis sancti Benedicti Pataviensis diocesis, judex et conservator subdelegatus a venerabili in christo patre domino Cholomanno preposito monasterii in Newnburga canonicorum regularium ordinis sancti Augustini dicte Pataviensis diocesis judice et conservatore jurium et privilegiorum cenobiorum et cenobitarum ordinis Cartusiensis per Pragensem et Jauriensem diocesin constitutorum ac constitutarum, ad infrascripta specialiter deputatus, universis et singulis ecclesiarum parochialium rectoribus seu eorum loca tenentibus per Pragensem et Olomucensem civitates et dioceses constitutis, qui presentibus fuerint requisiti vel fuerit requisitus, salutem in domino et mandatis nostris ymo verius apostolicis firmiter obedire. Dudum literas commissionis, subdelegacionis nobis facte venerabilis in Christo patris domini Cholomanni prepositi in Newnburga predicti eius vero sigillo oblongo a tergo impresso more solito sigillatas, non abrasas, nec in aliqua sui parte suspectas, sed omni prorsus vicio et suspicione carentes, nobis per venerabilem et religiosum virum dominum Gotfridum priorem cenobii in Chünigsuelt prope Brunnam dicte Olom. diocesis presentatas, nos cum ea qua decuit reverencia recepisse noveritis per omnia in hec verba: „Cholomannus dei gracia prepositus canonicorum regularium ecclesie Newnburgensis etc. Datum et actum Newnburge feria IV. post exaltacionem sancte crucis anno domini Millesimo Trecentesimo Septuagesimo sexto.“ (vid. n. 49.) Post quarum quidem literarum presentacionem et lecturam coram nobis

6*

factam nos ad dicti domini Gotfridi prioris in Chünigsuelt humilem instanciam et requisitionem in causa, que vertitur seu vertebatur vel verti spectabatur inter prefatos venerabiles et religiosos viros dominos Gotfridum priorem cenobii in Chünigsuelt prope Brunnam, actorem ex una, et Styboslaum prepositum de Luha ordinis sancti Benedicti dicte Olom. dioc. reum parte ex altera, ipsum dominum Styboslaum prepositum predictum ad nostri presenciam precise, peremptorie et legitime curavimus evocare ad certum peremptorium terminum competentem super ablacione quatuor valencium equorum prefato domino priori per ipsum facta juris ordine responsurum. In quo quidem termino dictis partibus coram nobis in judicio legitime comparentibus procurator domini Gotfridi prioris predicti sumarie petivit, quatenus prefatum dominum prepositum in Luha, partem adversam auctoritate nobis tradita compelleremus ad restitucionem quatuor equorum valencium, dampnorum, interesse et expensarum, asserens, dictum dominum . . priorem et cenobium suum dictis equis valentibus iniuste et indebite contra jus commune et sue nove fundacionis privilegia spoliatum seu domum suam spoliatam, prout illud erat notorium evidencia facti permanentis; demum parte adversa negante narrata de consensu utriusque partis certos decrevimus auditores seu testium receptores deputandos, videlicet honestos viros magistrum Petrum in Pudwicz jurisperitum ac dominum Petrum in Monte sancti Petri Brunne plebanos et canonicos ibidem. Qui receptis testibus utriusque partis prudenter ac legaliter examinatis iuxta intenciones utriusque partis in termino ipsis a nobis prefixo attestaciones inclusas fideliter remiserunt. Quibus quidem attestacionibus de voluntate parcium apertis et propublicatis de earundem parcium consensu fuit conclusum in causa habitumque per nos pro concluso, petentibus ipsis partibus, ut eis certum terminum assignaremus, prout et assignavimus, quo comparere volebant, prout et legitime fecerunt, nostram sentenciam diffinitivam super propositis, allegatis et probatis auditure. Verum quia invenimus pro parte dicti . . prioris sufficienter fuisse ac esse probatum, collacione tamen fideli cum jurisperitis prehabita, quod predictus dominus Styboslaus prepositus in Luba eundem . . priorem ac domum suam predictam minus iuste ac irreligiose spoliaverit quatuor valentibus equis, quodque ipsa spoliacio fuerit publica ac notoria contra jus commune ac . . prioris predicti et domus sue privilegia minus debite attemptata, idcirco in termino assignato ipsis partibus coram nobis in judicio comparentibus et huiusmodi nostram sentenciam diffinitivam a nobis audire petentibus et postulantibus, quam tulimus in hunc modum, Christi nomine invocato pro tribunali sedentes et habentes pre oculis solum Deum: nos Donatus abbas monasterii Scotorum Wiennensis ordinis sancti Benedicti Pataviensis dioc. judex prefatus de jurisperitorum consilio et assensu per hanc nostram diffinitivam sentenciam, quam ferimus in hiis scriptis, pronucciamus, decernimus et declaramus, religiosum virum dominum Gotfridum priorem in Chünigsuelt ordinis Cartus. Olom. dioc. per dominum Stiboslaum prepositum in Luha ordinis sancti Benedicti dicte Olom. dioc. quatuor valentibus equis fuisse et esse minus debite spoliatum ac spolium seu ablacionem dictorum equorum per dictum . . prepositum in Luha factum et factam fuisse et esse violentum, temerarium, illicitum, indebitum et iniustum ac violentam, temerariam, illicitam, indebitam et iniustam, ac eum et eam fuisse et esse notorium et notoriam, dictumque . . prepositum in Luha ad restitucionem dictorum equorum vel eorum estimacionem et valorem ac dampnorum, expensarum et interesse per nos condempnandum et compellendum fore censemus, compellimus et condempnamus, quorum dampnorum, expensarum et interesse taxacionem nobis inposterum reservantes. Quaquidem sentencia sic lata ad requisicionem et peticionem dicti domini . . prioris partibus presentibus ad videndum huiusmodi dampnum, expensas et interesse taxari et per nos moderari statuimus certum terminum peremptorium competentem. In quo procuratore dicti domini prioris coram nobis in judicio comparente. datis et porrectis dampnis, expensis et interesse in scriptis et ea ac eas in contumaciam dicti domini . . prepositi non comparentis taxare et moderare petivit, que et quas ad triginta sex florenos auri boni iusti et legitimi ponderis per ipsum prepositum in Luha prefato priori in Chünigsuelt dandos et solvendos prestito primitus juramento per . . procuratorem dicti domini . . prioris, quod prefatus dominus . . prior, cum expenderit vel necessarie expendere debuerit, moderacione premissa taxavimus. Quapropter vobis omnibus et singulis et specialiter vobis honestis viris dominis magistro Petro in Pudwicz ac Petro in Monte Sancti Petri Brunne plebanis et canonicis ibidem predictis ac cuilibet vestrum, qui presentibus fuerint requisiti, vel fuerit requisitus, ita tamen, quod unus alterum non expectet nec per alium se excuset, auctoritate nostra nobis in hac parte commissa in virtute sancte obediencie et sub excommunicacionis pena, quam vos et quemlibet vestrum trium dierum canonica monicione premissa incurrere volumus ipso facto, si mandatis nostris huiusmodi ymo forcius apostolicis non parueritis cum effectu, districte precipiendo mandamus, quatenus per vos ipsos vel alteram vestrum, per alium vel per alios prout requiremini, dictum dominum . . prepositum in Luha ammoneatis, inducatis et requiratis, quem eciam nos presentibus ammonemus, requirimus et inducimus, ut infra quindecim dies a tempore requisicionis vel ammonicionis sibi facte, computandum, quorum quinque pro primo, quinque pro secundo et reliquos quinque dies pro tercio peremptorio termino ac monicione canonica eidem deputamus, predicto domino Gotfrido priori in Chünigsuelt prefatos quatuor equos valentes cum triginta sex florenis auri boni ac iusti ponderis realiter et effective restituat seu reassignet, alioquin ex nunc prout ex tunc sentenciam excommunicacionis in dictum dominum Styboslaum prepositum ferimus in hiis scriptis, precipientes ac mandantes vobis omnibus et singulis suprascriptis, quibus vel conswetudine vel privilegio verbum divinum competit predicare, per sentenciam excommunicacionis prescriptam, quatenus elapsis predictis quindecim diebus ac restitucione et assignacione dictorum quatuor equorum valencium et triginta sex florenis auri libera ac plena per dictum dominum . . prepositum in Luba ipsi priori non facta, dum presentibus fueritis pro parte dicti domini . . prioris communiter vel divisim requisiti, prefatum dominum Styboslaum prepositum in Luba singulis diebus dominicis et festivis infra missarum solempnia, dum populi multitudo ad divina confluit, publice et solempniter extinctis candelis et pulsatis campanis tam diu sic per nos excommunicatum denuncciare curetis, donec dicto domino . . priori ac sue domui per dictum dominum . . prepositum fuerit plenarie satisfactum, ac ipse dominus . . prepositus graciam reconciliacionis et absolucionis studuerit invenire. In quorum omnium et singulorum testimonium presentem nostrum processum per notarium nostrum et dicte cause scribam subscriptum publicari et sigilli nostri appensione fecimus communiri. Datum et actum Wienne in dicto nostro monasterio in stuba magna circa ambitum anno domini Millesimo Trecentesimo Septuagesimo sexto. indiccione XIV. die IX mensis Decembris hora vesperorum, pontificatus sanctissimi in Christo patris et domini nostri domini Gregorii divina providencia pape XI. anno VII. presentibus honestis et discretis viris Nicolao de Teya rectore parochialis ecclesie in Gawaczsch. Thoma de Pluemenaw presbiteris et Ulrico de Radendorff testibus ad premissa vocalis pariter et rogatis. Pataviensis diocesis antedicte.

Et ego Petrus Petri de Chremsa Patavien. dioc. publicus imperiali auctoritate notarius etc.

(Orig. Perg. h. Sig. im Arch. des Kl. Raigern.)

55.

Kaiser Karl IV. und sein Sohn König Wenzel IV. versprechen dem Markgrafen Jodok von Mähren die von dessen Vater Markgrafen Johann ausgeliehene Summe von 64.000 ungarischen Goldgulden bis zur nächsten Maria–Lichtmessfeier zurückzuzahlen und verpfänden ihm bis zur Zurückzahlung Glatz, Frankenstein etc. Dt. Prag 19. Dezember 1376.

Wir Karl von gotis gnaden romischer keiser zu allen zeiten merer des reichs und kunig zu Beheim. und wir Wenczlaw seyn son, von denselben gnaden romischer kunig zu allen zeiten merer des reichs und kunig zu Beheim bekennen und tun kunt offenlich mit disem brieve allen den, die yn sehen od horen lesen, das wir fur uns, unser erben und nachkomen, kunige zu Beheim, gelobit haben und geloben mit volbedachtem mute, rechter wissen in craffte dicz brieves in guten trewen ane geverde die vierundsechzigtusent guldeyn ungerische und behmische, die uns etwenne der hochgeboren Johans, marggrave zu Merbern. seliger gedechtnusse, die weile er lebte, am berayte gelde geliehen hat, dem hochgeboren Josten marggraven zu Merhern unsirn lieben vettern und fursten und seinen rechten erben. die er mit hulffe gotis gewinnet, zu richten, zu gelden und zu bezalen mit bereitem gelde in der stat zu Brunne von dem nehsten unsrer frawen tag lichtmesse ubir eyn jar, das schirest dornach volget. Und teten wir sulicher bezalungen nicht, so sullen, geloben und wollen wir zu hant nach demselben unser frawen tag ynwendig dem nehsten monet dornach dem egenannten Josten und seynen rechten erben, von seynem leibe geboren, zu eynem rechten pfande fur die egenannten summen geldes ynantwurten, yngeben und abetreten ledeclichen unsers kunigreichs stete und hewser Glacz haws und stat, Frankenstein haws und stat, Hawelswerde und Newpaczkaw mit manschafft, zinsen, nuczen, gulden, den ganzen landen doselbist und all dem, das dorzu gehoret, als wir das yeczunt ynne haben, nichtes nicht usgenomen und sullen auch dieselben slos, lande, manschafft, lute und guter mit allen rechten, geniessen, nuczen und zugehorungen weisen in pfandeweise fur das egenannt gelt ledeclichen an den obgenannten marggraven Josten und seyne erben von seynem leibe geboren. Auch sullen, geloben und wollen wir demselben marggraven Josten unserm vetter und seynen erben, von seynem leibe geboren, beweisen und bescheiden an jariger gewisser gulde in der egenannten pfantschaft ye fur tausent schok grosser prager pfenninge an der obgenannten summen geldes hundert schok geldes und furbassmer so vil gulde, als sich das an der egenannten vierundsechzig tausent guldeyn nach rechter anzall geboret, ane allis geverde. Und was sulicher gulde in den gebieten der egenannten pfantschafft gebrechen, so vil sullen wir yn beweisen und bescheiden uffzuheben jarlichen an unser urbor uff dem berge zu den Chutten. Und wer is sache, das dasselbe bergwerk uff den Chutten abegienge, also das ym doselbist suliche gulde nicht gevallen mechte, so sullen und wollen wir und unsre erben, kunige zu Beheim, demselben marggraven Josten und seynen rechten erben suliche gulde an unsern und des kunigreichs zu Beheim steten und gulern genzlichen beweisen. Die obgenannt pfantschafft mit allir zugehorungen und gulden, als dovor begriffen ist, ob es zu sulichen schulden kumpt, sullen die vorgenannten marggrave Joste und seyne erben, von seynem leibe geboren, zu rechtem pfande ynne haben, besiczen und halden so lange, das wir, unsre erben oder nachkomen, kunige zu Beheim, dem vorgenannten marggraven Josten und seynen erben die obgenannten summen geldes vierundsechzigtusent guldeyn behmisch und ungerisch gar und genzlichen haben vorrichtet und bezalet. Wanne auch wir, unser erben oder nachkomen, kunige zu Beheim, die vorgenannten summen geldes vierundsechzig tusent guldein bezalet und vorrichtet haben, so sal der vorgenannt unser vetter marggrave Joste und seyne rechten erben uns, unsern erben und nachkomen, kunigen zu Beheim, der obgenannten hewser, stete, lande, manschafft, zugehorungen und gulde von stadan abtreten und uns die wider lediclichen ynantwurten ane allirley widerrede und verziehen. Und was der obgenannt unser vetter marggrave Joste oder seyne rechten erben an den obgenannten vesten, steten, landen, luten, nuczen und zugehorungen die weile und sie yr pfand seyn, zinses oder nuczens uffheben und nemen, das sal yr seyn, das wir yn auch durch sunderlicher freuntschafft willen gegeben haben und sullen yn das an der summen des hauptgeldes nicht abeslahen in dheineweis. Und wer disen brieff mit seynem guten willen haben wirdet, dem sullen wir und unsre erben zu allen obgeschriben sachen pflichtig und verbunden seyn, die zu halden und zu volfuren, doch also, das man uns disen gegenwurtigen unsern brieff unverczogenlichen widergeben und suliche bewarungen und sicherheit tun sulle, als das yeczunt der obgenannt unser vetter marggrave Joste getan hat und wir und unsre erben, kunige zu Beheim sullen denne genzlichen ledig und emprosten seyn. Mit urkund dicz brieves versigelt mit unser beider Maiestat insigeln. Der geben ist zu Prage nach crists gepurte dreizenhundert jare dornach in dem sechsundsibenzigsten jare des nehsten freitagis vor sante Thomas tage, unsrer des vorgenannten keiser Karls reiche in dem eynunddreissigsten und des keisertums in dem zweyundzwenzigsten jaren und unsers kunig Wenczlaus des obgenannten reiche des romischen in dem ersten und des behmischen in dem vierzehenden jaren.

(Auf der Plicatur: De mandato domini imperatoris Nicolaus Camericensis prepositus. — In dorso: R. Wilhelmus Kortelangen. — Orig. Perg. zwei an Pergamentstreifen·h. Sig. im mähr. Landesarchive.)

56.

*K. Karl IV. verleiht den Olmützer Kaufleuten für die Prager Altstadt dieselben Rechte,
welche die Brünner Kaufleute daselbst geniessen. Dt. Prag 25. Dezbr. 1376.*

Karolus quartus divina favente clemencia Romanorum imperator semper augustus et Boemie rex notumfacimus tenore presencium universis. Quod civibus Olomucensibus volentes facere graciam specialem non improvide neque per errorem, sed animo deliberato et de certa nostra sciencia auctoritate regia Boemie decernimus per presentes, quatenus dicti cives Olomucenses omni exempcionis privilegio et libertate in emendo et vendendo res et merces quascunque in civitate Pragensi gaudere libere debeant et potiri, quibus cives Brunenses gaudent ibidem et quomodolibet pociuntur. Propter quod mandamus judici scabinis juratis et universitati civitatis Pragensis nostris fidelibus theloneariis et aliis, quorum interest vel interesse poterit, quibuscunque tenore presencium firmiter inhibentes, ne dictos cives Olomucenses in huiusmodi gracia nostra et libertate audeant impedire, prout nostram indignacionem gravissimam voluerint evitare, libertate hac ad nostram aut heredum et successorum nostrorum regum Boemie revocacionem tantummodo duratura. Presencium sub imperialis maiestatis nostre sigillo testimonio literarum. Datum Prage Anno domini millesimo trecentesimo septuagesimo sexto, indiccione quartadecima VIII. kalendas Januarii regnorum nostrorum Anno tricesimo primo, imperii vero vicesimo secundo.

(Auf der Plicatur: Per dominum Archiepiscopum Pragensem de Poznan. Nicolaus. — Orig. Perg. h. Sig. im Olm. Stadtarchive. — Das Doppelsiegel zeigt auf der Averssseite das kais., auf der Reversseite eingedruckt das mähr. Wappen.)

57.

*Der Rath der Altstadt Prag gibt seine Zustimmung zu dem Privilegium, welches Kaiser
Karl IV. ddto. 25. Dezember 1376 den Olmützer Kaufleuten ertheilte.
Dt. Prag 29. Dezember 1376.*

Nos Martinus Stach judex, Heinricus Knauwer, Nicolaus Reichel, Johelinus Meynusschii, Andreas Tippars, Cunczo Tollinger, Wenczeslaus Krich, Henslinus Hauwer, Jesco Domcze, Martinus Ryemer, Pesco Drobnicze, Jesco Hunt, Petrus Mentler, Henslinus Pinter, Jacobus Martini, Nicolaus Czirni, Nicolaus Paczkaw, Mixo Hrudeczky, Pertlinus Faber, Michael Cerdo. Frenczlinus Cornauwer, Pesschlinus Türsmid, Frana Donati, Othmarus Marun, Jesco Kussecz, Martinus Zalacz, Jesco Aurifaber, Andreas Pannicida, Jesco Dossek, Busco Miska et Hainczlinus aput sanctum Ambrosium, consules et scabini totaque universitas civium maioris civitatis Pragensis recognoscimus tenore presentium universis, quod serenissimus princeps ac dominus dominus Karolus Romanorum imperator semper augustus ac Boemie rex illustrissimus, dominus noster graciosus, prudentibus viris civibus Olomucensibus de liberalitate regia per literam, sue Majestatis sigillo sigillatam, fecit graciam specialem, cujus litere tenor per omnia sequitur in hec verba:

Karolus quartus etc. Datum Prage anno domini millesimo trecentesimo septuagesimo sexto, indiccione quarta decima VIII. kalendas Januarii. (Vid. n. 56.) Prefatus itaque dominus noster imperator nobis mandavit vive vocis oraculo, ut ad dictam exempcionis, privilegii et libertatis graciam in prefata litera expressam consensus nostri literam prefatis civibus Olomucensibus dare et tribuere deberemus, nosque qui mandatis eiusdem domini nostri imperatoris obedire continue sumus prompti, ad eandem libertatis graciam nostrum consensum benivolum tribuimus, videlicet quod dicti cives de Olomuncz de illa gracia et prerogativa in emendo et vendendo res et merces quascunque in dicta nostra civitate gaudere libere debeant et potiri, quibus cives Brunenses gaudent aput nos et quomodolibet pociuntur, tamdiu, quousque prefatus dominus noster imperator aut heredes vel successores sui Boemie reges illam libertatem non duxerint revocandam. In quorum testimonium sigillum dicté nostre civitatis ex certa nostra sciencia presentibus est appensum. Datum Prage anno domini millesimo trecentesimo septuagesimo sexto, XXIX die mensis Decembris.

(Orig. Perg. h. Sig. im Olmützer Stadtarchive.)

58.

Erhart und Čeněk Brüder von Butschowitz kaufen auf ihre Lebenszeit vom Kloster Velehrad das Dorf Potvorov. Dt. 1376 sine d. et l.

Nos Erhardus et Czenko fratres germani dicti de Pudischwicz constare volumus tenore presencium universis. Quod reverendi domini videlicet dominus Johannes abbas et totus conventus monasterii Welegradensis nobis villam suam Potwaricz ad nostras vitas pro decem et ducentis marcis grossorum denariorum pragensium, moravici numeri et pagamenti modo actu receptis, cum omnibus et singulis ad eam pertinentibus vendiderunt ibidem omne dominium penitus abnegando, illud in nos conferendo sub condicionibus talibus tamen, videlicet, quod steuram regalem duodecim scilicet marcas dictorum denariorum, quando et quociens terre Moravie generaliter fuerit indicta stuera ipsa, qualibet mora propulsa debeamus expedire et ad monasterium ipsorum fideliter presentare. Quod si non fecerimus effective, extunc dictas duodecim marcas totas vel quamlibet ipsarum partem non expeditam sub dampnis nostris apud christianos vel judeos, ubi comodius eis videbitur expedire, acquirere liceat et nichilominus plenam et omnino liberam habebunt potestatem deinceps homines, subsides nostros ubilibet prensos arrestandi, occupandi, inpignorandi et detinendi tam diu, donec ipsis et dicto monasterio ipsorum tam de dictis duodecim marcis quam de universis et singulis dampnis in acquisicione ipsarum racionabiliter contractis integre fuerit satisfactum. Si autem ipsa villa desolaretur per disturbium terre generale et illud esset evidens, tunc solummodo steuram dabimus de locatis. Concedunt eciam nobis dicti domini, quod memoratam villam vendere et exponere possimus eo iure, quo ab ipsis eandem dinoscimur emisse. Postquam autem diem clauserimus deo volente extremum; supradicta villa cum omnibus superius scriptis ad ipsos et ad monasterium ipsorum absque impeticione heredum vel successorum aut hominum quorumcumque libere revertetur. Verum tamen mobilia quelibet in curia relicta legare seu disponere poterimus quibuscumque et solum quinque marce. quas in remedium animarum nostrarum ipsis et monasterio ipsorum disposuimus, quodamodo pro ipsis remanebunt. In quorum omnium testimonium sigilla. meum videlicet et Czenkonis fratris mei supradicti ac nobilium dominorum Jeronimi et Stachonis fratrum de Puchlowicz ad instanciam nostram presentibus sunt appensa. Datum anno domini millesimo trecentesimo septuagesimo sexto.

(Orig. Perg. 4 h. Sig. im mähr. Land. Archive.)

59.

Das Olmützer Kapitel bekennt, dass der Kanonikus Wojtěch von Otaslavic dem Bauer Nicolaus in Tynec einen Viertellahn verkauft habe. Dt. Olmütz 1376. s. d.

Nos Bedericus decanus, Fridericus prepositus. Daniel archidiaconus et capitulum Olom. recognoscimus et fatemur. Quod honorabilis vir dominus Woycechius de Othaslawicz canonicus Olom. frater noster coram nobis in generali capitulo s. Jeronimi confessoris fuerit personaliter protestatus et desideravit nostris eciam posteris esse manifestum, quod ipse et bone memorie Stanko de Paczow, olim perpetuus vicarius in ecclesia Olom., adhuc in humanis agens in sui perpetuam memoriam unum Iancum prius liberum. unum molendinum. unam tabernam et unam stubam balnealem in villa Tynecz, que prius spectabant ad liberum judicium ibidem. pro suarum animarum remedio emerint ipsius capituli ad hoc prius unanimi accedente consensu, et quod ipse dominus Woycechius suo et predicti Stankonis nomine unum quartale agrorum eiusdem lanci cum dimidio rubeto et una dimidia praita Nicolao villano in Tynecz, suis heredibus ac successoribus legitimis postea vendidit pro septem marcis grossorum moravici pagamenti, ordinans et disponens, quod predictus Nicolaus suique heredes et successores dimidiam marcam grossorum dicti pagamenti de predicto quartali singulis annis in festo s. Michaelis in censum nobis et nostris successoribus perpetuo solvere teneantur. Et quod huiusmodi censu prestito Nicolaus heredes et successores predicti a prestacione regalis steure. que vulgariter berna vocatur et a quibuslibet servitutibus, que communi vocabulo robote nominantur et quovis alio onere sint liberi penitus et soluti. In quorum omnium testimonium et perpetuam firmitatem presentes literas Nicolao pro se et heredibus et successoribus predictis dedimus sigilli nostri maioris appensione munitas. Anno dom. M°CCCLXXVI in capitulo prenotato.

(Aus dem Codex E. I. 27 p. 142 im Olm. Kapitelarchive.)

60.

K. Karl IV. verschreibt von den ihm auf die Anfälle des Königreiches Böhmen
verschriebenen 200 Schock Groschen dem Friedrich von Crhau 60 Schock.
Dt. Prag 1. Jänner 1377.

Wir Karl von gottes gnaden romischer keyser zu allen zeiten merer des reichs
und kunig zu Beheim bekennen und tun kunt offenlichen mit diesem briefe allen den, die
yn sehen oder horen lesen, das wir durch bete willen des edlen Pothen von Czastalowicz
unsres hauptmannes zu Lusicz und in Glacz unsers lieben getrewen an den czwenhundert
schocken, die wir ym an des Kunigreichs zu Beheim anfellen bescheiden und vorschriben
haben, Fridrichen von Czirchaw unsern lieben getrewen mit wolbedachtem mute und rechter
wissen geben haben und geben mit craffte dicz briefes sechczig schok grosser prager pfenninge,
w a s uns als eynem kunige zu Beheim von todes wegen Hansen von Panewicz in dem
weichpilde zu Glacz ledig anerstorben und gefallen ist und ouch, was uns noch ledig wirdet
und angefellet, wenn des egenannten Hansen wittibe vorscheidet, mit namen uff dem dorffe
zu Eysrichsdorff eyn schok und fier gross ierliches czinses, das dorff zu Romans halp mit
wisen, holcze und allen andern zugehorungen und dreyczen czinshuwen ackers, die desselben
H a n s e n w i t i b e zu irem leipgeding hat. Also das der egenannte Fridrich und seine
lehenserben, was iczunt ledig worden ist, von des egenannten H a n s e n t o d e wegen und
auch noch ledig wirdet, wenn desselben Hansen witibe stirbet, an den egenannten dörffern
und gutern, v o n u n s, u n s e r n e r b e n u n d n a c h k o m e n, kunigen zu Beheim zu
rechtem lehen haben, halten und besiczzen sollen in aller der massen und r e c h t e n, a l s
s i e o b g e n a n t e r Hans von Panewicz, die weile er lebte, von uns zu lehen gehabt und
besessen hat. Mit urkund dicz briefs vorsigelt m i t u n s e r k e y s e r l i c h e n Maiestat ingesigel,
der geben ist zu Prage nach Crists geburt dreyczenhundert jar darnach in dem sibenund-
sibenzigsten jar an dem jares tage, unsrer reiche in dem eynunddreissigsten und des keysertums in dem czweyundzwenzigsten jaren.

> (Auf der Plicatur: De mandato domini imperatoris, Nicolaus Camericensis prepositus. —
> In dorso: R. Wilhelmus Kortelangen. — Orig. Perg. auf einem Pergamentstreifen
> hängendes Sigel im mähr. Land. Archive. — Die Urkunde hat sehr durch Feuch-
> tigkeit gelitten, so dass die mit gesperrter Schrift gedruckten Stellen nur mühsam
> gelesen oder ergänzt werden konnten.

61.

Eröffnungsformel des Olmützer Landrechtes 10. Jänner 1377.

Anno domini millesimo trecentesimo septuagesimo septimo sabbato infra octavas
epiphanie celebratum est colloquium generale per beneficiarios huius czude Venceslaum de
Crawar supremum camerarium, Jaroslaum de Knienicz supremum czudarium et Wenceslaum

prothonotarium, presentibus nobilibus viris dominis domino Johanne de Sternberg alias de Lucow supremo camerario Brunnensi, Sdencone de Conopiscz, Arclebo de Starechovicz, Ptaczcone de Polne, Vockone et Laczcone de Crawar, Boczcone de Podyebrad supremo camerario terre Bohemie, Petro de Crawar alias de Plumnaw, Jescone Pusca de Cunstat, Benesio de Buzow, Polha de Holnsteyn, Jescone Cropacz, Polha de Losczicz, Pawlicone de Eulnburg et ceteris, et eciam presentibus subnotariis Jescone et Johanne Selova. Et hoc factum est ex consensu domini Marchionis et eius mandato speciali per literam, quam recepimus cum reverencia et executi sumus mandatum, facientes justiciam omnibus indifferenter.

(Olmützer Laudtafel.)

62.

Sander. Offizial des Olmützer Bischofes, entscheidet, dass der Wald Bílovská hora, in dessen Besitz sich Sulík von Konitz setzte, Eigenthum der Olmützer Kirche sei.
Dt. Olmütz 16. Jänner 1377.

Ve jméno Páně amen. Již od chvíle před mimi Sanderom Rambov, archidyakonem Přerovským a oficialem dvoru biskupa Olomouckého ctihodný muž kněz Krystan, kanovník kostela Olomouckého, svým a ctihodných mužův pánův z kapitoly téhož kostela Olomouckého jmenem proti urozenému muži Sulíkovi z Konice, v biskupství Olomouckém, prosbu svou aneb stížnost přednesl, ve všem v tato slova: Před vámi ctihodným mužem knězem Sanderem Rambov, archidyakonem Přerovským a oficialem dvoru biskupa Olomouckého Krystan kanovník kostela Olomouckého svým a ctihodných mužů pánů z kapitoly kostela Olomouckého jmenem proti Sulíkovi z Konice aneb proti každé osobě na místě jeho při soudu pořádně postavené právně sobě stížně přednáší a praví, že ačkoli někdy urozený muž Adam z Konice žádostiv jsa den žní neb odplaty poslední dobrými skutky předejíti k prospěchu duše své s povolením důstojného v Kristu otce kněze Jana, biskupa Olomouckého, v kostele Olomouckém ke cti Boha všemohoucího prebendu ustanovil a vyzdvihl a té prebendě a kostelu Olomouckému mezi jinými všecku ves Bilovice s rolími, s pastvami, lesy, křovinami, vodami, lovištěmi, s rychtou, povinnostmi a se vším užitkem, právem, vlastnictvím a panstvím, jakož sám držel a měl, kromě dvoru a jednoho lánu i s příslušnými loukami, kterýžto dvůr pan Jan, pana Adama syn, a Jakub sedlák drželi, daroval a odvedl na věčnost k držení, jmění a užívání. Ačkoli mnozí předkové moji jmenem kostela Olomouckého a mé prebendy v pokojném a bez překážky bývali užívání jak všech věcí předřečených tak obzvláště lesu ležícího na hranicích a mezích dotčené vsi Bilovic, v kterýžto les pan Sulik odňav jej kostelu Olomouckému a též prebendě bezprávně se uvázal a v držení zůstává k duše své nebezpečenství a kostelu Olomouckému a mé prebendě na ujmu, škodu a ztrátu, užitky odtud bera a pobrané po své vůli vynakládaje. Pročež ctihodný pane prosí dotčený Krystan jmenem jakž nahoře, abyste vaši mocnou výpovědí vynesli, usoudili a vyhlásili, že předpověděný les k kostelu Olomouckému a mé prebendě spravedlivě náleží a že ten les týmž bude přisouzen a skrz vás má přisouzen býti a on Sulik od užívání a držení lesu řečeného má oddělen a odevzdálen býti a že se na ten les věčně natahovati nebude a podle vyměření vašeho natahovati nemá a řečený Sulík k dotčeného lesu navrácení s přijatými užitky i s těmi, které přijaty býti mohly za čtrnáct let i více a z čtyřiceti hřiven groší pražských učinily, přidržán bude a skrz vás má přidržán býti a odsouzen, má pak tomu přinucen a přinutkán býti klatbou náležitou. To předkládá žádaje za náhradu outrat vynaložených, právo přidati, umenšiti, napraviti, a jinam z novu dáti i ostatní právní náležitosti sobě pozůstávajíc, a k potřebným toliko věcem sebe i kapitolu zavazujíc. — Po pře tedy před námi zalomení od řečených také stran prokuratorů, že ne hanění než pravdu mluviti mají, přísahy jsme přijali a obojí straně posicí a artykule davše a na ně odpovědi svědky podle obyčeje jsme přijali a je ve spis uvedli, kterýchžto svědomí vyhlašujeme i s výminkami nehodnosti svědkův a osob sem i tam přivedených. Potom na pohledávání stran nahoře psaných a prokuratorův jejich v dotčené při jsme zavřeli a s nimi na tom zůstali jistý den k slyšení konečné výpovědi stranám ustanoviti, kterouž až do dnešního dne z jistých příčin vidělo se nám poodložiti. My tedy Sanderus official předřečený vidouce a slyšíce bedlivě stran práva, příčiny a průvody a poznajíce zouplna té pře podstatu, na spravedlivém váhu spravedlnosti zavěsivše, nad to bedlivě s sebou i s lidmi rozumnými uvážení majíce a jméno Krysta Pána vzývajíce a jeho samého před očima majíce touto naší mocnou výpovědí vypovídáme, usuzujeme a vyhlašujeme, že les, obecně Bílovská hora slove, pod hranicemi vsi Bilovic ležící, k kostelu Olomouckému a prebendě, kterou v témž kostele Olomouckém pan Krystan, téhož kostela kanovník nahoře řečený drží a má, spravedlivě náležel a náleží a jim jej přisuzujeme a pana Sulíka naboře dotčeného od držení a užívání lesu předřečeného odlučujeme a jemu věčné mlčení v tom tímto listem ukládáme a téhož k navrácení odsuzujeme, vynahrazení škod pro při vzešlých vyzdvihujíce. Stala se tato výpověď v Olomouci v domě našeho obydlí léta Páně tisícího třístého sedmdesátého sedmého dne šestnáctého měsíce ledna. V přítomnosti počestných mužů pana Blažeje faráře u svatého Petra na předhradí Olomouckém, mistra Mikuláše z Sas a Petra Divného písaře přísežného, svědků všech věcí nahoře dotčených. Tomu na svědomí pečet oficialskou biskupství dotčeného k tomuto listu jsme přivěsili.

(Aus dem Anfange des 17. Jahrhd. stammende Übersetzung im Olmützer Kapitelarchive. Das lateinische Original konnte nicht gefunden werden.)

63.

Eröffnungsformel des Brünner Landrechtes 17. Jänner 1377.

Anno domini millesimo trecentesimo LXXVII⁰ sabbato post epiphaniam domini celebratum est concilium coram serenissimo principe et domino domino Jodoco marchione Moravie et illustri Procopio principe per nobilem Johannem de Sternberg alias de Lucaw supremo czude Brunnensis camerario, Unca de Maietin czudario et Wenczeslao de Radiegow terre notario. presentibus nobilibus Johanne seniore de Mezirziecz capitaneo, Hynczone de Lybbn. Ulrico de Bozkowicz. Vockone et Beneschio de Crawar, Wenczeslao de Crawarn camerario ezude Olomuczensis. Sdenkone de Zabrzieh, Alberto et Wilhelmo de Sternberg, Sdenkone de Sternberg. Petro de Sternberg. Stiborio de Cinburg, Czenkone Cruschina, Erardo de Cunstat. Tassone de Bozkowicz. Hermanno de Novadomo, Jenczone et Proczkone de Deblin. Petro de Crawarn. Laczkone de Crawarn, Henslino et Georgio de Byetow, Gymramo de Perustein. Arelebo de Starziechowicz, Jescone Puska, Sazema de Gewischowicz. Polha de Holenstein, Pawlikone de Eulburk, Jeskone Cropacz, Stephano de Vartnaw, Jerosshio de Cinburg. Boczkone de Cunstat, Smylone de Leschnicz, Kunikone de Drahotusch, Ratiborio de Misliborzicz. Petro Hecht de Rossicz et Gymramo de Jacobaw aliisque pluribus dominis et baronibus terre.

(Brünner Landtafel.)

64.

Johann der Jüngere von Meziřič legt Johann dem Älteren von Meziřič seinen Besitz daselbst. welchen er ihm schon vor seiner Reise nach der Lombardei abtrat, in die Landtafel. Circa 17. Jänner 1377.

Quemadmodum ego Johannes junior de Mezirziecz, nobilis Beneschii olim de Mezirziecz natus. ymo et dudum retroactis temporibus et hoc antequam me ad partes Lambardie sive Italye transire contingeret, omnia bona mea videlicet opidum Mezirriecz totum et integrum cum copidanis (sic) ac universis subsidibus castrum ibidem cum villis cciam subscriptis videlicet villa Scykow tota et integra, Brziezka villa tota, villa Roby tota, villa Olschie integra, villa Lhota tota. in villa Gestrziebie curias meas predilectas, villa Shorcyo, villa Lahwicky, villa Hrbow, villa Radslawiczky, villa Bochowiczky, villa Pohorzielicye, villa Budcye et Wessele villa cum omnibus usibus. fructibus, proprietatibus et pertinenciis singulis et universis cciam cum silvis custodialibus, nemoribus et rubetis incustodialibus, pleno jure et dominio. jure patronatus ecclesiarum proutmet in dictis bonis Meziriecz hereditarie possedi unquam paterno aut quocumque jure hereditario habere dinoscebar, presente serenissimo principe et domino domino Johanne marchione Moravie adhuc tunc vivente et de ipsius domini favore et consensu speciali, cuius anima nunc requiescat in pace, nobili Johanni seniori de Meziriecz, patruo meo dilecto et suis heredibus nomine meo et heredum meorum dedi et appropriavi et protunc hereditarie resignavi. Et hoc de favore et amicicia speciali cciam in presenti tabulis terre imponi decrevi et jussi, nullum michi et heredibus meis in predictis bonis jus proprietatis aut dominii penitus reservans et hoc ad singula et universa superius expressata ymo et si in tabulis terre per aliquam oblivionem aut aliquem errorem dicta bona. quod absit. prius et antea intabulata non fuissent, nunc autem iteratis vicibus de novo ex superhabundanti omnia et singula bona premissa Meziricz et ad dictum Meziriecz pertinencia. prout de verbo ad verbum quolibet suo nomine cum pertinenciis, dominio, juribus, nichil penitus omittendo, prefato nobili Johanni patruo meo et heredibus suis do, approprio liberaliterque condescendens resigno et hoc nomine meo et omnium heredum meorum tenenda, possidenda perpetue et in evum. Et hec intabulacio et donacio facta est ex consensu meo presente illustri domino domino marchione Moravie Judoco et Erhardo de Cunstat, qui princepsmet nunccius fuit specialis una cum nobili prefato ad tabulas presentes.

(Brünner gedruckte Landtafel p. 129.)

65.

Testament des Olmützer Domprobsten Fridrich. Dt. Olmütz 22. Jänner 1377.

Ego Fridericus Olomucensis prepositus novissima mea recogitans et anime mee saluti idcirco prospicere curans precipuo quoque affectu ad superne patrie incolatum aspirans, extremam dierum meorum horam, que repentino adventu posset voti mei impedire propositum, assistente superna gracia et comite integra sospitate mentis, ne ab hoc seculo egressurus incautus inveniar, cupio pervenire. Et ideo volens de rebus, quas per industriam michi a deo concessam meis serviciis acquisivi perpetua michi constituere suffragia, quibus anima mea apud misericordem dominum celestia premia consequatur, primum ad honorem ipsius dei omnipotentis, sancte Marie genitricis eius et omnium sanctorum suorum in remissionem peccatorum meorum et anime mee remedium dono et trado ducentas et sedecim marcas grossorum pragensium moravici numeri Olomucensi ecclesie et eius capitulo ordinans et disponens, ut honorabiles viri . . decanus archidiaconus et ipsum capitulum unum altare in honore sancti Mathie apostoli et sancte Dorothee virginis in ecclesia Olomucensi erigat et de predicta summa pecuniarum decem et octo marcas perpetuorum reddituum comparet et corum possessionem presbitero eiusdem altaris, qui hoc beneficio debet esse contentus, assignet et tradat, qui pro sua sustentacione octo marcas dicte monete habeat, tres marcas in anniversario obitus mei die, de quibus quivis presbiter ex personis ecclesie legens tunc missam unum grossum percipiat, secundum morem ecclesie distribuendas, unam marcam ecclesie sancte Marie in Wolframskirchen, unam marcam ecclesiis sanctorum Petri et Jacobi et sancte Marie, unam marcam ecclesiis sancti Francisci, Clare et hospitali et unam marcam ecclesiis sancti Mauricii, sancti Michaelis et sancte Katherine in Olomucz, singulis annis in codem anniversario ministret et pro residuo huiusmodi reddituum tres integras pecias barchani emat, que in codem anniversario inter decem et octo prebendarios ecclesie pro singulorum tunicis dividantur, quorum quilibet eiusdem anniversarii die unum psalterium quanto potuerit devocius pro anime mee remedio ad laudem altissimi legere teneatur. Huiusmodi altare postquam erectum fuerit cum predictis reddilibus Wenczeslao Buskonis de Hostina presbitero pragensis diocesis servitori meo conferri dispono. Si vero voluntas mea superius prenotata eo modo, quo dictum est, non posset obstaculis impedientibus adimpleri, extunc . . decanus, archidiaconus et capitulum voluntatem meam cciam de collacione ipsius altaris quanto melius poterint, exequantur, sic tamen quod presbiter predicto altari deserviens supradictos redditus distributurus, ut superius est expressum, octo marcas capitulum, tres marcas pro anniversario meo deputatas, et prebendarii ecclesie tres integras pocius barchani pro suo amictu et ecclesia in Wolframskirchen unam marcam ex eisdem redditibus habeant integre. residuum vero reddituum eorundem pro aliis ecclesiis superius expressis equali lance fideliter dividatur. In quorum omnium testimonium presentem paginam mee voluntatis sigilli mei appensione ad perpetuam memoriam sigillare curavi. Acta sunt hec in presencia honorabilium virorum fratrum meorum dominorum Bederici decani, Danielis archidiaconi Petri scolastici, Henrici custodis, Nicolai Wockensteri, Jaroslai, Leonis, Cristani magistrorum in artibus. Jacobi Nicolai et Francisci et Hermanni canonicorum Olomucensium et aliorum honorabilium testium ad hoc specialiter vocatorum, magistri Bertoldi plebani ecclesie in Cunyssin. Thome, Welikonis vicariorum perpetuorum ecclesie Olomucensis, Wenczeslai presbiteri supradicti, Andree Apothecarii et aliorum testium fidedignorum in domo ipsius prepositure in stuba maiori anno domini millesimo trecentesimo septuagesimo septimo die sancti Vincencii martiris. Rogo insuper et desidero ut te Nicolaum de Novacivitate publicum notarium hic subscribas et signum tui officii apponas in testimonium omnium premissorum.

Et ego Nicolaus quondam Ulmanni · de Novacivitate clericus Olom. dioc. publicus etc. notarius etc.

(Orig. Perg. h. Sig. im Olm. Kapitelarchive.)

66.

Jodok Markgraf v. Mähren befreit die Stadt Olmütz von jeder Mauthabgabe in Mähren.
Dt. Brünn 23. Jänner 1377.

Jodocus dei gracia marchio et dominus Moravie notumfacimus tenore presencium universis. Quod licet ad universorum sibi fidelium subditorum statum et commodum nostra benignitas graciose dignetur intendere, ad illud tamen precipue, quo felix prosperitas subditorum nostrorum augmentum recipit pia deliberacione mota liberalius se extendit. Sane ad notabilem et nimium considerandam civium et incolarum civitatis nostre Olomucensis fidei puritatem, qua nobis sedula claruerunt diligencia, clarent et clarere debebunt et poterunt uberius in futurum, ipsis animo deliberato, sano fidelium nostrorum consilio et ex certa nostra sciencia hanc graciam fecimus et facimus virtute presencium in hiis scriptis, videlicet quod omnes et singuli cives incole et inhabitatores prefate civitatis nostre Olomucensis cum ipsorum mercimoniis per terras, civitates et per totum nostri marchionatus dominium sine omni solucione theolonei libere transire debeant per omnem modum, prout cives nostri Brunnenses de ipsa uluntur et gaudent gracia, gaudere et potiri debeant contradiccione qualibet non obstante. Mandamus igitur universis et singulis baronibus, proceribus, nobilibus, militibus, clientibus, burggraviis, officialibus . . judicibus, magistriscivium . . scabinis . . theoloneariis et ceteris in marchionatus nostri dominio habitantibus, fidelibus nostris dilectis, presentibus seriose, quatenus prefatos cives nostros seu aliquem ipsorum in gracia, prout expressatur superius, non impediant nec impedire permittant, quin pocius ipsos circa candem manuteheant, protegant sub pena indignacionis nostre gravissime fideliter et defendant. Presencium sub appenso nostro sigillo testimonio literarum. Datum Brune anno domini millesimo trecentesimo septuagesimo septimo feria sexta proxima post diem sancti Vincencii.

(Orig. Perg. h. Sig. im Olm. Stadtarchive.)

67.

Pabst Gregor XI. beauftragt die Bischöfe von Breslau und Leitomyšel und den Schottenabt in Wien, das Olmützer Kapitel gegen die Schädiger und Angreifer zu vertheidigen. Dt. Rom 1. Februar 1377.

Gregorius episcopus servus servorum dei, venerabilibus fratribus . . Wratislaviensi et . . Luthomuslensi episcopis ac dilecto filio . . abbati monasterii Scotorum in Vienna Pataviensis diocesis salutem et apostolicam benediccionem. Militanti ecclesie licet immeriti disponente domino presidentes circa curam ecclesiarum et monasteriorum omnium solercia reddimur indefessa soliciti, ut iuxta debitum pastoralis officii eorum occurramus dispendiis et profectibus divina cooperante clemencia salubriter intendamus. Sane dilectorum filiorum . . preposita, decani et capituli ecclesie Olomucensis conquestione percepimus, quod nonnulli archiepiscopi, episcopi aliique ecclesiarum prelati et clerici ac ecclesiastice persone tam religiose quam seculares necnon duces, marchiones, comites, barones, milites, nobiles et laici, communia civitatum, universitates opidorum, castrorum, terrarum, villarum et aliorum locorum et alie singulares persone civitatum et diocesis et aliarum parcium diversarum occuparunt et occupari fecerunt castra, villas et alia loca, terras, domos et possessiones iura et iurisdicciones necnon fructus, redditus, census et proventus et nonnulla alia bona mobilia et immobilia, spiritualia et temporalia ad eosdem prepositum, decanum et capitulum spectancia et ea detinent indebite occupata, seu ea detinentibus prestant auxilium consilium et favorum, nonnulli cciam civitatum ac diocesis et parcium predictarum, qui nomen domini in vacuum recipere non formidant, eisdem preposito, decano et capitulo super predictis castris, villis et locis aliis, terris, domibus, possessionibus, iuribus et iurisdiccionibus, fructibus, censibus et redditibus et proventibus eorundem et quibuscunque aliis bonis mobilibus et immobilibus, spiritualibus et temporalibus et aliis rebus ad eosdem prepositum, decanum et capitulum ut prefertur spectantibus, multiplices molestias et iniurias inferunt et iacturas; quare dicti prepositus, decanus et capitulum nobis humiliter supplicarunt, ut, cum eisdem valde reddatur difficile pro singulis querelis ad apostolicam sedem habere recursum, providere ipsis super hoc paterna diligencia curaremus. Nos igitur adversus occupatores, detentores, presumptores, molestatores et iniuriatores huiusmodi illo volentes eisdem preposito, decano et capitulo remedio subvenire, per quod ipsorum compescatur temeritas ac aliis aditus committendi similia precludatur, discrecioni vestre per apostolica scripta mandamus, quatenus vos vel duo aut unus vestrum per vos vel alium seu alios, cciam si sint extra loca, in quibus deputati estis conservatores et judices, prefatis preposito, decano et capitulo efficacis defensionis pre-

8

sidio assistentes non permittatis eosdem super hiis et quibuslibet aliis bonis et iuribus ad eosdem prepositum, decanum et capitulum, ut prefertur, spectantibus, ab eisdem vel quibusvis aliis indebite molestari vel eisdem gravamina seu dampna vel iniurias irrogari, facturi dictis preposito, decano et capitulo, cum ab eis vel procuratoribus suis vel eorum aliquo fueritis requisiti, de predictis et aliis personis quibuslibet super restitucione huiusmodi castrorum, villarum, terrarum et aliorum locorum, iurium et iurisdiccionum ac bonorum mobilium et immobilium, reddituum quoque et proventuum et aliorum quorumcunque bonorum necnon de quibuslibet molestiis, iniuriis atque dampnis presentibus et futuris, in illis videlicet, que iudicialem requirunt indaginem, summarie et de plano sine strepitu et figura iudicii, in aliis vero, prout qualitas eorum exegerit, iusticie complementum, occupatores seu detentores molestatores seu presumptores et iniuriatores huiusmodi necnon contradictores quoslibet et rebelles cuiuscunque dignitatis, status, gradus, ordinis vel condicionis extiterint, quandocunque et quociescunque expedierit, auctoritate nostra per censuram ecclesiasticam appellacione postposita compescendo, invocato ad hoc, si opus fuerit, auxilio brachii secularis. Non obstantibus tam felicis recordacionis Bonifacii pape VIII. predecessoris nostri, in quibus cavetur, ne quis extra suam civitatem et diocesim nisi in certis exceptis casibus et in illis ultra unam dietam a fine sue diocesis ad iudicium evocetur, seu ne judices et conservatores a sede deputati predicta extra duas dictas aliquis auctoritate presencium non trahatur, seu quod de aliis quam de manifestis iniuriis et violenciis et aliis, que iudicialem indaginem exigunt, penis in eos si secus egerint et in id procurantes adiectis conservatores se nullatenus intromittant, quam aliis quibuscunque constitucionibus a predecessoribus nostris romanis pontificibus tam de judicibus delegatis et conservatoribus quam personis ultra certum numerum ad iudicium non vocandis aut aliis editis, que vestre possent in hac parte iurisdiccioni aut potestati eiusque libero exercicio quomodolibet obviare, seu si aliquibus communiter vel divisim a prefata sit sede indultum, quod excommunicari suspendi vel interdici, seu extra vel ultra certa loca ad iudicium evocari non possint, per literas apostolicas non facientes plenam et expressam ac de verbo ad verbum de indulto huiusmodi et eorum personis, locis, ordinibus et nominibus propriis mencionem et qualibet alia dicte sedis indulgencia generali vel speciali cuiuscunque tenoris existat, per quam presentibus non expressam vel totaliter non insertam vestre iurisdiccionis explicacio in hac parte valeat quomodolibet impediri et de qua cuiusque loto tenore de verbo ad verbum habenda sit in nostris litteris mencio specialis. Ceterum volumus et apostolica auctoritate decernimus, quod quilibet vestrum prosequi valeat articulum cciam per alium inchoatum quamvis idem inchoans nullo impedimento fuerit canonico prepeditus, quodque a data presencium sit vobis ac unicuique vestrum in premissis omnibus et eorum singulis ceptis et non ceptis presentibus et futuris perpetuata potestas et iurisdiccio attribuita, ut eo vigore eaque firmitate possitis in premissis omnibus ceptis et non ceptis presentibus et futuris et pro predictis procedere ac si predicta omnia et singula coram vobis cepta fuissent et iurisdiccio vestra et cuiuslibet vestrum in predictis omnibus et singulis per citacionem vel modum alium perpetuata legitimum extitisset constitucione predicta super conservatoribus et alia qualibet in contrarium edicta non obstante. Presentibus post quinquennium minime valituris. Datum Rome apud sanctum Petrum kalendis Februarii pontificatus nostri anno septimo.

(Orig. Perg. mit anh. plumbum im Olm. Kapitelarchive.)

68.

Nikolaus von Bykowitz, Richter in Weisskirchen, verkauft das Gericht daselbst dem Abte des Kl. Hradisch, Terward. Dt. Tobitschau 12. Februar 1377.

Ego Nicolaus dictus Byczek de Bykowicz et tunc temporis iudex in Hranicz notum facio universis, quod bona deliberacione maturoque consilio prehabito venerabili domino Terwardo abbati monasterii Gradicensis suoque conventui et omnibus eius successoribus iudicium et advocatiam ibidem in Hranicz cum omnibus iuribus, proventibus et pertinentiis, prout solus tenui et possedi, nil penitus pro me aut meis heredibus reservando nec quidquam excludendo pro centum et triginta marcis grossorum denariorum moravici numeri et pagamenti iuste et legitime vendidi et ipsum iudicium liberaliter resigno per presentes. Super cuius iudicii legitimam venditionem nos Andreas frater germanus dicti Biczkonis de Bykowicz, Michael de Drissicz, Wlczko de Opatowicz, Sczepanko de Plenkowicz, Marquardus de Modrzicz, Strzenczynus de Strzencz pro et cum ipso Byczkone compromissores et fideiussores legitimi, manu coniuncta insolidum, literam privilegialem, quam predictus Biczko super prefatum iudicium habuit, predicto domino abbati et suo conventui a proxime instanti die dominica ad octo dies reddere et dare promittimus fideliter. Nichilominus etiam prefatum iudicium cum omnibus pertinentiis bona nostra fide sine dolo coniunctim et in solidum disbrigare et libertare promittimus secundum ius iudiciale ab omni prorsus impedimento. Si vero quidquam in premissis omnibus efficaciter explere neglexerimus, quod absit, extunc ex nobis prenominatis per supradictum dominum abbatem sive ipsius conventum duo admoniti obstagium verum, debitum et consuetum, quilibet cum uno famulo et duobus equis in civitate Olomucensi in domo bonesti hospitis nobis deputata personaliter subintrando ab omni occasione promittimus et tenemur inviolabiliter observare, ab eodem obstagio nulla iuris consuetudine exituri tam diu, donec prenominatum iudicium per nos coniuncta manu predicto domino abbati suoque conventui disbrigatum et libertatum fuerit ab omnibus universaliter impedimentis. Promittimus etiam pro damnis, impensis, expensis laboribusque exinde notanter contractis prenominato domino abbati et suis successoribus prefato obstagio servato satisfacere. Ad complementum huius rei hoc testimonium sigillorum nostrorum appensione de certa nostra sciencia duximus roborari. Datum Thowaczow anno domini millesimo treccntesimo septuagesimo septimo feria quinta ante dominicam Invocavit.

(Abschrift in den Annal. Gradicens. fol. 153 im Landesarchive.)

69.

Johann Sobĕslar, Markgraf von Mähren, schliesst mit seinem Bruder Jodok ein freundliches
Übereinkommen auf Grundlage der Theilungsurkunde ihres Vaters Johann.
Dt. Prag 17. Februar 1377.

Wir Johanns. genant Sobeslaw, von gotes gnaden marggrafe zu Merhern, bekennen
und tun kunt offenlichen mit disem brieve allen den, die yn sehen oder horen lesen, das
wir mit dem hochgebornem fursten herrn Josten marggrafen und herren zu Merhern, unserm
lieben bruder. mit fruntlichen teydingen, mit rechter wissen und mit gutem willen des
uberein komen sein. das er fur sich und seine elichen erben, marggrafen und herren zu
Merhern, den teyl. der uns verschriben, geben und gemachet ist, als das sulche ordenungen
und teylungen brieve etwenne marggrafen Johansen seligen unsers vaters lewterlicher uf-
weisen. in der marggrafeschaft zu Merhern mitsampt der ganzen marggrafeschaft zu Merhern
als ein marggrafe und herre zu Merhern von kunigen, der cronen und dem kunigriche zu
Beheim zu rechtem furstenlehen yczunt empfanget hat, heldet und besiczet, und auch
der egenannt unser bruder marggrafe Jost und seine eliche erben als marggrafen und
herren zu Merhern dieselben furstenlehen von kunigen, dem kunigriche und der cronen zu
Beheim emphaben und uffnemen sullen und mugen, als offte des not geschicht in zukunfftigen
zeiten. Auch sal der egenannt marggrafe Jost unser lieber bruder und seine erben den
egenannten unsern und unser erben teil gen der herschafft zu Beheim allewege vorantwurten
und vorsprechen als offte des not geschicht. Und uff die rede, das marggrafe Jost, unser
bruder und seine erben die obgenannten leben und guter unsers teyles gen den kunigen,
dem kunigriche und der cronen zu Beheim vorsprechen und vorantwurten mugen und sicher
sein des egenannten unsers teyles, so geloben wir in guten trewen on geverde mit dem
geswornem cyde, den wir doruber leiphafticlichen getan haben zu den heyligen, das wir
und unsre erben, die wir gewynnen werden, ewiclichen dem egenannten marggrafe Josten.
unserm bruder und seinen elichen erben als marggrafen und herren zu Merhern mit dem
egenannten unsrem teyle und seinen zugehorungen genzlichen und getruwelichen gehorig
und gewartig sein sullen in allen sachen und in iren allen noten. Auch meynen, wollen
und sullen wir und unsre erben dem egenannten marggrafe Josten, unserm bruder und
seinen erben marggrafen und herren zu Merhern in creffen der egenannten unsrer gelubde
und eydes, die wir doruber getan haben, beygestendig, gehollfen*) und volgen wider allermeniclichen, wenne und als offte des not geschicht ane hindernusse, one verzog und on
alles widersprechen, wenne und als offte wir und unser erben des von des egenannten
marggrafen Jostes unsers bruders oder seiner erben wegen des ermanet werden. Auch
geloben wir in guten trewen on geverde und mit dem egenannten unserm geswornem eyde
fur uns und unsere erben, das wir in den landen zu Merhern und allen iren zugehorungen
keynerleye kriege, stosse oder uffleufe machen sullen in dheyneweiz noch eyniger newekeit

*) d. i. sein.

begynnen, domite der egenannt marggrafe Jost, unser bruder, seine erben, seine lande, lewte und herschafft in dheyneweiz beschediget, gehindert oder besweret werden mochten. Were, auch sache, das der hochgeborne furste marggrafe Procop unser bruder also sturbe, das er eliche lehenserben mannes geschlechte hinder ym nicht liesse und sein teyl veter- liches erbes, der uff uns verfiele, als in den brieven marggrafen Johansen seligen, unsers egenannten vaters begriffen ist, so geloben wir in guten truwen on geverde mit dem egenannten unserm geswornen cyde, das wir mit demselben erbeteyle gleicherweiz als mit dem unsern dem vorgenannten unserm bruder marggrafe Josten und seinen erben gewarten sullen, volgen, beygestendig und gehollfen sein in aller der massen, als davor begriffen steet in diesem brieve, in sulcher bescheydenheit, das der egenannt marggrafe Jost, unser bruder und seine erben denselben teyl gleich dem unsern von kunigen, dem kunigriche und der eronen zu Beheim zu rechtem furstenlehen empfahen und halden sulle und yn verantwurten und versprechen gen derselben herschafft als davor begriffen ist. Wir geloben auch in guten trewen on geverde und bey dem eyde, den wir doruber gesworn haben fur uns und unsere erben, sey das sache, dass der egenannt marggrafe Jost, unser bruder, uberein kumet mit marggrafe Procopen, das er ym gelt gereyte pfennige oder gut oder beydes uber seinen erbeteyl geben wurde, das wir denne noch sulchem gelde und gute nach tode marggraven Procopien, ob er ane erben sturbe, nymmer gesteen wollen in dheynen zeiten, sunder es sal uff unsern bruder marggraven Josten und seine erben ungehindert lediclichen vallen und alles sulches gelt sullen wir denne dem egenannten unserm bruder marggrafe Josten wider- geben, ec denne wir uns marggrafe Procopien, unsers bruders, erbeteyl underwinden, oder sullen ym also vil gutes abetreten noch werdschafft als das egenannte gelt gereychet. Auch wellen und sullen wir und unsre erben keynen herren des furstentums zu Merhern zu dienste oder sust in dheineweiz uffnemen oder zu uns ziehen oder bey uns behalten wider des egenannten marggrafen Jostes oder seiner erben willen. Auch geloben wir egenannt marggrafe Johanns genannt Sobeslaw fur uns und unsre erben ewiclichen in guten trewen on geverde und mit dem egenannten geswornem eyde, das wir die vordern brieve der ordenungen seliger gedechtnusse marggrafen Johannsen unsers vaters, die unsre herren her Karl der romische keiser und her Wenczlaw kunig zu Beheim, als kunige zu Beheim be- stetiget haben und uff die wir selber gelobt und gesworn haben, doran unser und unsrer bruder und auch anderer herren, in der marggrafeschafft zu Merhern gesessen, ingesigele hangen, in allen iren meynungen, puncten und artikeln ganze stete und unverrucket haben und halten sullen und wollen ewiclichen von worte zu worte, als sic begriffen sein, nur alleyne usgenomen den egenannten artikeln, die in discn newen teydingen dicz gegenwor- tigen brieves begriffen sein, die wir auch genzlichen vollfuren sullen in aller der massen, als sie dovor geschriben steen. Mit urkund dicz brieves vorsigelt mit unserm anhangendem insigele. Geben zu Prage nach Crists geburd dreyzehenhundert jar dornach in dem syben- undsybenzigstem jare des nehsten dynstages nach dem suntage Invocavit.

(Inserirt in n. 63.)

70.

K. Wenzel IV. bestättigt das zwischen Johann Sobĕslav und Jodok Markgrafen von Mähren am 17. Februar 1377 getroffene Übereinkommen. Dt. Prag 22. Februar 1377.

Wir Wenczlaw von gotes gnaden romischer kunig zu allen zeiten merer des reiches und kunig zu Beheim bekennen und tun kunt offenlichen mit diesem brieve allen den, die yn sehen oder horen lesen. Wann der hochgeborne Jost, marggrafe und herre zu Merhern, unser furste und lieber vetter mit dem hochgebornem Johansen, genant Sobeslaw, marggrafen zu Merhern, seinem bruder, unsre lieben vettern, von newens einer sulchen ordenungen uberein komen ist, als in dem brieve begriffen ist, der hernach von worte zu worte geschriben steet: Wir Johanns etc. Geben zu Prage dreyzehenhundert jar dornach in dem sybenundsybenzigstem jare des nehsten dynstages nach dem suntage Invocavit. (vid. n. 69.) — Und wann die obgenannten gebruder Jost und Johanns und sunderlichen derselbe Johanns, den sulche ordenunge von wegen seines veterlichen erbeteyles anruret, dieselben ordenunge als die dovor begriffen und gescheen ist, durch fride, nucz und selikeit beyder derselben gebruder irer herschafft, lande und lute mit unserm willen und wissen gemachet und usgetragen haben und wir auch selber erkennen, das dieselbe ordenunge nuczlich und gut ist, dovon durch bete willen der obgenannten Jostes marggraven und herren zu Merbern und Johansen seines bruders mit wolbedachtem mute, mit rate unser fursten und lieben getruwen, mit rechter wissen, haben wir als ein kunig zu· Beheim, ein rechter, obrister und naturlicher lehenherre des furstentumes der ganzen marggrafeschafft zu Merhern, mit kuniglicher macht zu Beheim zu der obgeschribnen ordenungen, als sie davor von worte zu worte begriffen ist, unsern kuniglichen willen und gunst getan und gegeben, tun und geben mit craffte dicz brieves und besteten, bevesten und confirmieren dieselben newe ordenungen und setzen und wollen mit der egenannten unsern kuniglichen macht zu Beheim, das die furbasmer ane hindernusse und on alles widerrufen ewiclichen bleiben und besteen sulle und musse in aller der masse und weise als sie dovor gelutert und begriffen ist. Mit urkund dicz brieves vorsigelt mit unsrer kuniglichen Maiestat insigele. Der geben ist zu Prage nach Crists geburt dreyzehenhundert jar dornach in dem sybenundsybenzigstem jare an dem suntage Reminiscere, unsrer reiche des behemischen in dem vierzehenden und des romischen in dem ersten jare.

(Auf der Plicatur: Dominus rex Romanorum mandavit, Johannes archiepiscopus pragensis. — In dorso: R. Wenceslaus de Jenikow. — Orig. Perg. Sigel abgerissen, im mähr. Land. Archive.)

71.

Johann Puška v. Kunstat verkauft sein Besitzthum in Senic dem Herard von Lesnic. Dt. 25. Februar 1377 s. l.

Nos Johannes dictus Puska de Cunstat notumfacimus tenore presencium universis, quod sano et salubri consilio, matura deliberacione, meaque bona voluntate rite et racionabiliter vendidi, tradidi et resignavi, presentibus trado et iusto vendicionis titulo resigno, eo iure, quo tenui, habui et hereditarie possedi nobilibus Herardo de Lesnicz suisque heredibus et successoribus ac ad manus honorabilis viri domini Fridrici decani ecclesie Olomucensis et Smilonis fratrum de Lesnicz, omnia bona hereditaria in villa Sienicz, pro ducentis marcis et duabus marcis grossorum argenteorum pragensium, quamlibet marcam pro sexaginta quatuor grossis computando, cum universis et singulis utilitatibus, communitatibus hominum, censibus, steuris regalibus, penis, emendis maioribus tam minoribus, agris cultis et incultis, pratis, pascuis, viis, semitis, omnibus et singulis proventibus ad dictam hereditatem spectantibus plenoque dominio intra et extra villam, horum pro mea utilitate penitus nil reservando, per eos habenda tenenda utifruenda aut in suos usus quoscunque, quandocunque eis opportunum videbitur, transferenda. Nos quoque Arclebus de Cunstat, Woko, Potha, Johannes dictus Kropacz fratres de Holstein, Pauliko de Ewlburk et Sulico de Conicz compromissores, fideiussores et disbrigatores promittimus pro ipso Johanne et cum ipso bona nostra fide pari manu in solidum et indivisim jam dictis Herardo suisque heredibus domino Fridrico et Smiloni ipsa bona hereditaria ab omnibus impeticionibus et inpedimentis quibuscunque exbrigare a quolibet homine et libertare prout forma iuris terre Moravie docet et requirit. Quocirca spondemus in primo dominorum colloquio Olomucii celebraturo dicta bona hereditaria libro et registro provincie, si patuerit, inponere et intabulare debemus ipsis Herardo suisque bered bus ac ad manus, quorum nomina superius preferuntur, nostris propriis laboribus, propriis inpensis et expensis. Et si omnia premissa ut prefertur libertare seu exbrigare aut intabulare aliquo modo neglexerimus et hoc idem efficere non curaverimus, ex tunc statim duo ex nobis quicunque per Herardum sive heredes suos dominum Fridricum et Smilonem moniti fuerimus, quilibet loco sui clientem militaris gradus cum famulo et duobus equis in obstagium verum et solitum in civitatem Olomucensem in domum discreti hospitis eisdem per eosdem deputatum omnibus occasionibus, dilacionibus, excepcionibus obmissis tenebimur translegare et abinde non exituri aliqua causa preposita super aliquod ius suum; provisum tamen est prestito ipso obstagio aut non prestito tam diu, donec sepedicta bona libertata exbrigata sive intabulata sufficienter fuerint integraliter et complete, et de dampnis omnibus et singulis racione exbrigacionis sive intabulacionis, equitacionibus, nuncciis, literis, expensis et inpensis racione huiusmodi debiti contractis per nos conpromissores in solidum ipsis Herardo sive heredibus suis domino Fridrico et Smiloni sine eorum omnium indempnitate plene et integre fuerit satisfactum. In cuius rei testimonium et fidem pleniorem sigilla in solidum nostra duximus appendenda. Datum anno domini millesimo trecentesimo septuagesimo septimo proxima quarta feria ante dominicam qua canitur Oculi mei.

(Orig. Perg. 7 h. Sig. das 7. abgerissen im Olm. Kapitelarchive.)

72.

Jakob von Kaplitz, Generalvikar des Olmützer Bischofes, ernennt in Folge der Präsentation der Tischnowitzer Äbtissin den Brünner Kanonikus Hartlieb zum Probsten auf dem Petersberge in Brünn. Dt. Mödritz 22. März 1377.

Nos Jacobus de Caplicz canonicus Olomucensis reverendi in Christo patris ac domini domini Johannis Olomucensis episcopi in spiritualibus et temporalibus vicarius generalis, notum facimus tenore presencium universis, quod ad presentacionem et peticionem venerabilis domine . . abbatisse monasterii in Thusnowicz ordinis Cisterciensis, Olomucensis diocesis honorabilem et discretum virum dominum Nicolaum rectorem parochialis ecclesie in Jeuspicz et provisorem prefati monasterii in Thusnowicz et ipsius procuratorio nomine honestum virum dominum Hartlebum, canonicum prebendatum ecclesie montis sancti Petri in Brunna, exhibitorem presencium, in prepositura prefate ecclesie montis sancti Petri in Brunna, per obitum domini Nicolai, olim ciusdem preposture prepositum (sic) vacante, in qua prefata domina abbatissa jus obtinet presentandi, prepositum instituimus et rectorem, sibi curam animarum et administracionem in spiritualibus et temporalibus in eadem, prout ad nostrum spectat officium committentes. Presencium sub nostro vicariatus sigillo testimonio literarum. Datum in castro Modricz anno domini millesimo trecentesimo septuagesimo septimo die XXII mensis Marcii.

(Orig. Perg. h. Sig. im mähr. Landesarchive.)

73.

Johann Bischof von Olmütz verleiht denen, welche die Dominikanerkirche in Turnau an bestimmten Festtagen besuchen, einen Ablass von 40 Tagen. Dt. Frankfurt 23. März 1377.

Dei et apostolicae sedis gratia Joannes episcopus Olomucensis nobili viro domino Marquardo de Vartmberk, dominabili amico nostro carissimo salutem in eo, qui est omnium vera salus. Dominabilis amice carissime. Indulgentias certas a nobis in certis locis in monasterio ordinis fratrum praedicatorum in civitate Turnov in ecclesia parochiali ibidem cum devota fiducia postulastis etc. Nos igitur devotum vestrum propositum intuentes animo deliberato et de certa nostra scientia, si et in quantum reverendissimi in Christo patris ac domini nostri Joannis, sanctae Pragensis ecclesiae archiepiscopi, apostolicae sedis legati consensus accesserit et voluntas, omnibus et singulis Christi fidelibus, qui vere poenitentes et contriti in loca praedicta in festivitatibus infra scriptis beatae Mariae virginis, in festivitatibus confessorum Procopii, Martini ac Valentini et festivitatibus virginum et viduarum Magdalenae, Catharinae, Margaretae, Dorotheae, Elizabethae et Barbarae et in festo dedicationis sanctae crucis et omnium sanctorum devote visitaverint, quadraginta dies indulgentiarum de injunctis sibi poenitentiis de omnipotentis dei misericordia et beatorum apostolorum Petri et Pauli authoritate confisi in domino fiducialiter elargimur. Praesentium sub appenso nostro sigillo testimonio literarum. Datum Francfordi feria secunda post dominicam palmarum anno ut supra.

(Aus dem Diadochus Paprockýs „o stavě panském" p. 267. Ob das Jahr 1377 anzusetzen sei, ist nicht gewiss.)

74.

Markgraf Jodok gestattet, dass das Dorf Żbanitz dem Leitomyšler Augustinerkloster in die Landtafel gelegt werde. Dt. Brünn 24. April 1377.

Jodocus dei gracia marchio et dominus Moravie nobili Jesconi de Sternberg supremo camerario et aliis czude Brunnensis beneficiariis salutem et omne bonum: Fideles dilecti, placuit nobis et dedimus cciam ad hoc nostrum favorem, ut in villa Spanicz tres lanci cum curticula censuali, pomerium, silva et medie decime vincarum, quas religiosi fratres prior et conventus monasterii sancte crucis in Luthomysl ordinis sancti Augustini a Budslawo de Nassymyrzicz et Sczepano de Branek emerunt, eisdem fratribus intabulentur, dum presentibus fueritis requisiti. Datum Brunne anno domini millesimo trecentesimo septuagesimo septimo feria VI proxima post sancti Georgii.

Per dominum marchionem Nicolaus.

(Orig. Perg. beigedr. Sig. in der mähr. Landtafel.)

75.

Stefan, Richter zu Trebitsch, bekennt, dem Nikolaus Würffel neunzig Pfund Wiener Pfennige für Wein schuldig zu sein. Dt. Wien 27. April 1377.

Ich Stephan zu den zeiten richter ze Trebitsch und ich Margret sein hausfrowe und alle unser erben wir vergehen offenleich mit dem brief, daz wir unverschaidenleich gelten sullen dem erbarn mann herrn Niclasen dem Würffel und seinen erben umb weyn newnczig phunt wienner phenning, der wir si oder wer uns an irer stat mit dem brief mont, unverczogenleich richten und wern sullen an sand Giligen tag, der schirist chumt. Tun wir dez nicht, swaz si denne derselben phenning fürbas schaden nement, es sey mit nachraisen, mit zerung, mit potschafft oder wie si dar ze schaden chöment ze Christen und ze Juden, wie der schade genant ist, daz aimer, der den brief zaigt, bey seinen trewen ungesworn gesprochen mag, denselben schaden mitsampt dem hauptgut sullen si haben auf uns und auf allem unserm gut, daz wir haben in dem lande ze Merhern oder wo wir es haben inner landes oder auzzer landes, erbgut und varund gut, wie daz genant ist und sullen in auch hauptgut und schaden genczleich gelten und widerchern. Wenne si daz nach dem obgenanten tag nicht lenger enpern wellent, also daz wir si darumb weder bincz hof noch bincz kamer noch an chain gewaltige hant noch mindert alswohin schaffen sullen noch das wir

9

in mit chainerlai andern sachen, wie die genant sint. waigern noch verziehen sullen noch
das wir si chain ander werung aupieten sullen denne nur berait wiener phening. Daz luben
wir in alles stet ze haben und ze volfürn mit unsern trewen an alle widerred und gever.
Wer aber, daz wir in das vorgenannt ir gelt nach der obgenannten vrist so lange ver-
czugen, daz si des verdruzze, wo si denne unsrew güter likkunde oder varunde auchoment
(sic) oder darauf zaigent, es sey in stelen, merkchten, dörffern, auf lande oder auf wazzer
inner landes oder auzzer landes, da sullen in die landes fürsten, die herren, richter oder
amptlewt oder wer deselbens gewaltig ist, an alles fürbot, an alle chlag und gerichte
phannd von antwurten und si der gewaltig machen und si auch vestichleich darauf schirmen
ze verchouffen. ze verseczen und allen iren frumen damit ze schaffen ze gleicher weise,
als ob si die vor offenn gerichten in ir gewalt erlangt und bobabt bieten, alsverre, daz si
dez vorgenanten irs geltes hauptguts und schadens ganz und gar davon verrichtet und
gewert werden. wir sein lebentig oder tod. Und sol uns dawider chain herschafft, vreyung
noch vreibrief noch dhain ander sach, wie die genant ist, nicht schirmen noch beholffen
sein dhain weg. Und darüber so geben wir in den brief zu einem warn urkund der sach
versigelten mit unsern insigiln und mit der erbarn lewt insigiln herrn Ulreichs dez Pollen
und herrn Jacobs des Chotner zu den zeiten paide des rats der stat ze Wienn, die wir
des gepeten haben. daz si der sach gezeugen sint mit irn insigiln. Der brief ist geben ze
Wienn nach Christes gepurte drewczehenhundert jare darnach in dem siben und sibenzigstem
jar des nechsten montags nach sand Jörgen tag.

(Orig. Perg. 3 h. Sig. im mähr. Land. Archive.)

76.

Benesch von Wildenberg schenkt dem Dominikanerkloster in Brünn das Dorf Těšan.
Dt. 13. Mai 1377 s. l.

In nomine domini amen. Quoniam acciones hominum quamvis solempniter celebrate
simul cum tempore procedente defluere consueverunt, ideo necesse est et congruum, ut ea,
que a memoria hominum decidere possunt, scriptis et testibus, que sunt indicium veritatis,
perhennentur. Quapropter noscat tam presens hominum etas quam in Christo futura posteritas
has inspectura litteras, quod ego Wenesschius de Wildenwerch, dominus in Busaw com-
punctus divina miseracione ac per internam aspiracionem edoctus, compos et perfectus
racione et mentis sanoque corpore, animo deliberato maturoque meo, heredum et amicorum
meorum, quorum interest vel interesse poterit, consilio et licencia speciali ad honorem
cunctipotentis dei et sancte genitricis eius virginis Marie ac omnium angelorum pro remedio
et spe salutis eterne mee et predecessorum ac successorum meorum in solidum animarum,
lestor et de facto resigno et presentibus cedo venerande religionis ac deo devotis fratribus
priori et conventui domus sancti Michaelis. ordinis predicatorum in Brunna, tamquam in
veram et salutiferam elemosinam pro cerevisie et panis provisione eisdem fratribus fiendam,

bona mea hereditaria omnia et singula, mobilia et immobilia in villa, Tyesschaw vocata, babita iuxta villam Mutnicz posita ct sita, omni iure, quo tenui et possedi, habenda tenenda ct per eosdem fratres utenda, fruenda libere pcrpetue, hereditarie, pacifice et quiete possidenda; in et super quibuslibet bonis mcis ville prenominate per me alias apud nobilem virum Potonem de Wildemverch, alias dictum de Losschicz patruum meum legittime comparatis cum omnibus ct suis singulis iuribus, usibus, fructibus ct pertinenciis, videlicet curia, curticulis, decem et octo laneis minus uno quartali, agris cultis ct incultis, pratis, pascuis, silvis rubetis, aquis, aquarum decursibus, rivulis, fontibus, venacionibus, aucupiis, viis, viarum actibus, semitis propriisque suis limitibus, metis et gadibus antiquitus distinctis, iudicio, hominibus, emendis maioribus et minoribus, censibus, robotis, honoribus, angariis, perangariis ac specialiter ct generaliter cum omnibus ct singulis suis rebus infra ct supra fundum contentis, quibuscunque nominibus censeantur, plenoque dominio in villa et in campis, quibus eadem bona villa Tyesschaw hactenus tenui et usque modo possedi, nichil penitus michi ct heredibus ac successoribus meis in solidum ammodo inperpetuum iuris vel proprietatis in eisdem bonis reservando. Eo tamen pacto, quod dominus Nicolaus venerande religionis crucifer de domo thetonica, meus germanus, prenominata bona, quam diu vitam egerit in humanis, cum pleno dominio teneat ac possideat, sed mox eo defuncto omnia et singula, quovis modo nominentur, mobilia et immobilia in curia et villa existencia pertinebunt et pertinere debent ad priorem et conventum prenotatos. Qui extunc inmediate pro eorum beneplacito possunt et valebunt in eisdem bonis per me Benesschium ipsis donatis, ut prefertur, ct traditis sibi eligere et ordinare protectorem atque defensorem sine cuiuslibet hominis impedimento. Hoc tamen singulariter adiecto, quod me Benesschio, filio vel fratre meis necnon et dicto Pothe de Losschicz defunctis dictos fratres predecessorum ac successorum meorum et meus anniversarius annis singulis tociens quociens fuerit de iure oportunum, prout alias in corum litteris sponsionis michi desuper datis cautum reperitur, solempniter et devote peragatur qualibet negligencia non obstante. Promittentes quoque nos Benesschius predictus, Proczco natus eiusdem, Nicolaus crucifer, frater ipsius et Potha antenotatus de fide nostra bona sine dolo quolibet per nos manu coniuncta pro indiviso antenotata bona in se et qualibet sui parte prefatis fratribus exbrigare, defendere et libertate ab impeticionibus, litibus et questionibus cuiuslibet hominis et universitatis demum a die obitus dicti domini Nicolai ad tempus, iure terre Moravie solitum ct prescriptum, quociens necessarium fuerit, propriis nostris laboribus et expensis, ac in registrum seu tabulas provincie, quam primum deinceps Brune in generali dominorum terre Moravie colloquio seu parlamento patuerint et aperte fuerint, inscribere et intabulare secundum eiusdem terre conswetudinem et solitum cursum. Quod si quid aut quorum alterum insolidum non fecerimus, extunc statim deinceps unus nostrum, qui cum a dictis fratribus monebitur, is per interpositam personam ydoneam et honestam militaris originis cum uno famulo et duobus equis obstagium verum et solitum in civitate Brunna et domo honesta sibi per dictos fratres vel eorum legittimos procuratores deputata prestabit intemerate abinde nullatenus exituri quacunque iuris vel conswetudinis causa proposita, donec dictorum bonorum exbrigacio et intabulacio cuius causa si extiterit, cum dampnis singulis et universis quovis modo inde notabiliter contractis ac suo quolibet interesse solutis per nos et exacta atque completa fuerit totaliter et omnimode sine qualibet in contrarium accione canonica vel civili. Sub harum, quas nostris ac in testimonium nocius et firmius serenissimi principis domini Procopii marchionis Moravie iunioris ac nobilium dominorum Ulrici de Poskowicz et Petri Hecht de Rossicz testium instanter per nos ad premissa rogatorum sigillis dedimus et firmari petivimus robore et testimonio literarum. Feria quarta ante festum Penthecostes proxima, anno domini millesimo trecentesimo septuagesimo septimo.

(Orig. Perg. 6 h. Sig., das 7. abgerissen, im mähr. Land. Archive.)

77.

Das Olmützer Domkapitel und das Kloster Hradisch versprechen, den Ausspruch zu halten, welchen die Schiedsrichter bezüglich der Streitigkeiten der Unterthanen beider Parteien fällen würden. Dt. Olmütz 20. Mai 1377.

In nomine domini amen. Anno nativitatis eiusdem millesimo trecentesimo septuagesimo septimo, indiccione XV die XX mensis Maii hora vesperorum vel quasi, pontificatus sanctissimi in Christo patris ac domini domini Gregorii divina providencia pape undecimi anno septimo, Olomucii in domo habitacionis honorabilis viri magistri Sanderi, archidiaconi Preroviensis, officialis curie episcopalis Olomucensis in sala maiori domus eiusdem in mei notarii publici infrascripti testiumque presencia subscriptorum constituti personaliter venerabilis vir dominus Terwardus abbas monasterii Gradicensis prope Olomucz, premonstratensis ordinis. Olom. diocesis suo et conventus sui nomine ac una et honorabiles viri domini Bedericus decanus, Fridericus prepositus, et Daniel archidiaconus ac capitulum Olomucense parte ex alia super pascuis necnon in et supra dissensionibus et litibus ortis inter eos utrobique racione pascuorum predictorum, que sunt prope villas videlicet Ratays ecclesie Olomucensis et Tesschetycz monasterii Gradicensis predicti et de spoliacione pecorum facta per homines predicti monasterii in pascuis huiusmodi et de vulneracione duorum hominum ecclesie supradicte ac aliis molestiis, perturbacionibus, violenciis et dampnis quibuscunque. Pretensis et allegatis hincinde a partibus supradictis in honorabiles viros dominos Danielem archidiaconum Olomucensem suprascriptum et religiosum virum Petrum fratrem professum dicti monasterii prepositum in Oldrzischaw tamquam in arbitros, arbitratores, laudatores, diffinitores et amicabiles compositores de alto et basso ac in totum compromiserunt sub pena centum marcarum grossorum pragensium denariorum moravici numeri et pagamenti, quas pars non servans arbitrium, pronuncciacionem sive laudum arbitrorum suprascriptorum parti servanti arbitrium huiusmodi solvere tenebitur et debebit, dantes et concedentes memoratis dominis arbitris, arbitratoribus et amicabilibus suis compositoribus in predictis causis et questionibus plenam liberam et omnimodam potestatem arbitrandi, laudandi, diffiniendi, pronuncciandi in scriptis vel sine scriptis, stando vel sedendo, diebus feriatis vel non feriatis, prout ipsis videbitur expedire, ita quod ipsi arbitri infra hinc et festum sancti Johannis

Baptiste venturum proxime receptis probacionibus, iuribus et allegacionibus ipsarum parcium ac ipsis pascuis et pratis subiectis oculis pronunccient sub pena suprascripta. Et si ipsi infra terminum huiusmodi non possent in unam sentenciam concordare, tunc partes prescripte in die sancti Johannis ut supra debent convenire et eligere unum superarbitrum, per quem negocium huiusmodi terminari debebit, infra hinc et festum sancti Jacobi apostoli proxime affuturum. Renuncciarunt eciam partes suprascripte omnibus solempnitatibus iuris, canonibus et legibus, omnibus beneficiis iuris et facti, ac omnibus privilegiis exempcionis, que presens compromissum aut formam ipsius, sive laudum et arbitrium secuta in posterum ex eo valeant in toto aut in parte aliqualiter infirmare, necnon omnibus provocacionibus et appellacionibus a predictorum arbitrorum, arbitratorum et amicabilium compositorum pronuncciacione sive arbitrio, quociens ipsi pronuncciacionem huiusmodi ducerent faciendam. Super omnibus et singulis suprascriptis memorate partes sibi petiverunt per me notarium publicum infrascriptum fieri unum vel plura publicum seu publica instrumenta. Acta sunt hec anno, die, mense, hora, pontificatus et loquo (sic) quibus prescriptis, presentibus discretis viris Theodrico canonico Cremsirensi et priore monasterii in Sternberg, Russone de Doloplaz, Philippo de Nenakunicz clientibus et Vlrico purgravio in monasterio Redisch suprascripto testibus in premissis.

Et ego Paulus quondam Michaelis de Dobrencz Clericus Olom. dioc. etc.

(Orig. Perg. im Olm. Kapitelarchive.)

78.

Die Brüder Nikolaus und Přemek, Herzoge von Troppau, treten dem Kl. Velehrad den Teich in Seifersdorf ab. Dt. 21. Mai 1377.

Nos Wencesslaus et Przymek fratres germani ducesque Oppavie constare volumus omnibus hanc paginam inspecturis. Quod licet felicis memorie dux Nicolaus pater noster amantissimus piscinam in Sifridi villa pluribus annis tenuerit, tamen quia tam literis dicti patris nostri quam eciam testimonio multorum fide dignorum plene fuimus informati, quod ipse pater noster solum ad vite sue tempora ex indulto abbatis et conventus monasterii Welegradensis eam dinoscitur possedisse, nos igitur anime dilecti patris nostri fide, qua tenemur, nec non saluti nostre caucius providere volentes ipsis abbati et conventui dicti monasterii graciose de eadem piscina cessimus et presentibus eam resignamus, sic quod nos nec heredes nostri aut successores nullum ius penitus in predicta piscina sibi vendicabunt. In cuius rei testimonium sigilla nostra presentibus duximus appendenda. Datum anno domini millesimo trecentesimo septuagesimo VII⁰ in die penthecostes, in qua spiritus domini decantatur.

(Orig. Perg. 2 h. Sig. im mähr. Landes-Archive.)

79.

Johann, Bischof von Olmütz, tritt den abgebrannten Bischofshof auf dem Topfmarkte in Brünn dem Brünner Stadtrathe ab. Dt. Brünn 29. Mai 1377.

Wir Johans von gotes gnaden bischoff von Olomuncz bekennen und tun kunt offenlich mit diesem briefe allen den, die yn sehen oder horen lesen, das wir von ersamen biderben leuten mit guter kuntschaft gar und genczlich underweiset sein, das uff unserm hofe, der in der stat zu Brünn gelegen ist uff dem topfmarkte, so vil versezzner geschozz und losunge seynt und etlaich geistlich leute so vil vorsezzens zinses daruffe haben, das derselbe hof, nachdem als er vorbrant und vortorben ist, sulches geldes nicht wert sey, ob man yn vorkaufen solte. Und wanne unser maynunge nicht ist, das wir denselben hof in dheineweis pawen wollen, do von haben wir denselben hof mit seiner Gelegenheit und mit allen seinen zugehorungen mit wolbedachtem mute und mit rechter wissen dem rate und den gesworn burgern zu Brünn uff gelazzen und lazzen yn uff craft dicz briefes und verzeihen uns alles rechten, anspreche und vorderunge, die wir gehaben mochten zu demselben hofe iczund oder in dheinen zukunftigen zeiten. Mit urkund dicz briefes versigelt mit unserm grozzen angehangendem ingesigele. Der gegeben ist zu Brunne nach Cristes geburte dreizehen hundert jar dar nach in dem siben und sibenzigsten jare an dem nechsten freytage nach des heiligen leichnams tage unsers herren.

(Aus dem Codex n. 34 fol. 56 im Brünner Stadtarchive.)

80.

Jakob von Kaplitz, Generalvikar des Olm. Bischofes, bestättigt den Tausch zweier Vikariatshäuser in Olmütz. Dt. Olmütz 1. Juni 1377.

Nos Jacobus de Caplicz canonicus Olomucensis, vicarius in spiritualibus et magister camerarie episcopi Olomucensis generalis, notum facimus inspectoribus universis. Quod discreti viri Welico et Georius dictus Knipa perpetui vicarii ecclesie Olomucensis de beneplacito et consensu venerabilium virorum dominorum Bedrici decani, Fridrici prepositi, Daniells archidiaconi, tociusque capituli ecclesie Olomucensis areas suas seu domos, videlicet prope ecclesiam omnium sanctorum in suburbio Olomucensi adiacencium (sic) invicem mutuo disposuerunt et ordinaverunt taliter, quod Welico prefato Georio aream seu domum libere dedit et resignavit et suis successoribus temporibus perpetuis possidendam, ita ut dictus Georius et successores sui singulis annis capellano prefate ecclesie omnium sanctorum duodecim grossos pragenses in festo sancti Michaelis dabit et solvet sub pena et obediencia statutorum ecclesie Olomucensis resque ecclesie predicte omnes et singulas, videlicet ornatus et pallas cum aliis ornamentis predictus Georius et successores sui debet fideliter in dicta domo conservare et easdem capellano, quociens fuerit oportunum, exponere et iterum reassumere et custodire. Nos igitur attendentes supradictorum racionabile fore propositum, juris peritorum ad hoc accedente consilio, supradictam disposicionem in omnibus suis tenoribus, sentenciis. punctis, clausulis et observanciis secundum omnem modum et formam de verbo ad verbum. prout expressantur superius, auctoritate qua fungimur approbamus, innovamus et confirmamus, vota vero omnium, quorum interest, propter dictam aream seu domum facta, presentibus tollimus et in nomine domini absolvimus. Ita tamen, quod predicta disposicio et modo presens confirmacio omnem modum expressatum superius vim et robur obtineant perpetue firmitatis. Datum Olomucz feria secunda in octava corporis Christi anno domini M°CCC septuagesimo septimo. Sigillo vicariatus ecclesie Olomucensis presentibus subappenso.

(Orig. Perg. h. Sig. abgerissen im mähr. Land. Archive.)

81.

Markgraf Jodok bestätiget der Stadt Brünn ein Privilegium K. Karl IV. ddto. 22. März 1348.
— Dt. Brünn 10. Juni 1377.

Jodocus dei gracia marchio et dominus Moravie notum facimus tenore presencium universis. Deliberacionis nostre arbitrium eam circa fideles habere consuevit benignitatem. ut petencium desideriis liberaliter ocurrat, ea sine difficultate concedens, que juris racio dictat et honestatis respectus suadet pariter et admittit. Sane pro parte fidelium nostrorum dilectorum consulum et juratorum civium civitatis Brunnensis oblata nobis peticio continebat, quatenus quodam privilegium per felicis memorie illustrium principum dominorum Johannis olim regis Boemie, avi nostri karissimi, Karoli quarti nunc Romanorum imperatoris et regis Boemie, patrui nostri karissimi, Johannis olim marchionis Moravie, genitoris nostri amantissimi, ipsis datum et concessum de speciali nostra gracia approbare, ratificare, innovare et confirmare dignaremur. Cuius quidem privilegii tenor per omnia sequitur in hec verba: Karolus dei gracia Romanorum rex semper augustus et Boemie rex ad universorum noticiam volumus devenire, quod nos attendentes grata et accepta servicia dilectorum fidelium nostrorum juratorum, consulum et communitatis civium civitatis nostre Brunnensis, que nobis necnon clare memorie illustri Johanni quondam regi Boemie, genitori nostro karissimo. in magnis et arduis negociis impenderunt hactenus etc. (vid. Band VII. n. 761) ut per omnia ad fidem eiusdem domini Karoli privilegio superius continetur de verbo ad verbum. Nos vero predictorum civium nostrorum consulum et juratorum precibus favorabilius inclinati, presertim cum iustis petencium desideriis non sit denegandus assensus, supradictum privilegium de verbo ad verbum, prout superius expressum est, approbamus, ratificamus, innovamus et presentis scripti patrocinio confirmamus. Presencium sub appenso nostro sigillo testimonio literarum. Datum Brunne anno domini M°CCC°LXXVII°, feria quarta proxima ante diem sancti Viti.

(Aus dem Codex n. 34 fol. 57 im Brünner Stadtarchive.)

82.

Johann. Bischof von Olmütz, bestimmt die Einkünfte des vicarius perpetuus der Pfarre in Ujezd, welche dem Kremsierer Kollegiatkapitel inkorporirt ist.

Dt. Kremsier 28. Juni 1377.

Dei et apostolice sedis gracia Olomucensis episcopus Joannes honorabili et prudenti viro domino Petro de Melnico canonico ecclesie collegiate sancti Mauricii in Chremsir et rectori ecclesie parochialis in Ugezd prope Gdusaw, olomucensis diocesis, amico nostro dilecto salutem in eo, qui est omnium vera salus. Amice carissime. Quia sicut assercione vestra deliberata cognovimus, apparet vobis, quod reservacio decimarum maiorum pertinencium ad ecclesiam parochialem in Ugezd prope Gdusaw, que prebende vestre Chremsirensi predecessorum nostrorum auctoritate sic incorporate noscuntur, quod apud antedictam parochialem ecclesiam et eius perpetuum vicarium minores duntaxat decime remanserunt ex certis racionabilibus causis animum vestrum ad hoc inducentibus melius stent in manibus et disposicione perpetui vestri vicarii loci predicti, ut de his disponat et ordinet prout utilitati sue expedire videbitur et commodius valeat, quelibet eidem parochiali ecclesie incumbencia onera supportare. Et ideo una cum discreto viro domino Nicolao ecclesie. parochialis in Ugezd perpetuo vicario de consensu et bona voluntate prepositi, decani et capituli collegiati Chremisirensis animo concepistis, quod antedictus Nicolaus perpetuus vicarius ecclesie parochialis predicte et sui successores legitimi omnes decimas maiores et minores necnon omnes fructus, obvenciones et utilitates ecclesie parochialis predicte amodo inantea cum omni integritate absque difficultatis obice et nullo vestro impedimento obstante percipere debeant et habere. Ita expresse. quod antedictus dominus Nicolaus perpetuus vicarius et omnes successores sui, qui pro tempore fuerint, vobis tamquam principali rectori eiusdem parochialis ecclesie et omnibus successoribus vestris respectu canonicatus et prebende Chremisirensis, quos possidere noscimini. viginti quatuor marcas grossorum pragensium, sexaginta quatuor grossos pro marca qualibet computandis, singulis annis in terminis infrascriptis, videlicet duodecim marcas in festo nativitatis Christi et duodecim in festo sancti Joannis Baptiste, impedimento remoto, absque diminucione cum integritate debita in omnem eventum (presertim cum in hac ordinacione magnam graciam et prerogativam grandem factam sibi fore constiterit) dare, munerare et solvere perpetuis amodo temporibus teneantur. Et ob hoc vos domine Petre ecclesie Chremsirensis canonice, rector ecclesie parochialis in Ugezd ab una et antedictus dominus Nicolaus perpetuus vicarius ecclesie parochialis predicte personaliter constitutus in nostri presentia supplicastis, quatenus convencionem, disposicionem et ordinacionem predictas auctoritate nostra ordinaria approbare, ratificare, autorizare et confirmare in domino dignaremur. Nos igitur attendentes convencionem, disposicionem et ordinacionem predictas tam prebende Chremiseriensi quam et predicte ecclesie parochiali in Ugezd congruere et inde notabilem utilitatem utrisque beneficiis provenire, sicut de hoc inquisicione facta et deliberacione habita nostrorum sumus sufficiencius informati, ideoque animo deliberato, sano sapientum nostre curie et plurium fidedignorum accedente consilio honorabilium virorum dominorum prepositi, decani et capituli Chremiseriensis ecclesie predicte unanimi accedente consensu convencionem, disposicionem et ordinacionem predictas necnon omnia ab eis dependencia vel eisdem quovis modo connexa in omnibus sentenciis, punctis, clausulis et tenoribus de verbo ad verbum, prout sunt expressata superius, approbamus, ratificamus, auctorizamus et potestate ordinaria in his scriptis ac virtute presencium confirmamus. Et nos Albertus prepositus, Joannes decanus totumque capitulum antedicte Chremsiriensis ecclesie attendentes convencionem, disposicionem, ordinacionem et confirmacionem predictas iusta et utili racione procedere, tam prebende quam canonicatus predictorum quam et parochialis supradicte ecclesie condicionem ex hoc fieri meliorem, animo deliberato, sano precedente consilio nobis ob hoc pluries in capitulum convocatis, unanimi voto pari consensu et deliberacione summa convencionem, disposicionem, ordinacionem et confirmacionem predictas laudamus, approbamus et in ipsas de verbo ad verbum, prout expressatur superius, voluntarie consentimus. Presencium iis, que venerabilis in Christo patris predicti domini nostri Olomucensis episcopi et nostro capitulari sigillis munite sunt testimonio literarum. Datum Chremsir anno domini millesimo trecentesimo septuagesimo septimo in vigilia sancti Petri et Pauli apostolorum.

(Orig. Perg. 2 h. Sig. im fürsterzb. Archive in Kremsier.)

83.

Eröffnungsformel des Olmützer Landrechtes 29. Juni 1377.

Anno domini millesimo trecentesimo septuagesimo septimo in die sancti Petri et Pauli apostolorum colloquium celebratum est per nobiles dominos Venceslaum de Straznicz supremum camerarium, Jaroslaum de Knienicz czudarium supremum, Venceslaum tabularum terre notarium Moravie supremum, ceterosque barones subscriptos, videlicet Ulricum et Tassonem de Bozcovicz, Johannem et Sdenconem fratres de Lucow alias de Sternberg, Sdenconem et Smilonem de Sternberg alias de Zabreh, Stiborium et Jaroschium de Czinburg, Beneschium et Potham de Wyldnberg, Potham et Jesconem de Holnsteyn, Jesconem et Proczconem de Richwald, Pawliconem de Eulnberg, Smilonem et Herardum de Lesnicz etc.

(Olmützer Landtafel.)

84.

Johann Soběslav, Markgraf von Mähren, ertheilt den Olmützern ein Privilegium der Mauthfreiheit für seinen Gebietsantheil, behält sich aber den Widerruf dieses Privilegiums vor. Dt. Brünn 4. Juli 1377.

Johannes dictus Sobieslaw dei gracia marchio Moravie. Quod licet de universorum statu debeamus intendere, qui nobis tempore nostre necessitas (sic) exhibuerunt obsequia, ad illos tamen precipue nostra deliberacio inclinatur, qui felicis recordacionis genitori nostro

10

karissimo et nobis diligenti studio. serviciis et obsequiis multiformiter inclaruerunt. pia deliberacio nos provocat. ut singulari ewlogio de statu comodo et promocione ipsorum cogitemus. Sane considerantes notabilem honestorum civium et incolarum civitatis Olomucensis profectum ipsis animo deliberato non per errorem aut improvide sed matura deliberacione previa sanoque fidelium nostrorum accedente consilio ex certa nostra sciencia graciam fecimus et facimus vigore presencium. videlicet quod omnes el singuli cives, incole et inhabitatores prefate civitatis Olomucensis cum rebus et mercimoniis ipsorum per terras. civitates, opida et villas et per totum nostri marchionatus dominium absque omni exaccione et solucione theolonei liberi et soluti transire debeant. qualibet contradiccione et dificultate procul motis. Quapropter universis et singulis burggraviis. officiariis, judicibus, magistriscivium, theoloneariis, exaccionariis et ceteris bonorum nostrorum rectoribus et ipsorum vicesgerentibus in marchionatus nostri dominio habitantibus fidelibus nostris dilectis seriose precipimus et mandamus volentes. quatenus prefatos cives et quemlibet ipsorum iuxta predictam graciam, quam ipsis et cuilibet ipsorum de singulari benignitate contulimus et donavimus presentibusque donamus et conferimus favorose. conservetis et manuteneatis non impedientes eosdem nec permittentes quovismodo impediri. Hiis tamen valituris solummodo ad nostre voluntatis beneplacitum, ut nobis liceat presencia quando voluerimus revocare. Presencium sub appenso nostro sigillo testimonio literarum. Datum Brunne anno domini millesimo trecentesimo septuagesimo septimo die sancti Procopii.

(Auf der Plicatur: Ad mandatum dom. marchionis per Marquardum Petrusk. — Orig. Perg. h. Sig. im Olmützer Stadtarchive.)

85.

Markgraf Jodok entscheidet als Schiedsrichter den Streit zwischen dem Brucker Kloster und dem Znaimer Stadtrathe bezüglich der Schule bei S. Nicolaus in Znaim.
Dt. Brünn 17. Juli 1377.

Jodocus dei gracia marchio et dominus Moravie, judex, arbitrator et amicabilis compositor in causa. que vertebatur inter honorabiles et religiosos viros dominum Zachariam abbatem. Schochonem priorem. Nicolaum subpriorem, Paulum plebanum alias sacristanum, Frenczlinum vestiarium. Wenczesslaum granarium, Wenczeslaum infirmarium totumque conventum monasterii Lucensis ordinis premonstratensis necnon Przedslaum plebanum ecclesie sancti Nicolai in Znoyma eiusdem ordinis professum ab una, et prudentes viros Fridlinum Pok judicem. Nicolaum de Camenicz magistrum civium, Hermannum, Wenczesslaum Georgii, Nicolaum, Sczepan. Petrum Protfisch, Petrum Plachonem, Simonem de Meissaw. Dyetlinum cerdonem. Cristanum de Pulka, Johannem Dyablinum, Nicolaum institorem, juratos civitatis Znoymensis ac totam communitatem civitatis predicte fideles nostros dilectos parte ab' altera super collocacione scole ibidem et super nonnullis aliis causis electus, visis, auditis et intellectis munimentis ambarum parcium allegacionibus et probacionibus hinc et inde te nominatim intellectis originalibus privilegiis, que supradicti judex et scabini habere noscuntur, de consensu, conveniencia et bona voluntate utriusque animo deliberato ac de certa nostra sciencia dei nomine invocato arbitramur, pronunciamus, dicimus et finaliter diffinimus: quod ammodo inantca omnis dissensionis questio, rancores et quevis displicencie inter ambas partes cessare, quodque tam abbas et conventus necnon plebanus prefati, quam judex et scabini znoymenses circa ipsam pronuncciacionis literam, quam iidem cives nostri habent et habere noscuntur, cuius dicta olim ex sapientum hominum industria rite emanasse cognovimus manare debeant perpetuo et in evum. Solo illo articulo excluso, ubi dicitur: „si vero inter dominum plebanum et rectorem scole sancti Nicolai, qui tempore fuerit, lis sive questio oriretur etc.“, quem articulum per verba sequencia clarificare decrevimus atque dicimus, quod rector scole, qui pro tempore fuerit, in ministeriis ecclesie et omnibus licitis, prout ad eius spectat officium, plebano ecclesie sancti Nicolai supradicte, qui pro tunc fuerit, parere et intendere debeat cum effectu. Et si inter plebanum et rectorem scole insurgeret seu aliqua suscitaretur dissensio, ipse plebanus, qui pro tempore fuerit, debebit rectoris scole demerita et eius reatus coram . . judice et . . scabinis cum duabus spiritualibus personis idoneis, que testimonium de eiusdem rectoris insolencia perhibere poterunt, exponere, qui rector pro eius excessibus si convictus fuerit, ut prefertur, per judicem et scabinos supradictos corrigi debet et induci ad hoc, quod faciat, que tenetur. Si autem eiusdem correcti rectoris in hiis, que sibi per judicem et scabinos prefatos iniuncta fuissent, non obediret temeritas sic, quod secunda vice per plebanum ecclesie sancti Nicolai prefate de eo querela exponeretur et convinceretur coram . . judice et scabinis prefatis tali, ut premittitur, testimonio, tunc ipse rector scole debebit destitui et alter per eosdem cives nostros institui idoneus atque dignus. Decernimus eciam et volumus, quod in illa pronuncciacionis litera iste articulus, quem hic clarificavimus, cassus, nullus, irritus et inanis esse debeat, neque alicuius subsisti roboris vel momenti, quem auctoritate nostra arbitrali, qua fungimur, cassamus, annullamus, irritamus, cassum, nullum, irritum decernimus et inanem. Ita tamen, quod presens cassacio nullum aliis articulis, qui in prefata pronuncciacionis litera superius et inferius continentur, debeat pre- iudicium generare. Et ut hec nostra pronuncciacio robur firmitatis obtineat prefatam pronuncci- acionis literam et omnia contenta in eadem approbamus, ratificamus, innovamus, laudamus et presentis scripti patrocinio confirmamus. Et nos Zacharias abbas totusque conventus monasterii Lucensis ordinis premonstratensis predicti, necnon plebanus prefate ecclesie sancti Nicolai in Znoyma eiusdem ordinis professus, considerantes présentem arbitralem sentenciam et singula per supradictum principem dominum nostrum marchionem pronuncciata ad commodum monasterii nostri et per consequens ecclesie sancti Nicolai prefate cedere, non compulsi seu coacti, animo deliberato non per errorem aut improvide, sed nobis ob hoc pluries in capitulo congregatis, de certa nostra sciencia omnia supradicta atque per prefatum principem dominum nostrum marchionem Moravie pronuncciata et eciam omnia et singula et eorum quodlibet, que in littera pronuncciacionis, quam . . judex et scabini Znoymenses obtinere noscuntur, secundum omnem modum et formam, prout expressantur in eisdem, in omnibus suis sentenciis, punctis et clausulis de verbo ad verbum laudamus, approbamus et confirmamus et in eo

10*

omnino capitulariter et voluntarie consentimus, renuncciantes expresse et tenore presencium renuncciamus pro nobis et successoribus nostris abbatibus et plebanis omnibus omni accioni, defensioni rei cuiuslibet et omni auxilio juris canonici vel civilis consuetudinibus, constitucionibus et statutis, et specialiter in casu, ubi contra prefatam pronuncciacionis ordinacionem et disposicionem supradictam principis domini marchionis Moravie in toto vel in parte venire vellemus vel alter ex nobis dictis tractatibus contrairet, consentire non debemus aut in talibus obedire, per que premissa omnia vel alterum ipsorum possent diminui quomodolibet seu turbari. Presencium sub appensis nostris sigillis testimonio literarum. Datum Brunne anno domini millesimo trecentesimo septuagesimo septimo feria sexta proxima post diem sancte Margarethe virginis.

(Auf der Plicatur: Ad mandatum domini marchionis Nicolaus prothonotarius. — Orig. Perg. 4 h. Sig. im mähr. Landesarchive.)

86.

Der Olmützer Bischof Johann entscheidet einen Streit zwischen den Unterthanen des Olmützer Kapitels in Rataj und den Kloster Hradischer Unterthanen in Tešetitz.
Dt. Mejlitz 23. Juli 1377.

Dei et apostolice sedis gracia Olomucensis episcopus Johannes tenore presencium recognoscimus universis. Quod cum olim inter venerabilem patrem dominum Terwardum abbatem ac conventum monasterii Gradicensis prope Olomuncz ordinis premonstratensis et ipsorum homines in villa Tessieticz ex una, necnon honorabiles viros dominos Fridricum decanum, Fridricum prepositum, Danielem archidiaconum ac capitulum ecclesie nostre Olomucensis et ipsorum homines in villa Ratays parte ex altera, super paludibus et pascuis, inter ipsas villas Ratays et Tessieticz iacentibus, ac recepcione pecorum et vulneracione quorundam hominum de Ratays, necnon super dampnis et iniuriis premissorum occasione perceptis et illatis orta fuerat materia questionis, ipsi abbas et conventus monasterii Gradicensis suo et suorum hominum in Tessieticz nomine in religiosum fratrem dominum Petrum Lyskam, eiusdem monasterii professum, ac dicti decanus, prepositus et capitulum ecclesie Olomucensis suo ac suorum hominum in Ratays nomine propter bonum pacis et concordie in honorabilem virum dominum Danielem eiusdem Olomucensis ecclesie archidiaconum supradictum tamquam in arbitros et in nos tamquam superarbitrum seu amicabiles compositores de alto et basso in et super premissis ac quolibet premissorum concorditer sub pena centum marcarum parti servanti nostram pronuncciacionem per partem eidem pronuncciacioni contravenientem solvendo dare compromiserunt, prout in compromisso super hoc confecto plenius continetur. Et licet predicti Daniel archidiaconus et frater Petrus arbitri ut supra electi et recepti in causa et causis predictis articulos, testes et probaciones dictarum parcium hinc inde receperint super premissis, tamen non valentes in unam concordare sentenciam, ipsam causam, factum et negocium cum probacionibus sic receptis ad nos tamquam super arbitrum transmiscrunt. Nos itaque Johannes episcopus predictus visis et auditis ipsarum parcium iuribus, probacionibus et allegacionibus de consilio nostrorum fidelium Christi nomine invocato pronuncciavimus, decrevimus, laudavimus et declaravimus prout presentibus nuncciamus, decernimus et declaramus, laudamus, arbitramur, diffinimus, volumus et mandamus: quod omnes dissensiones lites, questiones et displicencie actenus mote et ventilate inter venerabilem patrem dominum Terwardum abbatem ac conventum monasterii Gradicensis prope Olomuncz ordinis premonstratensis et ipsorum homines in villa Tessieticz predictos ex una, necnon honorabiles viros dominos Bedericum decanum, Fridricum prepositum, Danielem archidiaconum et capitulum ecclesie nostre Olomucensis et ipsorum homines in villa Ratays parte ex altera, ut prefertur, super paludibus et pascuis inter easdem villas Tessieticz et Ratays iacentibus, ac omnes iniurie, violencie et offense, dampna et dissensiones occasione premissorum inter easdem partes facte, illate et quolibet modo habite et percepte debeant esse mortue, sopite, finite, terminate et in totum extincte, ita quod nulla parcium predictarum debeat aliam occasione premissorum molestare vel offendere verbo vel facto, sed pocius una debeat aliam prosequi et promovere favore quo poterit ampliori. Item quod dicta pascua et paludes inter dictas villas Ratays et Tessieticz in utroque latere fluvii ibidem transeuntis iacencia et iacentes peramplius debeant esse ipsis incolis in Tessieticz et in Ratays hinc inde communia et communes, ita quod homines in Tessieticz usque ad villam Ratays et homines in Ratays usque ad villam Tessieticz, quo ad pascua, pecora, pecudes et animalia sua pascere poterunt et debeant libere sine cuiuslibet impedimento. Item quod Andreas et Woyslaus, fratres dicti Zahore, Slawconi jurato et Johanni judici in Ratays de violencia et iniuria eisdem illatis et ipsi judici de equo destructo satisfacere debeant infra quatuordecim dies a die nostre pronuncciacionis secundum excessus sui qualitatem. Que quidem omnia et singula in suis punctis singulis et clausulis, ut superius expressatur, pronuncciamus, decernimus et declaramus, laudamus et arbitramur, diffinimus, volumus ac mandamus fore et esse inviolabiliter accipienda, tenenda et observanda sub pena in compromisso, ut premittitur, expressa, in omnibus et singulis premissis nobis plenam potestatem, ipsam nostram pronuncciacionem, arbitrium et diffinicionem in omnibus et singulis premissis, quocies et quando necesse fuerit, interpretandi, declarandi et emendandi reservantes prout ipsam nostram pronuncciacionem, laudum, declaracionem et voluntatem, ut superius per nos factam, partes predicte emologarunt ac grata atque rata habuerunt, laudaverunt, probaverunt et ratificaverunt. In quorum testimonium presentes literas cum appensione maioris sigilli nostri dedimus communitas, quibus cciam ad maiorem evidenciam subscriptos notarios fecimus se subscribere signis et nominibus suis consuetis. Actum et datum in castro nostro Meylicz feria quinta proxima ante festum beati Jacobi apostoli gloriosi anno domini millesimo, trecentesimo, septuagesimo septimo. Presentibus honorabilibus viris dominis fratre Ebirhardo lectore et fratre Ottone ordinis heremitarum sancti Augustini, Nicolao plebano in Gnehnicz capellanis nostris, magistro Erhardo de Ezzlingen bacalaureo in artibus et Johanne de Ostravia notariis nostris, Meynussio de Mlecowicz burggravio in Meylicz, Woyczichone castrensi ibidem in Meylicz et aliis quam pluribus fidedignis testibus ad premissa vocatis specialiter et rogatis.

Et ego Johannes quondam Conradi dicti Reichmuot de Geylnhawsen Maguntinensis diocesis publicus . . . . notarius etc.

Et ego Paulus quondam Michaelis de Dobrencz clericus Olom. diocesis publicus . . . . notarius etc.

(Orig. Perg. h. Sig. im mähr. Landesarchive.)

87.

Johann von Křižanau bekennt, dass er vom Markgrafen Jodok die Burg Zuberstein zu Lehen erhalten habe. Dt. Brünn 24. Juli 1377.

Ego Johannes de Cryzanow notum facio tenore presencium universis, quod serenissimus princeps et dominus, dominus Jodocus dei gracia marchio et dominus Moravie michi et heredibus meis legitimis masculini dumtaxat sexus castrum Suberstein cum ipsa latitudine montis, in quo ipsum castrum erectum et constructum stare cognoscitur, quam latitudinem in circumferencia per gyrum taliter declaravit: videlicet incipiendo a campo Ogerii transeundo per directam viam, quam fecit nobilis vir Paulus de Rassowicz, usque ad campos ville Pywonicz, et ab illo loco incipiunt prata, que vadunt usque ad publicam viam, qua transitur de Bistrzicz et ab eadem villa per directum transeundo usque ad prefatos campos Ogerii et de illis campis iterum ad viam prefati Pauli et cum villis Pywonicz, Winczyerziz, Lessonovicze, Sczepanow et Coruzne, in quibus viginti marce grossorum denariorum pragensium moravici pagamenti certi census annui ostense et deputate sunt, in verum atque perpetuum feudum dedit, contulit, concessit et donavit cum omnibus juribus, jurisdiccionibus, prout in literis prefati principis domini marchionis nobis datis desuper plenius continetur. Tali conditione adicta, quod supradictum castrum Suberstein contra omnes emulos prefati domini marchionis, heredum et successorum suorum marchionum et dominorum Moravie, cujuscunque preeminencie, status sive condicionis fuerint et universaliter contra quemlibet hominem ipsis apertum esse et in omnibus necessitatibus sibi et suis liber prefati castri introitus dari debeat et cum eodem ipsis parere atque servire, quandocunque et quotiescunque ipsi domino marchioni, heredibus et successoribus suis necesse fuerit seu hoc postulabunt, contradictione qualibet procul mota, ita tamen, quod quandocunque se talis casus obtulerit, prefatum principem dominum marchionem aut suos castrum Suberstein supradictum introire, illud sine meo et heredum meorum prefatorum fieri debebit periculo atque dampno. Etiam eo, quod sepedictus princeps dominus marchio michi et heredibus meis, ut premittitur, castrum Suberstein cum censu ipso, superius expressato, dare decrevit, ego vice versa supposui in feudum ipsi domino marchioni, heredibus et succesoribus suis marchionibus et dominis Moravie certi census annui viginti marcas grossorum denariorum pragensium moravici pagamenti, quas ostendi et deputavi in bonis subscriptis videlicet in opido Crzyzanow super porcione mea olim hereditaria, quam ibidem habere dinoscor, decem marcas grossorum denariorum pragensium moravici pagamenti et viginti quinque grossos; in villa Ratkow in porcione mea sex marcas cum dimidia et quatuor grossos; in villa Bor duas marcas tres fertones et septem grossos et in villa Lhotycz duodecim grossos de medio laneo, in quibus easdem ostendi pecunias, in feudum perpetuum suscepi a prefato domino marchione per reassumpcionem birreti, prout desuper ab eo literas habere dinoscor continencie clarioris sic, quod ammodo in antea quadraginta marce grossorum et pagamenti supradictorum ad prefatum castrum Suberstein spectare et pertinere debeant perpetuis temporibus affuturis. Etiam promitto pro me et heredibus meis supradictis presentibus bona et sincera fide, quod virtute donacionis, collacionis, concessionis et largicionis, quibus me et prefatos heredes meos sepedictus princeps dominus marchio generoso zelo respexit et curavit, respicere ad omnem sibi, heredibus et successoribus suis marchionibus et dominis Moravie incumbentem necessitatem, tamquam vasalli et prout feudales ex debito tenentur, officio servire debeamus fideliter, quandocunque et quotiescunque ipsorum postulabit necessitas juxta qualitatem atque valorem supradictorum bonorum atque census quadraginta marcarum prefatarum se extendencium, astricti esse debebimus et cum codem servicio efficaciter obedire. Ut omnia suprascripta majoris roboris firmamentum obtineant, sigillum meum presentibus appendi et supplicavi cum instancia nobiles viros dominos Johannem seniorem de Mezyrzicz, Petrum Hecht de Rossicz et Wznatham fratrem meum, qui inclinati precibus meis sigilla sua presenti curaverunt appendere litere in testimonium omnium premissorum. Datum Brune anno domini millesimo trecentesimo septuagesimo septimo in vigilia sancti Jacobi apostoli.

(Orig. Perg. 2 das Wappen der Lomnitze enthaltende h. Sig. im Pernsteiner Archiv.)

88.

Beneš von Opatovic verkauft sein Besitzthum daselbst dem Jakob von Opatovic.
Dt. Opatovic 27. Juli 1377.

Noverint universi et singuli presentes literas inspecturi me Benesschium de Oppatowicz animo prius bene deliberato atque maturo amicorum mcorum consilio bona mea vendidisse, videlicet quintam dimidiam marcam annui census ibidem in Oppatowicz ac cciam septem quartalia et tres curticulas et in quarta curticula quatuor grossos et IIII^{or} denarios annui census et partem collacionis ecclesie ad me spectantem et in villa Smolna quartum dimidium Iancum cum omnibus juribus, usibus, usifructibus, pascuis, aquis plenoque dominio rite vendidi. emptoribus meis trado et resigno pro triginta marcis grossorum denariorum pragensium moravici numeri et pagamenti, LXIIII^{or} grossos pro qualibet carum computando, ad veram hereditatem prout ego a paterna devolucione tenui et possedi tempore ex antiquo, discreto viro Jacobo de Opatowicz et suis heredibus necnon ipsius legittimis successoribus ipsa bona habenda, tenenda, regenda, utifruenda, vendenda tamquam rem propriam. Si vero quispiam predicta bona meorum debitorum causa impeteret, extunc ego Benesschius promitto firmiter et sincera fide eadem bona exbrigare et libertare iuxta terre Moravie consuetudinem; tali tamen condicione, si conthoralem meam Obgyesdam prius quam me Beneschium ab hoc seculo migrare contingeret, tunc promitto bona fide mea absque omni fraudis dolo prefatam hereditatem sive bona meis prenotatis emptoribus in primo dominorum terre colloquio Olomucii celebraturo, si registrum provincie patuerit, propriis meis laboribus intytulare seu intabulare ad veram hereditatem, prout jus est terre Moravie. Nos vero Budko de Borotyn, Bohuslaus de Laskow, Fridricus de Opatowicz, Dyewa de Chekyn, Wlczko de Opatowicz, Nicolaus de Crudichrom huius rei in testimonium testes ad hoc specialiter rogati et peliti sigilla nostra una cum sigillo predicti Benesschii duximus appendenda. Datum Opatowicz anno domini millesimo trecentesimo septuagesimo septimo secunda feria post diem beati Jacobi apostoli gloriosi.

(Orig. Perg. 7 h. Sig., die zwei letzten abgerissen, im Olm. Kapitelarchive.)

89.

Albert Bischof von Leitomyšl incorporirt die Pfarre in Landskron dem dortigen Augustinerstifte. Dt. Leitomyšl 14. August 1377.

In nomine sancte et individue trinitatis amen. Albertus dei gracia Luthomislensis episcopus ad perpetuam rei memoriam universis, ad quos presentes pervenerint, salutem in eo, qui est omnium vera salus. Etsi loca singula divini cultui mancipata ex incumbenti nobis cura pastoralis officii benigno favore prosequi teneamur, illis tamen amplior debetur pietas, quos cultus religionis exornat et commendat vocabulum sanctitatis. Sane honorabiles et religiosi viri domini Henricus propositus et conventus canonicorum regularium ordinis sancti Augustini monasterii in Lanczkrona nostre diocesis coram nobis proponere curarunt, quod licet reverendissimus in Christo pater dominus Petrus archiepiscopus Magdeburgensis, noster amicus carissimus salutari ductus consilio ex devocione speciali cordi suo divinitus illapsa ipsum monasterium fundaverit, errexerit et exstruxerit opere sumptuoso ad divini cultus augmentum pro inhabitacione perpetua dictorum canonicorum et in remedium anime sue, progenitorum, fratrum, sororum et omnium fidelium animarum, quarum curam gessit et gerit, de bonis a deo sibi collatis competenter dotaverit et tamen de facultatibus eisdem tam canonici quam alie persone monasterii eiusdem in simplicitate cordis altissimo famulantes in victualibus et amictualibus non possint commode sustentari et ex eo horas canonicas et alia divina officia in laudem dei omnipotentis non possunt depromere cum celebritate consueta et sic divinus cultus in eadem plurimum minuitur et notabiliter demolitur, propterque nobis humiliter et cum debita instancia suplicarunt una cum prefato domino Petro fundatore, quatenus ad succurendum inopie et defectui supradictis, ad augmentum cultus divini ecclesiam parochialem sancte Marie in Lanczkrona cum omnibus pertinenciis suis et que predicto monasterio ipsorum est quasi contigua et valde propinqua, cuius collacio, provisio et alia quevis disposicio ad nos jure ordinario pertinere dinoscitur, prenominato monasterio ipsorum in Lanczkrona incorporare, unire et annectare dignaremur. Nos igitur, qui ex debito pastoralis iniuncti nobis officii dampnis et periculis ecclesiarum nobis subditarum tenemur occurrere, ne possit in eis divinus cultus et disciplina ordinis impediri, diligenti ante omnia inquisicione premissa et legitima probacione recepta certe fuimus cercius informati, premissa coram nobis proposita vera esse et ob hoc supplicacionem ipsorum ex premissis et aliis racionabilibus causis animum nostrum moventibus non solum racionabilem et utilem sed et necessariam arbitrantes, habito super his cum honorabilibus viris fratribus nostris et capitulo ecclesie nostre Luthomislensis diligentibus et sepius iteratis tractatibus ceterisque solempnitatibus observatis in premissis, de predictorum fratrum nostrorum expresso consensu ad laudem et gloriam dei omnipotentis et ob reverenciam beatissime virginis Marie matris eius, patrone prenominate ecclesie parochialis in Lanczkrona tociusque curie celestis ad augmentum cultus divini, supradictam ecclesiam parochialem in Lanczkrona cum omnibus juribus, libertatibus et pertinenciis suis universis tam presentibus quam futuris prenominato monasterio canonicorum regularium in Lanczkrona meliori modo et forma, quibus possumus, annectimus, appropriamus, incorporamus, unimus et unione perpetua coniungimus ipsamque ecclesiam parochialem in Lanczkrona et jus et proprietatem monasterii sepedicti transferimus et totum jus ipsius ecclesie in quacunque jurisdiccione, honore, libertate consistant, in monasterium ipsum transfundimus et esse volumus presentis scripti annotacione transfusam juribus legatorum, nuncciorum domini pape et sancte sedis apostolice nostris et successorum nostrorum, qui pro tempore fuerint, et aliorum omnium, quorum interest et intererit quomolibet (sic) in futurum ad utramque legem in omnibus et per omnia semper salvis omnibus et singulis per incorporacionem, appropriacionem et unionem nostras presentes nullum preiudicium volumus granare. Ita tamen, quod cedente aut decedente Andrea rectore ipsius ecclesie, (qui) nunc est, liceat prenominatis Henrico preposito et conventui monasterii in Lanczkrona, qui nunc sunt et successoribus ipsorum, qui erant (sic) pro tempore, corporalem possessionem et tenutam eiusdem parochialis ecclesie in Lanczkrona jurium et pertinenciarum omnium et singulorum presencium et futurorum apprehendere virtute presencium et in perpetuum retinere. Sed quam primum supra descripti Henricus prepositus et conventus monasterii in Lanczkrona aut ipsorum successores, qui erunt pro tempore, ecclesie parochialis sancte Marie in Lanczkrona sepedicte possessionem et tenutam pacifice obtinebunt fuerint (?) cum·effectu, extunc Henricus prepositus, qui nunc est, et successores ipsius, qui erunt perempte pro tempore et nobis et successoribus nostris, qui erunt pro tempore, curam animarum plebis et parochie dicte parochialis ecclesie in Lanczkrona, quocienscunque eam vacare contingerit, teneantur recipere. Acta sunt hec presentibus honorabilibus viris dominis Nicolao de Gyczin curie nostre officiali Magdeburgensis, Wenceslao Pragensis, Artlebo Olomucensis et Wenceslao Ratisponensis ecclesiarum canonicis familiaribus et aliis quam pluribus fidedignis presencium et sub appensione sigillorum nostrorum testimonio literarum. Actum et datum Luthomisl anno domini millesimo trecentesimo septuagesimo septimo in vigilia assumpcionis virginis benedicte Marie, que fuit quarta decima dies mensis Augusti.

Nos igitur Dluhomilus prior, Johannes custos, Johannes cantor, Andreas scolasticus, totumque capitulum Luthomislensis ecclesie notum facimus universis presentes literas inspecturis, quod attendentes reverendissimi in Christo patris Petri archiepiscopus (sic) Magde

11

burgensis fundator (sic). Henrici prepositi tociusque conventus monasterii canonicorum regularium in Lanczkrona Luthomislensis diocesis prenominatorum preces fore racionabiles et utiles et augmendum (sic) divini cultus . . . . .*) notorie et considerantes precipue reverendissimum in Christo patrem dominum nostrum graciosum Albertum episcopum Luthomislensem divina racione incorporacionem, appropriacionem et unionem premissas fecisse animo deliberato nobis ob hoc ad commune capitulum sono campane, ut moris est, pluries congregatis. supradictis incorporacionem (sic), appropriacioni et unioni parochialis ecclesie sancte Marie in Lanczkrona fructuum et pertinenciarum omnium et singulorum et quorumlibet ab eis dependencium et connexorum eisdem sub omni modo et forma in omnibus eciam sentenciis, punctis, clausulis prout hec omnia in literis antedicti domini nostri Luthomislensis episcopi expressius distinquntur, unanimiter et capitulariter nemine discrepante vigore presencium volumine consentimus. In cuius rei testimonium capitulare nostrum sigillum presentibus est appensum. Datum actum in loco capituli Luthomislensis anno domini millesimo trecentesimo septuagesimo septimo die XI. mensis Septembris, indiccione XV.

(Orig. Perg. 2 h. Sig. im mähr. Land. Archive.)

90.

Markgraf Jodok gestattet dem Priester Heinrich von Tassau, einen Zinslahn oder eine Mark jährlichen Zinses für die Olmützer Kirche zu kaufen. Dt. Brünn 31. August 1377.

Jodocus dei gracia marchio et dominus Moravie honorabili viro domino Hinczoni de Thassow clerico olomucensis diocesis salutem. Devote dilecte. Quia preces ipsas, que nobis pro parte tua oblate sunt, exaudire decrevimus et presentibus exaudimus, indulgentes tibi et eciam illi, cui hoc nomine et vice tuis comiseris exequendum, quod in nostri marchionatus dominio unum lancum censualem vel unam marcam perpetui census annui pro ecclesia Olomucensi possitis et valeatis sine impedimento quolibet comparare. Presencium sub appenso nostro sigillo testimonio literarum. Datum Brunne anno domini millesimo trecentesimo septuagesimo septimo feria secunda proxima ante sancti Egidii festum.

(Aus dem Codex II. fol. 83 im Olmützer Kapitelarchive.)

91.

11. Septbr. 1377.

Das Leitomyšler Kapitel gibt seine Einwilligung, dass die Pfarrkirche in Landskron dem Augustiner-Chorherrnstifte daselbst inkorporirt werde.

(Vide die Schlussklausel in Nr. 89.)

---

*) Wegen Lacune unlesbar.

92.

K. Wenzel IV. verpfändet die Landvogtei Elsass seinem Vetter Wenzel von Luxemburg
um 30.000 Nürnberger Goldgulden. Dt. Bürglitz 14. Septbr. 1377.

Wir Wenczlaw von gots gnaden romischer kunig zu allen zeiten merer des reichs
und kunig zu Behem bekennen und tun kont offenlich mit diesem brief allen den, die in
sehen odir hoeren lesen, das wir mit wolbedachtem mute, rechter wissen und kuniglicher
macht empfolhen, vorsetzet und vorpfendet haben, empfelhen und vorpfenden mit krafft ditz
briefes dem hochgebornen . . Wentzlawen hertzoge zu Luttemburg, zu Lymburg und zu
Brabant unserm lieben vetter und fursten und seinen erben hertzogen zu Luttemburg alleine
unsre und des reichs lantfogtey im Elzasse mit allen und jerlichen iren nutzen, renten,
gulten, zinsen, rechten, gerichten, anvellen, anlehen, an gutern, angescheide furstlichen lehen
und ampten zu bestellen und zu besetzen so dicke sich das geburt, mit clostern und derselbe clostern fogteyen vorweisunge und nutze und allen andern iren zugehorungen geistliche
und wernltliche, wye man die gewonliche pfliget zu nemen, die zu derselben lantfogtey zu
Elsasse zugehoren, nichtes ausgenomen, zu wenden und zu keren zu allen iren frommen
und nutzen vor drysick tausent gulden Nuremberger werunge gut von golde und swere von
gewichte, die der egenannte hertzog Wentzlawe mit gereyten gelte uns und dem reiche
geleget hat und domite wir dieselbe lantfogtey von dem hochgebornen Stephan dem jongern,
Otten seinen vettern und Fryderichen desselben Stepfans bruder, pfaltzgrafen bey Rein und
hertzogen in Beyern unsern lieben Oheim gelediget und geloset haben, als das alles gentzlichen in unsers herren und vaters des romischen keysers briefen, die er dem obgenannten
unserm vettern hertzogen Wentzlawen doruber geben hat, begriffen ist. Dorumb gelowen
wir vur uns und unsre nachkomen und em reiche romischer keyser und kunig, das wir den
egenannten hertzogen Wenczlawen und sinen erben hertzogen zu Luczemburg an der egenanten
lantfogtey und allen und yclichen zugehorungen, als dovor begriffen ist, nicht irren, dringen
odir bindern sullen noch wollen noch die niemanden anders empfelhen odir die sust von in
empfremden in dheineweis an alles geverde, es sey denne, das wir oder unsre nachkommen
an dem reiche romischen keyser odir kunige denselben hertzogen Wenczlawen odir sinen
erben hertzogen zu Luttemburg frey, ledig, los und aller sache unbekumert in sulche ire
slosse odir stete, do sie der betzalunge sicher sein und der gebruchen mugen, an allez
geverde betzalt, vorrichtet, vorgolden und geantwortet haben die obgenannten drysick tausent
gulden Nuremberger werunge und ouch dorzu einleff tausent marck silbers und vunfftzehen
tausent schilde, do fur dem egenannten hertzog Wentzlawen und seinen erben vormals
vorsetzet und vorpfendet sein, unser und des reichs haws und stat Keisersberg und die
stette Munster und Duringheim mit iren zubehorungen nach laute und anweissunge sulcher
briefe. die doruber sint gegeben, also das das wir und unsre nachkomen an dem reiche
romische keiser und kunige die egenannte lantvogtey zu Elsassen mit allen iren zugehorunge,
als dovor begriffen ist, und auch die obgenannte ander pfantschafft Keyserberg stat und

11*

haws, und stette Munster und Duringheim mil iren zubehorunge gesametlich fur die egenannte summe von silber und von golde nach laute der briefe, die doruber sein gegeben, und an sulcher stelle, als dovor begriffen ist, an alles geverde ungescheinden von einander ledigen und losen sullen. Und wanne sulche betzalunge, vorrichtunge und losunge von den beyden obgenannten pfantschafften geschehen und geantwortet ist, so sullen denne und nicht ee der egenannte hertzoge Wenczlaw und seine erben hertzogen zu Luttemburg der lantfogtey in Elsassen, des haws und stat Keysersberg, der stat Munster und Duringheim mit allen iren zugehorungen uns und unsern nachkomen an dem reiche, romischen keisern odir kunigen abetreten und wider in antworten gentzlichen an alles hindernisse und geverde. Waz auch die obgenannten hertzoge Wenczlawe und sine erben hertzogen zu Luttemburg der egenannten lantfogtey im Elsasse und auch der vorgenannten pfantschafft Keisersberg, Munster und Duringheim bis auff die tzeit der egenannten lozungen genissen, aufheben und einnemen wirden, das sullen sie uns und unsern nachkomen an dem reiche, romischen koisern odir kunigen nicht pflichtig sein zu tun einige rechenunge, widerkerunge odir abeslag von der hauptsummen vorgenannt, wann wir in alle sulche genisse und nutze durch getrewes dienstes willen, den der egenannt hertzog Wenczlaw unserm herren und vater und uns und dem reiche getan hat, von rechter wissen und kuniglicher macht vollkumenheit genediclich haben gegeben, quit, ledig und los gesaget haben, lassen und sagen sie der vur uns und unsre nachkomen an dem reiche romischen keisern und kunigen gentzlichen und zumal quitt, ledig und los an allerley hindernisse. Wer ouch sache, das der egenannt unser vetter hertzoge Wenczlawe zu Luttemburg sturbe und heliche dochter hinder im lasset, von seinem leibe geboren, und nicht sone, sullen und mugen wir odir unsre nachkomen an dem reiche keiser odir kunige von denselben dochtern oder von iren erben die egenannt lantfogtey zu Elsassen und irer zugehorunge, als dovor begriffen ist, odir die vorgenannt pantschafft (sic) Keysersberg, Munster und Duringheim mit derselben lantfogte (sic) zu Elsasse besampt odir besunders ledigen und losen fur sulche summe geldes an golde und an silber yclich pantschafft (sic) vorsatzet und vorschriben ist, und die sol man denne also zu losen geben an wider rede und allerley hindernisse so sicher sulche summe geldes, als dovor geschriben stet, betzalt und geantwort ist. Mit urkont ditz briefes vorsigelt mit unsrer kuniglichen Maiestat insigel. Der geben ist zum Burglins noch Cristus geburd dreutzhenhondert jair dar nah in dem siben und sybentzigisten jare an des heiligen cruces dage, als es erhaben wart, unser reiche des behemischen in dem funfftzehenden und des romischen in dem andern jare.

(Inserirt in der Urkunde vom 3. Juli 1396.)

93.

Statut des Olmützer Kapitels 1377 circa 30. Septbr.

Anno dom. MCCCLXXVII in capitulo generali sancti Jeronimi ordinatum est, quod deinceps quicumque fuerit organista, ille debet regere capellam omnium sanctorum, quamdiu organista existit.

(Aus dem Codex E. I. 40 pag. 14 im Olm. Kapitelarchive.)

94.

Statut des Olmützer Kapitels 1377 circa 30. Septbr.

Anno dom. 1377 in generali capitulo quod inchoari in festo s. Jeronimi per capitulum ordinatum est et indultum canonicis habentibus domos canonicales censuantes ecclesie, quod a dicto festo infra duos annos inmediate sequentes possent libertare et redimere ipsos domos ab huiusmodi censu reponendo tantum de pecuniis quantis ipse domus fuerunt onerate, quod si non facerent post predictum tempus ipsis amplius redimendi eas non conceditur aliqua penitus facultas.

(Aus dem Codex E. I. 40 p. 107 im Olm. Kapitelarchiv.)

95.

Andreas von Meziřič bekennt, vom Markgrafen Jodok die Veste Jenstein als Lehen erhalten zu haben. Dt. Trübau 22. November 1377.

Ego Andreas de Mezirziecz recognosco tenore presencium universis. Quod illustris atque magnificus princeps dominus Jodocus, marchio et dominus Moravie, propter servicia mea sibi exhibita et in futurum exhibenda michi et heredibus meis legitimis, masculini sexus dumtaxat, municionem sive fortalicium Jenstein cum singulis suis pertinenciis, velud eadem bona Sezema de Castello olim habuisse et possedisse cognoscitur, de certa sua sciencia in verum feudum dedit, donavit et contulit, prout litere date desuper declarant in continencia clariores tali condicione adiecta: quod ego occasione donacionis supradicte pro ducentis marcis grossorum denariorum pragensium moravici pagamenti in supradicti domini marchionis dominio certa bona emere et comparare debeam et comparata ipsa a prefato domino marchione, heredibus et successoribus suis, marchionibus et dominis Moravie cum prefatis bonis Jenstein in feudum perpetuum suscipere et ea vasallagii subicere dignitati, quibus factis per prefatum dominum marchionem, ut prefertur, facta atque provisa gracia vim et vigorem habere debeat efficacem. Ego cciam, heredes et successores mei prefati de bonis Jenstein et de bonis adhuc comparandis, ut premittitur, talia supradicto domino marchioni, heredibus et successoribus suis. marchionibus et dominis Moravie astricti esse debemus necessitatis tempore exhibere servicia. qualia alii vasalli marchionatus Moravie consueti sunt facere et tenentur. malum ipsorum avertendo et bonum ipsorum fideliter prosequendo. Testes huius rei sunt strenui milites domini Albertus de Kauffungen et Smilo de Lestznicz, qui propter preces meas sigilla sua huic litere in testimonium appenderunt. Et ut omnia suprascripta robur firmitatis obtineant. sigillum meum presentibus duxi appendendum. Datum Tribovie anno domini millesimo trecentesimo septuagesimo septimo dominica proxima ante diem sancti Clementis.

(Orig. Perg. 3 h. Sig. im mähr. Landes-Archive. — Das Sigel des Smil von Lestnitz zeigt das Wappen der Kunstate.)

96.

Sander. Offizial des Olmützer Bistumes, spricht die Weiden im Dorfe Ustin dem Kloster Hradisch zu. Dt. Olmütz 2. Jänner 1378.

In nomine domini amen. Dudum coram nobis Sandero Rambow, archidiacono Preroviensi. officiali curie episcopalis Olomucensis, discretus vir magister Nicolaus de Saxonia procurator et nomine procuratorio venerabilis et religiosorum virorum Terwardi abbatis et conventus monasterii in Hradisch prope Olomucz, ordinis premonstratensis, olomucensis diocesis. pelicionem suam sive libellum contra nobilem virum dominum Machniconem de Drahotuss obtulit per omnia in hec verba: Coram vobis honorabili viro domino Sandero Rambow archidiacono Preroviensi, curie episcopalis olomucensis officiali, procurator et procuratorio nomine religiosorum virorum abbatis et conventus Gradicensis monasterii, ordinis premonstratensis, olomucensis diocesis, contra nobilem virum dominum Machniconem de Drahotuss et contra quamlibet personam pro ipso in iudicio legitime intervenientem proponit et dicit. Quod licet abbates et conventus monasterii prefati pro tempore existentes ac homines ville Hustyn infrascripte ipsius monasterii nomine fuerunt in pacifica, continua et quieta possessione ville Hustein communiter nuncupate cum agris, pascuis, paludibus, pratis ac omnibus et singulis pertinenciis, iacentibus inter villas Woynicz et Lubnicz et alias villas circumiacentes, per plures annos et per multa tempora, quorum inicii hominum memoria non existit. tamen Machnico prefatus, possessor ville Lubnicz, abbatem et conventum monasterii predicti ac homines ipsorum ville Hustyn predicte pascuis, paludibus et pratis dictis infra lines et limites ville predicte Hustyn et ville Lubnicz sitis, temere et violenter spoliavit, fructus inde, videlicet gramen et fenum, per octo annos continue transactos sex marcas grossorum pragensium estimacione omnium valencia, percipiendo et distrahendo pro sue libitu voluntatis in anime sue periculum et dicti monasterii preiudicium et gravamen. Quare petit procurator prefatus, nomine quo supra, per vos dominum reverendum et per vestram sentenciam diffinitivam pronunciari, decerni et declarari, dictos abbatem et conventum ac homines ville Hustin, nomine ipsorum et monasterii predicti ad possessionem pacificam paludum, pascuorum, pratorum supradictorum cum utilitatibus, pertinenciis et fructibus perceptis per sex annos supradictos quolibet anno ad sex marcas grossorum predictorum estimacione communi estimatis et qui percipi potuerunt fructus, fore et esse reducendos, reintegrandos et restituendos, reduci, reintegrari et per vos restitui deberi, ipsum Machniconem et quemlibet alium illicitum occupatorem a premissorum pratorum occupacione fore et esse amovendum et per vos amoveri deberi, ipsumque Machniconem ad restitucionem premissorum cum fructibus inde perceptis fore et esse condemnandum et condemnari deberi ipsis abbati et conventui supradictis, condemnatumque ad id compelli vestra sentencia mediante. Hec proponit procurator prefatus, nomine quo supra, et petit expensas in lite factas protestans de faciendo salvo iure addendi, aliis iuris beneficiis semper salvis, ad necessaria tantum adstringens se probaturum. Lite igitur coram nobis contestata, a quibus cciam parcium procuratoribus de calumnia et veritate dicenda recepimus iuramenta, datisque pro parte prefatorum dominorum abbatis et conventus certis articulis, super quibus testes more solito recepimus, deposiciones eorundem in scriptis redigendo, quorum cciam attestaciones publicavimus, contra quorum testium dicta et personas nihil exceptum fuit, sed petitum in ea concludi. Tandem in dicta causa instantibus parcium procuratoribus conclusimus et in ea cum eisdem pro concluso habuimus, certam diem pro audienda diffinitiva sentencia ipsis partibus statuentes, quam ad hodiernum diem ex certis causis duximus prorogandam. Nos itaque Sanderus officialis antedictus visis, auditis et intellectis dicte cause meritis ac equa iusticie lance discussis, deliberacione insuper nobiscum et cum iurisperitis prehabita diligenti, Christi nomine invocato et ipsum solum habendo pre oculis, pronunciamus, decernimus et declaramus, dominos abbatem et conventum monasterii antedicti ac homines ipsorum in villa Ustyn ad possessionem paludum, pascuorum, pratorum inter villas Woynicz et Lubenycz et alias villas circumiacentes sitorum et ad ipsam villam Ustyn pertinencium fore et esse reducendos ipsosque ad possessionem eorundem reducimus, restituimus et redintegramus, Machniconem de Drahotuss et quemlibet alium occupatorem ipsorum pratorum, paludum et pascuorum ab eorundem occupacione removemus ipsumque ad restitucionem premissorum cum fructibus perceptis per sex annos et estimatis quolibet anno ad sex marcas grossorum pragensium denariorum cum expensis in lite factis similiter condemnamus in his scriptis ad earum expensarum restitucionem, taxacione nobis in posterum reservata. Lata est hec sentencia Olomucii in domo nostre habitacionis anno domini 1378 die secunda mensis Januarii, presentibus discretis viris domino Ottone plebano ecclesie in Swola olomucensis diocesis, Buczcone de Trubka, Hinczone de Tassow et Joanne Tassowecz publicis notariis testibus in premissis. In quorum omnium testimonium sigillum officialatus curie episcopalis olomucensis memorate presentibus est appensum.

(Aus den Annal. Hradicen. fol. 154.)

97.

Beneš von Busan verleiht die Erbrichterei in Dolein seinem Dienstmanne Vincenz.
Dt. Busan 21. Jänner 1378.

Noverint universi presencium noticiam habituri. Quod nos Benessius de Vilmberg alias de Busaw bona nostri animi deliberacione, nostrorum amicorum maturo consilio prebabilis fideli Vincencio clienti nobis sincere dilecto et conthorali sue, domine Margarethe necnon et suis successoribus legittimis liberam advocaciam rychtarzstwie nominatam in villa nostra Dolan habitam cum uno lanco et prato sito in luto, taberna et molendino supra ipsam villam situato sine omni impedimento et transitu aque, prout nos antea tenuimus et possedimus. uno carnifice. fabro. pistore. sartore et cum omnibus sutoribus, textoribus et aliis quibuscunque artificibus sive mechanicis ibidem in Dolan existentibus, cum libera leporum et avium venacione. tercio denario de judiciariis emendis, vyny vocitatis, in Dolan tamen proveniente omni judicio in domo advocati celebrato et cum uno grosso ab ipsis emptoribus vel pincernis cerevisie, quando braxaturam vel mediam aut unum vas circa tabernatores ibidem emerint. Nullus eciam in dicta villa Dolan vinum propinare presumat, nisi de licencia ipsius Vincencii speciali, omnibus et singulis ferorum (?) instrumentis in litibus, rixis, contencionibus et depredacionibus perceptis. Addicimus eciam, quod si umquam occurrerit steura sive berna regalis, quod predicta advocacia cum omnibus pertinenciis suis sit libera de eadem berna. Volumus eciam, quod prenominatus Vincencius et sui successores pro igne et calefactura ac pro edeficiis curie et reformacione ipsius ad advocaciam pertinente in silvis et rubetis nostris ad villam Dolan spectantibus, ubi currus nostri transeunt aut vadunt seu pergunt, ligna necessaria absque cuiuslibet impedimento reciperent, quociens et quando volunt et indigebunt. Eciam supradictus Vincencius ortum Jessiconis pro precone sive nunccio communi habere et tenere debet et debeat pro quadraginta marcis grossorum denariorum pragensium argenteorum moravici numeri et pagamenti, pro qualibet marca sexaginta quatuor grossos computando, vendidimus et presentibus vendimus per predictum Vincencium aut personas sibi superius asscriptas perpetuis temporibus tenendum, habendum et possidendum. Promittentes fide nostra pura et sincera una cum heredibus nostris tam presentibus quam futuris pretacta fori negocia inviolabiliter observare ac ipsos emptores in nullis dicte vendicionis utilitatibus, fructibus occupando impedire. Sub harum testimonio literarum, quibus de certa nostra sciencia nostrum sigillum presentibus est appensum. Actum et datum in castro nostro Busaw anno domini millesimo trecentesimo septuagesimo VIII[o] in die beate Agnetis virginis.

(Orig. Perg. h. Sig. im mähr. Land. Archive. — In dorso von gleichzeitiger Hand: Ista litera est exsoluta parata pecunia per empcionem eiusdem judicii factam per dominum Stephanum priorem et conventum domus vallis Josaphat, que servetur diligencius propter futuram cautelam. — Das Sigel im gelben Wachse zeigt ein senkrecht dreigetheiltes Schild mit Helmdecke, ober derselben einen Hut und auf demselben eine Kugel mit der Umschrift: S. Beneschii de Wildemberg.)

98.

Markgr. Jodok bestättigt der Stadt Znaim alle früheren Privilegien.
Dt. Znaim 26. Jänner 1378.

In nomine sancte et individue trinitatis feliciter amen. Jodocus dei gracia marchio et dominus Moravie. Cum universis fidelibus nostris signum nostre gracie debeamus ostendere, maxime ad domesticos fidei, in quibus vita et morte fidelitatem et constanciam probavimus, exaudicionis ianuam in hiis, que racionabiliter postulantur, aperiri debere censemus. Oblata siquidem nobis pro parte judicis, magistri civium et scabinorum civitatis Znoymensis fidelium nostrorum dilectorum suplex peticio continebat, ut privilegia, literas, libertates, jura, emunitates, indulta, consuetudines ipsis et civitati Znoymensi predicte concessa et concessas, servata et servatas innovare, ratificare, approbare et confirmare graciosius dignaremur. Nos igitur eorundem . . judicis . . magistri civium et scabinorum precibus velut justis et racionabilibus favorabiliter inclinati universa et singula privilegia, literas, libertates, jura, emunitates, indulta per felicis recordacionis reges Boemie et marchiones Moravie predecessores nostros prefate civitati Znoymensi concessas et datas necnon approbatas atque laudabiles consuetudines apud candem civitatem Znoymensem hactenus observatas in toto et in parte sui qualibet ratificamus, innovamus, approbamus et presentis scripti patrocinio confirmamus. Quare universis et singulis baronibus, nobilibus, proceribus, militibus, clientibus et aliis nostris fidelibus, quibuscunque vocentur nominibus, cuiuscunque status, dignitatis vel condicionis existant, presentibus et futuris precipimus firmiter et districte, quatenus civitatem Znoymensem predictam et eius incolas in privilegiis, literis, libertatibus, juribus, emunitatibus, indultis ceterisque antedictis consuetudinibus laudabilibus libere frui et pacifice gaudere permittant et eos contra hoc in nullo prorsus impediant vel consenciant per quempiam impediri, sed in eisdem ipsos manuteneant efficaciter et defendant. Nulli ergo hominum licet hanc nostre ratificacionis et confirmacionis paginam infringere aut ei quovis ausu temerario contraire sub pena indignacionis nostre gravissime, quam qui secus fecerit tocies, quocies contrafactum fuerit, se noverit irremisibiliter incurrisse. Presencium sub appenso nostro sigillo testimonio literarum. Datum Znoyme anno domini millesimo trecentesimo septuagesimo octavo feria tercia proxima post diem conversionis sancti Pauli.

(Auf der Plicatur: Ad mandatum domini marchionis Nicolaus prothonotarius. — Orig. Perg. h. Sig. im Znaimer Stadtarchive.)

99.

Eröffnungsformel des Olmützer Landrechtes 2. Februar 1378.

Anno domini millesimo trecentesimo septuagesimo octavo in purificacione sancte Marie celebratum est colloquium per nobiles dominos Wenczelaum de Straznicz camerarium, Jaroslaum de Knienicz czudarium et Wenceslaum notarium harum tabularum beneficiarios

12

supremos. presentibus nobilibus subscriptis baronibus Arclebum (sic) de Starzechovie, Oldrzi-
chonem et Tassonem de Bozcoviez, Styborium de Czimburg, Jesconem et Sdenconem fratres
de Sternberg. Albertum de Swietlow, Sdenconem et Smilonem fratres de Zabrzeh, Benesium
de Buzow, Laczeonem de Crawar, Potham et Jesconem fratres de Holnsteyn, Pawliconem
de Sovinecz. Smilonem de Lesnicz, Proczeonem de Cunstat et aliis quam pluribus.

(Olmützer Landtafel.)

100.

Eröffnungsformel der Brünner Landtafel 6. Februar 1378.

Anno domini M°CCC°LXXVIII° sabbato die beate Dorothee celebratum est colloquium
dominorum et baronum terre Moravie presente serenissimo principe et domino domino Jodoco
marchione Moravie necnon sereno principe domino Procopio fratre ipsius, presentibus nobilibus
dominis per nobilem dominum Johannem de Sternberg alias de Lucaw supremo camerario
(sic) Unkone de Magetin supremo czudario et Wenceslao de Radyegow supremo notario,
presentibus nobilibus dominis Johanne seniore de Meziriecz protunc supremo capitaneo,
Ulrico de Bozkovicz, Sdenkone de Sternberg dicto (de) Locow, Alberto de Sternberg,
Wilhelmo de Sternberg alias de Zabrieh, Hyncone de Lypa, Laczkone Vockone et Benessio
fratrum (sic) de Crawar, Wenceslao supremo camerario czude Olomucensis et Petro fratribus
de Plumlow dicto (sic) de Strasnicz, Henslino et Georio fratribus de Wetovia, Styborio de
Cymburg, Tassone de Bozkowicz, Jenczone et Proczkone fratribus de Deblyn, Ulrico et
Hermanno fratribus de Novadomo, Henrico de Novadomo, Erhardus de Cunstat, Arclebus
de Starziechowicz, Jescone Pusca de Cunstat, Sazema de Jewissowicz, Henrico de Straz,
Czenkone Cruschina de Lichtemburg, Benessio de Buzow, Smylone de Leschnicz, Sdeslao
de Schelnberg, Wilhelmo de Tyncz, Wochone Pothone Jescone fratrum (sic) de Holenstein,
Ratiborio de Misliboricz, Imgramo de Jacobow, Jeskone de Crzizanow, Petro Hecht de Rossicz.

(Brünner Landtafel.)

101.

6. Februar 1378.

Wenceslaus de Hlussowicz unum laneum liberum in villa Wrbieticz alias Wrbatka,
quem Jacobus laicus inhabitat, discreto viro Hinczoni de Tassaw, notario magistri Sanderi
officialis Olomucensis pro XXVI marcis vendidit. Fideiussores: Potha de Wyllenperg alias
de Dolan, Bohunko dictus Zak de Koyssow, Janko de Kokor, Miczko de Strawnich dictus
de Nenakunicz, Mathias de Trzynicz, Petrzyko de Knynenicz. Datum Olomucz 1378 die
s. Dorothee virginis.

(Aus dem Codex II. f. 83 des Olmützer Kapitelarchives.)

102.

1378. c. 6. Februar.

Philipus de Swoyanow supremus marschalkus domini marchionis recognoscit, quod bona sua voluntate unacum heredibus . . . de bonis Hostupowicz . . . Petro canonico montis sancti Petri in Brunna . . . annis singulis octo marcas grossorum pragensium . . . dare et porrigere debebit omnimodo.

(Aus der gedruckten Brünner Landtafel p. 136.)

103.

Ingram von Pernstein verkauft dem Kloster Hradisch seinen Antheil am Dorfe Žbanitz. Dt. 10. Februar 1378 s. l.

Nos Ingramus de Pernstain alias de Jacobaw, Philippus et Ingramus filii et tituli eiusdem cum heredibus nostris, venditores legittimi et nos Janco de Taubenstain, Sifridus de Pernstain in Jacobaw residens, Budislaus de Naschmaricz et Mixico de superiori Plawcz cum heredibus nostris fideiussorio nomine compromissores eorundem, notumfacimus tenore presencium universis tam presentibus quam futuris. Quod quia maturo amicorum nostrorum habito consilio ac de certa nostra sciencia et deliberacione prudenti prehabita venerabilibus et religiosis viris dominis Tuardo (sic) abbati totique conventui monasterii Gradicensis, ordinis premonstratensis, olomucensis diocesis et Nicolao dicto (de) Naklo fratri dicti domini abbatis omnem partem ville nostre Spanicz vocate cum pleno dominio experto et inexperto, censibus, jure moncium et decimis vincarum cum undecim laneis, videlicet quatuor ad curiam colonariam spectantibus, septem vero censualibus et curticulis, cum agris cultis et incultis, pomeriis, rubetis, nemoribus, pascuis, paludibus, piscinis, aquis, aquarum decursibus, montibus, collibus, pertinenciis ac usufructibus suis universis intra et extra villam ubilibet habitis, ad candem ab antiquo spectantibus, quocunque vocabulo dictis, prout illa tenuimus, habuimus et possedimus hucusque, veluti cciam suis limitibus, metibus (sic) et gadibus sunt distincta, pro ducentis et octo marcis grossorum denariorum pragensium moravici numeri et pagamenti nobis iam actu numeratis, traditis et solutis, rite, racionabiliter ac hereditarie iusto empcionis et vendicionis titulo vendidimus ac venditam resignamus tenore presencium, condescendentes libere ad huiusmodi babendam, tenendam, utifruendam et possidendam pacifice et quiete, nulloque nobis in eadem parte ville nostre eiusque bonis jure proprietatis quomodolibet reservato, excepta una sola curticula, quam nobis et heredibus nostris hereditarie reservamus. Quapropter nos supradicti cum heredibus nostris in solidum promittimus sub puritate fidei nostre pariter et honoris sub bona nostra fide eisdem dominis abbati totique conventui dictam partem ville Spanicz et bona in se et qualibet eius parte ab impeticionibus quorumlibet hominum iuxta ritum et conswetudinem terre Moravie actenus approbatam libertare,

12*

defensare et disbrigare tenemur et spondemus, controversia qualibet procul mota et in proximo colloquio per barones Brune celebraturo generali terre tabulis apertis nobis extabulare ipsisque sine dilacione intabulare promittimus et spondemus. Quod si autem aliquid predictorum in parte vel in toto non observaremus, mox duo nostrum ex nobis prescriptis qui cum a dictis dominis abbate et conventu requisiti et moniti fuerimus, quilibet cum uno famulo et duobus equis obstagium verum et solitum in civitate Bruna et domo honesta, nobis per predictos dominos deputata, tenebimur subintrare, de eodem non exituri aliquo modo vel aliqua causa juris proposita, quousque omnia per nos superius promissa fuerint omnimode ratificata et inviolabiliter observata, nichilominus de dampnis omnibus ac singulis per quemcunque modum desuper contractis et racionabiliter edoctis satisfacere promittimus plenarie et ex toto. Preterea nos Ingramus senior et Janco de Taubenstain predicti per personas idoneas militaris originis loco et vice nostrum substitutas, si monebimur, absolvi possumus de obstagio premisso. Sub harum quas sigillis nostris dedimus robore literarum. Sub anno domini millesimo trecentesimo septuagesimo octavo feria quarta in die sancte Scolastice.

(Orig. Perg. 2 h. Sig. — 5 abgerissen — im mähr. Land. Archive.)

104.

Markgraf Jodok gestattet, dass Smil von Sternberg nach dem Tode seines Bruders Zdeněk Vormund dessen Kinder sei. Dt. Brünn 14. Februar 1378.

Jodocus dei gratia marchio et dominus Moraviae notum facimus tenore praesentium universis, quod de nobilis viri Smilonis de Sternberg fide atque legalitatis industria plenam gerentes fiduciam, sibi favemus et ad hoc consensum nostrum tribuimus, quod ipse post decessum nobilis viri Sdenkonis fratris sui, si quos pueros et haeredes relinquet, cujuscumque sexus fuerint, eorundem haeredum vel puerorum suorum tutor et bonorum ipsorum rector esse possit et valeat tanquam bonorum feudalium, impedimento quolibet procul moto. Praesentium sub appenso nostro sigillo testimonio literarum. Datum Brunnae anno domini millesimo trecentesimo septuagesimo octavo, dominica in die sancti Valentini.

Ad mandatum domini marchionis:
Nicolaus prothonotarius.

(Ex historia diplomatica domus Sternbergicae MS. in Dobneri Monum. IV. p. 371.)

105.

Johann. Bischof von Olmütz, bestättigt dem Nonnenkloster Neureisch die ddo. 1257 ausgestellte Urkunde. Dt. Mödritz 23. Februar 1378.

Dei et apostolice sedis gracia Olomucensis episcopus Johannes notumfacimus tenore presencium universis, quod pro parte religiosarum et honorabilium virginum priorisse et conventus sanctimonialium in Reusch ordinis premonstratensis oblata peticio continebat, quatenus eisdem infrascriptas literas approbare, ratificare et confirmare auctoritate ordinaria dignaremur, quarum tenor sequitur in hec verba : In nomine domini Amen. Nos Theodricus. Abbas Zabrdovicensis . . etc. usque acta sunt hec anno domini M.CC.LVII. in die Kalyxti pape. Brunne in ecclesia sancti Michaelis. (Vide. Cod. diplom. Mor. Tom. III. p. 245. n. CCLVII.) Nos igitur devotis carum peticionibus, presertim cum de fonte racionis emanent, graciosius annuentes animo deliberato et de certa sciencia nostra supradictas literas in omnibus suis tenoribus, punctis et clausulis de verbo ad verbum, prout sunt expressate superius, auctoritate ordinaria approbamus, ratificamus et per omnia confirmamus. decernentes per presentes, nostre confirmacionis literam in judiciis et extra et in omni loco perinde valeat et robur firmitatis obtineat, ac si originalia in clementis et figuris propriis viderentur. Inhibentes omnibus et singulis sub excommunicacionis pena, quam uuumquemque contrafacientem ipso facto incidisse volumus, ne quicquam in preiudicium dictarum virginum et monasterii adversus presentis nostre confirmacionis indultum attemptare audeant sive presumant. Presencium sub appenso nostro maiori sigillo testimonio literarum. Datum in castro nostro Modericz anno domini Millesimo CCC⁰ septuagesimo octavo in vigilia sancti Mathie Apostoli gloriosi.

(Orig. Perg. h. Sig. im Neureischer Stiftsarchive.)

106.

Sander, Archidiakon von Prerau, entscheidet den Streit über das Pfarrpatronatsrecht in Olšan. Dt. Olmütz 29. März 1378.

In nomine domini amen. Nos Sanderus Rambow archidiaconus Preroviensis curie episcopalis Olomucensis officialis notumfacimus tenore presencium universis. Quod dudum coram honorabili viro domino Jacobo de Caplicz canonico ecclesie Olomucensis reverendi in Christo patris ac domini nostri domini Johannis episcopi Olom. vicario in spiritualibus generali, discreti viri domini Johannes dictus Hrzimacz de Olomucz et Clemens de Lipnain, presbiteri Olom. diocesis, presentati ad ecclesiam parrochialem in Olschan eiusdem diocesis, peticiones suas sive libellos obtulerunt per omnia in hec verba : Coram vobis honorabili viro domino Jacobo de Caplicz canonico ecclesie Olomucensis reverendi in Christo patris et domini domini Johannis Olom. episcopi vicario in spiritualibus generali, Johannes dictus Hrzimacz prebendarius ecclesie Olom. prefate, contra discretum virum dominum Clementem presbiterum de Lypnain per Boliconem de Coyzow alias de Olschan et Radislaum de Crawar Buschconem, Janonem et Adam de Prziestawylk et per Annam de Olschan, laicos dicte diocesis se pretendentes patronos dicte ecclesie in Olschan Olom. diocesis, ad prefatam in Olschan ecclesiam presentatum, quamvis de facto et contra quamlibet personam pro ipso in judicio legitime intervenientem in jure conquerendo proponit et dicit, quod ipse Johannes presbiter prefatus ad dictam ecclesiam in Olschan parrochialem ad presens vacantem per obitum Sdenconis ultimi immediate rectoris ipsius ecclesie antedicte sit et extiterit per religiosam virginem priorissam et conventum monasterii sancte Katherine ordinis fratrum predicatorum in Olomucz et discretum virum dominum Wylczonem vicarium ecclesie Olomucensis veros et legitimos patronos dumtaxat et in possessione vel quasi jurispresentandi rectorem ad dictam ecclesiam in Olschan existentes etc. Quare domine reverende petit Johannes prenarratus per vos et vestram sentenciam diffinitivam pronuncciari, decerni et declarari. dictam presentacionem Johannis antedicti ad ecclesiam in Olschan antedictam factam fuisse et esse canonicam etc. nullumque jus ipsi Clementi in ecclesia predicta vigore presentacionis ipsius competere posse . . . . . Item tenor secundi libelli talis est: Coram vobis honorabili viro domino Jacobo de Caplicz etc. Clemens presbiter de Lypnain Olom. dioc. contra dominum Johannem presbiterum dictum Hrzimacz et contra quoscunque alios pretendentem et pretendentes se presentatum et presentatos ad ecclesiam parrochialem in Olschan etc. dicit et in jure conquerendo proponit, quod licet ipse Clemens per nobiles viros Radslaum purgravium de Crawar, Adam de Prziestawylk ac nobilem virginem Annam de Olschan, Buschconem de Olschan, Boliconem de Olschan et Janconem de Babicz veros et legitimos patronos ecclesie predicte et in possessione vel quasi jurispresentandi rectorem ad dictam ecclesiam existentes sit et existat ad dictam Ecclesiam in Olschan . . . . presentatus, tamen prefatus Johannes pretendens quamvis de facto se ad dictam ecclesiam presentatum per honorabilem virum dominum Wylczonem vicarium ecclesie Olom. . . . ac venerabiles et religiosas virgines priorissam et conventum . . . Monasterii s. Katherine in Olomucz pretendentes quamvis de facto se patronos ecclesie in Olschan predicte se opponit . . . . . Quare petit Clemens prefatus per vos decerni et declarari sentencialiter presentacionem predictam fuisse et esse canonicam . . . . . Nos itaque Sanderus officialis antedictus visis auditis et intellectis dicte cause meritis ac equa iusticie lance discussis, deliberacione insuper nobiscum et cum jurisperitis prehabita diligenti Christi nomine invocato . . . . per hanc nostram diffinitivam sentenciam pronunciamus . . . presentacionem Johannis Hrzimacz presbiteri supradicti ad ecclesiam in Olschan antedictam de ipso factam fuisse et esse canonicam ipsamque debere suum sortiri effectum eundemque Johannem ad ipsam ecclesiam in Olschan fore et esse instituendum et confirmandum . . . . Reservamus eciam jus salvum presentandi ad candem in Olschan ecclesiam, cum eam de proximo vacare contigerit Czyhowczoni et Boliconi clientibus ibidem successoribus Ade et Bohuslai olim patronis ecclesie memorate, ac postea cum secunda vice vacaverit Radslao et Buschconi orphano olim Buschconis clientibus de Olschan successoribus Andree et Swathonis et demum cum tercia vice vacaverit . . priorisse ad sanctam Katherinam in Olomucz eiusque . . conventui et domino Wylczoni vicario predicto et eorum successoribus racione vicissitudinis de alternis vicibus presentandi ecclesiam ad eandem, qua eorum presentatus ad presens obtinuit ut prefertur. Lata est hec sentencia Olomucz in domo nostre habitacionis anno domini millesimo trecentesimo septuagesimo octavo feria secunda proxima post dominicam qua cantatur Letare presentibus discretis viris dominis Johanne in Slawonyn, Johanne in Grozovia ecclesiarum plebanis, Nicolao capellano in Vetovia, Hinczone de Tassow publico notario et Petro clerico de Olomucz testibus in premissis.

In cuius rei testimonium sigillum officialatus curie episcopalis Olomucensis memorate presen_
tibus est appensum.

(Orig. Perg. h. Sig. im Olm. Kapitelarchive.)

107.

K. Wenzel IV. bestättiget der Stadt Brünn alle früheren Privilegien.
Dt. Prag 26. April 1378.

Wenceslaus dei gracia Romanorum rex semper augustus et Boemie rex ad per_
petuam rei memoriam. Etsi cunctorum nobis subiectorum fidelium prosperitates et commoda
benigno favore respicimus et in ipsorum prosperitatis augmento ex innata nobis clemencia
delectamur, ad illos tamen singularis affectus prerogativa nostra gerit serenitas, qui pre
ceteris fidelibus nostris . se in fidei et dileccionis constancia ac eciam indefesse fidelitatis
obsequio reddiderunt hactenus et reddunt continuo prompciores. Sane jllustris Jodocus
marchio Moravie, princeps et patruus noster carissimus, accedens nostre maiestatis presenciam
pro parte civium communitatis et incolarum civitatis Brunensis dilectorum nobis fidelium
serenitati nostre cum humili precum instancia supplicavit, quatenus eisdem civibus et incolis
civitatis predicte auctoritate regia Boemie de innata nobis pietate et solite benignitatis clemencia universa et singula privilegia, iura, literas, indulta, libertates, emmunitates, gracias,
honores, dignitates, laudabiles approbatas et observatas hucusque consuetudines, donaciones
et concessiones, eisdem civibus a recolende memorie dominis quondam Boemie regibus et
Moravie marchionibus, predecessoribus et progenitoribus nostris et signanter a serenissimo
principe et domino, domino Karolo Romanorum imperatore semper augusto et Boemie rege,
domino et genitore nostro carissimo, concessa seu data, concessas, factas seu datas innovare,
approbare, ratificare et confirmare generosius dignaremur. Nos ergo, qui vota quorumlibet
nostrorum fidelium racionabiliter petencium semper generosius complectimur, attendentes grata
et fidelia obsequia, quibus predicti cives et communitas civitatis Brunensis memorate nobis
et progenitoribus nostris grate complacere studuerunt hactenus et in futurum tanto fervencius
debebunt et poterunt, quanto uberioribus favore et gracia nostre celsitudinis se conspiciunt
prosequi et favorosius consolari, ad humilem et supplicem predicti nostri patrui peticionis
instanciam, presertim cum iuste petentibus non sit denegandus assensus, animo deliberato, sano
principum, baronum, procerum, nobilium et fidelium nostrorum accedente consilio, predictis
civibus, communitati et incolis civitatis Brunensis memorate, universa et singula privilegia,
literas, iura, indulta, libertates, emmunitates, gracias, honores, dignitates, laudabiles approbatas
et observatas hucusque consuetudines, donaciones et concessiones a prefatis nostris predecessoribus concessa seu data, concessas, factas seu datas, ac si de verbo ad verbum presentibus
inserta forent vel inserte, sicut provide, iuste, rite et racionabiliter processerunt, auctoritate
regia Boemie et de certa nostra sciencia ratificamus, approbamus, de novo concedimus et
tenore presencium generosius confirmamus. Presencium sub Romanorum regie nostre

maiestatis sigillo testimonio literarum. Datum Prage anno domini millesimo trecentesimo septuagesimo octavo VI⁰ kalendas Maii, indiccione prima, regnorum nostrorum anno Boemie XV⁰ Romanorum vero secundo.

(Auf der Plicatur: Per dominum lantgravium Martinus. — In dorso: R. Wenceslaus de Jenykow. — Orig. Perg. an Seidenfäden h. beschädigtes Sig. im Brünner Stadtarchive.)

108.

Johann. Bischof von Olmütz, fordert die Gläubigen seiner Diözese auf, dass sie einen gewissen B., einen früheren Wegelagerer, der wegen Vergebung seiner Verbrechen nach Rom pilgern will, durch Almosen in seinem Vorhaben unterstützen.

Dt. Kremsier 6. Mai 1378.

Dei et apostolice sedis gracia Olomucensis episcopus Johannes universis et singulis Christi fidelibus, per civitatem et diocesim Olomucensem constitutis, ad quos presentes pervenerint, salutem in eo, qui est omnium vera salus. Cum inter opera caritatis non modicum reputamus ovem errantem querere et inventam ad ovile reducere, sed cciam reductam conservare et conservatam confortare, nam etsi angelis in gracia stabilitis gaudium existat super uno peccatore penitenciam agente, multo forcius nobis, qui in gracia nondum sumus confirmati, sed cottidianis peccatis involvimur, gaudium et solacium esse debeat conversio cuiuslibet peccatoris. Et cum laycus B. lator presencium, qui annis pluribus in profundo errans viciorum officium miserabile gessit tortoris et laqueis sathane investitus in tenebris ignorancie ambulavit, per graciam altissimi, qui suos non deserit, in fine viam agnovit veritatis et dimissis erroribus, in quibus incessit usque modo, in spiritu humili et contrito fructus penitencie querit dignos ac animo ferventi desiderat limina sanctorum Petri et Pauli apostolorum et aliorum sanctorum loca in suorum peccaminum remissionem humiliter visitare, quod facere non poterit sine fidelium eleemosynis, cum sibi proprie non suppetant facultates, universitatem vestram presentibus in domino requirimus et hortamur, quatenus ad laudem et gloriam omnipotentis dei una nobiscum super conversione tanti publici peccatoris gaudium et solacium habeatis et eidem, cum ad vos venerit, in remissionem peccatorum vestrorum vestras pias eleemosynas dignemini misericorditer elargiri, ut ipse in bono proposito stabilitus per vestra et aliorum fidelium iuvamina veniam suorum criminum in presenti et vitam eternam consequi valeat in futuro. Datum Chremsir proxima feria quinta post diem invencionis sancte crucis sub anno domini MCCCLXXVIII nostro pendenti sub sigillo.

(Ex cancellaria MS. Caroli IV. bibliothecae metropolitanae Prag.; abgedruckt in Dobners Monum. IV. p. 371.)

109.

König Wenzel IV. verpfändet dem Markgrafen Jodok von Mähren für die 64.000
Goldgulden, welche er vom Markgrafen Johann ausgeliehen hatte, die Städte und
Herrschaften Glatz, Frankenstein, Habelswerde und Neupatzkau.
Dt. Budweis 7. Mai 1378.

Wir Wenczlaw von gotes genaden romischer kunig zu allen zeiten merer des
reichs und kunig zu Beheim bekennen und tun kunt offenlich mit diesem brive allen den,
die yn sehen oder horen lesen, das wir mit wolbedachtem mute, rechter wissen in craffte
dicz brives und in guten trewen ane geverde fur die vierundsechzigtusent guldein ungerisch
und behmisch, die uns etwenne der hochgeborne Johans marggrave zu Merhern, unsir
bruder selige, die weile er lebte, an bereitem gelde geliehen hat, dem hochgebornen Josten
marggraven und herren zu Merhern unserm lieben vettern und fursten und seinen rechten
erben, die er mit hulffe gotis gewinnet, zu eynem rechten pfande ynantwurten, yngeben
und abetreten lediclichen unsirs kunigreichs zu Beheim stete und hewser Glacz haws und
stat, Frankinstein haws und stat, Hawelswerde und Newn Paczkaw mit manschefften, zinsen,
nuczen, gulden, mit den ganzen landen doselbist und mit allem dem, das dorzu gehoret,
als wir das ynnegehabt und besessen haben, nichtes nicht usgenomen und haben auch
dieselben slos, lande, manschafft, lute und guter mit allen rechten geniessen, nuczen und
zugehorungen in pfandeweise fur das egenante gelt lediclichen geweiset an den obgenanten
marggraven Josten unsern vettern und seine erben und nachkomen marggraven und herren
zu Merhern und sullen und wollen auch ym, seynen erben und nachkomen marggraven zu
Merhern beweisen und bescheiden an jeriger gewisser gulde in der egenanten pfantschafft
ye für tawsent schok grosser prager pfenninge an der obgenannten summen geldes hundert
schok geltes jerliches zinses und furbasmer so vil gulde, als sich das an den egenannten
vierundsechzigtusent guldein nach rechter anzali gebüret ane ollis geverde. Und was sulicher
gulde und jerliches zinses in den gebieten der obgenanten pfantschafft gebreche, so vil
sullen wir, unsir erben und nachkomen kunige zu Beheim demselben marggraven Josten,
seinen erben und nachkomen, marggraven zu Merhern beweisen und bescheiden uffzuheben
jarlichen und das wol vorgewissen an unsrer urbar uff dem berge zu Chutten. Und wer
is sache, das dasselbe bergwerk uff den Chutten abegienge, also das demselben marggraven
Josten, seinen erben und nachkomen marggraven zu Merhern doselbist suliche jerlichen
gulde nicht sicher were oder gevallen mochte, so sullen und wollen wir, unsre erben und
nachkomen kunige zu Beheim demselben marggraven Josten, seinen erben und nachkomen
marggraven zu Merhern suliche jerlichen gulde an unsern und des kunigreichs zu Beheim
steten und gutern gelegen in dem lande zu Beheim genzlichen beweisen und sullen auch
die egenanten marggraff Jost, seine erben und nachkomen marggraven zu Merhern die zu
rechtem pfande ynnehaben, besiczen und halden mit der obgenanten pfantschafft allir
zugehorungen und gulden in aller der weise, als die obgenante pfantschafft und als das

13

auch dovor begriffen ist, so lange, das wir, unsir erben oder nachkomen, kunige zu Beheim, dem vorgenanten marggraven Josten, seinen erben und nachkomen, marggraven zu Merhern die obgenanten vierundsechzigtusent guldein ungerisch und behmisch in der stat zu Brünne gar und genzlichen verrichtet und bezalet hoben. Wanne auch wir, unsir erben und nachkomen, kunige zu Beheim zu raten wurden, die egenanten pfantschafft zu losen und die vorgenanten vierundsechzigtusent guldein in der stat zu Brunne bezalet und vorrichtet hoben, also das suliche bezalungen vor sante Jurgentage geschee, so sal dennoch der obgenannte marggrave Jost, seine erben und nachkomen, marggraven zu Merhern sulichen zins, der sich uff denselben sante Jurgen tage gebürte von allen den obgenanten pfantschefften uffheben und nemen. Und gleicherweis were is sache, das wir, unsir erben oder nachkomen, kunige zu Beheim, die obgenanten pfantscheffte losten und die vierundsechzig tusent guldein, als oben geschriben slet, vor sante Gallen tage bezalten, so sal aber der vorgenante marggrave Joste, seine erben und nachkomen, marggraven zu Merhern sulichen zins, der sich uff denselben sante Gallen tage gebürte, von allen den obgenanten pfantschefften uffheben und in Yren nucz wenden, wie yn das allerbequemilichist seyn wirdet und sullen denne uns, unsern erben und nachkomen, kunigen zu Beheim, der obgenanten hewser, stete, lande, manschafft, zugehorungen und gulde von stadenan abetreten und uns die wider lediclichen ynantwurten ane allis widersprechen und vorziehen. Und was der obgenante unsir vetter marggrave Joste, seine erben oder nachkomen, marggraven zu Merhern an den obgenanten vesten, steten, landen, luten, nuczen und zugehorungen, die weile und sie yre pfand seint, zinses oder nuczes, welicherley die weren, uffheben und nemen, das sal yr seyn, das wir yn auch durch sunderlicher freuntschafft willen geben haben und sullen yn das an der summen des hawptgeldes nicht abeslahen in dheineweis. Und wer mit willen des obgenanten marggraven Josten disen brieff haben wirdet, es were under seinen brudern einer, wem das gebüren würde oder eyn anderer, wer der were, dem sullen wir, unsir erben und nachkomen, kunige zu Beheim zu allen sachen pflichtig und verbunden seyn die zu halden und zu volfüren, als dem obgenanten marggraven Josten in allen Yren stucken und meynungen, als sie obgeschriben steen und begriffen seyn. Mit urkunde dicz brives versigelt mit unsir kuniglichen maiestat insigele, der geben ist zum Budweis nach Crists geburte dreizenhundert jare dornach in dem acht und sibenzigsten jare des nehsten freitags nach dem suntage, als man singet Misericordias domini, unsir reiche des Behmischen in dem fumfzehenden und des romischen in dem andern jaren.

(Auf der Plicatur: Per dominum regem Romanorum Archiepiscopus Pragensis. — Orig. Perg. an Seidenfäden h. Sig. im mähr. Landesarchive; das Gegensig. hat den Reichsadler im rothen Wachse.)

110.

*Der Pfarrer von Wilanz bekennt, dass er gegen seinen Patron keinen Process wegen
des ihm zustehenden Holzes weiter führen wolle. Dt. Iglau 10. Mai 1378.*

In nomine domini amen. Anno nativitatis eiusdem millesimo trecentesimo septuagesimo
octavo indiccione prima, decima die mensis Mayii, hora nona vel quasi, pontificatus sanctissimi
in Christo patris et domini nostri domini Urbani divina providencia pape sexti, anno primo
imperii vero serenissimi et invictissimi principis et domini nostri domini Karoli quarti divina
favente clemencia Romanorum imperatoriis semper augusti et Bohemie regis imperii sui
anno vicesimo quarto, in mei notarii publici infrascripti testiumque presencia subscriptorum
constitutus honorabilis vir Bartholomeus plebanus in Wylancz Olom. dioc. personaliter, non
compulsus nec coactus, sed voluntarie et bona deliberacione prehabita dixit manifeste, suos
legitimos patronos videlicet Frenczlinum Schonmelczer et Henlinum fratrem ipsius cives
civitatis Iglavie Olom. diocesis pro lignis omnibus ecclesie sue et pro aliis omnibus causis
ac litibus, pro quibus ipsos prius in iudicio spirituali in Olomuc convenit coram honorabili
viro scilicet domino Sandero tunc temporis officiali ibidem liberos pronuncciavit esse penitus
et solutos, qui dictus Bartholomeus plebanus in Wylancz Olom. dioc. ibidem fuit, utrum
consciencie et gracie patronorum suorum dictum factum vellet committere, requisitus. Tunc
dictus dominus Bartholomeus respondit et dixit manifeste, quod non vellet gracie et
consciencie patronorum suorum committere, sed dicebat manifeste coram omni populo ibi
congregato, quod sibi et ecclesie sue dicte in Wylancz pro omni lite, quam habuit contra
eosdem patronos suos nomine ecclesie sue predicte Wylancz integraliter esset satisfactum,
in quibus simpliciter vellet contentari et eosdem suos patronos neque heredes ipsorum pro
tali facto in nullo iudice speciali ulterius vellet convenire data fide et cciam pro inpensis
et expensis in dicta lite contractis dixit eos liberos et solutos. Acta sunt hec in civitate
Iglaviensi et hoc in domo relicte quondam Michaelis Reychnawcri civis ibidem Olom. dioc.
Anno etc. quibus supra presentibus honorabilibus viris et honestis videlicet domino Petro
de Luca et domino Nicolao de Petrowicz plebanis Olom. dioc. et Cunczone in Turri et
Nicolao Arnoldi et Petro Kegel et Nicolao Poeschel civibus civitatis Iglaviensis supradicte
Olom. dioc. testibus ad premissa vocatis specialiter et rogatis in testimonium omnium pre-
missorum.

Et ego Nicolaus etc. publicus etc. notarius etc.

(Orig. Perg. im Igl. Stadtarchive.)

111.

Pabst Urban VI. beauftragt den Offisial des Olmützer Bisthumes zu untersuchen, ob die Inkorporirung der Pfarre in Landskron dem dortigen Augustinerstifle nothwendig sei.
Dt. Rom 10. Mai 1378.

Urbanus episcopus servus servorum dei dilecto lilio officiali Olomucensi salutem et apostolicam benediccionem. Piis fidelium votis, per que divini cultus augmentum et animarum salus provenire noscuntur libenter annuimus et prosequimur favoribus opportunis. Sane peticio venerabilis fratris nostri Petri archiepiscopi Magdeburgensis nobis nuper exhibita continebat, quod olim ipse, qui tunc episcopus Luthomisliensis existebat, de propria salute cogitans ac cupiens, terrena in celestia ac transitoria in eterna felici commercio commutare, de consensu dilectorum liliorum capituli ecclesie Luthomisliensis ad laudem et gloriam omnipotentis dei et sanctorum Nicolai et Catherine quoddam monasterium ordinis sancti Augustini extra muros oppidi Lanczeronensis. Luthomisliensis diocesis, cum necessariis officinis de bonis sibi a deo collatis fundavit et construxit ac de Krontelsil et de Kronfeld, castro eiusdem diocesis cum pleno dominio, villis, silvis, pascuis ac aliis universis pertinenciis suis in regno Boemie consistencia, que idem archiepiscopus de huiusmodi bonis suis iusto titulo acquisierat, eciam de consensu carissimi in Christo filii nostri Karoli Romanorum imperatoris semper augusti et Boemie regis illustris, eidem monasterio donavit, quodque in eodem monasterio nonnulli canonici, quorum unus est prepositus curam et administracionem dicti monasterii habens existunt, qui loci ordinario in spiritualibus et temporalibus subesse debent, prout alia dicti ordinis monasteria locorum ordinariis subesse noscuntur. Et quidem venerabilis frater noster Albertus episcopus Luthomisliensis ex certis racionabilibus causis de consensu dictorum capituli parochialem ecclesiam sancte Marie in Lanczkron predicte diocesis eidem monasterio univit, incorporavit et annexavit ita, quod cedente vel decedente rectore ipsius liceret eisdem preposito et canonicis corporalem possessionem apprehendere et retinere ac fructus, redditus et provenius eiusdem recipere et habere in ipsorum usus proprios convertendos. Quare pro parte dicti archiepiscopi nobis fuit humiliter supplicatum, ut premissis robor confirmacionis adjicere de benignitate apostolica dignaremur. Nos itaque de premissis certam noticiam non habentes huiusmodi supplicacionibus inclinati discrecioni tue, de qua in hiis et aliis specialem in domino fiduciam obtinemus, per apostolica scripta committimus et mandamus, quatenus, si monasterium ipsum sufficienter dotatum existat, fundacionem construccionem, donacionem, unionem, incorporacionem et annexionem huiusmodi, quibuscunque constitucionibus apostolicis et aliis contrariis non obstantibus, auctoritate nostra approbes et confirmes supplendo omnem defectum, si quis forsan intervenerit in premissis, iure parochialis ecclesie et cuiuslibet alterius in omnibus semper salvo. Volumus autem, quod si congrua porcio pro perpetuo vicario in dicta ecclesia domino servituro de fructibus, redditibus et proventibus eiusdem ecclesie assignata non fuerit, huiusmodi porcio de eisdem fructibus, redditibus et proventibus assignetur, de qua idem vicarius congrue sustentari valeat et alia sibi incumbencia onera supportare. Datum Rome apud sanctum Petrum sexto Idus Maii pontificatus nostri anno primo.

(Spätere Abschrift inserirt in der Kopie der Urkunde des Olmützer Offiziales Sander, ddo. 3. September 1380.)

112.

Pabst Urban VI. verleiht der Kirche des Augustinerklosters in Landskron einen Ablass. Dt. Rom 13. Mai 1378.

Urbanus episcopus servus servorum dei universis Christi fidelibus presentes litteras inspecturis salutem et apostolicam benediccionem. Splendor paterne glorie, qui sua mundum ineffabili illuminat claritate pia vota fidelium de clementissima ipsius maiestate sperancium tunc precipue benigno favore prosequitur, cum devota ipsorum humilitas sanctorum precibus et meritis adiuvatur. Cupientes igitur, ut ecclesia monasterii sanctorum Nicolai et Katerine, ordinis sancti Augustini, Luthomuslensis diocesis, quod venerabilis frater noster Petrus archiepiscopus Magdeburgensis canonice fundasse et dotasse dicitur, congruis honoribus frequentetur et ut Christi fideles eo libencius causa devocionis confluant ad candem, quo ex hoc ibidem uberius dono celestis gracie conspexerint se refectos, de omnipotentis dei misericordia et beatorum Petri et Pauli apostolorum eius auctoritate confisi, omnibus vere penitentibus et confessis, qui in nativitatis, circumcisionis, epiphanie, resurreccionis, ascensionis, corporis domini nostri Jesu Christi, penthecostes necnon in nativitatis, annunciacionis, purificacionis et assumpcionis beate Marie virginis et nativitatis beati Johannis Baptiste, dictorum apostolorum Petri et Pauli, ac Nicolai et Katherine ac ipsius ecclesie dedicacionis festivitatibus ac in celebritate omnium sanctorum et per ipsarum nativitatis, epiphanie, resurreccionis, ascensionis, corporis domini necnon nativitatis et assumpcionis beate Marie et nativitatis beati Johannis et apostolorum Petri et Pauli predictorum festivitatum octabas et per sex dies dictam festivitatem penthecostes immediate sequentes ecclesiam prefatam devote visitaverint annuatim singulis videlicet festivitatum et celebritatis unum annum et quadraginta dies ac octabarum et sex dierum predictorum diebus, quibus prefatam ecclesiam visitaverint, ut prefertur, centum de iniunctis eis penitenciis misericorditer relaxamus. Datum Rome apud sanctum Petrum III Idus Maii, pontificatus nostri anno primo.

(Auf der Plicatur: Gilbertus. — Orig. Perg. an Seidenfäden h. Bleibulle im mähr. Landesarchive.)

113.

K. Wenzel IV. gibt dem Brückenmeister Mauritz das Recht, die in Eule und anderwärts im Königr. Böhmen durch Wasser verwüsteten Bergwerke wiederherzustellen.
Dt. Prag 25. Mai 1378.

Wenczeslaus Dei gracia Romanorum rex semper Augustus et Boemie rex notum-facimus tenore presencium universis. Quod cum montana in Ilavia, ubi aurum, argentum, cuprum, ferrum, stannum, plumbum et cuiuscumque generis metallum foditur, per aquarum habundanciam sint destructa, ita ut nulla inde possit utilitas provenire, non improvide neque per errorem, sed animo deliberato et de certa nostra sciencia Mauricio magistro poncium fideli nostro dilecto dicta montana assignavimus reformanda jure et consuetudine moncium. Ita videlicet, quod habeat plenam et liberam potestatem faciendi et disponendi de predictis montanis et aliis quibuscumque tocius regni Boemie fodinis de novo per aquam destructis et derelictis, prout sibi videbitur melius expedire, volentes dictum Mauricium esse exemptum a cuiuscumque jurisdictione, sic quod nemo secum habeat facere, vel eidem in aliquo dominari, preterquam nos, heredes et successores nostri reges Boemie. Item volumus, quod nullus de dictis fodinis destructis per artem illam, quam operabitur prefatus Mauricius circa eas deinceps restringere possit aquas, nisi de licencia dicti Mauricii speciali. Item si aliquis vel aliqui magistri moncte, qui fuerint, sunt, vel pro tempore fuerint, haberent literas, seu quodcumque jus super montanis huiusmodi, has literas cassas esse volumus penitus et inanes. Item volumus, quod de silvis nostris ligna dicto Mauricio ministrari debeant nostris laboribus propriis et expensis in tanta copia, quanta sibi pro aquis predictis restringendis sufficere videbuntur. Item absolvimus et libertamus universa et singula bona mobilia et immobilia quocumque modo et titulo in toto regno Boemie per dictum Mauricium conquisita et in antea conquirenda, pro se, ac suis heredibus, ab omni exaccione, et collecta, seu quovis alio gravamine. ita cciam, quod ipse Mauricius et heredes sui habeant plenam et liberam facultatem, dicta bona sua vendendi, donandi, ac alio quovis tytulo et modo alie-nandi. Suscipimus insuper dictum Mauricium in familiarem nostrum fidelem dilectum, volentes eum defendere, protegere ab omnibus generosius et tueri. Promittentes cciam, quod jus nobis debitum in montanis predictis, reparatis et reparandis, predictum Mauricium per integrum medium annum, a die, quo inceperit laborare et extrahere dictas aquas, debeat eiusdem Mauricii esse, ut de eisdem proventibus suam condicionem possit facere meliorem. Presencium sub Romane regie nostre Maiestatis sigillo testimonio literarum. Datum Prage anno domini Millesimo trecentesimo septuagesimo octavo, indiccione prima VIII kalendas Junii regnorum nostrorum anno Boemie XV⁰ Romanorum vero secundo.

(Auf der Plicatur: Per dominum pragensem Archiepiscopum Martinus. — In dorso: R. Wen-ceslaus de Jenicow. — Orig. Perg. am Pergamentstreifen h. etwas verletztes Gegen-sigel im mähr. Land. Archive. — Abgedruckt bei Felzi König Wenzel I, Urkdbch. p. 32 n. 18. In der Lebensgeschichte selbst I. p. 67 bezieht Pelzel diese Urkunde unrichtig auf Iglau in Mähren.)

114.

K. Karl IV. gibt dem Brückenmeister Mauritz das Recht, die in Eule und anderwärts im Königr. Böhmen durch Wasser verwüsteten Bergwerke wiederherzustellen.
Dt. Prag 25. Mai 1378.

Karolus quartus divina favente clemencia Romanorum imperator semper Augustus et Boemie rex notumfacimus tenore presencium universis, quod cum montana in Ilavia, ubi aurum, argentum, cuprum, ferrum, stannum, plumbum et cuiuscumque generis metallum foditur, per aquarum habundanciam sint destructa, ita, ut nulla inde possit utilitas provenire, non improvide neque per errorem, sed animo deliberato et de certa nostra sciencia Mauricio, magistro poncium fideli nostro dilecto, dicta montana assignavimus reformanda jure et consuetudine moncium, ita videlicet, quod habeat plenam et liberam potestatem faciendi et disponendi de predictis montanis et aliis quibuscumque tocius regni Boemie fodinis de novo per aquam destructis et derelictis, prout sibi videbitur melius expedire. Volentes dictum Mauricium esse exemptum a cuiuscumque jurisdiccione, sic quod nemo secum habeat facere vel eidem in aliquo dominari preterquam nos, heredes, et successores nostri reges Boemie. Item volumus, quod nullus de dictis fodinis destructis, per artem illam, quam operabitur prefatus Mauricius circa eas deinceps restringere possit aquas, nisi de licencia dicti Mauricii speciali. Item si aliquis vel aliqui magistri monete, qui fuerunt, sunt, vel pro tempore fuerint, haberent literas seu quodcumque jus super montanis huiusmodi, has literas cassas esse volumus penitus et inanes. Item volumus, quod de silvis nostris ligna dicto Mauricio ministrari debeant nostris laboribus propriis et expensis in tanta copia, quanta sibi pro aquis predictis restringendis sufficere videbuntur. Item absolvimus et libertamus universa et singula bona mobilia et immobilia, quocumque modo et titulo in toto regno Boemie per dictum Mauricium conquisita et in antea conquirenda pro se ac suis heredibus ab omni exaccione et collecta, seu quovis alio gravamine. Ita cciam, quod ipse Mauricius et heredes sui habeant plenam et liberam facultatem, dicta bona sua vendendi, donandi ac alio quovis titulo et modo alienandi. Suscipimus insuper dictum Mauricium in familiarem nostrum fidelem dilectum, volentes eum defendere, protegere ab omnibus graciosius et tueri. Promittentes eciam quod jus, nobis et filio nostro regi Boemie debitum in montanis predictis reparatis et reparandis, per dictum Mauricium per integrum medium annum a die, quo inceperit laborare, et extrahere dictas aquas, debeat eiusdem Mauricii esse, ut de eisdem proventibus suam condicionem possit facere meliorem. Presencium sub Imperialis Maiestatis nostre sigillo testimonio literarum. Datum Prage anno domini millesimo trecentesimo septuagesimo octavo, indiccione prima VIII Kalendas Junii regnorum nostrorum anno tricesimosecundo, imperii vero vicesimoquarto.

(Auf der Plicatur: De mandato domini imperatoris de Poznan Nicolaus. — In dorso: R. Wilhelmus Kortelangen. — Orig. Perg. auf Pergamentstreifen h. Sig. im mähr. Landesarchive.)

115.

Schiedsspruch zwischen dem Obrowitzer Kloster und Nicolaus, Probsten auf dem Petersberge. bezüglich des Zehendes von gewissen Äckern. Dt. Brünn 2. Juni 1378.

Jodocus dei gracia marchio et dominus Moravie notum facimus tenore presentium universis tam presentibus quam futuris. Quod Michael civis noster Brunensis de Turri, eodem eciam tempore prepositus Brunensis montis sancti Petri, Nicolaus, non valentes concordare cum abbate Jaroslao Zabrdovicensi venerunt ad nostram munificentiam petentes devote ac attente, pure propter deum nosque inclinati de nostra solita benignitate dedimus eisdem arbitros dominum Joannem seniorem de Mezerzicz et dominum Jeskonem de Lucav. Prepositus Brunensis petiit etiam. ut daremus adhuc duos arbitros Philippum canonicum et magistrum Henricum: abbas Zabrdovicensis Jaroslaus simili modo petiit nostram munificentiam et annumeravimus plebanum Joannem sancti Jacobi et Augustinum priorem novi claustri. Insuper abbas processit humiliter ac devote dicens se habere, qui dederunt agros, idoneos testes cives Brunenses. qui venientes una cum abbate coram nostra munificentia fassi sunt, quod predecessores nostri dederunt agros prepositure Brunensi, videlicet Michael de Turri scabinus. Ortlechau scabinus, Bernhardus Barthuschii filius etiam scabinus, Wenclaw Klar etiam scabinus et totum consilium Brunense una cum judice Joanne fassi sunt, quod predecessores nostri dederunt agros prepositure Brunensi, tali tamen conditione, quod agri vocantur Uberacker in fundo monasterii, et alios agros ad hospitale pauperum sancti Stephani, qui unus ager plenam decimam debet dare ad monasterium Zabrdovicense et XXVI grossos solvere et secundus ager non porrigit decimam nec dat, sed dat VII. metretas tritici et de aliis omnibus agris hospitale sancti Stephani debet dare omnes decimas et non plus. Nos Joannes senior de Mezerzicz et nos Jesko de Lukaw, nos etiam Philippus canonicus et magister Henricus etiam canonicus montis sancti Petri et nos Joannes plebanus sancti Jacobi et Augustinus prior novi claustri et totum consilium Brunense, sicut nominantur antea in litera. habentes deum pre oculis, ex vera nostra arbitratione, abjudicatione et pronuntiatione (sententiamus), quod Nicolaus prepositus Brunensis debet omnes decimas dare. Qui Nicolaus promittens pro se et omnibus successoribus suis habere rata et grata et unam marcam census solvere perpetuo et de illis omnibus agris, qui iacent retro aquas Svitaviam in fundo monasterii ipso die det censum in die sancte Margarethe immediate. Et de omnibus et singulis aquis, piscationibus nullum jus competit Nicolao preposito Brunensi montis sancti Petri ex nostra omnium pronuntiatione et arbitratione laudaverunt utraque pars, tam Jaroslaus abbas Zabrdovicensis quam Nicolaus prepositus Brunensis promisit tenere omnia pro se et successoribus suis. Mandavimus etiam, ut una nobiscum accederemus ad dominum nostrum gratiosissimum marchionem Jodocum tam abbas Jaroslaus Zabrdovicensis et etiam Nicolaus prepositus Brunensis. Nos Joannes senior de Mezerzicz et Jesco de Lucaw rogavimus dominum nostrum gratiosissimum. ut dignaretur confirmare nostram arbitrationem et pronuntiationem. Qui inclinatus ad nostram humilem petitionem et suorum juratorum fidelium, qui noster dominus gratiosus mandavit appendi sigillum suum de scitu suo proprio. Et Nicolaus prepositus montis sancti Petri etiam proprium sigillum suum de scitu suo. Etiam mandamus appendi sigillum nostre predicte civitatis Brunensis de scitu totius consilii. Ad maius robur et firmitatem perpetue pacis confirmamus, roboramus, ratificamus in perpetuum. Datum et actum Brune anno domini 1378 feria quarta infra octavas ascensionis domini.

(Aus den Annal. Zabrdovic. fol. 94.)

116.

Sander, Olmützer bisch. Offizial, entscheidet den Streit bezüglich eines Lahnes, welchen der Pfarrer von Braunsberg für seine Kirche beansprucht hatte.
Dt. Olmütz 11. Juni 1378.

In nomine domini amen. Dudum coram nobis Sandero Rambov archidiacono Pre-roviensi curie episcopalis Olom. officiali discretus vir dominus Conradus plebanus ecclesie parochialis in Brunsberg Olom. diocesis contra Petrum dictum Auspeczer laicum in Friczen-dorf eiusdem diocesis peticionem suam sive libellum optulit per omnia in hec verba: Coram vobis honorabili viro domino Sandero archidiacono Preroviensi, officiali curie episcopalis Olom. Cunscho rector parochialis ecclesie in Brunsberg, Olom. diocesis, ipsius ecclesie et suo nominibus contra Petrum laicum dictum Auspeczer de Friczendorf dicte diocesis dicit et in jure conquerendo proponit, quod licet dicta ecclesia in Brunsberg et rectores ipsius ecclesie in Brunsberg pro tempore fuerint in quieta et pacifica possessione unius lanei dotati ecclesie in Brunsberg predicte siti in villa Friczendorf predicta cum ipsius lanei agris cultis et incultis, pratis, pascuis et universis suis pertinenciis ac pleno utili et directo dominio a decem, viginti, triginta, quadraginta, quinquaginta sexaginta annis circa et ultra et a tanto tempore, cuius inicii seu contrarii memoria hominum non existit et usque ad tempus spoli-acionis subscriptum: Tamen prefatus laicus salutis sue immemor se de dicto laneo cum sihs predictis pertinenciis intromittens de facto dictam ecclesiam possessione lanei huiusmodi spoliavit de anno domini M⁰CCCLXX primo ipsumque laneum cum agris et pertinenciis suis tribus annis cum medio occupavit et occupat indebite, fructus de agris ipsius lanei, qui se anno quolibet ad quinque marcas grossorum extendunt estimacione communi percipiens ex eodem in dicte ecclesie et sui rectoris predicti preiudicium et iacturam. Quare petit dictus •rector nominibus quibus supra per vos decerni et declarari sentencialiter, dictum rectorem et ecclesiam predictam fore et esse reducendos, restituendos et reintegrandos, reduci et restitui et reintegrari ad possessionem dicti lanei cum agris et pertinenciis suis predictis, amovendumque fore et esse et ammoveri dictum laicum ab occupacione dicti lanei predicta, condempnandum fore et condempnari dictum laicum ad restituendum et dandum rectori et ecclesie predictis valorem et estimacionem fructuum superius expressum vestra sentencia diffinitiva mediante. Cui cciam laico petit dictus Kunscho nomine quo supra super dicto laneo et pertinenciis ipsius perpetuum silencium imponi vestra eadem sentencia mediante.

14

Item ab eodem petit expensas factas in lite et protestatur de faciendis juris beneficiis sibi competentibus semper salvis, ad necessaria se dumtaxat probaturum astringens. Lite igitur coram nobis contestata, a quibus eciam partibus de calumpnia et veritate dicenda recepimus juramenta datisque pro utraque parte posicionibus et articulis . . . . . . Nos itque Sanderus . . . . . per hanc nostram diffinitivam sentenciam Petrum Auspeczer de Friczendorf laicum supradictum ab impeticione domini Conradi plebani in Brunsberg supra nominati absolvimus sentencialiter in hiis scriptis condempnacionem expensarum ex causa obmittendo. Lata est hec sentencia Olomucz in domo nostre habitacionis sexta feria proxima post festum Penthecostes, anno domini M⁰CCCLXXVIII. Presentibus discretis viris dominis Wilczone in Babicz, Michicone in Drahanowicz ecclesiarum plebanis, Magistro Nicolao de Saxonia, Buscone de Trubeo publico notario et Andrea Clerico de Ruscowicz testibus in premissis. In quorum testimonium sigillum officialatus curie episcopalis Olom. memorate presentibus est appensum.

(Aus dem Codex E. I. 27 pag. 143 im Olm. Kapitelarchive.)

117.

Johann von Lipnitz verkauft seinen Hof daselbst dem Adam von Reëitz.
Dt. 24. Juni 1378 s. l.

Ego Johannes dictus Rus de Lypnycz recognosco universis presencium noticiam habituris vel audituris, me vendidisse curiam cum vero dominio ibidem in Lypnycz cum omnibus usibus et proventibus ad eandem spectantibus scilicet piscinis, rivulis, pratis, rubetis, agris cultis et incultis, casibus*) et metis, quocumque nomine censeantur, pro triginta VI. sexagenis grossorum pragensis monete discreto clienti Ade de Reczycz dicto Kadalycze et ejus heredibus, ut hereditarie teneant, possideant, regant et gubernent et ad usus suos convertant, prout ipsorum placuerit voluntati, veluti ego solus tenui absque omni impedimento. Huius vero curie sumus disbrigatores, ut jus terre facit docendo, nos Hermannus filius Dyetmari de Waldinow, Johannes de Gylma, Brandan de Nyemczycz, promittimus manu coniuncta in solidum et indivisim disbrigare ante quemque hominem et libertare et intabulare in primo placito terre, ut modus est et jus terrestre. Et hoc promittimus ad fideles manus discreto clienti Johanni dicto Kadalycze de Reczycz et Benessio de Onssow. Quod si non fecerimus et huius rei essemus negligentes, quod absit, ex tunc quicunque ex nobis per antedictos fuerit monitus mox die altera bona fide seu occasione proculmota tenemur et debemus obstagium debitum et consuetum unus cum famulo et duobus equis in civitate Daczycz, ubi per sepedictos nobis fuerit indicatum, subintrare, inde nullatenus exituri, donec omnes pecunias cum dampnis testimonii quomodocumque accrescentibus persolverimus integraliter et in toto pecunia cum parata. Elapsis autem XIIII. diebus continuis prius dicta pecunia nondum soluta, prestito ipso obstagio vel non prestito, mox sepenominati cum testi-

---

*) Wahrsch. Schreibfehler für: gadibus.

monio habent plenam potestatem antedictas pecunias inter judeos sive christianos conquirere et exbrigare super nostra omnium dampna ct quicumque presentem literam habuerit, eidem competit jus omnium premissorum. Datum et actum anno domini M⁰CCC⁰LXXVIII⁰ in festo sancti Johannis baptiste.

(Orig. Perg. mit 4 h. Sig. im mähr. Landesarchive.)

118.

Der Olmützer bischöfliche Offizial beurkundet, dass zwischen dem Pfarrer von Wilanz und Frenzlin und Henlin Schönmelzer, Bürgern von Iglau, ein Vergleich bezüglich des Waldes Hegholz zu Stande gekommen sei. Dt. Olmütz 26. Juni 1378.

Nos Sanderus vicarius et officialis curie episcopalis Olomucensis tenore presencium recognoscimus universis, quod dudum in causa vertente inter discretum virum dominum Bartholomeum plebanum in Bielans ex una ac Frenczlinum et Henlinum fratres, dictos pulcros brasiatores, cives Iglavienses parte ex altera coram nobis super sexta parte silve Hegholcz dicte, site infra fines eiusdem ville, processum fuerat usque ad sentenciam nostram diffinitivam, in qua pronuncciavimus, sextam partem eiusdem silve secundum numerum laneorum eiusdem ville, quorum idem plebanus quatuor tenuit, ad ecclesiam candem de jure pertinere, a qua sedes apostolica fuit appellata apostolique petiti et recepti; postmodum vero appellacione non prosecuta secundum terminum apostolorum declaravimus appellacionem desertam ct sentenciam per nos latam fore exequendam. Tandem predicti Bartholomeus plebanus ac Frenczlinus et Henlinus cives coram nobis comparuerunt asserentes, se super sexta parte dicte silve et expensis eius occasione coram nobis in lite factis fore et esse concordatos, ita quod Mikscho dictus Vogel civis Iglaviensis, qui dictis fratribus Frenczlino et Henlino dictam silvam Hekwald debuit libertare, ipsi plebano et ecclesie sue in Bielans, pro dicta sexta parte eiusdem silve quindecim sexagenas grossorum pragensium pro emendis et comparandis una sexagena cum media census in perpetuum pro ecclesia antedicta et tredecim sexagenis cum media grossorum eidem plebano pro expensis dare, solvere et assignare debebunt, de quibus idem plebanus ydoneam literam cauciorem recepit, quam exhibuit coram nobis. Promisit cciam idem plebanus coram nobis pro dictis quindecim sexagenis, et si non sufficerent, tantum de suo addere, quod posset emere et comparare unam sexagenam cum media sexagena perpetui census pro ecclesia sua antedicta et in eventum, quo morte preventus hoc facere non posset in testamento et pro ultima sui voluntate hoc faciendum discretis viris Petro in Luka et Nicolao in Petrowicz ecclesiarum rectoribus commisit in fideicommissum volens et desiderans, ne sua ecclesia ex hoc aliquod detrimentum pateretur, quod ipsi codem Bartholomeo mortuo dictum censum, quem ipse in vita sua emere et assignare esset paratus, emerent et assignarent. Et pecierunt eedem partes cum debita instancia, quatenus super premissis, ut fides fieri posset de eisdem in futurum, literam nostram daremus sigillo officialatus curie episcopalis Olomuc. communitam. Nos itaque Sanderus vicarius et officialis predictus ipsarum

14*

parcium peticionibus tamquam iustis annuentes et sencientes in hoc ipsi ecclesie in Bielans maiorem pervenire utilitatem servata pace, qua altissimus melius colitur, presentes literas secundum ipsarum parcium voluntatem scribi mandavimus et dicto sigillo sigillari in testimonium futurorum. Datum Olomucz die vicesima sexta mensis Junii, anno domini millesimo trecentesimo septuagesimo octavo.

(Orig. Perg. h. Sig. im Igl. Stadtarchive.)

119.

Beschwerde der Brünner Handwerker an den Stadtrath wegen der Lebensmittel-Theurung.
Dt. 26. Juli 1378.

Nota quod singuli magistri artificum omnium operum trina vice conspiracionem et congregacionem iniverunt et convenerunt ad fratres minores absque consensu iuratorum, exceptis pistoribus, carnificibus et pincernis et de diversis articulis occulte tractaverunt more inusitato. Et capitanei ipsorum protunc fuerunt, qui verbotenus proposuerunt defectus varios.

Primus articulus fuit de comestibilibus et potatilibus, per que communitas magnum patiatur defectum.

Item quod in singulis rebus venalibus preemptores et preemptrices dampnum inferant civitati.

Item quod nullus advena potum cerevisie propinet et maxime persone suspecte.

Item quod magister libre seu hospes pretorii non preemat sepum, arvinam et cetera ad libram spectancia.

Item quod nullus civis habeat libram in domo pro lana, sepo etc.

Item de precio vigilum civitatis, de curribus in domo vel curia hospiciorum non dent.

Item pecierunt, quod octo magistri operum et czecharum compareant specialiter ad consilium, cum civitas in causis quibuscunque necesse habuerit de communitate ad requisicionem iuratorum.

Item iidem capitanei communitatis obtulerunt intencionem ipsorum in scripto sub hoc tenore:

Lieben herren. Wir chumen zu ewrn gnaden und danken euch ewrs guten willen, den ir uns peweist habt. Lieben herren, so tue wir euch zu wissen, was uns armen leuten und hantwerchern an leit oder gepresten ist. Das erst ist, das wir chaines hallers noch pfenning bechomen muegen, wan wir schullen chauffen oder verchauffen umb unsir grossen und wir doch wol wissen, das haller und pfenning genug im lant gewest sein und noch sint, wiewol man die pesten darum aus gewegen hat und uns die ergisten nicht zu teil will lassen werden. Sie harren dorauf, das man sechzehn vor ein grossen ruefen schol; das mein wir nicht, das sie den dritten pfenning daran gewynnen schullen, wen si sust der armen gemein genug haben abgesprochen mit ausgewegen ballern und grossen, wen das doch in andern steten verpoten ist. Auch liben herren tue wir euch zu wissen, das wir grossen geprechen leiden von des protes wegen. Ein weil haben si zu wort, das wasser sci zu grozz, die wuer sei zuprochen, die ander weil ist das wasser zu claYn, die dritt weil ist das wasser gefroren, das yo das prot cleiner wert, und wen si chein geprechen haben, so machen si das proť nicht desder grosser. Und wisset auch liben herren, das wir dieselben leut, di pechken, di er hetten angelegt und hetten ein erbern man zu ir zwein gesant, das si schollen komen zu uns; das versmacht in und sprachen, si bieten zwen herren, den margrafen und di purger, si wolten sust zu nimant gen. Auch lieben herren, wan ein fromer armer man sendet sein weib under die fleischpench, so peut man ir das fleisch zwir als tewr, wen is wert ist. Ist das, das sic dorumb peutet, als is sci wert dunket, so handelt man sie ubel und redet ir unpilleich mit aynr wirs den der ander. Do pit wir euch um, liben herren, das ir das under stet. Auch liben herren wisset, das wir komen umb gross gelt von des pirs wegen; das machet der vorkauff, den man tuct, das cs chumt an die vird hant. In andern steten ist di gewonheit, wer das pir preut, der schencht is aus. Hie ist manig cheller, do sich manig schalch und schelkin aufhelt, den muezz wir allen die drussel füllen und auch den, di andern vorchauff treiben, von bunern, von kesen und eirn und von fischen, die doch vor mittag nicht geschehen schullen. Wen si auch auf dem marcht nicht turren*) gechauffen, so gen si vor di stat und vor di tor engegen. Und auch pit mer liben herren umb eine rechte mass, is sei an traid, an wein, an pir, an allen dingen, die man mit der mass schol hin messen, cs sei in dem leythaus oder hyn haym. Wir schullen nicht der enkelten, di durch den tag ligen in den platz-heusern, den gibt man dorinne zu essen, di ruchen nicht, wir clein man in das pir gibt, das si darinne ircn schalk getreiben moegen und warten der arbeiter; wan einer chomt, so bestricken si in, der mucs danne gelten alles des, das si vorzert und vortrunken haben den ganzen tag. Des pit wir euch, das ir das undirstet, wenne wir sein, di da mit euch stetleich sten und gestanden haben und noch stetleich bei euch pleiben welln mit leib und mit gut. Presentem literam presentaverunt juratis in crastino beati Jacobi.

(Aus dem Codex n. 38 fol. 129 im Brünner Stadtarchive.)

120.

Die Brünner Handwerker verlangen vom Stadtrathe zweimal der Woche freien Markt, am Freitag für Brot, am Samstag für Fleisch. Dt. 29. Juli 1378.

Nota quod rectores communitatis et operum mechanicorum iterum, postquam ali-quociens convenissent, congregati obtulerunt juratis feria quinta post beati Jacobi proxima aliam cedulam ipsorum intencionis per quosdam alios magistros, videlicet Nicolaus Praizins, Nicolaus aurifaber, Tribowner pellifex, Cunczo de Prosteins, Preynesel textor, Seidlinus gladiator, Cunczo Vilcz, steire renovatores. in bcc verba:

---

*) = dürfen.

Mit urlaub yr getrewr rat und ir liben herren und ein genedigen zuflucht unser
armen leute allzumol. Wenne wir uns haben bedacht und das meg wir an ewr hilf nicht
volpringen. wenne mit ewr gnad tun dorzu. Nu pit wir arm leut und ruffen euch und
geren. das ir uns genediclichen erhöret, wenn und wer sein not, wenn got wol weizz und
auch ir. das wir an zwein sachen sein gar betwungen, churcz gerett, an fleisch, an prot.
Nu beger wir kegenwortigen arm leut und di ganz gemaYn allzumol und pitten euch, ob
is mecht gesein. das ir unser redner wert kegen dem edlen fuersten? Mecht den das nicht
gesein. so ger wir kegenwortigen und di arm gemeYn allzumol ewers getrewen rats und
ewer volkumen weisheit. wenn wir anders nicht geren, wenne vreies markts in der wochen
zwir. an dem vreitag das prot und an dem sambstag das fleisch.

(Aus dem Codex n. 38 fol. 129 im Brünner Stadtarchiv.)

121.

*Konrad von Kauffung, Artleb von Bukovin, Ctibor von Cimburg etc. entscheiden den
Streit. welcher zwischen dem Oslavaner Kloster und Ratibor von Myslibořitz bezüglich
eines Hofes in Mislitz bestand. Dt. Brünn 10. August 1378.*

Wir Cunrad von Kauffung tumherr von Bresla und probst zu Opul, Artleb von
Bukowein tumherre zu Bruenne, Cztibor von Cynnburg und Albrecht von Kauffung bekennen
und tun kunt offenlich mit diesem briefe allen den, die yn sehen oder horen lezen, das wir
von gebott und geheisse des durchluchtigen fuersten und herren, herrn Jostes marggraven
zu Merbern, unsers lieben gnedigen herren, sulche stozze und czweyung, die zwischen den
ersamen und geistlichen der eptissinne und dem .. convent des closters Oslowan an eynem
teYle und herrn Ratybor von Misliborzicz an dem andern gewezen sint umb einen hoff, der
bey der kirchen in dem dorff Mislabs gelegen ist und umb etzleich getreide zehent in
demselben dorff ueberhoert und noch ir beyder wille und willekuer also freuntlichen vorrichtet und vorsuenet haben in sulcher weise, das fuerbasmer der egenannt hoff also blosser,
als verre und als weit desselben hofes marken umbfangen haben, zu dem egenannten closter
Oslowan ewiclichen gehoren sol und dorzu der egenannt her Ratybor noch sein erben oder
nachkomen kein recht mer haben sullen oder ansprach. Es sol auch der egenannt her
Ratybor, sein erben und nachkomen ewiclichen von den eckern, die vormals zu dem
egenannten hoff gehort haben, den obgenannten der eptissinne und dem .. convent ewiclichen alle jerlichen geben und reichen acht mutte getreides, vier mutte weyzes und vier
mutte habern und die sullen alleierlichen ynnewendig acht tagen sant Michels tag unvorzogenlichen geben werden. Auch sol der egenannt her Ratybor, sein erben und nachkomen
von sulchen iren eckern, die sie selber bawen zu dem dorff Mislabs, den obgenannten der
.. eptissinne und dem .. convent ganzen und vollen getreide zehent gebn und sol yn den
ussstecken lassen uff dem velde, als gewonlich ist. Denselben zehent muegen die egenannten
die .. eptissinne und das convent mit irer eigen fur bestellen, ynne zufueren an alles hinder-

nuesse. Und zu dem stro und den sprewen, das do gefellet von demselben zehent, sol nymands recht haben, wenn sic selber. Und zu bekentnuesse, gezuknuesse und merer sicherheit aller obgeschriben sachen so hat der egenannt unser gnediger berre marggraff Jost sein ingesigel und auch wir durch bete willen des egenannten berrn Ratybor unser ingesigel gehangen an diesen brieff. Und ich Ratybor von Misliborzicz bekenne und tun kunt offenlich mit discm briefe, das alle obgeschriben teyding und freuntliche richtigung mit meinem willen und wissen gescheen sint und gelob fuer mich, mein erben und nachkomen ewiclichen in guten trwen an alles geverde, das wir alle obgeschriben sachen von worte zu worte in allen iren meynungen, sinnen, puncten und artikeln, als sic in diesem briff geschriben steen, genzlichen und unzubrochen halten und volfueren wollen und sullen und dowider nimmer tun ewicklichen in dheynen seinen stucken. Des zu einer merer sicherheit und ewiger behaltnuesse aller obgeschriben sachen hab ich auch mein ingesigel an disen briff gehenget, der geben ist zu Bruenne noch Cristi gepurt dreyzehn hundert jar, dornoch in dem achtundsibenzigsten jar an sant Lorenzen tag.

(Orig. Perg. 5 h. Sig. — das markg. Sigel abgerissen — im mähr. Land. Archive.)

122.

Der Iglauer Stadtrath bekennt, dass die Wittwe Elisabeth Melzer einen Zins in Birnbaumhof gekauft habe. Dt. Iglau 10. August 1378.

Nos Johannes judex, Waltherus Newrenberger prolunc magister civium, Nicol Gleym. Henslinus Schellinpecher, Perigrinus Henslinus murator, Hamannus Tirmanni, Henslinus textor. Heynlinus Vilgeb ceterique jurati cives civitatis Iglavie tenoro presencium recognoscimus universi, quod honesta matrona videlicet Elizabeth relicta quondam Ditlini Melczer pie memorie nobis concivis duas sexagenas census grossorum pragensium denariorum perpetui ct hereditarii super curia et agris ac hereditatibus omnibus in Pirpawmhof emit a honestis viris videlicet Jeklino Holcz ct Isaak judeo, filio quondam Baroch judei, rite ct racionabiliter comparavit pecunia pro parata, quem censum perpetuum ct hereditarium Mertlinus colonus quondam Mixonis Vogl ct sui heredes vel dicte curie Pirpawmhof possessores ipsi Elizabeth vel suo legittimo procuratori singulis annis duobus in terminis de hereditatibus suprascriptis, videlicet unam sexagenam census in festo sancti Michalis proxime nunc venturo ct aliam sexagenam census grossorum pragensium denariorum in festo sancti Georgii deinde statim sccuturo et sic deinceps singulis annis perpetue ct hereditario censuare omni eo jure debet, prout veri censualium census requirit juris ordo. Potest autem supradicta Elizabeth sola vel cum adiutorio quorumcunque singulis terminis pro censu suo neglecto inpignorare pignoraque vendere vel obligare usque ad plenariam videlicet census neglecti et expensarum desuper contractarum ct dampnorum omnium inde perceptorum solucionem integralem, quod dictus Mertlinus colonus cum suis heredibus nunquam debet reclamare data fide insuper. Et qui presentem de bona voluntate ipsius Elizabeth legittime habuerit literam, eidem competit jus omnium premissorum ipsique tenebuntur singula suprascripta integraliter adimpleri. In cuius rei testimonium et robur obtinendum sigillum nostre civitatis Iglavie supradicto ad instantissimas preces parcium utrarumque de certa nostra sciencia presentibus est appensum. Datum anno domini millesimo trecentesimo septuagesimo octavo tercia feria proxima post festum sancti Procopii confessoris.

(Orig. Perg. h. Sig. im Igl. Stadtarchive.)

123.

Puta von Wildenberg verkauft seine Güter Dolein und Toweř dem Leitomyšler Bischofe Albert von Sternberg. Dt. Sternberg 22. August 1378.

Nos Potha de Willmberg alias de Losticz notumfacimus tenore presencium universis. Quod matura deliberacione et amicorum nostrorum sano consilio prehabitis bona nostra scilicet Dolany et Thowierz, quidquid ibidem habere dinoscimur, cum araturis, agris cultis et incultis, pratis, pascuis, silvis, montibus, vallibus, venacionibus, aucupacionibus, aquis, aquarumve decursibus, piscinis, fluminibus, rivulis, viis, semitis, accessibus et regressibus, cum greniciis, limitibus et terminis ac cum pleno jure et dominio specialiter jurepatronatus incluso, cum omnibus juribus et jurisdiccionibus, cum libertatibus et universitatibus, cum hominibus et incolis, cum censibus et aliis solucionibus et generaliter cum omnibus ipsorum pertinenciis intra et extra ad eadem bona spectantibus, in quibuscunque rebus consistant aut quibuscunque censeantur nominibus, juris aut proprietatis in eisdem bonis nichil penitus nobis reservantes, vendidimus reverendo in Christo patri domino Alberto Luthomislensi episcopo et honorabilibus viris et dominis Petro de Rosemberg, preposito Regie Aule Prage ad omnes sanctos, et Sazeme de Usk preposito Tinensi et presentibus vendimus pro septingentis septuaginta quatuor marcis grossorum denariorum monete pragensis. Nos igitur Potha de Willmberg prenominatus, Benessius et Proczko de Willmberg alias de Buzaw, Potha de Holenstain alias de Wzdunka, Wocko de Holenstein, Pavliko de Ewlenburg alias de Sowienecz et Suliko de Konicz cum ipso et pro ipso compromissores promittimus omnes in solidum manu nostra coniuncta, nostra sincera fide absque omni fraude et dolo eadem bona cum ipsorum omnibus pertinenciis iam expressis ab omni impeticione et impedimentis jure terre Moravie libertare et exbrigare, ac eciam in primo colloquio dominorum, cum tabule terre Moravie apperte fuerint, dicta bona cum ipsorum singulis pertinenciis domino Alberto episcopo, dominis Petro et Sazeme memoratis intabulare promittimus qualibet difficultate procul mota. Quod si aliquid in toto vel in parte non fecerimus, quod absit, statim quatuor ex nobis per prefatos moniti in civitatem Stermberg prope Olomucz, quilibet loco sui unum honestum clientem militaris status et condicionis cum uno famulo et duobus equis ad prestandum verum obstagium in domo honesti hospitis nobis deputata promittimus sine omni dilacione mittere et locare, abinde per nullum modum exituri, donec ante omnia prenominata bona cum ipsorum singulis et omnibus pertinenciis jure terre Moravie fuerint libertata et ab omni impeticione disbrigata et quousque omnia dampna proinde per nunccios, raysas et alias vias contracta, que racionabiliter possent demonstrari, plene per nos ipsis domino Alberto episcopo, Petro et Sazeme dominis predictis fuerint persoluta. Eo specialiter adiecto, quod nos omnes prenominati in solidum promittimus sepefata bona cum omnibus et singulis eorum pertinenciis ab excussione, que dicitur in vulgari Sutye eciam libertare. Quod si eadem bona ab excussione non libertaverimus, mox infra quatuor septimanas a monicione nobis facta immediate sequentes promittimus et tenemur mille marcas grossorum predictorum moravici veri pagamenti domino Alberto episcopo ac eciam Petro et Sazeme prefatis dare, solvere et assignare pecunia cum parata. Quod si non fecerimus, quod absit, extunc quatuor iterum ex nobis per eos moniti promittimus in civitate Stermberg quilibet loco sui unum honestum clientem status militaris cum uno famulo et duobus equis ad prestandum verum obstagium codem modo mittere, ut prefertur. In quo obstagio si quatuordecim diebus manserint, dictis mille marcis grossorum nondum persolutis, statim ipsi dominus Albertus episcopus, Petrus et Sazema prefati habent et habere debent plenam et omnimodam potestatem, dictas mille marcas grossorum conquirere inter judeos et christianos nostra omnium super dampna, a predicto obstagio eciam nullo modo exituri, donec mille marce grossorum cum omnibus et singulis dampnis quocunque modo contractis, que tamen racionabiliter possent demonstrari, plene per nos fuerint date et solute. Insuper omnia premissa et superius contenta promittimus omnes in solidum ad manus nobilium dominorum Johannis de Stermberg alias de Lucaw et Benessii de Cravar alias de Crunaw tenere rata et grata ac inviolabiliter in omnibus suis sentenciis observare. In cuius rei testimonium sigilla nostra propria de certa nostra sciencia presentibus sunt appensa. Actum et datum Stermberg anno domini millesimo trecentesimo septuagesimo octavo dominico die infra octavas assumpcionis beate Marie semper virginis.

(Orig. Perg. 7 h. Sig. im mähr. Land. Archive. — In dorso von gleichzeitiger Hand: Litere super empcione villarum Dolan et Tbowirz, que sonat ad manum dominorum Johannis de Luckaw et Benessii de Chrumnaw. — Von den Sigeln enthält das erste und zweite das Wildenbergsche Wappen vollständig, das dritte nur die Helmzier, das vierte und fünfte das Holsteinsche Wappen: doppelt getheilter Schild, im linken Feld drei Querbalken, oberhalb der Helmdecke zwei Hörner, das sechste ist beschädigt; das siebente, des Sul. v. Konitz, hat im Schilde eine dreischartige Mauerzinne, aus der mittleren Scharte erhebt sich der Obertheil eines die zwei vorderen Pranken nach rechts ausstreckenden Löwen, während das Ende des Schweifes aus der dritten Scharte in die Höhe gestreckt ist.)

124.

Johann von Kralitz verkauft dem Oslawaner Kloster einen Grundbesitz in Treskowitz. Dt. Oslawan 1. September 1378.

Ich Jesko von Grelicz, Ofka mein hausvraw und allew unser gerben tuen chunt offenbar mit disem prief allen leyten, daz wir mit wolbedachtem mut und mit gutem rat

15

aller unser vreunt und auch mit gunst dez edeln fursten, hern Jostes markgraven und herren zu Merbern. unsers genedigen herren. in dem dorf zu Dreskwicz, gelegen pey dem dorf. das do haisset Yricz. neunthalb leben und vier hofstet und zwen echer, die do zinsen rechtes erbes zins allew jar jerichleich zehen mark an ein virdung grosser prager phenning merherisser (sic) zal und berung, mit den holden und mit allem, das dar zu gehert und auch gemeindleich mit allem rechtem und nutzen und hersczhaft (sic), als wir si unz daher gehabt haben und bezessen, umb dreizchen und hundert mark guter grosser der vorgenannten zal und phenning und auch vorchaufen, auf geben und leihen mit disem prief zu rechtem erb den geistleichen junkvrawen . . Annan der eptissin und dem ganzen convent des chlosters zu Ossla zu haben, zu halden, zu nutzen, zu versetzen, zu vorchaufen vridleich und ebichleich zu besitzen. Und geloben in und mit sant (sic) ins (sic) die erbern leyt und herren, her Haynreich von Lobezicz und der vest ritter her Jyngram von Jacobaw, her Jan von Herolticz. her Czyrnyn von Otradicz mit gesanter (sic) hant unvorschaydikleychen pey unsern guten trewen an cides stat. die vorgenanten gucter zu vreien und zu beschirmen vor allen anspruchen und abschulen. von wem das wer oder wie das geschech, uber drew jar nach landez recht und gebonhayt zu Merhern und entwerren und sew in vrydleycher besytzung der egenannten gyter hetmen und hayen. Tet wir des alles nicht, als vorgeschriben stet. welch zwen dan under uns von in werden darumme gemant, die schellen leisten zu hant mit zwayn chnechten und mit vier pferten zu Brynne in die stat in ein ersam gasthaus. wo in wirt hin gebeyst und do leisten alz inligens recht ist, und nich aus chumen pey iren guten trewen an der vorgenanten geistleichen junkvrawen willen. Und wan wir vierzehen tag leisten, wir leisten oder nicht, so schol mit vollem gehalt der haupman zu Merhern, wer die weil ist, uns und allew unser gueter aufhalden und phenden, bo er uns oder sie vindet in Merhernlant oder auser lant, sie seyn varund oder unvarund, mit unserm gutem willen alzo lang, unz das ez alles volpracht werde, was dieser prief saget und allew die scheden, die sie do von emphahen und redleichen werden beweist, in werden widerchert von uns und von allen unsern gerben. Und des zu einer guten gewissen geb wir in disen offen prief vorsigelt mit unsern aygen anhangunden insigeln. Dez zeug sein die erbern vesten ritter und herren, her Beczmyl von Grelycz, her Cznet und her Bernusch pfarrer von Rossycz, her Matusch von Sczywyrnik, her Adam pfarrer von Jamolycz, die weil probst zu Ossla und her Nyclas pharrer zu Ossla. Der prief ist gegeben nach Cristes gepurd in dem chloster zu Ossla nach dreyzehenhundert jaren in dem acht und sybenzkisten jar an sant Gyligen des heiligen peichtigers tag.

(Orig. Perg. 5 h. Sig. im mähr. Land. Archive.)

125.

Vergleich zwischen Ebrusch von Bukowitz und dem Tischnowitzer Kloster bezüglich eines Hofes in Schackwitz. Dt. 21. September 1378.

In nomine domini amen. Ego Ebruschus dictus de Bucowicz et una mecmn conthoralis mea Dorothea heredesque nostri tenore presencium scire volumus universos. Quod venerande religionis domina, domina Agnes abbatissa et conventus monasterii Porte celi in Thusnowicz quemdam (sic) curiam colonariam in villa Schechwicz sitam cum omnibus et singulis suis pertinenciis nobis in solidum racione cuiusdam concordie inter nos et ipsas facte rite contulerunt perpetue et jure emphytetico sub censu et condicionibus subscriptis possidendam et tenendam prout in literis desuper datis et confectis cautum extitit ad plenum, quarum tenor per omnia sonat in hec verba:

In nomine domini amen. Nos Agnes divina miseracione abbatissa, Anna priorissa, Margaretha suppriorissa, Winczka celeraria totusque conventus monasterii Porte celi in Thusnowicz, ordinis cisterciensis, olomucensis diocesis scire volumus tenore presencium universos. Quod quedam materia dissensionis racione cuiusdam curie nostre site in villa nostra Schechwicz inter nos ab una et honestum Ebruschum et progenitores eius multis annis vertebatur parte ex altera et ne huiusmodi dissensio in controversias traheretur ampliores temporibus profuturis, habito super eo inter nos consilio maturo placuit et videbatur nobis expedire, concordiam et ordinacionem cum predicto Ebruscho inire et facere in hunc modum. Videlicet quod dictam curiam cum agris suis cultis et incultis, singulis suis pertinenciis et appendiciis, utilitatibus, fructibus, proventibus, singulis quoque obvencionibus expressis sive non expressis, in quibuscunque rebus consistant aut quocunque nomine censeantur, prout in suis gadibus et limitibus distincta extitit, silvis tamen, scilicet Skurony et Mocre nominatis, molendino, medio laneo cum tribus areis ac aliis singulis olim ab eadem . . . . . notabiliter venditis signanter exclusis prefato Ebruscho, conthorali sue Dorothee, heredibus ac successoribus eorum legittimis contulimus . . . . . . collatam et resignatam tradimus et condescendimus tenendam et utifruendam iure emphitetico perpetue et pacifice possidendam. Ita tamen, quod singulis annis nobis et monasterio predicto unum modium tritici et totidem avene in festo sancti Michaelis debebunt et tenebuntur censuare et ad monasterium nostrum iam dictum qualibet sine dilacione presentare. Eciam quando et quociens steura generalis protunc principis terre Moravie, que vulgo berna dicitur, edicta recipietur, mox dicte curie possessores novem lotos grossorum pragensium moravici numeri nomine et vice berne predicte in omnes et singulos eventus, quemadmodum unus laneus in villa nostra Strazzow nobis ad expediendum ultimus cum summa nostra debita berne eiusdem tenebuntur dare et persolvere protraccione et contradiccione quibuslibet proculmotis. Nichilominus adicientes, quod sepe dicte curie possessores de silvis, molendino et medio laneo cum areis ac aliis quibuscunque venditis, ut premittitur, licet ab antiquo ad prefatam curiam spectaverunt, impeticionem neque mencionem ullam in parte vel in toto deinceps unquam quovismodo facient nec in futurum

15*

quavis cautela sive ingenio fieri procurent, sed omnes et singulae dissensiones predicto ordinacionibus prehabitis plenarie mmc et in evum irrevocabiliter subiacebunt. Ut autem omnia et singula suprascripta robur obtineant perpetue firmitatis presentes etc.

Nos vero predicto curie possessores omnia et singula prescripta in omnibus suis punctis et clausulis modo quovis expressis et habitis approbamus et ratificamus penitus et in toto ipsa quoque virtute presencium sub refusione quorumlibet dampnorum inde notabiliter contractorum promittimus inviolabiliter observari. Sub harum quibus meo Ebruschi predicti et nobilis viri domini Jesconis Puscze ac honestorum videlicet Mixonis de Lompnicz et Woythe de Schechwicz instanter in testimonium nocius rogatorum sigillis presentes dedimus roborari. Datum et actum anno domini M°CCC°LXXVIII° in die sancti Mathei apostoli.

(Orig. Perg. 3 h. Sig. abgerissen, im mähr. Land. Archive.)

126.

Die Stadt Pohrlitz bekennt, dem Markgrafen Jodok achtzig Mark weniger dreiunddreissig Groschen schuldig zu sein. Dt. Pohrlitz 22. September 1378.

Nos iudex juratique civitatis in Pohorlicz universis et singulis tenore presencium recognoscimus publice profitentes, quod in solidum obligamur riteque racionabiliter persolvere debemus generoso principi gracioso domino nostro Judoco marchioni Moravio, post eum discretis viris Sulconi de Rotendorff et Philippo de Furstenberg predicti domini nostri marscalco, vel qui nos cum presentibus monuerit, octuaginta marcas minus triginta tribus grossis pragenses moravici numeri et pagamenti, quos super festum sancti Georii proximum absque omni dilacione persolvendo presentare debemus. Quod si non fecerimus moniti vel non moniti, quod absit, extunc omne dampnum inde exortum probabile non eis sed nobis forestum dinoscatur fideliter per nos reformandum, quod promittimus sub fidei nostre puritate ac honoris constancia. Ob cuius certificacionem rei approbandum sigillo nostre civitatis duximus appendendum. Datum in Pohorlicz anno domini M°CCC°LXXVIII° feria quarta proxima post diem sancti Mathei apostoli et evangeliste.

(Orig. Perg. h. Sig. im mähr. Landesarchive.)

127.

Pano, Bischof von Polignano, enthebt den Olm. Kanonikus Hermann von Nakel von der Würde eines Untercollectors der päbstlichen Steuer. Dt. Prag 7. Oktober 1378.

Universis et singulis presentes literas visuris et audituris Pano dei gracia episcopus Polignanensis, apostolice sedis nunccius salutem in domino sempiternam. Universitate vestre notum facimus per presentes, quod honorabilis vir dominus Wenczeslaus canonicus ecclesie sancti Petri Wissegradensis, procurator et procuratorio nomine discreti viri domini Hermanni de Nakls, Wratislaviensis et Olomucensis ecclesiarum canonici, olim subcollectoris camere apostolice in diocesi Olomucensi, prout de sue procuracionis ex mandato nobis plenam fidem fecit, coram nobis comparuit Prage in hospicio habitacionis nostre et satisfaciendo termino, dicto domino Hermanno principali suo alias per nos prefixo, litteras apostolicas sigillo honorabilis viri domini Johannis decani sancti Appolinaris, ut asseruit, sigillatas, vigore quarum subcollector in diocesi Olomucensi predicta erat substitutus, quittacionum cedulas et unum instrumentum, prout prima facie apparebat, publicum tale, finale et universale, quittacionem de omnibus receptis per dictum dominum Hermannum durante officio sue subcollectorie resignacionem eiusdem predictum Hermannum .... missionem ipsius resignacionis per ipsum dominum Johannem decanum et collectorem principalem prelibatum factas, continentes exhibuit et produxit, petens se nomine quo supra ab huiusmodi instancia relaxare et absolvi. Nos vero visis et perlectis huiusmodi litteris substitucionis, quittacionum cedulis et instrumento predictis, peticionibus dicti Wenceslai procuratoris procuratorio nomine quo supra inclinati ipsum Wenceslaum nomine quo supra ac ipsum dominum Hermannum principalem suum ab huiusmodi instancia auctoritate apostolica nobis in hac parte commissa relaxamus ac absolvimus per presentes. In cuius rei testimonium sigillum nostrum duximus presentibus apponendum. Datum Prage quo supra anno domini millesimo CCC⁰ septuagesimo VIII⁰ die Jovis VII. Octobris.

(Aus der Vidimationsurkunde des Olm. Offizials Wilhelm Kortelangen ddo. 8. April 1406.)

128.

K. Karl IV. erkläret, dass dem Markgrafen Jodok zur Bezahlung der grossen königlichen Schulden, die er für den Prager Bürger H. Kaphan verschrieben hat, das Gut Mochov und das Dorf Sedlčany abgetreten wurde. Dt. Prag 21. Oktober 1378.

Wir Karl von gotes gnaden romischer keyser zu allen zeiten merer des reichs und kunig zu Beheim bekennen und tun kunt offenlichen mit diesem brieve allen den, die yn sehen oder horen lesen. Wann dem hochgebornen Josten marggraven zu Merhern unserm lieben vettern und fursten zu widerstatungen und bezalungen kuntlicher und grosser schulde, die er vor Hanken Kaphan, burger zu Prage, unsern lieben getrewen von wegen des gutes Mochow und seyner zugehorungen und ouch sust andrer schulde und gelubde schuldig ist und vorschriben hat, zu gelten Mochow das gut und das dorf Sedlczani mit dem hove daselbest, in prager kreysse gelegen, mit allen iren gulten, nuzzen, renten, zinsen und zugehorungen nichtes ausgenomen ledichlichen yngeantwortet und abgetreten ist und er ouch des in nuczlicher und rwelicher gewere ist und wenn ouch wir billichen vorsorgen und daruff bedacht sein, das der egenant unser lieber vetter marggraff Jost, seyne erben und nachkomen in sulicher sachen vorsichert und daran vor kumftigen schaden bewaret werden, so verre die egenanten guter und alle ire zugehorungen gereychen mugen davon mit wolbedachtem mute, rechter wissen und kuniglicher macht zu Beheim declariren, lewtern, sezzen, meynen und wollen wir das Mochow das egenant gut mit dem hove daselbest, das dorff Sedlczany mit dem hove daselbest und mit allen und iglichen iren gulten, nuzzen, zugehorungen und habe varender und ligender nichtes usgenomen, des egenanten unsers lieben vettern marggraven Jostes seyn und beleyben sullen und ouch, daz er, seyne erben und nachkomen als rechte erbliche besizzer solcher guter und irer zugehorungen sullen und mugen die in iren nuzz und fromen keren und wenden und ouch die vorkauffen, vorwechseln, vorsezzen, vorweysen, bescheyden, vorgeben und sust mit yn tun und lassen ane hindernusse, wye yn das allerbeste fugen wirdet, ane des egenanten Hanken Kaphans, seyner erben und ane allermeniclichs hindernusse. Und vorbasmer sezzen, declariren und wollen wir von kuniglicher macht zu Beheim, wer es sache, das der egenant Hanke Kaphan yemanden anders ichtes vorschriben, vorlobet, bescheyden, vorgeben oder beweyset hette uff den egenanten gutern zu Mochow, Sedlczani oder uff iren renten, nuzzen, gulten, zinsen oder zugehorungen, oder ob yemant anders, von welicherley sachen das were, ansprache darzu hette, die dem vorgenanten unserm lieben vettern marggraff Jost, seinen erben oder nachkomen oder yemand von seynen oder iren wegen hinderlichen oder schedlichen weren oder in kumftigen zeiten sein mochten in dheyneweis, allerley sulche gelubde, bescheydungen, beweysungen, gabe und brieve, welicherley die sein mugen, so verre sie unsern egenanten vettern, seyne erben und nachkomen oder yemand von iren wegen anruren und schaden brengen mugen, sullen ane macht untouglichen und unkrefftig sein und sullen demselben unserm vettern, seynen erben und nachkomen und allermeniclichen von iren wegen keynerley hindernusse oder irresal brengen in dheyneweis. Und darumb gebieten wir allen burggraven, lantschreybern, ampitleuten, czudern uhrzedniken, poprawczen, richtern und schepfen der stette un allen andern, in welicherley adel, eren, wirden oder wesen sie seyn, unsern und des kunigreichs zu Beheim lieben getrewen ensticlichen und vesticlichen bey unsern hulden, das sie wider diese gegenwortige unser kuniglichen lewterungen, gesezze und brieve von wegen der egenanten guter Mochow, Sedlczany irer hove, renten, gulten, nuzzen und aller irer zugehorungen den egenanten unsern lieben vetter marggraff Jost seyne erben und nachkomen noch yemand von iren wegen mit dheynerley lantgerichte oder statgerichte anteydingen, ansprechen, bekummern, hindern noch irren sullen in dheyneweis, sunder sie damite lassen geruelichen tun und schaffen iren fromen und nuzz gleich andern iren erblichen gutern. Und wer es sache, das dheyn unsers kunigreichs zu Beheim lantschreyber, czuder, uhrziednike, poprawcze, burggraff, amptman, richter, schepfe oder sust yemand anders, in welicherley adel, eren, wirden oder wesen der were, von wegen der egenanten guter oder irer zugehorungen icht getan hette oder tete wider diese obgenant unser kuniglich lewterung, gesezze und brieve, das sol alles gar und zumale unkrefftig und untouglich sein und in lantgerichte oder statgerichte unsers kunigreichs zu Beheim dem egenanten unserm lieben vettern marggraff Josten seynen erben und nachkomen und allermeniclichen von seynen und irer wegen an dheyner stat ynwendig oder usswendig gerichtes keynerley vorlust, hindernusse, irrungen oder schaden bringen in dheynerweis. Mit urkunt dicz briefs vorsigelt mit unser keyserlicher maiestat ingesigel, der geben ist zu Prage nach

Crists geburt dreyzenhundert jar darnach in dem achtundsibenzigisten jare an der heyligen eylf tusent meyde tage, unsrer reiche in dem dreyunddreissigsten und des keysertums in dem vyerundzwenzigsten jaren.

(Auf der Plicatur: De mandato domini imperatoris Nicolaus Cameric. prepositus. — In dorso: R. Wilhelmus Kortelangen. — Orig. Perg. mit auf Perg. Streifen h. Sig. im mähr. Landesarchive.)

129.

Jodok, Markgraf von Mähren, bestättiget der Stadt Olmütz alle früheren Privilegien.
Dt. Olmütz 8. November 1378.

In nomine domini Amen. Jodocus dei gracia marchio et dominus Moravie. Cum universis subditis et fidelibus nostris signum munifice liberalitatis digne arbitramur ostendere, maxime hiis, in quibus fidelitatem atque constanciam probavimus, exaudicionis aperiatur ianua et suis racionabilibus desideriis consensus facilis prebeatur. Oblata siquidem nobis pro parte . . judicis . . magistricivium et . . scabinorum civitatis Olomucensis fidelium nostrorum dilectorum supplex peticio continebat, ut privilegia, litteras, libertates, jura, emmunitates, indulta, consuetudines ipsis et civitati Olomucensi predicte concessa et concessas, servata et servatas, innovare, ratificare, approbare, et confirmare graciosius dignaremur. Nos igitur eorundem . . judicis . . magistricivium et . . scabinorum precibus velud iustis et racionabilibus favorabiliter inclinati universa et singula privilegia, literas, libertates, jura, emmunitates, indulta per felicis recordacionis reges Boemie et marchiones Moravie predecessores nostros prefate civitati concessas et datas, necnon approbatas atque laudabiles consuetudines apud eandem civitatem Olomucensem hactenus observatas in toto et in parte sui qualibet ratificamus, innovamus, approbamus et presentis scripti patrocinio confirmamus. Quare universis et singulis baronibus, nobilibus, proceribus, militibus, clientibus et aliis nostris fidelibus, quibuscunque vocentur nominibus, cuiuscunque etatis, dignitatis vel condicionis existant presentibus et futuris precipimus firmiter et districte, quatenus civitatem Olomucensem predictam et eius incolas in privilegiis, litteris, libertatibus, juribus, emmunitatibus et indultis ceterisque antedictis consuetudinibus laudabilibus libere frui et pacifice gaudere permittant et eos contra hoc in nullo prorsus impediant, vel consenciant per quempiam impediri, sed in eisdem ipsos manuteneant efficaciter et defendant. Nulli ergo hominum liceat hanc nostre ratificacionis, innovacionis, approbacionis et confirmacionis paginam infringere, aut ei quovis ausu temerario contraire sub pena indignacionis nostre gravissime, quam qui secus fecerit, tocies quocies contrafactum fuerit, se noverit irremissibiliter incurrisse. Presencium sub appenso nostro maiori sigillo testimonio litterarum. Datum Olomuncz anno domini millesimo trecentesimo septuagesimo octavo feria secunda proxima ante diem sancti Martini.

(Auf der Plicatur: Ad mandatum domini marchionis Nicolaus prothonotarius. — Orig. Perg. h. Reitersigel im Olmützer Stadtarchive.)

130.

Jodok, Markgraf von Mähren, gestattet den Olmützern die Erbauung eines Rathhauses und dabei eines Kaufhauses, in dessen Abtheilungen die Tuchscheerer, Tuchmacher und andere Handwerker ihre Erzeugnisse verkaufen dürfen, so dass der Verkauf derselben an Markt-tagen ausserhalb dieser Abtheilungen nicht gestattet wird.

Dt. Olmütz 8. November 1378.

Jodocus dei gracia marchio et dominus Moravie, notumfacimus tenore presencium universis. Et si pro ampliandis subditorum et fidelium nostrorum utilitatibus dignis quidem innitimur favoribus, ad hoc provida nos allicit circumspeccio, que habena regitur racionis. Hinc est quod de fidelium nostrorum . . judicis . . scabinorum et juratorum necnon tocius comunitatis civitatis Olomucensis fiducialem presumpcionem gerentes, quorum sollercia pro utilitate, comodo et honore eiusdem civitatis laborare non cessat frequenca indefessa, nos eorundem intuitu favemus et virtute presencium indulgemus ex gracia speciali, ut prefati cives nostri in civitate Olomucensi predicta unum pretorium edificare, construere et licite erigere valeant, prout ipsis conveniencius videbitur expedire. Et ut eiusdem civitatis nostre condicio fructuosum videatur incrementum recipere, indulgemus eciam, quod ipsi cives nostri predicti unum theatrum, quod wlgariter kauffhaus nuncupatur, pretorio suo contiguare, edificare et construere possint et valeant, in quo theatro ipsis liceat facere staciones, in quibus pannicide, pannifices, pellifices, sutores, cerdones et alia mercatorum genera diebus forensibus res suas vendere et non alibi sint astricti, ita quod talis census, qui de huius-modi stacionibus evenire poterit, ad ipsam civitatem et eius cives inantea perpetuo pertinere debeat et spectare. Presencium sub appenso nostro maiori sigillo testimonio litterarum. Datum Olomucz anno domini millesimo trecentesimo septuagesimo octavo, feria secunda proxima ante diem sancti Martini.

(Auf der Plicatur: Ad mandatum dom. Marchionis Nicolaus Prothonotarius. — Orig. Perg. h. Reitersigel im Olmützer Stadtarchive.)

131.

Johann, Bischof von Olmütz, bestimmt, dass der Pfarrer in Pustiměř an kirchlichen Steuern nur die auf acht Mark entfallende Rate zu zahlen habe.

Dt. Meilitz 22. November 1378.

Dei et apostolice sedis gracia Olomucensis episcopus Johannes tenore presencium recognoscimus universis. Quod cum pluries ad nostri audienciam fuerit deductum, ecclesiam sancti Jacobi parochialem in Pustmir cum omnibus iuribus suis et pertinenciis universis in monasterium sanctimonialium in Pustmir, religionis et ordinis sancti Benedicti, sub nomine ad infanciam salvatoris fore et esse erectam, constitutam et sublimatam, ac vicarium perpetuum eiusdem ecclesie sancti Jacobi, qui congruam porcionem sibi assignatam dumtaxat habere dinoscitur, in solucionibus et contribucionibus decime papalis, nunciorum sedis apostolice, archiepiscoporum, episcoporum, archidiaconorum et aliorum onerum pro tempore incumbencium, taxari, induci et compelli ad dandum, solvendum et assignandum totalem et integram summam sibi impositam secundum tenorem registrorum antiquorum, prout dare et solvere consuevit ante ereccionem monasterii predicti, quando eadem ecclesia sua jura et proventus et utilitates universa simul et plene tenuit et possedit: nos volentes huic morbo congruam adhibere medelam, ne idem vicarius perpetuus gravari valeat ultra id, quod consonum fuerit equitati, presentibus decernimus et declaramus, quod perpetuus vicarius eiusdem ecclesie pro tempore existens in solucionibus et contribucionibus onerum predictorum, quocies et quando ea imponi contigerit, de octo marcis grossorum pragensium, ad quos se fructus dicte ecclesie extendunt, prout sumus bene informati, pro rata sibi imposita et ipsum contingente, solvere debeat perpetuo temporibus affuturis. In quorum testimonium sigillum nostrum maius presentibus est appensum. Datum et actum in castro nostro Maylicz anno domini millesimo trecentesimo septuagesimo octavo, ipso die sancte Cecilie virginis gloriose.

(Orig. Perg. h. Sig. im fürsterzb. Archive in Kremsier.)

132.

Pabst Urban VI. verleiht dem Abte des Klosters Hradisch, Terward, und seinen Nach-folgern, das Recht der Pontificalien. Dt. Rom 20. December 1378.

Urbanus episcopus servus servorum dei dilectis filiis Terwardo abbati et conventui monasterii Gradicensis prope Olomucz premonstratensis ordinis salutem et apostolicam bene-diccionem. Exposcit vestre devocionis sinceritas et religionis promovetur honestas, ut monasterium vestrum dignis honoribus attollamus. Exhibita siquidem nobis pro parte vestra peticio continebat, quod dudum felicis recordacionis Gregorius papa undecimus predecessor noster ad inclyte memorie Caroli Romanorum imperatoris et Bohemie regis semper Augusti instanciam tibi graciose concesserit, ut tu fili abbas, quam diu vitam duxeris in humanis, mitra, sandaliis et aliis pontificalibus insigniis uti possis. Nos itaque volentes prefatum monasterium amplius honorare, vestris in hac parte supplicacionibus inclinati, ut successores tui, fili abbas, abbates ipsius monasterii, qui erunt pro tempore, mitra, annulo, sandaliis et aliis pontificalibus insigniis libere in dicto monasterio duntaxat uti necnon in eodem mona-sterio benediccionem solennem post missarum, vesperarum et matutinarum solennia, dummodo in benediccione huiusmodi aliquis antistes vel apostolice sedis legatus presens non fuerit, elargiri possint, felicis recordacionis Alexandri pape quarti predecessoris nostri, que incipit: abbates et aliis quibuscunque constitucionibus apostolicis in contrarium editis nequaquam obstantibus, eisdem successoribus tuis auctoritate apostolica de speciali gracia tenore pre-sencium indulgemus. Nulli ergo omnino hominum liceat hanc paginam nostre concessionis

16

infringere vel ei ausu temerario contraire. Si quis autem hoc attentare presumpserit indignacionem omnipotentis dei et beatorum Petri et Pauli apostolorum eius se noverit incursurum. Datum Rome apud s. Mariam trans Tyberim XIII. Kalendas Januarii pontificatus nostri anno primo.

(Annales Gradicenses fol. 153.)

133.

Der Leitomyšler Bischof Albert von Sternberg gründet die Karthause bei Leitomyšl.
Dt. Třeka 24. Dezember 1378.

Nos Albertus dei gracia Luthomislensis episcopus ac dominus in Sternberg ad perpetuam rei memoriam notumfacimus universis. Quod divina nobis inspirante gracia iusto et recto examine comperimus, quanta huius seculi sit vanitas, qua in buius vite labilis stadio sub incertis momentis naufragium prestolantes occupamur in tantum eciam, ut nulla spes sit salutis, nisi miserator ille clementissimus de multitudine sue misericordie ad portum per grata virtutum opera nos reducat salutarem. Sed quia proch dolor fragilitas nostra illecebrosis corrupta contagiis non sufficit veniam omnipotentis consequi pro delictis perpetratis, vel de buius mundi labentis naufragio liberari, nisi nostrorum cooratorum, quos totis viribus desideramus habere, et presertim virorum religiosorum sacri ordinis Carthusiensis, qui pre ceteris omnino a terrenis voluptatibus exuti solam vitam ducunt contemplativam in simplicitate cordis altissimo famulantes, suffragio mediante. Devocionis itaque zelo salubrique conceptu et animo deliberato pro mee necnon parentum nostrorum et omnium amicorum animarum salute dicto sacro ordini Carthusiensi pro divini cultus augmento perpetuo monasterium seu domum ad modum ipsius ordinis Carthusiensis, quam rubum beate Marie ex speciali devocione censuimus appellari, pro integro conventu videlicet priore et duodecim monachis ac conversis et aliis personis ipsius ordinis domino ibidem perpetue famulaturis, in honorem omnipotentis dei, beatissime sue genitricis intemerate Marie et specialiter sub vocabulo felicissime annuncciacionis dominice sanctique Johannis Baptiste omniumque sanctorum in fundo bonorum et possessionum ad nostram episcopalem mensam spectancium prope civitatem nostram Luthomisl et iuxta fortalicium et curiam in Tirzka nuncupatam, utputa in spacio, quod a septis in orto ferarum ex transverso positis usque retro ad stratam publicam et a strata usque ripam fluvii a molendino decurrentis protenditur, monasterio et domui predictis pro terminis aree deputato, competentibus redditibus, bonis, proventibus ac bonis aliis de nostris patrimonialibus bonis auctore domino comparandis dotando fundavimus, ereximus ac ipsum ordinem Carthusiensem in persona religiosi viri fratris Johannis dicti de Leupach, monachi domus sancti Michaelis prope Maguntiam eiusdem ordinis, pro rectore ipsius nostre fundacionis nove auctoritate prioris et capituli generalis Carthusie ad nostram magne peticionis instanciam nobis ad hoc directi, de loco, fundo et area predictis corporaliter et presencialiter investivimus. subicientes ipsum locum. fundum, domum et aream memoratis omnibus libertatibus, privilegiis ipsius ordinis Carthusiensis liberaliori donacione, qua valuimus et cciam potuimus, nichil penitus juris, proprietatis aut dominii nobis aut successoribus nostris reverendis patribus Luthomislensibus episcopis in talibus monasterio, domo, loco, fundo et area quomodolibet reservantes. Et ex nunc in virtute altissimi dictam domum seu monasterium erigimus et fundamus in monasterium Carthusiense supradictum ac fundum, locum seu aream prenominatam damus, tradimus et assignamus, dictumque fratrem Johannem rectorem de premissis omnibus et ipsum ordinem Carthusiensem investimus, ac ipsum locum, fundum, aream, monasterium sive domum ab omni jurisdiccione nostra et omnium successorum nostrorum totaliter eximentes prenominato ordini Carthusiensi privilegiis et libertatibus singulis et universis subicimus. Et ad omnem donacionem premissam faciendam ac structuram omnium edificiorum monasterii sive domus prefate tam in ecclesia quam capella, cellis et quibuslibet aliis officinis et comodis necessariis et secundum modum ipsius ordinis Carthusiensis oportunis perficiendam et ipsis fratribus et suis debitam et convenientem pro utensilibus, victu et vestitu, libris et ornamentis sacris et singulis necessariis provisionem usque ad percepcionem et adepcionem possessionis supradictorum bonorum liberaliter faciendam, nos et nobis deficientibus nostre ultime voluntatis executores deputatos vel in futurum deputandos modo, via et forma, quibus melius fieri potest, firmiter obligamus et astringimus per presentes. In quorum testimonium has nostre fundacionis et ereccionis, investiture et donacionis literas ordini predicto Carthusiensi et ad manus fratris Johannis prenominati damus sigillorum nostrorum appensione munitas. Actum et datum in dicto fortalicio nostro Tirzka anno domini millesimo trecentesimo septuagesimo octavo in vigilia nativitatis eiusdem domini nostri Jesu Christi.

(Orig. Perg. h. Sig. abgerissen, im mähr. Land. Archive. — Ein zweites Exemplar dieser Urkunde hat folgenden Schluss: In quorum testimonium has nostre fundacionis et ereccionis, investiture et donacionis literas ordini predicto Carthusiensi et ad manus fratris Johannis prenominati damus sigillis nostris communitas. Actum et datum in dicto fortalicio nostro Tirczka presentibus reverendo patre domino Johanne episcopo Nazarotensi, domino Wenceslao archidiacono Boleslaviensi et honorabilibus viris et dominis Jaroslao, Woytechio et Hartlebo canonicis Olomucensibus et presentibus strenuis militibus Marquardo de Dobromelicz nostro magistro curie et Vito de Kralicz et aliis quam pluribus fidedignis. Anno domini etc.)

134.

Die Stadt Brünn verpflichtet sich dem Bischofe Johann von Olmütz alljährlich 40 Mark Prager Groschen zu zahlen. Dt. Brünn 31. Dezember 1378.

Wir der burgermeister, der rat und die geswornen der stat zu Brunne bekennen und tun kunt offenlich mit disem briefe allen den, die in sehen oder horen lesen. Daz wir durch sunderlich gebot des durchleuchtigen und hochgebornen fursten und herrn, herrn

16*

Josten. marggraffen und herren zu Merhern. unsirs genedigen herrn. mit wolbedachtem
mute. mil willen und rechter wissen der eldsten und der gemeinscheffte unsir stat zu Brunn
recht und redlichen gelobt haben. geloben und vorheizzen dem erwirdigen vater in gote
herrn Johansen. bischofe zu Olomuncz in guten steten trewen und an alles geverde. das
wir ym alle iare. die weil er lebel. achzig marg grozzer pfenning prager myncz. merherischer zal. vier und sechzig beheimsche grozze fur die marg zu reiten. von diesem heutigen
tag anzuheben. geben. bezalen. gelten und berichten sollen und wollen an furgezog und an
alles hindernuzze. In suicher bescheidenheit. daz wir ym der egenanten summen vierzig
marg bezalen und richten sullen uff sand Georigen tag. der schirist kunftig ist und dor
nach XL marg uff sand Gallen tag den nechsten und also fur sich alle jar seine lebtage.
als vorbegriffen ist. Mit urkund diez briefes vorsigelt mit unsrer stat ingesigel. Der geben
ist zu Brunn anno domini M⁰CCC⁰LXXVIII⁰ in die sancti Silvestri pape.

(Aus dem Codex n. 34 fol. 57 im Brünner Stadtarchive.)

135.

*Dětoch von Olbramitz und seine Frau verkaufen dem Neu-Reischer Kloster zwei Lahne
in Rosička. Dt. Neu-Reisch 3. Jänner 1379.*

Nos Dyethocho filius quondam Alberti de Wolbramicz tenore presencium ad universorum noticiam publico cupio pervenire. Quod sana et matura deliberacione prehabita, maturo
fidelique amicorum meorum communicato consilio et de assensu pleno Anne conthoralis mee
legitime in villa Rossyeczka duos laneos cum una curticula, quos ex paterna et amicorum
suorum affluencia pro dotalicio suo assecuta fuit, habuit, tenuit et pacifice possedit, cum
agris cultis et incultis, pratis, paschuis, rubetis, judiciis, juribus, obvencionibus, dominio,
censibus necnon pertinenciis eorum universis, ac eciam cum omnibus illis, que limites eorundem
duorum laneorum cum una curticula ambiunt et distingunt, que nunc ibi sunt ac quomodolibet
fieri poterunt in futurum, et quocumque nomine censeantur, religiose domicelle Juttzie moniali
et magistre pro tunc sanctimonialium Premonstratensis ordinis monasterii in Reusch totique
conventui et monasterio ibidem iusto tytulo vere vendicionis vendidi per ipsas et successores
earum jure proprietatis et hereditario tenendos, habendos, utifruendos, permutandos ac in perpetuum possidendos, pro quindecim sexagenis grossorum denariorum pragensium, quam quidem
pecuniam ab ipsa domicella Jutta in parata et numerata pecunia fateor me plenarie percepisse.
Et ei totique conventui ac monasterio predicto quitacionem facio de solucione pecunie supradicte, totumque jus, quod michi et Anne conthorali mee predicte competebat et competere
poterat in eisdem duobus laneis et una curticula, in conventum predicti monasterii et rectores
legittimos eiusdem presentibus transferro et transfundo ac in plenum dominium induco absque
omni dolo. Promittentes bona et sincera fide manu coniuncta et in solidum unacum fideiussoribus et disbrigatoribus nostris infrascriptis, scilicet Jankone de Rosyeczka quondam filio
Beneschii de Hradek, Przedota de Mutyschow, Geblino de Gnast, Jankone dicto Zabka de

Zelspicz, predictos duos laneos ac curticulam cum pertinenciis eorundem universis supranotatis predicte domicelle Jutte et monasterio predicto ac conventui predicti monasterii contra quemlibet hominem cuiuscumque status et condicionis fuerit impetentem ac impetere volentem et specialiter per modum discussionis, quod in vulgari sutYe dicitur, impetere volentem jure terre Moravie secundumque ejus consuetudinem disbrigare. Si vero aliquando predicta bona cum pertinenciis eius videlicet duorum laneorum et curticule in predicta villa disbrigare neglexerimus, seu non possemus quovis modo, ex tunc quilibet nostrorum cum uno famulo et duobus equis, quandocumque moniti fuerimus per ipsam domicellam Juttam aut conventum predicti monasterii seu rectores vel nunccios ipsius monasterii obstagium debitum et consuetum in civitate Jempniczensi ad hospitem per ipsam domicellam Juttam seu conventum vel rectorem prefati monasterii nobis deputatum debemus et tenebimur subintrare et introire et id obstagium more solito continue observare non exeundo de eodem, donec supradicta pecunia cum tercia parte super addita et omnia dampna, que desuper accreverunt vel per itineraciones, legaciones aut alium quemvis modum per nos et fideiussores plene et integraliter predicte domicelle Jutte et conventui ac monasterio predicto fuerit persoluta. Insuper si aliquis ex dictis fideiussoribus de hoc mundo deciderit domino permittente, extunc ego Dyetocho una cum prescriptis meis fideiussoribus alium ydoneum loco mortui in spacio quatuor ebdomadarum equivalentem substituere promitto et debeo occasione aliqua non obstante sub pena obstagii superius expressati. In cuius rei testimonium evidens sigilla nostra de certa nostra sciencia ac honorabilium virorum videlicet Galli de Chostelecz alias de Paczow et Smylonis de Hradek pro testimonio presentibus sunt appensa. Datum et actum in Reusch sub anno domini millesimo trecentesimo septuagesimo nono feria secunda in octava sancti Johannis apostoli et evangeliste.

(Orig. Perg. 8 h. S. im Archive des Kl. Neu-Reisch.)

136.

Eröffnungsformel des Olmützer Landrechtes 8. Jänner 1379.

Anno domini millesimo trecentesimo septuagesimo nono sabbato post epyphaniam domini colloquium est celebratum per nobiles dominos Wenczeslaum de Straznicz supremum camerarium czude Olomucensis, Jaroslaum de Knyenicz alias de Langberg czudarium supremum, Wenczeslaum tabularum terre notarium necnon per alios nobiles dominos videlicet Johannem seniorem de Mezricz camerarium, Johannem de Lukow supremum camerarium Brunnensem, Ulricum de Bozcovic, Arclebum de Starzechovicz, Sdenkonem de Sternberg alias in Lukaw, Albertum de Sternberg alias in Swietlow, Beneschium de Buzow, Tassonem de Bozcowicz, Petrum de Sternberg, Petrum de Crawar alias in Plumlaw, Laczconem de Crawar alias de Helfsteyn, Smylonem de Zabrzieh, Smylonem de Lestnicz, Pothonem de Holstein alias de Donka, Wokonem de Holstein, Croppaczonem de Holsteyn, Pawliconem de Eylenburg, illis omnibus nobilibus presentibus, qui interfuerunt, et eciam presente domino Herhardo de Cunstath.

(Olmützer Landtafel.)

137.

Sazema von Stannern stiftet ein Anniversarium bei den Minoriten in Iglau.
Dt. 10. Jänner 1379 s. l.

In nomine domini amen. Ego Sezema de Stonarzow divino instinctu preventus salubrique auctoritate apostoli, qui dicit: Sancta et salubris est cogitacio pro defunctis exorare et quod anime defunctorum per oracionem liberentur a penis. Igitur volens anime mee in salutem et remedium speciale facere disposui, ordinavi et legavi unam marcam pro testamento et in remedium patris mei nobilis quondam Alsyny de Stonarzow et venuste domine Offeze matris mee et Alsyny fratris et sororis Magdalene et omnium meorum predecessorum in villa Mitldorf in duobus laneis fratribus monasterii S. Marie ordinis sancti Francisci in Iglavia assignavi ipsis perpetue habituram, quod testamentum percipient singulis annis in festo S. Georgii marcam mediam et in festo Wenceslai partem alteram. Ne igitur fratres predicti testamentum dictum inmerite videantur possidere, ipsi iidem fratres promittunt annis singulis quibuslibet quatuor temporibus feria quinta vigilias novem leccionum et in crastino feria sexta lectas ocio missas et nonam cantatam dictarum in remedium animarum perhenniter observare. Sin autem officium predictum neglexerint aliquatenus, quod absit, ex tunc Sezema predictus poterit licite testamentum prehabitum tollere pro ipso et percipere tamdiu quousque fratres predicti officium institutum iterum peragant debite, ut prefertur. Insuper si predictus Sezema unam marcam, si poterit, in aliis redditibus tam bonis et cautis dictis fratribus assignare, ex tunc lanei duo prescripti et testamentum ibidem per fratres dictos sibi resignabitur libere. Et ego Sezema prenotatus hanc literam sigillo confirmavi et in huius rei testimonium et evidenciam pleniorem sigilla subscriptorum videlicet nobilis domini Czenkonis de Lichtenburk dictus (sic) Crusyna et sigillum civitatis Iglavie et Pesiconis de Jeczlaw ad preces parcium utrarumque sunt presentibus appensa. Datum anno domini millesimo trecentesimo septuagesimo nono feria secunda proxima post epiphanie domini.

(Orig. Perg. 4 b. Sig. im Archive des Minoritenklosters in Iglau.)

138.

Eröffnungsformel des Brünner Landrechtes 14. Jänner 1379.

Anno domini millesimo trecentesimo septuagesimo nono feria VI^ta post octavas epiphanie celebratum est colloquium baronum more solito et consueto per nobilem Johannem de Sternberg alias de Lukaw camerarium supremum, Uncam de Magietin necnon Wenceslaum de Radieiow notarium et purgravium de Galtnstein supremos, presentibus Johanne de Mezirziecz seniore capitaneo, Hinczo de Lippa, Ulrico de Bozkovicz, Benessio de Krawar, Petro de Sternberg, Hermanno de Novadomo, Henrico de Novadomo, Proczkone de Lompnicz, Wayncone de Bozcovicz, Wenceslao de Krawar, Arclebo de Starziechovicz, Yngramo de Pernstein, Sezama de Yevissovicz,. Wayncone de Potenstein, Gymramo de Jacubow, Jescone dicto Pusca de Richwald, Ratiborio de Missliborzicz, Petro de Rossicz, Smylone de Lestnicz.

(Brünner Landtafel.)

139.

Der Prokurator des Prämonstratenser-Ordens bestättigt, dass der Brucker Profess Nicolaus dem Brucker Kloster einen Weingarten in Schattau zur Pitanz gewidmet habe.
Dt. Kl. Bruck 16. Jänner 1379.

Universis presentes litteras inspecturis frater Johannes de Avisiaco canonicus humilis ecclesie premonstratensis, procurator ipsius ordinis vicesque gerens reverendissimi in Christo patris ac domini, domini Johannis dei et apostolice sedis gracia abbatis ecclesie premonstratensis prelibate salutem in domino sempiternam. Noveritis, quod coram nobis venerabilique patre . . domino abbate Montis Sion alias Strahoviensis ac priore et conventu ecclesie Lucensis nostri ordinis, Olomucensis diocesis, personaliter constitutus frater Nicolaus de Jemnicz ipsius ecclesie canonicus recognovit, se pro salute anime sue suorumque parentum vineam unam in Schataw sitam dedisse et elemosinasse, dedit et elemosinavit in usus pitancie fratrum dicte ecclesie Lucensis perpetuo possidendam absque revocacione quaviscunque, renunceians omnibus juribus, que in dicta vinea habere 'videbatur et habebat seu quomodolibet habere poterat. supplicans nobis, quatenus ipsam donacionem suam et elemosinacionem auctoritate domini premonstratensis et capituli generalis in predictos usus pitancie fratrum confirmare dignaremur. Cuius bonam voluntatem considerantes fratres dicti conventus ex sui benivolencia proprioque motu ac abbatis sui licencia voluerunt et ordinaverunt, quod ex profectibus et emolumentis a dicta vinea provenientibus quolibet anno in duobus terminis sancti Georgii videlicet et sancti Michahelis dictus frater, quamdiu vitam duxerit in humanis, pro usibus suis licitis et honestis recipiat duas marcas cum fertone, marcam cum fertonis medio videlicet in festo sancti Georgii et totidem in festo sancti Michahelis subsequenti, adicientes se anniversarium diem omni anno facturos ipso dumtaxat ab hoc nequam seculo revoluto, pro ipso ipsiusque parentum animabus; supplicantes cciam nobis, quatenus predicta omnia et singula necnon omnia et singula contenta in literis, quibus nostre presentes sunt infixe, confirmare, renovare ac eciam approbare auctoritate qua supra dignaremur; ulterius preces precibus cumulando rogantes et piis supplicacionibus suis obsecrantes, quatenus bona mobilia seu immobilia, census, redditus et proventus bladi, vini, olei aliorumque fructuum ad dictam pitanciam suam pertinencium habitorum et habiturorum vel habendorum quomodocunque et quibuscunque nominibus nuncupentur, sub condicionibus, pactis et penis in predicta litera contentis iterato confirmare, rata habere et approbare, prout supra, dignaremur. Nos igitur iustis peticionibus eorum benignum volentes prebere conseusum pariter et assensum auctoritate domini premonstratensis et capituli generalis, qua fungimur, in hac parte peticionem illorum duximus adiudicandam fore, confirmantes, approbantes ac rata habentes omnia

el singula ab ipsis. ut premittitur. requisita. precipientes districte necnon in virtute sancte
obediencie et sub penis. quibus supra in literis contentis. mandantes omnibus et singulis tam
presentibus quam futuris. ad quos presens nostrum mandatum spectare seu extendere potest
seu quomodolibet poterit in futurum. ne super predictis dictos fratres et eorum pitanciam in
predictis audeant infestare vel quacunque occasione molestare, contrarium facientes sentencias
et penas. ut prefertur. in literis contentas. decernentes ex nunc prout ex tunc et ex tunc
prout ex nunc incurrisse. Illis vero, qui pitanciam dictorum fratrum ampliaverint et bonis
suis ditaverint. pienam participacionem omnium bonorum spiritualium, que fuerint et de cetero
fient in universo ordine nostro eisdem tam in vita quam in morte auctoritate qua supra
benigna concedimus in domino caritate. In quorum omnium et singulorum testimonium
sigillum nostrum una cum sigillo predicti domini abbatis Strahoviensis et signeto propria
manu subscripto presentibus literis duximus apponendum. Datum in Luca anno domini
millesimo trecentesimo septuagesimo octavo iuxta modum gallicanum XVI die mensis Januarii.

(Orig. Perg. h. Sig. abgerissen im mähr. Landesarchive.)

140.

*Johann, Bischof von Olmütz, bestätigt dem Kloster Maria Saal in Altbrünn drei ältere
Urkunden. . Dt. Mailitz 29. Jänner 1379.*

In nomine domini amen. Notum facimus presenti transumpto seu publico instrumento
universis, quod constitutus personaliter coram nobis dei et apostolice sedis gracia episcopo
Olomucensi Johanne discretus vir dominus Nicolaus dictus Czernast rector ecclesie parochialis in Araczicz alias in Zarussicz nostre Olomucensis diocesis suo necnon venerabilium
et religiosarum domicellarum Berchte abbatisse tociusque conventus monasterii beate virginis
Aule regine in antiqua Brunna ordinis Cisterciensis, eiusdem nostre diocesis Olomucensis,
quasdam tres patentes litteras tenoris infrascripti in pergameno scriptas certis sigillis inferius
descriptis in pressulis pergameni et in filis rubei et glauci coloris pendentibus sigillatas, non
rasas, non cancellatas nec in aliqua parte ipsarum suspectas, sed omni prorsus vicio et
suspicione carentes exhibuit publice et ostendit, petens nomine quo supra easdem litteras
propter casus fortuitos et pericula seu discrimina viarum. ne casu fortuito deperderentur, per
nos de verbo ad verbum decerni et mandari transsumi, copiari et sub publica manu exem-
piari nostra auctoritate ordinaria et decreto. Nos quoque Johannes episcopus supradictus
visis prius et diligenter conspectis literis eisdem ipsisque sanis et integris ac iustis et sine
omni suspicione reputatis ipsas per Johannem notarium publicum infrascriptum transsumi,
copiari et sub publica manu exemplari ac in formam publici instrumenti redigi mandavimus
nostra auctoritate ordinaria et decreto, ita ut candem vim habeant cum literis originalibus
ubilibet in iudicio et extra, volentes et auctoritate nostra ordinaria decernentes, quod presenti
transsumpto seu publico instrumento decetero perpetuis temporibus plenaria fides in iudicio
et extra tamquam ipsis literis originalibus adhibeatur, quibus omnibus nostram auctoritatem

ordinariam interponimus et decretum. Prima vero litera erat octo sigillis rotundis de cera alba communi pendentibus in pressulis pergameni sigillata, in quorum quidem sigillorum primo clippeus tripartitus, super quem gallea et in ea duo cornua apparebant, littere vero circumferenciales eiusdem primi sigilli tales erant: ☩ S. Wilhelmi de Egerberk. In secundo vero sigillo quidam clippeus, in quo duo rami per modum crucis, qui in vulgari bohemico ostrwy dicuntur, et supra ipsum gallea, in qua piscis cum convolucione pennarum, quod in predicto vulgari kytha dicitur, videbantur, cuius litere circumferenciales tales erant: ☩ S. Henrici de Lippa Boemie summi marschalci. In tercio autem sigillo quidam clippeus, in quo ala et supra eundem gallea cum ala videbantur et ipsius litere circumferenciales tales erant: ☩ S. Johannis de Mezerecz. In quarto autem sigillo clippeus cum duobus ramis per modum crucis et gallea cum pisce ac convolucione pennarum per omnia prout in sigillo secundo predicto apparebant, cuius litere circumferenciales tales erant: ☩ S. Henrici iuvenis de Lippa. In quinto vero sigillo clippeus, in quo stella, supra quem similiter stella apparebat et eiusdem litere circumferenciales tales erant: ☩ S. Divissii de Sternberc. In sexto autem sigillo clippeus, in quo sagitta dicta in vulgari predicto strzela, supra quem gallea, in qua duo cornua videbantur et in co litere circumferenciales tales erant: S. Wockonis de Crauar. In septimo vero sigillo clippeus, in quo ala et gallea similiter cum ala per omnia prout in tercio sigillo prescripto apparebant, cuius litere circumferenciales tales erant: S. Bznete de Lompnicz. In octavo autem sigillo clippeus tripartitus, in quo pileus, supra quem globus rotundus videbantur et eius litere circumferenciales tales crant: S. Pothe de Wildenberk. Secunda vero litera erat duobus sigillis parvis rotundis de cera alba communi pendentibus in pressulis pergameni sigillata, in quorum sigillorum videlicet primo clippeus tripartitus, supra quem gallea et in ea navis apparebant et ipsius litere circumferenciales tales crant: S. Friderici de Egerberch. In secundo autem sigillo clippeus, in quo caput porci silvestris et supra eundem gallea, in qua canis apparebant, cuius litere circumferenciales tales erant: S. Ulrici de Zebraco. Tercia vero litera erat duobus sigillis uno videlicet magno rotundo de cera alba communi in filis rubei et glauci coloris et alio parvo oblongo similiter de cera alba communi in pressula pergameni pendentibus sigillata, in quo quidem primo sigillo Ymago mulieris sedens in sede, habens coronam in capite et circumquaque ipsius ymaginis clippeus, videlicet duo circa caput et duo ad pedes, in quibus avis alis extensis apparebant, cuius litere circumferenciales tales erant: ☩ S. Elizabeth dei gracia Boemie et Polonie bis regine; a tergo autem ipsius sigilli parvum sigillum rotundum, in quo caput mulieris sub corona videbatur et ipsius litere circumferenciales tales erant: ☩ S. Elizabet dei gracia Boemie et Polonie regine. In secundo vero sigillo ymago unius monachi in manu curvaturam seu baculum pastoralem tenens videbatur, cuius litere circumferenciales tales erant: S. abbatis de Sedlecz. Tenor autem prime litere, de qua superius habita est mencio, erat et est talis: Ego Wilhelmus de Egerberk etc. Actum et datum anno domini millesimo trecentesimo vicesimo secundo in Brunna pridie Idus Decembris (vid. B. VI. p. 162). — Item tenor secunde litere . . . . . . sequitur in hec verba: Ego Friczko de Egerberch etc. Actum et datum Brunne anno domini millesimo trecentesimo vigesimo secundo pridie kalendas Marcii (vid. B. VI. p. 152). — Item tenor tercie litere . . . . sequitur sub his verbis: In nomine domini amen etc. Datum et actum Brunne anno domini millesimo trecentesimo tricesimo, septimo Idibus Julii (vid. B. VI. p. 307). — In quorum omnium et singulorum testimonium presens transsumptum seu publicum instrumentum per Johannem notarium subscriptum scribi et publicari necnon sigilli nostri appensione fecimus communiri. Datum et actum in castro nostro Maylicz anno domini millesimo trecentesimo septuagesimo nono, indiccione secunda, die XXIX mensis Januarii, hora nona pontificatus sanctissimi in Christo patris et domini. domini Urbani divina providencia pape sexti anno primo, presentibus religiosis viris fratribus Eberhardo inquisitore herelice pravitatis per civitatem et diocesim Olomuc., Egidio, Johanne ordinis heremitarum sancti Augustini, Johanne Gelhauschen notario nostro et aliis pluribus fidedignis ad premissa vocalis et rogatis.

Et ego Johannes Wechlin de Lysschow . . . . notarius etc.

(Orig. Perg. h. Sig. im mähr. Landesarchive.)

141.

Markgraf Jodok bestättigt die Entscheidung, welche der Stadtrath von Olmütz auf seinen Befehl bezüglich des Streites zwischen den Schustern und Lederern in Olmütz getroffen hatte. Dt. Olmütz 7. Februar 1379.

Wir Jost von gols gonaden margegraff und berre zu Merhern bekennen und tun kunt offenlich mit dyesem brife allen den, dy yn sehen odir horen lesen, daz wir czu entscheiden und rychtung zu machen sulche zweiung und schelung dy zwissen unsern liben getreuen den schustern zu Olomuncz an einem teile und den lederern doselbst an dem andern etliche lange zeit gweret hat, den schephen zu den zeiten zu Olomuncz empholhen halten. dy von wegen unsern gebotes und geheisen mit rate der eldisten mit iren mitburgern alle zweiung und schelung zwissen den obgenanten schustern entscheiden und gemachet haben. als hernach geschryben stet. Also dass dy obgenanten schustern schullen und mugen von mangerlei leder rinderein, kelwerein, unkein (?) und schepsein styfeln, schuch und nyderschuch beyde mannen und frawen machen und erbeiten, so sy allerbeste künnen, also sy von alders gewont haben und gewonleich gewesen ist bis uff dysse zeit. Und dy lederer dy schullen und muegen alleine nuer von rinderein und rosseinen leder stifeln und schub, doruf kein weyses leder gesaczt sal seyn, machen und erbeiten, so sy allerbest künnen und mit namen, das sy keine ander schuch machen schullen noch keinerleich schuch von kelwerein, unkein oder scheffen (sic) in keinerweis, sunder sy muegen wol nymlich sulches leder, das sy selber gegerbt bettin, vorkaufen on aller hindernisse. Und dorumb, daz fyrbaz icht in zukunftigen zeiten zwissen den obgenanten schustern und lederern gryg oder zweiung sich empfinden mogen oder entsten, so maynen, machen, seczen und wollen wir, daz alle sulche entscheidung und ordenung, als sy in dyssen briff begriffen seyn, gancz und ungebrochen ewyclichen belleyben sullen in iren kreften und bestetigen dy von unsr macht volkomenheyt in allen irer maynungen, puncten und artikeln von wort zu worte, als sy obgeschriben sten. Und wer dowider tete, der sal in unser swer ungenad und eyner lotygen mark goldes, als offt dowyder getan wurde, in unser camer vorfallen seyn. Mit urkunt diz brifes vorsigelt mit unsern anhangundem insigel, der geben ist czu Olomucz noch Cristes geburte dreyzehen hundirt yar dornoch in dem neun und sybenzigiste Yare des nechsten mantags nach sand Dorothee tag.

(Orig. Perg. in der Olmützer k. k. Studienbibliotkek. Das Sigel wurde bei der Ausstellung
der Urkunde, welche durch Feuchtigkeit sehr gelitten, nicht angehängt.)

142.

Johann, Bischof von Olmütz, gibt seine Einwilligung, dass Peter Groschel, Vogt zu Freiberg, die Vogtei daselbst dem Hanns Girke verkaufe. Dt. Mirau 8. Februar 1379.

Wir Johannes von gots genaden bischoff zu Olomuncz bekennen und tun kunt offentlichen mit diesem briffe allen den, dy yn sehen oder horen lesen, das für uns komen ist Peter Grosschel voyt von der Freyenburg unser liber getrewer und hat uns zu wissen getan, das er dy ffoytey zu Freiburg und was dorzu gehoret, dy von uns und unserm bistum zu Olomuncz zu rechtem manlehen riret, vorkauft habe recht und redlichen vor zweihundert und funfzehen marg groschen prager pfennige und munze meherischer zal, vier und sechzig grossen vor yeglige mark zu reyten, Henczke Girken unserm lieben getrewen und reicht y_m uff in unsre hende dy selben foytey zu Freiburg und was dorzu gehoret als manlehens recht ist und bat uns der eegenante Peter Groschel, das wir zu sulchem kaufe und uffreichunge derselben foytey und was dorzu gehoret als ein bischof und rechter Lehenherr der egenanten foyteyen und guter unser gunst und willen geben und dy selbe foyteyen mit allem, das dorzu gehoret, dem egenanten Henczken Girken zu rechten manlehen geruchten zu leyhen. Das haben wir mit wolbedachtem mute und rechter wissen als eyn bischof zu Olomucz, rechter lehen herr der egenanten foytey zu Freiburg und was dorzu gehoret, zu sulchen vorgenanten kaufe und uffreychungen derselben foytey zu Freiburg und irer zugehorungen unsern guten willen und gunst gegeben, dy selben uffreichungen uffgenomen und also dy vorgenante foytey zu Freiburg und was dorzu gehoret dem egenanten Henczken Girken vorliben und vorleyhen mit rechter wissen und mit krafft dicz briffs y_m und seinen lehens erben zu rechtem leben zu halten, zu haben und als lehens recht ist gerulich zu besitzen, unschedlich uns und unserm bistum zu Olomuncz an unserm gewonlichen dienste und rechte. Des sint gezeuge der erber man mayster Sander thumherr zu Olomuncz, herr Bernhart Hecht von Schützendorff, herr Gerhart von Meraw, Brawne von Luthomussel unser marschalk. Bohuss von Repow und etliche ander unsere liben getrewen. Mit urkunde dicz briffs vorsigelt mit unserm angehangen ingesigel, der geben ist uff unserm hawse zu Meraw noch Christus geburte dreyzehenhundert jar und darnach in

17*

dem neun und sibenzigsten jare an dem nesten dinstage noch dem suntag, als man in
der heiligen kirchen singet Circumdederunt.

143.

*Das Obrowitzer Kloster und der Brünner Canonicus Bartholomaeus schliessen einen
Vergleich bezüglich des Zehendes, welchen derselbe Canonicus von einem Acker bei
Husowitz dem Kloster zu geben hatte. Dt. Brünn 20. Februar 1379.*

Nos Jaroslaus divina providentia abbas, Joannes prior, Joannes subprior totusque
conventus monasterii Zabrdovicensis premonstratensis ordinis, olomucensis diocesis recognoscimus tenore presentium universis. Quod quondam motis et habilis questionibus, litibus seu
controversiis inter nos ex una et honorabilem virum dominum Bartholomeum canonicum
ecclesie sancti Petri in Bruna parte ex altera pro decima cuiusdam agri ad curiam superiorem
in villa dicta Husswicz pertinente, que villa ad nostram parochiam videlicet ecclesiam
sancte Marie virginis pertinere dinoscitur, qui ager iacet a sinistris vie publice, qua itur
a civitate Brunensi in viam Huswicz, tangens magnum agrum nostri monasterii predicti et
agrum religiosarum venerabilium dominarum abbatisse et conventus monasterii Aule regine
in Antiqua Bruna eiusdem diocesis, cisterciensis ordinis, de quo agro dictus dominus Bartholomeus nobis et dicto nostro monasterio decimam dare recusabat, cuius hominem et possessorem dicti agri ad dictam curiam spectantis Pragam citare procuraveramus. Tandem vero
nobis et dicto domino Bartholomeo placuit mutuo consensu, ut omnium questionum et litum
materia frustraretur et cessaret, ipsam eandem causam venerabilibus viris et dominis, domino
videlicet Nicolao preposito Brunensi et domino ac magistro Pertholdo plebano, fautoribus et
amicis nostris perdilectis, commisimus decernendam in ipsos tamquam in amicabiles compositores pure compromittentes. Qui assumpta composicione dictam causam dei nomine invocato
taliter ordinaverunt et pronunciaverunt, quod quicunque possessor fuerit iam dicti agri et
curie iam dicte nobis et monasterio nostro Zabrdovicensi det omni anno inperpetuum quinque
metretas triturati siliginis pro decima, quam debet portare et mensurare in monasterio nostro,
licet seminet vel non seminet in agro iam dicto, semper dare tenetur, ut dictum est, sine
omni dilacione in die sancti Michaelis archangeli vel proxime sibi sequenti, omni anno.
Quam pronunciacionem et ordinacionem dictorum dominorum ego Bartholomeus canonicus
sancti Petri de consilio canonicorum fratrum meorum tamquam verus dominus agri supra
dicti approbavi, ratificavi, laudavi, approbo, ratifico et laudo et ratam habeo. In cuius rei
testimonium sigillum meum apposui et sigilla ad preces mei Bartholomei honorabilium virorum
videlicet domini Nicolai prepositi ecclesie sancti Petri ac magistri Bertholdi plebani sunt
appensa. Datum et actum in domo prepositi Brunensis vicesima secunda die Februarii anno
domini millesimo trecentesimo septuagesimo nono.

144.

Johann, Herzog von Troppau und sein Sohn bekennen, dass sich Wenzel von Kravář um
1000 Schock Groschen für sie dem Peter von Sternberg verbürgt habe.
Dt. 12. März 1379.

Wir Johans von gottes gnaden herzog zu Troppaw und zu Rathibor und wir Johans
synn sun von gotcs gnaden herzog zu Troppaw und zu Rathibor bekennen offenlichen aller-
menklich, das der edle berr Waczlaw von Crawarz unser liber getrewer, von uns flysslich
gebeten, gelobet bat vor uns dem edlen herren Petren von Sternberg umb tuysend shok
bemischer haller vorderung, die wir ym nach unser swestir zu morgengab sullen bezahlen.
Von der pürgschafft geloben wir mit gesamter hant mit unsern guten trewen ahn alle arglist
demselben herren Waczlawen usszurichten und ledigen ahn allen synem schaden. Und ab
wir dis nicht theten, so sullen wir an underlas, wie schire wir gemanet werden, zwene
ritter zu Olomucz in die statt in eyns mannes buys, das uns von ym gezeygt wird, senden,
recht und gewönlich inlagir zu leysten, jeglichen ritter mit dreyen knechten und mit vier
pherden zu senden. Und die sullen mit den sechs knechten und acht pherden inne ligen
und mit keinerlay sache ussreyten als lange, bis das der egenante herr Waczlaw von uns
wird von der egenanten pürgschafft ussgericht und wir auch alle die schaden, die er mechte
emphahen und bewyzen, ganz und gar bezahlen ahn alles gever. Mit bevestung dies briffes
vorsigelt mit unserm anhangenden insigeln in der stat zu Troppau gegeben nach Christs
geburt dreytzen hundir jar und in dem nun sibentzigsten jar an sant Gregors tage.

(Aus historia diplomatica MS. domus Sternbergicae; abgedruckt iu Dobners Monum. IV.
p. 372.)

145.

27. März 1379.

Pileus cardinalis presbiter tituli s. Praxedis indulgentias centum dierum omnibus
capellam beatae Mariae virginis in monasterio ad s. crucem in Luthomissl ordinis fratrum
heremitarum s. Augustini, in qua nobilis Henricus de Drewicz miles missam quotidie celebrandam fundavit, visitantibus et vere poenitentibus concedit. Datum Pragae VI. kalendas
Aprilis pontificatus domini Urbani papac sexti anno primo.

(In einem aus dem 17: Jahrh. stammenden Urkundenverzeichuisse des Klosters s. Thomas.
Das Original war nicht zu finden.)

146.

Pabst Urban VI. verleiht den Velehrader Äbten das Recht der Pontifikalien.
Dt. Rom 4. April 1379.

Urbanus episcopus servus servorum dei. Dilectis filiis Johanni abbati et conventui monasterii Welegradensis, Cisterciensis ordinis, Olomucensis diocesis salutem et apostolicam benediccionem. Exposcit vestre devocionis sinceritas et religionis promeretur honestas, ut monasterium vestrum dignis honoribus attollamus. Hinc est, quod nos venerabilis fratris nostri Johannis episcopi Olomucensis nobis super hoc humiliter supplicantis ac vestris in hac parte supplicacionibus inclinati, ut tu lili abbas et successores tui abbates dicti monasterii, qui erunt pro tempore, mitra, annulo, sandaliis et aliis pontificalibus insigniis libere in dicto monasterio duntaxat uti necnon in eodem monasterio benediccionem solennem post missarum, vesperarum et matutinorum solennia, dummodo in benediccione huiusmodi aliquis antistes vel apostolice sedis legatus presens non fuerit, elargiri possitis, felicis recordacionis Alexandri pape quarti, predecessoris nostri, que incipit: Abbates etc. et aliis quibuscunque constitucionibus apostolicis in contrarium editis nequaquam obstantibus, tibi et eisdem successoribus auctoritate apostolica de speciali gracia tenore presencium indulgemus. Nulli ergo omnino hominum liceat hanc paginam nostre concessionis infringere vel ei ausu temerario contraire. Si quis autem hoc attemptare presumpserit, indignacionem omnipotentis dei et beatorum Petri et Pauli apostolorum eius se noverit incursurum. Datum Rome apud sanctam Mariam trans Tiberim II Nonas Aprilis pontificatus nostri anno primo.

(Vidimirte Abschrift in den Akten des Velehrader Klosters im Landesarchive.)

147.

Albert von Sternberg, Bischof von Leitomyšl, weist dem von ihm gegründeten, von drei auf fünfzehn Zellen erweiterten Karthäuserkloster bei Leitomyšl hundert Schock Groschen jährlicher Einkünfte an. Dt. Prag 7. April 1379.

Nos Albertus dei gracia episcopus Luthomislensis ac dominus in Steremberg notum facimus tenore presencium universis. Quod cum pridem tam collabentis mundi ruinam quam certissime mortis appropinquantes molestias lese quoque consciencie tenebras et quod nichil latet eterni iudicis noticiam intuentes et ut eo forcius omnipotentis dei misericordiam tam pro nobis quam nostris progenitoribus, consanquineis, amicis et subditis possemus impetrare, quo devocioris excellencioris fame divinorum cultores et presertim tales, qui vitam solitariam a mundanis illecebris et terrenorum contagiis plus ceteris exuti ducentes ad omne spirituale certamen agiliores sub maiori spe impetracionis divine misericordie tam pro nobis quam omnibus nostris supradictis oraciones possent effundere, puriores nostros coadiutores adaugeremus; nostris perpetuis sub expensis adinstar sanctissimorum Romanorum pontificum ac screnissimorum principum secularium, qui novissimis temporibus ordinem sacrum Carthusiensem diversis in locis specialibus graciis et favoribus ampliando prosecuti fuerunt, ad eosdem Carthusienses ulpote tales, quorum merita plus redolere credimus apud deum, ad crrectionem et fundacionem unius domus dicti sacri ordinis Carthusiensis conceptu, sicut indubitanter speramus, salubri, deliberato animo de certaque sciencia direxerimus mentem nostram necnon sanctissime trinitatis et gloriosissime genitricis dei beate Marie sucque beatissime annuncciacionis ad honorem et in nostre ceterorumque predictorum animarum salutem de orto nostro ferarum prope civitatem nostram Luthomislensem pro area dicte fundacionis tantum assignavimus quantum apparet a fine dicti orti usque ad septa, que per eundem ortum a fine fossatorum curie nostre in Tirzka protenduntur ex transverso, quam quidem aream modis pluribus tam in edificiis quam expensis aliis in utilitatem ipsius ecclesie nostre de bonis nostris patrimonialibus convenienter dicte nostre ecclesie compensavimus prius, speciali quoque devocione domum ipsam erigendam Rubum beate Marie communiter appellari cupientes, in eodem fundo ecclesiam cum sacristia pro maiori parte tresque celias iam actu fecimus, quia venerabilis pater dominus . . prior Carthusiensis oblatam sibi nomine et loco tocius ordinis per nos premissam fundacionem tamquam gratam suscipiens ipsi nove domui de rectore cum duobus monachis et duobus conversis fecit provideri, donec sibi per capitulum generale ipsius ordinis de ulteriori numero conventus secundum eiusdem ordinis instituta melius valeat provideri. Proviso igitur per nos dictis personis et ad se pertinentibus de libris ad divina officia spectantibus ac oratoriis, cellis et aliis comodis pro ipsis sufficientibus ac aliis ad victum et vestitum eorundem necnon ceteris necessariis et oneribus ipsis personis et fundacioni quomodolibet incumbentibus usque ad percepcionem reddituum sufficiencium ipsis assignandorum oportunius competentem, ut tam concesse quam ad dictam fundacionem concedende persone successoresque ipsorum eo quiecius cultui divino vacare valeant atque laudes divinas liberiori animo depromant, quo melius et sufficiencius tam in edificiis quam temporalibus aliis suffragiis fuerint premuniti, nos et nostros manufideles ad hoc iam actu deputatos ad consumacionem quindecim cellarum lapidearum cum galilea tota bene tectis necnon ecclesie, sacristie, capellarum, refectorii, parvi claustri ac celarii bene testudinatis, puteorum, coquine et aliarum officinarum et habitacionis conversorum et hospitum ac aliorum familiarium cum septis muratis per girum dictorum terminorum ipsis per nos assignatorum iuxta ordinis ipsius decenciam nostris sumptibus et expensis continuatis laboribus nulla mora notabili vel irracionabili quomodolibet interposita gloriose dei genitricis interveniente presidio devotoque caritatis studio de bonis nostris patrimonialibus libere continuandam necnon ad dotacionem ipsius fundacionis nostre usque ad centum sexagenas grossorum pragensium et legalis monete perpetuorum et liberorum annuorum reddituum necnon quatuor araturarum et sufficienciam nemorum seu silvarum ac eciam omnium privilegiorum, graciarum et libertatum nobis possibilium absque omni notabili mora de dictis bonis nostris faciendam nos omni via et modo, quibus melius valere potest, firmiter obligamus per presentes. In quorum testimonium venerabilibus viris et dominis Johanni domus Orti beate Marie prope Pragam dicti ordinis priori tamquam commissario ad hoc deputato necnon Johanni dicte nostre nove fundacionis rectori literas has nostro maiori sigillo appenso sigillatas tradidimus super eo. Datum Prage anno domini millesimo trecentesimo septuagesimo nono in cena domini, que est septima dies mensis Aprilis.

(Orig. Perg. h. Sig. in den Akten des Olm. Karthäuserklosters im mähr. Landesarchive.)

148.

Pileus, Kardinal tit. s. Praxedis, verleiht denen, welche die Marienmesse in der Liebfrauenkirche in Olmütz besuchen, einen hunderttägigen Ablass.
Dt. Prag 12. Apirl 1379.

Pileus miseracione divina etc. sancte Praxedis presbyter cardinalis ad infrascripta apostolica auctoritate suffulti universis christifidelibus presentes literas inspecturis salutem in domino. Splendor paterne glorie, qui sua mundum illuminat ineffabili claritate, pia vota fidelium de clementissima ipsius maiestate sperancium tunc precipue pio favore prosequitur, cum devota ipsorum humilitas auctoris precibus et meritis adiuvatur, ut christifideles eo libencius ad devocionem confluent quo ibidem uberius dono celestis gracie conspexerint se refectos. Cum igitur dilecta nobis in Christo serenissima principissa Elizabetha Romanorum imperatrix ad ecclesiam parrochialem beate Marie virginis in suburbio civitatis Olomucensis specialem gerit devocionem et affeccionem, prout accepimus, nobisque humiliter suplicavit, ut pro devocione ipsius augmentanda spiritualia munera largiri dignaremur, nos igitur dictis supplicacionibus favorabiliter annuentes de omnipotentis dei misericordia et beatorum Petri et Pauli apostolorum eius meritis et auctoritate predicta confisi omnibus vere penitentibus et confessis, qui dictam ecclesiam et misse, que ibidem die sabbati de domina nostra virgine gloriosa decantari consuevit, intersunt, devote visitaverint, centum dies de iniunctis eis penitenciis prelibata auctoritate misericorditer relaxamus. Datum Prage II idus Aprilis pontificatus sanctissimi in Christo patris et domini nostri domini Urbani divina providencia pape VI anno primo.

(Orig. Perg. h. Sig. im Olm. Stadtarchive.)

149.

Jakob von Kaplitz bekennt dem Markgrafen Jodok 25 Mark schuldig zu sein.
Dt. Olmütz 24. April c. 1379.

Ego Jacobus de Caplicz canonicus ecclesie Olomucensis debitor principalis, nos quoque Unka de Mayetin et Wenceslaus de Radyschow supremus terre Moravie notarius cum et pro ipso domino Jacobo certos insolidum constituimus fideiussores et compromissores et recognoscimus tenore presencium universis, nos racione veri mutui debitorie obligari illustri principi et domino domino Jodoco marchioni et domino Moravie in vigintiquinque marcis grossorum denariorum pragensium moravici numeri et pagamenti, sexaginta quatuor grossos pro marca qualibet computando, quamquidem pecuniam solvere promittimus prefato domino marchioni in festo sancti Wenceslai nunc proxime venturo pura nostra fide insolidum et indivisim, protraccione qualibet procul mota. In cuius rei testimonium sigilla nostra de nostra sciencia huic litere sunt appensa. Datum Olomucz die dominica proxima ante festum beatorum Philippi et Jacobi Apostolorum.

(Orig. 3 h. Sig. im Olm. Stadtarchive. — Das Datum ungefähr bestimmt, da nach 1379 Wenzeslaus von Radyschow als oberster Landschreiber nicht mehr erwähnt wird.)

150.

Das Kloster Tischnowitz bekennt, dass es dem Kloster Bruck drei Lahne in Kallendorf verkauft habe. Dt. 1. Mai 1379 s. l.

Nos Agnes divina providencia abbatissa, Anna priorissa, Margareta subpriorissa, Wraczka celeraria totusque conventus monasterii Porte celi in Tuschnawicz, ordinis Cisterciensis, Olomucensis diocesis notum facimus tenore presencium universis, quod animo deliberato maturoque consilio prehabito quosdam tres laneos nostros in villa Kalendorff adiacentes, ad curiam nostram colonariam ibidem sitam de jure pertinentes, terciam dimidiam marcas grossorum et septem grossos annuatim in duobus terminis videlicet in Georgii et Michaelis sanctorum festis veri et hereditarii census sine dimunicione de jure censuantes cum omnibus et singulis ipsorum juribus, hominibus, agris, praytis, terris cultis et incultis, pratis, pascuis, robotis, propriisque ipsorum limitibus et gadibus antiquitus distinctis et specialiter et generaliter cum quibuslibet ipsorum proprietatibus, fructibus, utilitatibus et pertinenciis infra et supra fundum contentis, quibuscunque nominibus censeantur quovis modo de jure et legittime ad eosdem laneos spectantibus plenoque dominio in villa et in campis, quibus eadem bona huc usque libere et legittime habuimus, tenuimus et possedimus, religiosis et deo devotis viris fratribus abbati et conventui monasterii Lucensis ordinis premonstratensis, olomucensis dyocesis iusto vendicionis titulo pro triginta tribus sexagenis grossorum denariorum pragensium moravici numeri et pagamenti iam actu et integraliter nobis numeratis et solutis ac in rem utilem nostri monasterii versis, rite et racionabiliter vendidimus et presentibus venditos cedimus et assignamus ipsis jure perpetuo et irrevocabiliter tenendos, habendos, utifruendos et possidendos nilque juris, proprietatis sive dominii nobis et successoribus nostris sive monasterio nostro predicto in eisdem bonis reservantes. Promittentes nos abbatissa et conventus predicti per nos et nostros, ac nos Jenczo et Proczco fratres de Lomnicz, Ulricus Hecht de Rossicz et Philippus canonicus ecclesie sancti Petri in Brunna de fide nostra et consciencia pura sine dolo quolibet per nos manu coniuncta pro indiviso dictis abbati et conventui prefata bona cum ipsorum pertinenciis ab impeticionibus, inquietatibus, litibus et questionibus cuiuslibet hominis et universitatis libertare, defendere et exbrigare secundum jus terre Moravie et solitum cursum sine quolibet ipsorum emptorum dampno atque detrimento,

18

ac eciam eadem bona annotatis abbati et conventui in primo dominorum terre colloquio seu
parlamento, quam primum labule terre patuerint Brunne et aperte fuerint, inscribere et
intabulare qualibet sine dilacione. Quod si quid aut quorum alterum premissorum non fecerimus,
extunc statim deinceps unus nostrum ex nobis fidejussoribus, qui cum a dictis emptoribus
monebitur, is ipse vel per substitutam personam ydoneam et honestam militaris originis cum
uno famulo et duobus equis obstagium verum et solitum in civitate Znoyma et domo honesta
sibi per eosdem emptores deputata prestabit intemerate non exiturus donec memorata bona
liberata et exbrigata ac ad tabulas terre, prout ordo juris et consuetudo terre requirit,
intabulata necnon appropriata fuerint abbati et conventui supradictis qualibet sine in contrarium
accione. Sub harum quas sigillis nostris pendentibus dedimus robore et testimonio literarum,
die sanctorum Philippi et Jacobi apostolorum. Anno domini millesimo trecentesimo septuagesimo nono.

(Orig. Perg. 6 h. Sig. im mähr. Landesarchive.)

151.

Beneš und Proček von Wildenberg verkaufen dem Leitomysler Bischofe Albert von
Sternberg, dem Peter von Rosenberg und dem Sazema von Ústí die Güter Moravičan
und Palonín. Dt. Sternberg 8. Mai 1379.

Nos Benessius et Proczko, filius eius, de Wilmberg alias de Buzaw notum facimus
tenore presencium universis, quod animo deliberato et amicorum nostrorum sano consilio
prehabito bona et hereditates nostras videlicet Morawiczan et Palonyn, villas integras, quas
habuimus, cum agris cultis et incultis, pratis, pascuis, silvis, rubetis, nemoribus, montibus,
vallibus, piscinis, aquis, rivulis, aquarumve decursibus, viis, semitis, accessibus et regressibus,
venacionibus, aucupacionibus, cum terminis, metis, areis et limitibus cum pleno jure et
dominio, specialiter jure patronatus ecclesie parochialis in Morawiczan incluso, et cum
omnibus juribus et jurisdiccionibus, cum hominibus et incolis, cum censibus et aliis solucionibus et generaliter cum omnibus ipsorum pertinenciis intra et extra ad easdem villas
spectantibus, in quibus rebus consistant aut quibuscunque censeantur nominibus, unam eciam
curiam allodialem in Morawiczan cum agris et segetibus yemalibus et estivalibus, pomeriis,
pratis, pascuis et singulis ipsius pertinenciis, vendidimus iusto vendicionis titulo reverendo
in Christo patri domino Alberto de Sternberg Luthomislensi episcopo et honorabilibus viris
dominis Petro de Rosemberg regie capelle ad omnes sanctos Prage et Sazeme de Usk
Tinensi prepositis et cum pleno jure vendimus pro octingentis octuaginta sex marcis grossorum
minus quinque grossis monete pragensis nobis iam in parata pecunia solutis, nichil nobis aut
nostris heredibus in eisdem bonis et villis ac eciam curia cum ipsorum pertinenciis juris aut
proprietatis penitus reservantes. Nos igitur Benessius et Proczko prenominati, predictorum
bonorum venditores principales, Ulricus de Bozkovic, Benessius de Cravar alias de Crumnaw,
Wocko de Holenstain, Johannes dictus Kropacz de Holenstain et Pauliko de Ewlemburg

cum ipsis et pro ipsis compromissores promittimus omnes in solidum manu coniuncta nostra sincera .fide sine omni fraude et dolo, eadem bona et curiam cum ipsorum pertinenciis omnibus iam expressis ab omni impeticione et impedimentis quibuslibet exbrigare et jure terre Moravie libertare ac eciam in primo colloquio dominorum, cum tabule terre Moravie apperte fuerint, dicta bona seu hereditates et villas ac curiam cum omnibus et singulis eorum pertinenciis eidem domino Alberto episcopo, Petro et Sazeme prefatis dominis promittimus intabulare qualibet difficultate procul mota. Quod si aliquid in premissis in parte vel in toto non fecerimus, quod absit, extunc quatuor ex nobis, quicunque per predictos dominos dominum Albertum episcopum, Petrum et Sazemam moniti fuerimus, statim quilibet loco sui unum militem aut unum honestum clientem militaris status et condicionis cum duobus famulis et tribus equis ad prestandum verum et consuetum obstagium in civitate Stermberg prope Olomucz in domo honesti hospitis nobis per eosdem dominos deputata promittimus sine omni dilacione mittere et locare, abinde per nullum modum exituri, doncc ante omnia prenotata bona seu hereditates ac cciam ´curia cum ipsorum singulis pertinenciis fuerint jure terre Moravie ab omni impeticione et impedimentis exbrigata ac cciam intabulata, ut prefectur, et donec omnia dampna perinde per nunccios, vias et raysas aut alioquocunque modo contracta, que racionabiliter poterunt demonstrari, plene per nos dictis domino Alberto episcopo, Petro et Sazeme dominis predictis fuerint persoluti. Eo specialiter adiecto, quod nos omnes prenominati fideiussores promittimus in solidum manu coniuncta sepedicta bona et villas ac cciam curiam cum ipsorum singulis pertinenciis ab excussione, que vulgariter sutye dicitur, exbrigare. Quod si non fecerimus, quod absit, mox infra septimanas post monicionem nobis factam quatuor immediate sequentes promittimus principalem pecuniam videlicet octingentas octuaginta sex marcas minus quinque grossis, pro quibus bona sunt vendita et trecentas marcas grossorum racione pene adiecte, ad quam nos obligavimus et presentibus obligamus, statim prefatis dominis domino Alberto episcopo, Petro et Sazeme predictis dare et solvere pecunia cum parata. Quod si non fecerimus, quod absit, extunc iterum quatuor ex nobis, qui per supradictos dominos moniti fuerimus, quilibet loco sui unum militem aut honestum clientem militaris status et condicionis cum duobus famulis et tribus equis ad prestandum obstagium in civitate Stermberg, ubi et pecunie predicte debent reponi, tenebuntur mittere et locare ut prefertur; ´in quo obstagio si per quatuordecim dies manserint dictis octingentis octuaginta sex marcis minus quinque grossis et trecentis marcis grossorum pro pena adhuc non solutis, statim ipsi domini dominus Albertus episcopus, Petrus et Sazema predicti habent et habere debent plenam potestatem, omnes pecunias supradictas recipere et conquirere inter judeos et christianos nostra omnium fideiussorum super dampna, codem cciam obstagio non cessante, donec omnes predicte pecunie tam principales quam cciam pro pena cum omnibus et singulis dampnis quocumque modo contractis et racionabiliter demonstratis plene per nos fuerint date et solute. Insuper nos omnes prenominati fideiussores promittimus manu coniuncta nostra sincera fide sine dolo omnia superius contenta in eorum omnibus clausulis, punctis et sentenciis de verbo ad verbum ad manus eorum, qui presentes literas habuerint, fideliter ac inviolabiliter adimplere et servare. In quorum omnium plenam evidenciam et testimonium

18*

sigilla nostra propria de certa nostra sciencia presentibus sunt appensa. Actum et datum Sternberg anno domini millesimo trecentesimo septuagesimo nono, die sancti Stanislai martiris et pontificis.

152.

Proček von Wildenberg etc. versprechen dem Leitomyšler Bischof Albert von Sternberg etc., die Güter Moravičan und Palonín durch drei Jahre vor jeder Ansprache zu schützen. Dt. Sternberg 8. Mai 1379.

Nos Proczko de Willmberg alias de Buzaw, Ulricus de Bozkovicz, Benessius de Cravar alias de Crumnaw, Wocko de Holenstain, Johannes dictus Kropacz de Holenstein, Pauliko de Ewlemburk et Henricus de Albersdorff pro parte nobilium virorum dominorum Benessii de Wilmberg alias de Buzaw et Pothe de Wilmberg alias de Losticz notum facimus tenore presencium universis, quod predictus nobilis dominus Benessius matura prehabita deliberacione villas ipsius integras videlicet Morawiczany et Palonyn ac cciam curiam in Morawiczan cum agris cultis et incultis, pratis, pascuis, silvis, honoribus, censibus et aliis solucionibus, jure patronatus ecclesie in Morawiczan incluso cum pleno iure et dominio, nichil sibi in eisdem villis juris aut proprietatis ac cciam curia cum ipsius pertinenciis penitus reservando, vendidit reverendo patri domino Alberto de Sternberg Luthomislensi episcopo et honorabilibus viris et dominis Petro de Rosemberg regie capelle ad omnes sanctos Prage et Sazeme de Usk Tinensi prepositis pro octingentis octuaginta sex marcis minus quinque grossis grossorum monete pragensis, quas iam plene et ex toto percepit, prout in alia litera patenti huiusmodi bonorum vendicio plenius continetur. Quas quidem villas Morawiczan et Palonyn ac cciam curiam cum ipsorum omnibus pertinenciis racione dotalicii, quod nobiles domine Anna ipsius domini Benessii et Elizabeth ipsius domini Pothe conthorales in eisdem villis habere dinoscuntur, nos omnes prenominati fideiussores promittimus manu coniuncta indivisim nostra sincera fide sine omni fraude et dolo ab omni impeticione et impedimentis ipsarum dominarum aut pro eis faciencium tribus annis et uno die post mortem ipsorum dominorum immediate sequentibus, videlicet Benessii et Pothe predictorum exbrigare et omnimode libertare, eo specialiter expresso, quod si medio tempore aliquem ex nobis fideiussoribus decedere contigerit, quod absit, extunc infra duos menses, post monicionem nobis factam sequentes, promittimus presentem literam statim innovare et alium fideiussorem loco illius, qui decesserit, quociescunque illud fieri contigerit, equivalentem priori, reformare ad standum nobiscumque in omnibus compromissis, que in presenti litera superius sunt descripta. Quod si aliquid in premissis non fecerimus, quod absit, extunc quatuor ex nobis, quicunque per ipsos dominum Albertum episcopum, Petrum et Sazemam prefatos moniti fuerimus, tenemur et promittimus quilibet dare et mittere loco sui unum militem aut honestum clientem militaris

status et condicionis cum duobus famulis et tribus equis in civitatem Stermberg prope Olomucz
ad domum honesti hospitis nobis deputatam ad prestandum ibidem verum obstagium et
consuetum, ab eodem nullo modo exituri, donec ante*) omnia predicte ville et bona cum
suis singulis pertinenciis ab omni impeticione et impedimentis, ut prefertur, fuerint per nos
exbrigata et omnia premissa tam de presentis litere innovacione et fideiussorum reformacione
quam de ipsorum bonorum exbrigacione per nos fuerint efficaciter adimpleta et omnia dampna
soluta, que sepedicti dominus Albertus episcopus, Petrus et Sazema per vias, nunccios,
raysas aut alio quocumque modo perceperint, que racionabiliter potuerint demonstrari. Insuper
nos omnes prenominati fideiussores promittimus manu coniuncta nostra sincera fide sine omni
fraude et dolo, omnia nostra premissa superius contenta in omnibus eorum sentenciis et
clausulis de verbo ad verbum, de sensu ad sensum ad manus eorum, qui presentes literas
habuerint, firmiter et inviolabiliter observare. In cuius rei testimonium presentes literas
dedimus, quibus sigilla nostra propria de certa sciencia sunt appensa. Actum et datum
Stermberg anno domini millesimo trecentesimo septuagesimo nono die sancti Stanislai pontificis et martiris.

(Orig. Perg. 7 h. Sig., das erste verletzt, das vierte abgerissen, in den Akten der Olmützer
Karthäuser im mähr. Landesarchive. — Abgedruckt bei Pez T. VI. p. II. pag. 67.)

153.

*Der Augustiner-Convent in Brünn bekennt, dass er verpflichtet sei, dem Obrowitzer
Kloster von zwei Äckern den Zehent zu leisten. Dt. 19. Mai 1379. s. l.*

Quoniam acciones hominum quamvis solempniter celebrate simul cum tempore procedente defluere consueverunt, ideo necesse est et congruum, ut ea, que a memoria hominum
decedere possunt, scriptis et testimoniis, que sunt indicium veritatis, perhennentur. Qua
propter nos frater Augustinus prior, Wenczeslaus subprior, Philippus lector, Petrus sacristanus totusque conventus monasterii novi sancti Thome extra muros civitatis Brunne, ordinis
fratrum heremitarum sancti Augustini, Olomucensis dyocesis, ad universorum noticiam tam
presencium quam futurorum harum serie volumus pervenire. Quod cum inter nos ex una
et honorabilem in Christo patrem dominum Jaroslaum divina providencia abbatem, Hanuschium priorem, Johannem subpriorem totumque conventum monasterii Zabrdovicensis, ordinis
premonstratensis dyocesis prenotate parte ex altera cuiusdam litis, questionis et contencionis
materia et controversia mota et orta fuisset super quibusdam decimis quorumdam duorum
agrorum terre aratorie, vulgo prayte nuncupatorum ad curiam nostram in villa Chunigsfeld
situata pertinencium, qui duo agri olim ad villam Huswicz pertinebant, que villa ad ecclesiam
sancte Kungundis dictorum abbatis et conventus parochialem dinoscitur pertinere, quorum
primus ager Hack nuncupatus iacet in valle Prühl, fossatum et rivulum ibidem Ponaw tangens

*) Hier ist offenbar etwas weggelassen, vielleicht jene Worte, die an ähnlicher Stelle in n. 151
p. 139 Zeile 13, stehen: donec ante omnia prenotata hereditales predicte ville etc.

a parte inferiori, circumdatus eciam campo dominarum sanctimonialium monasterii Aule sancto
Marie in Antiqua Brunna, qui campus pertinet ad magnam curiam videlicet inferiorem in
dicta villa Iluswicz ex una parte et agrum cuiusdam civis Brunnensis, Luestenzagl dicti, parte
ex altera. Secundus vero ager, Ryemer appellatus, iacet penes viam publicam, quam tangit
a sinistris, per quam eciam itur de dicta villa Zabirdowicz in villam novam et iam dictum
magnum agrum dominarum sanctimonialium prediclarum ex una, parte vero ex altera agrum
Michaelis, in Turri dicti, civis Brunnensis. Tandem ut omnis contencionis materia frustraretur
inter nos et sopiretur, composicione, ordinacione et arbitrio honorabilium et discretorum
virorum dominorum Johannis, sancti Jacobi, Nicolai, omnium sanctorum ecclesiarum plebanorum
et rectorum, ac Johannis Oertlini et Wilhelmi sartoris civium Brunnensium interveniente
super antenotatis decimis propter pacis perpetue tranquillitatem in talem amicabilis composicionis et concordie devenimus unionem, quod nos prior et conventus predicti nostrique
successores de predictis duobus agris abbati et monasterio Zabirdowicensi octo capecia ano-
narum quocumque semine sive grano seminatarum super ipsos agros perpetuis temporibus
quolibet in anno, in quo tamen iidem agri fuerint seminati, sexaginta manipulos pro uno
quolibet capete computando, pro decima dare et porrigere debemus et tenemur. Si vero
ipsi agri duplici semine seminantur, extunc de quolibet agro eiusdem grani seminati quatuor
capecia dare obligamur, ut semper in minimo octo capecia sint et existant. In casum vero,
si unus illorum duorum agrorum maior vel minor fuerit seminatus, extunc eiusdem grani
decime, videlicet octo capecia modo, ut prefertur, per nos dicto abbati et suo conventui
sunt porrigenda. Ea eciam condicione interposita, quod nos et nostri successores annonas
nostras de dictis duobus agris nequaquam movere neque deducere debemus, nisi prius abbati
vel procuratori aut vice et nomine ipsius certo suo nunccio decima ipsa fuerit per nos
assignata et exposicionem ipsius decime nos et nostri successores, qui pro tempore fuerint,
abbati et conventui predictis per certum nunccium nostrum debemus intimare. In casum
vero, ubi dictus abbas vel sui successores decimam a nobis recipere tardarent, propter quod
nobis et monasterio nostro dampnum in annonis nostris posset inminere, extunc licite et
libere nos et procuratores nostri annonas nostras absque quolibet impedimento abducere
possumus et importare. Item antenotati arbitratores cause arbitraverunt, quod omnes et singuli
agri alii nostri monasterii ad curiam nostram in Chungsfeld pertinentes ab omni dacione
decimarum quarumlibet liberi esse debent prout sunt et exempti, duobus agris superius expressis duntaxat exceptis. Ultimo vero annotati honorabiles ambarum partum arbitratores
necnon amicabiles prenotate cause compositores de bona nostrarum ambarum partum voluntate
omnia et singula premissa per nos insolidum parte ex utraque dictaverunt, pronuncciaverunt,
et arbitrati sunt firmiter et inviolabiliter observari sub pena sexaginta marcarum denariorum
pragensium moravici numeri et pagamenti, que pena tociens exigi possit insolidum, quociens
contra dictum arbitrium vel aliquid eius capitulum fuerit factum sub ypotheca bonorum
quorumlibet utriusque partis, ita quod pars inobediens et contra dictam ordinacionem faciens
dare et solvere teneatur penam annotatam, videlicet viginti marcas grossorum domino episcopo
Olomucensis dyocesis nostro, alias viginti marcas arbitratoribus sive arbitris annotatis, terciam

vero et reliquam partem, ultimas videlicet viginti marcas parti obedienti predictamque ordinacionem observanti qualibet sine in contrarium accione canonica vel civili. Et ut prenotata
ordinacio, pronuncciacio et arbitracio dictorum dominorum et arbitratorum per nos partes
ambas firma habeatur et observetur, ipsam nos prior Augustinus et conventus novi monasterii
predicti ratam, firmam et inviolabilem observare promittimus ac presentibus laudamus et
confirmamus. Sub harum quas nostris prioratus et conventus predictorum sigillis ipsis abbati
et conventui Zabirdowicensi dedimus robore litterarum. Die festi ascensionis domini anno
eiusdem millesimo trecentesimo septuagesimo nono.

(Orig. Perg. 2 h. Sig., das zweite sehr verletzt, in den Akten des Obrowitzer Klosters im
Landesarchive. — Von den Feldern heisst es in der Überschrift a tergo, dass sie
v černém poli gelegen seien.)

154.

Markgraf Jodok verleiht den Besitzern der Weingärten in Selowitz ein Bergrecht.
Dt. Brünn 30. Mai 1379.

Wir Jost von gottes genaden markgraf und herr zu Mähren, bekennen und tuen
kunt öffentlich mit diesem briefe allen den, die in sehen ader hören lesen, das wir durch
besserunge willen unsers gebirges und der weingerten, die gelegen sein zu Selawicz, und
auch darauf, daz die leute gemeinlich, die weingerten in denselben gebirgen haben, dieselben
ire weingerten zu bawen so vil dester vleissiglicher geneigt würden, so haben wir gesatzt
und gemacht einen bergmeister und bergschöpfen und geben denselben, die nu sein oder
hernach werden, volle macht und crafft sie alle berggenossen und das gebirge daselbst dacz
Selowicz vollkomblich bei einem gebirgsrecht gleich andern gebirgen haben und halten sollen
und dasselbe rechte geben wir genzlichen allen den, die weingerten do haben ader noch
gewünnen in zukünftigen zeiten, also, daz sie mit hilfe desselben rechtes sich alles unrechtes
erweren und dowider stehen sollen und mugen. Und meinen und wollen, daz sie an diesem
rechte und genaden, die wir in getan und gegeben haben, niemandes hindern sol bey unsern
hulden, wan wir sie genzlichen schützen und schermen wollen bey allen rechten. Mit
urkund dis briefes versigelt mit unserm anhangenden insigel, der geben ist zu Brunne noch
Christi geburt dreyzehenhundert jar darnach in dem neun und subenczigsten jar des nächsten
mantags nach dem heiligen pfinsttag.

(Aus dem Codex n. 87 p. 41 im Brünner Stadtarchive.)

155.

Markgraf Jodok bestättiget dem Kloster Bruck alle Privilegien seiner Vorgänger.
Dt. Znaim 11. Juni 1379.

Jodocus dei gracia marchio et dominus Moravie notum facimus tenore presencium universis. Si quorumlibet subditorum nostrorum amplianda sunt comoda et si ad ipsorum procurandos honores et profectus ex debito officii nostri intendere advertimus, singularius tamen illorum profectus, comoda et honores diligimus, qui mundi vanitate contempta sub debito religionis honore omnipotenti deo militant et indefesse oracionis studio eius misericordiam invocant, in cuius manu salus omnium rite consistit, qui magna virtute sanat et percutit et in se sperantes nullo modo dereliquit. Sane in nostri constitutus presencia venerabilis et religiosus . . abbas monasterii Lucensis, ordinis premonstratensis nobis supplicavit instancia diligenti, ut privilegia, libertates, emmunitates, indulta et consuetudines sibi et monasterio suo Lucensi concessa et concessas, data et datas, servata et servatas innovare, ratificare et confirmare dignaremur. Nos igitur eiusdem . . abbatis precibus velud iustis et racionabilibus favorabiliter inclinati universa et singula privilegia, libertates, jura, emmunitates et indulta per dive recordacionis reges Boemie et marchiones Moravie predecessores nostros monasterio prefato concessa et data, concessas et datas necnon laudabiles consueludines apud idem monasterium eiusque personas, homines, possessiones et bona hactenus observatas in toto et in parte sui qualibet ratificamus, innovamus, approbamus et presentis scripti patrocinio confirmamus ab omnibus et singulis nobilium, baronum, judicum, justiciariorum, burggraviorum et officialium nostrorum quorumlibet jurisdiccionibus, dacionibus, iussionibus, mandatis et preceptis quibuslibet supradictum . . abbatem, eius monasterium necnon homines et subditos eiusdem monasterii virtute presencium eximimus et nostre tuicioni et camere solummodo reservamus, volentes ut ipsis non pareant nec obediant in aliquo, sed in omnibus agendis et causis ipsorum ad nos recurrant decetero vel ad hunc, quem ad hoc duxerimus deputandum. Decernentes, ut de bonis subditorum supradictorum . . abbatis et monasterii nullus se presumat intromittere, sed ipsa debent ad eiusdem . . abbatis, qui nunc est et pro tempore fuerit, disposicionem perpetuo pertinere. Mandamus igitur universis et singulis baronibus, nobilibus, burggraviis, justiciariis et officialibus nostris quibuslibet, qui nunc sunt vel pro tempore fuerint, seriose, quatenus de bonis et rebus subditorum et hominum supradictorum . . abbatis et monasterii in vita seu morte se non presumant intromittere nec in bonis eiusdem monasterii iudiciis presidere, casibus in eorum privilegiis dumtaxat exceptis, neque cciam supradictum abbatem et eius monasterii homines audeant in aliquo perturbare, prout propria pericula et gravissime nostre indignacionis offensam voluerint evitare. Presencium sub appenso nostro sigillo testimonio litterarum. Datum Znoyme anno domini millesimo trecentesimo septuagesimo nono, sabbato infra octavas corporis Christi.

(Auf der Plicatur: Ad mandatum domini . . marchionis Nicolaus prothonotarius. — Orig. Perg. an weissen und rothen Seidenfäden h. Sig. im mähr. Landesarchive.)

156.

Markgr. Jodok verbietet, von den Znaimer Kaufleuten Mauthgeld zu erheben.
Dt. Brünn 30. Juni 1379.

Jodocus dei gracia marchio et dominus Moravie universis et singulis burggraviis, rectoribus, judicibus . . scabinis . . theoloneariis civitatum, opidorum et villarum communitatibus et aliis in marchionatus nostri dominio habitantibus subditis et fidelibus nostris dilectis salutem et omne bonum. Fideles, ut condicio civitatis nostre Znoymensis et incolarum eius meliorari et felicem (sic) augmentum recipere valeat, decrevimus omnibus et singulis prefate civitatis civibus et incolis hanc facere graciam, ut ipsi in toto nostri marchionatus dominio cum mercibus et rebus suis singulis sine solucione theolonei liberi et absoluti transire debeant, prout in privilegio, quod eis desuper erogasse dinoscimur, plenius continetur. Quare universitati vestre et cuilibet vestrum mandamus et precipimus presentibus seriose, quatenus a supradicte civitatis nostre civibus et incolis, dum et quocies ipsos et ipsorum quemlibet ad vos venire contigerit, nullum recipiatis neque recipi permittatis theoloneum, prout nostre indignacionis offensam volueritis evitare. Datum Brünne Anno domini etc. LXXIX⁰ feria quinta proxima post diem beatorum Petri et Pauli Apostolorum.

(Orig. Perg. beigedr. Sig. im Znaimer St. Archive.)

157.

Der Stadtrath von Brünn bekennt, dass die Stadt Brünn dem Ulrich von Boskowitz auf
Geheiss des Markgrafen Jodok jährlich hundert Mark zu zahlen habe.
Dt. Brünn 15. Juli 1379.

Wir purgermeister und die sceppfen der stat zu Brunne, die nu sint odir in kunftigen zeiten werden, bekennen und tun kunt offenlich mit disem brieff allen den, die yn sehen odir horen lesen. Wann der hochgeborner furst und herre, herr Jost marggraff und herre zu Merhern, unsir lieber genediger herre, dem edlen manne herrn Ulreichen von Boscowicz und seinen erben mannes geslechtes uff der stat ze Brunne hundert mark grosser pfennig jerlicher gulde geben und vorschriben hat, als das in den briefen, die der egenant unsir genediger herre marggraff Jost doruber geben hat, luterlicher ist begriffen. Und dorumb so haben wir von sunderlich geheizze und gepot des egenant unsirs herrn marggraff Jostes den obigen herrn Ulreichen und seinen erben gelobt und geloben auch in guten trewen mit kraft dicz briefs, das wir yn die obgenannten hundert mark jerliche guld geben und bezalen wollen, L mark uff sand Michelstag, der schirst komt und L mark uff sand Jorgen tag nechste dornoch und also dornoch alle jerlichen tun in aller der masse, als yn das in den briefen des egenanten unsirs genedigen herrn marggraff Josten ist verschriben. Mit urkund dicz brieffs vorsigelt mit unserm stat anhangunden insigel. Der geben ist zu Brunne noch

19

Cristes geburd dreyzenhundert jar dornach in dem neunundsibenzigisten jar, des nechsten vreitags nach sand Margaretentag.

(Aus dem Codex n. 34 fol. 58 im Brünner Stadtarchive.)

158.

Ulrich von Boskowitz und seine Söhne erklären, dass das ihnen vom Markgrafen Jodok verliehene Schloss Vičor demselben jederzeit offen stehen solle. Dt. Brünn 15. Juli 1379.

Wir die nachgeschriben Ulrich von Bozkwicz, Wanke und Jan gebrudere, desselben von Bozkwicz sone. bekennen und tun kunt offenlich mit diesem briefe allen den, die yn sehen oder horen lesen. das wir dem hochgebornem fürsten und herren, herren Josten, seinen erben und nachkomen. marggraffen und berrn zu Merhern, gelobt haben und globen auch in gucien trewen an alles geverde mit crafft dicz briefes, das yn das hus Wiczaw, das uns von dem egenanten marggraff Josten unserm genedigen herren eingegeben worden ist. als das luterlicher ussweisen sulche briefe, die wir dorüber haben von demselben unserm genedigen herren marggraff Josten, offen sein sal wider allermeniclichen, nymands ussgenomen und sullen yn domit gewartund sein, wenn und als offt sie des an uns begern, als unsern rechten. ordenlichen und naturlichen erbherren, in gucten trewen an alles geverde. Des haben wir gebeten die edlen herren Benessen von Wartemberg, herren zu Wessel, Henrichen von Wartemberg genant von Durrenholcz und Cztybor von Cynnburg, das sie zu gezeugnusse aller obgeschriben sachen ire ingesigel zu den unsern an diesen briefe hengen wolten, des haben sie unser bete erhöret und haben ire insigel zu gezugnusse an diesen brieff gehenget. Geben zu Brünne noch Cristi geburde dreyzenhundert jar dornoch in dem newnundsibenzigisten jar des nechsten freytages noch sant Margarethen tag.

(Orig. Perg. 6 h. Sig. im ständischen Archive n. 119 inter Misceli. im mähr. Landesarchive.)

159.

Markgraf Jodok gestattet den Brünner Bürgern, dass sie sich die 100 jährlich an Ulrich von Boskowitz und die an zwei markgräfliche Falkoniere zu zahlenden 16 Mark von der Losung abschlagen können. Dt. Brünn 24. Juli 1379.

Jodocus dei gracia marchio et dominus Moravie . . magistro civium et . . scabinis civibus Brunnensibus, qui nunc sunt vel pro tempore fuerint, graciam nostram et omne bonum. Fideles dilecti. Ilias C marcas grossorum, quas nobili viro Ulrico de Boskowicz et illas sedecim marcas, quas Alberto et Petro familiaribus et falconistis nostris singulis annis dari deputavimus, prout littere nostre et cciam vestre date desuper declarant lucidius, volentes vobis defalcare in solucione losunge nostre annue, ita, quod quociescunque prefatas solveritis pecunias locies vos et vestrum quilibet debetis a solucione illarum pecuniarum esse liberi. Qui vos presentibus libertamus. Presencium sub appenso nostro sigillo testimonio literarum. Datum Brunne anno domini M⁰CCC⁰LXXIX⁰ in vigilia sancti Jacobi apostoli.

(Aus dem Codex n. 34 fol. 58 im Brünner Stadtarchive.)

160.

Markgraf Jodok erklärt, gestattet zu haben, dass das Brucker Kloster einen Hof in Kallendorf von dem Tischnowitzer Kloster kaufe. Dt. Brünn 25. Juli 1379.

Jodocus dei gracia marchio et dominus Moravie. Notum facimus tenore presencium universis, quod ad vendicionem curie colonarie sita (sic) in villa Kolendorff, quam honorabiles et religiose virgines . . abbatissa et conventus monasterii Tuschnowicensis honorabili et religioso viro . . abbati monasterii Lucensis, ordinis premonstratensis vendidisse noscuntur, nostrum consensum dare curavimus et damus ad contractum vendicionis huiusmodi virtute presencium nostrum favorem benivolum et assensum. Presencium sub apresso nostro sigillo testimonio literarum. Datum Brunne anno domini etc. LXXIX⁰ in die sancti Jacobi apostoli.

(Orig. Perg. beigedr. Sig. im mähr. Landesarchive.)

161.

Markgraf Jodok bestättiget den Brünner Dominikanern die Schenkung des Dorfes Těšan. Dt. Olmütz 26. August 1379.

Jodocus dei gracia marchio et dominus Moravie notum facimus tenore presencium universis, quod cum nobilis vir Benessius de Wildemberk dictus de Busaw religiosis et venerande religionis fratribus . . priori et . . conventui domus sancti Michaelis in Brunna ordinis predicatorum bona sua hereditaria, que in villa Tyschaw sita prope Mutnycz habuit et habuisse dinoscitur, dare, deputare, legare et testari instinctu devocionis pro elemosina salutifera inclinatus fuerit, prout littere, que per eundem Benessium date sunt desuper, declarant lucidius et testantur. Nos qui ad maioris huiusmodi donacionis firmitatem intendimus maxime propter preces predictorum fratrum, quos zelo amoris sincerissimo prosequimur, ad donacionem, deputacionem, legacionem et testamentum predictis nostrum damus virtute presencium consensum benivolum et assensum, mandantes camerariis. czudariis et urzedniconibus czude Brunnensis fidelibus nostris dilectis presentibus seriose, quatenus supradictis fratribus tempore, quo libri sive tabule terre aperte fuerint, prefata bona intytulent et faciant ea eisdem libris sive tabulis more solito annotari. Presencium sub appenso nostro sigillo testimonio literarum. Datum Olomuncz anno domini millesimo trecentesimo septuagesimo nono, feria sexta proxima post diem sancti Bartholomei apostoli.

(Auf der Plicatur: Ad mandatum domini marchionis Nicolaus prothonotarius. — Orig. Perg. h. Sig. im mähr. Landesarchive.)

162.

Sander. Offizial des Olmützer Bischofes, gestattet, dass die Pfarrer von Morbes und Srabenic ihre Pfründen vertauschen. Dt. Kremsier 25. September 1379.

Nos Sanderus vicarius et officialis curie episcopalis Olomucensis notum facimus tenore presencium universis, quod cum religiosi et discreti viri Martinus de Moravans et Nicolaus de Swabenicz ecclesiarum plebani easdem ecclesias suas patronorum suorum ad hoc accedente consensu ex causis racionabilibus coram nobis propositis ad invicem cupierint permutare, in manibus nostris eisdem ecclesiis suis sponte renunciarunt. Nos vero dictis renunciacionibus receptis prefatum Martinum de ecclesia in Moravans prefata ad ecclesiam in Swabenicz predictam transtulimus et rectorem legittimum instituimus ac plebanum sibi curam animarum et administracionem spiritualium et temporalium in eadem auctoritate nobis concessa in dei nomine committentes. Harum quibus sigillum officialatus curie episcopalis antememorate presentibus est appensum testimonio literarum. Datum Cremsir die dominica proxima post festum sancti Mathei apostoli gloriosi anno domini millesimo trecentesimo septuagesimo nono.

(Aus dem Orig. des Zděrazer Klosters abgedruckt in Dobners Monum. IV. p. 374.)

163.

Albert von Sternberg, Bischof von Leitomyšl, übergibt der von ihm bei Leitomyšl gestifteten Karthause die Güter Dolein, Toveř, Moravičan und Palonin.
Dt. Prag 28. September 1379.

Nos Albertus de Stermberg dei gracia Luthomislensis episcopus ad perpetuam rei memoriam notum facimus tenore presencium universis. Quod divina nobis inspirante gracia iusto et recto examine comperimus, quanta huius seculi sit vanitas, quam in huius vite labilis stadio sub incertis momentis naufragium prestolantes occupamur, intantum cciam, ut nulla spes sit salutis, nisi miserator ille clementissimus de multitudine sue miseracionis ad portum per grata virtutum opera nos reducat salutarem; sed quia prochdolor fragilitas nostra illecebrosis corrupta contagiis non sufficit veniam omnipotentis consequi pro delictis perpetratis et de buius mundi naufragio liberari, nisi nostrorum cooratorum, quos totis viribus habere anhelamus, suffragio mediante et presertim sacri ordinis Carthusiensis virorum religiosorum, qui pre ceteris omnino a terrenis affectibus sunt exuti, solam ducunt vitam contenplativam in simplicitate cordis devocius deo famulantes. Ut autem tanto fervencius et comodosius pro nobis, nostris progenitoribus, successoribus, consanquineis et amicis misericordiam altissimi valeant deprecari, quanto per nos non solum in edificiis, verum cciam rerum temporalium sustentacionem ad corporis necessitatem pertinere noverint se esse refectos pariter et provisos, sane igitur predicti sacri ordinis Carthusiensis monasterium, quod de bonis nostris patrimonialibus pro divini cultus augmento et honore in fundo nostre possessionis episcopalis prope Luthomisl per certos terminos ad hoc deputato fundavimus et ereximus ac ex devocione speciali Rubum beate Marie id monasterium appellari censuimus, in quo tredecim monachi cum certis conversis eiusdem ordinis perpetuis degere temporibus debebunt ad frequentandum laudes divinas iuxta prefati ordinis Carthusiensis sancta instituta. Ne autem ex rerum temporalium defectibus iam dicti nostri cooratores in divinis obsequiis deficiant, ipsis rerum temporalium pro sustentacione tot personarum, ut prefertur, ibidem degencium in bonis nostris per nos pecuniis et laboribus nostris conquisitis fecimus et facimus provisionem in hunc modum, videlicet quod bona et villas Dolan et Thowirz prope Olomucz necnon Morawiczan et Palonyn in Moravia per nos empta seu emptas cum hominibus, censibus, curiis, agris, pratis, pascuis, cum pleno jure dominii et generaliter cum omnibus libertatibus et pertinenciis suis, jure patronatus et una curticula duntaxat in Morawiczan exclusis, cum aliis vero omnibus juribus et utilitatibus, prout dicta bona emimus, nichil amplius nobis reservantes in eisdem, dedimus et donavimus ac presentibus priori, fratribus ac conventui ordinis Carthusiensis monasterii Rubi beate Marie per nos, ut premittitur, fundati et erecti damus et donamus ad habendum perpetuo et cum pleno jure dominii hereditarie possidendum ac de ipsis sicut de propriis libere disponendum, eorundemque omnium bonorum cum eorum universis et singulis pertinenciis in manus ipsorum prioris fratrum et conventus ordinis et monasterii predictorum damus et tradimus realem possessionem, solum jure patronatus ecclesie in Morawiczan nobis reservato. Volentes fideliter omnia et singula bona et specialiter Morawiczan et Palonyn villas predictas cum suis universis juribus et proprietatibus, solum jure patronatus, ut prefertur, excluso, sepefatis priori, fratribus ac domui, in quantum nobis possibile fuerit, intabulari procurare et easdem villas honorabilibus viris et dominis Petro de Rosemberg regie capelle ad omnes sanctos in castro Pragensi et Sazeme de Usk Tinensi prepositis fratribus nostris carissimis et nostre ultime voluntatis executoribus, quibus dicte ville sunt cciam ascripte commisimus, ut in casu, quo nos prius decedere, quod absit, contigerit, supradictas villas cum carum pertinenciis ipsis priori, fratribus et conventui prefatis intabulari fideliter procurent, prout super eo prenominati fratres nostri et ultime nostre voluntatis executores securitatem literis suis patentibus ipsis priori, fratribus et conventui iam fecerunt, sic ut omnia et singula premissa aut per nos favente altissimo aut per nostros ultime voluntatis executores efficaciter debeant adimpleri et votum nostrum, quod erga predictum sacrum Carthusiensem ordinem gerere incepimus, ad laudem perpetuam omnipotentis dei et eius intemerate matris virginis Marie feliciter consumari. Ut autem huiusmodi dotacio per nos, ut predicitur, facta robur obtineat firmitatis, presentes literas dedimus nostris sigillis communitas. Actum et datum Prage anno domini millesimo treccntesimo septuagesimo nono die sancti Wenceslai martiris gloriosi.

(Orig. Perg. an rothen und schwarzen Seidenfäden h. Sig. von rothem Wachse im mähr. Landesarchive. — Von dieser Urkunde existirt ein zweites Original ddo. 1. November 1379.)

164.

Peter von Rosenberg und Sezema von Ušt bekennen, dass sie als Testamentsvollstrecker des Leitomyšler Bischofes Albert von Sternberg die Güter Moravičan und Palonln den Karthäusern in Leitomyšl nach seinem Tode, falls er diess bei Lebzeiten nicht selbst thäte, in die Landtafel einlegen wollen. Dt. Prag 30. Sept. 1379.

Nos Petrus de Rosemberg regie capelle ad omnes sanctos in castro Pragensi prepositus et Sazema de Usk Tinensis prepositus reverendi in Christo patris domini Alberti, Luthomislensis episcopi, ultime voluntatis executores, recognoscimus tenore presencium universis. Quod cum alias idem reverendus pater et dominus certam domum, videlicet rubi beate Marie, ordinis Carthusiensem prope civitatem suam Luthomislensem erexerit ac funda-verit ac in dotacionem eiusdem domus bona et villas videlicet Morawiczan et Palonyn in Moravia sila seu sitas cum omni jure et pleno dominio sine aliorum quorumcunque preiudicio comparaverit et eidem domui jure patronatus ecclesie ibidem excepto duntaxat condonaverit, gerens de nobis tamquam ultime sue voluntatis alias ab ipso constitutis executoribus fiduciam singularem, eadem bona cum eorum universis juribus et pertinenciis, prout ea comparavit et litere super eo sunt confecte per venditores ipsorum bonorum et villarum, nobis loco dicte domus easdem literas scribi fecit confidenter sub pactis et condicionibus infrascriptis. Videlicet, quod in casu, ubi ipse dominus episcopus ac fundator prefatus predictas villas et bona cum eorum pertinenciis vel dicte domui vita sibi comite intabulari vel in alia bona convenienciora permutari non posset efficere, nos extunc intabulacionem vel commutacionem huiusmodi bonorum dicte domui deberemus quantum possibile nobis foret, fideliter procurare religiosique fratres prior .. et conventus prefate domus pro tempore deberent inantea totali dominio et usufructu dictorum bonorum ac villarum cum ipsarum pertinenciis tamquam pro-priorum vigore literarum suarum desuper ipsis datarum pacifica possessione gaudere. Nos igitur sui manufideles antedicti supradictam ascripcionem bonorum nobis factam eo modo, ut prefertur ratam et gratam habentes bona nostra fide et sincera absque omni fraude et dolo ipsis priori et conventui qui pro tempore fuerint et eorum successoribus ac domui sue predicte prefatas intabulacionem, disposicionem et ordinacionem, vendicionem vel permuta-cionem pro omni utilitate predicte domus faciendas promittimus iuxta posse nostrum exequi cum effectu, necnon alias omnia et singula premissa volumus fideliter promovere et rata ac grata tenere promittimus omnibus dolo et fraude proculmotis. In quorum omnium evidenciam et certitudinem firmiorem sigilla nostra propria de certa nostra sciencia presentibus sunt appensa. Actum et datum Prage die sancti Jeronimi anno domini millesimo trecentesimo septuagesimo nono, hoc est ultima die mensis septembris.

(Orig. Perg. 2 h. Sig. im rothen Wachse in den Akten des Olmützer Karthäuserklosters im mähr. Landesarchive.)

165.

Marinus, Erzbischof von Brindisi, quittirt dem Abt des Klosters Bruck, dass dasselbe die päbstliche Steuer entrichtet habe. Dt. Rom 3. Oktober 1379.

Universis presentes litteras inspecturis Marinus miseracione divina archiepiscopus Brundusinus domini nostri pape camerarius salutem in domino. Universitati vestre notum facimus, quod cum venerabilis pater dominus frater Zacharias, abbas monasterii Lucensis, premonstratensis ordinis, olomucensis diocesis se obligaverit camere apostolice ad solvendum ipsi camere seu collectori apostolico in partibus Olomucensibus deputato medietatem fructuum et proventuum unius anni seu illud, quod dictum monasterium taxatum in libris camere apostolice reperiretur ct monasterium prefatum non reperiatur neque reperiri potuerit per nos seu gentes camere antedicte taxatum, religiosus vir frater Nicolaus monachus dicti monasterii ac capellanus dicti domini abbatis et procurator ipsius de et super fructibus, redditibus et proventibus predictis seu medietate nomine ipsius domini abbatis cum gentibus camere prelibate et nobiscum composuit pro ducentis florenis auri boni ponderis de camera. Quos ducentos florenos prefatus frater Nicolaus vice et nomine dicti domini abbatis ex causa composicionis die date presencium gentibus camere antedicte realiter solvit et numeravit. De-quibus sic solutis et de medietate predicta ipsum dominum abbatem et suos heredes successores et monasterium presencium tenore quietamus et liberamus. Preterea reverendo patri domino . . Maieriensi episcopo in illis partibus nuncio et collatori apostolico ct eius subcollectoribus et aliis quibuscunque presencium tenore mandamus, quatenus eundem dominum abbatem vel successores suos seu monasterium suum prefatum occasione dicte annate seu medietatis dictorum fructuum de cetero non molestent. In quorum testimonium presentes literas fieri fecimus et sigillum nostri camerariatus officii appensione muniri. Datum Rome die tercia mensis Octobris anno nativitatis domini millesimo trecentesimo septuagesimo nono, pontificatus sanctissimi in Christo patris et domini nostri domini Urbani divina providencia pape sexti anno secundo.

(Orig. Perg. h. Sig. verletzt im mähr. Landesarchive.)

166.

Pabst Urban VI. beauftragt den Bischof von Leitomyšl etc. für den Fall, dass Markgraf Jodok, der Stadtrath von Olmütz etc. die Olmützer Kirche geschädigt hätten, dieselben mit dem Kirchenbanne zu belegen. Dt. Rom 15. Oktober 1379.

Urbanus episcopus servus servorum dei venerabili fratri . . episcopo Luthomysslensi et dilectis filiis . . abbati monasterii Scotorum in Wyenna Pataviensis diocesis ac . . archidiacono Wratislaviensi salutem et apostolicam benediccionem. Dudum per felicis recordacionis Urbanum papam V predecessorem nostrum accepto, quod nonnulli diversarum parcium principes. marchiones. duces. comites, barones et alii nobiles aliique officiales consiliarii civitatum, opidorum. castrorum. terrarum et aliorum locorum aliique laici et laicales persone dominium seu iurisdiccionem in temporalibus obtinentes. non attendentes. quod laicis in clericos nulla est attribuita potestas. clericos et personas ecclesiasticas temeritate propria bannire seu relegare ne proscribere non verebantur. idem predecessor omnes et singulos talia presumentes aut ea fieri mandantes seu eorum nomine et mandato facta rata habentes vel in eis faciendis dantes auxilium. consilium vel favorem, cuiuscunque preeminencie, dignitatis, status, gradus vel condicionis existerent. si singulares persone essent, earum videlicet singulas, et si communia vel universitates forent. omnes et singulos eorundem communium et universitatum potestates. capitaneos, baylinos, scabinos, advocatos, rectores, judices et consules ac officiales, quocunque nomine censerentur, consiliarios et privatas personas, qui huiusmodi sacrilegii principaliores patratores existerent, excommunicacionis sentenciam incurrere necnon quelibet eorundem communium et universitatum talia presumencium, civitates, opida, terras, castra et alia loca ecclesiastico interdicto subiacere, idem predecessor voluit ipso facto et quod nullus ab eisdem sentenciis per alium quam per Romanum pontificem, preterquam in mortis articulo, posset absolvi nec interdictum huiusmodi per alium relaxari, prout in ipsius predecessoris litteris inde confectis plenius continetur. Postmodum vero sicut exhibita nobis nuper pro parte dilectorum filiorum . . decani et capituli ac singulorum canonicorum et personarum ecclesie Olomucensis pelicio continebat, nobilis vir Jodocus marchio Moravie ac magistercivium et judex ac jurati nec non scabini civitatis Olomucensis ausu temerario prefatos decanum et capitulum ac singulos canonicos et personas predicte ecclesie de prefata civitate ac eius territorio et districtu ac terris dicti marchionis banniverunt et proscripserunt ac voce preconia sub pena capitis mandaverunt, ne aliquis decanum vel aliquam aliam personam de dictis capitulo seu res eorum colligere seu receptare aut cis de censibus aut aliis rebus ipsis debitis responderes presumeret ipsosque pro bannitis et proscriptis habuerint et habeant in eorundem decani et capituli ac singulorum canonicorum ac personarum maximum preiudicium et lesionem ecclesiastice libertatis, propter que marchio, magistercivium, judex ac jurati et scabini predicti vigore dicte constitucionis excommunicacionis sentenciam incurisse et predicta civitas huiusmodi interdicto subiacere noscuntur. Quare pro parte decani, capituli et canonicorum ac personarum predictorum fuit nobis humiliter supplicatum, ut providere eis in premissis de oportuno remedio dignaremur. Nos itaque huiusmodi supplicacionibus inclinati discrecioni vestre per apostolica scripta mandamus, quatinus vos vel duo aut unus vestrum per vos vel alium seu alios, si est ita, prefatos marchionem, magistrumcivium, judicem, juralos et scabinos tamdiu appellacione remota excommunicatos et civitatem prefatam ac terras dicti marchionis interdicto ecclesiastico subiacere publice nuncietis et eosdem excommunicatos ab omnibus arccius evitari faciatis, donec bannicionem et proscripcionem huiusmodi prout ad illas de facto processerunt, revocaverint et iniuriam exinde passis satisfecerint competenter et ab huiusmodi excommunicacionis sentencia absolucionis et interdicti relaxacionis beneficia meruerint obtinere. Contradictores per censuram ecclesiasticam appellacione postposita compescendo. Non obstantibus si prefatis marchioni, magistrocivium, judici, juratis, scabinis vel quibusvis aliis communiter vel divisim a sede apostolica sit indultum, quod interdici, suspendi vel excommunicari non possint per litteras apostolicas non facientes plenam ex expressam ac de verbo ad verbum de indulto huiusmodi mencionem. Datum Rome apud sanctum Petrum idibus Octobris pontificatus nostri anno secundo.

(Orig. Perg. anh. plumbum im Olm. Kapitelarchive.)

167.

Ingram von Jakobau, seine Söhne und Sigfried von Jakobau weisen den Nonnen in Doubravník 8 Mark jährl. Zinses in Semikowitz für jene 80 Mark an, um welche sie den Besitz des Klosters Doubravník in Morasitz verkauft hatten.

Dt. Jakobau 16. Oktober 1379.

Nos Igramus de Jacobaw, Philippus et Igramus filii legitimi eiusdem et Zifridus patruelis ipsorum ibidem de Jacobaw, ipsis coniunctus et unitus cum omnibus bonis hereditariis, recognoscimus tenore presencium universis, quod devotis et nobis dilectis sanctimonialibus monasterii sancte crucis in Dubrawnik sumus debiti et tenemur octoginta marcas grossorum pragensium denariorum numeri moravici et pagamenti pro bonis in villa Morasicz, que de carum consensu et voluntate vendidimus in nostra necessitate. In quibus octoginta marcis prehabita bona deliberacione et consilio nostrorum amicorum ipsis sanctimonialibus prenominatis condescendimus, dedimus et presentibus damus octo marcas grossorum pragensis monete moravici numeri recipiendas et singulis annis colligendas per se vel per nunccios ipsarum in villa nostra Semikowicz et in omnibus proventibus ad dictam villam spectantibus in censu, in pascuis, rubetis ac universis fructibus, qui ibidem possunt haberi. Pro nobis reservamus dominium et steuram regalem perpetuo tenendum. Considerantes cciam ipsarum sanctimonialium prefatarum pias et devotas fieri continue oraciones pro nobis et nostris progenitoribus vivis et defunctis, damus ipsis de nostra liberalitate et pie donamus in monte nostro Dobelicz hereditarium censum vincarum et decimam vini, quod ibidem poterit proveniri, singulis annis colligendum, tenendum, habendum, vendendum ac hereditarie possidendum cum omni jure et dominio sicut nos hucusque possidemus quiete, excepta sola vinca Wenceslai rectoris ecclesie in Bistricz, pro tunc prepositi in Dubrawnik, quam liberam damus et concedimus ad tempora vite sue. Et hanc donacionem nostram promittimus ratam, gratam et inviolabilem in evum conservare, addentes similiter unum subsidem seu curticulam*) in Czabnicz villa, qui sit eis utilis tempore vindemie pro vinis colligendis. In cuius rei testimonium robur et firmitatem sigilla nostra presentibus sunt appensa. Datum Jacobaw anno domini millesimo trecentesimo septuagesimo nono die sancti Galli confessoris.

(Orig. Perg. 4 h. Sig. im Brünner Stadtarchive.)

*) Im Orig. steht: curtilam.

168.

1. November 1379.

Albert von Sternberg, Bischof von Leitomyšl, übergibt der von ihm bei Leitomyšl gestifteten Carthause die Güter Dolein, Toveř, Moravičan und Palonin, mit Ausnahme eines Hofes und des Patronatsrechtes in Moravičan und erklärt, dass, wenn er früher stürbe, Peter von Rosenberg und Sazema von Úsli die Verpflichtung übernahmen, diese Güter obbesagtem Kloster in die Landtafel einzulegen. Actum et datum Prage anno domini millesimo trecentesimo septuagesimo nono, indiccione secunda. die prima Novembris, que dies fuit omnium sanctorum.

(Orig. Perg., vom Sig. nur die schwarzen und weissen Seidenfäden übrig, im mähr. Landes-archive. — Gleichlautend mit n. 163. — Abgedruckt bei Pez T. VI. p. II. p. 63.)

169.

Berchta. Äbtissin und der Konvent des Kl. Maria Saal verkaufen einen Hof in Mönitz des Ješko Krušek. Dt. Altbrünn 23. Dezember 1379.

Nos Berchta divina miseracione abbatissa, Agnes priorissa, Maria suppriorissa, Swatha celeraria, Margareta custrix, Ofka cameraria, totusque conventus monasterii Aule sancte Marie in antiqua Bruna, ordinis Cisterciensium, Olomucensis diocesis, recognoscimus tenore presencium universis, et publice profitemur, quod deliberacione matura, et tractatu sollempni prehabitis nostrique conventus eciam accedente consensu, discreto viro Jesconi dicto Cruzek et honeste Elisabeth eius legitime contoraii, curiam nostram, in Meneis opido nostro sitam, cum agris trium laneorum, et pratis agrorum, que Goczlinus faber de Brunna pro dicta curia a nobis in emphiteosim tenuit, cum omnibus et singulis pertinenciis libere vendidimus et venditam resignavimus et ipsis presentibus omnimode resignamus, ad ipsius Jesconis et Elisabeth sue conthoralis predicte dumptaxat vitas libere absque census, contribucionis, exaccionis, robotarum et berne regalis qualibet solucione, tenendam, habendam et per cos pacifice possidendam. Ipsis autem Jescone et Elisabeth predictis migrantibus ex hac luce, prefata curia cum suis omnibus pertinenciis, ut premittitur, ad nos et nostrum predictum monasterium revertetur pleno iure. Concedimus insuper predictis Jesconi et Elisabeth de gracia speciali, quod pro eorum pecudibus, ovibus videlicet et porcis, possint habere pastorem proprium et ipsas pascere in pascuis communibus, ad prefatum opidum spectantibus, sine tamen dampno seu preiudicio incolarum opidi supradicti. In cuius rei testimonium sigilla nostra, abbatisse videlicet et conventus presentibus sunt appensa. Datum in prefato nostro monasterio, anno domini millesimo trecentesimo septuagesimo nono, in vigilia vigilie nativitatis domini nostri Jesu Christi.

(Orig. Perg. 2 h. Sig. im ständischen Archive sub n. 118 Miscell. im mähr. Landes-archive.)

170.

Notiz, dass der Stadtrath von Brünn sich für 300 Mark, die für den Markgrafen behoben und von Beneš von Wartenberg den Kreuzherren in Altbrünn gegeben wurden, sich verbürgt habe. Dt. 1379 ?

Nota. Dominus Beneschius de Wartemberg alias dc Wessel dedit domino Semovito commendatori generali ordinis cruciferorum duci Tessynensi et fratri commendatori hospitalis infra murum antique Brune pro CCC marcis grossorum, pro quibus judei emerunt molendinum olim Pohirlicerii receptis pro domino nostro marchione, de quibus ad duos annos censuabunt XXV marcas grossorum. Et civitas scilicet judex et jurati fideiussores legittimos se pro memorato domino Beneschio in solidum constituerunt, prout littera desuper data sonat in vulgari hoc tenore: Wir Benesch von Wartenberg herre zu Wessil selbschuldiger und wir der burgermeister und die schepfen der stat ze Brunne bekennen etc., cuius littere rescriptum habere non poteramus protunc.

(Aus dem Codex n. 34 fol. 58 im Brünner Stadtarchive.)

171.

Der Kardinal Pileus ertheilt der Kirche der Augustiner in Landskron einen Ablass von hundert Tagen. Dt. Nürnberg 6. Jänner 1380.

Pileus miseracione divina tituli sancte Praxedis presbiter cardinalis ad infrascripta apostolica auctoritate suffultus universis christifidelibus presentes literas inspecturis salutem in domino. Splendor paterne glorie, qui sua mundum illuminat ineffabili claritate, pia vota fidelium de clementissima ipsius maiestate sperancium tunc precipue pio favore prosequitur, cum devota ipsorum humilitas sanctorum precibus et meritis adiuvatur ac christi fideles eo libencius ad devocionem confluent, quo ibidem uberius dono celestis gracie conspexerint se refectos. Cum igitur reverendus in Christo pater dominus Petrus archiepiscopus Magdeburgensis ad monasterium canonicorum regularium in Landiscrona Luthomislensis diocesis specialem gerat devocionem et affeccionem, prout accepimus nobisque humiliter supplicaverit, ut pro devocione ipsius augmentanda spiritualia munera largiri dignaremur, nos dictis supplicacionibus favorabiliter annuentes de omnipotentis dei misericordia et beatorum Petri et Pauli apostolorum eius meritis et auctoritate predicta confisi omnibus vere penitentibus et confessis, qui dictum monasterium in festivitatibus infrascriptis, videlicet nativitatis, epiphanie, resurreccionis et ascensionis domini nostri Jesu Christi, trinitatis, corporis Christi singulisque festivitatibus beate Marie virginis et sanctorum apostolorum ac quatuor doctorum Ambrosii, Augustini, Jeronimi et Gregorii et patronorum dicte ecclesie seu monasterii necnon dedicacionis eiusdem devote visitaverint, centum dies de iniunctis eis penitenciis auctoritate prelibata misericorditer relaxamus. Datum Nuremberge Bambergensis diocesis VIII. idus

Januarii pontificatus sanctissimi in Christo patris et domini nostri, domini Urbani divina providencia pape VI. anno secundo.

(Orig. Perg. Das an Hanffäden gehangene Sig. abgerissen in den Akten des Olm. August. Klosters im mähr. Landesarchive.)

172.

Albert, Bischof von Leitomyšl, belegt den Markgrafen Jodok, den Olmützer Stadtrath mit dem Kirchenbanne und Mähren mit dem Interdicte wegen Ausweisung des Bischofes und des Kapitels aus Olmütz. Dt. in der Karthause bei Leitomyšl 12. Jänner 1380.

Albertus dei et apostolice sedis gracia episcopus Luthomislensis executor ad infrascripta una cum collegis nostris cum illa clausula: „quatenus vos omnes aut duos vel unum vestrum" a sede apostolica deputatus venerabilibus et religiosis viris dominis abbatibus, prepositis. preceptoribus seu commendatoribus, prioribus et cardianis monasteriorum premonstratensis, sancti Johannis Jerosolimitani et, beate Marie virginis de domo Theutonica ac Cisterciensis, Benedicti, Augustini, Carthusiensis, minorum et predicatorum ordinum cuiuscunque preeminencie. dignitatis, gradus aut status existant, necnon honorabilibus et discretis viris . . decanis . . et prepositis ecclesiarum collegiatis ac archidiaconis et decanis ruralibus et tabellionibus sive ecclesiarum plebanis per et infra civitatem et diocesim Olomucensem constitutis, qui presentibus fuerint requisiti seu fuerit requisitus, salutem in domino et mandatis nostris ymmo verius apostolicis firmius obedire. Litteras sanctissimi in Christo patris et domini nostri domini Urbani digna dei providencia pape sexti eius vera bulla plumbea in filo canapeo more romane curie bullatas, non viciatas, non rasas, non cancellatas, non abolitas, nec in aliqua sui parte suspectas, sed omni prorsus vicio et suspicione carentes cum ea, qua decuit reverencia nos recepisse noveritis tenoris subsequentis: Urbanus, episcopus servus servorum dei venerabili fratri . . episcopo luthomislensi et dilectis . . abbati monasterii Scotorum in Wyenna, pataviensis diocesis ac . . archidiacono Wratislaviensi salutem etc. . . usque: Datum Rome apud s. Petrum Idibus Octobris pontificatus nostri anno secundo. (Vid. n. 166.) Post quarum litterarum apostolicarum presentacionem pro parte dilectorum decani capituli et canonicorum ipsius ecclesie Olomucensis fuit cum debita instancia supplicatum, ut ad execucionem dictarum litterarum et contentorum in eisdem iuxta traditam seu directam nobis formam ab eadem apostolica sede procedere dignaremur. Nos volentes ipsum mandatum apostolicum exequi, ut tenemur, in et super premissis secundum formam et tenorem ipsarum litterarum diligentem fecimus inquisicionem et quia tam per ipsam inquisicionem, quam per rei evidenciam, quibus omnia et singula superius expressata invenimus ita esse et sic se habere ac adeo ita notoria et manifesta patrati sceleris evidencia, quod non indigent clamore acusatoris, nec poterunt aliqua tergiversacione celari, unde salutari exigente iusticia in dei nomine in hiis scriptis prefatum dominum Jodocum marchionem Moravio, magistrum civium, iudicem ac iuratos nec non scabinos civitatis Olomucensis, qui tempore dicte bannicionis et proscripcionis fuerunt, ac omnes et singulos in premissis dantes consilium, auxilium vel favorem, cuiuscunque pre-eminencie, dignitatis, status aut gradus existant, excommunicatos denunciamus et publicamus, civitatem Olomucensem et terram dicti domini marchionis interdicto ecclesiastico subiacere. Vobis igitur universis et singulis dominis supradictis exemptis et non exemptis, qui presentibus fueritis requisiti, seu fuerit requisitus, in virtute sacre obediencie et sub excommunicacionis pena, quam vos et quemlibet vestrum incurrere volumus ipso facto, trium tamen dierum monicione veluti canonica previa si nostris ymmo verius apostolicis non parueritis mandatis infrascriptis, districte iniungendo precipimus et mandamus, quatenus prefatum dominum Jodocum marchionem Moravie nec non magistrum civium, iudices, iuratos et scabinos civitatis Olomucensis, qui tempore dicte bannicionis et proscripcionis fuerint, ac omnes et singulos in premissis dantes consilium, auxilium vel favorem, cuiuscumque preeminencie, dignitatis, status, gradus vel condicionis existant excommunicatos in monasteriis ac ecclesiis vestris singulis diebus dominicis et festivis, pulsatis campanis et candelis accensis demum et extinctis ac in terram proiectis sine intermissione ac ipsam civitatem Olomucensem et terram dicti domini marchionis interdicto ecclesiastico subiacere publice nunccietis et nuncciari faciatis servantes per vos et quemlibet vestrum sub pena predicta huiusmodi interdictum et per alios servare faciatis in eisdem inviolabiliter ecclesiasticum huiusmodi interdictum. Monentes nichilominus omnes et singulos participantes eisdem in genere, et quos sciveritis in specie, ne in cibo, potu, oracione, locucione, empcione, vendicione, via, igne, foro, balneo et alia quavis humana communione eisdem participent, prout similem excommunicacionis sentenciam arcius voluerint evitare, tamdiu, donec bannicionem et proscripcionem huiusmodi, prout ad illos de facto processerunt, revocaverint et dampna et iniurias exinde passis satisfecerint competenter, et ab huiusmodi excommunicacionis sentencia absolucionis et interdicti relaxacionis beneficia meruerint obtinere. In hiis exequendis alter alterum non exspectet, sed qui prius fuerit requisitus prius exequatur, fidem nobis vestre fidelis execucionis per appensionem sigillorum vestrorum presentibus facite sub pena antedicta. Datum et actum in Charluzia prope civitatem Luthomislensem anno domini MCCCLXXX. indiccione tercia die XII. mensis Januarii hora terciarum vel quasi, pontificatus sanctissimi in Christo patris et domini nostri domini Urbani divina providencia pape sexti anno II sub nostrorum sigillorum appensione et subscripcione notarii publici infrascripti. Presentibus venerabili patre et domino, domino Johanne episcopo Nazarotensi, et honorabilibus et discretis viris dominis . . Nicolao vicedomino Magdeburgensi, Woyczechio de Ottoslawicz canonico Olomucensi. Wenceslao archidiacono Boleslaviensi, fratre Laurencio gardiano fratrum minorum in suburbio Olomucensi, Henrico de Harawicz et aliis quam pluribus fide dignis testibus ad premissa vocatis specialiter et rogatis in testimonium veritatis.

    Et ego Crux quondam Alberti de Czyrnyn clericus Òlomucensis diocesis publicus auctoritate imperiali notarius predictarum sentenciarum promulgacioni ac omnibus aliis et singulis suprascriptis, dum sic per prefatum dominum executorem fierent et agerentur, cum prenominatis testibus presens interfui, eaque omnia et singula sic fieri vidi et audivi manuque

mea propria conscripsi, et in hanc publicam formam redegi signoque et nomine meis consuetis unacum prefati domini executoris sigillorum appensione consignavi in testimonium
omnium premissorum requisitus.

(Orig. Perg. 8 h. Sig., von denen nur mehr drei übrig sind, im Archive des Metropolitankapitels in Olmütz.)

173.

Pavlik von Eulenburg stiftet ein Anniversarium bei dem St. Jakobskloster in Olmütz.
Dt. 18. Jänner 1380. s. l.

Ego Pawlico de Ewlnburk alias de Zobinecz meo et heredum moorum nomine iam
habitis et habendis tenore presencium confiteor universis, me honorabilibus virginibus et
conventui sacre domus sancti Jacobi in preurbio civitatis Olom. site sex marcas minus
fertone grossorum denariorum pragensium moravici numeri et pagamenti veri et certi anni
census a iam longis retroactis temporibus habiti et possessi in opido nostro Brodleins pro
quinquaginta octo marcis dictorum grossorum perpetui testamenti causa legitime comparati
ad peragendum singulis deinceps annis anniverisarium diem pro animabus, ut in dictarum
virginum et conventus calendario seu registro clarius continetur, omni et pleno jure pristino
in et super villam meam dictam Techancz seu alio vulgari Passeka et incolis ibidem iusto
translacionis titulo rite et racionabiliter transtulisse. Quem quidem censum sex marcarum
minus fertone ego Pawlico prefatus, heredes seu successores mei translatores principales,
nos quoque Jesco dictus Kropacz de Holenstein, Jesco dictus Hromada de Schusschicz et
Jesco de Schonwald cum et pro eis insolidum indivisim fideiussores et compromissores promittimus firmiter sincera fide sine omni dolo singulis deinceps annis dicti census medietatem
in Philippi et Jacobi et residuam mediam partem in Galli beatorum festis colligendi a dicta
villa Passeka et incolis eiusdem. prout dccct, ulterius dare et porrigere virginibus et conventui memoratis indilate, quibusvis in contrarium accionibus cuiuslibet juris penitus semotis.
Hoc expresso, dictis Pawliconi, heredibus seu successoribus eius facultate suppetente promittimus, supra dictis virginibus et conventui quinquaginta octo marcas circa civitatem
Olomucensem testimonio fidedigno' consimilem censum reemere et comparare, et totis viribus
fideliter intercedere et laborare apud dominum marchionem, ut huiusmodi bona intabulentur
et peramplius dicta villa Passeka et nos prescripti liberi esse debebimus pariter et soluti
salvo semper jure, huiusmodi censum per me Pawliconem, heredes seu successores meos
colligendi et porrigendi virginibus et conventui memoratis. Et nichilominus, si dicte virgines
in nunciorum legacionibus eorum pro censu monentes quid inpenderent, legitima denunciacione
previa, ipsis iuxta assercionem proborum virorum satisfacere spondemus amice. Harum
quibus sigilla nostra certa de sciencia et in evidenciam securiorem honorabilium dominorum
Jacobi de Capplicz canonici Ecclesie Olomucensis, Ade plebani de Cunicz et Weliconis

cantoris ecclesie Olomucensis specialiter rogatorum sunt appensa testimonio literarum. Datum die beate Brisce virginis ac martiris gloriose anno domini millesimo trecentesimo octuagesimo.

(Orig. Perg. 7 h. Sig. im Olm. Kapitelarchive.)

174.

Johann, Bischof von Olmütz, ermahnt den Markgrafen Jodok zum Frieden mit dem
Olmützer Kapitel. Dt. Mürau. s. a. et d.

Illustris princeps et domine generose — Interrogacione, quam michi fecistis nuper, dum essem in Olomucz, vocacione vestra in vestri constitutus presencia, videlicet si in questione, que iam per appellacionem vestram, ut asseritis, deducta est ad cognicionem domini nostri Urbani summi pontificis inter vos ab una et honorabile meum capitulum parte ab alia, vellem ego stare de medio, ita ut vos et terram vestram rebus sic stantibus non gravarem. Non indigebatis in aliquo, quam vos et vestros satis involvistis excommunicacionum et interdicti sententiis ex illis operibus, que suasione negligentis consilii patravistis, super quibus ego, ut pastor vester datus vobis ab omnipotente domino, vos tanquam ovem meam informare teneor, et ex affectu sinceritatis desidero, personam vestram ad pascua eterne salutis reducere, qui, sicut vestre illustri dominacioni constat plenius, a die mortis clare memorie illustris domini Johannis olym marchionis Moravie, genitoris vestri, generosi mei domini, laboravi continuo ut ad meas proprias expensas curiam vestram sequerer, ne datum vobis divinitus clarum ingenium a negligentibus persuasoribus contaminaretur in aliquo, ymaginationem ego accipiens, ut conservato capite facilius tocius principatus homines possem ad veri cognicionem reducere. Sicut in hoc codem versor proposito ex flagrantis caritatis incendio, qua vos prosequor tamquam ovem meo commissam regimini, non meo merito sed divine voluntatis assensu, que nutu solo omnia dirigit et disponit. Et licet super hiis vos solum denunciare debuerim suasione ,canonum, quorum iure executor existo, ego tamen magna dileccione, qua vos prosequor non absque meo grandi periculo semper abstinui, hodie abstineo non absque nota penali reprehensionis superiorum meorum, et volo animo libenti abstinere per amplius, sperans quod non solum mea, sed omnium deprecacione sanctorum, deus vos reducet omnipotens ad innate vobis puritatis innocentiam salutarem, ita ut considerata mea et fratrum meorum iusticia me et eos inspiracione divina prosequemini gratia pariter et favore, cum simus semper dispositi ad humiliandum animas nostras et ad omnia faciendum, que possemus facere salvis nostris juramentis, conscientiis et honore. Datum Meraw etc.

(Aus dem Pergamentcodex VIII. p. 335 in der Olmützer Kapitelbibliothek.)

175.

Johann. Erzbischof von Prag etc., vermittelte einen Vergleich zwischen dem Markgrafen Jodok und dem Olm. Kapitel. Dt. vor dem 20. Februar 1380.

Johannes dei gracia sancte pragensis ecclesie archiepiscopus apostolice sedis legatus, Pano episcopus Polignanensis, eiusdem sedis nunccius, necnon Przimislaus dux Tessinensis, recognoscimus tenore presencium universis, quod super causis, litibus seu controversiis, que inter illustrem principem dominum Jodocum marchionem Moravie parte ex una, necnon honorabiles dominos decanum, prepositum et capitulum ecclesie Olomucensis parte ex altera hucusque vertebantur, pro bono pacis et concordie de serenissimi principis et domini domini Wenczeslai Romanorum et Boemie regis consensu inter partes predictas concordiam fecimus infrascriptam, ita tamen, quod per ordinacionem presentem juribus serenissimi domini regis predicti penitus in nullo derogetur. Primo concordavimus, quod prefatus dominus marchio possessiones, villas curias et bona ad prefatos dominos decanum, prepositum et capitulum ac ecclesiam Olomucensem spectancia cum universis et singulis suis censibus et obvencionibus arrestatis restituere debeat integraliter et ex toto. Item ordinavimus, quod idem dominus marchio prefatos decanum prepositum et capitulum ac omnes et singulas personas ecclesie predicte in libertalibus et juribus, quibus genitores sui et suis temporibus reperisse dinoscitur, reponere debet integraliter et in toto. Item quod bannicio facta contra decanum, prepositum ac singulos canonicos, personas ecclesiasticas, presbiteros et religiosos et eorum amicos revocetur. Item ordinavimus, quod prefati domini decanus, prepositus et capitulum ecclesie Olomucensis predicte bernam proxime preteritam solvere debeant secundum summas secundum eos solvi conswetas, de solucione vero berne proxime imponende idem dominus decanus, prepositus et capitulum ecclesie predicte sub ea spe manebunt et intencione, quod dictus marchio eos in solita solucione permittat. In cuius rei testimonium sigilla nostra presentibus sunt impressa.

(Orig. Perg. 2 beigedruckte Sig. im Olm. Kapitelarchive.)

176.

Der Kardinal Pileus befreit den Markgrafen Jodok vom Kirchenbanne und Mähren vom Interdicte. Dt. Pisek 20. Februar 1380.

In Christi nomine amen. Coram reverendissimo in Christo patre ac domino domino Pileo. tituli sancte Praxedis presbytero cardinali apostolice sedis nunccio constitutus venerabilis vir dominus Petrus plebanus in Scenecz licentiatus in decretis, procurator et procuratorio nomine illustris principis domini Jodoci marchionis et domini Moravie prout de suo procuracionis officio ibidem per litteras patentes eiusdem domini marchionis extitit facta plena fides, eidem domino cardinali pro parte ipsius domini marchionis humiliter supplicavit, ut cum iam dei volente benivolencia super certis discordiis et dissensionibus, que vel inter prefatum dominum marchionem ex parte una et venerabiles viros dominos decanum et capitulum Olomucense ex altera sunt exorte, plena, diligens et deliberata concordia inter ipsos dominos marchionem ac officiales subditos et sequaces suos ex una parte, ac decanum et capitulum Olomucensis ecclesie cum sequacibus suis ex altera intercessit, eidem domino marchioni Moravie, magistro civium et consulibus, qui pro tempore bannicionis fuerunt in Olomucz, ac omnibus aliis, qui in predictis turbacionibus dederunt auxilium, consilium vel favorem in genere vel in specie, quibuscumque nominibus censeantur, munus absolucionis impendere ac ecclesiasticum interdictum in terris ipsius domini marchionis relaxare dignaretur, offerens se alias pro eisdem satisfacturum iuxta mandatum sancte matris ecclesie et ipsius domini cardinalis, promittens procuratorio nomine et in ipsius animam iuramentum prestans in manibus dicti domini cardinalis, infrascripta inviolabiliter observare. Videlicet, quod ipse dominus marchio possessiones, villas, curias et bona ad prefatos dominos decanum, canonicos et capitulum ac ecclesiam Olomucensem spectancia cum universis et singulis suis censibus et obvencionibus arrestatis integraliter restituet et ex toto. Item quod idem dominus marchio prefatos decanum ct capitulum ac omnes et singulas personas ecclesie predicte in libertatibus et iuribus, quibus genitores sui et suis temporibus reperisse dinoscitur, reducet integraliter et in toto. Item quod bannicio facta contra decanum, prepositum ac singulos canonicos, personas ecclesiasticas et religiosos eorum amicos revocetur. Item quod prefati domini decanus, prepositus et capitulum ecclesie Olomucensis predicte bernam proxime preteritam solvere debeant secundum summas, secundum eos solvi consuetas, de solucione vero berne proxime imponende idem domini decanus et capitulum ecclesie predicte sub ea spe manebunt et intencione, quod dictus dominus marchio eos in solita solucione permittat. Ibidem eciam constitutus honorabilis vir dominus Hartlebus canonicus dicte ecclesie nomine tocius capituli, ut dicebat, fatebatur, talem, ut premittitur, concordiam intervenisse eamque nomine quo supra ratificabat et emulgavit expresse ac de absolucione excommunicatorum omnium et singulorum hac occasione ac eciam relaxacione interdicti consenciebat expresse. Ipse vero dominus cardinalis eius peticiones iustas et racionabiles existimans ab excommunicacionis sentenciis in prefatum dominum marchionem, iudicem, magistrum civium, consules et alios, qui in huiusmodi litibus dederunt consilium, auxilium et favorem per constitucionem papalem et processus latos et promulgatos occasione premissa, prefatum dominum Jodocum marchionem Moravie et omnes ct singulos suprascriptos auctoritate apostolica, qua fungitur, in dei nomine absolvit ac interdicti sentencias, in terram ipsius domini marchionis latas, relaxavit imposita eidem domino marchioni penitencia salutari, prout sibi visum fuerit expedire. Mandamus omnibus prepositis, decanis, archidiaconis, prioribus, picbanis et aliis ecclesiarum rectoribus ubilibet constitutis, quatenus prefatum dominum marchionem et omnes alios supradictos in suis ecclesiis dominicis et festivis diebus denunccient absolutos et terram ipsius relaxatam ab ecclesiastico interdicto tocies, quocies fuerit opportunum ac ipsis videbitur expedire. Super quibus omnibus et singulis petebant dicti procuratores sibi fieri per me notarium publicum infrascriptum et confici unum vel plura publicum seu publica instrumenta. Acta sunt bcc in Arena pragensis diocesis in domo habitacionis dicti domini cardinalis in stupa maiori anno domini millesimo trecentesimo octuagesimo, indiccione tercia, die vicesima mensis Februarii, pontificatus sanctissimi in Christo patris et domini nostri domini Urbani divina providencia pape VI. anno secundo, presentibus reverendo in Christo patre domino Johanne pragensi archiepiscopo, apostolice sedis legato, illustri ac magnifico principe domino Przimislao duce Teschinensi ac honorabilibus viris dominis Petro de Rosemberg preposito omnium sanctorum in castro pragensi, magistris Cunschone custode ecclesie pragensis et Mathia de Mulina decretorum doctoribus, Cunschone decano Wissegradensi et magistro Johanne physico, Pragensis et Wratislaviensis ecclesiarum canonico et quam pluribus aliis fidedignis personis et testibus vocalis in testimonium premissorum specialiter et rogatis.

Et ego Alexander natus Bartholomei de Ceveta publicus apostolica et imperiali auctoritate notarius prefatique domini cardinalis scriba suprascriptis omnibus et singulis, dum suprascripta per partes predictas coram eodem domino cardinali agerentur et fierent, una cum prenominatis testibus presens ipsaque ut premittitur fieri vidi et audivi et aliis arduis dicti domini cardinalis occupatus negociis per alium hic fideliter scribi feci et rogatus me subscripsi et in hanc publicam formam redegi meis nomine et signo consuetis una cum appensione sigilli dicti domini cardinalis appositis in robur et testimonium omnium et singulorum premissorum.

(Orig. Perg. h. Sig. im Olmützer Metropolitan-Kapitelarchive.)

177.

Michel Äustlich stellt 6 Bürgen auf bezüglich des Kaufes, den er in Mutischen gemacht hatte. Dt. 4. März 1380. s. l.

Ich Michel der Auystleich, selbgeschol und alle mein erben vorgich und tuen kunt offenleich an dem gegenburtigen prieff allen leuten, dew do den prieff sehent oder horent lesen, dew nu yeczund lebent und nach uns kunftig werden, daz ich dy erbern und weisen leut vorseczt han den Henslein von Wydern und Jesken Russeins sun von Lipnicz und Niclein Chadolten vom Neunhaus yn dem kauf, den ich Jesken dem Chochol von Glaspach zu dem Mutischen gegeben hab, daz sew des entwerer schullen sein. So vorhaiss ich in hinwider und secz in all mein hab, dew ich indert hab, ob sew icht antraet von des vorgenanten entwerers wegen, daz ich sew dovon will pringen an all ir scheden und an all ir mue. Und darum vorbais wir ich Clement und Nikel Fuxel und Jeken Strobel und ich Stephan von Holaschicz und ich Nikel, Leweins sun, und ich Nikel der Leitgeb, all puriger dacz dem Czlewingz, wir vorhaissen mitsampt dem vorgenanten Micheln und mit seinen erben alles das zu leisten und zu tuen, was in dem prieff geschriben stet. Und ob wir des nicht teten, welich drei denn under uns gemant werden von den vorgenanten, dew schollen inlaisten zu dem Czlewingz in der stat in ein erber gasthaus, wo ys in geczaigt wird von den vorgenanten und nicht in yer selbs häusern und schollen da inligen und laisten sam laistens recht ist und schullen aus der laistung nicht komen auf dhain recht, wir tuen denn und laisten in alles daz, waz in dem prieff geschriben stet. Wir vorhaissen in auch, ob sew indert schaden nemen von der vorgenanten purigelschaft mit potensenden oder mit nachreisen, oder wie dy scheden genant weren, dew schollen unser sein und nicht yer. Und daz vorhaissen wir alles stet zu halten und zu laisten mit unsern gueten trewen an aydes stat. Und wann wir aygner insigel selben nicht enhaben, so hab wir gepeten dy erbern und dew weisen puriger unser stat zum Czlewingz, daz sew der obgeschriben sach zeug sint mit irem anhangunden statinsigel in an schaden. Der prieff ist geben nach Christi gepurd uber dreuzehenhundert jar darnach in dem achziksten iar an dem suntag zu mitter vasten. Und auch Hansen dem Hodniczer zu trewen hant.

(Orig. Perg. Sig. abgerissen im Archive der Stadt Zlabings.)

178.

Erzbischof Johann von Jenzenstein bittet den Olmützer Bischof, den treuen Diener Meyslinus in Gnaden aufzunehmen. Dt. 1380 c. 25. März.

Missa episcopo Olomucensi.

Reverende pater consanguinee et amice carissime. Quia presentis sollempnitatis sabbata requirunt, quod si erga aliquos grave cor gerimus, exemplo Christi, qui de summis celi habitaculis pro venia nostrorum criminum descendit, similiter faciamus. Est siquidem, prout veraciter intelleximus, qualiter probatus ab antiquo noster et vester fidus servitor Meyslinus suorum persecutorum ancipiti bngua coram P. V. depravatus *) existit, qui tamen fide digno testimonio paratus est in conspectu vestro sc purgare. Quapropter humillime P. V. suplicamus, ut ad instar Christi et precum nostrarum ob intuitum eundem familiarem vestrum et nostrum benignius audiatis cumque sicut prius consueta gracia foveatis, sicut erga V. P. gerimus confidencie animum singularem. Valete etc. Datum etc.

(Cod. epist. des Erzb. von Prag, Johann von Jenzenstein herausg. v. J. Losert, Archiv für ö. Geschichtsk. Bd. 55. p. 313.)

179.

Herzog Albrecht von Österreich verpflichtet sich, alle Handfesten und Briefe, die er dem Markgrafen Johann von Mähren gegeben, auch dem Markgrafen Jodok zu halten. Dt. Laa 5. April 1380.

Wir Albrecht von gotes gnaden herczog ze Oesterreich ze Steyer, ze Kernden und ze Krain, Graf ze Tyrol etc. bechennen und tun chunt offenlich mit disem brief. Umb alle die hantfesten und briefe, die wir dem hochgebornen fürsten zu den zeiten herrn Johansen Margrafen zu Merhern unserm lieben swager, dem got genad, und seinen erben

---

*) in cod.: deprevatus.

gegeben haben. daz wir alle dieselben hantfesten und briefe, cz sein puntnusse oder ander briefe besleti haben und bestellen auch die wizzentlich mit disem brief fur uns und unser sune. also daz die mit allen den gelubden und punden, stukchen und artikeln, die darinne begriffen simi. siael und vest beleiben sullen. Und geloben auch für uns und unser sune die gen dem hochgebornen fürsten herrn Josten margrafen und herren zu Merhern, unserm lieben Ochem und seinen sunen, ob er die gewinnet also ze halten und genczlich zu volfueren in guten trewen an allez gever und argliste. Mit urchund diez briefs. Geben zu Laa an Phincztag nach dem sunntag Quasimodogeniti nach Kristes gepurd dreuczchenhundert jar darnach in dem achczigisten jare.   Dominus dux et consilium.

(Orig. Perg. h. etwas verletztes Reitersigel im mähr. Landesarchive.)

180.

*Markgraf Jodok gelobt, alle von seinem Vater Johann dem Herzoge Albrecht von
Österreich gemachten Verschreibungen und Verpflichtungen stets zu halten.*
Dt. Laa 5. April 1380.

Wir Jost von gots gnaden marggraff und herre zu Merhern bekennen unt tun kunt offenlich mit disem briefe alien den, die yn sehen oder horen lesen, das seliger gedechtnusse der hochgeborne furste marggraff Johans unser lieber vater eczliche briefe unt hantfesten dem hochgebornen fursten, herczog Albrechten von Osterreich etc. unserm liben ohem gegeben hat, die wir auch pillichen, halden und volfuren sullen in aller der mazze als sie sint begriffen. Und dormmb so globen wir fur uns und unser sune, ob wir die gewinnen, das wir alle sulche hantfesten und briefe, es sein buntnuzze oder ander briefe, domit uns der obgenannte unser vater vorschriben und vorpunden hat gen dem obgenannten unserm lieben ohem und seinen sunen, die er ieczunt hat und hernach gewynnet herczogen zu Osterreich, stete gancze und unczubrochen haben, halten und volkomenclichen volfuren wollen und sullen in allen iren meynungen, sinnen, puncten und artikeln an alles mynnernuzze in guten trewen an alle arglist. Und bestetten, bevesten und confirmiren dieselben mit crafft diez briefes. Mit urkunt diez briefes vorsigelt mit unserm grosten anhangundem ingesigel, der geben ist zu Laa noch Cristi gepurt dreyczenhundert jar dornoch in dem achczigsten jare des nechsten pfinstages noch Quasi modo geniti.

(Orig. Pergam. mit anbang. Siegel aus dem k. k. geh. Archive in Wien.)

181.

Sulik von Konic entsagt allen Rechten auf den Wald, genannt Bilevská hora.
Dt. 15. April 1380. s. l.

In nomine domini amen. Anno nativitatis eiusdem millesimo tricentesimo octuagesimo, indiccione tercia, die XV mensis Aprilis, bora tercia vel quasi, pontificatus sanctissimi in Christo patris ac domini domini Urbani divina providencia pape sexti anno tercio, in mei notarii publici infrascripti testiumque presencia subscriptorum constitutus presencialiter nobilis vir Sulico dictus de Conicz alias de Hrubschicz circa silvam seu montem, que vulgariter Bylebska hora nuncupatur, omni juri, si quod sibi vel antecessoribus ipsius umquam compeciit in eadem silva, matura deliberacione prehabita publice et expresse renunciavit ac eciam possessioni eiusdem silve, prout de jure debuit, integre et ex toto cessit nichil sibi nec heredibus suis in antea juris seu proprietatis in eadem reservando, recognoscens cciam candem silvam perpetuis temporibus ad prebendam canonicalem, quam ad presens honorabilis vir dominus Cristanus canonicus Olomucensis obtinet, et ad villam Byelowicz spectantem ad eandem prebendam pertinere. Eo cciam adiecto specialiter et expresse, quod ipse dominus Sulico prescriptus singulis annis ligna de cadem silva pro cremacione stube curie ipsius site in villa Hrubschicz succidere et educere poterit et debebit sine quolibet impedimento ad tempora vite sue dumtaxat et non ultra. Et si dictum Suliconem medio tempore prefatam curiam suam vendere contingat, habebitque idem emptor jus succidendi ligna in predicta silva pro foco et igne necessaria in antedicta curia per tempora vite ipsius Suliconis, ut prefertur. Super quibus omnibus et singulis suprascriptis honorabiles viri domini Cristanus prescriptus et Hartlebus canonici dicte ecclesie Olomucensis suo et . . capituli eiusdem ecclesie Olomucensis nominibus pecierunt sibi per me notarium publicum infrascriptum fieri unum vel plura publicum vel publica instrumenta. Acta sunt hec anno, indiccione, die, mense, hora, pontificatus et loco quibus prescriptis, presentibus discretis viris domino Ade plebano ecclesie parrochialis in Conicz Olom. diocesis, Jeskone Cliente de Hluchow, Friczkone judice in Wylowicz et Mixicone familiari domini Cristani suprascripti testibus aput premissa constitutis.

Et ego Paulus quondam Michaelis de Dobrencz clericus Olom. dioc. publicus etc. notarius etc.

(Orig. Perg. im Olm. Kapitelarchive.)

182.

Der Dominikanerconvent in Olmütz verpflichtet sich, täglich eine Messe de beata virgine
zu singen. Dt. Olmütz 29. April 1380.

Nos frater Jacobus prior, Petrus subprior totusque conventus domus sancti Micha-helis in Olomuncz ordinis fratrum predicatorum recognoscimus tenore presencium universis, quod quia illustris atque magnificus princeps ac dominus dominus Jodocus marchio et dominus

Moravie, dominus noster graciosus, intuendo defectus nostre paupertatis et inopie, quibus affligimur, de sue largitatis munificencia nos et claustrum nostrum singulari consolacionis dono respicere dignatus est, curiam allodialem de duabus araturis sitam in Hnyewotyn cum singulis suis pertinenciis nobis et claustro nostro dedit, donavit et contulit, prout in aliis literis eiusdem generosi domini nostri marchionis, que nobis date sunt desuper, iucidius continetur: nos vero qui huiusmodi beneficiorum non debemus esse inmemores, Ymmo quomodo et qualiter pro eius salute eterna exorandus sit deus et ab ipso creatore per divini cultus sacrificium tantorum meritorum possimus impetrare retribucionem intendamus sollerti conamine non cesset laborare devocio, ad hoc asstricti esse volumus necnon et successores nostros sub puritate fidei ac conscienciarum nostrarum obligamus in perpetuum, quod singulis diebus in aurora missam de beata virgine in altari beate virginis in ecclesia cantare volumus solempniter neque in eo negligenciam committere aliqualem. Et in casu, quo supradicte misse absque prefati principis et domini nostri generosi seu successorum suorum speciali consensu non perageretur solempnitas, extunc idem dominus noster generosus Jodocus et successores sui marchiones et domini Moravio debent habere jus et plenam potestatem auferrendi nobis curiam prefatam et faciendi de eadem, quid eis placuerit, contra quam ablacionem nulla juris canonici auctoritas seu cum suis prescripcionis possessio nobis debebit in aliquo suffragari. In cuius rei testimonium sigilla nostra utputa officii prioratus et conventus duximus presentibus appendenda. Datum in Olomucz mensis Aprilis die vicesima nona anno domini millesimo CCC⁰LXXX⁰.

(Orig. Perg. zwei an Perg. Streifen h. Sig. in der Bočekschen Sammlung im Landesarchive.)

183.

K. Wenzel fordert den Olmützer Bischof auf, eine strengere Zucht unter der Seelsorgegeistlichkeit einzuführen. 1380 circa Anfangs Mai.

W. etc. venerabili . . Olomucensi episcopo principi, vel ejus in spiritualibus vicario generali D. N. D. gratiam etc. Princeps D. D.! Crebra fidelium nostrorum relatione percepimus et ad nos publica voce pervenit et fama, qualiter tuae diocesis clerici universaliter fere singuli, et signanter ecclesiarum pastores, concubinatus vitio in clericalis privilegii dispendium laborantes, publice fovent et nutriunt concubinas; talia vero sub dissimulatione praeterire nolentes, Devotionem tuam seriose requirimus et hortamur, eidem auctoritate regia districtius injungentes, quatenus praesumptores talium, prout hoc ministerii tui requirit officium, ut modis omnibus desistant a talibus infra unius mensis spatium a tempore ostensionis praesentium, debita et regali cohercione restringas, sicut altissimo, nobis et hominibus offerre speciale desideras holocaustum; nam ubi secus foret, commisimus, si et in quantum de jure possumus, dilecto nobis Raczkoni Kobyla, ut vice et auctoritate nostri, si tamen ad nos

pertinet, transgressorum hujusmodi insolentias et actus eorum illicitos, ut premittitur, opportunis viis et remediis debeat cohibere.

(Palacký: Über Formelbücher II. p. 204 n. 237. — Die Zeit der Ausstellung bestimmte
ich nach dem Synodalstatut des Olm. Bischofes Johann ddto. Kremsier 22. Mai
d. J. (vid. n. 192), wo die Bestimmung über das Concubinat der Priester, namentlich
was den Termin „infra mensem" anbelangt, mit dem Auftrage des Königs über-
einstimmt.)

184.

*Markgraf Jodok bestimmt, dass, wenn die Dominikaner in Olmütz die Messe de beata
virgine nicht singen sollten, der Hof in Nebotein ihnen entzogen werden könne.*
Dt. Olmütz 1. Mai 1380.

Jodocus dei gracia marchio et dominus Moraviae. Notum facimus tenore praesentium universis, quod pensatis magnae devotionis affectibus honorabilium et religiosorum
fratrum prioris et conventus domus sancti Michaelis in Olomutz ordinis praedicatorum, quos
magnao affectionis promotione prosequimur quodammodo et quorum etiam orationibus apud
altissimi creatoris gratiam nos credimus adjuvari, praesertim cum iidem fratres primam
missam cottidie celebraturam et in altari sanctae virginis decantandam pro obtinendo aeternae
salutis nostrae praemio et augmento felici se erga nos perpetuis obligaverint temporibus, ut
hujus divini cultus ac aliarum orationum atque beneficiorum meritis debeamus esse participes,
qui confisi de omnipotentis dei clementia, apud quem labor quorumlibet bonorum operum
non vacat a praemio, speramus ejus apud nos immensam clementiam misericorditer dispensari.
Eorundem intuitu prefatis fratribus et corum claustro curiam colonariam sitam in villa
Hnievotin de duabus araturis et aliis ejus pertinentiis dedimus, donavimus et contulimus,
damus, donamus, conferimus praesentibus et làrgimur. Ita videlicet, quod supradicta curia
ad praefatos fratres et ipsorum claustrum pertinere debeat perpetuis temporibus et spectare,
illam nobis tamen auctoritatem et potestatem reservantes, quod in casu, quo fratres predicti
claustri, qui nunc sunt seu pro tempore fuerint, supradictae missae non decantarent solemnia
et candem sua negligentia deperire permitterent, praefatam curiam ipsis auferre possumus
et recipere e converso. Praesentium sub appenso nostri sigilli testimonio literarum. Datum
Olomutz anno domini millesimo trecentesimo octuagesimo in die sanctorum Philippi et
Jacobi apostolorum.

(Vidimirte Abschrift ddto. 15. September 1769 im Archive des Dominikanerklosters in
Olmütz.)

185.

Das Tischnowitzer Kloster verkauft einen Hof in Ujezd dem Nikolaus Morner, Richter daselbst. Dt. 8. Mai 1380. s. l.

Nos Agnes divina miseracione abbatissa, Anna priorissa, Margareta subpriorissa totusque conventus monasterii Porte celi in Tuschnowicz, ordinis cisterciensis, olomucensis diocesis notum facimus tenore presencium universis, quod curiam nostram colonariam desertam in villa Wgesd prope civitatem Pohorlicz sitam vendidimus rite et racionabiliter iusto vendicionis titulo et presentibus venditam assignamus Nicolao dicto Morner, judici ibidem et suis heredibus et successoribus legittimis pro duodecim marcis grossorum denariorum pragensium moravici pagamenti nobis ac monasterio nostro iam actu numeratis, traditis et solutis, cum omnibus agris cultis et incultis, prato, pascuis et ceteris aliis pertinenciis ad candem curiam de jure spectantibus, prout candem ad campestria et villana tenuimus usque modo, nichil penitus in eadem curia nobis reservantes, ad habendam, tenendam, utendam, fruendam jure emphiteotico et possidendam. Iliis vero condicionibus infrascriptis mediante (sic). quod idem Nicolaus et sui heredes ac successores, ad quorum manus eadem curia de nostro tamen consensu et voluntate pervenerit, pro censu cuiuslibet anni in terminis infrascriptis nostro et nostri conventus nomine honorabili et deo devote puelle Marie professe monasterii nostri prefati duas marcas grossorum, videlicet unam marcam·grossorum in Georgii et unam marcam in Michaelis beatorum festis successive annis singulis post sese affuturis ad ipsius Marie puelle prefate dumtaxat vitam et personam dare, solvere et ad monasterium nostrum predictum porrigere tenebitur, qualibet sine contradiccione. Eo vero casu, quo Maria prefata viam carnis universe ingrederetur, extunc Nicolaus, heredes ac successores ipsius sepefati nobis Agnete protunc abbatisse monasterii prefati eundem censum dandum in terminis suprascriptis nostra sola pro persona et vita dumtaxat dare·similiter et porrigere tenebitur sine mora. Nos vero eciam solventes (sic) tributum nature prefatus census in terminis supra expressatis ad abbatissam post nos futuram eiusque conventum sine dilacione revertetur. Insuper volumus et ordinamus, quod Nicolaus, heredes et successores sui legittimi a steura regali, que vulgo berna appellatur, quociescunque edicta, necnon a contribucione quorumcunque officialium exacta sive robota, quocunque nomine censeantur sint exhonerati et absoluti. Volumus eciam, quod idem Nicolaus et ipsius legittimi successores hominibus subsidibus dicte puelle Marie nullum omnino detrimentum neque preiudicium absque jure et justicia facere nec aliquam molestiam inferre presumant quovis modo. Sub harum quas nostris abbatisse et conventus predictorum sigillis dedimus robore et testimonio literarum. In octava beatorum Philippi et Jacobi apostolorum anno domini millesimo trecentesimo octuagesimo.

(Orig. Perg. 2 h. Sig. im mähr. Landesarchive.)

186.

1380, Mai 10.

(X Maji) Anno domini MCCCLXXX hora completorii per familiam illustrissimi principis domini Jodoci marchionis Moravie ecclesia Olomucensis fuit incensa et toctum ecclesie cum domo episcopali totaliter fuit exusta.

(Aus dem Codex E. I. 40 im Olm. Metr. Kap. Archive.)

187.

Präliminarartikel zur Herstellung des Friedens zwischen Markgrafen Jodok und dem Olmützer Bischofe. Dt. nach dem 10. Mai c. 1380.

Inter illustrem et magnificum principem dominum Jo.(docum) marchionem et dominum Moravie ab una et Olomucensem episcopum parte ab alia infrascripti articuli tractati et conclusi sunt sub forma inferius annotata.

Inprimis quod dominus marchio predictus ecclesiam Olomucensem, episcopum, canonicos, clerum et vasallos Olomucensis ecclesie et diocesis in iuribus, libertatibus, honorabilibus et prescriptis consuetudinibus non solum dimmittat et conservet sed cciam defendat, ita ut ecclesia Olomucensis cum toto suo appendio, ut premittitur, in hiis, que sunt expressata superius, permaneat, quemadmodum aput progenitores dicti domini marchionis ab antiquo permisit (sic) Item in sacerdotibus aut clericis vel religiosis excedentibus vel committentibus culpas notabiles . . . . dicti domini marchionis de preterito tempore auctoritate sua presumpserunt aliquocies captivare et cciam in testamentis seu in ultimis fidelium voluntatibus factis vel faciendis servetur ordo modus et observantia, prout in civitate et diocesi Pragensi fuerit observatum.

Item tractatum est et conclusum finaliter quod dominus marchio in eventu, ubi fratres sui Sobie.(slaus) et Procopius vel alii inhabitatores principatus Moravie nollent esse de illa contenti iusticia, quam Olomucensis episcopus paratus est sustinere coram rego Boemie aut iudicibus spiritualibus, ad quos ipse Olomucensis episcopus iure pertinet, extunc prefatus dominus marchio ipsum teneatur et velit magnifice defensare.

Item ex relacione nobilis viri domini Benesschii de Wartemberg ita est dispositum, quod episcopus Olomucensis non multum disputet de illa materia arrestacionis ungarice, eo quod talis res inter eos utrosque poterit expediri; sed de domino Jescone de . . .*) dicto servetur, quod dominus episcopus in duos, quos elegerit et ipse Jesco in alios duos electionis sue compromittant, qui litem ipsam terminent, si poterunt, integraliter ct complete, salvo semper iure Olomucensis episcopi, ut agere possit adversus Jesconem predictum super defecto, quo sibi visus fuerit in vasallatus observancia defecisse. Ita eciam quod ablata omnia idem Jesco dimittat et factoribus domini episcopi restituat super fideiussoria caucione.

Item dominus marchio in hoc tractatu presenti dimittit silvam et omnem arrestationem feudi Warhosez et reddit Olomucensi ecclesie integram possessionem.

Item cognita iusticia, fide et legalitate domini Henrici capitanei Olomucensis ecclesie et familiarium ipsius ipsum et omnes eius familiares restituit gracie pariter et favori.

Item de cremata ecclesia Olomucensi et domo episcopi et de novis structuris, que fiunt in arcis ecclesie, reducendum est ad regem Boemie, ut episcopus Olomucensis eam concordiam accipiat, que de regis processerit voluntate.

Item tractatum est et conclusum, quod si qui de vasallis ecclesie et subditis in colloquio baronum et obserantia (?) terre Moravie proscripti fuerint, tales capitaneo Olomucensis ecclesie dentur in scriptis ad hoc, quod episcopus honorem babeat per suos judices judicium de talibus faciendi.

Item quod dominus marchio contentus esse vult de pratis cuiusdam prebende Olomucensis, super quibus contenditur de iusticia, in eventum, ubi super eis per eum et suos non fuerit amicabiliter concordatum.

Item episcopus non se reputat esse securum nisi litere fiant utrobique super predictis articulis, qui tamen paratus est se in obsequium et adiutorium domini Marchionis adversus quoslibet homines excepto rege Boemie consimiliter obligare.

(Aus dem Pergamentcodex VIII. 335 in der Olmützer Metrop. Kapitelbibliothek. — Das ·Datum annähernd bestimmt nach der Erwähnung des Brandes der Kirche und der bischöflichen Residenz. Vgl. n. 186.)

188.

Erzbischof Johann von Jenzenstein meldet dem Bischofe von Olmütz seine glückliche Genesung. Dt. Nürnberg 1380. Mitte Mai.

Episcopo Olomucensi.

Reverendissime pater consanguinee et amice carissime. Qui prius sauciato corpore membrisque adeo debilibus ad desperacionem usque medicorum perveneram, divina gracia disponente, quod phisicorum negabat collirium, hoc grate omnipotentis sanavit ungentum, ita quod*) in sanitate bona corporis et robore a Colonia gressus meos direxi usque in Nuremberg civitatem, ubi ob contagionem epidemie non ausus sum intrare Boemiam, de P. V. sanitate anhelans scire, nec inmerito, cum singularissimus domus nostre fautor ab antiquo igneque probatus existatis. Quapropter michi velitis rescribere, ut de sanitate vostra sim gavisus et de littere vestre odore consolatus nepotemque vestrum michi similiter .transmittentes. Valete in Christo Jesu domino nostro.

(Codex epist. des Erzbischofs von Prag Johann von Jenzensteiu, herausg. v. J. Loserth, Archiv für österr. Geschichtsk. Bd. 55. pag. 389.)

———————

*) Ausgestrichen: ipsius gracia.

189.

*Der Olmützer Stadtrath befreit den vom Markgrafen Jost den Dominikanern in Olmütz
geschenkten Hof in Nebotein von allen städtischen Abgaben. Dt. 20. Mai 1380.*

Nos Kuschlinus de Litovia advocatus, Heinlinus Veierobent magistercivium, Petrus
scolaris, Nicolaus slosser Ludowicus institor consules, Petrus in domo Hennigi, Goczlinus
sutor, Pertlinus carnifex, Pertlinus sutor, Nicolaus Tendlmarckt, Mertlinus Gewhart et Nicolaus
Prudens scabini juratique cives Olomuczenses confitemur universis. Quod illustris ac magnificus princeps et dominus dominus Jodocus marchio et dominus Moravio generosus dominus
noster curiam allodialem sive colonariam in villa Hnyewotein sitam cum singulis eius pertinenciis honorabilibus ac religiosis viris dominis . . priori et . . conventui domus sancti
Michaelis nostre civitatis ordinis predicatorum dare dignatus est hereditarie candem, prout
in literis per eundem dominum marchionem datis desuper clarius continetur, ita, quod virtute
donacionis huiusmodi . . ab ipso domino nostro marchione mandatum obtinuimus et eius esse
voluntatem cognovimus, ut prefata curia, que hactenus lozungarum imposicionum et aliarum
solucionum oneribus civitati nostre subiecta fuisse dinoscitur, ammodo inantea libera esse
debeat penitus et exempta. Nos vero, qui eiusdem domini nostri marchionis tamquam subditi
obedientes ex debito mandata tenemur usquequaque adimplere cum effectu, supradictam curiam
auctoritate nostra civili, qua fungimur, in hac parte ab omni lozunga, imposicione, solucione
ac aliis contribucionum oneribus absolvimus, libertamus et presentis scripti patrocinio eximimus perpetuis temporibus affuturis. Harum quibus sigillum maius nostre civitatis est
appensum testimonio literarum. Datum die Trinitatis anno domini millesimo trecentesimo
octuagesimo.

(Orig. Perg. h. Sig. von weissem Wachse im Olm. Stadtarchive.)

190.

*Der Olmützer Bischof Johann bestätigt die Stiftung des St. Hieronymus–Altars in der
Domkirche, welche Sander, Archidiakon von Prerau, gemacht hatte.
Dt. Kremsier 20. Mai 1380.*

Dei et apostolico sedis gracia Olomucensis episcopus Johannes notumfacimus tenore
presencium universis. Quod honorabilis et discretus vir dominus Sanderus Rambow, archidiaconus Preroviensis, canonicus Olomucensis vicarius et officialis noster interno devocionis
motus affectu desiderat de bonis sibi a deo collatis diem extreme messionis piis operibus
prevenire, ut ex temporalibus bonis, que nunc in laudem dei eius expendit, sedulitas eterne
glorie premia meciatur, in salutem anime sue suorumque parentum et benefactorum de consensu nostro ac fratrum nostrorum . . decani et capituli ecclesie nostre Olomucensis speciali
ad laudem omnipotentis dei glorioseque virginis Marie ac specialiter gloriosi confessoris et
eminentis doctoris Jeronimi presbiteri, cui titulus annotari debebit, et aliorum doctorum vide-

22*

licet Gregorii, Augustini et Ambrosii altare in ipsa ecclesia nostra Olomucensi de novo creavit et fundavit, cui pro dote et congrua sustentacione sacerdotis et ministri eiusdem mediam villam Kissielowicz prope Cremsir cum septem laneis et uno quartali, quatuor curticulis, molendino, tribus thabernis cum pratis, pascuis, aquis, piscacionibus, agris, silvis, juribus, utilitatibus et pertinenciis universis pieno jure, prout ea emit et comparavit a probis hominibus Sbinkone et Pomyn, fratribus de Wlskuch dictis, pro centum et septuaginta septem marcis cum media marca grossorum pragensium minus decem grossis in pecuniis paratis de consensu pariter et de voluntate illustris principis domini . . Jodoci marchionis Moravie ipsis ecclesie et capitulo Olomucensi iuxta consuetudinem terre Moravie intabulata existunt ac censuant amue duodecim marcas grossorum cum vigintiquinque grossis et novem halensibus, et de qualibet domo quatuor pullos et quadraginta ova, singulis annis in perpetuum per sacerdotem et ministrum eiusdem altaris, qui pro tempore fuerit, tenenda, habenda et possidenda, libera et bona voluntate, sana deliberacione previa contulit, tradidit et integraliter assignavit. Ita quod ipsius altaris rector predictus et sui successores pro tempore existentes perpetuis temporibus ipsum altare officiare et missas in eodem legere, prout altissimus eis inspiraverit. sint astricti. Et quidem singulis annis duas marcas grossorum, quamdiu idem dominus . . Sanderus vixerit, in ipso die et festo sancti Jeronimi pro anniversario suorum parentum et benefactorum, ac precipue dominorum Wolfframi de Panwicz, Johannis Jurentam et omnium fidelium defunctorum secundum consuetudinem ipsius ecclesie Olomucensis distribuendas pro interessentibus vigiliis post secundas vesperas sancti Michaelis et in die sancti Jeronimi missis sub penis statutorum eiusdem ecclesie ministrare et solvere debeant indilate. Post mortem vero domini Sanderi antedicti ipse due marce singulis annis ipso die sui obitus pro anniversario suo, parentum et benefactorum suorum ac dominorum Wolframi et Johannis predictorum modo et ordine predictis solvere teneantur. Disposuit cciam et ordinavit dominus Sanderus antedictus, quod presentacio eiusdem altaris ad sacristanum ecclesie Olomucensis qui pro tempore fuerit, post mortem eiusdem domini Sanderi et Engelberti fratris sui, plebani in Muglicz, imperpetuum debeat pertinere, ita quod ipse possit et debeat ad ipsum altare, quocies illud vaccare contigerit, prebendatum seniorem dicte ecclesie Olomucensis non ctate sed recepcione ipsis dominis . . decano et capitulo Olomucensi presentare, qui cundom sic presentatum ad dictum altare investire valcant et in eius possessionem mittere corporalem, prout in aliis beneficiis eiusdem ecclesie consuetum est ab antiquo, nobisque supplicavit humiliter et devote, quatinus premissa grata et rata habere dignaremur et ea auctoritate ordinaria confirmare. Nos igitur ipsius domini Sanderi supplicacionibus tamquam iustis annuentes fundacionem et dotacionem altaris predicti ac tradicionem et assignacionem premissorum bonorum ipsi altari facias ac disposicionem et ordinacionem necnon omnia alia et singula de verbo ad verbum, ut superius expressantur, grata et rata habentes ipsum altare huiusmodi pro gloria sanctissimorum doctorum ad honorem dei auctoritate ordinaria erigimus et beneficium ecclesiasticum ammodo fore constituimus, bona, census, redditus et fructus supradictos ipsi altari incorporamus. unimus, invisceramus, adiungimus et appropriamus, volentes peramplius ipsum altare ecclesiasticum censeri beneficium et gaudere privilegiis et libertatibus ad instar beneficiorum ecclesiasticorum, quodque ipsius altaris census et proventus jura et utilitates per censuram ecclesiasticam tueri et defensari valcant ac exigi et requiri. Eaque omnia et singula in omnibus suis punctis, articulis, modis et clausulis, prout superius expressatur, approbamus, ratificamus et ex certa nostra sciencia in hiis scriptis auctoritate ordinaria confirmamus, presencium sub appenso nostro maiori sigillo una cum sigillo dicti capituli nostri Olomucensis testimonio literarum. Datum et actum in civitate nostra Cromsier ipso die et festo sancte Trinitatis anno domini millesimo trecentesimo octuagesimo die vicesima mensis Maii . . Presentibus honorabilibus et discretis viris dominis Alberto preposito ecclesie sancti Mauricii in Cremsir, magistro Gregorio rectore scolarum ibidem, Hinczone et Johanne notariis et quam pluribus aliis ad premissa vocatis in testimonium veritatis.

(Orig. Perg. 2 h. Sig. im Olm. Kapitelarchive.)

191.

Johann, Bischof von Olmütz, republicirt ein Statut seines Vorgängers gegen die Angreifer kirchlicher Güter und Personen. Dt. Kremsier 21. Mai 1380.

Dei et apostolico sedis gracia Olomucensis episcopus Johannes honorabilibus et discretis viris, dominis . . decanis . . prepositis . . archidiaconis . . canonicis . . plebanis . . ecclesiarum rectoribus . . altaristis ct . . vicariis per ecclesiam, civitatem et diocesim nostras Olomuc. constitutis salutem in eo, qui est omnium vera. salus. Honorabiles, devoti dilecti. Accepimus relacione veridica et experiencia didicimus cottidiana, quod statutum felicis memorie domini Johannis episcopi Olomucensis, nostri predecessoris, quod incipit: Licet canon provincialis statuti in defensionem ecclesiastice libertatis adversus captivatores clericorum et spoliatores bonorum ecclesiasticorum cum magna maturitate factum ct nonnullis retroactis temporibus tentum et servatum modo quidem, cum cordis amaritudine referrimus, non servatur, nec debite exequitur secundum suum modum et tenorem; pro eo vobis omnibus et singulis in virtute sancte obediencie et sub excommunicacionis pena, quam vos et quemlibet vestrum incurrere volumus ipso facto, si in premissis fueritis negligentes, trium tamen dierum monicione tamquam canonica previa, districte presentibus iniungimus et mandamus, quatinus ipsum statutum sic inviolabiliter et inconcusse usque modo tentum et servatum, quocies et quando persona ecclesiastica captivari et bona ecclesiastica invadi contigerit, non expectato superioris mandato secundum continenciam statuti antedicti ad unquem servetis et servari faciatis cessando a solempniis divinorum, doncc menti et verbis eiusdem statuti paritum fuerit cum effectu, nullam negligenciam in premissis commissuri, prout de obediencia pocius commendari volueritis quam de inobediencia reprehendi. Datum Chremsier in synodo per nos celebrata sub sigilli nostri maioris appensione. Anno domini millesimo tricentesimo octuagesimo feria secunda post festum Trinitatis.

(Orig. Perg. h. Sig. im Olm. Kapitelarchive.)

192.

Synodalstatut des Olmützer Bischofes Johann wegen der im Concubinate lebenden Geistlichen und wegen Heiligung der Feiertage. Dt. Kremsier 22. Mai 1380.

Dei et apostolice sedis gracia Olomucensis episcopus Johannes honorabilibus et discretis viris decanis, prepositis etc. Volumus quoque et bortamur omnes et singulos plebanos, vicarios et quoslibet clericos ordinatos beneficiatos et fornicacione et a concubinatu notorio abstinere, quia picrique clerici in domibus propriis vel vicinis in suo anime maximum detrimentum pluribus quoque in scandalum abundanter interimunt paratas ad malum fornicarias mulieres. Ne igitur crimen ipsum videatur per toleranciam approbari, omnes clericos, qui de cetero in domibus suis suspectas mulieres vel eciam extra domum in sua nefaria procuracione publice detinent concubinas, si sint beneficiati beneficiis suis privandos, si vero non habent beneficia, tunc ab officio ecclesiastico per suos superiores fore decrevimus pertue suspendendos, quod demum eorum malicia exigente ipsi superiores tortorum penis efficiant aut de suis diocesibus ejiciant et expellant et hoc si non desistant infra mensem. Statuimus eciam in subscriptis, quod clerici et laici a servilibus operibus debent abstinere, ut singularum ecclesiarum nostre provincie unanimis concordia in celebracione festivitatum habeatur. Primo in festivitatibus Christi, videlicet nativitatis, circumcisionis et epiphanie, resurreccionis ipsius cum duobus diebus immediate sequentibus, ascensionis ipsius et pentecostes similiter cum duobus diebus immediate sequentibus, corporis Christi; in festivitatibus sancte crucis invencionis et exaltacionis, in quatuor festivitatibus beate virginis Marie nativitalis, annunciacionis, purificacionis et assumpcionis; in diebus angelorum, quod dicitur festum sancti Michaelis, in festo nativitatis sancti Johannis Baptiste; item in diebus apostolorum, videlicet Mathie, Philippi et Jacobi, Petri et Pauli, Jacobi, Bartholomei, Mathei, Simonis et Jude, Andree, Thome et Johannis evangeliste transitus; item in diebus martyrum Stephani, Laurencii, Viti, Wenceslai passionis, sancti Adalberti et quinque fratrum scilicet Benedicti cum fratribus; confessorum Martini, Nicolai, Procopii, Marie Magdalene, Ludmille passionis; item Catherine et Margarethe, in festo omnium sanctorum et quilibet eciam festum sui patroni, in cuius honore ecclesia est dedicata, tenetur celebrare. Item in diebus Luce et Marci evangelistarum et quatuor doctorum ecclesie Gregorii, Ambrosii, Augustini et Hieronymi, quorum festivitates felicis memorie Bonifacius papa mandavit in universis ecclesiis sub officio duplici solemniter venerari et populus in sua parochiali ecclesia officio peraudito ad sua opera licite se convertat. Volumus eciam, ut quilibet plebanus statuta synodalia habeat sub pena unius marce grossorum infra mensem prout, de obediencia pocius commendatur quam de inobediencia voluerit reprehendi. Datum Cremsirii in synodo per nos celebrata anno domini MCCCLXXX feria tercia post diem sancte trinitatis.

(Inserirt in der Urkunde des Olmützer bischöflichen Offiziales Johann ddto. 18. November 1388. Abgedruckt bei Fasseau in Coll. Syn. I. p. 13.)

193.

Das Olmützer Kapitel gestattet dem Sulík von Konic, den Holzbedarf für seinen Hof in Hrubčic aus dem Walde, genannt Bilevská hora, zu beziehen. Dt. Olmütz 28. Mai 1380.

Bedericus decanus, Jacobus prepositus et capitulum Olomucense notumfacimus presencium inspectoribus universis. Quia nobilis vir Suliko de Conicz nobis et ecclesie nostre de nemore, quod Byelewska hora lingwa moravica nuncupatur, ad prebendam ecclesie predicte, que est in villa Byelowicz, spectante, sed per eundem Sulikonem aliquandiu prius occupata, quam ab eo iudicialiter per sentenciam evicimus, libere condescendit: nos eidem ob affectum amicicie, quam ad eius personam gerimus, hanc munificenciam exhibere curavimus et prestare, quod idem Suliko libertatem habeat et posset uti lignis supradicti nemoris pro foco curie sue in villa Hrubczycz site, vite sue temporibus et non ultra et quod ipse hunc usum lignorum possit sue predicte curie auferende cuicunque alteri curie per tempora dumtaxat vite sue ut superius exprimitur applicare. In cuius rei testimonium presentes literas sibi tradidimus sigilli nostri appensione munitas. Datum in ecclesia nostra anno domini millesimo trecentesimo octuagesimo, vicesima octava die mensis Maii.

(Aus der Recognition dieser Urkunde ddto. 29. Mai 1380. Vgl. Nr. 194.)

194.

Sulík von Konic verspricht bezüglich des Holzbezuges aus dem Walde Bilevská hora alles zu beobachten, was der bezügliche Brief des Olm. Kapitels darüber vorschreibt. Dt. Olmütz 29. Mai 1380.

Ego Suliko de Conicz notumfacio presencium inspectoribus universis, me ab honorabilibus viris Bederico decano, Jacobo preposito et capitulo ecclesie Olomuensis literas recepisse, quarum tenor sequitur in hec verba: Bedericus decanus etc. (Vid. Nr. 193). — Ego igitur Suliko predictus spondeo et promitto ac tenore presencium me obligo bona fide absque fraude et dolo omnia, que in predictis literis contenta, quoad sua puncta, clausulas et articulos, tenere firmiter nec in aliquo ullo unquam tempore còntravenire seu infringere quoquomodo. In cuius rei testimonium predictis dominis presentes literas trado sigillis mei ac domini Ade plebani de Conicz avunculi mei appensione munitas. Datum Olomucz anno domini millesimo trecentesimo octuagesimo, vicesima nona die mensis Maii.

(Orig. Perg. 2 h. Sig. im Olm. Kapitelarchive. — Vgl. n. 193.)

195.

*Markgraf Jodok befiehlt, dass die Güter Dolein, Tověř etc. der Karthause in Leitomyšl
in die Landtafel eingelegt werden. Dt. Brünn 3. Juni 1380.*

Jodocus dei gracia marchio et dominus Moravie notum facimus tenore presencium universis. quod ad donacionem villarum Dolany, Thowirs, Morawiczan et Palonyn, quas venerabilis dominus Albertus quondam Luthomyslensis episcopus religiosis n. priori et n. conventui nove sue plantacionis prope Luthomysl, ordinis Carthusiensis, dedisse et contulisse dinoscitur. nostrum consensum dedimus et donavimus, damus, donamus virtute presencium et largimur. comittentes camerario supremo, czudariis, notariis et aliis urzedniconibus czude Olomucensis presentibus seriose, quatenus prefatas villas supradictis n. priori et n. conventui intabulent, et auctoritate suorum officiorum intabulari disponant, dum primum celebrabitur colloquium dominorum. Presencium sub appenso nostro sigillo testimonio literarum. Datum Brunne anno domini millesimo tricentesimo octuagesimo dominica Respice in me.

Ad relacionem domini Jesconis
de Luckaw Nicolaus.

(Orig. Perg. häng. Siegel im k. k. geh. Archive. — Abgedruckt bei Pez. Cod. dipl. Tom.
VI. p. 68.)

196.

*Nicolaus, Probst von Brünn, entscheidet, dass Nicolaus von Eibenschitz der legitime
Pfarrer in Mohelno sei. Dt. Brünn 5. Juni 1380.*

Nomine domini amen. Anno nativitatis eiusdem millesimo trecentesimo octuagesimo, indiccione tercia. die quinta mensis Junii, pontificatus sanctissimi in Christo patris et domini nostri domini Urbani digna dei providencia pape sexti anno tercio, hora nona vel quasi, in domo domini Nicolai prepositi ecclesie montis sancti Petri in Bruna, Olomucensis diocesis, in cenaculo superiori, in mei publici notarii testiumque presencia subscriptorum constituti personaliter viri discreti Nicolaus de Ewanczicz et Nicolaus de Nicolowicz presbyteri dicte diocesis coram honorabilibus viris et dominis Nicolao preposito ecclesie predicte executoris dicti domini Nicolai de Ewanczicz a sede apostolica specialiter deputato et Jacobo rectore parochialis ecclesie in Hertwikwicz, sponte et benivole consenserunt in eosdem parte ex utraque ad declarandum et decernendum seu eciam pronunciandum super graciis generalibus et specialibus ipsi per predictum dominum Urbanum ad collacionem, provisionem, presentacionem et quamvis aliam disposicionem religiosarum dominarum abbatisse et conventus monasterii sancte Marie in Osla factis et provisis. Qui quidem dominus Nicolaus prepositus et Jacobus predicti litteris generalibus et processibus visis et perlectis, quas ipsi protunc in eorum tenebant manibus, inito sano consilio et deliberacione matura previa de consensu parcium sic pronunciaverunt, declaraverunt et decreverunt, dominum Nicolaum de Ewanczicz rectorem parochialis ecclesie omnium sanctorum in Mohilna dicte diocesis esse verum et legitimam rite et racionabiliter tenendum et habendum ac eciam possidendum prout concernit et decet legitimum et verum pastorem, alium vero dominum Nicolaum de Nicolowicz pronunciaverunt et declaraverunt, si in quantum sub gracia et provisione ad collacionem, presentacionem et provisionem predictarum religiosarum dominarum abbatisse et conventus sancte Marie predictis appareret vel constare possit, quod aliqua ecclesia seu beneficium aliquod vacaret ex ordine et virtute ipsius acceptacionis generalis, quod jus acceptacionis eiusdem beneficii sit penitus salvum et illesum nullo impedimento per aliquem obstante et contrariante. De qua quidem pronunciacione, declaracione sic facta predicti Nicolaus rector parochialis ecclesie omnium sanctorum in Mohilna et Nicolaus de Niclowicz pecierunt sibi fieri per me notarium subscriptum unum vel plura publicum seu publica instrumentum seu instrumenta. Acta sunt hec anno, indiccione, die, mense, hora, loco, pontificatus quibus supra, presentibus honorabilibus viris et dominis Johanne decretorum doctore plebano in Jempnicz, magistro Pertholdo in Cunoschin, Petro in Jaktars plebanis, Henslino de Tuschnowicz, Stephano, Nicolao dicto Krnye, Wenczeslao cliente dicti domini prepositi et aliis pluribus fidedignis cum infrascriptis scriba et notario publico testibus ad premissa vocatis pariter et rogatis.

Et ego Adam natus Petri de Trebecz clericus Olom. dioc. publicus . . . notarius etc.

Et ego Johannes quondam Raczkonis de Thesschin clericus Wratislav. dioc. publicus etc. notarius etc. et scriba etc.

(Orig. Perg. Sig. fehlen, im Brünner Stadtarchive.)

197.

Beschluss des Markgrafen Jodok und der mährischen Herren, dass kein Unterthan aus seinem Wohnsitze ohne Entlassbrief fortziehen dürfe. Dt. 26. Juli 1380.

Anno domini millesimo trecentesimo LXXX in crastino sancti Jacobi maioris in castro Spilberg serenissimus princeps et dominus dominus Jodocus marchio et dominus terre Moravie, nobilis dominus Benessius de Wartmberg eiusdem terre Moravie capitaneus, item dominus Johannes de Sternberg supremus camerarius Brunnensis, dominus Woko de Crawar supremus camerarius Olomucensis, magnificus dominus Johannes comes de Hardek burgravius Magdeburgensis, dominus Henricus de Lippa, dominus Ulricus de Bozkovicz, dominus Crussina de Novis castris, dominus Placzko de Pirkenstein, dominus Benessius de Crumnaw dictus de Crawar, dominus Albertus de Swietlow dictus de Sternberg, dominus Wenceslaus in Straznicz dictus de Crawar, dominus Petrus de Sternberg, dominus Sdenko in Lukow alias de Sternberg, dominus Ladislaus in Helfenstein dictus in Crawar, dominus Petrus in Plumnaw dictus de Crawar, dominus Wilhelmus in Zlyna dictus de Sternberg, dominus Henricus de Novadomo, dominus Smylo in Zabrzha dictus de Sternberg, dominus Hensslinus de Wetovia, dominus Cztiborius de Czimburg, dominus Johannes de Mezirziecz, dominus Georgius de

23

Wetovia. dominus Herardus de Cunstat. dominus Proczko de Lompnicz, dominus Waynko de Potenstein. dominus Artlebus de Starechovicz, dominus Ratibor de Missliboricz, dominus Sulico de Conicz, omnes terre Moravie bonum considerantes simul unanimiter una voce dictaverunt et concorditer. non compulsi sed ex mera. bona et libera sentenciarunt voluntate consencientes intabulari. quod nullus in terra Moravie residens. cuiuscumque eminencie seu condicionis fuerit. ab alio in eadem terra Moravie residente. cuiuscumque eciam eminencie vel condicionis extiterit. debet aliquem civem. rusticum acceptare. donec a domino suo literam domini sui sigillo sigillatam iidem cives. rustici apportaverint, eos fore per eundem dominum ipsorum liberos. dimissos et solutos. Et si quis horum civium, rusticorum ad aliquem in terra Moravie residentem fugam dederit, idem cum omnibus et singulis bonis, cum quibus effectus est fugitivus, ipsum aut ipsos ei. a quo fugit vel fugierunt. restituere teneantur.

(Aus der gedruckten Brünner Landtafel p. 143.)

rncium sub äpne
|o tric^n^t **198.**

Sander. Offizial des Olmützer Bischofes. bestättigt im Auftrage Pabst Urban VI. die Vereinigung der Landskroner Pfarre mit dem dortigen Augustinerkloster und bestimmt die Einkünfte des vicarius perpetuus bei dieser Pfarre. Dt. Mürau 3. Sept. 1380.

Nos Sanderus Rambow archidiaconus Preroviensis canonicus et officialis Olomucensis. executor unicus ad infrascripta a sede apostolica specialiter deputatus, universis et singulis, ad quos presentes pervenerint, salutem in eo. qui est omnium vera salus et noticiam infra-scriptorum. Dudum literas sanctissimi in Christo patris ac domini nostri, domini Urbani digna dei providencia pape sexti, non rasas, non cancellatas, non abolitas, nec in aliqua sui parte suspectas. sed omni vicio et suspicione carentes. nobis pro parte religiosorum virorum preposti et conventus monasterii sanctorum Nicolai et Katherine in Lanczkron, canonicorum regularium ordinis sancti Augustini Luthomisliensis diocesis presentatas, cum ea qua decuit reverencia recepimus tenoris infrascripti: Urbanus etc. Datum Rome etc. sexto idus Maii pontificatus nostri anno primo (vid. n. 111). — Post quarum quidem literarum presentacionem nobis pro parte dictorum prepositi et conventus nomine dicti monasterii fuit supplicatum. quatenus ad execucionem dictarum literarum apostolicarum et in eisdem contentorum procedere dignaremur. Nos volentes dictum mandatum apostolicum iuxta traditam nobis formam reverenter exequi de omnibus et singulis in ipsis literis apostolicis contentis servandis inquisivimus diligenter. Et quia per legitimas probaciones et literas incorporacionis et unionis felicis recordacionis domini Alberti de Sternberg episcopi Luthomisliensis omnia et singula in dictis literis comprehensa, prout in suis articulis, punctis et clausulis distincte exprimuntur. invenimus fore et esse vera. pro eo vigore et auctoritate dictarum literarum apostolicarum nobis in hac parte commissa presentibus pronunciamus, decernimus et declaramus : ipsum monasterium sanctorum Nicolai et Katherine in Lanczkruna antedictum sufficienter fuisse et esse dotatum. incorporacionemque ecclesie parochialis beate Marie virginis cum singulis suis iuribus.

utilitatibus, proventibus, pertinenciis universis dicto monasterio canonicorum regularium per felicis memorie dominum Albertum de Sternberg olim episcopum Luthomisliensem de consilio, consensu pariter et voluntate sui capituli Luthomisliensis servatis iuris sollempnitatibus factam ac literis suis et dicti capituli sui roboratam fore et esse legitime ac canonice inceptam et consumatam, ipsamque fundacionem, construccionem monasterii antedicti ac donacionem, unionem, incorporacionem et annexionem dicte parochialis ecclesie in Lanczkruna, ut prefertur, cum singulis bonis, juribus et pertinenciis ipsi monasterio per reverendissimum in Christo patrem et dominum, dominum Petrum archiepiscopum Magdeburgensem, Germanie primatem, ejusdem monasterii fundatorem, datis ac donatis, non obstantibus quibuscunque constitucionibus apostolicis et aliis contrariis, que premissis obesse aut ea impedire seu annullare possent quovismodo, auctoritate apostolica predicta approbamus et in dei nomine in hiis scriptis confirmamus, supplendo omnem defectum, si quis forsan intervenerit iure ipsius parochialis ecclesie et cuiuslibet alterius in omnibus semper salvis. Et ex quo congrua porcio vicario perpetuo ipsius ecclesie beate Marie antedicte, qui pro tempore fuerit in unione et incorporacione ipsius ecclesie dicto monasterio facta, ut prefertur, non fuerit assignata, secundum tenorem et formam dictarum literarum apostolicarum pro congrua sustentacione ipsius vicarii perpetui in dicta ecclesia domino servituri, ac pro hospitalitate tenenda pro solvendisque iuribus legatorum et nunciorum sedis apostolice et ordinariis loci ac quorum interest vel interesse poterit et pro aliis oneribus sibi successu temporis incumbentibus levius supportandis de fructibus, redditibus et proventibus ecclesie antedicte duos laneos, unum situm erga ipsam ecclesiam, reliquum vero apud ecclesiam filialem in Sichelstorp, cum pratis ibidem sitis et molendinum ab antiquo ad ipsam ecclesiam spectans centum et viginti quatuor strichones de decimis, per medium siliginis et per medium avene, cum offertorio, quod per manus fidelium oblatum fuerit in eadem ecclesia, per vicarium perpetuum, qui pro tempore fuerit, perpetuis temporibus habendum, tenendum et percipiendum assignamus et in hiis scriptis eidem reservamus. Harum quibus sigillum officialatus curie episcopalis presentibus est appensum testimonio literarum. Datum et actum in castro Mirow anno domini millesimo trecentesimo octuagesimo, indiccione tercia, die vero tercia mensis septembris, hora completorii vel quasi, in estuario turris maioris supra pontem castri posterioris, pontificatus sanctissimi in Christo patris ac domini nostri, domini Urbani, digna dei providencia pape sexti, tercio. Presentibus honorabilibus et religiosis viris, dominis Eberhardo inquisitore heretice pravitatis, Luca magistro curie ordinis beate Marie virginis de domo Theutunica, Nicolao plebano in Gundrams diocesis Olomucensis ac Andrea clerico de Tassaw eiusdem diocesis et aliis pluribus testibus fidedignis vocatis et rogatis ad premissa.

Et ego Hincze natus Bratrziei de Tassaw etc. notarius etc.

(Aus einer späteren Abschrift in den Akten dieses Klosters im Land. Archive.)

199.

Clibor von Littau und seine Gemahlin stiften ein Annirersar in der Kirche zu Olši.
Dt. 21. September 1380. s. l.

Universis ac singulis copiam intuentibus nolumus latere. quod nos Styborius de Lyttawya una cum uxore mea domina Domka et cum natis heredibus et una cum amicis meis prehabito maturo et sano consilio cogitantes de salute animarum nostrarum et precipue pro anima pie recordacionis Smylonis de Steryetes censum ecclesie in Ollsye pro plebano ibidem videlicet mediam sexagenam in medio laneo censum perpetue damus et condonavimus. tali tamen condicione interposita, quod alia omnia, que spectant ad dominium, ab illo medio laneo ad nostram mensam reservavimus, nisi pro plebano mediam sexagenam damus grossorum denariorum pragensium tali super interposicione, quod modernus plebanus et omnes successores sui debent et tenentur duo anniversaria infra unum annum peragere, primum videlicet anniversarium infra octavas beati Georii tali condicione: plebanus met tercius cantet vigilias trium leccionum. in mane vero tres misse cum cantu, duas legendo; post missas tenetur exequias facere et sacerdotes pascere eis, que domus habet; simili modo. ut prescribitur, secundum anniversarium infra octavas beati Wenceslai, sed vigilie novem leccionum et simili modo, ut prescribitur. Insuper ego dictus dominus Nicolaus plebanus de Ollsye usque ad consumacionem vite mee ista anniversaria peragere sine omni fraudis dolo et omnes successores mei tenentur idem facere. Si autem aliquis successorum meorum versa malicia nollet ista anniversaria peragere, tunc idem census debet a plebano abstrahi et pro necessitate ecclesie converti tam diu, donec plebanus se de anniversariis intromittat, tunc iterum census plebano restituatur. Hoc testamentum fecit dominus Styborius pro peccatis suis et suorum amicorum ac familiarium suorum, post mortem vero pro salute animarum omnium. Insuper hanc literam roboramus sigillis nostris videlicet domini Styborii testamentarii et domini plebani de Ollsy nomine Nicolai nunc presentis. Insuper ad maiorem evidenciam et firmiorem certitudinem petivimus nobiles viros dominum Imgramum et filium suum Bohuslaum de Pernstayn in testimonium et totum conventum Dubravicensem, ut in testimonium ipsorum sigilla ad presentem literam appenderent, et fecerunt. Datum et actum in die beati Mathei apostoli et evangeliste anno M⁰CCC⁰ octuagesimo.

(Orig. Perg. die Sig. fehlen, im Brünner Stadtarchive.)

200.

Markgraf Jodok gestattet dem Hanns von Vöttau etc., welche sich bei ihm für Martin, Sohn des ehemaligen Richters von Jamnitz, Niklas, verbürgten, dass sie sich, falls sie durch diese Bürgschaft Schaden erlitten, an dem ganzen Vermögen des Martin schadlos halten können. Dt. Znaim 27. September 1380.

Wir Jost von gotes gnaden marggraf und herre zu Merhern bekennen offenlich mit disem briff allen den, die yn sehen oder horen lezen, das unsre lieben Hans von Vethaw, Gylgiesch von Radotycz, Schiossel von Brtnycz und Hans von Radoticz uns für Mertein, Nickels son, der etwen richter gewezen ist zu Jempnicz, umb fumffthalbhundert mark grosser pfennyng prager muncze gelobt haben und purgen worden sein uff alles das gut, das derselbe Mertein und sein vater uff dem land hat und in der stat zu Jempnicz. Und dorumb das dieselben purgen durch sulcher gelubde willen icht schadenhafftig werden. so ist unsre meynung und gunnen yn auch. ob es zu sulchen schulden queme, das si sich ires schaden an allen den egenanten Merteins und Nickels seines vater gueter erholen muegen und die vorkauffen an alles hindernuzze und ynfal. Mit urkunt dicz brifes vorsigelt mit unserm anhangunden Ingesigel. Der geben ist zu Znoym noch Cristi geburt dreyzenhundert jar darnach in dem achzigsten jar des nechsten pfintags vor san Michels tag.

(Auf der Plicatur: Per dominum marchionem Nicolaus prothonotarius. — Orig. Perg. h. Sig. im mähr. Landesarchive.)

201.

Wok von Kravář erklärt, dass er vom Markgrafen Jodok die Burg Stramberg zu Lehen erhalten habe. Dt. Znaim 27. September 1380.

Ich Wocke von Chrawár bekenne offenlich mit disem brife allen den, die yn sehen oder horen lesen. das der hochgeborne furste mein lieber gnediger herre marggraff Jost zu Merhern mir und meinen erbeu mannes geschlechte das hus Stralemberg mit allen seinen zugehorungen gegeben hat zu rechter manschafft, als das in den brifen, die ich doruber hab, luterlicher ist. begriffen, in sulcher bescheidenheit, das dasselbe hus ym und seinen erben offen sein sal zu allen iren bedurfften wider allermenclich niemands ussgenomen und sal auch ich und mein erben dowider nymmer gesein bey unserm gueten trewen, wenn und als offt sie des mueten werden und bedurffen, an alles hindernuzze und widersprechen. Auch sal ich und mein erben mannes geslechte ewiclichen den egenanten meinen gnedigen herren und seinen elichen leibes erben mit dem egenantes hus Stralemberg und seinen zugehorungen dienen, gewortig sein und beygestendig wider allermeniclich in gueten trewen niemands ussgenomen, wenn yn des not geschit, an alle widerrede bei unsern eren. Wer auch sache, das der obgenant mein gnediger her marggraff Jost also sturbe und eliche leibeserben mannes geslechte hinder ym nicht liezze, do got fur sey, so sol ich und mein erben mannes geslechte seinen nachkomen marggrafen und herren zu Merhern, die do sein werden zu den zeiten, mil dem obgenanten hus Stralemberg furbas zu dheinen andern dinsten vorpunden sein denn als ander herren, die manschafft haben in der marggraffschaft zu Merbern und domit in alle die rechte treten, dorynne diselben pflegen zu siczen. Auch sal mir und meinen erben mannes geslechte erlawbet sein, das wir das obgenant hus Stralemberg mil seinen zugehorungen mugen vorkawffen in allen den rechten und weize, als wir das von dem egenanten unserm gnedigen herren marggraffen Jost haben und als lehens recht ist, demselben meinem gnedigen herren und seinen und (sic) nachkomen an schaden. Und des zu urkunt und sicherheit so hab ich mein ingesigel gehangen an disen briff und hab gebeten die edlen herren hern Hansen von Vethaw, hern Cztibor von Cimburg und hern Georgen von Vethaw, das sie ire ingesigel zu gezugnuzze an disen briff wolten hengen. Wir die nachgeschriben Hans von Vethaw, Cztibor von Cymburg und Georg von Vethaw bekennen, das wir durch bete des obgenanten hern Wocken unser ingesigel zu gezugnuzze der obgeschriben sachen haben an disen gegenwurtigen briff gehangen. Der geben ist zu Znoym noch Cristi geburt dreyzenhundert jar dornoch in dem achzigsten jar des nechsten pfinstages vor sant Michels tag.

(Orig. Perg. 4 h. Sig. in der Boček'schen Sammlung n. 10664 im mähr. Landesarchive.)

202.

Statut des Olmützer Kapitels 1380 ca. 30. Septbr.

Anno domini M⁰CCC⁰ octuagesimo in capitulo generali sancti Jeronimi per venerabiles viros dominos . . Bedericum decanum, Jacobum prepositum, Danielem archidiaconum, Petrum scholasticum, Heinricum custodem, Jaroslaum, Nicolaum, Jacobum magistros, Laurencium, Cristannum, Jacobum calvum, Martinum Fridelini, Artlebum, Johannem de Chremsir, Hermannum. Wenczeslaum, Nicolaum de Wartemberg, Woycyechium de Otoslawicz, Albertum prepositum Chremsirensem, canonicos ecclesie Olomucensis taliter est ordinatum concorditer et diffinitum: quod si quando futuris temporibus dicta ecclesia Olomucensis ac bona ipsius ecclesie personarum per aliquem principem, marchionem seu quoscunque alios dominos et barones occupata molestaretur et turbaretur, sicut proxime tempore transacto per dominum marchionem et ipsius complices sint molestata et violenter turbata et interdictum per dictos dominos canonicos ob hoc servaretur virtute sinodalium et provincialium statutorum, propter quod licite in et aput ipsam ecclesiam non possent permanere metu mortis et turbacionis imminentis, extunc quicunque dominorum dicte ecclesie canonicorum aput eandem ecclesiam remaneret contra capituli voluntatem, ille velut inutilis, fidefragus, periurus et iniquus, ac ipso honore capitulari privatus ab omnibus reputaretur. Quam ordinacionem et unanimem concordiam exnunc prout extunc futuris temporibus decreverunt observare.

(Aus dem Codex MS. des 15. Jahrh.: Innocentii IV. summa poenitentiae in der k. k. Olmützer Studienbibliothek.)

203.

Markgraf Prokop bestättigt dem Stadtrichter von Mähr. Neustadt alle früheren Privilegien
und fügt die Begünstigung hinzu, dass er in Zukunft statt einer Goldmark nur zehn Prager
Mark jährlich an die markgräfliche Kammer abzuführen habe.
Dt. Ausse 31. Oktober 1380.

Nos Procopius dei gracia marchio Moravie notumfacimus tenore presencium universis. quod attendentes constanciam approbate fidei et multiplicia merita probitatis discretorum virorum Henrici et Alberti fratrum nostre civitatis Uniczow judicum, quos ultrici dextera aliquibus eorum poscentibus demeritis ad unquem coreximus, quique suis devotis denuo obsequiis nos humiliter placaverunt, ut eos, quos prius propter excessus eorum, ut predicitur, odivimus, iam per reconciliacionem ipsorum debitam tamquam per amplius renuentes excedere, diligamus, animo deliberato non per errorem aut improvide, sed sano nostrorum fidelium accedente consilio privilegia et literas, que et quas a serenissimis principibus ac dominis, dominis Wenczeslao rege Boemie illustrissimo, avo nostro charissimo et Johanne marchione Moravie magnifico, genitore nostro amantissimo supra dicta advocacia in Uniczow et eius singulis conpendenciis retinent, que partim intra muros civitatis sunt posita et partim extra muros civitatis eiusdem situantur, quemadmodum in eisdem literis de verbo ad verbum plenius expressatur, volumus benivole et liberaliter confirmare, quatenus ipsi et heredes eorum nunc nostris astantes obsequiis, tanto nostro et successorum nostrorum marchionum Moravie futuris succedentibus temporibus fideliores sint famulatui, quanto viderint se a nobis benignius grata munificencia liberalius prosequutos. Et sic dictas literas et privilegia, que quamvis sub certo tenore non ponuntur in presentibus, tamen ipsas resumimus, ac si forent hic divisim verbotenus distinctissime explicate, iuxta omnem modum carum, tenorem et continenciam ratificamus, approbamus, laudamus ac de certa nostra sciencia virtute presen—cium confirmamus, nolentes eosdem iudices nunc et in antea in dicta advocacia et eius universis pertinenciis aliqualiter impedire, agravare, turbare, sed in omnibus eorum bonis et libertatibus, quorum retroactis temporibus possessores fuerunt, sub opulenta requie pacis amenissime conservare, neque locum aliquem fratribus nostris et successóribus marchionibus Moravie relinquimus ipsos post transitum nostre carnis de hoc seculo vexacione aliqua agravandi. Et singularis nostri favoris ex gracia eisdem iudicibus iuxta genitoris nostri pie memorie privilegia et extra tenorem et literarum regalium continenciam concedimus, quod pro una marca auri seu decem argenti, que in eisdem regalibus literis continentur, decem marcas grossorum pragensium moravici pagamenti sexaginta quatuor grossos pro marca qualibet computando in festo sancti Georgii quinque et in festo sancti Galli quinque nostre camere anno quolibet importare per amplius teneantur. Presencium sub nostri maioris sigilli appensione testimonio literarum. Et nos Johannes eadem gracia Lutomislensis episcopus presenti ratificacioni et confirmacioni eidem presencialiter interfuimus et omnia et singula superius dicta audivimus, probavimus et nostrum sigillum presentibus appendimus in eorum

omnium memoriam clariorem. Datum et actum in castro Ausaw anno domini millesimo
trecentesimo octuagesimo, feria IIIIa in vigilia omnium sanctorum die tricesima prima
mensis Octobris.

204.

*Philipp Gengel bekennt, dass er vom Oslawaner Nonnenkloster einen Hof in Treskowitz
gegen einen jährlichen Zins erhalten habe. Dt. Oslawan 6. November 1380.*

In nomine domini amen. Quum quidem ea. que fiunt in tempore, simul cum tempore
memorie nomen perdunt, nisi literarum testimonio recipiant munimentum, noverint igitur
presencium inspectores universi, quod venerabilis in Christo domina, domina Anna de
Fullenstain . . abbatissa totusque conventus monasterii vallis sancte Marie in Ossla, domine
mee graciose pretendentes mei Philippi dicti Gengell, laici in villa Dreskwicz obsequium
exhibitum ipsis ac ipsorum monasterio predicto diu fidele necnon adhuc exhibendum, unanimi
consensu contulerunt michi et heredibus meis legittimis et successoribus curiam in Dreskwicz.
circa ecclesiam sitam cum tribus laneis et aliis appendiciis, sicut in literis super eadem
confectis plenius dinoscitur contineri, evo tempore possidendam, tali dumtaxat adiuncta
condicione. quod ego dictus Philippus Gengell ac mei heredes legittimi et successores tenebimur¡
de curia iam dicta ipsi monasterio . . et conventui prelibato censuare annis singulis unam
marcam grossorum duobus videlicet in terminis, in festo sancti Georgii martiris mediam
marcam et in festo sancti Michaelis mediam marcam necnon ipsi domine abbatisse prefate
mediam marcam in terminis iam dictis, scilicet in festo sancti Georgii unum fertonem et in
festo sancti Michaelis unum fertonem temporibus perpetuis dilacione qualibet semota, quem
quidem censum suum. videlicet mediam marcam ipsa domina Anna abbatissa paratis suis
pro pecuniis scilicet quinque marcis a me sepe dicto Philippo emit ac sua de paterna
hereditate comparavit. Preterea ipsa nichilominus domina Anna abbatissa potest censum suum
in alias quovismodo personas transferre seu resignare aut legare iuxta sue voluntatis libitum.
cuiuslibet hominis sine impedimento. Eciam ipsa non existente, qui presentes literas legittime
habuerit. omnia prescripta eidem promitto seu promittimus inviolabiliter observare. Et quia
proprio carui sigillo, rogavi attencius presentes literas sigillis ipsius abbatisse sepe nominate
et conventus predicti firmiter roborari. Acta sunt in monasterio Osslaviensi presentibus
honorabilibus viris et dominis, domino Philippo et domino Paulo tunc confessoribus necnon
domino Bartholomeo plebano in Dreswicz et domino Nicolao plebano in Poherlicz, domino
Ade tunc preposito, domino Nicolao capellano. Sub anno domini MoCCCo octuagesimo in die
sancti Leonardi confessoris gloriosi.

205.

Der Kardinal Pileus verleiht der Pfarrkirche in Neu-Reisch einen Ablass.
Dt. Zol 2. Dezember 1380.

Pileus miseracione divina tituli sancte Praxedis presbiter cardinalis ad infrascripta apostolica auctoritate suffultus universis Christi fidelibus presentes litteras inspecturis salutem in domino. Splendor paterne glorie, qui sua mundum illuminat ineffabili claritate, pia loca fidelium de clementissima ipsius maiestate sperancium tunc precipue pio favore prosequitur, cum devota ipsorum humilitas sanctorum precibus et meritis adiuvatur ac Christi fideles eo libencius ad devocionem confluent, quo ibidem uberius dono celestis gracie conspexerint se refectos. Cum igitur dilectus nobis in Christo cameretus illustris principis Procopii marchionis Moravie familiaris ad parochialem ecclesiam sancti Petri in Raysch, Olomucensis diocesis, singularem, prout accepimus, gerat devocionem et affeccionem nobisque humiliter supplicaverit, ut pro devocione eiusdem augmentanda spiritualia munera largiri dignaremur, nos dictis supplicacionibus favorabiliter annuentes de omnipotentis dei misericordia et beatorum Petri et Pauli apostolorum meritis et auctoritate predicta confisi omnibus vere penitentibus et confessis, qui dictam parochialem ecclesiam devote visitaverint in festivitatibus videlicet nativitatis, resurreccionis et ascensionis domini nostri Jesu Christi ac Pentecostes et singulis festis beati Marie virginis et sanctorum apostolorum ac quatuor doctorum Hieronimi, Ambrosii, Gregorii et Augustini beatorum, necnon in festis patronorum dicte ecclesie et dedicacionis eiusdem et pro animabus Christi fidelium apud dictam ecclesiam defunctorum devote oraverint, centum dies de iniunctis eis penitenciis auctoritate apostolica, qua fungimur, tenore presencium in domino misericorditer relaxamus. Datum Zolii Strigoniensis diocesis IV. nonas Decembris, pontificatus sanctissimi in Christo patris et domini nostri, domini Urbani divina providencia pape sexti anno tercio.

(Orig. Perg. h. Sig. im Archive des Klosters Neu-Reisch.)

206.

Johann, Bischof von Olmütz, gibt dem Petersberger Probsten Nicolaus die Vollmacht,
welche jedoch widerrufen werden kann, dass er alle die Brünner betreffenden Angelegenheiten,
welche sonst vor das Consistorium gehören, selbst entscheiden könne.
Dt. Mödritz 9. Dezember 1380.

Dei et apostolice sedis gracia Olomucensis episcopus Johannes honorabili viro domino Nicolao, Brunensis preposito collegiate ecclesie in monte sancti Petri salutem in eo, in quo est omnis nostra salus. Ut honorabiles et prudentes viri consilium, jurati et universitas civitatis Brunensis pace fruantur et non contingat eosdem extra civitatis septa ad cuiuscunque instanciam in nostro consistorio aliquo modo fatigari, vobis plenam in domino auctoritatem

24

et potestatem concedimus, omnes causas, que consistorium nostrum respiciunt, seu pro quibus antedicti consules, jurati et universitas in communi seu specie vocarentur in jus nostro nomine judicandi, decidendi, summas interlocutorias et definitivas ferendi, exacciones dandi et omnia et singula faciendi, que nos possumus facere quomodolibet in premissis, decernentes irritum et inane, si quid a quocunque officiali vel iudice nostro in contrarium fuerit attemptatum, presentibus ad nostrum duntaxat beneplacitum et donec ea revocanda duxerimus valituris. Presencium eciam sub appenso nostro sigillo testimonio literarum. Datum in castro nostro Modricz anno domini millesimo trecentesimo octuagesimo, dominica qua Populus Sion in sancta domini ecclesia decantatur.

(Aus dem Codex n. 148 fol. 85 im Brünner Stadtarchive.)

207.

Der Brünner Stadtrath bewirkt durch den Stadtschreiber Johann von Gelnhausen bei dem Kardinal Pileus. dass der Prior der Dominikaner in Brünn sich verpflichtet, die Herburger Nonnen durch Ansprüche auf ihr Kloster nicht mehr zu behelligen.
Dt. 21. Dezember 1380.

Nota. Quod anno domini MCCCLXXX⁰ feria sexta in quatuor temporibus beate Lucie misimus honorabilem et prudentem virum dominum Johannem de Guhlenhusen notarium civitatis nostre Brunnensis ad reverendum in Christo patrem dominum Pileum cardinalem Ravenensem, qui pro tunc una cum illustrissimo principe domino Wenczeslao Romanorum et Boemie rege a rege Ungarie et ducibus Austrie venientes in Znoyma pernoctarunt, ut idem dominus Johannes propter amplam noticiam, quam apud dominum cardinalem et eciam familiares domini regis familiariter contraxit, nostra negocia sibi commissa fideliter expediret. Et cum dudum inter religiosas moniales ad Herburgas et Wenceslaum dictum Tzernestil priorem sancti Michaelis et eius adherentes ordinis predicatorum dissensio vertebatur, ita quod ipse prior et quidam sui monachi contra antiquam libertatem et consuetudinem et graciam a sede apostolica dudum obtentam circa dictas moniales ad Herburgas residere voluissent personaliter et pro dicta residencia instancius laborassent, attamen in nullo penitus profecissent, dictus dominus Johannes nostra percipiens, quod idem prior apud dictum dominum cardinalem pro dicta personali residencia novis ficticiis iterum laboraret, propositis per eum eidem domino cardinali omnibus instanciis et causis, quibus nos tamquam fundatores dicti monasterii ad Herburgas pro defensione jurium ipsarum monialium efficaciter monebamus. Dictus dominus Wenczeslaus prior sancti Michaelis Brunne eidem domino cardinali et nostro prefato notario coniuncta manu pro se et suo conventu et successoribus suis rite promisit in bona et pura fide, numquam decetero easdem moniales pro tali residencia aut aliis novis imposicionibus vel gravaminibus velle pro amplius molestari per se vel per alium quovis modo.

(Aus dem Codex n. 148 fol. 85 im Brünner Stadtarchive.)

208.

Johann, Bischof von Leitomyšl, weist die Gerichte in sechs Dörfern dem Leitomyšler Kapitel zu, um den Schaden, den das Kapitel von seinem Vorgänger im Bistume durch Anlegung eines Teiches erlitt, zu ersetzen. Dt. Leitomyšl 31. Dezbr. 1380.

In nomine domini amen. Nos Johannes dei gracia episcopus Luthomislensis ad omnium noticiam presencium et futurorum presentibus volumus perducere, quod cum reverendus vir dominus Albertus felicis recordacionis predecessor noster immediatus capitulo nostro multas displicencias ipsum capitulum et ipsius homines exacciando piscinam in ipsius capituli agris videlicet in villa abbatis dicta Absdorf exstruendo fecisset et census ibidem per plures annos occupasset, super quibus omnibus inter ipsum et prefatum capitulum per reverendum patrem ac dominum, dominum Johannem olym archiepiscopum Pragensem arbitrando fuit declaratum, quod prefatus noster predecessor ipsi capitulo pro dampnis et cciam expensis et inpensis in litibus factis minus debite motis, prout clarissime patuit, certam summam peccunie debebat et tenebatur explevisse et quasdam res per ipsum ablatas restituisse, sicut in literis decla-racionis et pronunceiacionis prenominati domini archiepiscopi continetur, quas prochdolor ipse, nescitur quo ductus spiritu, et forte morte preventus explere non curavit. Nos vero volentes inter ipsum capitulum, nos et nostros successores litibus et controversiis finem imponere omnes judices in bonis capituli sitos videlicet in Abbatis villa dicta Absdorf, Theudrici, Strynycz, Chmelik, Czierkwicz et Cornicz, qui nobis et successoribus nostris in divisione per dominum Brziedslaum episcopum Wratislaviensem, qui auctoritate apostolica bona capituli et episcopatus limitando divisit, servicio erant deputati, in recompensam dampnorum per exaccionem tam capituli quam ipsius subditis et agrorum per piscinam Sterntaich et ex indebita vexacione perceptorum ipsi capitulo predictos judices presentibus damus et assignamus cum ipsorum omnibus pertinenciis et libertatibus prout nostri predecessores et nos in dictis judicibus habuimus per ipsum capitulum ipsos judices habendos, possidendos et utifruendos, et quod plus est, omne dominium seu jus, quod in ipsis habebamus, in ipsum capitulum transferimus non obstantibus quibuscunque literis divisionis sedis apostolice vel cciam Brziedslai prenominati episcopi Wratislawiensis, promittentes pro nobis et nostris successoribus contra hanc nostram donacionem non contra venire, renuncciantes in talibus repetendis omni juri canonico et legali et cciam juri restitucionis in integrum, si quod nobis super istis possit competere et breviter promittentes dicte donacioni dicto vel facto nos velle non opponere nec contra eam umquam venire, supplicantes nichilominus reverendissimo in Christo patri ac domino domino Johanni archiepiscopo Pragensi apostolice sedisque legato, ut hanc nostram donacionem ratam et gratam habendo ipsam dignaretur confirmare. Datum Luthomisl anno domini millesimo trecentesimo octogesimo, ultimo die mensis Decembris sub nostri sigilli maioris appensione testimonio litterarum.

(Orig. Perg. an Pergamentstreifen h. Sig. in den Akten der Leitomyšler Prämonstratenser im mähr. Landesarchive. — Von dieser Urkunde ist ein zweites Original vorhanden, bei dem jedoch das Sig. abgerissen ist.)

209.

Markgraf Jodok eröffnet den Landrechtsbeamten, dass das Nonnenkloster bei s. Katharina in Olmütz vermöge seiner Privilegien vor das Landrecht nicht citirt werden dürfe. c. 1380.

Jodocus dei gracia marchio et dominus Moravie nobilibus viris Wockoni de Chrawar supremo camerario, Jaroslao de Knichnicz supremo czudario et aliis urzedniconibus czude Olomucensis, quibus presentes exhibite fuerint, fidelibus nostris dilectis salutem et omne bonum. Fideles dilecti. Ex quo honorabiles et religiose virgines . . priorissa et conventus sanctimonialium monasterii sancte Katherine in Olomuncz, ordinis predicatorum, per felicis memorie serenissimorum principum dominorum regum Boemie et marchionum Moravie predecessorum nostrorum carissimorum litteris taliter privilegiate sunt, ut prefate virgines aut homines seu subsides ipsarum ad aliquid terrestre judicium citari non debeant aliqualiter, prout hoc in copiis literarum suarum vidimus plenius contineri; propterea est nostre intencionis et committimus vestre fidelitati presentibus seriose, quatenus prefatam priorissam, que nunc est vel pro tempore fuerit, aut subsides ipsius ad vestram non citetis nec citare permittatis presenciam. Nam si qui accionem adversus prefatas virgines seu homines ipsarum habuerint, illi postulare debebunt iusticiam coram talibus et in tali loco, prout litere et privilegia ipsarum demonstrant, quibus sufficiens debebit iusticia ministrari. . Et hec vestre decrevimus scribere fidelitati eo, quia prefatam priorissam necnon monasterium sancte Katherine apud graciam, qua privilegiate sunt, ut premittitur, volumus modis omnibus conservare. Datum Olomuncz feria quarta proxima post dominicam, qua cantatur Oculi mei.

(Orig. Perg. in dorso beigedrücktes Sig. in der Boček'schen Sammlung n. 5498 im mähr. Landesarchive.)

210.

Paul von Eulenburg weist der Olm. Kirche in dem Dorfe Paseka einen Zins von 3 Mark für ein Anniversarium an. Dt. Eulenburg 7. Jänner 1381.

Cum dies hominis sicut umbra declinent et tamquam flores agri subito evanescant, verum eciam memoria defunctorum transeat ut frequenter a cordibus mortalium, ego Paulus de Euelburg cupiens ardenti desiderio diem extremum bonis prevenire operibus ac pro rebus transitoriis utiliter dispensatis dona recipere sempiterna, sano usus consilio, matura deliberacione prehabita et bona mea voluntate dono, confero atque presentibus libere assigno sancte Olomucensi ecclesie ac devoto eius capitulo tres marcas grossorum pragensium, moravici numeri et pagamenti perpetui census solvendas de bonis meis seu hereditate in villa Passcka, dicta Techancz, per me heredes aut successores meos in perpetuum, in honorem omnipotentis dei et beate Marie virginis et sancti Wenceslai, in remissionem peccaminum ac remedium cciam fidelium animarum, videlicet domine Katherine mee conthoralis dilecte, heredum et aliorum predecessorum mcorum, puta in die sancti Wenceslai alteram dimidiam marcam et in die sancti Georgii alteram dimidiam marcam, quas debet recipere obedienciarius per dictum capitulum ad hoc deputatus, et distribuere in hunc modum : ut in anniversaria commemoracione mea et dilecte coniugis mee supradicte et eorum predecessorum meorum, que singulis annis bina vice peragi debet in dicta Olomucensi ecclesia, et in qualibet commemoracione una marca inter personas dicte ecclesie taliter dividatur : cuilibet vicario eadem die missam celebranti per unum grossum, ad hospitale quatuor grossos, pauperibus duos grossos, residuum modo consueto in ecclesia parciatur. De tercia autem marca quinquaginta grossi cum duobus debent dari fratribus minoribus ordinis sancti Francisci sancte crucis in Nova civitate dicta Uniczow, qui ob hoc tenebuntur singulis diebus sabbatis in perpetuum officiare unam missam de Annunciacione Marie in capella eiusdem virginis gloriose dicti monasterii, quam de novo fundans erexi pro salute nostra et nostrarum remedio animarum, hac condicione servata, ut quot misse in capella iam dicta diebus sabbatis fuerint neglecte seu non celebrate, plebano dicte civitatis vel eius vicariis rite protestantibus, tot grossi debent de censu fratrum predictorum retineri et prefato Nove civitatis plebano vel alteri suorum vicariorum, volenti dictas missas perficere, plenarie presentari. Si vero iam dictus plebanus aut eius vicarius nollet officium dicte misse considerare, vel neglectum adimplere, extunc obedienciarius prenotatus de consilio capituli in ecclesia Olomucensi per ydoneum presbiterum modo, quo dictum est, procuret celebrari. Residuos autem duodecim grossos obedienciarius, qui fuerit, pro suis reservet laboribus, ut dicti census inpertacioni et eius debite distribucioni ac omnibus et singulis supranotatis insistat sollicite et intente. Preterea adicio supradictis, quod quamcunque ego, heredes mci, vel successores emero seu emerimus in hiis bonis seu hereditatibus tres marcas certi census et perpetui dicte Olomucensis ecclesie racionabiliter assignando, extunc bona predicta in Passieka ab onere seu censu prefato crunt soluta omnimode et exempta. Renunccio eciam in hiis scriptis simpliciter et expresse pro heredibus et successoribus mcis, universis accionibus, excepcionibus, consuetudinibus, constitucionibus ac defensionibus cuiuslibet juris canonici vel secularis, terre vel civilis per quemcunque adversarium introducti, quibus contra premissam donacionem meam ultimam voluntatem ac perpetuum testamentum posset agi, quocunque modo obici vel opponi. In cuius rei robur perpetuum meum proprium, deinde autem in testimonium evidens nostra videlicet Pawliconis de Eulmburg, Jesconis dicti Kropacz et Sczepankonis de Wartenaw fratrum dictorum de Holestain, Jesconis et Nicolai fratrum dictorum de Sonnewald, Jesconis et Witkonis fratrum de Serotein necnon Mixonis dicti de Serotein eo quod omnia suprascripta de nostro consensu et consilio sunt facta de certa nostra sciencia sigilla propria presentibus sunt appensa. Datum in Eulmburg post epyphaniam proxima secunda feria infra octavas, anno domini millesimo trecentesimo octuagesimo primo.

(Orig. Perg. 8 h. Sig. im Olm. Kapitelarchive.)

211.

*Johann, Bischof von Leitomysl, bestättigt die Gründung des Karthäuserklosters daselbst und
übertrögt das Patronat der Kirche in Morawičan dem Prior desselben Klosters.
Dt. Tréka 8. Jänner 1381.*

Johannes dei et apostolice sedis gracia episcopus Luthomisslensis ad perpetuam rei
geste noticiam presentibus cupimus pervenire. Quod olim reverendus in Christo pater et
dominus Albertus eiusdem Luthomysslensis ecclesie episcopus et immediatus predecessor noster
suo dumtaxat nomine et licet pro magna anime sue salute, tamen, quod reprehensibile videtur,
propria auctoritate et penitus sine consensu sue Luthomysslensis ecclesie capituli fundavit et
erexit ad laudem dei et beate virginis Marie et sancti Johannis baptiste de titulo monasterium
Rubi beate Marie, sacri Carthusiensis ordinis in fundo sui episcopatus, ymo ad mensam
episcopalem spectante, comparatis et emplis per eundem dominum Albertum episcopum certis
et competentibus bonis extra nostram dyocesim in terra Moravie, Olomucensis dyocesis, videlicet
Morawyczan, Palonyn et Dolan, de propriis suis laboribus et inpensis per omnia sine nostri
episcopatus et quorumcunque aliorum preiudicio ad sustentacionem personarum dicte domus
sicut super hoc originales et speciales litere sunt confecte. Itaque defuncto dicto domino
Alberto episcopo, predicte domus fundatore, ad humiles preces . . prioris et tocius conventus
iam dicte nove fundacionis Carthusiensis, ad cavendum illorum futurum periculum, volentes
instaurare predictam negligenciam, habitis tamen prius fratrum nostrorum iam dicte ecclesie
nostri capituli consilio et consensu pariter, approbantes eiusdem fundatoris pium opus et
eosdem fratres Carthusienses, nostre salutis cooperatores in nostra dyocesi libenter habentes
cedimus eisdem et ad honorem dei et beate virginis liberaliter damus fundum, ut prediditur,
nostri episcopatus, in quo ipsum monasterium fundatur in distinctis limitibus et certis septis
prope fortalicium nostrum dictum Trzka, per eosdem fratres Cartusienses et eorum successores
perpetue possidendum. Damus nichilominus eisdem fratribus Cartusiensibus ligna silve eidem
monasterio contigua, in qua iam dictus dominus Albertus ortum sibi ferarum fecerat, in usus
eorundem fratrum pro ista dumtaxat vice per omnia succidenda. Hoc eciam publice profitemur,
quod in collacionibus ecclesie in predictis videlicet villa Morawyczan ex nomine, cuius juspatronatus sepe dictus dominus Albertus episcopus in suam dumtaxat personam reservaverat,
nullum nobis et nostre ecclesie jus convenit, que ecclesia, ut verius dicamus, ad collacionem
dictorum Carthusiensium per mortem dicti domini Alberti episcopi cum eorundem bonorum
universitate est devoluta. Volumus preterea dictam novam fundacionem cum suis personis
divino adiutorio sub tuicione nostre ecclesie semper graciose fovere et respicere et eorundem
profectum et pacem omni, qua poterimus diligencia tam libenter quam fideliter promovere.
In cuius rei testimonium sigillum nostrum maius cum subinpresso secreto nostro ac eciam

sigillum dicti nostri capituli presentibus est appensum. Datum in Trzka anno domini millesimo trecentesimo octogesimo primo die octava mensis Januarii.

(Orig. Perg. zwei an Pergamentstreifen h. wohlerhaltene Sig. in den Akten des Olm. Karth. Klosters im Landesarchive. Das Gegensigel des Bischofes Johann ist im rothen Wachse etwas beschädigt. — Abgedruckt bei Pez T. VI. p. II. p. 68.)

212.

Wenzel, Probst des Kanitzer Klosters, Peter und Wenzel von Kunowitz bekennen, dass Franko von Kunowitz dem Augustinerkloster in Brünn das Dorf Malkowitz vermacht habe. Dt. 25. Jänner 1381.

In nomine domini amen. Wenczeslaus divina miseracione prepositus Cunicensis, premonstratensis ordinis, Olomucensis diocesis, Petrusque avus eiusdem, Wenczeslaus dictus Stranski fratruelis eorundem de Cunowicz notum facimus tenore presencium universis, quod olim amantissimus frater noster dominus Franco de Cunowicz, cum adhuc ageret in humanis, plenus racione et sospitate, accensus devocione et desiderio, quod gerebat ad fratres et monasterium sancti Thome in preurbio Bruncnsi, se et suos progenitores ipsorum oracionibus commisit ac fraternitati univit et sepulturam ante altare sancti Sigismundi sibi et heredibus suis elegit, volensque terrena pro celestibus commutare et desiderium ac dileccionem fructuose ostendere, licencia et voluntate serenissimi principis clare memorie domini Johannis marchionis Moravie petita et optenta, in remedium anime sue, progenitorum et heredum suorum villutam Malkowicz cum curia, agris cultis et incultis, pratis, pascuis, rubetis et cum aliis utilitatibus singulis ad ipsam spectantibus, sicuti ipse pacifice et quiete tenuit et possedit, dedit et donavit et dari ac donari per se ac heredes suos voluit pro communi utilitate fratrum monasterii predicti. Ita, quod in anniversario ipsius inter fratres census predicte ville pro vestitu distribuatur et pitancia ac communis refeccio, cera pro luminibus et pulsus campanarum perpetuis temporibus per priorem eiusdem monasterii debeat provideri. Volentes igitur ipsius ultimam voluntatem et testamentum exequi, prout tenemur, nos Wenczeslaus prepositus Cuniczensis, Petrus et Wenczeslaus de Cunowicz predicti predictam villutam et ipsius donacionem cum suis omnibus pertinenciis ratificamus et approbamus in hiis scriptis transferentes in conventum et monasterium predictum omne jus et dominium, quod nobis aut heredibus nostris competebat vel competere potuisset, promittentes bona nostra fide predictis fratribus et monasterio nullam instanciam vel questionem facere occasione ville antedicte jure spirirituali vel seculari, sed, ut prefertur, ratum et gratum tenere absolute. In cuius rei testimonium presentem literam fieri fecimus sigillis nostris ac nobilium dominorum Johannis et Georgii fratrum de Lichtenburch alias de Vettovia et Petri dicti Hecht de Rossicz fecimus communiri. Datum et actum anno domini millesimo trecentesimo octuagesimo primo, die conversionis sancti Pauli apostoli.

(Orig. Perg. 6 h. Sig. im Archive des Kl. s. Thomas in Brünn.)

213.

Erzbischof Johann von Jenzenstein an den Magister Nikolaus, eine Lobrede über den verstorbenen Bischof von Olmütz Johann von Neumarkt. Dt. Prag im Jänner 1381.

Magistro Nicolao artiste Pragensi.

Devote dilecte. Cogit me non modicus dolor elegiacum tibi scriptum dirigere, videlicet reverendi in Christo patris Johannis quondam episcopi Olomucensis rethoris et poete eximii flebilem transitum, qui iratis diis in vigilia Natalis domini preterita ultimum fatum mortis persolvit. Rebar enim, quod musis propiciis immortalis existeret, quibus sic suis serviebat carminibus, quas tantis laudum intollebat preconiis, qui eciam secundum quod earundem dignitas requirebat in suis epistolis eas debilis sedibus collocabat, ita quod nullius culpandus iniurie habebatur, fueritque dignissimus ipsarum cancellarius. Sed an digne mercedem lulerit, qui iam per eas extinctus esse cognoscitur*), tibi relinquimus. Ubi tunc latitabat divorum deorum medicus Esculapius? Ubi unguentorum eius pigmenta salubria? Ubi ex Heliconeis collibus camenis propiciis cassia, mirtus et aliorum**) thymiamatum redolencia in sue vile presidium decerpta fuerunt? Cui oblivioni***) datus est tantus preco earum? Sed ecce, quem iste mendose manes dimiserunt, superne dee gratanter tulerunt, principaliter tamen illa dearum dea, que deum deorum meruit in sui sacrarii utero continere, cui ipse sepius carminis odas formabat, cui canticum laudis precinebat, cui oracionum suarum supplices preces tribuebat, cui metra scandere†) parabat, hec enim pro temporali varietate vitam sibi stabilem tribuit et eternam. Quapropter tibi sinceriter consulimus, ut istis ammodo nugosis meretriculis fidem non adhibeas, que tam preclaro viro iniuriate sunt, sed oculos tuos ad illam intemeratam deam virginem matrem Jesu Christi gloriosam Mariam convertas, quam ille perfide furie contremiscunt, eique doxam cane, eius eciam assectam te per bonorum operum varietatem ostende. Cui eciam et nos vernare libet, quam insuper sanctorum agmina laudare non sufficiunt. Sed utinam sic ab intestato variarum scienciarum vir redimitus non decessisset, quod, si forsan possibile esset, in extrema mortis hora prout res ceteras disertam eius aloquii††) suavitatem alicui delegasset. Sed unum est in quo consolor, quod libros suos hinc inde legatos quam plura habent monasteria, quos tu cum summa scrutari velis diligencia, ut si qui venales forent, eos libenter persolvam aliosque adiuvante domino copiabo.

(Cod. epist. des Erzb. von Prag, Johann von Jenzenstein, herausg. v. J. Losert, Archiv f. öst. Geschichtsk. Bd. 55 p. 314.)

---

*) In cod.: congnoscitur. — **) In cod.: aliarum. — ***) Urspr. qua oblivióne. — †) In cod.: scandire. — ††) In cod.: eloquiu.

214.

Erzbischof Johann von Jenzenstein tröstet den Bischof von Olmütz wegen dem Bedrangnisse der Olmützer Kirche. Dt. März—Juli.

Item Olomucensi episcopo (Petro).

Reverende pater amice sincere dilecte. Super materiis vestre Olomucensis ecclesie et vestra vestrique capituli, sicut plenius ex vestro scripto recepi, non minoris mesticie sensi dolorem, immo equalem michi quadam vicissitudine amoris dolor vester et meus materiam intulit lesionis, prout plenius consanguineus vester vive vocis oraculo P. V. poterit informare, quali animo et fidelitate eiusmodi *) tractari negocium, cui fidem credulam in hiis et in aliis adhibere velitis. Et si quid P. V. placuerit, quod per me fieri expediat, michi dignemini intimare. P. V. conservet altissimus per tempora longeva etc.

(Cod. epist. des Prager Erzb. Johann von Jenzenstein, herausg. von J. Losert Arch. f. öst. Geschichtsk. Bd. 55, pag. 339.)

215.

Vojtĕch und Hermann, Domherren in Olmütz, quittiren das Karth. Kloster in Königsfeld über den bezahlten päbstlichen Zehent. Dt. Olmütz 14. März 1381.

Nos Woythechius de Ottaslavicz et Hermannus de Nakls canonici Olomucenses subcollectores decime papalis per diocesim Olomucensem per reverendum in Christo patrem ac dominum dominum Panonem episcopum Polignanensem, apostolice sedis nuncium, collectorem principalem, specialiter deputati recognoscimus tenore presencium universis, quod honorabiles religiosi viri monasterii et conventus sancte Trinitatis in Campo regio, ordinis Carthusiensis duas marcas grossorum moravici numeri et pagamenti pro bona et integra decima papali unius integri anni in termino videlicet sabbato proximo ante dominicam Reminiscere, quo in dei ecclesia „Intret" decantatur, nobis personaliter presentaverunt integraliter et solverunt, de quibus omnibus pecuniis sic nobis presentatis ipsos dominos conventum ac monasterium predictos auctoritate nobis commissa absolvimus tenore presencium et quittamus. Datum Olomucz die XIIII mensis Marcii anno domini millesimo CCCᵒLXXXI nostrorum sigillorum sub appensione.

Procopius de Praga notarius.

(Orig. Perg. 2 h. Sig. im Archive des Kl. Raigern.)

*) In cod.: huiusmode.

216.

Markgraf Jodok schenkt dem Augustinerkloster in Brünn den Wald Pekarna–Drvorec.
Dt. Brünn 15. April 1381.

Jodocus dei gracia marchio et dominus Moravie notum facimus tenore presencium universis, quod ad honorabilium et religiosorum fratrum . . prioris et . . conventus nove nostre fundacionis in preurbio Brunnensi ordinis heremitarum sancti Augustini commoda et eius incremento multiplici, speciali quodam favore inclinati persuavimus, quomodo magis eorum quieti expediat, ut pro ipsis ducentis plaustris lignorum combustibilium, que singulis annis recipiebant hactenus in silvis nostris situatis sub novis castris, de speciali monte provideamus et deputemus eis eundem, quem ammodo in antea ad prefatos fratres et monasterium perpetuo pertinere diiudicet evidens utilitas et spectare. Quemque montem in suis eciam limitibus et circumferenciis distinquimus et quem distinquendo diversis nominibus appellari contingit per hunc modum, ita, quod idem mons, qui ex una parte vocatur Pecarna m vulgari boemico, qui convicinat silvis sororum Swester Herwurt per latum cum una parte et per girum ex alia parte. per longum sunt agri monasterii claustri Regine, et ex alia parte idem mons vocatur Durwowecz iterum per latum in vulgari. circa campos sive agros ville Zebetyn. et ex alio latere iterum per latum convicinat cum agris ville dicte Bistrzicz seu camere vel cum sylvis eius per omnem modum prout distinctus est, monasterio prefato et eius usui subiaceat perpetuis temporibus affuturis. Affirmantes nichilominus huius nostre provisionis antidotum. in quo supradictos fratres consolari concupiscimus. prefatum montem et ligna. que germine eius possunt produci. cum integro dominio ac utilitate plena eisdem fratribus et monasterio prefato de certa nostra sciencia dare, assignare. donare. largiri et conferre decrevimus. damus. assignamus. donamus. conferrimus virtute presencium et largimur. Mandantes universis et singulis burggraviis. forestariis. qui pro tempore fuerint. et aliis nostris subditis firmiter et districte. quatenus in presentis nostre donacionis gracia supradictos fratres et monasterium non impediant aut impedire sinant per quempiam. sed pocius manuteneant circa eandem ac tuentur fideliter et defendant. Presencium sub appenso nostro sigillo testimonio literarum. Datmn Brunne anno domini millesimo trecentesimo octoagesimo primo. feria secunda proxima post diem pasche.

(Orig. Perg. h. Sig. im Archive des Klosters s. Thomas in Altbrünn.)

217.

Markgraf Jodok befiehlt den Beamten der Brünner Landtafel, dass sie das Dorf Neschkowitz der Johanniterkommende in Austerlitz in die Landtafel einlegen. Dt. Brünn 17. April 1381.

Jodocus dei gracia marchio et dominus Moravie nobili viro Jeskoni, supremo camerario. czudario supremo necnon aliis beneficiariis czude Brunnensis fidelibus nostris dilectis, quibus presentes exhibite fuerint graciam et favorem. Fideles dilecti. Religiosi viri Ulrici de Grawemberg comendatoris in Nawsedlicz precibus inclinati, qui porcionem illam, quam Alschico de Meylicz in villa Neskowicz habuisse et possedisse dinoscitur, pro domo ipsa in Nawsedlicz prefata, et usu . . conventualium ibidem perpetuo comparavit et emit eandem, ad huiusmodi empcionem nostrum consensum tribuimus et largimur. Mandantes vobis, quatenus, dum presentibus requisiti fueritis, prefatam porcionem, que sic ut premittitur empta et comparata existit, intabuletis et tabulis faciatis, prout ad vestrum spectat officium, annotari. Presencium sub appresso nostro sigillo testimonio literarum. Datum Brunne anno domini M⁰CCC⁰LXXXI⁰ feria quarta proxima post diem Pasche.

(Orig. Perg. beigedr. Sig. im mähr. Landesarchive.)

218.

Markgraf Jodok befiehlt der Stadt Brünn, dass sie aus den Losungen dem Kämmerer des
verstorbenen Olmützer Bischofes jährlich 10 Mark für Kleinodien ausfolge, welche der
Markgraf von ihm gekauft hatte. Dt. Brünn 18. April 1381.

Wir Jost von gotes genaden marggraff und herre zu Merhern bekennen und tun kunt offenlich mit diesem briefe allen den, die yn sehen oder horen lesen, das wir umb eczlich gerete und cleynod, die wir gekaufft haben von dem frommen knechte Johansen von Monsterberg, der etwene des erwirdigen vaters bischoffs Johansen von Olomuncz seliger gedechtnuzze camerer gewesen ist, etwe vil geltes solten an bereyten pfenigen gegolden und bezalt haben. Des ist derselbe Johans zu rate worden und hat gemutet an uns, das wir yme fur dasselbe gelt eynen gewissen zins vorschrieben- und vormachen zu seinen lebtagen. Und darumb so haben wir fur uns und unsere nachkomen marggraven zu Merhern mit wolbedachtem mute und von rechter wissen dem egenanten Johansen zehen mark geltes jerliches zinses merherischer zal, ye vier und sechzig grozze zu reyten fur eyn mark, uff unser stat zu Brunne bescheiden, vermachet und verschrieben, bescheiden, vermachen und verschreiben yme die mit crafft dicz briefes also, das man demselben Johansen funf mark. anzuheben uff den nechsten sent Michels tag und darnach funf mark uff sent Georien tag alle jerlichen geben und bezalen sol, die weil er lebt, ane alles hindernüzze und wider- sprechen. Und darumb so gebieten wir dem . . burgermeister und den schepfen der stat zu Brunne, die nu seyn oder in kunftigen zeiten werden. ernstlich und vestlich bey unsern hulden, das sie dem obgenanten Johansen in aller der mazze, als obgeschrieben steet. sulches gelt seynes jerlichen zinses reichen, gelden und bezalen sullen unverzogenlich ane geverde uff die obgenanten tage ane alles widersprechen und saumpnuzze von sulchem unserm gelde. das sie uns schuldig seyn alle jerlichen zu reichen und zu bezalen von irer losunge in unser camer. Mit urkund dicz briefes vorsigelt mit unserm anhangenden ingesigel. Der geben

25*

ist zu Brunne nach Cristes geburde XIII jar darnach in dem LXXXI jare des nechsten donerstages nach dem ostertage.

Per dominum marchionem Nicolaus prothonotarius.

219.

Markgraf Jodok fordert die Stadt Brünn auf, dem Kammerer Johann des verstorbenen Olmützer Bischofes am nächsten Georgstage 5 Mark Zinses zu zahlen.
Dat. Caslau 21. April 1381.

Jodocus dei gracia marchio et dominus Moravie magistro civium et . . scabinis civitatis Brunnensis fidelibus nostris dilectis graciam et favorem. Fideles dilecti de solucione illarum decem marcarum annui census, quem Johanni camerario quondam Olomucensis episcopi super civitate vestra, ut nostis, deputavimus, nunc in die s. Georgii V. marcas dare et solvere studeatis et sic denuo in quolibet termino facere secundum tenorem littere nostre, que hoc lucidius declarat. Et postquam eadem solucio facta fuerit per vos, extunc liberavimus et absolvimus vestram obedienciam de solucione talium pecuniarum, quam de losunga nostra dederitis et liberi esse penitus debeatis. Datum Czaslavie anno domini etc. LXXXI⁰ in octava pasce.

220.

Der Prager Erzbischof Johann überträgt dem Obrowitzer Abte und dem Olmützer Canonicus Jaroslaus die Vollmacht, die Rechte des Karthäuserklosters in Königsfeld zu wahren. Dt. Prag 25. Mai 1381.

Johannes dei gracia sancte Pragensis ecclesie archiepiscopus apostolice sedis legatus judex et conservator jurium et privilegiorum et libertatum monasterii sancte Trinitatis prope Brunnam Carthuziensis ordinis, Olomucensis diocesis una cum certis meis collegis a sede apostolica specialiter deputatus, venerabili et religioso viro . . abbati Zabrdowicensi, Premonstratensis ordinis dicte Olomucensis diocesis et honorabili magistro Jaroslao canonico Olomucensi salutem et sinceram in domino caritatem. Literas apostolicas prefato monasterio concessas, bullatas, non viciatas nec in aliqua sui parte suspectas vidimus, quas religiosus vir frater Laurencius, prior dicti monasterii, exhibuit coram nobis nosque eas cum ea, qua debuit reverencia, recepisse noveritis, quorum tenor sequitur sub hiis verbis: Johannes episcopus servus servorum dei venerabilibus fratribus . . Pragensi et . . Jaurinensi episcopis ac . . dilecto filio preposito ecclesie Neuwenburgensis, Pataviensis diocesis salutem et apostolicam benediccionem. Militanti ecclesie, licet immeriti disponente domino presidentes, cciam curam ecclesiarum et monasteriorum omni solercia reddimur indefessa soliciti, ut iuxta debitum pastoralis officii eorum occurramus dispendiis et profectibus divina cooperante clemencia salubriter intendamus. Sane dilectorum filiorum prioris et conventus maioris domus Carthusie Gracianopolitanensis diocesis aliorumque priorum et . . fratrum ac . . conversorum Carthuziensis ordinis in diversis mundi partibus consistencium percepimus, quod nonnulli venerabiles fratres nostri . . patriarche . . archiepiscopi . . episcopi etc. — Datum Prage anno domini M⁰CCCLXXX primo die XXV mensis Maii, in curia nostra Pragensi in sala superiori, indiccione quarta, pontificatus sanctissimi in Christo patris et domini domini Urbani divina providencia pape sexti anno quarto, hora quasi terciarum, presentibus honorabilibus viris dominis Przibislao archidiacono Horssoviensi et Cunissone custode et canonico ecclesie Pragensis testibus circa premissa.

Et ego Wenceslaus quondam Pauli de Radecz clericus Pragensis diocesis publicus etc. notarius predictarum literarum apostolicarum sive conservatorii presentacioni, recepcioni, comissioni, subdelegacioni etc. interfui etc. et requisitus per prenominatum fratrem Laurencium priorem hic me subscripsi in fidem et testimonium omnium premissorum.

(Inserirt in der Urkunde des Olm. Canon. Jaroslaus ddto. 1. Juli 1383.)

221.

Die Stadt Brünn verpflichtet sich, dem Johann von Münsterberg, Kämmerer des verstorbenen Bischofs Johann von Olmütz, jährlich zehn Mark Zins zu zahlen.
Dt. Brünn 27. Mai 1381.

Wir Marsik uff dem nydern markte, zu den zeiten burgermeister, Johanns Stubner. Dytel Waltseyngot, Philipp Krisaner, Johanns Smilweigel von Awspecz, Enderl cramer, Woiczich Liechtmeister, Marsik uff dem obern markte, Johanns Pirner, Johanns Tendler und Bertil Schonstrazz, die gesworn schepfen der stat zu Brunne, bekennen offenlich mit diesem briefe allen den, die yn sehen oder horen lesen, das wir von geheize und gebotes wegen des durchleuchtigen fursten und herrn, herrn Jostes marggraven und herrn zu Merhern, unsers lieben genedigen herren, in guten trewen gelobt haben und globen auch mit crafft dicz briefes, die zehen mark geldis jerliches zinses, halp uff sent Michelstag, der schirest kumpt, und dornach allernehst uff sent Georientag auch halp, zu geben und zu bezolen alle seyne lebtage dem bescheiden knechte Johansen von Monsterberg, der etwenne des bischoffs von Olomuncz seliger dechtnuze camerer gewesen ist, also alle jar ane alle widerrede und hindernuze, als das auch volkumlich in des egenant unsers herrn des marggraven Josten briefen begriffen ist. Und darumme zu merber (sic) sicherheit des egenanten zinses so geloben wir in guten trewen ane alles geverde fur uns und unsere nachkumene burgermeister, schepfen und burgere der stat zu Brunne, die itzunt seyn oder in kunftigen zeiten werden, das wir sullen und wollen den egenanten zins zehen mark dem obgenanten Johansen reichen, geben und bezalen seyne lebtage alle jar ungehindert, unvorzogenlich und ane alles widersprechen uff die lege als davor begriffen ist. Und wo wir des nicht leten, so geben wir macht und crafft dem egenanten Johansen, oder wer diesen brieff mit seynem willen ynnehat, uns und unsere bargere zu Brunne uffzuhalden zu Merhern in dem lande oder auswendig des landes, oder uff unsern schaden zu nemen zu christen oder zu juden. Und wir geloben in guten trewen demselben Johansen oder wer diesen brieff ynnehot mit seynem willen, das wir sie ledigen und losen wollen von dem egenanten zinse und alleni schaden, der daruff redlich gegangen were. Mit urkund diez brieffs versigelt mit unser stat ingesigel. Der geben ist zu Brunne noch Cristes geburte XIIIᶜ jar dornach in dem LXXXI⁰ jare an dem mantage mich dem suntage Exaudi vor pfingsten.

(Aus dem Codex 84 fol. 59 im Brünner Stadtarchive.)

222.

1381, Olmütz 6. Juni.

Gewährsbrief Hinkos von Wistřitz und seiner Söhne Andreas und Witko zu Handen des Bohuš von Wistřitz über das von ihnen dem Letzteren verkaufte Vorwerk Heinzendorf und das Dorf Perchtolsdorf, worin sie versprechen, dem Käufer die obgenannten Güter in Gegenwart des Bischofes abzutreten. Zeugen: Stibor von Cimburg, Unka von Majetein, Herscho von Rokytnitz, Wenzel von Doloplas, Ulrich von Kladnik, Alscho von Wistřitz genannt von Mrskles. Dt. Olmütz 1381, Donnerstag nach Pfingsten.

(Aus einem älteren Urkundenverzeichniss im fürsterzb. Archive in Kremsier, worin es heisst, das Orig. sei lat., das 1., 4. und 5. Sig. fehlen, die anderen seien verletzt.)

223.

Budislaus von Naschmeritz und Stephan von Bránek verkaufen dem Königinkloster in Altbrünn das Dorf Hostenspitz. Dt. Altbrünn 7. Juni 1381.

Nos Budyslaus de Naschmiericz et Stephanus de Branek recognoscimus tenore presencium universis. Quod bona deliberacione et maturo consilio prehabitis bona nostra hereditaria, videlicet villam Hostenspicz nuncupatam cum omni jure, pleno dominio in villa et in campis, cum agris cultis et incultis, pratis, pascuis, libertatibus, utilitatibus, censibus, redditibus, fructibus, proventibus, obvencionibus, metis et limitibus et pertinenciis universis, quibuscunque nominibus censeantur et in quibuscunque rebus consistant, nichil nobis et nostris heredibus juris vel dominii inibi reservantes, venerabili in Christo domine deo sacrate virgini domine Berchte, abbatisse et conventui monasterii Aule sancte Marie virginis in Antiqua Brunna, Cisterciensis ordinis, Olomucensis dyocesis, pro sexaginta quinque marcis grossorum denariorum pragensium, moravici numeri seu pagamenti, justo vendicionis titulo vendidimus et vendita seu venditam in manus seu potestatem dictarum dominarum .. abatisse et conventus predicti monasterii

resignavimus ac presentibus omnimode resignamus per dictam dominam . . abbatissam atque
conventum monasterii pretacti, habenda tenenda utifruenda et tamquam rem propriam jure
hereditario perpetuis temporibus possidenda pacifice et quiete. Et eadem bona seu villam
cum suis pertinenciis, ut premittitur, nos Budislaus et Stephanus. venditores predicti et ego
Theodricus de Schenquicz, eorum fideiussor ad subscripta et premissorum legitimus disbrigator
promittimus bona nostra fide sine omni malo dolo, manu coniuncta insolidum, prefatis domine
. . abbatisse et conventui supradicti monasterii in proximo baronum Brunnensi concilio tabulis
terre Moravie imponere seu inscribere et a qualibet impeticione secundum jus predicte terre
Moravie, quocies necesse fuerit, fideliter disbrigare. Quod si prefata bona ipsis non intabula-
verimus vel disbrigare non possemus. tunc statim infra quatuordecim dies proximos immediate
se sequentes, septuaginta quinque marcas grossorum predictorum pagamenti moravici prenotatis
domine . . abbatisse et conventui prescripti monasterii restituere tenebimur et promittimus
indilate. Si autem easdem septuaginta quinque marcas grossorum et numeri predictorum
infra dictos quatuordecim dies non restituerimus, tunc mox unus ex nobis tribus prescriptis,
qui pro parte dictarum domine . . abbatisse et conventus dicti monasterii monitus fuerit, sine
occasione seu quavis dilacione unum honestum clientem cum uno famulo et duobus equis
Brunnam destinare tenebitur ad prestandum solitum et consuetum obstagium in domo honesti
hospitis, ubi per dictas dominam abbatissam et conventum deputatum fuerit, loco sui. In
quo si moram traxerit duabus continuis septimanis et prefata pecunia nondum fuerit persoluta.
tunc, prestito obstagio vel non prestito, prefate*) virgines domina abbatissa et conventus
predicti monasterii supradictas septuaginta quinque marcas grossorum et numeri predictorum
inter christianos vel judeos conquirere seu recipere poterit nostrum omnium super dampna.
obstagio semper durante tamdiu, quousque prefate septuaginta quinque marce grossorum
predictorum cum omnibus dampnis desuper crescentibus, racionabiliter tamen ostensis, per
nos prefatis virginibus domine . . abbatisse et conventui prenotati monasterii fuerint integraliter
persolute. In quorum testimonium et robur sigilla nostra presentibus literis de certa nostra
sciencia sunt appensa. Datum in monasterio Aule sancte Marie in Antiqua Brunna, sexta
feria infra octavas pentecostes, anno domini millesimo trecentesimo octogesimo primo.

(Orig. Perg. drei an Perg. Streifen h. Sig. in den Akten des Königinklosters im Landesarchive.)

224.

*Albrecht von Pucheim, Andreas von Lichtenstein, Hanns von Schwarzenau versprechen
dem Peter, Ulrich, Johann und Hanns von Rosenberg und Heinrich von Neuhaus, jedes
gegen dieselben gerichtete Unternehmen 14 Tage voraus ihnen bekannt zu geben.*
·Dt. 9. Juni 1381. s. l.

Ich Albrecht von Puchaim, obrister drugsecz in Östreich und alle mein sun, und
ich Andre von Lichtenstain, und ich Hans der Strewn von Swarczennaw bechennen mit

---

*) Im Orig. steht prefates.

disem prieff, daz wir mit dem edein hern, hern Petrein, hern Ulreich, hern Johansen und
Hansen von Rosenbirch und hern Hindrich vom Newnhaws ain solichen sacz gemacht haben,
daz, wo wir icht gegen in tun wollen, daz wir in daz vierczehen tag vor zu wizzen tun
schullen. Und daz geluben wir mit unsern trewen, daz wir daz getrewlichen balden wollen
an alles gever. Und zu urchund diser sach haben wir in gegeben disen prieff versigelt mit
unsern anhangunden insigelen, der geben ist, do man zait von Christi gepurd drewczehen
hundert jar darnach in dem ains und achczigisten jar dez suntags vor Gots leichnamstag.

(Orig. Perg. 2 h. Sig., das dritte abgerissen, im Archive zu Wittingau.)

225.

*Markgraf Jodok gibt dem Ješek von Sternberg das Dorf Veletín zu Lehen. Dt. Brünn
13. Juni 1381.*

Jodocus dei gracia marchio et dominus Moravie notumfacimus tenore presencium
universis. Quod inspectis nobilis Jeskonis de Sternberg alias de Luckaw, czude Brunensis
supremi camerarii obsequiis, quibus nobis complacuit hactenus complacet cottidie et com-
piacere debebit uberius in futurum, sibi et heredibus suis legitimis, masculini sexus, animo
deliberato ac de certa nostra sciencia villam Weletyn cum censibus, rusticis, agris, agriculturis,
fructibus, proventibus, emolimentis et aliis suis pertinenciis in verum feudum dedimus, donavimus et contulimus, damus, donamus, conferimus virtute presencium et largimur. Ita, quod
idem Jesko et sui heredes predicti eandem villam cum omnibus suis pertinenciis, ut premittitur, habere tenere ac possidere debeant, tamquam bona feudalia et occasione talium ad
nos heredes ac successores nostros, marchiones et dominos Moravie, tamquam naturales,
veros et ordinarios dominos suos, respectum habere fidelitate integra in omnem eventum
sicut feudales et vasalli tenentur de iure facere, tam in serviciorum exhibicione, quam aliis
que obedienciam fidelium vasallorum, cum necessitas emerserit, poterunt ampliare, prosequendo
bonum nostrum ubique et avertendo fideliter queque nobis contraria publice et occulte.
Presencium sub appenso nostro sigillo testimonio literarum. Datum Bruenne anno domini
millesimo trecentesimo octuagesimo primo, in die corporis Cristi.

(Auf der Plicatur: Ad mandatum domini marchionis Nicolaus prothonotarius. — Orig.
Perg. h. Sig. im mähr. Laudesarchive.)

226.

*Friduš von Drahotuš bekennt, dem Juden Samuel 27 Mark weniger 18 Gr. schuldig
zu sein. Dt. 26. Juni 1381 s. l.*

Nos Fridusch de Drahotusch debitor principalis, Henricus de Neboycz, Mathias de
Rettein, Wilhelmus de Cobericz cum eo et pro eo compromissores ac fideiussores tenore

presencium recognoscimus universis publice protestantes, nos ac heredes nostros providis judeis Sanieli sucque uxori et Cziere judee eorumque heredibus in viginti septem marcis, minus decem octo grossis, grossorum pragensium denariorum moravici numeri et pagamenti, sexaginta quatuor grossos pro qualibet marca computando, debitorie obligari, promittentes sine fraudis dolo insolidum bona fide, eandem pecunie summulam dictis judeis dare et indivisim persolvere in festo sancti Georii proxime nunc venturo. Quod si non fecerimus, mox ipso termino elapso de qualibet dictarum pecuniarum marca dictis judeis singulis septimanis unus grossus vera accrescit in usura. Et quandocunque antedicti judei vel aliquis eorum nos vel aliquem nostrum monuerit, pecunia forsan sua diucius carere nolentes, extunc obstagium debitum et conswetum in Novacivitate vel abinde intra septem miliaria, ubi elegerint aut voluerint, unus ex nobis, quicumque monitus fuerit, cum uno famulo et duobus equis in hospicio honesti viri ad predictorum judeorum instanciam tenebitur continue observare, inde non exiturus, nisi prius antedictis judeis pro capitali pecunia et accretis usuris singulis paratis cum denariis, quibus antedicti judei benivole contenti stare poterint, plenarie et complete satisfactum. Eciam promittimus, quod ipsis judeis nulla peticio seu mandatum dominorum aut placitacio judicii spiritualis vel secularis in detrimentum umquam reducatur . . In cuius rei testimonium sigilla nostra presentibus sunt appensa . . Datum anno domini millesimo trecentesimo octuagesimo primo, in die sanctorum Johannis et Pauli.

(Orig. Perg. 4 h. Sig. im Olm. Kapitelarchive.)

227.

Vergleich zwischen dem Minoritenkloster in Iglau und Johann von Hohendorf um zwei Mark jährlichen Zinses. Dt. Iglau 4. Juli 1381.

Ich pruder Johann zu den zeiten gardian und ich pruder Merten zu den zeiten vizegardian und ich pruder Johannes der Stoner und ich pruder Peter der Chobus und der convent gemain des goczhaus unser frawen und der Minnerpruder orden zu der Igla, wir veriehen offenleich an disem prief, das ein chrieg gewesen ist zwischen uns an ainem tail und zwischen dem erbern manne Jacoben dem Glacz vom Hohendorf am andern tail in geistlichem rechtem umb zwo march gelcz ewigs czins, das uns Heindel der Vegpank, dem got genad, geschaft hat zu einem selgeraet als verre, das wir desselben chriegs gegangen und chomen sein zu payderseit hinder die edeln herren, hern Beneschen von Bartenberch herrn zu dem Bessel, und herren Hansen von Leuchtenburch herren zu Vetaw und haben die gepeten, das sie die sach und den chrieg zehanden haben genomen zwischen uns und von uns ganz und gar und suln gewalticleich darein sprechen ze payderseit durch unser pet willen. Das haben sie getan die edlen herren als erber und frum schidleut zu recht tun sullen und haben zwischen uns gemacht und gesprochen nach iren trewn, das der vorgenant Jacob der Glacz vom Hohendorf die egenanten zwo march gelcz ewiges czinsgelcz von uns sol abledigen und ablösen. Das hat er getan ganz und gar und hat uns allen

26

und auch unserm convent gemainicleich und auch unserm egenanten goczhaus und chloster
zu unser frawen zu der Igia darmub genuch getan mit schaden mit sampt in allen sachen
also, das die egenant sach und der chrieg umb die egenanten zwo march gelcz ewigs
czins und selgeraets furbas ewicleich ein hintane sach und ein verrichte sach ist, das wir,
ich vorgenanter pruder Johannes zu den zeiten gardian und mein egenant pruder und unser
convent und alle unser nachchomen furbas ewicleich binz dem egenanten Jacoben dem
Glacz von dem Hobendorf und zu sein erben und dem sein und binz alien iren nachchomen
und auch zu dem egenanten dorf, das da haisset zu dem Hohendorf mit alle dem und dorzu
gehoeret. chain ansprach noch vodrung haben noch gebinnen suln umb dieselben zwo
march gelcz ewigs czins, umb vil noch umb wenikch und verzeihen uns auch der ganz
gar ewicleich an alien argen list und an gever. Sie suln auch furbas ledig und geruet fur
uns sein in alien rechten, geistleichen und werntleichen an aller stat ewicleich. Waer aber,
das wir oder alle unser nachchomen dawider reden oder tun wolten mit worten oder mit
priefen, das das nichts sey und nicht chraft hab und sey wider unser er. Und wo die
sach umb dieselben zwo march czins geschriben stet in den puchern der official, die da
baisen acta zu Prag, zu Olom. oder in der stat puch zu der Igia, das sallen wir lassen
ausschreiben, das das furbas nicht chraft hab, an alle ir mue. Das alles und egenannt ist,
gelobe wir in mitsampt unsern nachchomen zu laisten mit unsern trewn und eren. Und
des zu urchund und zu einer ewigen bestetigung dieser sache so geben wir in diesen brief
versigelten mit unsern insigiln mein egenants gardians und unsers convents. Wir verpinten
uns auch under der egenanten edlen herren insigiln hern Beneschen und hern Hansen und
der erbern purger und der stat insigil zu der Igla, der vorgenanten sach ze haben stet
und haben gepeten, das sie dieser sach gezeug sint mit iren insigiln. Der prief ist geben
zu der Igla nach Christes gepurt dreyzehenhundert iar, dornach in dem ain und achzigisten
iar an sant Procobs tag.

> (Orig. Perg. 5 an Perg. Streifen h. Sig. im Brünner Stadtarchive.)

228.

25. Juli 1381.

Smilo et Bedericus, decanus capituli Olomucensis, fratres de Cunstat, dicti de
Lestnicz, ex voluntate testamenti sororis suae Annae et Henrici de Fullstein et fratris sui
Cunyconis de Lestnicz assignant legatum eorum octo marcas census in Podols et Pawlow
ecclesiae omnium sanctorum in Wyssehorz, e quibus una marca altaristae ibidem et una
marca ecclesiae in Luczka cedat pro anniversario Annae et Cuniconis.

(Aus dem Codex n. IV. im Olm. Kapitelarchive.)

229.

Markgraf Jodok weist seinem Baumeister Heinrich einen Bezug von wöchentlich ¹/₂ Mark aus den landesfürstlichen Steuern in Brünn an. Dt. Brünn 26. Juli 1381.

Jodocus dei gracia marchio et dominus Moravie magistro civium et juratis scabinis civitatis Brunnensis fidelibus nostris dilectis graciam et favorem. Fideles dilecti, vestre committimus fidelitati et iniungimus eidem seriose, quatenus Heinrico magistro structurarum nostrarum, quem ob hoc in familiarem nostrum recipere decrevimus, singulis septimanis incipiendo in proximo festo sancti Michaelis de losunga nostra mediam marcam grossorum denariorum pragensium moravici pagamenti dare studeatis et solvere sine negligencia qualibet, nobis in solucione supradicte losunge nostre illam, quam sibi solveritis pecuniam, defalcando, de qua cciam vos post eorum solucionem quittamus, absolvimus et libertamus, quittos, liberos et solutos penitus nunciamus. Presencium sub appenso nostro sigillo testimonio litterarum. Datum Brunne anno domini M⁰CCC⁰LXXXI⁰ feria VIᵃ post festum sancti Jacobi.

(Aus dem Codex 34 fol. 6. im Brünner Stadtarchive.)

230.

Markgraf Jodok ertheilt dem Kloster Bruck das Propinationsrecht.
Dt. Brünn 3. August 1381.

Jodocus dei gracia marchio et dominus Moravie notumfacimus tenore presencium universis. Latitudinem profectuum personas ecclesiasticas et merito religiosas, quas prosecucione mirabili diligimus, grandiori cumulo augmentum recipere concupiscit nostra flagrancia tanto quidem fructuosius, quanto maioribus privilegiorum ac libertatum graciis preveniri merentur munifica benignitate. Sane honorabilium et religiosorum . . abbatis et . . conventus monasterii Lucensis devotorum nostrorum dilectorum laudabilia opera sic sibi locum apud nos vendicarunt, ut exigentibus virtutum suarum meritis ipsos et monasterium eorum speciali gracia et libertate prerogativare nostra desideret affeccio, hanc eis de certa nostra sciencia et plenitudine voluntatis nostre facientes virtute presencium graciam specialem, quod omnia vina proveniencia de vincis, quas nunc prefatum habet monasterium seu in futurum habere continget, in eodem monasterio et intra septa eiusdem propinari valeant licite sine impedimento quolibet, quodque generaliter quilibet civis et incola civitatis nostre Znoymensis causa potandi prefatum monasterium visitare ac cciam pro ipso vino, quod tunc propinabitur ibidem, suos nunccios dirigere et afferri sibi disponere possit et presumat in domum sui domicilii ad sue libitum voluntatis, propter quod nullum eos volumus racione huiusmodi, cciam si per scabinos Znoymensis nostre civitatis predicte aliqualis fieret inhibicio, periculum incurrere lesionis. De cuius gracie indulto uti, gaudere ac perpetuo frui debeant, quem ab codem aufferri monasterio nolumus aliqua racione. Mandantes judici . . magistro civium et . .

26*

scabinis civitatis nostre Znoymensis predicte, qui nunc sunt vel pro tempore fuerint, firmiter et districte, quatenus . . abbatem et . . conventum prefatos necnon monasterium eorum in propinacione predicta, que perpetuo licebit eisdem, nulla racione impediant aut presumant impedire aliquibus eorum conatibus, quorum pretextu indultum presentis nostre concessionis posset quomodolibet violari. Adicientes nichilominus, quod nullam penitus inhibicionem facere debeant nec publice nec occulte, virtute cuius concives (?) ac inhabitatores civitatis nostre predicte quomodolibet retraherentur a suo voluntatis libero arbitrio, quod circa potacionem vini propinantis in prefato monasterio versaretur. Presencium sub appenso nostro sigillo testimonio literarum. Datum Brunne anno domini millesimo trecentesimo octuagesimo primo, sabbato proximo post diem sancti Petri ad vincula.

(Auf der Plicatur: Ad mandatum domini . . marchionis Nicolaus prothonotarius. — Orig.
Perg. h. Sig. im mähr. Landesarchive.)

231.

Boreš. Offizial des Prager Erzbischofes, lässt eine Urkunde des Leitomyšler Bischofes
Petr, ddto. 23. Juni 1371, transsumiren. Dt. Prag 20. Septbr. 1381.

In nomine domini amen. Nos Borsso archidiaconus Bechinensis, curie archiepiscopalis Pragensis et apostolice sedis legati officialis, presenti transsumpto publico notumfacimus universis, quod constitutus personaliter in judicio discretus vir Drzco, procurator et procuratorio nomine venerabilis viri domini Henrici prepositi monasterii in Lanczcorona, canonicorum regularium ordinis sancti Augustini, Luthomuslensis diocesis, presentavit, exhibuit et ostendit publice coram nobis quasdam literas donacionis et empcionis reverendi in Christo patris et domini domini Petri dei et apostolice sedis gracia episcopi Luthomuslensis in pergameno scriptas, non abrasas, non cancellatas, non viciatas nec in aliqua parte ipsarum suspectas, sed omni prorsus vicio et suspicione carentes, duobus sigillis uno videlicet magno oblongo de cera rubea albe cere impresso et alio rotundo de cera alba communi pendente in pressula pergameni, in quo quidem primo sigillo quedam ymago pontificalibus induta, infullata, sedens sub cimborio, manu sinistra curvaturam sive baculum pastoralem tenens et manu dextra quasi ad benedicendum duobus digittis sursum erecta videbatur et ab utraque parte dicte ymaginis quidam duo clippei, in quo quidem clippeo, a parte dextra posito, quedam crux, et in clippeo a parte sinistra capud (sic) asine videbatur; litere vero circumferenciales eiusdem sigilli, ut prima facie apparebant capitales, per omnia erant tales: Petrus dei gracia episcopus Luthomuslensis; a tergo vero eiusdem sigilli quoddam sigillum parvum de cera rubea eidem albe cere impressum, in quo quidem sigillo quedam avis in modum pavonis videbatur. Item in secundo sigillo quedam media pars ymaginis beatam Mariam virginem designans cum puero Jesu sub corona et in dyademate et ab utraque parte dicte ymaginis cymboria sursum erecta videbantur, litere vero circumferenciales eiusdem sigilli, ut prima facie apparebant, per omnia erant tales: † S. capituli ecclesie Luthomuslensis. Quas quidem literas prefatus Drzco transscribi, exemplari seu transsumi ac in formam publicam redigi peciit auctoritate nostra ordinaria et decreto, ne parium copia casu fortuitu amittatur. Nos itaque Borsso officialis predictus visis et diligenter inspectis eisdem literis et ipsis veris et absque ulla suspicione reputatis et eiusdem Drzconis procuratoris peticioni utpote racionabili annuentes prefatas literas transsumi et transscribi mandamus per Johannem de Hostima notarium publicum infrascriptum volentes et tenore presencium decernentes, quod transsumpto huiusmodi deinceps in omnibus et per omnia plena fides adhibeatur tam in judicio quam extra sicut originalibus literis antedictis ipsumque transsumptum fidem faciat in agendis, quibus omnibus et singulis nostram auctoritatem ordinariam interponimus et decretum. Tenor vero dictarum literarum, de quibus superius fit mencio, de verbo ad verbum sequitur et est talis: „Petrus· dei et apostolice sedis gracia episcopus Luthomuslensis notumfacimus universis etc. Datum Luthomussl anno ab incarnacione domini millesimo trecentesimo septuagesimo primo, secunda feria in vigilia nativitatis sancti Johannis Baptiste ac martiris gloriosi.“ *) — In quorum omnium testimonium et robur presens transsumptum exinde per Johannem de Hostima notarium infrascriptum scribi et publicari mandavimus et sigillo officialatus curie archiepiscopalis Pragensis predicte, quo ad tempus utimur, appensione jussimus communiri. Datum et actum Prage in consistorio curie Pragensis anno· a nativitate domini millesimo trecentesimo octuagesimo primo, indiccione quarta die XX. mensis Septembris, hora quasi terciarum, pontificatus sanctissimi in Christo patris et domini nostri domini Urbani divina providencia pape VI. anno quarto. Presentibus honorabilibus et discretis viris magistris Conrado de Braclis, Laurencio de Brega advocato, Jacobo de Budvicz, Symone de Slawieticz, procuratoribus consistorii predicti, Nicolao de Hayna actore, Nicolao de Masczow notariis publicis testibus circa premissa fide dignis.

Et ego Johannes Blasii de Hostima clericus Pragensis diocesis, publicus auctoritate imperiali notarius etc.

(Orig. Perg. an Pergam. Streifen h. Sig. in den Akten des Olmützer August. Klosters im Landesarchive.)

232.

Pabst Urban VI. nimmt die Cisterzienser-Klöster der Prager und Olmützer Diözese gegen die Prätensionen des Prager Erzbischofes in Schutz und erklärt, dass den Prager Erzbischöfen aus dem Titel eines legatus natus kein Recht zustehe, die Exemtion des Cisterzienser-Ordens anzutasten. Dt. Rom 2. Oktober 1381.

Urbanus episcopus servus servorum dei ad futuram rei memoriam. His, per que materia jurgiorum ac licium anfractus inter personas ecclesiasticas et presertim sub religionis habitu domino militantes facilius evitari possint, libenter intendimus et ad ea, quantum nobis

---

*) Siehe die Nachträge zu diesem Bande.

ex alto permittitur. satagimus apponere solicitudinis nostre partes. Sane peticio pro parte dilectorum nostrorum liliorum Theodorici Sedliczensis, Henrici Plassensis, Gerlaci Pomucensis, Mathie Gradicensis. Nicolai de Ossek, Nicolai de Zahar, Benedicti de sacro Campo, Joannis de Wisowiz, Erhardi de sancta Corona, Joannis de Wellehrad, Petri de Altovado, Mathiae de Scaliz et Joannis de Aula regia, abbatum et conventuum monasteriorum Cisterciensis ordinis. Pragensis et Olomucensis diecesis, nobis nuper exhibita continebat, quod licet predictus ordo cum ejus monasteriis, membris et locis ac personis degentibus in eisdem ab omni jurisdiccione, dominio et potestate quorumlibet ordinariorum judicum tam per specialia sedis apostolice privilegia, quibus non est in aliquo derogatum, quam eciam de antiqua et approbata ac hactenus pacifico observata consuetudine sit prorsus exemptus et apostolice sedi immediate subjectus, dictus ordo cum ejus monasteriis ac membris, locis et personis in eis degentibus querit in pacifica possessione vel quasi juris, libertatis et exempcionis huiusmodi, a tempore cujus contrarii memoria non existit: tamen obinde venerabilis frater noster Joannes archiepiscopus Pragensis. asserens se legatum natum in tota provincia Pragensi et nonnullis aliis civitatibus et diocesibus eidem provincie vicinis, et contra justiciam cupiens huiusmodi privilegia infringere ac predictos abbates seu quosdam ex iis sue jurisdiccioni subjicere pretextu legacionis huiusmodi coram se vel vicario suo, quandoque ad instanciam parcium et nonunquam ex officio, ad judicium vel ad impendendum sibi obedienciam et reverenciam cciam personaliter citari et evocari mandavit et fecit, contra prefatos abbates seu ipsorum aliquos et presertim contra dictum Joannem abbatem monasterii Aule regie nonnullos processus, diversas excommunicacionis, suspensionis et interdicti sentencias continentes fecisse dicitur, propter que inter ipsum archiepiscopum ex una parte et prefatos abbates ex parte altera diverse lites et questiones sunt exorte et magna exinde scandala exoriri formidantur. Quare pro parte dictorum abbatum et conventuum nobis fuit humiliter supplicatum, ut providere iis super hoc de opportuno remedio paterna diligencia curaremus. Nos igitur attendentes, quod prefatus archiepiscopus pretextu legacionis huiusmodi nullam in prefatos abbates et conventus vel ipsorum monasteria seu membra vel loca jurisdiccionem vel potestatem exercere vel sibi quomodolibet vendicare potest, et cupientes, prout ex debito tenemur pastoralis officii, predictis scandalis obviare, huiusmodi supplicacionibus inclinati, omnes lites et causas, que inter predictos archiepiscopum et abbates premissorum occasione quomodolibet pendent, authoritate apostolica ad nos advocamus, prefato archiepiscopo ejusque successoribus archiepiscopis Pragensibus. qui erunt pro tempore, ac ipsorum vicariis, officialibus et commissariis quibuscunque districcius inhibentes et sub pena privacionis huiusmodi legacionis mandantes, ne in causis ipsis quoquo modo procedere vel pretextu huiusmodi legacionis prefatos abbates aut conventus vel ipsorum monasteria seu loca aut personas in eis degentes quomodolibet vexare aut molestare presumant, ac decernentes et presencium tenore declarantes, tam predictos quam cciam alios quoscunque processus et sentencias per ipsum archiepiscopum vel eius vicarios seu officiales vel commissarios pretextu predicte legacionis factos seu latos et inposterum forsam faciendos seu ferendos, fore nullos atque nullas nulliusque roboris vel momenti, prefatumque archiepiscopum et successores predictos huiusmodi legacionis pretextu in predictos abbates et conventus vel alias personas seu quevis monasteria seu membra sive loca dicti ordinis nullam jurisdiccione vel potestatem habere vel sibi posse quomodolibet vendicare. Nulli ergo omnino hominum liceat hanc paginam nostre advocacionis, inhibicionis, mandati, constitucionis et declaracionis infringere vel ei ausu temerario contraire. Si quis autem hoc attentare presumpserit, indignacionem omnipotentis dei et beatorum Petri et Pauli apostolorum ejus se noverit incursurum. Datum Rome apud sanctum Petrum VI. nonas Octobris, pontificatus nostri anno quarto.

(Abschrift in den Akten des Kl. Velehrad im mähr. Landesarchive.)

233.

1381, Oktober 9. s. l.

Bischof Peters von Olmütz Spruch in dem Streite Herzogs Leopold von Österreich mit der Stadt Kolmar wegen eines Todschlages und gebrochenen Geleites.

(Lichn. IV. 727 n. 1619.)

234.

Verordnung des Brünner Stadtrathes wegen des Weinausschankes.
1381. Oktober 21.

Anno LXXXI⁰ feria II. post Galli per dominos consulatus antiqui et moderni sentenciatum est, quod vina austrialica post festum sancti Galli singulis annis debent educi iuxta antiquam consuetudinem. Sed habentes vina prius debent moneri et hoc voce preconis publicari.

(Aus dem Codex 34 fol. 13 im Brünner Stadtarchive.)

235.

Erzbischof Johann von Jenzenstein tadelt den Bischof von Olmütz wegen seines respectwidrigen Benehmens. Dt. Raudnitz 22. Oktober.

Missa episcopo Olomucensi quondam *) Magdeburgensi.

Reverende pater et amantissime amice. Quid est hoc, quod vestram dileccionem impedivit, **) ut nuper in Praga nobis existentibus affectantibus vos videre propter repentinum et celerem vestrum recessum vestra personali caruimus visione. Quare non immerito Pragensis presulis adiuvatur sinceritas, sed suspicatur ibi prevalere questum temporalis lucri pocius, quam amoris vinculum, quod inter nos glutino consanguinitatis ***) et federe nectimur sociali. Miramur insuper, quod illud vile elementum auri videlicet et argenti tante sit virtutis, ut ad

---

*) In cod. ausgestrichen. -- **) In cod.: impediverit. — ***) In cod.: consanguineitatis.

amorem sui eciam beatos pontifices alliciat, ut aliorum immemores in solis delectentur mineris, que diverso fato acquiruntur et labuntur ad exterminium; cum etate deberet deficere, tandem pius in vobis videtur iuvenescere. Quare consulimus vobis fida mente cum evangelio, *) ut immarcescibiles thesauros regni celestis de celero acquirere studeatis, quos nec erugo consumit vel fur absumit vel tinea demolitur. Est eciam quod adicio, quia omnipotentis gracia favente vel sanius permittente non solum monogamus, **) bigamus et trigamus quondam fuistis, sed eciam et modo quartam habetis uxorem, ecclesiam videlicet Olomucensem, et adhuc de huius mundi contemptibilibus mulieribus fabulas recitatis, quod veneranda canicies facere non deberet, utpote cum ruge et pallor vultus similia detestentur maxime propter diversos languores, qui in senibus varies cruciatibus seviunt, quos admonent vigilare, quia nemo scit qua hora dominus venturus sit et iam vite dies ad vesperam inclinatur. Dimittite rogo deinceps deformes mulierum disputaciones, et quod ad vos non pertinet, nullo tractetis alloquio, non eciam meditacione ruminetis; nec eas similiter loqui audiamus adinstar prudentissimi Ythacii, qui ratem strictissimis nexibus arbori alligavit, ne sirenarum armoniis pellectus miseribaliter cum aliis scopulos subintrasset. ***) Similiter vestra veneranda prudencia faciat, aures scilicet †) eciam piceis nodis obturetis ad blanda eloquia, quod si quandoque caro spiritui ††) et econtra spiritus adversus carnem repugnet, consulerem in hac parte, quod assueta caro vestra deliciis paulisper abstrahatur potissime a poculentis et esculentis, ut stomachus vester, qui pridem multis deliciis affluebat, iam ieiuniis et castigacionibus corrigatur, ut per consequens crassitudo corporis deficiat, nam pinguia forcius incenduntur et vicium inde timetur, unde plenior supervenerit replecionis opilacio; qualiter in Levitico pinguedo et renunculi adolebantur et hoc in sinagoga nisi quia apice (?) et in figura in presenti ecclesia oramus. Ure igne spiritus sancti quesumus domine renes nostros. Ideo reciproca vice vobis consulimus, ut ultima vite vestre tempora iam in penitenciis, oracionibus, ieiuniis, elemosinis et bonis operibus deducatis atque preterita et presencia mala compunccione cordis et lacrimarum profluvio defleatis, quia quacumque hora peccator ingemuerit, ut dicit dominus per Ezechielem: Omnium iniquitatum suarum †††) non memorabor amplius, et hoc in presenti examinetis adventu; nec me ypocritam ideo iudicetis, quia reprehensivam ad vos dirigo epistolam; hec non facimus prout consueverunt ypocrite, ut a vobis lucrum temporale expeteremus vel laudis famam appeteremus, quia presentem cupio lacerari (?) epistolam et malediccionem vestram, quam feceritis nobis, in benediccionem revocare; hec ad solacium et consolacionem P. V. scribimus more consueto, ut eciam in ioco Olomucensis possit antistes veritatem invenire. Recommendo me amande P. V., quam conservet altissimus, supplicantes, ut per reversalem epistolam peiora de me scribatis et ubi faciei ad faciem colloquio caremus, ibi lingue §) calamo colloquamur. Valete in sancto Cristino. Datum Rudnycz XXII. die mensis Octobris.

(Cod. epist. des Erzb. v. Prag, Johann v. Jenzenstein, herausg. v. J. Loserth, Arch. f. ö. Geschichtsk. Bd. 55. pag. 319.)

---

*) consulimus wiederholt. — **) In cod.: mogamus. — ***) Urspr. subintraret. — †) In cod.: silicet. — ††) In cod.: spur: zu spiritum wäre contra zu ergänzen. — †††) In cod.: suorum. — §) In cod.: ligue.

236.

Markgraf Jodok befiehlt den Beamten des Brünner Landrechtes, dass sie den Dominikanern in Brünn das Dorf Oloch in die Landtafel einlegen. Dt. Brünn 27. Okt. 1381.

Jodocus dei gracia marchio et dominus Moravie, nobili Jesconi de Sternberg supremo camerario et aliis czude Brunnensis beneficiariis salutem et omne bonum. Fideles dilecti. Placet nobis et dedimus cciam ad hoc nostrum favorem, ut villa Oloch, cuius possessionem religiosi fratres domus sancti Michaelis in Brunna ordinis Predicatorum actu habere noscuntur, eisdem fratribus intabuletur, dum presentibus fueritis requisiti. Datum Brunne anno domini millesimo trecentesimo octuagesimo primo. Dominica proxima ante diem apostolorum Symonis et Jude.   Per dominum Marchionem Nicolaus.

(Orig. Papier, mit beigedr. Sigel im mähr. Landesarchive.)

237.

Johann von Honětic und seine Brüder versprechen, auf die Güter ihres Onkels in Rataj keinen Anspruch zu erheben. Dt. Kremsier 31. Oktober 1381.

Nos Johannes de Honyeticz, Stephanus et Mathias fratres ipsius germani dicti de Hawichstein recognoscimus, ad quos presentes pervenerint, universis. Quod in solidum tenemur sine dolo et manu coniuncta indivise, sub fide et honore nostris tenore presencium promittimus honestum virum Mathiam de Rathay, patruum nostrum dilectum et benefactorem singularem in omnibus ipsius bonis suis Rathay et singulis ad ea bona spectantibus nullo modo per nos seu per interpositas personas verbo, facto, consilio seu auxilio inpedire, inquietare seu fatigare de iure vel de facto nec eum pretextu predictorum bonorum inpetere seu monere quovismodo. Nec eclam aliquod jus habere debemus in eisdem bonis usque ad finem sue vite dumtaxat omni accione in contrarium, contradiccione, placitacione judicii et occasione proculmotis. Et petivimus instantissime honestos viros Chunykonem de Suchohrdel et Bernhardum de Hwyezdlicz, ut sigilla ipsorum una cum sigillis nostris appenderent presentibus in evidens testimonium premissorum. Nos quoque Chunyko de Suchohrdel et Bernhardus de Hwyezdlicz ad diligentem peticionem omnium predictorum trium fratrum sigilla nostra una cum sigillis eorum animo deliberato presentibus appendimus in evidens testimonium premissorum. Datum Chremsir in vigilia omnium sanctorum, anno domini millesimo trecentesimo octuagesimo primo.

(Orig. Perg. 5 h. Sig. im Olm. Kap. Archive.)

238.

Peter von Sternberg befreit die Stadt Sternberg und ihre Bürger, welche nahe Anverwandte hinterlassen, vom Heimfallsrechte. Dt. Sternberg 22. November 1381.

Nos Petrus de Sternberg notumfacimus tenore presencium universis, quod ex animo desiderantes profectum et utilitatem maiorem civitatis nostre Sternberg et ipsius suburbii cum suis pertinenciis, ut ipsa civitas nostra cum civibus et incolis ibidem possent meliorari et presertim cum aput jura ipsorum conservantur, pro quo prefati cives in Sternberg et tota comunitas ibidem nobis supplicarunt, quatenus aput jura et libertates et specialiter aput devoluciones dictas odmrty ipsos graciose dignaremur conservare. Nos igitur precibus ipsorum racionabilibus inclinati, consilio amicorum ac fidelium nostrorum prehabito dicte civitati in Sternberg et ipsius suburbio cum suis pertinenciis ac civibus et hominibus ibidem presentibus perpetue concedimus et donamus, ut quilibet ipsorum civium et hominum, qui heredibus careret, possit bona sua, videlicet agros ab antiquo ad civitatem pertinentes aliasque omnes res et quidquid habuerint, dare, legare et disponere cuicumque voluerit pro omni sua voluntate secundum jus, prout civitates Moravie terre et nominatim Olomucz aut Unyczow habere dinoscuntur. Si autem aliquis ex eis, heredibus carens, sine omni disposicione et legacione decederet, extunc omnia bona sua agri ad civitatem ab antiquo pertinentes et alie omnes res, sint magne vel modice, super propinquiorem amicum, si quis reperiri poterit, devolventur absque nostro et nostrorum heredum ac successorum quolibet impedimento. Promittimus igitur nos Petrus prefatus pro nobis, nostris heredibus et successoribus, qui postea domini fuerint in Sternberg, nostra fide sincera absque dolo predictam civitatem nostram Sternberg, hominesque et incolas ipsius cum suis pertinenciis aput jura et devoluciones inviolabiliter et perpetue secundum consuetudinem et jus terre marchionatus Moravie et precipue civitatum predictarum conservare et in nullo umquam ipsos per nos, nostros heredes et successores futuros dominos in Sternberg impedire aut contra jus ipsorum quidquam attemptare; nisi dumtaxat si aliquis sine disposicione aut legacione decederet et quod nullus amicus propinquus posset reperiri, extunc super nos, nostros heredes et successores, dominos in Sternberg, talia bona devolventur, salvo tamen ipsorum civium semper jure. Ad cuius rei memoriam presentes literas dedimus sigilli nostri munimine roboratas et ad maiorem cautelam rogavimus in testimonium nobiles dominos Sdenconem de Sternberg et Petrum de Cravar, ut presentibus sigilla sua tamquam legittimi nostri congressores apponerent, quorum sigilla eciam in testimonium sunt appensa. Datum Sternberg anno domini millesimo trecentesimo octuagesimo primo, die sancte Cecilie virginis.

Per Johannem de Sudomiericz.

(Orig. Perg. 2 h. Sig. der Sternberge im weissen Wachse, das Sig. des von Kravář abgerissen im Archive der Stadt Sternberg. — Das Wappen des Peter von Sternberg zeigt bloss das Schild mit dem Seckigen Sterne, das des Zdenko hat über dem Schilde noch den Helm, auf welchem wieder der achteckige Stern.)

239.

Pabst Urban VI. fordert den Abten des Kl. Hradisch auf, die Schädiger der Olmützer Kirche zu ermahnen, den derselben zugefügten Schaden zurückzuerstatten und wenn sie diess nicht thäten, dieselben mit dem Banne zu belegen. Dt. Rom 24. November 1381.

Urbanus episcopus servus servorum dei, dilecto filio abbati monasterii Gradicensis, Olomucensis diocesis, salutem et apostolicam benediccionem. Significarunt nobis dilecti filii decanus et capitulum Olomucense, quod nonnulli iniquitatis filii, quos prorsus ignorarunt, decimas, primicias, redditus, census, litteras, legata, domos, prata, pascua, nemora, vineas, possessiones, jura, jurisdicciones, immunitates, instrumenta publica, litteras authenticas, sanctorum reliquias, libros ecclesiasticos, cruces, calices argenteos, ornamenta ecclesiastica, vasa aurea et argentea, bonorum utensilia, equos, vaccas, oves, porcos, pecuniarum summas et nonnulla alia bona ipsius ecclesie temere et maliciose occultare et occulti detinere presumant, non curantes ea prefatis decano et capitulo exhibere, in animarum suarum pericula et dictorum decani et capituli ac ecclesie non modicum incommodum, super quo idem decanus et capitulum apostolice sedis remedium implorarunt. Quo circa discrecioni tue per apostolica scripta mandamus, quatenus omnes hujusmodi occultos detentores decimarum, primiciarum, legatorum, reddituum, censuum et aliorum eorum predictorum ex parte nostra publice in ecclesiis coram populo per te vel alium moneas, ut infra competentem terminum, quem eis prefixeris, ea prefatis decano et capitulo a se debita restituant et revelent et, si id non adimpleverint, infra alium terminum competentem, quem eis ad hoc peremptorie duxeris prefigendum, ex tunc in eos generalem excommunicacionis sentenciam perferas et eam facias, ubi et in quantum expedire videris, usque ad satisfaccionem condignam solemniter publicari. Datum Rome apud sanctum Petrum VIII. kalendas Decembris, pontificatus nostri anno quarto.

(Abschrift in der Boček'schen Sammlung n. 2782 im mähr. Landesarchive. Das Orig. konnte weder in den Akten des Kl. Hradisch noch im Olm. Metropol. Kap. Archive gefunden werden.)

240.

Pabst Urban VI. fordert die Bischöfe von Passau und Krakau etc. auf, das Olm. Kapitel gegen alle Gewaltthäter zu schützen. Dt. Rom 27. November 1381.

Urbanus episcopus servus servorum dei. Venerabilibus fratribus . . Pataviensi et . . Cracoviensi . . episcopis et dilecto filio . . abbati monasterii sancti Vincencii prope muros Wratislaviensi salutem et apostolicam benediccionem. Militanti ecclesie licet immeriti disponente domino presidentes circa curam ecclesiarum et monasteriorum omni solercia reddimur indefessa solliciti ut iuxta debitum pastoralis officii eorum occurramus dispendiis

27*

et profectibus, divina cooperante clemencia salubriter intendamus. Sane dilectorum filiorum .. decani et .. capituli ecclesie Olomucensis conquestione percepimus, quod nonnulli .. archiepiscopi .. episcopi atque ecclesiarum prelati et clerici ac ecclesiastice persone, tam religiose quam seculares, nec non duces, marchiones .. comites .. barones .. nobiles .. milites et laici, communia civitatum, universitates opidorum, castrorum villarum, aliorum locorum et alie singulares persone civitatum et dyocesis et aliarum parcium diversarum occuparunt et occupari fecerunt castra, villas et alia loca, terras, domos, possessiones, jura et iuris-dicciones necnon fructus, redditus et proventus dicte Ecclesie et nonnulla alia bona mobilia et immobilia spiritualia et temporalia ad decanum capitulum et ecclesiam predictos spectancia et ea detinent indebite occupata seu ea detinentibus prestant auxilium, consilium vel favorem, nonnulli eciam civitatum, diocesis et parcium predictarum, qui nomen domini in vacuuum recipere non formidant, eisdem .. decano et capitulo super dictis castris, villis et locis aliis, terris, domibus et possessionibus, iuribus et iurisdiccionibus, fructibus, censibus, redditibus, proventibus eorum et quibuscunque aliis bonis mobilibus et immobilibus spiritualibus et temporalibus ac rebus aliis ad eosdem decanum et capitulum et ecclesiam spectantibus multiplices molestias et iniurias inferunt et iacturas, quare dicti .. decanus et capitulum nobis humiliter supplicarunt, ut cum eisdem reddatur valde dificile, pro singulis querelis ad apostolicam sedem habere recursum, provideri ipsis super hoc paterna diligencia curaremus. Nos igitur adversus occupatores, detentores, presumptores, molestatores et iniuriatores huiusmodi illo volentes eisdem decano et capitulo remedio subvenire, per quod ipsorum compescatur temeritas et aliis aditus committendi similia precludatur, discrecioni vestre per apostolica scripta mandamus, quatenus vos, vel duo, aut unus vestrum per vos, vel alium seu alios eciam si sint extra loca, in quibus deputati estis conservatores et judices, prefatis decano et capitulo efficacis defensionis presidio assistentes non permittatis, eosdem super hiis et quibuslibet aliis bonis et iuribus ad decanum capitulum et ecclesiam predictos spectantibus ab. eisdem vel quibuscunque aliis indebite molestari, vel eis gravamina seu dampna aut iniurias irrogari, facturi ipsis decano et capitulo, cum ab eis vel procuratoribus suis aut eorum aliquo fueritis requisiti, de predictis et aliis personis quibuslibet super restitucione huiusmodi castrorum etc. necnon de quibuslibet molestiis, iniuriis atque dampnis presentibus et futuris in illis videlicet, que iudicialem requirunt indaginem, summarie et de plano sine strepitu et figura iudicii, in aliis vero prout qualitas eorum exegerit iusticie complementum, occupatores seu detentores, presumptores, molestatores et iniuriatores huiusmodi necnon contradictores quoslibet et rebelles cuiuscunque dignitatis, status, ordinis vel condicionis extiterint, quandocunque et quociescunque expedierit, auctoritate nostra per censuram ecclesiasticam, appellacione postposita, compescendo, invocato ad hoc, si quis fuerit, auxilio brachii secularis. Non obstantibus tam felicis recordacionis Bonifacii pape VIII. predecessoris nostri, in quibus cavetur, ne aliquis extra suam civitatem et diocesim nisi in certis exceptis casibus et in illis ultra unam dietam a fine sue diocesis ad iudicandum evocetur etc. Datum Rome apud Sanctum Petrum V. Kal. Decembris pontificatus nostri anno quarto.

(Aus der Publication dieser Bulle ddo. Opatovic 13. November 1382.)

241.

Pabst Urban VI. fordert den Abt von Saar auf, den Dominikanerprior in Olmütz, welcher während des Interdikts Messe gelesen, zur Verantwortung zu ziehen.
Dt. Rom 4. Dezember 1381.

Urbanus episcopus servus servorum dei dilecto filio . . abbati monasterii in Zaharzs Olom. dioc. salutem et apostolicam benediccionem. Exhibita nobis pro parte dilectorum filiorum . . decani et capituli ecclesie Olomuc. peticio continebat, quod olim in synodo per bone memorie Johannem episcopum ac capitulum et clerum Olomuc. canonice celebrata statutum fuit et cciam ordinatum, quod raptores, spoliatores et detentores rerum et bonorum ecclesiarum et personarum ecclesiasticarum excommunicacionis sentenciam incurrerent eo ipso, ac civitas Olomucensis seu castra, oppida et ville Olomucen. dioc., ad que res et bona huiusmodi abduci contingeret, interdicto ecclesiastico subiacerent, quodque postmodum cum Unka de Maietyn miles, Wyknanus de Turssicz et Vitus dictus Witek armigeri Olomucen. diocesis cum nonnullis aliis eorum in hac parte complicibus dilectas in Christo filias . . abbatissam et conventum monasterii sancti Jacobi in suburbio Olomuo. Premonstratensis ordinis quibusdam equis, bobus, vaccis, porcis, ovibus et rebus aliis ad abbatissam et conventum ac monasterium predictos spectantibus, in quorum possessione abbatissa et conventus predicte existebant, ausu sacrilego spoliassent et illos detinuissent et detinerent indebite occupatos ac equos, boves etc. ad civitatem Olomucensem abducta extitissent premissaque adeo essent notaria, quod nulla poterant tergiversacione celari: prefati decanus et capitulum, ad quos abbatissa et conventus predicti super hiis recursum habuerunt, cum ecclesia Olomucensis tunc pastore carerent, huiusmodi interdictum in civitate predicta servarunt et per dilectos filios clerum dicte civitatis servari mandarunt et licet premissa omnia et mandata huiusmodi ad indubitatam noticiam . . prioris et fratrum ordinis Predicatorum Olomucensium pervenissent, iidem tamen prior et fratres in reprobum sensum dati et per dictos milites et armigeros et eorum complices diversis donis corrupti huiusmodi interdictum violare et in eorundem prioris et fratrum ecclesia publice celebrare imo verius profanare non fuerunt veriti nec verentur claves ecclesie contempnendo in animarum suarum periculum, censure ecclesiastice vilipendium et scandalum plurimorum. Quare pro parte dictorum decani et capituli nobis fuit humiliter supplicatum, ut providere super hoc de opportuno remedio dignaremur. Nos igitur huiusmodi supplicacionibus inclinati discrecioni tue per apostolica scripta mandamus, quatinus vocatis dictis priore et fratribus et aliis, qui fuerint evocandi, et auditis hincinde propositis, quod iustum fuerit summarie et de piano sine strepitu et figura judicii appellacione remota decernas, faciens, quod decreveris, per censuram ecclesiasticam firmiter observari. Testes autem, qui fuerint nominati, si se gracia, odio vel timore subtraxerint censura simili, appellacione cessante, compellas veritati testimonium perhibere. Non obstante, si eidem ordini a sede apostolica sit indultum, quod persone ipsius ordinis ad iudicium trahi aut suspendi vel excommunicari, seu ipse aut dicti ordinis loca interdici non possint per litteras apostolicas non facientes pienam et expressam ac de verbo ad verbum de indulto huiusmodi mencionem et qualibet alia dicte sedis indulgencia generali vel speciali cuiuscunque tenoris existat, per quam presentibus non expressam vel totaliter non insertam tue iurisdiccionis explicacio in hac parte valeat quomodolibet impediri, que quo ad hoc eis nolumus in aliquo suffragari. Datum Rome apud sanctum Petrum II. non. Decembris, pontificatus nostri anno quarto.

(Orig. Perg. Bleisigel im Olm. Kapitelarchive.)

242.

Pabst Urban VI. bestätigt dem Kapitel bei s. Peter in Brünn alle Privilegien, die es von den Päbsten erhalten hatte. Dt. Rom 9. Dezember 1381.

Urbanus episcopus servus servorum dei dilectis filiis preposito et capitulo ecclesie sancti Petri in Brunna, Olomucensis diocesis, salutem et apostolicam benediccionem. Cum a nobis petitur, quod iustum est et honestum, tam vigor equitatis quam eciam ordo exigit racionis, ut id per sollicitudinem officii nostri ad debitum perducatur effectum. Ea propter, dilecti in domino filii, vestris iustis postulacionibus grato concurrente assensu, personas vestras et ecclesiam sancti Petri in Brunna predictam, in qua divino estis obsequio mancipati, cum omnibus bonis, que in presenciarum racionabiliter possidetis aut in futuro prestante domino iustis modis poteritis adipisci, sub beati Petri proteccionem suscipimus, iura vestra omnesque libertates et immunitates a predecessoribus nostris romanis pontificibus sive per privilegia vel alias indulgencias vobis et ecclesie vestre predicte concessas nec non libertates et exempciones secularium exaccionum a regibus, principibus vel aliis christifidelibus raciona- biliter vobis et ecclesie vestre predicte concessas, sicut eas iusto et pacifice obtinetis, vobis et per vos eidem ecclesie auctoritate apostolica confirmamus et presentis scripti patrocinio communimus. Nulli ergo omnino homini liceat hanc paginam nostre proteccionis et confir- macionis infringere vel ei ausu temerario contraire. Si quis autem hoc attentare presumpserit, indignacionem omnipotentis dei et beatorum Petri et Pauli apostolorum eius se noverit incursurum. Datum Rome apud sanctum Petrum quinto idus Decembris, pontificatus nostri anno quarto.

(Aus dem Codex n. 36 fol. 83 im Brünner Stadtarchive.)

243.

Erzbischof Johann von Jenzenstein ersucht den Bischof von Olmütz um Übersendung seiner Marienlieder. 1381.

Episcopo Olomucensi.

Reverendissime pater domine et amice carissime. Privatus hactenus vive vestre vocis oraculo pre dolore in me spiritus meus attenuatus existit, nam vivaci nutrimento vestri expoliti sermonis carens fere in me subsistit animus desideriis epistolarum vestrarum avarus. Non igitur valens ferre huiuscemodi passiones, quamvis pocius deputanda sint cachinno, rictumque valeant subsannacionis incurrere . . . . . *) Supplico igitur eidem V. P. obnixe. ut beate Marie metra michi vestra dirigat paternitas, per que pro vestre sanitatis et vite longitudine crebro matrem domini placabo ad honorem Jesu Christi et gloriam, qui vestram paternitatem conservet per tempora felicia et longeva etc. sequitur.

(Cod. epist. des Erzb. von Prag, Johann von Jenzenstein, herausg. v. J. Losert, Archiv
f. öst. Geschichtsk. Bd. 55 p. 384.)

244.

Erzbischof Johann von Jenzenstein tadelt den Bischof von Olmütz wegen Begünstigung der Schismatiker. 1381.

(Missa Petro episcopo Olomucensi, ut vitam emendet.)

Soliti amoris constancia et sinceritatis affectu antelatis reverende pater et amice carissime vult amor, impellit dolor, suadet iusticia scribere tue caritati, ut agnita veritate luculencius appareat veritas; sed pudet loqui tantillo episcopo ad te pater, tum propter venerande senectutis tue experienciam, tum eciam quia ante me circiter quadraginta annos presul existas quartumque successive possideas presulatum, ubi laudabiliter, mature et provide prout adhuc fama vulgat gubernasti. Sed illum**) quem nunc habes non est tuus, unde libet vinculum lingue resolvere et caritati tue omni procul mota malicia aliquid scriptitare. Volo igitur, ut dignanter audias pacienterque feras, si satirico me tibi convenit***) scribere stilo. Quid est quod audio de te, quod uxore tua, quam et quartam habes dimissa lupis rapacibus dimisisti et solus trahis ocia pacis, cum tamen nequeat pax dici, ubi corporis pars discordia ventilatur et pars requiescit; dicis igitur prout Ysaias dicit: Pax, pax et non erat pax; nonne legisti dominum dixisse ad prothoplastum, propter quod relinguet homo patrem et matrem suam et adherebit uxori sue et erunt duo in carne una; quomodo ergo prospice in corde tuo — vales dicere pax pax, cum tamen non sit pax, scis enim, quod totum corpus non potest esse sanum, si reliqua egrotat pars corporis. Quomodo igitur cum vir et uxor sint unum, valent invicem separari, ut non simul aut doleant aut gaudiorum vicem ferant; quomodo verus sponsus divino glutino copulatus gaudere poterit sponsa sua †) in tristicia permanente, nonne aut ambo fletibus exuberare licet aut letari, utrisque dicit enim apostolus: Quos deus coniunxit, homo non separet. Intelleximus quidem, qualiter amicorum tuorum spretis consiliis tui ipsius consultor et arbiter, ipse tibi inimicus es factus. Itaque potes cum Job dicere: Et factus sum michimet ipsi gravis. Audivi enim,

---

*) Die weiteren Ausführungen sind ganz in dem schwulstigen Tone Johanns von Neumarkt, von welchem schon oben Einiges bemerkt wurde, gehalten und haben kein weiteres Interesse. Wichtiger ist dagegen der Schluss dieses Briefes. — **) Ita cod. — ***) In cod.: conveniet. — †) In cod.: sim..

qualiter Olomucensis ecclesia diversis rapinis et spoliis molestatur, cuius tu ulique sponsus credo adhuc esse debeas. Hec enim luget, tu gaudes, inquietatur et quiescis, molestatur et letaris. et cum tu et ipsa sit unum corpus, ymmo pocius tu eidem invisceratus, quamvis*) et prefectus atque et prepositus. et tamen non sentis dolorem cum doles**) nec in tristicia eius tristaris. An letargum pateris. nequaquam credo. an pocius apopleticus iudicaris, quod utique credo. si hec eadem. que de te fama sparsit, vera fuerint. Non sunt hec veri sponsi insignia. cum vir non habeat potestatem sui corporis, sed mulier***) et e converso audi, quid sponsa sponso suo dicat in canticis; dicit enim: Osculetur me osculo oris sui, dicit ei sponsus: Quia meliora sunt ubera tua vino, flagrancia unguentis optimis. dicit rursum subsequenter ipsa sponsa: Dilectus meus michi et ego illi. Prospice quanta caritas. quanti amoris glutinium, ut iam sponsa sponsum petat osculis, foveat caritatis amplexibus. una vicissim caritate nectantur, sponsusque sponse uberibus delectetur et commoretur. ubi super unguenta unguentis†) optimis vaporat olfactui odor suavitatis super omnia aromata preciosus. ubi ergo est caritas tua, si eam prostituas, si de ea pacificaris, si eam obliges aut litteris venum dari aut dirimencium distrahi luporum feritati devorandas exponis ac fugiendo oviculas tuas mercenario tradas commitendas pastori, qui sit noverca privingnis. Preterea scire debes, quod ab inicio illi, qui Israel populum regebant, plerumque pastores erant. unde et Moyses pastor erat, qui pascebat oves Getro soceri††) sui. Hic eciam Abraham. Isaac et Jacob preficiebantur armentis gregum; denique et hii duodecim filii Jacob in Egipto in terra Jessen nutriendorum gregum curam gerebant, a quibus tributus et universus disseminatus est orbis. Novissime vero et filius Ysai David de pascuis†††) receptus in thronum regni preficitur et ferme omnes veteris testamenti patres, qui omnes animalium didicere, minare greges sicque ut populos regerent pastores hominum facti sunt. Sed superveniens pastor pastorum bonus dominus Jesus Christus de stirpe David pastoris utroque parente progenitus in medio annorum notificavit se ipsum, ut nec veteres pastores abiceret et in figura novos pastores militanti ecclesie preferret, unde in novo testamento dicit Petro: Pasce agnos meos sive oves meas. Haud dubium per oves intelligere voluit homines prout consequenter dicit: Quodcunque ligaveris super terram, erit ligatum et in celis, et quodcunque solveris super terram, erit solutum et in celis. De hominibus intellexit, non de pecudibus, unde et pastoribus angeli in splendore apparuerunt, ut de pecorum pastoribus hominum fierent pastores, unde et dixerunt ipsi: Transeamus in Bethleem et videamus hoc verbum, quod dominus ostendit nobis. Quod viderant, creduli erant et mox verbum videre desiderabant per angeli verbum; factique iam sunt divini verbi predicatores, qui olym erant gregum pastores, unde regressi de Bethleem glorificantes et laudantes deum erant in omnibus, que audierant et viderant. Nec verebatur dominus pastoris nomen habere, qui se et bonum pastorem esse dicit, qui animam suam posuit pro grege suo. Prout igitur Petro, sic et tibi Christus loquitur,

---

*) In cod.: quavis. — **) Recte: dolet. — ***) In cod.: muleris. — †) In cod.: ungenta ungentis. — ††) In cod.: soceris. — †††) In cod.: de postfetantes, corr. nach Reg. II. 7. 8.

cum de pastoribus loquitur. Non enim ambigis te pastoris fungi officio, cum et tibi similiter dixerit dominus, alteri licet Petro: Pasce oves meas, pasce verbo, pasce in anima, pasce exemplo, pasce in virtute; pasce dixit laborem designans non torporem, labor etenim plurimum fructum affert; et per pastores prelatos intelligens, per oves vero homines. Absurdum quippe videtur et inpertinens, ut vocatus a domino pastor efficiaris bestiarum; dominus enim non ab hominibus ad bestias, sed a bestiis pocius ad homines quosdam deduxit pastores, ut alii reges essent, alii vaticinio futura predicerent, alii populum gubernarent, non tantum corporali cibo, sed verius spirituali animam cuiusque hominis enutrirent; audio enim, quomodo tu pacem queras et iam senectutem pregravatum te asseris, oves tuas regere non valere peregrinosque inquiras pastores, qui labores tuos preveniant, ut tu in tranquillitate leteris nichilque, quod tuum exasperaret animum, habere vel audire quires. Et non perpendis, quia tu ipse tibi insidias preparas, quibus post modici curriculum temporis et plures labores in hoc mundo et perpetuos habere possis in futuro. Aut enim nos ipsos pascimus? Et tunc non proprie dicimur pastores idemque esset, quodque pecus. Scire eciam debes, quod, sicut in veteri testamento de pastoribus reges, prophetas et pontifices constituit, sic eciam in novo testamento piscatores elegit prefecitque ecclesie sacrosancte. Cum itaque Petrus et Andreas mitterent recia in mari*) ad unius vocem domini relictis reciaculis secuti sunt eum. Similiter et duo filii Zebedei relicto patre et omnibus sequebantur Christum multum facientes, prout namque dicit veritas: Omnis, qui reliquerit**) patrem et matrem et sorores et fratres, centuplum' accipiet et vitam eternam possidebit, nec inepte pastores, alios de mundo, alios de mari elegit, nam mundus mare est et mare mundus Isaia dicente: Populi multi, aque multe. Hic enim instar maris in huius mundi periculis tantis naufragamur insidiis. Nam cum aliquid boni facimus propter fortunam maiorum, iam inimicorum procelle insurgunt, iam potentum vento terremur, iam beluarum marinarum insidiis percellimur; et quandoque adulanciam sirenas pestiferas audimus, hinc fluctibus contundimur, hinc invidorum scilla voramur, caribdi scopulisque periclitantis maris abducimur. Sic itaque in huius mundi pelago navigamus incerti, portum procul spectantes; sepe vela per ventos solvuntur, prora nostre racionis a scandali petra colliditur, ut illud inprecabile prophete dicam verbum: Ascendit usque ad celos et descendit usque ad inferos. Anima ipsorum in malis tabescebat, turbati sunt et moti sunt sicut ebrius et omnis sapiencia eorum devorata est. In hoc similiter mundo mari magno et spacioso sunt reptilia, que rapiunt ad instar piscium maris. Sicut enim et Jonas a rete rapitur, sic eciam a malorum hominum cottidianis spoliis molestamur, unde et ille preclarus apostolus Petrus non inmerito dixit domino: Domine si tu es, iube me venire ad te super aquas. Quia princeps apostolorum erat, super aquas ergo tribulacionis ibat, id est huius mundi temptaciones quasi quadam procella calcabat. Ecce quomodo et piscatores prefecti sunt ecclesie; dictum namque est eis: Venite post me, faciam vos fieri piscatores hominum. Denique haud dubium, quod in hoc mari magno vispiliones et

---

*) Recte: mare. — **) In cod.: relinquerit.

pirate sunt fidei. prout nec mirum intuenti oculo ad oculum in presenti scismate liquet, ubi hec omnia monstra et hee*) belue insurrexere, que vineam dei Sabaoth scismate hereseorum et calliditate vulpecularum presenti demoliuntur. Hinc enim dignum duxi super huiuscemodi aperire oculos tuos. Molestatur eciam ecclesia sacrosancta nec non et membrum eius ecclesia tua videlicet Olomucensis, que proch pudor et scismaticorum et hereticorum videtur scaturire nequiciis: en manifeste palamque eorum quidam et scisma suscitant, sacrosanctam matrem ecclesiam lacessunt predicantes, et Baldensium heresiarcharum superseminata zysania adeo crevit, ut iam difficultas sit extirpare lania mala et magnus timor evellendi eosdem. Ibi eciam ille antichristi discipulus Conradus auctor presentis scismatis, seminator malicie et nequicie per nepharias predicaciones in Christi populo superseminat zyzania tritico simplicium corda subvertendo; et hec omnia tuis incumbunt humeris, tibi finaliter hoc venenum aspidum preparatur; huius aconiti toxico cave ne frauderis, et quomodo silere possum qui te diligo veritatem**); cave valde et timeas, ne forte inmemor tot beneficiorum dei tibi infligat hec mala ipse, tu iam in senectute tua aliis bonis operibus et sanctis oracionibus vacare debeas. Non deberem te quidem corrigere tamquam non subditum michi, sed summo subiectum pontifici. Non ideo dedigneris audire monita amici, que tue caritati eciam exprobrando tribuerem, cum dolor sit medicina doloris. Sed utinam hec exempcio tibi bona esset! Sepe enim cum quis a debito se eximit iudice, subicitur tiranno indebite; putas namque te melius subici sub potenti manu seculari, quam sub metropolitani manibus iugum ferre suave et onus leve. Numquid non apparet te tuo metropolitano non subesse et sub alieno et non tuo iudice pertimescere?***) Elegisti coadiutorem, sub cuius ferula ymmo virga tu pontifex obedis. Hic regere debet populum, sed utinam tibi castra tenere, ecclesie procurare pacem, clerum regere; ille debet armis pro te contendere, tu pace frui, ille proventus tuos colligere, pauperes tuos iudicare, tu vero quiescere a labore. Sed rogo, an tempus nunc quietis est an laboris? Num non vides versipellem mundum tot perversis toxicatum maliciis? annon et divina maiestas offenditur? Ipsa tamen sacrosancta offenditur mater ecclesia et universus mundus in fidei nutat constancia. O quanti lupi rapaces! Iam pastores, iam greges truci dente consumuntur. O quante vulpecule tot fucis mentes fidelium pelliciunt! Taceam et de ceteris feris et bestiis, quibus et homines pares sunt eorum feritatem sequentes: et tu cupis pacem habere, dicis te iam fore decrepitum, iam viribus debilem. An ignoras, quod melior sit finis quam principium? Si igitur iuvenis ad usque hec tempora in hac via peregrinacionis certavisti et in agone huius mundi certaminis summa cum diligencia ad bravium cucurristi, cur iam infra metas conaris deficere et bravium, quod expectas, perdere senex? Sicne deduces tuos canos ad inferos bone vite consummacione? Audi quid dicat propheta David. Ait enim ad dominum: In via mandatorum tuorum cucurri, cum dilatasti cor meum. Credo, quod summa cum diligencia ille currebat propheta, dilataverat enim cor suum dominus et ideo in vacuum non cucurrit, ymmo pravium reportabat. Crede michi, si pacem queris in hoc mundo, nec hic eam habere potueris, et

---

*) Recte: hee. — **) Recte: veritate. — ***) Recte: pertumescere.

valde metuendum est et illam deperdere eternam requiem. Pono, iam totus mundus dicioni tue subesset, ut nullus tibi similis retroactis priscis futurisque post te temporibus in omni gloria adesset, summaque cum diligencia pacem et turbacionis offensam quacumque industria et sapiencia provideres et universi reges terre tibi sub assecle condicione servirent aurique et argenti tibi fuerit copia preimmensa; nequivis tamen perficere, ut pacem habeas hic in terris. Vult enim divina providencia quosque suos fideles per muitas tribulaciones et erumpnas huius mundi coronare in regno celesti; dicit enim ad Adam: In labore vultus tui vesceris pane tuo; hoc sanxit in parte, ut filios et nepotes tali lege constringeret. Oportet igitur et hic laborare ad tempus, ut eternam mereamur requiem. Audi, quid dicat Jeremias propheta ad Baroch: Dixisti de misero michi, quoniam addidit dominus dolorem dolori meo; laboravi in*) genitu meo et requiem non inveni. Hec dicit dominus. Sic dices ad eum: Ecce quos edificavi ego destruo, et quos plantavi ego evello, et universam terram hanc, et tu queris tibi grandia**), noli querere, quia ecce ego adducam malum super omnem carnem.***) Ait dominus: et dabo tibi animam tuam in salutem in omnibus locis, ad quecunque perrexeris; ecce vides, quomodo, quos dominus diligit, in hoc mundo tribulacionibus diversis affligit, nec dubito tibi sanctorum patere exempla plurimorum, qui ut regna pacis acquirerent per fidem vicerunt regna etc. Quis enim speravit in domino et derelictus est? Nonne ille prefatus propheta dicit: Si ambulem in medio umbre mortis non timebo mala, quoniam et Goliam spurium de castris Philisteorum talibus allocutus est verbis: Tu venio ad me in gladio et hasta et clipeo, ego autem ad te venio in nomine Domini exercituum dei agminum Israel; sicque de pera ˉpastorali proferens limpidissimum lapidem de torrente quem sumpserat, funda iecit infixitque fronti eius. Judas quoque Machabeus et Judeorum populus, cum dominum deum in proteccionem habuissent, qui eorum bella gerebat atque castra eorum protegebat, cumque autem famam Romanorum audirent, amiciciam et obedienciam eis ˉpromiserunt, moxque cum homines in presidium suum quesissent, non tanta potiti sunt tandem victoria. Similiter cum populus Israel clamaret ad Samuel ac diceret: Constitue nobis regem, ut nos sicut universe habent naciones, dixitque dominus Samueli: Audi vocem populi in omnibus, que locuntur tibi, non enim te abiecerunt, sed me, ne regnem super eos. Et quis velit tot exemplis effluere, que si eciam supprimantur, adhuc apparent cottidie divine maiestatis graciam in extenso brachio suum populum defensare. Quare tue consulimus in domino caritati, quatenus deum habendo pre oculis tuam sponsam nec velis relinquere nec te sic vulgo expositum in parabolam tradere, velisque consummare, quod cepisti, nec obsistat debilitas virium, sufficiat prudencia consiliorum; dicere enim audacter possum, quod, si spem tuam in deum posueris, tibi nil deficiet, sed ad nutum tue proficient voluntati; si accepisti uxorem, noli querere solucionem, noli tepescere et desperare noli, sed in omnibus spem tuam pone, firmiterque confide in eum, qui est

---

*) In cod.: cum. — **) In cod.: gandia. — ***) In cod.: terram.

consolator omnium, quacunque fuerint tribulacione perculsi. Cave illud verbum terribile, quod Johannes angelo Ephesi scribit dicens: Scio opera tua et laborem et pa-cienciam tuam etc. Demum sed habeo adversus te pauca, quod caritatem tuam primam reliquisti; memor esto itaque, unde excideris et age penitenciam et prima opera fac. Sin autem, cito venio tibi et movebo candelabrum de loco suo, nisi penitenciam egeris. Audi, perpende, considera totoque mentis conamine scrutare, recogites dies antiquos, si spirituales an temporales fuerint, si tuis oculis temporalis placuit vanitas, si diviciis cor apposueras, si bellis palma victrix tibi viribus iuventutis super petentibus affuit. Jam accinge*) spirituali gladio galeam salutis. sculum fidei, smuc pro torace iusticiam, ut senectutem tuam valeas eterne vite beatitudine consummare, ad quam nos pariter dirigat et deducat divine maiestatis clemencia. que vivens est in secula seculorum. Amen.

(Cod. epist. des Erzb. von Prag, Johann von Jenzenstein, herausg. v. J. Loserf, Arch. f. öst. Geschichtsk. Bd. 55 pag. 364.)

245.

Johann von Jenzenstein an den Markgrafen Prokop von Mähren in Angelegenheit des Schismatikers Konrad von Wesel. 1381.

Missa marchioni Moravie Procopio etc.

Illustris princeps et domine graciose. Bene novit vestra clemencia, qualiter ob respectum vestrum pluries Cunssoni scismatico quondam Wyssegradensi decano terminos dederimus, infra quos a pravitate — scilicet tenet Gebenesem antipapam — ad veritatem et unionem sancte matris**) ecclesie et recognicionem sanctissimi patris domini nostri Urbani pape sexti rediret. Nunc autem non licebat nobis absque detrimentis honoris nostri eidem qualemcunque alium terminum prefinire, potissime cum a prefato summo pontifice non habuerimus in mandatis, sed in sufferencia eundem hereticum quamvis inviti et renitentes cum amaritudine tamen cordis ad preces vestras toleravimus. Nam cum intra consciencie nostre claustra volveremus sepius et desuper episcoporum, prelatorum, magistrorum in sacra pagina, in decretis doctorum ac aliorum prudentum plurima ac repetita consilia haberemus, perpendimus hunc nequaquam heresiarcham posse ulterius tollerare, cum ***) propter sancte matris ecclesie quod ad presens imminet naufragium, tum propter domini nostri regis honorem, tum propter consciencie nostre scrupulum atque fidei unionem; quapropter clemencie vestre humiliter supplicamus, quatenus eundem scismaticum e patrie finibus propellatis, ne fidelem populum toxico sue pravitatis inficiat, confidentes de vobis, quod ille iniquitatis filius nobis non nocebit in conspectu vestre benignitatis, cum sit magna differencia inter servientes, presertim cum

---

*) In cod.: accingere. — **) In cod.: undeutlich (quia?). — ***) In cod.: tum.

ille sit spurius utpote filius cuiusdam sacerdotis, qui in tante vilitatis evidenciam voluit pocius pravitate insistere quam virtutibus inherere.

(Cod. epist. des Prager Erzbischofs Johann v. Jeuzenstein herausg. v. J. Losert, Arch. f. öst. Geschichtsk. Bd. 55. pag. 330.)

246.

Johann von Jenzenstein an den Probst von Raudnitz über den Nutzen des beschaulichen Lebens und über die Aussöhnung mit dem Markgrafen Prokop. 1381.

Epistola preposito Rudnicensi de vita contemplativa peragenda.

Singulariter venerabilis devote dilecte et amice confidentissime. Si non oris officio proloqui, mediante tamen cartula presenti devocioni tue convenit aliqua scriptitare; verum cum apud nos in Przybramo moram aliquam traxisses, vidimus suspiria, que te trahebant ad monasterii tui septa, ubi statum religionis et familiaris rei curam tractare atque florentes odore vineas conspicere*) frugalitatem eciam uberum aristarum demetere te expediret. Hec tue cure**) erat, sollercie hec tue, placuitque nobis et mox votis tuis annuimus, quamvis intencionem tuam sepe obtrectaremus dicentes magis expedire ad communem te statum consulere quam particulari labore impediri, potissime in conventu tuo confratres nostri filii tui viri prudentissimi cum habeantur, qui in absencia tua statum monasterii idonee regere tunc valerent.***) Ideo iterata vice nobis licet pennam repetere non obiurgando, sed more caritatis consueto tibi aliquid presentibus intimare. Plura scriberemus, sed inter curarum scopulos positi vix mentis oculos recolligimus, ut modica quidem caritati tue presenti cartula nunciemus, quid porro de contemplacionis et accionis officio senciamus. Scire te licet, quod in presenti tempore expediret vitam activam bene regere,†) ut vita contemplativa valeat conservari.††) .... In hiis propter que magis expedire videtur tibi activam vitam ducere utiliter, quam hec tam utilia contemplacione negligere ociosus. Praeterea caritatem tuam scire volumus, quod per dei graciam secundum nostram voluntatem cum illustri principe marchione Moravie Procopio concordavimus. Eciam sicut proposueramus ire Ratisponam legacionis volentes nostre exercere officium,†††) a reverendo fratre episcopo, decano et capitulo Ratisponensis ecclesie literas habuimus, ubi supplicant, quod ad tempus supersedeamus propter guerras Bavarorum et propter tempus messis quod imminet, et breve tempus infra quod

---

*) Ausgestr.: seu. — **) Urspr. cura. — ***) Tunc valerent unterstrichen, was mitunter, aber nicht immer, auf eine Correctur deutet; eine Note am Rande ist wegen Verletzung des Blattes nur noch, theilweise leserlich: non tamen ist .... tempore. — †) Ausgestr.: agere. — ††) Der Brief verbreitet sich nun des Weiteren über die Nachtheile des beschaulichen Lebens; da die diesbezüglichen umfangreichen Erörterungen kein historisches Interesse bieten, sind sie hier hinweggelassen worden. — †††) Urspr.: tamquam legatus. Ex tunc.

propter discordias *) prelatos suos congregare non possunt. Fatentur tamen nos velle suscipere tamquam sedis apostolice legatum legittimum, sicut eciam fecerunt sancte memorie domino cardinali predecessori nostro. Et propter humilem supplicacionem **) eorundem ad presens supersedere intendimus, sed interim adiuvante domino visitare monasteria et alia spiritualia proponimus ***) ordinare, ad que oportunitatem tuam nobis necessariam adesse requirimus per literas subsequentes.

Datum in P. die x. a. †)

(Cod. epist. des Erzb. von Prag Johann von Jenzenstein, herausg. v. J. Losert, Arch. f. öst. Geschichtsk. Bd. 55 pag. 298.)

247.

Das Kloster Bruck und Kyjoretz von Kyjowitz schliessen einen Vergleich bezüglich der Einkünfte und der Gerichtsbarkeit über die Unterthanen in Grillowitz. Dt. 1381.

Zacharias abbas et conventus suus de Luka, et Kygovecz de Kygovicz et sui heredes taliter concordaverunt. Primo, collacio in Grilwicz fuit et est abbatis et conventus. Secundo, quilibet contentatur in dominio suo. Item, sepum dividant in tres partes. Item, in die sancti Petri in annuali foro, quidquid eveniet et proveniet de proventibus eodem die, debent dividere in duas partes. Item, de pascuis quidquid fuerit, debet quilibet percipere de hominibus suis, seu de bonis. Item, pascua nullus alteri defendat. Item, omnes emende de hominibus omnibus (in) bonis monasterii undecumque evenient, in villa vel extra villam, debent pertinere pro domino abbate et conventu, simili modo omnes emende in bonis eorum et bonis monasterii, solum in villa vel extra villam in Grilwicz de hominibus suis. Et judex Geviczar homines quum aliquos arrestaret seu detineret de bonis monasterii, debet eos presentare judici monasterii. Item, simili modo judex monasterii si aliquos arrestaret seu detineret de bonis eorum ibidem in Grilwicz, debet eos presentare judici eorum. Insuper quilibet debet contentari in suo dominio.

(Aus der gedruckten Brünner Landtafel p. 146. n. 818.)

248.

Prag. 1381.

K. Wenzel befreit das auf der Prager Kleinseite gelegene Haus der Anna von Sternberg, Schwester der Markgrafen Jodok und Prokop, von allen Steuern und Abgaben. Dt. Pragae 1381.

(Aus der Hist. diplom. Domus Sternbergicae angeführt bei Dobner Mon. IV. p. 375.)

---

*) Urspr. guerras. — **) In cod.: supplicacione. — ***) Darüber, undeutlich eine Abbr.: proposuimus (?). — †) Undeutlich (Augusti?).

249.

K. Wenzel IV. ertheilt dem Peter von Sternberg das Recht, mit allen seinen beweglichen und unbeweglichen Gütern im Leben und im Tode frei zu disponiren. Dt. Prag 6. Jänner 1382.

Wenceslaus dei gracia Romanorum rex semper augustus et Boemie rex notumfacimus tenore presencium universis. Quod habito respectu ad grata serviciorum studia ac constantis fidei puritatem, quibus nobilis Petrus de Sternberg, dictus de Bechin, serenitati nostre multa fidelitate magnoque studio conplacuit indesinenter, complacet cottidie et complacere poterit uberius in futurum, animo deliberato, sano fidelium nostrorum accedente consilio et ex certa nostra sciencia sibi hanc graciam fecimus et facimus regia auctoritate Boemie per presentes, quod ipse universa et singula bona sua mobilia et immobilia, civitates, castra, municiones, opida, villas, possessiones, agros, silvas, rubeta, piscinas, aquas, molendina, census, redditus et proventus, in quibuscunque rebus et in quibuscunque locis existant, seu quibuscunque eciam possint et valeant specialibus vocabulis designari, que in regno nostro Boemie in presenciarum obtinet vel auctore domino requirere poterit in futurum, dare, donare, assignare et legare in vita seu in morte possit et valeat cuicunque seu quibuscunque, personis ecclesiasticis dumtaxat exceptis, et de ipsis disponere, prout sibi melius et utilius videbitur expedire. Decernentes et auctoritate regia Boemie omnino volentes, quod talis vel tales, cui vel quibus prefatus Petrus de Sternberg bona sua dederit, legaverit seu assignaverit ipsa bona sine cuiuscunque hominis inpeticione, contradiccione et impedimento tenere, habere possint et valeant legitime possidere. Talis eciam legacio seu donacio robur firmitatis obtineat ac si per tabulas regni Boemie firmata fuisset. Dantes et transferentes in talem et tales, quibus prefata bona per dictum Petrum legata seu donata fuerint omne jus successionis seu devolucionis, quod nobis tamquam regi Boemie post mortem dicti Petri in ipsis bonis competere posset quovismodo, de plenitudine nostre regie potestatis, non obstante consuetudine regni nostri Boemie, illa videlicet, quod bona decendencium, que per tabulas regni Boemie alicui donata non sunt, ad nos tamquam regem Boemie devolvantur. Non obstantibus eciam quibuscunque aliis consuetudinibus, per quas prefate nostre gracie posset quomodolibet derogari, quibus omnibus et singulis, in quantum premissis obviare possent, regia auctoritate nostra et de certa nostra sciencia presentibus omnimode derogamus. Supplentes omnem defectum, si quis racione consuetudinis regni Boemie vel solempnitatis obmisse seu alio quovismodo compertus fuerit in premissis. Presencium sub regie nostre maiestatis sigillo testimonio literarum. Datum Prage anno domini millesimo trecentesimo octuagesimo secundo VIII⁰ idus Januarii, regnorum nostrorum anno Boemie decimo nono, Romanorum vero sexto.

(Auf der Plicatur: Per dominum Henricum de Duba Martinus Scolasticus. — Orig. Perg. am Perg. Streifen h. Gegensigel mit der Umschrift auf der Aversseite im weissen Wachse: Wencesl. Dei gracia Romanorum rex semper augustus et Boemie rex, welche den König auf dem Throne sitzend, in der Rechten das Scepter, in der Linken den Reichsapfel haltend, rechts von ihm den Reichsadler, links den böhmischen Löwen, darstellt. Das kleinere Sig. der Reverseseite zeigt den Reichsadler im rothen Wachse. Im mähr. Landesarchive inter privilegia n. 23.)

250.

K. Wenzel IV. von Böhmen vermittelt den Frieden zwischen dem Herzoge Albrecht von Österreich und Peter, Ulrich, Johann von Rosenberg und Heinrich von Neuhaus.
Dt. Budweis 24. Jänner 1382.

Wir Wenczlaw von gotes gnaden romischer kunig czu allen czeiten merer des reichs und kunig czu Beheim bekennen und tun kunt offenlich mit diesem briefe allen, die in sehen oder horen lesen. Wann der hochgeborn Albrecht, herczog zu Osterich, zu Steyern und zu Kernden etc. unser lieber swager und fürste für sich, alle seine frunde, helfer und diener an einem teYle, und die edeln Peter, Ulreich und Johans von Rosenberg und Henrich von Newnhause, unsere lieben getrewen, für sich, alle ire frunde, helfer und diener an dem andern teyl aller krig, czwietracht und misshel, umb name brant, angriffe und anderley andere sachen, wie, worumb und als sich die czwissen in bisher und uf diesen heutigen tage herhebt, vorlaufen und ergangen haben, uf uns und uf unser entscheiden beiderseit lediglich, genczlich und mechticlich gegangen sein, als das ir brieff, die wir doruber haben wol aussweysen: darumb mit wolbedachtem mute, gutem rate unser fursten, edeln und getrewen, mit rechter wissen und von sulcher mechte, die wir von ir beyder wegen, als sie an uns gegangen sein, daruber haben, so entscheiden und sprechen wir von ersten, das die egenannten teil beyde umb alle egenante sachen, wie sich die czwischen in, iren frunden, helfern und dienern bis uf den heutigen tag erlaufen und ergangen haben, furbas ewiclich gut und ganz frund eynander sein sollen und dorumb eynander furbas nymmer dhein ansprach haben sullen und mögen an alles geverde. Ouch entscheiden und sprechen wir, das unser egenanter swager herczog Albrecht von Osterich das slosse und stat Everdingen mit allen seinen zugehorungen den egenanten von Rosenberg in ire gewalt ynnerhalb virczehen tagen, anczuheben an dem nehsten suntag, widér geben und inantworten sulle. also das in die leute wider hulden und sweren und sie derselben stat und ir zugehorung furbas geniessen und die ynhaben sullen und mögen, als sie die vormals yngehabt und der genossen haben. Und uf das sullen die von Rosenberg ir frunde, helfer und diener alle gevangen ledig und loze lassen und dieselben gevangen sullen ein urfede und freuntschaft sweren, als in dem lande zu Beheim gewonlich ist. Und sullen auch dieselben sweren und geloben in der masse, als sie vor getan haben. Wer das man den von Rosenberg Everdingen nicht geantwortet in der czeit und als oben geschrieben stet, das sich denn dieselben gevangen alle wider stellen sullen in alle der masse, als die yczunt gevangen seyn. Wer aber, das den von Rosenberg das slosse Everdingen geantwurt wurde in der zeit und als vorgeschrieben stet, so sullen die gevangen gar und genczlich ledig und lose sein und durfen sich nicht wider stellen. Ouch sullen die egenante, unser swager herczog Albrecht von Osterich, alle seine frunde, helfer und diener alle gevangen, die sie ouch gevangen haben, genczlich ledig und lose lassen an geverd. Dieselben gevangen auch ein urved und fruntschaft sweren sullen, als in dem lande zu Osterich gewonlich ist. So sullen ouch dieselben von Rosenberg dem egenanten unserm swager herczog Albrechten von Osterich vorbriefen und ire briefe geben, das alle die weyl der kriege zwissen den egenanten unserm swager herczog Albrechten und dem von Schaumburg weret, demselben von Schaumburg aus dem egenanten slosse Everdingen keinerley hilf weder mit cost noch sust, wie die genant sey, geschehe an geverd. So sol auch der egenante unser swager herczog Albrecht dieselben von Rosenberg an dem egenanten slosse Everdingen und allen seinen zugehorungen alle die weyl und der krieg weret zwissen im und dem von Schaumburg, nicht hindern oder irren in dheine weys, sunder sie dobey hanthaben, schuczen und schirmen getrewlich und an alles geverd und in·des doruber sein brief geben, das er sie schuczen und schirmen sulle und doran nicht hindern an geverd. Mit urkund dicz briefes vorsigelt mit unserer kuniglichen Maiestat insigel. Geben zum Budweys nach Cristes geburt dreyczehen hundert jar und dornach in dem czwey und achczigisten jaren an sand Thymotey tage des heiligen czwelfboten, unser reiche des behemischen in dem newenczehenden und des romischen in dem sechsten jaren.

(Orig. Perg. h. Sig. im fürstl. Schwarzenberg'schen Archive zu Witlingau. — Auf der Plicatur: Ad mandatum domini regis Martinus scolasticus.)

251.

Markgraf Prokop ernennt den Mikeš von Syrotyn zum Richter der Stadt Littau.
Dt. Aussee 1. Februar 1382.

Procopius dei gracia marchio Moravie provido Micssoni de Syrotyn advocato in Luthovia, fideli nostro dilecto, gracie nostre beneficia cum favore. Prudens, fidelis dilecte. Cum te velud idoneum pretextu fori, quem pro advocacia nostra in Luthovia racionabiliter contraxisti, in judicem civitatis predicte receperimus et tibi predictam advocaciam cum omnibus suis juribus, usibus et fructibus ac pertinenciis universis faverimus, quemadmodum claro indicio tue littere, quas super eo. habere dinosceris, manifestant: ut ergo tanto seduliorem in serviciis nostris te exhibeas, quanto commodum tuum privilegiatis nostris favoribus graciosius agnoveris prosequtum, tibi et tuis heredibus et successoribus graciam talem facimus, ut ex nunc inantea successivis temporibus de predicta advocacia nostre camere annis singulis decem marcas grossorum in festo sancti Jeorgii quinque et in festo sancti Michaelis quinque, pagamenti moravici, debeatis perpetuis temporibus assignare. Presencium sub nostri sigilli appensione testimonio litterarum. Datum in Ausau anno domini millesimo trecentesimo octogesimo secundo, sabbato ante purificacionem sancte Marie virginis.

Ad mandatum domini marchionis Andreas.

(Orig. Perg. h. Sig. im Archive der Stadt Littau.)

252.

Der Augustinerconvent in Leitomyšl verkauft das Dorf Žbanitz dem Bohunek von Stignitz und Philipp von Srojanov. Dt. 6. Februar 1382 s. l.

Nos frater Eberhardus prior, Johannes subprior totusque conventus monasterii sancte crucis, nove fundacionis in Leutmusschel ordinis fratrum heremitarum sancti Augustini, notum facimus universis, quod quia villa nostra Spanicz in remota vie distancia a nostro monasterio sita fore dinoscitur, et proventus eiusdem ville, vinum et annonas, annis singulis sine gravi labore nequaquam adducere valuimus, ideo cogitantibus nobis et frequenter inter nos tractantibus, qualiter eadem bona vendere et utiliora bona ac propinquiora pro monasterio nostro alias emere possemus; tandem pluries tractatu inter nos de hoc habito, de et ex consensu religiosi in Christo patris Augustini prioris nove fundacionis in Brunna, pro nunc vicarii per totam Moravie terram, et licencia speciali, prenotatam villam nostram Spanicz, a Buczlao de Nasmaricz olim per nos legittime comparatam, cum omnibus suis juribus, videlicet laneis, curticulis, terris, agris cultis et incultis, ortis, pratis, pascuis, silvis, censibus, vineis, vinearum montibus, juribus montanis, robotis, honoribus, propriis suis limitibus et gadibus antiquitus distinctis, et specialiter et generaliter cum singulis et universis suis fructibus, proprietatibus, libertatibus, utilitatibus et pertinenciis quibuslibet infra et supra fundum contentis, quibuscumque nominibus censeantur, quovismodo ad eandem villam de jure spectantibus, plenoque dominio in villa et in campis, quibus dicta bona hucusque habuimus et possedimus, strenuis viris Bohunconi de Stihnicz et Philippo de Swoynaw, genero suo, ipsorumque heredibus, ad salvum jus terre Moravie rite et racionabiliter pro centum XXXV. marcis grossorum, iam actu integre nobis traditis, numeratis et solutis, vendidimus et presentibus vendita cedimus et assignamus, per eos habenda, tenenda et perpetue ac libere possidenda, nullum jus sive dominium nobis et monasterio nostro in eisdem bonis reservantes. Promittentes nos prior et conventus predicti, Augustinus prior et vicarius antenotatus, Jesco de Swoynaw, Valentinus de Przestawelk, purgravius in Spilwerch, et Alschico de Manicz bona nostra fide sine dolo quolibet, per nos manu coniuncta pro indiviso, dictis emptoribus bonorum, eadem bona ab impeticionibus, litibus et questionibus cuiuslibet hominis et universitatis libertare, defendere et disbrigare secundum jus terre Moravie et solitum cursum ac in primo dominorum terre colloquio, quam primum tabule terre patuerint et aperte fuerint, ipsis emptoribus et ipsorum heredibus eadem bona intitulare et intabulare, quemadmodum jus terre postulat et requirit, qualibet sine dilacione. Quod si quid aut quorum alterum premissorum non fecerimus, quod absit, extunc statim deinceps duo nostrum ex fideiussoribus predictis (qui) monebuntur, hii per se vel per alias duas substitutas personas, idoneas et honestas militaris condicionis, quivis cum uno famulo et duobus equis obstagium verum et solitum in civitate Brunna et domo honesta, ipsis per dictos emptores bonorum deputata, prestabunt intemerate, non exituri ab eodem aliqua juris vel conswetudinis causa proposita, donec memoratis Bohunconi et Philippo ac heredibus eorum omnia et singula premissa totaliter et efficaciter per nos fuerint adimpleta, ac quelibet dampna, quovismodo per ipsos exinde contracta notabiliter cum suo quolibet interesse, per nos ipsis refusa fuerint et plenarie persoluta, qualibet sine in contrarium accione canonica vel civili. Sub harum quas sigillis nostris dedimus robore literarum, die sancte Dorothee virginis et martyris gloriose. Anno domini millesimo trecentesimo octuagesimo secundo.

(Orig. Perg. 6 h. Sig. in den Akten des ständ. Archives im mähr. Landesarchive. — Das Sig. des Valentin von Přestavlk zeigt einen Helm, oberhalb desselben ein Schild, in welchem ein Vogel, das des Ješek von Svojanov im Schilde ein Kleeblatt, aus dem eine Blüthe ragt, das des Alšík von Manitz hat im Schilde einen Krebs [?].)

253.

Das Olmützer Kapitel gestattet, dass der Kanonikus Nikolaus den Hof in Topolan für seine Schwester Adelheid und ihre Kinder ankaufe. Dt. 26. Februar 1382.

Bedericus decanus, Daniel archidiaconus et capitulum Olomucense notum faciunt, quod magister Nicolaus de Gewycz, canonicus Olomucensis, supplicavit, ut ei ad emendum pro Adilheide sorore sua carnali, relicta Alberti institoris, ejusque liberis in perpetuam hereditatem curiam leprosorum in Topolan, cuius ad eos pertinet dominium, consentire vellent. Quod faciunt sub conditione, ut quotannis 3 fertones leprosis apud civitatem Olom. pro vestitu et pro alimento 2 vasa cerevisiae, duas bernas porcinas valentes $1/_2$ marcam pagamenti moravici, 200 allecia et 2 metretas canapi Olomucensis mensurae ministrent. Datum in capitulo generali feria IV. post festum cathedrae s. Petri 1382.

(Aus dem bandsch. Codex des Olmützer Kapitels I. p. 145, Auszug in der Boček'schen Sammlung n. 9396 im Landesarchive.)

254.

Das Olmützer Kapitel verpachtet eine ihm gehörige Fleischbank dem Nicolaus Niederlin gegen eine halbe Mark jährlichen Zinses. Dt. Olmütz 26. Februar 1382.

Nos Bedericus decanus, Daniel archidiaconus et capitulum Olomucense notum facimus presencium inspectoribus universis. Quod cum de maccello nostro carnium inter alia maccella carnium civitatis Olomucensis constituto census annuus nobis de eodem maccello debitus inceperat deficere eo, quod losunga, quam de eodem maccello solvere tenebamur, nunc frequencius quam temporibus preteritis imponitur civitati predicte, super quo nostro et successorum nostrorum utilitati prospicere cupientes, predictum maccellum discreto viro Nicolao, Nyderlyn cognomine, carnifici Olomucensi, liberis, si quos habuerit et aliis legitimis successoribus suis inperpetuum communi deliberacione, super oc hinter nos habita et pariter voluntate et consensu locavimus, qui nobis et ecclesie nostre dimidiam marcam pragensium grossorum, numeri et pagamenti moravici de eodem maccello in festo sancti Michaelis in omnem eventum persolvet; losungam et alia onera, si que eidem maccello imponerentur, sufferrent. Et eiusdem maccelli edificia, si igne aut vetustate seu alio quolibet casu vastarentur vel deficerent, suis curis et sumptibus reformabunt. In quorum omnium testimonium presentes literas fieri et sigilli nostri minoris fecimus appensione muniri. Datum et actum Olomucz feria quarta proxima post festum kathedre s. Petri in nostro generali capitulo, anno domini MCCCLXXXII.

(Aus dem Codex n. II. p. 146 im Olm. Kapitelarchive.)

255.

Markgraf Jodok befiehlt der Stadt Brünn, dem Hynek Berka jährlich eine Summe von 130 Mark zu zahlen. Dt. 24. März 1382.

Jodocus dei gracia marchio et dominus Moravie magistro civium et . . scabinis civitatis Brunnensis fidelibus nostris dilectis graciam et favorem. Fideles dilecti, providimus nobili Hinconi Berka de centum et triginta marcis grossorum denariorum pragensium annui census, quorum sibi solucionem per vos fieri lozungarum nostrarum computacione volumus tam diu, quousque illud duxerimus revocandum. Quare vestre fidei committimus et iniungimus presentibus seriose, nostre gracie sub obtentu, quatenus prefato Hinconi Berka sexaginta quinque marcas in festo sancti Georgii et totidem in festo sancti Michaelis annis singulis hoc modo, ut premittitur, dare ac nostro nomine solvere studeatis; nam post solucionem pecuniarum huiusmodi tocies, quociens eam feceritis, volumus vos in omnem eventum quittos esse et liberos a talibus pecuniis, ac si nobis aut nostre camere solvissetis. Presencium sub appenso nostro sigillo testimonio litterarum. Datum Brunne anno domini millesimo trecentesimo octuagesimo secundo, feria secunda proxima post dominicam, qua canitur Judica.

Ad mandatum domini marchionis Nycolaus prothonotarius.

(Aus dem Codex n. 34 fol. 60 im Brünner Stadtarchive.)

256.

Der Stadtrath von Brünn verpflichtet sich, dem Hynek Berka jährlich 130 Mark auszuzahlen so lange, bis Markgraf Jodok den Zahlungsauftrag zurückrufen würde. Dt. Brünn 30. März 1382.

Nos . . magister civium et jurati consules Brunnenses notum facimus universis. Quia serenissimus princeps et generosus dominus noster Jodocus marchio et dominus Moravie nobis commisit et iniunxit, quatenus de sua losunga, quam sibi singulis annis tenemur, nobili et egregio viro domino Hinconi Berka centum et triginta marcas grossorum denariorum pragensium census annui tamdiu, quousque illud duxerit revocandum, dare et solvere debemus iuxta literas suas nobis desuper assignatas; idcirco nos commissionem huiusmodi, prout tenemur, exequi cupientes, prefato nobili domino Hinconi easdem centum et triginta marcas grossorum predictorum singulis annis divisim, videlicet LXV in festo sancti Georgii et LXV in festo sancti Michaelis dare et solvere promittimus et spondemus tam diu, quousque idem dominus noster generosus illud duxerit revocandum. Presencium sub nostre civitatis appenso sigillo testimonio litterarum. Datum Brunne anno domini M⁰CCC⁰LXXXII⁰ dominica „Domine ne longe“ presentibus Johanne Wyssawer, magistro Henrico Oler, Fricz Eysenperger.

(Aus dem Codex n. 34 fol. 60 im Brünner Stadtarchive.)

257.

Der Magistrat von Neutitschein verpflichtet sich, für den Olm. Kanonikus Arcleb de Turri einen jährl. Zins von 20 Mark aus dem Dorfe Kunewald zu erheben.
Dt. Titschein 13. April 1382.

Nos Petrus advocatus, Nikolaus Fulneker magister civium, Petrus Essyckruk, Nikolaus Gernige Sneyder, Petrus Pocz, Henslinus Judex, Nykusch Gruenrok, Neczo Jnstitor, Nicolaus Sutor, Niczko Adam, Henslinus Faber, Pescho Gerlach, Henslinus Voldener consules et jurati presentis anni, cives in Tyczscheyn, recognoscimus tenore presencium universis. Quia nobiles domini nostri graciosi dominus Wocko de Cravar alias de Tyczscheyn, supremus camerarius Olomucensis et Johannes senior filius eius honorabili domino Artlebo de Turri, canonico Olomucensi, villam ipsorum totam, nuncupatam Chunewald, sitam iuxta nostram civitatem Ticzscheyn, censuantem annuatim viginti marcas grossorum pragensium moravici numeri et pagamenti cum pleno iure et dominio ac omnibus et singulis pertinenciis ad dictam villam spectantibus absque diminucione, justo vendicionis tytulo vendiderunt, assignaverunt et resignaverunt dumtaxat ad vite sue tempora libere cum effectu, prout in literis, patentibus super inde confectis plenius continetur. Fatemur insuper publice et expresse, quod nos cives supradicti de mandato et peticione predictorum dominorum nostrorum et nostra libera et mera voluntate in pleno nostro more nostro solito congregati consilio, ubi et alia nostra et civitatis tractata negocia robur firmitatis obtinent, ad importandum, solvendum et ministrandum antedictum censum annuum viginti marcarum ei domino Arclebo in duobus terminis, videlicet decem marcas in quolibet sancti Georgii et totidem in quolibet sancti Michaelis festis annis singulis nos et successores nostros advocatum magistrumcivium consules et juratos, qui fuerint pro tempore, racionabiliter obligavimus ac tenore presencium sibi domino Artlebo ad vite sue tempora dictum censum, ut premittitur, inportare, ministrare et in domo sue habitacionis in Olomucz integre reponere bona et sincera fide nostro et nostrorum successorum, qui pro tempore fuerint, nomine promittimus et sine difficultate tenebimur nostris propriis curis, dampnis, laboribus et expensis, omni occasione, contradiccione, placitacione judicii et dolo proculmotis. Si vero censum supradictum in aliquo predictorum terminorum temporibus futuris

ei domino Arclebo inportare et ministrare, ut premittitur, neglexerimus, quod absit, extunc
licebit prefato domino Arclebo et habeat presentibus liberam potestatem nos et successores
nostros, qui pro tempore fuerint, ad inportandum, solvendum et reponendum supradictum
censum pro termino quocunque debitum et non solutum, quocies id exigerit oportunitas,
per censuram ecclesiasticam videlicet excommunicacionis et interdicti sentencias per reverendos
dominos pragensis aut olomucensis consistoriorum officiales fulminandas compellere, nullo
remedio iuris vel facti nobis in hac parte sufragante, quibus penis et sentenciis nos et
successores nostros subicimus libera voluntate. Promittimus insuper predictis dominis nostris,
quod ipsi vendicionem predictorum bonorum et empcionem et eorum heredes et successores
domino Arclebo in omnibus et singulis suis articulis et clausulis iuxta continenciam patentis
litere ipsorum inviolabiliter observabunt et adimplebunt cum effectu, renuncciantes insuper
omnino et expresse pro nobis et nostris successoribus ac pro singulis, quorum interest vel
interesse poterit, omnium legum et canonum iuris beneficio cuiuscunque iuris vel facti
seu consuetudinis auxilio vel defensione ac cciam omni accioni et excepcioni, quibus contra
premissa seu aliquod premissorum nos iuvare possemus de iure vel de facto, sic quod nobis
quantum ad presens negocium in preiudicium premissorum in nullo nobis penitus debeant
sufragari. In quorum evidens testimonium et ad habundancioris cautele presidium sigillum
nostre civitatis deliberato animo presentibus est appensum. Datum in civitate nostra Ticzscheyn
anno domini millesimo trecentesimo octuagesimo secundo, die dominica, qua in ecclesia dei
Quasimodogeniti decantatur.

(Orig. Perg. h. Sig. fehlt im Olm. Kapitelarchive.)

258.

Markgraf Jodok verspricht den Ausspruch zu halten, welchen der König von Böhmen,
der Herzog von Österreich und der Markgraf von Meissen wegen des Krieges fällen
werden, der zwischen Jodok und seinem Bruder Prokop geführt wurde.
Dt. Brünn 7. Mai 1382.

Wir Jost von gots gnaden marggraff und herre czu Merhern bekennen offenlich
mit disem brieffe allen den, die yn sehen oder hoeren lesen, das wir alle der kriege und
stosze, die zwischin unserm bruder marggraff Procopien und uns in disem krige, von
namen branden und unrechter angriffe wegen von unser beider mannen, dienern und helffern
geschen und ufgestandin sint, czu dem allirdorchluchstin fuersten herrn Wenczla romischem
kunyge unserm gnedigen herrn, und czu den hochgeborn fuersten herrn Albrechten herczogen
czu Ostirrich unserm liebin oemen, und herrn Wilhelm marggraff czu Mizsen unserm lieben
swager genczlich gesatzt habin und uf sie gegangen sint, alzo, wie sie uns der eyn-
trechtiglich und mitenander in fruntschafft entscheiden und uns darumb halden heizzen, das
wir das also haldin sullen, das wir ouch dem obgenannten unserm gnedigen herren, unserm

omen und swager egenannt globit habin und globin mit disem brielfe in guten truven alzo vestiglich czu halden ane allis geverde; die scheidung sie ouch uzsprechen und tun sullen vor dem nechsten sente Jacofs (sic) tage, der schirst komt. Wenn sie die scheidung alzo uzgesprochin babin, so sullen wir die scheidung unerm brudor uzrichten und volczihen, darnoch als sie von in uzgesprochin wirt bynnen vier wochin, die nehest darnoch volgen ane vorczog. Gienge ouch der obgenannten drier eyner abe mit dem tode, da got vorsie, so sullin die andern czwene des gancze macht habin uns czu scheidungen in alle derwise alzo, ab sie alle drie lebeten, an geverde. Is sullen auch alle unser beider man, diener und helffer, die von beiden siten in disen krig komen sint, von uns unvordocht sein ane geverde und setzczen in davor czu bürgen herrn Johann burgraven von Magdeburg unsern liben ohem, ern*) Benusch von Wartemberg herren czu Wessel, ern Ulrich von Bozkowitz, Czenken von Lethowitz, ern Wocken von Chrawar, ern Hansen von Vethow, ern Stibor von Cynnburg, ern Sdenken von Sternberg genannt von Luckaw und Petir Hechte von Rossitz, die mit uns und wir mit in entsemptlich globin dem obgenannt unserm gnedigen herrn, unserm omen und swager egenannt, alle obgeschribin rede in guten truwen stete und gantz czu halden unvorbrochlich ane geverde. Und wir obgenannten burgen globin mit gesampter hant den mergenannten unserm gnedigen herrn dem kunyge, dem herczogen von Osterrich und dem marggrafen von Mizsen, vor den obgeschribin herrn Joste marg-graven und herrn czu Merhern, wenn die scheidunge uzgesprochen wirt, alzo vorgeschriben steet, were denn, das her**) der scheidunge bynnen vier wochin darnoch, alz sie uzgesprochen wer, nicht uzrichte noch volczoge und wir des darumb vormanet werden, das wir denn unvorczoglich in riten sollin und woellin in die stat gein Prage und daruz nicht riten, der egenannt herr Jost habe denn die scheidung uzgericht und volczogen, alzo die uzgesprochin ist, ane geverde. Mit urkunt ditz brieffs vorsigelt mit unsern anhangunden ingesigeln. Geben czu Brünne noch Crists geburt dreiczenhundert iar darnoch in dem andern und achczigsten iar des nechsten mitwochs noch sant Sigismunden tag.

(Orig. Perg. 10 h. Sig. im mähr. Landesarchive. — Das Sigel des Markg., welches etwas verletzt ist, und das Sigel des Burggrafen von Magdeburg sind im rothen Wachse; das des Beneš von Wartenberg ist im schwarzen Wachse und zeigt den doppelt getheilten Schild, aber abweichend von den späteren Formen hat es im linken Felde oben ein Kreuz, die Umschrift lautet: S. Benesii de Wartemberg domini in Wessel; das Sig. des Čeněk von Lelowitz mit der Umschrift S. Czenconis de Letow. sowie das Sig. des Hanns von Vöttau mit der Umschrift S. Johanni. de Vetaw zeigen die kreuzweise gelegten Pfahlleitern der Lipas; das 10. Sig. zeigt den steigenden, mit dem Kopfe nach rechts gekehrten Hecht der Hechte von Rossitz.)

---

*) So auch im Originale. — **) So auch im Originale.

259.

Der Zdĕrazer Probst Johann entscheidet den Streit zwischen Johann von Mezifié und Wenzel Rod, Pfarrer in Mezifié. Dt. Mezifié 15. Juni 1382.

Nos Johannes miseracione divina prepositus monasterii Sderasiensis in Praga, decretorum doctor cruciferorum sacrosancti sepulchri dominici Jerosolimitani, arbiter et arbitrator seu amicabilis compositor ab honorabilibus viris dominis Johanne de Mezirzicz, barone Moravie, ac Wenceslao dicto Rod, plebano ibidem in Mezirzicz, Olomucensis diocesis, communiter electus tenore presencium recognoscimus et fatemur, quod receptis informacionibus a partibus ipsis bonis, ac visis literis et munimentis hinc inde, bona deliberacione previa ac sano super his consilio habito in presencia ipsarum parcium ibidem astancium pronuncciavimus per omnia in hunc modum. In primis siquidem ipse dominus Johannes de Mezirzicz, baro Moravie predictus, mediam bernam seu steiram ab hominibus ecclesie ibidem in Mezirzicz, quociens ipsam bernam continget esse generalem, tollere et levare debet, aliam autem mediam partem residuam ipsius berne ipse dictus dominus Wenceslaus et sui successores similiter tollere et levare tenentur. Item pronuncciamus et arbitrati sumus, quod purgravius ipsius domini Johannis et suorum successorum ibidem in Mezirzicz homines ecclesie Mezirzicensis aut judex de oppido ibidem in Mezirzcicz similiter, qui pro tempore fuerit, judicare et judiciis preesse tenetur, culpas autem, que winnie vulgariter in bohemico vocantur, seu alia emolumenta ab ipsis judiciis eveniencia ipse dominus Wenceslaus plebanus seu sui successores, qui pro tempore fuerint, tollere similiter et levare tenentur. Item pronuncciavimus et arbitrati sumus, quod ipse dominus Wenceslaus plebanus modernus et sui successores imposterum ibidem in Mezirzicz, qui pro tempore fuerint, singulis annis de anno in annum pro patre ipsius domini Johannis et aliis ipsius cognatis, diebus, quibus exortaciones pro defunctis fieri consuete sunt, exortari debet et tenetur, anniversarium autem in vigiliis et in missa semel duntaxat in anno pro patre ipsius domini Johannis et aliis cognatis ac patronis ecclesie ibidem in Mezirzicz singulis annis et successores ipsius plebani similiter facere debent et tenentur. Insuper pronuncciavimus et arbitrati sumus, quod si que pars predictarum parcium predictam nostram pronuncciacionem non paruerit cum effectu et ipsam non tenuerit inviolabiliter, extunc et immediate centum sexagenas grossorum Pragensium denariorum parti tenenti sine omni difficultate dare et solvere tenetur. Qua quidem pronuncciacione per nos, sicut premittitur, in presencia parcium predictarum facta ipse partes, videlicet dominus Johannes de Mezirzicz nomine suo et fratrum suorum tanquam ab ipso indivisorum, ac ipse dominus Wenceslaus dictus Rod, plebanus ibidem in Mezirzicz predictus similiter nomine suo et suorum ipsam pronuncciacionem nostram ratificaverunt et emologaverunt ac ratam et gratam habuerunt et nichilominus nostre pene predicte se sponte submiserunt. In cuius rei testimonium et robur presens scriptum fieri fecimus ac nostri sigilli maioris appensione iussimus communiri. Datum in Mezirzicz anno domini millesimo trecentesimo octuagesimo secundo, die dominico proximo post octavam corporis Christi.

(Aus Dobner's Mon. IV. pag. 373.)

260.

Eröffnung des Olmützer Landrechtes. 2. Juli 1382.

Anno domini millesimo trecentesimo octuagesimo secundo, feria quarta post octavas sancti Johannis Baptiste celebratum est colloquium presentibus infrascriptis, serenissimo principe domino Jodoco marchione Moravie, Vokcone de Crawar supremo camerario Olomuczensi, Laczkone fratre ipsius, Herssone de Rokithnicz supremo czudario, Nicolao notario, Ulrico de Bozcovicz, Stiborio de Czimburg, Vancone de Potensteyn, Henrico de Dirnholcz, Jescone Pusca de Cunstat, Sdencone de Lucow, Vilhelmo de Zlin, Alberto de Swiethlow fratribus de Sternberg, Jarossio de Czimburg, Proczcone de Buzow, Petro de Rosicz, Smilone de Lessnicz, Pawlicone de Ewlnburg.

(Gedruckte Olmützer Landtafel.)

261.

Petrus, Bischof von Olmütz, ertheilt allen wahrhaft Reuigen, welche die Olm. Kirche besuchen, einen 40tägigen Ablass. Dt. Mödritz 29. Juli 1382.

Petrus dei gracia episcopus Olomucensis universis Christi fidelibus per nostram Olom. diocesim constitutis salutem et sinceram in domino caritatem. Ad ea merito mentis nostre aciem figimus, per que cultus augeatur divinus et Christi fideles ad devocionis opera. per que abiliores reddantûr gracie divine, forcius incitentur. Cum igitur per honorabiles viros dominos decanum, canonicos et capitulum ecclesie nostre Olom. fratres nostros karissimos nobis exstitit humiliter supplicatum, quatenus ad ecclesiam nostram Olom. predictam bona quedam spiritualia, videlicet indulgencias et peccatorum remmissiones elargiri generosius dignaremur, nos eorum precibus devotis et humilibus benignius annuere cupientes et ut ibidem in ecclesia nostra ad laudandum altissimum populus copiosius confluat christianus, omnibus vere penitentibus et confessis, qui ecclesiam nostram predictam causa devocionis ingressi coram altaribus in ecclesia nostra collocatis quinque paternoster et quinque ave Maria geniculando devote dixerint, de omnipotentis dei misericordia necnon beatorum Petri et Pauli apostolorum eius confisi suffragiis de quolibet altarium, coram quo se sic obtulerint. ut prefertur, quadraginta dies de iniunctis sibi penitenciis in domino nostro relaxamus perpetuis temporibus duraturis. Datum in castro nostro Medricz anno domini M⁰CCC⁰LXXX⁰II⁰ in die beatorum Felicis et Simplicii martirum nostro sub maiori sigillo presentibus appenso.

(Orig. Perg. h. Sig. im Olm. Kapitelarchive.)

262.

Markgraf Jodok übergibt das Patronat des Spitales auf der Kröna dem Stadtrathe von Brünn. Dt. Brünn 9. August 1382.

Jodocus dei gracia marchio et dominus Moravie notum facimus tenore presencium universis, quod volentes locis Christicolarum pie dotatis elemosinis, quantum possumus, consulere, ne mali negligencia regiminis deficiant sed pocius accipiant latitudine fidelis dispensacionis meliora semper in singulis laudabiliter incrementa, hinc est, quod de fidelium nostrorum .. magistri civium et .. scabinorum civitatis Brunnensis integritate certissime presumentes non ambigimus in aliquo, quin ea, que cure ipsorum comittuntur tanto solicicius vigili attencione possunt proficere, quanto desiderabilius eis fuerit ex eo laudis preconium obtinere. Igitur hospitale ad sanctum Stephanum situm in Schuta extra muros civitatis Brunnensis cum una curia allodiali ibidem cum villa Harras et una curia colonaria, cum una curia colonaria sita in Manitz, cum uno molendino in Iluswicz, jure patronatus ecclesie et aliis pertinenciis, que ad prefatum hospitale pertinere noscuntur, predictis .. magistro civium et .. scabinis, qui nunc sunt vel pro tempore fuerint, commisimus et committimus virtute presencium in commendam, volentes, quod idem hospitale cum omnibus suis pertinenciis, quas nunc habet vel in futurum habere continget, ad civitatem nostram Brunnensem et predictos .. magistros civium et .. scabinos, qui nunc sunt vel pro tempore fuerint, spectare neque unquam extra commendam ipsorum venire debeat perpetuis temporibus affuturis, dantes nichilominus eisdem plenam potestatem rectoriam sive procuracionis onus hospitalis huiusmodi committendi, cuicunque voluerint, prout eis melius et utilius videbitur expedire. Hoc adiecto quod rectores sive procuratores hospitalis eiusdem instituere et destituere .. magistri civium et .. scabini pro tempore possint et valcant, dum et quocies fuit opportunum. Presencium sub appenso nostro sigillo testimonio literarum. Datum Brunne anno domini millesimo trecentesimo octuagesimo secundo in vigilia sancti Laurencii martiris.

(Orig. Perg. h. Sig. im Brünner Stadtarchive. — Auf der Plicatur: Ad mandatum domini marchionis Nicolaus prothonotarius.)

263.

Markgraf Prokop schenkt den Augustinern in Brünn die sogenannte „Frauenwiese" in Lautschitz. Dt. Bisenz 10. August 1382.

Wir Procopius von gots gnaden marggrave zu Merhern bekennen offenlichen und tun kunt allermenicleich, die diesen brieff sehen oder horen lesen, das wir gnediclich haben die geistlichen in got brueder den prior und den convent des closters unser newen stifftunge zu Brunne, wann wir besunder gnade dorzu haben und lieb, das sie ettlicher mazz an hew und futer gebrechen haben, und das sie auch den dienst unsers herren und das lob unser frawen gemachsamlicher und fleissiclicher mugen und sullen vollpringen, haben wir yn und dem closter geben eyn wisen, genannt die Frawewiz gelegen und die da leit auff unserm gute zu dem Lauczans, die da berürt an eynem ende die goczwizz. an dem andern ende Opatowiczer gemerke, an dem dritten ende des closters wizz, Heydeyn genannt, an dem vierten ende des Niclaus fleischhackes wizz. Die schullen sie haben, halten und besiczzen ewiclichen und erbecleich, friedleich und an alle hindernuzz und domit tun und lassen zu frum dem closter, als mit andern gütern des closters. Und zu eyner urkunde und bestetitunge der sach haben wir yn geben diesen brieff mit unserm anhangendem ingsigel, der geben ist zu Bysencz noch Crists geburt dreiczehenhundert jar dornach in dem czwei und achczigsten jare an senden Lorenczentage.

(Orig. Perg. das h. Sig. verletzt im Archive des Klosters s. Thomas in Altbrünn.)

264.

Markgraf Jodok verordnet, dass das Dorf Žbanitz. welches die Leitomyšler Augustiner verkauften, den Käufern in die Landtafel eingelegt werde. Dt. Brünn 3. Septbr. 1382.

Jodocus dei gracia marchio et dominus Moravie nobili Jesconi de Luckaw supremo camerario, czudario et notario supremo benivolenciam et favorem. Fideles dilecti, cum honorabiles et religiosi fratres monasterii sancte crucis in Luthomusl ordinis heremitarum sancti Augustini partem ville in Spanicz et cciam decimam vinearum ibidem vendere deliberaverunt, ad quam vendicionem nostrum dedimus consensum, volentes et vestre fidelitati committentes seriose, quatenus tempore colloquii. dum primum terre tabule aperte fuerint, intabuletis vendita per dictos fratres hiis, qui cum eis forum contraxerunt, cum presentibus fueritis requisiti. Datum Brunne anno domini millesimo trecentesimo octoagesimosecundo, feria quarta proxima post Egidii.

Per dominum Marchionem Nicolaus.

(Orig. Pap. beigedr. Sig. im mähr. Landesarchive.)

265.

Markgraf Jodok verleiht dem Hereš von Krakovec einen Hof in Cholina (Killein). Dt. Brünn 6. Septbr. 1382.

Jodocus dei gracia marchio et dominus Moravie notum facimus tenore presencium universis. Quod propter servicia Herssonis de Cracowcze, que nobis impendit et impendere vult in futurum, sibi unam curiam sitam in villa Cholinow, queque ad nos per mortem Martini de Cholinow devoluta esse dicitur, dedimus, donavimus et contulimus, damus, donamus virtute presencium et largimur eo jure, sicut eandem curiam predictus Martinus habuit, tenuit et possedit. Presencium sub appenso nostro sigillo testimonio literarum. Datum Brunne

30*

anno domini millesimo trecentesimo octoagesimo secundo, dominica proxima post diem sanctorum Felicis et Augli.

(Auf der Plicatur: Per dominum marchionem Nicolaus. — Orig. Perg. h. Sig. abgerissen in den Akten des Klosters Hradisch im mähr. Landesarchive.)

266.

Die Stadt Eibenschitz bekennt, dass sie, aus dem Unterthänigkeitsverhältnisse vom Markgr. Prokop entlassen, dem Markgr. Jost den Eid der Treue geleistet habe. Dt. 10. Septbr. 1382 s. l.

Wir die nachgeschriben der richter und Scheplfen, die nu sein, oder in czeiten werden, und die gancze gemeyne der stat Eiwanczicz bekennen für uns, unser erben und nachkomen offenlich mit disem brife allen den, die yn sehen oder hoeren lesen, das uns der hochgeborne fürste, unser liber gnediger herre marggraff Procop von Mernhern (sic) sulcher gelübde und eyde, der wir ym vorbunden gewest seyn, ledig hat gelazzen und uns fürbas geweiset an den hochgebornen fürsten hern Josten marggrafen und herren zu Merhern, seynen bruder, unsern liben gnedigen herren. Und dorumb so haben wir für uns, unser erben und nachkomen gelobt und gesworn mit uffgeracten fingern zu den heiligen, das wir dem obgenannt unserm liben gnedigen herren marggraff Josten undertenig, getrewe und gehorsam sein wollen und sullen und yn haben für unsern rechten ordenlichen und natürlichen herren, die weile er lebt und nymand anders, und wider yn nymmer getun heymlich noch offenbar, sunder seinen fromen werben und seinen schaden wenden, als getrewe und biderbe lewte gen irem erbherren tun sullen. Zu urkund und recht bekentniss han wir ongehangen unser stat insigil. Der brif ist gegeben an dem nesten mytwochen nach unsern frawen geburt tag, nach Christi gepurde drewczehen hundert jar und dar nach in dem czwey und achtczigistem jar.

(Orig. Perg. am Pergamentstreifen h. Sig. in der Boček'schen Sammlung n. 7813 im mähr. Landesarchive.)

267.

Markgraf Jodok bestättiget die Schenkung einer Wiese, welche sein Bruder Prokop dem Augustinerkloster in Brünn gemacht hatte. Dt. Brünn 18. Septbr. 1382.

Jodocus dei gracia marchio et dominus Moravie notumfacimus tenore presencium. Quod cum honorabilis et religiosus .. prior et .. conventus nove nostre fundacionis in Brunna ordinis heremitarum sancti Augustini lesione nobilium Petri de Plumlaw et Jesconis Pusce de Chunstat tempore suscitate guerre inter nos et fratrem nostrum Procopium cognitum sit in hominibus sibi subditis multa passos fuisse incomoda, ut donacionem prati, quod idem frater noster predictis . . priori et . . conventui dedit hereditarie, sicut hoc litere sue date desuper declarant lucidius, pro satisfaccione dampnorum, quibus affecti sunt fratres predicti et eorum homines, iusta estimacione meritorium censeamus, volentes, quod donacio prati huiusmodi, que nunc nostrum necessario petit consensum, vim perpetuam obtineat et vigorem, quodque cciam futuris temporibus eius prati donacio non evacuetur viribus, nos literam supradicti fratris nostri et omnia contenta in eadem approbamus, ratificamus et confirmamus virtute presencium de verbo ad verbum, ac si presentibus essent inserta, que cuiuslibet intuentis valeret oculus perlustrare. Presencium sub appenso nostro sigillo testimonio literarum. Datum Brunne anno domini millesimo trecentesimo octoagesimo secundo, feria quinta proxima post diem exaltacionis sancte crucis.

(Orig. Perg. h. Sig. verletzt, im Archive des Klosters s. Thomas in Brünn.)

268.

Wojtěch und Herrmann, Canonici von Olmütz, quittiren das Kloster s. Jakob daselbst
über den bezahlten zweijährigen päbstlichen Zehent. Dt. Olmütz 21. Septbr. 1382.

Woyczechius de Ottaslavicz et Hermannus de Nakls canonici Olomucenses succollatores decime papalis biennalis per reverendos in Christo patres et dominos Johannem archiepiscopum Pragensem et Panonem episcopum Polignanensem, collatores ipsius decime principales, per civitatem et diocesim Olom. specialiter deputati, recognoscimus tenore presencium universis et singulis nos a religiosa et deo dicata virgine Katherina, abbatissa monasterii sancti Jacobi in Olomucz, pro decima papali de annis domini millesimo treccntesimo octuagesimo primo et secundo sequente inmediate collecta quatuor marcas grossorum pragensium moravici numeri et pagamenti, marca pro qualibet LXIIII^or grossos computando habuisse et cum effectu percepisse in pecunia parata et numerata, pro unoquoque integro anno simul sumpto, ubi alias in duobus terminis solvere erat consuetum duas marcas recipiendo. De quibus quidem quatuor marcis racione duorum annorum pro decima papali sumptis ipsam domicellam Katherinam abbatissam per memoratam auctoritatem nobis concessam quittavimus ac quittamus, reddimus penitus et solutam. In cuius rei testimonium sigilla nostra presentibus sunt appensa. Datum Olomucz anno domini millesimo trecentesimo octuagesimo secundo, die vicesima prima mensis Septembris.

(Orig. Perg. 2 h. Sig. im Olm. Kapitelarchive.)

269.

Statuten des Olmützer Kapitels. Dt. 30. Septbr. 1382.

Statuta sequencia sunt facta in capitolo generali de anno domini millesimo trecentesimo LXXXII in festo s. Iheronimi confessoris.

Et hoc est primum. Quia in electionibus prelatorum longior mora consuevit esse suspecta et plus modernis temporibus, ut experientia docet, ecclesiis dampnosa et personis, statuimus et ordinamus: quod ad electionem episcopi aut decani seu prepositi Olomucensis ecclesie successu temporis celebrandam prelati et canonici, quorum interest, de jure tali interesse electioni in civitate et in dyocesi Olomucensi moram trahentes dumtaxat citari debeant et vocari, et non illi, qui extra ipsam dyocesim Olomucensem trahunt moram, ut eo cilius ipsius ecclesie indempnitati de remedio providentur.

Secundum. Item. Licet pridem decanus et prepositus de novo intrantes ecclesiam Olomucensem quilibet quatuor marcas grossorum et canonicus tres marcas pro cappa solvere consueverit: tamen tractu temporis adeo viluit moneta, ut vix pro quatuor marcis emitur cappa, que prius pro tribus marcis potuit comparari. Unde duximus statuendum, quod decanus et prepositus de novo intrantes ipsam ecclesiam Olomucensem quilibet pro cappa sex marcas grossorum, archidiaconus vero quatuor marcas, quilibet ratione sue prelature dumtaxat et quilibet canonicus de novo intrans quatuor marcas pro cappa infra tres menses a die receptionis sub pena statutorum antiquorum solvere teneantur. Custos vero et scolasticus, qui canonici non fuerint, mitras habeant canonicales ac stallum in choro immediate post canonicos et locum in processione post vicarios et quilibet ipsorum pro cappa quatuor marcas grossorum ad instar canonici solvere teneatur modo supradicto. Si vero aliquis ipsorum voluerit pro se cappam comparare, hoc facere poterit ad minus secundum valorem summe supradicte. Et infra tres dies sue receptionis proximos prebendatis quilibet ipsorum unam marcam grossorum et notariis capituli mediam marcam grossorum solvere teneatur.

Tertium. Quilibet vicariorum, altaristarum et rector scole infra tres dies sue receptioni proximos, vicarii et rector scole prebendatis marcam, notariis vero unum fertonem, et altarista prebendatis unum fertonem et notariis VIII. grossos solvere tenebuntur.

Quartum. Item. Quod etiam ecclesia sancti Mauritii in Olomucz singulis annis solvere consueta a retroactis temporibus viginti octo marcas grossorum canonico tenenti prebendam in Zanaschiowicz ratione incorporationis propter plurimos errores in eadem commissos et etiam propter litium materias et scandala plurima, que Olomucensis ecclesia in suis passa est adversitatibus, propter similia ipsi prebende per ordinarium loci uniri debeat ita, quod post mortem vicarii perpetui eiusdem ecclesie sancti Mauritii canonicus ipsam tenens prebendam censeatur canonicus et plebanus ab ordinario loci recipiens curam animarum salvis iuribus archidiaconi Olomucensis.

Quintum. Item. Propter negligentiam et desidiam plurimorum, qui bonam vitam ducentes lites exsecuntur et expensas, unde libertates, jura et utilitates dignitatum et prebendarum subtrahuntur, pereunt et negliguntur, statuimus et ordinamus: quod decanus, prepositus, archidiaconus aut canonicus seu vicarius aput ecclesiam residens, quem pro iuribus beneficii sui litigare contigerit, a die, quo talem litem in capitulo proposuerit et ipsum capitulum talem litem approbaverit fore et esse incipiendam, portiones presentibus debitas preter panes absens percipiat durante lite tali aut ipso capitulo ex causa super ea aliud deliberante.

Sextum. Item. Cum cantor chori ecclesie Olomucensis in horis quottidianis graves habeat labores et modicum fructum iuxta laboris qualitatem, statuimus et ordinamus: quod cantor predictus altare sancte Cordule de novo creatum et fundatum, quamdiu in tali officio fuerit, habere debeat et fructus ipsius percipere et in suam convertere utilitatem et cum ipsum tale officium resignare aut per capitulum ammoveri ab eodem contigerit, alter sibi succedens in ipso cantorie officio ipsum altare habeat modo supradicto. Ita quod manualis existat ac ammoveri et alter in locum eius recipi per ipsum capitulum poterit, quotiens et quando fuerit oportunum.

Septimum. In Olomucensi ecclesia quedam inolevit consuetudo, quod eiusdem vicarii prebendati et bonifantes in vigilia nativitatis Christi, qua fidelis quilibet potius devotioni deberet intendere, prelatos et canonicos secundum senioritatem sue receptionis non sine magnis labore et tedio visitare consueverunt recepturi cum gratiarum actione, quod eis voluntarie offerebatur, unde venit plurimum, quod eorum aliqui propter cibum tardius sumptum aut propter diversitatem potus ministrati, que in tam brevi spatio temporis natura digerere non potuit, ad divinum officium in ipsa nocte celebrandum minus dispositi reddebantur, adeo ut ipsum nativitatis festum, quod eo maiore devotioni debuerit celebrari, quo salutem maiorem generi intulit humano, quibusdam levitatibus et vanitatibus, quibus gaudet presens mundus more gentilium minus devote, quod dolentes referimus, pagebatur, ita quod sic potius serviebatur creature quam creatori astutia hostis antiqui, qui etiam se transfigurat in angelum lucis et novit mille nocendi modos, sciens sub specie boni fraudulenter inducere malum, maxime in festivitatibus precipuis, quibus altissimo et eius sanctis reverentia maior et honor debetur; pro eo nos ad laudem et honorem divine maiestatis, in cuius offensam talia vergere formidamus, talem consuetudinem tollere cupientes et in melius reformare, presentibus statuimus et ordinamus: quod vicarii prebendati et bonifantes pro tempore existentes talem consuetudinem, quam tollimus presentibus, de cetero non observent nec visitent eo ordine et modo prelatos et canonicos supradictos, sed in tanti festi sollempnitate pacem et quietem habentes in suis cordibus sobrietati et devotioni intendant, ut spiritu et mente psallentes per Jesum Christum natum, cuius festum celebrant, hostiam viventem sanctam placentem in obsequium rationabile domino offerre valeant in odorem suavitatis. Et ne prebendati et bonifantes, qui minus abundant aliis, solatio, quod ex hoc habere consueverunt, privari contingat, ordinamus per capitulum nostrum singulis annis in perpetuum prebendatis alteram dimidiam marcam et bonifantibus mediam marcam grossorum semper in ipso nativitatis Christi festo fore et esse persolvendam.

Octavum. Ne etiam in bonis emptis de novo pro ecclesia aut quo titulo donationis ad eam venire seu alio modo accrescere contigat, eidem error aut negligentia committatur, statuimus et ordinamus, quod prelatus aut canonicus seu vicarius in talibus bonis prius obedientiam obtinens illa bona de novo accreta et ad ecclesiam devoluta ad instar prioris obedientie, quam ibidem tenuit, rexit et gubernavit, teneat, regat et gubernet.

(Aus dem Codex E. I. 40 des Olm. Metr. Kap. Archives.)

270.

Petrus, Bischof von Olmütz, bestättiget ein Kapitelstatut betreffs des cantor chori bei der Olm. Kirche. Dt. Mirau 1. Oktober 1382.

Petrus dei et apostolice sedis gracia episcopus Olomucensis honorabilibus viris fratribus in Christo carissimis Bedrico decano, Danieli archidiacono et capitulo Olomucensi salutem et sinceram in domino caritatem. Oblata nobis per vos peticio continebat, quod cum pro divini cultus decore augmento, congruo statu ecclesie et comodo personarum ipsius de novo in vestro generali capitulo proinde sit statutum, robar firmitatis nostre confirmacionis presidio huiusmodi statuto adicere dignaremur. Est autem ipsum statutum talis continencie et tenoris: „Item. Cum cantor chori ecclesie Olom. in horis cottidianis graves habeat labores et modicum fructum iuxta laboris qualitatem, statuimus et ordinamus, quod cantor predictus altare sancte Cordule de novo creatum et fundatum, quamdiu in tali officio fuerit, habere debeat et fructus ipsius percipere et in suam convertere utilitatem. Et cum ipsum tale officium resignare aut per capitolum ammovere ab eodem contigerit, alter sibi succedens in ipso cantorie officio ipsum altare habeat modo supradicto, ita quod manualis existat ac ammoveri et alter in locum eius recipi per ipsum capitulum poterit quociens et quando fuerit oportunum".[*]) Nos vero supplicacionibus vestris utpote iustis et racionabilibus favorabiliter inclinati omnia et singula puncia premissi statuti prehabito super hoc maturo consilio admittimus, approbamus et presencium serie confirmamus mandantes ea in virtute sancte obediencie in ecclesia nostra prefata perpetuis temporibus firmiter ac inviolabiliter observari. Presencium sub nostris et dicti nostri capituli sigillis testimonio literarum. Datum in castro nostro Merow, anno domini millesimo trecentesimo octuagesimo secundo, feria quarta post festum sancti Jeronimi proxima.

(Orig. Perg. 2 h. Sig., das erste abgerissen, im Olm. Kapitelarchive.)

271.

Recognition der Prager Landrechtsbeamten, dass Heinrich von Bělá das Dorf Dřevčiš und seinen Besitz in Popowitz dem Olmützer Bischofe Petr verkauft habe. Dt. 11. Oktober 1382.

Henricus de Biela dictus de Roznowa protestatus est coram beneficiariis Pragensibus, quod hereditatem suam in Drziewcicz, municionem cum curiis rusticalibus omnibus et in Popowicz totum, quidquid habuit, cum agris, pratis, silvis, rivis, piscinis, jurepatronatus ecclesie, ortis, humuletis, vincis, flumine Albea et omni libertate ad ea pertinente ac dominio, nichil sibi ibidem reservando, vendidit honorabili viro domino Petro episcopo Olomucensi

---

[*]) vid. n. 269 p. 239.

pro duobus millibus et octingentis sexagenis grossorum Pragensium. Et fassus est, se easdem pecunias ab eo plene percepisse et ei de dicta hereditate hereditarie condescendit, ipsamque hereditatem disbrigare ipsemet debet et cum eo Hinczie de Lipa senior, Divissius de Kossmberk et Wanco de Zap, omnes in solidum ab omni homine iure terre. Quodsi non disbrigarent, tunc Pragenses beneficiarii debent inducere ipsum ementem super hereditates disbrigatorum, ubi habent aut habebunt, in tercia parte plus pecunie antedicte. Actum anno domini M⁰CCC⁰LXXXII. sabbato post Francisci.

(Aus dem Pergam. Codex im fürsterzb. Archive in Kremsier fol. 85.)

272.

Peter's Bischofs von Olmütz, Erklärung vor den Beamten der Prager Landtafel, dass die von ihm gekauften Güter Dřewčitz und Popowitz, falls er über dieselben letztwillig oder bei Lebzeiten nicht anders verfügen sollte, dem Olmützer Bistume zufallen sollen.

Dt. 11. Oktober 1382.

Venerabilis in Christo pater et dominus, dominus Petrus episcopus Olomucensis protestatus est coram serenissimo principe Wenceslao, Romanorum semper augusto et Boemie rege et coram beneficiariis Pragensibus, quod hereditates suas et bona sua in Drzewczicz municionem cum curia arature et curiis rusticalibus omnibus, in Popowicz totum, quidquid ibi habet, cum agris, pratis, silvis, rivis, molendinis, flumine Albea, piscinis et omni libertate ac dominio ad ea pertinente, et totum, quidquid ibi habet et prout sibi domino episcopo plenius in terre tabulis continetur, a Henrico de Biela, nichil penitus eximendo, ad tempora vite sue tenere, regere, possidere et eisdem utifrui debet et non ultra, sive ipsum in loco episcopatus Olomucensis durare aut in alium locum translacionem facere contingat. Hoc tamen adiecto, si ipsum dominum episcopum de eisdem bonis et hereditatibus aliquid in vita disponere contigerit aut in morte, quod hoc vigorem habere debeat et processum roborosum pro libito predicti domini episcopi voluntatis. Sin vero ipse dominus episcopus nullam super dredictis bonis faceret disposicionem vita sospite vel egrotus, extunc eo decedente et mortuo predicte hereditates omnes et singule et bona universa predicta in omnem eventum ad ecclesiam Olomucensem et ipsius successores iure hereditario devol ventur et devolvi debent ipso facto. Ad quod dominus rex predictus suam prebuit voluntatem. Nunccius ad tabulas ex parte prefati domini regis Benessius Chusnik prothonotarius tabularum regni Boemie specialiter delegatus. Actum anno et die quibus supra.

(Aus dem Pergam. Codex im fürsterzb. Archive in Kremsier, fol. 85.)

273.

Prag. 11. Oktober 1382.

Wenzel IV.. römischer und böhmischer König, bestättiget dem Olmützer Bischofe Peter den Kauf der in Böhmen gelegenen Güter Dřewčitz und Popowitz und gestattet, dass dieselben den übrigen Mensalgütern des Olmützer Bistumes einverleibt werden. Dt. Pragae V. Idus Octobris 1382.

(Aus einem Urkundenverzeichnisse im fürsterzb. Archive in Kremsier.)

274.

*Die Olmützer Canonici Vojtěch von Otaslawitz und Hermann von Naklo bestättigen, dass
das Kloster Doubravnik 4 Mark an päbstlicher Steuer gezahlt habe.*
Dt. Olmütz 16. Oktober 1382.

Woyczechius de Ottaslawicz et Hermannus de Nakis canonici ecclesie Olomucensis per reverendos in Christo patres ac dominos Johannem archiepiscopum pragensem apostolice sedis legatum, necnon Panononem*) episcopum Poliginanensem, apostolice sedis nuncium, collectores principales specialiter deputati. Noverint universi presentes literas inspecturi et audituri. nos a venerabili et religiosa domicella Clara abbatissa monasterii in Dubrawnik, olomucensis diocesis, pro decima papali anni secundi collecture decime byennalis pro termino sancti Galli nunc presentis pro uno integro anno in uno et eodem termino prememorato nos recepisse et eas nobis cum effectu persolvisse pecunia in parata de suo monasterio ac bonis ad idem pertinentibus marcas quatuor grossorum pragensium, marca pro qualibet LXIIII^{or} grossorum computando, prout eciam nos experiencia edocuit et registra informaverunt antiqua, quod de dicto monasterio plus dare nec solvere possent. De quibus quidem quatuor marcis, ut prefertur, perceptis, ipsam domicellam Claram eiusque conventum necnon honorabile ipsorum monasterium ac a prestacione ulteriori pro ipsa vice auctoritate nobis in hac parte absolvimus et quittamus per presentes. Datum Olomucz in die sancti Galli, que fuit sexta decima dies mensis Octobris anno domini millesimo CCC^o octuagesimo secundo, nostris sub appensione sigillis in testimonium et recognicionem omnium et singulorum premissorum.

(Orig. Perg. 2 h. Sig. im Brünner Stadtarchive.)

---

*) So steht im Orig. statt Panonem.

275.

Der päbstliche Auditor Johann Monbray befiehlt, dass die auf den Streit zwischen
Nicolaus Černast und Nicolaus von Prerau betreffs der Pfarre in Zaroschitz
bezüglichen Akten von denen, welche im Besitze derselben sind, entweder im Originale
oder in beglaubigten Abschriften der römischen Kurie vorgelegt werden.
Dt. Rom 6. November 1382.

Johannes Monbray utriusque juris doctor, archidiaconus de Norhampton in ecclesia Lincolmensi, domini nostri pape capellanus et ipsius sacri palacii apostolici causarum et cause ac partibus infrascriptis ab eodem domino nostro papa auditor specialiter deputatus venerabili viro domino . . officiali curie archiepiscopalis Pragensis necnon universis et singulis dominis . . abbatibus, prioribus, prepositis, archidiaconis, decanis, cantoribus, scolasticis, thezaurariis, ecclesiarum tam metropolitanarum quam collegiatarum et cathedralium canonicis parochialiumque ecclesiarum rectoribus et plebanis seu locatenentibus eorumdem, vicariis et beneficiatis perpetuis, presbiteris curatis et non curatis, clericis, notariis et tabellionibus publicis universisque et singulis judicibus ordinariis, extraordinariis, delegatis et subdelegatis et aliis personis quibuscumque per civitates et dioceses Pragensem, Olomucensem et Wratislaviensem ac alias ubilibet constitutis et eorum cuilibet insolidum, ad quem vel ad quos presentes nostre litere pervenerint salutem in domino sempiternam et presentibus indubiam fidem adhibere, nostrisque mandatis ymo verius apostolicis firmiter obedire. Ex parte sanctissimi in Christo patris et domini nostri domini Urbani divina providencia pape VI. dudum nobis quamdam commissionis seu supplicacionis cedulam per unum de cursoribus suis presentatam nos cum ea, qua decuit, reverencia recepimus tenorem, qui sequitur, continentem : „Supplicat Sanctitati Vestre procurator et procuratorio nomine discreti viri domini Nicolai Czernast presbiteri, rectoris parochialis ecclesie in Zaruschicz alias in Araczicz, Olomucensis diocesis, quatenus causam et causas appellacionis seu appellacionum interpositarum a quadam sentencia pretensa diffinitiva, ut dicitur, lata per quendam Jenczonem, asserentem se prepositum ecclesie sancte crucis Wratislaviensis, in causa, que coram eo verti dicebatur inter quendam Nicolaum de Prerovia, asserentem se plebanum dicte diocesis et omnes alios, quorum interest, vel qui sua putaverint interesse communiter vel divisim et de et super dicta parochiali ecclesia et eius occasione ex parte una et prefatum dominum Nicolaum Czernast ex altera, que vertitur, vertuntur seu verti sperantur inter dictas partes de et super premissis et eorum occasione necnon tocius negocii principalis omnium premissorum alicui de dominis auditoribus vestri sacri palacii causarum auditori committere dignemini audiendam, decidendam et fine debito terminandam cum omnibus incidentibus, emergentibus, dependentibus et connexis et cum potestate citandi dictum dominum Nicolaum de Prerovia et prefatos omnes alios sua interesse putantes communiter vel divisim in curia et extra et ad partes tociens quociens opus erit. Non obstante, quod huiusmodi causa ad Romanam curiam legitime non sit devoluta seu in ea tractanda et finienda.“ In fine vero huiusmodi

31*

commissionis sive supplicacionis cedule scripta erant de alia manu et litera superiori litere
ipsius cedule penitus et omnino dissimili et diversa hec verba videlicet: „De mandato
domini nostri pape audiat magister Johannes Monbray, citet ut petitur et justiciam faciat.“
Cuius quidem commissionis vigore nos ad discreti viri magistri Johannis Simonis in romana
curia procuratoris ac per discretum virum magistrum Johannem de Nova civitate prefati
domini Nicolai Czernast principalis procuratorem ad hanc causam substitutum, prout nobis de
ipsorum magistrorum Johannis de Nova civitate constitucionis et Johannis Simonis substitucionis mandatis per legittima constabat et constat documenta coram nobis constituti instanciam
prefatum Nicolaum de Prerovia ex adverso principalem omnesque alios et singulos sua
communiter vel divisim interesse putantes per nostras certi tenoris literas nostro sigillo
impendente sigillatas extra romanam curiam et ad partes citari fecimus peremptorie et
mandavimus, quatenus certo peremptorio termino in eisdem nostris literis tunc expresso
coram nobis vel alio loco nostri forsitan auditore surrogando per se vel procuratorem seu
procuratores suos ydoneos ad causam seu causas huiusmodi sufficienter instructos cum
omnibus et singulis actis actitatis, literis, scripturis, instrumentis et munimentis causam seu
causas huiusmodi tangentibus seu concernentibus Rome vel alibi, ubi tunc forsan dictus
dominus noster papa cum curia sua residet, in palacio causarum apostolico mane hora
causarum in judicio legitime comparerent, prefato domino Nicolao Czernast seu eius procuratori legitimo de et super omnibus et singulis in dicta nobis facta commissione contentis
de justicia responsuri et in toto negocio et causa seu causis huiusmodi ad omnes et singulos
actus gradatim et successive et usque ad diffinitivam sentenciam inclusive debitis et consuetis
terminis et dilacionibus precedentibus processuri et procedere visuri aliasque dicturi, facturi,
audituri, recepturi, quod iusticia suaderet et dictaret ordo racionis cum certificacione, quod
sive ipsi citati comparere curarent sive non, nos nichilominus vel surrogandus auditor
prefatus, si quem surrogare contingeret, ad premissa omnia et singula procederemus seu
procederet justicia mediante, citatorum ipsorum absencia seu contumacia non obstante.
Huiusmodi siquidem citacione postmodum de partibus reportata et per magistrum Johannem
Simonis procuratorem nomine procuratorio partis sue coram nobis iudicialiter competente
citacione ipsa una cum eiusdem execucione reputata citatorumque in eadem contentorum
non comparencium contumacia attestata, ipsosque per nos contumaces reputari postulato nos
citatos predictos non comparentes, sufficienter tamen exspectatos reputavimus, prout erant,
contumaces. Processo autem postmodum per nos inter partes ipsas ad nonnullos actus judiciales certum tamen terminum ad ponendum et articulandum subsequenter idem dominus
noster papa nobis per quendam cursorem suum quandam aliam commissionis sive supplicacionis cedulam presentari fecit, tenorem, qui sequitur, continentem: „Dignetur Sanctitas
Vestra committere et mandare venerabili viro domino Johanni Monbray, sacri palacii causarum
auditori, ut in causa et causis sibi commissis inter dominum Nicolaum Czernast ex parte
una et Nicolaum de Prerovia de et super parochiali ecclesia in Araczicz, Olomucensis
diocesis et eius occasione ex altera dictum Nicolaum Czernast absolvere possit et absolvat
simpliciter et ad cauthelam, si et prout de jure fuerit.“ In fine vero huiusmodi commissionis

sive supplicacionis cedule scripta erant de alia manu et litera superiori litere cedule penitus et omnino dissimili et diversa hec verba, videlicet: „De mandato domini nostri pape absolvat idem auditor simpliciter vel ad cauthelam si et prout de jure fuerit faciendum et justiciam faciat." Postmodum vero constitutus coram nobis discretus vir dominus Andreas de Snoyma, plebanus plebis in Trobecz, Olomucensis diocesis, procurator et procuratorio nomine domini Nicolai Czernast, principalis predicti, prout nobis de ipsius domini Andree procuratoris mandato legitime extitit edoctum, expositum fuit querulose, quod nonnulli prelati, officiales, notarii et tabelliones publici alieque persone ecclesiastice et seculares civitatum et diocesis predictarum penes se habent et detinent nonnullos processus, dicta et attestaciones testium, literas, scripturas et instrumenta seu munimenta ad causam seu causas huiusmodi facientes seu faciencia et ea seu eas tangentes seu tangencia, per quas et que intencionem partis sue probare intendit et sine quibus de presentis cause meritis liquere plene non potest. Quare sibi super hoc de oportuno remedio per nos provideri et literas compulsorias ad partes decerni et concedi cum instancia postulavit. Nos igitur Johannes Monbray, auditor prefatus, attendentes requisicionem huiusmodi fore iustam et consonam racioni et quod iusta petentibus non est denegandus assensus, idcirco auctoritate apostolica supradicta, qua fungimur in hac parte, vos omnes et singulos supradictos, quibus litere nostre presentes diriguntur, et vestrum quemlibet insolidum primo, secundo et tercio peremptorie requirimus et monemus presencium tenore, vobisque nichilominus et vestrum cuilibet in virtute sancte obediencie et sub penis infrascriptis districte precipiendo mandamus, quatenus vos et quilibet vestrum, qui super hoc fuerint requisiti seu fuerit requisitus, infra sex dierum spacium post presentacionem seu notificacionem presencium vobis vel alteri vestrum factam immediate sequencium, quorum sex dierum duos pro primo, duos pro secundo et reliquos duos dies vobis universis et singulis supradictis pro tercio et peremptorio termino ac monicione canonica assignamus, ita quod alter vestrum in hiis exequendis alterum non exspectet nec unus pro altero se excuset omnes et singulos dominos prelatos, officiales, clericos, notarios et tabelliones publicos et personas quascunque ecclesiasticas et seculares civitatum et diocesum predictarum, quos pars dicti domini Nicolai Czernast principalis seu exhibitor presencium vobis duxerit nominandos, et eorum quemlibet communiter vel divisim ex parte nostra, ymo verius apostolica, canonice et peremptorie moneatis et requiratis, quos nos cciam et eorum quemlibet tenore presencium requirimus et monemus, ut infra duodecim dierum spacium post requisicionem et monicionem huiusmodi eis factam immediate sequencium, quorum dierum quatuor pro primo, quatuor pro secundo et reliquos quatuor dies pro tercio et peremptorio termino ac monicione canonica assignetis et nos eciam eis et eorum cuilibet assignamus, omnes et singulos processus, attestaciones, instrumenta, jura, literas, scripturas et munimenta, predictas causas huiusmodi contingentes et concernentes vel eorum transumpta in publicam formam redacta seu sigillis autenticis sigillata et alias sub illis modo et forma, qua eis in romana curia merito valeat et debeat fides plenaria adhiberi, eidem domino Nicolao Czernast principali vel ipsius procuratori seu nuncio presencium exhibitori, nobis vel alteri dicti sacri palacii causarum auditori forsan loco nostri in causa huiusmodi surrogando ad dictam curiam deferendos et deferenda sine fraude, difficultate et contradiccione quibuslibet assignari et tradere faciatis et studeatis, nichil in eis addendo, minuendo, quod facti substanciam mutet vel variet intellectum. Si vero jura, processus, instrumenta, litere scripture, acta et munimenta predicta per prefatos dominos prelatos, clericos, notarios, tabelliones publicos ac alias personas quascunque detinentur abscondita, detentores ipsos ad revelandum compellatis, satisfacto tamen primitus, quibus satisfaccio fuerit impendenda suo solacio competenti. Sed si forte premissa omnia et singula, prout ad vos ac unum et eorum quemlibet pertinet, non adimpleveritis vel adimpleverint aut aliquid in contrarium feceritis vel fecerint seu dolum et fraudem in premissis commiseritis vel commiserint per vos aut per se vel alium seu alios aut mandatis nostris huiusmodi ymo verius apostolicis non parueritis seu paruerint cum effectu, nos in eos et in ipsos ac unum et eorum quemlibet necnon in contradictores quoslibet et rebelles exnunc prout extunc singulariter in singulos dicta canonica monicione premissa excommunicacionis sentenciam ferrimus in hiis scriptis. Absolucionem vero omnium et singulorum, qui prefatas nostras sentencias seu earum aliquam incurrerint quoquo modo nobis vel superiori nostro tantummodo reservata, diem vero monicionis et requisicionis predictarum et quidque in premissis duxeritis faciendum nobis per vestras literas patentes aut instrumentum publicum harum seriem seu designacionem continentes seu continens remissis presentibus fideliter intimare et nos de eisdem certificare curetis. In quorum omnium et singulorum fidem et testimonium presentes literas seu presens publicum instrumentum per Johannem Holtey notarium publicum nostrumque et huiusmodi cause coram nobis scribam infrascriptum subscribi et publicari mandavimus nostrique sigilli jussimus appensione communiri. Datum et actum Rome in domo habitacionis nostre situata in burgo sancti Petri de urbe, sub anno a nativitate domini millesimo trecentesimo octuagesimo secundo, indiccione quinta, die Jovis sexta mensis Novembris, hora quasi vesperorum, pontificatus dicti domini nostri pape Urbani VI. anno quinto. Presentibus discretis viris magistro Petro Liebinger notario publico, scriba nostro et Gerardo de Berka clericis Constanciensis et Olomucensis diocesis testibus ad premissa vocatis specialiter et rogatis.

Et me Johanne Holtey, clerico Coloniensis diocesis, publico apostolica auctoritate notario etc.

(Orig. Perg. an grünen Hanfffäden h. Sig. in den Akten des Klosters Maria Saal im Landesarchive.)

276.

Des päbstlichen Auditors Johannes Monbray Inhibitionsschreiben, dass der Prager erzbischöfliche Offisial noch sonst wer den bei der Kurie anhängigen Streit zwischen Nicolaus Černast und Nicolaus von Prerau je erneuern dürfe.

Dt. Rom 6. November 1382.

Johannes Monbray, utriusque juris doctor, archidiaconus de Norhampton in ecclesia Lincolmensi etc.*) Subsequenter prefatus dominus noster papa nobis quandam aliam com-

---

*) Das folgende wie in n. 275.

missionis sive supplicacionis cedulam per quendam cursorem suum presentari fecit, quam nos cum debita recepimus reverencia, in hec verba: „Dignetur Sanctitas Vestra committere et mandare venerabili viro domino Johanni Monbray, sacri palacii causarum auditori, ut in causa et causis sibi commissis inter dominum Nicolaum Czernast ex parte una et Nicolaum de Prerovia de et super parochiali ecclesia in Araczicz, Olomucensis diocesis, et eius occasione ex altera, dictum Nicolaum Czernast absolvere possit et absolvat simpliciter et ad cautelam, si et prout de jure fuerit“. In fine siquidem dicte commissionis seu supplicacionis cedule scripta erant de alia manu et litera ipsius cedule, superiori litere penitus dissimili et diversa hec verba, videlicet: „De mandato domini nostre pape audiat idem auditor, absolvat simpliciter vel ad cautelam, si et prout de jure fuerit faciendum et justiciam faciat“. Postmodum vero constitutus coram nobis discretus vir dominus Andreas de Snoyma prefati domini Nicolai Czernast, principalis, procurator et procuratorio nomine eiusdem, prout nobis de ipsius domini Andree procuratoris procuracionis mandato legittimis constabat et constat documentis, et per nos in causa et causis huiusmodi more solito inhibere et literas inhibitorias ad partes decernere et concedere dignaremur. Nos igitur Johannes Monbray, auditor prefatus, attendentes, ... quod inter partes huiusmodi servari debet equalitas, huiusmodi peticionem iustam fore et consonam racioni, idcirco auctoritate apostolica predicta, qua fungimur in hac parte, vobis domino . . officiali curie archiepiscopalis Pragensis necnon universis et singulis judicibus tam ordinariis quam extraordinariis delegatisque ac subdelegatis et quibuscunque personis ecclesiasticis et secularibus ac omnibus aliis et singulis supradictis, ad quos pertinere dinoscitur inhibuimus et presencium tenore inhibemus, ne cause et causis ac liti huiusmodi inter predictos dominum Nicolaum Czernast et Nicolaum de Prerovia duntaxat vertentibus coram nobis vel alias 'in curia romana pendentibus vos domine . . officialis vel judex aliquis vel alius quicumque ad instanciam alicuius parcium predictarum vel ex officio vestro aut dictorum judicum nec alterutrarum parcium earundem in alterius partis ac cause et causarum et litis predictarum prejudicium jurisdiccionisque mee contemptum et vilipendium aliquando innovetis vel attemptetis, innovet vel attemptet, aut innovari vel attemptari faciatis vel faciat seu presumatis vel presumat per vos, per se vel alium seu alios publice vel occulte, directe vel indirecte aut alias quovismodo. Quod si secus factum fuerit, id totum revocare et in statum pristinum reducere curabimus justicia mediante. Que omnia et singula supradicta vobis omnibus et singulis suprascriptis intimamus, insinuamus, notificamus et ad vestram et cuiuslibet vestrum noticiam deducimus et deduci volumus per presentes, ne de premissis ignoranciam aliquam pretendere possitis in futurum seu eciam allegare. In quorum omnium et singulorum fidem et testimonium presentes literas seu presens publicum instrumentum huiusmodi, nostram inhibicionem in se continentes seu continens, per Johannnem Holtey notarium publicum nostrumque et huiusmodi cause coram nobis scribam infrascriptum subscribi et publicari mandavimus nostrique sigilli jussimus appensione munjri. Datum et actum Rome in hospicio habitacionis nostre sito in burgo sancti Petri, hora quasi vesperorum, sub anno a nativitate domini millesimo trecentesimo octuagesimo secundo, indiccione quinta, die Jovis sexta mensis Novembris, pontificatus sanctissimi in Christo patris domini Urbani pape VI. predicti anno quinto. Presentibus ibidem discretis viris magistro Petro Liebinger, notario publico, scriba nostro, et Gerardo de Berka clericis Constanciensis et Coloniensis diocesis testibus ad premissa vocalis specialiter et rogatis.

Et me Johanne Holley, clerico Coloniensis diocesis, publico etc. notario etc.

(Orig. Perg. an grünen Hanffäden h. Sig. in den Akten des Klosters Maria Saal im Landesarchive.)

277.

Der Abt von St. Vincenz in Breslau fordert die Pfarrer in Olmütz etc. auf, die Gewaltthäter der Olm. Domkirche nach Breslau zu citiren. Dt. Opatovic 13. Novbr. 1382.

Marcus miseracione divina abbas monasterii sancti Vincencii prope muros Wratislav. ordinis Premonstratensis judex et conservator principalis jurum et privilegiorum venerabilium dominorum . . decani et capituli ecclesie Olomucensis una cum reverendis in Christo patribus ac dominis dominis . . Pataviensi et . . Cracoviensi episcopis cum clausula, „quatenus vos vel unus vestrum etc. a sede apostolica et eius auctoritate specialiter deputatus discretis viris dominis sancti Mauricii in Olomucz et beate Marie virginis gloriose et sancti Petri in suburbio Olomucensi et in Bystricz et in Dolan ac aliis omnibus et singulis ecclesiarum rectoribus in dyocesi Olomucensi constitutis salutem in domino et nostris ymo verius apostolicis firmiter et humiliter obedire mandatis. Litteras sanctissimi in Christo patris ac domini nostri domini Urbani divina providencia pape sexti sanas, salvas ac integras, non cancellatas nec suspectas, sed omni prorsus vicio et suspeccione carentes ipsiusque vera bulla plumbea in cordula canapea more Romane curie dependenti bullatas nos cum ea, qua decuit reverencia noviter recepisse sub hac forma: Urbanus etc. (vid. Nr. 240). Harum igitur auctoritate et vigore literarum apostolicarum prescriptarum vobis et cuilibet vestrum in virtute sancte obediencie et sub excommunicacionis pena, quam in vos et quemlibet vestrum trium dierum, quorum primum pro primo, secundum pro secundo et tercium pro tercio et peremptorio termino ac canonica monicione premissa ferimus in hiis scriptis, si mandatis nostris ymo verius apostolicis non parueritis seu adimplere contempseritis cum effectu. Districte precipiendo mandamus, qui presentibus fuerit seu fuerint requisitus seu requisiti, quatenus uno edicto pro tribus efficaciter et peremptorie citetis strenuum virum dominum Heynricum in Newoycz militem et Onssonem armigerum in Rakodaw alias in Czirthorie, Bolikonem et Czenkonem clientes in Olssan et Blachnonem in suburbio Olomucensi manentes, ut proxima feria sexta post nunc instans festum sancte Lucie compareant in monasterio sancti Vincencii supradicto vel alibi in loco vicino eiusdem nostri monasterii, ubi tunc fuerimus constituti, coram nobis et honorabilibus . . viris dominis . . decano et . . capitulo ecclesie Olom. suprascriptis super iniuriis et violenciis ipsis illatis et alias de iusticia responsuri. In quorum omnium et singulorum testimonium atque fidem prescriptorum presentem citacionis literam per notarium publicum infrascriptum publicari mandavimus una cum sigilli nostri appensione communiri. Actum et datum in Oppathowicz in domo habitacionis nostre die XIII mensis Novembris anno dom. millesimo trecentesimo octuagesimo secundo, indiccione quinta, pontificatus sanctissimi in Christo patris ac domini nostri domini Urbani divina providencia pape sexti supradicti anno quinto, presentibus religiosis et discretis viris fratre Johanne dicto Glesin professo monasterii sancti Vincencii supradicti et Johanne dicto Ryme domicello domini abbatis memorati et Gerlaco Gruneholcz de Stampin familiari, Petro de Boleslavia civis (sic) Wratisl. testibus ad premissa vocatis specialiter et rogatis. In signum execucionis per vos et quemlibet vestrum facte vel faciende huiusmodi citacionis literam sigillis vestris appendentibus reddatis sigillatam.

Et ego Johannes etc. publicus . . . notarius etc.

(Orig. Perg. 4 h. Sig. abgerissen, im Olm. Kapitelarchive.)

278.

Beneš und Proček von Busau verkaufen dem Markgrafen Jost die Burg Busau sammt allen dazu gehörigen Ortschaften und versprechen, dieselbe durch drei Jahre von allem Anspruche zu befreien. Dt. Brünn 15. Novbr. 1382.

Wir die nochgeschriben Beness von Buzaw, Proczke sein son, Hincz von der Leipen, Ptaczk von Birkenstein, Ulrich von Bozkwicz, Wock von Holnstein und Jaross von Czimburg bekennen fur uns und unser erben offenlich mit diesem briefe allen den, die yn sehen oder horen lesen, das wir dem hochgebornen fursten und herren herrn Josten und seinen nochkomen, marggraffen und herren czu Merhern, unsern lieben gnedigen herren, mit gesampter hant ungeteylet gelobt haben und geloben auch in creften dicz brieffes, das wir yn das haus Buzaw mit dem markte Losczicz und mit den nochgeschriben dorffern Podole, Ubyczssow, Ollesnycze, Jerzmani, Hwozdecz, das kleyne Wesseliczko, Blaschow, Kaderzin, Woytiechow, Cozhow, Swanow, Besdiekow, Ospylow, Lidmirow, Hwozd das grosser und Mylkow, die der obgenannt unser gnediger herre marggraff Jost von uns obgenannten Benessen und Proczken recht und redlich gekaufft hat an den guetern von uns. nichtes rechten noch dheynerley ansprach behalden mit geburen, richtern, gerichten, czinsen. nuczen, fruchten, bofen, eckern gearn und ungearn, welden, puschen, holczen, wizen. weiden, geregden, voglweiden, vischereyen, teychen, mulen und allen andern iren czuge-horungen, nichtes ussgenomen, mit kirchenlehen und mit ganczer herschafft in aller der weise, als wir obgenannte Beness und Proczke dieselben gueter von alders gehabt und besezzen haben, entwerren, freyen und ledigen wollen und sullen vor allermeniclich und vor allen geistlichen lucten (sic) und gerichten und mit namen von der edlen frawen · · die gemahel ist des obgenannten herren Benessen von Buzaw, ob die durch ire morgengab dheynerley ansprach haben wurde oder gewinne hernoch in kunfftigen czeiten czu den guetern, ledig machen und freyen drey gancze iar noch des egenannten Benessen tode an allerley scheden der obgenannten unsers gnedigen herrn marggraff Jostes und seiner nochkomen,

32

marggraffen und herren czu Merhern, noch des landes rechten und gewonheit. Und ob wir des nicht teten, so geloben wir in gueten unsern trewen, wann das wir von dem obgenannten marggraff Josten oder seinen nochkomen, marggraffen czu Merhern, gemanet würden, das unser iglicher an seiner stat einen erben rittermessigen knecht mit czweyen pferden und einem diner senden sol gen Brünne in ein gasthus; dorynne sullen sie ligen und leisten in unserm namen und us der leistung nymmer komen, wir haben denn dem obgenannten unserm lieben herren marggraff Josten und seinen nochkomen, marggraffen czu Merhern das obgenannt gut gancz und gar entworren und alle scheden, welcherley die weren, abgelegt, die sie dorumb hetten empfangen. Queme auch es czu sulchen schulden, das unsern wegen in der leistung also lange wurde gelegen, das es die obgenannten unsre gnedige herren marggraff Josten und seine nochkomen verdruesse und meynten sulcher entwerrung der obgenannten gueter ein ende zu haben, so globen wir bey gueten unsir trewen, das wir dornoch in virczehen tagen, als wir von yn gemanet werden denselben unsern gnedigen herren marggraff Jost und seinen nochkomen umb sulche entwerrung, die wir nicht hetten volbracht und umb allerley scheden mit gereytem gelde genug czu tun und genczlichen abczulegen an alles vorczihen und widersprechen. Mit urkunt dicz briffes vorsigelt mit unsern anhangunden ingesigel. Der geben ist zu Brünne noch Cristi geburt dreyczehundert jar dornoch in dem andern und achczigsten iar des nechsten sunabents noch sand Merteins tag.

(Orig. Perg. 7 au Perg. Streifen h. Sig. im mähr. Landesarchive. Das erste uud zweite Wappeu ist das der Wildenberge; das 3. derer von Lipá und zwar im rothen Wachse mit der Umschrift S. Hiuconis de Lipa, Mareschalci regni Boemie; das 4. mit der Umschrift † S.....nis de Pirkenstan hat gleichfalls das Wappen derer von Lipa, aber im schwarzen Wachse, das 5. zeigt den Kamm der Boskowitze im Schilde, das sechste den doppeltgetheilten Schild der Holsteine, das siebente die zwei Mauerzinnen der Cimburge.)

279.

Markgraf Jodok verspricht dem Olmützer Bischofe Peter gegen Jedermann Hilfe zu leisten, ausgenommen den König von Böhmen. Dt. Brünn 26. November 1382.

Wir Jost von gots gnaden marggraff und herre czu Merhern bekennen offenlich mit disem briffe allen den, die in sehen oder horen lesen. Wann wir uns durch fridsames wesen der lande und lute und auch uff den trost, das wir mit unsern und unser marggraffschafft mannen und undersessen sovil dester fridlichern saze gewinnen, mit dem erwirdigen vater hern Peter bischoff von Olomucz genander voreynet und vorbunden haben und merken, das auch dovon und der gemeyne nucze der lande und der lute wirt gefurdert, dem durchluchtigsten fursten und herren, herrn Wenczlawen romischen kunig, czu allen czeiten merer des reichs und kunig zu Bebem, grosser dinst von uns getan und erczeiget mugen werden, wann mancherley widerwertigkeit, die gen uns newlich entstanden sein in den landen, das abnymet und uns vast krenchet doran, das wir nicht so wol und so grosslich zu dinste komen mochten dem obgenannten unserm gnedigen herren dem romischen kunig, solten wir und unser marggraffschaft manne und undersessen mit unfridsamen leben sein besweret: und dorumb so haben wir mit wolbedachtem mute, mit gutem rate der unsern und von rechter unserer wissen uns mit dem obgenanten hern Peter bischoff czu Olomuncz, als einem bischoff czu Olomuncz voreynet und vorbunden und geloben bey guten unsern trewen und eren an eydes stat, das wir demselben bischoff Peter seine lande und lute getrewlich mit ganczer unsrer macht wollen helffen, schuczen und schirmen gleich unsern eygen landen, und ym beygestendig, geraten und geholffen sein wollen und sullen in allen seinen noten wider allermeniclich, usgenomen alleine den obgenanten unsern liben genedigen herren, hern Wenczlawen, den romischen und behemischen kunig in gueten trewen an alles geverde und arge list. Auch geloben wir bey unsern guten trewen und eren an eydes stat, das wir dem obgenanten hern Peter bischoff czu Olomuncz mit allen unsern hewsern, vesten, steten und slossen czu allen seinen notdurfften, als offt wir des von ym oder von seinen wegen ermanet werden, beigestendig, gewartig und gehorsam sein und ym die offen machen wollen und sullen, an unsern und unsrer marggraffschaft schaden, wider allermeniclich, usgenomen alleine den obgenanten unsern liben gnedigen herren den romischen und behemischen kunige, wenn und als offt ym des not geschieht, in guten trewen ane geverde und an alle arge list; und dowider sullen sich unsere burg-graffen, burger und amptlewte nymmer geseczen in kheinenweis. Auch geloben wir in guten trewen an eydes stat, ob es czu sulchen schulden queme, das der egenante bischoff czu Merhern czu seinen kriegen unsrer und unsrer marggraffschaft lute wurde bedurffen ynnewendig landes, das wir ym die uff unsern eygen schaden und uff seine kost senden wollen und sullen, wenn er des an uns mueten wirdet, wider allermeniclich, den obgenanten unsern genedigen herren den romischen und behemischen kunge alleine ussgenomen. Wer auch sache, das er derselben unsrer lute uswendig landes werde bedurffen czu seinen kriegen, die sal derselbe bischoff von Merhern uff seine scheden und koste furen. Wer auch sache, das der obgenante bischoff czu Merhern seine lande und lute czu den geczeiten, so wir nicht czu lande weren, dheinerley stosse oder kriege angiengen, so sal unsrer und unsrer marggraffschaft hauptmann, der czu den geczeiten sein wirdet, dem obgenanten hern Peter, bischoff czu Olomuncz, oder ob er nicht czu lande were, seinem hauptman mit aller seiner macht czu hilffe komen, und alles das volenden unt tun an unsrer stat also volkomentlich, als wir uns des in diesem brieffe haben vorbunden und vorschriben, an alles hindernusse und widersprechen. Und sol auch derselbe unsrer hauptman nicht czuwort haben und sich entschuldigen domit, das wir nicht czu lande weren, wann er sol zu allen sachen gereit sein czu tun alles, das wir noch lute dicz brieffes schuldig und pflichtig seyn gleicher weis, als ob wir selber zu lande weren. Und alle obgeschribene sachen, als sie in disem gegenwortigen briffe begriffen sein, geloben wir stete, gancze und unczu-brochen haben und halden bey unsern guten trewen und eren an eydes stat. Mit urkunt dicz brieffes vorsigelt mit unserm anhangenden ingesigel. Der geben ist czu Brunne noch

32*

Christs geburt dreiczenhundert jar dornach in dem andern und achczigsten jare des nechsten mitwochs noch sant Katherein tag.

(Orig. Perg. h. Sig. im fürsterzb. Archive in Kremsier.)

280.

Markgraf Jodok gestattet dem Augustiner-Eremitenkloster in Leitomyšl, Güter in Mähren bis zum Werthe von 315 Mark Prager Groschen zu erwerben.
Dt. Brünn 29. November 1382.

Jodocus dei gracia marchio et dominus Moravie, universis et singulis, qui presentes inspexerint, volumus esse notum, quod honorabilibus et religiosis . . priori et . . conventui domus sancte Crucis in Luthomusl ordinis heremitarum sancti Augustini nostrum consentire decrevit arbitrium, ut in nostri marchionatus dominio pro se et monasterio predicto bona hereditaria comparare possint et valeant, que taxam et valorem trecentarum et quindecim marcarum grossorum pragensium non excedant. Committentes . . supremis camerariis et aliis beneficiariis czudarum Brunnensis et Olomucensis fidelibus nostris, quatenus ad requisicionem presencium supradictis religiosis talia bona, que comparaverint, intabulent et faciant terre tabulis more solito annotari. Datum Brunne, in vigilia sancti Andree, anno domini millesimo trecentesimo octoagesimo secundo.

Per dominum Marchionem Nicolaus.

(Orig. Pap. beigedr. S. im mähr. Landesarchive.)

281.

Das Augustiner Eremitenkloster in Leitomyšl verkauft eine Wiese in Töstitz (?) dem Bauer Kuenlin in Prosmeritz. 13. Jänner 1383.

Nos Eberhardus prior totusque conventus monasterii sancte crucis in Luthomisl, ordinis fratrum heremitarum sancti Augustini notum facimus tenore presencium universis, quod animo deliberato maturoque consilio et tractatu inter nos prehabito quoddam pratum nostrum in bonis ville nostri monasterii Thoeskwicz situm, dy Wenk nuncupatum, cum salicibus cirumstantibus et crescentibus, ac cum quibusdam agris suis sive praytis ad ipsum pratum spectantibus, similiter di Wenk nominatis, pleno jure et dominio, quo ipsum habuimus, discreto viro Chuenlino dicto Roezler, villano de Prosmericz, nunc vero in dicta villa nostra Thoeskwicz residente et suis heredibus rite et racionabiliter vendidimus pro sedecim marcis grossorum denariorum pragensium moravici numeri et pagamenti, iam actu in (toto) nobis traditis et solutis, et presentibus venditum cedimus et assignamus habendum, tenendum jure perpetuo et possidendum (nostro quolibet) sine impedimento. Eo tamen pacto, quod si idem Chuenlinus, heredes et successores ipsius septuaginta grossos et duos . . . . . . (sin)gulis nunc a festo sancti Michaelis proxime venturo incipiendo in quolibet die sancti Galli perpetuis temporibus nobis et monasterio nostro . . . . . . (de)bent qualibet sine tardacione. Si vero idem census per ipsos in suo termino porrigi morabitur aut quavis interveniente causa vel (neglig)encia defecerit, mox idem census neglectus per nos licite recipi debet et acquiri potest in ipsius Chuenlini, beredum et successorum suorum in solidum dampna inter judeos vel christianos, et ipsi tam de censu neglecto quam cciam de dampno quolibet, quovis modo inde notabiliter contracto, nobis et monasterio nostro satisfacere debent et tenentur qualibet sine in contrarium accione. Hoc cciam adiuncto, quod prenotatus Chuenlinus vel sui successores legittimi fenum de dicto prato et anonas sive quoslibet fructus in dictis agris in futurum provenientes absque quolibet hominum nostrorum dampno abducere debent ad villam nostram antenotatam, salvo nobis et monasterio nostro eo jure, quod idem Chuenlinus vel sui heredes ipsum pratum cum agris et suis attinenciis nulli omnino hominum alias vendere vel in alias personas transferre possint neque debent, nisi in dicta nostra villa villano residenti et hoc de nostro vel successorum nostrorum consensu et licencia speciali. Sub harum quas sigillis nostris prioris et conventus predictorum dedimus robore literarum. In octavis festi epyphanie domini, anno eiusdem millesimo trecentesimo octuagesimo tercio.

(Orig. Perg. 2 an Perg. Streifen h. Sig. im Archive des Kl. s. Thomas in Brünn; durch eine Lacune beschädigt; die beschädigten Stellen sind durch die eingeklammerten Buchstaben im Abdrucke ersichtlich. — Das Sigel des Priors zeigt im Schilde ein Kreuz, unter dem rechten Querbalken eine knieende, unter dem linken eine stehende Figur; die Legende bis auf das Wort Prioris unleserlich. Das Konventssigel zeigt den Heiland das Kreuz tragend und hat die Umschrift: S. Conventus in Lthomuzzi [1].)

282.

Hereš von Krakovec verkauft seinen Hof in Cholina dem dortigen Pfarrer Wicker und dessen Bruder Slavek. Dt. Kloster Hradisch 16. Jänner 1383.

Ego Herssiko de Crakowcze recognosco tenore presencium universis. Quia bona deliberacione maturoque amicorum meorum prehabito consilio vendidi in foro legitimo, vero et consueto curiam meam hereditariam in villa Cholina, prope ecclesiam et curiam plebani sitam, que quidem curia olim Martini de Reznik dicebatur, quam iure donacionis marchionalis possedi, quemadmodum in litera, (quam) a domino marchione Jodoco super eadem donacione obtinui, plenius continetur, cum omnibus suis utilitatibus et pertinenciis universis, videlicet agris cultis et incultis, pratis, pascuis et generaliter omnibus et singulis libertatibus, usufructibus et proventibus ad candem curiam spectantibus, que nunc sunt aut fieri poterunt quomodolibet in futurum, honorabili ac religioso viro domino Wickerio, plebano ibidem in Cholina, et Slawconi de Crzenowicz, suo fratri et ipsius heredibus pro viginti et una marcis grossorum argenteorum denariorum pragensium moravici pagamenti, quas ab eisdem plene percepi et in toto. Eandemque curiam cum omnibus superius expressis prenominato

Wickerio et Slawkoni et ipsius heredibus presentibus resigno et condescendo perpetue habendam, possidendam, vendendam et in usus beneplacitos convertendam et iure, quo pretactus Martinus Reznik ipsam tenuit et ego tenui hucusque et possedi. Quam quidem curiam ego prenominatus Herssiko una cum prudentibus viris Henrico de Hugwicz, Sbincone de Wrahowicz, Stephano de Selutiez, Johanne de Chilecz, Sdenkone de Wyesek et Pessicone de Udrlicz una manu coniuncta et indivisim absque omni fraude promittimus a quolibet homine iure seculari vel spirituali impetente vel impediente et specialiter a iure dotalicii cuiuscunque persone exbrigare et libertare et in primo dominorum in Olomucz colloquio, dum tabule terre aperte fuerint, intabulare, prout ius terre exigit et requirit. Quod si facere neglexerimus, extunc quoscunque duos ex nobis multifatus dominus Wickerus et Slawko et sui heredes monuerint, mox quilibet cum uno famulo et duobus equis civitatem Olomucz in honestum hospicium, nobis per predictos emptores deputatum, racione veri et consueti obstagii peragendi tenebuntur subintrare inde nulla occasione exituri tamdiu, quousque expressa curia cum omnibus suis pertinenciis prefato domino Wickerio, Slawconi et suis heredibus intabulata fuerit et omnino libertata et ipsi emptores a singulis damnis, exinde racionabiliter perceptis, plene expediti fuerint et in toto. Ceterum in casu, ubi absque fraude prescriptam curiam intabulare et disbrigare non possemus, extunc prefato domino Wickerio et Slawconi, suo fratri vel ipsius heredibus suprascriptis, pecuniis dictis absque eorum damno, quod exinde racionabiliter perceperint, restitutis, ipsi candem curiam nobis reddere tenebuntur et resignare, dummodo prius ipsis damna, ut prediximus, ob candem restitucionem curie ipsis obveniencia, per nos plene fuerint persoluta. In cuius rei testimonium sigilla nostra de nostra certa sciencia presentibus sunt appensa. Datum in monasterio Gradicensi anno domini 1383, feria sexta proxima ante festum s. Antonii confessoris.

(Ann. Gradic. fol. 158.)

283.

K. Wenzel befreit das Haus des Wenzel v. Kojetein in Prag von allen Abgaben.
Dt. Prag 16. Jänner 1383.

Wenceslaus dei gracia Romanorum rex semper augustus et Boemie rex notum-facimus tenore presencium universis. Quod consideratis fidelibus et indefessis serviciis, quibus nobis honorabilis Wenceslaus de Cogietin, notarius noster in Burgleins, devotus noster dilectus olim genitori nostro longis temporibus ac eciam serenitati nostre accurata sollercia multis adhesit laboribus, adheret cottidie et adherere debebit et poterit uberius in futurum, non per errorem aut improvide, sed animo deliberato, sano fidelium nostrorum accedente consilio in aliquam serviciorum suorum recompensam domum ipsius et aream sitam in maiori nostra civitate Pragensi inter domos videlicet quondam Urbani Tullonis et alias Regine Griffine ab una et Johannis Pelliparii parte ab altera in angulo cimiterii ecclesie sancti Castuli, ab omnibus lozungis, steuris, imposicionibus, contribucionibus et exaccionibus seu solucionibus aliis, quibuscunque et qualibuscunque possint specialibus vocabulis designari, libertavimus cxeminus et tenore presencium de certa nostra sclencia et auctoritate regia Boemie libertamus, absolvimus et quitamus. Decernentes expresse, quatenus Wenceslaus prefatus occasione domus et aree huiusmodi ac cciam eadem domus et area, que hactenus ab omni penitus solucione civitati facienda libera fuit omnimode, censu dumtaxat quodam excepto pro monasterio sancti Francisci solvendo, a quo eciam existit realiter absoluta, ad quarumcunque lozungarum, steurarum, imposicionum et contribucionum solucionem civibus civitatis nostre maioris Pragensis eiusdem nullatenus teneantur vel ullo unquam tempore astricti sint quomodolibet, ymo pocius ipse et successores sui candem domum, que libera fuit alias, ut premittitur, exnunc et inantea ab universis huiusmodi solucionibus ceterisque vexacionibus, molestiis et aggravacionibus exemptam et absolutam penitus pacifice libere inperpetuum possideant et quiete. Mandamus igitur judici, consulibus et juratis predicte maioris civitatis Pragensis firmiter et districte, ne a prefato Wenceslao et successoribus suis, ut premittitur, aliquam lozunge, steure, imposicionis, contribucionis et exaccionis solucionem pretextu domus eiusdem unquam ullo tempore affuturo postulent, requirant vel exigant seu postulare vel exigere permittant quomodolibet impignoracionibus vel modis aliis quibuscunque, sicut indignacionem nostram gravissimam voluerint evitare. Presencium sub regie nostre Maiestatis sigillo testimonio literarum. Datum Prage anno domini millesimo trecentesimo octuagesimo tercio XVII kal. Februarii, regnorum nostrorum anno Boemie XX⁰ Romanorum vero VII⁰.

Ad mandatum Regis forestario referente Martinus Scolasticus.

(Orig. Perg. h. Sig. im Igl. Stadtarchive.)

284.

Čeněk von Bučowitz erklärt, wenn der ihm verliehene Original-Privilegial-Brief über Potvorov, der verloren gieng, je gefunden würde, dass derselbe dem Kloster Velehrad gegenüber, welches Potvorov jetzt besitzt, keine Geltung haben solle.
Dt. Prag 22. Jänner 1383.

Ego Czenko de Budczowycz recognosco tenore presencium universis. Quod quia literam privilegialem, quam habui super villa Potworicz, cuius possessionem propter debita contracta apud Judeos non valui obtinere, sed condescendi libero voluntatis arbitrio de eadem, si continget ipsam umquam ad lucem produci futuris temporibus, cum quesitam per me non valui pro isto invenire tempore, mortuam et nullius vigoris neque apud me vel quoscumque alios alicuius existere firmitatis. Promittens bona fide sine dolo quolibet, quod virtute talis litere michi nunquam ullo tempore jus aliquod volo seu debeo vendicare. Renunccians omni juri et dominio, que forte vigore privilegialis predicte littere, si postea inveniretur, michi possent competere, de quibus me exuo et presentibus facio penitus alienum. Et ut maioris vigoris presencia robur obtineant, nos Wznata dictus Hecht de Rossycz, Philippus de Svoyganow, Ulricus de Lewnow, Henricus dictus Pflug de Rabstein, Benessius dictus Dupowecz de Walcze, Missliborius de Radowyessycz ad preces supradicti Czenkonis sigilla nostra huic littere appendimus in testimonium omnium premissorum. Datum Prage in die sancti Vincencii martiris, anno domini millesimo trecentesimo octuagesimo tercio.

(Orig. Perg. 6 an Perg. Streifen h. Sig., das siebente abgerissen, in den Akten des Klosters Velehrad im Landesarchive. — Die Sigel sind sehr abgewetzt, namentlich die Umschriften schwer erkennbar. Das Sig. des Čeněk von Bučowitz zeigt ein Kreuz, das des Ulrich von Levnow einen sechszahnigen Rechen, das des Heinrich von Rabstein einen Pflug, das des Beneš von Doupowetz zwei Querbalken.)

285.

Ingram etc. von Pernstein bekennen, dass ihnen Markgraf Jodok 1200 Mark geliehen habe. Dt. Prag 15. Februar 1383.

Nos Ingramus, Bohussius, Smylo et Wilhelmus de Pernstein recognoscimus tenore presencium universis, quod illustri principi ac domino, domino Jodoco marchioni et domino Moravie, domino nostro gracioso tenemur et obligamur in mille et ducentis marcis grossorum denariorum pragensium moravici pagamenti, quas nobis in parata pecunia mutuavit. Nos ob hoc eidem domino nostro marchioni, qui nobis in eodem mutuo singularis complacencie favorem ostendens se gratum erga nos reddidit in eo multipliciter, promittimus bona nostra fide sub obtentu fidei et honoris nostri sine dolo, quod eidem domino marchioni fideliter servire velimus et eum tam cum castro nostro Pernstein quam personis propriis iuvare et respicere, et in omnibus sibi placibilibus contra quemlibet astare, nullo penitus excepto, tamquam familiares sui fideles. Et precipue nolumus neque debemus quemquam, cuiuscumque preeminencie, dignitatis, gradus vel condicionis fuerit, in predicto castro nostro tenere, colligere, servare aut nos quavis accione vel causa pro quocumque interponere, contra dicti domini nostri marchionis Jodoci voluntatem, quam transgredi in hoc casu non debemus aliqua racione. Et postquam idem dominus noster marchio predictarum mille et ducentarum marcarum solucionem a nobis repeteret, ulterius nollens carere de ipsa, tunc nos tenebimur et promittimus eciam bona fide, a die monicionis eandem pecuniam infra spacium unius medii anni persolvere, dilacione qualibet proculmota. Si vero in hac solucione negligentes fuerimus vel remissi, tunc quilibet nostrum debebit et tenebitur in propria persona cum tribus equis et duobus famulis Brunnam ad hospicium unius hospitis nobis deputati equitare, prestaturus obstagium in eodem tamdiu, quousque predictas mille et ducentas marcas integraliter persolvemus. Et ut premissa omnia et singula plurimorum evidencia testimoniorum clareant, supplicavimus nobilibus dominis Hinczoni de Lypa, Ptaczconi de Birkenstein et Czenconi de Lethowicz, qui nostris inclinati supplicacionibus sigilla sua in testimonium cum sigillis nostris, quibus facti qualitas roboratur, huic littere appenderunt. Datum Prage, anno domini millesimo trecentesimo octoagesimo tercio dominica, qua canitur Reminiscere.

(Aus Boček's Nachlass n. 513; in der Abschrift heisst es, sie sei aus dem Originale entnommen. Wo das Original sei, ist nicht angegeben.)

286.

Markgraf Jodok bekennt, dass er vom Markgrafen Prokop 2000 Mark ausgeliehen habe.
Dt. Prag 17. Februar 1383.

Nos Jodocus dei gracia marchio et dominus Moravie, principalis debitor, et nos Johannes de Mezirziecz, Wilhelmus de Sternberg alias de Zlyn, Stephanus de Opoczna, Johannes dictus Berka de Duba, Buscho dictus Plichta de Zirotin et Hanuschius de Leccz, fideiussores ipsius recognoscimus tenore presencium universis, nos illustri principi domino Procopio marchioni Moravie in duobus milibus marcarum grossorum denariorum pragensium moravici pagamenti debitorie obligari. Que duo milia, ut premittitur, promittimus omnes insolidum bona fide sine dolo una manu coniuncta et indivisim prefato principi domino Procopio et ad manus fideles venerabilis domini Johannis, Luthomislensis episcopi et nobilium virorum Petri de Sternberg, Erhardi de Chunstat et Wankonis de Pothenstein in festo sancti Georgii, a data presencium venturo de proximo, in castro Tepenecz in paratis pecuniis solvere et pagare. Quod si non solverimus, ex tunc duo ex nobis fideiussoribus, quicumque per predictum principem seu hos, ad quorum manus promisimus, moniti fuerimus, quilibet nostrum non advertens alterius absenciam debebit loco sui honestum clientem idoneum militarem cum uno famulo et duobus equis in Pragam ad hospicium honestum, nobis per ipsos ad hoc specialiter deputandum, dirigere solitum obstagium prestituros. Ubi si diebus quatuordecim perseveraverint et nos pecunias non solverimus supradictas, extunc prestito vel non prestito obstagio dictus marchio seu hii, ad quorum manus promisimus, habebunt plenam potestatem, superius nominatas pecunias inter judeos vel christianos recipiendi nostrum omnium super dampna, nobis nichilominus absque intermissione dictum obstagium per interpositas personas, prout supra, continuantibus tamdiu, quousque prefata capitalis pecunia duorum milium marcarum cum dampnis omnibus, per eos ob non solucionem huiusmodi racionabiliter contrahendis, per nos fuerit eisdem creditoribus nostris persoluta. Habebunt insuper ipsi creditores iam dicti nos de negligencia predicti debiti potestatem plenariam monendi. Et nos sigilla nostra de nostra certa sciencia presentibus appendimus in evidencius testimonium omnium premissorum. Datum Prage anno domini millesimo trecentesimo octuagesimo tercio, feria tercia proxima post dominicam Reminiscere, die decima septima mensis Februarii.

(Orig. Perg. 7. an Perg. Streifen h. Sig. im mähr. Landesarchive. — Das Sig. des Stefan von Opočno hat zwei von rechts nach links gezogene Schrägbalken, das des Berka zeigt die Pfahlleitern der Lipás, das des Žirotín einen nach links schauenden Adler, das des Hanuš von Leč den Obertheil eines Bären mit ausgestreckter Zunge und Tatzen. —)

287.

Markus Abt von St. Vincenz in Breslau excommunicirt die Schädiger der Olmützer Kirche.
Dt. Breslau 28. Februar 1383.

Marcus miseracione divina abbas monasterii sancti Vincencii prope Wratislaviam ordinis premonstratensis, judex et conservator jurium, privilegiorum et bonorum venerabilium dominorum decani et capituli ecclesie Olomucensis a sanctissimo in Christo patre ac domino nostro domino Urbano divina providencia . . papa sexto una cum reverendis in Christo patribus ac dominis dominis Pataviensi et Cracoviensi episcopis, nostris in hac parte collegis cum clausula: „quatenus vos aut duo vel unus vestrum a sede apostolica delegatus et specialiter deputatus" discretis viris dominis sancte Marie et sancti Petri in suburbio Olomucensi, sancti Mauritii, sancti Blasii in Olomucz, in Sternberg, in Gnoynicz, in Prerobia, in Muschnicz, beate virginis in Cremisyer, in Lipnick, in Pzredmost, in Namest et in Prostes ecclesiarum rectoribus, diocesis Olomucensis, aut ipsorum loca tenentibus ac aliis omnibus et singulis ubilibet in dicta diocesi Olomucensi constitutis, qui presentibus fuerint requisiti seu requisitus, salutem in domino et nostris immo verius apostolicis firmiter et humiliter obedire mandatis. Literas dicti domini nostri . . Urbani salvas, sanas ac integras omnique prorsus vitio et suspicione carentes ipsiusque vera bulla plumbea in cordula canapea more romane curie impedente bullatas nos cum ea, qua decuit, reverentia moveritis recepisse sub hac forma: Urbanus episcopus etc. Datum Rome apud sanctum Petrum V. kal. Decembris pontificatus nostri anno quarto (Vid. 240). Sed quia strenuus vir dominus . . Henricus de Nemojicz miles, Mathias Silvanus ibidem, Slawico, Michael frater Silvani, Martinus Zak, Henslinus Cunay, Hanslinus Durbach, Cunako, Merchlinus . . . . rator, Henslinus servator, Jaxsso Krino, Hanuschius Niczo, Haindlinus rotator, Martinus, Ostmanno Carbonista, Haynlinus olim judex de Biela, laici de villa Gywowa dicte diocesis Olomucensis vigore dictarum literarum apostolicarum peremptorie citati ad instanciam dictorum dominorum decani et . . capituli ecclesie Olomucensis prefate in termino ipsis super injuriis, dictis dominis illatis, coram nobis competente prefixo comparere contumaciter non curarunt, ideoque ipsos et ipsorum quemlibet huiusmodi ipsorum contumacia exigente excommunicamus in his scriptis. Mandantes vobis omnibus aliisque et singulis ecclesiarum rectoribus in dicta diocesi Olomucensi constitutis in virtute sancte obediencie et sub excommunicacionis pena, quam in vos et quemlibet vestrum trium dierum, quorum dierum primum pro primo, secundum pro secundo et tercium pro tercio et peremptorio termino ac canonica monicione premissa assignamus, si mandatis nostris immo verius apostolicis non parueritis seu adimplere contempseritis, districte precipiendo, ita tamen, quod unus vestrum alium non expectet nec unus per alium se excuset in execucione huiusmodi nostri mandati immo verius apostolici, quatenus ipsos sic auctoritate apostolica, qua fungimur, in hac parte excommunicatos semel ad minus in ipsorum ac demum in vestris ecclesiis singulis diebus dominicis publice nunciatis, donec juri pervenerint et a nobis fuerint absoluti. Datum Wratislavie in monasterio nostro die ultima mensis Februarii. Anno domini

MCCCLXXXIII sigillo nostro subappenso. In signum vere execucionis per vos et quemlibet vestrum facte vel faciende presentem nostrum processum sigillis vestris subappendentibus reddite sigillatum.

(Orig. Perg. h. Sig. im Olm. Kap. Archive.)

288.

Johann Wischauer, Bürger von Brünn, und seine Frau Elisabeth verpflichten sich, falls die städtische Losung an dem Besitze Wischauers in der Grillowitz einen Abgang erlitte, diesen aus den Einkünften ihres Meierhofes zu ersetzen. Dt. 15. März 1383.

Nos Johannes Wischawer civis Brunnensis et Elizabeth conthoralis eiusdem notum facimus tenore presencium universis, quod in casu, si illas viginti quatuor marcas grossorum census in bonis nostris Grilwicz honorabilibus viris dominis preposito et capitulo ecclesie sancti Petri in Brunna per nos venditas infra hinc et quatuor annos continue revolvendos ab ipsis dominis preposito et capitulo reemere non possemus, extunc in lozunga ab antiquo consueta et debita, quam civitas in eisdem bonis habere dinoscitur, quemadmodum cciam nos ipsis civibus in antea dedimus et porreximus, si quid civibus et civitati deperiret, omnem ipsius lozunge defectum de curia nostra sartorum plenarie supplere debemus et promittimus bona fide, ac ipsam curiam sartorum pro dicta lozunga prefatis civibus et civitati pignori obligavimus et virtute presencium obligamus. Qui cciam cives vel ipsorum officiati defectum lozunge sive lozungam de dicta curia nostra annis singulis, quocies evenit vel necessarium fuerit, recipiendi et tollendi plenam habebunt et habere debent auctoritate propria facultatem. Sub harum, quas ego Johannes meo proprio ac in testimonium nocius nobilis domini Petri Hecht de Rossicz ac discretorum virorum Johannis Luckner et Thome Hezz civium et juratorum testium instanter per nos ad premissa rogatorum sigillis dedimus et firmari petivimus testimonio literarum, dominica qua canitur „domine ne longe" anno domini M⁰CCC⁰LXXXIII⁰.

(Aus dem Codex n. 34. fol. 62 im Brünner Stadtarchive.)

289.

Das Kloster in Pustimir erklärt, dass die Witwe Clara nach Johann von Arnoltowitz ihr Recht am Patronate des s. Peter- und Paulaltares in Pustimir dem Wojtěch und Georg von Meilitz abgetreten habe. Dt. Pustimir 20. März 1383.

Nos Jutta divina miseracione abbatissa totusque conventus monasterii in Pustimir ordinis sancti Benedicti notum facimus tenore presencium universis, quod constituta coram nobis honesta domina domina Clara, relicta olim famosi viri Jenczonis de Arnoltowicz, felicis memorie, resignavit iusta resignacione ac donavit cum matura deliberacione de nostris scitu et voluntate omnem sui juris proprietatem, quam habere dinoscebatur in iure patronatus

33*

sive presentandi altare sanctorum Petri et Pauli apostolorum, siti in nostro monasterio Pustmir, famosis viris Woytiechoni et Jurziconi fratribus de Meilicz, ipsorum heredibus et successoribus, in ipsos dicti altaris ius patronatus et presentandi legittime transferendo. Tali interiecta expressa condicione, quod ipsi fratres prenotati, ipsorum heredes vel successores ad antedictum altare tamquam veri patroni cum nostro, que nunc sumus aut successive pro tempore fuerint, scitu et voluntate habeant*) presentare personas, tamen per quas divina officia in cantando et legendo in ipso nostro monasterio fiant, ut ab antiquo ibi consuetum existit, sine negligencia et contraria voluntate. Ut autem omnia suprascripta per nos vel qui pro tempore fuerint, firma et inviolabilia observentur, rogamus venerabilem in Christo patrem et dominum, dominum Petrum, episcopum Olomucensem, dominum nostrum graciosum, ut ipse tamquam vir autenticus et ordinarius huic donacioni consentire et sigillum suum unacum nostris sigillis ante omnia appendere presentibus dignetur in firmitatem omnium premissorum. Datum in monasterio nostro in Pustmir anno domini millesimo trecentesimo octuagesimo tercio die vicesima mensis Marcii.

Nos itaque Petrus dei et apostolice sedis gracia episcopus Olomucensis etc. (vid. n. 305).

(Aus dem Vidimus dieser Urkunde vom J. 1405.)

290.

Petr, Bischof von Olmütz, bestättiget die von dem Kremsierer Probste in der s. Maurizkirche daselbst gemachte Stiftung, aus welcher dem Kapitel und den übrigen Beneficianten das tägliche Brod zu verabreichen ist. Dt. Mödritz 26. März 1383.

In nomine domini amen. Nos Petrus dei et apostolice sedis gracia episcopus Olomucensis notumfacimus tenore presencium universis. Quod quamvis pridem honorabilis vir dominus Albertus prepositus nostre Chremirensis ecclesie, frater noster in Christo carissimus, motus interne devocionis affectu desideraverit de bonis sibi a deo collatis diem extreme messionis bonis operibus prevenire et in salutem ac remedium sue suorumque parentum animarum et precipue olim germani sui, honorabilis domini Nicolai prepositi Brunnensis, pro altari sancte Katherine virginis in capella, choro dicte Chremirensis ecclesie continua, in laudem et honorem altissimi sueque genitricis intemerate virginis Marie et eiusdem virginis Katherine gloriose sex laneos, duas tabernas et duas curticulas cum medietate molendini in villa Tyeschan prope Wzunkam cum pratis, pascuis, aquis, iuribus, comodis, fructibus, utilitatibus et pertinenciis universis, pleno iure et dominio, annue censuantes decem marcas grossorum pragensium, moravici numeri et pagamenti, pro centum et tribus marcis rite et racionabiliter emptas et comparatas, necnon de consensu et bona voluntate illustris et magnifici principis domini Jodoci, marchionis Moravie, intabulatas legittime, de beneplacito

---

*) Hier ist im Originale wahrsch. das Wort j u s weggelassen.

eciam et consensu honorabilis domini decani et capituli ipsius nostre Chremirensis ecclesie ordinaverit et disposuerit, prout tunc conceperat in sua mente: tamen ex postfacto sanius deliberatus et salubrius bonum propositum in melius commutando predicta bona, redditus et proventus in utilitatem communem et commodum ipsius ecclesie nostre capituli et universitatis Chremisirensis pro panibus, singulis diebus per annum prelatis, canonicis, vicariis, altariste, rectori scolarum et prebendatis seu ministris, qui fuerint pro tempore, iuxta modum et consuetudinem observatam in antea distribuendis disposuit salubriter et ordinavit. Ita quod annis singulis percepto censu bonorum predictorum annone pro panibus sic distribuendis debito tempore emi et comparari valeant iuxta decretum et voluntatem prepositi, decani et capituli Chremisirensis predictorum. Tali tamen modo, quod prepositus et decanus presentes ad minus elevacioni corporis Christi in missa beate virginis, canonici vero, vicarii et altariste omnes et singuli eidem misse beate virginis, que cottidie in ipsa nostra Chremisirensi decantatur ecclesia, personaliter interesse debeant a principio usque ad finem, nisi causa legittima et racionabilis aliquem excusaret, quam ipsi prepositus, decanus et capitulum legittimam et racionabilem iudicabunt. Item singulis annis perpetuis temporibus in predicta nostra Chremisirensi ecclesia duodecim anniversarii peragi debent, videlicet primus in vigilia sancti Gregorii pape anniversarius olim domini Nicolai prepositi Brunnensis felicis memorie. Secundus anniversarius olim venerabilis patris domini Johannis Olomucensis episcopi, avunculi invictissimi domini Karoli Romanorum imperatoris et Boemie regis, eius benefactoris, in vigilia vigilie sanctorum marthirum Mauricii et sociorum eius. Tercius anniversarius in memoriam progenitorum seu parentum ipsius domini Alberti prepositi Chremsirensis in vigilia vigilie omnium sanctorum. Et quartus sublato ipso domino Alberto de medio dies sui anniversarius perpetuo peragatur. Residui vero anniversarii octo in sempiternam memoriam dicti domini Alberti prepositi donatorum, benefactorum, consanquineorum et amicorum ipsius in spacio octo mensium, in regula ecclesie consignandi, expresse et nominatim peragi debent, ita quod in anniversariis et memoria singulorum predictorum faciendis semper vigilie novem leccionum et misse, quibus prepositus, decanus, canonici, vicarii, altarista, rector scole cum scolaribus et prebendati interesse teneantur, cum solempnitate offertorii et candelarum, sicut consuetum est, solempniter decantentur; offertorium cciam ibidem oblatum ministretur in hospitali pauperibus, necnon finita missa defunctorum, quocies oportunum fuerit, canonici, vicarii et altarista commemoracionem seu exequias faciant secundum consuetudinem dicte Chremisirensis ecclesie hactenus observatam. Si quis autem a missa beate virginis, missis anniversariorum, vigiliis, offertoriis, exequiis et commemoracione, ut prefertur, se absentaverit absque racionabili causa, quam ipsi prepositus, decanus et capitulum non approbarent fore legittimam, panibus carere debeat ipso die. Nobisque humiliter supplicavit supradictus dominus prepositus, quatenus ad ea singula premissa nostri prebere assensum et ipsa sub modo expressato superius auctoritate ordinaria confirmare dignaremur. Nos igitur ipsius domini Alberti supplicacionibus racionabilibus, piis et iustis benignius inclinati ordinacionem, disposicionem et assignacionem bonorum predictorum pro panibus et anniversariis rite et racionabiliter factas et omnia alia predicta grata et rata habentes census et redditus antedicte

ecclesie sancti Mauricii Chremisirensis incorporamus, unimus, invisceramus, adiungimus et
appropriamus. volentes ipsa bona, census, redditus et proventus in jus, libertatem et naturam
transire debeant bonorum ecclesiasticorum, ita quod peramplius per censuram ecclesiasticam
exigi valeant et requiri. Eaque omnia et singula premissa in omnibus suis punctis, clausulis,
modis et condicionibus. prout expressantur superius, approbamus,, laudamus, ratificamus et
ex certa nostra sciencia auctoritate ordinaria confirmamus. Presencium sub appenso nostro
maiori sigillo testimonio literarum. Datmn in castro nostro Medricz feria quinta infra octavas
pasce. sub anno domini millesimo trecentesimo octuagesimo tercio.

(Orig. Perg. h. Sig. im fürsterzb. Archive in Kremsier.)

291.

Bertha. Abtissin des Königinklosters, gibt den Bewohnern der Stadt Auspitz etc. das
freie Testirungsrecht. Dt. 12. April 1383. s. l.

Nos Bertha miseracione divina abbatissa, Agnes priorissa, Maria suppriorissa, Svata
cellaria totusque conventus monasterii Aulae sanctae Mariae in Antiqua Brunna, cisterciensis
ordinis. olomucensis diocesis, prudentibus judici et juratis civibus oppidi nostri Hustopetz,
incolis etiam villarum Bemdorf, Sterbitz et Starobitz tolique universitati hominum bonorum
corundem. nostris fidelibus gratiam nostram et omne bonum. Quanta sit fidei vestrae sinceritas,
qua erga nos et nostrum monasterium prompta semper mentis alacritate . . . . . . verborum
argumenta non requiramus, cum effectus operis dicta preponderans coram nobis experimento
dilucidat et conscientiarum nostrarum professio testis quantalibet disposicione solemnior inter-
pellat. Scimus etenim, immo jam indice facto probavimus, qualiter vestrae devotionis integritas
paratam continue se nostris obsequiis reverenter exhibuit et in fide constantiam, devotionem,
veritatem ostendit, nec nos latet et ipsa fidei vestrae perfectio dampnosis adeo guerrarum
inter fratres principes nostros et dominos generosos repulsa conatibus et continuam ex
sterilitate vinearum et agrorum vestrorum sentientes offensam, vel potius ex minuitate offensionis
jacturam in eo semper est in nostris serviliis probata ferventior, qua oppressiones pertulit
hactenus graviores. Ad compassiones itaque nostra praecordia immo ad recompensationis
examen libenter admittimus bonorum nostrorum ibidem jacturas et desolationes praecavere
volentes. nobis perinde more solito in capitulo nostro congregatis unanimi voluntate pro
felici statu et commodo vestro talem vobis gratiam, quam tamen a retroactis temporibus
habuistis, duximus innovandam et confirmandam futuris temporibus perpetue duraturam.
Quandocunque vel quociescunque unus vel plures, quotquot fuerint viri vel mulieres incolae
praedictorum bonorum nostrorum, qui tamen secundum jura municipalia Brunnensis civitatis
de rebus suis testandi liberam potestatem habuerint, qui nunc sunt vel erunt in posterum,
testamenta condere in vita vel in morte de rebus suis mobilibus vel immobilibus et facere
poterint cui velint, illis praesertim, qui secundum jura praefata civitatis Brunnensis testamen-

torum ac bonorum testamentorum capaces fuerint et habiles eadem possidendi. Si quis vero predictorum nostrorum subditorum absque testamento decederet et heredibus legitimis masculini vel feminini sexus careret, extunc concedimus de nostra gratia speciali, quod omnes et singulae haereditates, possessiones, bona, domus, vineae, curiae, agri et res mobiles, quibuscunque rebus vel locis existant, ad propinquiorem seu proximiorem in linea consanquinitatis amicum masculini vel feminini sexus sine omni impedimento haereditare seu devolvi debeant pleno jure. Illis vero non exstantibus amicis seu proximis bona defuncti, qui intestatus decederet, ad nos et nostrum monasterium libere devolvantur. Volumus etiam et irrefragabili edicto sanximus perpetuo, quod omnia et singula testamenta, quae inibi facta fuerint futuris temporibus eadem executores testamentorum eorundem infra unius mensis spatium, mortem testantis immediate sequentis, scabinis seu juratis, qui pro tempore fuerint, insinuare debeant et etiam publicare et si ecclesiam parochialem ibidem concerneret, is plebano loci aut suis vicariis vel procuratoribus insinuare etiam infra mensem similiter tenebuntur. Si qui vero executores testamentorum huiusmodi effective adimplere neglexerint, poenam quinque marcarum argenti puri nostrae camerae solvendarum se noverint incurrisse, quibus solutis vel non solutis praemissa omnia perpetue maneant in suo robore firmitatis. Promittentes insuper in solidum bona fide pro nobis et posteris nostris sub puritate nostrae conscientiae et fidei pacto, praemissa omnia et singula nos velle tenere et adimplere efficaciter et inviolabilia perpetuis futuris temporibus observare. Renuntiantes nihilominus per pactum solemniter appositum pro nobis et posteris nostris ac illis, quorum interest aut quolibet in antea interesse posset in solidum, omnibus et singulis juribus devolutionum temporalis dominii iuxta consuetudinem et jura terrae Moraviae exceptionibus doli mali vel in factum oppositionibus, contradictionibus, defensionibus, verborum vel factorum impugnationibus ac cujuslibet juris canonici vel civilis beneficiis visque maioris vel facti auxiliis, quibus si contra praemissa in toto vel in parte veniri posset quovis ingenio vel cautela. Pronuntiantes exnunc prout extunc irritum et cassum et non per errorem sed per bonam et voluntariam deliberationem, quidquid in posterum per quemcunque contra praemissa quacunque via fuerit attentatum, quod si fieret, mox ipso facto inefficax et invalidum sit penitus et inane. Sub harum, quas nostris abbatissae et conventus predictorum sigillis communitas dedimus, robore litterarum. Dominica qua Jubilate deo canitur, anno millesimo CCCLXXX tercio.

(Aus einer Kopie im Archive der Stadt Auspitz abgeschrieben, in der Boček'schen offiz. Sammlung 3050 im Landesarchive.)

292.

Johannes von Gulen gibt die Einwilligung, dass die Pfarrer in Jarohňowitz und Olschan ihre Pfründen vertauschen. Dt. Wischau 22. April 1383.

Nos Johannes de Gulen, camerarius ecclesie Halberstadensis, reverendi in Christo patris et domini domini Petri episcopi Olomucensis vicarius in spiritualibus generalis notum

faciums tenore presencium universis. Quod cum discreti viri domini Johannes in Jarohnowicz
et Johannes in Olschan ecclesiarum plebani easdem suas ecclesias patronorum suorum ad
hoc accedente consensu ex causis racionabilibus permutare cupientes in manibus nostris
dictis suis beneficiis sponte renunciaverint, nos dictis renunciationibus receptis prefatum
dominum Johannem de ecclesia in Jarohnowicz ad ecclesiam in Olschan, in qua honorabiles
et religiose virgines Adliczka priorissa totusque conventus monasterii sancte Katherine in
Olomucz, Wlezko perpetuus vicarius ecclesie Olomucensis, necnon famosi viri Boliko,
Hanussius dictus Czihawka et Busko de Olschan ac Radslaus de Nicz jus obtinent presentandi, transtulimus et rectorem legitimum instituimus et plebanum, sibi curam animarum et
administracionem spiritualium et temporalium in eadem, prout ad nostrum spectat officium
committentes. Harum, quibus sigillum vicariatus ecclesie Olomucensis est appensum, testimonio
literarum. Datum Wischaw Anno domini M⁰CCCLXXXIII⁰, XXII die mensis Aprilis.

(Orig. Perg. h. Sig. im Olm. Kapitelarchive.)

293.

Markgraf Jodok bestättigt der Stadt Ung. Hradisch alle Privilegien.
Dt. Brünn 7. Mai 1383.

Jodocus dei gracia marchio et dominus Moravie notumfácimus tenore presencium
universis, quod accedentes ad nostram presenciam fideles nostri dilecti cives civitatis nostre
Gradicensis exhibuerunt nobis suas literas et diversa privilegia non rasa, non cancellata nec
in aliqua sui parte viciata, immunitates, jura et gracias continencia ipsis a felicis recordacionis
quondam regibus Boemie, videlicet Ottakaro et Wenceslao factas, datas, traditas et concessas.
Et tandem cum augmento aliarum graciarum per serenissimum principem dominum Johannem
Boemie regem comitemque Lucemburgensem avum nostrum carissimum et demum per
invictissimum principem dominum Karolum semper Augustum, Romanorum et Boemie regem
patruum nostrum carissimum, cum adhuc in minoribus fuisset constitutus, necnon per felicis
recordacionis illustrem principem dominum Johannem genitorem nostrum carissimum benigniter
confirmatas, a nobis humiliter supplicarunt, ut eisdem gracias, jura et immunitates nostris
literis approbare ratificare et innovare de innata nobis clemencia dignaremur. Qua ipsorum
tam iustis quam racionabilibus supplicacionibus favorabiliter annuentes cupientesque in hoc
predictorum principum predecessorum nostrorum inherere vestigiis, ipsas literas, privilegia,
immunitates, jura et gracias, ipsi civitati et civibus in ipsa residentibus tam per dictos
principes quam per genitorem nostrum predictum porrectas, approbamus, ratificamus, innovamus et auctoritate presencium ex certa nostra sciencia confirmamus, volentesque easdem
universas et singulas, prout in ipsorum privilegiis et litteris continentur plenius, ratas, gratas
et firmas perpetuis in antea temporibus inviolabiliter permanere. Presencium sub appenso
nostro sigillo testimonio literarum. Datum Brunne anno domini millesimo trecentesimo octuagesimo tercio, feria quinta proxima ante festum penthecostes.

(Orig. Perg. h. Sig. im Archive der k. St. Ung. Hradisch.)

294.

Nikolaus, Bürger in Neuhaus, verkauft Heinrich dem älteren von Neuhaus das Dorf Stiborschlag. Dt. Neuhaus 18. Mai 1383.

Ego Nicolaus Kadoldi, civis de Novadomo, cum omnibus heredibus meis venditor principalis, Henslinus de Widern, Jesco dictus Ostraba de Nemptschicz, Philippus de Lubnicz fideiussores et disbrigatores legitimi existentes tenore presencium recognoscimus universis publice protestando, quia bona deliberacione maturoque consilio prehabitis villam dictam Styborschlag cum piscina et agris cultis et incultis, pratis, pascuis, rivis, silvis, rubetis et cum censibus, redditibus, emendis et culpis, robotis, honoranciis, utilitatibus, libertatibus ac proventibus et pertinenciis, necnon limitibus intra et extra villam universis, nil nobis et heredibus nostris juris hereditarii vel dominii penitus reservando, nobili domino, videlicet domino Heinrico seniori de Novadomo et heredibus suis vendidimus pro centum et triginta septem sexagenis et quadraginta grossis grossorum pragensium denariorum. Et de huiusmodi bonis iam dictis pro altari in Zlebings ex novo fundato deputatis condescendimus per presentes ad habendum, tenendum et perpetue ac pacifice possidendum, promittentes manu coadunata fideque sincera sine dolo, dicta bona a quolibet homine ipsa inpetente vel inpetere volente, et specialiter a judeis et a quovis dotalicio secundum jus terre disbrigare et omnimode libertare ac in primo concilio baronum Brunne celebrando registro tabularum terre, omni procul mota negligencia annotare, necnon pro omni discussione seu reempcione a nobis et quolibet alio. In casu autem, si eadem bona ab huiusmodi discussione vel qualibet inpeticione disbrigare non possemus, tunc alia bona equivalencia in nostris liberis bonis, terciam partem plus adaucta, deputare et condescendere, aut ipsa bona cum tercia parte plus pecunia in parata reemere et persolvere tenebimur et debemus. Sin autem quicpiam premissorum facere neglexerimus, extunc duo nostrum quivis cum famulo et duobus equis, quicunque iussi fuerimus et moniti, ad civitatem Novedomus ad prestandum obstagium debitum et consuetum tenebimur introire, ibidem in domo honesta nobis per ipsos deputata more solito obstagiaturi et abinde nusquam exituri, donec omnia premissa una cum dampnis universis exinde contractis, que evidenter dicere poterint, ipsis per nos integre fuerint adimpleta et pleniter expedita. Et quicunque presentes literas cum consensu et voluntate prescriptorum dominorum de Novadomo in sua habuerit potestate, eidem jus omnium tamquam ipsis dominis competit premissorum. Ut autem omnia premissa in singulis suis punctis rata permaneant atque firma, presentes fieri iussimus literas in robur valiturum sigillorum nostrorum appensionibus munitas. Datum in Novadomo anno domini millesimo trecentesimo octuagesimo tercio, in crastino sancte Trinitatis.

(Abschrift aus dem in Zlabings befindlichen Originale, von dessen ursprünglichen vier jetzt zwei Sig. fehlen, in der Boček'schen Sammlung. n. 10.657 im mähr. Landesarchive.)

295.

Markgraf Jodok verleiht seinem obersten Mundschenk, Heinz von Waldstein, eine Mühle am Flusse Bistritz. Dt. Brünn 28. Mai 1383.

Nos Jodocus dei gracia marchio et dominus Moravie notum facimus tenore presencium universis. Quod consideratis nobilis Hainczonis de Walnstein, supremi nostri pincerne, meritis et obsequiis nobis exhibitis et in futurum nobis et successoribus nostris marchionibus exhibendis de speciali gracia sibi molendinum in purchrecht nuncupatum in Trawing, in flumine Bistricz prope capellam sancti Andree extra muros civitatis Olomucensis inter duo alia molendina situm, cum agris, pratis, aquis aquarumque decursibus et piscacionibus eiusdem fluminis dedimus et presentibus generose donamus, ut eundem (sic) molendinum cum suis pertinenciis possit et valeat tenere, dare, alienare, vendere jure prenotato. Hoc addito, quod possessor seu possessores dicti molendini debent et tenentur ipso supremo pincerne dare et solvere nomine perpetui census viginti octo grossos pragenses, per medium in festo sancti Georii et per medium in festo sancti Wenceslai, annis singulis et quatuordecim grossos in generali et regali berna superveniente dabit et solvet, quociens ipsam colligi contigerit. Cum vero dictus Hainczo dictum molendinum cum suis pertinenciis predictis pro suis indigenciis de nostro beneplacito et consensu vendiderit pro triginta una marcis grossorum denariorum pragensium moravici numeri et pagamenti hospitali sancti Anthonii in civitate Olomucensi et suis pauperibus, nos volentes eidem loco nostre benignitatis affectum ostendere per effectum, eandem vendicionem predicti molendini et pertinenciarum suarum predictarum de nostro consensu factam, ut premittitur, admittimus, approbamus, ratificamus et presentibus literis confirmamus ipsumque molendinum cum suis pertinenciis predictis predicto hospitali pro usu pauperum in eo degencium incorporamus et perpetuo annectimus et unimus. In cuius rei testimonium et veritatem presentes literas de nostra certa sciencia dedimus sigillo nostro appensione munitas. Datum et actum Brune, anno domini MCCCLXXXIII in octava sacratissimi corporis Christi.

(Orig. Perg. h. Sig. abger. im Olm. Käpitelarchive.)

296.

Heinrich von Waldstein verspricht, den Johann von Vöttau von der Bürgschaft zu befreien, welche dieser dem Martin Wallser und Konrad Spiess geleistet hatte. Dt. 19. Juni 1383.

Ego Heniczko de Waldstein notum facio universis. Quod quia nobilis dominus Johannes de Wethovia meas ad peticiones erga strenuos viros dominos Mertlinum dictum Valser et Chunradum dictum Spiez, milites de Austria, pro quinquaginta octo sexagenis grossorum amicabiliter se obligavit ac mecum compromisit, ideo promittimus nos Heniczko predictus, Czaschko de Waldstain et Wenczeslaus Chruschin de Leuchtenwurch, bona nostra fide sine quolibet dolo, eundem dominum Johannem et heredes suos a dicta fideiussoria obligacione de dictis militibus liberare, liberos et absolutos facere nunc in festo sancti Michaelis proxime venturo qualibet sine tardacione. Quod si non fecerimus, ex tunc statim unus nostrum, quicumque a dicto domino Johanne monebitur, is per interpositam personam ydoneam et honestam cum uno famulo et duobus equis obstagium verum et solitum in civitate Bruna, et domo honesta sibi per dictum dominum Henslinum deputata prestabit intemerate, non exiturus, donec memoratum dominum Henslinum et heredes suos, de fide-iussoria obligacione premissa de dictis militibus ac. de quibuslibet dampnis quovismode inde notabiliter contractis liberos et in toto absolutos fecerimus et faciemus, quolibet suo et beredum suorum sine dampno atque detrimento. Sub harum quas sigillis nostris dedimus robore literarum, feria sexta post diem sancti Viti proxima, anno domini millesimo trecen-tesimo octuagesimo tercio.

(Orig. Perg. drei an Perg. Štreifen h. Sig. in den altständischen Akten Miscell. n. 133
im Landesarchive. Die zwei ersten Sig. zeigen den Löwen der Waldsteine, das des
Krušina einen Helm und über demselben den Fisch der Lípa's.)

297.

Der Olmützer Kanonikus Jaroslaus befiehlt dem Pfarrer zu s. Jakob in Brünn, dass er den Probsten von Kumrowitz nach Olmütz citire. Dt. Olmütz 1. Juli 1383.

Jaroslaus senior canonicus ecclesie Olomucensis judex et conservator jurium et privilegiorum ac libertatum monasterii sancte Trinitatis prope Brunnam, Carthuziensis ordinis, Olomucensis diocesis cum honorabili et religioso viro domino, domino abbate monasterii Zabrdovicensis, Premonstratensis ordinis dicte Olomucensis diocesis, modo in hac parte collega, a reverendissimo in Christo patre et domino, domino Johanne dei gracia sancte Pragensis ecclesie archiepiscopo, apostolice sedis legato, judice et conservatore jurium et privilegiorum ac libertatum monasterii sancte Trinitatis prope Brunnam predicti a sede apostolica principali delegato, subdelegatus, honorabili ac discreto viro domino . . plebano sancti Jacobi in Brunna salutem in domino et mandatis nostris immo verius apostolicis firmiter obedire. Noveritis, nos literas reverendissimi in Christo patris et domini domini Johannis dei gracia sancte Pragensis ecclesie archiepiscopi apostolice sedis legati predicto (sic) sigillo suo consueto inpendenti ac manu magistri Wenceslai quondam Pauli de Radecz, clerici Pragensis diocesis publici auctoritate imperiali notarii subscripti ac suo signo consueto et nomine consignatas et sigillatas cum ea, qua decuit, reverencia recepisse noveritis (sic) tenoris subsequentis: Johannes dei gracia sancte Pragensis ecclesie archiepiscopus, apostolice sedis legatus, judex et conservator etc. bis Datum Prage anno domini M⁰CCCLXXX primo die XXV mensis Maii in curia nostra pragensi, in sala superiori etc. (vid. n. 220). Harum igitur auctoritate literarum apostolicarum vobis domino . . plebano sancti Jacobiˀin

34*

Brunna aut vestras vices gerenti in virtute sancte obediencie et sub excommunicacionis pena. quam in vos. trium tamen dierum canonica monicione premissa, ferimus in hiis scriptis, si mandatis nostris immo verius apostolicis non parueritis cum effectu, vobis districte precipiendo iniungimus et mandamus, quatenus uno edicto pro tribus efficaciter et peremptorie honorabilem et religiosum virum dominum Sdislaum prepositum in Luha ordinis sancti Benedicti. Olomucensis diocesis, personaliter inventum alias publice in domo sue habitacionis ad nostram citetis presenciam. quem et nos presentibus citamus, ut feria sexta proxima ante festum sancte Margarethe coram nobis (in) Olomucz in domo nostre habitacionis hora terciarum peremptorie compareat, honorabilibus et religiosis viris . . fratribus Laurencio priori et conventui domus sancte Trinitatis prope Brunnam ordinis Carthuziensis supradictis super iniuriis et alias de iusticia responsurus. Fidem nobis vostre fidelis execucionis facite per appensionem sigilli vestri ad presentes ad terminum memoratum. Datum Olomucz anno domini M⁰CCC octuagesimo tercio, die prima mensis Julii nostro sigillo proprio subappenso.

(Orig. Perg. 2 h. Sig. im Archive des Kl. Raigern.)

298.

König Wenzel IV. ernennt den Markgrafen Jodok von Mähren zum Reichsvikar in Italien. Dt. Prag 5. Juli 1383.) *

Wenceslaus dei gracia Romanorum rex semper augustus et Boemie rex notum facimus tenore presencium universis. Quod incumbentibus nobis assidue negociorum varietatibus innumeris, dum pro felici statu reipublice imperialis animus hincinde distrahitur, dignum estimamus existere et necessarium arbitramur, ut, qui tot regionibus nobis commissis personaliter adesse non possumus provide gubernandis[1]), viros fide et circumspeccione probatos in partem nostre solicitudinis statuamus. Sane licet pridem dum proficisci versus Italiam in subsidium sancte Romane ecclesie matris nostre, que tunc temporis[2]) opprimebatur quamplurimum, sicud[3]) adhuc[4]) opprimi dinoscitur, imperii sacri concitata Romana potencia maiestas regia decrevisset, tamen nonnullis arduis et evidentissimis causis urgentibus, que ultimata regnorum et principatuum nostrorum procurare possent dispendia, iter nostrum pronunc dinoscitur impeditum. Idcirco illustrem Jodocum marchionem Moravie, principem et fratrem nostrum carissimum, de cuius fide et approbata constancia plenissime et sincerissime presumimus, nostrum et imperii sacri per totam Italiam et omnes partes ultramontanas non per errorem aut improvide, sed animo deliberato sanoque et maturo tam ecclesiasticorum quam aliorum sacri imperii principum, baronum et[5]) procerum[6]) accedente consilio, constituimus[7]), facimus, ordinamus de nostre ac de[8]) Romane regie potestatis plenitudine creamus et firmamus Vicarium generalem. Dantes exnunc et concedentes eidem plenam,

---

*) Von dieser Urkunde existieren zwei Exemplare. Die Textverschiedenheiten sind am Schlusse dieser Urkunde beigefügt.

liberam et omnimodam auctoritatem, potestatem temporalem et generalem iurisdiccionem necnon gladii potestatem, merum, mixtum et absolutum imperium ac cciam administracionem et iurisdiccionem omnimodam contenciosam et voluntariam vice et auctoritate atque nomine nostris et sacri imperii in omnibus et per omnia universaliter et singulariter in singulis provinciis, principatibus, dominiis, districtibus, civitatibus, opidis, castris, villis et eorum omnium pertinenciis tocius Italie et ultramontanarum partibus qualitercunque et quomodo-cunque nominatis et ubicunque sitis, nullo[9]) penitus excepto[10]), per se, alium vel alios, quibus hoc duxerit committendum[11]), feoda quelibet imperialia conferendi et confirmandi et de novo in locis premissis[12]) eidem commissis bona et res quaslibet infeodandi et in feodum disponendi et assignandi; vasallos et feodatarios constituendi et ordinandi[13]); feoda, homagia, feodatarios[14]), vasallos revocandi et alteri assignandi vel libera relaxandi, ordinandi et destruendi, prout eidem consonum[15]) videbitur; vicarios, locumtenentes, potestates, rectores. judices et officiales quoslibet perpetue vel ad tempus in locis predictis statuendi, faciendi, creandi et ordinandi; presentes vicarios seu locumtenentes, vasallos, fideles seu cuius nomine nuncupentur, in locis predictis per nos aut nostros predecessores ordinatòs, constitutos, racione suadente et prout sibi videbitur, revocandi, ordinandi et distribuendi; privilegia, literas seu rescripta prefatorum tollendi, revocandi et annullandi in totum vel in partem et in eis[16]) quolibet ipsorum addendi, declarandi, corrigendi, prout eidem nostro vicario videbitur vel prout racio, merita vel demerita ipsorum vel alicuius eorum suadebunt, ac cciam occu-patores, detentores seu[17]) invasores vel[18]) possessores provinciarum, regionum, civitatum, terrarum, opidorum, castrorum, comitatuum seu[19]) villarum et[20]) quarumcunque rerum et locorum, ad nos vel ad sacrum imperium spectancium seu quomodolibet pertinencium, ut relaxent, dimittant, restituant, ammonendi, convocandi et constringendi et contra eos et quoscunque delinquentes quandocunque et quomodocunque et ubicunque, sive sit communitas, collegium, universitas seu specialis persona cum dignitate vel sine, et ipsorum quemlibet summarie et[21]) de facto, per dictum nostrum vicarium, alium seu alios per eum ordinandum seu[22]) ordinandos, procedendi, cognoscendi, sentenciandi, exequendi et puniendi, et inobe-dientes animadvertendi et predictos realiter et personaliter mutandi[23]) et puniendi; guerras, exercitus, cabalcatas, destrucciones, vastaciones et confiscaciones bonorum indicendi, faciendi, disponendi, ordinandi, animadvertendi et exercendi in facinorosos et reos homines eosque et rebelles quoscunque puniendi, relegandi, deportandi et ultimo supplicio adiciendi ac alias cohercendi racione vel iusticia mediante vel prout sibi videbitur[24]) et prout qualitas criminis[25]) vel delicti exiget vel requiret[26]) culpaque delinquencium et excessus[27]), sic ut per ipsum suum vel suos, ut premittitur, commissarium seu officiales merum et mixtum imperium, administracio et omnimoda iurisdiccio contenciosa seu voluntaria in loca et homines, cuius-cunque status, preeminencie vel condicionis existant, per totam Italiam consistencia, con-sistentes, habitantes vel moram trahentes exerceantur vel exerceri possint et hic in regno Boemie, ibi in partibus ultramontanis vel[28]) alibi, ubi ipsum nostrum vicarium esse contigerit et antequam ipsas partes ipse intret, et postquam intraverit vel inde recesserit, libere secundum quod eidem ius et racio persuadebunt quacunque temporis prescripcione seu usucapione non obstante. Concedentes nichilominus eidem nostro vicario et illis, quibus hoc vel aliquid aliud comiserit, et in ipsum vel ipsos iure plenario transferentes auctoritatem, potestatem et licenciam generalem et omnem nostram et sacri imperii potestatem, eciam que meri imperii et iurisdiccionis sunt et omnia et singula supra et infra scripta et collectas[29]), dacia, onera realia et personalia ac mixta et quelibet alia onera nobis et imperio nostro debita, necnon omnes census, redditus, jura, proventus, emolimenta, obvenciones, conductus, thelonea, dacias ac pedagia principatuum, dominiorum, civitatum, terrarum, territoriorum, monasteriorum, districtuum, opidorum, castrorum, villarum et locorum tocius Italie, ad nos quomodocunque et sacrum imperium pertinencium vel spectancium, de consuetudine vel de jure exigendi, levandi, recipiendi, recipi faciendi et nostro ac imperii nomine confiscandi, disponendi et ordinandi et penas et mulctas racione previa, et prout eidem consonum esse videbitur, imponendi, levandi, augmentandi, minuendi et ordinandi et in iudicio et extra remittendi et disponendi; in causis, questionibus, arbitriis, arbitramentis et litibus quibuscunque cum causarum cognicione vel sine, deum tamen habendo pre oculis in predictis, ac de plano et summarie sine strepitu et figura iudicii, sola veritate inspecta, procedendi, determinandi, sentencias exequendi, fugitivos inquirendi et puniendi; maleficos et alios infamiam tam iuris quam facti irrogandi, tollendi et disponendi et inhabiles et infames quacunque inhabilitate seu infamia[30]) restituendi et habilitandi, spurios, manseres seu ex quocunque coitu dampnato natos legiti-mandi*), habilitandi et capaces et[31]) integri status quo ad omnes actus, honores[32]) et dignitates[33]) faciendi, constituendi et ordinandi[34]); de causis principalibus et appellacionibus[35]) tamquam noster et sacri imperii vicarius generalis et legittimus per se vel alium seu alios disponendi, cognoscendi, sententiandi et ordinandi; monetas sub vero pondere et caractere auream et argenteam[36]) instituendi, concedendi et ordinandi[37]); decreta, statuta et promissiones in premissis[38]) omnibus et premissorum quolibet de novo faciendi, iam facta ordinandi et in totum tollendi semel et pluries, tocies et quocies sibi[39]) expedire videbitur[40]) et ordo dictaverit racionis; et ad ecclesias parrochiales et ecclesiastica beneficia, dum et quocies vacaverint, que ad nostram et sacri imperii presentacionem spectare noscuntur, personas aptas et idoneas presentandi, atque cum personis omnibus supradictis, cum dignitatibus vel sine, honoribus vel sine, civitatibus, comitatibus, terris, castris, opidis, villis et cum eorum dominiis et comunitatibus et cum omnibus et singulis supra nominatis, in partibus ultramontanis sitis[41]), stantibus, habitantibus vel quomodolibet moram trahentibus, de quibuscunque questionibus, litibus, altricacionibus preteritis, presentibus vel futuris et de omni eo, in quo predicti vel aliquis predictorum esset seu essent nobis seu erario nostro quomodolibet obligati vel astricti seu obligati vel astricti dicerentur quacunque de causa re, facto vel verbo paciscendi, exigendi, transiendi (sic)[42]), contrahendi, obligandi, dissolvendi, distrahendi et ordinandi; pacem, confederaciones et ligas faciendi, instituendi et ordinandi iam factas seu facta vel ordinata tollendi[43]), revocandi, annullandi, declarandi et, prout sibi videbitur, ordinandi; ac cciam donaciones, concessiones, liberaciones, absoluciones et libertates quaslibet et[44]) im-

---

*) Im Originale ein Wasserfleck.

munitates, personatus et honores per nos seu predecessores nostros alicui civitati communitati vel personis ecclesiasticis seu secularibus cum dignitatibus vel sine et cuicunque, qualiter- cunque, quomodocunque, quocunque titulo vel causa [45]) concessas, datas, assignatas, concessa vel ordinata causa rebellionis, ingratitudinis seu quacunque alia causa eidem nostro vicario equa seu iusta visa fuerit [46]), appellacione remota, tollendi, revocandi, disponendi, annullandi per se [47]), alium vel [48]) alios; visitaciones et iuramenta a vicariis, vasallis et [49]) aliis, qui de iure seu consuetudine nobis seu romano imperio tenentur seu astricti esse dicentur [50]), recipiendi ct super negligentes seu resistentes [51]) disponendi, remittendi, transigendi ct ordinandi; iniurias, rebelliones ct maleficia quelibet puniendi, exigendi, remittendi ct compensandi; cum cunctis benemeritis de nostris seu sacri imperii bonis retribuendi, donandi, infeodandi inperpetuum vel ad tempus ct prout sibi videbitur concedendi; cum demeritis paciscendi, transigendi et quietandi, necnon omnia et singula faciendi ct exercendi, que nos in partibus Italie auctoritate imperiali [52]), si personaliter adessemus, mero et mixto imperio exercere, facere, ordinare vel precipere quomodolibet valeremus, eciam si qua cx eis iure vel consuetudine mandatum exigerent speciale ct de quibus necesse foret in presentibus mencionem [53]) facere specialem. Que omnia gesta, facta, mandata, ordinata, disposita seu declarata volumus perpetuo et inviolabiliter ab omnibus facere observari, concedentes eidem nostro vicario in omnibus et per omnia totaliter vices nostras, promittentes eidem presenti et recipienti eundem non revocare, donec in partibus ultramontanis predictis [54]) erimus personaliter constituti, volentesque et promittentes eidem presenti et recipienti [55]) presenti nostro rescripto, nostro ct sacri imperii nomine omnes et singulas sentencias, mulctas, animandversiones, publicaciones, confiscaciones, donaciones, concessiones, revocaciones, liberaciones, absoluciones, obligaciones, disposiciones, infeodaciones, recepciones, quitaciones, libertaciones, revocaciones, annullaciones, declaraciones et alia omnia, quecunque in predictis vel aliquo predictorum vel que ad predicta vel ad aliquid predictorum possent quomodolibet pertinere quacunque de causa ct cum dependentibus, emergentibus seu descendentibus ab eisdem omnibus et per omnia totaliter vices, auctoritatem, potestatem et iurisdiccionem nostram ct imperii sacri Romani omni modo, quo melius possumus et valemus, cum omnibus et singulis clausulis necessariis utilibus ct oportunis cciam omnia illa, illas et cum illis, que ad predicta et ad predictorum quodlibet possent seu deberent quomodolibet pertinere, cciam si talia essent, de quibus esset necesse seu utile mencionem facere specialem, de qua speciali mencione exnunc prout extunc in suprascriptis et infrascriptis et in clausulis generalibus declaramus et volumus contineri et inclusum esse et [56]) plenum robur et firmitatem habere et tenere, ac si actus ille seu pars illa seu [57]) illud, de quibus fuisset seu esset necesse mencionem specialem facere [58]), esset in presentibus specialiter et presencialiter scriptum, emanatum, concessum, dictum, declaratum seu indultum, inviolabiliter observare et facere ab omnibus observari, omni excepcione remota, facta, gesta et [59]) ordinata per eum vel alium, ut premittimur [60]), per eum deputandum. Non obstantibus predictis vel aliquibus predictorum aliquibus rescriptis seu privilegiis per nos vel nostros predecessores indultis, factis seu concessis cciam si de cis vel eorum aliquo [61]) foret necesse mencionem facere specialem et non obstantibus aliquibus legibus, communibus statutis seu consuetudinibus municipalibus provinciarum, regionum, civitatum seu quoruncumque locorum, que in contrarium essent edita, emanata, facta, ordinata seu concessa et specialiter legibus infrascriptis: l. „Nec dampnosa" et [62]) l. „Quocies" et l. „Rescripta" c. „De precibus imperatori offerendis" et l. „Prescripta," et l. „Omnes" c. „Si contra ius vel utilitatem publicam." et l. „Sacri." et l. „Fi." [63]) c. „De diversis rescriptis et auten . . ut divine iussiones habeant subscripcionem gloriosissimi questoris et ut nulli judicum liceat habere loci conservatorem." cum omnibus similibus et cum omnibus aliis legibus, que in contrarium quomodolibet possent restare et generaliter omnibus et singulis legibus sive [64]) iuribus, que obstarent vel obstare possent, quibus inquantum predictis vel alicui predictorum obstarent in hac parte duntaxat et non ultra, penitus derogamus et esse volumus derogatum. Mandantes nichilominus universis et singulis principibus ecclesiasticis et secularibus, comitibus, baronibus, nobilibus, vasallis, feodatariis, subditis, terrigenis, incolis, habitatoribus, castellanis, custodibus, officialibus in civitatibus, castris, villis, districtibus et territoriis nostris et sacri Romani imperii quomodolibet [65]) subiectis et omnibus in partibus illis existentibus memoratis, quatenus prefatum vicarium nostrum benigne recipiant absque difficultate aliqua, ac sibi et suis officialibus, ambassiatoribus, nunciis et litteris obediant, pareant et intendant et ad predicta et quelibet [66]) predictorum requirere valeat omnes nostros subditos, qui ibi in partibus sibi commissis [67]) et imperio nostro subsunt, ut ad predicta et quodlibet predictorum personaliter et cum eorum potencia intersint prestentque gentes equestres et pedestres, arnesia, passus, victualia et alia necessaria et oportuna, quocies per eum vel eius nuncium seu nuncios fuerint requisiti, sub pena indignacionis nostre gravissime, eris et persone et confiscacionis bonorum vel alterius pene, que per predictum nostrum vicarium seu alios nominatos [68]) deputatos ab eo fuerit ordinata, quas penas, si secus attemptare presumpserint vel in aliquo contrafacere negligenter seu contumaciter resistere [69]) vel venire, volumus incursuros, quam penam [70]) camere seu erario nostro seu [71]) prout predictus vicarius noster seu deputandus ab eo duxerit ordinandum [72]), decernimus applicari. Nulli ergo omnino hominum liceat hanc nostre constitucionis, faccionis, ordinacionis, creacionis et firmacionis paginam infringere vel ei ausu quovis temerario contraire. Si quis autem contrarium attemptare presumserit, penam prescriptam et penam mille marcarum auri puri, quarum medietatem camere nostri erarii seu fisci, residuum vero dicti [73]) vicarii nostri [74]) usibus applicari volumus, se noverit tocies, quocies contrafecerit, irremissibiliter incursurum. Presencium sub regie nostre maiestatis sigillo testimonio literarum. · Datum Prage anno domini millesimo trecentesimo octuagesimo tercio, indiccione sexta, tercio nonas Julii, regnorum nostrorum anno Boemie vicesimo primo, Romanorum vero septimo.

(Auf der Plicatur: Ad mandatum regis P. Jaurensis. — In dorso: R. Benessius de Nachod. [75]) — Orig. Perg. an weissen und schwarzen Seidenfäden h. Gegensigel im mähr. Landesarchive. Theilweise abgedruckt in Pelzels Lebensgesch. K. Wenzeslaus I. Urkundenbuch p. 56.)

[1]) Im zweiten Exemplare stehen die Worte nach commissis in folgender Ordnung: pro vide gubernandis personaliter adesse non possumus. — [2]) Hier stehen im 2. Exemplare die Worte bei-

gesetzt: in illis partibus. — ³) Statt sicud steht: et. — ⁴) cottidie eingeschaltet. — ⁵) Die Worte: baronum et fehlen. — ⁶) Eingeschaltet: et nobilium. — ⁷) constituimus fehlt. — ⁸) de fehlt. — ⁹) Statt: nullo steht nichilo. — ¹⁰) Statt: excepto steht incluso. — ¹¹) Die letzten zwei Worte sind versetzt und an dieselben schließt sich an: literas, privilegia, jura, libertates, statuta, observancias et consuetudines, quas et que civitates, opida et ville, prelati et ecclesiastice persone habuerint hucusque, innovandi, ratificandi, affirmandi et confirmandi, quociescunque fuerit oportunum. — ¹²) Statt premissis steht predictis. — ¹³) Nach dem Worte ordinandi steht im 2. Exemplare: et ab eisdem homagia fidelitatis et alterius cuiuscunque generis juramenta hactenus consueta nostro et imperii nomine recipere a vasallis ecclesiasticis et secularibus, collegiis, universitatibus et singularibus personis et aliis quibuscunque quacunque causa vel jure debeantur ac cciam de novis vasallis per ipsum de novo fiendis, necnon vice versa in animam nostram jurare. — ¹⁴) et. — ¹⁵) fore. — ¹⁶) et. — ¹⁷) seu fehlt. — ¹⁸) statt vel steht seu. — ¹⁹) seu fehlt. — ²⁰) statt et steht seu. — ²¹) et fehlt. — ²²) statt seu steht et. — ²³) statt des unrichtigen mutandi steht das richtige multandi. — ²⁴) Die Worte: vel prout sibi videbitur sind zwischen iusticia und mediante eingeschaltet. — ²⁵) Die zwei letzten Worte stehen versetzt. — ²⁶) Steht: exiget vel requiret. — ²⁷) Hier ist das Nachfolgende eingeschaltet: Crimina cciam in judicium deducta et pena inflicta tam ipsis punitis adhuc viventibus quam ipsis mortuis ipsorum liberis, si eorum intersit, indulgenciam obtinere aut eciam illa, que non sunt in judicium deducta, aut deducta sed non punita, remittendi per indulgenciam aut per restitucionem ad patriam, larem, bona, dignitates, bonam famam et honores restituendi, sive sint singulares persone sive generales, cciam si per eundem nostrum vicarium essent de crimine quocunque condempnati. — ²⁸) Statt vel steht et. — ²⁹) cciam. — ³⁰) Die letzten drei Worte stehen versetzt: infamia seu inhabilitate. — ³¹) Statt et steht ac. — ³²) honores, actus. — ³³) Hier ist noch hinzugefügt: hereditates parentum et aliorum quorumcunque et cciam ad feuda. — ³⁴) Hier folgt noch: comites palatinos, tabelliones seu notarios publicos creandi, faciendi et ordinandi recepto ab eis juramento debito cum clausulis oportunis et factos revocandi. — ³⁵) Hier ist eingeschaltet: tam civilibus quam criminalibus cciam de interiectis ad nos. — ³⁶) Hier der Zusatz: cudendi et cudi faciendi, monetarios instituendi et ipsam monetam ubicunque voluerit. — ³⁷) Hier folgt noch: ac cciam revocandi iuxta sue libitum voluntatis. — ³⁸) Statt premissis steht predictis. — ³⁹) Hier steht: visum fuerit. — ⁴⁰) Das Wort videbitur fehlt im 2. Exemplare. — ⁴¹) Eingeschaltet: existentibus. — ⁴²) transigendi. — ⁴³) Statt: seu facta vel ordinata tollendi, steht: renovandi et confirmandi cum cautelis et clausulis oportunis easdemque tollendi. — ⁴⁴) Statt et steht ac. — ⁴⁵) Hier ist eingeschaltet: concessos. — ⁴⁶) fuerit fehlt. — ⁴⁷) Hier ist eingeschaltet vel. — ⁴⁸) Statt vel steht seu. — ⁴⁹) Hier ist eingeschaltet: ab. — ⁵⁰) Statt dicentur steht dicuntur. — ⁵¹) Statt: negligentes seu resistentes disponendi, steht: inobediencia, negligencia seu resistencia dispensandi. — ⁵²) Die Worte: auctoritate imperiali fehlen im 2. Exemplare. — ⁵³) Die drei letzten Worte stehen versetzt: mencionem in presentibus. — ⁵⁴) Statt predictis steht: antedictis. — ⁵⁵) Hier ist das Wort ac eingeschaltet. — ⁵⁶) Statt et steht ac. — ⁵⁷) Statt seu steht vel. — ⁵⁸) Die letzten zwei Worte versetzt: facere specialem. — ⁵⁹) Das Wort et fehlt. — ⁶⁰) Statt premittimur steht richtiger premittitur. — ⁶¹) Die zwei letzten Worte stehen versetzt: aliquo eorum. — ⁶²) Das Wort et fehlt. — ⁶³) Statt fi steht finali. — ⁶⁴) Statt sive steht et. — ⁶⁵) Vor dem Worte officialibus bis quomodolibet steht: universitatis civitatum, castrorum, opidorum, villarum, districtuum et territoriorum nobis et sacro Romano imperio. — ⁶⁶) Statt quelibet steht quodlibet. — ⁶⁷) Hier ist eingeschaltet: nobis. — ⁶⁸) Statt nominatos steht supranominatos. — ⁶⁹) Statt resistere steht obsistere. — ⁷⁰) Statt quam penam steht easque. — ⁷¹) Statt seu steht vel.

35

— [72]) Die zwei letzten Worte stehen versetzt: ordinandum duxerint. — [13]) Statt dicti steht predicti.
[74]) Die zwei Worte stehen versetzt: nostri vicarii. — [75]) Hier steht Wenceslaus de Jenikow.

299.

*K. Wenzel an die ital. Fürsten, dass er den Markg. Jost zum Gen. Vikar in Italien
ernannt habe. Dt. nach dem 5. Juli 1383.*

Fidelis dilecte! Scimus et experimento didicimus, quod ex diutina nostre majestatis
absentia in Italiae partibus pro varietate *) temporum honor, jura, justitia et libertas imperii
distracta sint hactenus, et per amplius quotidie distrahantur. Pro quibus reformandis dudum partes
ipsas personaliter adire decrevimus, si non hereditariarum terrarum nostrarum, nec non
aliorum grandium agendorum imperii per Almaniam evidens quidem diversa et necessitas
huiusmodi nostro proposito firmo obice restitissent. Ad providendum itaque praemissis
opportuno remedio, et tam ecclesiae quam imperii reipublicae salubrius consulendum, illustrem
Jodocum, marchionem Moraviae, principem et patruum nostrum carissimum, in partem nostrae
sollicitudinis evocantes, per totam Italiam et partes ultramontanas nostrum et imperii sacri
constituimus vicarium generalem, ut videlicet, quem nobis originis et naturae etiam ad re-
stauranda earundem incolarum antiqua jura, justitias, libertates, utilitates et commoda, prout
decet. possit nostra auctoritate et nomine sollicita diligentia laborare. Quapropter fidelitatem
tuam ex animo seriose requirimus et hortamur, quatenus eundem patruum nostrum, utpote
nostrum et imperii sacri generalem vicarium, honorifice ac decenter suscipere, favorabiliter
et caritative tractare, sibique in procuranda partium illarum re publica et signanter in
formandis et effectualiter conservandis juribus nostris et imperii ac universis et singulis
officium vicariatus predicti concernentibus, super quibus (te) requisitum habuerit, ac si
majestas nostra personaliter adesset, prout et quantum valetis, assistentia assistere velitis
cum effectu, quod desuper coram majestate nostra commendari possis et de fidei tuae merito
teneamur nostro nomine ad reddenda licita (sic) merita gratiarum.

(Palacký Formelbücher 2, 36.)

300.

*Notariatsakt, in welchem erklärt wird, dass der Baccalaureus Philipp Hermann aus Brünn
die Vertretung des Kumrowitzer Probstes Sdislaus in dem vor dem Olmützer Kanonikus
Jaroslaus zu verhandelnden Processe übernommen habe. Dt. Wischau 8. Juli 1383.*

In nomine domini amen. Anno nativitatis eiusdem millesimo trecentesimo octuagesimo
tercio. indiccione sexta. mensis Julii die octava, hora quasi vesperarum, pontificatus sanctissimi

---

*) Ms. veritate.

in Christo patris et domini nostri domini Urbani divina providencia pape sexti anno sexto constitutus Wisschaw in hospicio domus matrone Luczkomisse in mei notarii publici testiumque infrascriptorum presencia honorabilis vir dominus Sdisslaus prepositus in Luha ordinis sancti Benedicti, Olomucensis diocesis, meliori modo, iure, causa et forma, quibus melius debuit et efficacius potuit, fecit, constituit et ordinavit suum verum et legittimum procuratorem, actorem, factorem generalem et nunccium specialem discretum virum magistrum Philipum Hermannum de Brunna presbiterum, baccalaureum in iure canonico, presentem et onus procuracionis in se sponte suscipientem in causa, quam sibi movet prior et . . conventus monasterii sive domus sancte Trinitatis prope Brunnam, ordinis Carthusiensis, coram honorabili domino Jaroslao canonico ecclesie Olomucensis, dans et concedens dicto suo procuratori plenam et liberam potestatem et auctoritatem ad agendum et defendendum libellum seu libellos et quascunque peticiones alias dandum et recipiendum, excipiendum et replicandum, litem contestandum et calumpnia et veritate dicendum etc. (folgen die weiteren Worte der gewöhnlichen Vollmachtsformel). — Acta sunt hec anno, indiccione, mense, die, hora, loco et pontificatus quibus supra, presentibus discretis viris domino Nicolao de Musslawe presbitero, Erasmo de Gelcz et Johanne de Wisschaw clericis Olomucensis diocesis testibus ad premissa vocatis specialiter et rogatis.

Et ego Gotfridus Crempe clericus Lubicensis diocesis publicus imperiale auctoritate notarius etc.

(Orig. Perg. h. Sig. im Archive des Kl. Raigern.)

301.

K. Wenzel IV. verpflichtet sich, die dem Markgrafen Jodok schuldigen 40.000 Goldgulden von s. Georgii über ein Jahr zu entrichten. Dt. Prag 16. Juli 1383.

Wir Wenczlaw von gotes gnaden romischer kunig zu allen czeiten merer des reichs und kunig zu Beheim bekennen und tun kunt offenlichen mit diesem brieve allen den, die in sehen oder horen lezen, das wir dem hochgebornen Josten, markgraven zu Merhern unserm lieben vetter und fursten, virczig tausent guldein, gut von golt und swer von gewicht, die er uns zu unsern notdurften gelihen hat, recht und redlichen schuldig sein und gelden sullen. Dorumb so geloben wir fur uns, unsre erben und nachkomen, kunige zu Beheim, in guten trewen an alles argelist und geverde, demselben markgraf Josten, seinen erben und nachkomen, markgrafen zu Merhern, dasselb gelt virczig tausent guldein mit guten guldein ungerischen und behmischen, gut von golt und swer von gewicht, von dem nechst kunftigen sand Jurgen tage uber ein jar, das sich nocheinander vorlaufet, in der stat czu Brunne und nyndert anderswo an allen ufschub und widerrede und ouch an alle argelist und geverde mit gereytem gelde zu richten und zu bezalen. Mit urkunt dicz brief vorsigelt mit unserer kunichlichen Maiestat Insigel. Geben zu Prage noch Crists geburt dreyczehenhundert jar und dornach in dem dreyundachczigisten jar am nechsten donerstag

noch sande Margarethen tage. unsrer reiche des behmischen in dem eynundezweinczigisten
und des romischen in dem achten jaren.

(Auf der Plicatur: Ad mandatum domini regis P. Jauronsis. — In dorso: R. Benessius
de Nachod. — Orig. Perg. an Perg. Streifen h. Gegensigel in den altständischen
Akten des mähr. Landesarchivus.)

302.

*Die Grafen Burkart und Hanns von Hardeg etc. fällen einen Schiedsspruch über die
zwischen Johann von Lichtenburg einerseits und Georg und Albrecht von Lichtenburg
andrerseits bestandenen Misshelligkeiten. Dt. 31. Juli 1383. s. l.*

Wir graff Purkart und wir graff Hanns, purggrafen zu Maidburg und grafen zu
Hardek und wir Alber von Pucheim, Heincz von der Lippen obrister marschalich des reichs
zu Peheim. Peter von Sternberg und ich Jeschk genant Ptaczek von Pirkenstein, wir
verrichen und tun chund offenlich vor allen den, dy disen brif sehen oder horent lesen, das
wir umb dy stözz, dy czwischen den edeln herrn, herrn Hansen von Luchtenburg herrn
zu Vetaw und seinen erben an eim teil, und herrn Jorgen und herrn Albrechten auch von
Luchtenburg und herren zu Vetaw und iren erben an dem andern teil gewesen sein, der
se ploslich gancz und gar an uns chomen sein, das wir de also veraynt und verricht haben:
das se vor allen dingen gut vreunt schullen sein, und das das von in trewlich und an als
geverd behalten werd, und das fürbas chein krig noch chein stözz umb diselb sach czwischen
yn nicht sein weder mit worten noch mit werchen, weder gegen fremden leuten noch
helfern, dy durich der sach willen darczu chomen waren, noch gegen iren dinern, se sein
geistlich oder welltlich, amptleut, forstner oder pawern, oder welicherlai leut si waren, weder
heimlich noch offenbar, sunder se schullen ein trewe, state und ein gancze vreuntschaft
halden an als geverd ewichlichen. War ower, des got nicht engeb, das ir einer, welicher
der war, prüchig wurd und der obgeschriben unsrer beredenuss nicht gevolgig war, wann
das war, das se stossig wurden, so schullen se darumb alczuhant ein tag des nemen vor
mich obgenanten graff Hansen und noch vor irr paider vreunt ein, den ich darczu bitten
wirt und da schull wir se verhoren und aus welichen wir erkanten, der prüchig waren
war, der schol gegen allermanichlich trew und er verfallen sein. Und dorczu schol ir
iglicher zu ym zwen erber herren haben, die mitsampt ym verheissen, diselb vreuntschaft
trewlich zu halden und an wem das abgieng, desselben purgel schullen dem andern teil
drewhundert schok guter gross verfallen sein. Und das geloben se zu paiden teiln bei guten
trewn und bei geswornem aid, gancz und unczebrochen ze halden und sunderlich dy selb-
gescholn bei irn trewn und bei irn eren und ir purgel under dreinhundert schokken, als
vorgeschriben stet. Auch hab wir bedacht, ob sich ir hofgesind mit einander verburren,
das schullen se unter einander vreuntlichen richten und rechtlichen pessern und ob ir ein
des bedaucht, das es nicht wol gepessert noch widertan war, der schol das pringen an

uns graff Hansen den eltern purgrafen zu Maidburg und grafen zu Hardek und wi wir denn schaffen, also schol cs gepessert werden. War ower, das sich ander ir leut mit einander verburren, wi das war, die schullen das gegen einander austragen mit dem rechten alda, da se das pillich tun schullen. Diser sach zu einer ewigen gedachtnuss so hab wir vorgenanten grafen und herren unsrew insigel angehagen (sic) an disen brif, der gegeben ist nach Cristi gepurd dreiczehen hundert iar darnach in dem dritten und achczigisten iar des vreitags nach sand Jacobs tag.

(Orig. Perg. im mähr. Landesarchive in den altständischen Akten. Von den 6 Sig. sind nur noch zwei vorhanden und zwar das des Johann Grafen von Hardeg und des Peter von Sternberg.)

303.

K. Wenzel IV. gibt dem Markgrafen Jodok als Reichsvikar in Italien die Vollmacht, zwischen ihm, K. Wenzel, dem Könige von Frankreich und seinen Brüdern, mit Einschluss des Herzoges von Anjou, ein Bündniss zu schliessen. Dt. Prag 21. August 1383.

Wenceslaus dei gracia Romanorum rex semper Augustus et Boemie rex illustri Jodoco marchioni Moravie nostro et imperii sacri per totam Itàliam generali vicario, principi et fratri nostro carissimo salutem et fraterne dileccionis continuum incrementum. Illustris princeps, frater carissime. De tue fidei legalitatis et sinceritatis constancia plenam gerentes fiduciam te animo deliberato, non per errorem aut improvide, sed maturo principum, baronum et procerum nostrorum accidente consilio, necnon de certa nostra sciencia facimus, constituimus, ordinamus et presencialiter creamus modo, viis et forma melioribus, quibus fieri poterit, nostrum verum et legittimum procuratorem, actorem et factorem super colligancia et confederacione fiendis et innovandis, necnon firmandis inter nos ab una, et serenissimum principem, dominum regem Francie suosque germanos parte ab altera. Ita signanter, ut dum tu personaliter in Italia constitutus fueris, easdem colliganciam et confederacionem nostro nomine innovare et firmare, literisque roborare possis et valeas, incluso illustri duce Andegavensi, vel cum eodem duce solo aliam inire ligam nosque cum eo specialiter colligare. Dantes tibi super hiis plenissimam potestatem ratum et gratum habentes et habere volentes, quidquid tua discrecio facere, ordinare seu determinare decreverit in premissis. Presencium sub regie nostre maiestatis sigillo testimonio literarum. Datum Prage anno domini millesimo trecentesimo octuagesimo tercio, indiccione sexta, duodecimo kalendas Septembris, regnorum nostrorum anno Boemie vicesimo primo, Romanorum vero octavo.

(Auf der Plicatur: Ad mandatum domini regis P. Jaurensis. — In dorso: R. Wenceslaus de Jenikow. — Orig. Perg. an weissen und schwarzen Fäden h. Sig. von weissem Wachse, das kleinere Gegensigel, der deutsche Reichsadler in rothem Wachse, in den altständischen Akten des mähr. Landesarchives. — Abgedruckt in Pelzels K. Wenzel I. Urkundenbuch p. 59.)

304.

K. Wenzel IV. beauftragt den Markgrafen Jodok, als Reichsvikar in Italien mit allen
Mitteln dahin zu streben, dass das Schisma in der katholischen Welt behoben werde.
Dt. Prag 21. August 1383.

Wenceslaus dei gracia Romanorum rex semper Augustus et Boemie rex notumfacimus tenore presencium universis. Cum per scisma, quod enormiter iam per universas
terras christianitatis per plura prochdolor duravit tempora, sancta Romana ac universalis
ecclesia unacum populo katholico notabiles et dispendiosas videatur calumpnias sustinere,
quibus prout ad nostram maiestatem pertinet, oportunis occurrere et obviare remediis fer-
ventissime cupientes, ipsumque scisma et singula ab ipso dependencia pericula pro viribus
tollere et modis congruis anullare, animo deliberato non per errorem aut improvide, sed
maturo et exquesito principum, baronum et procerum nostrorum et sacri imperii fidelium
accedente consilio, illustrem Jodocum marchionem Moravie, nostrum et imperii sacri per
totam Italiam vicarium generalem, principem et fratrem nostrum carissimum, versus eandem
Italiam duximus transmittendum. Dedimus eciam eidem fratri nostro et vicario ac damus
tenore presencium de certa nostra sciencia plenam, largam et omnimodam potestatem ac
mandatum plenissimum, ut ipse vias et modos quoscumque sibi possibiles inveniat et ordinet,
invenire et ordinare vice et nomine nostris possit et valeat, que conservacioni et comodis
sancte Romane ac universalis ecclesie necnon saluti et prosperitati orthodoxe fidei videantur
proficui et per quos pax et unitas christianitatis salubribus auspiciis valeat stabiliri. Ratum
et gratum habentes et haberi volentes, quidquid idem noster frater et vicarius fecerit, disposuerit vel ordinaverit in premissis. Presencium sub regie nostre maiestatis sigillo testimonio
litterarum. Datum Prage anno domini millesimo trecentesimo octuagesimo tercio, indiccione
sexta, duodecimo kalendas Septembris, regnorum nostrorum anno Boemie vicesimoprimo,
Romanorum vero octavo.

> (Auf der Plicatur: Ad mandatum domini regis P. Jaurensis. — In dorso: R. Wenceslaus
> de Jenikow. — Orig. Perg. Sig. wie in n. 303 in den altständischen Akten des
> mähr. Landesarchives. — Abgedruckt in Pelzels K. Wenzel I. Urkunden-
> buch p. 59.)

305.

Peter, Bischof von Olmutz, bestättigt die Urkunde des Klosters in Pustimir
ddto. 20. März 1383. — Dt. Meilitz 22. August 1383.

Nos Jutta divina miseracione abbatissa totusque conventus monasterii in Pustmir etc.
Datum in monasterio nostro in Pustmir anno domini millesimo trecentesimo octuagesimo
tercio die vicesima mensis Marcii (vid. n. 289). — Nos itaque Petrus dei et apostolice

sedis gracia episcopus Olomucensis dictis precibus ipsarum dominarum abbatisse et sanctimonialium annuentes predictis donacioni et ordinacioni consentivimus et consentimus ipsasque
auctoritate nostra ordinaria ex certa nostra sciencia admisimus et approbavimus, admittimus
et approbamus per presentes maiori nostro sigillo unacum sigillis earum in testimonium
premissorum sigillatas. Acta in castro nostro Mailicz anno predicto, mensis Augusti die
XX secunda.

(Aus dem Vidimus dieser Urkunde vom J. 1405.)

306.

*Beneš von Kravář verkauft dem August. Eremitenkloster in Kromau einen jährlichen
Zins von 4 Mark. Dt. 24. August 1383.*

Nos Benessius de Crawar, romani regis camerae magister, cum nostris haeredibus
et successoribus ad universorum notitiam tam praesentium quam futurorum harum serie
literarum volumus pervenire. Quod animo deliberato maturoque nostro et amicorum nostrorum,
quorum interest vel interesse poterit, consilio, religioso in Christo devoto fratri Joanni, dicto
Propstil, ordinis fratrum eremitarum sancti Augustini priori pronunc in Chrommaw, ac
presentes literas ab eo quovis modo legitimae translationis titulo obtentas cuilibet habenti,
ad salvum jus terrae Moraviae rite et racionabiliter vendidimus et praesentibus tradentes
assignamus quatuor marcas grossorum denariorum Pragensium usualium, moravici numeri
et pagamenti, veri perpetui et annui sed nudi census pro quadraginta marcis grossorum
eorundem denariorum, nobis jam actu integraliter numeratis, traditis et solutis ac in rem
nostram utilem versis, habendas, tollendas, apprehendendas super civitatem nostram Crumpnaw,
aut penes ipsam in distantia duorum milliarium, in bonis aeque certis, respectu illarum
quatuor marcarum utilibus et quietis, per judicem et scabinos ipsius civitatis, qui pro tempore
fuerint, annis singulis vel tam diu, quousque census ad locum alium transponeretur, ut
prefertur, in duobus terminis, videlicet in Georgii duas marcas et in Michaelis sanctorum
festis similiter duas marcas eidem fratri Joanni supradicto vel aliis praesentes literas habentibus censuandas sine diminutione plene et integre, ac omnino libere porrigendas qualibet
sine contradictione et tardatione. Quod si quodam anno vel quoties idem census in suis
terminis vel eorum altero insolidum porrigi morabitur aut quavis interveniente causa seu
negligentia defecerit, mox judex et unus ex juratis magister civium, qui cum a dicto fratre
Joanne vel ab aliis monebitur, quivis cum uno famulo et duobus equis obstagium verum
et solitum in civitate Bruna in domo honesta, ipsis per dictos emptores census deputata,
praestabunt intemerate, alter alterius absentiam non praetendens. Quo obstagio quatuordecim
diebus a die monitionis eiusdem proximis praestito vel non praestito, dicto censu neglecto
per dictos cives nostros in Chrumbnaw nondum soluto, mox idem pro tempore neglectus
census in nostra et civium et juratorum nostrorum de Chrumbnaw in solidum damna recipiatur inter judeos vel christianos nostro et heredum nostrorum periculo sine dilatione

qualibet sarcienda. Et nihilominus dictum servabitur obstagium tamdiu, donec memorato fratri Joanni. vel cui idem census competit, ipse neglectus et in judeis aut christianis receptus census cum usuris et damnis singulis et universis, quovis modo exinde notabiliter contractis et demonstratis ac suo quolibet interesse, integre et plene per nos vel per cives predictos porrectus fuerit et persolutus. qualibet sine in contrarium actione canonica vel civili: salva eis etiam potestate judicem et juratos vel quoslibet alios dicte nostre civitatis homines in rebus et personis ubique locorum prensos auctoritate propria vel quavis aliena arrestandi, occupandi et impignorandi usque ad omnium praemissorum satisfactionem. Sub harum quas nostro proprio ac dicte civitatis nostre sigillis dedimus firmiter roborari testimonio literarum. Et huius rei in testimonium famosi viri ad hoc rogati dominus Czako de Czermen, Raczek de Predlicz, Janek de Tuleschicz sigilla sua una cum praedictis scienter praesentibus appendendo adjunxerunt. Nos itaque Georgius judex, Otto de Rokwicz magister civium, Joannes antiquus judex, Hermannus de Cadow, Martinus carnifex, Joannes Australis, Ulmannus de Nemczicz. jurati pro tunc civitatis Chrumbnaw, tam antiqui quam novi, ad mandatum domini nostri gratiosi Benessii praedicti tenore praesencium nomine nostro et omnium successorum nostrorum nostrae civitatis Chrumbnaw, praesentium et futurorum, sincere sub fidei nostrae puritate promittimus, spondemus praedicto fratri Joanni et conventui praedicte civitatis (et) ordinis, praedictum censum singulis annis in terminis supradictis, servatis tamen articulis praehabitis, tradere et assignare et omnia et singula ante facta grata et rata tenere. In cuius rei testimonium sigillum nostrae civitatis cum sigillis antedictis duximus roborandum. Anno domini millesimo trecentesimo octuagesimo tertio in die sancti Bartholomei.

(Aus einer aus dem 17. Jahrh. stammenden Abschrift in den Akten des Kromauer August. Klosters im Landes-Archive.)

307.

Die Stadt Brünn bekennt, dass sie dem Thomas Wimmemuth 5 Mark jährlichen Zinses um 50 Mark verkauft habe. Dt. Brünn 29. September 1383.

Wir Bartholomeus burgermeister, Nickil Kegil, Nickil Crisaner, Herl Cramer, Jacob Boscowiczer, Weigil von Awspecz, Peter Lazzer, Jekil Tassner, Otto Cramer, Albrecht Fridil. Hanns Pirner und Nickil von Greiffendorff, dy gesworen schepfen der stat zu Brunne bekennen und vor yehen mit diesem briefe allen den, dy yn sehen odir horen lesen, daz wir mit lawbe und gunste dez durchleuchtigen fursten und herren her Jostes marggraven und herren zu Merbern unsirs liebin gnedigin herren und von unsir stat not wegen mit wol bedochten mute mit unsirn eldisten haben recht und redlich vorkauft dem ersomen manne herrn Thoman Wimmemuth genant von Ertfart zehen mark grossen pregische pfennige merherischer werunge und zal ierlicher gulde ye eyne mark umb funf mark, dy do machen funfzig mark groschen mit eynandir, dy uns auch der vorgenante herr Thomas alle funfzig ganz und gar bezalt hat und di wir auch in notdorf unsir stat gewent und gelegit haben.

Darume globen wir vorgenante burgermeister und schepfin von uns und unsir nochkumelinge und der ganzen gemeine wegen in guten truwen on alle argelist mit kraft dys prifes, dem vorgenanten Thoma odir syn botin dy obgeschriben zehen mark, und bei name groschen und nicht heller, preger pfenige zu reichen und zu bezalen von uns an alle losunge und alle gobe und beswerunge vrie, funf mark geldis uf sent Jurgentag, der nehest kumt und dy andirn funf mark uf sent Michelstag, der dornoch aller schirst kumt und alle iar an den vorgenanten sent Jurgin und sente Michels tagen unvorzogenlich alsolange und dy weile der egenante her Thomas lebendig ist, an alle widerrede. Auch sol uns unsir herre der marggrave uns gegen keyn manne mit keynen sachen beholfin sein das seinem zinse icht geschaden moge. Wer abir daz, daz got nicht engebe, daz wir vorgenanten schepfen adir unsir nochkumelinge demselben herrn Thoman adir seyn botin an den egenanten sent Jurgen odir sent Michelstagen jerlich, dy weile her lebit, dyselbin zehen mark, als vorgeschriben stet, nicht bezalten adir reichten, so geben wir macht craft und dem vorgenanten herrn Thoman und wem er daz enpfilt adir wer diesen brif ynhat mit seynem willen, uns und unsir burger und lute zu Brunne und unser und ir gut dorumme auf zu halden und zu pfenden zu Merhern in dem lande odir uzwendig des landes, wo her wil adir mag und denselben zins auf uns und unsir stat schaden zu nemen under den christen adir juden und die aufgehalden und gepfanten noch ir gut sal nicht auz komen noch ledig werden also lange, bis daz wir den vorsezzin adir versaumten zins mit alle dem schaden, der doruf redlich ist gegangin odir gehin mag, dem egenanten herrn Thoma ganz und gar bezalt, ufgericht und vorguldin haben. Und gelobin daz auch zu tun mit unsirn guten truwen. Wir vorwillikorn uns ouch mit diesem briefe demselbin her Thoma umb den vorgeschribin zins und allen schaden, der von desselben zins wegen wechst odir gewachsin mag in geistlichem gerichte vordirn sol mit unsirn guten willen, ab her uns dorzu ziehen und vordirn wil, an alle hindernizze. Mit urkunde dez briefes vorsigilt mit unsir stat ingesigil, der gegeben ist nach Cristis geburte dryzehnhundirt jar dornoch in dem dryundachzigsten jar an sent Michelstage dez heiligen Erzengils.

(Aus dem Codex n. 34 fol. 63 im Brünner Stadtarchive.)

308.

6. Oktober 1383.

Der Olmützer Bischof Petr verleiht mit Zustimmung seines Kapitels den vor Brauns-berg gelegenen, seit mehreren Jahren verödeten Hof dem Haneman, Richter in Budissaw, und seiner Gattin Margaretha auf Lebenszeit mit der Verpflichtung, den Hof herzustellen, die Äcker wieder fruchtbar zu machen und, wenn der Bischof befiehlt, ihm mit einer Balliste zu dienen. Dt. 1383 feria III. post octavas s. Wenceslai.

(Aus einem älteren Urkundenverzeichnisse im fürsterzb. Archive zu Kremsier.)

309.

Ctibor von Cimburg verkauft die Dörfer Nezamyslitz und Budčeko den Augustinern in Landskron. Dt. Brünn 11. Oktober 1383.

Nos Styborius de Czynnenburg alias de Towaczowa recognoscimus tenore presencium universis. Quod honorabilibus et devotis viris preposito et toti conventui canonicorum regularium monasterii in Lanczkrona, dyocesis Leuthmuslensis et ad fideles manus reverendissimi in Christo patris et domini domini Petri episcopi Olomucensis et nobilium baronum domini Hinczonis de Lippa et Vankonis de Potenstayn et strenuorum virorum Marci et Henslini, nepotum prefati domini episcopi, et Kunczonis de Zeswolc, Johannis de Hussschonowicz, matura deliberacione et bono consilio amicorum nostrorum rite et racionabiliter vendimus et vendidimus in veram hereditatem villam Nezamislicz cum jure patronatus ecclesie ibidem, cum curia allodiali et molendino ibidem et villam Budyeczin cum agris cultis et incultis, pratis, pascuis, aquis, piscaturis, silvis, rubetis, proventibus, utilitatibus, cum omni jure et pleno dominio et cum omnibus ad easdem villas spectantibus, veluti nos tenuimus et possedimus pacifice et quiete, nil nobis nec heredibus nostris in dictis villis juris vel dominii penitus reservantes, pro septingentis et quinquaginta sexagenis grossorum pragensium bohemici pagamenti, computando pro qualibet sexagena sexaginta grossos. Et sic nos antedictus Styborius una cum fidejussoribus nostris, videlicet Alberto filio nostro, Czenkone de Lethowicz, Wockone de Crawar, Ulrico de Boskowicz, Jaruschio de Cynnenburg, Alberto de Cynnenburg promittimus bona nostra fide absque omni dolo insolidum et indivisim, antedictas villas ab omni homine jure impetenti illas disbrigare, libertare et defensare, prout jus terre exigit et deposcit. Promittimus eciam pro omni abscussione, quod vulgariter sutye vocatur, dicta bona defensare et libertare, sic quod monasterium predictum circa bona predicta permaneat nec racione abscusionis huiusmodi aliqualem instanciam paciatur. Promittimus eciam bona nostra fide in proximo colloquio baronum Moravie, quod Olomuncz celebratum fuerit, sepefatas villas extabulare seu de tabulis terre explanare et monasterio predicto intabulare. Eciam promittimus bona nostra fide una cum fidejussoribus nostris antedictis, dotalicium conthoralis nostre Margarethe, quod in villa Nezamislicz habet, in primo colloquio baronum de tabulis terre extabulare et monasterio predicto intabulare, prout juris est Moravie. Quod si quodcunque premissorum non fecerimus, ex tunc tres nostrum, qui moniti fuerint per prepositum vel conventum monasterii predicti vel ad quorum fideles manus compromissio est facta, debent quilibet unum ydoneum clientem cum uno famulo et duobus equis in civitatem Olomucz dirigere et verum obstagium ibidem in domo honesti hospitis deputata per predictos prepositum vel conventum monasterii predicti vel per quemcunque eorum, ad quorum fideles manus compromissio est facta, debent prestare et abinde non recedere, donec omnia et singula fecerimus, que superius in litera expressantur. Eciam ex dicto obstagio recedere non debent, quousque omnia dampna, que fierent per predictos videlicet prepositum et conventum, seu ad quorum fideles manus promissio est facta, equitando vel pergendo seu nunccios dirigendo, que dampna et expense possent racionabiliter demonstrari, fuerint integerrime persoluta. In cuius testimonium sigilla nostra ex certa nostra sciencia presentibus sunt appensa. Actum anno domini millesimo trecentesimo LXXXIII, in civitate Brunnensi die dominica proxima ante festum sancti Galli confessoris.

(Orig. Perg. mit 3 h. Sig., wovon zwei das Cinburgsche, eines das Wappen der von Lipá zeigen (von den 4 anderen, früher vorhandenen Sig. sind nur mehr die Perg. Streifen übrig), in den Akten des Olmützer August. Klosters im Landes-Archive.)

310.

Domanek von Mostkowitz verkauft dem Augustiner-Chorherrn-Kloster in Sternberg seinen Besitz in Tworowitz. Dt. Sternberg 14. Oktober 1383.

Ego Domanko de Mostkowycz recognosco tenore presencium universis, quod animo deliberato amicorumque meorum sano consilio prehabito honorabili domino Bedrico preposito totique conventui canonicorum regularium ordinis sancti Augustini monasterii in Sternberg vendidi iusto titulo vendicionis hereditatem meam totam, quam habui in Tworowycz, videlicet unam marcam cum dimidia marca grossorum annui veri census demonstrati et residuum in agris, dictis nywy, cum pleno jure et dominio, prout solusmet tenui et hucusque possedi, nichil ibidem michi aut meis heredibus juris aut proprietatis reservando, pro viginti novem marcis grossorum pragensium. Et ego Domanko prefatus, venditor principalis, et nos Gezdonecz de Stychowicz, Bedrzch (sic) de Crumsyn, Gnab de Dirzowycz, Jan de Chilecz, Pessik dictus Gycha de Drzowycz et Jessik de Cobluk cum ipso et pro ipso omnes insolidum fideiussores promittimus manu nostra coniuncta et indivisim, nostra fide sincera absque omni dolo, supradictam hereditatem venditam sic, ut prefertur, cum pertinenciis suis ab omnibus impetentibus, tam in judicio seculari quam spirituali jure terre Moravie, videlicet per triennium disbrigare et eisdem preposito et conventui in Sternberg jure hereditario appropriare, ac in primo colloquio dominorum, cum tabule terre Moravie in civitate Olomucz fuerint apperte, ipsis preposito et conventui predictis intabulare, habita et per nos obtenta licencia illustris principis domini nostri communis domini marchionis Moravie. Et specialiter promittimus prefatam hereditatem ab excussione, que vulgariter sutye dicitur, libertare. Si vero aliquid ex premissis non faceremus, ita quod non possemus ab impetentibus disbrigare aut intabulare vel ab excussione nollemus libertare, quod absit, extunc promittimus fide nostra absque dolo, statim post monicionem, per eos nobis factam, infra quatuor ebdomadas ipsorum pecunias, videlicet viginti novem marcas grossorum reddere ipsis preposito et conventui prefatis cum satisfaccione plena pro omnibus dampnis, que ipsi perceperint et legittime demonstrare poterint. Et nichilominus quoscunque duos ex nobis fideiussoribus monuerint ipse prepositus et conventus, promittimus quilibet cum uno famulo et duobus equis verum et consuetum obstagium in civitate Sternberg in domo bonesti hospitis nobis per eos deputata statim sine

36*

omni occasione et proclamacione, que in curiis principum et dominorum solet fieri, subintrare, abinde nullo modo exituri, donec ante omnia supradicta hereditas vendita cum suis
pertinenciis fuerit disbrigata ab omni impeticione et intabulata ac ab excussione libertata et
quousque predicte viginti novem marce grossorum infra assignatum illud tempus fuerint
restitute cum omnibus et singulis dampnis obinde perceptis et quocunque modo contractis,
dummodo ipsi prepositus et conventus racionabiliter eadem demonstraverint et donec plene
et finaliter fuerint omnia premissa adimpleta. Insuper si hii in dicto obstagio, qui fuerint,
per quatuordecim dies manserint et prefate viginti novem marce grossorum nondum fuerint
restitute, extunc habeant pienam potestatem ipsi prepositus et conventus, easdem pecunias
capitales cum universis et singulis dampnis conquirendi inter judeos et christianos nostra
omnium super dampna. Ceterum omnia premissa de verbo ad verbum promittimus ad manus
nobilium dominorum Petri de Sternberg, Petri de Crawar alias de Plumlaw adimplere. In
cuius rei testimonium sigilla nostra propria presentibus sunt appensa. Et ego Domanko
prenominatus sigillo proprio carens pelivi amicum meum Gezdonczonem, ut sigillum suum
pro me eciam presentibus duceret appendendum. Datum in Sternberg sub anno domini
millesimo trecentesimo octuagesimo tercio, feria quarta in die sancti Calixti.

(Orig. Perg. 7 h. sehr abgewetzte Sig. in den Akten des Sternberger Augustinerklosters
im mähr. Landesarchive.)

311.

*Herzog Albrecht von Österreich erklärt, dass der Hof zu Wolfhart bei Waidhofen,
welchen Brigitta, des Andreas Posch Frau, zu Lehen hat, nach ihrem kinderlosen
Absterben auf ihren Mann übergehen könne. Dt. Wien 26. Oktober 1383.*

Wir Albrecht von gots gnaden herzog ze Oesterreich, ze Steyer, ze Kernden und
ze Krain, graf ze Tyrol etc. tun chunt offenlich mit disem brief, das die erber Preyd,
Andres des Poschen hausfrow, mit unsrer hant, gunst und guten willen demselben Andren,
irem elichen wirt, gefügt und gemacht hat den hof zu dem Wolfharts gelegen bei Wayd-
hofen enhalb der Tunow, den si von uns ze lehen hat. Mit solicher beschaidenheit, ist daz
die vorgenant Preyd vor demselben Andren, irem wirt abget und erstirbet und nicht
leiberben mit im gewinnet, daz denn der obgenant hof mit seiner zugehorung auf den
egenanten Andren und auf seine erben gevallen und erben sullen an alle irrung und
widerred von uns und unsern erben, inne ze haben und ze niezzen als lehens gemechts
und landes recht ist. Mit urchund dicz briefs, geben ze Wienn an mentag vor sand Symons
und sand Judas tag, nach Christes gepurd dreuzehn hundert jar darnach in dem dreu und
achezigisten iare.   Dominus dux per Joannem magistrum forestarium.

(Orig. Perg. an Perg. Streifen h. Sig. im rothen Wachse mit den Wappen der 5 Länder
Österreich, Steier, Käruthen, Krain und Tirol, in den altständischen Akten sub
Miscell. n. 131 im mähr. Landesarchive.)

312.

Die Stadt Brünn gibt das zum Spitale bei s. Stephan gehörige Dorf Harras gegen einen
jährl. Zins von 1¹/₂ Mark zu Lehen. Dt. Brünn 7. November 1383.

Wir burgermeister und geschworen schepfen zu Brunne bekennen offenlichen mit
disem brieff allen den, die yn lesen oder horen lesen, das wir durch nucz und besserunge
willen unsers spitales zu sent Stephan uff der Schutte dem Nickel Grunwiser und seynen
erben fumff lehen ackers und eynen boff zu Harras gelegen mit aller zugehorunge, wie
die gelegen und genennet seyn, zu rechtem burgelehem gelihen und gelazzen haben umb
anderthalp mark grosser pheninge prager muncze und merherischer zal alljerlich halp uff
sent Michelstag und halp uff sent Jurgentag unserm vorweser desselben spitales zu geben
und zu zinsen ane alle hindernisse und widerrede. Auch haben wir ym die gnade geben,
das er brewen und schenken mag und sal, wie offt er das tun wil und sal alle recht zu
dorffe und zu felde in allen dingen recht und macht haben als brune, wasser, weide, holz,
wege, stege, brucken, viehhirten und andere gemaynschaffte haben als andere unsere lewto
in dem dorffe zu Harras, also das er mit der gemayne auch leiden sal, was sie in der
gemaynschaffte angehoret. Auch mag her denselben hoff und lehen mit aller zugehorunge
andern lewten vorkauffen, die uns gefallen werden, in all dem rechten, als er yn yczunt
hat und besiczet. Auch babe wir ym alsotan gnade tan sunderliche, das er mit seyner
person for nymant zu gerichte steen oder sich gestellen sol in kleynen sachen, sunder er
sal burgen seczen zu eynem rechten vor dem richter bis uff unseru vorweser des egenanten
spitales. Und wer es umb eyn grozze sache, so sal der richter yn mit seynem leibe und
uns richter und schepfen antworten gegen Brunne in die stat. Mit urkund dicz brieffs
vorsigelt mit unsern stat insigele, gegeben zu Brunne nach Criscz gepurt in dem dreyzehen
hunderstem jar und in drey und achzigisten jar am sunawent for sant Merteyns tag.

(Aus dem Codex n. 84 fol. 62 im Brünner Stadtarchive.)

313.

Arkleb von Myslibořitz verkauft dem Kloster Bruck vierzehnthalb Groschen jährlichen
Zinses in Kallendorf. Dt. 11. November 1383. s. l.

Jch Arcleb von Missliboricz mit allen meynen prüdern und Sygmund meynes
vettern suen herrn Wenczlaben, dem got gnad und alle unser erben bekennen offenbar
allen leiten, dy nu leben oder hernoch czukümftig seyn, an dysen prif, daz wir vorkauft
haben recht und redleich unsers rechten erbe czu Kallendorf vierczehenthalben grossen
iaerliches czins pragerischer müncz und merherischer czal, mit aller herrschaft und allen
nuczen und rechten nichtesnicht plösleich ausgenomen, alz wirs und unser vorvodern gehabt
haben, ume drey schok grosser pfennyng dem erbern und dem geistleichen man, dem apte

und dem ganczen convent dez closters czu pruk, gelegen pey Znoym, des ordens, dy bayssen Premonstratenses. Dy selben virczenthalben grossen schullen dy erbern prüder des closters haben czu der pytanczen ewicleychen czu rechtem erbe. Daz gut gelob wir obgenanten prüder von Missliboricz mit unsern trewen in dem nesten lant gespreche czu Brünne in dy lantafel legen dem vorgeschriben convent czu rechtem erbe und freyn vor cristen und juden und vor allermencleich schyrmen und ausrichten, alz lant recht ist in dem land czu Merhern, an alle arglist und widerred. Dorumme czu ayner pessern sicherhait diser sach hab ich obgenanter Arcleb meyn insigel angehangen an disen prif und hab auch gepeten dy erbern herrn Dobeschen von Schereticz und Luczken von Durchlas, dy ouch durch meyner pet willen haben ir insigel angehangen czu geczeugniss diser sach an disen prif. Der do geben ist noch Cristes gepurd dreyczehenhundert iar und in dem dritten und achczigisten iar an dem mytwochen des heyligen hern sant Merteyns peychtigers und pyschofs.

(Orig. Perg. 3 h. Sig. in den Akten des Brucker Klosters im mähr. Landesarchive. — Das Wappen des von Myslibořitz zeigt im Schilde drei Herzen, das des Dobeš von Žerotitz zeigt das Wappen der von Weitmühl (vid. Paprocký Zrcadlo M. Mor. fol· 160), das des Lucek die Hörner derer von Lulč.)

314.

Der Stadtrath von Brünn befreit auf Befehl des Markgrafen Jodok das Haus des Brünner Juden Mendlin von allen Abgaben mit Ausnahme der städtischen Losung.
Dt. 12. November 1383.

Nos Johannes dictus Slemmerkitel judex, Bartholomeus de Prussia magister civium, Nicolaus dictus Crisaner, Weigelinus de Auspecz et ceteri jurati cives totaque universitas civitatis Brunnensis notum facimus universis, quod ad mandatum illustris ac clementissimi principis et domini nostri generosi domini Jodoci marchionis Moravie promisimus et presentibus promittimus bona nostra fide sine dolo quolibet per nos et successores nostros in solidum provido Mendlino judeo Brunnensi et suis heredibus domum suam in foro carbonum sitam contigue domini Johannis dicti Pyrner, que olim Walktheri dicti Dalek fuisse dinoscitur, quam apud dictum dominum nostrum ab omnibus debitis et censibus libere et hereditario possidendam comparavit, excepta sola losunga civitatis nostre continenter more antiquitus observato solvere tenetur ac omnibus aliis inpeticionibus, litibus et questionibus judeorum, cristianorum, clericorum, scolarium *) vel religiosorum seu cuiuslibet hominis cuiuscunque condicionis consistentis et universitatis exbrigare, defendere et libertare hinc ad tempus jure civitatis solitum et con- suetum, quociens fuerit oportunum, sub pena refusionis dampnorum quorumlibet quovis modo inde legittime et racionabiliter contractorum, sine qualibet in contrarium accione canonica

---

*) So auch im Originale; vielleicht statt s e c u l a r i u m.

vel civili. Sub harum quas sigillo nostre predicte civitatis dedimus testimonio literarum, feria quinta in crastino sancti Martini anno domini millesimo tricentesimo octuagesimo tercio.

315.

9. Dezember 1383.

Jodocus marchio Moravio obligat monasterio eremitarum s. Augustini Brunae villam Czechn pro 200 marcis grossorum, quas illi prior et conventus monasterii mutuaverunt. Dt. Olomucii 1383 feria IV. proxima post diem conceptionis B. M. V.

316.

Johann und Jaroslav von Mezeřič verkaufen dem Heinrich von Neuhaus die Veste Janstein mit den Dörfern Rittendorf, Dubenky und Jihlavka um 500 Mark Prager Münze.
Dt. 13. Dezember 1383.

Wir Jan und Jaroslaw brüder von Mezerzicz mit allen unsern erben tun kunt und veriehen offenleich mit dem brief allen den, di in sehen oder horen lesen. Daz wir verchauft haben erbleich mit wolverdachtem mut mit rat unser freunt dem edeln herren hern Heinrich vom Neunhaus dem eldern und seinen erben unser veste Janstein mit den dorffern Rittendorf und Dubenken und czu Jihlawka drew lehen an ein virteil, mit allen wassern vlyessunden und teychen, mit holcz und pusschech, mit eckern gestift und ungestift, mit waid, mit aller herschaft, mit allen czinsen und nuczen, di dorczu geboren wye sy genant sein, seu sein chlein oder groz, als wir die vest und die guter gehabt und besessen haben uncz her. Und haben im dy verchaufft vmb funnfhundert mark Prager muncze, di er uns gancz vnd gar gericht und bezalt hat. Und daruber verheisse wir vorgenante Jan und Jaroslaw von Mezerzicz mit sambt unsern erben, und wir Hans von Vethaw genant von Leuchtenburch, Bohusch von Eywancz, Wznoth Hecht von Rossicz, und Nyklas Rulant von Taubenstain mit gesampter hant, dem egenanten herrn Heinrich und seinen erben die vorgenanten vest und di guter in dem nechsten lanttaiding, daz czu Brune wirt, und wenne die lanttavel offen wirt, einczelegen nach des landes recht czu Merhern und verheissen in di selb vest und di guter czu vrein und ausczurichten vor allermeniglich vor Juden und vor Christen und sunderleich vor margengab, als auch des landes recht ist czu Merhern. Wo wir des eines nicht enteten oder nicht getun mechten, welch czwen dann under uns von dem obgenanten herren Heinrich oder von seinen erben gemant werden, di schullen czuhant yder man ein erbern mit einem knecht und mit czwain pherden gen

Telcz senden in ein erber gasthaus, wo im von dem vorgenanten herrn Heinrich oder von seinen erben hin gezaigt wirt, alzo das ainer dez andern nicht peit noch sich mit dem andern nicht ausrede, und schullen da inneligen und laisten als inneligens und laistens recht ist, und von dann nicht auskomen, wir laisten und erfullen denn alles, das vorgeschriben stet und richten im denn ee alle schaden, di er von der sache wegen euphangen hiet, oder wir cherten und geben im denn funnf hundert march grosser wider, und des dritten tayls mer, als des landes recht ist cze Merbern. Vorgiengen awer vierczehen tag nach der manunge und wir das geil nicht beczalten, wir laisten oder nicht, so mag her Heinrich der vorgenante oder sein erben dasselb gelt und die scheden auf uns und auf all unser guter, wo wir sew haben in Behem oder in Merhern, nemen und auspringen czu Juden und czu Christen an alle unser widerred. Und wer disen brief hat mit willen des vorgenanten herrn Heinrich oder seinen erben, dem czimen alle recht, di vor und hernach geschriben sten, cze manen und czu furen, gleicherweis als im selber und sein erben. Und des czu einer waren urchund hab wir vorgenante Jan und Jarosslaw bruder von Mezerzicz und Hans von Vethaw, Bohusch von Eywancz, Wznath gehaissen Hecht von Rossicz, und Niklas Rulant von Taubenstein unsern insigel mit unser wissen an den gegenburtigen brief gehangen. Der geben ist nach Christi gepurd drewczehenhundert jar, darnach in dem achczigisten und dritten jar an sand Lucie tag der heiligen jungfrowen.

(Orig. Perg. 6. h. Sig. im gräflich Černin'schen Archive in Neuhaus.)

317.

Der Stadtrath von Brünn verbürgt sich, der Frau Agnes Dolek für das Haus am Kohl-markte, das sie der Stadt verkaufte, 50 Mark zu bezahlen. Dt. 14. Dezember 1383.

Wir burgermeister und die gesworen schepfen der stat zu Brunne bekennen offenlich mit diesem briefe allen den, die yn sehen odir horen lesen. Wann uns fraw Agnes Delikin mit iren kinden Benedict und Niclas ir haws gelegen uff dem koln markte bey Hans Pirner von unsirs gnediger Herren wegen marggraven Jostes herrn zu Merhern uffgericht und uff gegeben hat mit allen rechten, so hat uns derselbe unsir gnediger herre geboten das wir ir und iren kinden fur funfzig mark grozzer pfennige merherischer zal globen sullen uff den nechsten kunfftigen sente Jurgen tag zu bezalen. Und darumme so globen wir und verheizzen wir in guten trewen ane argelist der egenanten frawen Agnesen und iren kinden, dieselben funfzig mark grozzer pfennige uff den nechsten sent Jurgentag, der zukunftig ist, zu bezalen, zu gelten mit bereiten pfennigen ane alle hindernizze und widerrede. Und wo wir dez nicht teten, alle den schaden, den sie von nicht bezalunge derselben funfzig mark nemen, der redlich und kundig were, den globen wir mitsampt dem hawptgute ausrichten und bezalen zu judin odir cristin ane alle widerrede. Und dieselb fraw und ire kinder haben auch macht, uns, unsre lewte und gut uffzuhalden darinne, wo sie des bekummen mugen. Des zu urkund haben wir unsir stat ingesigel an diesen brieff gehangen, der geben ist nach

Cristis geburte drizenhundirt jar dornach in dem drey und achtzigisten jare an dem mantage nach sent Lucien tage.

(Aus dem Codex n. 34 fol. 63. im Brünner Stadtarchive.)

318.

Eröffnungsformel des Olmützer Landrechtes. 6.—13. Jänner 1384.

Anno domini millesimo trecentesimo octuagesimo quarto infra octavas epiphanie celebratum est colloquium presentibus baronibus et nobilibus infrascriptis, qui omnes ex nomine consignantur: Vocko de Crawar supremus camerarius, Unka de Magetyn supremus czudarius, Nicolaus prothonotarius beneficiarii czude Olomucensis, Petrus de Sternberg, Czenco de Lethovicz, Benessius de Crawar, Sdenco et Jesco fratres de Lucow, Sdenco de Sternberg, Smilo de Zabrzech, Wilhelmus de Swiethlow, Laczco de Crawar, Petrus de Plumaw, Benessius de Buzow, Proczco eiusdem filius, Benessius et Budyssius de Quassicz, Ulricus et Tas de Bozcovicz, Mixo de Potensteyn, Stiborius et Also de Czimburg, Wilhelmus de Cunstat, Vocco de Holnsteyn, Stephanus de Warthnow et alii quam plures testes ad infrascripta fidedigni.

(Gedruckte Olm. Landtafel p. 141.)

319.

Jodok, Markgraf von Mähren, verspricht dem Ješek von Lukow (Sternberg) den Schiedsspruch, falls er (Ješek) vor Erfüllung desselben sterben sollte, seinen Kindern zu erfüllen.
Dt. Brünn 21. Jänner 1384.

Wir Jost von gots gnaden marggraff und herre czu Merhern bekennen offenlich mit disem briefe, das wir gelobt haben, und geloben ouch in gueten trewen an geverde. Were sache, das der edle Jeske von Luckaw sturbe ee, denn wir ym alles das getan hetten und geleistet noch uszpruch unser schiedleute, die wir dorüber gekoren und briffe dorüber gemachet und bestetiget haben, die das lewterlicher uszweisen: so geloben wir an geverde des vorgenanten Jesken kyndern allen, den uszpruch und geheizze und ouch das pfant der sechs thusent marck grosser pfenning, ab der keyns uff uns gefallen were, noch unser schiedleute erkentnuzze stete ganczo und unczubrochen halden wollen, was sie erfinden noch unserr fürlegung. Mit urkunt dicz briffes vorsigelt mit unserm anhangunden ingesigel. Der geben ist czu Brunne noch Christs geburt dreyczenhundert jare dornach in dem vier und achczigsten jare an sant Agneten tag.

(Auf der Plicatur: Ad mandatum domini marchionis Nicolaus prothonotarius. — Orig.
Perg. h. wohlerhaltenes Sig. in den altständischen Akten im mähr. Landesarchive.)

320.

Jodok. Markgraf von Mähren, verkauft mit Zustimmung seines Bruders Prokop das Dorf Čechy. welches den Augustinern in Brünn und Leitomyšl verpfändet war, dem Augustinerkloster zu s. Thomas in Brünn. Dt. Brünn 29. Jänner 1384.

Jodocus dei gracia marchio et dominus Moravie notum facimus tenore presencium universis. Quod pro emptis quibusdam per nos certis clenodiis apud honorabiles et religiosos fratres, Augustinum priorem nove nostre fundacionis in preurbio Brunensi et conventum monasterii sancte Crucis in Luthomusl, ordinis heremitarum sancti Augustini, quorum se valor ad summam trecentarum et sexaginta marcarum grossorum denariorum pragensium moravici pagamenti extendit, eisdem .. priori et .. conventui villam nostram Czechi dictam, cum rusticis, incolis, censibus, fructibus, proventibus, emolimentis, utilitatibus, pascuis, pratis et aliis suis pertinenciis, quocumque nomine censeantur, nec non cum pleno dominio, quemadmodum nos candem villam in suis limitibus metis et graniciis tenuimus et possedimus, rite et racionabiliter vendidimus et vendimus eandem virtute presencium. Hoc adiecto, quod nos, heredes, vel successores nostri marchiones et domini Moravie, antequam quatuor annorum continuo se sequencium terminus exspirabit, possimus candem villam Czechi, quandocumque nobis placuerit, e converso reemere, si quod solutis trecentis et sexaginta marcis grossorum nullum per amplius predictis .. priori et conventui jus competet in eadem villa, sed ad nos, heredes et successores nostros marchiones et dominos Moravie debebit spectare sine impedimento quolibet et converti. Si vero quatuor annis continuo se sequentibus, ut prefertur, preteritis predictam villam quocumque veniente casu nos reemere pro trecentis et sexaginta marcis grossorum non contingeret, tunc eadem villa cum omnibus suis pertinenciis debebit in antea ad predictos .. priorem et .. conventum nec non monasterium sancte Crucis in Luthomusl pertinere perpetuo et spectare. Et ut presens vendicio robur majoris firmitatis obtineat, promittimus nos Procopius dei gracia marchio Moravio ratam tenore candem et firmam nec ullo unquam tempore contradicere, ut vendicio posset invalidari huius modi, seu quomodolibet viribus vacuari. Presencium sub appensis nostris sigillis testimonio literarum. Datum Brunne anno domini millesimo trecentesimo octoagesimo quarto, feria sexta ante festum purificacionis beate Marie virginis gloriose.

(Auf der Plicatur: Ad mandatum domini marchionis Nicolaus prothonotarius. — Orig. 2 wohlerhaltene h. Sig. im Archive des Klosters s. Thomas in Brünn.)

321.

Pabst Urban VI. beauftragt den Prager Erzbischof, dem Bischof von Penna und dem Schottenabt in Wien das Urtheil zu publiciren, vermöge welchem die Brüder Ulrich und Johann von Heroltitz in ihrem Processe mit dem Kloster Bruck sachfällig wurden.
Dt. Neapel 1. Februar 1384.

Urbanus episcopus servus sorvorum dei, venerabilibus fratribus . . archiepiscopo Pragensi et . . episcopo Pennensi ac dilecto filio abbati monasterii Scotorum in Wyenna Pataviensis diocesis salutem et apostolicam benediccionem. Peticio dilectorum filiorum . . abbatis et conventus monasterii Lucensis, Premonstratensis ordinis, Olomucensis diocesis nobis exhibita continebat, quod licet ville de Rotigel, alias Rokytnicze, et Pokoyowicz dicte diocesis et silva dicta Abczwald in dicta diocesi consistens cum earum pratis, pascuis, rivulis, aquarum decursibus ac iuribus et pertinenciis earundem et fructus, redditus et proventus ex dictis villis, silva, pratis, pascuis, rivulis et aquarum decursibus provenientes ad ipsos abbatem et conventum ac monasterium pertinuissent et pertinerent; quia tamen Ulricus et Janko dicti de Herolticz, fratres armigeri dicte diocesis, falso asserentes, villam, silvam, prata, pascua, rivulos, aquarum decursus et fructus, redditus et proventus huiusmodi ad se pertinere, eadem villas, silvam, prata, pascua, rivulos, aquarum decursus et fructus, redditus et proventus occupabant et detinebant indebite occupata, fructus ex eisdem percipiendo, iidem abbas et conventus eosdem Ulricum et Jankonem super hoc petendo pronunciari, decerni et declarari, villas, silvam, prata, pascua, rivulos, aquarum decursus et fructus, redditus ac proventus huiusmodi ad eosdem abbatem et conventum ac monasterium pertinere et eis adiudicari, ipsosque Ulricum et Jankonem compelli et condemnari ad dimittendum eisdem abbati et conventui et monasterio villas, silvam, prata, pascua, rivulos, aquarum decursus et fructus, redditus et proventus huiusmodi et ab occupacione et detencione eorundem ammoveri et eisdem super dictis villis, silva, pratis, pascuis, rivulis aquarum decursibus et fructibus, redditibus et proventibus huiusmodi perpetuum silencium imponi coram . . abbate monasterii Milocensis, Pragensis diocesis, conservatore eisdem abbati et conventui monasterii Lucensis contra inferentes eis iniurias et iacturas in bonis et rebus, ad ipsos abbatem et conventum ac monasterium Lucense spectantibus a sede apostolica per ipsius sedis litteras deputato et habente cognoscendi de hiis, que iudicialem indaginem exigunt, specialem per easdem litteras potestatem, vigore potestatis huiusmodi fecerunt ad iudicium evocari idemque abbas conservator cognitis huiusmodi cause meritis et iuris ordine servato diffinitivam contra dictos Ulricum et Jankonem sentenciam promulgavit ipsosque in expensis, in huiusmodi causa factis, nichilominus condemnavit ipsarum expensarum taxacione sibi imposterum reservata. A qua quidem sentencia fuit pro parte dictorum Ulrici et Jankonis ad sedem apostolicam appellatum. Nosque ad instanciam dictorum abbatis et conventus monasterii Lucensis asserencium appella-cionem huiusmodi desertam fore causam appellacionis et desercionis eiusdem venerabili fratri nostro Bartholomeo episcopo Lucerinensi, tunc capellano nostro et apostolici palacii causarum auditori audiendam commisimus et fine debito terminandam, non obstante, quod causa ipsa de sui natura ad Romanam curiam legittime devoluta et apud eam tractanda et finienda non esset, et cum potestate citandi eosdem Ulricum et Jankonem extra Romanam curiam et ad partes, quociens opus esset. Idemque episcopus midilor ad instanciam magistri Doyni de Remis, procuratoris dictorum abbatis et conventus monasterii Lucensis eosdem Ulricum et Jankonem per suas certi tenoris litteras citari fecit ad partes, ut coram eo certo peremptorio termino competenti tunc expresso cum omnibus actis, iuribus et munimentis suis causam huiusmodi contingentibus in dicto palacio comparerent processuri in causa ipsa ad singulos actus necessarios usque ad diffinitivam sentenciam inclusive, prout existeret racionis. In quo quidem termino dictus Doynus coram eodem episcopo, tunc auditore, in iudicio comparens et de citacione huiusmodi eidem episcopo tunc auditori fidem faciens per legitima documenta dictorum Ulrici et Jankonis non comparencium contumaciam accusavit, idemque episcopus tunc auditor ad instanciam eiusdem Doyni coram eo in iudicio comparentis et asserentis, dictam appellacionem fuisse et esse desertam eosdem Ulricum et Jankonem ad docendum de diligencia prosecucionis dicte appellacionis in audiencia publica, ut est moris, citari fecit ad certum terminum peremptorium competentem. In quo dicto Doyno coram eodem episcopo tunc auditore in iudicio comparente et dictorum Ulrici et Jankonis non comparencium contumaciam accusante idem episcopus tunc auditor ad eiusdem Doyni instanciam eosdem Ulricum et Jankonem ad suam in causa huiusmodi sentenciam audiendam in dicta audiencia citari fecit ad certam diem peremptoriam competentem. In qua dicto Doyno coram eodem episcopo tunc auditore in iudicio comparente et dictorum Ulrici et Jankonis non comparencium contumaciam accusante et in eorum contumaciam dictam appellacionem pronunciari fuisse et esse desertam ac huiusmodi sentenciam ferri petente, idem episcopus tunc auditor reputans eosdem Ulricum et Jankonem quoad actum huiusmodi, prout erant merito contumaces, in eorum contumaciam visis et diligenter inspectis omnibus et singulis actis et habitis in causa huiusmodi ipsisque cum diligencia recensitis et examinatis de consilio et assensu coauditorum suorum dicti palacii, quibus super hiis relacionem fecit fidelem, per suam sentenciam pronunciavit, decrevit et declaravit, appellacionem predictam fuisse et esse desertam, dictosque Ulricum et Jankonem in expensis coram se in huiusmodi causa legitime factis condemnavit ipsarum expensarum taxacione sibi inposterum reservata, prout in instrumento publico inde confecto dicti episcopi tunc auditoris sigillo munito dicitur plenius contineri. Nos itaque dictorum abbatis et conventus monasterii Lucensis supplicacionibus inclinati, que super hiis ab eodem episcopo tunc auditore provide facta sunt, rata habentes et grata, discrecioni vestre per apostolica scripta mandamus, quatinus vos vel duo aut unus vestrum per vos vel alium seu alios predictam sentenciam dicti episcopi tunc auditoris, ubi et quando expedire videritis, auctoritate nostra solemniter publicare curetis, contradictores per censuram ecclesiasticam appellacione postposita compescendo. Datum Neapoli apud maiorem ecclesiam Neapolitanam kalendis Februarii pontificatus nostri anno sexto.

322.

Der Pfarrer von Strutz bekennt, dass das Patronatsrecht über die Pfarre daselbst einem Brünner Kanonikus zustehe. Dt. Wischau 3. März 1384.

In nomine domini amen. Anno nativitatis eiusdem millesimo trecentesimo octuagesimo quarto indiccione septima, die tercia mensis Marcii hora terciarum vel quasi, pontificatus sanctissimi in Christo patris ac domini domini Urbani digna dei providencia pape sexti anno sexto, Wyschaw in domo habitacionis honorabilis viri domini Johannis de Chulen, officialis curie episcopalis Olomucensis et vicarii in spiritualibus generalis, discretus vir dominus Johannes dictus Puchlowicz, vicarius perpetuus ecclesie in Strucz, Olomucensis diocesis, in stuba communi domus supradicte coram prefato domino officiali et vicario in spiritualibus in mei notarii infrascripti testiumque presencia subscriptorum personaliter constitutus, non compulsus nec coactus, sed libera spontanea et bona voluntate publice et expresse recognovit honorabilem virum dominum Petrum dictum Lyssek, canonicum ecclesie monti sancti Petri in Brunna et rectorem parochialis ecclesie in Rediss, diocesis Olomucensis predicte, fore ac esse patronum legittimum ipsius et ecclesie sue in Strucz antedicte et ipsum fuisse et esse die suprascripta ad ipsius presentacionem per antedictum dominum officialem et vicarium in spiritualibus legitime ad dictam ecclesiam in Strucz institutum et confirmatum, quodque nichilominus eidem domino Petro tamquam suo vero patrono racione canonicatus et prebende, quos obtinet in ecclesia sancti Petri in Brunna suprascripta, singulis annis racione annue pensionis de prefata sua ecclesia in Strucz sine contradiccionis obstaculo solvere teneatur et promisit bona fide, prout antecessores ipsius fecerunt temporibus retroactis, videlicet octo marcas grossorum pragensium denariorum moravici numeri et pagamenti solvendas in terminis infrascriptis, unam videlicet marcam honorabilibus viris dominis . . preposito et capitulo dicte ecclesie sancti Petri in Brunna pro anniversario reverendi in Christo patris, ac domini domini Conradi felicis recordacionis quondam episcopi Olomucensis in die beati Ciriaci martiris et eius sociorum, prefato vero domino Petro et successoribus eius tres marcas cum dimidia in festo sancti Michaelis et tres marcas cum dimidia in festo nativitatis Christi et sic annis singulis prescriptam annuam pensionem solvere tenebitur et promisit sub pena excommunicacionis, cui se sponte submisit, sine omni occasione et contradiccione. Acta sunt hec anno, indiccione, die, mense, hora, pontificatus et loco, quibus supra, presentibus discretis viris domino Johanne plebano ecclesie in Wyschaw, Petro Mirabili et Petro Argilla procuratoribus consistorii Olomucensis testibus in premissa. In quorum omnium et singulorum testimonium sigillum vicariatus ecclesie Olomucensis presentibus est appensum.

Et ego Paulus quondam Michaelis de Dobrencz clericus Olomucensis diocesis publicus etc.

(Orig. Perg. h. Sig. im Archive des Domkapitels in Brünn.)

323.

Der Stadtrath von Jamnitz erklärt, dass drei Lahne in Ostejkowitz und ein Hof in Palowitz zur Pfarrkirche in Jamnitz gehören. Dt. Jamnitz 18. März 1384.

Ne rerum gestarum memoria per decessum temporis deperiret, sapientum introduxit auctoritas et consuetudo laudabilis approbavit, ut ea, que geruntur in tempore, ad perpetue rei memoriam scripturarum testimonio perennentur. Dudum igitur suborta controversia inter circumspectos viros predecessores nostros civitatis Jemnicensis ex una et honorabilem virum dominum Paulum plebanum ecclesie sancti Jacobi in Jemnicz parte ex altera de et super jure, proprietate et dominio videlicet trium curiarum in Votiechovicz et curie unius in villa Palowicz situatis, nos infrascripti Henslinus protunc magister civium, Jaklinus ferrator, Jandlinus, Hondel carnifex, Pessek et Michael sartor, jurati civitatis Jemnicensis considerantes pericula, que ex tali controversia possent futuris oriri temporibus, occasionem hujusmodi de medio tollere et successorum nostrorum paci et unitati provide consulere cupientes, diligenti inprimis inquisicione facta et maturo consilio una cum provido viro Martino judice Jemnicensi et protunc monete magistro desuper prebabito; attendentes itaque ac perpendentes caducam et mortalem hanc vitam in terris volentesque transitoria in perpetua et celestia felici commercio commutare: nos prefati magister civium et jurati de expresso nostro ac communitatis assensu animo deliberato pro se et omnibus successoribus nostris omni dolo et fraude semotis libere et sponte cedimus, resignamus et abrenunnciamus omni juri, proprietati et dominio, quod predecessoribus nostris aut nobis et successoribus nostris in et super jam dictis tribus curiis in Votiechowicz et curia una in villa Palowicz competit seu quomodolibet competere potuit. Publice presentibus profitentes prefatas tres curias in Votiechowicz similiter et curiam illam in villa Palowicz cum omni jure et plenitudine dominii ad supra scriptum dominum Paulum plebanum ecclesie sancti Jacobi in Jemnicz et suos successores legittime pertinere. Ita tamen, quod census ex curia illa in villa Palowicz situata debet altariste altaris sancti Nicolai provenire et cedere. Omnes cciam sepe nominate curie in Votiechowicz, pariter et illa curia in villa Palowicz ab omnibus exaccionibus et robottis libere sunt et exempte. In cuius rei geste evidens testimonium sigillum civitatis nostre presentibus est appensum. Datum Jamnicz feria sexta ante festum annunciacionis sancte Marie, anno millesimo trecentesimo octuagesimo quarto.

(Aus dem Orig. im Jamnitzer Schlossarchive copirt von A. Boček.)

324.

Pabst Urban VI. beauftragt den Prager Erzbischof, den Bischof von Penna und den Schottenabt in Wien, den Urtheilsspruch gegen Ulrich und Johann von Heroltitz nöthigenfalls mit Hilfe des weltlichen Armes durchzuführen. Dt. Neapel 1. April 1384.

Urbanus episcopus servus servorum dei venerabilibus fratribus . . archiepiscopo Pragensi et . . episcopo Pennensi ac dilecto filio . . abbati monasterii Scotorum in Wienna, Pataviensis diocesis salutem et apostolicam benediccionem. Exhibita nobis pro parte dilectorum filiorum . . abbatis et conventus monasterii Lucensis, Premonstratensis ordinis, Olomucensis diocesis, peticio continebat, quod olim ipsi dilectos fillos Ulricum et Jankonem dictos de Herolticz fratres, armigeros dicte diocesis, qui villas de Rotigel alias Rokytnicze et Pokoyowicz dicte diocesis et silvam dictam Abczwald in dicta diocesi consistentem cum carum pratis, pascuis, rivulis, aquarum decursibus ac iuribus et pertinenciis corundom et fructus, redditus et proventus ex dictis villis, silva, pratis, pascuis, rivulis et aquarum decursibus provenientes, que ad ipsos abbatem et conventum ac monasterium legitime pertinebant, prout pertinent, occupabant et detinebant indebite occupata, super hoc potendo, pronunciari, decerni et declarari, villas, silvam, prata, pascua, rivulos et aquarum decursus ac fructus, redditus et proventus huiusmodi ad eosdem abbatem et conventum ac monasterium pertinere et eis adiudicari ipsosque fratres condemnari et compelli ad dimittendum eis villas, silvam, prata, pascua, rivulos et aquarum decursus ac fructus, redditus et proventus huiusmodi et ipsos ab occupacionibus et detencionibus corundem ammoveri cisque super illis perpetuum silencium imponi coram dilecto filio . . abbate monasterii Milocensis, Pragensis diocesis, conservatore eisdem abbati et conventui monasterii Lucensis contra inferentes eis iniurias vel iacturas in bonis et rebus eorum a sede apostolica per ipsius sedis litteras deputato et habente cognoscendi de hiis, que iudicialem indaginem exigunt, specialem per easdem litteras potestatem. Vigore litterarum et potestatis huiusmodi fuerunt ad iudicium evocati idemque abbas monasterii Milocensis cogniti huiusmodi cause meritis et iuris ordine observato diffinitivam contra dictos armigeros sentenciam promulgavit, ipsos in expensis in huiusmodi causa legitime factis nichilominus condemnando, ipsarum expensarum taxacione sibi imposterum reservata. Cumque pro parte dictorum armigerorum ab eadem sentencia fuisset ad sedem appellatum predictam, prefati abbas et conventus monasterii Lucensis lite per eos contra eosdem fratres super appellacioni huiusmodi et eius desericone mota et in palacio apostolico coram certo auditore causarum dicti palacii ex commissione apostolica diucius ventilata unam pro se et contra dictos fratres super desericone appellacionis huiusmodi sentenciam reportarunt et super execucione huiusmodi sentencie super dicta desericone late, que nulla provocacione suspensa in rem transivit iudicatam, nostras ad vos sub certa forma litteras impetrarunt. Cum autem, sicut eadem peticio subiungebat, prefati abbas et conventus monasterii Lucensis dubitent, ne eciam alii in predictis villis, silva, pratis, pascuis, rivulis et aquarum decursibus se intruserint vel inposterum se intrudant, pro parte ipsorum abbatis et conventus monasterii Lucensis nobis fuit humiliter supplicatum, ut predictam sentenciam per dictum conservatorem latam debite execucioni mandari facere et alias eis in premissis providere de oportuno remedio dignaremur. Nos igitur huiusmodi supplicacionibus inclinati discrecioni vestre per apostolica scripta mandamus, quatinus vos vel duo aut unus vestrum per vos vel alium seu alios predictam sentenciam dicti conservatoris, sicut provide lata est, faciatis auctoritate nostra firmiter observari. Et nichilominus tam contra dictos armigeros quam contra huiusmodi intrusos et intrudendos post sentenciam ipsius conservatoris predictam quoad possessionem villarum, silve, pratorum, pascuorum, rivulorum et aquarum decursum duntaxat ipsis abbati et conventui monasterii Lucensis tradendam perinde procedatis, ac si dicta sentencia ipsius conservatoris contra intrusos et intrudendos huiusmodi lata foret ac cciam processus super hiis habendos, quociens opus fuerit, aggravetis, contradictores per censuram ecclesiasticam appellacione postposita compescendo, invocato ad hoc, si opus fuerit, auxilio brachii secularis. Non obstante, si prefatis armigeris vel quibusvis aliis communiter vel divisim ab eadem sit sede indultum, quod interdici, suspendi vel excommunicari non possint per litteras apostolicas non facientes plenam et expressam ac de verbo ad verbum de indulto huiusmodi mencionem. Datum Neapoli apud maiorem ecclesiam Neapolitanam kalendis Aprilis, pontificatus nostri anno sexto.

(Orig. Perg. h. Bleibulle in den Akten des Brucker Klosters im mähr. Landesarchive.)

325.

Johann, Erzbischof von Prag, beauftragt den Abt des Klosters Obrowitz, die Augustiner-Eremiten in Gewitsch und andere Klöster desselben Ordens in der Olmützer und Leitomyšler Diözese gegen die Schädiger ihrer Privilegien zu schützen. Dt. Prag 18. April 1384.

Johannes dei gracia sancte Pragensis ecclesie archiepiscopus apostolico sedis legatus venerabili in Christo patri domino . . abbati monasterii in Zabrdowicz, ordinis Premonstratensis, Olomucensis diocesis salutem in domino. Literas sanctissimi in Christo patris et domini, domini Johannis recolende memorie pape vicesimi secundi, non cancellatas nec abolitas sed omni prorsus suspicione carentes, cum ea qua decuit reverencia recepimus in hec verba: Johannes episcopus servus servorum dei venerabilibus fratribus archiepiscopo Salceburgensi et Ratisponensi ac Pragensi episcopis salutem et apostolicam benediccionem. Etsi quibuslibet religiosis et personis et locis ex imminente nobis servitutis officio assistere defensionis presidio teneamur, illis tamen specialius et efficacius adesse nos convenit, qui sedi apostolice immediate subiecti non habent preter romanum pontificem alium deffensorem. Cum itaque sicut ex parte dilectorum filiorum . . prioris generalis et fratrum heremitarum ordinis sancti Augustini fuerit propositum coram nobis, quod ipsi a nonnullis super predicacionibus libere ac eisdem fratribus faciendis et audiendis confessionibus eis peccata sua volencium confiteri et aliis iuribus et libertatibus ipsis ab apostolica sede concessis, a prelatis, rectoribus et clero aliisque personis contra indulta privilegiorum dicte sedis eis ab eadem sede concessorum multipliciter molestentur et gravamina ipsis multiplicia inferantur: nos volentes eis super hoc de oportuno remedio providere fraternitati vestre per apostolica scripta mandamus, ʃquatenus vos vel duo aut unus vestrum per vos vel per alium seu alios fratribus dicti ordinis provincie Bawarie et Boemie efficaci presidio defensionis assistentes non permittatis, eos contra tenorem privilegiorum ipsorum a predictis vel aliis quibuscunque molestari nec eis aliqua gravamina vel iniurias irrogari, facientes ipsis fratribus de illatis eis iniuriis, molestacionibus et gravaminibus contra tenorem eundem in illis videlicet, que iudicialem requirunt indaginem, per viam iudicii, in aliis vero prout qualitas ipsorum exigerit, iusticie complementum etc. Datum Avinione XIIII. Maii pontificatus nostri anno primo. (= 1317.)

Nos igitur dicte sedis apostolico mandatis tanto prompciori affectu ex debito obedire tenemur, quanto dictam nostram ecclesiam, cuius regimi licet immeriti presidemus, non solum archiepiscopali dignitate et vocabulo, verum eciam honorabili legacionis officio prefata sedes apostolica dignata est pre ceteris sublimare. Sed quia frequenter nostris et ecclesie nostre preoccupati negociis premissorum execucioni intendere non possumus, ut vellemus, ideoque nobis, de cuius reverencia confidenciam gerimus in domino specialem, vices nostras in hac parte committimus, donec eas ad nos duximus revocandas, ita videlicet, ut dictis fratribus priori totique conventui monasterii in Gyewiczka et aliis domibus ordinis fratrum heremitarum sub regula beati Augustini dicte Olomucensis et Luthomislensis diocesis efficaci defensionis presidio assistentes non permittatis, eos contra tenorem privilegiorum ipsorum a quibuscunque molestari nec eis aliqua gravamina vel iniurias irrogari, facientes ipsis fratribus de illatis eis iniuriis, molestacionibus et gravaminibus contra tenorem eundem in illis videlicet, que iudicialem requirunt indaginem per viam iudicii, in aliis vero, prout qualitas ipsorum exigerit, iusticie complementum. In cuius rei testimonium sigillum nostrum maius presentibus duximus appendendum. Datum Prage anno domini millesimo trecentesimo octuagesimo quarto, die decima octava mensis Aprilis.

(Orig. Perg. an Perg. Streifen h. etwas verletztes Gegensigel im Archive des August. Klosters in Brünn. Die Rückseite des Sigels zeigt im rothen Wachse das undeutlich ausgeprägte Privatsigel des Erzbischofes.)

326.

Markgraf Jost bewilligt dem Johann von Mezeříč die Veräusserung der Veste Janstein an Heinrich den Älteren von Neuhaus und befreit diese Veste von dem Lehenverbande.
Dt. 23. April 1384.

Wir Jost von gots gnaden marggraff und herre czu Merhern. Bekennen offenlich mit disem brieffe allen den die yn sehen oder hören lesen, das wir dem edlen unserm lieben Janen von Mezericz erlowbt haben und erlowben, das er die vesten Janstein und die gueter, die dorczu gehören, wie die genant sein, dem edlen Henrich dem elteren vom

Newenhus und seinen erben muge czu einem rechten erbe vorkowffen. Dasselbe gut wir us unser manschafft haben gelazzen und uns unsern erben und nachkomen, marggraffen czu Merhern, keyn dinst noch keyn recht der manschafft doruff haben vorhalden noch vorhalden, sunder das es alles gefreyt sey in aller seyner eygenschafft czu eynem rechten erblichen erbe, als gewonheit und recht ist in dem lande czu Merhern. Mit urkund diez brieffs vorsiegelt mit unserm anhangundem ingesigel. Der geben ist czu Prag noch Crists geburt dreyczenhundert iar, dornach in dem vier und achczigsten iare des nechsten sunnabends für dem suntag als man singt Misericordia domini.

(Auf der Plicatur: Per dominum marchionem Nicolaus prothonotarius. — Orig. Perg. h. gut erhaltenes Sig. im gräfl. Cerninschen Archive in Neuhaus.)

327.

Schuldverschreibung des Stefan von der Dobrusch über 800 Schock grosser Pfennige
Prager Münze, welche er von dem Markgrafen Jodok ausgeliehen hat.
Dt. 25. Mai 1384.

Ich Sczepan von der Dobrusch selbstschuldiger, Jan von Dobrusk, Jaroslaw von Dobrusck, Smylo und Ulreich gebrüder von Sternberg und Wznatha von Schurow genant von Mezirziecz, burgen, bekennen und tun kunt offenlich mit disem briff alle den, die yn sehen oder horen lezen, das uns der hochgeborne fürste marggraffe Joste und herre czu Merbern unser lieber genediger herre acht hundert schock grosser pfennyng prager muncze an bereiten gelden gelihen hat. Die gelowen wir im mit gesampter hant ungeteylt von den nechsten sant Merteyns tag uber czwey gancze jare nechste nach einander czu beczallen und czu richten genczlich und gaar unvorczogenlich an alles geverde mit gereiten gelde. Und ob wir des nicht teten, so sol unser yeklicher, welicher under uns obgenannten burgen von dem egenanten marggraff Josten oder seinem erben gemannt wurde, senden einen rittermessigen manne mit czweyn knechten und dreyn pferden in ein erbers gasthusz gen Brunne, wo uns das von den egenanten marggraff Josten oder seinen erben geweiset wirdet. Dorynne sullen sye ligen und leysten als ynnelegers und leystung recht und gewonheit ist, und dorusz nymmer komen, wir haben denn die egenanten acht hundert schock mit allen scheden genczlich und gaar gerichtet und beczalet. Und wenn vierczehen tag nach der manung, als abgeschriben steet, vorgangen sein, es werde geleistet oder nicht geleistet, so haben die obgenante marggraff Joste oder seinen erben voller gewalt, die egenanten acht hundert schock uff unser aller scheden czu nemen czu Juden und Cristen. Dennoch sol alleweg geleistet werden und dorusz nymmer komen, wir haben denn die obgenannten acht hundert schock mit allen den scheden, die doruff gegangen weren, gerichtet und beczalet. Und wer auch sache, das unser obgenanten burgen einer oder mer abgyengen und sturben, ee denn die obgenanten acht hundert schock und auch alle scheden beczalt wurden, so sullen und gelowen auch wir, die dennoch lebten, ander burgen czu seczen ynnewendig einen mande an der obgestorben stat, die also gut und gewiss weren, als die yn den geczeiten woren, do sie lebten dicz brifs*) vorsigilt mit unsers anhangindem ingesigill. Der geben ist czu Opoczen nach Cristis geburt tausint dreyhundert jare in dem viere und achczigsten jare, vincztag in dem sant Urbans tage.

(Orig. Perg. 5 an Perg. Streifen h. Sig. in der Boček'schen Sammlung n. 516 im mähr.
Landesarchive. — Das Wappen der von Dobrusch zeigt einen runden Schild mit
2 von rechts nach links ziehenden Querbalken.)

328.

Notariatsakt zwischen dem Kloster Saar und Andreas, Pfarrer in Lautschitz, bezüglich einer durch den Pfarrer gekauften und zum Pfarrhause umgestalteten Taberne.
Dt. Brünn 22. Juni 1384.

Nos frater Nicolaus divina miseracione abbas, frater Johannes prior, frater Johannes subprior, frater Nicolaus colerarius totusque conventus monasterii fontis beate Marie in Zahars, ordinis Cisterciensis recongnoscimus (sic) pro nobis et successoribus nostris in perpetuum. Quia honorabilis vir dominus Andreas plebanus ecclesie parochialis in Lawschans, cuius ius patronatus ad nos spectare dinoscitur, singulari devocione permotus domum olim tabernalem, sitam inter muros cimiterii et domum dotis ecclesie ibidem, pro habitacione sua et successorum suorum pro octo marcis grossorum pragensium de propria sua pecunia rite et racionabiliter emit erga Cunczmanum carnificem, villanum ibidem, quam cciam domum propter vicinitatem ecclesie in domum dotis eidem ecclesie in Lawschans futuris perpetuis temporibus assignavit et pie donavit ac eam racionabiliter in structuris emendavit. Et quia eadem domus prius censualis erat predicte ecclesie et plebanis in Lawschans, unde ne sibi et successoribus suis ex huiusmodi empcione aliquid depereat, idem dominus Andreas mediam aream antique dotis nobis abbatibus et successoribus nostris ac monasterio in Zahars pro utilitate et ampliori commodo curie nostre site ibidem in Lawschans pro quatuor marcis dictorum grossorum rite vendidit et donavit tali condicione, quod nos et nostri successores abbates vel magister curie nostre in Lawschans, quem illic destinare decrevimus, censum et stewram, que tangebant predictam domum tabernalem, que nunc nova dos est, eidem domino Andree et suis successoribus solvere debeant, quociens fuerit oportunum. Insuper prefatus dominus Andreas nomine successorum suorum nobiscum ac successoribus nostris propter bonum pacis talem fecit ordinem, ut quamcunque intersticium videlicet paries vel sepe medie antique dotis versus curiam nostram inter nos reformare indigebit, extunc dictus dominus Andreas parietem vel sepem, inter quam stabulum vel commodum iam fecit, reformare debet et nos vel nostri successores cciam parietem, inter quam stabulum vel commodum fecimus, quilibet in suo loco reformare et emendare tenemur et si quid in eadem parieto

---

*) Entweder bezieht sich dieser Genitiv auf „gezeiten" oder ist: „mit urkund" weggelassen.

vel intersticio ad emendandum defecerit et superfuerit, hoc nos ambo cum pecunia communi reformare debemus, sic quod pars media ipsius dotis sita et contigua plebano pro utilitate et amplificacione nove dotis ecclesie perpetue remanebit. Nos igitur abbas et fratres predicti tractatum premissum racionabilem et utilem nobis et monasterio nostro et dicto domino Andree et suis successoribus fore considerantes de unanimi et capitulari nostro consensu premissa omnia rata et grata tenere promittimus et laudamus. In cuius rei testimonium presentes literas nos abbas et conventus predicti in Zahars nec non et ego Andreas plebanus in Lawschans sigillorum nostrorum fecimus appensione communiri ac per Johannem de Geilhusen publicum notarium ac civitatis Brunnensis scribam publicari et in hanc publicam formam redigere rogavimus evidenter. Datum et actum in domo habitacionis nostri abbatis sita in Brunna ex opposito cimiterii sancti Jacobi anno domini millesimo trecentesimo octuagesimo quarto, indiccione septima, die XXII mensis Junii, hora sexta, pontificatus sanctissimi in Christo patris et domini nostri domini Urbani divina providencia pape sexti anno septimo, presentibus discretis viris dominis Nicolao Herbsleben et domino Boczcone cappellano ad sanctum Mauricium, Johanne de Budewicz, Bohokone (sic) de Crisans et Johanne scolari de Budessin testibus ad premissa vocatis specialiter et rogatis.

Et ego Johannes quondam Conradi dicti Reichmut de Geylnhausen, Moguntinensis diocesis publicus auctoritate apostolica et imperiali notarius ac scriba Brunnensis etc.

(Orig. Perg. die Sig. abgerissen, in den Akten des Saarer Klosters im mährischen Landes-archive.)

329.

Markgraf Jodok verleiht zwei Höfe in Palonin dem Nikolaus Morava von Otaslawitz auf dessen Lebenszeit. Dt. Brünn 15. Juli 1384.

Jodocus dei gracia marchio et dominus Moravie. Nicolao Morave de Ottoslawicz graciam nostram et omne bonum. Provide dilecte. Tuis precibus, quibus nos animo diligenti flagitasti, generose volentes complacere, tibi duas curias allodiales cum pratis, silvis, pascuis et aliis singulis earumdem pertinenciis tantum ad tempora vite tue donamus, conferimus presentibus et largimur. Presencium sub appenso nostro sigillo testimonio literarum. Datum Brunne anno domini millesimo trecentesimo octoagesimo quarto, feria sexta proxima post diem beate virginis Margarete.

(Orig. Perg. an perg. Kordel h. wohlerhaltenes Sig., an der ausserdem ein Perg. Streifen befestigt ist mit der Aufschrift: Quod marchio Judocus dederat cuidam clienti, nunc nostre sunt, duas curias in Palonyn, — in den Akten des Znaimer Clarissenklosters im mähr. Landesarchive.)

330.

Markgraf Prokop verleiht dem Nikolaus Morava zwei Höfe auf dessen Lebenszeit.
Dt. Brünn 15. Juli 1384.

Procopius dei gracia marchio Moravie, idoneo ac provido Nicolao dicto Morawa de Othoslavicz sinceri affectus promptitudinem cum favore. Provide Morawa dilecte. Cum te aput nos talem tuis obsequiis exhibuisti continuo, ut te promocionibus generosis prosequi merito debeamus, tibi duas curias allodiales cum pratis, pascuis, silvis, piscinis, piscaturis et aliis quibuslibet utilitatibus, usibus et pertinenciis universis duntaxat ad tempora vite tue in omni modo et forma, prout tibi frater noster senior illustris dominus Jodocus Moravie marchio easdem curias ex gracia erogavit, damus, conferrimus virtute presencium et donamus. Presencium sub appenso nostro sigillo testimonio literarum. Datum Brunne anno domini millesimo trecentesimo octogesimo quarto, feria sexta proxima post festum sancte Margarethe.

(Orig. Pg. im k. k. geh. Haus-, Hof- und Staatsarchive in Wien, mit ziemlich wohl erhaltenem Siegel an perg. Kordel bängend, an der ausserdem ein Perg. Streifen befestigt ist, auf welchem die Worte zu lesen sind: „De duabus curiis in Palonyn.“

331.

Der Stadtrath von Brünn verleiht dem Priester Johann von Oppeln das Beneficium bei
der Spitalkapelle bei St. Stefan. Dt. 1. August 1384.

Nos magister civium et jurati consules Brunnenses notum facimus universis, quod nos attendentes puro devocionis constanciam ac debite fidelitatis obsequia, quibus nobis discretus dominus Johannes presbyter de Opull Wratislaviensis diocesis complacuit et complacere poterit prestancius in futurum, sibi manuale nostrum beneficium capelle sancti Stephani hospitalis infirmorum nostrorum in Schutta, cuius collacio ad nos pleno iure dinoscitur (pertinere), in dei nomine conferimus ac ipsum ad candem capellam confirmamus. Volentes pro nobis et successoribus nostris, quod ipse dominus Johannes omni eo tempore, quo se laudabiliter et canonice in vita et honestate clericorum rexerit, candem capellam sancti Stephani regere debeat ac divina ibidem celebrare et ministrare infirmis et servitoribus ipsius hospitalis, ut fructus, utilitates, obvenciones et emolumenta eiusdem ad rectorem et ecclesiam ipsam duntaxat spectantes percipere valeat pleno jure sicut in aliis manualibus beneficiis liberis fieri est consuetum. Presencium sub nostro civitatis sigillo testimonio literarum. Datum anno domini MᵒCCCᵒLXXXIIIIᵒ feria II. proxima post festum sancti Jacobi apostoli.

(Aus dem Codex n. 34 fol. 64 im Brünner Stadtarchive.)

332.

Bernard Hecht von Schützendorf, Johann, Bohuše und Adam von Schönwald verkaufen den Augustinern in Landskron das Dorf Laškov. Dt. Miran 3. August 1384.

Noverint universi presencium noticiam habituri, quod nos Bernhardus miles dictus Hecht de Schuczendorf, Johannes, Bohusschius et Adam fratres germani de Schonwald bona ac sufficienti deliberacione prehabita maturoque amicorum nostrorum precedente consilio honorabili ac religioso viro domino preposito sancti Nicolai et sancte Katherine Landskronensi totique conventui eiusdem monasterii, necnon monasterio eldem canonicorum regularium ordinis sancti Augustini iusto vendicionis titulo vendidimus, tradidimus et resignavimus ac virtute presencium vendimus, tradimus et resignamus quinque marcas grossorum pragensium moravici numeri et pagamenti reddituum perpetuorum in villa Laschkov et in omnibus ac singulis ipsius pertinenciis, prout nos personaliter ipsos redditus pecuniarum in villa eadem usque modo tenuimus pleno iure et dominio, nichil penitus excipiendo, pro sexaginta marcis grossorum pagamenti predicti. Idcirco promittimus bona nostra lide sine omni malo dolo et sine quavis in contrarium accione predictas quinque marcas redditus in villa predicta cum omnibus et singulis pertinenciis et iuribus suis domino preposito, conventui et monasterio predictis et ad fideles manus reverendi in Christo patris domini Petri episcopi Olomucensis et nobilium dominorum Wankonis de Pothenstein, Johannis de Pothenstein alias de Zampach et Styborii de Czimburg secundum ius terre Moravie libertare et a quolibet homine eos iure seculari sive spirituali impetente penitus disbrigare et in primo dominorum colloquio, quod Olomucz celebratum fuerit, tabulis terre Moravie intabulare. Nos quoque Gerhardus Purkman de Meraw, Cunczo de Smola, Sdysslaus de Lhotka et Mecho de Lhotka fideiussores pro predictis Bernhardo, Johanne, Bohusschio et Adam fratribus et cum ipsis insolidum manu coniuncta et indivisim tenemur et bona nostra fide sine omni malo dolo promittimus preposito, conventui et monasterio predicto et manufidelibus ipsorum predictis, omnes prescriptas condiciones ac omnia et singula premissa adimplere et observare inviolabiliter cum effectu. Si vero illud efficere non poterimus aliqua racione sine omni malo dolo, quod predictos redditus intabularemus domino marchione Moravie in causa illa nos contradicente et eam non admittente, extunc infra quatuordecim dies continuos post primum colloquium dominorum predictas sexaginta marcas grossorum ipsis solvere debeamus et promittimus sine contradiccione et sine omni dilacione ulteriori. Quod si non fecerimus, extunc statim quatuor ex nobis, qui per prefatos prepositum, conventum aut manufideles ipsorum moniti fuerint, quilibet loco et nomine sui unum famulum militaris condicionis cum uno famulo et duobus equis in civitatem Chremsier ad prestandum verum et solitum obstagium in domo bonesti hospitis per eos demonstranda sublocare tenebuntur indilate, salva ipsis cciam potestate, nos iure seculari sive spirituali posse convenire ob non explecionem premissorum. Elapsis autem a dicto monicionis termino quatuordecim diebus continuis prestito ipso obstagio vel non prestito, extunc predictis preposito, conventui ac monasterio et manufidelibus ipsorum damus et concedimus plenam et omnimodam potestatem ac licenciam liberam predictas sexaginta marcas recipiendi in dampna nostrum omnium insolidum et super bona nostra omnia mobilia et immobilia apud christianos vel judeos, nichilominus a predicto minime exituri obstagio, quousque predicti pecuniarum redditus iuxta ius terre Moravie sine omni ipsorum preiudicio libertati fuerint et eciam tabulis terre Moravie intabulati vel predicte pecunie solute fuerint et omnia premissa ipsis integre per nos fuerint expleta, donec éciam omnia et singula dampna obinde contracta absque omni iudicio et iuramento ipsorum, quod demonstrare et docere sufficienti testimonio poterint, totaliter et integre ipsis per nos fuerint persoluta. In cuius rei testimonium ex certa nostra sciencia sigilla nostra presentibus sunt appensa. Datum Meraw anno domini millesimo trecentesimo octuagesimo quarto, in die invencionis sancti Stephani prothomartiris.

(Orig. Perg. in den Akten des Olmützer Augustinerklosters im Landesarchive. — Von den 7 Sig. erhielt sich nur das des Joh. von Schönwald, das den Löwen der Žerotine zeigt, von den übrigen sind nur die Pergamentstreifen vorhanden.)

333.

Der Stadtrath von Brünn ersucht den Stadtrath von Kölln, er möge die Rente, welche Drutginis, Gemalin des Heinrich von Gmunden, in Kölln hat, dem Michael von Savojen ausfolgen. Dt. Brünn 22. August. 1384.

Den ersamen weisen frummen mannen, dem burgermeister, ratmanne und gesworn scheffen der stat zu Kollen uf deme Ryne embieden wir richter, burgermeister und gesworn scheffen der stat zu Brunne in Merhernlant unsere steden dienst und was wir gutes vermogen. Lieben herren und vreunde. Is sein vor uns kommen Heinrich von Gemunde, baumeister unsers gnedigen herrn herrn Josts marggraven des landes zu Merhern und Drudekein sein eliche wirtinne, unsre burger, und haben vor uns in vollem rate mit wolbedachtin mude samentlichen ufgegeben, bescheiden und beruemet die rente der lyffczucht zwenzig gulden, die Drudekin ire lefftage up ewir stat zu Kollen hat mit dem gelde und mit der pene, die da lange czit versessen sein, is sei vil adir wenig, dem erbern manne Michelen von Sabogen und seinen erven umb ein genante summe geldes, die er yn zu Prage in der stat vorburget und vergewisset hat. Hir·frume lieben herrn und vreunde so biden wir ewir ersamkeit mit ganzen fleizze mit sampt dem egenanten Heinrich und Drudekin, dat ir dieselben rente und pene und was versessen geldes ist, dem vorgenanten Michil und seinen erven furbaz mer reichen, geben und bezalen wollet und sollet ungehindirt nach ynhalde und laute der brieve, die Drudekin dorubir hat gehabt. Dieser sachen zu gezugnisse so haven wir unser stat ingesigelt zu Brunne an diesen brief gehangen, der gegebin ist nach Cristis geburte MᵒCCCᵐᵒLXXXIIIIᵒ feria secunda ante festum sancti Bartholomei apostoli.

(Aus dem Codex n. 34 fol. 64 im Brünner Stadtarchive. — In margine steht die Bemerkung: Non processit, sed magister Henricus reddidit literam. Vgl. die Urkunde ddo. 1387 die b. Mauritii in diesem Bande.)

334.

Petr von Sternberg schenkt dem Augustiner-Chorherrnstifte daselbst die Dörfer Kladrub etc. und stiftet ein Anniversar. Dt. 15. September 1384. s. l.

Nos Petrus de Sternberg notum facimus tenore presencium universis, quod quamvis pridem reverendus in Christo pater ac dominus Albertus episcopus Luthomischliensis ac olim archiepiscopus Magdeburgensis, patruus noster, felicis recordacionis nostro ad hoc accedente consensu et voluntate speciali, ad honorem omnipotentis dei et beate Marie semper virginis intemerate genitricis ejusdem et omnium sanctorum similiter monasterium canonicorum regularium sancti Augustini in civitate nostra Sternberg de consensu reverendissimi in Christo patris domini Jannis Olomucensis episcopi et honorabilis sui capituli de novo fundasset, et eidem de dote congrua providisset, nec non fratribus in eodem monasterio sub regula dicti sancti Augustini viventibus aliquas observancias iniunxisset ordini inconsuetas, conscienciis difficiles et fratribus nimis graves propter casus et eventus inopinatos, sicut hec omnia in quibusdam precedentibus antedicti domini episcopi Olomucensis et ejusdem capituli literis super eo auctoritate ordinaria erogatis plenius et clarius continebatur, que tamen nondum deducta erant plenum ad effectum: postea tamen, sicut tractu temporis divina misericordia disponente plenioris eciam deliberacionis accedente consilio pro amplioris divini cultus augmento eadem sic inconsummata tollendo de medio, nova instauranda et in modum tollerabiliorem reducenda censuimus. Accedente ad hoc reverendi in Christo patris ac domini Petri episcopi Olomucensis et ejus capituli consensu speciali, quorum tenor inferius annotatur. Et primo, quia certas constituciones priores et ordinaciones vidimus eisdem preposito et fratribus graves existere, tum propter consciencias suas, tum propter injuncti oneris gravitatem eadem primaria sic inconsummata tollentes de medio, nunc testamentarie tamquam heres bonorum in Sternberg et fundator ipsius monasterii Sternbergensis cum prefato patruo nostro episcopo supradicto legitimus decernimus in his scriptis, quod prepositus et conventus a solucione omnium onerum declaratorum in precedentibus literis liberi sint ac penitus absoluti, et quod litere super his confecte, ac eciam per reverendum olim dominum Joannem episcopum Olomucensem modo et via confirmacionis erogate habeant in antea nullam roboris firmitatem. Quodque in eodem monasterio viginti quatuor fratres canonici regulares uno eis super addito preposito pro prelato ipsius monasterii, debeant esse perpetuis temporibus, qui omnes horas canonicas statutis et consuetis temporibus in ordine suo secundum statuta et consuetudinem ordinis ipsorum cantent et celebrent. Et quod antedicti collegii prepositus a cura hospitalis ibidem, quod felicis recordacionis ava nostra fundavit, tam circa provisionem pauperum, quam bonorum custodiam amodo absolutus existat, in hoc solum providens predicto hospitali, quod singulis diebus ibidem divina celebrentur, offertorium, quod ibidem provenerit, in usus suos convertendo. Item quod idem prepositus pro missa sancte virginis, que ad honorem ipsius virginis in eodem monasterio omni mane debet decantari. magistro schole ibidem pro clericis eandem missam cantantibus singulis septimanis sex grossos pragenses dare, et de superpelliciis ipsis providere teneantur ad hoc, quod ipse magister de sex clericis utilibus, ut celebriter agatur officium, teneatur amplius providere. Et quia prefatos prepositum et fratres a summa missa decantanda exoneravimus, volumus provide, ut scolares et clerici, per quos eadem missa debeat decantari, superpelliciis utantur, quibus et aliis horis canonicis, si ipsos interesse contigerit, similiter induti existant, et de predictis superpelliciis a parentibus ipsorum scolarium debet provideri, nisi prepositus de bona voluntate propter pauperes scolares vellet de aliquibus providere. Item animo deliberato ibidem in Sternberg in loco inferiori novam fabricam cassamus decernentes, quod pro fratribus, qui esse in eodem loco debeant, sint in primo monasterio viginti quinque persone religiose ut prefertur annumerato eis preposito. Et in casu ubi auctore altissimo contingeret nos, heredes nostros aut successores dominos in Sternberg eundem locum inferiorem divino cultui adaptare, ex tunc prepositus provideat de divinis ibidem celebrandis, prout super eo fuerit cum ipso concordatum. Item quod prepositus ipsius monasterii fratribus suis de amictu et victu debeat providere juxta observancias in ordine ipsorum consuetas. Item fratres prefati monasterii dies anniversarios videlicet patrui nostri antedicti domini Alberti episcopi Luthomischlensis pie memorie et domini Stephani avi nostri, ac domine Anne ave nostre, nec non nobilium Petri patrui nostri, Sdenconis genitoris nostri et Anne matris nostre, ac nostrum et nostre conthoralis Anne domine et Agnetis cum Catharina sororum nostrarum cum vigiliis novem leccionum de sero sub nota et de mane cum missa solenniter peragere teneantur, cujuslibet diem anniversarium debitis temporibus et intervallatim observantes, et in hoc medio tunc legantur misse per alios iuxta graciam ipsis divinitus inspiratam postque prenominatos dies anniversarios illum annum concludant ipsi prepositus et fratres sui cum uno die anniversario generali pro omnibus nostris progenitoribus et consanguineis, quorum nomina non sunt superius expressa, cum vigiliis et missis eo modo, ut prefertur. Item debet prepositus per fratres sui monasterii, quos ad hoc magis idoneos estimaverit, parochiam ibidem regere audiendis confessionibus, et in sacramentis ministrandis, sicut hoc saluti fidelium melius viderit expedire. Si autem videretur eidem preposito, hujusmodi administracionem melius fieri per clericos seculares hoc ejus industrie et arbitrio decernimus relinquendum. Dum eciam numerum fratrum expressum in predicto monasterio per mortem vel recessum alicujus minorari contingeret, volumus quod prepositus et canonici seu fratres infra quartale unius anni immediate sequens ipsum numerum teneantur integrare ; quod si infra id quartale ejusdem anni ille defectus personarum debitarum non fuerit suppletus, ex tunc statim post quartale ipsius anni ad omnes cibos quadragesimales semel in die sumendos, ipse prepositus, qui pro tempore fuerit, et omnes fratres sint obligati, sic eisdem cibis utentes sub pena excommunicacionis tam diu, donec ad perfectum antedictus numerus personarum fuerit integratus, nisi ex causis infra scriptis possent excusari, videlicet dum per pestilenciam tantus fieret defectus hominum habilium pro religione, quod infra id quartale anni predictum ante-dictus numerus personarum debitarum suppleri non posset, aut si tanta caristia invalesceret, vel per guerras aut guerrarum disturbia bona monasterii desolarentur vel attenuarentur, aut alia racionabilis causa interveniret, propter quam idem numerus personarum infra spacium predictum non posset reintegrari ; ex tunc his causis coram honorabili capitulo Olomucensi allegatis tam diu a pena predicta excommunicacionis sint absoluti, quamdiu ipsum capitulum Olomucense, facta inquisicione de causis, si per eas racionabiliter a pena hujusmodi possent relevari decreverit, ipsos prepositum et canonicos seu fratres predictos non esse hujusmodi penam incursuros. Item, quod reliquias presentes, et quas post obitum nostrum relinquemus, distrahere seu obligare aut alienare non debeant quouismodo, nisi de nostro et nostrorum heredum, et specialiter reverendissimi in Christo patris domini episcopi Olomucensis, qui pro tempore fuerit, et sui capituli certa sciencia et licencia speciali. Et ut ipse prepositus cum suis fratribus onera melius sufferre diesque anniversarios predictos eo devocius peragere valeant, quo se senciant melius provisos pariter et refectos, eis ultra illa bona, que ipsis in primeva donacione assignavimus, bona et villas, videlicet Rostienie, Cladrub, Tworowicz, Wssetuli, Hostcowicz, et unam hereditatem in villa Huzowa de quinque sexagenis redituum, cum curiis, pratis, pascuis, silvis, rubetis, et suis universis pertinenciis ad eadem bona spectantibus cum pleno jure et dominio sicut ea tenuimus, de novo addidimus et presentibus assignamus, petentes humiliter et ex animo desiderantes omnia onera in prioribus literis contenta cum suis sentenciis, penitus cassari et nunc hec omnia et singula in presenti litera contenta, prout superius in suis punctis articulis et clausulis exprimuntur, per vos reverendum in Christo patrem dominum Petrum episcopum Olomucensem auctoritate ordinaria cum consensu vestri honorabilis capituli Olomucensis confirmari. Et nos Fridericus prepositus et tolus conventus ac capitulum canonicorum regularium monasterii sancte Marie in Sternberg notum facimus tenore presencium universis, quod consideratis multiplicibus beneficiis, per olim reverendum patrem dominum Albertum episcopum Lutomischlensem nostrum fundatorem nobis impensis, nec non pensatis piis favoribus, quibus nobilis vir dominus Petrus de Sternberg nepos ejusdem domini episcopi, heres bonorum in Sternberg et fundator eciam noster, nos indesinenti bonitate prosequitur, et auctore altissimo multiplicatis sue benignitatis favoribus in antea prosequetur, presentem ordinacionem, disposicionem, voluntatem atque propositum, prout superius expressantur, animo deliberato, concordi et unanimi tractatu prebabito et nostra voluntate uniformi ad hoc accedente, de certa nostra sciencia in et super nos et successores nostros in perpetuum prorogamus, obligantes nos et nostros successores ad observanciam omnium predictorum juxta statuta et consuetas observancias ordinis nostri, ut prefertur, promittentes animo deliberato his presentibus literis et in eisdem contentis stare in perpetuum contenti, et amplius pro innovacione aliarum literarum, aut diminucione onerum in eis contentorum non attemptare sub pena excommunicacionis, quam, si quomodocumque per nos aut nostros successores contra has presentes literas et ipsarum contenta scienter fecerimus, incidisse fatemur ipso facto. Sed ut omnia sic disposita plenum sorciantur effectum, supplicamus humiliter vobis prefato reverendissimo in Christo patri et domino domino Petro episcopo Olomucensi gracioso domino et ordinario nostro, quatenus premissa omnia sic ordinata et disposita, legata et expressa auctoritate vestra ordinaria secundum approbatas consuetudines et sanctas observancias ordinis nostri paternitas vestra approbare, notificare et confirmare dignetur, ita quod inviolabilis maneat voluntas nostrorum fundatorum predictorum presencium sub ipsius nobilis domini Petri de Sternberg et nostris Friderici prepositi et capituli monasterii sancte Marie in Sternberg sigillis testimonio literarum. Et hujus rei testes sunt nobiles domini Petrus et Joannes fratres de Rosis et honorabiles domini magister Sanderus archidiaconus Preroviensis et canonicus Olomucensis, dominus Archlebus similiter canonicus Olomucensis, et discretus Joannes plebanus in Sudomerzicz, baccalaureus in artibus et notarius ipsius domini Petri et alii quam plures fide digni. Acta sunt hec anno incarnacionis domini nostri Jesu Christi millesimo trecentesimo octuagesimo quarto, decimo septimo Calendas Octobris.

(Orig. Perg. 2 h. S. in den Akten des Sternberger Aug. Kl. im Landesarchive.)

335.

Hynek von Waldstein verpflichtet sich für die erhaltenen Güter Tynec und Neudorf dem Markgrafen Jodok zu treuen Diensten. Dt. Brünn 21. September 1384.

Ego Hinko de Walsteyn, recognosco presentibus universis. Quod propter munificam graciam, qua illustrissimus princeps et dominus, dominus Jodocus marchio et dominus Moravie, meus dominus graciosus, me et mea servicia, que sibi exhibui, exhibeo et auctore domino inantea fideliter exhibebo, in donacione bonorum Tynecz, Noveville, et aliorum, que pretextu meorum obsequiorum ab ipso obtineo, prospicere est dignatus, ut inantea idem meus dominus de me et meis obsequiis obtineat fiduciam cerciorem, animo deliberato, voluntate libera ac de certa mea sciencia promisi et per presentes bona fide sine dolo promitto, pretextu largicionis huiusmodi prefati principis domini mei semper fieri, de ipsius obsequio quocumque colore quesito non extrahi, sibi et non alteri adversus quemlibet hominem, cuiuscumque status, dignitatis seu condicionis existat, fide et diligencia famulari, bonum suum promovere ubique et malum cavere, pro omni honore ipsius et comodo me viriliter periculis exponere et nullis suis affectibus contraire, nolens incolas seu inhabitatores dictorum bonorum exaccionari, seu depactare quoquomodo, vel novitatibus et pressuris opprimere, sed circa jura vetera et antiquas approbatas consuetudines in censibus, usibus, robotis et aliis proventibus pie ac propicie conservare. In eventum vero, ubi sibi seu successoribus suis nollem servire ulterius, antequam licenciam ab ipso recipiam anno prius medio municionem Tynecz cum omnibus villis et specialiter Nouamvillam, prout ab eo in possessionem recepi, in omni genere, quocumque denotentur nomine nullo prorsus exclusis, teneor sibi resignare penitus et debebo. Ea omnia superius iam expressa in omnibus et singulis tenoribus et sentenciis fide inviolabili paciscor solempniter conservare. Presencium sub meo appenso sigillo testimonio literarum. Datum et actum Brunne anno domini millesimo trecentesimo octogesimo quarto, die sancti Mathei ewangeliste.

(Orig. Perg. an Perg. Streifen h. kleines, den Löwen der Waldsteine enthaltendes Sig. in den altständischen Akten im mähr. Landesarchive.)

336.

Lucek von Lulé verkauft zwei Lahne in Borotitz dem Kloster Bruck.
Dt. 30. September 1384 s. l.

Ich Luczk von Lulcz gesessen czu Durchloss und ich Margaretha sein eleichew hausfraw und all unser gerben verrieben und thun kund offenlich an disem priff allen leuten, dy yn sehent oder horent lesen, das wir mit wol verdachtem mut und mit rat aller unsrer freunt czu der czeit, da wir es wol gethun mochten, vorchauft haben und vorkaufen mit disem priff czway freye lehen in dem dorf czu Behmyschen Paraticz czu dorf und czu veld mit allen nuczen, mit allem rechten und mit voller ganczer herschaft, als wir se gehabt haben und unser vorvodern, darin uns chayn recht nichcz czu behalden, umb czwo und czwainczik mark grosser silbrein pfennig prager muncz und merherisch czal, dem erwirdigen und geistlichen herren herren Zacharien, czu den czeiten apt des closters czu Pruk, und dem ganczen convent czu der pitanczen des obgenanten closters czu Pruk. Und dy selben czway lehen dy gelub ich vorgenanter Luczk, meyn hausfraw und unser gerben, und für uns und mit uns geluben der manhaft ritter herr Dowesch von der weyten Mul und Andres von Zelaticz czu freyn, czu schiermen und aus czu richten von aller ansprach, es sey von geistlichen leuten oder von wertlichen, von juden oder von christen und sunderlich wir dy margengab der egenanten frauen Margarethen als lancz recht ist und gewonhait czu Merhern, und czu dem nechsten lancz gesprech in dy lancz tafel ein czu legen, wenn die lancz tafel offen sein wirt. Wo wir des nicht enteten, welich czwen dann under uns obgeschriben von dem vorgenanten herren apt oder von dem convent, oder wem se es bevelhen, gemant wurden, dy schullen yeclicher mit ain knecht und mit czwain pferten gen Cznoym in dy stat in eins erbarn mannes gasthaus ein reitten und da yn ligen und laisten als yn ligens recht ist in dem lant czu Merhern und nicht aus chomen als lang, es wird dann den egenanten herren dem apt und dem convent dy vor gesprochen czway lehen mit aller czu gehorung vor aller maeniclich geschyrmet und gefreyet und in dy lancz tawel gelegt, als oben benent ist warden. Auch, es würd gelaist oder nicht gelaist uber virczehen tag nach der monung, so haben dy oft genanten herren hauptgut czwo und czwainczik mark grossen und allen schaden, dy se nemund sein mit potschaft, mit raisen, mit czerung, dy se redlich mochten beweisen, czu nemen auf unser schaden czu juden oder czu christen auf all unser guter, se sein varund oder unvarund, dy wir nu haben oder hernach babund werden ynner laucz oder ausser lancz, an alle wider red. Das aber dise sach also in yr schikkung stat und unczebrochen beleib, des geb wir yn disen priff vorsigelten mit unsrer aller anhangunden aigen insigeln. Nach Christ gepurd dreuczehen hundert jar und dar nach in dem vierden und achczkisten jar des nechsten freitags nach sand Michels tag.

(Orig. Perg. drei an Perg. Streifen h. Sig. in den Akten des Brucker Klosters im mähr. Landesarchive.)

337.

Der Abt des Brucker Klosters, Zacharias, bestättigt die Schenkung eines Lahnes in Borotitz, welche der Brucker Profess Johannes zum Behufe eines Anniversares diesem Kloster machte. Dt. Kl. Bruck 2. Oktober 1384.

Nos Zacharias divina miseracione abbas monasterii Lucensis, ordinis Premonstratensis, diocesis Olomucensis notum facimus tenore presencium universis. Quod dilectus in Christo frater noster Johannes, infirmarius, monasterii nostri professus regularis canonicus constitutus in nostri ac Pauli prioris, Jaroslai subprioris tociusque . . conventus monasterii nostri antedicti presencia publice recognovit et fatebatur expresse, quomodo ipse maturo consilio sanaque deliberacione prehabitis de propriis rebus sibi a deo collatis ipsiusque diligencia pariter et laboribus penitus acquisitis post plura tedia atque multiplices fatigas spiritus sancti gracia sibi divinitus inspirante, cupiens iusta meditacione celitas exinde sibi acquirere mansiones, ad laudem altissimi glorioseque virginis Marie, sue matris, atque omnium sanctorum et notanter ad honorem sancti Wenceslai gloriosi martiris, in cuius honorem monasterium Lucense a sui primaria fundacione extitit dotatum pariter et fundatum, ubi quidem a sui puericia ipse est nutritus et educatus, pro religiosis . . fratribus presentibus et futuris nostri conventus antedicti unum laneum in villa Boroticz boemicali, censuantem annuatim unam marcam moravicalem grossorum, a Liczkone de Lilcz alias de Durlas pro decem marcis grossorum pragensium, moravici pagamenti, sexaginta quatuor grossos pro marca qualibet computando, rite emit ac iusto titulo empcionis racionabiliter comparavit, per ipsos hereditarie tenendum, habendum, possidendum et perpetuo in ipsorum usum convertendum secundum disposicionem inferius annotatam. Quem quidem laneum sanus mente atque corpore statim ibidem pro salute anime sue ipsis fratribus . . conventus libere et expresse resignavit pariter et legittime deputavit faciens ex eo sibi verum et legittimum testamentum in hunc modum exequendum. Primo et principaliter, quod in dicto monasterio Lucensi quolibet anno ipso die sui obitus anniversarius ipsi fratri peragatur iuxta morem et consuetudinem nostri ordinis antedicti servatam ab antiquo et quod cciam ipsis . . fratribus conventus de illa marca census pro vigiliis, commendacionibus et missis, pro solacio prandii media marca grossorum totaliter assignetur. Residua vero media marca predictorum grossorum transeat ad communitatem fratrum . . conventus predictorum, prout ipsis expedire videbitur convertendum. Supplicans nobis tamquam suo prelato humiliter et devote, quatinus ad predictam resignacionem ipsiusque lanei deputacionem in testamento sic assignato nostrum consensum pariter et assensum dignaremur generosius adhibere et sibi de ipso favere pro gracia speciali. Nos vero ipsius supplicacionibus tamquam iustis et racionabilibus benignius inclinati ad predictam resignacionem lanei supradicti in via, ut predicitur, veri et legitimi testamenti in omni modo et forma, ut premittitur, nostrum consensum damus pariter et benivolum assensum, volentes et auctoritate nostra decernentes, quod predicti fratres nostri dictum laneum, unam marcam censuantem, sicut premittitur, acceptent, suscipiant et se de eodem cum effectu intromittant, necnon iuxta disposicionem ipsius fratris Johannis testantis antedicti in suos usus committere debeant secundum morem et consuetudinem nostri ordinis antedicti, velud in aliis anniversariis fieri est consuetum et servatum ab antiquo, nostris atque nostri monasterii iuribus semper salvis. Harum quibus sigillum nostrum una cum sigillo conventus nostri de speciali nostra sciencia presentibus sunt appensa testimonio literarum. Datum in monasterio nostro Lucensi proximo die dominico post festum sancti Wenceslai martiris gloriosi anno domini millesimo trecentesimo octuagesimo quarto.

(Orig. Perg. 2 an Perg. Streifen h. Sig. in den Akten des Brucker Klosters im mähr. Landesarchive. — Das Sig. des Abtes ist oblong, von grünem Wachse, und stellt einen unter einem Baldachine stehenden, in der rechten Hand das Pedum haltenden Abt vor mit der Umschrift: S. Zacharie abbatis Lucensis. — Das Sig. des Conventes, von gelbem Wachse, ist rund und führt den h. Wenzel, in der rechten Hand die Herzogsfahne haltend, die Linke auf das Schild stützend, mit der Umschrift: S. conventus ecclesie lucensis.)

338.

Augustinus, Bischof von Penna, verlängert dem Olmützer Bischofe und Klerus die Zahlung des päbstlichen Zehentes auf ein Jahr. Dt. Lucera 5. November 1384.

Reverendo in Christo patri et domino domino Johanni dei gracia archiepiscopi Pragensi certarum decimarum et fructuum, reddituum et proventuum ecclesiasticorum per sanctissimum in Christo patrem et dominum nostrum dominum Urbanum divina providencia papam sextum in provincia Pragensi et certis aliis Alamanie ac Boemie partibus impositarum in dicta provincia Pragensi apostolico collectori Augustinus miseracione divina episcopus Pennensis domini nostri pape thesaurarius ac de mandato ipsius regens officium camerariatus eiusdem salutem in domino. In collecta mole gravaminum pro parte reverendi in Christo patris domini Petri eadem gracia episcopi Olomucensis ac venerabilium et discretorum virorum canonicorum capituli et cleri civitatis et diocesis Olomucensis coram nobis exposita, que ipsos et eorum quemlibet ad solvendum dictas decimas reddunt verisimiliter impotentes auctoritate apostolica nobis in hac parte concessa et de speciali mandato dicti domini nostri pape super hoc expresse nobis facto terminum faciende solucionis dictarum decimarum a festo nativitatis domini nostri Jhesu Christi proxime futuro ultra per integrum annum extunc proxime secuturum predictis dominis Petro episcopo, canonicis et capitulo ac clero civitatis et diocesis Olomucensis et cuilibet eorum pro rata enim attingente tenore presencium prorogamus et de novo assignamus eisdem. Mandantes eciam vobis in virtute sancte obediencie, quatenus dictos reverendum patrem dominum Petrum episcopum, canonicos, capitulum et clerum ac singulares personas dictarum ecclesie civitatis et diocesis Olomucensis a quibuscunque vinculis, censuris, penis et processibus excommunicationis et suspensionis in personas aut interdicti per vos aut succollectorem vestrum propter non solucionem dictarum decimarum in dictos dominum Petrum episcopum Olomucensem, capitulum et clerum civitatis et diocesis emanatis, latis et factis absolvatis et absolvi faciatis, quos et eorum quemlibet nos et tenore presencium absolvimus et reddimus absolutos. Et cum ipsorum singulis, qui se forsitan sic ligati non tamen in contemptum clavium immiscuerint se diuinis, misericorditer dispensetis ac cciam interdictum in ecclesia, civitate et diocesi Olomucensi et quibuscunque aliis ecclesiis collegiatis, monasteriis et locis dictarum civitatis et diocesis Olomucensis per vos forsan positum ex causa supradicta tollatis et amoveatis, quod nos eciam tenore presencium tollimus et amovemus et generaliter omnes et quoscunque processus, censuras, penas et sentencias quascunque continentes per vos seu quemcunque alium vestro nomine ex causa supradicta factas usque ad terminum supradictum videlicet a dicto festo nativitatis domini nostri Jhesu Christi usque ad terminum suspendatis, quos nos eciam tenore presencium ad eundem terminum duntaxat suspendimus dictosque dominum Petrum episcopum, capitulum et clerum durante dicte dilacionis termino ad solucionem dictarum decimarum per vos vel alium seu alios nullatenus compellatis seu compelli faciatis. Ita tamen, quod si prefati dominus Petrus episcopus, capitulum et clerus et quilibet eorum pro rata eum attingente pro dictis decimis non satisfecerint in termino, eis de novo constituto, penis et sentenciis, quibus antea propter non solucionem dictarum decimarum per vos ligabantur aut aliquis ipsorum ligabatur, sint astricti, ipsosque et quemlibet eorum volumus astringi et relabi ipso facto ac ad solucionem dictarum decimarum sub dictis penis et sentenciis ac processibus per vos et succollectores vestros in ipsos lalis et factis et alias, prout vobis videbitur et fuerit opportunum, compelli et dictas decimas ab eisdem exigi cum effectu, taliter vos habentes in premissis, quod de obediencie promptitudine merito valeatis commendari. In quorum testimonium presentes literas fieri et sigilli camerariatus officii curie apostolice jussimus appensione muniri. Datum in castro Luceriecristanorum sub anno nativitatis domini MCCCLXXXIV, indiccione VII, die V mensis Novembris, pontificatus sanctissimi in Christo patris et domini nostri domini Urbani divina providencia pape sexti anno septimo.

(Orig. Perg. h. Sig. im Olm. Kap. Archive.)

<h2 style="text-align:center">339.</h2>

Der Olmützer Bischof Petr gibt seine Einwilligung, dass Nikolaus von Kožišan das Gericht in Katscher dem Petr von Koštětin verkaufen könne. Dt. Mirau 17. Dezember 1384.

Nos Petrus dei gracia episcopus Olomucensis notum facimus tenore presencium, quod veniens ad presenciam nostri discretus vir Mixiko de Kozuschan olim iudex noster in Keczer fidelis dilectus, coram nobis publice recognovit, quod deliberacione prehabita et de consilio amicorum suorum honesto Petro de Kosteten, conthorali sue heredibusque et successoribus ipsius legitimis rite et racionabiliter vendidit liberum iudicium suum, in oppido nostro Keczer situm, cum omnibus suis pertinenciis, videlicet stuba balneali, quatuor mensis panum, quatuor mensis carnium et officio, quod vulgariter schrotenrecht dicitur, tercio denario in emendis iudiciariis, nec non altero medio laneo in villa Chrotenful cum universis et singulis iuribus, libertatibus, utilitatibus, emolumentis, fructibus et pertinenciis suis, quibuscunque nominibus nominentur, nihil penitus excipiendo de eodem iudicio pro certa summa pecunie, videlicet centum et septuaginta marcas grossorum pragensium moravici numeri sibi per ipsum Petrum antedictum iam persolutis. Abrenunciavit eciam coram nobis predictus Mixikus cum conthorali et heredibus suis dicto suo iudicio et pertinenciis quibuslibet ac possessionibus dicti iudicii, nobis diligentissime ac humiliter suplicando, quatenus predictam vendicionem, sicut prefertur, de certa sciencia sua facta iudicii predicti cum omnibus pertinenciis prius dictis admittere, approbare et confirmare dignaremur. Nos vero attendentes precamina atque fidelitatem sedulam Mixikonis et Petri predictorum ex utraque parte nobis exhibendam eandem vendicionem ratam et gratam habentes de gracia nostra speciali admisimus, approbavimus et confirmavimus ac virtute presencium admittimus, approbamus et confirmamus. Dantes et conferentes perpetueque resignantes prenominatum iudicium cum omnibus et singulis pertinenciis, ad predictum iudicium de iure pertinentibus sepedicto Petro de Coschtetin, conthorali, heredibus et successoribus suis legitimis perpetuis temporibus habendum, tenendum, iure dicto possidendum cum plenaria potestate per ipsos vendendi, comutandi, obligandi, faciendi et dimitendi difficultalibus, contradiccionibus et impedimentis quibuscunque proculmotis. Ita tamen, quod predictus Petrus, heredes et successores sui, qui pro tempore supradictum iudicium habuerint, tenebuntur et debent nobis et successoribus nostris servire eisdem serviciis, quibus nostris predecessoribus felicis memorie ceteri iudices de eodem iudicio serviverunt. Testes vero huius rei sunt, qui, dum talia fierent, presentes affuerunt: Henricus de Fullestein, dominus Herburdus de Keczer, Bernardus Hecht de Schutzendorff, Gerhardus purkman de Meraw, Cunczo de Smola et Hensliko de Repaw fideles nostri dilecti. Sub harum testimonio literarum, quibus sigillum nostrum maius est appensum. Datum in castro nostro Meraw anno domini millesimo trecentesimo octuagesimo quarto, sabbato proximo ante festum sancti Thome apostoli gloriosi.

(Aus einer älteren Kopie im Olmützer Metrop. Kapitelarchive.)

340.

Der Olmützer Kanonikus Jaroslaus entscheidet den Streit zwischen der Karthause in Königsfeld und der Probstei in Kumrowitz. Dt. Olmütz 20. Dezember 1384.

In nomine domini amen. Nos Jeronimus alias Jaroslaus canonicus Olomucensis a reverendissimo in Christo patre et domino domino Johanne sancte Pragensis ecclesie archiepiscopo et apostolice sedis legato, principali conservatore jurium et privilegiorum domus sancte Trinitatis prope Brunnam ordinis Carthuziensis, subconservator jurium et privilegiorum predictorum specialiter deputatus omnibus in perpetuum, quorum interest vel interesse poterit in futurum cupimus fore notum. Quod cum in causa, que vertebatur inter religiosos viros, videlicet dominos Sdislaum olim prepositum in Luha prope Brunnam et conventum monasterii in Luha predicti ex una et Laurencium priorem et conventum sancte Trinitatis ordinis

Carthusiensis predictorum prope Brunnam parte ex altera super quibusdam certis pratis quinque, videlicet Hofgharten et sexti, qui Prayten nuncupantur in silva Luha iacencium coram nobis usque ad sentenciam diffinitivam fuerit processum inclusive juris ordine observato, et nos auditis, intellectis et examinatis parcium juribus deliberacione cum jurisperitis prehabita diligenti pro religiosis viris dominis Laurencio priore et fratribus monasterii sancte Trinitatis predicti contra religiosos fratres dominum Sdislaum, olim prepositum in Luha predictum et suum conventum deum solum habendo pre oculis sentenciam super predictis pratis tuleramus diffinitivam, ipsum Sdislaum ab occupacione dictorum pratorum ammovendo, decernentes nichilominus premissa cum singulis suis pertinenciis ac cum fructibus perceptis et qui percipi potuerunt per octo annos singulis annis ad quatuor marcas grossorum pragensium, moravici numeri et pagamenti et cum expensis in lite factis fore et esse restituenda ac ipsos ad hoc esse condempnandos, prout per sentenciam diffinitivam nostram in personam domini Philippi ipsorum procuratoris eisdem priori et conventui monasterii sancte Trinitatis in personam domini Mathie procuratoris ipsorum sentencialiter condempnavimus in scriptis, a qua sentencia per Philippum procuratorem predictum ad sedem romanam fuit appellatum et apostoli instanter petiti et recepti. Tandem honorabilis vir dominus Andreas dicto domino Sdislao in prepositum monasterii in Luba subrogatus volens litibus finem imponere, prius tractatu habito inter se, ipse prepositus in Luba suo et sui nomine conventus et dominus Laurencius prior monasterii sancte Trinitatis predicti suo et sui conventus nomine in nos Jeronimum predictum tamquam in arbitrum, arbitratorem et amicabilem compositorem voluntarie et certa sciencia, non per errorem, super litibus et rebus premissis et omnibus aliis questionibus, controversiis, que inter ipsos vertebantur occasione premissorum de alto et basso sollempni stipulacione prehabita concorditer compromiserunt, prout in instrumento publico super predictis confecto plenius continetur. Nos vero Jeronimus predictus visis, auditis, intellectis et iudicialiter examinatis parcium iuribus, deliberacione prehabita diligenti pro bono pacis et concordie ex vigore conpromissi predicti, Christi nomine invocato laudamus, ordinamus. arbitramur, diffinimus et dicimus atque precipimus, quod dominus Andreas prepositus in Luha predictus priori et conventui monasterii sancte Trinitatis ordinis Carthuziensis restituere debeat prata predicta et in plenam possessionem dictorum pratorum cum suis limitibus sine omni protraccione induceret eosdem, que et quos prata et limites debent demonstrare duo vel tres villani idonei et jurati per ipsorum consciencias. Item quod dicti prepositus et conventus in Luha et successores eorum priorem et conventum Carthuziensem domus sancte Trinitatis et ipsorum successores in possessione pratorum et limitum predictorum decetero non impediant nec viam versus prata illa per silvam suam prohibeant. Item laudamus, ordinamus, arbitramur et diffinimus, quod ammodo nullam questionem seu litem contra predictos movere debeant sub fidei et honoris puritate, quod si fidei sue immemores movere aliquam litem et eam prosequi presumpserint, extunc antequam litem ingrediantur percepta videlicet triginta duas marcas denariorum pragensium moravici numeri omni excusacione postposita in quibus perceptis per nos condempnati fuerunt, plene et integraliter persolvant priori et conventui sancte Trinitatis antedictis. Item quod pro expensis in lite factis tres

40

marcas domino Laurencio priori et conventui Carthuziensi infra unum mensem a die nostre pronunceiacionis indilate persolvant. Item quod talem restitucionem et arbitrii pronunceia-cionem in presencia illustris principis et domini domini Jodoci marchionis Moravio et in presencia ipsius prioris Carthuziensis publicent et publicare procurent et ipse prepositus in Luba emidem pronunceiacionem coram domino marchione predicto confiteatur se ratam habere et gratam. Item dictum priorem sancte Trinitatis Carthuziensem ab impeticione prioris et conventus in Luba ordinis sancti Benedicti ab impeticione ipsorum duximus presentibus et in hiis scriptis absolvendo perpetuum silencium eis super predictis imponentes. Et hec omnia laudamus, arbitramur, diffinimus, dicimus atque inviolabiliter fieri precipimus et observari sub pena in compromisso apposita in singulis capitulis laudi et compromissi, si contra factum fuerit committenda salvo et reservato nobis arbitrio et potestate declarandi, interpretandi et corrigendi super predictis, ubicumque et quantumcunque visum fuerit expediri et super predictis et quolibet predictorum iterum semel et pluries pronuncciandi. Qua quidem pronuncciacione sic facta ipse dominus Andreas prepositus nomine suo et monasterii in Luba pro se, ac dominus Welico vicarius perpetuus ecclesie Olomucensis vice et nomine domini Laurencii prioris et conventus monasterii sancte Trinitatis ipsa arbitrium, laudum et pronuncciacionem expresse grata et rata habuerunt eaque laudaverunt, approbaverunt, ratificaverunt et emolo-gaverunt. In quorum testimonium nostrum sigillum de nostra certa sciencia presentibus est appensum. Datum et actum Olomucz in domo habitacionis nostre in castro Olomucensi anno domini millesimo tricentesimo octuagesimo quarto vicesima die mensis decembris, indiccione septima, pontificatus sanctissimi in Christo patris ac domini domini Urbani divina providencia pape sexti anno septimo. Presentibus honorabilibus et discretis viris dominis Stephano vicario perpetuo ecclesie Olomucensis, Johanne Nicolao dicto Paldik et Johanne prebendatis ipsius ecclesie Olomucensis et aliis pluribus fidedignis testibus ad premissa vocatis specialiter et rogatis.

Et ego Mathias natus Duchconis de Olomucz clericus Olomucensis publicus auctoritate imperiali notarius etc.

(Orig. Perg. h. Sig. im Archive des Kl. Raigern.)

341.

Der Olmützer Bischof Peter bestättigt den Vergleich, welchen der Probst von Wolframskirchen und der Pfarrer von Běhařowitz bezüglich des Zehentbezuges abschlossen.
Dt. Meilitz 1384. s. d.

Petrus dei et apostolice sedis gracia episcopus Olomucensis etc. notum facimus universis, ad quos presentes pervenerint et quorum interest et quos nunc hoc tangit negocium aut interesse seu tangere poterit quomodolibet in futurum, quod coram nobis et in nostra presencia constitutus discretus vir Theodricus de Stalberk clericus procurator procuratorio nomine honorabilis viri domini Johannis de Ghuelen prepositi ecclesie sancte Marie in

Wolframskirchen ex una, et Rupertus plebanus seu rector parochialis ecclesie in Bichar-
zowicz nostre Olomucensis diocesis parte ex altera deliberato animo proponens, qualiter
dudum dominus Johannes Prusnicz, tunc prepositus in Wolframskirchen, cum dicto Ruperto
suo et nomine beneficiorum suorum predictorum in consistorio et coram officiali curie
archiepiscopi pragensis, apostolice sedis legati, super medietate decime tritici, siliginis, ordei,
avene et pisorum Stopeticz et Raczoczowicz villarum diucius invicem litigaverunt, ita quod
finaliter huius modi media decima dicti grani et villarum predictarum prefato domino Johanni
preposito et prepositure sue contradictorio judicio sencentialiter adiudicata extitit, et eisdem
deberi declarata. Considerantes tamen utrimque, quod huiusmodi media decima utilior existeret
plebanis et ecclesie in Bieharowicz et maius emolimentum propter vicinitatem et facultatem
ipsas colligendi exinde possent percipere, quam prepositi et prepositura in Wolframskirchen,
qui ipsam decimam propter nimiam distanciam sine magnis expensis et laboribus non possunt
colligere, aut cciam vehendo comodo compensare, prefatus Theodricus habens speciale
expressum mandatum et procuratorium ab codem domino Johanne de Gbulen preposito, de
quo nobis constitit et plena fides facta fuit, ad transigendum, componendum et concordandum
super memorata media decima et fructibus ipsius et ad obligandum se condiciones, pacta et
penas apponendum ratificacionem, gratificacionem, approbacionem et confirmacionem et penarum
apposicionem petendum et omnia alia et singula faciendum, que ad huius modi transaccionem
et ambo ad invicem coram nobis et nobis mediantibus taliter transigerunt, composuerunt
ordinaverunt et concordaverunt, transaccionem, composicionem, ordinacionem et concordiam
fecerunt: quod prefatus Rupertus, nunc plebanus in Bieharzowicz et successores sui sic
plebani pro tempore in Bieharzowicz sue et dicte ecclesie sue nomine pro et loco buius
modi medie decime seu fructibus ipsius decime eidem domino Johanni de Ghulen nunc
preposito et successoribus suis et dicte prepositure in Wolframskirchen quinque marcas
grossorum pragensium denariorum moravici numeri et pagamenti, duas cum media marcas
in sancti Michaelis proxime venture, et residuas duas cum media marcas in sancti Georgii
immediate sequentis festis et sic deinde singulis annis perpetuis temporibus sine mora
numerare, assignare, dare, tradere et persolvere teneantur, et memorata media decima seu
fructus ipsius aput plebanos in Bieharzowicz et ipsam ecclesiam similiter perpetuis temporibus
remanere debebit. Si autem idem Rupertus nunc plebanus aut successores sui pro tempore
plebani ibidem in Bieharzowicz prefatas quinque marcas grossorum predictorum nunc preposito,
aut qui pro tempore prepositus fuerit in Wolframskirchen, in supra dictis festis seu terminis
aut altero eorundem, quantum continuit, non persolverent sine mora integraliter et complete,
ex tunc deinde singulis septimanis, quamdiu in mora sunt soluendi, pro qualibet neglecta
et non soluta marca decem grossos nomine pene et interesse prepositis, qui pro tempore
fuerint in Wolframskirchen, solvere teneantur et debebunt. Si vero, quod absit, adhuc ulterius
usque in messem et ad tempus, quo huiusmodi decima seu fructus decime colligi, tolli et
recipi soliti sunt et consueverunt, prefatus Rupertus aut eius successores, qui pro tempore
fuerint, dictas quinque marcas et debitam pecuniani cum penis et interesse non persolverent,
aut in solvendo essent negligentes, ex tunc dicti non solventes et negligentes totam decimam

40*

dictarum villarum seu fructus ipsius non debent per se vel alium seu alios aut quicunque alii eciam suo proprio nomine de campis ducere, tollere, recipere aut colligere quo quomodo, sed ipsam decimam integram seu fructus huiusmodi debent prepositis, qui pro tempore fuerint in Wolframskirchen, pro pignore, quod ex nunc eis idem Rupertus suo, successorum et ecclesie sue nomine in ipsa decima et fructibus constituit illibatis dimittere et intactis. Quam quidem decimam integram seu fructus huiusmodi debent preposito, qui pro tempore fuerit in Wolframskirchen, colligere, tollere, recipere et levare, ac eam seu fructus huiusmodi ad curiam, quam prepositura in Wolframskirchen in Bieharzowicz habere dinoscitur, aut alibi, ubi eis expedire videbitur, ducere et reponere ac sub testimonio triturare, et detrituratis fructibus tantum et iamdiu, quousque eis satisfactum sit de principali debito et pecunia non soluta ac penis, dampnis, expensis in interesse integraliter et complete. Residuos vero fructus prefate decime universos prefatis pro tempore plebanis in Bieharzowicz restituere tenebuntur cum effectu. Quibus quidem transactis composicione, ordinacione et concordia coram nobis sic, ut premittitur, per et inter prefatos Theodricum procuratorem et Rupertum quo supra nomine factis, ambo nobis pariter humiliter supplicarunt, quatenus huiusmodi transaccionem, composicionem, ordinacionem et concordiam auctoritate nostra ordinaria ratificare, gratificare, approbare et cum penarum et sentenciarum apposicione confirmare dignaremur. Nos Petrus episcopus Olomucensis predictus, qui ex nostri pastoralis officii debito ecclesiarum utilitatibus et comodis subditorum intendere et necessario tenemur providere, supplicaciones et peticiones huiusmodi juri consonans et racioni certificati prius, quod dicta media decima utilior plebanis et ecclesie in Bieharzowicz esse dinoscitur, quam prepositis et prepositure in Wolframskirchen ex causis premissis et prepositi seu prepositura in Wolframskirchen ex ea ultra dictas quinque marcas grossorum anno utilitatis sortiri non possunt, favorabiliter annuentes transaccionem, composicionem, ordinacionem et concordiam huiusmodi ratificamus, gratificamus, approbamus et eas auctoritate nostra ordinaria cum infrascriptarum penarum et sentenciarum apposicione eciam confirmamus. Iniungentes eidem Ruperto nunc plebano et successoribus suis pro tempore plebanis in Bieharzowicz et eciam presentibus statuentes, quatenus infra sex dies diem seu festum sancti Michaelis proxime venturum et diem seu festum sancti Georgii deinde proxime secuturum continue et immediate sequentes memorato nunc preposito, aut qui pro tempore in Wolframskirchen fuerit prepositus, sepedictas quinque marcas grossorum in reconpensam prefate decime cum integritate persolvant, nec memoratam integram decimam seu fructus ipsius, si usque ad messem ut premittitur in solucione principalis debiti penarum, expensarum, dampnorum et interesse negligentes et remissi fuerint et ea non persolverint, de campis, sicut supra dicitur, colligant, tollant, recipiant aut per se vel alium seu alios eciam levare presumant. Alioquin eundem Rupertum et suos in hac parte successores contra premissa facientes et quoscunque alios suo vel predicti Ruperti aut successorum suorum et aliorum quorumcunque preter quam prepositorum in Wolframskirchen dictam decimam seu fructus huiusmodi de campis predictis tollentes, recipientes et levantes et quemlibet eorum ex nunc prout ex tunc et ex tunc prout ex nunc dicta canonica monicione premissa excommunicamus et in eos sentenciam excommunicacionis et in ecclesiam in Bieharzowicz interdicti sentenciam usque ad solucionem principalis debiti non soluti ac penarum, damnorum, expensarum et interesse congruam satisfaccionem et completam proferimus in hiis scriptis. Volumus tamen, ut de dictis quinque marcis singulis annis honorabilium virorum Theodrici quondam avi Stanislai, Alexii fratris domini Witkonis quondam prepositi Olomucensis, olim heredum in Bieharzowicz et Theodrici patrui ipsorum olim prepositi Olomucensis anniversarius in ecclesia in Wolframskirchen proxima die post diem animarum solemniter peragatur, et quod litteris super hoc prius confectis et datis per presentes nostras literas nullum preiudicium generetur. In quorum omnium et singulorum premissorum testimonium sigillum nostrum maius presentibus est appensum. Datum et actum in castro nostro Meilicz a nativitate domini anno millesimo trecentesimo octuagesimo quarto.

(Aus der Vidimirung dieser Urkunde vom J. 1464 in einem Znaimer Kopiare aus dem 16. Jahrhunderte im mähr. Landesarchive.)

342.

Markgraf Prokop verleiht der Stadt Bisenz das freie Testirungsrecht. Dt. Bisenz 1384 s. d.

Procopius dei gracia marchio Moravie. Rerum gestarum memoriam literatenus stabilitam oblivio ex facili non detergit; ea propter presencium tenore universis cupimus fore notum, quod cum ex debito et innata nobis clemencia teneamur subditorum commodis vigilanter insudare, condicionem ipsorum meliorando. Volentes igitur, ut incole civitatis nostre Bzenecz et ipsius suburbii operose suis laboribus et laboriose intendant suis operibus ipsos, heredes ipsorum ac successores libertavimus et presentibus libertamus, ut ipsorum emphiteoses ceteraque bona mobilia in vita et post mortem cciam valeant cuicunque velint dare, et de ipsis testari, et de ipsis quovis modo disponere, secundum placito ipsorum voluntatis. Si autem aliquem ex ipsis absque liberis seu heredibus seu intestatum mori contingat, tunc volumus ipsius emphiteosim, seu quevis alia bona ad viciniorem sibi cognacione devolvi, non obstante consuetudine in contrarium quam nostri predecessores et nos habuimus in eisdem. Volumus eciam et presentibus ipsis nostris civibus predictis donamus et conferimus in perpetuum ex certa nostra sciencia, nostrorumque consiliariorum sano ad hoc accedente consilio, ut omni iure, libertate et emunitate quoad premissa et specialiter braxacione et vendicione cerevisie, ut incole civitatum Olomucz, Brune et aliarum civitatum nostrarum marchionalium gaudent et perfruuntur, perfrui debeant et gaudere preter incolas civitatis nostre Ostroh, quos ex speciali gracia maioris privilegii libertacione libertavimus, ipsos ab omni solucione eximendo. Nulli ergo hanc nostram donacionem seu libertacionem quoad premissa liceat infringere, vel ei ausu temerario contraire. Qui autem secus attemptare presumpserit, nostram gravem indignacionem nostrorumque heredum ac successorum procul dubio se noscat incursurum. Datum Bzenecz anno domini millesimo trecentesimo octuagesimo quarto ; presentibus nobilibus

Benessio de Wildnberg et Joanne de Cunstat, dicto Pusska, Zacharia dicto Sessel, curie nostre marssalco, et aliis quam pluribus militibus et clientibus, nostre curie familiaribus, sub appenso nostro maiori sigillo testimonio literarum.

(Aus dem von der Stadt Ung. Hradisch gesigelten vidimus des J. 1587, im Gemeinde-archive der Stadt Bisenz.)

343.

Heinrich von Neuhaus stiftet ein Anniversar in der Pfarrkirche zu Zlabings. 1384.

Dominus noster graciosus dominus Henricus restaurat dampna civitatis nostre propter combustum preurbium per Australes et fundat pro occisis concivibus cum capitaneo suo Ilinkone de Maryz anniversarium in altari sancte Marie Assumpte cum censu curie in Styborslag.

(Aus einem aus dem Anfange des 15. Jahrh. stammenden, durch Feuchtigkeit sehr ver-letzten Zlabingser Stadtbuche excerpirt von A. Boček.)

344.

Jura notarii judicii Brune LXXXIIII°. (1384.)

De uno fidejussore II denarii, quorum VIII grossum faciunt.

De uno insolente II denarii similiter.

De levioribus II den.

De plabslegin II den.

De simplici vulnere aperto I gr.

De vulnere puderoso II gr.

De minori mutilacione II. gr.

De maiori mutilacione IIII gr.

De vollaist homicidii IIII gr.

De homicidio simplici I ferto.

De quavis invasione domus non probata 1 gr.

De invasione domus probata cum vicinis 1 ferto.

De stupro perpetrato et probato jure VIII gr.

(Aus dem Codex n. 34 fol. 14 im Brünner Stadtarchive.)

345.

Markgraf Jodok tauscht die Dörfer Langendorf und Polkowitz mit dem Olmützer Kapitel gegen den jährlichen Zins von der Vogtei und den Fleischbänken in Troppau ein.
Dt. Olmütz 7. Jänner 1385.

Nos Jodocus dei gracia marchio et dominus Moravie. Notum facimus tenore presencium universis, quod animo deliberato, voluntate libera fideliumque nostrorum communicato consilio bona nostra videlicet Langndorff alias Luczkam, que a fideli nostro Pawlikone de Sowinecz pecuniis nostris propriis comparavimus, in qua villa habemus viginti septem lancos censuales cum duabus virgis, quatuor ortos, tres curticulas, pratum parvum, de quo solvuntur annuatim octo grossi, duas thabernas censuales, balneum, fabrum, molendinum inferius, quod censuat tres marcas, prata sub villa, que censuant quatuor marcas et decem grossos pro pascuis, quos communitas solvit, curiam predialem in parte inferiori, quondam Ade, cum suis pertinenciis, in et super quibus laneis, ortis, curticulis, thabernis, balneo, fabro, pratis et molendino summa census annui ad quinquaginta quinque cum dimidia marcis et quinque grossis grossorum pragensium moravici numeri et pagamenti se in toto extendit, et quinque marcas census annui cum octo grossis in villa Polkowicz, quas post mortem quondam Herschonis de Rokitnicz, absque heredibus mortui, tamquam marchio et dominus superior terre Moravie obtinemus, cum agris cultis et incultis, viis, accessibus et egressibus, pascuis, pratis, pomeriis, rivis, fluminibus, aquarum decursibus, venacionibus, aucupacionibus ad bona utriusque ville superius expressa pertinentibus, mulctis, penis et pertinenciis universis pleno et mero jure directi dominii cum omnibus et singulis suis pertinenciis, usufructibus et proventibus, quocumque vocabulo et nomine censeantur, prout nosmet ipsi eadem bona tenuimus et possedimus hucusque, nichil nobis juris proprietatis vel dominii in eisdem bonis heredibus aut successoribus nostris marchionibus terre Moravie penitus reservantes, cum honorabilibus viris et dominis decano, preposito, capitulo et ecclesie Olomucensi nobis singulariter diligendis pro censibus, quos dicti domini decanus, prepositus, capitulum ac ecclesia Olomucensis in Opavia super advocacia et maccellis carnium suis pecuniis emptos a retroactis temporibus in veram hereditatem et hereditariam libertatem perpetue obtinuerunt et obtinent usquemodo, rite et racionabiliter commutavimus, videlicet bona et census pro censibus et tenore presencium commutamus dantes et tradentes eisdem dominis decano preposito, capitulo ac ecclesie Olomucensi corporalem possessionem bonorum ville Luczka et Polkowicz, ut prefertur, transferentes in eosdem dominos decanum, prepositum, capitulum ac ecclesiam Olomucensem omne jus, proprietatem, possessionem et dominium, que ipsis superius nominatis viris videlicet Pawlikoni et Herschoni antea et demum nobis competebat seu competere poterant in premissis. Promittentes nos superius nominatus Jodocus marchio terre Moravie tamquam huiusmodi commutacionis effector et actor et nos disbrigatores et compromissores seu fidejussores prefati domini marchionis pro ipso et cum ipso, videlicet Stiborius de Cimburg alias de Thowaczow czude Brunensis camerarius supremus, Petrus de Sternberg, Laczko de Crawar alias de Helfenstein, Erhardus de Cunstal, Smilo de Leschnicz dictus de Cunstal, Jesco Puschka dictus de Cunstat promittimus in solidum, manu nostra coniuncta et indivisa, bona fide et sincera absque omni dolo et fraude, predicta bona et quodlibet eorum cum universis suis pertinenciis, ut prefertur, ab impeticione omnium et quorumlibet hominum, cuiuscunque status et condicionis fuerint, prefatis dominis decano, preposito, capitulo ac ecclesie Olomucensi exbrigare et libertare jure terre Moravie propriis nostris sumptibus et impensis et dum primum in colloquio dominorum in Olomucz thabule terre aperte fuerint, extabulare et sepedictis dominis decano, preposito, capitulo et ecclesie Olomucensi ea omnia intabulare et tabulis terre imponere more solito et consueto plenarie et in toto. In eventum vero, ubi aliquid ex premissis implere neglexerimus, quod absit, extunc duo nostrum etc.*) In cuius rei testimonium sigilla nostra de certa nostra scientia duximus appendenda. Datum Olomucii anno domini millesimo trecentesimo octuagesimo quinto, sabbatho in crastino epiphanie domini.

(Orig. Perg. 7 h. Sig. im Olm. Kap. Archive.)

346.

Eröffnung des Olmützer Landrechtes durch die Markgrafen Jodok und Prokop. Dt. 8. Jänner 1385.

Anno domini millesimo trecentesimo octoagesimo quinto, die dominico incipiendo infra epiphaniam habitum est colloquium Olomucii, quo quidem colloquio infrascripti personaliter affuerunt, videlicet serenissimus princeps dominus Jodocus marchio una cum illustri principe domino Procopio fratre suo, dominus Wocko de Chrawar camerarius, Unka de Maygetin, czudarius, Nicolaus supremus tabularum terre Moravie notarius, beneficiarii, Wanko de Pothenstein, Erhardus et Boczko de Chunstat, Petrus de Sternberg, Petrus de Plumnaw Laczko de Chrawar, Stiborius et Jarosschius de Cymburg, Ulricus et Tasso de Bozkowicz, Jesko et Sdenko de Lukow, Wilhelmus de Zlyn, Jesco Puska de Chunstat, Benesschius et Proczko de Buzaw, Pawliko de Sovinecz, Stephanus de Wartnaw, Proczko de Deblyn, Smylo de Lesschnicz Wocko de Holnstain.

(Aus der gedruckten Olmützer Landtafel.)

347.

Markgraf Jodok beauftragt die Beamten der Brünner Cuda, dem markgräflichen Kämmerer Myslibor das Dorf Rašowitz in die Landtafel einzutragen. Dt. Olmütz 13. Jänner circa 1385.

Jodocus dei gracia marchio et dominus Moravie camerario, czudario et . . notario, officialibus nostris supremis czude Brunnensis fidelibus nostris dilectis graciam et favorem.

---

*) Folgt die gewöhnliche Einlagenformel.

Fideles dilecti. Committimus vobis et mandamus presentibus seriose, quatenus villam Rasschowicz, quam Mistliborio camerario nostro dedisse dinoscimur, sine dilacione statim, cum presentibus fueritis requisiti, intabuletis. Datum Olomuncz feria sexta in octava epiphanie.

(Orig. Perg. beigedr. Sig. im mähr. Landesarchive.)

348.

Eröffnung des Brünner Landrechtes durch den Markgrafen Prokop.
Dt. 15. Jänner 1385.

Anno domini millesimo trecentesimo octoagesimo quinto dominica proxima post octavas epiphanie celebratum est colloquium presidentibus serenissimo principe domino Procopio marchione Moravie per nobiles Cztiborium de Cymburg supremum camerarium, Bohunconem de Stihnicz czudarium et Nicolaum supremum notarium, presentibus nobilibus Benesschio de Chrumnaw, Petro de Sternberg, Hermanno de Novadomo, Johanne Pusca de Chunstat, Jarosschio de Cymburg, Sulicone de Konicz, Jaroslao de Sternberg, Smylone de Pernstain, Wilhelmo de Chunstat alias de Luczka, Ulrico et Tassone de Bozkowicz, Philippo de Jacobaw, Proczkone de Lompnicz, Wankone de Pothenstain et aliis pluribus nobilibus, quorum intererat.

(Aus der gedruckten Brünner Landtafel p. 155.)

349.

Bernard Hecht von Schützendorf schenkt der Kirche in Cholina einen Fischteich daselbst.
Dt. 1. Februar 1385 s. l.

In nomine domini amen. Nos Bernhardus dictus Hecht de Syczendorff notum facimus tenore presencium universis. Quod cum ad humane nature fragilitatem interne meditacionis oculos convertissemus, nihil securitatis in caduco conspeximus plasmate, nisi quod homo, quasi flos in mundum egressus de utero, subito casu prostratus de medio fugit velut umbra : provida deliberacione in mente constituimus, ut ea, que racio in seculo sagaci conquirit industria, his anima exuta a corpore in celestibus deliciis perfruatur. Quapropter animo deliberato, voluntate libera et de certa nostra sciencia, amicorum nostrorum provido accedente consilio, zelo divine retribucionis et parentum nostrorum ob salutem animarum, piscinam nostram, in villa nostra Cholina iacentem inter curticulas sive subsides sub ecclesia, eidem ecclesie adicimus, adscribimus et appropriamus, et plebano ibidem, qui est aut pro tempore fuerit, dedimus, contulimus, damus et conferimus, sibi et suis successoribus, videlicet futuris plebanis, tenendam, habendam et cum pleno dominio perpetuis temporibus possidendam : non obstante aliqua cuipiam persone facta intabulacione, nullam porcionem nobis, heredibus nostris aut successoribus in eadem piscina reservantes. Ita tamen, ut nomina parentum nostrorum predictorum. Benessii et Margarethe et Sancte, alias Swate uxoris nostre, in libris eiusdem ecclesie inscribantur et singulis annis die S. Hyeronimi, doctoris eximii, vigilie, et die sequenti missa cum solennitate pro iis decantentur et sic memoria illorum cum ceteris fidelibus habeatur sempiterna. Harum quibus sigillum nostrum appendi iussimus testimonio literarum. Nos vero Zdislaus de Lhota, Mecho et Vitko, germani fratres eciam de Lhota, cum prenominato domino Bernardo, ad presentes literas sigilla nostra appendi iussimus requisiti in robur et testimonium omnium premissorum. Datum et actum in vigilia purificacionis virginis gloriose anno domini millesimo trecentesimo octuagesimo quinto.

(Ann. Grad. fol. 159.)

350.

H. Mistel bekennt, dass er der Katharina Pichler ein halbes Schock Gr. jährl. Zinses verkauft habe. Dt. 10. Februar 1385 s. l.

Nos Johannes *Hitzer Land-* judex, Frenczlinus Saxo magister civium, Pertlinus Payr. Vluschius Hossawe .,..olaus Chassawer. Nicolaus gener Tropponis, Chuncz in Turri, Ulricus Payr ceterique jurati cives civitatis Yglavie recognoscimus tenore presencium universis. Quod constitutus coram nobis in pleno consilio discretus vir Hendlinus Mistel noster concivis una cum heredibus suis publice recognovit, se mediam marcam census annui et perpetui triginta duos grossos pro media marca computando super maccello suo, quod quintum est in ordine a sinistris accendendo de porta Pürnicensi, honeste matrone Katherine conthorali quondam Ruedlini Püchleri, nostri concivis et Martino Presbitero necnon Nycolao et Ulmanno filiis ipsius legitimis pro quinque sexagenis grossorum pragensium rite et racionabiliter vendidisse pecunia pro parata. Quam quidem mediam marcam census perpetui dictus Heindinus Mistel vel sui heredes seu prefati maccelli possessor dicte matrone et filiis ipsius prescriptis annis singulis in festo sancti Michahelis simul et semel censuare tenentur hereditarie et perpetue, prout jus et forma veri census seu censualium postulat et requirit. Potest insuper dicta matrona aut filii eius prefati pro censu suo neglecto vel debito tempore, ut premittitur, non dato, per se sola vel cum adiutorio quorumcunque pretactum Heindinum aut ipsius heredes seu maccelli eiusdem possessores in omnibus bonis suis mobilibus et immobilibus ubicunque habitis vel inventis arrestare, occupare, impignorare pignoraque vendere vel obligare usque ad plenariam census neglecti ac dampnorum omnium inde perceptorum solu-cionem integralem, nullo reclamante sub honoris et fidei puritate. In cuius testimonium et robur perpetuo valiturum sigillum nostre civitatis Yglaviensis supradicte ad preces utriusque partis presentibus est appensum. Datum anno domini millesimo trecentesimo octuagesimo quinto. feria sexta in die sancte Scolastice virginis.

(Orig. Perg. h. Sig. im Igl. St. Archive.)

351.

Petr Bischof von Olmütz vereint die Pfarre von Nezamyslic mit der Augustiner Probstei in Landskron. Dt. Olmütz 22. Februar 1385.

In nomine domini amen. Cum dignum iustum existat et in omnibus salutare, ut pia fidelium vota, quibus augmentum cultus divini et salus provenit animarum, in quantum omnipotens ex alto nobis concesserit, ad laudem excitentur altissimi et excitata continuis piis operibus per virtutum transeant incrementa : nos Petrus dei et apostolice sedis gracia episcopus Olomucensis tenore presencium recognoscimus universis. ·Quod cum dudum villam Nezamislicz nostre dioc. Olomuc. cum singulis suis iuribus et pertinenciis, quam a nobili viro domino Sliborio de Towaczaw de bonis nobis a deo collatis rite et racionabiliter emimus et comparavimus monasterio nostro in Lanczkron dioc. Luthomislensis, quod ad laudem altissimi de novo fundavimus, ereximus et construximus, dono mere liberalitatis donaverimus, tradiderimus et assignaverimus perpetuis temporibus tenendam, habendam et possidendam et post diversos tractatus et deliberaciones multiplices successu temporis habitos et celebratos, utile consonum et congruum tum propter regimen ville antedicte, tum propter bonum statum et profectum ecclesie eiusdem et incolarum, tum propter comodum et utilitatem monasterii memorati, quod ipsa ecclesia parochialis eiusdem ville cum suis redditibus, fructibus et utilitatibus dicto monasterio in Lanczkrona incorporaretur et per fratrem eiusdem eiusdem (sic) monasterii, cui de fructibus eiusdem ecclesie congrua sustentacio assignaretur, tamquam perpetuo vicario peramplius regeretur, ut in pacis tranquillitate viventes altissimo possint devocius famulari, paternali provisione desideravimus, comodo et utilitati tam ipsorum fratrum quam incolarum ville memorate providere: de voluntate et consensu honorabilium virorum dominorum Bederici decani et capituli ecclesie nostre Olomucensis fratrum nostrorum carissimorum premisso tractatu solenni et iuris solennitatibus, que in talibus invenire consueuerunt, dictam ecclesiam in Nezamislicz cum singulis suis iuribus, proventibus, redditibus, oblacionibus, obvencionibus, utilitatibus, comodis et pertinenciis universis ipsi monasterio Lanczkrona presentibus in dei nomine invisceramus, unimus, annectimus et incorporamus, ita quod cedente vel decedente rectore eiusdem ecclesie, qui ad presens existit, prepositus et conventus eiusdem monasterii Lanczkron redditus, fructus, proventus et utilitates dicte ecclesie percipere valeant et in monasterii sui convertere utilitates, dummodo ipsi prepositus et conventus fratrem sui monasterii ydoneum nobis aut successori nostro canonice presentaverint ecclesiam ad eandem instituendum et confirmandum, qui divinum officium peragat et incolis eiusdem loci ecclesiastica ministret sacramenta. Et ut idem vicarius perpetuus congruam haberet sustentacionem pro se et suis sociis et hospitum accessu necnon pro solvendis iuribus et oneribus legatorum et nunciorum sedis apostolice ac episcoporum et archidiaconorum, de redditibus, fructibus et proventibus ipso vicario perpetuo, qui pro tempore fuerit, unum laneum cum medio laneo agrorum, ecclesie eiusdem offertorim, quod per manus fidelium oblatum fuerit, novem fertones grossorum in censu decimas agrorum, dumtaxat quos rustici colunt, cum pratis et silva ac denariis fumalibus, unde duodecim grossi solvuntur ecclesie Olomucensi, perpetuis temporibus tenendum, habendum, percipiendum et possidendum assignamus et presentibus eidem reservamus. In quorum testimonium presentes literas fieri et sigillorum tam nostri quam predicti capituli nostri Olomucensis iussimus communiri. Datum et actum anno domini millesimo trecentesimo octuagesimo quinto in cathedra sancti Petri, quo capitulum in ecclesia nostra Olomucensi celebratur generale. Et nos Bedericus decanus totumque capitulum Olomucense dicte ecclesie in Nezamislicz unioni et incorporacioni consensimus et presentibus damus consensum et assensum, prout sigillum capituli nostri presentibus de certa nostra sciencia unacum sigillis patris et domini nostri domini Petri episcopi Olomucensis, ut prefertur, est appensum.

(Aus der Bestätigungsbulle P. Bonifacius IX. ddto. VIII. Idibus Aprilis 1397.)

352.

Markgraf Jodok vereinigt die Mühle Rorhof mit den übrigen Gütern der Stadt Znaim und befreit selbe von der landesfürstlichen Steuer. Dt. Frain 27. Februar 1385.

Wir Jost von gottes genaden margkraff und herre zu Merhern bekhennen offenlich mit disem brieff allen den, die in horen oder lesen, das wir stete treu und bete, die uns unser lieber getreuer Fridrich der Junge, unser bürger zu Znaymb angelegt und gebetten hat. und die wir an im erkysen haben, angesehen und in daran wolten gnediglich erheren: so haben wir im die gunst und unsern guten willen getan und erczeiget und erczeigen im auch die mit khrefften dicz brieffs von sunderlichen unseren gnaden und wellen des egenanten Fridrichs müll, genant Rorhoff, mit wassern, wisen eckern und allen andern iren zugehorungen, nichtes ausgenommen, zu unser stat Znaymb und inwonern daselbst unsern lieben getreuen geheren sol ewiglich und zueflucht haben in allen iren sachen zu thuen und leiden mit der genanten unser stat alles, das ander gueter thuen und leiden, die auch darzue geheren. Auch wellen wir, das die obgenante mül mit iren zugehorungen, als obgeschriben stet, bernfrei, das man nennet die khunigsteuer, sein soll ewiglichen, ouch von sunderlichen unsern genaden und von der egenanten unsern stat schuczung und schirmung haben furbas, ob sichs geburte durich ungewondlicher gefelle und auffstoss willen, die in zuekhunfftigen zeitten mechten entsten. Mit urkhund dicz brieffes versigelt mit unserm anhangundem insigel, der geben ist zu Fren auff dem hause, nach Cristus geburt dreyczehen hundert jar darnach in dem funff und achczigisten jar des nechsten mantags nach dem suntag, als man singt Reminiscere.

(Nach einer aus dem 16. Jahrh. stammenden Abschrift im Archive der Stadt Znaim.)

353.

Markgraf Jodok verleiht der Stadt Bisenz das freie Testirungsrecht.
Dt. Brünn 13. März 1385.

Jodocus dei gracia marchio et dominus Moravie. Rerum gestarum memoriam literatenus stabilitam oblivio ex facili non detergit; eapropter presencium tenore universis cupimus fore notum, quod cum ex debito et innata nobis clemencia teneamur subditorum commodis vigilanter insudare, condicionem ipsorum meliorando, volentes igitur, ut incole civitatis nostre Bzenecz et ipsius suburbii operose suis laboribus et laboriose intendant suis operibus, ipsos, heredes ipsorum ac successores libertavimus et presentibus libertamus, ut ipsorum emphiteoses ceteraque bona mobilia in vita et post mortem eciam valeant, cuicunque velint, dare et de ipsis testari et de ipsis quovis modo disponere secundum placito ipsorum voluntatis. Si autem aliquem ex ipsis absque liberis seu heredibus seu intestatum mori contingant, tunc volumus ipsius emphiteosim seu quevis alia bona ad viciniorem sibi cognacione devolvi non obstante consuetudine in contrarium, quam nostri predecessores et nos habuimus in eisdem. Volumus cciam et presentibus ipsis nostris civibus predictis donamus et conferimus in perpetuum ex certa nostra sciencia nostrorumque consiliariorum sano ad hoc accedente consilio, ut omni iure, libertate et emunitate quoad premissa et specialiter braxacione et vendicione cerevisie ut incole civitatum Olomucz, Brune et aliarum civitatum nostrarum marchionalium gaudent et perfruuntur, perfrui debeant et gaudere preter incolas civitatis nostre Ostroh, quos ex speciali gracia maioris privilegii libertacione libertavimus. ipsos ab omni solucione eximendo. Nulli ergo hanc nostram donacionem seu libertacionem quoad premissa liceat infringere vel ei ausu temerario contraire. Qui autem secus attemptare presumpserit nostram gravem indignacionem nostrorumque heredum ac successorum procul dubio se noscat incursurum. Datum Brune anno domini millesimo trecentesimo octuagesimo quinto, feria secunda post dominicam Letare, sub appenso nostro sigillo testimonio literarum.

(Aus dem von der Stadt Ung. Hradisch im J. 1587 gesigelten vidimus im Gemeinde-archive der Stadt Bisenz.)

354.

Smil von Sternberg auf Hohenstein kompromittirt in den Ausspruch des Markgrafen
Jodok bezüglich der mit Peter von Krawař auf Plumenau gehabten Streitigkeiten.
Dt. Brünn 14. März 1385.

Ich Smyl von Sternberg, genant von Hoenstain, bekenne offenlich mit diesem bricffe, das ich umb alle sulche sache, dorumb der edel Peter von Chrawar, genant von Plumpnaw, und ich, genander kempfflich ansprachig sein gewesen, des hochgebornen fursten meines lieben gnedigen herren marggraff Jostes entscheydung, die er geteydingt hat, mit willen gehorsam und unterlenig sein wil. Und gelob bey meinen trewen und eren, das ich umb dieselbe sachen nymmer reden, manen oder in dheynenweis melden wil ewiclich mit worten. Und ob ich wider sulche meyne gegenwortige gelubde tete und überfure dieselben, so sol ich trewlos und erlos sein. Und gelob mich dornoch czu handen des obgenant meines gnedigen herren marggraff Josten uff das hus czum Spilberg stellen gefangen, wenn ich dorumb wurd gemanet. Und czu geczugnüsse semlicher sachen haben die edlen herren Ilans von Wetaw, Johannes von Leuchtenburg und Georg von Wetaw ire ingesigl und ich das mein czu urkunt an diesen brieff gehenget. Geben czu Brunne noch Christs geburt dreyczenhundert jare dornoch yn dem funfundachczigisten jare des nechsten eritags noch dem suntag, als man singt Letare.

(Das Original auf Pergament mit 4 angehängten Sigillen, wovon das vierle abgerissen, im mähr. Landesarchive.)

355.

Jodok, Markgraf von Mähren, schenkt dem Henk von Waldstein ein Haus in Olmütz.
Dt. Brünn 16. März 1385.

Jodocus dei gracia marchio et dominus Moravie notumfacimus tenore presencium universis, quod Hennykoni de Waldstein, pincerne et familiari nostro dilecto, suis meritis poscentibus domum nostram, in civitate Olomucensi ex opposito monasterii sancti Michaelis ordinis predicatorum sitam in acie, dedimus, donavimus, damus, donamus virtute presencium babendam, tenendam, vendendam, permutandam, obligandam et de ipsa disponendum pro sue libito voluntatis. Hoc cciam adicientes quod boc (sic), qui presentem nostram habuerit literam, eo Jure, sicut predictam domum Henniconi prefato dedimus, sine impedimento debeat possidere. Presencium sub appenso nostro sigillo testimonio literarum. Datum Brunne anno domini millesimo trecentesimo octoagesimo quinto, feria quinta proxima ante dominicam, qua cantatur Judica.

(Orig. Perg. h. Sig. im Olm. Stadtarchive. — Auf der Plicatur: Per dom. marchionem Nicolaus. — In dorso von etwas späterer Hand: Super domo Fusce quondam pretorii.)

356.

Markgraf Jodok beauftragt die Beamten der Brünner Cuda, dem Brünner Goldarbeiter Henslin einen Hof im Dorfe Obřan in die Landtafel zu legen.
Dt. Brünn 4. Mai circa 1385.

Jodocus dei gracia marchio et dominus Moravie nobili . . camerario . . czudario et . . notario officialibus principalibus et aliis, quorum interfuerit, benevolenciam et debitam caritatem. Fideles dilecti. Quia Sebaldus curiam colonariam, quam donacione nostra habuit hactenus in villa Obrzas, vendidit de nostro consensu Henslino aurifabro nostro, propter quidem volumus vestre fidelitati committentes seriòse, quatenus curiam predictam, cuius possessionem nunc habet prefatus Henslinus, eidem intabuletis et intabulari more solito disponatis, cum presentibus fueritis requisiti. Datum Brunne feria quinta proxima post diem sancti Sigismundi.

(Orig. Pap. beigedr. Sig. im mähr. Landesarchive.)

357.

Sigmund, Markgraf von Brandenburg, nimmt den Wilhelm von Sternberg in seinen Dienst auf. Dt. Brünn 9. Mai 1385.

Wir Sigmund von gottes gnaden marcgrafe zu Brandenburg und des heiligen romischen reichs erczkamerer bekennen und thun kund offenlichen yn diesem brive. Wanne der edel Wilhelm von Sternberg herre czu Swietlow yn unsern gescheften czu dem konigreiche in Hungarn mit seynem volke uns dynen meynet und wil nach seynem vermugen, des geloben wir demselben herren Wilhelm von Sternberg mit krafft dicz brives an argelist und wollen em und auch seynem volcke steen vor alle redeliche scheden, die sy nemen in sothanen unserm dinste. Geschehe oder icht an den vorgenanten herren Wilhelm von Sternberg, do gott vor sey, so geloben wir czu seiner hande Alschen, seynem sone, und Zdenken von Sternberg etc. die alle vorbeschrieben meynunge stet und gantz zu halden. Des haben wir unser ingesigel lassen hengen an diesen brive zu urkunde. Der geben ist zu Brunne nach Crists geburt dreiczen hundert jahr, darnach in dem fünf und achtzigsten jare des dinstages in der heiligen creutzwochen.

(Das Orig. mit einem beigedruckten kleineren Sigel im fürstl. Schwarzenberg'schen Archive zu Wittingau. Abgedruckt aus dem MS. Hist. diplom. domus Sternbergicae in Dobners Monum. 4, 375.)

358.

Johann, Probst des Zděraser Klosters, quittirt das Kloster Raigern über die abgelieferte päbstliche Steuer. Dt. Prag 28. Mai 1385.

Johannes doctor decretorum, prepositus monasterii Sderasiensis Pragensis, sucollector decime papalis clero exempto et non exempto per provinciam Pragensem imposite, camere apostolice solvende, per reverendissimum in Christo patrem et dominum dominum Johannem sancte Pragensis ecclesie archiepiscopum apostolice sedis legatum, principalem collectorem huiusmodi decime, specialiter deputatus, notum facimus tenore presencium. Quod honorabilis vir Benedictus, prepositus monasterii in Reigrad ordinis sancti Benedicti, Olomucensis diocesis, de bonis sui monasterii et ecclesia parochiali annexa eidem monasterio videlicet ibidem in Reigrad secundum taxam eidem monasterio et ecclesie predicte impositam, de quo sunt certe litere tenoris et continencie plenioris, honorabili viro domino Hermanno de Nukle. Wratislaviensis et Olomucensis ecclesiarum canonico, collectori dictarum decimarum in diocesi Olomucensi per nos deputato, septem marcas grossorum pragensium moravici pagamenti nomine decime papalis dedit et realiter assignavit, que pecunie postmodum nobis sunt per eundem dominum Hermannum assignate. De quibus quidem pecuniis ac tota decima pro eodem anno nobis sic plene persoluta ipsum dominum Beneschum alias Benedictum prepositum et suum monasterium ac ecclesiam predictam auctoritate apostolica, qua fungimur in hac parte, quittamus, libertamus et reddimus presentibus quitum et realiter absolutum. Harum quibus sigillum nostrum appensum est testimonio literarum. Datum Prage anno domini M⁰CCC⁰ octuagesimo sexto die XXVIII. mensis Maii.

(Orig. Perg. an Perg. Streifen h. Sig. im Archive des Kl. Raigern.)

359.

2. Juni 1385.

K. Wenzel IV. eröffnet den Klatauern, dass er die in Böhmen bestehenden bewaffneten Einigungen und Bünde aufgelöst habe und die Gründung neuer verbiethe und trägt ihnen auf, diess Verboth zu verkünden und vierzehn Tage nach Verkündigung desselben jeden, der von einem solchen Bunde nicht ablassen wollte, in Gewarsam zu bringen. Dat. Pragae die secunda mensis Junii, regnorum nostrorum anno Boemiae XXII⁰, Romanorum vero X⁰.　　　　　Per dominum Jodocum marchionem Moravie
Martinus Scolasticus.

(Aus Palacký Formelbücher 2, 106.)

360.

Heinrich von Neuhaus verkauft einen jährlichen Zins von 2 Schock und 6 Groschen dem Pfarrer und den Bürgern von Zlabings. Dt. Telč 15. Juni 1385.

Nos Henricus de Novadomo tenore presencium publice recognoscimus universis, quia bona deliberacione maturoque consilio prehabitis duas sexagenas et sex grossos hereditarii census in Slewings in tribus laneis circa superiorem portam, intrando civitatem a sinistris, super incolis subscriptis, videlicet Ulrico Stihuow, Henslino, Niclino et Stefano Holecziczar deputando, hereditarie vendidimus et vendimus plebano et civibus in Slewings eorumque successoribus universis pro viginti tribus sexagenis, quas paratis pecuniis ab ipsis nos fatemur percepisse. Cujus quidem census una sexagena pro lumine ante corpus dominicum perpetue ardendo, et altera sexagena pro prima missa in ecclesia ibidem legenda sunt deputate. Et promittimus eiusdem hereditatis censum contra quemlibet inpugnantem jure terre libertare et omnimode libertando disbrigare hac interiecta condicione, quod si alios certos reditus in certa hereditate comparabimus et ecclesie antedicte incorporaverimus, prout primus census est incorporatus, tunc eiusdem hereditatis censum reassumere per modum cambii poterimus quando nostre placuerit voluntati, alios vero certos et liberos reditus pro hiis prius assignantes, quos in distancia trium aut maxime quatuor miliarium teneremur deputare. In cujus rei evidenciam et robor nostrum nec non ob maioris testimonii presidium domini Holikonis de Ustrassin, tunc temporis burgravii nostri in Rosenstein, Frankonis dicti Prowazek de Possne et Henslini de Wydra fidelium nostrorum sigilla presentibus duximus appendenda. Datum in Thelcz in festo sancti Viti, anno domini millesimo trecentesimo octuagesimo quinto.

(Orig. Perg. 4 h. Sig., wovon nur das 3. gut erhalten im Archive der Stadt Zlabings.)

361.

Markgraf Jodok enthebt seinen Kämmerer Myslibor von dem Feudalverbande bezüglich des Dorfes Prasklitz und übergibt es in dessen freies Eigenthum.
Dt. Prag 20. Juni 1385.

Jodocus dei gracia marchio et dominus Moravie notum facimus tenore presencium universis. Quod propter servicia Misliborii, camerarii et fidelis nostri dilecti, que nobis hactenus exhibuit et quottidianis non cessat eadem laboribus exhibere, villam Prasklicz cum omnibus suis pertinenciis, absolventes eum ab illa vasallagiatus constriccione, quali prius candem villam nostri donacione possedit, ut candem de cetero idem Misliborius et sui heredes non feudali sed proprietatis titulo habere et possidere debeant, presentibus indulgemus ex gracia speciali. Volentes quod hic, qui presentes habuerit literas, predictam villam Prasklicz cum suis pertinenciis non feudali sed proprietatis debeat titulis possidere. Presencium sub appenso nostro sigillo testimonio literarum. Datum Prage anno domini millesimo trecentesimo octuagesimo quinto, feria tercia proxima ante festum sancti Johannis baptiste.

(Aus dem Codex II. fol. 4 im Olmützer Metropolitan-Kapitel-Archive.)

362.

Markgraf Jodok befiehlt den Beamten der Brünner Cuda, dem Königinkloster in Altbrünn das Dorf Hosenspic in die Landtafel einzulegen. Dt. Brünn 24. Juni 1385.

Jodocus dei gracia marchio et dominus Moravie . . camerario . . czudario et . . notario supremis czude Brunnensis, fidelibus nostris dilectis, benivolenciam caritatis debite cum affectu. Fideles dilecti. Est nostre intencionis vobis committentes volentesque seriose, quatenus honorabilibus et religiosis . . abbatisse et . . conuentui monasterii Regine in antiqua Brunna, devotis nostris dilectis, villam dictam Hosenspicz, dumprimum terre tabule aperte

42

fueriul, intabuletis, et sine recusacionibus intabulari disponatis modis omnibus, prout ad vestrum spectare dinoscitur officium, statim eciam sine prorogacione qualibet, dum fueritis presentibus requisiti. Presencium sub appresso nostro sigillo testimonio litterarum. Datum Brunne in die sancti Johannis Baptiste, anno domini etc. LXXXV⁰.

(Orig. Pap. beigedr. Sig. im mähr. Landesarchive. — Auf der Plicatur: Per dominum.. marchionem Nicolaus prothonotarius. — Vgl. n. 366.)

363.

Eröffnung des Olmützer Landrechtes durch den Markgrafen Prokop. Dt. 1. Juli 1385.

Anno domini millesimo trecentesimo octuagesimo quinto in octava sancti Johannis Baptiste celebratum est colloquium presentibus serenissimo principe domino Procopio marchione Moravie, Wockone de Crawar supremo camerario, Unka de Magetin czudario et Nicolao marchionis et terre supremo notario, supremis beneficiariis, Laczkone de Crawar, Petro de Plumnaw, Budissio et Benessio fratribus de Quassicz, Styborio de Cymburg, Benessio de Busaw, Wilhelmo de Pernstein, Jescone Puska de Cunstat, Pawlicone de Sowinecz, Stephano de Warthnaw et aliis quam pluribus, qui tunc personaliter intererant.

(Aus der gedruckten Olmützer Landtafel.)

364.

Eröffnung des Brünner Landrechtes durch den Markgrafen Prokop. Dt. 9. Juli 1385.

Anno domini millesimo trecentesimo octoagesimo quinto dominica proxima ante diem sancte Margarethe celebratum est colloquium presidentibus serenissimo principe domino Procopio marchione Moravie per nobiles Cztiborium de Cimburg supremum camerarium, Bohunconem de Stichnicz czudarium et Nicolaum supremum notarium, presentibus nobilibus Wankone de Pothenstein, Ulrico de Bozkowicz, Henslino de Vethovia, Petro de Sternberg, Proczkone de Lombnicz, Johanne de Mezirziecz, Erhardo de Leschnicz, Bohuslao de Pernstein, Hinczone juniori de Lipa, Johanne de Lombnicz, Alschone de Cymburg, Johanne Puska de Cunstat, Alberto de Vetovia, Hermanno de Novadomo, Wilhelmo de Cunstat et aliis pluribus nobilibus, quibus intererat.

(Aus der gedruckten Brünner Landtafel.)

365.

Sigmund Markgraf von Brandenburg verpfändet den Markgrafen Jodok und Prokop für
die ihm gegen Ungarn zu leistende Hilfe 50.000 Schock Groschen auf der alten Mark
und mehreren Städten derselben. Dt. Prag 9. Juli 1385.

Wir Sigmund von gots gnaden marggraff czu Brandenburg und Erczkamerer des
heiligen romischen reichs bekennen und tun kunt offenlich mit diesem brieff allen den, die
yn sehen oder horen lezen. Wann wir begeret haben an dem hochgebornen fursten herren
Josten marggraff und hern czu Merhern, unserm lieben vettern, das er umb das kungreich
gen Ungern sich durch unsern willen in einen krieg seczen wolte und uns beholffen
werden; das ist er mit uns also übereinkomen, als er seine grenicz wol besaczt hat, das
er uns beystendig sein wil und beholffen werden mit aller seiner herschafft und macht an
alles geuerde, als verre es uns not geschiet, und seine hulffe nicht encziehen, noch mit
derselben ablassen, als lang uncz wir unser sachen, die uns von krieges wegen antreten
in dem kungreich czu Ungern, ein gutes ende haben. Und so der egenant marggraff Jost
uns in der mazze, als vorgeschriben steet, seine hulffe tun wurdet, globen wir ym und
seinem bruder marggraff Procopien bey unsern furstlichen trewen und eren mit krafft dicz
brieffs, fumffczigtusent schock grosser pfenning dorumb geben und genczlichen beczalen.
Und vor dasselb gelt czu einer grosser sicherheit vormachen, vorschreiben und in pfandes
weis vorseczen wir yn das lant, die alde Mark genant, gelegen genseit der Elben, mit den
Steten Stendel, Tangermünde, Salczwedel Gardleben Osterburg mit allen andern steten,
slossen und vesten, die czu dem egenanten lant gehoren, mit namen mit dem anfall der
Graffin von Holczen, den sie ieczund besiczet, und mit allen andern anfellen doselbest, auch
mit dem lant, die Prignicz geheisen, und mit den Steten Giricz, Habelberg und allen andern
steten, die dorczu gehoren, also das sie die egenanten lant mit iren steten, slossen, hewsern,
vesten, die dorczu gehören, der namen auch in diesem brieff nicht begriffen sein, ynnehaben
und halten sullen mit aller Herschafft und czugehorungen, nichtes uszgenomen, mechticlich
an alles hindernuzze und infall, als lang, uncz sie des egenanten geldes von uns gancz
und gar beczalet werden. Wer auch sache, das es czu kriege queme, was wir den oder
unsern lute, und auch der egenante marggraff Jost oder seine lute gewünnen hie disseit
des Wages, es were mit macht, oder mit teidingen oder sust, das sie sich mit willen an
uns würffen, desselben sullen wir den obgenanten marggraffen Josten und Procopien czuhant
abtreten für alle scheden, die sie genommen hetten und empfangen, das sullen sie ynnehaben
geruesamlich und in gewere desselben von uns gesacht werden und darynne behalden als
lang, uncz yn vor die egenanten scheden genug getan werde. Wir sullen auch dheinerley
teyding, sün noch fruntschafft uffnemen, es sey mit rate und willen des egenanten marggraff
Jost und das ym genczlich volfuret und gehalten werde als was ob steet geschrieben. Mit
urkunt dicz briefs vorsigelt mit unserm grösserm anhangunden ingesigel, der geben ist czu

42*

Prag noch Crists geburt dreiczenhundert jare dornach in dem funffundachczigsten jare des nechsten suntags vor sant Margarethen tag der heiligen Junkfrawen.

(Orig. Perg. durch Wassertlecken etwas beschädigt im mähr. Landesarchive. Das grosse sehr gut erhaltene Reitersig. hat auf der Brust des Reiters das brandenburgsche Wappen: die Umschrift lautet: S. Sigmundi de Boemia marchionis Brandenburgensis. Auf der Reversseite im rothen Wachse das Gegensig. des Markg. Jost.)

366.

Stefan von Cuchlarn (?) ersucht die Beamten der Brünner Landtafel, dass sie das Dorf Hosnspitz dem Königinkloster in Altbrünn nach Ertheilung der markgräflichen Bewilligung in die Landtafel eintragen möchten. Dt. Brünn 12. Juli 1385.

Ego Stephanus de Czuchlarn recognosco, me nobilem virum dominum Cztiborium de Czimburg camerarium Brunnensem et ceteros officiales Brunnenses pro intabulacione ville quondam mee, videlicet Hoznzpicz, quam venerabili domine abbatisse monasterii Aule beate virginis in Antiqua Brunna et deo dicatarum virginum conventui me vendidisse profiteor, maiori qua potui instancia petivisse, sed quod eandem villam dicto monasterio prefatus dominus Cztiborius et officiales, quorum interest, alii intabulare absque marchionali consensu renuerunt. Quamobrem ego superius dictus Stephanus presentem literam aput tabulas terre una cum mea libera volunte et precibus derelinquo rogans suppliciter, ut cum primum voluntas et consensus ipsius domini marchionis accesserit in mea absencia tamquam presencia de mea plenaria volunte ipsam villam Hoznspicz pretextu racionabilis fori in tabulas intabulari valeant, quum omnes contractus in foro huiusmodi iam sint racionabiliter consumati. Presencium sub impresso nostro sigillo testimonio literarum. Datum Brunne anno domini M⁰CCC⁰LXXXV⁰ in vigilia sancte Margarethe virginis gloriose.

(Orig. Pap. beigedr. Sig. abgelöst im mähr. Landesarchive. — Vgl. n. 362.)

367.

König Wenzel von Böhmen gibt zu der durch den Markgrafen Sigmund an Jodok und Prokop, Markgrafen von Mähren, um 50.000 Schock grosser Prager Pfennige geschehenen Verpfändung der Mark Brandenburg und des Landes Priegnitz seine Einwilligung. Dt. Bürglitz 13. Juli 1385.

Wir Wenczlaw von gotes gnaden romischer kunig zu allen czeiten merer des reichs und kunig zu Beheim bekennen und tun kunt offenlichen mit diesem briefe allen den, die in seben oder horen lesen, das wir mit wolbedachtem mute, gutem vorrate und rechter wissen zu solcher pfantschaft der lande der marken uber Elben, dio man nonnet die alde marke zu Brandemburg und dorzu des landes, die Prignicz genant, die der hochgeborne

Sigmunde marggrafe zu Brandemburg, unser lieber bruder und furste, den hochgebornen Josten und Prokopen marggrafen zu Merbern, unsern lieben vettern und fursten und iren erben für fumfczig tusend schockke behemischer grosser Prager pfenninge vermachet, verseczet und verschriben hat, als das usweisen sulche briefe, die er in daruber geben hat, unsern guten willen und gunst getan und geben haben, vor uns, den hochgebornen Johansen herczogen zu Gorlicz, unsern lieben Bruder und Fursten, und unsern erben, die das anruren mag, tun und geben vorbedechticlich in kreften dicz briefs und dorzu verbeissen und geloben wir, den egenanten unsern lieben vettern marggraf Josten und Procopen von Merbern, in guten trewen an geuerde. Wenn es zu schulden kumpt, das die Marke zu Brandemburg an uns kumpt und uns der abgetreten und ingeantwurtet wirdet, das wir denne denselben unsern vettern marggraf Josten und Procopen und ire erben getrewlichen geraten und beholfen sein sollen und wollen, das in die vorgenanten lande, die alte Marke und die Prignicz in pfandesweise vor die vorgenante summen geldes, als vorgeschriben stet, yn zu pfande und uns, und unsern erben zu · einer losunge yngeantwurtet und yngegeben werden, und das ouch in doruber von steten, slossen, mannen und undersessen doselbst gelobt und gehuldet werde genczlichen an alles geuerde. Mit urkund dicz briefs versigelt mit unserer kuniglichen Maiestat insigel. Geben zum Burgleins noch Cristes geburd dreyczenhundert jar und dornach in dem fumfundachczigisten jaren, an sand Margreten tage, unserer reiche des Beheimischen in dem dreyundczweinzigisten, und des Romischen in den czehenden Jaren.

(Orig. Perg. grosses anh., gut erhaltenes Sig. im mähr. Landesarchive. Das Gegensigel — der Reichsadler — im rothen Wachse. — Auf der Plicatur: Ad mandatum domini Regis H. Lubucensis prepositus cancellarius. — In dorso: R. Wenceslaus de Jenykow.)

368.

Markgraf Jodok weist den Augustiner–Eremiten in Brünn zum vollständigen Ausbau ihres Klosters durch sechs Jahre je 100 Mark Groschen auf die Advocatie in Olmütz an. Dt. Brünn 25. Juli 1385.

Jodocus dei gracia marchio et dominus Moravio, priori et conventui fratribus ordinis sancti Augustini in nostro novo prope muros civitatis nostre Brunensis monasterio nostra munifica gracia prosperari, et in oracionibus vigilibus gloriari. Devoti dilecti. Ut efficacius structuram monasterii nostri possitis erigere et ipsius edificia breviori tempore usque ad perfeccionem plenariam nostro patrocinio consumare, presertim, cum ibidem parentum nostrorum corpora, que in requie ibidem ac in pace Altissimi*) requiescant, vobis sexingentas marcas grossorum super advocacia nostra in civitate Olomuncz

---

*) Die gesperrt gedruckten Worte durch Wasserflecken schwer leserlich.

et molendino ad emidem advocaciam pertinenti aput advocatum ibidem deputavimus et presentibus deputamus, ut videlicet infra sexennium anno quolibet sub duobus terminis centum marcas, et sic nunc incipiendo in proximo festo Galli quinquaginta, et in festo Jeorgii sequentis quinquaginta marcas grossorum et sic deinceps annis singulis usque ad summam sexingentarum marcarum plenariam ab eodem nostro advocato colligatis. Mandamus igitur tibi advocato nostro predicto districte presentibus et precipimus seriose, quatenus dum illi solucionum termini pro festo Galli et Jeorgii, prout premittitur, advenerint predictas pecunias prout premisimus de advocacia nostra ipsis fratribus, dum te presentibus requisierint, des absque contradiccione qualibet et assignes; nam ab ipsis, quas eis quociescumque dederis, pecuniis virtute presencium te quittamus et absolvimus, ita ut non relinquatur nobis neque nostris officialibus locus te decetero pro talibus pecuniis ammonendi, presentibus ad sexennium dumtaxat, velut continetur superius, duraturis. Presencium sub nostro appenso sigillo testimonio literarum. Datum Brunne die sancti Jacobi apostoli. Anno domini millesimo trecentesimo octoagesimo quinto.

(Orig. Perg. Sig. abgerissen im Archive des Kl. s. Thomas in Altbrünn. — Auf der Plicatur: Ad relacionem domini marchionis Nicolaus prothonotarius.)

369.

Peter von Kravář und Marquard von Sternberg erklären, dass sie Petr von Sternberg in die Gemeinschaft seiner in Mähren gelegenen Güter aufgenommen habe.
Dt. Vor Neutra 5. August 1385.

Nos Petrus de Krawarz alias dominus*) de Plumlaw et Marquardus de Sternberg notum facimus tenore presencium universis, quod nobilis dominus Petrus de Sternberg ex vera fide recepit nos in veram unionem, quod dicitur na spolek, omnium bonorum suorum, que in terra Moravie habet vel auctore domino habebit in futurum et candem unionem nobis iam intabulavit. Nos igitur volentes eidem domino Petro fidem consimilem ostendere, promittimus sub puritate fidei et honoris ambo simul coniunctim et divisim, omnem voluntatem adimplere ipsius domini Petri de Sternberg: videlicet, quod quantumcunque in vita vel agone mortis de illis bonis suis, que iam nobis intabulavit, disposuerit aut suis servitoribus vel aliis quibuscunque personis donaverit seu pro anima legaverit, hoc totum, prout cciam bona eiusdem domini Petri se extendunt et sufficere possunt, debet per nos sine diminucione adimpleri. Et specialiter promittimus sub eadem puritate fidei et honoris, de illis bonis Sternbergensibus in Moravia et de Bechinensibus in Bohemia nullo modo nos intromittere nec aliquod ius ad eadem bona predicta habere nec eciam impetere officiales seu purgravios ipsius domini Petri, qui eadem bona tenuerint, tamdiu, donec omnem ordinacionem et voluntatem prefati domini Petri de Sternberg adimpleverimus cum effectu sine diminucione.

---

*) Wahrscheinlich war im Orig. dictus.

Et istud promittimus facere principaliter eidem domino Potro de Sternberg ad manus eciam fideles serenissimi principis domini Jodoci marchionis Moravie, domini nostri graciosi, et nobilium dominorum Smilonis de Sternberg alias de Holic, Henrici de Nova Domo, Johannis de Mezerzicz, Johannis dicti Michalec de Michelsberg et Alberti de Bethovia, illis omnibus et cciam cuilibet eorum, quod omnem ordinacionem, donacionem ct legacionem, quocumque modo prefatus dominus Petrus de Sternberg de bonis suis sic, ut prefertur, fecerit, fideliter et sine omni diminucione adimplere. Quod si aliquid non fecerimus in parte vel in toto, quod absit, extunc fidelis manus seu illi, ad quorum manus promisimus. possunt nos monere de illo, quod promissa nostra, que sic, ut prefertur, fecimus, non teneremus. Et cum hoc (sic) quandocunque unum ex nobis aut ambos monuerint, statim promittimus obstagium debitum et consuetum quilibet cum duobus famulis et tribus equis in civitate Bruna ct domo honesta, nobis deputata per eos, ad quorum manus promisimus, per interpositam personam militaris condicionis promittimus subintrare, abinde nullo modo exituri, donec omnis ordinacio, donacio et legacio prefati domini Petri de Sternberg fuerit in toto adimpleta et doncc omnia ct singula damna abinde contracta et percepta, que tamen racionabiliter possent demonstrari, cciam per nos fuerint persoluta. Sub appensione nostrorum sigillorum ad presentes. Et ad maius testimonium rogavimus illustrem principem dominum Procopium marchionem Moravie et nobiles dominos Erhardum de Kunstat, Wilhelmum de Sternberg alias de Zlina, Lackonem de Krawarz alias de Helfnstain et Jankonem de Wartnberg alias de Dieczin, ut sigilla sua presentibus appenderent in testimonium omnium premissorum. Datum ante Nitram in Ungaria die sancti Oswaldi anno domini millesimo trecentesimo octuagesimo quinto.

(Aus dem MS. Hist. diplom. domus Sternbergicae bei Dobner Monum. 4, 376.)

370.

Markgraf Jodok erneuert das Bündniss mit dem Herzoge Albrecht von Österreich.
Dt. Prespurg 24. August 1385.

Wir Jost von gots gnaden marggraff und herre czu Merhern bekennen und tun chunt offenlich mit dem gegenwortigen priefe, das wir angesehen haben die lauter freuntschafft, liebe und buntnüzze, die zwischen dem durchleuchtigen fürsten unserm lieben öhem herczog Albrechten, herczogen czu Österreich und uns von unserr bedern vordern an uns komen ist und auch gegenwartichleich zwischen uns ist. Und haben dieselben aynung, freuntschafft und verpundnüsse mit unserr gelubde und ayde vernevet und bestett und uns nach gueter vorbetrachtung von newn dingen mit demselben unserm öhem herczog Albrechten ze Österreich verpunden und verpinden uns auch und geloben ym wissentlich mit crafft dicz gegenwörtigen prieffs, das wir ym mitsampt allen unsern erbleichen landen und leuten sullen und wöllen mit aller unserr macht beygestendig und geholffen seyn wider aller menikleichen nyeman auzgenomen. Also, ob in an seinen erbleichen landen und leuten yeman, wer der wer, dringen, irren oder beschedigen wolt in dhaim weis wider recht,

das wir ym die den helfen sullen mit aller unserr macht retten und beschirmen getrewlich
on alle waigerung, widerred und gever. Mit urkunt diez briefs vorsigelt mit unserm
anhangundem ingesigel. Der geben ist czu Presburg, noch Crists gepurt dreyczenhundert
iar dornach in dem fumffundachczigsten iare an des heiligen sant Bartholomeustag.

Ad mandatum domini marchionis.

(Das Orig. im k. k. geh. Staatsarchive in Wien. Abgedruckt bei Kurz: Oesterreich unter
Albrecht dem Dritten, B. II. p. 252.)

371.

Wenzel Krušina von Lichtenburg verkauft zwei Lahne in Messin.
Dt. Střítež 14. September 1385.

Noverint universi presentem literam inspecturi seu audituri . . Quod nos Venceslaus
Crussina de Luchtenburg maturo consilio amicorum nostrorum ac deliberacione diligenti
prehabita agros nostros liberos videlicet duos lancos cum duobus censualibus veri census
annuatim duobus sexagenis minus decem grossis in villa Messyn pro viginti sexagenis et
quinquaginta grossis grossorum pragensium denariorum . . cum omnibus juribus et omni
dominio ac alia qualibet libertate, agris cultis et incultis, censibus, proventibus utilitatibus,
pratis, pascuis etc. et aliis pertinenciis ad dictam villam spectantibus, prout soli libere
tenuimus et possedimus a temporibus diuturnis, honesto et strenuo Sezemie et liberis suis
Kunasskoni, Petro, Johanni de Rechow . . vendidimus et presentibus vendimus pro summa
predicta perpetue tenendos, habendos, possidendos, vendendos, dandos, commutandos, alic-
nandos, prout sibi et suis liberis de prefatis agris melius et utilius videbitur expedire . .
Condicione tali tamen interiecta, prefatos agros seu lancos cum omnibus pensionibus
prescriptis promittimus bona et sincera fide sine omni dolo ab omnibus inpedimentis sive
inpeticionibus quibuscumque evincere, libertare et exbrigare prout jus terre Boemie requirit
et exposcit, et specialiter a domino Czenkone de Wartemberg, qui habet agros prevocatos
in tabulis, promittimus evincere et libertare, quod ipsos agros de tabulis terrestribus exponat.
Item cciam promittimus eadem fide bona predicto Sezemie et ipsius liberis seu heredibus,
prelibatos agros vel lancos, ut est superius expressum, a data presencium infra unum annum
ad tabulas torre inponere et inthabulare veluti jus terre Boemie habere dinoscitur. Si vero
antedictos agros vel lancos infra tempus predictum, ut predicitur, ad tabulas terre non
inthabularemus, extunc statim quum per ipsum Sezemam vel suos liberos moniti fuerimus,
promittimus nos Venceslaus Crusina predictus aut loco nostri clientem militarem vel militem
cum uno famulo et duobus equis ad honestum hospitem in Broda theutunicali civitate, nobis
per ipsum vel ipsos deputatum vel ostensum, tenemur debitum obstagium et consuetum
intrare ad prestandum . . Et deinde non debebimus exire, doncc omnia premissa eidem
Sezemie et suis liberis heredibus per nos fuerint adimpleta. Quicumque presentem literam
habuerit de bona nostra voluntate, eidem jus competit omnium premissorum. Testes buius

rei sunt nobilis Johannes Ptaczko de Pirkenstein, Stiborius miles de Otrıh Sdislaus de Wlassin, qui ad peticionem nostram sigilla ipsorum propria cum nostro sigillo appenso appenderunt in testimonium et certitudinem maiorem omnium prescriptorum. Datum et actum in Strzietez anno domini millesimo trecentesimo octuagesimo quinto in exaltacione sancte crucis.

(Orig. Perg. 4 h. Sig. im Igl. St. Archive.)

372.

18. Oktober 1385.

Johann Burggraf von Magdeburg, Hanns von Vöttau und Chval von Kosteletz bezeugen eine mit Bischof Berthold von Freising und Rudolf von Walsee gehaltene vorläufige Beredung zu gütlicher Vergleichung der zwischen König Wenzel IV. und Herzog Albrecht von Österreich, ihren Landsassen und den Bürgern zu Wien und Prag obschwebenden Irrungen. Dt. Znaim.

(Orig. im k. k. geh. Staatsarchive in Wien. Vid. Kurz Albrecht der Dritte, II. p. 101.
Lichnow. IV. 757 n. 1947.)

373.

21. Oktober 1385.

Herzog Albrecht von Österreich verheisst, die Znaimer Taidung, welche die Schiedsleute Burggraf Hanns von Maydburg, Hanns von Vöttau und Chval von Kosteletz mit dem Bischof von Freising, Rudolf von Walsee zwischen ihm und dem K. Wenzel IV. vollbrachten, zu halten. Dt. Wien.

(Orig. im k. k. geh. Staatsarchive zu Wien. Vid. Kurz Albrecht der Dritte, II. p. 103.
Lichnow. IV. 757 n. 1948.)

374.

*Markgraf Jodok verkauft dem Olmützer Kapitel das Dorf Prasklitz.
Dt. Brünn 28. Oktober 1385.*

Jodocus dei gracia marchio et dominus Moravie notum facimus tenore presencium universis, quod animo deliberato, voluntate libera ac de certa nostra sciencia et sano nostrorum fidelium consilio villam nostram dictam Prasklice alias Colben, que villa per mortem quondam Marquardi militis dicti de Morkowicz ad nostrum progenitorem et demum

43

ad nos ex paterna successione est devoluta, integram et totam curiam arature tres laneos agrorum in se continentem et cum incolis, laneis censualibus, agris cultis et incultis, curticulis, ortis, pomeriis, molendinis, tabernis, pratis, pascuis, aquis aquarumque decursibus, piscinis, piscacionibus, venacionibus, aucupacionibus, fluminibus, rivis, montibus, vallibus, viis, semitis, silvis, nemoribus, rubetis, penis, mulctis, censibus, cum omnibus libertatibus, fructibus, usufructibus, proprietatibus, gadibus, limitibus, graniciis, cum suis circumferenciis ab antiquo distinctis, cum pleno et vero dominio, jure directi dominii et proprietatis nichil penitus juris, proprietatis vel dominii in eadem villa nobis aut heredibus vel successoribus nostris in futurum reservantes, honorabilibus dominis decano, preposito ac capitulo ecclesie Olomucensis pro quingentis et octuaginta marcis grossorum pragensium moravici numeri, quas in parata et numerata pecunia ab eisdem percepimus, vendimus, vendidimus et presentibus venumdamus per ipsos dominos et ecclesiam Olomucensem hereditario possidendam perpetue et in eorum, transferentes in prefatos dominos ac ecclesiam Olomucensem omne jus, proprietatem et dominium, quod nobis competebat seu competere poterant (sic) in premissis. Promittentes bona et sincera nostra fide prefatis emptoribus ac ecclesie Olomucensi una cum disbriga-toribus et fidejussoribus nostris infrascriptis, videlicet nobili Cziborio de Czinburk, summo camerario sude Brunensis, Sulkone de Radkow, Andrea de Nechwalin, Wznatha dicto Hecht de Rossicz, Philippo de Swoyanow et Rudolfo de Rokitnicz prefatam villam cum universis et singulis suis pertinenciis ab omnibus et singulis impeticionibus et ab omni homine impetente et signanter ab omni titulo feudi disbrigare, libertare, tueri et defendere, dum et quociens pretextu impeticionis vel quocunque modo opus fuerit, ac etiam de eviccione teneri (sic) jure terre Moravio et in proximo baronum nostrorum terre colloquio, dum tabule terre in Olomucz aperte fuerint, dictam villam cum universis suis pertinenciis tabulis terre imponere seu intabulare nostris propriis sumptibus et expensis. In eventum vero, ubi aliquid ex premissis promissionibus in quocunque tenore non fecerimus seu facere neglexerimus, quod absit, extunc quicunque duo ex nobis fidejussoribus per predictos dominos seu unum ipsorum moniti fuerimus, unus non pretendens alterius absenciam, quilibet loco sui unum clientem idoneum militaris originis cum tribus equis et duobus famulis in civitatem Cremzyer in hospicium unius probi et bonesti hospitis, quod nobis per aliquem de capitulo predicto deputatum et ostensum fuerit, ad prestandum obstagium debitum et consuetum promittimus et debemus subintrare omni excusacione et dilacione proculmotis, nec ab codem obstagio quocunque colore quesito exire debebimus, sed semper absque omni intermissione tam diu in ipso obstagio permanere tenebimur, donec omnia et singula, que superius per nos sunt promissa sine omni diminucione impleverimus cum effectu, nolentes nobis adversus predicta omnia et eorum quodlibet quibuscunque occasionibus in premissis suffragari. Et si qua dampna exinde prefati domini perceperint, racionabiliter tamen contracta, ea sepedictis dominis et ecclesie Olomucensi volumus et promittimus resarcire. Et nos supradicti Stiborius de Czinburk, Sulko de Radkow, Andreas de Nechwalin, Wznatha dictus Hecht de Rossicz, Philippus de Swoyanow et Rudolfus de Rokitnicz pro et cum prefato serenissimo domino nostro domino Jodoco marchione Moravie omnia et singula superius expressata in solidum manu conjuncta et indivisa bona fide nostra fideliter promittimus adimplere. In quorum omnium premissorum robur, testimonium atque fidem sigilla nostra de certa nostri sciencia et voluntate presentibus sunt appensa. Datum Brune anno domini millesimo trecentesimo octuagesimo quinto, in festo beatorum Symonis et Jude apostolorum.

(Orig. Perg. 7 h. Sig. im Olm. Kap. Arch.)

375.

Die Brüder Bohuslav, Ingram, Smil und Wilhelm von Pernstein schenken der Kirche in Dalečín einen Halblahn daselbst. Dt. Pernstein 28. Oktober 1385.

Noverint universi ac singuli, ad quos presens scriptum devolvetur, quod nos Bohuslaus, Ingramus, Smillo, Wilhelmus fratres de Pernsten una cum nostris heredibus bona deliberacione maturo quoque consilio prehabitis cupientes pro hereditate transitoria redimere perpetuam, vendentes *) egestatem et defectus pauperis ecclesie in Daleczyn inclinati quoque precibus multimodis domini Sbinconis plebani eiusdem ecclesie et cciam in remedium animarum nostrarum necnon predecessorum nostrorum dedimus perpetue ecclesie prelibato in bonis nostris in Daleczyn medium laneum, quod pertinet ad curiam nostram ibidem, in quo postmodum resedit homo noster censualis dictus Radon, cum omnibus juribus, censibus, usibus, emendis, fructibus, proventibus, agris cultis et incultis, pratis, rubetis, silvis, metis ad ipsum medium laneum spectantibus et pleno dominio, ut predecessores nostri et nos met hucusque tenuimus. Promittimus quoque una cum heredibus nostris ecclesie prescripte et plebanis ibidem presentibus et futuris temporibus sempiternis prefatum medium lancum defensare, quietare, disbrigare ab impedimento cuiuslibet hominis, pro quibus quidem beneficiis ipse plebanus et sui successores perpetuis temporibus omni malicia et occasione quavis proculmota tenebuntur infra duobus mensibus uno die ad hoc apto legere vesperas vigiliarum et vigilias novem leccionum ex integro cum laudibus et in crastino unam missam defunctorum pro animabus predecessorum nostrorum et in posteris nostris. Eciam quoque habebitur memoria clientis de Bucowina et predecessorum domini Sbynconis plebani ibidem, ipsiusmet post decessum eius, qui cciam omnes benefactores sunt ecclesie sepe nominate. In cuius rei evidenciam dedimus hanc patentem literam munimine sigillorum nostrorum roboratam. Datum in Pernstein in die apostolorum Simonis et Jude anno domini millesimo trecentesimo octuagesimo quinto.

(Orig. Perg. 5 h. Sig. im Brünner Stadtarchive.)

---

*) So im Origin. wahrscheinlich statt pendentes.

43*

376.

König Wenzel IV. verspricht, die Znaimer Taidung, welche die Schiedsleute Burggraf Hans von Magdeburg, Hans von Vöttau und Chval von Kosteletz mit dem Bischofe von Freising, Rudolf von Walsee zwischen ihm und dem Herzog Albrecht von Österreich vollbrachten, zu halten.

(Abgedruckt bei Pelzl K. Wenzel IV., I. Urkunb. p. 66.)

377.

Bernard von Schützendorf gründet und begabt den St. Jacobs-Altar in der Olmützer Domkirche. Dt. Olmütz 25. November 1385.

In nomine domini amen. Nos Bedericus decanus, Mathias prepositus totumque capitulum ecclesie Olomucensis tenore presencium recognoscimus universis, quod strenuus miles dominus Bernardus de Schuczendorff dictus Hecht cupiens diem extreme messionis bonis operibus prevenire ad laudem altissimi de bonis sibi a deo collatis in remedium et salutem animarum suorum progenitorum ac cciam sui de licencia et consensu reverendi in Christo patris domini nostri domini Petri episcopi Olomucensis unum altare in honorem sancti Jacobi in ecclesia nostra Olomucensi de novo fundavit et erexit, cui pro dote et eius dotacione septem marcas grossorum moravici numeri et pagamenti annui census per medium in festo sancti Michahelis et per medium in festo sancti Georgii perpetuis temporibus per altaristam ipsius altaris percipidiendas, quas pro centum marcis grossorum habuit, dum villam nostram in Prasklicz emeramus, bona voluntate tradidit et assignavit. Talibus medio ac moderacione, quod altarista, qui pro tempore fuerit eiusdem altaris, in ipso singulis septimanis tres missas, videlicet unam missam de sancto Jacobo et alias duas, quas sibi deus inspiraverit vel tempus requirit, perpetuis temporibus legere et servare teneatur et quod idem dominus Bernhardus Hecht quamdiu vixerit et eo mortuo sui heredes legitimi ad ipsum altare, quociens et quando ipsum vacare contigerit, nobis et successoribus nostris unam personam ydoneam debeant presentare ad ipsum altare instituendum. Post mortem vero dicti domini Bernhardi et suorum heredum, ut superius expressatur, senior eius amicus, qui pro tempore fuerit, unam personam ydoneam ecclesie nostre Olomucensi tunc temporis servientem, que per nos aut successores nostros electa fuerit et sibi nominata, ad ipsum altare, cum illud vacare contigerit, nobis tenebitur presentare. In quorum testimonium sigillum capituli nostri de nostra certa sciencia presentibus est appensum. Datum Olomucii anno domini millesimo trecentesimo octuagesimo quinto ipso die sancte Katherine virginis gloriose.

Et nos Petrus dei et apostolice sedis gratia episcopus Olomucensis dicti altaris erectionem, fundationem ct eius dotationem grata et rata habentes ea auctoritate ordinaria presentibus in dei nomine approbamus, ratificamus et confirmamus presentium sub appensione nostri sigilli majoris in testimonium premissorum. In castro nostro Meraw anno quo supra ipso festo sancti Thome apostoli gloriosi.

(Orig. Perg. 2 h. Sig. im Olm. Kap. Archive.)

378.

4. Dezember 1385.

Johann Burggraf von Magdeburg und Hanns von Lichtenburg auf Vöttau, Schiedsleute des Königs von Böhmen, sprechen einen vorläufigen Schiedsspruch wegen der Missheligkeiten, die zwischen dem Könige und Herzog Albrecht von Oesterreich bestanden, ferner wegen der Turnauer Gefangenen, wegen Beraubung der Prager Kaufleute etc. Sie erklären, dass ihr Ausspruch von beiden streitenden Theilen gefertigt werde, damit er am nächsten Dreikönigstage den Obmännern, dem Pfalzgrafen Ruprecht dem Jüngern und Fridrich Burggrafen zu Nürnberg übersandt werden könne, deren Spruch dann endgiltig sein solle. Dt. zu Recz an sand Barbara tag.

(Orig. im k. k. geh. Staatsarchive in Wien. Abgedruckt in Pelzls K. Wenzel I. Urkundenbuch p. 67.)

379.

21. Dezember 1385.

Peter, Bischof von Olmütz, bestättigt die Gründung des s. Jacobs–Altares in der Olmützer Kirche, welchen Bernhard Hecht von Schützendorf fundirt und dotirt hatte. Dt. in castro Meraw ipso festo sancti Thome apostoli gloriosi.

(Vid. die Schlussformel in n. 377.)

380.

Vok von Kravář, Unka von Majetein und Nicolaus des Markgrafen Schreiber erklären, dass Hereš von Turowitz seiner Frau Margaretha die auf dem Dorfe Tamitz versicherte Mitgift derselben, nämlich 50 Mark Groschen, auf das Dorf Lipove übertragen habe. Dt. 1385. s. l. et d.

Wocko de Crawar, Unka de Magetin ct Nicolaus marchionis notarius czudarii Olomucenses fatemur, quod Herscho de Turowicz Margarethe uxori sue transferendo eam de bonis Tamicz in villa Lipowe super tribus lancis minus medio quartali, super molendino et super duobus curticulis et nominanter super omnibus hiis, que habet ibidem, quinquaginta marcas grossorum nomine dothalicii deputavit. Anno domini LXXXV⁰.

(Orig. Pap. mit dem beigedruckten Sig. des Vok von Kravář im mähr. Landesarchive.)

381.

*Anna von Füllenstein, Äbtissin des Klosters Oslavan, vermacht dem Nonnenkloster daselbst
eine Mark drei Groschen jährlichen Zinses. Dt. 5. Jänner 1386 s. l.*

In nomine domini amen. Quum quidem cum nullus penitus sit aut certe rarus vix inveniatur, qui generis humani inimici seculique spurcicias ita calle transeat inpolluto, ut nichil ci prorsus adhereat scevolentum, quo non adustionem horrendam purgatorii vereatur aut certe ulcionem perpetuam in ichenna: igitur ego Anna de Villenstayn .. monasterii Osslaviensis abbatissa notum facio universis, quod ob impetendam apud misericordem iudicem scelerum meorum indulgenciam et intacte virginis Marie ob reverenciam specialem et honorem lego, offero et presentibus perpetue resigno unam marcam census cum tribus grossis ét annue pensionis, quam pro meis pecuniis emi et paternalibus meis hereditatibus comparavi in villa Basanicz penes villam, que dicitur Gruczen situata, ad unam magnam candelam circa summum altare pro elevacione corporis domini salutaris singulis diebus in missis cantandis, et ad unam aliam candelam de quatuor talentis cere, que debet ardere die noctuque sine intermissione in choro dominarum incipiendo feria quarta, qua canitur „In nomine domini" usque ad complementum completorii dici pasche. Et ut bec donacio maiori fulciatur muniminis, presentes literas mei sub appensione sigilli proprii duxi roborandum. Anno domini millesimo CCC⁰ octuagesimo sexto, quinta die mensis Januarii.

(Orig. Perg. h. gut erhaltenes Sig. in den Akten des Königinkl. im Land. Archive.)

382.

*Eröffnung des Brünner Landrechtes durch den Markgrafen Jodok.
Nach dem 6. Jänner 1386.*

Nota quod generale colloquium seu concilium sub anno domini M⁰CCC⁰LXXXVI⁰ post epiphanias domini videlicet citra (sic) conversionem sancti Pauli presidentibus officialibus domino Cztiborio de Cimburg supremo camerario, Bohuncone de Strzenicz (sic) Czudario et Andrea notario presentibus nobilibus et proceribus infrascriptis, videlicet Hermanno de Novadomo, Henrico de Novadomo, Wankone de Pothenstein, Erhardo de Chunstat, Johanne de Luckow, Ulrico de Bozkwicz, Henslino de Vetovia, Laczkone de Chrawar, Wilhelmo de

Luczka, Proczkone de Wildenberg, Johanne de Lombnicz, Alschone de Cymburg, Dobesschio de Mezirziecz, Bohuslao de Pernstein, Proczkone de Chunstat, Jaroschio de Cymburg, Johanne de Mezirziecz, Alberto de Misliboricz, Jursicone de Vetovia, Petro de Sternberg Petro de Blumnaw, Benessio de Chrawar, Jesco Pusca de Cunstat, Alberto de Vetovia et aliis quam pluribus in civitate Brunnensi fuit iuxta antiquitam consuetudinem celebratum. Cui illustris marchio dominus Jodocus una cum fratre suo domino Procopio personaliter interfuit.

(Aus der gedruckten Brünner Landtafel.)

383.

Anna von Füllstein, Äbtissin des Klosters in Oslawan, bestimmt, dass die ihr zustehenden 6 Mark aus dem Dorfe Mitzmanns nach ihrem Tode dem Kloster Oslawan zufallen sollen.
Dt. 7. Jänner 1386.

In nomine domini amen. Quoniam generacio preterit et generacio advenit plurima propter hebetudinem mencium a memoria hominum elabuntur, igitur ego Anna de Villenstain monasterii Osslaviensis abbatissa notum facio tenore presencium universis, quod iste sex marce redditus in villa Yczmans, quas hucusque tenui libere et in usus proprios annis singulis absolute percepi, post mortem meam cedere debent conventui et quam cito fuerit predicta sex marcarum summa expedita, statim dilacione postposita ac sine diminucione inter totum dividi debet conventum, prout cciam in litteris patentibus et primordialibus super eisdem sex marcis census dinoscitur plenius contineri, ita nichilominus, ut nulla abbatissarum qualicunque inventa occasione aliter, quam ut prescribitur, quomodolibet cum eisdem audeat dispensare. In cuius rei testimonium ct robur sigilla mci officii proprium et conventus presentibus solita sunt appensa. Presentibus honorabilibus et religiosis viris domino Jacobo et domino Philippo tunc nostris confessoribus, domino Nicolao plebano Oslaviensi tunc nostro preposito et domino Nicolao nostro capellano seniori. Anno domini millesimo CCC⁰ octuagesimo sexto, septima die mensis Januarii.

(Orig. 2 an Perg. Streifen h. Sig. im Brünner Stadtarchive.)

384.

Eröffnung des Olmützer Landrechtes durch den Markgrafen Prokop.
Nach dem 13. Jänner 1386.

Anno domini millesimo CCCLXXXVI⁽ᵗᵒ⁾ post octavam epiphanie celebratum est colloquium Olomucii presentibus serenissimo principe domino Procopio marchione Moravio ceterisque baronibus et nobilibus infrascriptis, Wokone de Crawar camerario supremo, Unka ezudario de Mayetyn, Andrea prothonotario illustris principis domini Jodoci marchionis Moravie officialibus supremis, Laczcone de Crawar, Herardo de Cunstat, Jescone de Lukow dicto de Sternbergh. Wilhelmo de Zlyn alias de Sternbergh, Stiborio de Cymburgh, Jarossio fratre ipsius, Ulrico de Bozkowicz, Pawlicone de Eulemburgh, Stephano de Wartnow, Wilhelmo de Podyebrad et aliis pluribus, qui tunc personaliter intererant.

(Aus der gedruckten Olmützer Landtafel.)

385.

Markgraf Jodok gibt dem Erhart von Kunstat das Gut Napajedl zum Lehen.
Dt. Brünn 27. Jänner 1386.

Jodocus dei gracia marchio et dominus Moravie nobili Erhardo de Cunstat fideli nostro liberalitatem nostre gracie et favorem. Fidelis dilecte. Ut tue fidei vigilans diligencia in obsequiis nostris multiplicatis nostre munificencie beneficiis ad honorem nostrum et commodum feliciter augeatur, tibi et tuis masculini sexus heredibus oppidum nostrum Napagedl cum municione ibidem, theloneo, molendino, censibus, redditibus, proventibus, fructibus, usufructibus, emolumentis et aliis, in quibuscunque generibus fuerint seu qualitercunque specialibus nominibus appellari valeant, pertinenciis universis, que ad idem oppidum pertinuere antiquitus nihil excluso penitus, ad verum justum et legittimum foudum et obsequiale omagium animo deliberato, voluntate libera ac de certa nostra sciencia dedimus donavimus erogavimus, damus donamus et virtute presencium matura deliberacione previa erogamus per te et tuos heredes masculos duntaxat, ut predicitur, justo feudali seu omagiali titulo tenendum habendum possidendum pariter et fruendum. Sic quod nobis tu et tui heredes masculi de bonis predictis more aliorum vasallorum nostrorum obsequiose fidei constanti sollicitudine famulentur. Presencium sub nostro appenso sigillo testimonio literarum. Datum Brune anno domini MCCCLXXXVI sabbato proximo post conversionem sancti Pauli.

(Sommersberg Script. rer. Sil. I. p. 964.)

386.

Markgraf Prokop gibt dem Erhart von Kunstat das Gut Napajedl zum Lehen.
Dt. Kunowitz 1. Februar 1386.

Procopius dei gracia marchio Moravie. Dignum reputamus principum munificenciam hiis, qui se diligentibus serviciis et indefessis ipsorum conspectibus exhibuerunt, gratam et largam se exhibere. Vobis igitur nobili Erhardo de Chunstat, qui vos nobis illustrique nostro fratri lucide ac indefesse vestris promptis exhibuistis serviciis et in posterum estis exhibiturus. vobis vestrisque heredibus sexus masculini dumtaxat oppidum nostrum Napagedl cum municione ad id spectante, silvis, agris, pratis, pascuis, flumine, piscaturis nec non omnibus et singulis utilitatibus, quibuscunque nominibus cognoscantur et omni pleno ac mero dominio in feodum dedimus et presentibus ex nostra certa sciencia prout illustris predictus frater noster vobis, sicut ex suis litteris clare patet, dedit, donamus perpetue per vos heredesque vestros sexus masculini, ut est predictum, tenendum possidendum et utifruendum seu et in idem jus vendendum obligandum pro aliis bonis commutandum nec non de ipso seu ipsius pertinenciis pro libitu tue voluntatis disponendum. Ita quod vos vestrique heredes illa servicia, que sunt in sepedicti fratris nostri litteris expressata, dicto nostro fratri ac nobis cum . . . . . . quod deus avertat, ipse deus tollet de medio, heredibusque nostris aut successoribus marchionibus Moravie de dicto oppido ipsiusque pertinenciis debebitis exhibere. Datum Kunowicz anno domini MCCCLXXXVI in vigilia purificacionis sancte Marie virginis gloriose.

(Sommersberg Script. rer. Sil. I. p. 965.)

387.

Jodok, Markgraf von Mähren, als Hauptschuldner, Marquard, Jaroslaus von Sternberg etc.
als Bürgen erklären, dem Juden Jonas aus Jungbunzlau 313 Schock und 22 Prager Groschen
schuldig zu sein. Dt. Prag 8. Februar 1386.

Nos Jodocus dei gracia marchio et dominus Moravie debitor principalis, Marquardus, Jaroslaus de Sternberg, Johannes de Lucow et Philippus de Swoyanow compromissores ipsius tenore presencium nos et heredes nostros super omnia nostra bona mobilia et imobilia recognoscimus coram universis, in trecentis et tredecim sexagenis et viginti duobus grossis bonorum grossorum pragensium denarionem veri causa debiti rite obligari Jone de Juveniboleslavia, uxori ipsius heredibusque eorum pro tunc iudeis pragensibus et qui presentes cum eorum bona habuerit voluntate, sincera fide in solidum, una manu indivisa, sine dolo ipsis promittimus, dictam pecuniam promptis persolvere in grossis super festo beati Michaelis proxime venturo, inde per unum grossum singulis septimanis quamlibet supra sexagenam de predictis nostrum in dampnum crescet usura, quamdiu presens littera in ipsorum iudeorum duraverit potestate. Cum autem dicti iudei habito primo termino tempore quocunque omnibus

44

predictis diucius noluerint carere. sed nos super hiis duxerint monendos, mox ipsis omnia predicta implere spondemus, ad nullam aliam manum quamcunque ipsos iudeos remittendo. Quo non facto protinus die sequenti ipsorum post monicionem tres nostrum fideiussorum quilibet per interpositam personam militaris condicionis idoneam, quivis cum uno famulo et duobus equis obstagium consuetum in maiori civitate Pragensi in domo honesti viri nobis per ipsos deputatum (sic) mms alium non expectans nec alterius per absenciam se quispiam excusans universis dominorum serviciis postergatis mox bona fide omni sine contradiccione promittimus introire. inde nusquam aliquo super iure exituri, quousque ipsis omnia predicta cum universis impensis super nos factis solverimus ex toto. Prestito vel non prestito obstagio lapsis vero diebus continuis quatuordecim a die monicionis computando infra hinc ipsis omnibus predictis nondum plene persolutis. tandem nominatis iudeis eorum propria potestate, aut quocunque dominorum seu communium hominum auxiliante plenam damus presentibus potestatem homines nostros. nostra hereditaria hominumque nostrorum bona ubilibet locorum reperta arestandi et inpignorandi lamdiu, quousque dicti iudei omnibus pro premissis se fateantur satishabere. Et si quis nostrum contra presentes quicquam excogitare poterit, mediante quo ipsis iudeis aliqua instancia poterit oriri, hec omnia sine dolo cassamus ipsam litteram in omnibus iustam approbantes. omnino volendo ut dicti iudei racione huius, si quid horum contigerit, in eorum sorte capitali et usuris nullum prorsus paciantur detrimentum. Eclam in quocunque ex nobis dicti iudei eorum debitum voluerint habere, idem mox ipsis est astrictus ad solvendum tamquam legittimus debitor procul omni strepitu judicii et querela. Amplius quibuscunque monicionibus bonis sive frivolis tacti iudei ob non solucionem fate pecunie nos monuerint, in omnibus eos iustos coram universis publice profitemur. Insuper si quis nostrum contra quodlibet premissorum se opposuerit, aut ipsos seu eorum coadiutores in aliquo verbo vel facto racione prescriptorum molestaverit. hoc ipsum volumus vergi in preiudicium sue fidei ac sigilli appensionis. Harum quibus propria nostra sigilla appendimus testimonio litterarum. Datum Prage proxima feria quinta post festum beate Dorothee anno domini millesimo trecentesimo octoagesimo sexto.

(Orig. Perg. augehängt das Sig. des Markgr., nebst drei Sig. der Sternberge, das des
Philipp von Svojanov abgerissen, in den ständischen Akten des mähr. Landesarchives. —
In dorso mit hebräischer Cursivschrift: Markrava Josta mi mehrin 3 meó th schock
13 schock 22 gró al michil 86 == Markgrafen Josts von Mähren 313 Schock u.
22 Gr. zu Michael 1386.)

388.

Graf Burkhart von Hardeg und Johann von Liechtenstein, Schiedsleute des Herzogs Albrecht
von Österreich, stellen die Bedingung fest, unter welcher der Schiedsspruch zwischen
obgenanntem Herzoge und Ulrich von Boskowitz modificirt werden solle. Dt. Korneuburg
11. Februar 1386.

Wir graf Purkhart purggraf ze Maydwurg und graf ze Hardegg und ich Johans
von Liechtenstain des hochgebornen fuersten herczog Albrecht herczogen ze Oesterreich etc.

hofmaister tuen kunt mit dem brief umb die zuspruech, so der edel her Ulreich von Pozkowicz gehabt hat zu demselben unserm herren dem herczogen von aines angrifs wegen, so Stybur der Pflueg getan hat, da ettleich aus des vorgenanten unsern herren des herczogen land bey sullen gewesen sein, der sie ze bederseit der obgenante unser lieber her der hertzog hinder uns vorgenant spruchlewt seins tails, und der egenante her Ulrich von Pozkowicz hinder den wolgebornen graf Hansen burggraven ze Maydwurg und grafen ze Hardegg und den edeln hern Hansen von Vettaw seins tails zu dem rechten gangen sind. Nu haben wir des erwirdigen herren hern Berchtoldes Bischofs ze freysing von desselben unsers herren des herczogen wegen fuerlegung gehoert, der spricht, das sie umb dieselben sach und zuspruch vormals zu dem rechten gegangen sind hinder des egenanten unsers herren des hertzogen lantherren. Die habent in von derselben zuspruch wegen ledig gesagt und zewcht sich dez noch an dieselben herren, die darueber gesprochen habent. Dawider habent die obgenanten burggraf hans von Maydburg und der von Vettaw von dez von Pozkawicz wegen gered, das dieselben herren nach dunken gesprochen haben und nit daz recht. Davon sprechen wir vorgenante spruchlewt graf Purkhart von Maydwurg und Johans von Liechtenstein zu dem rechten: seyd der obgenant unser lieber herr der herczog sich dez zewcht an dieselben herren die darueber gesprochen habent, das die sach billeich an dieselben herren, was der noch lebentig sind, wider koemen soll. Sprechen die, das sie den vorgenanten unsern herren derselben zuespruch haben ledig gesagt, da sol es bey beleiben. Sprechen awer sie, das sie in nit haben ledig gesagt und nur nach dunken gesprochen, das dann unser vorgenant herr der hertzog noch sein herren soell nider seczen; darczu der von Pozkowicz ouch komen sol. und was die zu den rechten sprechent, das unser egenant herr dem vorgenanten hern Ulrich nach seiner brief lawtt, die er furbringt, und nach unsers herren dez herczogen widerred tuen soll, da sol es ouch bey beleiben. Und dez ze urkund geben wir vorgenante spruchlewt graf Purkhart von Maydburg und Hans von Liechtenstein den Brief versigleten mit unsern aufgedrukten insiglen. Der geben ist ze Kornnewburg des nechsten suntags nach sand Dorothe tag nach Crist gepurd drewtzehenhundert jar und darnach in dem sechs und achczigistem jare.

(Orig. Perg. im k. k. geh. Haus-, Hof- und Staatsarchive, in Abschrift mitgetheilt von Herrn Vicedirektor Ritter von Fiedler.)

389.

Heinrich von Lipa erklärt, dass er den wegen Einbruch und Raub beschuldigten Thomas Stang für unschuldig befunden und als Verweser des Olmützer Bisthums mit den früher von ihm innegehabten Lehen belehnt habe. Dt. 24. Februar 1386. s. l.

Wyer Hincze von der Lippe, obrister marschalk des erluchtyn herren dez kyniges von Pehem, wyer bekennen offintlych in disem briffe, doz wyer santhin[1]) nach Tam Stang,

---

[1]) d. i. sandten.

doz her[1]) zu uns queme keyn[2]) Hoczemplacz. Dez quom er on senthe Mathestag; dez
botin[3]) uns unsere getrewen die purger czu Hoczemplacz, daz wyer Tam Stang mit eyn
vorychten.[4]) Dez santhe wyer unsere getrewen den von Koffung und herren Hannus Keppler
czu Tamme und dy vorhortin Tamme und dirkonten,[5]) doz Tamme czu kurcz geschen was
von den unsern. Do rethe wyer dirczwyschen also, daz wyer eyn schoden werden andern
obslugen und machten eyn rechte vorrychtunge czewyschen en also: daz ys gor vorrycht
worth um alle sache, um alle yproche,[6]) um rop,[7]) um morthbranth, also daz alles tot sol
seyn. Auch worth in der vorychtunge geteydinkt, daz Tamme zune[8]) czu uns solden sayn
komen; dez santhe uns der irluchte fyrste herczog Chuonrad briffe und both uns, daz
wyer ze[9]) ledig lyessen. Daz tote wyer. Do dy vorychtunge geschach, do troth Tamme
Stang vor uns und begeret der len von uns; dez gob wyer ym dy len mit der gewolth,
dy wyer hotten von unsern liben gevatern bischoff Petr czu Olomuncz und auch wor ver
vorweser dez bischtums zu Olomuncz. Do bey sinth gwest dy edlen der von Koffung, her
Hannus Keppler, Jeske Wildinger, Franczke von Glezin. Nocht Crist geburth dreyczen hunderth
jar und yn dem sechstund ocheczigest jar, on senthe Mathestage apostoli. Vorzegelth mith
unserem angetruchten ingezygel.

(Aus den Lebens-Puhonen I. f. 53 im fürsterzb. Archive in Kremsier.)

390.

Johann, Prior der Augustiner in Kromau, kauft einen halben Lahn im Dorfe Doblitz,
welcher, dem Wunsche des Heinrich von Lipa gemäss, nach dem Tode des Johann dem
Kloster zufallen soll. Dt. Krems 2. März 1386.

Nos Henricus de Lipa supremus regni bohemiae marschalcus et Hinczo filius noster
recognoscimus tenore praesentium universis, quod honorabilis et religiosus vir frater Joannes,
ordinis eremitarum sancti Augustini, prior nostrae fundationis in Chrommaw, pro suis propriis
pecuniis comparavit et emit unum medium laneum in villa Dobilicz ab uno cliente dicto
Ostoi jure terre Moraviae. Quem quidem medium laneum ad manus nostras fideles ac
haeredum et successorum nostrorum ad librum terrae intitulavit tali conditione, quod praedictus
frater Joannes, dictus Propstil praedictum laneum cum suis pertinenciis ad tempora vitae
suae tenere, possidere debeat sine impedimento. Post mortem vero ipsius praedictus medius
laneus ad nostram fundationem praedictam in Chrommaw devolvi debebit pro remedio
animae ipsius ac praedecessorum ipsius temporibus perpetuis possidendum; quo circa nos
praedictus Henricus, Hinczo, haeredes et successores nostri eosdem fratres in praedicta
possessione antedicti medii lanei nolumus quovis modo impedire, sed in ea graciosius tueri
et defensare tamquam nostram fundationem perpetue et in aevum absque impedimento. In

---

[1]) d. i. er. — [2]) d. i. gegen, nach. — [3]) d. i. baten. — [4]) d. i. unter einem entscheiden. —
[5]) d. i. erkannten. — [6]) d. i. einbrüche. — [7]) d. i. raub. — [8]) d. i. söhne. — [9]) d. i. sie.

cuius rei evidentiam et robur habiturum harum testimonio litterarum sigilla nostra de certa
nostra scientia presentibus duximus appendenda. Datum Chrems feria sexta ante dominicam
Esto mihi, anno domini millesimo trecentesimo octuagesimo sexto.

(Kopie aus dem 17. Jahrh. im mährischen Landesarchive.)

391.

Markgraf Jodok befiehlt den Burggrafen von Znaim und Frain, die Bewohner von Schattau
vor aller Anfechtung des Dorfes Temnitz zu schützen. Dt. Brünn 11. März 1386.

Jodocus dei gracia marchio et dominus Moravie universis et singulis nostri marchionatus
Moravie incolis, nostris fidelibus et dilectis, notum facimus per presentes. Quod ad vendicionem
ville Tempniz, quam nostri subditi de Schatow ad perpetuam missam ibidem a judeo nostro
Abraham de Znoyma, qui eam ab illis de Jakubow in ducentis marcis grossorum iuste
obtinuit, noscuntur suis pecuniis comparasse, benivole consensum nostrum presentibus impartimur eo, quia ad dictum judeum prefata villa pretextu predictarum marcarum est devoluta.
Ideo vobis in Znoyma et in Wren burggraviis nostris presentibus vel qui pro tempore fueritis
seriose precipimus et mandamus, quatenus dictam villam cum eius pertinenciis universis a
quolibet homine, qui ipsam impediverit, debeatis nunc et in antea perpetuis temporibus
defensare. Presencium sub nostro appenso sigillo testimonio literarum. Datum Brune dominica
Invocavit, anno domini millesimo trecentesimo octogesimo sexto.

(Inserirt in der im Schattauer Gemeindearchive |aufbewahrten Bestättigungsurkunde des
K. Ladislaus, ddt. 15. Juli 1456.)

392.

Der Olmützer Bischof Peter entsetzt den Pfarrer Zdislaus von Tassowitz seiner Pfarre.
Dt. Mirau 13. April 1386.

In nomine domini amen. Pridem venerabilibus et religiosis viris dominis Zacharia
abbate monasterii Lucensis, ordinis Premonstratensis, Olomucensis nostre diocesis, actore ex
una et fratre Sdislao eiusdem monasterii professo, rectore ecclesie et plebano in Tassowicz,
reo partibus ex altera, super nonnullis defectibus, quos dictus dominus abbas ipsi domino
Sdislao asscribebat ac eciam pena privacionis beneficii et ecclesie in Tassowicz predicte,
cui incerto compromisso quo ad dictum dominum Sdislaum in hoc vallato se voluntarie et
sponte, ut asserebat, submisit, coram honorabili viro domino Johanne preposito in Wolframskirchen officiali et in spiritualibus vicario nostro generali in judicio litigantibus, idem dominus
Johannes officialis et vicarius noster ad instanciam dicti domini abbatis prefatum fratrem·
Sdislaum ad dicendum et allegandum causas, si quas haberet racionabiles, quare pro eo,
quod pronunciacioni venerabilis viri domini Wenczeslai, prepositi monasterii in Chunicz
arbitri compromissi predicti, non stetit, penas eiusdem compromissi ipsum incidisse, declarari

non posset nec deberet, per certas suas literas citari fecit et citavit in certum diem et terminum peremptorium competentem. In quo termino procurator procuratorio nomine dicti domini abbatis dictam literam citacionis executam reportans et in judicio representans comparuit et dicti fratris Sdislai nec per se nec alium comparentis contumaciam accusavit petens ipsum per dictum dominum officialem et vicarium nostrum pronunciari et declarari in penas compromissi ipso facto incidisse. ipse itaque vicarius et officialis noster dictum fratrem Sdislaum usque ad horam legittimam et ultra exspectans nec per se nec alium comparentem seu aliquid allegantem reputavit. prout erat. contumacem et in eius contumaciam in judicio pro tribunali sedens pronunciavit et declaravit sepedictum fratrem Sdislaum in penas compromissi ipso facto incidisse; que quidem pronunciacio nulla appellacione suspensa transivit in rem iudicatam. Subsequenter igitur petivit procurator procuratorio nomine domini abbatis predicti, cum inter ceteras penas preexpressi compromissi pena privacionis beneficii ipsius Sdislai specialiter, ut premittitur. contineretur. quatenus idem dominus vicarius et officialis noster ad privacionem beneficii contra dictum fratrem Sdislaum procedere dignaretur. Qui quidem dominus vicarius et officialis noster ad instanciam dicti procuratoris ipsum fratrem Sdislaum ad videndum se privari beneficio et ecclesia sua predicta vel dicendum causam racionabilem, cur hoc fieri non deberet. citari fecit et citavit peremptorie in alium diem et terminum competentem. Quo adveniente et procuratore procuratorio nomine domini abbatis predicti coram ipso domino Johanne vicario et officiali nostro pro tribunali sedente comparente literasque citacionis predicte executas representante et dicti fratris Sdislai non comparentis contumaciam accusante. petivit idem procurator per eundem dominum officialem et vicarium nostrum memoratum fratrem Sdislaum fore et esse privandum suo beneficio et ecclesia in Tasowicz antedicta. pronunciari et ea privari. Dictus itaque vicarius et officialis noster dictum fratrem Sdislaum citatum non comparentem nec termino huiusmodi satisfacientem reputavit, prout erat. contumacem et in eius contumaciam visis et examinatis coram eo actis et productis pronunciavit, decrevit et declaravit sepefatum fratrem Sdislaum beneficio et ecclesia sua in Tassowicz fuisse fore et esse privandum; sentenciam vero privacionis huiusmodi nobis Petro dei gracia episcopo Olomucensi reservavit et remisit. Huiusmodi itaque reservacionis et remissionis virtute prefatus procurator procuratorio nomine domini abbatis predicti coram nobis constitutus cum instancia supplicavit, ut ad predictam privacionis sentenciam procedere eamque ferre et dictum fratrem Sdislaum beneficio suo privari dignaremur. Nos extunc ad prefati procuratoris instanciam fratrem Sdislaum predictum ad videndum et audiendum per nos in huiusmodi causa diffinitivam ferri sentenciam per certas nostras literas citari mandavimus et fecimus ad certum peremptorium terminum competentem, scilicet ad diem et horam inferius annotatas, quas sibi et parti sue ad idem duximus statuendum. Quibus siquidem die et hora advenientibus comparente coram nobis in judicio procuratore procuratorio nomine predictus et dicti fratris Sdislai ex adverso citati, ut premittitur, non comparentis nec in hac causa per nos diffinitivam sentenciam ferri audire curantis contumaciam accusante et in ipsius contumaciam diffinitivam sentenciam pro se et parte sua et contra partem sibi adversam per nos ferri et promulgari instanter postulante: nos Petrus dei et apostolice sedis gracia episcopus Olomucensis prefatus dictum fratrem Sdislaum citatum, ut premittitur, non comparentem. nec huiusmodi diei termino satisfacere curantem reputavimus prout erat merito exigente iusticia contumacem et in ipsius contumaciam visis primitus per nos et diligenter inspectis omnibus et singulis actis, actis actitatis, literis, instrumentis, iuribus et munimentis in huiusmodi causa habitis, factis, exhibitis et productis, eisque cum diligencia debita recensitis ac habita inter nos una cum juris peritis super ipsis matura deliberacione et diligenti per ea, que vidimus et cognovimus nostram in huiusmodi causa diffinitivam sentenciam in scriptis tulimus et promulgavimus ac presentibus ferimus et promulgamus in hunc modum Christi nomine invocato, pro tribunali sedentes et habentes pre oculis solum deum, de dominorum assessorum nostrorum et aliorum juris peritorum consilio per hanc nostram diffinitivam sentenciam, quam ferimus in hiis scriptis, pronunciamus, decernimus et declaramus Sdyslaum. rectorem sive plebanum ecclesie in Tassowicz ipsa ecclesia in Tassowicz ac eius rectura et plebania fuisse, fore et esse privandum et auctoritate ordinaria privamus, ipsumque ab ipsis fuisse. fore et esse deponendum et amovendum ac deponimus et ammovemus, alias penas pro suis excessibus, a iure sibi inflictas et infligendas, nostro judicio et abbatis sui inposterum reservantes. Lecta et lata est hec sentencia in castro nostro Meraw, anno domini millesimo trecentesimo octuagesimo sexto, feria sexta proxima ante dominicam „Domine ne longe." In quorum omnium et singulorum testimonium sigillum nostrum presentibus duximus appendendum.

(Orig. Perg. Sig. fehlt, in den Akten des Klosters Bruck im Landesarchive.)

393.

Maria und Elisabeth, Königinnen von Ungarn, erwählen den König Wenzel von Böhmen
als Schiedsrichter in ihren Zerwürfnissen mit Sigismund Markgrafen von Brandenburg und
Jodok und Prokop Markgrafen von Mähren. Dt. Raab 1: Mai 1386.

Nos Maria. et Elizabeth dei gracia ´regine Ungarie Dalmacie Croacie etc. notum facimus universis presentes litteras inspecturis. Quod de sinceritate amoris, fidei et legalitatis ac justicie serenissimi ac invictissimi principis domini Wenceslai Romanorum et Boemie regis, fratris nostri carissimi indubie confidentes, in ipsum compromisimus et veluti sincerum fidum ac equm arbitratorem, amicabilem compositorem et diffinitorem deliberate bona fide, sine fraude et dolo, in virtute iuramenti prestiti compromittimus ex certis nostris scienciis per presentes de et super universis et singulis displicenciis gwerris litibus discordis et controversiis, pro parte nostra, prelatorum, baronum et singulorum incolarum regnorum nostrorum ac nobis adherencium, prout fraternali disposicioni et ordinacioni sue recepit, ab una, necnon pro parte illustrium principum Sigismundi Brandeburgensis, sacri imperii archicamerarii consortis et filii nostri carissimi, et Jodoci et Procopii Moravie marchionum, fratrum nostrorum dilectorum et eis adherencium, parte ex altera, habitis et subortis usque presens. Promittentes eadem bona fide nostra dicto serenissimo et carissimo fratri nostro domino Wenceslao, Romanorum et Bohemie regi, quod quidquid ipse inter nos utrasque partes predictas, auditis utrobique nostris intencionibus informacionibus articulis et motivis, siguanter super capitulis subscriptis,

summarie. videlicet super relaxacione et dimissione plenaria omnis indignacionis per predictum
conthoralem et lilium nostrum contra quoslibet ecclesiasticos et seculares regnicolas regnorum
nostrorum ac eis adherencium conceptas; item de observandis libertatibus et antiquis consuetudinibus Ungarie et aliorum regnorum nostrorum tam pro ecclesiasticis quam secularibus
personis quibuscunque; item pro sedandis et reformandis gwerris et litibus hactenus in regnis
nostris per ipsos habitis et subortis; item super disposicione roboracione et securitate dotalicii
nostri videlicet Elizabeth regine predicte, necnon bonis et proventibus ad nos spectantibus
universis et super concambio ordinato post mortem divi quondam Ludovici regis Ungarie et
litteris suis ipsius vite tempore nobis datis; item de et super cohabitacione nostra, Marie videlicet et
Sigismundi ac ordinacione status eisudem Sigismundi aut super certa depulacione terrarum pro
eodem domino Sigismundo; item super iterata traducione nostra Marie videlicet predicte et
assignaccione persone nostre dicto carissimo fratri nostro, domino Romanorum regi, quoad
traduccionem thori dicti fratris sui, conthoralis nostri domini Sigismundi et prout premissa capitula
in articulis informacionis nostre prefato fratri nostro carissimo, domino Romanorum et Boemie
regi desuper data plenius sunt expressa, ordinabit dictabit pronunciabit faciet diffiniet et concludet,
quod hoc ipsum volumus debemus et tenemur absque fraude et dolo tenere facere et implere et
inviolabiliter observare. Et nihilominus in omnibus et singulis eidem carissimo fratri nostro
domino Wenceslao Romanorum et Boemie regi tanquam arbitratori amicabili compositori et
diffinitori fide et virtute. quibus supra, deliberate et ex certis nostris sci-enciis dedimus et
damus pro parte nostra et omnium regnicolarum nostrorum et nobis adherencium plenam
expressam et omnimodam potestatem, super capitulis et articulis supradictis et eosdem
corrigendi addendi minuendi declarandi interloquendi et cciam diffiniendi secundum omnem
equitatem ac cciam racionem, prout regio honori suo et nostro sue maiestatis industrie
videbitur utilius honestius atque decencius expedire, ratum gratum firmum stabile et incommutabile permansurum. Promittentes et habere volentes super data bona nostra fide predicta,
quidquid in premissis et eorum aliquo per dictum serenissimum et carissimum fratrem nostrum
dominum Wenceslaum Romanorum et Boemie regem factum declaratum ordinatum et quomodolibet fuerit diffinitum. Prout eciam huiusmodi presens compromissum nostrum, eius executionem
fidelem reverendissimi in Christo patres domini Demetrius Strigoniensis et Valentinus Quinque
ecclesiensis sacrosancte romane ecclesie presbiteri Cardinales, Petrus Waciensis ac Johannes
Chanadiensis ecclesiarum episcopi, necnon nobiles et magnifici viri Stephanus pridem Wajwoda,
Nicolaus Zambo magister thabernicorum regalium, Petrus Zudar pridem banus, Frank filius
quondam Konye bany, Dyetricus Bebeg et Drag Weywoda Marmorosiensis, pro nobis et
una nobiscum teneri et observari inviolabiliter data bona eorum fide in virtute prestiti iuramenti,
dicto carissimo fratri nostro domino Wenceslao Romanorum et Boemie regi corporaliter
promiserunt et personaliter articulatim dederunt. In cuius rei testimonium et evidenciam
pleniorem presentes litteras sigillis nostris pendentibus duximus roborandas. Datum in Jawrino
die prima mensis Maii, anno domini millesimo trecentesimo octuagesimo sexto.

(Orig. Perg. 2. h. Sig im k. k. geh. Haus-, Hof- und Staatsarchive, in Abschrift mitgetheilt von J. Ritter von Fiedler.)

394.

Maria und Elisabeth, Königinnen von Ungarn, erklären, dass sie den Markgrafen Sigmund von Brandenburg weder mit der ungarischen Krone krönen lassen, noch ihre Zustimmung zu seiner Krönung geben werden, ohne die ausdrückliche Einwilligung K. Wenzels von Böhmen. Dt. Raab 2. Mai 1386.

Nos Maria et Elisabeth dei gracia Ungarie Dalmacie Croacie etc. regine notum facimus universis presentes litteras inspecturis. Quod serenissimo principi domino Wenceslao Romanorum regi semper augusto et Boemie regi, fratri nostro carissimo, promisimus et tenore presencium in virtute prestiti juramenti bona fide et absque omni dolo spondemus, quod illustrem principem dominum Sigismundum, marchionem Brandenburgensem sacri imperii archicamerarium, nostrum prefate Marie consortem, corona regni Ungarie non coronabimus, nec coronari quomodolibet consenciemus absque scitu, beneplacito et expressa voluntate prefati fratris nostri Romanorum et Boemie regis memorati. Datum in Jaurino die secunda mensis Maii, anno domini millesimo trecentesimo octuagesimo sexto.

(Orig. Perg. 2. h. Sig., wovon das erste verletzt, im k. k. geh. Haus-, Hof- und Staatsarchive, in Abschrift mitgetheilt von J. Ritter von Fiedler.)

395.

Erhard von Kunstat verkauft der Kirche in Vyšehoř einen jährlichen Zins von 3 Mark in Senitz. Dt. Vyšehoř 8. Mai 1386.

Nos Erhardus de Cunstat dictus de Luczan tenore presencium recognoscimus universis, quod matura deliberacione ac salubri consilio amicorum nostrorum prehabitis discreto viro domino Johanni plebano ecclesie omnium sanctorum in Wyssehorz nec non successoribus suis universis et pro predicta ecclesia omnium sanctorum atque ad manus fideles nobilis domini Smylonis de Cunstat dicti de Lessnycz et discreti viri domini Veliconis, altariste pretacte ecclesie in Wyssehorz, tres marcas grossorum pragensium moravici numeri et pagamenti, videlicet LXIIII^or grossos pro marca qualibet conputando, annui census et perpetui in hereditate nostra et hominibus nostris certis et bene possessis, videlicet in maiori Senicz cum pleno dominio ac universis suis pertinenciis, utilitatibus et communitate ville, nichil nobis et heredibus nostris ibidem juris, proprietatis seu dominii ibidem in posterum reser-vantes, regali berna duntaxat excepta, quam nos Erhardus predictus, heredes seu successores nostri, dum publice in terra proclamata fuerit, de predictis hominibus recipere sine omni impedimento secundum modum et consuetudinem aliorum confinium seu vicinorum ibidem in Senicz recipere debemus et etiam ulterius expedire, pro XXX marcis grossorum pre-dictorum parata in pecunia solutorum juste vendicionis titulo vendidimus ac hereditarie condescendimus perpetue resignantes. Tali tamen condicione subinclusa, videlicet quod nos prefatus Erhardus, heredes seu successores nostri pretactum censum trium marcarum a

45

datis presencium infra trijennium continuum ex speciali gracia et favore prescriptorum emtorum nostrorum reemere possumus et valemus, sine quovis impedimento pro nobis et heredibus nostris et non aliis tantummodo reservando. Quam quidem hereditatem, videlicet trium marcarum census annui et perpetui, nos prefatus Erhardus venditor principalis et una nobiscum et pro nobis compromissores seu fidejussores famosi viri, scilicet strenuus vir dominus Medwydko et Sbynko fratres de Dubezan, Wyssko de Senicz, Libussius et Vincentius fratres de Senicz nec non Dietrzich de predicta villa Senicz promittimus bona et sincera fide sine dolo cuiuslibet fraudis manu coniuncta et indivisa exbrigare et libertare a quolibet homine seculari seu spirituali, christiano sive iudeo et nominatim a dote nobilis domine Margarete consortis prefati Erhardi seu cuiuslibet domine alterius secundum ius et consuetudinem terre Moravie. Si vero prefatum censum infra pretactum terminum pro nobis et heredibus nostris dumtaxat retinendum reemere non possemus quovis modo, extunc promittimus nos omnes predicti fide, qua supra, prelibatum censum trium marcarum predicte ecclesie in Wyssehorz et plebanis eiusdem si et inquantum poterimus et admittemur; si vero non admittemur, tunc illi vel illis, quibus vel cui prefati emtores mandaverint, in primo concilio dominorum terre Moravie ad thabulas terre imponere et inthabulare cum effectu. Si vero premissa vel aliquod premissorum non adimpleverimus, quod absit, seu adimplere non curaverimus, extunc mox unus nostrum etc. [1]) In cuius rei testimonium et robur perpetue valiturum sigilla nostra de certa nostra sciencia presentibus sunt appensa. Datum in Wysschorz anno domini M⁰ CCC⁰ LXXXVI⁰ die sancti Stanislai martyris gloriosi.

(Orig. Perg. 7 h. Sig. im Olm. Kap. Archive.)

396.

Sigmund. Markgraf von Brandenburg, Jodok und Prokop, Markgrafen von Mähren, wählen den König Wenzel von Böhmen als Schiedsrichter in ihrem Stritte mit Maria und Elisabeth, Königinnen von Ungarn. Dt. Im Felde bei Raab 11. Mai 1386.

Nos Sigismundus dei gracia Brandemburgensis sacri Romani imperii archicamerarius, Jodocus et Procopius Moravie marchiones, notumfacimus tenore presencium universis. Quod de sinceritate amoris, fidei, legalitatis ac iusticie serenissimi ac invictissimi principis et domini domini Wenceslai Romanorum regis semper augusti et Boemie regis, domini fratris et patrui nostri carissimi, indubie confidentes, in ipsum compromisimus et veluti sincerum fidum et equm arbitratorem, amicabilem compositorem et diffinitorem, deliberate bona fide, sine fraude et dolo in virtute iuramenti prestiti compromittimus ex certis nostris scienciis per presentes, de et super universis et singulis displicenciis gwerris litibus discordiis et controversiis pro parte nostra et omnium et singulorum nobis adherencium, prout fraternali disposicioni et ordinacioni sue recepit, ab una, necnon serenissimarum dominarum Marie consortis nostri Sigismundi et Elizabeth, matris dilecte, Ungarie Dalmacie Croacie etc.

---

[1]) Folgt die gewöhnliche Einlagerformel.

reginarum, necnon prelatorum baronum ac singulorum incolarum regnorum ipsarum et eis adherencium parte ex altera, habitis et subortis usque presens. Promittentes eadem bona fide nostra dicto serenissimo principi domino et fratri ac patruo nostro carissimo, domino Wenceslao Romanorum et Boemie regi, quod quidquid ipse inter nos utrasque partes predictas auditis utrobique nostris intencionibus informacionibus articulis et motivis, signanter super capitulis subscriptis summarie, videlicet super restitucione et rehabicione domine Marie regine Ungarie, nostre Sigismundi predicti conthoralis carissime; item super status nostri honorifica prout nostra requirit condicio provisione; item super bonis illis, que sunt sita circa metas Austric et Moravie assignacione et illorum bonorum libera et propria possessione; item super nostrorum debitorum universorum, racione gwerre et dissensionis presentis contractorum hincinde plenaria solucione; item super litterarum nostrarum Sigismundi predicti quas illustres marchiones Moravie, patrui nostri carissimi super bonis, que sunt inter flumina Vag et Danubium sita, a nobis obtinere noscuntur, confirmacione; item super certis bonis, que adiutores nostri a nobis obtinent, coroboracione; item super omnium displicenciarum regni Ungarie incolarum, cuiuscunque status vel condicionis extiterint, et omnium aliorum ad regnum Ungarie pertinencium, quas ex eo, quod nobis et nostris adiutoribus adheserunt, se incurrisse formidant, plena et totali relaxacione, et circa bona possessiones et hereditates eorum atque statum pristinum iura et consuetudines regni conservacione, prout hec omnia in articulis prefato serenissimo principi domino fratri et patruo nostro carissimo exhibitis et oblatis capitulatim distincte et specifice sunt expressa, ordinabit dictabit pronunciabit faciet diffiniet et concludet, quod hoc ipsum volumus debemus et tenemur absque fraude et dolo tenere facere adimplere et inviolabiliter observare. Et nihilominus in omnibus et singulis eidem nostro gracioso domino, fratri ac patruo carissimo, domino Wenceslao Romanorum et Boemie regi tanquam arbitratori amicabili compositori ac diffinitori fide et virtute, quibus supra, deliberate et ex certa nostra sciencia, dedimus et damus pro parte nostra et omnium nobis adherencium, plenam expressam et omnimodam potestatem, super capitulis et articulis supradictis et easdem corrigendi addendi minuendi declarandi interloquendi et cciam diffiniendi secundum omnem equitatem et cciam racionem, prout regio honori suo et nostro, sue majestatis industrie videbitur utilius honestius atque decencius expedire, ratum gratum firmum stabile et incommutabile permansurum promittentes et habere volentes sub data bona nostra fide predicta, quidquid in premissis et eorum aliquo per dictum serenissimum principem graciosum nostrum dominum fratrem et patruum carissimum, dominum Wenceslaum Romanorum et Boemie regem, factum declaratum ordinatum et quomodolibet fuerit diffinitum. Presencium sub nostrorum Sigismundi et Jodoci predictorum sigillis testimonio litterarum. Datum in campis prope Jaurinum, anno domini millesimo trecentesimo octuagesimo sexto, die undecima mensis Maii.

(Orig. Perg. 2 h. Sig. im k. k. geh. Haus-, Hof- und Staatsarchive; zwei vidimirte Abschriften dieser Urkunde befinden sich in den Bestätigungslibellen der ständischen Privilegien von den J. 1615 u. 1782 im mähr. Landesarchive. — Abgedruckt ist die Urkunde in Balb. Dec. Lib. 8. Vol. I. p. 177.)

397.

Wenceslaus dei gracia Romanorum rex semper augustus et Boemie rex notumfacimus tenore presencium universis. Quod quemadmodum serenissime principes, domine Maria et Elisabeth mater eius. Ungarie Dalmacie Croacie etc. regine, illustres sorores nostre carissime, super universis et singulis displicenciis discordiis et controversiis pro parte sua, necnon prelatorum baronum et singulorum incolarum regnorum eorumdem ac eis adherencium ab una, necnon illustres Sigismundus Brandemburgensis, sacri imperii archicamerarius, frater et Jodocus et Procopius Moravie marchiones, patrui nostri carissimi, pro se et eis adherentibus parte ex altera usque ad presens habitis et subortis, in nos veluti sincerum, fidum et equum arbitratorem amicabilem compositorem et diffinitorem, bona fide sine fraude et dolo in virtute prestiti iuramenti ex certis ambarum parcium scienciis, compromiserunt, ut in litteris huiusmodi compromissi tam dictarum reginarum, prelatorum et baronum regni Ungarie quam dictorum marchionum, nobis desuper datis, lacius est expressum : sic sub virtute compromissorum huiusmodi sinceritatem amoris mutui inter partes, racionem, equitatem et eciam commune commodum regni Ungarie, necnon tranquillitatem et pacem incolarum eiusdem attencius perpendentes, animo deliberato maturo principum ecclesiasticorum et secularium, baronum nobilium tam nostrorum quam regni Ungarie fidelium comunicato consilio, auditis et visis parcium utrarumque racionabilibus intencionibus, articulis, allegacionibus et motivis, tamquam arbitrator, amicabilis compositor, pronunciator et eciam diffinitor ex certa nostra sciencia, arbitrando pronunciando et diffiniendo dicimus, pronuncciamus et presentibus diffinimus prout sequitur in hec verba. Primo quod omnis indignacio, displicencia sive rancor tam per serenissimas principes dominas Mariam et Elizabeth Ungarie etc. reginas, sorores nostras carissimas, ac prelatos barones et nobiles regni Ungarie et eis adherentes ab una, quam illustres Sigismundum Brandemburgensem sacri imperii archicamerarium fratrem, Jodocum et Procopium Moravie marchiones patruos nostros carissimos, et quosvis eis adherentes, parte ab alia inter et contra quoscumque regnicolas aut quascumque personas ecclesiasticas aut seculares, nobiles ignobiles et plebeios per utramque partem hinc inde hactenus usque presens concepti habiti et facti, plene simpliciter et pure relaxati et remissi sint penitus et ipse partes utrobique amplius inter se mutuo stare vivere et manere debeant pacifice ac tranquille. Et si que littere hac ocasione per regnicolas aut eis hinc inde date sunt, hec ab utraque parte cum effectu restitui debent, et quelibet parcium, que huiusmodi literas recepisse dinoscitur, debet eis renuncciare penitus et ex toto. Item ab utraque parte tum reginarum predictarum quam eciam marchionum ex nunc inantea fieri et attemptari non debet contra libertates, jura et laudabiles consuetudines prelatorum baronum et incolarum regni, sed in hiis manere ac conservari debent, prout observatum est hactenus ab antiquo. Item universa incomoda insolencie atque dampna, que a tempore inicii gwerre presentis in regno Ungarie facta et quomodolibet perpetrata sunt ab utraque parte, remissa sopita et relaxata totaliter esse debent. Item dicta domina Elizabeth regina permanere debet in dote, concambio et aliis proventibus et juribus suis absque impedimento, prout in aliis nostre pronuncciacionis literis lacius est expressum. Item pro sustentacione status dicti fratris nostri Sigismundi dicimus pronuncciamus et diffinimus, quod per dictas sorores nostras dominas reginas Ungarie dari et assignari eidem fratri nostro debet indilate comitatus Eisemburgensis et castrum Trencze cum juribus regalibus et aliis suis juribus et pertinenciis universis. Et insuper eidem dari debet et in eius potestatem realiter assignari sine dilacione in vicinis et proximioribus terris, castris et bonis regni Ungarie penes metas Austric et Moravie tantum de terris, castris, bonis atque proventibus cum regiis et aliis juribus quantum olim felicis memorie Stephanus dictus Ur, frater quondam pie memorie Ludovici regis Ungarie pro sustentacione status sui tenuit, habuit et possedit. Et quidquid plus eidem fratri nostro dandum et assignandum erit, id nostre ulterioris pronuncciacionis arbitrio reservamus. Item super articulo traduccionis dicte sororis nostre domine Marie dicimus pronuncciamus et cciam declaramus, quod dictus frater noster Sigismundus liberam et plenam potestatem habere debet, ipsam dominam Mariam reginam Ungarie consorthem et conthoralem suam carissimam ubique in regno Ungarie traducere habere et cum ea vivere et morari, prout decet maritum cum reginali consorte sua stare vivere et morari. Item debita per dictum fratrem nostrum occasione gwerre presentis rite contracta persolvi debent de bonis regni Ungarie per reginam Ungarie consortem suam, presertim cum idem frater noster huiusmodi debita non voluntarie, sed coactus dinoscitur contraxisse. Item de et super terris et carum pertinenciis, quas dictus patruus noster Jodocus marchio Moravie in regno Ungarie inter flumina Danubii et Wag acquivisit, dicimus pronuncciamus et cciam diffinimus, quod dicta domina Maria de bonis regalibus regni Ungarie dicto Jodoco marchioni Moravie vel eius certis nuncciis, desuper mandatum suum habentibus, dare assignare et persolvere debet in loco videlicet civitate Pozonii, Tyrnavie vel Schintach ubi voluerit ducenta millia florenorum bonorum auri legalis ponderis de Ungaria, infra hinc et festum sancti Martini futuri proxime. Et super eadem solucione idem Jodocus marchio Moravie caucione et assecuracione fideiussoria decenti racionabili et condigna indilate assecurari debet per ydoneos fideiussores, prout videbitur et fuerint oportunum. Et huiusmodi solucione facta plenarie dicte summe ducentorum millium florenorum auri legalis ponderis, extunc idem Jodocus marchio Moravie predictas terras et castra cum eorum pertinenciis dare et tradere debet ad manus dicti fratris nostri Sigismundi, de ipsis ulterius disponendum. Reservamus cciam nobis in premissis et circa quelibet eorumdem declarandi plenam et omnimodam potestatem loco et tempore oportunis. Mandantes iniungentes et precipientes firmiter et districte tenore presencium tamquam arbitrator, amicabilis compositor, pronuncciator et legitimus diffinitor utrisque partibus supradictis sub fide nobis data et in virtute desuper prestiti juramenti, quatenus arbitramentum, amicabilem composicionem, pronuncciacionem, sentenciam et diffinicionem singulorum et omnium premissorum, prout superius specifice sunt expressa, utrobique inconvulse teneant adimpleant et inviolabiliter observent realiter cum effectu, et quod contra ea vel aliquid premissorum non veniant faciant aut veniri vel fieri permittant per quempiam, quovis ingenio vel colore quesitis, eciam fraude et dolo quibuslibet proculmotis. Presencium sub regie nostre maiestatis sigillo testimonio literarum. Datum in campis prope Jaurinum, anno domini millesimo trecentesimo octuagesimo sexto, quarto idus Maii regnorum nostrorum anno Boemie vicesimo tercio, Romanorum vero decimo.

(Auf der Plicatur: Ad mandatum domini regis Hanka Lubucensis prepositus, cancellarius. — In dorso: R. Franciscus de Gewicz. — Orig. Perg. häng. wohl erhaltenes Sig. mit Gegensigel in den ständischen Akten des mähr. Landesarchives. — Abgedruckt in Pelzl's K. Wenzel IV. Urkundeb. I. p. 70.)

398.

Jodok, Markgraf von Mähren, befreit die Bewohner von Nebotein, Tasal und Nimlau, von allen Abgaben, ausgenommen den St. Wenceslai- und Georgii-Zins. Dt. Brünn 5. Juni 1386.

Nos Jodocus dei gracia marchio et dominus Moravie notumfacimus tenore presencium universis, quod propter statum meliorem nostre civitatis Olomucensis et eius uberiorem profectum deliberavimus decrevimus constituimus et virtute presencium deliberamus decernimus et eciam ordinamus, quod omnes incole seu rustici villarum inferius annotatarum ut puta Newetyn magnum . . Dezal . . Nymlaus et illi pariter homines, qui sunt in agris civitatis predicte sub censibus constituti nullas penitus ampliores exacciones et dacias per annum integrum solvere debeant, nisi duntaxat quidquid eos pro binis ipsius anni videlicet sanctorum Wenczeslai et Jeorgii terminis ex deputacione losunge, quam ipsi consules et jurati Olomucenses ipsis pro dictis terminis indicerent, prout videretur deliberacioni eorum iuxta qualitatem illorum temporum convenire. Ab aliis autem tributis daciis donacionibus eosdem homines animo deliberato ac de certa nostra sciencia volumus esse penitus liberos et solutos. Mandamus igitur universis nostris officialibus et sub obtentu nostre gracie precipimus seriose, quatenus dictos homines predictarum villarum circa constitucionem nostram iam dictam debeatis absque impedimento quolibet rite et racionabiliter nunc et inantea perpetuis temporibus conservare. Presencium sub nostro appenso sigillo testimonio literarum. Datum Brunne feria tercia infra octavas Ascensionis domini. Anno domini millesimo trecentesimo octogesimo sexto.

(Orig. Perg. h. Sig. im Olmützer Stadtarchive. Auf der Plicatur: Per dominum Jesconem dictum Puska Andreas notarius.)

399.

Heinrich von Lipá und dessen Sohn erklären, dass ihnen der Hof und die Veste in Nezamyslitz, welche das Landskroner Kloster gekauft hatte, zur getreuen Hand in die Landtafel gelegt wurde, und versprechen, dass dem Kloster dadurch kein Schaden erwachsen solle. Dt. 5. Juni 1386. s. l.

Nos Henricus de Lypa et Hinczo natus eius ibidem recognoscimus tenore presencium universis, quod honorabiles et religiosi viri Heinricus prepositus totusque conventus monasterii canonicorum regularium in Lanczkrona ordinis sancti augustini, Luthomislensis diocesis quinque marcas reddituum cum curia allodiali et municione in eadem sita in villa Nezamislicz cum agris cciam cultis et incultis, pascuis, pratis ac silvis a Peskone dicto Puklice cum omni iure et dominio, prout ipse possedit legittime ac tennuit, pro pecunia per altissimum ipsis provisa, monasterio dicto comparatas nobis ad fideles manus intabulaverunt. Ea condicione et pacto, ut quam primum prefati domini per se vel quemvis alium illustrissimi principis ac domini Jodoci seu alterius pro tempore marchionis Moravie ad intabulandum ipsis predicta bona consensum adipisci poterunt, extunc nos eadem bona nobis extabulare et ipsis ritu ac modo terrestri intabulare quavis prorogacione seposita debeamus. Sic tamen, ut pendente intabulacionis difficultate memorati domini premissorum bonorum census et fructus reliquos generaliter sumptos colligere et in proprios usus redigere debeant nostre per tabulas possessionis titulo non obstante. Nos igitur, qui supra, Henricus et Hinczo cum omnibus cciam heredibus nostris exigente fidelitatis virtute, qua semper nostris a progenitoribus instituti dinoscimur et presertim intuitu credulitatis et confidencie sepedictorum dominorum, qua nos et posteros nostros in decus nostrum pariter et honorem pre ceteris non dubitarunt respicere, promittimus una manu in solidum et indivise, quovis dolo et omni fraude proculmotis, prenotata bona memorato Lanczkronensi monasterio et honorabilibus religiosisque viris ipsius monasterii, qui fuerint pro tempore, thabulis terre moravice imponere, nobis ea extabulantes, prout in premissis lucidius expressatur. Si vero, quod absit, tanta dilacione consensus domini marchionis Moravie pro tempore dictis dominis . . preposito, conventui et monasterio denegaretur, quod utilitas ipsorum in hoc videretur impediri, et ipsi eadem bona alicui vendere vellent, pecunias quas pro eis solverunt recuperaturi: nos eadem et eisdem presentibus promittimus bona fide in ipsis bonis velud in alienis nobis aut heredibus nostris jus nullum penitus reservantes. In premissorum autem omnium robur firmius et munimentum sigilla nostra presentibus sunt appensa. Sub anno domini millesimo trecentesimo octuagesimo sexto, feria tercia in die sancti Bonifacii martiris gloriosi.

(Orig. Perg. 2. h. Sig. in den Akten des Olmützer August. Klosters im Landesarchive. — In dorso die gleichzeitige Bemerkung: Super curia Puclycz iu Nezameslicz, que pro forma alteri intabulata fuit ad fideles manus.)

400.

Jodok, Markgraf von Mähren, verleiht der Stadt Prerau das freie Testirungs- und Vererbungsrecht. Dt. Brünn 7. Juni 1386.

Jodocus dei gracia marchio et dominus Moravie notumfacimus tenore presencium universis. Quod cupientes sinceris affectibus civium et subditorum nostrorum in Przerowia tam intra municionem quam extra profectum et comodum nostra benigna magnificencia feliciter ampliare, ut sub nostro dominio fideles nostri et subditi temporalium incremento multiplici libertate nostra prosperis successibus augeantur, ipsis et eorum heredibus posteris et successoribus tam intra municionem quam extra, sicut premittitur, animo deliberato ac de certa nostra sciencia jura civilia concessimus donavimus et erogavimus et virtute presencium erogamus concedimus et donamus. Sic quod ipsi quemadmodum alii civis nostri in Bruna vel in Olomuncz bona eorum mobilia et immobilia in vita vel in extremis nunc et inantea perpetuis temporibus possint cuicunque voluerint donare depulare et lestari. Ac cciam in casu, ubi sine testacione ipsos decedere contigerit, quod bona predictorum predicta ad eorum proximiores amicos et consanquineos absque impedimento nostro et nostrorum officialium quolibet liberaliter devolvantur. Decernimus cciam et de singularis benignitatis gracia nostra ipsis civibus nostris et subditis concedimus et favemus, ut silve nostre videlicet Thmen, Chmelisteze, Ostrowj et Zebrackj cum earum pascuis et pertinenciis universis in usus communitatis eorum, salvis tamen nostris de humulo censibus, deriventur. Presencium sub nostro appenso sigillo testimonio literarum. Datum Brunne feria quinta proxima ante festum pentecostes, anno domini millesimo tricentesimo octagesimo sexto.

(Aus der Bestätigungsurkunde K. Albrechts vom J. 1439: Orig. im Archive der Stadt Prerau.)

401.

Prokop, Markgraf von Mähren, erkennt die 280 Mark Groschen, welche Peter von Sternberg von dem Brünner Juden Mendlin im J. 1384 erhielt, als seine Schuld an. Dt. Brünn 7. Juni 1386.

Nos Procopius dei gracia marchio Moravie notum facimus tenore presencium universis. illas ducentas octuaginta marcas grossorum, quas nobilis Petrus de Sternberg a provido Mendlino judeo Bruncnsi anno domini millesimo trecentesimo octuagesimo quarto die sancte Margarethe, super quibus a festo predicto sancte Margarethe proxime preterito super qualibet marcarum singulis septimanis unus grossus crescit pro usura, recepit, se debitorem principalem constituendo esse nostrum debitum et non alterius, presentibus promittendo prefato Petro heredibusque suis bona fide et sine omni dolo a dicto debito unacum dampnis, si que super ipsas accreverint, absque ipsius omni dampno exbrigare contradiccione quacunque non obstante. Datum Brunne anno domini millesimo trecentesimo octuagesimo sexto, in octava ascencionis domini, sub appenso nostro sigillo majori testimonio literarum.

(Orig. Perg. h. Sig. im Archive zu Wittingau.)

402.

Der Stadtrath von Brünn bittet den Markgrafen Jodok, dass die Vorstädte dem Stadtgerichte unterstehen sollen. Dt. 10. Juni 1386.

Serenissime princeps. Et quia ipsi suburbani nunc sub felici regimine vestro a dicto privilegio et indulto nituntur recedere eo, quod quasi in singulis plateis seu vicis domini ipsorum suburbanorum judices statuunt speciales et sepe ac sepius una cum juratis eorum tamquam homines rudes et inexperiti in quibuscunque causis erroneas sentencias juri communi ac civili Brunnensi contrarias proferant et dicant in malignam verecundiam et contemptum vestre civitatis Brunnensis et ex ipsorum ruditate et errore piures pauperes homines opprimuntur, dampnificantur et a justicia talium suburbanorum sine jure inconsolati recedunt, ex quo plura scandala oriuntur, verum serenissime princeps ad reformandum, tollendum et preveniendum talem abusionem, iniuriam et verecundiam dicte civitati vestre Brunnensi privilegium et indultum promissum auctoritate vestra ratificare, approbare et confirmare dignemini ac de novo statuere et concedere, ut in omnibus bonis quorumcunque hominum clericorum vel laicorum in suburbiis dicte civitatis vestre Brunnensis et ipsi civitati annexis quod nullus judex vel juratus ibidem debeat vel audeat judicare, sentenciare vel diffinire qualemcunque causam vel causas civiles, reales, personales vel criminales eciam si pleccionem capitis respiciant de consuetudine vel de jure, decernentes irritum et inane, si a quocunque secus fuerit attemptatum sub pena perdicionis, si que coram ipsis incepta vel tractata fuerit et sub amissione omnium bonorum suorum, que vestro fisco decernatis applicari. Et mandet gracia vestra juratis civibus Brunnensibus, ut hoc statutum vestrum firmiter teneant et observent prout indignacionem vestram diligunt omittere. Item quod nulla taberna tam vini quam cerevisie et quod nulli sint artifices extra muros civitatis, nisi qui sunt privilegiati ab antiquo.

Resolutum fuit protunc per dominum nostrum predictum, quod ante omnia privilegia antiqua deberent servari et quecunque antiquiores litere, ille precedere debent.

(Aus dem Codex n. 34 fol. 40 im Brünner Stadtarchive. — Das Datum ist in der Überschrift dieser Eintragung enthalten: Sequatur privilegium Otakari, quando supplicatum est domino nostro Jodoco sub anno LXXXVI in festo penthecostes.)

403.

Zdeněk von Sternberg gibt Zeugenschaft über ein Urtheil, welches das mähr. Landrecht zwischen Sezema von Ústí und den Brüdern von Radhostowitz fällte.
Dt. Brünn 18. August 1386.

Já Zdeněk z Šternberka, řečený z Lukova, vyznávám tiemto listem všem, ktož jej uzřie nebo slyšeti budú: že urozený Sezema z Ústie s jedné strany, a Jindřich a Václav bratřie z Radhostovic s druhé strany měli sú při mezi suobú o to zbožie Hobzie a o ten list, ježto jej ti bratřie jmají ot Sazemy dřieve řečeného. A s tú jistú při byli sú mocně přišli před vysokorozené kniežě pana Jošta markrabí Moravského i podvolili sú sě mocně suobú stranú. Tu pak dále markrabě Jošt podal toho na panský nález pánóv Moravských. A ti jistí páni slyševše při tu, to jest list těch bratří i odpověd proti tomu Sezeminu z Ústie, jenž sě léty bránil: ale ti jistí bratřie ukázali přede pány, že sú upomanuli, nepropustivše let. Tu sú páni nalezli, aby Sezema z Ústie to zbožie Hobzie i to což k tomu přislušie, otvadil inhed ot židóv: a k tomu sú přistúpili suobú stranú před markrabí i před

46

pány. Ale po tom nálezu Sezema z Ústie byl prosil markrabie, aby žida nedal zvésti na
to zbožie až do svatého Havla a chtě v tom času otvaditi. A toho sě já pamatuji a tento
list dávám na svědomie toho pravého nálezu, jakož sě jest dálo před markrabí i před pány,
jež sú těm bratří podlé jich pravdy tu při přisúdili a Sazemě otsúdili. Dán jest list tento
v Brně tu sobotu mezi ochtaby svaté královny veliké, anno domini etc. LXXX⁰ sexto.

(Pečeť přitištěna. Palacký Archiv Český I. p. 138.)

401.

Der Prager Bischof Johann publicirt ein Synodalstatut gegen die Schädiger von
Kirchengütern. Dt. Prag 18. October 1386.

Johannes dei gratia sancte Pragensis ecclesie archiepiscopus, apostolice sedis
legatus universis prelatis presidentibus et clericis ac laicis utriusque sexus ordinario nobis
jure subiectis salutem in domino et pro reformacione status ecclesiastici presentibus cum
execucione debita fidem dare. Cura officii pastoralis nos viget, ut novis supervenientibus
morbis nova debeamus anthidotha preparare. Sane licet dudum in nostris provincialibus
statutis „de ma. et obc." item „cum aliquis" legitime sit statutum, ut tum aliquis nobilis,
justiciarius sive laicus quicunque depredatus fuerit alicuius ecclesie bona cappellani castrorum,
rectores et plebani locorum, in quibus preda servatur, quam primum hoc scierint, eciam
non expectato super hoc alio superioris sui mandato a celebracione abstineant divinorum
sub pena excommunicacionis, quam non tenentes statutum huiusmodi incidunt ipso facto;
quia tamen laici et invasores predicti diversis quesitis coloribus et mendaciis preconum
exquisita fraudulenter ingenia sub forma justiciarie potestatis se excusare nituntur dictumque
statutum efficitur ludibris et crimina contra voluntatem publicam remanent impunita; cum
tamen ex privilegiis dominorum imperatorum, regum et principum propter personarum
delictum bona ipsa obnoxia non existunt: nos igitur huic morbo et hiis fraudibus salubri
cupientes obviare remedio nostri capituli et aliorum sapientum communicato consilio hac
sinodali constitucione predictum statutum quoad personas malefactores dantes ad predam
consilium, auxilium vel favorem penaliter duximus extendendum. Statuimus itaque, ut
quicunque bona ecclesiastica, quorum nomine bona mobilia et immobilia eciam rusticorum
nec non censualium, in quibuscunque rebus consistant, intelligi volumus, eciam sub pretextu
justiciarie potestatis invaserit, occupando abegerit, receperit et receptaverit, simili pene subiaciat
ipso facto, ita eciam ut in ipsum vel in ipsos depredatores, invasores et occupatores excommunicacionis sentenciam in dei nomine ferimus in hiis scriptis. Mandantes omnibus presidentibus
supradictis et eorum locatenentibus, ut ad requisicionem spoliati et injuriam passi, postquam
de hoc coram eis per duos testes docentur vel alias per evidenciam facti aliquos tales
esse constiterit, extunc ipsos spoliatores, invasores et occupatores in suis ecclesiis taliter
excommunicatos publice nuncient et nunciari procurent et nichilominus ad quascunque
parochias devenerint et in quibus morantur, similiter cessetur realiter a divinis tamdiu,

doncc a nobis aliud receperint in commissis, nos eum absoluturum, talium et discussionem depredacionum huiusmodi nobis duntaxat specialiter reservamus. Datum Prage anno domini M⁰ CCCLXXXVI⁰ die XVIII mensis octobris.

(Orig. Perg. h. Sig. im Olm. Kap. Archive.)

405.

Pabst Urban VI. ertheilt den Äbten des Klosters Bruck das Recht der Pontificalien.
Dt. Genua 11. November 1386.

Urbanus episcopus servus servorum dei dilectis filius Zacharie abbati et conventui monasterii Lucensis, Premonstratensis ordinis, Olomucensis diocesis salutem et apostolicam benediccionem. Exposcit vestre devocionis sinceritas et religionis promeretur honestas, ut tam vos, quos speciali dileccione prosequimur, quam monasterium vestrum dignis honoribus attollamus. Hinc est, quod nos vestris in hac parte supplicacionibus inclinati, ut tu fili Zacharia et successores tui abbates dicti monasterii, qui pro tempore fuerint, mitra, anulo et aliis pontificalibus insigniis libere possitis uti, necnon quod in dicto monasterio et prioratibus eidem monasterio subiectis ac parochialibus et aliis ecclesiis ad vos communiter vel divisum pertinentibus, quamvis vobis pleno iure non subsint, benediccionem solennem post missarum, vesperorum et matutinarum solemnia, dummodo in benediccione huiusmodi aliquis antistes vel apostolice sedis legatus presens non fuerit, elargiri possitis, felicis recordacionis Alexandri pape IV. predecessoris nostri, que incipit: „abbates“ et aliis quibuscunque constitucionibus apostolicis in contrarium editis nequaquam obstantibus, vobis et eisdem successoribus auctoritate apostolica de speciali gracia tenore presencium indulgemus. Nulli ergo omnio hominum liceat hanc paginam nostre concessionis infringere vel ei ausu temerario contraire. Si quis autem hoc attemptare presumpserit, indignacionem omnipotentis dei et beatorum Petri et Pauli apostolorum eius se noverit incursurum. Datum Janue III. idus Novembris, pontificatus nostri anno nono.

(Orig. Perg. an gelben und rothen Seidenfäden h. Bleibulle in den Akten des Kl. Bruck im Landesarchive.)

406.

Pabst Urban VI. beauftragt den Abt zu den Schotten in Wien, dass er das Statut der Olmützer Kirche bestätige, vermöge welchem die Kremsierer Probstei nur einem Olm. Kanonikus verliehen werden solle. Dt. Genua 13. November 1386.

Urbanus episcopus servus servorum dei dilecto filio . . abbati monasterii Scotorum in Wyenna Pataviensis diocesis salutem et apostolicam benediccionem. Humilibus et honestis supplicum votis libenter annuimus illaque prosequimur favoribus oportunis. Exhibita siquidem

46*

nobis nuper pro parte dilectorum filiorum . . decani et capituli ecclesie Olomucensis pelicio continebat, quod dudum propter exiguitatem reddituum et proventuum canonicatuum et prebendarum eiusdem ecclesie, qui in redditibus et proventibus modicum abundant, auctoritate ordinaria extitit statutum et eciam ordinatum, quod archidiaconatus eiusdem et prepositura sancti Mauricii in Cremsir, Olomucensis diocesis, que dignitates curate necnon scolastria et custodia predicte Olomucensis ecclesiarum, que officia in eadem Olomucensi ecclesia existunt, de celero non possent nec deberent conferri vel assignari aliis, quam canonicis ecclesie predicte Olomucensis prebendas obtinentibus in eadem, prout in predictis statuto et ordinacione dicitur plenius contineri. Quare pro parte dictorum decani et capituli nobis fuit humiliter supplicatum, ut statuto et ordinacioni predictis robur apostolici muniminis adicere de speciali gracia dignaremur. Nos igitur huiusmodi supplicacionibus eciam consideracione carissimi in Christo filii Wenceslai Romanorum et Boemie regis illustris super hoc nobis humiliter supplicantis inclinati discrecioni tue per apostolica scripta committimus et mandamus, quatinus statutum et ordinacionem predicta apostolica auctoritate confirmes. Datum Janue idibus Novembris pontificatus nostri anno nono.

(Aus der Orig. Bestättigung des Schottenabtes Donald in Wien dto. 21. Mai 1392 im Archive des Metropol. Kapitel iu Olmütz.)

407.

Pabst Urban VI. befiehlt dem Abte der Schotten in Wien, er möge die älteren Olmützer Synodalstatuten bezüglich der Kirchenräuber im Namen des apostol. Stuhles bestättigen. Dt. Genua 13. November 1386.

Urbanus episcopus servus servorum dei dilecto filio . . abbati monasterio Scotorum in Wyenna Pataviensis diocesis salutem et apostolicam benediccionem. Justis et honestis supplicum votis libenter annuimus illaque prosequimur favoribus oportunis. Exhibita siquidem nobis nuper pro parte dilectorum filiorum . . decani et capituli ecclesie Olomucensis peticio continebat, quod dudum in provincialibus Maguntinis, cum tunc de provincia Maguntina dicta ecclesia Olomucensis esset, et in Olomucensibus synodalibus conciliis statutum fuerit et etiam ordinatum, quod quandocunque personas ecclesiasticas civitatum et diocesis dicte provincie ac etiam civitatis et diocesis Olomucensis spoliari bonis suis seu captivari contingeret, rectores et curati locorum, ad que persone sic captivate seu bona predicta sic ablata deducerentur vel spoliatores et sacrilegi declinarent, aliquo mandato superioris sui minime expectato cessarent a divinis, quandiu dicti spoliatores et sacrilegi ibidem moram traherent et donec predicta bona personis ecclesiasticis spoliatis essent integraliter restituta, prout in dictis statutis et ordinacionibus dicitur lacius contineri. Quare pro parte dictorum decani et capituli nobis fuit humiliter supplicatum, ut statuto et ordinacioni predictis robur apostolici muniminis adicere de speciali gracia dignaremur. Nos igitur huiusmodi supplicantibus etiam consideracione carissimi in Christo filii nostri Wenceslai Romanorum et Boemie regis illustris super hoc nobis humiliter supplicantis inclinati discrecioni tue per apostolica scripta committimus et mandamus, quatinus statutum et ordinacionem predicta, quoad huiusmodi personas ecclesiasticas civitatis et diocesis Olomucensis predictarum duntaxat, apostolica auctoritate confirmes. Datum Janue idibus Novembris pontificatus nostri anno nono.

(Orig. Perg. h. Bleisiegel im Olm. Kap. Archive.)

408.

Johann, Erzbischof von Prag, bestättigt die Übertragung des Patronatsrechtes über den Marienaltar in der Galluskirche in Prag auf Jodok, Markgrafen von Mähren. Dt. Prag 15. December 1386.

Johannes dei gracia sancte Pragensis ecclesie archiepiscopus et apostolice sedis legatus significamus tenore presencium universis. Quod Johannes dictus Fancza Nuremberger, habens juspatronatus altaris sancte Marie in ecclesia sancti Galli, maioris civitatis Pragensis, prout et a multis retroactis temporibus, quocies illud altare vacare contigit, alius idoneus presbiter ad presentacionem ipsius Johannis Fancze fuit legittime absque omni impedimento confirmatus, animo deliberato et spontaneo id ipsum juspatronatus dicti altaris cum plena proprietate super censibus et aliis rebus ad hoc spectantibus donavit libere et cessit illustri principi domino Jodoco marchioni et domino Moravie ac suis successoribus marchionibus eiusdem terre Moravie. Renunccians idem Johannes Fancza omni juri predicti altaris et condescendens dicto domino Jodoco et suis successoribus marchionibus Moravie de eodem jurepatronatus cum suis pertinenciis et presertim cum debita subieccione honorabilis Johannis canonici in Cremsir et pronunc altariste ibidem, ad quam se obligari recognovit, prout cciam solus ipse Fancza tenuit et possedit hucusque pacifice et quiete. Petentes parte ab utraque candem donacionem et cessionem per nos transferri et nostra auctoritate translatam confirmari. Nos igitur predicti altaris per hoc fieri augmentum pensantes, dictam donacionem, cessionem et translacionem altaris supradicti ad preces parcium inclinati ratificamus, laudamus, approbamus et auctoritate nostra confirmamus. Presencium sub appenso nostro sigillo testimonio litterarum. Datum Prage XV* die mensis Decembris, anno domini millesimo trecentesimo octogesimo sexto.

(Orig. Perg. h. wohl erhaltenes Sig. iu den ständischen Akten des mähr. Landesarchives.)

409.

K. Wenzel IV. von Böhmen befiehlt dem Schramm und Frydusch, Bürgern aus Kuttenberg, dass sie den Zins, welchen sie zum Marienaltare in der Galluskirche in Prag zu leisten haben, nur dem Kremsierer Kanonikus Johann entrichten sollen. Dt. Prag 15. December 1386.

Wenceslaus dei gracia Romanorum rex semper Augustus et Boemie rex fidelibus suis dilectis Schramoni et Fridussio civibus in Montibus Cuthnis graciam suam et omne bomm. Fideles dilecti. Quia altare sancte Marie in ecclesia sancti Galli maioris civitatis Pragensis a retroactis temporibus taliter erectum, dotatum et in censibus suis sub debita limitacione perpetuatum existit, ut rector ipsius vivere debeat de eodem, in cuius quidem altaris possessione honorabilis Johannes canonicus ecclesie Cremsiriensis, illustris Jodoci marchionis Moravie principis et patrui nostri carissimi notarius fuit et est pacifica et quieta: idcirco fidelitati vestre seriose precipimus et expresse mandamus omnino volentes, quatenus censum altaris predicti per vos solvi consuetum predicto Johanni et nulli alteri ex nunc in antea expedire ac more solito in deputatis terminis persolvere debeatis. Non permittentes ipsum censum distrahi, imbrigari seu alias per quempiam quomodolibet occupari, cum jus patronatus dicti altaris ad prefatum Jodocum marchionem Moravie patruum nostrum carissimum est translatum et devolutum. In eventum vero, quo adversus prefatum Johannem accio cuiquam competeret hanc coram venerabili . . pragensi archiepiscopo seu ipsius officiali prosequi volumus iusticia mediante. Datum Prage die XV Decembris regnorum nostrorum anno Boemie XXIIII Romanorum vero undecimo.

Auf der Plicatur: Per dominum Johannem Caminensem electum cancellarium Wlachnico de Weytenmule. — Orig. Perg. mit beigedrucktem Sig. in der Boček'schen Sammlung n. 525 im mähr. Landesarchive.)

410.

Wiker, Abt des Kl. Hradisch, verleiht der Pfarre in Killein einen daselbst gelegenen Hof und Teich unter der Bedingung, dass die Pfarrer dem Kloster jährlich 2 Mark Prager Groschen zahlen sollen. Dt. Kloster Hradisch 1386. s. d.

In nomine domini amen. Nos Wykerius dei et sedis apostolice providencia abbas monasterii Gradicensis, ordinis Premonstratensis, prope civitatem Olomucensem tenore presencium recognoscimus universis. Quod nos considerantes laudabilia probitatis et virtutum merita, super quibus apud nos religiosus frater Martinus, rector ecclesie parochialis in Cholina dicte diocesis Olomucensis, professus ordinis et monasterii nostri antedictorum, fide dignorum comendatur testimonio; volentes quoque ipsum fratrem Martinum et ecclesiam suam in Cholina antedictam spiritu caritatis accensi favore prosequi gracioso, attendentes eciam dictum unius apostoli, quod, qui seminat in benediccionibus, eciam metet in benediccione: idcirco curiam nostram unam sitam et situatam ex opposito curie dotis ecclesie in Cholina predicte cum omnibus agris, pascuis, utilitatibus universis, quam quidem curiam et agros eiusdem unacum utilitatibus universis emimus et comparavimus nostris pecuniis propriis nobis dudum a deo collatis. nostrorum eciam amicorum iuvamine ad hoc accedente, a strenuo et famoso viro Herssykone dicto de Crakowcze, ac unam piscinam sitam infra fines et limites curie et agrorum ac ville Cholina predicte, per nobilem virum dominum Bernhardum dictum Hecht de Suczndorff donatam nobis et legatam ac per nos reformatam, memorato fratri Martino rectori et ecclesie in Cholina suisque successoribus, qui pro tempore fuerint, nomine donacionis cum omnibus utilitatibus, redditibus universis dedimus et presentibus donamus ad habendum, tenendum et perpetue possidendum, utifruendum et in usus suos convertendum. Tali tamen condicione, quod idem frater Martinus plebanus dicte ecclesie in Cholina et successores sui, qui pro tempore fuerint, annis singulis et perpetuis de eisdem curia. agris et piscina ac utilitatibus eorundem fratribus nostri conventus Gradicensis ad pytanciam ipsorum duas marchas grossorum denariorum moravici numeri et pagamenti, sexaginta quatuor grossos pro qualibet marcha computando, solvere debebit et tenebitur, seu successores sui tenebuntur et debebunt, unam marcham grossorum eorundem videlicet in sancti Georgii et aliam marcham in sancti Wenceslai festis, se tunc proxime et immediate sequentibus : ipsique fratres conventus monasterii nostri antedicti occasione donacionis huiusmodi duarum marcharum grossorum predictorum singulis quatuor temporibus perpetuis in anno exequias facere debent vigiliis et missa defunctorum in crastino diei pro remedio nostre. successorum nostrorum, amicorum et consanquineorum ac pregenitorum et antecessorum animarum salute decantantes. In casu vero, quod absit, ubi ipse frater Martinus rector ecclesie ipsius in Cholina, qui est aut successores sui, qui pro tempore fuerint, in solvendo huiusmodi census duarum marcharum grossorum predictorum dictis fratribus nostri conventus in aliquo terminorum termino negligens seu negligentes invenirentur seu fuerint, extunc nos Wykerius abbas antedictus successoribus nostris monasterium nostrum Gradicense intrantibus, nostris propinquioribus amicis et in linea consanquineitatis nobis coniunctis, quibuscunque nuncupentur nominibus, tenore presencium damus, concedimus et committimus plenam liberam potestatem. prefatam curiam agrorum per nos, ut premittitur. donatam cum omnibus suis pertinenciis jure directi dominii, quod nobis et successoribus ac amicis nostris reservamus in eadem. a prefato Martino rectore et suis successoribus reperiendi, exigendi et se de eadem intromittendi et bonis eiusdem, ipsamque curiam et bona alia universa de novo legandi, donandi et ad pia loca et vota pro libitu voluntatis convertendi. Ut autem hec nostra donacio pleniorem roboris obtineat firmitatem, ipsam per honorabiles et religiosos fratres Johannem in Lodyenicz, Olomucensis, Lucensis et Mathiam in Owczar Pragensis diocesis ecclesiarum plebanos. Strahoviensis prope Pragam monasteriorum professos, commissarios sancte visitacionis officii a venerabili in Christo patre domino Conrado dei gracia abbate monasterii Strahoviensis predicti, patre abbatum, specialiter deputatos, autorizari, roborari ac ratam et gratam confirmatam habentes. In quorum omnium testimonium presentes literas scribi per Henricum notarium infrascriptum scribi fecimus nostrique sigilli appensione iussimus communiri. Datum et actum in monasterio nostro Gradicensi anno domini millesimo trecentesimo octuagesimo sexto, indiccione nona, hora quasi terciarum. pontificatus sanctissimi in Christo patris et domini nostri domini Urbani divina providencia pape sexti anno octavo. presentibus religiosis viris Michaele capellano domini abbatis antedicti, plebano in Oldrzissaw, Wenceslao plebano ecclesie in Horka Olomucensis diocesis antedicte et aliis multis testibus circa premissa fide dignis vocatis specialiter et rogatis.

Nos quoque Johannes in Lodienicz Olomucensis, monasterii Lucensis, et Mathias in Owczar Strahoviensis monasterii professi, Pragensis diocesis ecclesiarum plebani, commissarii sancte visitacionis officii monasteriorum per dioceses antedictas ordinis Premonstratensis nostri antedicti a venerabili in Christo patre domino domino Conrado dei gracia abbate monasterii Strahoviensis alias montis Syon intra muros civitatis Pragensis sito (sic) patre alibatum, specialiter deputati et habentes speciale mandatum ab eodem nobis datum et literis suis patentibus concessum, auctoritate ipsius patris abbatum et nostra, qua fungimur in hac parte, ipsam donacionem in omnibus suius clausulis et punctis ratificamus, auctorizamus ac ratam et gratam habentes presentibus approbamus et confirmamus. In quorum testimonium et maioris roboris firmitatem sigilla nostra de certa sciencia et unanimi consensu presentibus duximus appendenda.

Et ego Henricus natus quondam Theodrici de Praga clericus Pragensis, publicus auctoritate imperali notarius etc.

411.

Markgraf Jodok und Prokop bestättigen der Markgräfin Agnes, Jodok's Gemahlin, das ihr
vom Markgrafen Johann angewiesene Leibgeding. Dt. Olmütz 1386. s. d.

Nos Jodocus dei gratia etc. Procopius eadem gratia etc. Notum facimus etc., quod cum vivente illustri principe, domino Johanne, quondam marchione Moraviæ, genitore nostro carissimo, illustri principi dominæ Agncti, quam nos prædictus Jodocus nunc habemus in conjugem, nomine dotalitii, quod vulgariter Leipgedinge nuncupatur, castrum Bsencz cum oppido ibidem, castrum Czimburg situatum super . . et munitionem . . cum oppido ibidem, nec non cum omnibus et singulis eorumdem bonorum, castrorum et munitionum pertinenciis, quibuscumque vocentur nominibus, in summa viginti quatuor millibus florenorum vel sex millium marcarum, obligavit pro pignore, sicut per dictum dominum et genitorem nostrum literæ confectæ desuper, quas serenissimi principes, domini nostri, Karolus quondam Romanorum imperator et Wenceslaus nunc Romanorum et Bohemiæ rex, auctoritate regia Bohemiæ confirmarunt, in suis declarant lucidius sententiis, quarum tenor per omnia sequitur in hæc verba. Nos Johannes etc. Ne igitur dotalicii vigor frustretur in aliquo, seu ejus integritas successu temporis violetur, promittimus præsentibus et spondemus per prædictum dotalicium dispositionem (sic) supradicti domini Johannis genitori nostri factum, in omnibus suis sentenciis punctis et clausulis sicut expressatur superius, ratum tenere et gratum; et si aliqua partium ejus esset alienata et vendita et obligata quibuscumque, tam a personis ecclesiasticis quam secularibus cujuscumque gradus sive conditionis fuerint. tempore quo prædicta domina Agnes in sui possessionem dotalicii corporalem prout moris est et consuetudinis, poni deberet, succedente tempore totaliter exbrigare. sic quod domina Agnes nullum in suo debebit habere dotalitio obstaculum vel iustantiam aliqualem; præsentium sub nostris appensis sigillis testimonio literarum Datum Olomucii, anno domini MCCC octuagesimo sexto.

412.

König Sigismund von Ungarn ersucht den Markgrafen Jodok, er möge den Zdenko von Sternberg-Lukow von der Einforderung der Schulden des Königs durch Scheltebriefe abhalten. Dt. 1386. (?)

Illustris princeps, patrue carissime. Quoniam dominus Sdenko de Lukow multis modis nos defamare solet et attemptat et actu jam in huiusmodi se exposuit: quare vestram dileccionem (rogamus), quatenus eundem dominum monere velitis, ut nos atque nostros non moneat eo modo, nobis eo benevolentiam ostensuri singularem.

(Aus dem Cod. MS. n. 3995, fol. 121, in der Vaticanischen Bibliothek, mitgetheilt von Dr. B. Dudik. — Über das wahrscheinliche Jahresdatum vid. Palacký Gesch. Böhm. III. I. p. 40. Anmkg.)

413.

Eröffnungsformel des Olmützer Landrechtes. Nach dem 6. Jänner 1387.

Anno domini millesimo trecentesimo octuagesimo septimo colloquium dominorum post Epiphaniam domini celebratum est, nobili domino Jescone de Sternberg supremo camerario, Unka czudario et Johanne canonico in Cremsir notario, residentibus in officio, presentibus nobilibus infrascriptis: Stiborio de Czimburg camerario Brunnensi, Johanne dicto Pusska de Cunstat, Jarossio de Hwiezdlicz, Proczcone de Buzow, Sulicone de Conicz, Pawlicone de Sowinecz, Stephano de Warthnow et Woccone de Holenstein.

(Gedruckte Olmützer Landtafel, p. 170.)

414.

Eröffnungsformel des Brünner Landrechtes. Nach dem 13. Jänner 1387.

Anno domini millesimo CCCLXXX septimo post octavam Epifanie celebratum est colloquium dominorum, domino Cztiborio de Cimburg camerario supremo, Bohuncone de Trsczienyczie czudario et Johanne canonico in Chremsir notario presidentibus, et nobilibus ac strenuis viris dominis Erhardo de Cunstat, Johanne Puska de Cunstat, Jarosslao de Sternberg, Petro Hecht de Rossicz, Henrico de Jeuspicz et aliis quam pluribus dominis nobilibus terrigenis militibus, clientibus.

(Gedruckte Brünner Landtafel, p. 179.)

47

415.

Notariatsinstrument über ein Synodalstatut, welches der Prager Erzbischof Ernest gegen die Schädiger von Kirchengütern und die Gefangennahme von Clerikern publicirte.
Dt. Olmütz 21. Jänner 1387.

In nomine domini amen. Anno nativitatis eiusdem millesimo trecentesimo octuagesimo septimo indiccione decima, die vicesima prima mensis Januarii hora terciarum vel quasi, pontificatus sanctissimi in Christo patris et domini nostri domini Urbani digna dei providencia pape sexti anno nono, Olomucz in domo habitacionis venerabilis viri domini Johannis de Ghulen vicarii in spiritualibus et officialis curie episcopalis Olomucensis in mei notarii publici infrascripti testiumque presencia subscriptorum constitutus personaliter honorabilis vir dominus magister Jacobus Budwicz, vicarius perpetuus ecclesie Olomucensis, procurator et procuratorio nomine venerabilium virorum dominorum canonicorum et capituli ecclesie Olomucensis predicte, prout de sue procuracionis mandato apud acta consistorii Olomucensis plene constabat, coram venerabili viro domino Johanne vicario et officiali predicto, ipso tunc ad causas audiendum et jura reddendum sedente pro tribunali, petebat instanter, sibi procuratorio nomine predicto copiam quorundam statutorum per reverendissimos patres recolende memorie dominos Arnestum archiepiscopum Pragensem, Johannem et Conradum olim episcopos Olomucenses editorum ex libro statutorum huiusmodi, quem tunc prefatus dominus Johannes vicarius et officialis in suis tenebat manibus, sub manu publica extrahi, transscribi et transsumi. Ad cuius peticionem dominus Johannes vicarius et officialis predictus statuta huiusmodi ex ipso libro statutorum per me notarium subscriptum sub manu publica transsumi, copiari et in formam redigi publici instrumenti mandavit et decrevit, quorum quidem statutorum tenor sequitur in hec verba: „Item cum aliquis nobilis jnsticiarius seu laicus quicunque captivaverit aliquem clericum pro clero se gerentem seu depredatus fuerit alicui ecclesie bona, cappellani castrorum huiusmodi et plebani locorum, in quibus clericus detinetur captivus aut preda servatur, quam primum hoc scierint, non expectato super hoc alio superioris mandato, a celebracione divinorum cessent sub pena excommunicacionis, quam facientem contrarium incidere volumus eo facto. Nullus laicorum clericum quemcunque deferentem coronam et habitum clericalem sine demandacione ecclesiastici judicis captivare presumat; quod si fecerit, excommunicacionis sentenciam incidit ipso facto, a qua eum solus papa absolvere potest et nichilominus in eius obprobrium clericus civitatis, ville, opidi vel castri seu parochie, in quibus captus est seu detinetur captivus, eo ipso, alio non expectato mandato cessacionem faciat a divinis, donec per diozesani providenciam, ad cuius noticiam id perferant sine mora vel aliter libentur, nec aliquis consanquineorum seu amicorum clerici taliter captivati pro ipsius liberacione sub excommunicacionis pena aliquid audeat solvere vel de solvendo ponere caucionem. Ex concilio Aschaufenburgensi statuimus, ut omnes, qui clericos in sacris ordinibus constitutos pro clericis se gerentes, et maxime prelatos et canonicos ecclesie kathedralis ac alias personas constitutas captivas detinere, occidere, mutilare letalibus ac atrocibus vulneribus vulnerare presumpserint, ipso facto sunt excommunicati et non solum in terminis illius archi–

diaconatus, in quo prefatus canonicus, religiosus vel clericus captivatus est, sed cciam in alio archidiaconatu, in quo tales detineri (sic) cessetur a divinis, licet canon provincialis statuti fclicis recordacionis domini Bernbcri alias Bernhardi archiepiscopi Maguntini satis provide sub pena excommunicacionis iam late statuit, ut si quando spolium ecclesiasticorum bonorum factum fuerit vel personam ecclesiasticam captivam ad aliquem locum deduci contigerit, ex tunc sacerdotes hoc scientes non expectato super co superiorum mandato abstinere debeant a divinis. Quia tamen, sicut facti evidentia nos edocuit, nondum plene contra eorumdem spoliatorum temerariam audaciam est provisum, qui contra huiusmodi constitucionem exquisitis fraudibus facere molientur, verum quia tanto maior erit predatorum confusio quanto fuerit ipsorum culpa patencior, volumus ct statuto presenti addicimus, ut ad quemcunque locum deinceps predicti spoliatores seu captivatores talium personarum declinaverint vel eciam ipsum spolium deductum fuerit, quamdiu ibidem ipsi permanserint, eo ipso cessetur a divinis, donec ipsum spolium plene et integre fuerit restitutum aut de ipso alias congrue satisfactum." Ibidem cciam post premissa dominus Johannes vicarius et officialis predictus premissis omnibus et singulis auctoritatem suam ordinariam interposuit et decretum volens ct decernens, quod huiusmodi transscripto, ubi oportunum fuerit, tamquam literis originalibus super hoc editis fides plenaria adhibeatur. In quorum cciam testimonium sigillum officialis curie episcopalis Olomucensis memorate presentibus est appensum. Acta sunt hec anno, indiccione, die, mense, hora, pontificatus, loco quibus supra, presentibus discretis viris domino Paulo plebano ecclesie in Duban inferiori, Clemente de Chremsir, Johanne de Harawin publicis notariis, Johanne dicto Krakowica procuratore consistorii Olomucensis .testibus in premissa.

Et ego Petrus quondam Jacobi de Chremisir . . . . publicus . . . notarius etc.

(Orig. Perg. h. Sig im Olm. Kap. Archive.)

416.

Notiz über den Tod des Olmützer Bischofes Peter. 13. Februar 1387.

(XIII. Februarii.) Anno domini Millesimo Trecentesimo Octuagesimo septimo obiit dominus Petrus buius Olomucensis ecclesie episcopus XXVI., qui prius in Curicnsi et Luthomislensi ecclesiis episcopus et postea in ecclesia archiepiscopali Magdeburgensi archiepiscopus. novissime vero de Magdeburgensi archiepiscopatu translatus ad ecclesiam ct episcopatum Olomucensem. Dedit ecclesie Olomucensi maiorem monstranciam valde preciosam ct decoratam, fundavitque et dotavit in ecclesia altare sanctorum Briccii, Materni et Erasmi ct dedit in anniversario suo sex marcas, que solvuntur de obediencia in Hrubczicz, pro altarista dicti altaris, cui obedienciarius eas dabit. Idem cciam dominus Petrus episcopus emit ad ecclesiam Olomucensem castrum Rzepczicz prope Boleslavicz cum omnibus suis pertinenciis pro tribus millibus marcarum. Et est sepultus in monasterio canonicorum regularium in Lanczkrona. quod cciam fundavit et sufficienter dotavit.

(Aus dem Codex E. I. 40 im Olm. Metr. Kap. Archive.)

417.

Markgraf Jodok verleiht den Bewohnern von Schattau das freie Vererbungsrecht.
Dt. Brünn 25. Februar 1387.

Jodocus dei gracia marchio et dominus Moravie judici et juratis incolis in Schataw totique universitati et communitati inhabitatorum ipsius nostris subjectis fidelibus et dilectis liberalitatis nostre graciam cum favore. Fideles dilecti, quia singulari quadam speciali leticia promocio nostrorum subditorum fidelium nos delectat et in eo grandem gaudiorum materiam nanciscimur, ubi nostri subjecti fideles munificencia nostre gracie in temporalium bonorum augmento prospero impensis nostre liberalitatis beneficiis promoventur, ideo vobis et vestris inantea inperpetuum successoribus presertim, quia vos debite subjeccionis obediencia gratos continue nostro conspectui reddidistis, animo deliberato ac certa nostra sciencia, matura deliberacione previa maturoque nostrorum communicato consilio dedimus, concessimus, donavimus et erogavimus ac virtute presencium donamus, concedimus, damus pariter et largimur, ut omnia bona vestra universa et singula mobilia et immobilia, qualiacumque fuerint, seu in quibuscumque rebus constiterint et qualibuscunque nominibus nuncuperentur, post mortem seu obitum vestrum seu unius ex vobis absque omni requisicione nostra et nostrorum officialium ad proximiorem amicum, qui vobis seu illi defuncto in linea consanquineitatis conjunctus fuerit et vicinior consanquineitate exstiterit, rite et racionabiliter ac integraliter devolvantur. Nam vobis et vestrum cuilibet bona sua in vita et in articulo mortis damus et concedimus legandi, donandi, largiendi et deputandi, cuicunque volueritis omnimodam potestatem. Itaque nostre deliberacionis gracia interveniente predicti nostri fideles dilecti eadem nostra liberalitate et munificencia gaudeant, quemadmodum ceteri nostri fideles in aliis nostris civitatibus per totum marchionatum Moravie nostra donatione previa pociantur. Volumus autem presentis largicionis nostre et gracie donacionem, largicionem et munificenciam firmitatem perpetui roboris obtinere presencium sub nostro appenso sigillo testimonio literarum. Datum Brunne feria secunda proxima post dominicam, qua canitur Invocavit Anno domini Millesimo trecentesimo octogesimo septimo.

(Orig. Perg. h. Sig. im Gemeindearchive zu Schattau. — Auf der Plicatur: Ad relacionem Friderici de Czirchaw Andreas prothonotarius.)

418.

Markgraf Jodok verleiht den Bewohnern von Schattau die Mauthfreiheit in Znaim für eingeführte und ausgeführte Waaren, verbietet, dass die Juden den Schattauern auf Immobilien leihen und verordnet, dass die Schattauer beim Burggrafen in Frain gerichtlich belangt werden. Dt. Brünn 25. Februar 1387.

Jodocus dei gracia marchio et dominus Moravie vobis judici magistro civium, consulibus et juratis civibus in Znoyma nostris fidelibus et dilectis presentibus seriose precipimus et mandamus, quatenus ab omnibus hominibus et incolis seu inhabitatoribus de Sscholaw et specifice de illis bonis et rebus, que ipsi de propria facultate de Sscholaw secum in civitatem Znoymam racione fori duxerint et ibi vendiderint et ab omnibus illis et singulis rebus, quas ipsi ibidem in foro emerint et comparaverint, nullum recipere theoloneum sub intentu nostre gracie penitus debeatis; nam in co prefatis hominibus propter incrementum eorum prosperum nostra voluit deliberacio specialiter providere. Decernimus insuper et virtute presencium instituendo precipimus et mandamus, quatenus nullus judeorum nostrorum dictis de Sscholaw nostris hominibus super bona eorum immobilia debeat decetero penitus mutuare; et hoc idem per vos seriose precipimus ipsis judeis publice intimare. Volumus cciam, ut iam dictos nostros homines quacunque interveniente causa non arrestetis quoquomodo neque ab eis emendas propter excussus *) quoslibet repetatis, sed omnem causam, propter quam debebuntur inculpari per quempiam, ad purgravium qui pro tempore in Fran fuerit, devolvi volumus, qui in ea debebit cognoscere et postulantibus justiciam administrare. Presencium sub appenso nostro sigillo testimonio literarum. Datum Brunne feria secunda post dominicam Invocavit, anno domini millesimo trecentesimo octogesimo septimo.

(Inserirt in der Bestättigungsurkuude des K. Vladislav vom J. 1491, die in einer gleich-
zeitigen Kopie im mähr. Landesarchive vorhanden ist.)

419.

Sulík von Konitz verkauft dem Markg. Jodok das Gut Hrubčitz. Dt. Olmütz 2. April 1387.

Ego Suliko de Konitz notum facio presentibus universis, quod propter grandem necessitatem indigenciarum mearum serenissimo principi domino Jodoco marchioni Moravie, heredibus et successoribus ·suis marchionibus Moravie animo deliberato et voluntate libera, amicorum meorum super eo communicato consilio ac de consensu speciali mee coniugis Clare villam meam Hrubczicz prope Grelicz sitam cum curia allodiali et eius cultura, agris cultis et incultis, vallibus, rubeto, quod vulgariter dicitur Olssye, fructibus, pratis, pascuis, ortis, aquis, aquarum decursibus, fluminibus, rivis, stagnis, paludibus, piscationibus, aucupacionibus, censibus, redditibus, proventibus, usibus, usufructibus, penis, mulctis ac aliis quibuscunque utilitatibus universis, mero et pleno dominio nichil michi ac mcis heredibus ibidem reservans penitus cum omni libertate et jurisdiccione qualibet, sicut solus hactenus illa bona tenui et possedi, nec non cum ceteris pertinenciis, in quibuscunque rebus constiterint seu quibuscunque specialibus nominibus appellentur, metis, gadibus, graniciis, limitibus, circumferenciis, quemadmodum bona huiusmodi ab aliis bonis circumadiacentibus circumferencialiter antiquitus sunt distincta, pro septingentis marcis grossorum denariorum pragensium, quas a prefato principe iam de facto percepi et in usus proprios conversi, hereditario tytulo vendidi, condescendi, resignavi et tradidi et virtute presencium vendo, trado, resigno

---

*) Soll wohl stehen e x c e s s u s.

ac pariter condescendo. renuncians omni juri, juris accioni. impeticioni omnium premissorum bonorum. promittensque ego prefatus Suliko tamquam principalis actor et venditor et cum eo et pro eo nos fideiussores eius et disbrigatores premissorum bonorum. videlicet Smilo de Pernstein. Henricus de Roznow, Jan de Lompnicz, Pawlico de Eulinburg, Stephanus de Wartnaw et Henricus de Newogicz una cum nostris omnibus heredibus, quos nunc habemus et in futuro habebimus. bona fide, una manu coniuncta inseparabiliter et indivisim spondemus ac nostros in eo promisso heredes. ut premittitur, notabiliter obligamus, bona predicta omnia et singula. dum et quociens opus fuerit. seu quociens monebimur. ab omni homine et impeditore ac impetitore quolibet. qui ea bona quacunque racione impediverit ac impetiverit, prout consuetudo est antiquitus observata in terra. auctorisare, libertare, disbrigare et absque omni dampno emptoris predicti seu successorum ipsius absolvere et in jure spirituali, si opus fuerit. contra personam quamlibet protegere et efficaciter liberare, ac tabulis terre, si aperte fuerint. in primo colloquio dominorum proximo in Olomucz imponere cum effectu. Promittimus eciam specialiter nos fideiussores predicti una cum nostris heredibus, prout premittitur. fide nostra bona spondemus. quod in eventu obitus Sulikonis predicti post mortem eius per tres annos continuos prefata bona omnia et singula a quingentis marcis grossorum, quas uxor sua Clara racione dotalicii ibidem habere dinoscitur, eo modo, prout supra distincte premittitur. dum et quociens opus fuerit et quandocunque monebimur, disbrigare. auctorisare et pariter libertare. In casu vero, ubi ex premissis aliquid implere seu facere negleximus. ex tunc statim ex nobis fideiussoribus primum duo etc.*) Datum Olomucz feria tercia proxima post dominicam palmarum anno domini millesimo trecentesimo octuagesimo septimo.

(Orig. Perg. 7 h. S. im Olm. Kap. Archive.)

420.

Ješek. Küchenmeister weiland des Olm. Bischofes Peter, schenkt sein Haus in Müglitz dem Altare der heil. Peter und Paul in der Kirche daselbst. Dt. Müglitz 11. April 1387.

In nomine domini amen. Nos Cunczo de Smola capitaneus tunc in castro Meraw, Bernhardus dictus Hecht de Suzzendorf, Gerhardus et Henslico feodales de Meraw, Anderlinus advocatus de Muglicz, Henslinus Molgentopp protunc magister civium, Henricus Pognar, Henrich Fink, Niczko Ogezar, Hensl Richter, Ruduschius Letbus, Nicz Atlbeith, Nicz Gerlar, Niclas braseator, Hannus Tyerzo jurati cives Muglicenses recognoscimus per presentes universis. Quod cum providus famulus Jesco quondam magister coquine reverendi in Christo patris domini Petri episcopi Olomucensis ad humane nature fragilitatem interne meditacionis oculos convertisset, nichil securitatis in caduco prospiciens plasmate, nisi quod homo quasi flos in mundum egressus de utero subito casu prostratus de medio fugit velut umbra. Habita igitur sufficienti deliberacione sanus corpore et mente diem extremum sui obitus

---

*) Folgt die gewöhnliche Einlagerformel.

bonis operibus cupiens prevenire, ut hiis, que racio in seculo, sagaci conquisivit industria anima corpore exuta in celestibus deliciis perfruatur: voluntate propria et bona amicorumque suorum provido accedente consilio amore divine retribucionis et anime sue ob salutem ad instanciam ac peticiones domini Mathie capellani nobilis domini Hechtonis antedicti in presencia nostri domum illam, que post mortem domini Michaelis altariste sanctorum Petri et Pauli in ecclesia Muglicensi aliquorum suasu et induccione ad manus episcopi prefati devoluta fuit ac sibi Jesconi data, ipse restituit, resignavit et donavit illi altari inperpetuum, nichil sibi juris et proprietatis in ea reservando, nisi quod oracionum et aliarum piarum operacionum sit particeps, que altissimo largiente in domo illa altariste habitantes magis comode et diligencius poterint operari. Eciam ut predicto Jescone mortuo altarista, qui pro tempore fuerit, triginta missas legat in remedium anime eius salutare et sic memoria illius ceteris cum fidelibus babeatur ibi sempiterna. In quorum testimonium et robur perpetue valiturum ad peticiones Jesconis sepefati et domini Mathie altaris illius tunc ministri sigilla nostra presentibus appendimus. Anno domini millesimo trecentesimo octogesimo septimo. Datum et actum in civitate Muglicz proxima feria quinta post pascha. Ibi omnes nos pretacti afuimus quasdam causas vertentes inter dominum Hechtonem et dominum Henricum Laczenbok in termino decidendo.

(Orig. Perg. an Pergam. Streifen h. 4 Sig., das 5. abgerissen, im fürsterzb. Archive in Kremsier.)

421.

Ulrich von Lebnov etc. bekennen, dem Juden Beneš aus Mähr. Neustadt 18 Mark schuldig zu sein. Dt. 12. April 1387. s. l.

Nos Ulricus de Lebnaw, Zachars de Zhebtat et Gyndrzich de Drzewohosczicz recognoscimus et fatemur tenore presencium universis, nos teneri rite et racionabiliter obligari provido Beneschio iudeo Novecivitatis inhabitatori, uxori et heredibus eius in decem et octo marcis grossorum pragensium denariorum moravici numeri et pagamenti, que stare debent absque omni usura usque ad proximum sancti Jacobi apostoli maioris festum. In quo festo si pecuniam huiusmodi non solveremus, extunc unus grossus usure nomine debebitur super quamlibet marcam septimanis singulis et quancunque ipse Beneschius iudeus pecuniis suis carere noluerit aut non poterit ullo modo, statim nos supradicti debitores promittimus virtute presencium in solidum manu coniuncta sine dolo quolibet malo una cum heredibus nostris ac bonis nostris mobilibus et immobilibus universis dictam pecuniam capitalem cum eius usura sibi Beneschio iudeo dare et solvere omni occasione procul mota. Quod si non faceremus, mox unus ex nobis, quicunque monitus fuerit per ipsum iudeum, tenebitur obstagium debitum et consuetum cum uno servo et duobus equis in civitate Uniczow in una domo honesta, quam specifice deputaverit nobis, observare, inde nulla occasione prebabita exituri, donec sibi Beneschio iudeo et heredibus eius pecuniam eorum capitalem cum omnibus usuris desuper accretis solverimus integraliter et ex toto. Damus sibi cciam

presentibus liberam potestatem, homines nostros et eorum bona ubicunque reperta pro non
solucione aut non soluta pignorare, arrestare, occupare usque ad paracionem pecunie sue
et usure integralem. Harum quibus sigilla nostra sunt appensa testimonio literarum. Datum anno
domini millesimo CCCLXXXVII. sexta feria ante dominicam, qua canitur Quasi modo geniti.

(Orig. Perg. 3 h. Sig. im Olm. Stadtarchive.)

122.

*Mainuš von Mlekowitz vermehrt die Dotation des s. Michael- und Wenzelsaltares in
Pustmir um 1½ Mark. Dt. Kremsier 14. April 1387.*

Noverint universi ad quos presentes pervenerint. Quod nos Maynussius pater, Hannusch
plebanus in Quaczicz, Hersso et Wznatha filii ipsius de Mlekowicz considerantes, quod
proventus altaris in honore sanctorum Michahelis et Wenceslai per nostros predecessores
felicis memorie in monasterio Pustmyer erecti et dotati collacionis nostre in tantum sint
exiles et tenues, quod rector eiusdem altaris victualia ex illis nullatenus habere potest:
animo deliberato et amicorum habito consilio ob salutem animarum predecessorum et successorum nostrorum et nostrarum domine Anne et domine Agnezcze uxorum ipsius Maynussii,
domini Johannis dicti Achim olim plebani in Pustmyer, domini Conradi dicti Feur et domine
Anne uxoris ipsius bone memorie, puerorum et heredum nostrorum de novo pie donavimus
alteram dimidiam marcas annui census perpetui in bonis nostris hereditariis in Slawykowicz
prope Russinow, pleno jure et dominio, prout nos ipsi tenuimus hucusque, supradicto altari
et domino Wenceslao legitimo rectori eiusdem. Ipse cciam dominus Wenceslaus altarista de
patrimonio suo et suis propriis pecuniis justo empciones titulo emit apud nos in predictis
nostris bonis Slawykowicz unam marcam annui census similiter pleno jure et dominio pro
decem marcis grossorum pragensium moravici pagamenti et numeri, quas ab eo percepimus
in parata pecunia numeratas. Ipsas quoque terciam dimidiam marcas census in certo homine
nostro scilicet Mertlino, qui tercium dimidium tenet lancos ibidem in Slawykowicz, ci altari
predicto et rectori eiusdem iuste demonstravimus et presentibus resignamus nichil nobis et
heredibus nostris juris et dominii pretextu eiusdem census relinquendo. Tenemur cciam et
bona nostra fide antiqua promittimus antedictum censum prefato altari et domino Wenceslao
rectori eiusdem seu successori, qui fuerit pro tempore, infra tres annos a data computando
presencium intabulare perpetue appropriare et ab impeticione cuiuslibet hominis disbrigare
et libertare nostris propriis sumptibus et fatigis. Si autem ista sine dolo facere non poterimus,
extunc mox post ipsos tres annos tenemur et bona nostra fide promittimus predicto altari,
domino Wenceslao rectori eiusdem seu successori suo legitimo supradictum censum cum
pleno jure et dominio demonstrare in aliis certis bonis equivalentibus et intabulare appropriare
disbrigare et liberare sicut est juris. Condictum tamen est, si aliquis papalis impeteret dictum
dominum Wenceslaum altaristam seu impediret in possessione altaris supradicti aut obtineret
seu occuparet illud quovismodo, extunc mox ei domino Wenceslao altariste nos et pueri

nostri tenebimur restituere et persolvere predictas decem marcas suarum pecuniarum absque omni contradiccione, placitacione iudicii, occasione et dolo infra unum mensem a die monicionis fiende computando. Expressum insuper est, quod dominus Wenceslaus altarista et quilibet successor ipsius tenebitur et debet quolibet anno circa quodlibet festum sancti Wenceslai per se vel per alium successive in eodem altari legere tringinta missas defunctorum pro animabus supradictis; si autem aliquo anno supradictas missas legere neglexerit, tunc octo grossos pauperibus et octo pro fabrica altaris supranotati dare tenebitur. Nos quoque Hersso dictus Smetana et Hanusko de Modrzicz ac Marquardus de Modrzicz fideiussores pro ipsis Maynussio domino Hanussio Herssone et Wznatha predictis et cum ipsis omnes in solidum tenemur et bona nostra fide manu coniuncta indivise promittimus domino Wenceslao altariste predicto et cuilibet suo successori legitimo omnia premissa inviolabiliter observare et adimplere cum effectu. Si autem aliquod premissorum non fecerimus, mox unus ex nobis fidejussoribus, qui per dominum Wenceslaum altaristam sepedictum aut per successorem ipsius legitimum monitus fuerit etc.*) In quorum evidens testimonium sigilla nostra presentibus sunt appensa. Datum Chremsir in conductu pasce, anno domini millesimo trecentesimo octuagesimo septimo.

(Orig. Perg. 7 an Pergam. Streifen h. S. im fürsterzb. Archive in Kremsier.)

423.

Verordnung des Brünner Stadtrathes wegen Einfuhr fremder Weine. Dt. 16. April 1387.

Judex, magister civium etc. sentenciaverunt: quod nullus introducat vinum alienum, nisi portaverit certitudinem, ubi creverit vel emerit. Actum feria III. ante reliquiarum ostensionem. M⁰ CCC⁰ LXXXVII⁰.

(Aus dem Codex 34 fol. 13. im Brünner Stadtarchive.)

424.

17. April 1387.

Pabst Urban VI. beauftragt den Probst von Zděraz, den Probst des Klosters Kanitz und den Dechant der Passauer Kirche, dass sie die dem Břevnover Kloster entrissenen Güter demselben zu revindiciren trachten sollen. Datum Perusii XV kalendas Maji, pontificatus anno X.

(Dohner, Monumenta VI. p. 107.)

---

*) Folgt die gewöhnliche Einlagerformel.

425.

*Markgraf Jodok gestattet, dass Bernhard von Schützendorf 10 Mark jährlichen Zinses
von den Dörfern Rohla und Trestina dem zu gründenden Altare in der Kirche zu
Müglitz widme und beauftragt die Olmützer Cuda, diesen Zins in die Landtafel einzutragen.
Dt. Znaim 18. April 1387.*

Jodocus dei gracia marchio et dominus Moravie notum facimus tenore presencium
universis. Quod pensatis multe probitatis meritis et approbate fidelitatis constanciâ, quibus
strenuus Bernhardus de Schuczendorff fidelis dilectus nobis complacuit et presertim receptis
suis precibus in tanto affectu, quem idem pro divini cultus fervide gerit augmento, animo
deliberato non improvide sed de certa nostra sciencia graciam dicto Bernhardo fecimus et
tenore presencium facimus huiusmodi specialem, ut pro altari, quod in ecclesia in Muglicz
pro salute suorum predecessorum et sua erigere intendit, decem marcas grossorum annui
et perpetui census in villis videlicet in Rohla quinque marcas et Trzestyna totidem valeat
et possit comparare et dicto altari hereditarie annectere, perpetuo unire et omnimode cum
pleno iure et dominio, dummodo terre nostre berna per hoc non minuatur, applicare. Mandantes supremo camerario, notario et czudario czude Olomucensis nostris fidelibus et dilectis,
quatenus predicte decem marce grossorum annui et perpetui census pro supradicto altari
comparate ad requisicionem prefati Bernhardi debeant intabulari omni difficultate et contradiccionibus procul motis. Presencium sub appenso nostro sigillo testimonio literarum. Datum
Snoyme anno domini millesimo trecentesimo octogesimo septimo, feria quinta proxima post
dominicam Quasimodogeniti.

(Orig. Perg. mit enh. kleinerem Sig. im fürsterzb. Archive in Kremsier. — Auf der
Plicatur: Per dominum marchionem.)

426.

*Fridrichs von Cuchau, Hauptmanns zu Glatz, Bekenntnisbrief, wie die von Panewitz den
Markgrafen Jodok und Prokop gelobt haben, dass sie von ihrer Burg aus den Landfrieden
nicht stören wollen. Dt. 3. Mai 1387. s. l.*

Ich Friderich von Czuchaw, hauptman zu Glatz, und meines herren des marggraven
manne, die hernach geschriben steen, bekennen alle offenlichen mit diesen gegenwertigen
brief und thuen kunt allen den, die diesen brief angesehen, hören oder lesen, das für uns
kommen sint die erbern Otte von Panewitz, Nigkel von Panewitz, Tytzhe, Hanns und
Dheinhaid gebrüder, herren Tytzhen sune von Panewitz, Hanns und Nikel, Thamen sune
von Panewitz, alle gesundes leibes und unbetwungen mit wolbedachtem mute unde mit
gutem rate irer freunde und haben sich verlobet und verwillet ken dem allerdurchluchtigisten
fursten und herren herrn Jost marggraven und herre zu Merhern und zu herren marggraven
Procops henden, unsers herren bruder, das sie ir haus den landesfrid furbas mehr behuten

und waren sollen bei leibe und bei gute, also das unserm herren dem marggraven und dem lande zu Glatz kein schade vorbas mehr davon geschee. Und in der masse haben sie alle ire gütter, die sie haben zu Glatz in dem lande, vorreicht und vorlangt zu des allerdurchleuchtigisten fürsten und herren herrn Josts marggrave und herre zu Merhern und zu herren marggraf Procops henden. Und ab sie des nicht enteten, das das haus bei in verwarlost würde, so sollen sie leibes und gutes verfallen sein dem mergenanntem unserm gnedigen herren dem marggraven oder wem er das enpfelet, also das unser herr der marggraf mit en und mit allen iren guten zu Glatz im lande mag thun und lassen von en und von allen iren kindern und nachkomenlingen ungehindert. Und haben des gelobt vor sich und vor alle ire nachkommenling, keine nachrede dorinne zu haben in keiner weis. Und wenn sie das haus verkaufen mit unsers herren des marggraven willen, dem unser gnediger herre das haus reichte, so sollen sie der gelobde ledig und los sein. Des zu gezeugnusse und zu guter gewissen habe ich Fridrich von Czuchaw hauptmann zu Glatz mein ingesigel mit meines herren mannen ingesigel an diesen brief gehangen, die daruber zu gezeuge gekorn sint, die hernach steen geschriben: Herr Ditrich, herr Kilian gebrueder von Hugwitz, Niklos Zinbos, Nikel von Muschtzyn, Rempil, Ratuld unde Cunrat von Nymanntz. Das ist geschehen nach gots geburth dreyczehen hundert jar darnach in dem siben und achtczigistem jar des freytags an des heiligen Crucistag, als das funden wart.

(Aus dem Codex n. II. fol. 216 des böhmischen Landesarchives enthaltend Kopien von Privilegien des Königreichs Böhmen.)

427.

Bestimmung des Stadtrathes in Brünn über das Einlager 13. Mai 1387.

Anno LXXXVII, in diebus rogacionum, cum aliquis prestitisset obstagium pro domino Jodoco et aliis. Nota. Iurati Brunnenses consideratis circumstanciis obstagiorum decreaverunt hoc pro consuetudine ex iure communi haberi, in quantum placebit domino nostro marchioni (quod sibi placuit per dominum Buskam*) et suos officiales): Quod quicunque prestans obstagium debet se tam honeste conservare, ut non ledat homines et ut non ledatur in persona ab aliquo. Item hospes debet cuilibet domino duos grossos et servo unum grossum pro mensa computare, ac cuilibet equo per diem et noctem mediam metretam avene seu fenum pro medio grosso dare. Et prestantes obstagium debent singulis quatuor temporibus hospiti debita sua racione obstagii prestiti cum parata pecunia persolvere et pagare. Item taxetur vinum et cerevisia similiter quantum pro domino et quantum pro servo per diem.

(Aus dem Codex n. 34 fol. 14 im Brünner Stadtarchive. — Dieser Beschluss bildet die Grundlage der sub n. 465 dieses Bandes enthaltenen Bestimmung über das Einlager.)

_____

*) d. i. Puška.

428.

Bestimmung des Brünner Stadtrathes wegen Verfertigung von Sigeln und Behandlung von Flüchtlingen und Landesschädigern. 13. Mai 1387.

Item predicto anno et die i. e. MCCCLXXXVII⁰ in diebus rogacionum coram tribus consulibus statutum est: quod nullus aurifabrorum vel alter sculpat sigillum aliquid cuiuscunque hominis, nisi idem homo principalis, cuius sigillum sculpitur, sit presens et mandaverit hoc coram duobus juratis Brunnensibus, quia multa sigilla negantur et alia falsificantur.

Item. Mandatum est a curia, quod nullus profugus vel malus homo, qui convictus fuerit, in tota Moravia habeat libertatem in quibuscunque dominiis.

(Aus dem Codex n. 34 fol. 14 im Brünner Stadtarchive.)

429.

Heinrich von Lipa und sein Sohn bekennen, dass alle Misshelligkeiten, welche zwischen ihnen und dem Olm. Kapitel bestanden, beglichen seien. Dt. Wischau 15. Mai 1387.

Nos Henricus de Lypa supremus regni Boemie marescalcus et Hinczo eiusdem tituli filius noster senior notum facimus tenore presencium universis, quod animo deliberato et de certa nostra sciencia omnes displi(cen)cias et controversias, que inter nos et honorabile capitulum ecclesie Olomucensis occasione excommunicacionum et interdicti sentenciis in homines episcopatus Olomucensis ecclesie prefate latis, seu alias . . . . . inter nos a tempore nostri regiminis episcopatus predicti usque huc quomodolibet sunt exorte vel contracte, in quantum nos concernunt, dimittimus, cassamus et tollimus, ita quod de cetero . . . . ipso capitulo ecclesie predicte nullis potestate seu jure obici debeant, neque ammodo racione aliqua innovari. Presencium sub appensis nostris sigillis de certa nostra sciencia testimonio literarum. Datum Wischaw anno domini millesimo trecentesimo octuagesimo septimo, die quinta decima mensis Maii.

(Orig. Perg. 2 h. Sig., wovon das des Vaters im rothen, des Sohnes im weißen Wachse, im Olm. Kap. Arch. Die Urkunde ist beschädigt.)

430.

Heinrich, Prior der Karthäuser in Strassburg, und Johann, Prior der Karthäuser in Erfurt, bestimmen im Auftrage der grossen Karthause die Grenzen des Karthäuserklosters in Königsfeld bei Brünn. Dt. c. 16. Mai 1387.

Nos fratres Heinricus et Johannes domorum . . Argentine et . . Herbipolis ordinis Cartusiensis priores domum sancte Trinitatis prope Brunnam ex speciali commissione domini

Cartusie et diffinitorum visitantes terminosque domui eidem, ut religio nostra melius servetur, competentes diligencius examinantes pro monachis fossata ab aquilone et austro fluviumque, ad orientem ortum domus seu gardinum ab antiquo terminancia cum muro cciam et septis retro cellas versus aquilonem et occidentem incluso puteo, versus austrum ad tempus situatis quoadusque domus muris in posterum deo dante cingatur, qui ex lunc pro terminis habeantur pro possessionibus vero seu procuracione duo miliaria circumquaque pro acquisicione quoque bonorum, que bis vel ter in anno procurator visitare iussu . . prioris poterit, sex miliaria unde quaque terminos deputavimus et presentibus deputamus attingendos. Rogantes . . domum Cartusie et . . diffinitores futuros, quatenus eosdem terminos domus supradicte se subscribendo et nobiscum sigillando velint confirmare. Datum anno domini M⁰ CCC⁰ LXXX septimo circa ascensionem domini, nostris sub signetis presentibus hic appensis. Approbantes rasuram in decima linea presencium factum sub dictione s e x errore non fraude.

> (Beigefügt ist obiger Urkunde die Bestättigungsklausel: Et nos fratres Cristoforus prior
> Cartusie ceterique diffinitores capituli generalis ordinis Cartusiensis confirmamus et
> approbamus. Datum in domo sancti Johannis de Seitz anno domini MCCCXCVIII⁰
> die VIII⁰ mensis Maji sedente nostro capitulo generali cum appensione sigilli domus
> Cartusie in testimonium premissorum. — Orig. Perg. 3 h. verletzte Sig. im Archive
> des Klost. Raigern.)

431.

Sigmund, König von Ungarn, trifft eine Übereinkunft mit den mährischen Markgrafen
Jodok und Prokop bezüglich der von ihnen in Ungarn besetzten Territorien.
Dt. Sempthe 16. Mai 1387.

Nos Sigismundus dei gracia Hungarie Dalmacie Croacie Rame Servie Galicie Lodomerie Comanie Bulgarieque rex, marchio Brandemburgensis, sacri Romani Imperii archicamerarius atque Boemie et Luczemburgensis heres, notum facimus tenore presencium universis. Quod quia post felicem nostram coronacionem susceptam volentes comodo et bono statui regni nostri Hungarie etc. pro honore sancte corone et utilitate regni eiusdem intendere et reducere omnia incomoda dicti regni nostri ad statum pacificum et quietum, super factis nostris inter nos ab una et illustres principes dominos Jodocum et Procopium marchiones Moravie, patruos nostros carissimos, parte ab altera vertentibus, terminum specialem habuimus cum eisdem. In quo quidem termino sana prehabita deliberacione ac prelatorum et baronum nostrorum accedente consilio et consensu tales condiciones et speciales ordinaciones cum prefatis dominis marchionibus fecimus et ordinavimus in hunc modum. Primo quod domini marchiones predicti assumunt et promittunt omnia castra, civitates, terras. opida et villas ad coronam regni nostri Hungarie spectancia, que in manibus ipsorum existunt et pro nunc tenent, dum et quando nos ab ipsis redimere voluerimus, eadem secundum continencias litterarum inter nos et ipsos dominos marchiones prius emanatarum libere et pacifice sine contradiccione et dilacione tenentur et debent dare ad redimendum. Item, supradicti domini marchiones in comitatibus, quos aput manus eorum habent et tenent, possunt locare judicem hominem ipsorum Hungarum, qui unacum quatuor judicibus nobilium eiusdem comitatus secundum consvetudinem regni judicabunt causas inibi emergentes, taliter tamen, quod ea que ad curiam nostram regiam judicanda dinoscuntur pertinere, ad eandem curiam remittantur. Item si aliqua dampna et nocumenta inter regnicolas nostros parte ab una, et ipsorum dominorum marchionum in tenutis, que tenent in regno Hungarie parte ab altera evenirent seu fieri contingerent, ex tunc de parte nostri duo et ex parte dominorum marchionum similiter duo, quos duxerimus eligendos, hec eadem discuciant, cognoscant et faciant inter ipsos iusticiam expeditam. Item quodsi dictorum dominorum marchionum hominibus a nostris et regni nostri Hungarie terrigenis alique iniurie irrogarentur, ex tunc huiusmodi iniurias debemus intercipere et contra tales, qui nollent cessare ab iniuriis, iuvare pro nostro posse sine dolo. Similiter, si nostris hominibus ab ipsorum dominorum marchionum terrigenis alique iniurie irrogarentur, extunc ipsi domini marchiones huiusmodi iniurias debent intercipere et contra tales, qui nolunt cessare ab iniuriis, iuvare pro ipsorum posse sine dolo. Item quod dicti domini marchiones omnes possessiones, utilitates et decimas ecclesiarum dicaciones et exacciones earumdem ipsas concernentes reddere et dimittere debent, reddunt et dimittunt, sicut alias temporibus aliorum regum fuit observatum, ac eciam collaciones beneficiorum et ecclesiarum ad prelaturas et personas spirituales spectantes, exceptis collacionibus regalibus, que ad dominos marchiones spectare debent, quamdiu ipsa bona in Hungaria tenuerint, nec non citaciones, correcciones cleri, vocaciones ad synodos, visitaciones personarum ecclesiasticarum habeant processum pacificum, prout hactenus fuit observatum. Eciam nobilium bona ac possessiones debent reddere et reddunt cum effectu, ita tamen, quod sub ipsorum dominorum marchionum dominio illorum comitatuum, quos in Hungaria tenent et predicte possessiones, utilitates et decime ecclesiarum remaneant. Et nos Sigismundus rex Hungarie supradictus promittimus bona et sincera nostra fide ac in virtute prestiti juramenti sepefatos dominos marchiones Moravie patruos nostros carissimos in prefatis castris, civitatibus, terris, opidis, villis et omnibus, que in manibus eorum tenent ac possident, pacificos dimittere in omni jure et dominio prout tenere debent secundum ordinacionem litterarum inter nos et eosdem dominos marchiones prius emanatarum, neque ipsis molestias facere aut infere debemus, tamdiu donec prefata castra, civitates, terras, opida et villas ab ipsis redimemus iuxta continenciam literarum predictarum. Et ipsi eciam domini Jodocus et Procopius marchiones Moravie patrui nostri prefati promittunt bona et sincera ipsorum fide ac in virtute prestiti juramenti, quod extra tenutas, quas nunc in Hungaria tenent, plura castra, civitates, terras, opida et villas regni eiusdem et regnicolarum tam ex ista, quam alia parte fluvii Wag non debent per se aut per suos occupare aut aliquas novitates introducere, aut ad plura bona se extendere, racione illius contractus, qui inter nos et prefatos dominos marchiones per priores litteras factus esse dinoscitur. Item quod presentes ordinaciones et condiciones, que inter nos, et dictos dominos marchiones facte sunt, ut prefertur, prioribus litteris, quas ipsis dominis marchionibus alias erogavimus, in nullo debent derogare et nocere, sed promittimus

easdem tenere ratas atque salvas. Premissa igitur omnia in omnibus eorum clausulis promittimus tenere et inviolabiliter vigore presencium observare, eorumdemque omnium et
singulorum ad plenam certitudinem sigillum nostrum presentibus duximus appendendum. Et
in testimonium omnium predictorum sigilla reverendissimorum in Christo patrum domini
Valentini cardinalis Quinqueecclesiensis et domini Johannis ecclesie Agriensis episcopi, aule
nostre regie cancellarli necnon magnificorum virorum Stephani Waywode palatini regni
nostri Hungarie, Georgii Bubeck magistri thawarnicorum reginalium, Emerici Bubeck comitis
et judicis curie regie, Frankonis filii quondam Konyebani et Nicolai Trewtyl comitis de
Pozaga, de quorum consilio et consensu omnia et singula premissa ordinata existunt, presentibus sunt appensa. Datum in Sempthe anno domini M^0 CCC^0 octuagesimo septimo, in
die ascensionis domini nostri Jesu Christi.

(Orig. Perg. 8 an Pergamentstreifen h. Sig. in den ständischen Akten des mähr. Landesarchives.)

432.

*Erhart von Drahotuš erklärt, dass er Johann von Lichtenburg, welcher für Diviš von
Blauda sich in 50 Mark Prager Groschen verbürgte, binnen einem Jahre von der Bürgschaft
befreien wolle. Dt. 26. Mai 1387. s. l.*

Ego Erhardus de Drahotuschs notumfacio universis. Quod nobilem dominum Johannem
de Luchtinburg et dominum in Vetovia ad diligentem mee peticionis instanciam in una
litera erga famosum Dzibussium et heredes suos de Bludow videlicet in quinquaginta marcis
grossorum pragensium moravici pagamenti solvendis a data presencium ad unum annum
continuum revolvendum fideiussionaliter obligavi, velud talis obligacio in alia litera continetur.
Quapropter ego supradictus Erhardus tamquam debitor principalis, Henricus de Newogitz et
Woyslaus de Popitz mei fideiussores legitimi promittimus bona fide in solidum quolibet sine
dolo manu coniuncta, sic quod nullus nostrum in hoc promisso se ab alio debeat quomodolibet separari, predictum dominum Johannem, ad tam*) fideiussionis obligacione in dicto
termino liberare, redimere et indempnem efficere, ita quod de tali obligacione in sigillo suo
nullum dampnum debet sentire periculum aut gravamen. Quod si non fecerimus, ex tunc
mox elapso termino unus nostrum, qui cum a dicto domino Johanne monebitur, ille pro
se debet unum idoneum clientem militaris originis mittere ad civitatem Brunensem ad
honestum hospicium, quod sibi deputatum fuerit per eundem, ibidem verum et debitum
obstagium prestaturum, cum uno famulo et equis duobus, exiturus nequaquam tamdiu, donec
sigillum predicti domini Johannis ab omnibus dampnis, christianis vel judeis si obligatum
fuerit, cum usuris et a singulis impeticionibus, litibus et distrasiis pensis et impensis per
nos fuerit indempniter exbrigatum. Harum sub appensis nostris sigillis testimonio literarum
in festo penthecosten, anno domini millesimo trecentesimo octogesimo septimo.

(Orig. Perg. 3 an Pergamentstreifen h. Sig. in den ständischen Akten des mähr. Landesarchives.)

_____
*) Wahrsch. Schreibfehler statt: a dicta.

433.

Markgraf Jodok verleiht dem Markte Kralitz das freie Testirungsrecht.
Dt. Brünn 3. Juni 1387.

Jodocus dei gracia marchio et dominus Moravie judici, magistro civium, consulibus et juratis totique communitati .... nostre in Grelicz nostris fidelibus et dilectis favoris nostri participare et gracia habundare. Fideles dilecti, ut ex nostre liberalitatis munifica gracia, qua omnium nobis subjectorum nostrorum fidelium commoda et profectus sincero cordis desiderio cupimus ampliari, vos eciam gaudeatis, qui prona semper subjeccione debitam fidelitatem nobis gratuitam omni promptitudine reddidistis, animo deliberato ac de certa nostra sciencia vobis et vestris anmodo successoribus et heredibus graciose concedimus potestatem legandi vestra bona mobilia et immobilia sano corpore vel eciam in extremis cuicunque vobis placuerit, largicione nostra et gracia habeatis perpetue atque juxta concessam ceteris nostris civitatibus gratiam bona vestra quecunque fuerint, que post mortem diviseritis, ad proximiorem amicum, qui illi mortuo, qui de vobis decessit, in linea consanquineitatis vicinior fuerit, absque impedimento quolibet devolvantur; nam omnibus juribus, quibus cetere nostre civitates pociuntur in Moravia volumus vos, heredes et successores vestros virtute presencium gaudere perpetue, ut .... affluencia in vestris possessionibus temporibus nostri dominii feliciter habundetis. Presencium sub nostro appenso sigillo testimonio literarum. Datum Brune anno domini millesimo trecentesimo octogesimo septimo, feria secunda proxima post festum sancte et individue Trinitatis.

(Aus dem Privilegiumbuche der Stadt Tobitschau p. 18. Die punktirten Stellen sind durch Risse im Papier unlesbar.)

434.

Beneš von Kravář verkauft dem Kromauer Augustinerkloster einen jährlichen Zins von
3¹/₂ Mark um 25 Mark Prager Groschen. Dt. 6. Juni 1387. s. l.

Nos Benessius de Crawary romani regis cameræ magister cum nostris hæredibus et successoribus ad universorum notitiam tam præsentium quam futurorum harum serie volumus pervenire. Quod animo deliberato maturoque nostro et amicorum nostrorum, quorum interest vel interesse poterit, consilio religiosis in Christo fratribus priori videlicet fratri Johanni dicto Propstil totique conventui præsentibus et futuris monasterii in civitate nostra Chrompnaw, ordinis fratrum hæremitarum sancti Augustini, ac præsentes litteras ab eis quovismodo legitime translationis titulo obtentas cuilibet habenti, ad salvum ius terræ Moraviæ rite et rationabiliter vendidimus et præsentibus tradentes assignamus tertiam dimidiam marcam grossorum denariorum pragensium usualium, moravici numeri et pagamenti, veri perpetui et annui sed nudi census pro viginti quinque marcis grossorum corundem denariorum nobis iam actu integraliter numeratis traditis et solutis ac in rem nostram utilem versis, habendas tollendas apprehendendas supra civitatem nostram Chrompnaw aut penes ipsam in distantia duorum miliarium in bonis eque certis respectu illius tertiæ dimidiæ marcæ utilis et quiete per judicem et scabinos ipsius civitatis, qui pro tempore fuerint, annis singulis vel tam diu quousque census ad locum alium transponeretur, ut præfertur, in duobus terminis videlicet in Georgii quinque fertones et in Michaelis sanctorum festis similiter quinque fertones eisdem fratribus et conventui supradictis vel aliis præsentes litteras habentibus censuandos sine diminuitione plene et integre ac omnino libere porrigendos qualibet sine contradictione. Quod si quocunque anno vel quotiens idem census in suis terminis vel eorum altero insolidum porrigi morabitur, aut quavis interveniente causa seu negligentia defecerit, mox judex et unus ex juratis magister civium, qui cum a dictis fratribus monasterii supradicti vel ab aliis monebuntur, quivis cum uno famulo et duobus equis consuetum obstagium verum et solitum in civitate Bruna in domo honesta, ipsis per dictos emptores census deputata, præstabunt intemerate, alter alterius absentiam non prætendens. Quo obstagio quatuordecim diebus a die monitionis eiusdem proximis prestito vel non prestito dicto censu neglecto, per dictos cives nostros in Chrompnaw non dum soluto, mox idem pro tempore neglectus census in nostra et civium et juratorum nostrorum de Chrompnaw in solidum dampna recipiatur inter judeos vel christianos nostro et hæredum nostrorum periculo sine dilatione qualibet sartienda. Et nihilominus dictum illud servabitur obstagium tamdiu, donec memoratis fratribus vel cui idem census competit ipse neglectus et inter judeos aut christianos receptus census cum usuris et dampnis singulis et universis quovismodo exinde notabiliter contractis et demonstratis, ac suo quolibet interesse integre et plene per nos vel per cives nostros prædictos porrectus fuerit et persolutus sine in contrarium actione canonica vel civili; salva eis etiam potestate judicem et juratos vel quoslibet alios dictæ nostræ civitatis homines in rebus et personis ubique locorum prensos auctoritate propria vel quavis aliena arrestandi, occupandi et impingnorandi usque prædictorum satisfactionem. Nos Ilaque Nicolaus judex Geywiczer, Fridericus Knoll magister civium ceterique consules et jurati pro tunc civitatis Chrumpnaw tam antiqui quam moderni ad mandatum domini nostri generosi Benessii prædicti tenore præsentium nomine nostro et omnium successorum nostrorum nostræ civitatis Crumpnaw præsentium et futurorum sincere sub fidei nostræ puritate promittimus et spondemus prædictis fratribus et conventui prædictæ civitatis ordinis supradicti, prædictum censum singulis annis in terminis suprascriptis servatis tamen articulis præhabitis tradere et assignare omnia et singula antefata gratum et ratum tenere. In cuius rei testimonium sigillum nostrum una cum sigillo prædictæ nostræ civitatis Chrompnaw de certa nostra ac civium nostrorum scientia præsentibus duximus appendenda. Actum anno domini millesimo trecentesimo octuagesimo septimo, in die corporis Christi.

(Kopie im Arch. des Stiftes S. Thomas. F. 36. n. 624.)

435.

Zahlung der Stadt Brünn an die markgräflichen Trompeter und Flötenspieler.
8. Juni 1387.

Item. Trumpetarii domini nostri marchionis videlicet Mertein et Henricus habent XX marcas in festo sancti Georii et in festo sancti Michahelis XX. — Actum LXXXVII° subbato post trinitatis.

Similem literam habent fistulatores super XXXVI marcis sub duobus terminis, Georii et Michaelis. Chunczk et Oczaka. — Actum ut supra.

(Aus dem Codex n. 34, fol. 63, im Brünner Stadtarchive.)

436.

Die Augustinerklöster in Wittingau und Landskron schliessen eine Confraternität.
Dt. Wittingau 12. Juni 1387.

In dei nomine amen. Quoniam secundum apostolum omnes unum corpus sumus in Christo, debemus caritatis operibus frequenter intendere, ne scindamur ab huius corporis unitate, que cciam magis pro illis sunt necessaria, qui jam extra statum merendi positi transeuncium penarum subduntur rigori. Proinde ergo nobis fratri Benessio, preposito monasterii sancti Egidii canonicorum regularium in Trziebon ordinis beati Augustini, pragensis dyocesis et fratribus nostris utile et salubre visum fuit, quod pro nostri necnon Lanskrunensi monasterii preteritorum, presencium et futurorum (sic) fratribus defunctis suffragia in missis psalmis et oracionibus sanctis fierent, quatenus iidem fratres gracia dei opitulante ad curie celestis gaudia celerius pervenirent; de fratrum itaque nostrorum necnon honorabilis viri domini Henrici prepositi monasterii prenominati et conventus ipsius connivencia et consensu in domino inter nos fraternitate contracta decrevimus, ut fratris professi unius vel plurium nostri sive predicti monasterii die obitus intimato psalmi consueti scilicet „verba mea" et cetera in capitulo, lectis vigiliis in choro et in missa defunctorum pro ipsius seu ipsorum animabus cantata consequenter quilibet sacerdotum ipso vel alio die leget unam missam, diacones vero subdiacones et accoliti unam quinquagenam psalmorum et fratres conversi centum oraciones dominicas cum totidem Ave Maria explebunt. In die autem anniversario psalmi predicti, vigilie minores et una tantum missa sub nota sine commendacione tenebuntur, nisi quis tunc vellet missam specialem legere, quod non improbamus sed laudamus. Item decrevimus addicientes ad premissa, ut participes efficiamur in vita pariter et in morte missarum, oracionum, abstinenciarum, vigiliarum elemosinis omniumque bonorum, que in domo nostra et in domo sepedicta per presentes (?) nostros divina dignabitur clemencia operari. In premissorum omnium testimonium nostrum et conventus nostri sigilla presentibus sunt appensa. Datum et actum in monasterio nostro Trziebonensi anno domini millesimo trecentesimo octuagesimo septimo, XII. die mensis Junii.

(Orig. Perg. 2 an Pergamentstreifen h. Sig. in den Akten des Olmützer Augustiner-Klosters im Landesarchive.)

437.

Heinrich von Neuhaus verleiht der Stadt Teltsch das freie Testirungsrecht.
Dt. 22. Juni 1387.

Wir Heinrich von Neuhaus und alle unser erben, wir geben und tun chund mit dem offen prieff allen den, die da den prieff sehent oder hörent lesen, di nu sind oder nach uns chunpftig werden, das wir mit wol bedochten mut und mit guten willen und mit raten unser pesten freunt und zu der zeit, da wir es wol getun machten und lassen, haben di genade gen dem Theltz in die Stat geben, das unser vaterleich erb ist, ... was ein man mit scim gesunden leib von im geit oder was er schafft in dem tod pett, das schol unzubrochen beleiben von uns und von allen unsern erben. Oder ob er sturb oder ob ein man redlozz sturb, das er nicht geschaffen macht, was er der hab hat lazzen, die selb hab scholl zu allen zeiten erben auff di nachsten freunt als in der stat gewondleich und rechtleich ist. Und was ein man vor der stat hat der in der stat gesessen ist und purger recht hat, das scholl in dem rechten sein sam das in der stat. Und das di wandlung stat war und unzubrochen beleib, darüber geb wir den prieff versigelten mit unsern anhangunden aigen insigeln. Und zu ainer pessern sicherkeit hab wir gebetten di edeln bern Hr. Herman unsern vetern vom Newnhaus und Hr. Hainreiche unsern pruder von Rosenberg, das si ir aigen anhangunde insigel mit sampt den unsern an den prieff habent angehangen zu cine waren urchund der obgeschriben sach. Der do geben ist nach Christus geburd dreizehen hundert Jar in dem sibent und achtzigstem jar an sand und heiligen zehen thausent Ritter tag gotes märtirer.

(Abschrift in der Boček'schen Sammlung, der keine weitere Angabe beigefügt ist.)

438.

Markgraf Jodok eximirt die Unterthanen des s. Katharinenklosters in Olmütz von der Gerichtsbarkeit der Cuda und weist sie in der Rechtspflege dem Olmützer Stadtrathe zu.
Dt. Olmütz 27. Juni 1387.

Jodocus dei gracia marchio et dominus Moravie judici, magistro civium, consulibus et juratis civibus in Olomuncz, qui nunc sunt vel inantea pro tempore fuerint, nostris fidelibus dilectis nostre gracie feliciter potiri beneficiis et favoribus consolari. Fideles dilecti, quia pridem certa informacione veridice cognovimus, qualiter pauperes homines et subditi priorisse

49*

cl conventus monasterii sancte Katherine in Olomuncz diversis angustiis in judicio czude
terrestris et pressuris variis. presertim cum sint rudes et simplices homines carentes omnino
aliorum patrocinio. absque omni misericordia opprimantur: ideo vobis in virtute nostre con-
servande gracie seriose committimus. ymmo sub pena nostre districte indignacionis attente
precipimus et mandamus. quatenus prefati monasterii omnes homines et subditos universos
in singulis causis emergentibus, quacumque racione evocati ad judicium et coram vobis
accusati fuerint. judicare et cognoscere debeatis. Nam eosdem homines monasterii supradicti
universos et singulos ab omni judicio czude terrestris et a jurisdiccione proteccione et
regimine cuiuslibet hominis baronis militis et alterius nostri officii cuiuscunque de certa
nostra sciencia eripuimus. exemimus. absolvimus et virtute presencium ab omni prorsus eorum
obediencia libertamus. Decernentes in toto, quod vos et vestri successores inantea, quicumque
fuerint. predictos homines judicare, tueri. defendere et pretextu dominacionis nostre patrocinii
protegere debeatis, ut qui prius attriti rectorum formidine deguerunt miserabiliter jam con-
solati nostre miseracionis presidio in rebus suis temporalibus feliciter convalescant. Presencium
sub nostro appresso sigillo testimonio literarum.   Datum in Olomuncz feria quinta proxima
post festum sancti Johannis Baptiste, anno domini millesimo trecentesimo octogesimo septimo.

(Auf der Plicatur: Per dominum marchionem Andreas decanus. — Orig. Perg. in dorso
beigedrucktes Sig. in den Akten des Olmützer Katharinenklosters im Landesarchive.)

439.

Der Karthäuser-Convent von Königsfeld bei Brünn verspricht dem Priester Johann Zapfel,
für die von ihm geschenkten Bücher für seine Lebenszeit den nöthigen Unterhalt in der
Karthause zu geben. Dt. Königsfeld 29. Juni 1387.

Nos frater Georgius totusque conventus domus sancte Trinitatis prope Brunam
ordinis Cartusiensis recognoscimus universis presentes inspecturis, quod honorabilis vir
dominus Johannes dictus Czapfel presbyter dyocesis Olomucensis, divini verbi sollicitus
predicator, ad nos et ad ordinem nostrum speciali zelo devocionis affectus omnes libros
suos animo voluntario et deliberato nobis et domui nostre legacione perpetua tradidit et
donavit in remedium anime sue et suorum omnium precessorum, nihil sibi juris preter
usumfructum in domo nostra vel cciam extra domum, ubicunque fuerit, in eisdem libris
pro se necessariis quoad vixerit retinendo, de quibus cciam libris, quotquot sibi placuerit de
libraria recipiendi seu iterum reponendi plenam habebit potestatem, post mortem vero suam
predicatoribus sancti Petri et sancti Jacobi in Brunna, qui pro tempore fuerint, de predictis
libris preter bibliam pro studio predicandi necessariis per eos, cum ab ipsis rogati fuerimus,
concedi disponendo, petens nihilominus instanter, quatenus pro huiusmodi librorum donacione
nobis placeret mansionem perpetuam in domo nostra sibi concedere et de victualibus nobiscum
consuetis quamdiu vixerit providere. Nos igitur ipsius domini Johannis affectuosis peticionibus
et conversacione laudabili provocati matura et sufficienti deliberacione super hoc inter nos

habita et premissa domumque nostram per ipsum dominum Johannem magis promoveri sperantes ac nostram et successorum nostrorum in usufructu predictorum librorum consolacionem pretendentes, consensu omnium nostrum ad hoc accedente, de licencia venerabilis in Christo patris nostri domini Johannis prioris Cartusie speciali concedimus prefato domino Johanni infra septa domus nostre, salva pace nostra, perpetuam mansionem, promittentes eidem prebendam precariam quoad victum et amictum nobiscum consimilem pro huiusmodi librorum donacione, quamdiu in hac vita substiterit, ministrare. Datum in domo nostra anno domini M°CCC°LXXXVII° in die beatorum Petri et Pauli apostolorum sub appensione sigilli domus nostre memorate in testimonium premissorum. Adicimus ad supradicta, quod carnes cum familia nostra vel quidquid eis ministratum fuerit, comedere poterit quociescunque sue placuerit voluntati.

(Orig. Perg. h. Sig. im Archive der königl. Stadt Brünn.)

440.

Markgraf Jodok gestattet dem Nonnenkloster in Pustimir, dass es liegende Güter im Werthe von 200 Schock Groschen in Mähren ankaufen dürfe. Dt. 5. Juli 1387.

Jodocus dei gracia marchio et dominus Moravie notum facimus tenore presencium universis. Quod ad laudem et gloriam sancte et intemerate virginis dei genitricis Marie, cuius partu humanum genus a dampnacionis perpetue eterno supplicio est redemptum, devote et honorabili Jutte abbatisse sanctimonialium in Pustmir ordinis sancti Benedicti et toti conventui animo deliberato consensimus et virtute presencium de nostra certa sciencia consentimus, ut pro ducentis sexagenis grossorum denariorum pragensium bona et hereditates in marchionatu nostro Moravie a quocunque homine poterit absque impedimento quolibet valeat comparare. Mandantes camerariis czudariis et notario tam in Brunna quam in Olomuncz nostris fidelibus et dilectis et sub obtentu nostre gracie precipientes eisdem presentibus seriose, quatinus eadem bona seu hereditates, que et quas dictam abbatissam pro ducentis sexagenis ut premittitur emere contigerit ad requisicionem ipsius dicto monasterio in Pustmir intabuletis continuo et tabulis terre more consueto absque contradiccione qualibet imponatis. Presencium sub appenso nostro sigillo testimonio literarum. Datum Brunne feria sexta proxima post diem sancti Procopii anno domini millesimo trecentesimo octogesimo septimo.

(Orig. Perg. h. Sig. im fürsterzb. Archive in Kremsier. — Auf der Plicatur: Per dominum marchionem decanus Olomucensis Andreas.)

441.

Eröffnungsformel des Brünner Landrechtes. 7. Juli 1387.

Anno domini millesimo CCC°LXXX septimo, dominico proximo post diem beati Procopii Brunense coloquium celebratum est presentibus primo serenissimo principe domino

Jodoco marchione Moravie, nobili Cztiborio de Czimburg supremo camerario czude Brunnensis, Bohunkone de Trstenyczie czudario, Johanne notario, et nobilibus Erhartho de Cunstat, Benessio de Crawar, Henzlicone de Vethovia, Proczkone de Lompnicz, Petro de Crawar, Puska de Cunstat, Johanne de Mezerzicz et aliis quam pluribus baronibus.

(Gedruckte Brünner Landtafel, p. 182.)

442.

Heinrich von Bélá bekennt, dass er den Brünner Juden Frenzl und Jodl 34 Mark schuldig sei. Dt. 8. Juli 1387 s. l.

Nos Henricus de Bielaw dominus in Rosnow debitor principalis, Benessius de Crawar dominus in Crummaw et Dobessius de Mezirziecz fideiussores notumfacimus universis. Quod providis Frenczlino et Jodlino judeis Brunnensibus et eorum heredibus, vel qui presentes literas ipsorum habuerit cum favore, tenemur in solidum de vero debito fenore recepto et summate pecunie triginta quatuor marcas grossorum et viginti quatuor grossos denariorum pragensium moravici pagamenti, cuius pecunie viginti quinque marce in sortem reputantur. Promittentes eas fide nostra bona sine dolo quolibet manu coniuncta et heredes nostros in solidum sub obligacione omnium bonorum nostrorum mobilium et immobilium ubilibet habitorum eisdem judeis idipsum debitum solvere et numerare super festo nativitatis Cristi proxime venturo. Quod si non fecerimus, extunc statim deinceps singulis septimanis cuilibet marce dicte summe accrescat unus grossus dictorum denariorum · ipsis judeis pro usura et nihilominus unus nostrum, quicunque a dictis judeis monebitur, is per aliam militarem personam substitutam idoneam et honestam cum uno famulo et duobus equis obstagium verum et solitum in civitate Brunna et domo honesta sibi per eosdem judeos deputata prestabit intemerate, abinde non exiturus qualibet juris causa, donec memoratis judels dictum debitum cum usuris continue acrescentibus et dampnis exinde quibuscunque contractis integre persolvemus. Sit eis cciam potestas prestito vel non prestito (obstagio) homines nostros quoslibet ac quelibet bona nostra in solidum ubique locorum repertos auctoritate propria vel maioris cuiusvis arrestandi et inpignorandi usque ad satisfaccionem omnium premissorum. Eo pacto, si dictus terminus in solucione sortis anticipabitur, quod usura nobis prescripta septimanalis defalcetur, nequaquam eos in solvendo alias ad quidquam superius . . . . . . remittendos. Harum sub appensis nostris sigillis dedimus testimonio literarum. Feria secunda proxima ante festum sancte Margarethe anno domini millesimo trecentesimo octuagesimo septimo.

(Kremsierer Leheuspuhonen I. f. 77.)

443.

Heinrich von Miličín verspricht dem Filipp von Svojanov etc. für die von diesem gekaufte Morgengabe der Margaretha von Vážan Gewer zu leisten. Dt. Brünn 9. Juli 1387.

Já Hynek z Miličina sám dlužník tejto věci podepsanej, Hereš z Trpenovic a Jan ze Petenie rukojmě s ním a zaň poznáváiny tejmto (sic) listem všem nynějším i budúcím, že počestnému mužl Filipovi z Svojanova a Ješkovi z Svojanova bratruom, a Sulkovi z Radkova i jich erbuom slibujemy všichni dřieve menovaní rukú společnú nerozdielnú beze lsti, to jisté věno pravé, ježto u csnej pani někdy řečenej Margrety Domoslavovej z Vážan Filip kúpil, právě a spravedlivě zpraviti i zastúpiti proti každému člověku, kdež by bylo nařčeno kterýmž kolvěk právem duchovním ncbo světským, tak jakož to zemej (sic) právo jmá, bez jich všech škuod i nákladóv. Pakli bychom toho neučinili, jehož buoh nedaj, tehdy kteříž by kolvěk z nás upomenut byl od nich, jimžto slibujemy, inhed v leženie pravé a vobyčejné do města do Brna v duom hospodáře csného, kdež by nám ukázali, každý s jedním pachuolkem a se dvěma koňoma vlehl a tu ležel tak dlúho a nikam z toho leženie na žádné právo nevyjížděl tak dlúho, dokud bychom toho věnného práva úplně neodvadili bez jich všech škod i nákladóv. A to slibujemy jim zdržeti i pečeti naše na ten slib své (sic) tomuto listu naší dobrú voli smy přivěsili. Dén jest list tento v Brně léta od buožieho narozenie tisíce tři sta osmdesát v sedmém leté, v ten úterý před svatú Margretú. .

(Orig. Perg. an Pergamentstreifen 3. h wohlerhaltene Sig., — das des von Miličín zeigt einen Vogelflügel — in den ständischen Akten des mähr. Landesarchives.)

444.

Markgraf Jodok weiset dem Johann von Meziřič 200 Mark jährlichen Zinses auf die landesfürstlichen Steuern in Brünn an. Dt. Brünn 11. Juli 1387.

Nos Jodocus dei gracia marchio et dominus Moravie notum facimus tenore presencium universis, quod nobili Johanni de Mezirziecz strenuo nostro fideli dilecto racione serviciorum suorum, que nobis fideliter tenebitur inpendere, ducentas marcas grossorum denariorum pragensium census annui, quam diu nobis servierit et aput nos fuerit, in civitate nostra Bruna apud consules et juratos animo deliberato et de certa nostra sciencia deputavimus et virtute presencium deputamus, nolentes ab eo censum eundem, quam diu noster esse voluerit, remonere quoquomodo, sed ipsum erga deputacionem huiusmodi in via predicta benivole conservare. Mandamus igitur consulibus ct juratis in Bruna nostris fidelibus ct dilectis, quatenus prefato Johanni de Mezirziecz omni anno ducentas marcas, pro festo sancti Michaelis centum ct pro termino sancti Jeorgii centum marcas, nunc incipiendo in festo sancti Michaelis proxime venturo ct sic deinceps consequenter, prout premittitur, annis singulis, quousque apud nos fuerit, sicut est expressum superius, persolvere ct assignare debeant de nostris censibus cum effectu; nam ab omnibus illis pecuniis, quociens ct quando sibi racione expressa superius ipsas dederint, eosdem absolvimus, quittavimus, liberavimus et tenore presencium quittamus, absolvimus, quittos, liberos facimus pariter et solutos. Presencium sub nostro appenso sigillo testimonio litterarum. Datum Brune feria quinta proxima ante festum sancte virginis Margarete anno domini $M^0CCC^0LXXXVII.^0$

(Aus dem Codex n. 34, fol. 64, im Brünner Stadtarchive.)

445.

Die Stadt Brünn bekennt, dass sie dem Johann von Meziřič jährlich 200 Mark zu zahlen habe. Dt. 12. Juli 1387.

Wir burgermeister und gesworne schepfen der stat zu Brunne bekennen offenlich mit diesem brieff allen den, die yn sehen oder horen lesen, das wir nach geheizze, gepot und brieffen des durchleuchtigen hochgeporn fursten und herrn, herrn Jostes marggrafen zu Merbern unsers lieben gnedigen herren, dem edlen wirdigen manne herrn Jan von Mezzerziecz zweihundert mark grosser phennig merherischer zal und werunge alle jar nach sage seiner egenanten briefe (geben sollen).*) Dorumb so globen wir vorgenanter burgermeister und schepfen in gueten trewen an argelist nach unsers egenanten herren gepot, das wir yme dieselben zweihundert mark grosser pfennige alle jar geben wollen, das ist hundert mark uf sand Michelstag, der schierst kumpt, anzuheben und darnach uf den nachsten sand Jurgen tag auch hundert mark grossen und also alle jar ungehindert nach seiner egenanten brieff laut und sage. Und des zu urkund haben wir unser insigil der stat zu Brunne an disen brieff gehangen. Datum anno domini M⁰CCC⁰LXXXVII⁰ in vigilia Margarete.

(Aus dem Codex n. 34, fol. 64, im Brünner Stadtarchive.)

446.

Markgraf Jodok lässt dem Kremsierer Kapitel die Güter Nětkowitz und Těšan intabuliren. Dt. Brünn 6. August 1387.

Jodocus marchio Moravie capitulo ecclesie in Chremsir omnia illa, que in litera nostra cum appenso sigillo nostro de dato anno domini M⁰CCC⁰ octogesimo septimo continentur, intabulamus confirmamus approbamus et in veram hereditatem unimus, et perpetuis temporibus hereditarie illa omnia bona, que in dicta litera continentur, debeant pertinere. Et specialiter Nyetkowicz villam retro Morkowicz cum omnibus suis pertinenciis, pleno iure et dominio et eciam unum pratum in Tyessans seu prope Tyessan, cum pleno dominio approbamus confirmamus, ut ad dictum capitulum perpetue debeant pertinere cum aliis omnibus, que in dicta litera continentur. Et eiusdem litere data fuit videlicet datum Brunne feria tercia proxima ante diem sancti Laurencii, anno domini CCC⁰ octogesimo septimo.

(Gedruckte Olmützer Landtafel, pag. 195.)

447.

Martin Luftenzayel, Bürger in Brünn, bekennt, dem Juden Veibuss 16 Groschen jährlichen Zinses schuldig zu sein. Dt. 6. August 1387.

Ich Merteln Luftenzagil und Clara mein elich hausfrau bekennen fur uns und unsere erben und nachkumlingen, das wir recht und redlich schuldig seyn dem bescheiden weisen

---

*) Die eingeklammerten zwei Worte fehlen im Codex.

Judenmeister Veybuzz, lerer in der juden schul zu Brunne, seiner hausfrauen und iren erben und nachkumling sechzehen grosser prager pfennige und munze jeriges und ewiges zinses, die wir geben sullen und bezalen fur sie und an irer stat in der stat losunge, als oft die geht und man die einnimpt, von yeglicher ganzen losunge I. firdung und von der halben losung VIII gros und was losung man nimpt, so sal er bezalen nach der raytunge an aller widerred und saumpnuzze. Wo wir des nicht teten, so sullen die egenanten juden und ir erben und nachkumling volle kraft und macht haben, dieselben sechzehen gros, als oft die losung geht ganz halb odir was der ist, uf unsern schaden nemen undir juden odir undir kristen und dorumb pfenden an hindernuzze uf alle unser gueter, varund und unvarund, in der stat oder auswendig der stat, wo die gelegen seyn odir funden werden, und mit namen uf unsers und unser nachkomling haus, do wir yczund inwonund seyn, das gelegen ist an der eck uf dem nidern markt bei dem Jacob Fuchs gegen sand Niclas chirken (sic) uber; und der schad und gesuch sal daruf gen als in der losung gewonheit ist. Und sullen wir vorgenante Merteln und Clara mein hausfrau, unser erben und nachkumling ebikleich darum nicht reden noch dawider tuen mit worten noch mit werken, wann der hochgeporen furst herr Jost unser marggraf und herre zu Merhern die egenant sache den erbern weisen mannen den geswornn schepfen hie in der stat zu Brunne befolhen hat, die das vorrichtet haben als do vor begriffen ist. Des zu gezeugnuzz haben wir die zwen manne vleizzig gepeten Herlein Tassner und Marsiken uf dem nydern markt geswornn schepfen der stat zu Brunne, die ir eigen insigil yn an schaden an diesen brief haben gehangen. Der geben ist anno domini M⁰CCC⁰LXXXVII⁰ die sancti Sixti.

(Aus dem Codex n. 34 fol. 65 im Archive der Stadt Brünn.)

448.

Olmützer Synodalstatut. 23. August 1387.

Anno domini M⁰CCC⁰LXXXVII⁰ mensis Augusti die XXIII videlicet feria sexta in vigilia sancti Bartholomei in capitulo declaratum est, quod dominus Martinus canonicus dictus de Uteri debet solvere de prebenda in Pobrzycz onus in anniversario vigilie assumpcionis. antequam censum percepisset. Hoc idem eciam declaratum extat observari in aliis.

(Aus dem Codex MS. des XV. Jahrh. „Innocentii IV. Summa pœnitentiæ" in der k. k. Studienbibliothek zu Olmütz.)

449.

Markgraf Jodok verkauft dem Olmützer Kapitel das Dorf Hrubčitz. Dt. Brünn
27. August 1387.

Nos Jodocus dei gracia marchio et dominus Moravie. Notum facimus tenore presencium universis, quod animo deliberato, voluntate libera, fideliumque nostrorum communicato consilio bona nostra videlicet villam Hrubczicz integram, quam villam a fideli nostro Sulicone de Conicz alias de Hrubczicz nostris pecuniis paratis comparavimus, cum hominibus, incolis, censibus, redditibus, proventibus, curia allodiali libera et cum agris cultis et incultis, viis, accessibus et egressibus, pascuis, pratis, pomeriis, rivis, fluminibus, aquis aquarumve decursibus, pleno et mero dominio, jure et proprietate hereditaria simpliciter ac pure cum omnibus usibus et usufructibus, emolumentis et pertinenciis universis nichil penitus excluso, generaliter cum singulis illorum bonorum utilitatibus ac proventibus, in quibuscunque rebus constiterint aut existant seu qualitercunque specialibus nominibus nuncupentur, metis, gadibus, graniciis, limitibus, sicut ipsa bona ab aliis bonis circumadiacentibus ab antiquis temporibus circumferencialiter fuerunt et hactenus sunt distincta, prout predictus Suliko eadem bona tenuit et possedit, nichil nobis aut successoribus nostris marchionibus Moravie juris, proprietatis vel dominii penitus reservantes, honorabilibus viris decano . . preposito . . et capitulo ecclesie Olomucensis pro noningentis marcis grossorum pragensium moravici pagamenti nobis in parata et numerata pecunia plenarie persolutis, vendidimus et presentibus vendimus dantes et assignantes eisdem decano, preposito, capitulo ac ecclesie Olomucensi corporalem possessionem bonorum ville Hrubczicz predicte, transferentes in eosdem decanum . . prepositum, capitulum ac Olomucensem ecclesiam omne jus, proprietatem et possessionem, que ipsi Suliconi antea et demum nobis competebant seu competere poterant in premissis. Promittentes nos superius nominatus Jodocus marchio et dominus Moravie tamquam huiusmodi vendicionis effector et actor et nos disbrigatores et compromissores ac fideiussores prefati domini marchionis pro ipso et cum ipso Erhardus de Cunstat, Petrus de Sternberg, Johannes de Mezirziecz, Johannes dictus Schossl de Brdnycz, Andreas de Nechwalyn, Philippus de Swoyanow promittimus omnes in solidum manu coniuncta et indivisim bona nostra fide absque omni dolo et fraude, predicta bona Hrubczicz et quodlibet eorum cum universis suis pertinenciis, ut prefertur, ab impeticione omnium hominum cuiuscunque status aut condicionis fuerint, et generaliter ab omni dotalicio et specifice a dotalicio domine Clare dicti Suliconis coniugis ad tres annos post mortem Suliconis eiusdem, si ipsum prius mori quam ipsam dominam Claram contingeret, prefatis decano, preposito, capitulo ac ecclesie Olomucensi exbrigare et libertare jure terre Moravie propriis nostris sumptibus et impensis, et dum primum in colloquio dominorum in Olomuncz tabule terre aperte fuerint, extabulare et sepe dictis dominis decano, preposito, capitulo ac ecclesie Olomucensi ea omnia intabulare et tabulis terre imponere more solito et consueto plenarie et in toto. In eventum vero, ubi aliquid ex premissis implere neglexerimus, quod absit, extunc*) etc. In cuius rei testimonium sigilla nostra de certa nostra scientia presentibus sunt appensa. Datum Brunne anno domini millesimo trecentesimo octogesimo septimo, feria tercia proxima ante festum beati Augustini confessoris.

(Orig. Perg. 7. h. Sig. im Olm. Kap. Arch.)

---

*) Folgt die gewöhnliche Einlagerformel.

450.

Přibík von Polan erklärt, dass er die zu Dürren Gobels innegehabten 14 Lehen dem Johann von Laatz und Andreas von Morawičan verkauft habe. Dt. 8. Sept. 1387. s. l.

Ich Przibik von Polan mit allen meyn erben tun kund allermanicleich mit disem gegenwurtigen priff, daz ich recht und redleich vorkaufft hab di firczehen lehen, adir was dez ist, das ich mit meyn erben gehabt hab czu dem duren Gobels, mir und meyn erben nichs nicht daryn ausgenomen noch behalden, den festen leuten herrn Hannzen von Lecz und Andren von Nechwalin und iren erben. Und das gelob ich egenanter Przibik mit meyn erben, und wir Benesch von Muarabiczan, Paul Czass vom Czernyns, mit dem selben Przibiken geloben und vorheissen all mit gesampter hant den vorgeschriben her Hannzen und Andreen und iren erben, di selben firczehen lehen adir was dez selben gutes ist, czu den nechsten lantgesprech der heren, wo di lanttavel offen wirt, in di lanttavel czu legen unvorczogenleich an alle widerred. Auch gelob wir yn daz selb gut czu vreyen vor eyn ycleichen rechten, geistlichen und werltleichen, vor allirmanicleich nach eyn lantrechten. Tet wir dez nicht, welcher unter uns denn genant wird von den egenanten adir iren erben, der schol czu hant eyn erbarn rittermessigen dyner an seiner stat senden mit czweyen pferden und mit eyn knecht gegen Chrumpnaw in die stat in eyn erbar gasthaus, wo ym hin geweyzet wirt und schol do inligen und leisten als gewondlich und recht ist czu Merhern in dem land. Und won firczehen tag vorgeen, es werd geleist adir nicht, und wir daz nicht teten eyns adir keyns, alz wir gelobt haben und sam vor geschriben stet, was sy den dez schadin nemen, dem si bebeyzen mögen, das schol unser schad seyn und nicht der yr. Und das gelob in wir auch ausczurichten und czu geben gancz und gar. Und czu einer guten sicherheit hab wir unsir allir insigel mit guter gewissen an disen priff gehangen. Der geben ist nach cristi gepurd dreynczehen hundert jar darnach in dem siben und achczigisten jar, an unser vrawen tag als si geborn ist.

(Orig. Perg. drei an Pergamentstreifen h. Sig. in den ständischen Akten des mähr. Landesarchives.)

451.

Landtagsstatut wegen der Landesschädiger. Dt. 15. September 1387.

Statutum de profugis.

Kund sei allen leuten, dass ein gemein gesecz und ordnung gemacht ist durch gemeines nuczes wegen und eren willen des landes zu Merhern. Dass kein mensch in was wirden, eren odir adil er sei in dem lande zu Merhern niemandem widersagen, nemen, rauben, vahen odir brennen sol, sunder wer zu dem andern zu sprechen odir zu schicken hat, den sal er laden mit dem lantrechten fur die lantherren, fur die czudner, lantschepfen odir fur unsern herren maggrafen den eltern, die sullen im ein gut recht beweisen. Und welcher wider sulche geseeze, gepot und ordnunge yemande widersagt, schickt und ym nimmet odir in dem lande raubet odir brennet, der sal zuhant geachtet, vorschrieben und vorzalt sein von allen herren, steten und bladiken als ein poswicht und arger rauber und sal man zu im richten zu leib und zu gut als zu einem dieb und vorzalten mann. Wer auch sotten *) bos leut, rauber und dieb, widersager, nemer, die die leut fiengen und brenten, uf seinen vesten und gütern behaust und hielt, der sol auch vorzalet und vorschrieben sein in dem lande mit seinem leib und mit seinem gut von allen herren, ediln und unediln und von allen steten und gemeinschaften des landes zu Merhern. Und zu dieser saczung, ordnung und gepot durch gemeines nuczes willen aller leut, armer und reicher und durch ere und begerung willen des durchleuchtigen hochgeboren fursten herrn Jostes marggrafen und herren zu Merhern so haben all lantherrn, bladiken edil leut, stete, merkle und ander zu dieser sachen ir gut willen eintrechticleich gegeben. Actum anno domini MCCCLXXXVII in octava nativitatis Marie.

(Aus dem Codex n. 34 fol. 65 im Brünner Stadtarchive.)

452.

Der Rath von Brünn ersucht den Rath von Köln, er möge den Heinrich von Gmunden, Baumeister des Markgrafen Jodok und Gemahl der Drutginis, Tochter des Kölner Baumeisters Michael, förderlich sein, dass die ihm von seiner Gemahlin abgetretenen 20 Gulden jährlichen Zinses auf ihn übertragen würden. Dt. Brünn 22. September 1387.

Honorabilibus et prudentibus viris dominis judicibus, scabinis, consulibus ceterisque civibus urbis Coloniensis super alveo Reni, dominis et promotoribus nostris dilectis, judex, magister civium et jurati consules civitatis Brunnensis in terra Moravie sinceram obsequii voluntatem. Honorabiles viri, constituta coram nobis in pleno nostro consilio Drutginis, filia magistri Michaelis lapicide ecclesie vestre Coloniensis opificis, uxor legittima honesti viri ostensoris presencium magistri Heinrici de Gemunden lapicide et familiaris illustris principis domini nostri marchionis Moravie, sano corpore bonaque utens racione, non coacta, sed sponte resignavit et approbavit atque pleno jure tradidit predicto magistro Heinrico, suo marito legittimo, ostensori presencium ac illi, qui presentes literas ab eo et suo nomine habuerit, illos viginti florenos aureos redditus annui, quos ipsa Drutginis pro sua parata pecunia emit ad suam vitam super vestra civitate Coloniensi, dans et concedens eidem suo marito plenam auctoritatem et posse eorundem florenorum redditus repetendi, accipiendi, obligandi, vendendi, vel in alias personas transmutandi, quitandi et alia omnia faciendi, que ipsa Drutginismet facere posset, si personaliter interesset; promisit quoque ratum et gratum tenere perpetuo, quidquid idem magister Heinricus, maritus suus, cum dicto censu viginti florenorum et etiam cum domo sua, que nominatur vulgariter „tzu der glocken" fecerit,

---

*) S o t t e n dialektisch für mhd. sôtân = sô getân, d. i. so beschaffen; daher = solch, ein solcher.

ordinaverit vel disposuerit quovismodo; supplicantes etiam honestati vestre, ut eidem magistro Heinrico lapicide, concivi nostro Brunnensi, in premissis bonam velitis ostendere voluntatem. ita ut cito posset ad nos et suum dominium reverti brevi temporis intervallo. In cujus rei testimonium atque fidem sigillum nostre civitatis Brunnensis de certa nostra scientia presentibus est appensum. Datum per manus honorabilis viri Johannis de Geilnhusen Moguntinensis diocesis, publici auctoritate apostolica et imperiali ac nostre civitatis notarii, anno domini millesimo trecentesimo octuagesimo septimo, die beati Mauritii.

(Vidimirte Abschrift aus dem in Köln befindlichen Originale im Brünner Franzensmuseum. — Vgl. die u. 333 dieses Bandes.)

453.

Hinko, Suffragan des Prager Erzbischofes Johann, bekennt, dass er das Dorf Letná von den Leitomyschler Augustinern gekauft habe, an die es nach seinem Tode wieder zurückfallen solle. Dt. Prag 30. September 1387.

Nos frater Hinco dei gracia episcopus Ladimirensis venerabilis patris et domini Johannis sancte Pragensis ecclesie archiepiscopi suffraganeus, ordinis fratrum heremitarum sancti Augustini. recognoscimus tenore presencium universis et veraciter fatemur, quod pro certa summa pecunie emimus villam Lethna dictam a religiosis viris fratribus conventus in Luthomissel dicti nostri ordinis sancti Augustini, quam ipsis fundator eiusdem conventus et loci dominus Johannes episcopus Olomucensis et imperatoris ac regni Boemie cancellarius dedit more legitimi testamenti et eam tabulis regni Boemie inposuit et intabulavit pro perpetua consolacione dicti conventus. Eandem ut premittitur villam emimus ad habendum, tenendum et utifruendum cum omnibus juribus suis ac dominio, prout ipsi eam possiderunt hucusque et possidebunt in futurum. Cum autem nos sui gracia deus ex hoc iusserit seculo migrare. mox dicta villa Lethna cum omni jure suo ac dominio cum eciam censu de proximo recipiendo ad eosdem fratres et conventum devolvetur sine cuiuslibet hominis cognati. affinis nostri secularis vel spiritualis contradiccione, impeticione aut alicuius debiti vel contractus per nos facti temeraria usurpacione. In cuius rei robur et firmitatem iusticia validam hanc eisdem fratribus dedimus literam nostri sigilli cum appensione munitam. Datum Prage anno domini M⁰CCC⁰LXXXVII in die sancti Jeronimi doctoris egregii.

(Orig. Perg. h. Sig. im Archive des Stiftes s. Thomas in Altbrünn.)

454.

Heinrich, Probst in Landskron, präsentirt den Johann de Gulen zum Altaristen des Altares s. Briccii bei der Olm. Domkirche. Dt. Olmütz 4. October 1387.

Venerabilibus viris dominis . . decano et capitulo ecclesie Olomucensis Henricus prepositus monasterii canonicorum regularium in Lanczkrona in omnibus affectuosam serviendi voluntatem. Altare sanctorum Erasmi, Briccii et Materni in ecclesia vestra, per pie memorie dominum Petrum olim Olomucensem episcopum fundatum et dotatum, cuius collacio ad nos pertinere dinoscitur, honorabili viro domino Johanni de Ghulen preposito in Wolframskirchen vestro concanonico propter deum contulimus ipsumque vobis ad idem recipiendum presentibus presentamus, supplicantes, quatinus eundem ad ipsum altare in altaristam recipientes in ipsius et eius jurium, fructuum et pertinenciarum possessionem inducatis corporalem, de eisdem juribus, fructibus et pertinenciis, quantum ad vos spectat medentes et facientes ab aliis mederi. In quorum testimonium presentes literas per Petrum notarium publicum infrascriptum scribi et publicari mandavimus et nostri maioris sigilli appensione iussimus communiri. Acta sunt hec anno domini millesimo trecentesimo octuagesimo septimo indiccione decima, die quarta mensis Octobris in castro Olomucensi in domo habitacionis honorabilis viri magistri Jaroslai canonici Olomucensis, hora nona vel quasi, pontificatus sanctissimi in Christo patris et domini nostri domini Urbani divina providencia pape sexti anno decimo, presentibus honorabili viro domino magistro Jaroslao canonico Olomucensi predicto, Wenceslao notario domini Jodoci marchionis Moravie, Theodrico de Stalberk clerico Maguntinensis diocesis et Nicolao familiari nostro et aliis pluribus fide dignis.

Et ego Petrus quondam Jacobi de Chremisir . . . . publicus . . . . notarius etc.

(Orig. Perg. h. Sig. im Olm. Kap. Archive.)

455.

Der Olmützer bischöfliche Official Johann de Gulen dotirt den Altar des h. Briccius mit einem Weingarten in Kanitz. Dt. Olmütz 1387. s. d. (nach dem 4. October.)

In nomine domini amen. Cum ante tribunal Cristi, cui flectitur omne genu et confitetur omnis liqua (sic), omnes sisti oporteat, prout gessimus in vita, bonum sive malum recepturi, dignum et iustum est ad laudem altissimi, qui semen administrat seminanti et augebit incrementa virtutum seminare dum vivimus semina cum exultacione, que crescere possint in calamum et spicam et in die domini fructum producere, ut messis tempore portantes manipulos metere possimus feliciter illam eternam benediccionem, quam universorum dominus suis promisit filiis ante mundi constitucionem: Pro eo ego Johannes de Ghulen prepositus in Wolframskirchen et officialis curie episcopalis Olomucensis iuxta divinorum eloquiorum consilium desiderans, esse particeps regni celestis, concepi diem extreme messionis bonis operibus prevenire, ut gracia altissimi et omnium sanctorum meritis vitam consequi possim cum beatis, vineam meam sitam circa villam Canicz in montibus ad septembrionem bene septem quartalia et ultra continentem, quam paratis pecuniis comparavi, ad honorem dei omnipotentis intemerate virginis Marie ac patronorum ecclesie nostre Olomucensis et precipue sanctorum Briccii, Materni et Erasmi, in quorum honorem felicis memorie dominus Petrus olim episcopus Olomucensis altare fundavit, creavit et dotavit, quod ego inpresenciarum tenco, ipsi altari dedi, donavi et assignavi, prout presentibus do liberaliter dono trado et assigno per rectorem sive altaristam eiusdem altaris pro tempore perpetuis temporibus tenendum, habendum et possidendum; mediis tamen et condicionibus infrascriptis, videlicet quod altarista eiusdem altaris, qui pro tempore fuerit, singulis annis in perpetuum unam marcam grossorum de fructibus eiusdem ¡vinee capitulo Olomucensi sub pena statuti dare et solvere teneatur, quamdiu vixero, interessentibus officio in die eiusdem sancti Briccii, post mortem vero meam in die obitus mei pro anniversario meo distribuendam. Volo cciam et expresse protestor. quod si dictum altare, quamdiu in vita fuero, michi aufferetur vel per alium impetretur vel quocumque modo citra spontaneam voluntatem meam de manibus mcis exiret, adeo quod ipsum me contingeret non tenere, quod absit, solum michi esse dictam vincam michi tenendi pro mea utilitate aut disponendi vel alienandi, quocunque modo placitum foret mee voluntati. Que omnia et singula, prout superius expressantur, presentibus duco ad noticiam singulorum. In quorum omnium et singulorum testimonium sigillum meum proprium presentibus est appensum. Datum Olomucz anno domini millesimo trecentesimo octuagesimo septimo.

(Orig. Perg. h. verletztes Sig. im Olm. Kap. Archive. — Das in der Klammer stehende Datum des Tages wurde nach n. 454 angesetzt.)

456.

Markgraf Jodok befiehlt den obersten Landrechtsbeamten, dass sie dem Olmützer s. Katharinenkloster einen Hof und eine Taberne in Kožišan in die Landtafel einlegen.
Dt. Olmütz 13. October 1387.

Nos Jodocus dei gracia marchio et dominus Moravie notum facimus tenore presencium universis. Quod propter salutis eterne felicia premia, que in devotis oracionibus castarum virginum, quarum propter illibate pudicicie (sic) apud altissimum est suavis precacio, speramus nos indubie post huius incolatum seculi in gaudio optinere. Ad donacionem allodialis curie cum una thaberna et una aratura in villa Kozussany, quam discretus Franco de Olssan priorisse et conventui sanctimonialium in Olomuncz monasterii sancte Katherine de sua liberalitate propria assignavit rite et racionabiliter, consensimus et virtute presencium animo deliberato ac de certa nostra sciencia consentimus, precipientes camerario supremo, czudario et notario districtus Olomucensis, nostris fidelibus et dilectis, sub obtentu nostre gracie et mandantes, quatenus eandem curiam et thabernam prefato conventui tabulis terre imponere debeant, dum primum tabule terre aperte fuerint et erunt presentibus requisiti. Presencium sub nostro appenso sigillo testimonio literarum. Datum in Olomucz die dominico ante festum sancti Galli, anno domini millesimo trecentesimo octogesimo septimo.

(Auf der Plicatur: Ad mandatum domini marchionis decanus. — Orig. Perg. an Pergamentstreifen h. verletztes Sig. in den Akten des Olm. Katharinenklosters im Landesarchive.)

457.

Markgraf Prokop erklärt, dass er das Olm. Kapitel in dem Besitze der Dörfer Prasklitz, Loučka und Hrubčitz, welche es vom Markgrafen Jodok kaufte, nicht beirren wolle.
Dt. Brünn 14. November 1387.

Nos Procopius dei gracia marchio Moravie notum facimus tenore presencium universis, quod propter supplicum peticionum honorabilis ecclesie Olomucensis capituli instanciam ad hoc rite animo deliberato ac de certa nostra sciencia consensimus et virtute presencium benigne et favorabiliter consentimus, ut ipsum capitulum supradictum bona et hereditates inferius nominatas, videlicet villam Prasklicz prope Morkowicz, villam Luczka et villam Hrubczicz, quas suis propriis pecuniis de nostris voluntate pariter et assensu ab illustri fratre nostro domino Jodoco marchione et domino Moravie pro se et ecclesia racionabiliter comparavit, debeat absque nostro, heredum et successorum nostrorum impedimento quolibet perpetuis temporibus cum earum singulis pertinenciis et juribus universis jure hereditario obtinere. Presencium sub nostro appenso sigillo testimonio literarum. Datum Brune anno domini millesimo trecentesimo octogesimo septimo, feria quinta proxima post festum sancti Martini.

(Orig. Perg. h. S. im Olm. Kap. Archive. — In dorso steht folgende Notiz: Has Procopii marchionis literas ex militis Sueci manu redemi ego Georgius Constant. Spalir, Silesius, civis Olom. die 16. Junii 1642, ut restituerem venerab. capitulo Olom.)

458.

Markgraf Prokop entsagt allen Ansprüchen auf die Güter in Prasklitz, Loučka, Hrubčitz und Polkowitz, welche sein Bruder Jodok der Olm. Kirche verkauft hatte.
Dt. Brünn 18. November 1387.

In nomine domini amen. Cum universorum dominus sue pietatis misericordia nos elegerit in principem, ex iniuncto principis officio dignum reputamus et consonum commodis subiectorum intendere et ea precipue, que respiciunt ecclesiarum utilitatem. Proinde nos Procopius dei gracia marchio Moravie tenore presencium notum facimus universis, quod ad laudem et honorem altissime beatissimeque virginis Marie et sanctorum patronorum nostrorum ecclesie Olomucensis eiusdemque capituli instanciam diligentem animo deliberato et ex certa nostra sciencia vendicioni bonorum et villarum in Prasklicz prope Morkowicz, in Luczka prope Novam civitatem et in Hrubczicz prope Grelicz cum tribus laneis et uno quartali agrorum in Polkowicz villa, cum singulis eorum juribus et pertinenciis universis per magnificum et illustrem fratrem nostrum dominum Jodocum marchionem et dominum Moravie facte honorabilibus viris et devotis nostris decano . . preposito et capitulo ecclesie Olomucensis supradicte eiusque vice et nomine pro paratis suis pecuniis solutis, traditis et assignatis, perpetuis temporibus tenendorum, habendorum et possidendorum benigne et favorabiliter, graciose et voluntarie consensimus et virtute presencium consentimus, ipsamque vendicionem sic factam gratam et ratam habentes candem ratificamus et approbamus, renunciantes expresse omni proprietatis dominio tam supremo quam directo, quod nobis aut nostris heredibus vel successoribus competere posset in eisdem bonis quomodolibet in futurum. Presencium sub nostro appenso sigillo testimonio literarum. Datum Brunne feria secunda proxima ante diem sancte Elyzabeth. Anno domini millesimo trecentesimo octogesimo septimo.

(Orig. Perg. h. Sig. im Olm. Kap. Arch.)

459.

Sigfrid von Lechwitz verkauft eine in Lechwitz gelegene Mühle dem Přibík, Pfarrer in Olkowitz, und der Jutka von Hartikowitz um 8 Mark und 16 Prager Groschen.
Dt. 25. Novbr. 1387. s. l.

Ich Seyfrid von Lechwicz, gesessen czu Lechwicz, und all mein erben tuen chunt mit dem offen prif allen den, di in sehen oder horen lesen, daz ich mit wolbedachtem mut und mit meiner pesten freunte rat recht und redleich verchauft hab di muel czu Lechwicz den erbern herren Przibiken, pfarrer von Olekwicz, und frauen Jutkan von Hartikowicz mit iren sun herren Gylgen, in allen den rechten, alz ichs gehabt hab, mit aller herschaft czu veld und czu dorf, mir noch meinen erben nichcz nicht ausgenommen, umb acht mark und sechczehen gros prager muencz silbreiner phenning und merherischer czal, di si mir gancz und gar gericht haben mit peraiten phenning. Und mit sampt mir vorgenannten Seyfrid von Lechwicz vorhaissen di erbern Benesch von Lechwicz, herr Tobesch von Schereticz und Peschik von Olekwicz in puergl weiz mit gesampter hant unvorschaidenleich, di egenannte muel czu vreien und schermen, ledig und richtig machen an allen chrieg und an ansprach vor juden, vor cristen und vor allermaenicleich, vor werltleichen und geistleichen, alz lantsrecht ist in dem lant czu Merhern, und in dem nechstem lantgesprech in die lanttafel mich und mein erben auslegen und di vorgenannten in die lanttafel einlegen. Ob des alles nicht geschech, so schuell wir den vorgenannten oder den iren czehen mark und virund-czwainczig gros beczaln als lantsrecht ist. Tet wir des nicht, welcher ainer under uns gemant wurd, der schol czuhant an all widerred laisten gen Hostradicz in ein erber gasthaus, wo im das geczaigt wird von den obgenannten und schol do inligen und laisten mit einem chnecht und mit czwain pherden und nicht auskomen auf chain recht, ez werden denn di egenannten dez egenannten gelcz peczalt gancz an gever; ausgenomen herrn Tobesch von Schereticz, der schol ein rittermessigen mit ein chnecht und mit czwain pherden senden in di vorgenannte laistung, ob er gemant wurd. Auch, wir laisten oder nicht, so haben di egenannten virczehen tag nach der manunge vollen gewalt, di egenannten phenning nemen czu juden oder czu cristen auf unser aller gueter und schaden. Und was si daran schaden nemen, den si beweisen mit guter gewissen, den schuell wir in mitsampt dem egenannten

51

gelt widercheren an allen chrieg und taiding. Und wer den prif inhat mit iren guten willen. der hat vollez recht allez des. daz oben geschriben stet. Und daz das alz stet sey und unczebrochen, des gib wir in disen prif vorsigelt mit unser aller anhangenden insigeln. Der geben ist nach Crist purt dreyczehen hundert jar in dem siben und achezigstem jar an sant Katrein tag.

(Orig. Perg. 4 an Pergamentstreifen h. wohlerhaltene Sig., wovon das des Tobias von Žerotitz das Wappen derer von Weitenmühle zeigt, in den Akten des Kl. Bruck im mähr. Landesarchive.)

460.

Der Brünner Bürger Sigmund, Sohn des Johann Wischauer. und seine Mutter Elisabeth rerpfänden mit Zustimmung der Äbtissin des Königinklosters ihren Hof in Steurowitz und ihren Weingarten bei Auspitz dem Wiener Bürger Würfel. Dt. 26. December 1387.

Nos Sigismundus natus olim pie recordacionis Johannis Wischawerii et Elizabeth relicta eiusdem Johannis, cives Brunnenses, nolum facimus tenore presencium universis. Quod cum notoria et urgenti necessitate propter quorundam debitorum nostrorum inevitabilium prestacionem aput serenissimum principem dominum nostrum marchionem nos apresens gravari dinoscimur, et non habentibus nobis bona mobilia, unde persolveremus, tandem deliberato animo maturoque consilio amicorum nostrorum prehabito de et ex consensu ac licencia speciali venerande ac in Cristo religiose dignitatis virginum Perchte abbatisse et conventus monasterii Aule beate Marie virginis in antiqua Bruna curiam nostram colonariam in villa Steirwicz sitam, cum omnibus et singulis suis juribus, usibus, fructibus, agris cultis et incultis, pratis, pascuis. vincis, laneis, curticulis, pecoribus, pecudibus et animalibus magnis et parvis ac quibuslibet proprietatibus et pertinenciis, quovis modo ad candem curiam de jure spectantibus plenoque dominio in villa et in campis, ac vincam nostram Scbeliink dictam, in territorio opidi Auspecz in monte Wys sitam, discreto viro Paulo, dicto Wuerfül, civi Wiennensi et domine conthorali sue, amicis et promotoribus nostris specialibus, ac ab eis presentes literas quovis legittime translacionis titulo obtentas cuilibet habenti iusto exposicionis titulo, obligacionis et pignoris nomine obligavimus ac presentibus obligamus, cedimus et assignamus pro centum et triginta marcis grossorum denariorum pragensium moravici numeri et pagamenti nobis iam actu integre numeratis. traditis et solutis ac prefato domino nostro marchioni per nos pagatis, habendas, tenendas, utendas, fruendas per eos et possidendas, libere et pacifice pleno jure, quo eadem bona habuimus et possedimus usque modo, hinc a data presencium per tres annos continue revolvendos. Promittentes quoque bona nostra fide sine dolo quolibet per nos in solidum manuque coniuncta pro indiviso, prescriptos Paulum Wuerffil et dominam conthoralem suam in eisdem bonis contra omnes impeticiones, lites et questiones cuiuslibet hominis pacifice et quiete tenere et conservare toto tempore pendentis obligacionis huiusmodi pro posse nostro, quociens necessarium fuerit et oportunum. Exspirante vero trium annorum termino prescripto, si eadem bona per nos ipsis obligata pro dictis pecuniis a dictis obligatariis exsolverimus, perceptis usibus per eos in dictis bonis in sortem minime conputatis, mox eadem bona cum omnibus suis rebus, proprietatibus et pertinenciis, eodem jure et statu, quibus per eos reperta sunt ac ipsis a nobis assignata, ad nos et heredes nostros pristino jure proprietatis et dominii devolvi debent et convertantur. In casu vero, ubi eadem bona exspirato triennio predicto redimere et exsolvere non possemus, extunc predicti obligatarii eadem bona predicto principali, videlicet pro aliis centum et triginta marcis grossorum vendendi, obligandi, in aliam vel alias personas transferendi modo eis beneplacito liberam et integram habebunt potestatem. Si vero eadem bona pro tanta pecunie summa, ut supra expressa, vendi vel obligari non possent, mox omnem defectum eiusdem sortis cum aliis bonis nostris refundere et supplere debemus et promittimus bona fide sub omni et quorumlibet bonorum nostrorum mobilium et inmobilium ubilibet habitorum obligacione et ypotheca. Sub harum quas nostris ac in testimonium nocius discretorum virorum Henrici Oleatoris et Johannis dicti Lukner, civium et juratorum testium instanter per nos rogatorum sigillis dedimus et firmari petivimus robore et testimonio litterarum. In die sancti Stephani prothomartiris, videlicet in crastino festi nativitatis Christi anno eiusdem millesimo trecentesimo octuagesimo septimo.

(Orig. Perg. 4 an Pergamentstreifen h. Sig. in den ständischen Akten des mähr. Landesarchives.)

461.

Die Markgrafen Jodok und Prokop bestättigen das vom Brünner Stadtrathe gegebene Statut bezüglich der Zinngiesser. 1387.

Wir Jost von gotes gnaden marggraff und herre zu Merhern und wir Procob von denselben gnaden auch marggraff zu Merhern und wir die lantherren desselben landes zu Merhern bekennen, das wir mit rate und willen der erbern manne burgermeister, richter und gesworn schepfen der stat zu Brunne, und wir egenanten burgermeister und gesworn schepfen der stat zu Brunne bekennen, das wir durch gemeinen nucz, ere und zirheit unser stat gemachet und geseczt haben, das alle kanler und zingiezzer kanlen, flaschen, schuzzeln, giezvas, sie sey gros odir klein und andere dink von zinwerk, wie sie benant sein, gros odir klein, die sullen sie us lotigen lauteren zin giezzen und machen also, das ye nach zehen phunden zines das eillfte phunt pleys zu geseczet sal werden ane arglist. Und sal man umb das phunt slecht geworcht werk vor machlon und zin $2\frac{1}{2}$ grossen geben. Wer aber das es bas feiler odir tewrer werde, das sullen die schepfen bedenken. Wer aber seine speis dar gibt zu machen, dem sal das zehent pfunt ab gen an dem gewichte und sal davon zu lone geben von yedem pfunde zu machen sechs pfeninge, der acht ein grossen gelten. Und das ist von slechten ungegraben und ungeschriben werke. Wer aber haben will gepildet, gegraben mit reimen odir puchstaben odir sunt mit pildunge und formen, die viel weile nement, do sal man geben von yedem pfunde als er gedingt hat. Item wir haben gemachet, das allwege zwen meister sein sullen unter yn, die sullen uns sweren und haben zwei zeichen, unser stat schilt von ersten, dornach ir beider und ir zeche zeichen, dos ist ein B und darnach sal yeder meister sein sunderlich zeichen haben, also das yeczlich werk gezeichnet sein sal mit dreien zeichen. Und sullen die zwen meister als oft des not ist allwege umb geen und versuchen das gefesse klein und gros und welches nach sulcher unser saczung nicht bestet, das sol man alzuhant brechen und zuslahen zu dem ersten male, also da mans andirweit giezzen muss. Zu dem andern mal der diese saczung nicht enhilde, der sal den meistern ein phunt und der stat in den rat zwei pfunt zu wandel geben. Zu dem dritten mal, das stee zu dem rate. Und zu dieser vorgenanten machunge und saczung haben auch all unser meister uf dem zingiezzen und kanlnwerk iren guten willen gegeben. Anno LXXXVII⁰.

(Aus dem Codex 34 fol. 65 im Brünner Stadtarchive.)

462.

Satzung des Brünner Stadtrathes für die Kupferschmiede. 1387.

Der kupferschmid statuten.

Item. Wir haben gefraget zu Brunne, die braupfannen und kessil machen. Die sprachen das, das wer sein speise dar gibt, dem sal am zehenten ein pfunt abgeen und sal für die arbeit von yedem pfunde zu Ione geben anderthalben grossen. Item. Umb die pfannen zu arbeiten sal sich gebueren drithalben grossen fur kupper und arbeit, was slecht und gemein ist. Und wer kessil odir alte braupfannen machen odir bessern will lassen, der sal darumb dingen, wie er das haben will klein, gross, dick oder dünne.

(Aus dem Codex n. 34 fol. 66 im Brünner Stadtarchive.)

463.

Satzung des Brünner Stadtrathes bezüglich der Schuster und Lederer. 1387.

De cerdonibus.

Item. Haben wir gemachet, do die ledrer zu ein wurden mit den schustern und wolden die schuster mit namen, das man gesmirt leder her solde füren und das ist in unserm stat rechten und geseczen nicht mit namen also geseczit, sunder das man allerlei leder her solde füren. Doch so haben wir uns bedacht mit unsern eltern, das man gesmiret leder her füren sal uf den mitwochen und freitag. Das sal man offenlich veile haben vormitags und darnach nimmer heimplich noch offenbar. Und sullen dorumb die meister allesampt in der zechn der schuster und anders nyderschuhe nicht tewer geben denn ein par umb anderhalben grossen; wer daruber tut, den sal der rat bessern, wer aber anderlei schuche haben will, der sal das dingen.

(Aus dem Codex n. 34 fol. 66 im Brünner Stadtarchive.)

464.

Bestimmungen über das Einlager. Dt. 1387.

Wir Jost von gotes gnaden marggraf und herre zu Merhern, und wir Procop von denselben gnaden auch marggraf zu Merhern, und wir dy lantherren desselben landes zu Merhern bekennen, daz wir mit rate und willen der erbern manne burgermeister, richter und gesworn schepfen der stat zu Brünne, und wir egenanten burgermeister und gesworn schepfen der stat zu Brünne bekennen, daz wir durch gemeynen nutzs ere und czirheit unser stat gemachet und geseczt haben:

Item. Do zwayung zwischen den ynlegern und zwischen den wirten gewest ist, do haben wir dorumb zu eynem rechten funden in yeglecher stat und markte, daz welicher man, herr odir knecht, der do ynliget und laistet, der sol sich als erberkleichen ynhalden und so zuchtleichen, daz er nymande laydige mit werken adir mit worten. Und wer sich als erbercleichen und so zuchtlichen helt, den sol nymand ouch laydigen. Item der wirt sol yeden herrn zwen gros und dem knecht eynen grossen auf yeglich male rechen und nicht mer, und für das trinken den ganzen tag für bayde mal für yeglichen herren und sein knecht drey gros über tisch und nach tische. Aber der wirt sol yn bir genug geben über tische beyd mal, des ein mass zwen haller gilt, der vierundzwainzig ein grossen gelten. Und sol auf yglich pfert tag und nacht eyn halben metzen habern und heu für eyn halben grossen geben umb yr pfenning als in der herberg gewonhait ist. Und die ynleger, die da laysten, die sullen alle viertal yars mit dem wirt abrechen und was sie schuldig beleiben, das sullen sye zuhant beczalen mit bereitem pfenning. Item. Welicher herre baden will, der sol dy wochen eyn grossen von dem wirt haben mit seinem knechte und nicht mer; das ist versteen auf der herren dyner, die do˙ dy iren an irer stat senden. Item die leister sullen bedenken das hausgesinde gütlich und liplich für ir müe und arbeit, die yr worten. Actum anno domini MCCCLXXXVII⁰.

(Orig. Papier mit beigedrücktem Sig. im mähr. Landesarchive. — Vgl. n. 427 d. Bandes. — Auch im Codex des Brünner Stadtarchives n. 34 p. 66 ist diese Bestimmung über das Einlager eingetragen und folgende für Brünn geltende Anordnung beigesetzt: Item. Wir haben hernoch geseczt und gemachet, das yeder gastgeb nicht mer denn von eynem gerechten meczen, als er yn kauft uf dem markt, zwen pfennig zu gewinn nemen sal und sal die mas gerecht sein als er sie kauft. Item. Die fütrer, die habern für kaufen, die sullen nicht mer gewinnen an eynem marktmeczen denn eyn pfenning. Und an welcher stat der mecz kleiner ist wenn zu Brünne, die mugen auch darnach ir fütrer und gastgeben gewinn lassen nemen. — Dass obige Bestimmungen über das Einlager zur gesetzlichen Landesgewohnheit wurden, zeigt die nachfolgende böhmische Urkunde, welche Ctibor von Cimburg in die Kniba Tovačovská aufnahm.)

465.

Verordnung des Markgrafen Jodok und Prokop bezüglich des Einlagers. Dt. 1387.

My Jošt z Boží milosti markrabí a pán Moravský a my Prokop z též milosti také markrabí Moravský a my páni zemští též země moravské vyznáváme, že jsme s radú a volí poctivých mužóv purgmistra, rychtáře a přísežných konšelóv města Brna a my jmenovaní purgmistr a přísežní konšelé města Brna vyznáváme, že jsme pro obecní dobré etc. Item. Kdyžto róznice byla mezi ležáky a hospodáři, tu jsme za právo nalezli v každém městě a městečku, aby, kterýžby člověk pán nebo služebný vlehl a ležení držel tak poctivě zachoval se a tiše, aby žádného neurazil ani slovem ani skutkem; a ktož se tak poctivě a tak tiše jmá, toho také žádný neimá uraziti. Item. Hospodář jmá každému pánu dva groše a pacholku jeden groš k každému stolnímu jídlu počítati a nic vice; a za pitt celý den k obojímu jídlu na každého pána s jeho pacholkem tři groše za stolem i po stole. Ale hospodář jmá jim piva dosti dáti k stolu k obojímu jídlu, jehož by más dva haléře platilo, kterýchžto čtyrmecitma za jeden groš platilo by. A jmá na každý kóň den a noc pól měřice ovsa a sena za pól groše dáti za jejich peníze, jakož v hospodě obyčej jest. A ležáci, kteříž ležení držeti jmají, každého čtvrt léta s hospodářem počísti se jmají a což by dlužní byli, to jmají ihned zaplatiti hotovými penězy. Item. Kterýžby pán v lázni mýti se chtěl, ten jmá na týden jeden groš od hospodáře i s pacholkem svým a. nic vice; to jest rozuměti na těch pánóv služebníky, kteříž své na svém místě posýlají. Item ležáci jmají obmysliti čeleď dobrotivě a laskavě za jejich práci a dílo, ješto jich vyhledají.

(Olm. Půhonen vom J. 1475 pag. 97: kniha Tovačovská kap. 175.)

466.

Niklas Pillung von s. Gilgenberg verspricht, dass seine Güter nach seinem Tode, falls er keine Söhne hinterliesse, auf die an Smil von Pernstein verheiratete Tochter Margareta zu gleichen Theilen mit den übrigen Töchtern fallen sollen. Dt. 6. Jänner 1388.

Ich Niclas der Pillung von sand Gilgenperg vergich und bechenn offenleich mit dem prief allen den, die in sehent, lesent oder hörent lesen, di nu lebent oder hernach kunftig sind. Daz ich mich gefrewnt und verheyrat han mit Zmyeln von Pernstain, der hat genomen mein tochter Margreten zu einer rechten chonn und zu einem eleichem weib, also daz er und die vorgenant Margret mein tochter und alle irew chind, die si mit einander gewinnent, furbas chain zuspruch noch kain recht haben schullen bincz meinen sunn, die ich ieczund han oder furbas gewinn und hincz irn erben und bincz alle dem gut, daz ich hinder mein lazz. Wer aber daz mein sun ab giengen an erben und nicht sun hinder in liezzen, und nur toechter hinder in liezzen, was si dann guts hinder in lazzent, daz schol dann erben und gevallen auf die obgenanten Margreten mein tochter und auf ander mein tochter und auf

meiner sun tochter und auf iren chind und schullen si dann daz gut geleich tailen mit
einander, daz einem als vil gevall als dem andern. Und daz lub ich stet ze haben mit
meinen trewn. Und dar über zu einem warn urchund der sach, so gib ich dem vorgenantem
Zmyeln vom Pernstain und Margreten meiner tochter und irn chinden den prief fuer mich
und fuer mein sun und fuer ir erben versigelt mit meinem anhangundem insigel. Und zu
einer pezzern sicherhait so hab ich fleizzichleich gepeten Ernsten von Stokcharn und
Heinreichen den Enczesdorffer und Jorigen den Praytenayher, daz si der sach geczewg sind
mit irn anhangunden insigeln. Der prief ist geben nach Christ gepurd drewczehenhundert
jar und darnach in dem acht und achczigistem jar, an der heiligen dreyer Chunig tag.

(Das Orig. mit 4 anhängenden Sig. im gräflich Černín'schen Archive zu Neubaus.)

467.

K. Wenzel überträgt dem Markgrafen Jodok für die ihm geliehenen 64.000 Gulden das
Herzogthum Luxemburg und die Vogtei im Elsass anstatt der bisher ihm in dieser Summe
verpfändeten Burg und Stadt Glatz, Frankenstein etc. Dt. Prag 24. Februar 1388.

Wenceslaus dei gracia Romanorum rex semper augustus et Boemie rex notumfacimus tenore presencium universis. Quod licet dudum recolende memorie quondam serenissimus
princeps dominus et genitor noster, dominus Karolus Romanorum imperator et Boemie rex dum
viveret et demum nos illustri Jodoco marchioni Moravie principi patruo nostro carissimo castrum
et civitatem Glacensem cum opido Frankenstein, territoriis, vasallis et pertinenciis suis
universis pro certa pecunie summa videlicet sexaginta quatuor milibus florenorum auri boni
et legalis ponderis, nobis per eum mutuata duxerimus obligandum, ac cciam certas pecunias
septimanales in montibus Chutnis deputaverimus, prout date super hoc ipsius et nostre litere
manifeste declarant; ad finem tamen, ne terras et dominia nostra sibi invicem contiguas et
contigua velle scindere videamur, cum predicto patruo nostro convenimus in hunc modum.
Ut videlicet ipse nobis de castro, civitate opido et universis pertinenciis suis, ac dicta
septimanali pecunia cedere ac eadem in manus nostras debeat resignare per nos heredes
et successores nostros reges Boemie perpetuis temporibus, prout antea, pacifice possidenda,
et nos similiter in recompensam castri predicti et pertinenciarum ipsius ducatum nostrum
Luczemburgensem predictum cum suis territoriis atque dominiis, castris, municionibus, civitatibus,
opidis, villis, juribus patronatus seu presentandi personas ydoneas ad ecclesias et ecclesiastica
beneficia vacancia vel vacatura, et signanter nobilibus, comitibus, vasallis, vasallagiis ad
ipsum ducatum spectantibus, cuiuscumque condicionis seu nobilitatis existant, necnon piscinis,
piscacionibus, molendinis, silvis, rubetis et earum forestis et generaliter omnibus et singulis
suis pertinenciis, in quibuscumque consistant quibusve specialibus et expressis possent vocabulis
designari, necnon et advocaciam in Alsacia, nobis dudum ab imperio sacro obligatam, cum
ipsius advocacie civitatibus, opidis et castris, fortaliciis, vasullis, vasallagiis, villis, bonis et
pertinenciis universis, prefato patruo nostro, heredibus et successoribus suis pro predicta

sexagintaquatuor milium florenorum summa tytulo veri et iusti pignoris obligavimus et tenore presencium ex certa sciencia obligamus. Taliter videlicet, quod predictus patruus noster, heredes et successores sui eundem ducatum Luczemburgensem et advocaciam Alsacie cum universis et singulis supradictis et aliis pertinenciis ipsorum, prout nos eosdem hucusque tenuimus, tytulo veri pignoris habere, tenere et pacifice possidere debeant tamdiu, quousque ipsis predicta sexagintaquatuor milium florenorum summa non computatis in sortem ipsius censibus, redditibus et emolimentis ex dicto ducata et advocacia provenientibus, quos sibi ex gracia speciali donavimus, fuerit integraliter persoluta. Et in casum, quo predictum patruum nostrum, heredes aut successores suos pro defensione ducatus Luczembergensis predicti necnon tuicione ac conservacione jurium ipsius quibuscumque invasoribus seu oppressionibus eius de scitu tamen nostro gwerram movere contingeret, quitquit in hoc dampni tam racione impensarum quam eciam gencium perceperint, id ipsum nobis, heredibus et successoribus nostris Boemie regibus in sortem principalis summe videlicet sexagintaquatuor milium florenorum volumus et decernimus supperaddi. Et similiter, quitquit prefatus patruus noster, heredes aut successores sui in exsolucione castrorum, opidorum, villarum seu bonorum per predecessores nostros duces Luczembergenses aut eciam nos, coniunctim aut divisim obligatorum, seu eciam in persolucione debitorum per dictos predecessores nostros aut nos in dicto ducatu contractorum expenderint, hoc ipsum una cum impensis, de quibus supra fit mencio, ad principalem sexagintaquatuor milium florenorum summam sine diminucione qualibet nobis et predictis heredibus nostris volumus computari. Nominatim et expresse taliter, ut dum nos, heredes aut successores nostros reges Boemie ducatam Luczembergensem et advocaciam Alsacie predictos a prefato patruo nostro heredibus aut successoribus suis redimere voluerimus, quod extunc ipsis ante omnia nomine principalis summe sexagintaquatuor milia florenorum auri et demum summam pecunie, tam racione expensarum, quam eciam impensarum provenientem nec non et omni eo, quod in exsolucione castrorum seu persolucione debitorum, ut prefertur, expenderint, integraliter et sine diminucione qualibet persolvere debeamus, qua solucione sic ut premittitur facta, ducatus Luczembergensis et advocacia Alsacie unacum universis et singulis eorum pertinenciis ad nos, heredes et successores nostros reges Boemie libere redire debebunt, ac de ipsis prefatus marchio, heredes aut successores sui nobis sine contradiccione et renitencia quibuslibet condescendere finaliter tenebuntur. Castrum eciam Fels cum universis et singulis appendiis et pertinenciis suis ex certa sciencia pro nostris usibus duximus specialiter reservandum. In eventum eciam, quo prefatus marchio in dicto ducatu Luczembergensi aliquibus forsitan tediis affectus manere seu domicilium suum tenere noluerit, extunc ipsum ad requisicionem suam in possessionem castri et civitatis Glaczensis nec non et opidi Frankenstein et pertinenciarum ipsorum et eciam septimanalium pecuniarum in Montibus Chutnis denuo ponere debebimus finaliter et transferre. Et omnia dampna et singula, que ibidem quacumque racione sine dolo contraxerit et impensas, quas solvendo predicta debita seu bona aliqua redimendo fecerit, sibi ex toto solvere promittimus et spondemus ac ipsum, heredes et successores suos circa dicta castrum, civitatem et opidum realiter et efficaciter conservare. Presencium sub regie nostre majestatis sigillo testimonio literarum. Datum Prage anno domini millesimo trecentesimo octuagesimo-octavo, die vicesimaquarta Februarii, regnorum nostrorum anno Boemie vicesimoquinto Romanorum vero duodecimo.

(Auf der Plicatur: Per dominum Beneschium de Chusnik Wlachnico de Weytenmule. — In dorso: R. Bartholomäus de Nova civitate. — Orig. Perg. mit anh. Sig. mit Gegensigel in den altständischen Akten des mähr. Landesarchives.)

468.

Markgraf Jodok befreit die Weingärten des Kl. s. Thomas in Brünn von allen Zehenten und Bergrechtsabgaben. Dt. Brünn 5. März 1388.

Nos Jodocus dei gracia marchio et dominus Moravie notumfacimus tenore presencium universis. Quod cum humanæ condicionis internis meditationibus fragilitatem discutimus, ad hoc solum cogitatus nostros præcipue dirigimus, qualiter post caducæ vitæ præsentis occasum cœlestium consortio in suprema illa Hierusalem feliciter pociamur. Ideo cum orationum suffragia religiosorum virorum huic renuncciantes sæculo in asperitate vitæ salutari continentia creatori altissimo famulantur, apud altissimum et eius genitricem virginem intemeratam Mariam prodesse conspicimus, animo deliberato, voluntate libera ac de certa nostra scientia vincam integram in Zelowitz et in montibus dictis Hetscheln, cum una parte desolata alterius vineæ huic proximæ, religiosis fratribus priori et conventui novi nostri monasterii in suburbio Brunnensi tituli ipsius sanctissimæ dei genitricis Mariæ perpetuis temporibus ab omnibus decimis et montanis juribus et omnibus et singulis oneribus, quibus posset per nos et heredes et successores nostros marchiones Moraviæ seu officiales horum quomodolibet aggravari, liberamus, absolvimus, eximimus et virtute præsentium liberamus, absolvimus et totaliter libertamus, ita quod nunc et inantea perpetuis temporibus per præfatos fratres et conventum prædictum prius dicta vinea et pars alterius desolata sine oneribus libere teneatur. Decernentes expresse, quod possint uvas de vincis prædictis colligere quando placet. Præsentium sub nostro appenso sigillo testimonio literarum. Datum Brunæ anno domini millesimo trecentesimo octogesimo octavo, feria quinta proxima ante dominicam, qua canitur lætare.

(Einfache Kopie im Archive des Klosters s. Thomas in Brünn.)

469.

Notariatsinstrument über den Schiedsspruch, welcher zwischen dem Königinkloster und Wenzel, Pfarrer in Bosenitz, bezüglich der Hinterlassenschaft seines Vorgängers gefällt wurde. Dt. Altbrünn 6. März 1388.

In nomine domini amen. Anno nativitatis eiusdem millesimo trecentesimo octogesimo octavo, indiccione undecima, die vero sexta mensis Marcii, hora sexta vel quasi, in monasterio Aule sancte Marie in Antiqua Brunna ordinis Cisterciensis Olomucensis diocesis, et in

52

speciali stuba venerabilis domine Anne dicti monasterii abbatisse, sanctissimi in Christo patris et domini nostri domini Urbani digna dei providencia pape sexti anno decimo, in mei notarii publici infrascripti testiumque presencia subscriptorum, ad hoc specialiter vocatorum et rogatorum, constituti personaliter honorabiles viri dominus Augustinus prior novi monasterii sancti Thome extra muros Brunnenses, ordinis sancti Augustini, Olomucensis diocesis, a predicta venerabili domina Anna abbatissa monasterii supradicti ex una, et dominus Sulco plebanus ecclesie parochialis in Posorzicz dicte Olomucensis diocesis a religioso viro domino Wenceslao plebano ecclesie in Wasanicz memorate diocesis parte ex altera, electi communiter et concorditer in arbitros, arbitratores et amicabiles compositores de et super quibusdam rebus post mortem religiosi viri domini Rochonis bone memorie derelictis, bona et matura deliberacione previa et auditis hinc inde dictarum parcium probacionibus, ac intellectis omnibus dictam causam tangentibus, pro bono pacis et concordie ex vigore compromissi in eos per dictas partes facti, taliter pronuncciaverunt, laudaverunt, arbitrati sunt, dixerunt et mandaverunt: quod prefata domina abbatissa dicto domino Wenceslao plebano in Wasanicz de duobus laneis et curia ibidem in Wasanicz, quorum unum prefatus dominus Rocho bone memorie, ipsius domini Wenceslai inmediatus antecessor circa Muchniczerum et secundum, dictum Welthlchen circa Gredlar et de uno agro sive praita, quam circa Henlinum dictum Gamareth villanos ibidem in Wasanicz emerat, ad ipsius dumtaxat domini Wenceslai vite tempora et non aliter neque ultra, debet condescendere. Taliter, quod post mortem ipsius statim absque impedimento et sine qualibet successorum eiusdem domini Wenceslai ac cuiuslibet alterius hominis in contrarium accione canonica vel civili ad sepefatam dominam abbatissam, vel que pro tempore fuerit et ipsius monasterium cum omnibus rebus tam mobilibus quam inmobilibus ad eos et eam spectantibus libere et hereditarie, nullo penitus excluso, integraliter revertantur seu eciam devolvantur et ipse dominus Wenceslaus de eis censum consuetum absque aliis robotis domine abbatisse et eius monasterio debet et tenetur annis singulis prout alii rustici et incole eiusdem ville Wasanicz sine contradiccione qualibet censuare, et aream seu curiam, prout melius et decencius poterit, tam in oreo *) quam stabulis et officinis aliis reformare. Insuper domina abbatissa debet sibi duas vaccas, decem oves, octo scrofas et tres modios avene pretextu rerum ablatarum restituere et ammodo ab aliis omnibus impugnacionibus, infestacionibus et inquietacionibus tam ipsius domini Wenceslai quam successorum eius racione dictarum rerum tam mobilium quam inmobilium post mortem memorati nomini Rochonis derelictarum debet esse supportata ac omnino libera et soluta. Et istam pronuncciacionem, laudum et arbitracionem dicti domini arbitri mandaverunt per dictas partes teneri firmiter et inviolabiliter observari sub pena vallata viginti marcarum grossorum denariorum pragensium moravici numeri et pagamenti, quarum medietatem pars non tenens pronuncciacionem dictorum dominorum arbitratorum parti tenenti et observanti et aliam medietatem dictis dominis arbitris debet et tenetur persolvere sine qualibet in contrarium accione. Quod quidem arbitrium, laudum et pronuncciacionem dicte partes, videlicet

---

*) statt horreo. Vgl. Du Cange tom. IV. pag. 731.

domina Anna abbatissa, Agnes priorissa, Maria subpriorissa, Margaretha celeraria et Ofka cameraria ac Wenceslaus plebanus in Wasanicz, tunc ibidem presentes, confirmaverunt et ex utraque parte contente steterunt ac promiserunt pro se et successoribus suis, dictam pronuncciacionem, laudum et arbitracionem firmiter tenere et inviolabiliter observare et non contra facere de jure vel de facto aliquo ingenio seu via. De et super quibus omnibus et singulis supradictis tam domina abbatissa quam dominus Wenceslaus petiverunt sibi per me notarium publicum infrascriptum unum vel plura confici publicum instrumentum seu publica instrumenta, quod et feci taliter requisitus. Acta sunt hec anno, indiccione, die, mense, hora, loco et pontificatus, quibus supra, presentibus religioso viro fratre Saidlino tunc confessore dicti monasterii et discretis viris dominis Wenceslao de Crumnaw presbitero et Conrado de Wissau dyacono, capellanis eiusdem monasterii necnon domino Stephano de Wissaw presbitero pro tunc vicario domini Wenceslai plebani ecclesie in Wasanicz testibus Olomucensis diocesis ad premissa vocatis specialiter et rogatis.

Et ego Wenceslaus natus Milaczkonis de Rokyczana . . . . publicus . . . . notarius etc.

(Orig. Perg. 2 an Pergamentstreifen h. Sig. in den Akten des Königinklosters im mähr. Landesarchive.)

470.

Beneš von Morawičan, Adam, Bohuš etc. verkaufen eine Mühle in Dobelitz dem Augustiner-kloster in Kromau. Dt. Kromau 8. März 1388.

Nos Benessius de Morabiczan, Adam, Bohussius et Hanuschius fratres de Slabkaw, cum omnibus nostris hæredibus et successoribus notum facimus tenore præsentium universis. Quod animo deliberato maturoque consilio præhabito molendinum nostrum hæreditarium et homagium prope villam Doblicz, fundatum de scientia, voluntate voluntaria famosæ dominæ Annæ, nostræ genitricis et Benessii conthoralis, cuius erat dotalitium, ac etiam de consensu ac bona voluntate nobilis domini nostri generosi domini Henrici de Lypa, supremi regni Bohemiæ marescalci, cum omnibus juribus suis, videlicet pratis, hortis, aquis et aquarum decursibus, censibus et singulis ac universis ipsius pertinenciis, fructibus et emolumentis, quibuscunque censeantur nominibus seu quovis modo ad ea de jure spectantibus, pleno dominio prout illud hucusque legitime habuimus tenuimus et possedimus, honorabilibus viris et dominis Joanni dicto Propsto priori et conventui præsentibus et futuris monasterii novæ fundacionis dominorum de Lypa in Chromnaw, ordinis fratrum eremitarum sancti Augustini, pro quindecim marcis grossorum pragensium moravici numeri et pagamenti, jam actu nobis integraliter numeratis traditis et solutis ac in rem nostram utilem et necessariam versis, rite et racionabiliter vendidimus et præsentibus venditum tradimus et assignamus, per ipsos habendum tenendum utifruendum ac jure perpetuo possidendum, nihilque nobis juris seu dominii in eisdem penitus reservantes, exclusa berna regali, quæ dominis nostris de Lypa quolibet currente suo tempore debeat præsentari. Debent etiam homines nostri et tota communitas villæ nostræ dictæ Rybnik omnia ipsorum necessaria in codem molendino, cum et quam diu molere poterit, et non alibi dare quovis modo ad molendum, nisi essent tales terræ siccitates, quod ipsum molendinum molere non posset, tunc possint transire ad molendum ad ipsorum beneplacitum voluntatis. Promittentes nos Benessius, Adam, Bohussius et Hanussius prædicti pro nostris matre, hæredibus et successoribus bona nostra fide sine dolo quolibet manu conjuncta pro indiviso, præfatis dominis priori et conventui fratribus novæ fundationis dominorum de Lypa prænotatum molendinum, modo quo supra legitime per nos venditum, ab omnibus impetitionibus litibus et questionibus cujuslibet hominis et universitatis sæcularis vel spiritualis ubique locorum in se et qualibet sui parte disbrigare ac etiam liberare secundum jus homagialium et solitum cursum, ac in proximo sancti Martini festo dominam Annam matrem nostram in Hostradicz dominantem, ut secundum informationem domina et homagialium prædictum molendinum de ipsius dotalicio prædictis priori et conventui præsentibus et futuris debeat resignare ac eisdem fratribus ad librum homagialium facere debemus inscribi et intabulari. In casu quo hoc facere fuerimus negligentes, extunc statim infra spatium quatuor septimanarum præfatis priori et conventui præsentibus et futuris viginti marcas grossorum numerare solvere et pagare debemus occasione qualibet postergata et continuo quivis nostrum, qui cum a dictis dominis et fratribus priori et conventu præsentibus et futuris aut eorum legitimis procuratoribus monebitur, hic cum uno famulo et duobus equis obstagium verum et solitum in Hostradicz dominorum de Lypa et domo honesta ipsis per eosdem deputata præstabit intemerate, alter alterius absentiam non prætendens. Quo quidem obstagio quatuordecim diebus a die monitionis ejusdem proximis præstito vel non præstito dictisque viginti marcis grossorum nondum solutis, mox eadem pecunia per ipsos priorem et conventum præsentem et futurum in nostra in solidum damna recipiantur inter judeos vel christianos nostro periculo sine dilatione qualibet et nihilominus dictum obstagium illæse servabitur nullo jure interrumpendum tam diu, quousque memoratis dominis priori et conventui prænotatas viginti marcas grossorum cum omnibus impensis expensis et damnis singulis ac universis quovis modo inde racionabiliter exortis seu contractis ac suo quolibet interesse integre et plenarie persolvemus ipsisque molendinum supradictum liberemus qualibet sine in contrarium actione juris cujuslibet tam spiritualis quam etiam secularis. Præsentium sub appensis nostris sigillis de certa scientia testimonio ac robore literarum; in testimonium vero sigilla famosorum virorum Marschikonis de Kathait (?), Jankonis de Tulaczicz protunc judicis curiæ, Marquardi de Pochticz et Przibikonis de Polanka præsentibus sub appensa. Datum Chromnaw anno domini millesimo trecentesimo octogesimo octavo, dominica Lætare.

(Aus dem 17. Jahrh. stammende Abschrift im mähr. Landesarchive.)

471.

Ulrich Hecht von Rossitz verkauft dem Nonnenkloster in Pustiměř das Dorf Rybník um 230 Mark Prager Groschen. Dt. 1. April 1388. s. l.

In nomine domini amen. Ego Ulricus dictus Hecht de Rossicz notum facio tenore presencium universis. Quod deliberato animo pleno consensu ac voluntate domine Katherine conthoralis mee legitime maturoque amicorum nostrorum, quorum interest vel interesse poterit, consilio vendidimus racionabiliter iure proprio et ad salvum ius terre Moravie presentibus tradentes religiosis et deo devotis virginibus Jutte abbatisse et conventui monasterii in Pustmir ordinis sancti Benedicti, Olomucensis diocesis, villam nostram in Ribnik cum laneis, agris cultis et incultis, pratis, pascuis, aquis, aquarum decursibus, piscinis, piscacionibus, venacionibus, aucupiis, collibus, vallibus, viis, viarum actibus, semitis et generaliter in specie cum universis et singulis suis iuribus, usibus, proprietatibus et pertinenciis, hominibus, iudicio, emendis civilibus et criminalibus plenoque dominio in eadem villa et campis, quibus ipsam tenuimus et possedimus usque modo nichil penitus ammodo nobis et nostris heredibus insolidum in eadem villa iuris et proprietatis reservantes per . . abbatissam, que nunc est aut quecunque fuerit tempore profuturo et conventum predictas tenendam habendam utifruendam, perpetue hereditarie et pacifice possidendam, et cum voluerit in aliam vel alias personas modo eius beneplacito dictis et inscriptis iuribus transferendam, pro ducentis et triginta marcis grossorum pragensium denariorum moravici numeri et pagamenti nobis iam actu in integrum traditis numeratis et solutis. Nos igitur Ulricus dictus Hecht de Rossicz principalis supradictus, Petrus dictus Hecht germanus frater de Rossicz, Snata de Rossicz, Vocko de Holenstain, Paulus de Äulenburg, Stephanus de Holenstain alias de Vartnav et Mikschiko dictus Morava de Otislawicz alias de Birnyczka fideiussores promittimus insolidum manu coniuncta de bona nostra fide sine dolo quolibet malo per nos et heredes nostros pro indiviso, memoratis . . abbatisse et eius conventui cciam per triennium post mortem domini Ulrici supradicti predictam villam exbrigare defendere et libertare in se et quibuslibet suis partibus ab impeticionibus litibus et questionibus cuiuslibet hominis et universitatis hinc ad tempus iure terre Moravie solitum et prescriptum nostris propriis laboribus et expensis quociens fuerit oportunum, ac cciam ipsam villam cum omnibus et singulis pertinenciis predictis Katherine, uxori mee predicte, nomine sui dotalicii intabulatam exponere et extabulare eidemque . . abbatisse et conventui intabulare et inscribere in terre Moravie seu provincie tabulas sive registrum, quamprimum in generali dominorum colloquio Olomucensi patuerit. Que et quorum alterum insolidum si non fecerimus, extunc statim tres ex nobis insolidum videlicet militares ydonei, qui cum a dictis . . abbatissa et conventu aut earum vices in hiis gerentibus monebuntur, quivis cum uno famulo ydoneo et duobus equis loco nostri ordinatis obstagium verum et solitum in civitate Olomuncz et domo honesta ipsis per easdem . . abbatissam et conventum deputata intrabunt intemerate, alter alterius absenciam non pretendens nec exituri de codem obstagio aliqua iuris vel consuetudinis causa proposita, donec dicta exbrigacio vel registracio cuius causa si extiterit totaliter per nos et heredes nostros insolidum expedita fuerit et digna satisfaccione terminata. Item eodem modo ut supra promittimus, si quis necessitate consanquinitatis iunctus dictam villam per modum discussionis seu alienacionis, que vulgariter abschitung dicitur, sibi vendicare vellet, quod id non aliter fieri liceat nec debetur quam de trecentis marcis grossorum denariorum pragensium et numeri predictorum; taliter instipulatum pactis et deductis prout supra, nullo nobis pariter et divisim iuris cuiuslibet canonici vel civilis beneficio seu facti auxilio premissis contrario umquam alio tempore profuturo. Sub harum quas nostris appensis sigillis dedimus robore literarum, feria quarta post diem resurreccionis domini proxima, anno domini millesimo trecentesimo octuagesimo octavo.

(Orig. Perg. 7 h. Sig., das vierte abgerissen, im fürsterzb. Archive in Kremsier.)

172.

König Wenzel von Böhmen erkläret, den Markgrafen Jost zur Unterhandlung mit König Sigmund von Ungarn bezüglich der Mark Brandenburg berollmächtigt zu haben.
Dt. Bürglitz 15. April 1388.

Wir Wenczlaw von gotes gnaden romischer Kunig zu allen czeiten merer des Reichs und Kunig zu Beheim embieten dem erwirdigen bischoven, unsern fursten, und andechtigen, den edlen, grafen, mannen, lantluten, rittern, und knechten, den burgermeistern, reten und gemeinden der stete, merkten, dorffern und allen andern ynwonern und undersessen in der alten und newen marke zu Brandemburg, unsern lieben getrewen, unser gnade und alles gut. Wann wir durch sunderlicher vorsichtikeit, vernuft (sic) und trewen willen, die wir an dem hochgebornen Josten, marggrafen zu Merhern, unserm liben vettern und fursten erfunden haben und genczlichen erkennen, demselben userm vettern vollkomene und gancze macht geben haben, mit dem durchleuchtigen fursten hern Sigmunden, kunigen zu Ungarn rc. unserm lieben bruder, von unsern wegen zu reden, zu teydigen, uberein-zukomen und ouch zu enden von wegen der lande der marke zu Brandemburg und solcher anwartung, die uns als einem kunig zu Beheim von schickung und bestellnusse seliger gedechtnusse unsers liben herren und vaters kaiser Karles doran geburet: dorumb so gebieten wir euch allen gemeinlichen und ewr iglichem sunderlichen, ernstlichen und festiclichen mit diesem brife, was euch der egenant unser vetter von unserm wegen und in unserm namen in den sachen, und von der marke wegen zu Brandemburg und der lande doselbist, und sunderlichen von der anwartung wegen gebeutet und hoisset, das ir im dorynne getrewlichen und williclichen gehorsam, gewartende und gevolgig sein sollet, und euch dowider nicht seczet in dheineweis, wenn, was euch derselbe unser vetter, dorynne gebewtet und heisset, das ist unser willen und wort, wann wir im dorynn ganze macht geben haben, euch solcher anwartung genczlichen ledig und loze zu lassen, als ab wir das selber teten, als ir das in andern unsern briefen wol sehen werdet. Mit urkunt diez briefes versigelt mit unser kuniclichen maiestat insigel. Geben zum Burgleins noch Cristes geburde dreyczehenhundert jar, und dornach in dem achtundachczigisten jaren, des mitwochen noch dem suntag, als man singet misericordia domini, unserer reiche des beheimischen in dem fumfundczweinczigisten, und des romischen in dem czwelften jaren.

(Auf der Plicatur: Per dominum Henricum de Duba curie magistrum et Cunatum Kappler magistrum mouete Wlachnico de Weytenmule. — In dorso: R. Wenceslaus de Jenykow. — Orig. Perg. h. gut erhaltenes Sig. mit Gegensigel in den altständischen Akten des mähr. Landesarchives. — Abgedruckt in Pelzel's K. Wenzel, Urkundenbuch I. p. 81 und Riedl's Cod. Brand. B. III. 96.)

473.

Markgraf Jodok bestättigt den Prager Mansionarien die s. Laurenzkapelle in Prerau mit den dazu gehörigen Einkünften. Dt. Prag 16. April 1388.

Jodocus dei gracia marchio et dominus Moravio notum facimus tenore presencium universis, quod utiliter de statu reipublice volentes et presertim qualiter persone spirituales in libertatibus earum et juribus jugiter possent conservari. Quemadmodum et illam capellam sancti Laurencii, in Prerovia sitam, quam serenissimus princeps dominus Karolus Romanorum imperator et Boemie rex dive memorie, dum adhuc marchio Moravie fuisset, cum villis majori Popowicz prope Chremsre et minori Popowicz prope Preroviam, curia in Wynarz, curia in majori Popowicz, cum silvis piscinis et duabus labornis in suburbio Preroviensi cum omnibus eorum pertinenciis quibuscunque pro honorabilibus precentore et mensionariis chori sancte Marie in ecclesia Pragensi perpetue incorporavit et univit, et illustris princeps dominus Johannes marchio Moravio, noster genitor felicis recordacionis, candem, ut prefertur, incorporacionem approbavit: sic nos animo deliberato ac de certa nostra sciencia cciam prefatam incorporacionem cum omnibus suis pertinenciis approbavimus, ratificavimus et laudavimus; mandantes universis et singulis cujuscunque condicionis officialibus aut illis, qui bona Prerovie tenuerint, et nostre gracie precipientes sub obtentu firmiter mandamus. quatenus predictam capellam sancti Laurencii et possessores ipsius in ipsorum libertatibus et juribus debeant conservare, nec in aliquo eosdem contra hanc nostram confirmacionem impedire aut quovis modo homines aut bona prefate capelle cum suis pertinenciis perturbare. Presencium sub nostro appenso sigillo testimonio literarum. Datum Prage anno domini millesimo trecentesimo octuagesimo octavo, feria quinta proxima post dominicam Misericordia Domini.

(Aus Dobner's Monum. III. pag. 400.)

474.

K. Wenzel IV. von Böhmen schliesst mit dem ung. Könige Sigismund und dem mähr. Markg. Jodok ein Schutz- und Trutzbündnis. Dt. Prag 17. April 1388.

Wenceslaus dei gracia Romanorum rex semper augustus et Boemie rex notumfacimus tenore presencium universis. Quod ob intimi amoris flagranciam et sincere dileccionis affectum, quibus serenissimum principem dominum Sigismundum, Ungarie Dalmacio Croacie etc. regem fratrem et illustrem Jodocum, marchionem Moravie principem patruum nostros carissimos, pia frequentique caritate complectimur, ad hoc singulari quodam ardore innitimur, qualiter inter ipsos et nos firmare possimus indissolubilis vinculi unionem, ut sic inter nos mutua caritate vigente pacem terris, tranquillitatem fidelibus et nobis utrimque profectum et comodum procurare finaliter valeamus. Quapropter animo deliberato, sano fidelium nostrorum accedente consilio et de certa nostra sciencia promittimus et pura fide spondemus pro nobis et heredibus nostris Boemie regibus, cum predictis fratre nostro rege Sigismundo et Jodoco marchione patruo et heredibus ipsorum, in firma et constanti liga et indossolubili unione manere, ipsisque adversus unumquemque hominem, regem, principem et cuiuscumque dignitatis gradus seu condicionis existat, qui terras principatus et dominia regni Ungarie et aliorum regnorum ad coronam regni Ungarie et marchionatum Moravie pertinencium invadere molestare seu alias opprimere conaretur, cum terris nostris Ungarie regno contiguis, necnon omni qua valemus potencia diligenter assistere et fideliter subvenire. Ita videlicet, quod si ipsi rex frater et marchio patruus vel alter eorum coniunctim vel divisim aut heredes eorum extra metas regnorum et dominiorum suorum hostilem processum contra vicinos et confines eorum adversarios vel eorum alterum habuerint, extunc ad peticionem ipsorum gentis nostre armigere et sagittarie subsidio et auxilio, prout melius poterimus, ipsos et heredes ipsorum nos et heredes nostri, adiuvare sine fraude et dolo promittimus et debemus. Si autem metas predictorum regni Ungarie et dominiorum ipsorum quispiam vel quippiam eorumdem adversarii intraverint, ipsos vel heredes eorum ac regna et dominia cum pertinenciis ipsorum potenter et hostiliter invasuri, extunc nos et heredes nostri eosdem regem Ungarie fratrem et marchionem Moravie patruum nostros et eorum heredes, cum tota nostra regni Boemie potencia ad peticionem eorum vel heredum ipsorum promittimus personaliter et tenebimur adiuvare. Et e conuerso iidem frater noster rex Ungarie, et marchio Moravie patruus noster nos et heredes nostros regnum principatus ac terras nostras contra omnes et quoslibet homines, cuiuscumque honoris et preeminencie existant, nullo penitus excepto, teneantur et debeant prout melius poterunt fideliter adiuvare, expressione simili mediante, quod si extra metas regnorum nostrorum processum similem contra nostros adversarios vicinos et confines nos aut heredes nostri habuerimus, extunc nos et heredes nostros ipsi rex Ungarie frater et marchio Moravie patruus et heredes ipsorum ad peticionem nostram gentis eorum armigere et sagittarie subsidio sine fraude et dolo prout melius poterunt adiuvabunt. Si autem metas regnorum nostrorum quispiam vel quippiam intraverint, nos heredes nostros aut regna nostra hostiliter invasuri, extunc frater noster rex Ungarie et patruus marchio Moravie et heredes ipsorum nos et heredes nostros cum tota eorum regnorum et dominiorum potencia ad requisicionem nostram aut heredum nostrorum sine fraude et dolo personaliter teneantur et debeant adiuvare. Promittimus eciam fide qua supra predictis fratri nostro regi Ungarie et patruo nostro marchioni Moravie, quod in casum quo nobiles, barones sive bani regnorum sive terrarum ipsorum ad terras et dominia nostra, ad nos forsitan divertere et aput nos mansionem suam sive domicilia vellent collocare, quod extunc tales nequaquam suscipere seu in terris principatibus et dominiis nostris absque predictorum regis fratris et marchionis patrui et heredum ipsorum expresso scitu beneplacito atque consensu debebimus quomodolibet confovere. Et hoc ipsum predicti rex et marchio et heredes ipsorum erga nos et heredes nostros reges Boemie facere tenebuntur viceversa, ut videlicet in casum, quo nobiles barones regnorum sive terrarum nostrarum ad terras et dominia ipsorum forsitan divertere et aput ipsos mansionem suam sive domicilia vellent forsitan collocare, quod extunc tales nequaquam suscipere seu in terris principatibus et dominiis ipsorum absque nostro et heredum nostrorum regum Boemie expresso scitu beneplacito et consensu debebunt quomodolibet confovere. Salvis tamen confederacionibus et litteris prioribus inter nos et ipsum marchionem Moravie patruum nostrum conceptis, quibus per presentem ligam nostram nolumus aliqualiter derogari. Presencium sub regie nostre Majestatis sigillo testimonio litterarum. Datum Prage anno domini millesimo trecentesimo octuagesimo octavo, die XVII Aprilis regnorum nostrorum anno Boemie vicesimoquinto, Romanorum vero duodecimo.

(Orig. Perg. h. Sig. im k. k. geheim. Archive in Wien. — Auf der Plicatur: Per dominum Henricum de Duba magistrum curie et Cunatum Kappler urborarium Wlachnico de Weytenmule. — In dorso: R. Bartolomäus de novacivitate. — Abgedruckt in Pelzel's K. Wenzel Urkundenbuch I. pag. 82.)

475.

Markgraf Jodok befiehlt den Beamten der Olmützer Cuda, dem Nonnenkloster in Pustiměř Güter im Werthe von 230 Mark in die Landtafel einzutragen. Dt. Brünn 11. Mai 1388.

Jodocus dei gracia marchio et dominus Moravio vobis supremo camerario, czudario et notario czüde Olomucensis fidelibus nostris dilectis graciam nostram cum affectu omnis boni. Fideles dilecti. Cum pro parte religiosarum abbatisse et conventus monasterii in Pustyemyr, que prius nostrum habent indultum pro ducentis marcis grossorum posse bona comparare, ad vos pervenerint, volentes eadem bona ipsis ad tabulas terre annotari, tunc pro triginta marcis grossorum, ad quas iterum nostrum dedimus consensum, cum prioribus ducentis marcis bona comparata et empta ad ipsorum abbatisse et conventus monasterii predicti requisicionem intabulare debetis, qualibet occasione procul mota. Presencium sub nostro appenso sigillo testimonio literarum. Datum Brunne feria secunda proxima post festum ascensionis domini, anno domini M⁰CCC⁰LXXX⁰ octavo.

(Orig. Pap. mit beigedr. Sig. in der Boček'schen Sammlung n. 3449 im mähr. Landesarchive.)

476.

Johann, Bischof von Leitomyšl, und postulirter Bischof von Olmütz, erklärt die verloren gegangene Urkunde für null und nichtig, mittelst welcher ihm Ješek von Žampach das Gut Kunewald übergeben hatte. Dt. Mödritz 11. Mai 1388.

Johannes dei gracia episcopus Luthomislenis et postulatus ecclesie Olomucensis recognoscimus tenore presencium universis, nos illam literam privilegialem sonantem super bonis Cunwald, quam nobis Jesco nobilis dictus de Sampach ad fideles tradiderat manus, perdidisse, quam si rehabere potuissemus, parati fuimus candem velle restituere prefato Jesconi et suis heredibus. Et quia candem invenire non potuimus, igitur candem vigore presencium annullantes literam volumus, ut deinceps nullius sit roboris vel momenti tam in judicio temporali, quam eciam spirituali. Quam eciam literam velut restituta fuerit, ab omni nostro jure habito et habendo vigore presencium quittam, nichil nobis in eadem juris reservantes, reddimus liberam et solutam. In cuius rei firmitatem perpetuam sigillum nostrum, in testimonium vero nobilis domini Georgii de Wetaw, qui prefate litere gwittacioni affuit, sigillum presentibus duximus appendendum. Scriptum Modricz anno domini millesimo trecentesimo octuagesimo octavo, XI die mensis Maii.

(Orig. Perg. mit 2 h. kleinen, gut erhaltenen Sig. in den altständischen Akten des mähr. Landesarchives.)

477.

Sigismund, König von Ungarn, schliesst mit K. Wenzel IV. von Böhmen, Jodok, Markg. von Mähren, und Johann, Markgrafen der Lausitz, ein Schutz- und Trutzbündniss.
Dt. Sempte 20. Mai 1388.

Sigismundus dei gracia rex Hungarie Dalmacie Croacie rc. notumfacimus tenore presencium universis. Quod ob intimi amoris fragranciam et sincere dileccionis affectum, quibus serenissimum principem dominum Wenczeslaum dei gracia Romanorum regem semper augustum et Bohemie regem, fratrem, illustres principes Jodocum marchionem Moravie, patruum, ac Johannem ducem Gorlicensem et marchionem Luzathie, germanum, nostros carissimos, pia frequenter caritate complectimur, ad hoc singulari quodam ardore innitimur, qualiter inter ipsos et nos firmare possimus indissolubilis vinculi unionem, ut sic inter nos mutua caritate vigente, pacem terris, tranquillitatem fidelibus et nobis utrimque profectum et commodum procurare finaliter valeamus. Eapropter animo deliberato, sano fidelium nostrorum accedente consilio et de certa nostra sciencia promittimus et pura fide spondemus pro nobis et heredibus nostris Huugarie regibus, cum predictis fratre rego Wenceslao et Jodoco marchione, patruo, ac Johanne duce, germano, nostris et heredibus ipsorum in firma et constanti liga et indissolubili unione manere, ipsisque adversus unumquemque hominem, regem, principem, et cuiuscumque dignitatis gradus seu condicionis existat, qui terras, principatus et dominia regni Bohemie et aliorum regnorum ad coronam regni Bohemie ac marchionatus Moravie et Luzathie ac ducatum Gorlicensem antefatos, pertinentes invadere, molestare seu alias opprimere conaretur, cum terris nostris necnon omni qua valemus potencia diligenter assistere et fideliter subvenire. Ita videlicet, quod si ipse rex frater et marchio patruus, ac Johannes dux germanus nostri vel alter eorum coniunctim, seu divisim aut heredes eorum extra metas regnorum et dominiorum suorum hostilem processum contra vicinos et confines eorum adversarios vel eorum alterum habuerint, extunc ad peticionem ipsorum gentis nostre armigere et sagittarie subsidio et auxilio, prout melius poterimus, ipsos et heredes ipsorum, nos et heredes nostri adiuvare sine fraude et dolo promittimus et debemus. Si autem metas predictorum regni Bohemie et dominiorum ipsorum quispiam vel quipiam eorundem adversarii intraverint, ipsos vel heredes eorum ac regna et dominia ac ducatum antefatos cum pertinenciis ipsorum potenter et hostiliter invasuri, extunc nos et heredes nostri eosdem regem Bohemie, fratrem et marchionem Moravie, patruum, ac Johannem ducem Gorlicensem etc. germanum nostros et eorum heredes cum tota nostra regni Hungarie potencia ad requisicionem ipsorum vel heredum eorum promittimus personaliter et tenebimur adiuvare. Et e contrario iidem frater rex Bohemie, et marchio Moravie patruus, ac Johannes dux Gorlicensis germanus nostri et heredes ipsorum nos et heredes nostros, regnum, principatus ac terras nostras contra omnes et quoslibet homines cuiuscumque honoris et preheminencie titulo prefulgeant, nullo prorsus excepto teneantur et debeant, prout melius poterunt, fideliter adiuvare, expressione simili mediante. Quod si extra metas regnorum nostrorum processum hostilem contra nostros adversarios, vicinos et confines nos aut heredes nostri habuerimus, extunc nos et heredes nostros ipsi rex Bohemie frater et marchio Moravie patruus, ac Johannes dux Gorlicensis etc. germanus nostri et heredes ipsorum ad peticionem nostram gentis eorum armigere et sagittarie subsidio sine fraude et dolo, prout melius poterunt, adiuvabunt. Si autem metas regnorum nostrorum quispiam vel quipiam intraverint, nos, heredes nostros aut regna nostra hostibiliter invasuri, extunc frater rex Bohemie et patruus marchio Moravie, ac Johannes dux Gorlicensis germanus nostri, et heredes ipsorum, nos et heredes nostros, cum tota eorum regnorum et dominiorum ac ducatus potencia ad requisicionem nostram aut heredum nostrorum sine fraude et dolo personaliter teneantur et debeant adiuvare. Promittimus eciam fide qua supra predictis fratri regi Bohemie et patruo marchioni Moravie ac Johanni duci Gorlicensi etc. germano nostris, quod in casum, quo nobiles, barones regnorum sive terrarum ac ducatus ipsorum ad terras et dominia nostra ad nos forsitan divertere et apud nos mansionem suam sive domicilia vellent collocare, quod extunc tales nequaquam susscipere seu in terris, principatibus et dominiis nostris absque predictorum regis fratris et marchionis patrui, ac Johannis ducis, germani nostrorum et heredum ipsorum expresso scitu beneplacito atque consensu debebimus quomodolibet confovere. Et hoc ipsum predicti rex et marchio ac dux et heredes ipsorum erga nos et heredes nostros reges Hungarie facere tenebuntur viceversa, ut videlicet in casum, quo nobiles, barones sive bani regnorum aut terrarum nostrarum ad terras et dominia ac ducatum ipsorum forsitan divertere et apud ipsos mansionem suam sive domicilia vellent forsitan collacare, quod extunc tales nequaquam suscipere seu in terris, principatibus et dominiis ac ducatu ipsorum absque nostro et heredum nostrorum regum Hungarie expresso scitu, beneplacito et consensu debeant quomodolibet confovere. Salvis tamen confederacionibus et litteris prioribus inter prefatos fratrem Romanorum et Bohemie regem, Jodocum marchionem Moravie patruum nostros et nos simul aut successive conceptis, quibus per presentem ligam nostram nolumus aliqualiter derogari. Presencium sub regie maiestatis nostre sigillo testimonio litterarum. Datum Sempthe feria quarta proxima post festum Penthecostes, anno domini MCCCLXXX octavo.

(Orig. Pergament wohl erhalten mit dem grossen königl. Sigel ohne Gegensigel in den altständischen Akten des mähr. Landesarchives.)

478.

Sigmund. König von Ungarn, verpfändet dem Markgrafen Jodok und Prokop anstatt der bisher von ihnen besetzten Zubehörungen des Königreiches Ungarn die Mark Brandenburg für 565.263 Gulden und behält sich das Einlösungsrecht innerhalb der nächsten fünf Jahre vor. Dt. Sempte 22. Mai 1388.

Sigismundus dei gracia Hungarie, Dalmacie, Croacie, Rame, Servie, Gallicie, Lodomerie, Comanie Bulgarieque rex, ac marchio Brandenburgensis, sacri romani imperii archicamerarius, necnon Boemie et Lucemburgensis heres. Regnantibus nobis feliciter et victoriose in regno nostro Hungarie degentibus illud occurit nostre celsitudini precipue provida deliberacione pensandum, qualiter regnum ipsum sub antiquis suis metis in statum reformetur felicem et sub dicione nostre potencie salubriter dirigatur, ut sublatis undique dissensionum obstaculis ipsum in statu pacifico gubernemus amatorque pacis in ipso regno vivere cupientes magnifice foveamus et nostre potencie dextera protegamus excelse. Hac itaque consideracione ducti tenore presencium notum facimus universis, quod licet dudum illustribus principibus dominis Jodoco et Procopio marchionibus Moravie, patruis nostris carissimis, in ingressu nostro ad regnum Hungarie cum armorum gentibus pro eorum gratis et acceptis serviciis culmini nostro fideliter exhibitis, ex causis racionabilibus et iustis nonnulla et nonnullas castra, opida, civitates et villas mediantibus aliis nostris litteris ipsis tytulo pignoris obligavimus tamdiu habenda et tenendas, quousque de certa pecunie quantitate satisfaceremus eisdem iuxta modum in dictis litteris expressatum. Volentes tamen regnum nostrum prefatum in suis pertinenciis, metis et terminis ac graniciis antiquis integre et plene reducere et reformare, a memoratis dominis marchionibus, patruis nostris, huiusmodi castra, opida, civitates et villas, eis volentibus et consencientibus accepimus regnoque nostro Hungarie reiunximus et ipsum quantum ad premissa reintegravimus, reducentes ipsa et ipsas, eorum et carum incolas ad omne jus, consuetudinem et libertatem, quibus a temporibus regum Hungarie, predecessorum nostrorum tenta, habite sunt et possesse, locoque dictorum et dictarum castrorum, civitatum, opidorum et villarum modo, ut prefertur, de manibus corum receptorum et receptarum, de consensu et benivolencia. serenissimi et illustris principum: dominorum Wenceslai Romanorum et Boemie regis, ac Johannis, ducis Gorlicensis et marchionis Lusacie, fratrum nostrorum carissimorum, eisdem dominis marchionibus heredibus et heredum ipsorum successoribus marchiam nostram Brandemburgensem, exceptis civitatibus et pertinenciis carum, quas clare memorie serenissimus princeps dominus dominus Karolus Romanorum imperator et Boemie rex secundum continencias suarum litterarum excisit de marchia memorata et illustri fratri nostro Johanni supradicto aplicuit, et que ad prefatum dominum Johannem ducem et marchionem pertinere dinoscuntur nomine et tytulo veri et formalis pignoris pro quingentis sexaginta quinque milibus et ducentis sexaginta tribus florenis auri, deliberacione provida ex certa nostra sciencia ad quinque annorum spacium cum omnibus civitatibus, castris, villis ct oppidis, jurisdiccione, dominio, vasallagio, homagio, serviciis et serviciorum prestacionibus, steuris et exaccionibus, episcoporum, comitum et aliarum quarumcunque personarum feodis ct obligacionibus et generaliter cum omnibus suis juribus, honoribus, tributis et tenutis ct cunctis eius pertinenciis, utilitatibus, redditibus. proventibus et obvencionibus, ad marchiam nostram Brandemburgensem de iure et consuetudine spectantibus, ac sub metis, districtibus et limitacionibus, quibus hactenus habita est ct possessa. impignoramus et obligamus. Hiis tamen condicionibus notanter adiectis, quod nos seu heredes et successores nostri dictam marchiam pro prefata pecunie quantitate obligatam infra dictum quinquennium quandocumque nobis, heredibus vel successoribus nostris placuerit, plenam ct liberam habeamus, seu habeant redimendi facultatem. In eventum vero, quo nos, heredes vel successores nostri dictam marchiam Brandemburgensem infra dictum quinquennium a tempore restitucionis castrorum, opidorum, civitatum et villarum in Hungaria revolvendum non redimeremus seu nostro nomine non redimeretur cum effectu, ut est dictum, extunc ipsa marchia Brandemburgensis cum universis suis accidenciis et pertinenciis in jus et pro-prietatem dominorum marchionum veniat predictorum, quodque extunc teneamur eisdem, eorumque heredibus ct posteritatibus, proprietatem et jus dicte marchie difficultate qualibet postergata facere infeodare cosque investire, prout in talibus fieri consuevit, nichil nobis juris vel dominii in dicta marchia reservatis. Eciam consencientes expresse, ut castra, ville ct opida pignore sub suis condicionibus obligata per steuram seu peticionem in dicta marchia per nos imponendam redimi debeant et a detentorum manibus liberari sine dolo ct fraude, patruis nostris marchionibus predictis suffragantibus ad predictam et prestare debentibus opem ct operam efficaces. In casu autem, quo dicta steura seu peticio intervenientibus impedimentis suum non sortiretur effectum, ut nostra sperata tenet credulitas ct ipsi marchiones aliqua impignorata redimerint vel ultra steuram de suis propriis pro eorum redempcione exposuerint, huiusmodi pecunia in sortem principalis debiti debet computari. Et quoniam dicta marchia hostium ct potentum interdum turbatur incursibus, volumus et consentimus, ut si dicti marchiones expensas fecerint pro propulsandis iniuriis et violenciis repellendis cosque ob hoc· dampnificari contigerit, dampna huiusmodi, que racionabiliter demonstrare poterint, similiter in sortem capitalis pecunie debeant accumulari ct cciam aggregari cum principali debito supra descripto ct specificato integre persolvendum. Omnes et singulas litteras, super quibuscunque debitis ante tempus datarum presencium emanatas et prefatis marchionibus patruis nostris datas nullius fore volumus roboris vel momenti. In cuius rei testimonium presentes litteras nostras sigillo nostre maiestatis authentico iussimus communiri. Datum in Sempte feria sexta proxima ante festum sancte Trinitatis. Anno domini millesimo trecentesimo octoagesimo octavo.

(Orig. Perg. mit h. theilweise beschädigten Sig. in den altständischen Akten des mähr. Landesarchives. — Abgedruckt in Riedel's Cod. Brandenb. B. III. 97.)

479.

Sigmund, König von Ungarn, ertheilt den Markgrafen Jodok und Prokop die Zusicherung,
dass sie die Mark Brandenburg und die mit derselben verbundene Kurwürde als unmittelbares
Reichslehen erblich erhalten, falls er dieselbe innerhalb der nächsten fünf Jahre nicht
einlöst. Dt. Schintau 22. Mai 1388.

Sigismundus dei gracia Hungarie, Dalmacie, Croacie, Rame, Servie, Galicie, Lodomerie, Comanie, Bulgarieque rex ac marchio Brandemburgensis, sacri romani imperii archicamerarius necnon Boemie ac Luczemburgensis heres, tenore presencium notumfacimus universis. Cum nos marchiam nostram Brandemburgensem pro redempcione et recuperacione terrarum, quas illustres principes domini Jodocus et Procopius marchiones Moravie, patrui nostri carissimi, in regno nostro Hungarie virtute litterarum nostrarum obligatoriarum tenere dinoscebantur, nomine et titulo formalis et veri pignoris obligavimus ad quinque annorum spacium continue revolvendum, hac tamen condicione adiecta, quod in casum, quo dictam marchiam per nos redimi non contingeret vel de eorum manibus infra dictum spacium minime liberari, quod elapso quinque annorum spacio ad jus et proprietatem prefatorum marchionum libere venire deberet ipso facto, secundum quod in litteris nostris de et super huiusmodi impignoracione confectis lacius est expressum. Volentes tamen prefatis marchionibus, patruis nostris, eciam providere de futuris promittimus, spondemus et pollicemur, quod extunc in ipsos marchiones, heredes et successores eorum dictam marchiam cum omnibus juribus, dignitatibus et pertinenciis quibuscumque transferre debeamus et virtute presencium exnunc prout extunc transferrimus, transfundimus et transmittimus in eosdem, nihil nobis jurisdiccionis vel dominii reservando. Eciam quoad eleccionis vocem atque expresse renunc-ciamus pro nobis et successoribus nostris nec volumus nec intendimus extunc utifrui vel potiri aliquibus usibus, insigniis vel ceremoniis ad proprietatem marchionatus pertinentibus quovis ingenio vel colore. Rogantes et requirentes serenissimum principem dominum, dominum Wenceslaum Romanorum et Boomie regem, vel qui erit pro tempore, regem Romanorum, ut post lapsum prefati temporis nos a dicte marchie feudo libere absolvat et memoratis marchionibus Moravie dictam marchiam Brandemburgensem ad nostram huiusmodi renunc-ciacionem, quam pro sufficienti habere volumus, incorporet et cum sollempnitatibus solitis infeudet, eosque investiat de universis juribus et pertinenciis eius, quovis titulo spectantibus ad eandem, nulla nostra voluntate, renunnciacione vel mandato ulterius expectatis, ratum, gratum et firmum perpetue habituri, quidquid per prefatum dominum regem vel qui erit pro tempore, circa infeudacionis jura factum fuerit vel ordinatum. In cuius rei testimonium sigillum nostrum autenticum de nostra certa sciencia presentibus est appensum. Datum in Schintavia feria sexta proxima ante festum sancte et individuo Trinitatis. Anno domini millesimo trecentesimo octogesimo octavo.

480.

Das Olmützer Kapitel erklärt, dass es schon zu Lebzeiten des Bischofes Peter mit ihm zugleich seine Einwilligung gegeben habe zum Aufbaue eines neuen Karthäuserklosters in Dolan. Dt. 22. Mai 1388. s. l.

Nos Andreas decanus et capitulum ecclesie Olomucensis tenore presencium recognoscimus universis. Quod pridem, dum viveret sancte memorie reverendus in Christo pater dominus Petrus episcopus Olomucensis, una nobiscum consensit, quod religiosi fratres ordinis Cartusiensis prope villam Dolan in quodam loco novum monasterium sui ordinis erigere possent ct edificare. In quorum testimonium sigillum capituli nostri presentibus est appensum. Datum anno domini millesimo trecentesimo octogesimo octavo, feria sexta infra octavas penthecostes.

(Auf der Plicatur: Jacobus Pudwicz. — Orig. Perg. an Pergamentstreifen h. gut erhaltenes Sig. in den Akten des Olmützer Karthäuserklosters im Landesarchive. — Abgedruckt bei Pez T. V. Cod. dipl. p. II. p. 77.)

481.

Sigmund, König von Ungarn, bekennt, dass er den Markgrafen Jodok und Prokop 25.000 Gulden schuldig sei, die er in fünf Jahren zurückzahlen wolle. Dt. Sempte 2. Juni 1388.

Nos Sigismundus dei gracia rex Hungarie, Dalmacie, Croacie etc. ac marchio Brandemburgensis rc. notumfacimus tenore presencium universis. Quod ex causa veri debiti illustribus principibus dominis Jodoco et Procopio marchionibus Moravie in vigintiquinque milibus florenorum auri debitorie obligamur et eadem vigintiquinque milia florenorum auri infra quinquennium a data presencium immediate et continue revolvendum quolibet anno, videlicet in festo sancti Georgii proxime venturo incipiendo et amplius continuando, promittimus et virtute presencium spondemus prefatis dominis marchionibus, quinque milia florenorum auri dare, solvere et in civitate Redisch reponere ac sine qualibet intermissione usque ad plenam solucionem vigintiquinque milium florenorum auri tenemur quolibet anno expedire. Quod si in aliquo termino cuiuscumque anni infra dictum quinquiennium predictas pecunias solvere ct reponere neglexerimus, quod absit, extunc quecumque dampna prefati domini marchiones ob huiusmodi non solucionem perceperint, pro eisdem omnibus et singulis unacum capitali pecunia eisdem dominis marchionibus satisfacere promittimus et tenemur statim, cum moniti fuerimus per eosdem. In casu autem, ubi illud facere non curaremus, extunc dictis dominis marchionibus vel eorum vicesgerentibus damus ct virtute presencium concedimus plenam potestatem, homines ct bona nostra et quoslibet mercatores, incolas regni Hungarie et corum bona seu mercimonia quecumque et ubicumque inventa arrestandi ct impignorandi absque qualibet repugnacione, contradiccione et occasione nostra usque ad

plenam satisfaccionem tam pecunie capitalis quam eciam omnium dampnorum huiusmodi
occasione perceptorum. Nec huiusmodi arrestacioni et impignoracioni quocumque jure aut
mala voluntate seu quovis ingenio quesito debemus contraire. Si autem aliquis fuerit aut
fecerit in contrarium premissorum et dictas arrestacionem et impignoracionem impugnaverit,
exlunc nos rex prefatus promittimus bona fide sine dolo contra huiusmodi impugnantes aut
in contrarium premissorum facientes, sepefatos dominos marchiones rebus et personis nostris
fideliter adiuvare et circa presencium litterarum omnia contenta superius expressa omnimode
conservare. Et nos Johannes archiepiscopus ecclesie Strigoniensis, Stephanus regni Hungarie
palatinus. Johannes pridem terre ruscie Wayvoda, Leustahius, supremus janitorum magister
et Johannes de Lyndwa. condam banus Machoniensis in signum testimonii premissorum
sigilla nostra cum sigillo ipsius domini regis domini nostri presentibus duximus appendenda.
Datum Sempthe feria tercia proxima post festum corporis Cristi, anno domini millesimo
trecentesimo octoagesimo octavo.

(Orig. Perg. mit 6 anh. kleinen Sig. in den altständischen Akten des mähr. Landesarchives.)

482.

*Johann. Herzog von Görlitz und Markgraf von Brandenburg, genehmigt die Verpfändung
der Mark Brandenburg, mit Ausnahme seines Antheils, welche König Sigmund an die
mährischen Markgrafen Jodok und Prokop vorgenommen hatte. Dt. Schintau 3. Juni 1388.*

Johannes dei gracia marchio Brandenburgensis et Lusacie et dux Gorlicensis
notumfacimus tenore presencium universis. Quod cum serenissimus princeps dominus Sigismundus rex Ungarie, Dalmacie etc. frater noster carissimus, illustribus principibus Jodoco
et Procopio marchionibus Moravie patruis nostris carissimis marchiam Brandenburgensem
cum suis universis pertinenciis, excepta nostra porcione, que per serenissimum principem et
dominum, dominum Karolum Romanorum imperatorem et Boemie regem dive memorie
nostrum genitorem, prout in litteris eiusdem continetur. nobis facta existit, pro certa summa
et quantitate pecunie ad quinque annorum spacium continue revolvendum obligasset, sub huiusmodi
condicione et casu, quo dictam marchiam infra dictum spacium de prefatorum marchionum
manibus non redimeret cum effectu, quod tunc elapso dicto quinquennio ad ius et hereditariam
proprietatem eorumdem marchionum venire et cadere deberet ipso facto, prout hec eadem
obligacio cum suis condicionibus in litteris eiusdem domini regis desuper confectis sufficiencius
expressatur. Nos igitur ordinacionem, obligacionem et hereditariam devolucionem cum suis
condicionibus per prefatum dominum regem predictis marchionibus factas, ratas et gratas
haberi volentes ad easdem provida deliberacione de certa nostra sciencia nostrum dedimus
consensum pariter et assensum et virtute presencium damus et largimur. Promittimusque et
pollicemur, quod quamcito predicta marchia Brandenburgensis post predictum quinquenii
spacium ad prefatorum marchionum proprietatem ex nonliberacione antedicta devenerit, quod
omnes dicte marchie prelatos, episcopos, comites, barones, nobiles, vasallos, feudales et

universas civitatum et opidorum communitates a juramento fidelitatis, quo nobis sunt astricti, liberos dimittemus et solutos, quos exnunc prout extunc omnimode relaxamus, expresse consencientes translacioni, incorporacioni. investicioni, infeudacioni et appropriacioni predicte marchie Brandemburgensis cum accidenciis eius universis. Rogantes et requirentes serenissimum principem dominum Wenceslaum Romanorum et Boomie regem, vel qui pro tempore fuerit, ut post lapsum prefati quinquenii prefatis marchionibus Moravie dictam marchiam Brandemburgensem ad huiusmodi nostrum consensum et renuncciacionem, quas pro sufficientibus haberi volumus, incorporet et cum sollempnitatibus solitis infeudet, eosque iuxta prefati fratris nostri domini regis Ungarie litterarum continenciam investiat de universis juribus et pertinenciis eius quovis titulo spectantibus ad eandem. Nulla nostra voluntate renuncciacione vel mandato ulterius exspectatis. Ratum et gratum et firmum perpetue habituri, quidquid per prefatum dominum regem, vel qui erit pro tempore, circa infeudacionis jura factum fuerit vel ordinatum. Promittentes eisdem eciam patruis nostris marchionibus Moravie. si aliquis in predicta marchia de huiusmodi nostra absolucione nollet contentari, eundem, quamcito ad nos veniret, a juramento suo absolvere et omnimode relaxare. Datum Schintavie anno domini millesimo trecentesimo octuagesimo octavo, feria quarta infra octavas corporis Christi.

(Orig. Perg. mit h. gut erhaltenem Sig. in den altständischen Akten des mähr. Landesarchives. — Abgedruckt in Riedel's Cod. Brandenb. B. III. 100.)

483.

Sigmund, König von Ungarn, erklärt, dass Markgraf Jodok in der ihm verpfändeten Mark Brandenburg alle Anfälle zu empfangen und alle Lehen zu verleihen habe. Dt. Schintau 4. Juni 1388.

Wir Sigmund von gots gnaden konig ze Ungern, ze Dalmacie, ze Croacie etc. und margraf ze Brandemburg etc. bekennen offenlich mit dem brife. Als wir die marchke zu Brandemburg gancz, mit aller irer zugehorungen, den irluchten fursten, hern Josten und hern Procoben margraven ze Merhern unsern liben vetern, recht und redlich vorsaczt haben fur eine benante sume geldes, daz ander unser brife wolbas beweisen und ussagen, die wir yn doruber haben gegeben: also haben wir bestalt, geschiket und geschaffet mit dem egenanten herren Josten unserm vetern, schiken, schaffen von rechter unser wissen und wollen mit chraft dicz brifes, daz derselber herre Joste unser veter alle lehen geistliche und wertliche sol zu leihen haben, und an yn chomen sullen mit ganczer chrafft und macht als an uns selber, alle die weile und czeit als yn die marchke zu phandes weise steet. Auch sullen alle anvelle gemeinlichen, die in der czeit der verphendung ledig wurden, welcherley die sein, oder wie die chemen, gancz und gar chomen und gevallen an und uff den egenanten hern Josten unsern vetern. dieselben anvelle, sol er vordern und heischen in aller mazze als wir selber, alle die weyle und dasz die egenant verpfendung weret.

54

Auch sullen alle rechte der marchke ze Brandemburg, die an uns gevallen sein, welcherley die sein und alle bruche, die an uns geschehen sein, usvendig des landes und ynwendig, an den obgenanten hern Josten unsern vetern chomen gevallen und gehoren geleicherweise als an uns selber; dieselben recht sol er vordern und heischen und die bruche richten mit voller chraft und gewalt als wir selber, die wir auch an yn volchomlichen mit chraft dicz brifes weysen und schiken alle die weile und daz die egenant vorpfendung wert und steet. Mit urchund des brifes vorsigelt mit unserm anhangendem grossen insigel. Geben ze Schyntaw, an dem achten tage des heiligen leichnams tage unsers Herren, nach cristes geburde dreyczehenhundert jare darnach in dem achtundsechezigistem *) jare.

(Orig. Perg. h. wohl erhalteues Sig. in den altständischen Akten des mährischen Landes-archives. — Auf dem Pressil die Buchstaben ff.)

484.

Schintau, 4. Juni 1388.

König Sigismund von Ungarn befiehlt den Ständen der Altmark, den Markgrafen Jodok und Prokop zu huldigen.

(Riedel's Cod. Brandenb. B. III. 103.)

485.

Schintau, 4. Juni 1388.

Sigmund, König von Ungarn, befiehlt den Ständen des Havellandes und des Glins, den Markgrafen Jodok und Prokop zu huldigen.

(Riedel's Cod. Brandenb. B. III. 102.)

486.

Schintau, 4. Juni 1388.

Johann, Markgraf der Lausitz, befiehlt den Ständen des Glins und Havellandes, dem Markgrafen Jodok zu huldigen.

(Riedel's Cod. Brandenb. B. III. 103.)

---

*) Offenbarer lapsus calami statt achtundachtzig.

487.

Schintau, 4. Juni 1388.

Johann, Markgraf der Lausitz, verweist die Städte Berlin, Strausberg, Neustadt, Bernau, Köpenick, die Mannen der Umgegend und Andere an die Markgrafen von Mähren.

(Riedel's Cod. Brandenb. B. III. 104.)

488.

Schintau, 4. Juni 1388.

Johann, Markgraf der Lausitz, verweist die Stände des Landes Sternberg und Lebus an die Markgrafen von Mähren.

(Riedel's Cod. Brandenb. B. III. 105.)

489.

Schintau, 4. Juni 1388.

Johann, Markgraf der Lausitz, verweist die Stände der Altmark an die Markgrafen von Mähren.

(Riedel's Cod. Brandenb. B. III. 105.)

490.

Heinrich von Lipa bestättigt dem Augustinerkloster in Kromau den Kauf der Mühle in Dobelitz. Dt. Tempelstein, 15. Juni 1388.

Nos Henricus de Lypa supremus regni Bohemiæ marescalcus ct Hinczo filius noster primogenitus notum facimus tenore præsentium universis. Quod in nostri constitutus præsentia honorabilis et religiosus vir dominus Joannes, dictus Propstus, prior novæ fundationis nostræ in Chrommaw, ordinis fratrum eremitarum sancti Augustini, devotus noster dilectus, vice et nomine totius conventus nobis humiliter supplicavit, quatenus eis ad ipsum emptionis contractum cum famosis nostris dilectis Benessio de Morabiczan, Ade, Bohussio ct Hanussio fratribus de Slapkow ac eorum hæredibus factum pro molendino, sub villa nostra Doblecz sito, quod nostrum respicit homagium ct dominium, ac fuit dotalitium dominæ Annæ ipsius Benessii conthoralis, nostrum consensum dare vellemus benevolum et assensum. Nos vero ipsius precibus favorabilius inclinati ad eundem emptionis contractum inter eos parte cx utraque taliter factum, prout in littera emptionis desuper confecta latius continetur, ipsis

54*

nostrum damus consensum benevolum de speciali nostra gratia præsentibus et largimur eo. quod ipsi fratres nostri monasterii deum pro animabus prædecessorum nostrorum et deinde pro nostris futuris temporibus ferventius exorabunt; reservantes tamen nobis hæredibus et successoribus nostris advocatiam ac bernam regalem in eodem. Promittentes pro nobis, nostris hæredibus et successoribus bona nostra lide sine dolo, quod ipsum molendinum a præfato monasterio nostro et specialiter a prædicto fratre Joanne dicto Propsto priore ad vitæ suæ tempora et post vitam suam a monasterio, ad quod continuo devolvi debeat sine occupatione aliquali, numquam alienare quoquo modo sed potius circa eos in suis justitia et gratia liberali conservare; nam etiam ipse frater Joannes prior ipsum molendinum suis propriis pecuniis comparavit. Volumus insuper, si molendinator eiusdem molendini hominibus ibidem molentibus aliquod præjudicium exhiberet, ut ipse prior et conventus monasterii prænotati hoc debite debeant emendare, aut ipsis deficientibus noster officialis constitutus, ita quod homines debitam justitiam in eodem consequantur nec ipsis aliquod præjudicium inferatur. Præsentium sub appensis nostris sigillis testimonio literarum. Et ad petitionem nostram sigilla fidelium nostrorum Jankonis de Tulaczicz, Marquardi de Pochticz, Przibikonis de Polanka præsentibus sunt appensa. Datum in Tempilstein anno domini millesimo trecentesimo LXXXVIII in die sancti Viti.

(Aus dem 17. Jahrh. stammende Abschrift im mähr. Landesarchive.)

491.

Pürglitz, 28. Juni 1388.

König Wenzel IV. von Böhmen bewilligt, dass sein Bruder Sigmund die Mark Brandenburg, mit Ausnahme des bereits früher dem Markgrafen Johann von der Lausitz versetzten Theiles, den Markgrafen von Mähren, Jodok und Prokop, verpfändet habe.

(Riedel's Cod. Brandenb. B. III. 105; Gerke III. 140: Ludwig Reliq. IX. 355.)

492.

Die Stadt Mittelwalde huldigt dem Markgrafen Jodok und verspricht dasselbe dem Markg. Prokop, falls Jodok ohne Erben stürbe. Dt. Berlin, 4. August 1388.

Wir . . ratmanne der stat Mittemwalde bekennen offenlichen mit diesem brieffe alen luten, das wir dem hochgebornen fursten und herren hern Josten margraffen und herren czu Merhern, unserm lieben gnedigen herren und seynen erben noch gebote und geheisse des irluchten fursten und herren, hern Sigmundes kuniges zu Ungern etc. und noch seiner brive sage und uszweysunge und sunderlichen mit ganczer volbort und muntlicher vorlassunghe der allerdurchluchtigsten fursten und herren hern Wenczlawen romisches kuniges und kuniges czu Beheim, und hern Johannes seines bruders herczogen czu Gorlicz, recht und redlich gehuldet und gesworn haben als unserm rechten herren. In der masse, were es, das unser gnediger herre her Jost egenant an erben abgynghe, do got vor sey, so globen wir und sullen gefallen und komen an den hochgebornen fursten hern Procoppen marggraffen czu Merhern und an seine erben an geverde und an widersprache. Aber die weile, das her Jost, unser lieber gnediger herre, lebet und liplich ist, so sullen wir uns an yn und an seyne erben und an nyemandes anders czichen und halden. Were aber sache, das der egenant herre Jost, unser gnediger herre, eynes andern czu rate wurde mit seynem lande der marke zu Brandemburg, und wolde das an eyncn andern herren weysen, des sal der obgenant her Procop noch seine erben mit nichte widerreden noch keyne macht haben dowider czu sprechen und keyne manungbe sal er dorumb czu diesem lande haben. Und wir globen, das wir uns an yn noch an seine erben nicht sullen noch wollen halden noch czichen. Mit urkund dicz brieffs vorsigelt mit unserm anhangunden ingesigel, der geben ist czu Berlin des nechsten dinstags vor sant Sixtentag, noch Crists geburt dreiczenhundert jare, darnoch in dem acht und achczigsten jare.

(Orig. Perg. mit h. gut erhaltenem Sig. in den altständischen Akten des mähr. Landes-
archives. — Fast gleichlautend mit dieser Urkunde sind die weiter unten folgenden
Huldigungserklärungen der Städte Stendal, Tangermünde, Bernow, Strausberg u. s. w.)

493.

Berlin, 9. August 1388.

Markgraf Jodok bestättigt die Privilegien des Domkapitels zu Brandenburg.

(Riedel's Cod. Brandenb. A. VIII. 354; Gerken hist. d. Stif. v. Brandenb. p. 632.)

494.

10. August 1388. s. l.

Die Stadt Bernau huldigt dem Markgrafen Jodok. (Geben 1388 an sante Laurencz dage des heiligin marteleris.)

(Orig. Perg. mit h. gut erhaltenem Sig. in den altständischen Akten des mähr. Landes-
archives. — Vgl. n. 492)

495.

Johann, Patriarch von Aquileja und postulirter Bischof von Olmütz, bekennt, dass dem Hanuš von Soběslau, Burggraf in Mödritz, falls er vom Burggrafenamte entfernt werden sollte, alle in dem Mödritzer- und Dürnhoferhofe vorfindigen Mobilien gehören sollen.
Dt. Mödritz. 10. August 1388.

Nos Johannes dei gracia Aquilegiensis patriarcha et Olomucensis postulatus notum facimus tenore presencium universis. Quod nos attendentes et considerantes benemerita et fidelia obsequia idonei Hanussii de Sobyesslaw, purgravii nostri in Modricz, fidelis dilecti, cupientes cciam si non in toto, sallem in parte suos recompensare labores et in eventmn, quando et quociens dictum Hanussium de purgraviatu amoveri contigerit, omnia et singula bona mobilia et immobilia, videlicet pecora ct pecudes, currus ct alia utensilia certa, cciam ex eis ipsius impensis propriis inibi adueta *) et comparata, necnon omnia et singula vina, frumenta et blada tam in castro et in curia Medricz quam in curia Dirnhoff, alias Dworzecz nuncupata, existencia dedimus donavimus ac damus et donamus per presentes de nostra mera et pura gracia et liberalitate; nam idem Hanussius omnes et singulos labores vincarum et agrorum culturas, semina et messes laborari, excoli, seminari et meti fecit et procuravit suis propriis sumptibus et expensis. Presencium sub nostri patriarchalis minoris sigilli appensione testimonio literarum. Datum Modricz anno domini MCCCLXXXVIII⁰ in die sancti Laurencii martiris.

(Orig im Budweiser Stadtarchive, Abschrift im böhmischen Museum, mitgetheilt von H. Dr. J. Emler.)

496.

Ebirswald, 13. August 1388.

Markgraf Jodok bestättigt die Freiheiten der Stadt Eberswalde.

(Riedel's Cod. Brandenb. A. XII. 314.)

497.

Premszlaw, 31. August 1388.

Markgraf Jodok bestättigt die Privilegien der Stadt Prenzlau.

(Riedel's Cod. Brandenb. A. XXI. 221.)

498.

Jakob čon Opolčitz etc. rerpflichten sich, den Johann von Niederplavě dem Erhart von Kunstadt, dem Landeshauptmann ron Mähren, Ješek Puška von Kunstat und Beneš von Lipnitz auf ihr Verlangen zu stellen. Dt. 1. September 1388. s. l.

Wir Jacubek von Opoloczicz, Yngram von Frenaw und Michku von Elhoten voriehen und thun chund offenwar mit dem priff allen leuten, dy yn sehent oder horent lesen. Daz wir mit der frcunt rat ausgepurgelt haben und ausnemen von den edeln herren, von herren Erharten von der Chunstat und von herren Jesken Puska, auch von der Chunstat, dy weil hauptmann des landes zu Merhern, und von herren Weneschen von Lippnicz, dy

---

*) So auch im Originale statt adaucta oder adducta.

weil purgraff ze Znoym, den erbern Janken von Niderplawcz, den vorhaiss wider zustellen, wan die vorgenanten herren uns gepieten, zu welcher czeit daz wirt und wan wir acht tag vor gemont werden, auch wo se uns hin baissent, mit gesampter hant und an gever, lebendigen oder toden, oder vor yn zu geben und zu beczallen czway hundert mark grosser silbrein prager phening und merherischer czal an alle widerred und an alle vorcziechung. Tet wir der aYns nicht, also, daz wir den obgenanten Jenken nicht wider stelten, als oben geschriben stet, oder dy czway hundert mark nicht beczalten, so schul wir al zu hants laisten, wan wir gemont werden, unser yclicher mit aim knecht und mit czwain pferden, ge Cznoym in die stat, oder wo uns hin gepoten wirt, in ein erber gasthaus, wo uns das geweist wirt. Und schullen da Ynligen und laisten, als es recht und gewonhait ist in dem land ze Merhern, nicht aus zu czichen auf kain recht, an der obgenanten herren gehaissen und willen. Auch, es wert gelaistet oder nicht, uber vierczehen tag nach der monung haben di obgenanten herren vollen gewalt, das obgenante gelt der czwayer hundert mark auszugewinnen und aus zu nemen zu juden oder zu christen auf uns vorgenanten und auf unser aller hab ynnerlands und ausserlands, varund und unvarund und auf unser scheden. Dennoch dest mynner nichtes nicht schol di obgenante laistung für sich gehalden werden steticlich als lang uncz das alles das, das vor geschriben stet, gancz und gar und all beweislich scheden werden vorrichtet, di darauf wachsund sein, wy di genant sein. Wir vorpintten uns auch den obgenanten herren, daz wir uns nicht aswo hin vorruffen wollen an chaynerley gerichtt, den nurt disc sach enden, als oben geschriben stet. Und tet wir ichts dawider, des got nicht cnwell, so tet wir wider unser trewe und wider unser eer. Mit urkund diez prifs, den wir obgenante den vorgenanten hern oder an yr stat wem das wirt, geben vorsigelten mit unsern aigen anhangenden insigeln. Nach Crists gepurd drewczehen hundert jar, darnach in dem achten und achczkistem jar, des eritags an sand Egidii tag.

(Orig. Perg. mit 3 kleinen h. Sig. in den altständischen Akten des mähr. Landesarchives.)

499.

Brandemburg, 8. September 1388.

Markgraf Jodok bestättigt die Privilegien der Altstadt Brandenburg.

(Riedel's Cod. Brandenb. A. IX. 68.)

500.

Rathenow, 10. September 1388.

Markgraf Jodok bestättigt die Privilegien der Stadt Ratenau.

(Riedel's Cod. Brandenb. A. VII. 428.)

501.

Die Stadt Tangermünde huldigt dem Markgrafen Jodok. Dt. Tangermünde, 11. Sept. 1388.

Wir ratmanne der stat tzu Tangermunde bekennen offenlich mit dissim brive vor allen, dy dessen briff syen, horen edder lezen. Daz wir dem hochgeborn furstin unde heren hern Joste marcgraffen unde heren tzu Merherin, unsern lieben gnedegen heren und seynen erben nach gebote unde geheytze des irluchtigistin fürstin unde heren hern Sigismund kuning tzu Ungren etc. unde nach seyner brive saghe unde uzwisunge, unde sunderlich mit gantzer fulbort unde muntlicher vorlassnuge der aller dorchluchtigisten fursten unde heren hern Wenczlaws romischen kuning unde kuning tzu Behemen, unde hern Johannes seynes bruder hertzogen tzu Gorlitz, recht unde redelichen gehuldit unde gesworen haben alz userm rechten heren. In der mazze: wers, daz user gnediger here her Jost egenant ane erben abeginge, dar got vor sey, so globen wir unde zullen gefallen unde komen an den hochgeborn fursten hern Procop marcgraffen tzu Merherin unde an seynen erben ane geverde unde ane widdersprache. Abir der wyle, daz her Jost unser liber gnediger hero lebit unde liplich ist, so sullen wir uns an yn unde an seynen erben unde an nymant anders tzyen unde holden. Were abir sache, daz der egnante here Jost unser lieber gnediger here eyns andern tzu rate worde mit seynen lande der marke tzu Brandenborg unde wolde das an eynem andern heren weysen, des sal der egnante here Procop noch seyne erben nicht macht haben, da widder tzu reden edder tzu sprechende; unde keyne manunge sal her dar umbe tzu disim lande haben. Unde wir globen, daz wir uns an in noch an seynen erben nicht sullen noch wollen haldin noch getzien. Mit orkunt dis brives vorseghelt mit unserm anhangunden ingesighel, der geben ist tzu Tangermunde nach Christi gebort drittzenhundert jar dar nach in dem acht unde achtigesten jare des neghesten vritages nach unser vrowen tage nativitatis.

(Orig. Perg. h. gut erhaltenes, ovales Sig. in den altständischen Akten des mähr. Landes-archives. — Nach einer Abschrift G. Wolny's auszüglich mitgetheilt in Riedel's Cod. Brandenb. A. XVI. 30.)

502.

Tangermund, 14. September 1388.

Markgraf Jodok bestättigt das Johannesstift auf der Burg zu Tangermünde.

(Riedel's Cod. Brandenb. A. XVI. 30.)

503.

Die Stadt Osterburg huldigt dem Markgrafen Jodok. Dt. 15. September 1388.

Wy radman unde ghemeinen borger der stad Osterborch, bekennen in dessem iegenwardigen brive vor allen luden, dy ene syen ofte horen lesen, dat wy den hoch-

geboren fursten unde heren hern Joste margraven unde heren to Merheren unscn liven
gnedighen heren unde sinen erven nach ghebode unde gheheite des irluchtigen fursten unde
heren hern Sigimund koninges to Ungeren nach siner brive utwisinge und sage unde
sunderliken med gantzeme fulborde unde muntliker vorlatinge der aller dorchluchtigen fursten
unde heren hern Wenceslawes romeschen koninges unde koning to Bemen, unde hern
Johanne sines bruders, hertighen to Gorlitze, recht unde redelik ghehuldiget unde ghesworen
hebben als unscn rechten heren. In der mate: were, dat unse gnedighe here her Jost
ergenant ane erven afghinge, dar god vor sy, so geligge wy unde scolen ghevallen unde
komen an den hochgeborn fursten unde heren hern Procopen margraven to Merhern unde
an sine erven ane wer unde weddersprake. Men (?) dy wile, dat her Jost unse ghenedige
here leved unde liflik is, so scole wy uns an em unde an sine erven unde an nymende
anders tien und holden. Were ofte sake, dat dy ergenant her Jost, unse live gnedige bere
enes anderen to rade worde med sinen lande der marke to Brandenborch, unde wolde dat
an enen anderen wisen, dat scal de ergenante here her Procop noch sine erven med nichte
wedder reden noch inne macht bebben, dar wedder to sprekende, unde scolen inne maninge
dar ume hebben to dessen lande. Unde wy geloven, dat wy uns an em nicht scolen noch
willen holden noch tien. Des to warheit unde merer bekantnisse so hebe wy radman der
vorscevenen stad Osterborch unse ingezegel laten hangen an dessen brieff. Nach der
ghebord ghodes drutteyn hundirt iar in dome achte unde achtichsten iare, in deme achtenden
daghe unser liven vrouwen als sy ward ghebaren.

(Orig. Perg. mit h. gut erhaltenem Sig. in den altständischen Akten des mähr. Landes-
archives. — Nach einem Auszuge von G. Wolny mitgetheilt in Riedel's Cod.
Brandenb. A. XVI. 334.)

504.

Die Stadt Gardeleg huldigt dem Markgrafen Jodok. Dt. Gardeleg, 6. September 1388.

Wyr radmann der stad Gardelege bekennen offinlich med dessem brive allin lutin,
das wir dem hochgebornen furstin unde herren hern Josten marggraven unde herren czu
Merhern unserm lieben gnedigen herren und seynen erben nach gebote unde heysze des
irluchten fursten unde herren hern Sigmundis kunynges zcu Unghern unde nach seyner
brive saghe unde uzweysunge unde sunderlichen mit ganczer valbort und muntlicher vor-
laszunge der allerdurchluchtigsten fursten und herren hern Wenczlawen romsches konighes
unde konynges zcu Behem, und hern Johanns seynes bruders, herczogen zcu Gorlicz, recht
und redlich gehuldet und gesworn haben als unsern rechten herrn. In der masse: were
das unsir gnediger herre her Jost ergenannt ane erben aveghinge, do got vor sey, so
globen wir unde sullen gefallin und komen an den hochgebornen fursten hern Procopen
marggraven zcu Merhern und an seyne erben an geverde und an widersprache. Aber
dy weyle, das her Jost unser liber gnediger herre icbt unde lyplich ist, so sullen wir

uns an yn und an seyne erben und an nymandes anders czihen unde halden. Were aber sache, das der ergenante herre Jost unser gnediger herre eynes anders czu rade wurde myd seynem lande der marken czu Brandenburg und walde das an eynen andern herrn weysun, des sal der obgenante her Procop noch seyne erben mit nichte widerreden noch keyne macht haben do wider czu sprechen unde keyne manunge sal er dorumb zcu dissem lande haben. Unde wir globen, das wir us an yn noch an seyne erben nicht sullen noch wollen halden noch czihen. Geben czu Gardeleg an dem tage Eufemie der heylgen Jungfrawen na der bort godis dreytzeynhundirt jar in dem achtundachtintigstem jare.

(Orig. Perg. mit h. gut erhaltenem Sig. in den altständischen Akten des mähr. Landesarchives.)

505.

Salzwedel, 17. September 1388.

Markgraf Jodok bestättigt die Güter und Rechte der von Schulenburg.

(Riedel's Cod. Brandenb. A. V. 361.)

506.

Salzwedel, 18. September 1388.

Markgraf Jodok bestättigt die Privilegien beider Städte Salzwedel.

(Riedel's Cod. Brandenb. A. XIV. 184.)

507.

Prenzlau, 27. September 1388.

Friedensschluss des Marggrafen Jodok mit den Herzogen Svantibor und Boguslav von Pommern.

(Riedel's Cod. Brandenb. B. III. 107.)

508.

Heinrich Žadlowetz quittirt in seinem und seiner Schwester Namen dem Prior des Karthäuserklosters in Dolan, Stefan, über 13 Mark Prager Groschen, welche ihm als die Hälfte des Kaufpreises für das Gericht in Dolan gezahlt wurden.

Dt. 21. September 1388. s. l.

Ego Henricus dictus Zadlowecz de Zadlowicz nomine meo et domine Margarete relicte olim Wicenonis judicisse in Dolan, sororis mee, recognosco tenore presencium universis, mc cum eadem sorore mea percepisse in parata pecunia grossorum pragensium tredecim marcas a domino Stephano, priore vallis Josaphat prope Olomucz, ordinis Cartusiensis et a conventu suo pro termino sancti Wenceslai presentis, secundum quod debuerunt et litera ipsorum sonat nobis data, in debito XXVI. marcarum pro judicio in Dolan, a nobis per eosdem dominos priorem et conventum predictos iuste et racionabiliter empto. De quibus XIII. marcis eosdem priorem et conventum suum presentibus liberos et absolutos reddimus et quittamus. In cuius rei testimonium sigillum meum presentibus est appensum. Datum anno domini millesimo III°LXXXVIII°, die sancti Wenceslai martiris.

(Orig. Perg. an Pergamentstreifen h. gut erhaltenes Sig. in den Akten des Olmützer Karth. Klosters im mähr. Landesarchive.)

509.

Die Stadt Strausberg huldigt dem Markgrafen Jodok. Dt. 29. September 1388.

Wy ratman und vorstender der stat Strutzberch bekennen met utwisunghe desser scrift alle denghene, di si vornemen, dat wi met wulbort user vir werken und gemeynen borgere deme hochgeboren vorsten und hern hern Jost markgraven und hern tzu Merhern, uscn liven genedigen hern und sinen erven nach gebode und geheyte des irluchten vorsten und hern her Zegemundes, des konighes tzu Ungeren und nach siner brive saghe und utwisunghe, und sunderlik nach gantzer wulbort und muntliker vorlatughe der aller dorluchtingesten vorsten und hern her Wentzselows koninges tzu Behem und hern Johannis, sines bruder, hertogen tzu Gorlicz recht und redelik gehuldet und gesworn hebben alse useme rechten hern. In der mathe: were, dat use genadeghe here her Jost egenant ane erven ave ginghe, dar got vor si, so gelove wi und scholen gevallen und komen an den hochgeborn vorsten hern Prokoffe markgraven tzu Merhern und an sine erven ane gewerre und wedersprake. Aver di wile, dat her Jost, use genedeghe herre levet und liflik is, so schole wi us an en und an sinen erven und an nimande anders tien und holden. Were aver sake, dat der egenante her Jost, use live genedighe here eyns anderen tu rade worde met sinen landen der marke tzu Brandeburch, und welde dat an eynen anderen heren wisen, daz schal der egenante her Prokop oder sine erven met nychte wedersprecken noch keyne macht hebben darweder tzu redene und keyne manunghe schal he darumme tzu deme lande hebben. Und wi geloven, daz wi us an en nicht soln holden noch tzyn. Tzu orkunde so hebbe wi dessen brif vorsegelt met uscn angehangen ingesegel. Sub anno dominice incarnacionis M°CCC°LXXXVIII°, ipso die Michaelis archangeli gloriosi.

(Orig. Perg. h. gut erhaltenes Sig. in den altständischen Akten des mähr. Landesarchives)

510.

Berlin, 1. October 1388.

Markgraf Jodok bestättigt die Freiheiten der Stadt Werben.

(Riedel's Cod. Brandenb. A. VI. 410.)

511.

Berlin, 5. October 1388.

Markgraf Jodok bestättigt die Güter und Privilegien der von Alvensleben.

(Riedel's Cod. Brandenb. A. XVII. 88.)

512.

Eberswalde, 13. October 1388.

Markgraf Jodok erneuert dem Pfarrer zu Eberswalde das Recht, aus den landesfürstlichen Forsten sein Holz zu beziehen.

(Riedel's Cod. Brandenb. A. XII. 315.)

513.

Strausperg, 15. October 1388.

Markgraf Jodok bestättigt die Privilegien der Stadt Strausberg.

(Riedel's Cod. Brandenb. A. XII. 78.)

514.

Strausberg, 15. October 1388.

Markgraf Jodok bestättigt die Rechte und Freiheiten des Bisthumes Havelberg,

(Riedel's Cod. Brandenb. A. II. 472.)

515.

*Jeklin Hammer bekennt, dass er dem Franz Weyspruch zur Zahlung eines jährlichen
Schock Groschen verpflichtet sei. Dt. 21. October 1388. s. l.*

Nos Andreas Clamor judex, Cuncz Poschiczer magister juratorum, Jaxo Bresslaber,
Dytlinus Halpworst, Albertus Cladoner, Heynricus Ribenstein, Marscho Fedirl, Johannes
rector scolarum, Cuncz Hoschalk, Cuncz Faber, Jursico et Antusch recognoscimus protestando,
honestum Jeklinum Hamir suo, omnium heredum ac successorum suorum nomine recognovisse,
se super domum suam cum suis pertinenciis et eius arcam unam sexagenam grossorum
denariorum pragensium annui census perpetui cum decem sexagenis emptam honesto

Franczkoni Weyspruch et suis heredibus teneri et obligari, censuando mediam sexagenam grossorum dicti census ad festum sancti Georii et mediam sexagenam grossorum dicti census ad festum sancti Galli proxime affutura, annis omnibus in futurum. Potest cciam nominatus Franczko ac sui heredes possessores dictos, qui pro· tempore fuerint, pro suo censu non soluto sine judiciaria exhibicione impignorare, ea pignora vendere, obligare inter cristianos, judeos in dampnum suum et super omnia bona dictorum possessorum mobilia et immobilia pleno iure. Et quando possessores dicte domus tam certum censum annuum et perpetuum comparaverint, tunc dicta domus a tali census onere libera sunt (sic) et soluta. Et qui presentes habuerit, eidem ius competit omnium premissorum. In cuius rei testimonium sigillum nostre civitatis Colonie super Albea presentibus est appensum. Datum et actum anno domini millesimo trecentesimo octuagesimo octavo, feria quarta post festum sancti Galli.

(Orig. Perg. h. Sig. im Iglauer Stadtarchive.)

516.

Monchberg, 22. October 1388.

Markgraf Jodok bestättigt die Rechte der Stadt Müncheberg und legt ihr das Obergericht bei.

(Riedel's Cod. Brandenb. A. XX. 152.)

517.

Die Stadt Stendal huldigt dem Markgrafen Jodok. Dt. 26. October 1388.

Wi radmanne der stat tho Stendal bekennen unde betughen openbar med dessen bryve, dat wi dem hochgeborn fürsten unde heren hern Joste markgraven unde heren tho Merhern, unscn lyven gnedighen heren unde synen erven nach ghebode und gheheite des dorluchtighen fürsten unde heren bern Syghemund, konig tho Hunghern, nach syner bryve saghe unde utwisunghe, unde sunderlichen med gantzer fulbord unde muntliher vorlatunghe der aller durchluchtighesten fürsten und heren hern Wentzlawen, romisches konynghes unde konig tho Behem, unde hern Johans, synes bruders, hertoghen tho Görlitz, recht unde redelich ghehuldet unde ghesworn hebben alse unscn rechten heren in der mathe : were dat unse gnedighe here her Jost erghenant one erven aveghinghe, dar god vor sy, so ghelove wi unde sullen gefallen unde komen an den hochgeborn fursten unde heren hern Procopen, markgraven tho Merhern unde an sine erven ane gheverde unde wedder-sprache. Ofte dy wile, dat her Jost unse gnedighe here levet unde liflich *) is, so sulle wi uns an ym unde an sine erven thien unde halden unde an nymand anders. Were ofte sache, dat dy (sic) ergenante here unse lyve gnedighe here eynes anders tho rade worde

---

*) d. h. liplich = leiblich = lebend.

med synen lande der marke tho Brandenborg unde wolde dat an eynen andren heren wisen. dat schal dy erghenante here her Procop noch syne erven med nichte wedder reden, meli sine erven noch he sullen macht hebben darwedder tho spreken unde neyne manunghe schol he darumme tho dessen lande hebben; unde wi gheloven, dat wi uns an ym nicht sullen noch wollen holden noch thien. Med orkunde desses bryves vorsegheld med unser stad ingheseghell. nach godes ghebort dusent jar dryhundert jar in dem achten und achten- teghesten jare des neghesten mandaghes vor sunte Symonis unde Jude daghe.

(Orig. Perg. mit an Pergamentstreifen h. wohl erhaltenen Sig. mit Gegensigel in den altständischen Akten des mähr. Landesarchives. Vgl. n 509. — Da der Abdruck dieser Urkunde in Riedel's Cod. Brandenb. A. XVI. 175. nach einem minder richtigen Texte erfolgte, geben wir die Urkunde nach dem Originale per extensum.)

518.

Seieser, *26. October 1388.*

Markgraf Jodok schlichtet einen Streit zwischen dem Domcapitel und der Neustadt Brandenburg.

(Riedel's Cod. Brandenb. A. VIII. 355.)

519.

Tangermünde, *27. October 1388.*

Markgraf Jodok bestättigt der Stadt Stendal und den Vasallen der Altmark ihre Rechte.

(Riedel's Cod. Brandenb. B. VIII. 356.)

520.

Johann von Babitz bekennt, dem Andreas zehn Mark Prager Groschen schuldig zu sein und verpfändet ihm hiefür den Hof zu Matnitz auf vier Jahre. ·Dt. 11. Nov. 1388 s. l.

Ich Jan von Babicz selbgegeschol (sic) des nochgeschriben geltes, Willem sein bruder auch von Babicz, Jorig von Luchtenburg her zu Vethaw, Peter von Geywicz und unser erben wir voriehen und tun chunt offenlich mit disem priff allen lewten, die in sehent oder horent lesen, di nu lebent oder her noch chunftig werden. Das wir schultig sein und gelten schullen Andren czehen mark grosser silbereiner phenig prager muncz und guter werung ye fir und sechczige gros vor ain yde mark zu raiten, di er uns gelihent hat und peczalt mit peraiten gelt hat zu unser rechten nottdurft. Und des hab wir im gesaczt unsern hoff dem egenanten Andren zu Matnicz vier gancze jar noch den weinachten, di nu schirist cbomen, im, seiner hawsvrawen Claren und seinen erben mit allerlai zu—

gehorung, mit wismat mit puschen, mit winterpaw wolbeset, mit czwanczig metzen corn und czwanczig metzen habern gedrossens trades und mit allem fueter, mit hay und mit stro und das schol er uns noch den egenanten vier jarn wider abtreten und antwurten, als wir in das abtreten haben. Und wann auch die egenannten vier jar auscomen, so schol wir dem egenanten Andren, Claren seinem weipp die egenanten czehen mark grosser wider geben und ab si ymant von des egenanten hoffs wegen mit dem rechten ansprech von unserr vegen, das sol wir in ausrichten. Tett wir des nicht, als vorgeschriben stet, welcher dan unter uns gemant wurde von dem egenanten Andren oder seinem weipp, der schol senten in di laistung gen Budwicz in ein erber gasthaws an seiner stat ein rittermessigen diner mit aynem chnecht und mit czweinn pherden und do in ligen und laisten als inligens und laistens recht ist in dem lant zu Merhern. Und aus der laistung auf chain recht nicht aus chomen, es werd der egenante Andres, sein weipp Clara der czehen mark grosser peczalt gancz und gar. Und ab si des icht scheden nemen, di si peweisen mochten mit ainer ‘guter gewissen, di sol wir in abtragen und wider keren. Auch ist merbedacht, ab si icht pawn wurden von newen dingen in dem egenanten hoff, das er mit einer gewissen tut, das sol wir im auch wider keren. Wer den priff mit irm guten willen wirt inhaben, der hat vollen gewalt zu allin dem, das an discn priff geschriben stet. Das das als stet und unzuprochen pleib, geb wir in discn priff vorsigelt mit unsern anhangenden ingsigeln. Der geben ist noch Crists gepurd dreiczehenhundert jar dornoch indem acht und achtzigisten jar, an Sand Merteinstag.

(Orig. Perg. mit 4 kleinen h. Sig. in den altständischen Aklen des mähr. Landesarchives.)

521.

Notariatsinstrument über mehrere Synodalstatuten bezüglich der Kirchenschädiger und über mehrere die Olmützer Kirche betreffende Urkunden. Dt. Olmütz, 1. November 1388.

Johann, Offizial des Olmützer Bischofes Nicolaus, lässt auf Bitten des Johann Tassowicz de Harawicz und Peter de Saz, Prokuratoren des Olmützer Consistoriums, mehrere Statuten gegen Kirchenschädiger und mehre Urkunden notariell transsumiren und zwar 1. das Statut: cum aliquis nobilis iustitiarius seu laicus etc. (vid. N. 415.). 2. Das Statut gegeben auf dem Aschaffenburger Provinzial Concil. (vid. N. 415.). 3. Des Mainzer Erzbischofes Bernhard (vid. N. 415.). 4. Das Kremsirer Synodalstatut ddto. 1380. Dann die Urkunden 1. des Bischofes Bruno ddto. Cremsir idibus Decembris 1267 wegen der Erwählung des Dekans. 2. Des Bischofes Johann ddto. Olmütz VII^0 kal. Martii 1306 wegen Vereinigung des Dorfes Schlapanitz mit der Olm. Scolastrie und die Bestättigung dessen durch den Mainzer Erzbischof Peter ddto. Brune 1311.

(Orig. Perg. h. Sig. im Olm. Kap. Arch.)

522.

Boček von Kunstat schenkt der Stadt Bodenstat ein Bräuhaus und verleiht ihr das
Recht, die bei Streithändeln gezückten Waffen zum Besten der Stadt wegzunehmen und
zu veräussern. Dt. Bodenstat, 9. November 1388.

Cuncta, que fiunt et aguntur in tempore, simul labente tempore transeunt; si ergo aliqua ad perpetuam et futurorum noticiam debent pervenire, conveniens est ea litterarum et sigillorum testimonio roborari. Nos igitur Boczko de Chunstat alias de Podiebrad coram universis presentem visuris, lecturis et audituris literam recognoscimus et fatemur, quod venientes coram nobis fideles nostri dilecti advocatus, consules, cives necnon tota communitas civitatis nostre Pottenstat nobis defectus et annihilacionem dicte nostre civitatis proposuerunt potentes et suas nobis peticiones attentas porrigentes, ut pro melioracione dicte nostre civitatis ipsis et posteris ipsorum aliquam graciam faceremus, per quam ipsa civitas et incole eius possent emendari. Quorum supplicacionibus tamquam iustis et competentibus favorabiliter annuentes damus presentibus et dedimus prehabitis nostris fidelibus et ipsorum successoribus, incolis dicte nostre civitatis cum bona deliberacione et fidelium nostrorum consilio super hiis diligenter prebabito, braxatorium situm in medio dicte civitatis temporibus perpetuis cum omnibus utilitatibus et proventibus, que modo de dicto braxatorio proveniunt vel in futurum poterunt provenire, habendum tenendum utifruendum et ad usus ipsorum et dicte civitatis, secundum quod sciunt vel possunt convertendum, omni nostro, heredum et successorum nostrorum impedimento procul moto. Insuper damus concedimus et largimur sepenominatis nostris fidelibus habitatoribus seu incolis dicte nostre civitatis presentibus et futuris pro emendacione seu melioracione ipsorum, quod quandocunque acciderit, quod alique lites, gwerre, contenciones et insolencie in dicta civitate quovismodo fiorent et committerentur et per hec gladii, cultelli vel alia defendicula extraherentur vel denudarentur, quod ipsi habent et successores ipsorum habere debent plenam et omnimodam potestatem ipsa defendicula extracta recipere seu denudata et ad usus suos et dicte civitatis convertere, prout ipsis melius videbitur expedire. Et in premissis nostris donacionibus nos heredes et successores nostri promittimus immo debemus dictos nostros fideles incolas dicte nostre civitatis et ipsorum successores in nullo penitus perpetue impedire. Cum condicione nichilominus infrascripta, sic quod consules, cives et tota communitas dicte nostre civitatis nobis, heredibus et successoribus nominatim et in summa duodecim marcas graves moravici pagamenti divisim quolibet anno, videlicet in festo sancti Georii martyris sex marcas pro censu et octo grossos pro pascuis, et in festo sancti Wenczeslai martyris sex marcas pro censu et quatuor grossos pro pascuis, et in quolibet festo nativitatis Christi mediam marcam pro honore dare et solvere perpetuis temporibus debent et tenentur. Expressum est eciam, quod alias omnes utilitates exceptis premisso braxatorio et defendiculorum recepcione, que dedimus et donavimus sepedictis nostris fidelibus et ipsorum successoribus, pro nobis heredibus et posteris nostris recipiendas, que modo sunt in dicta civitate nostra vel in posterum esse poterunt, reservamus. In cuius nostre donacionis robur firmius sigillum nostrum de certa nostra sciencia cum sigillis fidelium nostrorum Ulrici de Duban, pro tunc purgravii nostri in Pottenstat et Stiborii de Marquartycz, qui sunt testes et interfuerunt dicte nostre donacioni, presentibus in testimonium sunt appensa. Actum et scriptum in Pottenslat in castro, anno domini millesimo trecentesimo octuagesimo octavo, feria quinta in festo sancte Elizabeth.

(Orig. Perg. mit 3 minder gut erhaltenen h. Sig. im Archive der Stadt Bodenstadt.)

523.

Markgraf Jodok befreit den Kreuzherrenorden von allen Mauthen und Abgaben in Mähren.
Dt. Prag, 25. November 1388.

Jodocus dei gratia marchio et dominus Moravie. Universis capitaneis, burggraviis, judicibus, telonariis et juratis civitatum, oppidorum et villarum per totam terram nostram Moravie constitutis fidelibus nostris dilectionem graciam et omne bonum. Fideles dilecti. Jam multiplicatas literas dedimus nostras religiosis viris magistro et conventui hospitalis sancti Francisci in pede pontis Pragensis, ordinis cruciferorum cum stella, ut ab omni telonio et solucione telonei et ab aliis gravaminibus et impedimentis quibuscumque cum vinis seu vino et rebus eorum, quascumque per predictam terram nostram Moravie duxerint, liberi debeant esse et soluti. Sed quia aliqui in contemptum nostri mandati adhuc eosdem cruciferos et ipsorum vectores et nuncios nituntur impedire vina eisdem arrestantes et telonium ab ipsis contra literas nostras exigentes, idcirco adhuc districte precipiendo mandamus universis et singulis nostris in civitatibus et aliis locis per totam terram Moravie et specialiter vobis in Iglavia constitutis, nostre gracie sub obtentu, quatenus ante omnia literas nostras magis respicere et advertere debeatis, et utique adhuc prefatos cruciferos et ipsorum nuncios cum vinis et universis eorum rebus tocies quocies pro ipsorum necessitate ducentur, libere transire absque teloneo permittatis; alias quicumque nostris bisce non paruerit mandatis et presumpserit eosdem cruciferos vel eorum nuncios iam ulterius impedire, volumus eundem taliter punire tam in corpore, quam in rebus, quod ceteri mandata nostra amplius efficacius exequentur. Presencium nostro sub appresso sigillo testimonio literarum. Datum die s. Catharine in Praga anno domini millesimo trecentesimo octuagesimo octavo.

(Das Original im Archive der Pöltenberger Probstei.)

524.

Das Kloster Oslawan verpflichtet sich für den Pfarrer in Treskowitz, Bartholomeus, ein Anniversarium abzuhalten. Dt. 2. Dezember 1388. s. l.

Nos Agnes . . abbatissa, Dorothea priorissa, Elizabeth subpriorissa, Agnes celleraria totusque conventus monasterii Vallis sancte Marie in Ossla notum facimus universis presencium noticiam habituris, quod honorabilis domina Anna de Fullenstain olim nostra ac nostri monasterii predicti abbatissa considerans diligenter ac mente pertractans nostri monasterii defectus atque edificiorum undique ruionosas perpendens structuras, casum corporibus nostris exicialem per singulos dies minantes, de beneplacito ipsius victaque circa nos pietatis affectu queque dampnosa in melius reformare desiderans nobis pro edilicio in ecclesia et ad sanctum Petrum necnon et in ambitu triginta marcas grossorum parate donavit et accelerando plenarie expedivit eciam duas marcas census et unam marcam capellanis in Tempnicz pro quatuor anniversariis, domino Bartholomeo pie recordacionis plebano in Dreskwicz post mortem eius nobis assignavit ac legare omnimodo disposuit, qui census una cum pecunia prescripta pro persona ipsius et utilitate ad eandem dominam Annam post excessum predicti domini Bartholomei rite fuerat devolutus, que nos et nostrum conventum predictum mente sana cordintime rogitare curavit, quatenus ob predictorum bonorum ac divine retribucionis intuitu dignaremur esse memores anime sepe dicti domini Bartholomei per singulos annos in eius anniversario cum celebritate unius misse et exequiarum more solito ritu. Cujus peticionibus pie condescendentes tamquam racionabilibus promittimus sincera nostra fide inviolabiliter per annos singulos successuros anniversario ipsius videlicet in die sancte Barbare missarum solempnia per conventum nostrum et exequias more solito ympnizare. In cuius rei perpetuam memoriam sigilla nostra presentibus duximus appendenda. Sub anno domini millesimo trecentesimo octogesimo octavo, die secunda mensis decembris.

(Orig. Perg. 2· h. Sig. im Brünner Stadtarchive.)

525.

Notiz über die Inthronisation des Olmützer Bischofs Nicolaus. 15. Dezember 1388.

Anno domini millesimo trecentesimo octuagesimo octavo, feria quarta in quatuor temporibus ante nativitatem Christi reverendus in Christo pater dominus Nicolaus episcopus Olomucensis fuit intronizatus.

(Ältester Lehensquatern im fürsterzb. Archive in Kremsier, fol. 1.)

526.

Nicolaus. Bischof von Olmütz, verspricht dem Markgrafen Jodok, ihm gegen Jedermann, den König Wenzel von Böhmen ausgenommen, beiständig zu sein. Dt. Olmütz 20. Dezember 1388.

Wir Nicolaus von gotes gnaden bischof zu Olomuncz bekennen offenlich mit disem brive allen den, die in sehen oder horen lezen. Wann der hochgeborner furste herre Jost marggrave und herre zu Merhern unser liber gnediger herre, uns und unser bischtum und kirchen zu Olomuncz in seynen schucz nnd schirmunghe genomen hat und empfangen; so haben wir vorgenanter bischoff zu Olomuncz dem vorgenanten unserm gnedigen herren

hern Josten marggrafen und herrn zu Merhern mit wohlbedachten mute und rechter wissen
gelobt und vorheissen, und globen auch in guten trewen an alle argelist, das wir demselben
unserm liben herren mit unsern und unser kirchen zu Olomuncz steten, slossen und luten
getrewlich helffen gewartig und beigestendig sein sollen und wollen, wie dicke des not
geschiet, wider allermeniclichen nymandes uszgenomen, denn alleyne den allerdurchleuchtigsten
fursten und herrn, hern Wenczlawen von gotes gnaden Romischen kunig und kunig zu
Beheim, unsern liben gnedigen herren. Auch globen wir vorgenanter bischoff das der
egenante herre Jost unser liber herre unser czu dem rechten gen jedemman, der uns ader
unser bischtum angreiffen wolde, alleweg sal mechtig sein. Mit urkunt dicz brives vorsigelt
mit unserm anhangunden ingesigel. Der geben ist zu Olomuncz noch Crists geburt dreiczenhundert jare, darnoch in dem achtundachczigsten jare, des nechsten suntags vor sant
Thomastag des heiligen czwelffboten.

(Orig. Perg. mit h. gut erhaltenen Sig. in den altständischen Akten des mähr. Landes-
archives.)

527.

Bischof Nicolaus von Olmütz erklärt, dass er dem Markgrafen Jodok die Vesten und Orte
Meilitz, Wischau, Mödritz, Schnobolin, Náměšť, Biskupitz um 5050 Mark verpfändet
habe. Dt. Olmütz, 20. Dezember 1388.

Wir Niclas von gots gnaden bischoff zu Olomuncz bekennen offenlichen mit disem
brive allen den die yn sehen oder horen lezen, das wir mit gutem willen und wissen und
ganczer volbort der ersamen des probstes und capitels zu Olomuncz, unser lieben andechtigen,
dem hochgebornen fürsten herrn Josten marggraven und herren zu Merhern unserm lieben
gnedigen herren und dem, der diesen gegenwortigen brieff mit seinem guten willen haben
wirdet, die vesten, stete, dorffer, lute und güter das ist Meilicz die vesten, Wisschaw die
stat und was wir als eyn bischoff zu Olomuncz doselbest czinse, nucze und gulde haben,
mit namen zu Meilicz und Wisschaw, an unserm teile des stetelins zu Pustmyr, in den
dorffern Drissicz, Sals und Budwicz; die vesten Modricz mit dem stetelin doselbest und den
dorffern und hoven Lapanicz, Ujezd, Schaczans, Durans, Dornhofe, Holeschicz, Slawanin,
Namesch, Kirlicz und Biskupicz, und sunderlichen mit zehenden, die wir haben yn und
uff den dorffern Schaicz und Lapanicz und zu Ulin mit voller herschaft und gütern, mit
manschaften, leben, mannen, gerichten, zinsen, weingerten, zehenden, meierheffen, mollen,
genyssen und allen fruchten, eckern, geburen, welden, puschen, streuchen, wysen, weyden,
wassern, teichen, fischern und mit allen iren zugehörungen nichts ausgenomen, wie man
die mit sunderlichen namen mag genennen, in aller maze als wir als ein bischoff zu Olomuncz
und unsere vorfaren bischove zu Olomuncz die egenanten vesten, stete, dorffer, lute und
güter gehabt haben und gehalden, durch merklichs nuczes und vromen willen unsers
bistums und kirchen zu Olomuncz vor vomftausent mark und fumfzig mark groschen guter
pheninge prager muncze merherischer zal, mit wolbedachtem mute und rechter wissen

56*

redlichen vorsaczt und verpfendet haben, vorseczen und verpfenden mit kraft dicz brives
zu haben, zu halden, zu genyzzen und an alle ansprache vor allermeniclich als eygen gut
gerusamlich zu besiczen. Und geloben auch wir vorgenanter bischoff vor uns und unsere
nachkomen bischove zu Olomuncz in guten treuen an alle argelist, das wir die vorgenanten
vesten, stete, dorffer, güter und lute mit aller herschaft und zugehorung, als vorbenennet
steet, von dem vorgenanten unserm gnedigen herren noch von dem, der diesen brieff mit
seynem guten willen haben wirdet, nymmer gefordern, geheischen noch dornach steen
wollen noch sullen mit geistlichem rechte oder wertlichem in dheynoweys als lange, bys
das wir oder unser nachkomen bischove zu Olomuncz oder ap keyn bischoff zu Olomuncz
were, das capitel zu Olomuncz dem vorgenanten unserm lieben herren oder dem, der diesen
brieff mit seynem guten willen haben wirdet, die obgenante summe geldes gancz und gar
bezalen und richten. Auch geloben wir egenanter bischoff vor uns und unser nachkomene
bischove zu Olomuncz, das wir alle zinse und genyzze welcherley die weren, dy man in
solcher zeit, dieweile wir die egenanten vesten, stete, dorffer, leute und güter nicht löztzen,
von denselben vesten, stelen, dorffern, gütern und luten nemen werden und uffheben, an
der egenanten summe geldes mit nichte wollen noch sollen abslahen noch dovon ziehen.
Auch wer diesen brieff mit des vorgenanten unsers gnedigen herren marggraff Jostes gutem
willen ynne haben wirdet, dem sollen wir mit allen diesen vorgenanten sachen und pfandschaft
vorbunden sein also bescheidenlichen, das der oder dieselben, die diesen briff also inhaben
werden, uns und unsern nachkomen bischoven zu Olomuncz oder ap kein bischoff were,
dem capitel zu Olomuncz die obgenante pfantschaft vesten, stete, dorffer, lute und güter
vor die obgenanten vomftausend mark und fumfzig mark groschen zu losen geben sullen,
der lozunge gestaten und so sy bezalt sein der obgenanten pfantschaft und was dorzu
gehoret, gancz und gar lediclichen abtreten und wider ynantworten an alles geverde. Und
dieselben sullen auch uns, unsern nachkomen bischoven zu Olomuncz oder ap kein bischoff
were zu Olomuncz, dem capitel zu Olomuncz uber sulche pfantschaft lozunge und abtretunge
und wider ynantworten der egenanten pfantschaft ire brive geben an alles geverde.
Sunderlichen bekennen wir probst und das ganze capitel zu Olomuncz das alle obgeschribene
sachen und vorpfendunge gescheen sein mit unserm willen und wissen und haben auch
dorzu geben mit wolbedachtem mute unsere gunst und guten willen mit urkund dicz brives
versigilt mit unserm anhangenden insegiln. Und des zu merer bekentnusse und sicherheit
aller obgeschribner rede und sachen haben wir vorgenanter probst und capitel unser insegil
zu des egenanten unsers herren herrn Niclas bischoff zu Olomuncz insegil mit gutem willen
und wissen an diesen brieff gehangen. Der geben ist zu Olomuncz nach Cristus geburt
dreyczenhundirt jar und dornach in dem acht und achczigsten jaren, des nehsten suntags
vor sant Thomastag des heyligen czwelfboten.

(Aus der Reversurkunde des Markgrafen Jodok (vid. u. 528) im fürsterzb. Archive in
Kremsier.)

528.

Revers des Markgrafen Jodok über die ihm vom Bischofe Nicolaus verpfändeten Güter Meilitz, Wischau, Mödritz, Schnobolin, Námĕšť, Biskupitz etc. Dt. Olmütz, 20. Dezemb. 1388.

Wir Jost von gots gnaden marggrave und herre zu Merhern bekennen offentlichen mit diesem brive allen den, die yn sehen oder horen lesen. Wann der erwirdige in got vater herre Niclas bischoff zu Olomuncz vor sich und seine nachkommen bischofe doselbest mit willen und verhengnusse des ersamen probstes und des gemeynen capitels zu Olomuncz uns zu rechten pfanden verseczt und vorschriben hat die vesten Meilicz, die stat Wisschaw, die vesten Modricz und andere dorffer und güter mit ganczer herschaft und allen iren zugehorungen, als das ausweyzet der brieff, der uns von yn doruber geben ist, der von worte zu worte hernach geschriben stet: Wir Niclas von gots gnaden bischoff zu Olomuncz etc. geben zu Olomuncz nach Cristus geburt dreyczenhundert jar und dornach in dem acht und achczigsten jaren des nehsten suntags vor sant Thomastag des heyligen czwelffboten (vid. n. 527). Dovon so haben wir mit wolbedachtem mute und rechtem wissen gelobt und vorheissen, geloben und vorheissen, mit crafft dicz brives in guten trewen an argelist und an alles geverde dem egenanten bischoff Niclas zu Olomuncz seinen nachkomenen bischoven doselbest und, ab kein bischoff da were, dem capitel zu Olomuncz, welche zeit das geschiet das wir oder der den egenanten pfantbriff mit unserm guten willen gehaben wirdet, vor die egenante summe geldes vomftausent mark und fumfczig mark behemischer groschen merherischer czal, dovor uns die vorgenanten slosse, stete, vesten, dorffer und güter vorsaczt und yngeben sein, genczlich beczalt wirdet, so sollen, geloben und wollen wir dem vorgenanten bischoff Niclas zu Olomuncz oder seinem nachkomen bischoff zu Olomuncz und, ap kein bischoff were, dem capitel zu Olomuncz die obgenanten vesten, stete, dorffer und güter Meilicz, Wisschaw, Modricz und alle andere dorffer, manschafft, lute, güter und was dorzu gehoret als das dovor in dem pfantbrive begriffen ist, unvorczoglich an widerrede genczlich und gar ledig und los wyder aptreten, antworten und yngeben an alles geverde und yn auch den obgeschribnen unsern pfantbriff widergeben an alles geverde. Wer auch denselben unsern pfantbriff mit unserm guten willen ynne haben wirdet, der oder die sullen den vorgenanten bischoff Niclas zu Olomuncz seine nachkome bischove doselbest und ab kein bischoff do were, dem capitel zu Olomuncz der lozunge und abtretunge der egenanten pfantschaft gleicher weis als wir selber verbunden sein der lozunge gestaten und so sye beczalt sein der egenanten summe geldes als vorgeschriben ist, so sullen sy dem egenanten bischoff oder seinen nachkomenen oder ab kein bischoff do were, dem capitel zu Olomuncz die obgenante pfantschaft und was dorzu gehoret gancz und gar ledig und los wyder abtreten, ynantworten und geben und sullen auch in des sicherheit tuen mit unsern bricffen, das der bischoff zu Olomuncz und sein capitel mit solcher lozunge bewaret sein an alles geverde. Auch haben wir dem egenanten bischoff Niclas und dem capitel zu Olomuncz die besundere gunst und freuntschaft getan: ist, das wir oder der, der unsern pfantbrive mit unserm guten willen haben wirdet, von in mit guten bürgen und briven uber die beczalunge der obgenanten summe geldes czwischen hie und synle Georgentag, der schirest kumpt, vorsichert werden, das uns oder dem, der unsern pfantbriff mit unserm guten willen haben wirdet, brenget, so sollen die obgenanten pfantbriffen gancz und gar ledig und los sein und wir sullen im die denn wider antworten, abtreten und ingeben als vorgeschriben steet und auch den egenanten pfantbriff widergeben an widerrede und an alles geverde. Auch wenn der obgenante bischoff oder sein nachkomen bischoff zu Olomuncz oder ap kein bischoff were das capitel zu Olomuncz die obgenanten vorpfenden lozten oder wolden lozen, so sullen sy uns oder dem, der unsern pfantbriff mit unserm guten willen haben wirdet, mit iren quythriven also bewaren, geben und vorsichern, das wir und der, der unsern pfantbriff mit unserm guten willen haben wirdet, furbas ewiclichen umb alle vorgeschribene sachen und vorpfendunge an alle ansprache vor allermenigleichen und ane schaden sicher bleiben. Mit urkund dicz brives vorsigelt mit unserm anhangendem insegil. Geben zu Olomuncz nach Cristus geburt dreyczenhundirt jare dornach in dem acht und achczigistem jaren, des nehesten suntages vor sante Thomastag des heyligen czwelfboten.

(Aus dem Lehensquaterne II. p. 28—31 im fürsterzb. Archive in Kremsier.)

529.

Die mährischen Markgrafen Jodok und Prokop, der Olm. Bischof Nicolaus und die Landherren schliessen einen Landfrieden. Dt. c. 20. Dezember 1388.

Wir Jost und Procop marggraven zu Merhern und wir Niclas von gots gnaden Bischof zu Olomucz, und wir Hincze von der Leippe, Peter von Sternberg, Benesch von Crawarn genannt von Crumpnaw, Jesske Pusska von der Cunstat, Heinrich von Neuenhuse, Jesske von Sterenberg genannt von Luckaw, Erhart von der Cunstat, Lanczko (sic) von Crawarn, Peter von Crawarn genannt von Plumnaw, Jan und Heinrich gebruder von Mezirziecz, Hanus Lichtensteiner, Wilhelm von Pernsteyn, Dobess von Mitraw, Jarosch von Czinburg, Hermann von Neuenhause, Ulrich vom Neunhus, Heinrich von Jeuspicz, Erhart von Skal genannt von der Cunstat, Wilhelm Smil und Czenke gebruder von Luczken genannt von der Cunstat, Alsche von Sehradicz genannt von Czinburg, Jost, Sigmund und Smil gebruder von Letowicz, Albrecht von Vethaw, Hinke und Litolt gebruder von Vethaw, Proczke und Alsche von der Cunstat genannt von Lissicz, Benesch, Wanke und Czenke von Deblin genannt von Lompnicz, Jan der eldeste von Lompnicz, Jan der jungeste von Lompnicz, Wznata, Jost und Hinke gebruder von Rossicz, Jan und Milota von Krzizanowa, Paulik von Eulenburg, Wok von Holstein, Wanke von Boschkowicz, Hinke von Jeyspicz, Wok von Crawarn, Albrecht, Bernhart, Przedbor und Mathus gebruder von Czinburg, Artleb von Drahotuss, Czenko von Drahotuss, Kunik von Drahotuss, Ulrich Hecht von Rossicz, Boczke von der Cunstat genannt (von) Leschtnicz, Erhart von Leschtnicz genannt von der Cunstat, Miksse von Ottoslawicz, Heinrich von Schellenberg vom Kuhberg und Sulik von Konicz, bekennen offenlich und tun kunt etc. Das wir mit wolbedachtem mute und eintrechtigem rate durch gemeines frides gemaches und nuczes willen der marggrafschaft und des ganzen landes zu Merhern, als weite breite und so verre das begriffen ist, das von langer zeit bis doher von kriges und unfrides wegen mannichfeldiclichen beschediget und vorterbet ist, einer sulcher einunge und ordenunge uber einkommen sein. Und haben auch dieselben einunge und ordenunge stete und feste zu halden aneinander bei unsern guten treuen und eren gelobt und geloben mit aller unser wissen in creften dicz brives in aller der masse forme und weise als hernoch eigentlichen beschriben steet.

Zum ersten, das dhein herre ritter oder knecht lantmann oder frei, der im lande herschaft und gebiete zu Merhern gesessen oder wonhaft ist, durch dheinerlei sachen willen niemanden entsagen sal und sal im auch nicht nemen noch schaden und in auch nicht fahen, sunder was einer dem andern hat schult zu geben, das sal er bringen und beklagen an marggrafen und an die lantherren und von in das recht heischen als verre, als das ire gerichte anlanget, als das lange von alders her hie im lande gewonheit ist gewest. Und was im also der marggraf und die lantherrn fur ein recht finden, dobei sal idermann bleiben und sal doran genug haben.

Item. Were sache, das imand mit deme bischofe zu Olomucz oder mit seinen, wer die weren, oder mit seinen mannen zu tun oder zu schaffen hette, es sei umb lehen mannschaft oder umb andere sachen, was sein gerichte anruret, derselbe sal auch seine sachen bringen vor den vorgenannten bischof und an seine amptleute und mannen; doselbest sal im ein recht und ein gleichs gescheen noch dem, als das lange von alders her recht und gewonheit gewest ist, es sei um geistliche sachen oder wertliche. Und was im also der bischof. seine amptleute und manne fur ein recht finden, dobei sal idermann bleiben und sal doran genug haben.

Item. Wir obgenannter marggraf Jost sullen von uns, unsern lantleuten, von amptleuten, von mannen und von steten idermanne, der do klaget und dem andern schult gebe, eines rechten gunnen und im des helfen, also das in zu beiden seiten, deme der do klaget und auch der beklaget wirdet, ein gleichs geschee, wir sein hie im lande oder nicht, noch deme als hie im lande von alders recht gewest ist und gute gewonheit. Und dorumb wir obgenannter marggraf Jost sullen mit unsern amptluten also schaffen und bestellen, das iclichen, armen und reichen, an alles vorziehen ein gleichs recht wederfare als verre, als uns das und unsern amptleuten antret und anruret. Item, were sache, das sich das geburte, das einer dem andern entsagte oder in fienge oder im dheinerleie leide mit marter an seinem leibe tete, oder in mit dheinerlei hinderliste oder ufsetzen tote, oder in angriffe oder in beschazte und welde nicht am rechte genug haben als in den obgeschrieben artikeln vollig ist geschrieben und das man uf in mit zwen oder dreien besessen und wolgehalden herren in Merhern, ab er ein herre ist, beweisete; ist er aber ein wladik. so geschee die beweisunge mit wladiken, als das die herrn erkennen und finden werden. und derselbe sal denne von seinen rechten fallen und kommen sein und man sal in in dem ganzen lande schreiben und ausrichten als den, der keine ere hat und wo man denselben ankommet, so sal man zu im richten als zu dem, der treue und ere nicht hat, und als zu einem schedlichen und bosen manne.

Item. Were sache, das uber das, als obgeschrieben steel, imand den andern in einer entsagunge oder one entsagunge finge oder in angriffe mit scheden und das uf in beweiset wurde mit zwen oder dreien herren wolbesessen und enthalden im lande zu Merhern, so sal er in zu hant in dreien tagen von der zeit, als er in gefangen hette, ledig lassen an alle scheden und dornoch in den nehsten acht tagen so sal er im alles wederkeren und ablegen an ladunge, was er im schaden getan hette. Und dorzu sal sich derselbe gestellen in vieren tagen fur dem marggraven; were er aber nicht im lande, so gestelle er sich fur seinen ampluten, die er an seiner stat liesse; und was im die herrn vor demo marggraven oder vor seinen ampluten umb die sache oder schult finden, das sal er leiden. Were aber, das derselbe dheinerlei nicht tete als obgeschrieben steet, so sal er zum ersten erlos sein und dozu sal er geschrieben und usgerufet werden als gewonheit ist und wo man denselben begreifet, so sol man zu im richten als zu einem ubeleter und mit seinen gutern sal gescheen als die lantherrn erfinden.

Item. Geschee es, das einer den andern mit feuer angriffe und in brente und im dheinerlei schaden mit feuer tete und das vor dem obgenannten marggrafen Josten oder fur seinen ampleuten oder fur den lantherrn redlichen beweisen wirdet, der oder die sal oder sullen erlos und rechtlos sein und sullen in oder sie ausrafen und zu im oder zu in richten, wo man in oder sie begreiffet als zu ubeletern und des landes schedigern.

Item. Wer der were, der uf den strozen oder anderswo, wo das were im lande zu Merhern raubte, neme, fienge, mordet und schaden tete, denselben, wo man in mit hanthaftiger tate uf der strasse oder anderswo, wo das were, fienge, so sal man zu im richten, als reubers recht ist und was derselbe genommen hette, das sal man wederkeren deme, dem es genommen ist.

Item. Were sache, das imand uf den strassen oder anderswo, wo das were im lande zu Merhern raubte und neme mit raube und das ein geschrei nach im wurde oder nicht, wohin sich derselbe kerte uf welich haus oder festen oder stete mit raube oder mit das er genommen hette, wo er domit funden wurde, er sei einer oder mer, doselbest sullen die, der die genommene habe gewest ist und auch die nochfolgen, furdern und heischen, das es heraus gegeben würde, was genommen ist und den wederkert werde, den es ist genommen. Und die, die das getan haben, die süllen gefangen werden und zu in gericht und gefaren, wo sie gefunden werden als reuber und ubeleter angehoret. Wolden auch des marggrafen amplute dieselben martern, das sie an in mer bosheit erfuren, so sal, der des hauses stat oder festen herre weren, des wol gunnen. Und wolde auch derselbe, des das haus stat oder festen were, denselben reuber vorhalden und was genommen were nicht ausgeben und auch zu denselben reubern nicht richten und sie auch zu martern nicht geben, so sal man denselben zu bancz*) schreiben und ausrufen und sal zu im gericht werden als zu einem bosen menschen.

Item. Were sache, das imand, wer der were, sein haus stat oder festen vorlore, in welcher massen das were, es sei des marggraven des bischofs eines herren oder indert

---

*) Wahrscheinlich = zuhant.

eines lantmannes zu Merhern, zu hant beide marggraven und bischof wolden sie selber do nicht sein, so sullen ire amptlute und macht dozu senden und sullen auch die herren alle, der insigel ist an diesem brif, dasselbe haus stat oder festen umblegen oder ire macht dozu senden und sullen das gewinnen uf des eldesten marggraven kosten der leute und pferde als gewonlich ist, und sullen auch von dannen nindert ziehen, sie haben ee dasselbe haus stat oder festen gewonnen, oder als lange do legen als es des marggraven hauptlute nucze oder gut dunket. Und wenne sie dasselbe haus stat oder vesten gewinnen, so sal man sie zu bancz wedergeben deme, des es gewest ist und auch mit deme, das uf deme hause des seinen funden wirdet.

Item. Were aber, das imand neme oder raubte von seinem hause oder reuber hilde uf seinem hause stat oder vesten, so sullen zuhant beide marggraven und der bischof, wolden sie selber dobei nicht sein, ire amptlute und macht dorzu senden und die herren, die geschrieben seint in diesem brive, als vor geret ist, sullen zuhant an saumen dasselbe haus stat vesten umblegen oder macht dozu senden. Doselbest sal der eldeste marggrave den herren und irem volke und pferden gewonliche koste geben, bleyden, hantwerk, buchsen und andre notdorft, die zu der gewinnungen gehoren, schaffen und schicken und sollen von dannen nindert ziehen, sie haben ee dasselbe haus stat oder vesten gewunnen, oder als lange, als es des marggraven hauptmann nucze und gut dunket. Und wenn dasselbe haus stat oder vesten gewunnen wirdet, so sal es uf den eldesten marggraven gefallen und derselbe marggraf mag mit deme hause stat oder vesten und auch mit den gutern tun was er will als ein herre des landes zu Merhern.

Item. Were sache, das dasselbe haus stat oder vesten eines marggraven oder des bischofes oder eines andern herren manschaft oder eigen were, so sal der eldeste marggraf den herren und irem volke eine gewonlich koste geben, die zu der gewinnunge gebort. Und wenn sie das haus stat oder vesten gewinnen, als vorgeschrieben steet, so sal der eldeste marggraf desselben abtreten deme, des die manschaft oder eigen ist.

Item. Were, das indert ein herre ritter oder knecht im lande gesessen, der mit deme marggraven, mit deme bischof und mit den herren in dieser vorschreibunge und ordenunge nicht steen wolte oder die nicht halden und uber das wolde deme lande schaden wider diese ordenunge und dheinerlei infelle tun, derselbe sal kein herren recht noch sust recht haben. Und man sal sich auch umb in nichtes annemen, sunder derselbe sal erlos bleiben und wo man in begriffet, so sal man zu im richten als zu einem ubelteter. Und was derselbe hat, des sal sich der eldeste marggraf underwinden.

Item. Es sullen auch prelaten tumherren und das capitel zu Olomucz, closter und alle geistlich leute in dem bischtum zu Olomucz bei allen iren freiheiten und rechten bleiben als sie das von alders herbracht haben. Auch wir obgeschrieben marggraven bischof und herren alle miteinander mit wolbedachtem mute, guten rate, guten willen und wissen sein doruf blieben und bleiben auch genzlichen, also ob kein herre, der an diesem briefe geschrieben ist, sein ingesigel an diesen brif nicht zulegen und hengen wolde, es sei einer, zwene oder wie viel der weren, das dasselbe diesem briefe unschedlich sei, sunder das dieser brief in sulchen kreften bleibe als er ganz und gar vorsigelt were; das auch dheines herren namen an diesem briefe nicht geschrieben were und derselbe wolde in dieser ordenunge und einunge sein und treten und die auch halden und das were mit gewissen der obgenannten zwen marggraven des bischofs und der herren, und sein insigel an diesen brief bienge. das sal sulch kraft und macht haben als sein namen in diesem brief stunde und were geschrieben.

Item. Diese ordenunge und einunge sal unschedlichen sein marggraven Josten an seinen herscheften hantvesten briefen manschaften freiheiten eren würden und rechten guten gewonheiten und auch marggraven Prokopen an seinen herschaften hantvesten briefen freiheiten und guten gewonheiten und auch den lantherren an iren herscheften hantvesten briefen manschaften und allen andern iren rechten guten und redlichen gewonheiten und auch den steten rittern und knechten und idermann an allen iren rechten. Und auch der bischof von Olomucz sein capitel prelaten closter und andere geistliche leute sullen bleiben bei iren herscheften hantvesten briefen freiheiten und rechten, geistlichen und wertlichen ungehindert, als das von rechtes wegen und auch von alder herkommen ist und doch also vornemlichen, das diese ordenunge und einunge gar und genzlichen vorgang habe und gehalden werde und auch das lantrecht, des lande herschaft und gebietes zu Merhern in seinem wesen und herkommen bleibe bei seinen kreften, als das von alder und guter redlicher gewonheit herkommen und gehalden ist. Des zu urkund haben wir etc.

(Kremsierer Lehensquatern II. p. 20—27. — Dieser Landfriede, wohl der älteste, der in Mähren geschlossen wurde, ist merkwürdiger Weise in den altständischen Akten Mährens nicht vorhanden und erhielt sich nur in einer gleichzeitigen Abschrift ohne Datum in dem oben angeführten Lehensquaterne. Wolny setzt das Datum in das Jahr 1389 und zwar in den Monat Jänner, als zugleich der Landfriede zwischen dem Olmützer Bischof, den schlesischen Fürsten und dem Markgrafen Jodok dto. Hotzenplotz 8. Jänner 1389 abgeschlossen wurde. Aber mehrere Umstände sprechen für das Ende des Jahres 1388. Erstlich ist es natürlicher, dass die Ankunft des Bischofes Nicolaus früher in Mähren zur Schliessung des Landfriedens benützt wurde als in Schlesien. Zweitens war Markgraf Jodok am 20. Dezember 1388 in Olmütz anwesend, wo er noch am 10. Jänner 1389 weilte, während der Landfriede in Hotzenplotz am 8. Jänner datirt ist. Auch scheinen sich die Worte der Urkunde des Bischofes Nicolaus dto. 20. Dezember 1388: wann der hochgeborne furste herre Jost . . . . uns und unser bischtum . . . in seinen schucz . . . . genomen hat etc. auf den Schlusssatz des Landfriedens, wo vom Olmützer Bischofe und Bisthume die Rede ist, zu beziehen und ihn daher am 20. Dezember 1388 als schon geschlossen vorauszusetzen. — Zu den Verhandlungen, welche dem Abschlusse dieses Landfriedens vorangingen, gehört wahrscheinlich die Nr. 530.)

530.

Propositionen des Herrenstandes zum Landfrieden des Jahres 1388. (?)

Ista infrascripta debent literis apponi, prout condictum est cum serenissimo principe domino Jodoco marchione Moravie. Primo, quod nobiles barones suos circa jus antiquitus tentum debet conservare. Secundum, quod famulos servitores ipsorum valeant et possint capere et detinere sicut antea. Tercium, quod si aliquis ex baronibus juri parere nollet nec eo contentari, extunc prefatus dominus marchio illum, cui jus negatum fuerit, cum omnibus dominis baronibus et sua promovere et juvare potestate usque satisfaccionem justicie justis . . . .

(Pergamentstreifen mit gleichzeiliger Schrift in der Boček'schen Sammlung n. 517 im mähr. Landesarchive. Vide den Schluss der Anmerkung zu n. 529.)

531.

Dt. Žebrák, 1388 s. d.

Rudolf Herzog zu Sachsen und Lüneburg, Erzmarschall des h. römischen Reiches bekennt, dass er, wenn K. Wenzel „daz heilige römische reich ufgeben wurde . . . . einen under seinen brudern oder einen under sinen vettern, den marggrafen von Merern, welchen under den er wolde und kore" bei der Wahl eines römischen Königs unterstützen und ihm seine Stimme geben wolle. Dt. czu Betler 1388.

(Abgedruckt in Pelzel's K. Wenzel, Urkundenbuch, I. p. 86.)

532.

K. Wenzel IV. schreibt an den Pabst wegen Besetzung des Olmützer Bischofstuhles. Dt. 1388 s. l. et d.

Sanctissime pater et domine reverendissime! Pura fides, inmensa devotis et zelus sincerissimæ caritatis, quibus nostri pectoris thalamus ardenter accensus suspirat ad singula, quæ B. V. statum, commodum et honorem prospiciunt, et quæ vestræ sunt voluntatis arbitrio placitura, quibus etiam reverentes diligimus et diligentes revereri concupimus vestræ nobis personæ gratissimæ Sanctitatem, nobis præbent fiduciam certæ spei, ut si nostram plerumque prosequimur voluntatem, paternæ pietatis dulcedo, quam invitus in aliquibus vellemus offendere, vel etiam quantum in nobis et possumus, pateremur offendi, dissimulet, et ea velit, ut confidimus, æquanimiter tolerare. Cum itaque B. V. vacantem pridem Olomucensem ecclesiam, quæ præcipuum regni nostri n. dinoscitur esse membrum, per venerabilis Johannis n. episcopi, principis et consanguinei devoti nostri dilecti, translatione ad candem, (sic) et promotione devoti nostri dilecti n. cameræ nostræ secretarii ad n. n. quorum utique profectus ct status exaltationem, ad hoc nos monentibus certis causis, cordialibus desideriis affectamus, B. V. litteras et nuncios nostros replicatos direximus, quibus B. V. clare sentire potuit, quantis desideriis, quantoque cordis affectu rem hujusmodi ad actum deduci speravimus concupitum; cumque factum hujusmodi cordi nobis multum insideat, in quo voluntatem nostram et effectum rei consideratum a nobis, cujus, nescimus, intuitu, sentimus hactenus in gravem nostri displicentiam impediri: B. V^{ræ}, de qua tamen certa presumptione confidimus, iteratis cogimur vicibus multum humiliter supplicare, quatenus supplicationibus nostris annuentes, benignius in præmissis Vestra velit Sanctitas translationem ac provisionem de personis nominatis nostri amoris intuitu et ad nostræ lidei puritatem vestræ pietatis oculos convertentes gratiosius percomplere, nec velit V. B. vanis quorumcunque relatibus, in prædictis contrarium nostræ menti forsitan attentantibus, vel in his et aliis inter S. V. et nos zizaniare conantibus, aures vestras pronæ credulitatis confidentia faciles quomodolibet adhibere, cum simus dispositi, ad ea semper inniti ferventius et intendere pronæ devotionis affectibus, quæ vestri status et honoris incrementa respiciunt et vestræ sint placita voluntati etc.

(Palacký, Formelbücher II. p. 50 u. 36.)

533.

K. Wenzel IV. von Böhmen fordert den Herzog . . . seinen Verwandten, auf, dass er bezüglich der Lehen in . . . . an den Markgrafen von Mähren sich zu halten habe. Dt. 1388 (oder 1395?).

Wenceslaus etc. Illustri . . duci . principi . consanguineo suo dilecto, graciam etc. Quia illustri marchioni etc. ducatum nostrum . . cum suis territoriis, dominiis, civitatibus, castris, vasallis, vasallagiis et aliis suis pertinentiis, pro certa pecuniæ summa duximus obligandum, prout in aliis nostris literis desuper confectis et nostræ majestatis sigillo roboratis plenius et expressius continetur: idcirco Dilectionem Tuam seriose requirimus et hortamur, volentes, quatenus occasione bonorum, quæ ab eodem ducatu . . tenes in feudum, ordinarium respectum habere, sibique, prout nobis hucusque fecisti, in hiis, quæ te concernunt parere debeas cum effectu, datum . . . (vel sic, cum ista clausula: hoc enim casu, juxta continentiam dictarum literarum te a juramento fidelitatis et obedientiæ, quo nobis astrictus es, quittum dicimus et virtute præsentium penitus absolutum). Datum . . .

(Palacký, Formelbücher II. 92.)

534.

Nikolaus, Bischof von Olmütz, gestattet, dass Kunz von Liebenthal das Leibgeding seiner Frau auf den Dörfern Liebenthal etc. verschreibe. Dt. Hotzenplotz, nach dem 6. Jänn. 1389.

Nicolaus etc. episcopus Olomucensis notum facimus etc. Quod constitutus in nostri presencia Cunczo de Liebenthal fidelis noster dilectus publice recognovit, qualiter Katherine conthorali sue legittime super medietate ville Libental et alia Muschil villa deserta pro vera dote, quod vulgariter leipding nuncupatur, tenendum habendum et in suos usus convertendum resignavit et legittime deputavit, supplicans nobis tamquam pheodi domino humiliter et devote, quatenus ad predictam resignacionem et deputacionem ipsius dotis nostrum consensum adhibere et eidem huiusmodi dotalicium conferre generosius dignaremur. Nos vero ipsius supplicationibus benignius inclinati ad predictam dotem, que vulgariter leipding dicitur, in omni modo et forma ut premittitur nostrum consensum damus pariter et benivolum assensum sibique dictum dotalicium contulimus ut moris est et conferimus per presentes, volentes ut predicta mulier Katherina super dictis medietate ville. Libental et alia villa Muschil deserta pro vera dote habere tenere et in suos usus convertere debeat ad vite sue tempora iuxta morem et consuetudinem vasallorum nostrorum et episcopatus nostri Olomucensis sicut alias fieri est consuetum. Cui cciam super dotalicio premisso sibi taliter assignato deputavimus tutorem et in possessionem ductorem Larencium de Glezen et Hanuschium de Libental nostros fideles, signanterque nobis et ecclesie nostre Olomucensi reservamus, si quid in talibus villis et bonis juris haberemus, quia per hoc aliquid preiudicium non intendimus nobis et ecclesie nostre Olomucensi aliqualiter generari, nostris et ecclesie nostre Olomucensis predicte juribus aliis atque serviciis semper salvis. Presencium sub appenso sigillo nostro testimonio literarum. Datum Hoczenplacz anno LXXXIX post festum Epiphanie.

(Aus dem ältesten Lehensquaterne im fürsterzb. Archive in Kremsier, p. 42.)

535.

Nikolaus, Bischof von Olmütz, gestattet, dass Paul von Schenkwitz das Leibgeding seiner Frau auf dem Dorfe Hlinka verschreibe. Dt. Hotzenplotz, 8. Jänner 1389.

Wir Nicolaus etc. bekennen etc. das kumen ist vor (unsere) gegenwortigkeit Pawlik von Schenowicz unsir lieber getrewir und hat mit wolbedachtem mute, gutem wille und mit rechter wissen uffgegeben und uffgereichet frawen Agneten seiner clieben wirtynne czu rechten leipgedinge das dritte teil des dorffes Lhinka, das von uns als einem bischoffe czu Olomuncz czu rechten lehen ruret mit allen seinen zugehorungen, wie man die benennen mag mit sunderlichen worten und bat uns, das wir czu sulcher uffreichunge sulches leipgedinges geruchten unsir gunst und guten willen genadiclich czu geben. Des haben wir als eyn bischoff zu Olomuncz obrister lehenherre des vorgenanten dorfes durch bete und getrewer dinste wille des egenanten Pawliken im czu sulchen leipgedinge unsir gunst und guten willen czu geben und haben es der egenanten frawen Agneth gegeben und vorliehen, geben und vorleihen mit crafft dieses briffes in aller der masse als leipgedinges recht und gewonheit ist von alders in unsirm bisthum, unschedlich uns und unsirm bischtum czu Olomuncz an unsirm gewonlichen dinste und rechten. Und geben ir dorubir czu furmunde und vorweser Heniczken und Stephken von Wirbin ire brudere, unsere liben getrewin. die sie von unsern wegen bei sulchen iren leipgedinge behalden und beschirmen sullen wider alle, die sie doran hindern adir beschedigen wolten. Des sint geczeuge herr Heinrich von Fullenstein und Niclas Stosch von Gosinsdorff unsere lieben getrewin. Mit urkund etc. der geben ist czur Hoczenplacz anno domini M°CCC° octuagesimo nono. feria sexta proxima post Epiphaniam.

(Aus dem ältesten Lehensquaterne im fürsterzb. Archive in Kremsier, p. 42.)

536.

Schutzbündniss des Breslauer Bischofes und der schlesischen Fürsten mit dem mährischen Markgrafen Jodok und dem Olmützer Bischofe gegen die Landesschädiger. Dt. Hotzenplotz, 8. Jänner 1389.

Wir von gots gnaden Wenczlaw bischof zu Breslaw, Lodwig zum Brege, Ladisla zu Opol, Przimisla und Semovit zu Tesschin, Conrade zur Olsen, Heinrich zum Brege, Ruprecht zu Legnicz, Niclas zu Troppaw, Heinrich zu Glogaw, der junge Conrade zur Olsen, Heinrich zur Freynstat, Przimke zu Troppaw und Bolke zu Opol herczogen bekennen und tun kunt offenlich mit disem brive allen den, die in sehen, horen oder lezen, das wir zu steure und understeen raube, morte, brante und unrechte widersagen, — dasselbe unrechte widersage also zu vorstende ist: wer sich an rechte nicht benugen lest und ane recht selbeweldiclichen angreifet — daruff, das des allerdurchluchtigsten fursten und herren herrn Wenczlawen von gots gnaden romischen kuniges zu allen czeiten merer des reichs und kunigs zu Beheim unsers liben gnedigen herren und ouch unserr aller und unserr iglichs lande, lute und gütere, herren, rittere, knechte, stette, pfaffen, leyen, juden und christen uff strassen und allenthalben in fride und gemache geseczet werden und dabei rulichen bleiben mugen, mit dem hochgebornen fürsten und herren herrn Josten marggrafen und herrn des landes zu Merhern und dem erwirdigen in got vater und herren herrn Niclassen bisschoven zu Olomuncz mit wolbedachtem mute und rechter wissen ubirein komen sein in aller der massen und weise als hernach geschriben steet. Zum ersten, wer der oder wie er genant ist, der in unsern landen, oder uf unsern strassen oder gütern mit raube, morte, brante oder solichem unrechtem widersagen angreifet und schaden tut, dem sollen und wollen wir alle und unser iglicher fynt seyn, in angreifen und zu im richten als zu einem schedlichen und ubiltetigen manne und rauber an allen stetten und enden in unser aller und unser igliches landen und gebiten, wo man in ankomen mag an alles geverde glicher weis, als ab er uns selbir getan hette dasselbe. Wer ouch als ein solicher schedlicher man in unsern landen, herscheften oder gebiten nach des landes gewonheit vorschriben, ausgerufte und vorczalt ist, wo der hinkumpt odir ist in unser aller oder unser iglichs herschafte, gebite und lande es sey in vesten, steten, merkten, dorfern oder sust er ankomen und begriffen wirdet, zu dem sal man daselbist richten, als raubes und sulicher missetat recht ist, an verzug ane widerrede und ane alles geverde. Und wir obgenanten fürsten alle und unser iglicher sollen suliche raubere, vorschribene vorzalt und ausgerufte lute zu wissen tun und verschriben senden dem vorgenantem unserm oheim herren Josten marggrafen und herren des landes zu Merhern gen Brunne uff die vesten oder wer von seinen wegen da gewaltig ist, und der sal dieselben ouch furbas andirswo in der herschafte lande und bischtume zu Merhern offenbaren und vorkundigen als desselben landes zu Merhern gewonheit und rechte ist und sal das tun unvorzogenclichen und ane alles geverde. Wer ouch soliche angriffe und schaden tut und in slossen vesten oder steten von ymande gehawit*) und

---

*) Wegen Lacune nicht recht lesbar.

enthalten wirdet, oder ab der oder dieselben, die solichen angriffe getan hetten, eygen slosse stete odir vesten in unsern landen und gebiten hetten, doruff sulicher raube und angriffe bracht wirdet: wo der oder dieselben solichen raube und zugriffe unvorzogenlichen nicht widertun und den und die, den solicher raube und schade geschen ist und also die beschedigten unclaghaftig machen, so sal der furste und herre diser eynunge, in des lande soliche vesten slosse oder stete gelegen sein, soliche rauber und ouch dieselben slosse vesten oder stat vervolgen angreifen und darzu richten und tun als raubes recht ist und dem beschedigten seinen schaden und vorluste, so ferre sich das erlangen mag, dovon genzlichen widerkeren und richten oder doreyn weisen und in dorzu schuczen und schirmen ane alles geverde. Wer ouch solichen raube angriffe und schaden tut, in weliches fürsten und herren diser eynungen lande oder gebite das geschit und wohin solicher raube und schade bracht, getriben oder gefürt wirdet, denselben raube und angriffe sal man nachvolgen und iglicher fürste und herre diser eynunge sal darzu tun und volgen mit ernste getreulichen gleicher weis als in das selbir anginge, also das solicher raube, angriffe und schaden von den raubern und ubiltetern widerkeret und widertan werden, dem er geschen ist und sal zu solichen raubern und schedlichen luten richten als rauber und misseteter recht ist, an vorzug und ane alles geverde. Wer ouch das ein unvorsprochen manne von soliches raubes und missetat wegen beredet und ansprochen wurde, dem sal man dorumbe verbotten und im das zu wissen tun, sich zu verantworten zu rechte fur seinem herren und gerichte, darynne er gesessen ist, ynnewendig dreyn vierzehen tagen in kegenwertigkeit des clegers, der beschedigt ist oder seines gewissen boten. Tut er des nicht, so sal man zu im als zu einem rauber richten als recht ist unvorzogenlichen und ane alles geverde. Dise eynunge als vorbegriffen ist sal bleiben und weren von disem heutigen tage bis uff den suntag den man nennet Judica in der vasten der schirest kumpt und fürbas zwey ganze jare, die nach eyn andir schirest volgen. Mit urkunt diez brives versigelt mit unsern anhangunden ingesigeln. Der geben ist zur Hoczenplocz nach Crists geburde dreyzenhundirt jare darnach in dem neun und achzigesten jare, des nechsten freitag nach dem oberisten tage.

(Orig. Perg. mit 13 h. Sig. im Archive des Olmützer Metropolitankapitels.)

537.

Eröffnungsformel des Olmützer Landrechtes. Dt. 9. Jänner 1389.

Anno domini millesimo CCCLXXX nono sabbato proximo post epiphaniam domini colloquium celebratum est presidentibus nobili Jescone dicto Pusca de Cunstat supremo camerario, Sulicone de Konycz czudario et Johanne prothonotario domini Jodoci marchionis. notario tabularum et presentibus illustri principe domino Jodoco marchione et domino Moravie, et aliis nobilibus dominis Stiborio de Czimburg, Erhardo de Cunstat, Proczkone de Deblin, Petro de Plumnaw, Laczcone de Crawar, Wilhelmo de Sternberg alias de Zlin, Sdencone de Sternberg alias de Luckow, Wilhelmo de Bolehradicz, Proczcone de Cunstat.

Pawlicone de Sowyneez, Stephano de Wartnow, Mixone de Pothenstain, Erhardo de Skal, Erhardo de Luczan et aliis quam pluribus nobilibus et strenuis viris, qui presentes fuerunt et adinvenerunt judiciales causas.

(Gedruckte Olmützer Landtafel p. 175.)

538.

Markgraf Jodok bekundet, dass er seinem Bruder Prokop laut der mit ihm geschlossenen Verabredung für die Ablösung aller in Ungarn besessenen Schlösser und Güter 20.000 Schock Prager Groschen schulde. Dt. Olmütz, 10. Jänner 1389.

Nos Jodocus dei gracia marchio et dominus Moravie notumfacimus tenore presencium universis. Quod ex illis ordinacionibus et condictis, que cum illustri fratre nostro domino Procopio marchione Moravie fecimus pro liberacione et redempcione omnium castrorum et bonorum, que idem frater noster in Ungaria tenet in viginti milibus sexagenarum grossorum pragensium et pagamenti consueti debitorie prefato domino Procopio vel suis heredibus legittimis dinoscimur obligari. Promittentes nos Jodocus predictus debitor principalis, et nos Stiborius de Czimburgh alias de Towaczow, Czenco de Lethowicz, Erhardus de Cunstat, Sdenko de Sternberg alias de Luckow, Wilhelmus de Sternberg alias de Zlin, Petrus de Sternberg, Marquardus de Sternberg, Petrus de Plumnaw alias de Crawar, Laczco de Crawar alias de Helffenstain, Johannes et Jaroslaus de Mezirziecz, Georgius et Hinko de Wethovia, Mixo de Pothenstein, Jesko dictus Puska de Cunstat, Wznatha dictus Hecht de Rossicz, Jarossius de Czimburg alias de Hwiezdlicz, Wilhelmus et Smilo de Pernstein, Proczco de Cunstat alias de Lyssicz, cum eodem domino Jodoco et pro ipso compromissores manu coniuncta indivisim, nostra sincera fide absque dolo, super eadem viginti milia sexagenarum grossorum iam dictorum dare et solvere predicto domino Procopio aut suis heredibus quolibet anno duo milia sexagenarum grossorum divisim, videlicet mille sexagenas in festo sancti Georgii proxime nunc venturo, et mille sexagenas in festo sancti Wenceslai post hoc subsequenti. Et easdem pecunias pro quolibet termino in Brunna reponendo et abinde nunccios prefati domini Procopii cum ipsis pecuniis super castra Bisenz, Luckaw, vel in Bozkowicz secure conducendo, tamquam domini predictas pecunias in terminis superius expressis prefato domino Procopio aut suis heredibus quolibet anno continuo solvendo, quamdiu predicta viginta milia sexagenarum grossorum eisdem per nos plene et integre non fuerunt expedita. Et si de eisdem viginti milibus sexagenarum aliquam partem, que tamen ad quinque milia sexagenarum debet se extendere, dicto domino Procopio aut heredibus eius persolverimus, super residuum pecunie, que restaverit, sibi domino Procopio et heredibus eius aliam de novo debemus formare literam ad instar omnium presentis litere articulorum, sub eisdem fideiussoribus vel equivalentibus, ita quod ipse dominus Procopius aut heredes sui cum eadem litera et fideiussoribus sint sufficienter caucionati et securi sicut presenti. Quod si in aliquo termino ex predictis quocumque anno et quociescumque ipsas pecunias predictas solvere neglexerimus, quod absit, ex tunc quicumque fideiussores ex nobis, omnes scilicet coniunctim aut divisim, per eundem dominum Procopium marchionem prefatum aut suos heredes moniti fuerimus, quilibet per interpositam personam honestam militaris condicionis cum uno famulo et duobus equis obstagium debitum et consuetum in civitate maiori Pragensi et domo honesti hospitis nobis ad hoc deputata promittimus et tenemur statim unus alium non expectando tocies subintrare, quocies predictas pecunias in suis terminis neglexerimus assignare. Quo quidem obstagio prestito vel non prestito dummodo quatuordecim dies a monicione nobis facta elapsi fuerint et ille pecunie, quas solvere pro uno vel pluribus terminis neglexerimus, adhuc non fuerint persolute, ex tunc memoratus dominus Procopius aut sui heredes debent habere plenam potestatem easdem pecunias neglectas recipiendi inter judeos et cristianos nostra omnium super dampna. Et nichilominus illud obstagium predictum adhuc continuare debemus, tam per primos obstagiales, quam per reliquos et alios, si iterum pro non solucione pecuniarum in aliquo termino ad predictum obstagium superaddere et remittere nos contigerit, tamdiu donec de eisdem pecuniis in quibuscumque terminis neglectis et non solutis una cum omnibus et singulis dampnis desuper acretis cciam si que per nunccios aut raisas proinde faciendo perceperint, que tamen racionabiliter poterint deiurari, per nos antedicto Procopio aut suis heredibus plene fuerit satisfactum. Si autem cedem pecunie pro quocumque termino neglecte non possent inter judeos aut cristianos super dampna conquiri, ut est premissum et a tempore huiusmodi non solucionis cuiuscumque termini predicti super ipsas pecunias neglectas aut pauciores crescent alias dampna, pro eisdem eciam racionabiliter deiuratis satisfacere debemus et tenemur sub obstagio memorato. Si autem ex nobis superius nominatis fideiussoribus aliquem medio tempore decedere contigerit, ex tunc infra quartale unius anni a monicione nobis super eo facta computatum, alium fideiussorem condicionis consimilis in locum eiusdem defuncti tenemur statuere, et presentem literam sub codem tenore innovare, de qua et cciam alio fideiussore substituto ita sufficienter dictus dominus Procopius et heredes sui possent caucionati et certi fieri, ut presenti, et hoc sub pena obstagii supradicti, ad quod si illud non fecerimus nos obligamus eo modo ut prefertur. Ita tamen, quod in eisdem literis innovandis tot castra, que prefatus dominus Procopius ad conducendum pecunias predictas pro sua voluntate duxerit eligenda, consimiliter sub tanta distancia in terra Moravie exprimantur. Ceterum quicumque presentem literam cum bona voluntate eiusdem domini Procopii habuerit tam in vita quam post mortem ipsius domini Procopii, eidem plenum ius competit omnium in presenti litera contentorum sicut prefato domino Procopio videtur competere in premissis. Presencium sub nostris appensis sigillis testimonio literarum. Datum in Olomuncz dominica proxima post epiphaniam domini, anno domini millesimo trecentesimo octuagesimo nono.

(Orig. Perg. 21 an Pergamentstreifen h. Sig., wovon das beider Markgrafen und des Ješek Puška im rothen, die anderen im weissen Wachse, in den altständischen Akten des mähr. Landesarchives.)

539.

Marky. Jodok bestättigt, dass das Aufsichtsrecht über die Waisen dem Znaimer Stadtrathe zustehe. Dt. Brünn, 24. Jänner 1389.

Jodocus dei gracia marchio et dominus Moravie judici, magistro civium, consulibus et juratis civibus in Snoyma nostris fidelibus et dilectis graciam nostram cum incremento omnis boni. Fideles dilecti. Licet alias orphanam Wilhelmi concivis olim vestri liliam Artlebo de Misliboricz dederamus matrimonialiter copulandam, nescientes quod in preiudicium jurium et libertatum dicte civitatis nostre Snoymensis illud fecissemus; tamen iam clarius per eosdem cives de juribus et libertatibus informati et presertim de illo, quod predictam orphanam eidem de Misliboricz tradere nullomodo poteramus nisi libertatibus et juribus eorum violatis, que et nos confirmavimus et ipsi hucusque gavisi sunt eisdem pacifice et quiete. Volentes igitur dictos nostros cives ac nostram civitatem Snoymensem predictam in libertatibus et juribus antiquis et autenticis conservare, ut tenemur, eadem eorum jura et libertates predictas preferrimus huiusmodi nostre disposicioni, quam feceramus predictam orphanam predicto de Misliboricz condonantes, immo expresse volumus, prefatos cives in eorum juribus conservare et specialiter quod possint et debeant cum eadem orphana facere et disponere iuxta jura civitatis predicte pro eorum voluntate. Presencium sub nostro appresso sigillo testimonio literarum. Datum Brunne dominica proxima ante conversionem sancti Pauli apostoli, anno domini millesimo trecentesimo octogesimo nono.

(Orig. Perg. beigedr. Sig. im Znaimer Stadtarchive.)

540.

Nikolaus, Bischof von Olmütz, gestattet, dass Bernhard Žák die Morgengabe seiner Frau auf bischöflichen Lehengütern verschreibe. Dt. 3. Februar 1389. s. l.

Wir Nicolaus etc. bekennen, das für uns komen ist der frome knecht Bernhard Zak unsir lieber getrewir und hat mit guten willen und mit wolbedachtem mute der ersamen frawen Sophia, seiner elichin wirtinne alle seine güter, das sint dy dorfer Zelesska und Milotka, der hof zu Hermannsdorff, eilf huben erbes zu Greifendorff, die er gekauft hat weder Bernharden Apotekern, zwo huben erbes eine vor der stat zu der Czwittaw, dy ander zu Lacznaw und eine wiese bei dem Galpusch, mit iren zugehorungen ekkern, wiesen, welden, puschen, nuczen, zinsen, herscheften und slechtlich mit allen zugehorungen, wie man die benennen mag mit sunderlichen worten, zu rechter morgengabe uffgegeben, vorreichet und vormachet und bat uns demuticlichen, das wir geruchten unsir gunst und willen genediclich dorzu geben. Des haben wir angesehen demutige und getrewe dinste des egenanten Bernhardes die er uns getan hat und noch tun werdet in zukunftigen zeiten und habin zu sulcher morgengabe unsir gunst und guten willen genediclich gegeben und bestetigen und confirmiren ir die mif crallt dicz briffes in aller der masse als morgengab recht und gewonheit ist in unserm bischtum; unschedlich doch uns und der kirchin zu Olomuncz an iren dinsten und rechten. Und geben ir doruber zu fürmunde und zu vorweser herrn Marquarden von Cogietin, herrn Gerharden von Meraw und Cunczen von Smalh, die sie bei sulcher irer morgengabe behalden, behuten und beschirmen sullen wider allérmeniglich, die sie doran hindern welten. Des sint gezeug Henzlik von Repaw, Hrabisch von Podole, Bohusch von Repaw und andere unsir getreun manne und diener, die dobei woren. Mit urkund dicz briffes M⁰CCC⁰LXXXIX⁰, in die sancti Blasii.

(Aus dem ältesten Lehensquatern im fürsterzb. Archive in Kremsier, p. 43.)

541.

Nikolaus, Bischof von Olmütz, verspricht dem Marschall des Markgrafen Jodok, Filipp von Svojanov, die bischöflichen Lehen in Mödritz und Selowitz für den Fall zu verleihen, als er seinen Bruder Johann überleben würde. Dt. Brünn, 10. Februar 1389.

Nos Nicolaus dei et apostolice sedis gracia episcopus Olomucensis notum facimus tenore presencium universis. Quod constitutus in nostra presencia fidelis noster Jesco de Modricz nobis supplicavit humiliter et devote, quatenus omnia et singula bona in Modricz et Selovicz cum eorum pertinenciis, que a nobis et ecclesia nostra Olomucensi tenet et in pheodum suscepit, in eventum ubi eum prius quam fratrem ipsius Philippum marsalcum illustris principis domini nostri Jodoci marchionis Moravie ab hac vita decedere contingeret heredibus legitimis non relictis, eidem fratri suo de gracia speciali conferre dignaremur. Nos habito respectu ad preces predicti Jeskonis et fidelia sua servicia et Philippi predicti fratris sui, quibus nobis et ecclesie nostre Olomucensi servierunt et servire poterint in futurum, omnia et singula bona predicta sub ea condicione prout superius expressatur tamquam episcopus Olomucensis et superior pheudi dominus predicto Philippo marscallo fratri suo tenore presencium damus, conferimus et donamus. Harum quibus sigillum nostrum presentibus est appensum testimonio literarum. Datum Brunne anno domini MCCCLXXXIX ipso die Scolastice virginis gloriose.

(Aus dem Lehensquatern II. p. 66 im fürsterzb. Archive in Kremsier.)

542.

Nikolaus, Bischof von Olmütz, beauftragt den Propsten bei s. Peter in Brünn, den Pfarrer von s. Jakob, falls dieser dem Kl. Oslawan den jährlichen Zins von 16 Mark nicht zahlen wollte, zu excommuniciren. Dt. Brünn, 10. Februar 1389.

In nomine domini amen. Nicolaus dei et apostolice sedis gracia episcopus Olomucensis ad noticiam singulorum deducimus, ad quos presentes pervenerint, lucide profitendo, quod constitute coram nobis venerabiles et religiose sanctimoniales Agnes´ abbatissa, Dorothea priorissa. Elizabeth subpriorissa et Agnes celleraria monasterii Vallis sancte Marie in Ossla, nostre devote. Cisterciensis ordinis, nostre diocesis Olomucensis, ipsarum et conventus eiusdem monasterii nominibus proposuerunt, quod quamvis a temporibus antiquis, a quibus in continuum hominum memoria non existeret, fuerint in possessione pacifica percipiendi sedecim marcas grossorum pragensium moravici pagamenti, videlicet in singulis sabbatis diebus quatuor temporum cuiuslibet anni quatuor marcas grossorum ab ecclesia sancti Jacobi in Bruna et ipsius rectore pro tempore existenti, tamen discretus vir dominus Hanko eiusdem ecclesie sancti Jacobi rector in presenciarum solucione dicte pensionis annue et terminis prefatis negligentem se ostenderet et remissum, unde ipsa abbatissa, priorissa et conventus monasterii supradicti incurrerent dampna, rerum dispendia et expensarum detrimenta; et licet reverendus in Christo pater dominus Johannes nunc archiepiscopus Pragensis apostolice sedis legatus, dum esset Olomucensis episcopus, de eisdem abbatisse et conventui monasterii antedicti super non solucione et dilacione dictarum pecuniarum in terminis predictis solvendarum per prolacionem sentenciarum ecclesiastice censure pie providerit, videlicet in rectorem eiusdem ecclesie pro tempore existentem excommunicacionis, et in ipsam ecclesiam sancti Jacobi interdicti sentencias, quociens et quando solucio dictarum pecuniarum differetur aut rector se opponeret solucioni vel contradiceret in toto vel in parte, in singulis terminis prenotatis, in scriptis canonica monicione premissa promulgando, ac earumdem sentenciarum execucionem suis pro tunc administratori et officiali necnon universis et singulis prelatis et ecclesiarum rectoribus per civitatem et dyocesim Olomucensem constitutis commiserit: tamen, cum dictus plebanus in pluribus terminis dictarum pecuniarum solvendarum negligens esset, grave foret eisdem abbatisse et conventui ad officiales nostros semper recurrere pro dictarum sentenciarum execucione, nobisque humiliter supplicarunt, ut pii patris more fragilitati ipsarum compacientes eisdem super hoc de remedio dignaremur providere, saltim ipsarum sentenciarum execucionem quociens et quando dictus dominus Hanko nunc rector ecclesie sancti Jacobi vel sui successores pro tempore existentes in solucione dictarum pecuniarum in terminis antedictis negligentes existerent et remissi, honorabilibus viris et dominis . . preposito et ⸱⸱ plebano ecclesie sancti Petri in Bruna pro tempore existentibus committendo. Nos igitur Nicolaus episcopus predictus ipsarum nostrarum devotarum abbatisse, priorisse, subpriorisse et cellerarie ipsius conventus monasterii in Ossla supradicti peticionibus tamquam iustis annuentes vobis antedictis preposito et plebano ecclesie sancti Petri in Bruna, qui pro tempore fueritis, in virtute sancte obediencie et sub excommunicacionis pena presentibus precipimus et mandamus, quatenus quociens et quando dictum dominum Hankonem plebanum sancti Jacobi aut suos successores pro tempore existentes in solucione dictarum pecuniarum in terminis predictis solvendarum remissos esse contingerit aut in solucione defecerint seu iu solucione se opposuerint aut contradixerint, vos ipsas excommunicacionis et interdicti sentencias per dictum dominum et patrem nunc archiepiscopum Pragensem olim, dum episcopus Olomucensis fuerat, latas, quociens et quando pro parte dictarum abbatisse et conventus monasterii predicti fueritis requisiti, auctoritate nostra, qua vos in hac parte fungi volumus, exequimini ac exequi et inviolabiliter observari faciatis, iuxta tenorem littere super hoc ab eodem domino et patre date et concesse, donec eisdem abbatisse et conventui de dictis pecuniis ac dampnis et expensis, si quas inde perceperint aut fecerint, integre fuerit satisfactum et idem rector seu sui successores a nobis aut nostris successoribus absolucionis et relaxacionis beneficium meruerint obtinere. In quorum testimonium presentes literas sigilli nostri appensione dedimus roboratas. Datum Brune anno domini millesimo tricentesimo octuagesimo nono, ipso die sancte Scolastice virginis gloriose. Presentibus honorabilibus et discretis viris dominis magistro Sandero archidiacono Preroviensi et canonico ecclesie Olomucensis, Hermanno de Nakls vicario nostro in spiritualibus generali, Johanne plebano ecclesie in Gralicz preposito, et Nicolao capellano eiusdem monasterii Osslaviensis dyocesis Olomucensis nostre antedicte et aliis pluribus testibus fide dignis.

(Orig. Perg. h. Sig. im Archive der Stadt Brünn.)

543.

Nikolaus, Bischof von Olmütz, gestattet, dass Peter Graschil die Freiberger Vogtei dem Heinrich Girke verkaufe. Dt. Mirau, 16. Februar 1389.

Wir Niclas etc. bekennen etc. das vor uns komen ist Peter Graschil vogt zu Freiburg unser lieber getreuer und hat zu wissen getan, das er die vogtei zu Freiburg und (was) dorzu gehoret, die von uns und unserm bischtum zu Olomucz zu rechtem mannlehen ruret, vorkauft habe recht und redlich vor zweihundert und fumfzig mark grossen pragischer pfennige und munze merherischer zal, vier und sechzig grosse vor igliche mark zu reiten, Heincze Girken unserm lieben getreuen und reicht im uf in unsre hende dieselben fogtey zu Freiburg und was dorzu gehoret als mannlehen recht ist und bat uns der egenannte Peter etc. das wir zu sulchem kaufe und ufreichunge derselben vogtei und was dorzu gehoret, dem egenannten Hinke Girken als ein bischof zu Olomucz rechter lehenherre der egenannten vogtei und guter unser gunst und willen geben und dieselben vogteien mit allem das dozu gehoret dem egenannten Hinczke Girken zu rechtem mannlehen geruchten zu leihen. Das haben wir mit wolbedachtem mute und rechter wissen als ein bischof zu Olomucz rechter lehenherre der egenannten vogtei zu Freiburg und was dozu gehoret zu sulchem vorgenannten kaufe und ufreichunge derselben vogtei zu Freiburg und ir zugehorungen unsern guten willen und gunst gegeben, dieselben ufreichunge, ufgebunge etc. dem egenannten Hinczken Girken vorlehen und vorleihen mit rechter wissen und mit craft dicz briefes im und seinen lehenserben zu rechtem lehen zu halden, zu haben als lebensrecht ist gerulich zu besiczen unschedlich uns und unserm bischtum zu Olomucz an unserm gewonlichen dinste und rechte. Des seint gezeuge der erwirdige mann meister Sander tumherre zu Olomucz, herr Bernhart Hecht von Schuczendorf, herr Gerhart von Meraw, Brawne unser marschal. Bohusch von Repaw und etliche andere unsere lieben getreuen. Mit urkund etc. Datum in castro Meraw anno domini M^0CCC^0 octuagesimo nono, feria tercia post dominicam Circumdederunt.

(Aus dem Kremsierer Lehensquatern II. p. 65.)

544.

Nikolaus von Potenstein bekennt, dass er nach dem Tode des Ctibor Pluh das demselben auf Lebenszeit verkaufte Gut Gaja mit Bukowan vom Kloster Hradisch unter denselben Bedingungen, wie Ctibor, gekauft habe. Dt. Kloster-Hradisch, 12. März 1389.

Nos Nicolaus de Polstain alias in Kyjov tenore presencium recognoscimus universis, nos opidum Kyjow cum villa Bukowan et cum omnibus ipsorum jurihus redditibus et provencionibus quibuscunque a venerabili patre domino Wikerio abbate totoque conventu monasterii Gradicensis prope Olomucz, ordinis premonstratensis, ad tempora vite nostre dumtaxat tenere et possidere occasione translacionis seu permutacionis vite et persone nobilis domini Stiborii dicti Pluh de Rabstain in vitam et personam nostram. Que quidem bona dicti . . abbas et conventus nobis pro trecentis marcis grossorum denariorum pragensium moravici numeri et pagamenti vendiderunt, tradiderunt et assignaverunt regenda tenenda possidenda et utifruenda omnibus modis, condicionibus, clausulis et punctis, prout in litera domini Pluhonis jam dicti continentur. Cujus litere tenor sequitur per omnia in hunc modum: Nos Petrus divina favente clemencia abbas, Wenceslaus prior etc. Datum in monasterio nostro Gradicensi in die translacionis sancti Wenczeslai Boemorum patroni, anno domini millesimo trecentesimo octuagesimo secundo. (Vid. die Nachträge zu diesem Bande.) — Que quidem bona omnia et singula, prout superius expressantur, dum nos diem extremum claudere contingerit, ad memoratum . . abbatem vel alium, qui pro tempore fuerit, ac ad conventum et monasterium predictum revertentur occasione qualibet proculmota, nec cuiquam successorum nostrorum aut amicorum aliqua auctoritas sive facultas, in eisdem aliquid repetendi competere debebit aut licebit quoquo modo infuturum. In quorum fidem et testimonium sigillum nostrum de nostra certa sciencia presentibus est appensum. Datum in monasterio Gradicensi in die sancti Gregorii confessoris, anno domini millesimo trecentesimo LXXX nono.

(In dorso: litera super Kyow domini Nicolai de Zampach. — Orig. Perg. h. Sig. in den Akten des Klost. Hradisch im mährischen Landesarchive.)

545.

Markgraf Jodok verpflichtet sich, die 500 Schock Groschen, welche er dem Markgrafen Prokop schuldet, vom nächsten Georgitage über ein Jahr zurückzuzahlen.
Dt. Brünn, 17. März 1389.

My Jost z buožie milosti markrabě a pán Moravský, první dlužník, a my Herart z Kunstata, Petr z Sternberga, Petr z Kravář řečený z Plumlova, Lacek z Kravář, Jaroš z Cimburka, Ješek Puška z Kunstata, Jan z Mezeřičie a Jiřík z Bitova rukojmě s ním se panem Jostem markrabí i zaň spolní ruků nerozdielnú, naší dobrú věrú beze všie zlé lsti slíbili sme i slibujem osviecenému kniežeti panu Prokopovi markrabí Moravskému a jeho dětóm a neboli tomu, ktož by tento list jměl s jeho dobrú voli markrabí Prokopa, pět set kop grošóv pražských čisla moravského i poplacenie, od tohoto svatého Juřie, ješto jmá najprvé přijíti přes celý rok čtúce dáti i hotovými dobrými peniezi úplně zaplatiti beze všeho prodlenie i bez omluvy bez súdu i beze všie odpory i přikazy. Pakli bychom toho neučinili, jehož buoh nedaj, tebda když bychom my rukojmě svrchu psané od markrabí Prokopa neboli jeho jménem neboli od jeho děti nebo ktož by tento list jměl upomanuti byli, ihned každý z nás jmá misto sebe urozeného panoši s jedním pacholkem a se dvěma koniema, jeden druhého neočekávaje ani na druhého ustrkaje, jmamy poslati do Prahy v obyčejné a pravé leženie k ctenému hospodáři, kdež by nám od nich bylo ukázáno, a tu jmámy i slibujem vléci. A když by dvě neděli minule od svrchu psaného roku vloženie neboli nevloženie a ti jistí peniezi dřéveřečenému markrabí Prokopovi neboli jeho dětóm neboli tomu, ktož by tento list jměl, úplně nebyli zaplaceny, mohú i dávámy jim plnú moc, těch jistých pět set kop grošóv mezi židy neboli křesťany vzíti i dobýti na naši škodu nerozdielnú. Pakli by ti peniezi hlavní mezi židy neboli mezi křesťany nemohli na škody dobyti býti, tehdy ot nezaplacenie svrchu psaného času kdež by jinde na též penieze škody vzešly, ješto by byly podobně ukázány, aby skrze nás byly úplně zaplaceny. A z toho jistého leženie nemají vyjíti naši panoše ižádným právem ani ižádným činem tak dlúho, doněvadž bychom hlavních peněz se všemi s jedněmi i s druhými škodami kterakž kolivěk vzatými pro nezaplacenie svrchupsaných peněz, ješto by svědomě byly ukázány bez přísahy, napřed jmenovanému markrabí neboli jeho dětóm neboli ktož by tento list jměl, zaplatili a zpravili úplně a cele bez odpory a bez súdu. A na svědomie a na tvrdost tej věci a toho psanie svej pečeti sme k tomuto listu přivěsili. Dán tento list v Brně tu první středu po tej neděli, jesto zpívají Reminiscere, léta od buožieho narozenie tisic tři sta osmdesát devátého.

(Auf der Plicatur der Buchstabe G. — Orig. Perg. 9 an Pergamentstreifen h. Sig., wovou das des Markgrafen und des Ješek Puška — als Landeshauptmannes — im rotheu Wachse in der Boček'schen Sammlung n. 548 im mährischen Landesarchive.)

546.

Der Prerauer Archidiakon Sander fällt den schiedsrichterlichen Ausspruch, dass das Dorf Fritzendorf dem Olmützer Kapitel und nicht dem Olmützer Bischofe gehöre.
Dt. Mirau. 3. April 1389.

Ego Sanderus archidiaconus Preroviensis et canonicus Olomucensis tenore presencium recognosco universis. Quod cum pridem orta esset discordia inter reverendum in Christo patrem et dominum dominum Nicolaum episcopum Olomucensem ex una et honorabiles viros dominos decanum et capitulum ecclesie Olomucensis parte ex altera super quadam curia allodiali eiusque municione et singulis eorum pertinenciis et juribus, cum quibus ipsas olim Nicolaus Ausaw occupando tenuit et possedit, sita in villa Friczendorff sub castro Heuckenwalde, ipsi videlicet domini supradicti Nicolaus episcopus ac decanus et capitulum Olomucense concorditer in me tamquam in arbitrum seu amicabilem compositorem compromiserunt. Unde visis et auditis utriusque partis juribus et informacionibus pronunciavi et declaravi predictam curiam et municionem cum universis juribus eius et pertinenciis de iure et libere pertinere ad dominos canonicos quatuor prebendarum in eadem villa Friczendorff et ipsum dominum episcopum non habere aliquod ius in curia, municione et singulis eius pertinenciis et iuribus antedictis, quas impetivit. Et ibidem idem dominus Nicolaus episcopus ad declaracionem meam mandavit Cunczoni de Smola tunc purgravio in Heuckenwald, quod non impediret dominos canonicos, qui habent ibidem prebendas in curia, municione et pertinenciis antedictis, sed permitteret eos facere de eisdem, quod ipsis esset utile et magis videretur expedire. Que quidem pronunciacionem, arbitrium et laudum ipse partes hincinde rata et grata habuerunt et expresse emologaverunt. In quorum testimonium meum sigillum presentibus est appensum. Datum et actum in castro Merow anno domini millesimo trecentesimo octuagesimo nono, sabbato die ante Judica. Presentibus honorabilibus viris dominis Henrico de Ffulenstein et Bernhardo Hecht in Merow militibus ac Cunczone de Smola antedicto ac pluribus aliis ad premissa vocalis in testimonium veritatis.

(Orig. Perg. h. Sig. im Olm. Kap. Archive.)

547.

Nikolaus, Bischof von Olmütz, verkauft einen Zins von sieben Schock Groschen in Greifendorf, um die durch die letzten Drangsale des Olmützer Bisthums entstandenen Schulden zahlen zu können. Dt. Mirau, 10. April 1389.

Nos Nicolaus dei et apostolice sedis gracia episcopus Olomucensis notum facimus tenore presencium universis. Quod pensatis necessitate et utilitate ecclesie nostre Olomucensis eo quod debita et onera, quibus bona ipsius ecclesie nostre sunt obligata, redimere non possumus neque reducere in suum statum sine aliis debitis, magnis laboribus et expensis, precipueque propter quingentas sexagenas grossorum quas nunc in festo sancti Georii proximo nobili domino Hinczoni de Lipa solvere tenemur, in quibus ipsam ecclesiam nostram invenimus obligatam et centum sexagenas grossorum pro usuris earundem quingentarum sexagenarum, de consilio voluntate pariter et consensu honorabilium virorum dominorum . . capituli nostri Olomucensis fratrum nostrorum carissimorum premissis tractatu diligenti et iuris solempnitatibus ad hoc consuetis et necessariis pro altari corporis Christi de novo erecto et fundato in ecclesia parochiali civitatis nostre Swytaviensis vendidimus et presentibus rite et racionabiliter vendimus septem sexagenas grossorum pragensium boemici pagamenti census annui nobis et ecclesie nostre dari et solvi consuetas in hominibus nostris ville Grayffendorff, videlicet Petro Zaybot, Ruffo Sartore, Pertoldo, Sophia uxore Sakonis, Chunel Zeido, Mathia Engelbrechter, Gross Hanuss, Czyschino Schieter filiorum Domiserii, Peyschlino Harthungo, Paulo Rostayschlar, Reychnero Engelbrechtone et Zaybot Stayn, qui solent solvere de agris suis et in steura simul septem sexagenas grossorum exceptis sex grossis et annonis solvi consuetis, quos nobis et nostris successoribus expresse reservamus singulis annis in festo sancti Georii sancti Wenceslai solvendas et assignandas, pro septuaginta sexagenas grossorum pragensium predictorum. quos fidelis noster Wenceslaus advocatus provincialis ibidem in Switavia in paratis pecuniis nobis tradidit, numeravit et assignavit et quas solvimus pro dictis pecuniis debitis domino Hinczoni de Lipa supradicto atque ipsas convertimus in utilitates ecclesie nostre Olomucensis. Tali modo et condicione, quod si nos vel successores nostri aut ecclesia vacante capitulum eundem censum reemere voluerimus vice versa, quod hoc possumus et valemus, quociens et quando nobis et nostris successoribus aut ecclesia vacante capitulo pro pecuniarum summa antedicta videlicet septuaginta sexagenis visum fuerit expedire. Promittimus bona fide pro nobis et successoribus nostris omnia et singula premissa prout superius expressantur grata et rata tenere et firmiter observare. In quorum testimonium sigillum nostrum unacum sigillo capituli nostri de nostra certa sciencia presentibus est appensum. Datum in castro nostro Merav anno domini millesimo trecentesimo octuagesimo nono, sabbato proximo ante dominicam Palmarum.

Et nos Woyczechius senior canonicus ac capitulum ecclesie Olomucensis predictis vendicioni et ordinacioni consensimus et presentibus consentimus atque in testimonium premissorum presentes literas sigillo nostro capituli unacum sigillo dicti domini et patris nostri domini Nicolai episcopi Olomucensis de nostra certa sciencia fecimus communiri. Datum Olomucii die et anno quibus supra.

(Abschrift in dem gleichzeitigen Privilegien - Pergamentcodex im fürsterzb. Archive in Kremsier, fol. S. V.)

549.

Markgraf Jodok gestattet den Iglauern, dass die Einkünfte aus der Wasserleitung nur der Stadt Iglau zufliessen sollen. Dt. Brünn, 22. April 1389.

Jodocus Dei gracia marchio et dominus Moravie notum facimus tenore presencium universis. Quod pro rei publice bono statu, comodo et profectu animo vigilanti intendentes, qualiter in terra nostra status nostrorum fidelium et presertim civium Iglaviensium nostrorum dilectorum utiliter nostris temporibus augeatur, sane perpendentes ex illius aque ductu, quam prefati cives Iglavienses ad ipsorum civitatem pro usu eorum et tocius communitatis ordinaverunt, multiplices utilitates provenire, decrevimus et tenore presencium decernimus, omnes et singulos eiusdem aque proventus, quos iidem cives unanimiter imposuerint solvendos, aput candem civitatem Iglaviensem propter ipsius statum meliorem remanere, ut perpetue ipsi cives eosdem aque proventus percipiant et pro reformacione civitatis et melioracione eiusdem impendant et convertant, sicut eis videbitur melius expedire. Nam in huiusmodi proventibus ab ipsa aqua percipiendis nolumus eosdem cives nec per nos nec per nostros successores marchiones Moravie quovismodo umquam imperpetuum impedire. Presencium sub nostro

59

appenso sigillo testimonio literarum. Datum Brune feria quinta proxima post festum Pasche, anno domini millesimo trecentesimo octogesimo nono.

(Orig. Perg. h. Sig. im lgl. Stadtarchive. — Auf der Plicatur: Ad mandatum domini marchionis Johannes custos Posoniensis.)

550.

Heinrich von Żadlowitz quittirt das Karthäuserkloster in Dolan über den Rest der Kauf-summe bezüglich des Gerichtes in Dolan. Dt. Dolan, 23. April 1389.

Ego Henricus de Zadlowycz recognosco tenore presencium universis, quod in illis viginti octo marcis. pro quibus venerabiles patres dominus Stephanus prior et conventus domus vallis Josaphat ordinis Carthusiensis prope Olomucz judicium in Dolan a domina Margaretha. reiicta olim Vicenonis, sorore mea, a pueris eius et a me Henrico jam dicto justo emcionis titulo cum omni, prout nos tenuimus, jure emerunt perpetue tenendum, videlicet sex marcas cum dimidia secundum constitutum terminum solverunt et dederunt sorori nostre et nobis predictis. ita quod jam omnes predictas viginti octo marcas pro eodem judicio debitas nobis jam dictis secundum quod debuerint, sine omni dilacione paratis pecuniis jam plenarie persolverunt, de quibus priorem et conventum predictos quittos penitus et absolutos reddimus presencium testimonio literarum. Datum et actum die sancti Georii martiris sub pendenti sigillo nostro, anno domini millesimo trecentesimo octogesimo nono, in Dolan.

(Orig. Perg. h. etwas verletztes Sig. in den Akten des Olmützer Karthäuserklosters im mähr. Landesarchive.)

551.

Prag, 4. Mai 1389.

Markgraf Jodok schreibt an den Rath der Stadt Berlin wegen des Abbruches und Wiederaufbaues des Schlosses Köpenick. (Datum Dienstag nach Walpurga.)

(Abgedruckt in Riedel's Cod. Brandenb. suppl. 251.)

552.

Albrecht, Herzog von Österreich, schliesst mit dem Markgrafen Jodok von Mähren einen Bund gegen jeglichen Feind und verpflichtet sich, die auf das deutsche Reich gerichteten Bestrebungen Jodoks zu unterstützen. Dt. Enns, 11. Juni 1389.

Wir Albrecht von gots genaden herczog ze Osterreich, ze Steyr, ze Kernden und ze Krain, graf ze Tyrol rc. bekennen und tun kunt offenbar. Daz wir durch frid und gemaches willen unserr lande und lewt uns freuntlich und lieplich verainet und verpunden haben und verpinden uns auch mit kraft dicz briefs mit dem hochgeporn fürsten unserm lieben oheim marggraf Josten, marggrafen und herren ze Merhern, daz wir dem mit allem unserm vermugen trewlich und freuntleich geholffen und beigestentig sein sullen, und wellen wider aller menikleich, wie die genant oder in welichem wesen, eren und wirden die sein, nyemand ausgenommen an alles geverd. Und sullen und wellen auch allenthalben und in allen sachen sein ere und frume trewleich werben. Und wer auch, daz dem obgenanten unserm lieben oheim marggraf Josten icht eren oder gewelt in dem remischen reich furgeviellen, darnach er stellen und greiffen wurd, darinne sullen wir im auch trewleich geholffen und beigestendig sein mit allem unserm vermugen. Und was wir im darinne guts geraten und geholffen sein mugen, das sullen und wellen wir tun mit ganczen trewn an alles geverd. Und ob daz wer, daz wir uns indert vergessen und uns wider di obgenante gelubd und verpuntnuss furbasser icht mit yemand anderm verpunden oder verlupten, mit wem das wer, mit worten oder mit briefen, des nicht geschehen sal, diselben gelub und puntnuss sullen wider discn gegenwurtigen brief, und wider die obgenanten puntnuss dhain kraft nicht haben, wann wir mit namen die obgenanten gelubd und verpuntnuss mit unserm egenanten lieben oheim marggraf Josten halten wellen wider allermenniklich, nyemand ausgenommen, als vor begriffen ist. Das geloben wir mit unsern furstleichen eren und trewn an aydes stat, an alles geverd, als wir darumb leipleich geswaren haben. Mit urkund des briefs. Der geben ist ze Ens an freytag in der phingstwochen, nach kristo gepurde drewczehen hundert iar darnach in dem newn und achczigistem jare.

(Orig. Perg. mit anh. gut erhaltenem kleinen Sig. in den altständischen Akten des mähr. Landesarchives.)

553.

Das Generalkapitel der Karthäuser gestattet, dass die Karthause von Leitomyšl nach Dolein übertragen werde. Dt. Florenz, 15. Juni 1389.

Frater Joannes humilis prior Majoris domus Cartusiæ, nec non exteri diffinitores totius capituli generalis, ordinis Cartusiensis, notum facimus tenore præsentium universis. Quod, quia translationem domus Rubi ad domum Vallis Josaphat nostri Cartusiensis proposíti, ex justis et rationabilibus causis legitime factam per diffinitionem generalis capituli confirmavimus finaliter et approbavimus, auctoritate ejusdem generalis capituli nunc diffinitorie declaramus, quod omnes facultates bonorum et rerum in grangiis, villis, censibus, hominibus, incolis, agris, sylvis, piscinis ad dictam domum Rubi hactenus incorporatis, cum omnibus aliis rebus, sive ad ritum ecclesiasticum in libris vel ornamentis aliis, sive ad hospitalitatem seu domesticam sustentationem in pecudibus vel pecoribus, et generaliter in quibuscunque rebus consistant, mobilibus vel immobilibus, nihil excipiendo, ipso facto cum eadem domo translatis ad candem domum Vallis Josaphat spectant et pertinent, et ex nunc perpetuis temporibus sine quorumlibet contradictione perpetuis temporibus pertinebunt. Nulli igitur. sive nostri ordinis. sive alterius conditionis personae huic generali nostrae ex justo ordinationi liceat contraire. et si secus attentatum fuerit qualitercunque. ipso facto sit irritum et inane. Salva tamen hac praesenti ordinatione nostra non prohibemus. si salvo moderamine aliquam partem facultatum praedictarum in dioecesi Luthomislensi habitarum. prior et conventus praedictae domus Vallis Josaphat etiam de consensu fundatoris sui ad praedictum locum Rubi sponte obtulerint et libenter dimiserint. sine sui gravi dispendio in casu tamen, si idem locus successu temporis per aliquem certum fundatorem, disponente domino, procederet perficiendus. Addito etiam. si id ipsum generale capitulum legitime admitteret et approbaret in futurum. In cujus rei testimonium sigillum capituli generalis manu prioris Cartusiae praesentibus est appensum.

Datum in Florentia praesidente generali capitulo anno domini MCCCLXXXIX. XV. Idus Junii.

(Abgedruckt in Pez. tom. VI. cod. dipl. pars II. p. 77.)

554.

Markgraf Jodok schliesst mit dem Herzoge Albrecht von Österreich ein Bündnis gegen Jedermann und verpflichtet sich, falls er römischer König würde, nach dem Rathe Albrechts zu handeln und die Privilegien der österreichischen Fürsten zu bestättigen. Dt. Olmütz, 18. Juni 1389.

Wir Jost von gotes gnaden marggraf und herre ze Merhern bekennen und tun kunt offenbar, das wir uns durch frids und gemachs willen unser land und leut freundlich und liepleich voraynet und vorpunden uns auch mit kraft dicz briefs mit dem hochgeboren fursten. unserm lieben oheim. herczog Albrechten herczogen ze Österreich, daz wir dem mit allem unserm vermugen trewlich und freundlich geholffen und beygestentig sein sullen und wellen wider aller menikleich, wie die genant oder in welhem wesen, eren und wirden die sein, nyemand ausgenomen, an alls geverd. Und sullen und wellen auch allenthalben und in allen sachen sein ern und frumen allczeit werben mit ganczen trewn. Und wer, daz uns in dem romischen reich icht eren und wirden widerfüren oder zu demselben romischen reich chemen. so sullen und wellen wir sunderlich unser sachen handeln und darinn gevarn nach desselben unsers lieben ohems herczog Albrechts von Österreich rat und auch in, sein vettern und all ir erben allczeit getrewlich in besunderer freuntschafft und lieb fur all ander fursten behalten und in auch alle die recht, wird und ere, die si, ire land und herscheft von den romischen kunigen und kaysern habent, besteten und vernewn und in die allczeit pessern und nicht ergern genczleich an alle widerrede und gever, wenn si des an uns begerent. Wer auch, das wir uns yndert vergessen und uns furbas wider die obgenanten gelub und puntnuss mit yemant anderen icht verlubten und verpunden, mit wem daz wer, mit priefen oder mit warten, des nicht geschehen sol. dieselben gelub und verpuntnuss sullen wider diesen gegenwortigen brief und die puntnuss dhain chraft nicht haben, wan wir mit namen die obgenanten gelub und puntnuss mit unserm egenanten unserm lieben ohem herczog Albrecht von Österreich halten wellen wider allermenikleich nyemann ausgenomen, als vor begriffen ist. Daz geloben wir mit unsern furstleichen eren und trewn an aides stat und an alls geverd, als wir darumb leipleich gesworn haben. Mit urkunt dicz briefs vorsigelt mit unserm anhangunden ingesigel. Geben zu Olomuncz noch Crists geburt dreiczenhundert jare darnoch in dem newnn und achczigsten jare, des nechsten freitags noch des heiligen leychams tag.

(Kurz, Oesterr. unter H. Albrecht III., Band II., pag. 264.)

555.

Das Kloster Oslawan verkauft seinem Kaplane Nicolaus auf dessen Lebenszeit den Zins von sechs Häusern in Brünn. Dt. Oslawan, 20. Juni 1389.

In nomine domini amen. Nos Agnes abbatissa, Dorothea priorissa, Elizabeth sub-priorissa, Agnes celeraria totusque conventus monasterii Vallis sancte Marie in Ossla, ordinis Cisterciensis, Olomucensis dyocesis, recognoscimus universis horum noticiam habituris, quod prehabita inter nos matura deliberacione communique tractatu pariter et consensu necnon omnium nostrum bona voluntate vendidimus et presentibus venditum libere resignamus domino Nicolao seniori nostro capellano perpetuo ad personam eius et ad vite ipsius tantummodo tempora censum unius marce grossorum cum quatuordecim grossis annue pensionis veri et nudi census grossorum denariorum pragensium moravici numeri et pagamenti, videlicet sexaginta quatuor grossos pro ipsa marca computando, de sex domibus in civitate Brunna Bamhoff sic nuncupatis nobisque censuantibus pro sex marcis grossorum ponderis et pagamenti predictorum, parate iam nobis numeratis et solutis iamque in nostras utilitates pleniter conversis. Dantes eidem domino Nicolao nostro capellano percipiendi censum predictum annis singulis affuturis in festo sancti Martini plenam et omnimodam facultatem, nichilominus addicientes, quod si medio tempore aliquis illarum censualium domorum inhabitator seu rector solucioni se opponeret, vel in termino solucionis census predicti tardus existeret, ad coher-cendum huiusmodi contradictorem sive negligentem solucioni sepefato domino Nicolao mediante nostro iure et auxilio promittimus fideliter coastare. Postquam vero universorum dominus ipsum dominum Nicolaum nostrum capellanum evocaverit ab hac luce, volumus censum prescriptum mox ad nos et ad nostrum conventum sine impeticione seu occupacione cuiuslibet hominis reverti. In cuius testimonium omnium premissorum et robur sigilla nostra presentibus sunt appensa. Datum et actum in monasterio nostro Osslaviensi anno ab incarnacione domini millesimo trecentesimo octogesimo nono, vicesima die mensis Junii. Presentibus honorabilibus et religiosis viris dominis domino Jacobo et domino Philippo nostris confessoribus et domino Johanne plebano de Grelicz tunc nostro preposito et aliis quam pluribus fide dignis.

(Orig. Perg. h. Sig. im Brünner Stadtarchive.)

556.

Jost, Markgraf von Mähren, verkauft die bei Olmütz gelegene Wenzels-Mühle dem Franz Vector. Dt. Olmütz, 21. Juni 1389.

Wir Jost von gotes gnaden marggraff und herre zu Merhern bekennen zu eyme ewigen gedechtnuss offenbarlichen allen, die diesen brieff sehen, horen ader lesen, das wir mit wolbedachtem mute, mit freyer willekore, mit ganczem willen und wissen recht und redlich vorkawfft haben und mit crafft dicz brieffes erbelich und ewiglich vorkawffen, reichen und awsgeben unser müle vor Olomuncz, die man nennet des Wenczlaws mille, die wir vormals mit andern gütern kawfft haben von Hanussken, ettwen Wenczslaw foytes son zu Olomuncz. Dieselbe müle mit allen den andern gütern, mit dem boffe und eckern gearn ader ungearn, mit welden, püschen, gemerken, greniczen mit fyer, wyesen, mit werden, flyzsen, zeyffen, wasserflossen, teichen, fysscherey, fyschern und fischerczinsen, mit gerthenern, mit den pecken und mit sechzehen brotbencken in der stat zu Olomuncz und mit allen den lewten, die zu derselben mülen gehoren und mit allen andern zugehorungen, wie die mit besundern namen genant mogen werden, frey ledig und los aller gabe erblich und ewiclich Franczken Vector und seinen erben und nach irme tode Nicklos und Hane Vector seinen brudern und allen iren erben und zu getrewer hant dem edeln hern Laczken von Crawar und Wenczslaw Doloplas umb dreyhundert marck pragerischer grosschen und merherisscher czal, die wir von demselben franczken Vector mit gereitem gelde haben empfanghen, und reichen dieselben güter den egenanten frey ledig und los, von yn czu haben, czu halden erblich und ewiglich, czu besiczen, czu vorkawffen, zu vorwechslene, czu vorgeben, czu vormyetene, czu vorseczene ader an iren fromen und nucz, wie yn das allerbequemest ist, czu wenden, mit allen rechten, genyesen und czynsen und eygenschefften vullenkomenlich, sam wir die müle und güter selber gehalden und gehabt haben, nichtes awsgenomen. Und globen wir egenanter Jost, marggraff zu Merhern, bey unsern guten trewen an alle arge geverde, vor uns und vor alle unser erben und nachkomen, marggraffen zu Merbern, das die egenante müle mit allen iren vorbenanten czugehorungen von allen lewten, die sie mit geistlichen ader mit wertlichen rechten ansprechen, hindern ader vorkumern welden, bei unsern guten trewen an arg ledigen, freyen, awstedingen und entrichten sollen und wollen, und die egenanten Franczken, seine erben, seine bruder und hantgetrewen bei den obgenanten gütern an alles hindernuss von uns ader von den unsern behalden ewiglich und getrewlich beschirmen. Des zu eyme urkund und eyner ewigen bestetigunge ist unser furstlich ingesigel gehange an diesem brieff. Der geben ist zu Olomuncz nach Crists geburt thawsent dreyhundert jar und yn denne newen und achczigsten jare am mantag vor sant Johannes des thawffer tagh.

(Orig. Perg. h. Sig. im Olm. Stadtarchive. — Auf der Plicatur: Ad mandatum domini marchionis Johannes.)

557.

Jost, Markgraf von Mähren, verkauft dem Wenzel von Kralitz die Olmutzer Vogtei.
Dt. Olmütz, 21. Juni 1389.

In gotes namen amen. Wir Jost von gotes gnaden marggraff und herre czu Merhern bekennen czu cyme ewigen gedechtnuzz und tun kunt offentlichen allen, die diesen brieff sehen, horen ader lezen, das wir mit wolbedachtem mute, mit freyer willekore, mit ganczen willen und wissen und auch mit rate der eldesten und der ganczen gemeyne der stat Olomuncz, unsere lieben getrewen, recht und redlich vorkawfft haben und mit crafft dicz brieffes erbiclich und ewiglich vorkawffen, reichen und awffgeben unser ffoythey und gerichte zu Olomuncz und darczu die müle, die genant ist die Kuttelmole, mit cyme garthen, der do gelegen ist bei derselben müle an dem wasser, den ettwenn her Jan von Crawar hat gehalden, dorczu mit allen und besundern mit eyner yczlichen czugehorungen, mit allem rechte gerichte, pusen, herschefften, nuczen, früchten, czinsen und mit namen mit dem lehen, reychunge und vorleyunge des altars in unser lieben frawen kirchen doselbst zu Olomuncz, den ettwenn Wenczslaw foyt hat doselbest gestyfftet und begabet; dorczu eyn hawz frey von aller lozunge und gabe, wo das gelegen ist in der stat zu Olomuncz, mit allen czugehorungen kleynen und grosen, wie die von rechte ader von gewonheit zu der egenanten foythey und mülen gehort haben ader gehoren mogen, nichtes uns noch unsern erben und nachkomelingen marggraffen und herren zu Merhern czinses, nuczes geldes ader genyeses zu halden, sunder gancz, frey, ledig und los dinstes alles und aller gabe, es were zu herfferten, ader zu andern unsern sachen; ydoch, das die besiczer derselben foythei uns und unser nachkomelinge marggraven und herren zu Merhern vor ire rechte erbherren sollen haben. Aber sam wir dieselbe foythey und müle selber gehalden haben fridlich, ungehindert, so reichen wir und uffgeben sie mit dem gerichte und allen obgenanten czugehorungen Wenczslawen Greliczer und seinen erben und nach irem tode dem jungen Wenczslawen, seines bruder son und seinen erben und wenn die obegingen, Katherine, Wenczslaw Greliczers bruder tochter und iren erben, und ob sie alle stürben, Wenczslaw von der Wistricz, genant von Doloplas und seinen erben und dornach allen der egenanten nechsten freunden und czu getrewer hant den edlen Laczken von Crawar und Petren von Sternberg, umb fumffczehenhundert mark pragischer grosser und merherischer czol, die wir marggraff Jost von dem egenanten Wenczslawen Greliczer mit gereiten pfennyngen haben empfangen. Und globen yn bei unsern guten trewen an alles arg, das sie dieselbe foythey und müle mit allen iren rechten, gerichten, czinsen, nuczen, fruchten und allen czugehorungen, wie die benant sein und benamet mogen werden, erblich und ewiglich frey und gerugesam sollen halden und haben und ewiglich besiczen von uns, unsern erben und nachkomelingen marggraven und herren zu Merhern, und von den unsern ungehindert lediglich und frey zu vorkawffen, czu vorwechslen, czu vorgeben, czu vorseczen, czu vormyten und an ire stat eynem andern zu lossen und an iren fromen, nucz und bestes, wie yn das allerbeheglichste wirt, czu wenden und mit namen, das yn der egenanten kuttelmole alle malcz, die zur stat

Olomuncz gehoren, gemalen sollen werden und von eynem yezlichem malczo czwene grosse und den knechten czwene pfennynge, und alle tuch, die do zu Olomuncz gemacht werden, ader von anderswo gefuret zur walke, das die auch zu derselben mülen ym walkstampffe gearbet sullen werden, und von eynem yezlichen luche sechs pfennynge, der achte eynen grossen gelden, dem egenanten Greliczer und seinen erben, und zu der hant dieser brieff lawtet, sollen endehafftiglich gevallen. Were aber dowider tete, zu dem sollen unsere burger bessern und derselbe sal mit aller seiner habe yn unser gnade sein vorfallen. Und wollen von besundern gnaden, ab die egenanten Wenczslaw Greliczer und seine erben, Wenczslaw seines bruder son und Katherina seines bruder tochter und alle ire erben die obgenante foythey ymmer vorkawffen wolden oder solden, das sie Wenczslawe Doloplas und seine erben an dem kawffe nymmer gehindern sollen noch enttowen. Werde aber die egenante foythey nicht vorkawfft, so sal sie gevallen mit der mule und mit allen iren zugehorungen noch der aller tode awff Wenczslawen Doloplas und awff seine erben, sam das ee begriffen ist. Und des globen wir egenanter marggraff Jost vor uns und vor alle unser nachkomelinge marggraffen und herren zu Merhern, alle die obgeschriben gelubde von worte zu worten in allen iren meynunghen, synnen, puncten, geseczen und artikeln bei unsern guten trewen an alles geverde halden, haben gancz unvorrucket stete getrewlich und ewiglich derfullen. Des zu eynem urkunt und ewigen geczeugnuzze haben wir unser furstlich ingesigel czum ersten heissen hengen zu eyner worhafftigen bestetigunge an diesem brieff und dornoch gebeten und geheissen alle ynwoner der stat Olomuncz, unser lieben getrewen, das sie auch vor uns und mit uns gelobt haben und irer stat ingesigel gehangen an disem brieff. Und wir rotlewte, schepffen, gesworn burger mit der ganczen gemeyne beide, arm und reiche, ynwoner der stat Olomuncz, die nu sein und dornoch yn ewigen czeiten doselbest werden, bekennen yn diesem brieffe offenbarlichen allen, das wir von willen und von geheisse des allerdurchleuchtigsten fursten und herren herren Josten marggraffen und herren zu Merheru gelobt haben und mit crafft dicz brieffes vor denselben unsern gnedigen herren und mit im globen bei unsern guten trewen an alles arg, den obgenanten Wenczslawen Greliczer und seinen erben, Wenczslawen seines bruder son, Katherine seines bruder tochter, und allen iren erben, Wenczslawen Doloplas und seinen erben und zu getrewer hant den edlen herren Laczken von Crawar und her Peter von Sternberg alle die obgenanten unsers herren gelubde, wie sie von worte zu worten beschriben sein, getrewlich an argelist und an widerrede sollen und wollen endehafftiglich derfullen und die vorgenante foythey mit der mülen und andern zugehorungen dem egenanten Wenczslawen Greliczer und seinen erben und allen, zu der hant dieser brieff lawtet, von allen lewten, die sie mit geistlichen ader mit wertlichen rechten hindern, ansprechen ader bekumern welden, ledigen, freyen und enttwerren, awsteydingen und vorrichten sollen und wollen und die egenanten bei denselben gütern behalden und getrewlich beschirmen. Und ob sie ymmer mit uns ader wir mit in awffstossig werden, des got nicht gebe, so sullen wir noch unser nachkomelinge mit den-selben nicht teydingen noch uber sie clagen ader richten, wenn vor unserm herren dem marggraven, das sie gegenwortig sein. Des zu eynem urkunt und waren geczewgnuss haben wir unser stat ingesigel an disem brieff gehangen, der geben ist zu Olomuncz noch Crists geburth tawsent dreihundert jare dornoch in dem newen und achczigsten jare, am montag vor sant Johannes tag des Tawffers.

(Orig. Perg. 2 h. Sig. im Olm. Stadtarchive. — Auf der Plicatur: Ad mandatum domini marchionis Johannes.)

557.

Markgraf Jodok gestattet, dass Wenzel von Doloplas das Dorf Svesedlitz der Olmützer Kirche schenken dürfe. Dt. Olmütz, 23. Juni 1389.

Jodocus dei gracia marchio et dominus Moravie. Notum facimus tenore presencium universis, quod zelo devocionis sincero afficimur, qualiter ex nostris propriis facultatibus statum personarum spiritualium ad divini cultus decorem possemus ampliare; quanto magis aliis, qui eorum bona pro sustentacione personarum et status spiritualium vellent elargiri, tenemur consentire et presertim, que absque nostro et terre nostre possint fieri detrimento. Sane etenim idonei Wenceslai dicti Doloplas nostri fidelis dilecti, qui quoddam testamentum pro remedio anime sue et suorum predecessorum vult facere, peticionem racionabilem ex causis premissis admittentes consensimus et tenore presencium de certa nostra sciencia consentimus, ut dictus Wenceslaus villam suam dictam Swessedliczie integram prope Przasslawicz cum hominibus, censibus, agris, silvis, rubetis, rivulis et suis universis pertinenciis, pleno iure et dominio, prout solus tenuit, tribus quartalibus ad ecclesiam in Tinecz spectantibus solum exclusis, capitulo Olomucensi posset dare hereditarie et in perpetuum testamentum condonare. Mandantes camerario, czudario et notario czude nostre Olomucensis fidelibus nostris dilectis nostre gracie sub obtentu, quatinus statim, cum presentibus fueritis requisiti, predictam villam cum suis universis pertinenciis, ut prefertur, preposito . . decano et capitulo Olomucensi intabulare absque alia nostra requisicione et nostro ulteriori mandato non expectato, debeatis. Presencium sub nostro appenso sigillo testimonio literarum. Datum Olomuncz anno domini millesimo trecentesimo octogesimo nono, in vigilia sancti Johannis Baptiste.

(Orig. Perg. h. verletztes Sig. im Olm. Kap. Arch. — Auf der Plicatur: Ad mandatum domini marchionis Johannes prothonotarius.)

558.

Markgraf Jodok enthebt den Niklas von Wunderdorf von der Vasallenpflicht bezüglich des Dorfes Tamnitz. Dt. Olmütz, 24. Juni 1389.

Wir Jost von gotes genaden marggraff und herre zu Merhern bekennen offenlich mit disem brive. Das wir durch trewe und stetikeit willen, die wir an Nyckeln von

Wunderdorff unserm liben erfunden haben, so haben wir yn und seine erben von der manschafft des hoffes zu Tamnycz und seynen czugehorunghen empunden, empynden und ledigen sie dovon mit krafft diez brieffes. Mit urkund diez brieffes vorsigelt mit unserm anhangunden ingesigel. Geben zu Olomuncz noch Crists geburt dreiczenhundert jare darnoch yn dem newn und achezigsten jare an sant Johannis Baptisten tag.

(Orig. Perg. mit h. gut erhaltenem Sig. im mähr. Landesarchive.)

559.

Der Pfarrer von s. Wenzel in Altbrünn, Blažek, entsagt allem weiteren Procediren über die dem Patronate des Klosters Maria-Saal unterstehende s. Prokops- und Ulrichs-Kapelle in Altbrünn. Dt. Kloster Maria-Saal, 25. Juni 1389.

In nomine domini amen. Anno nativitatis eiusdem millesimo trecentesimo octuagesimo nono, indiccione duodecima, sexta feria proxima post festum sancti Johannis baptiste die XXV mensis Junii, hora vesperorum vel quasi, pontificatus sanctissimi in Christo patris et domini nostri domini Urbani divina providencia pape sexti anno duodecimo, in monasterio Aule sancte Marie in Antiqua Bruna, Cisterciensis ordinis, Olomucensis dyocesis, in capella eiusdem monasterii circa antiquam ecclesiam in mei notarii publici infrascripti testiumque presencia subscriptorum ad hoc specialiter vocatorum et rogatorum, constitutus personaliter discretus vir dominus Blasko plebanus ecclesie sancti Wenceslai in Antiqua Bruna dicte Olomucensis dyocesis coram religiosis domicellabus Anna abbatissa, Berchta antiqua abbatissa, Agnethe custrice et Mana celeraria monasterii supradicti, non compulsus nec coactus sed bona et libera voluntate cessit omnino liti, questioni, accioni, controversie et cause, quam dictis domicellabus abbatisse et conventui de et super capella sanctorum Procopii et Udalrici sita in Antiqua Bruna coram venerabili viro domino . . abbate monasterii sancti Ambrosii in Nova civitate Pragensi per commissionem moverat, dicens expresse: „competat michi jus vel non competat capelle supradicte, tamen ego exnunc cedo liti hujusmodi, quia michi non conpetit cum mea generosa domina et cum conventu litigare" — petens nichilominus prescriptas domicellas, ut sibi dignarentur favorabiles esse et generose. Que quidem abbatissa et cetere virgines ibidem presentes promiserunt, ipsum dominum Blaskonem, si queret defectis suis et erga ipsas voluerit promereri, generose respicere et ubi possent pre ceteris favorabiliter promovere. De quibus omnibus et singulis tam prefate domicelle quam dominus Blasko supradictus pecierunt sibi per me notarium publicum infrascriptum confici unum vel plura publicum instrumentum seu publica instrumenta. Acta sunt hec anno, indiccione, die, mense, hora, pontificatus et loco quibus supra. Presentibus honorabilibus et discretis viris dominis Wenczeslao vicario ecclesie sancti Wenczeslai in Bruna, Johanne sancti Jacobi ibidem et Nicolao in Moravans ecclesiarum plebanis, Theodrico de Cragovia et Mathia de Lemberg presbiteris Olomucensis et Wratislaviensis dyocesis et aliis pluribus circa premissa fidedignis.

Et ego Wenczeslaus Bartholomei de Polenka, clericus Pragensis diocesis, publicus auctoritate imperiali notarius, predictis cessioni litis etc. una cum prenominatis testibus ac Wenczeslao Milaczkonis de Rokyczano notario et collega meo infrascripto presens interfui caque omnia et singula etc. in hanc publicam formam redegi signoque et nomine meo solitis et consuetis unacum appensione sigillorum honorabilium virorum dominorum Nicolai de Wessel prepositi ecclesie sancti Petri in Bruna, Johannis sancti Jacobi ibidem et Nicolai in Moravans consignavi, rogatis et requisitis in fidem ct testimonium omnium premissorum.

Et ego Wenceslaus natus Mylaczkonis de Rokyczana Pragensis diocesis, publicus auctoritate imperiali notarius etc. hic me subscripsi signoque et nomine mcis solitis consignavi requisitus et rogatus in fidem et testimonium omnium premissorum.

(Orig. Perg. 3 an Pergamentstreifen h. . Sig. in den Akten des Klosters Maria-Saal im mährischen Landesarchive. — In dorso von gleichzeitiger Hand: Abrenuncciacio omni juri supra capella sancti Procopii per dominum Blazkonem plebanum sancti Wenceslai; — dann mit Schriftzügen des 16. Jahrh.: list na kapli sv. Prockopa.)

560.

Pabst Urban VI. ertheilt Allen, welche zum Wiederaufbaue der Olmützer Domkirche beisteuern, einen Ablass. Dt. Rom, 29. Juli 1389.

Urbanus episcopus servus servorum dei universis Christi fidelibus presentes literas inspecturis salutem et apostolicam benediccionem. Ecclesiarum fabricis manum porrigere adiutricem pium apud deum et meritorium reputantes frequenter Christi fideles ad impendendum ecclesiis ipsis auxilium nostris literis exhortamur et ut ad id eo forcius animentur, quo maius ex hoc animarum commodum se speraverint adipisci, nonunquam pro hiis temporalibus suffragiis spiritualia eis munera, remissiones videlicet et indulgentias elargimur. Cum itaque, sicut accepimus, ecclesia Olomucensis ignis incendio sit combusta, nos cupientes, quod eadem ecclesia congrue reedificetur, universitatem vestram requirimus et hortamur in domino, in remissionem vobis peccaminum iniungentes, quatinus de bonis vobis a deo collatis ad reedificacionem predictam velitis pias elemosinas et grata caritatis subsidia erogare, ut per subvencionem vestram huiusmodi ecclesia ipsa congrue reedificari valeat vosque per hec et alia bona, que domino inspirante feceritis, possitis ad eterne felicitatis gaudia pervenire. Nos enim de omnipotentis dei misericordia et beatorum Petri et Pauli, apostolorum eius, auctoritate confisi omnibus vere penitentibus et confessis, qui ad reedificacionem huiusmodi manus porrexerint adiutrices unum annum et quadraginta dies de iniunctis eis penitenciis misericorditer relaxamus, presentibus post sex annos minime valituris. Quas per Pragensem et Salzeburgensem ac Gneznensem civitates et dioceses ac provincias per questuarios duntaxat posse mitti concedimus, eas, si extra illas misse fuerint, carcre viribus decernentes. Volumus autem, quod si alias visitantibus dictam ecclesiam vel ad eius fabricam manus porrigentibus adiutrices aut alias inibi pias elemosinas erogantibus seu alias aliqua alia

476

indulgencia in perpetuum vel ad certum tempus nondum elapsum duratura per nos concessa fuerit vel sub presentis diei dato super simili concessione littere apostolice confecte appareant, huiusmodi presentes littere nullius existant roboris vel momenti. Datum Rome apud sanctum Petrum IV. kal. Augusti pontificatus nostri anno duodecimo.

(Orig. Perg. h. Bleisigel im Olm. Kap. Archive.)

561.

Graf Thomas von St. Georgen erklärt, dass er auf jedesmalige Aufforderung des Mark-graten Jodok sich ins Gefängniss stellen und alle von ihm erhaltenen Schuldbriefe zurückstellen wolle. Dt. Retz, 5. August 1389.

Wir Graf Thoman von sand Georgen bekennen offenlich mit disem briefe allen leuten. die nu soyn oder hernach zuechunftig werden, die disen brief sehen oder horent lesen. Daz wir geloben mit guten trewn an all argelist dem durchleutigen fursten und herren hern Josten marggrafen ze Merhern und seinen eriben ain rechte venchnusse also. Wenn der egenannte herre oder sein eriben uns würden vordern, so schullen wir uns gestellen wider in venchnusse, wohin er oder sein eriben oder yemant von seinen wegen mit briefen oder mit poten uns wurden gepieten. Oder aber, daz wir uns mit dem egenanten hern Josten zwischen hie und dem negstkünftigen sand Michels tage richten, so schullen wir der venchnusse ledig sein. Auch gelob wir mit unsern guten trewa dem vorgenanten herren und seinen eriben all sein schuldbrief, die wir von im haben, se sein uber vil oder umb wenig, widerczegeben zwischen hie und dem negstkunftigen sand Michels tage. Und ob yndert ayner oder mer brief von uns oder unsern eriben funden würden, die geltschuld ruerten und an das liecht chemen, die schullen zemal tod seyn und chain chraft mer haben nu und ymmermer. Auch gelob wir, daz der genant herre margraf und sein eriben umb all sach von uns und unsern eriben und allen den unsern furbas scholt geruet beleiben und chain anspruch ewichleich nymmer haben. Und geben daruber dem vorgenanten herren und seinen eriben den brief ze ainem waren urkunde versigilt mit unserm anhangundem insigiln und haben auch gepeten die edeln wolgeboren graf Hansen den Jungern purgrafen ze Maidburg des heiligen romischen reichs und grafen ze Hardekk und graf Hansen von Maidburg und herren ze Putschaken, daz se der sach geczewgen sind mit iren anhangunden insigiln. Geben ze Recz an sand Oswaldestage nach Kristes gepurde drewczenhundert jare darnach in dem newn und achczigistem jare.

(Orig. Perg. mit 3 h. gut erhaltenen Sig. in den altständischen Akten des mähr. Landes-archives.)

562.

Der Olmützer bischöfliche Vicar in spiritualibus hebt die vom Bischofe Nikolaus angeordnete Monition der Olmützer Domherren auf, schärft ihnen aber ein älteres Synodalstatut wegen des Kirchenbesuches und Stehens in stallo ein. Dt. Olmütz, 12. August 1389.

Johannes vicarius in spiritualibus et officialis reverendi in Christo patris domini Nicolai episcopi Olomucensis. Quamvis alias reverendus in Christo pater et dominus noster dominus Nicolaus episcopus Olomucensis ex debito pastoralis officii processus certos fecerit, in quibus moneri mandavit prelatos, canonicos, vicarios et alios beneficiarios ipsius ecclesie Olomucensis, quos in officio divino esse remissos audivit ct negligentes ac in festivitatibus maioribus non venire ad ecclesiam et non stare in stallis suis, sed currere per ecclesiam et insistere fabulacionibus ct cachinis, ut peramplius se in divino cultu et officio exhiberent studiosos et diligentes, ac in precipuis festivitatibus, in quibus cappis uti consueverunt, ad primas et secundas vesperas ac missam summam venirent et in eisdem in choro et stallis suis non missas legerent vel ad missam ministrarent, alioquin monicione canonica premissa in omnes et singulos, qui premissa non adimplerent, excommunicacionis sentenciam tulit in scriptis: tamen cum pendentes monicionem eiusdem processus dicti canonici Olomucenses capitulum facientes coram nobis humiliter proposuerint, quod parati essent parere eisdem processibus, sed timerent verisimiliter, quod non possent salva consciencia eosdem processus ad unguem servare et adimplere prompter excommunicacionis sentenciam in ipsis processibus latam, unde possint incurrere periculum futurum, nobis cum debita instancia supplicaverunt, quatenus, cum idem dominus Nicolaus episcopus Olomucensis ad presens non esset in dyocesi Olomucensi nec alibi in propinquo constitutus, quod pro eo possent eius accedere presenciam personalem, dictum processum et eius monicionem adhuc pendentem in totum tollere et executoribus pro eo datis committere, quod a tali monicione per ipsos facta recederent ac novum processum facere secundum statutum per ipsum capitulum pro eo factum et confirmatum sub penis in codem positis et expressis, dignaremur. Nos ipsorum proposicioni et peticioni tamquam iustis et racionabilibus annuentes dictum processum et eius monicionem adhuc pendentes in totum sustulimus et in totum tollimus in his scriptis, mandantes in virtute sancte obediencie et sub excommunicacionis pena vobis ad sanctum Petrum, ad beatam virginem et ad sanctum Mauricium in Olomucz ecclesiarum rectoribus, quatenus a monicione per vos sic facta in ecclesia Olomucensi antedicta dominis prelatis, canonicis, vicariis et beneficiatis, quam nos tollimus, sicut ipsum processum statim recedatis et peramplius eius execucioni non insistatis et nichilominus eosdem dominos prelatos, canonicos, vicarios et beneficatos Olomucensis ecclesie moneatis canonice, quos et nos presentibus monemus, ut sicut in predicto statuto provide statutum est, domini prelati, canonici, vicarii et altariste predicti de cetero in precipuis festivitatibus nostri salvatoris ac beate Marie virginis, patronorum ac aliorum sanctorum, in quorum honore cappe portari consueverint, dimissis abusionibus et perversis moribus primis vesperis et missis diei sequentis usque ad elevacionem inclusive intersint et continue maneant in stallis suis, nullatenus de stallis et choro exituri, nisi racionabilis causa subsit, quam domino decano aut in eius abscencia seniori canonico exponere teneantur, alioquin quilibet ipsorum, qui in premissis negligens et remissus inventus fuerit non interessendo vesperis et missis dictarum festivitatum, ut superius expressatur, prelatus vel canonicus, eiusdem diei duntaxat porcionibus ipso facto sit privatus; vicarius vero in uno grosso et altarista in medio puniantur, prout in prefato statuto continetur. Datum Olomuncz anno domini millesimo trecentesimo octuagesimo nono, die duodecima mensis Augusti.

(Aus dem Cod. E. 1. 40 des Olm. Metr. Kap. Archives.)

563.

Das Olmützer Kapitel lässt durch den Notar Petrus quondam Jacobi de Chremisir die Bulle Papst Urban VI. doto IV. kal. Augusti pontif. anno duodecimo transsumiren.
4. September 1389.

Nos vero capitulum ecclesie Olomucensis in fidem et testimonium premissorum presentem copiam cum originali bulla prius diligenter auscultando per Petrum notarium publicum scribam nostrum infra scriptum in hanc publicam formam redigi fecimus et sigilli nostri capituli appensione muniri. Actum die quarta mensis Septembris presentibus discretis viris dominis Jacobo de Prostrans, Johanne de Bistricz presbyteris, Johanne dicto scriba diacono Olom. diocesis et aliis pluribus fide dignis.

Et ego Petrus . . . publicus notarius etc.

(Orig. Perg. h. Sig. im Olm. Kap. Archive, vid. n. 560.)

564.

Das Augustinerkloster in Landskron kauft von Peter von Sternberg das Dorf Újezd um 874 Mark Prager Groschen. Dt. 9. September 1389.

Noverint universi presencium noticiam habituri, quod a nobili viro domino Petro de Sternberg nos Henricus prepositus totusque conventus monasterii in Lanczkrona canonicorum regularium ordinis beati Augustini Lutomislensis dyocesis iusto empcionis titulo rite racionabiliter ac hereditarie villam Ugezd emimus et perpetuo possidendam per nos ac posteros nostros necnon per monasterium nostrum predictum comparavimus pro octingentis septuaginta quatuor marcis, pro una quaque marca sexaginta quatuor grossos computando, cum omni jure et dominio, prout idem dominus ipsam tenuit, preter jus patronatus ecclesie in ipsa villa site et preter curiam allodialem, quam Jessko Kleparz possidet cum VII. marcis et III. grossis census annui eidem curie deputatis, in qua villa pecuniali censu cum reliquis fructibus computatis LXVII marce, marcam computando ut supra, cum uno fertone reddituum nobis sunt pro annis singulis assignate. Et quia prefatus nobilis vir et dominus ad prosequendam favoribus precipuis religionem nostram semper et ubique inclinari dinoscitur, ut tam ferventi erga nos benignitati sue in aliquo possimus respondere, nos qui supra prepositus cum conventu, prehabito capitulari tractatu et matura deliberacione premissa, ex gracia decrevimus tam generoso promotori nostro annuere et fixum tenere, in quantum ipse optaverit, ut iuxta morem terre disbrigacionis ac intabulacionis durante triennio, si altissimus ipsum pinquiori facultate respexerit, quod memoratam villam Ugezd ·a nobis licite possit reemere, nobis tamen nostris pecuniis, quas a nobis pro eadem villa percepit, plenarie persolutis. Ita videlicet, ut non abscussio non quevis a capitali nostra pecunia antedicta defalcacio vel diminucio ibi locum aut vim habeat occasione quarumcunque allegacionum et precipue eorum, que in censu de ipsa villa percipimus nunc ˙possessa. Quod si nolit vel non possit reemere, sed censum commutando pro censu ad alia bona velit nos traducere, ut habundancioris complacencie sibi cognoscamur impendere obsequium. adhuc et hoc ipsum non abnuimus sed benivoli omnino ad transferendum seu traducendum nos consentimus, dummodo tamen, quantum in prefata Ugezd villa possidemus, nobis in pociori vel adminus equivalénti et bene paccato dominio fuerit ostensum, disbrigatum ac intabulatum eo modo caque forma ac earundem sub vigore penarum, prout in privilegio sepe dicti domini, quod super foro ville crebrius dicte et hiis, ˙que tale concernunt forum, habere nos fatemur, solita et congrua clausularum distinccione plenius exprimuntur. In premissorum autem omnium testimonium et robur firmius sigilla prepositi et conventus nostri antedicti presentibus sunt appensa. Acta sunt hec anno domini M⁰CCC⁰LXXXIX⁰, feria quinta proxima post nativitatem Marie virginis gloriose.

(Orig. Perg. 2 h. gut erhaltene Sig. in den Akten des Olmützer Augustinerklosters im mährischen Landesarchive.)

565.

Dt. Beraun, 16. September 1389.

König Wenzel IV. ernennt den Markgrafen Jodok zum Reichsvicar in Italien. Dt. Verone anno domini millesimo trecentesimo octuagesimo nono, sextodecimo kal. Octobris, regnorum nostrorum anno Boemie vicesimo septimo, Romanorum vero quarto decimo.

(Das Orig. im k. k. geh. Haus-, Hof- und Staatsarchive in Wien. — Der Text stimmt mit n. 298 überein, und zwar mit jenem Exemplare, dessen Varianten p. 272 und 273 angegeben sind. — Sonderbarerweise ist diese Urkunde vom J. 1389 in den altständischen Akten Mährens nicht vorhanden, da doch die Urkunde vom Jahre 1383 in zwei Exemplaren sich dort befindet. Nach Pelzel K. Wenzel I., p. 221, Anmkg. 1, war ein zweites Orig. der Urkunde vom Jahre 1389 im Plassenburger Archive vorhanden, woher Häberlin N. D. Reichsgesch., Bd. I., den Text für seinen Abdruck nahm.)

566.

Markgraf Jodok verspricht als Reichsvicar, in Italien die Interessen des K. Wenzel und des Reiches zu wahren. Dt. Beraun, 17. September 1389.

Wir Joste von gotes gnaden marggraf und herre zu Merhern bekennen und tun kunt offenlichen mit diesem brive allen den, die in sehen oder horen lezen. Wann der allerdurchluchtigiste furste und herre herr Wenczlaw von gotes gnaden romische kunig, czu allen czeiten merer des reichs und kunige zu Beheim, unser lieber gnediger herre und vetter, uns von sunderlichen gnaden und fruntschaft seinen und des heiligen reichs gemeynen vicarien uber gantze Italien und die lande uber berge gesetczt und gemacht hat, als das aufweysen sulche brive, die er uns doruber geben hat, dorumb mit wolbedachtem mute und rechter wissen haben wir demselben unserm lieben herren und vettern dem romischem kunige gelobt und vorheissen, globen und vorheissen mit kraft dicz brives in guten trewen an eydes stat, im mit demselben vicariate getreulichen erberlichen und nuczlichen zu dinen, seine ere, nucze und fromen zu werben und zu tun, so wir getreulichist und beste mogen an alles geverde. Ouch sullen und wollen wir nymanden, wer der sey, raten oder beholffen sein mit dheynerley sachen, worten oder werken das yemande, alle die weile der egenant unser lieber herre und vetter lebet, wider in zu dem reiche komen oder gefurdert mochte werden. Ouch sullen wir selber noch dem Reiche nicht stellen, sten oder arbeiten an seine volborte und sunderlichen seinen guten willen in dheineweis, sunder wer denselben unsern lieben herren und vettern an dem reiche oder dem kunigreiche zu Beheim in dutschen oder in welschen landen sawmen, hindern oder iren wolte, wider den sullen und wollen wir dem egenanten unserm herren und vettern noch allem unserm vormugen und mit gantczer macht und ernste getreulichen und ernstlichen beygestendig und beholffen sein. Und vorbinden uns des ouch bey im zu bleiben mit unserm rechter wissen und an alles geverde. Ouch sullen und wollen wir mit nymanden, wer der were, die wider den egenanten unsern lieben herren und vettern sein wolten oder weren, es weren fursten, graven, herrn, stete oder commune in dutschen oder in welschen landen, dheynerley voreynung oder buntnusse angoen, tun oder ufnemen in dheyneweis, sunder wir sullen und wollen bey demselben unserm lieben herren und vettern wider sie allewege getreulichen und ernstlichen bleiben zu seinen eren, fromen und nucze, so wir allerbeste kunnen oder mogen an argeliste und alles geverde. Ouch mag der egenant unser lieber herre und vetter der romische kunig seine sunderliche botschaft tun zu dem von Meylan, den man nonnet Johannes Galeaz graven von virtut, mit im zu teydingen von desselben unsers herren des kunigs wegen; dorzu sullen und wollen wir beholffen und geraten sein mit gantzen trewen und fleisse. Was ouch wir von demselben von Meilan mit kriegen oder mit teydingen an landen, an luten erkriegen oder gewynnen mogen in den kreissen des egenanten unsers vicariates, das sol alles zu voraus unsers egenanten unsers lieben herren und vettern des romischen kuniges sein, und im gevallen und dovon sol und mag der egenant unser lieber herre und vetter uns tun, was in gut duncket. Was ouch wir in andern kreissen und termyneyen unsers vicariats erwerben, erkriegen und an uns brengen moge, dovon sullen wir zu voran unser und der unsern arbeitte, koste und schaden nemen und aufrichten und was doruber were, mit dem sullen und wollen wir es halden noch des egenanten unsers lieben herren und vettern gnaden, gunsto und guten willen an alles geverde. Ouch mag unser vorgenanter lieber herr und vetter der romische kunig mit uns gen welschen landen oder zu uns, ab wir vorhyn zugen, senden czwen aus seinem rate, die sullen und wollen wir fruntlichen und gutlichen ufnemen und alle sachen unsers vorgenanten lieben herren und vettern des romischen kuniges und des heiligen reichs mit irem rate und wissen handeln und tun an geverde, und dieselben czwene sullen genant werden czwischen hie und sand Merteins tage. Und wie wol uns der vorgenant unser herre und vetter das vicariat vorschriben hat so lange, bis das er mit sein selbs leibe gen Italien queme, ydoch so haben wir vorsprochen und gelobt, vorsprechen und geloben im in craft dicz brives an eydes stat an gewerde, das wir das egenante vicariat von dem tage des newen jares, das do schirest kumpt, uber fumff gancze jare ynnehaben sollen und dornach an sein widerruffen. Were ouch das, das er in demselben fumf jaren mit sein selbs leibe gen Italien queme, so sullen und wollen wir im des vicariats abtreten an alles vorcziehen und widerrede. Wenn ouch der vorgenant unser lieber gnediger herre und vetter der romische kunig in die lande zu Italien gen Lamperten oder Tuskan komet, oder uns noch den fumf jaren ermanet, so sollen und wollen wir im des vicariats lediclichen und loze abtreten und keynerley schaden uf das reiche, das kunigreiche zu Beheim oder andere seine lande nicht rechen, fordern oder heischen in dheyneweis. Mit urkund dicz brives vorsigelt mit unserm anhangenden insigel. Geben zu Berne noch Crists geburde dreiczehenhundert Jar und dornach in dem newnundachczigistem jare an sand Lamprechtstage.

Ad mandatum domini marchionis. Spilner.

(Abschrift mitgetheilt vom k. k. geh. Staatsarchive aus dem daselbst erliegenden Originale.)

567.

König Wenzel IV. beauftragt den Markgrafen Jodok als Reichsvicar in Italien zu untersuchen, ob Clemens VII. oder Urban VI. der rechtmässige Papst sei.
c. 17. September 1389(?).

Venceslaus dei gratia Romanorum rex, futurus Imperator semper augustus et Boemiæ rex Jodoco eadem gratia marchioni ct domino Moraviæ, illustri carissimo fratri et vicario nostro in Italia et ultramontanorum partibus generali salutem. Primum et maximum bonum omnibus hominibus credimus esse, ut immaculatæ Christianorum fidei rectam confessionem. ut per omnia hæc roboretur et omnis orbis terrarum sanctissimi sacerdotes ad concordiam copulentur et consone immaculatam Christianorum professionem ostendant. Amore namque fidei et caritatis ardore romani principes ecclesiasticis disciplinis edocti student romanæ sedis reverentiam conservare et ei cuncta subicere et ad ejus deducere unionem, ad ejus auctorem hoc apostolorum primum domino loquente praeceptum est: Pasce oves meas; quam esse omnium vere ecclesiarum caput et patrum regulae et principum statuta declarant. Nam pax ecclesiae, religionis unitas auctorem facti in sublime provectum grata sibi tranquillitate custodit; neque parva ei vicissitudo a potentia divina tribuitur, per quem nullis rugis ecclesia divisa secernitur, nullis mentis maculis variatur. Sane feralis pestis scismatis nunc vigentis propemodum nostram pulsat majestatem, quod provenit ex duabus dudum factis electionibus. Prima fuit in personam Bartholomaei archiepiscopi tunc Barensis in Roma, alia vero in personam Roberti de Gebenna tunc sanctae romanae ecclesiae Cardinalis in Fundis. Unde ad instar juris gentium, ingenuorum, servorum et libertinorum tres procedunt species, fidelium qui obediunt vero papae, scismaticorum adhaerentium antipapae et indifferentium, scilicet tenentium neutrum, cum antea concluderetur in una. Alii vero quartam constituunt, utrumque tenentes et supplicantes utrique. Quod moleste gerit nostra regia celsitudo, dum percipit inconsutilem tunicam Domini, sanctae videlicet ecclesiae scindere unitatem. Ideo regia prudentia nos tanto periculo volentes occurrere, quod non solum corporum sed mortem etiam procurat animarum, vestrae serenitati universa virtutibus illustratae de nostra certa scientia moderatione consilii valide confirmata commisimus et committimus per praesentes, quatenus vice et nomine nostris eandem serenitatem, cum ad dictas Italiae et ultramontanas partes pervenerit, deo dante, cum dei timore, devota mente, prudenti diligentia, diligenti providentia, provida cura, sollicito et vigilanti studio informetis, quis dictorum Bartholomaei et Roberti sacrosanctae romanae ecclesiae matris nostrae, cujus advocati juxta canonicas sanctiones sumus et defensores, verus et legitimus sponsus, Christi vicarius et beati Petri successor existit, et illum illorum, quem Christi vicarium esse repereritis, in verum Papam recipiatis, habeatis, et omnino teneatis, et necessariis viribus in suis universa juribus protegatis et defendatis, sibi omnem reverentiam humiliter et in omni devotione exhibentes etiam vice nostra; alium vero perditum et intrusum viriliter expellatis et ultore gladio tanquam totius christianitatis invasorem et humani generis inimicum persequimini velut hostem; quoniam semper magnum nobis fuit studium veritatem apostolicae sedis et statum sanctarum dei ecclesiarum custodire. Sic enim inconcusse atque inviolate devota deo et pia mente celsitudinem vestram se habere volumus in praedictis, quod soli vestris professionibus adversentur, de quibus divina loquitur scriptura dicens: Posuerunt mendacium spem suam et mendacium operi speraverunt. Et iterum qui secundum prophetam dicunt: Domine, recede a nobis, vias tuas scire nolumus. Propter quod Salomon dicit: Semitas propriae culturae erraverunt, colligunt autem manibus infructuosa. Quicquid enim et circa praemissa feceritis, ordinaveritis, decreveritis, statueritis et declaraveritis, auctoritatibus nostris regiis, quas plenarie in vestrae excellentiae personam transferimus in hac parte, firmiter et inconcusse tenebimus, observabimus, et custodiemus, ac a nostris subditis teneri, observari et custodiri perpetuis temporibus faciemus, juramentis, promissionibus et pactionibus in contrarium per nos factis et praestitis, quae in hoc casu juxta canonicas et civiles sanctiones nullius sunt momenti, non obstantibus quibuscunque; protestantes expresse quod per praesentem potestatem vicariatus officio per majestatem nostram nuper excellentiæ vestræ commisso non intendimus aliqualiter derogare, sed potestatem intendimus adicere potestati. Datum etc.

(Gedruckt in Baluzius Vitæ patrum Avenionensium Tom. II. sive Collectio actorum veterum p. 890. — Das Datum könnte auch 1383 sein.)

568.

Der Pfarrer von Olkowitz, Přibík, etc. verkaufen eine Mühle in Lechwitz dem Kloster Bruck. Dt. Kloster-Bruck, 18. September 1389.

Nos Przibico plebanus in Oloquicz, Gittka vidua de Artwikowicz ac Gilwinus natus ipsius tenore presencium recognoscimus universis presencium noticiam habituris. Quod nos habita matura deliberacione ac de sano consilio nostrorum amicorum, incumbentibus nobis arduis necessitatibus rite et racionabiliter vendidimus molendinum nostrum situatum ac contiguum ville Lechwicz venerabili viro domino Zacharie, abbati monasterii Lucensis ac conventui ipsius et successoribus eorum cum omni jure, utilitate, commodo ac singulis pertinenciis in eodem molendino ad nos pertinentibus, nichil nobis ac heredibus nostris in posterum reservando, sed totum jus, quod in dicto molendino actenus habuimus, in ipsos abbatem et conventum transferendo ad tenendum possidendum habendum et utifruendum, quemadmodum illud emimus a Zayfrido ibidem de Lechwicz et nos tenuimus et pacifice possedimus usque modo, pro octo marcis et uno fertone grossorum pragensium moravici numeri et pagamenti, in paratis pecuniis nobis datis et solutis. Dantes et concedentes eisdem abbati et conventui ac successoribus eorumde privilegium sive literam super eodem molendino confectum libera et bona volumptate in singnum (sic) tradicionis et assignacionis molendini antedicti ac plenam potestatem admonendi fideiussores in ipsa litera expressos omni modo et jure, sicut nobis promiserunt, ac in ipsos transferentes omne jus, quod nobis in eodem molendino competebat. In quorum testimonium evidens sigilla nostra de certa nostra sciencia presentibus sunt appensa. Datum in monasterio Lucensi, anno domini millesimo trecentesimo octuagesimo nono, sabato post Lamberti.

(Orig. Perg. 2 h. verletzte Sig. in den Akten des Brucker Klosters im mähr. Landes-archive.)

569.

König Wenzel IV. von Böhmen ernennt den Markgrafen Jodok zum Schiedsrichter zwischen ihm und dem Herzoge Albrecht von Österreich. Dt. Beraun, 20. September 1389.

Wir Wenczlaw von gotes gnaden romischer kunig zu allen czeiten merer des reichs und kunig zu Beheim, bekennen und tun kunt offenlichen mit disem brive allen den, die in sehen oder horen lesen. Das wir aller stosse und czweitrachte, die sich czwischen uns an einem teyle und dem hochgebornen Albrechten herczogen zu Osterrich, zu Steyern, zu Kerntyn rc. unserm liben swager und fursten an dem andern, von wegen Passaw der stat und der kryege und sachen bis her vorlawffen haben und umb alle gefangen, als das beredt ist, von der strassen gen Venedige und der kawflute wegen an den hochgeboren Josten marggrafen zu Merhern, unsern liben vettern und fursten volkumenlichen gegangen sind an geverde und lassen ouch und geen der an in in craft diez brives mechtiglichen. Und wie der egenante unser vetter czwischen uns ussprichet oder ussprechen wirdet, das globen und wollen wir stete und gancze halden bey guten trewen an geverde. Mit urkunl diez brives vorsigelt mit unsern kuniglichen Maiestat insigel zu Berne, noch Crists geburde dreyczehenhundert jare und dornach in dem newnundachtczigisten jare an sand Matheus abende des heiligen ewangelisten, unserr reiche des behemischen in dem siben-undczweinczigistem und des romischen in dem vierczehenden jaren.

(Orig. Perg. grosses h. Sig. mit Gegensigel in den altständischen Akten des mähr. Landes-archives. — Auf der Plicatur: Per dominum Henricum de Duba magistrum aule et Cunatum Kappler Wlachnico de Weytenmule. — In dorso: R. Petrus de Wischow. — Abgedruckt in Pelzel's K. Wenzel, Urkundenb. I., p. 87.)

570.

Beneš von Kravář gründet das Kloster der Augustiner-Chorherren in Fulnek.
Dt. Kromau, 29. September 1389.

Benessius de Crawar, dominus in Chrumpnaw, Romani regis camere magister, tenore presencium recognoscimus universis. Quod dum humane nature rimamur incerta, dum colla-bentis vite ruinam conspicimus, dum certissime mortis appropinquantes molestias intuemur: profecto ad considerandas nostre vite semitas, ad discuciendum lese consciencie tenebras et ad obtinendum favorem propicium iusti iudicis domini dei nostri argumentis non tam pro-babilibus quam eciam ad sensum demonstrantibus animamur, eo quidem forcius, quo nichil latet iudicis tanti noticiam, quo cuncta nuda sunt eius oculis, quo sue potencie nichil est quod resistere valeat quovismodo. Idcirco nos Benessius de Crawar prescriptus ob remedium anime nostre, uxoris nostre omniumque heredum nostrorum et specialiter domini Dirslai de Crawar, patris nostri carissimi et domine Elizabeth uxoris eius, matris nostre et puerorum eius, necnon domini Jesconis de Crawar, uxoris et heredum eius, cuius bona possidemus, cupientes misericordiam omnipotentis dei ex donis, ipso propicio nobis collatis, graciosius impetrare, ne in examine discussivo districti sui iudicii severum iudicem senciamus, et ut animabus genitorum nostrorum, fratrum, sororum cunctorumque amicorum ac omnium fidelium vivorum et mortuorum, quorum nos vel genitores nostri bonis usi sumus debite vel iniuste domino ipso permittente proficiat ad salutem: animo deliberato de certa nostra sciencia et bona ac libera voluntate, accedente ad hoc consensu nobilium Benessii et Johannis filiorum nostrorum de Crawar et reverendissimi in Christo patris ac domini, domini Nicolai, Olo-mucensis episcopi capitulique ecclesie Olomucensis connivencia speciali, prout in literis ipsorum desuper concessis apparet manifeste, ad honorem salvatoris nostri et sancte trinitatis ac individue unitatis monasterium novum in civitate nostra Fulnek sub titulo et inscripcione ac vocabulo prescripto per nos fundatum et erectum pro inhabitacione fratrum canonicorum regularium ordinis sancti Augustini, ut ibidem prepositus cum novem fratribus habeatur continuo, divine pietatis clemencia aspirante construendum duximus et in ipsius structura processimus, hactenus procedimus et eius adiuvante presidio, qui cuncta tuetur, felicibus incrementis et devoto caritatis studio procedemus. Ut cciam dicti prepositus et conventus monasterii in honore salvatoris et sancte trinitatis et successores eorum eo quiecius cultui divino vacare valeant atque laudes dei liberiori animo depromant, quo melius et sufficiencius temporalibus suffragiis fuerint adiuti, dictis preposito et conventui ac monasterio ipsorum imperpetuum villas nostras integras, videlicet Tirnaviam cum jure patronatus, cum iudicio, excluso cliente ibidem cum altero medio laneo residente, qui eciam cliens nullum gregem ovium habere debet in pascius ville hominibus in contemptum; et eciam villam nostram Gylowecz unacum judicio, cum pratis, pascuis, censibus, proventibus, utilitatibus, piscacionibus, aucupacionibus et frugibus censualibus; eciam scampna salis in civitate nostra Fulnek cum censu ipsorum ipsi monasterio libere assignamus; cciam pomerium ex opposito monasterii in monte castri eidem monasterio conferimus et donamus; silvam quoque nostram prope villam prescriptam, videlicet Tirnaviam, sitam singulis circumferenciis et metis suis pretacto monasterio nostre fundacionis damus perpetue habendam, similiter cum apibus ibi existentibus sua pro necessitate et pauperum hominum ad idem monasterium spectancium pro restauracione edificiorum, sed vendere non debebunt, pleno dominio prout nos et antecessores nostri tenuimus possedimus, tenuerunt et possederunt nichil nobis et successoribus nostris in omnibus prescriptis reservantes, sola tuicione excepta, que ad nos et successores nostros tamquam ad veros fundatores dinoscitur iuridice pertinere; excepta eciam berna regali, quam nobis et nostris successoribus reservamus, viginti quatuor grossos tantum de quolibet laneo recipiendo, sed de iudicibus prout ab antiquo tempore recipere est consuetum: dedimus contulimus donavimus assignavimus et tenore presencium damus conferimus donamus et assignamus perpetuis temporibus pacifice et quiete jure directi dominii et proprietatis, decernentes a nobis et nostris successoribus dominis de Crawar alias de Fulnek easdem villas ac eadem bona prenotata cum omnibus eorum pertinenciis liberas solutas fore simpliciter et exemptas. Rogantes nichilominus in domino omnes successores nostros dominos in Fulnek et obsecramus per viscera misericordie dei nostri, quatenus ipsum monasterium, prepositum, fratres deo ibidem in fervida devocione famulantes recomendatos habeant, foveant et tueantur ac benigno pietatis favore prosequantur, volentes ipsos participes fieri omnium bonorum operum et oracionum, que in eodem monasterio auctori altissimo peragentur. Eciam volumus, ut testamentum olim factum per nobilem dominum Dirslaum, fratrem nostrum dilectum pie memorie. qualibet feria secunda de vespere cum vigilis, et feria tercia cum missa defunctorum perpetuis temporibus peragatur, velut hactenus est peractum. Eciam prefati prepositus et fratres eiusdem monasterii procurent, quod missa de beata virgine cotidie cantetur. Postquam autem viam universe carnis ingredi videremur, quolibet mense ob salutem anime nostre códem die nostri obilus vigilias trium leccionum cum missa defunctorum peragere debent perpetuo tempore in futuro. Ipso vero die nostri obitus annis singulis vigilias novem leccionum cum missis defunctorum perficere non obmittant. Volumus insuper, ut fratres eiusdem monasterii nostre fundacionis vivant more fratrum in Rudniez in monasterio regulariter faciendo. Eciam capellam in castro ipsis donamus perpetuis temporibus regendam, rectoremque scole debent suis in expensis benigno animo enutrire. Eciam concedimus eisdem preposito et fratribus plenam et omnimodam potestatem, si nos vel nostri heredes ac successores nostri eos in eisdem bonis vellemus seu vellent aliqualiter impedire, extunc nos citare possunt spirituali vel terrestri iure, quociens ipsis necesse fuerit nostra vel reclamacione vel indignacione quibuslibet postergatis. Nos quoque Benessius de Crawar sepedictus, Benessius et Johannes filii dicti domini Benessii de Crawar et nos Laczko frater eius de Crawar dominus in Helfenstein. Petrus de Crawar patruus noster dominus in Plumaw, promittimus omnes insolidum, manu coniuncta, omnia et singula prenotata cunctis suis in articulis de verbo ad verbum rata, grata et inviolabilia observare bona nostra fide tabulisque terrestribus quanto cicius poterimus in terra Oppavie intabulare, dolo ac fraude singulis proculmotis. In evidens testimonium sigilla nostra cum sigillis nobilium dominorum Hinczonis de Lipa sororii nostri, Petri de Sternberg avunculi nostri et domini Stiborii de Czinburg de certa nostra sciencia sunt appensa. Datum Chrumpnaw, anno domini millesimo trecentesimo octuagesimo nono, in die sancti Michaelis archangeli.

(Orig. Perg. 7 an Pergamentstreifen h. Sig., das achte abgerissen, in den Akten des Klosters Fulnek im mähr. Landesarchive.)

571.

Markgraf Jodok schenkt dem Dominikanerkloster in Olmütz 20 Mark jährl. markgräflichen Zinses in Olmütz. Dt. Olmütz, 12. October 1389.

Jodocus dei gracia marchio et dominus Moravie notum facimus tenore presencium universis, quod advertentes religiosorum virorum fratrum predicatorum inopiam, quam ipsi in monasterio sancti Michaelis archangeli in municione civitatis nostre Olomuncz degentes benivole in abstinencia cibi et potus pro Christo tollerant cupientes de carne et hoste diabolo viriliter triumphare, ipsis intuitu divine misericordie, qua nos precipue salvari speramus, viginti marcas census annui, decem pro termino sancti Georgii et decem pro termino sancti Wenceslai in dicta nostra civitate Olomuncz pro suffragio expensarum animo deliberato deputavimus et virtute presencium deputamus, volentes in toto, ut ipsi fratres prefatas viginti marcas apud magistrum civium, consules et juratos eiusdem civitatis nostros fideles tamdiu quolibet anno percipiant, quousque nos aut successores nostri marchiones Moravie seu consules et cives nostri predicti ipsis fratribus ducentas marcas grossorum denariorum pragensium in paratis pecuniis plenarie assignaverint et in toto. Comittimus ergo prius memoratis nostris fidelibus magistro civium, consulibus et juratis, qui nunc sunt vel fuerint pro tempore, ac seriose precipimus et mandamus, quatinus superius dictis fratribus in prius notatis terminis decem in festo sancti Georgii et decem in festo sancti Wenceslai marcas de nostris censibus tribuant et assignent, nobis de eisdem nostris censibus ipsas viginti marcas quotiescunque dederint integraliter defalcantes. Presencium sub nostro appenso sigillo testimonio literarum. Datum in Olomuncz feria tercia proxima ante festum sancti Galli confessoris anno domini millesimo trecentesimo octogesimo nono.

(Orig. Perg. h. Sig. im Archive des Dominikanerklosters in Olmütz. — Auf der Plicatur: Ad mandatum domini marchionis decanus Olomucensis Andreas.)

572.

Herzog Albrecht von Österreich ernennt den Markgrafen Jodok zum Schiedsrichter zwischen ihm und dem Könige Wenzel von Böhmen. Dt. Wien, 29. October 1389.

Wir Albrecht von gotes gnaden herczog ze Osterreich, ze Steyr, ze Kernden und ze Krain, grave zu Tyrol rc. bechenen offennleich von der stozz, krieg und misshelung wegen, die gewesen sind zwischen des durchleuchtigen fursten unsers lieben herren und swager, hern Wenczeslawen romischen kunigs und kunigs ze Behem, und den seinen ains tails, und uns und den unsern an dem andern tail, von Passaw wegen und umb allen den handel, der sich von desselben kriegs wegen gen Passaw zwischen unser auf baiden tailn uncz her vergangen hat, daz wir der aller gegangen sein und geen wissentleich hinder den hochgebornen fursten unsern lieben oheim marggraf Josten, marggrafen und herren zu Merhern, also was er daruber zwischen uns und dem egenanten userm herren dem kunig sprichet, daz wir das alles stet halten und volfuren wellen trewleichen an geverd. Mit urchund dicz briefs. Geben ze Wienn an freitag nach sand Symons und sand Judas tag nach kristes gepurd dreuczehenhundert iar, darnach in dem newnundachczigisten jare.

(Orig. Perg. mit h. gut erhaltenen Sig. in den altständischen Akten des mähr. Landesarchives.)

573.

Mislik von Kladrub bekennt, dem Heinrich von Tannfeld vier Mark schuldig zu sein. Dt. 29. October 1389. s. l.

Ego Mislik de Cladrub debitor principalis nosque Johannes de Byela, Wychko de Cremyze fideiussores pro ipso cum ipso recognoscimus tenore presencium universis, nos valido Henrico de Thamfald in quatuor marcis grossorum debitorie obligari. Promittentes in solidum manibus coniunctis nostra bona fide absque omni malo dolo easdem quatuor marcas sibi Henrico predicto necnon ad manus fideles domini Henrici de Byela, Ote, Alberti fratrum germanorum de Thamfald dare solvere et pagare in festo sancti Georii exnunc proxime venturo dilacione et occasione qualibet procul mota. Quod si non fecerimus, quod absit. extune quicunque ex nobis a predictis nostris creditoribus primum moneretur, cum uno famulo et duobus equis civitatem Chremsir ad domum discreti hospitis sibi a prefatis creditoribus demonstratum debitum et consuetum obstagium debet subintrare et abinde nullatenus exituri. donec pecuniam capitalem una cum singulis dampnis racionabiliter demonstratis persolvemus. Cum autem quatuordecim dies premisso obside in eodem obstagio permanente prenotata pecunia non solveretur. extune alter ex nobis monitus ad pretactum obsidem in antedictum obstagium ut prefertur debet subintrare et ambo de eodem obstagio nullatenus exituri. quousque prefata pecunia cum singulis dampnis ut predicitur non solveretur ex integro. Si autem in solucione predicti debiti faceremus aliquas dilaciones, extunc damus plenam recipiendi potestatem predictam pecuniam inter judeos vel christianos super nos et nostrum omnium dampna ipsis tamen obsidibus de obstagio nullatenus exientibus, quamdiu prenotata de verbo ad verbum expressata non fuerint persoluta et exbrigata. In cuius rei testimonium nostra sigilla presentibus sunt appensa. Sub anno domini millesimo trecentesimo LXXX° nono, feria sexta proxima post Symonis et Jude apostolorum.

(Kremsierer Lehenspühonen 1. f. 74.)

574.

Markgraf Jodok verleiht der Stadt Iglau einen Jahrmarkt. Dt. Brünn, 29. October 1389.

Wir Jost von gotes gnaden marggraff und herre zu Merhern bekennen offenlich mit disem brieff, das wir durch gemeynes fromen, nuczes und besserunghe willen der stat zu der Iglaw und der ganczen gemeyne doselbest unsr liben getrewen, wie sie yn eyn erlicher wesen und besserunghe mochten komen, und nemlich, das sich andern unsern steten yn der marke zu Merhern moge gleichen, und domit dester löblicher ufkomen moge: so haben wir mit wolbedachtem muete, rechter wissen und sunderlichen gnaden der vorgenanten unser stat Iglaw burgern, ynwonern und der ganczen gemeyne doselbest, die yczund sein ader hernoch werden, unsern liben getrewen die gnade getan, gegeben und geseczet, das sie czwene jarmerkte furbas me ewiclichen alle jar haben und halden sollen und mogen gleicherweise als sie vormals den alden jarmarckt des nechsten suntags noch des heiligen crewczes tag exaltacionis gehabt und begangehn haben, in aller masse sollen sie auch den andern newen jarmarckt an des heiligen crewczs tag invencionis alle jerlichen seczen, haben, halden und begeen mit allen freyheyten, gewonheiten, rechten, nuczen, fruchten und genyessen, als sie den vorgenanten alden jarmarckt gehalden haben und begangehn, vor allermeniclich ungehindert. Mit urkunt diez brives vorsigelt mit unserm anhangunden ingesigel. Geben zu Bruenne noch Crists geburt dreiczenhundert jare darnach yn dem newenundachczigsten jare des nechsten freytags noch sant Symons und Jude tag.

Per dom. Marchionem Johannes.

(Orig. Perg. h. Sig. im Iglauer Stadtarchive.)

575.

Pabst Bonifac IX. beauftragt den Schottenabt in Wien, er möge den Auftrag Pabst Urban VIII. vollziehen und das Statut der Olm. Kirche bestättigen, vermöge welchem die Probstei in Kremsier nur einem Olm. Kanonikus verliehen werden solle.
Dt. Rom, 9. November 1389.

Bonifacius episcopus servus servorum dei dilecto filio . . abbati monasterii Scotorum in Wienna Pataviensis diocesis salutem et apostolicam benediccionem. Dudum siquidem felicis recordacionis Urbano pape VI. predecessori nostro pro parte dilectorum filiorum . . decani et capituli ecclesie Olomucensis expositum, quod dudum propter exiguitatem reddituum et proventuum canonicatuum et prebendarum eiusdem ecclesie, qui in redditibus et proventibus modicum habundabant, auctoritate ordinaria extiterat statutum et eciam ordinatum, quod archidiaconatus eiusdem et prepositura sancti Mauricii in Chremsir Olomucensis diocesis, qui dignitates curate necnon scolastria et custodia predicte Olomucensis ecclesiarum, que officia in eadem Olomucensi ecclesia existebant, decetero non possent nec deberent conferri vel assignari aliis quam canonicis ecclesie Olomucensis predicte prebendas obtinentibus in eadem et pro parte dictorum decani et capituli eidem predecessori humiliter supplicatum, ut statuto et ordinacioni predictis robur apostolice firmitatis adicere dignaretur : idem predecessor tibi per suas literas mandavit, ut statutum et ordinacionem predicta auctoritate apostolica confirmares, prout in dictis literis plenius continetur. Cum autem sicut exhibita nobis nuper pro parte dictorum decani et capituli peticio subjungebat tu pro eo, quod antequam dicte litere per ipsos decanum et capitulum tibi presentate fuerint, dictus predecessor sicut altissimo placuit ab hac luce migravit, ad execucionem dictarum literarum dubites procedere te non posse ; pro parte dictorum decani et capituli fuit nobis humiliter supplicatum, ut eis super hoc de oportuno remedio providere dignaremur. Nos itaque huiusmodi supplicacionibus inclinati discrecioni tue per apostolica scripta mandamus, quatinus easdem literas perinde exequi studeas, ac si eodem predecessore in humanis agente dicte litere tibi per decanum et capitulum prefatos presentate fuissent et ad illarum execucionem procedere incepisses. Constitucionibus apostolicis et aliis contrariis non obstantibus quibuscunque. Datum Rome apud sanctum Petrum V. idus Novembris pontificatus nostri anno primo.

(Orig. Perg. mit anh. Bleibulle im Metropolitankapitel-Archive in Olmütz.)

576.

Das Augustinerkloster in Brünn verpachtet seinen hinter dem Judenthore gelegenen Garten dem Gärtner Kunz. Dt. Brünn, 24. November 1389.

Ad universorum tam presencium quam futurorum volumus noticiam pervenire, quod nos fratres Philippus lector prior, Arnestus lector, Thomas subprior, Albertus . . . .

Georius sacristanus, Petrus procurator, Michahel et Johannes cantores totusque conventus nove fundacionis domini marchionis in preurbio civitatis Brunnensis, ordinis fratrum heremitarum sancti Augustini, animo deliberato maturoque tractatu inter nos prehabito quendam ortum nostrum extra muros civitatis, foris portam Judeorum penes mollendinum dictum Neuermuhl situm, discreto viro Cunezoni ortulano et uxori sue et heredibus eorum exposuimus et presentibus expositum cedimus pro altera dimidia marca grossorum census nudi et annui per ipsos habendum, tenendum, utifruendum et possidendum ipsi et heredes et successores eorum temporibus perpetuis necnon prefatam marcam cum dimidia census annis singulis hinc a data presencium in festo sancti Galli proxime futuro nobis et monasterio nostro per ipsos possessores, videlicet Cunczonem et uxorem eius, heredibus et successoribus (sic) eorum censuandam, porrigendam et presentandam qualibet sine dilacione, diminucione, collecta seu onere civitatis. Et si quoquam annuus idem census in suo termino nobis per ipsos porrigi morabitur aut quavis interveniente causa defecerit, mox idem census neglectus pro termino ipsorum possessorum dampna per nos recipi debet inter Judeos et Christianos ipsorumque periculo sine dilacione qualibet sarcienda et ipsi possessores ad huiusmodi census neglecti usure et dampnorum quovis modo exinde notabiliter contractorum integram et plenam satisfaccionem nobis et monasterio nostro irremisabiliter tenebuntur. Eo eciam pacto, quod idem possessores vel eorum successores et heredes ipsum ortum in suis edificiis annis singulis, ubi congruum fuerit et necessarium, debent et tenebuntur reedificare et reformare et meliorare prout melius poterunt et valebunt. In casu vero, ubi Cunczo predictus vel eius uxor, heredes et successores eorum negligentes in reformacione et melioracione reperti fuissent, extunc licet nobis et monasterio nostro predictum ortum cum suis pertinenciis aliis ipsum reformantibus exponere. In cuius rei testimonium sigilla prioratus officii et conventus presentibus sunt appensa. Datum Brunne in vigilia sancte Katherine virginis et martiris sub anno domini millesimo trecentesimo octuagesimo nono.

(Orig. Perg. 2 h. Sig., abgerissen, im Archive des Kl. s. Thomas in Altbrünn.)

577.

Der Olmützer Bischof Nikolaus befreit die Stadt Hotzenplotz vom Heimfalle.
Dt. Mirau, 30. November 1389.

In nomine domini amen. Nos Nicolaus dei et apostolicæ sedis gratia episcopus Olomucensis ad perpetuam rei memoriam notumfacimus tenore præsentium universis. Etsi observantias et consuetudines servatas ab antiquo pro commodo eis utentium mutari contigerit vel in melius reformari, non est reprehensibile, sed merito recommendandum, cum jura et statuta, maturitate digesta, pro qualitate locorum et personarum sæpe mutentur et reformentur, eo quod natura semper deproperat novas edere formas et nihil sit in rerum natura, quod in uno statu persistere possit. Sane dudum ex usu et consuetudine, observantia et jure terræ fuit introductum in civitate nostra Hotzenplaga sicut in aliis civitatibus et locis episcopatus ecclesiæ nostræ Olomucensis, quod quando quis incepit infirmari, qui non habuit heredes legitimos, vel si habuit et fuerunt ab eo divisi, non poluit de bonis et rebus suis legare, donare, testari nec disponere pro ultima sui voluntate, et post mortem suam bona per ipsum derelicta ad prædecessores nostros episcopos Olomucenses, qui pro tempore fuerunt, quoties et quando talis casus evenerit, fuerunt devoluta. Et licet hoc aliis videbatur utile propter modicum lucrum, tamen multa incommoda et pericula sequebantur, prout docuit experientia quotidiana, quæ omnium rerum est magistra. Nam multi abundantes rebus temporalibus et carentes hæredibus legitimis, talia formidantes receperunt licentiam et ad bona aliorum dominorum et a locis recesserunt; alii vero, qui gratiam habuerunt intrandi civitatem de alienis bonis, detestantes talem consuetudinem in suis locis remanserunt; alii vero manentes in ipsa civitate, ea, quæ habuerunt, consumpserunt et dilapidarunt nolentes, quod aliquid de bonis eorum post mortem ipsorum remaneret. Et sic quilibet non cogitabat de rebus suis neque futuris commodis prospiciebat, unde commune bonum in ipsa periit civitate et finaliter vergebat in destructionem ipsius civitatis ac in præjudicium et damnum nostrum et ipsius ecclesiæ nostræ Olomucensis. Pro eo nos, quos altissimus non nostris meritis ipsi Olomucensi ecclesiæ præesse disposuit, volentes tali morbo congruam adhibere medicinam ac nos conformare juri divino et humano, de consilio, conniventia et consensu honorabilium virorum dominorum decani, præpositi et capituli dictæ ecclesiæ nostræ Olomucensis, fratrum nostrorum carissimorum in capitulo eorum generali considerantes, quod ipsa civitas in confiniis sit sita episcopatus nostri Olomucensis, ubi concurrunt fines et granicies principum plurimorum, cujus occasione propter hostiles insultus majori indiget custodia, fortitudine et munimentis, et etiam ut concives habeat magis idoneos et habentes meliores et fortiores, ac ipsam civitatem nostram in turribus, muris et moeniis, parchanis, portis et fossatis ac aliis fortificationibus ad defensionem necessariis munire valeant et firmare, ipsius civitatis custodiæ insistere ac necessitatibus providere: a dicta consuetudine et observantia sic hactenus tenta et servata recessimus et recedimus, cupientes modicum lucrum dono meliori recompensare. Et ut incolæ ejusdem nostræ civitatis eo fideliores et diligentiores reddantur, quo se sentiant favore ampliori et gratia prosecutos, eisdem judici, juratis, communitati et singulis civibus eorumque posteris in Hotzenplaga antedicta concessimus et donavimus ac præsentibus gratiose concedimus, damus et donamus liberam potestatem exnunc inantea et in perpetuum, quod ipsis civibus, qui carent filiis et filiabus, propinquiores eorum amici post mortem ipsorum, etiam si ab iisdem essent divisi, in suis possessionibus, hereditatibus, bonis et rebus per ipsos derelictis succedere possint et valeant, ac ipsorum possessiones, hæridates et bona ac res sic post mortem eorum relictas libere adire, recipere, tenere et possidere sine omni impedimento et inquietudine nostris et nostrorum successorum temporibus affuturis. Ita tamen, quod tales hæredes et amici propinquiores, qui possessiones, hæreditates, bona et res sic relictas obtinuerint, in eisdem personaliter resideant per annum et diem secundum consuetudinem ipsius civitatis et non extra civitatem in bonis alterius dominii et faciant jura civitatis ad instar ipsius mortui, cui succedunt, et si post annum et diem eisdem mansio ibidem displiceret, possint easdem possessiones, hæreditates, bona et res vendere alteri uni idoneo, qui est habilis et idoneus ipsis civibus et civitati. In quorum testimonium nostrum sigillum una cum sigillo dicti capituli nostri Olomucensis praesentibus sunt appensa. Actum et datum in castro nostro Meraw, anno domini millesimo trecentesimo octuagesimo nono, ipsa die et festo sancti Andreae apostoli gloriosi. Praesentibus honorabilibus et discretis viris dominis magistro Sandero archidiacono Preroviensi et canonico ecclesiae Olomucensis, Henrico de Fullenstein capitaneo episcopatus nostri, Hynczone Girka advocato in Freyberg, Jodoco de Wolfsberg, Brunone marchallo, Bartholomaeo advocato in Hotzenplaga, Joanne plebano in Braunsberg et Hynczone notariis nostris fidelibus et quam pluribus aliis testibus fide dignis ad premissa vocatis.

(Aus der Privilegien-Confirmation des Olm. Bischofes Wolfgang Schrattenbach ddo. Kremsier,
6. Februar 1713 in der Boček'schen Sammlung n. 8069 im mähr. Landesarchive.)

578.

Bischof Nikolaus befreit die Stadt Bautsch vom Heimfalle. Dt. Olmütz, 7. December 1389.

In nomine domini amen. Nos Nicolaus dei et apostolice sedis gracia episcopus Olomucensis ad perpetuam rei memoriam notumfacimus tenore presencium universis. Et si observancias et consuetudines servatas ab antiquo pro commodo eis utencium mutari contigerit vel in melius reformari, non est reprehensibile sed merito commendandum, cum jura et statuta maturitate digesta pro qualitate locorum et personarum sepe mutentur et reformentur eo, quod natura semper deproperat novas edere formas et nichil sit in rerum natura, quod in uno statu persistere valeat et manere. Sane dudum ex usu et consuetudine observancia et jure terre introductum fuit et cciam observatum in civitate nostra Budischaw, sicut in aliis civitatibus et locis episcopatus ecclesie nostre Olomucensis, quod quando quis incepit infirmari, qui non habuit heredes legitimos vel si habuit et fuerunt ab eo divisi, non potuit de bonis et rebus suis legare donare testari nec disponere pro sua ultima voluntate, sed post mortem bona per ipsum derelicta ad predecessores nostros episcopos Olomucenses existentes pro tempore, quociens et quando talis casus evenerit, fuerunt realiter devoluta. Et licet hoc aliis propter modicum lucrum utile videbatur, tamen ex eo multa incommoda et pericula sequebantur, prout docuit experiencia quotidiana, que rerum omnium est magistra. Nam multi habundantes rebus temporalibus et carentes heredibus legitimis talia formidantes receperunt licenciam et ad loca dominorum aliorum atque dominia recesserunt; alii vero, qui graciam habuerunt intrandi civitatem de bonis alienis, in quibus hactenus morabantur, detestantes talem consuetudinem, in suis locis remanserunt; alii vero manentes in ipsa civitate ea, que habuerunt, consumpserunt et dilapidaverunt, nolentes quod de bonis eorum post mortem ipsorum aliquid remaneret et sic quilibet non cogitabat de rebus suis prospicere neque futuris commodis intendebat: unde commune bonum in ipsa periit civitate et finaliter vergebat in destruccionem eius in dampnum nostrum et ipsius ecclesie nostre Olomucensis prejudicium manifestum. Nos, quos altissimus non nostris meritis ipsi Olomucensi ecclesie preesse disposuit, volentes adhibere tali morbo congruam medicinam ac nos divino et humano juri quantum possumus conformare, de consilio conveniencia et consensu honorabilium virorum dominorum decani prepositi et capituli dicte ecclesie nostre Olomucensis fratrum nostrorum carissimorum in capitulo eorum generali considerato, quod ipsa civitas Budyschaw in confiniis sit sita episcopatus nostri Olomucensis, ubi concurrunt fines et granicie principum plurimorum, cuius occasione propter hostiles insultus majori indiget custodia fortificacione et munimentis et cciam ut concives habeat magis idoneos et habentes meliores et forciores ac ipsam civitatem nostram in turribus muris menibus parcanis portis et fossis et aliis fortificacionibus ad defensionem necessariis munire valeant et firmare, ipsius civitatis custodie insistere et necessitatibus providere, a dicta consuetudine et observancia sic hactenus tenta et observata recessimus et recedimus de certa nostra sciencia per presentes, cupientes modicum lucrum bono meliori salubrius compensare. Et ut incole eiusdem nostre civitatis eo fideliores et diligenciores reddantur, quo se majori favore et gracia senciant prosecutos, eisdem magistro civium judici consulibus juratis communitati et singulis civibus domus areas domicilia propria aut possessiones inibi habentibus dumtaxat eorumque posteris in Budischaw antedicta nostra civitate concessimus et donavimus, tenore presencium graciose concedimus damus liberaliter et donamus liberam potestatem exnunc in antea et in perpetuum, ut ipsis civibus, qui carent filiis et filiabus, propinquiores eorum amici post mortem eorum, eciam si antea ab eisdem essent divisi, in suis possessionibus hereditatibus bonis et rebus per ipsos derelictis succedere possint et valeant, ac ipsorum possessiones hereditates bona et res sic post eorum mortem relictas libere adire recipere tenere et possidere sine omni impedimento et inquietudine nostris et nostrorum successorum ac officiatorum temporibus affuturis. Ita tamen, quod tales heredes et amici propinquiores, qui possessiones hereditates bona et res sic relictas obtinuerint, in eisdem personaliter resideant per annum et diem secundum consuetudinem · ipsius civitatis et non extra civitatem in bonis alterius domini cuiuscunque et faciant jura civitatis adinstar ipsius mortui, cui succedunt, et si post annum et diem eisdem ibidem mansio displiceret, possint easdem possessiones hereditates bona et res vendere alteri viro idoneo, qui est habilis et idoneus ipsis civibus et civitati, quique eciam ibidem demorari et residere tenebitur, ut alter civis jura necessitates et onera civilia ad debitum supportare. Insuper concedimus statuimus et ordinamus inperpetuum observandum, quod absque impedimento quocunque liceat unicuique incolarum civium dicte civitatis nostre Budischaw in vita vel morte testari legare testamentumque facere ad ecclesias aut ecclesiarum fabricas aut legare personis ecclesiasticis eiusdem civitatis et loci prout cuilibet incolarum civium dicte nostre civitatis Budischaw videbitur utilius expedire. Valorem estimacionem et taxam bonorum possessionum ac rerum relictarum post decedentis mortem videlicet quintam partem dumtaxat, quam eciam extimacionem valorem et taxam magister civium consules et jurati cives dicte civitatis per juramentum domino et civitati prestitum post mortem defuncti infra dies quatuordecim estimare et taxare fideliter tenebuntur. Hanc vero extimacionem valorem et taxam huiusmodi quinte partis proximiores heredes aut heres proximior, qui in bonis possessionibus et rebus defuncti succedent, sicut premittitur, ecclesiis locis et personis, quibus ipsa quinta aut pars ejus legata est, infra tres menses continue se sequentes, postquam eadem quinta pars taxata fuerit, ut prefertur, cum effectu dare et integraliter persolvere tenebuntur et debebunt contradiccione qualibet non obstante. Verum quia sepe contingit, quod nonnulli proch dolor improvisa ac celerrima morte succumbunt, ne tamen eorum anime, pro quod *) deo propicio viventes in hoc seculo ad salutem suam habuerunt, desiderio sint private, volumus statuimus concedimus et eciam ordinamus pro nobis et successoribus nostris inperpetuum, quod ad faciendum et solvendum testamentum pro taliter mortuis videlicet estimacionem et taxam quinte partis bonorum possessionum et rerum relictarum mortui, ut prefertur, proximiores heredes cum effectu persolvant ecclesiis fabrice ecclesiasticis personis et locis dicte civitatis secundum consilium episcopi Olomucensis, qui pro tempore fuerit et prout consciencie sue pro anime defuncti remedio videbitur salubrius expedire. Insuper adicimus, quod si quis heres proximior alicuius defuncti dicte civitatis nostre Budischaw non acceptaret et se intromitteret de bonis possessionibus et rebus defuncti civis Budischawiensis infra duorum mensium spacium post obitum dicti defuncti et non faceret residenciam civilem et personalem in eadem civitate nostra, jura necessitates et onera civitatis consueta et solita supportaret et prescripte nostre constitucioni ordinacioni et gracie non uteretur, prout supra distinccius est expressum, extunc talis proximior heres vel heredes statim post lapsum dicti temporis, dum tamen de tali sua voluntate constiterit vel facta fuerit bona fides, presenti nostro privilegio inposterum non gaudebunt, sed bona defuncti ad nos et successores nostros episcopos Olomucenses, qui pro tempore fuerint, esse debent libere devoluta juxta morem jus et consuetudinem per predecessores nostros antiquitus observatos, salvo semper quod quinta pars bonorum defuncti, sicut premittitur, pro anime cuiuslibet defuncti remedio cum effectu detur et tam per nos quam per successores nostros sine diminucione realiter persolvatur. In quorum testimonium nostrum sigillum una cum sigillo dicti capituli nostri Olomucensis presentibus sunt appressa. Et nos Andreas decanus, Mathias prepositus ac capitulum ecclesie Olomucensis premissis concessioni donacioni statuto et gracie consensimus et presentibus consentimus. Et in roboris firmitatem perpetue duraturam ac evidens testimonium premissorum presentes literas sigillo nostri capituli cum sigillo dicti domini et patris nostri domini Nicolai episcopi Olomucensis de certa nostra sclencia fecimus communiri. Actum et datum Olomucz anno domini millesimo trecentesimo octuagesimo nono, feria tercia proxima post sanctum Nicolaum.

(Orig. Perg. 2 an Pergamentstreifen häng. Sig. im fürsterzb. Archive in Kremsier.)

579.

Nikolaus, Bischof von Olmütz, befreit die Stadt Braunsberg vom Heimfalle.
Dt. Olmütz, 7. December 1389.

In nomine domini amen. Nos Nicolaus dei et apostolice sedis gracia episcopus Olomucensis ad perpetuam rei memoriam notumfacimus tenore presencium universis. Et si

*) Hier scheint ein lapsus calami des Schreibers zu sein.

observancias et consuetudines servatas ab antiquo pro commodo eis utencium mutari contigerit vel in melius reformari, non est reprehensibile sed merito commendandum, cum jura et statuta maturitate digesta pro qualitate locorum et personarum sepe mutentur et reformentur eo, quod natura semper deproperat novas edere formas et nichil sit in rerum natura, quod in uno statu persistere valeat et manere. Sane dudum ex usu et consuetudine observancia et jure terre introductum fuit et eciam observatum in civitate nostra Braunsberg, sicut in aliis civitatibus et locis episcopatus ecclesie nostre Olomucensis, quod quando quis incepit infirmari, qui non habuit heredes legitimos vel si habuit et fuerunt ab eo divisi, non potuit de bonis et rebus suis legare donare testari nec disponere pro sua ultima voluntate, sed post mortem bona per ipsum derelicta ad predecessores nostros episcopos Olomucenses existentes pro tempore, quociens et quando talis casus evenerit, fuerunt realiter devoluta. Et licet hoc aliis propter modicum lucrum utile videbatur, tamen ex eo multa incommoda et pericula sequebantur, prout docuit experiencia quotidiana, que rerum omnium est magistra. Nam multi habundantes rebus temporalibus et carentes heredibus legitimis talia formidantes receperunt licenciam et ad loca dominorum aliorum atque dominia recesserunt; alii vero, qui graciam habuerunt intrandi civitatem de bonis alienis, in quibus hactenus morabantur, detestantes talem consuetudinem, in suis locis remanserunt; alii vero manentes in ipsa civitate ea, que habuerunt, consumpserunt et dilapidaverunt, nolentes quod de bonis eorum post mortem ipsorum aliquid remaneret et sic quilibet non cogitabat de rebus suis prospicere neque futuris commodis intendebat; unde commune bonum in ipsa periit civitate et finaliter vergebat in destruccionem eius in dampnum nostrum et ipsius ecclesie nostre Olomucensis prejudicium manifestum. Nos, quos altissimus non nostris meritis ipsi Olomucensi ecclesie preesse disposuit, volentes adhibere tali morbo congruam medicinam ac nos divino et humano juri quantum possumus conformare, de consilio conveniencia et consensu honorabilium virorum dominorum decani prepositi et capituli dicte ecclesie nostre Olomucensis fratrum nostrorum carissimorum in capitulo eorum generali considerato, quod ipsa civitas Braunsberg in confinio sit sita episcopatus nostri Olomucensis, ubi concurrunt fines et granicie principum plurimorum, cuius occasione propter hostiles insultus majori indiget custodia fortificacione et munimentis et cciam ut concives habeat magis idoneos et habentes meliores et forciores ac ipsam civitatem nostram in turribus muris menibus parcanis portis et fossis et aliis fortificacionibus ad defensionem necessariis munire valeant et firmare, ipsius civitatis custodie insistere et necessitatibus providere, a dicta consuetudine et observancia sic hactenus tenta et observata recessimus et recedimus de certa nostra sciencia per presentes, cupientes modicum lucrum bono meliori salubrius compensare. Et ut incole eiusdem nostre civitatis eo fideliores et diligenciores reddantur, quo se majori favore et gracia senciant prosecutos, eisdem magistro civium judici consulibus juratis communitati et singulis civibus domus areas domicilia propria aut possessiones inibi habentibus dumtaxat eorumque posteris in Braunsberg antedicta nostra civitate concessimus et donavimus, tenore presencium graciose concedimus damus liberaliter et donamus liberam potestatem ex nunc in antea et in perpetuum, ut ipsis civibus, qui carent filiis et filiabus, propinquiores eorum amici post mortem eorum, eciam si antea ab

eisdem essent divisi, in suis possessionibus hereditatibus bonis et rebus per ipsos derelictis
succedere possint et valeant, ac ipsorum possessiones hereditates bona et res sic post eorum
mortem relictas libere adire recipere tenere et possidere sine omni impedimento et inquietudine nostris et nostrorum successorum ac officiatorum temporibus affuturis. Ita tamen,
quod tales heredes et amici propinquiores, qui possessiones hereditates bona et res sic
relictas obtinuerint, in eisdem personaliter resideant per annum et diem secundum consuetudinem ipsius civitatis et non extra civitatem in bonis alterius domini cuiuscunque et faciant
jura civitatis adinstar ipsius mortui, cui succedunt, et si post annum et diem eisdem ibidem
mansio displiceret, possint easdem possessiones hereditates bona et res vendere alteri viro
idoneo, qui est habilis et idoneus ipsis civibus et civitati, quique eciam ibidem demorari
et residere tenebitur, ut alter civis jura necessitates et onera civilia ad debitum supportare.
Insuper concedimus statuimus et ordinamus in perpetuum observandum, quod absque impedimento quocunque liceat unicuique incolarum civium dicte civitatis nostre Braunsberg in
vita vel morte testari legare testamentumque facere ad ecclesias aut ecclesiarum fabricas
aut legare personis ecclesiasticis eiusdem civitatis et loci prout cuilibet incolarum civium
dicte nostre civitatis Braunsberg videbitur utilius expedire. Valorem estimacionem et taxam
bonorum possessionum ac rerum relictarum post decedentis mortem videlicet quintam partem
dumtaxat, quam eciam extimacionem valorem et taxam magister civium consules et jurati
cives dicte civitatis per juramentum domino et civitati prestitum post mortem defuncti infra
dies quatuordecim estimare et taxare fideliter tenebuntur. Hanc vero extimacionem valorem
et taxam huiusmodi quinte partis proximiores heredes aut heres proximior, qui in bonis
possessionibus et rebus defuncti succedent, sicut premittitur, ecclesiis locis et personis,
quibus ipsa quinta aut pars eius legata est, infra tres menses continue se sequentes, postquam eadem quinta pars taxata fuerit, ut prefertur, cum effectu dare et integraliter persolvere
tenebuntur et debebunt contradiccione qualibet non obstante. Verum quia sepe contingit,
quod nonnulli proch dolor inprovisa ac cellerima morte succumbunt, ne tamen eorum anime,
pro quod *) deo propicio viventes in hoc seculo ad salutem suam habuerunt, desiderio sint
private, volumus statuimus concedimus et eciam ordinamus pro nobis et successoribus nostris
inperpetuum, quod ad faciendum et solvendum testamentum pro taliter mortuis videlicet
estimacionem et taxam quinte partis bonorum possessionum et rerum relictarum mortui, ut
prefertur, proximiores heredes cum effectu persolvant ecclesiis fabrice ecclesiasticis personis
et locis dicte civitatis secundum consilium episcopi Olomucensis, qui pro tempore fuerit et
prout consciencie sue pro anime defuncti remedio videbitur salubrius expedire. Insuper
adicimus, quod si quis heres proximior alicuius defuncti dicte civitatis nostre Braunsberg
non acceptaret et se intromitteret de bonis possessionibus et rebus defuncti civis Brauns-
bergensis infra duorum mensium spacium post obitum dicti defuncti et non faceret residenciam
civilem et personalem in eadem civitate nostra, jura necessitates et onera civitatis consueta
et solita supportaret et prescripte nostre constitucioni ordinacioni et gracie non uteretur,

---

*) Hier scheint ein lapsus calami des Schreibers zu sein.

prout supra distinccius est expressum, extunc talis proximior heres vel heredes statim post lapsum dicti temporis, dum tamen de tali sua voluntate constiterit vel facta fuerit bona fides, presenti nostro privilegio inposterum non gaudebunt, sed bona defuncti ad nos et successores nostros episcopos Olomucenses, qui pro tempore fuerint, esse debent libere devoluta juxta morem jus et consuetudinem per predecessores nostros antiquitus observatos, salvo semper quod quinta pars bonorum defuncti, sicut premittitur, pro anime cuiuslibet defuncti remedio cum effectu detur et tam per nos quam per successores nostros sine diminucione realiter persolvatur. In quorum testimonium nostrum sigillum una cum sigillo dicti . . capituli nostri Olomucensis presentibus sunt appensa. Et nos Andreas decanus, Mathias prepositus ac . . capitulum ecclesie Olom. premissis concessioni donacioni statuto et gracie consensimus et presentibus consentimus et in roboris firmitatem perpetuo duraturam ac evidens testimonium premissorum presentes literas sigillo nostri capituli cum sigillo dicti domini et patris nostri domini Nicolai episcopi Olom. de certa nostra sciencia fecimus communiri. Actum et datum Olomucz anno domini millesimo trecentesimo octuagesimo nono, feria tercia proxima post diem s. Nicolai.

(Orig. Perg. die zwei Sig. abgerissen im fürsterzb. Archive in Kremsier.)

580.

Bischof Nikolaus befreit die Stadt Ostrau vom Heimfalle. Dt. Olmütz, 7. Dec. 1389.

In nomine domini amen. Nos Nicolaus dei et apostolice sedis gracia episcopus Olomucensis ad perpetuam rei memoriam notumfacimus tenore presencium universis. Et si observancias et consuetudines servatas ab antiquo pro commodo eis utencium mutari contigerit vel in melius reformari, non est reprehensibile sed merito commendandum, cum jura et statuta maturitate digesta pro qualitate locorum et personarum sepe mutentur et reformentur eo, quod natura semper deproperat novas edere formas et nichil sit in rerum natura, quod in uno statu persistere valeat et manere. Sane dudum ex usu et consuetudine observancia et jure terre introductum fuit et eciam observatum in civitate nostra Ostravia, sicut in aliis civitatibus et locis episcopatus ecclesie nostre Olomucensis, quod quando quis incepit infirmari, qui non habuit heredes legitimos vel si habuit et fuerunt ab eo divisi, non potuit de bonis et rebus suis legare donare testari nec disponere pro sua ultima voluntate, sed post mortem bona per ipsum derelicta ad predecessores nostros episcopos Olomucenses existentes pro tempore, quociens et quando talis casus evenerit, fuerunt realiter devoluta. Et licet hoc aliis propter modicum lucrum utile videbatur, tamen ex eo multa incommoda et pericula sequebantur, prout docuit experiencia quotidiana, que rerum omnium est magistra. Nam multi habundantes rebus temporalibus et carentes heredibus legitimis talia formidantes receperunt licenciam et ad loca dominorum aliorum atque dominia recesserunt, alii vero, qui graciam habuerunt intrandi civitatem de bonis alienis, in quibus hactenus morabantur, detestantes talem consuetudinem, in suis locis remanserunt, alii vero manentes in ipsa civitate

ea. que habuerunt, consumpserunt et dilapidaverunt, nolentes quod de bonis eorum post
mortem ipsorum aliquid remaneret et sic quilibet non cogitabat de rebus suis prospicere
neque futuris commodis intedebat, unde commune bonum in ipsa periit civitate et finaliter
vergebat in destruccionem eius in dampnum nostrum et ipsius ecclesie nostre Olomucensis
prejudicium manifestum. Nos, quos altissimus non nostris meritis ipsi Olomucensi ecclesie
preesse disposuit, volentes adhibere tali morbo congruam medicinam ac nos divino et humano
juri quantum possumus conformare, de consilio conveniencia et consensu honorabilium virorum
dominorum decani prepositi et capituli dicte ecclesie nostre Olomucensis fratrum nostrorum
carissimorum in capitulo eorum generali considerato, quod ipsa civitas Ostravia in confiniis
sit sita episcopatus nostri Olomucensis, ubi concurrunt fines et granicie principum plurimorum,
cuius occasione propter hostiles insultus majori indiget custodia fortificacione et munimentis
et eciam ut concives habeat magis idoneos et habentes meliores et forciores ac ipsam
civitatem nostram in turribus muris menibus parcanis portis et fossis et aliis fortificacionibus
ad defensionem necessariis munire valeant et firmare, ipsius civitatis custodie insistere et
necessitatibus providere, a dicta consuetudine et observancia sic hactenus tenta et observata
recessimus et recedimus de certa nostra sciencia per presentes, cupientes modicum lucrum
bono meliori salubrius compensare. Et ut incole eiusdem nostre civitatis eo fideliores et
diligenciores reddantur, quo se majori favore et gracia senciant prosecutos, eisdem magistro
civium judici consulibus juratis communitati et singulis civibus domus areas domicilia propria
aut possessiones inibi habentibus dumtaxat eorumque posteris in Ostravia antedicta nostra
civitate concessimus et donavimus, tenore presencium graciose concedimus damus liberaliter
et donamus liberam potestatem exnunc in antea et in perpetuum, ut ipsis civibus, qui carent
filiis et filiabus, propinquiores eorum amici post mortem eorum, eciam si antea ab eisdem
essent divisi, in suis possessionibus hereditatibus bonis et rebus per ipsos derelictis succedere
possint et valeant, ac ipsorum possessiones hereditates bona et res sic post eorum mortem
relictas libere adire recipere tenere et possidere sine omni impedimento et inquietudine nostris
et nostrorum successorum ac officiatorum temporibus affuturis. Ita tamen, quod tales heredes
et amici propinquiores, qui possessiones hereditates bona et res sic relictas obtinuerint, in
eisdem personaliter resideant per annum et diem secundum consuetudinem ipsius civitatis et
non extra civitatem in bonis alterius domini cuiuscunque et faciant jura civitatis adinstar
ipsius mortui, cui succedunt, et si post annum et diem eisdem ibidem mansio displiceret,
possint easdem possessiones hereditates bona et res vendere alteri viro idoneo, qui est
habilis et idoneus ipsis civibus et civitati, quique eciam ibidem demorari et residere tenebitur
ut alter civis jura necessitates et onera civilia ad debitum supportare. Insuper concedimus
statuimus et ordinamus inperpetuum observandum, quod absque impedimento quocunque liceat
unicuique incolarum civium dicte civitatis nostre Ostravie in vita vel morte testari legare
testamentumque facere ad ecclesias aut ecclesiarum fabricas aut legare personis ecclesiasticis
eiusdem civitatis et loci prout cuilibet incolarum civium dicte nostre civitatis Ostravie videbitur
utilius expedire. Valorem estimacionem et taxam bonorum possessionum ac rerum relictarum
post decedentis mortem videlicet quintam partem dumtaxat, quam eciam extimacionem valorem

et taxam magister civium consules et jurati cives dicte civitatis per juramentum domino et civitati prestitum post mortem defuncti infra dies quatuordecim estimare et taxare fideliter tenebuntur. Hanc vero extimacionem valorem et taxam huiusmodi quinte partis proximiores heredes aut heres proximior, qui in bonis possessionibus et rebus defuncti succedent, sicut premittitur, ecclesiis locis et personis, quibus ipsa quinta aut pars eius legata est, infra tres menses continue se sequentes, postquam eadem quinta pars taxata fuerit, ut prefertur, cum effectu dare et integraliter persolvere tenebuntur et debebunt contradiccione qualibet non obstante. Verum quia sepe contingit, quod nonnulli proch dolor inprovisa ac celerrima morte succumbunt, ne tamen eorum anime pro quod*) deo propicio viventes in hoc seculo ad salutem suam habuerunt, desiderio sint private, volumus statuimus concedimus et eciam ordinamus pro nobis et successoribus nostris inperpetuum, quod ad faciendum et solvendum testamentum pro taliter mortuis videlicet estimacionem et taxam quinte partis bonorum possessionum et rerum relictarum mortui, ut prefertur, proximiores heredes cum effectu persolvant ecclesiis fabrice ecclesiasticis personis et locis dicte civitatis secundum consilium episcopi Olomucensis, qui pro tempore fuerit et prout consciencie sue pro anime defuncti remedio videbitur salubrius expedire. Insuper adicimus, quod si quis heres proximior alicuius defuncti dicte civitatis nostre Ostravie non acceptaret et se intromitteret de bonis possessionibus et rebus defuncti civis Ostraviensis infra duorum mensium spacium post obitum dicti defuncti et non faceret residenciam civilem et personalem in eadem civitate nostra, jura necessitates et onera civitatis consueta et solita supportaret et prescripte nostre constitucioni ordinacioni et gracie non uteretur, prout supra distinccius est expressum, extunc talis proximior heres vel heredes statim post lapsum dicti temporis, dum tamen de tali sua voluntate constiterit vel facta fuerit bona fides, presenti nostro privilegio inposterum non gaudebunt, sed bona defuncti ad nos et successores nostros episcopos Olomucenses, qui pro tempore fuerint, esse debent libere devoluta juxta morem jus et consuetudinem per predecessores nostros antiquitus observatos, salvo semper quod quinta pars bonorum defuncti, sicut premittitur, pro anime cuiuslibet defuncti remedio cum effectu detur et tam per nos quam per successores nostros sine diminucione realiter persolvatur. In quorum testimonium nostrum sigillum una cum sigillo dicti capituli nostri Olomucensis presentibus sunt appressa. Et nos Andreas decanus, Mathias prepositus ac capitulum ecclesie Olomucensis premissis concessioni donacioni statuto et gracie consensimus et presentibus consentimus. Et in roboris firmitatem perpetue duraturam ac evidens testimonium premissorum presentes literas sigillo nostri capituli cum sigillo dicti domini et patris nostri domini Nicolai episcopi Olomucensis de certa nostra sciencia fecimus communiri. Actum et datum Olomucz anno domini millesimo trecentesimo octuagesimo nono, feria tercia proxima post sanctum Nicolaum.

(Vidimirte Abschrift vom Jahre 1612 im fürsterzb. Arch. in Kremsier.)

---

*) Hier scheint ein lapsus calami des Schreibers zu sein.

581.

In nomine domini amen. Nos Nicolaus dei et apostolice sedis gracia episcopus Olomucensis ad perpetuam rei memoriam notumfacimus tenore presencium universis. Et si observancias et consuetudines servatas ab antiquo pro commodo eis utencium mutari contigerit vel in melius reformari, non est reprehensibile sed merito commendandum, cum jura et statuta maturitate digesta pro qualitate locorum et personarum sepe mutentur et reformentur eo, quod natura semper deproperat novas edere formas et nichil sit in rerum natura, quod in uno statu persistere valeat et manere. Sane dudum ex usu et consuetudine observancia et jure terre introductum fuit et cciam observatum in civitate nostra Czwitavia, sicut in aliis civitatibus et locis episcopatus ecclesie nostre Olomucensis, quod quando quis incepit infirmari, qui non habuit heredes legitimos vel si habuit et fuerunt ab eo divisi, non potuit de bonis et rebus suis legare donare testari nec disponere pro sua ultima voluntate, sed post mortem bona per ipsum derelicta ad predecessores nostros episcopos Olomucenses existentes pro tempore, quociens et quando talis casus evenerit, fuerunt realiter devoluta. Et licet hoc aliis propter modicum lucrum utile videbatur, tamen ex eo multa incommoda et pericula sequebantur, prout docuit experiencia quotidiana, que rerum omnium est magistra. Nam multi habundantes rebus temporalibus et carentes heredibus legitimis talia formidantes receperunt licenciam et ad loca dominorum aliorum atque dominia recesserunt; alii vero, qui graciam habuerunt intrandi civitatem de bonis alienis, in quibus hactenus morabantur, detestantes talem consuetudinem, in suis locis remanserunt, alii vero manentes in ipsa civitate ea, que habuerunt, consumpserunt et dilapidaverunt, nolentes quod de bonis eorum post mortem ipsorum aliquid remaneret et sic quilibet non cogitabat de rebus suis prospicere neque futuris commodis intendebat; unde commune bonum in ipsa periit civitate et finaliter vergebat in destruccionem eius in dampnum nostrum et ipsius ecclesie nostre Olomucensis prejudicium manifestum. Nos, quos altissimus non nostris meritis ipsi Olomucensi ecclesie preesse disposuit, volentes adhibere tali morbo congruam medicinam ac nos divino et humano juri quantum possumus conformare, de consilio conveniencia et consensu honorabilium virorum dominorum decani prepositi et capituli dicte ecclesie nostre Olomucensis fratrum nostrorum carissimorum in capitulo eorum generali considerato, quod ipsa civitas Czwitavia propter hostiles insultus maiori indiget custodia fortitudine et munimentis et eciam ut concives habeat magis idoneos et habentes meliores et forciores ac ipsam civitatem nostram in turribus muris menibus parcanis portis et fossis et aliis fortificacionibus ad defensionem necessariis munire valeant et firmare, ipsius civitatis custodie insistere et necessitatibus providere, a dicta consuetudine et observancia sic hactenus tenta et observata recessimus et recedimus de certa nostra sciencia per presentes, cupientes modicum lucrum bono meliori salubrius compensare. Et ut incole eiusdem nostre civitatis eo fideliores et diligenciores reddantur, quo se majori favore et gracia senciant prosecutos, eisdem magistro civium judici consulibus juratis communitati et singulis civibus domus areas domicilia propria aut possessiones inibi habentibus dumtaxat eorumque posteris in Czwitavia antedicta nostra civitate concessimus et donavimus, tenore presencium graciose concedimus damus liberaliter et donamus liberam potestatem exnunc in antea et in perpetuum, ut ipsis civibus, qui carent filiis et filiabus, propinquiores eorum amici post mortem eorum, cciam si antea ab eisdem essent divisi, in suis possessionibus hereditatibus bonis et rebus per ipsos derelictis succedere possint et valeant, ac ipsorum possessiones hereditates bona et res sic post eorum mortem relictas libere adire recipere tenere et possidere sine omni impedimento et inquietudine nostris et nostrorum successorum ac officiatorum temporibus affuturis. Ita tamen, quod tales heredes et amici propinquiores, qui possessiones hereditates bona et res sic relictas obtinuerint, in eisdem personaliter resideant per annum et diem secundum consuetudinem ipsius civitatis et non extra civitatem in bonis alterius domini cuiuscunque et faciant jura civitatis adinstar ipsius mortui, cui succedunt, et si post annum et diem eisdem ibidem mansio displiceret, possint easdem possessiones hereditates bona et res vendere alteri viro idoneo, qui est habilis et idoneus ipsis civibus et civitati, quique cciam ibidem demorari et residere tenebitur, ut alter civis jura necessitates et onera civilia ad debitum supportare. Insuper concedimus statuimus et ordinamus inperpetuum observandum, quod absque impedimento quocunque liceat unicuique incolarum civium dicte civitatis nostre Czwitavie in vita vel morte testari legare testamentumque facere ad ecclesias aut ecclesiarum fabricas aut legare personis ecclesiasticis eiusdem civitatis et loci, prout cuilibet incolarum civium dicte nostre civitatis Czwitavie videbitur utilius expedire. Valorem estimacionem et taxam bonorum possessionum ac rerum relictarum post decedentis mortem videlicet quintam partem dumtaxat, quam cciam extimacionem valorem et taxam magister civium consules et jurati cives dicte civitatis per juramentum domino et civitati prestitum post mortem defuncti infra dies quatuordecim estimare et taxare fideliter tenebuntur. Hanc vero extimacionem valorem et taxam huiusmodi quinte partis proximiores heredes aut heres proximior, qui in bonis possessionibus et rebus defuncti succedent, sicut premittitur, ecclesiis locis et personis, quibus ipsa quinta aut pars eius legata est, infra tres menses continue se sequentes, postquam eadem quinta pars taxata fuerit, ut prefertur, cum effectu dare et integraliter persolvere tenebuntur et debebunt contradiccione qualibet non obstante. Verum quia sepe contingit, quod nonnulli proch dolor inprovisa ac celerrima morte succumbunt, ne tamen eorum anime, pro quod*) deo propicio viventes in hoc seculo ad salutem suam habuerunt, desiderio sint private, volumus statuimus concedimus et eciam ordinamus pro nobis et successoribus nostris in perpetuum, quod ad faciendum et solvendum testamentum pro taliter mortuis videlicet estimacionem et taxam quinte partis bonorum possessionum et rerum relictarum mortui, ut prefertur, proximiores heredes cum effectu persolvant ecclesiis fabrice ecclesiasticis personis et locis dicte civitatis secundum consilium episcopi Olomucensis, qui pro tempore fuerit et prout consciencie sue pro anime defuncti remedio videbitur salubrius expedire. Insuper adicimus, quod si quis

*) Hier scheint ein lapsus calami des Schreibers zu sein.

heres proximior alicuius defuncti dicte civitatis nostre Czwitavie non acceptaret et se intromitteret de bonis possessionibus et rebus defuncti civis Czwitaviensis infra duorum mensium
spacium post obitum dicti defuncti et non faceret residenciam civilem et personalem in
eadem civitate nostra, jura necessitates et onera civitatis consueta et solita supportaret et
prescripte nostre constitucioni ordinacioni et gracie non uteretur, prout supra distinccius est
expressum, extunc talis proximior heres vel heredes statim post lapsum dicti temporis, dum
tamen de tali sua voluntate constiterit vel facta fuerit bona fides, presenti nostro privilegio
inposterum non gaudebunt, sed bona defuncti ad nos et successores nostros episcopos
Olomucenses, qui pro tempore fuerint, esse debent libere devoluta juxta morem jus et
consuetudinem per predecessores nostros antiquitus observatos, salvo semper quod quinta
pars bonorum defuncti, sicut premittitur, pro anime cuiuslibet defuncti remedio cum effectu
detur et tam per nos quam per successores nostros sine diminucione realiter persolvatur.
In quorum testimonium nostrum sigillum una cum sigillo dicti capituli nostri Olomucensis
presentibus sunt appressa. Et nos Andreas decanus, Mathias prepositus ac capitulum
ecclesie Olomucensis premissis concessioni donacioni statuto et gracie consensimus et presentibus consentimus. Et in roboris firmitatem perpetue duraturam ac evidens testimonium
premissorum presentes literas sigillo nostri capituli cum sigillo dicti domini et patris nostri
domini Nicolai episcopi Olomucensis de certa nostra sciencia fecimus communiri. Actum
et datum Olomucz anno domini millesimo trecentesimo octuagesimo nono, feria tercia proxima
post sanctum Nicolaum.

(Orig. Perg. 2 an Pergamentstreifen häng. Sig. im fürsterzb. Archive in Kremsier.)

582.

Nikolaus, Bischof von Olmütz, befreit die Stadt Müglitz vom Heimfallsrechte.
Dt. Olmütz, 7. December 1389.

In nomine domini amen. Nos Nicolaus dei et apostolice sedis gracia episcopus
Olomucensis ad perpetuam rei memoriam notumfacimus tenore presencium universis. Et si
observancias et consuetudines servatas ab antiquo pro commodo eis utencium mutari contigerit
vel in melius reformari, non est reprehensibile sed merito commendandum, cum jura et
statuta maturitate digesta pro qualitate locorum et personarum sepe mutentur et reformentur
eo, quod natura semper deproperat novas edere formas et nichil sit in rerum natura, quod
in uno statu persistere valeat et manere. Sane dudum ex usu et consuetudine observancia
et jure terre introductum fuit et eciam observatum in civitate nostra Muglicz, sicut in aliis
civitatibus et locis episcopatus ecclesie nostre Olomucensis, quod quando quis incepit infirmari,
qui non habuit heredes legitimos vel si habuit et fuerunt ab eo divisi, non potuit de bonis
et rebus suis legare donare testari nec disponere pro sua ultima voluntate, sed post mortem
bona per ipsum derelicta ad predecessores nostros episcopos Olomucenses existentes pro
tempore quociens et quando talis casus evenerit, fuerunt realiter devoluta. Et licet hoc aliis

propter modicum lucrum utile videbatur, tamen ex eo multa incommoda et pericula sequebantur, prout docuit experiencia quotidiana, que rerum omnium est magistra. Nam multi habundantes rebus temporalibus et carentes heredibus legitimis talia formidantes receperunt licenciam et ad loca dominorum aliorum atque dominia recesserunt; alii vero, qui graciam habuerunt intrandi civitatem de bonis alienis, in quibus hactenus morabantur, detestantes talem consuetudinem, in suis locis remanserunt; alii vero manentes in ipsa civitate ea, que habuerunt, consumpserunt et dilapidaverunt, nolentes quod de bonis eorum post mortem ipsorum aliquid remaneret et sic quilibet non cogitabat de rebus suis prospicere neque futuris commodis intendebat; unde commune bonum in ipsa periit civitate et finaliter vergebat in destruccionem eius in dampnum nostrum et ipsius ecclesie nostre Olomucensis prejudicium manifestum. Nos, quos altissimus non nostris meritis ipsi Olomucensi ecclesie preesse disposuit, volentes adhibere tali morbo congruam medicinam ac nos divino et humano juri quantum possumus conformare, ne consilio conveniencia et consensu honorabilium virorum dominorum decani prepositi et capituli dicte ecclesie nostre Olomucensis fratrum nostrorum carissimorum in capitulo eorum generali considerato, quod ipsa civitas Muglicz propter hostiles insultus majori indiget custodia fortificacioni et munimentis et eciam ut concives habeat magis idoneos et habentes meliores et forciores ac ipsam civitatem nostram in turribus muris menibus parcanis portis et fossis et aliis fortificacionibus ad defensionem necessariis munire valeant et firmare, ipsius civitatis custodie insistere et necessitatibus providere, a dicta consuetudine et observancia sic hactenus tenta et observata recessimus et recedimus de certa nostra sciencia per presentes, cupientes modicum lucrum bono meliori salubrius compensare. Et ut incole eiusdem nostre civitatis eo fideliores et diligenciores reddantur, quo se majori favore et gracia senciant prosecutos, eisdem magistro civium judici consulibus juratis communitati et singulis civibus domus areas domicilia propria aut possessiones inibi habentibus dumtaxat eorumque posteris in Muglicz antedicta nostra civitate concessimus et donavimus, tenore presencium graciose concedimus damus liberaliter et donamus liberam potestatem exnunc in antea et in perpetuum, ut ipsis civibus, qui carent filiis et filiabus, propinquiores eorum amici post mortem eorum, eciam si antea ab eisdem essent divisi, in suis possessionibus hereditatibus bonis et rebus per ipsos derelictis succedere possint et valeant, ac ipsorum possessiones hereditates bona et res sic post eorum mortem relictas libere adire recipere tenere et possidere sine omni impedimento et inquietudine nostris et nostrorum successorum ac officiatorum temporibus affuturis. Ita tamen, quod tales heredes et amici propinquiores, qui possessiones hereditates bona et res sic relictas obtinuerint, in eisdem personaliter resideant per annum et diem secundum consuetudinem ipsius civitatis et non extra civitatem in bonis alterius domini cuiuscunque et faciant jura civitatis adinstar ipsius mortui, cui succedunt, et si post annum et diem eisdem ibidem mansio displiceret, possint easdem possessiones hereditates bona et res vendere alteri viro idoneo, qui est habilis et idoneus ipsis civibus et civitati, quique eciam ibidem demorari et residere tenebitur, ut alter civis jura necessitates et onera civilia ad debitum supportare. Insuper concedimus statuimus et ordinamus inperpetuum observandum, quod absque impedimento quocunque liceat unicuique incolarum civium dicte civitatis nostre Muglicz in vita vel morte lestari legare testamentumque facere ad ecclesias aut ecclesiarum fabricas aut legare personis ecclesiasticis eiusdem civitatis et loci prout cuilibet incolarum civium dicte nostre civitatis Muglicz videbitur utilius expedire. Valorem extimacionem et taxam bonorum possessionum ac rerum relictarum post decedentis mortem videlicet quintam partem dumtaxat, quam eciam extimacionem valorem et taxam magister civium consules et jurati cives dicte civitatis per juramentum domino et civitati prestitum post mortem defuncti infra dies quatuordecim estimare et taxare fideliter tenebuntur. Hanc vero extimacionem valorem et taxam huiusmodi quinte partis proximiores heredes aut heres proximior. qui in bonis possessionibus et rebus defuncti succedent, sicut premittitur, ecclesiis locis et personis, quibus ipsa quinta aut pars eius legata est, infra tres menses continue se sequentes, postquam eadem quinta pars taxata fuerit, ut prefertur, cum effectu dare et integraliter persolvere tenebuntur et debebunt contradiccione qualibet non obstante. Verum quia sepe contingit, quod nonnulli proch dolor improvisa ac celerrima morte succumbunt, ne tamen eorum anime, pro quod *) deo propicio viventes in hoc seculo ad salutem suam habuerunt, desiderio sint private, volumus statuimus concedimus et eciam ordinamus pro nobis et successoribus nostris inperpetuum, quod ad faciendum et solvendum testamentum pro taliter mortuis videlicet estimacionem et taxam quinte partis bonorum possessionum et rerum relictarum mortui, ut prefertur, proximiores heredes cum effectu persolvant ecclesiis fabrice ecclesiasticis personis et locis dicte civitatis secundum consilium episcopi Olomucensis, qui pro tempore fuerit et prout consciencie sue pro anime defuncti remedio videbitur salubrius expedire. Insuper adicimus, quod si quis heres proximior alicuius defuncti dicte civitatis nostre Muglicz non acceptaret et se intromitteret de bonis possessionibus et rebus defuncti civis Muglicensis infra duorum mensium spacium post obitum dicti defuncti et non faceret residenciam civilem et personalem in eadem civitate nostra, jura necessitates et onera civitatis consueta et solita supportaret et prescripte nostre constitucioni ordinacioni et gracie non uteretur, prout supra distinccius est expressum, extunc talis proximior heres vel heredes statim post lapsum dicti temporis, dum tamen de tali sua voluntate constiterit vel facta fuerit bona fides, presenti nostro privilegio inposterum non gaudebunt, sed bona defuncti ad nos et successores nostros episcopos Olomucenses, qui pro tempore fuerint, esse debent libere devoluta juxta morem jus et consuetudinem per predecessores nostros antiquitus observatos, salvo semper quod quinta pars bonorum defuncti, sicut premittitur, pro anime cuiuslibet defuncti remedio cum effectu detur et tam per nos quam per successores nostros sine diminucione realiter persolvatur. In quorum testimonium nostrum sigillum una cum sigillo dicti capituli nostri Olomucensis presentibus sunt appressa. Et nos Andreas decanus, Mathias prepositus ac capitulum ecclesie Olomucensis premissis concessioni donacioni statuto et gracie consensimus et presentibus consentimus. Et in roboris firmitatem perpetue duraturam ac evidens testimonium premissorum presentes literas sigillo nostri capituli cum sigillo dicti domini et patris nostri domini Nicolai episcopi Olomucensis de certa nostra sciencia

---

*) Hier scheint ein lapsus calami des Schreibers zu sein.

fecimus communiri. Actum et datum Olomucz anno domini millesimo trecentesimo octuagesimo nono, feria tercia proxima post sanctum Nicolaum.

(Inserirt in der Bestättigungsurkunde des Bischofes Paul, in Abschrift vorhanden im Kremsierer Lehensquatern III., f. 48.)

583.

Nikolaus, Bischof von Olmütz, befreit die Stadt Kelč vom Heimfalle.
Dt. Mirau, 8. December 1389.

In nomine domini amen. Nos Nicolaus etc. ad perpetuam rei memoriam notumfacimus etc. Si observancias et consuetudines servatas ab antiquo pro commodo eis utencium mutari contigerit vel in melius reformari, non est reprehensibile sed merito commendandum, cum jura et statuta maturitate digesta pro qualitate locorum et personarum sepe mutentur et reformentur eo, quod natura semper deproperat novas edere formas et nichil sit in rerum natura, quod in uno statu persistere possit: sane dudum ex usu et consuetudine, observancia et jure terre fuit introductum in opido nostro Gelcz sicut in aliis omnibus opidis et locis episcopatus ecclesie nostre Olomucensis, quum quis incepit infirmari, qui non habuit heredes legitimos vel si habuit et fuerunt ab eo divisi, non potuit de bonis et rebus suis legare donare testari nec disponere pro ultima sua voluntate et post mortem suam bona per ipsum derelicta ad predecessores nostros episcopos Olomucenses, qui pro tempore fuerunt, quociens et quando talis casus evenerit, fuerint devoluta. Et licet hoc aliis videbatur utile propter modicum lucrum, tamen multa incommoda et pericula ex eo sequebantur, prout docuit experiencia quottidiana, que omnium rerum est magistra. Nam multi habundantes rebus temporalibus et carentes heredibus legitimis talia formidantes receperunt licenciam et ad bona aliorum dominorum et a locis recesserunt, alii vero qui graciam habuerunt intrandi opidum de bonis alienis, detestantes talem consuetudinem in locis suis remanserunt, alii vero manentes in ipso opido ea, que habuerunt, consumpserunt et dilapidaverunt, nolentes quod aliquid de bonis eorum post mortem ipsorum remaneret et sic quilibet non cogitabat de rebus suis neque futuris commodis prospiciebat, unde commune bonum in ipso periit opido et finaliter vergebat in destruccionem ipsius opidi ac in prejudicium et dampnum nostrum et ipsius episcopatus nostri Olomucensis. Pro eo nos, quos altissimus non nostris meritis ipsi Olomucensi ecclesie preesse disposuit, volentes tali morbo congruam adhibere medicinam ac nos conformare juri divino et humano, de consilio connivencia et consensu honorabilium virorum etc. cum capitulo eorum generali considerante, quod ipsum opidum Gelcz in bono situ jaceat et prope habeat lapides pro muro et eciam pro cemento, ita quod leviter muro possit murari, quod esset utile ipsis incolis ipsius loci et suis vicinis propter hostiles incursus, qui istis temporibus plus invalescere consueverunt, et cciam ut concives habeat magis idoneos et habentes meliores et forciores ac ipsum opidum nostrum in turribus et menibus parchanis portis fossatis et aliis fortificacionibus ad defensionem melius munire valeant et firmare, ipsius opidi custodie

64

insistere ed necessitatibus providere, a dicta consuetudine et observancia sic hactenus tenta et servata recessimus et recedimus, cupientes modicum lucrum bono meliori recompensare. Et ut incole eiusdem nostri opidi eo fideliores et diligenciores reddantur quo se senciant favore ampliori et gracia prosecutos, eidem judici juratis communitati et singulis civibus eorumque posteris in Gelcz opido antedicto concessimus et donavimus ac presentibus graciose concedimus damus et donamus liberam potestatem exnunc inantea et inperpetuum, quod ipsis civibus, qui carent filiis et filiabus, propinquiores eorum amici post mortem eorum, cciam si antea ab eisdem essent divisi, in suis possessionibus hereditatibus bonis et rebus per ipsos derelictis succedere possint et valeant ac ipsorum possessiones et hereditates bona res sic post mortem eorum relictas libere adire recipere tenere et possidere sine omni impedimento et inquietudine nostris et nostrorum successorum temporibus affuturis. Ita tamen, quod tales heredes et amici propinquiores faciant jura opidi adinstar ipsius mortui, cui succedunt. Et si post annum et diem eisdem mansio ibidem displiceret, possunt easdem possessiones hereditates bona et res vendere alicui viro idoneo, qui esset habilis et idoneus ipsis civibus et opido antedicto. In quorum testimonium nostrum sigillum unacum sigillo dicti capituli nostri Olomucensis presentibus sunt appensa. Actum et datum in castro nostro Meraw anno domini millesimo trecentesimo octuagesimo nono, in die concepcionis beate Marie virginis. Presentibus honorabilibus et discretis viris dominis magistro Sandero archidiacono Preroviensi, Henrico de Fulstein capitaneo episcopatus nostri et aliis quam pluribus fide dignis.

(Abschrift aus dem 15. Jahrh. im Kremsierer Lehensquatern III., p. 208.)

584.

Nikolaus, Bischof von Olmütz, gestattet, dass Heinrich von Füllenstein und Herbort von Katscher eine Gütereinigung schliessen. Dt. 1389. s. l. d.

Nicolaus dei gracia etc. notumfacimus etc. Quod constitutus (sic) in nostra presencia personaliter fideles nostri dilecti Henricus de Fullenstein et Herbordus de Keczer milites publice recognoverunt, qualiter cum bonis omnibus ipsorum, que a nobis et ecclesia nostra Olomucensi in feodum tenent de presenti, congredi et uniri vellent animo libenti, supplicantes nobis tamquam feodi domino humiliter et devote, quatenus ad talem bonorum ipsorum congressionem atque unionem nostrum dignaremur consensum adhibere. Nos vero ipsorum supplicacionibus benignius inclinati ad predictam congressionem et unionem ut premittitur nostrum damus consensum et benivolum pariter assensum. Quibus eciam favimus tenore presencium de certa nostra sciencia expresse atque gracia speciali favemus, quod prefati fideles nostri se cum omnibus bonis ipsorum, que a nobis sicut premittitur in feodum tenent ad presens, congressi sint et uniti ac unus in alterius bonis succedat, si quem ex eis ab hac luce migrare contigerit, legitimis feodi heredibus non relictis, nostris et ecclesie nostre juribus ac serviciis semper salvis. Harum quibus sigillum nostrum presentibus est appensum testimonio literarum. Datum anno etc. octuagesimo nono.

(Aus dem Kremsierer Lehensquatern II., pag. 65.)

585.

Pabst Bonifacius IX. entscheidet den Streit zwischen dem Olmützer Kapitel und dem Pfarrer von St. Mauritz bezüglich der Schule bei dieser Pfarrkirche zu Gunsten des ersteren. Dt. Rom, 9. Jänner 1390.

Bonifacius episcopus servus servorum dei venerabili fratri . . episcopo Tudensi et dilectis filiis . . preposito ecclesie sancte Marie in Sternberg Olomucensis diocesis ac . . officiali Luthomuslensi salutem et apostolicam benediccionem. Peticio dilectorum filiorum canonicorum et capituli ecclesie Olomucensis nobis exhibita continebat, quod licet de antiqua et approbata et hactenus pacifice observata consuetudine sit obtentum, quod apud ecclesiam predictam duntaxat sint scole, ad quas scolares civitatis Olomucensis confluere consueverunt et confluunt, quibusquidem scolaribus ab episcopo Olomucensi pro tempore existente et predictis canonicis et capitulo magister seu rector deputari consuevit pro tempore et quociens expedit, deputatur, qui scolares ipsos in gramatica et in cantu ecclesiastico instruit et qui quidem scolares una cum ipsis canonicis et clericis beneficiatis in eadem ecclesia divinorum solemnia videlicet missas et vesperos singulis diebus cum nota decantant, iidemque canonici et capitulum duntaxat fuerint in pacifica possessione vel quasi juris habendi scolas huiusmodi necnon in eis scolares ipsos faciendi instrui cciam a tempore, cuius contrarii memoria non existit, tamen Crux Alberti rector plebanus nuncupatus parochialis ecclesie sancti Mauricii Olomucensis falso pretendens, quod sibi et successoribus suis rectoribus predicte parochialis ecclesie pro tempore a sede apostolica facultas concessa fuerat prope ipsam parochialem ecclesiam unam domum pro usu et habitacione aliquorum scolarium erigendi et illos in eadem domo in liberalibus et aliis licitis disciplinis faciendi doceri, eosdem canonicos et capitulum pretextu concessionis predicte et alias in possessione huiusmodi de facto multipliciter molestavit ac cciam impedivit et impedit ac fecit et facit, quominus ipsi duntaxat huiusmodi scolas tenere necnon scolares in eis instrui facere libere potuerint sive possint consuetudine antedicta. Propter quod prefati canonici et capitulum ad sedem apostolicam appellarunt ac felicis recordacionis Urbanus papa VI. predecessor noster causam appellacionis huiusmodi et negocii principalis dilecto filio magistro Thome de Walkungton capellano sedis predicte et auditori causarum palacii apostolici ad instanciam eorundem canonicorum et capituli audiendam commisit et fine debito terminandam, coram quo magister Jacobus Scribe canonicorum et capituli et quidam Doyno de Remis Crucis predictorum procuratoribus in judicio comparentibus et per quemlibet eorum quodam dato libello liteque per eos legitime contestata ac de calumnia et veritate dicenda in presencia ipsius auditoris hincinde prestitis juramentis traditisque per eos nonnullis posicionibus et articulis et contra eosdem posiciones et articulos certis excepcionibus utrinque datis productisque per eos nonnullis litteris autenticis, instrumentis publicis aliisque juribus et munimentis, quibus uti voluerunt in causa huiusmodi et contra eadem producta certis excepcionibus datis hincinde et subsequenter Jacobo et Cruce predictis coram eodem auditore in judicio comparentibus ac Cruce prefato in huiusmodi causa concludi petente in certis terminis per ipsum auditorem eis ad hec successive et peremptorie assignatis, memoratus auditor cum eodem Cruce in causa huiusmodi concludente conclusit et habuit pro concluso. Postmodum vero Jacobo et Cruce predictis coram eodem auditore in judicio comparentibus et diffinitivam sentenciam in causa huiusmodi fieri petentibus in certa die ad hoc assignata sepedictus auditor visis et diligenter inspectis omnibus et singulis actis actitatis, habitis et productis in causa huiusmodi ipsisque cum diligencia recensitis et examinatis ac facta super omnibus coauditoribus suis dicti palacii relacione plenaria et fideli de ipsorum coauditorum consilio et assensu per suam diffinitivam sentenciam pronunciavit, decrevit et declaravit, prout hec omnia in dicto libello per dictum Jacobum in huiusmodi causa dato petita fuerant, molestaciones, perturbaciones et impedimenta predicta fuisse et esse temeraria, illicita et iniusta, dictoque Cruci ea facere non licuisse neque licere, ipsique Cruci de et super molestacionibus, perturbacionibus, impedimentis ac pretensis scolis et facultate dictas scolas erigendi et docendi in dicta domo prope dictam ecclesiam sancti Mauricii et rectoribus pro tempore eiusdem ecclesie perpetuum silencium imponendum fore et imposuit, ipsumque Crucem compellendum fore ad cavendum ydonee pro se et successoribus suis rectoribus, qui essent pro tempore dicte parochialis ecclesie, quod Crux ipse de cetero et eciam successores ipsi non attemptarent similia facere prefatosque canonicos et capitulum in predictis scolis et earum possessione tuendos fore, ipsumque Crucem in expensis in huiusmodi causa coram se legitime factis condemnandum fore et condemnavit ipsarum expensarum taxacione sibi inposterum reservata. A qua quidem sentencia pro parte dicti Crucis fuit ad sedem appellatum eandem prefatusque predecessor causam appellacionis huiusmodi dilecto filio magistro Johanni de Chambris capellano sedis et auditori causarum palacii predictorum audiendam commisit et fine debito terminandam, qui ad instanciam magistri Nicolai Lubik substituti per magistrum Wilhelmum Kurthelangen procuratoris predictorum canonicorum et capituli una cum dicto Jacobo in solidum constitutum, ita quod non esset melior condicio occupantis prout ad hoc idem Wilhelmus ab eisdem canonicis et capitulo sufficiens mandatum habebat et eidem Johanni auditori apud acta huiusmodi cause legitime constabat, coram eo in judicio comparentis, eundem Crucem ad docendum de diligencia prosecucionis appellacionis huiusmodi ab eadem sentencia interposite per quendam cursorem dicte sedis citari fecit ad certum terminum peremptorium competentem. In quo predictus Nicolaus coram eodem Johanne auditore in judicio comparens predicti Crucis non comparentis contumaciam accusavit prefatusque Johannes auditor ad instanciam eiusdem Nicolai eundem Crucem ad suam in huiusmodi causa sentenciam audiendam per quendam cursorem sedis predicte citari fecit ad certam diem peremptoriam competentem. In qua eodem Nicolao coram Johanne auditore predicto in judicio comparente et eiusdem Crucis non comparentis contumaciam accusante et in eius contumaciam, predictam appellacionem ab eadem sentencia ut premittitur interpositam, fuisse et esse desertam pronunciari et sentenciam huiusmodi ferri petente, memoratus Johannes auditor reputans eundem Crucem quo ad hoc, prout erat, merito contumacem in eius contumaciam visis et diligenter inspectis omnibus actis et habitis in causa huiusmodi de consilio et assensu coauditorum suorum dicti palacii, quibus super hiis relacionem fecit fidelem, per suam sentenciam pronunciavit, decrevit et declaravit, predictam appellacionem ab eadem sentencia dicti Thome auditoris, ut premittitur, interpositam fuisse et esse desertam dictumque Crucem in expensis coram se in huiusmodi causa legitime factis condemnandum fore et condemnavit ipsarum expensarum taxacione sibi in posterum reservata. Et subsequenter Thomas coram se in sexaginta et Johannes auditores predicti coram se factas expensas huiusmodi in triginta florenis auri de camera boni et justi ponderis in contumaciam dicti Crucis de mandato eorundem Thome et Johannis auditorum ad instanciam dicti Nicolai per quosdam cursores nostros ad cadendum taxari expensas huiusmodi ad certos terminos peremptorios competentes successive citati et non curantis comparere, eodem Nicolao coram Thoma et Johanne auditoribus prefatis in dictis terminis successive in iudicio comparente et predicti Crucis non comparentis contumaciam accusante et in eius contumaciam expensas ipsas taxari petente successive providis moderacionibus taxaverunt predicti Nicolai super expensis ipsis juramentis secutis, prout in instrumentis publicis inde confectis dictorum Thome et Johannis auditorum . . . . . dicitur plenius contineri. Nos itaque . . . . . predecessore sicut altissimo placuit sublato de medio, divina favente clemencia fuimus ad apicem summi apostolatus assumpti predictorum canonicorum et capituli supplicacionibus inclinati . . . . . auditoribus provide facta sunt rata . . . . . . diffinitivam senteniciam auctoritate apostolica confirmantes discrecioni vestre per apostolica scripta mandamus, quatinus vos vel duo aut unus vestrum per vos vel alium seu alios premissa . . . . . dictasque sentencias ubi et . . . . . . auctoritate nostra solemniter publicantes faciatis eosdem canonicos et capitulum consuetudinis predicte pacifica possessione gaudere dictumque Crucem ad cavendum ydonee, quod contra canonicos et capitulum predictos similia de cetero ipse . . . . . rectores dicte parochialis ecclesie, qui erunt pro tempore, non attentabunt, auctoritate predicta compellatis nec non de predictis florenorum summis pro dictis expensis iuxta predictorum . . . . . earundem condemnacionum et taxacionum tenorem . . . . . canonicis et capitulo faciatis plenam et debitam satisfaccionem impendi, contradictores per censuram ecclesiasticam appellacione postposita compescendo. Datum Rome apud sanctum Petrum V. Idus Januarii pontificatus nostri anno primo.

(Orig. Perg. h. Bleisigel im Olm. Kap. Archive. Die Urkunde ist unten stark beschädigt. Die in Folge dessen unlesbaren Stellen sind mit Punkten bezeichnet.)

586.

Eröffnung des Landrechtes in Brünn. Nach dem 13. Jänner 1390.

Anno domini millesimo CCCᵒLXXXXᵒ colloquium dominorum Brunnensium celebratum est post octavas epiphanie per serenissimos principes et dominos Jodocum et Procopium marchiones Moravie et per nobiles dominos Stiborium de Czimburg supremum camerarium Brunnensem, Bohunconem de Trzestnicze et Johannem prothonotarium domini marchionis et alios dominos videlicet Hinczonem de Lypa, Benessium de Crumnaw, Petrum de Sternberg, Petrum de Crawar, Laczconem de Crawar, Erhardum de Cunstat, Johannem de Mezyrzicz,

Henricum et Hermannum de Novadomo, Georgium et Hinconem de Wethowia et alios quam plures dominos et barones.

(Brünner gedruckte Landtafel.)

587.

Pešek von Bůkowitz verkauft die Hälfte des Dorfes Malkowitz dem Augustinerkloster in Brünn um 180 Mark Prager Groschen. Dt. Brünn, 17. Jänner 1390.

Nos Pesco de Bicowicz, Zdynka contoralis eius legitima nostrique heredes recognoscimus tenore presencium universis. Quod matura deliberacione prehabita, amicorum meorum, quorum interest, prehabito consilio mediam villam Malcowycz cum integra piscina penes villam candem sita et locata, septem lancos in cadem villa cum curia duos laneos continente, unam tabernam, balneum, curticulam maiorem et duas curticulas minores cum pascuis ac juribus universis religiosis et devotis . . priori et conventui ordinis fratrum heremitarum sancti Augustini monasterii nove fundacionis in preurbio civitatis Brunensis racionabiliter vendidimus, vendimusque presentibus pro centum et octuaginta marcis grossorum denariorum pragensium moravici numeri et pagamenti nobis integraliter numeratis, traditis et solutis ipsamque mediam villam et piscinam tenendam, utendam, fruendam, possidendam et in usus proprios convertendam libere perpetue et hereditarie, cum omnibus et singulis juribus usibus fructibus proprietatibus et pertinenciis universis, plenoque dominio in villa, in campis, quibus eadem bona tenuimus et possedimus usque modo, nichil penitus nobis et heredibus nostris perpetue in eisdem bonis juris vel proprietatis reservantes. Promittimusque predictus Pesco et nos secum et cum eo Jesco de Gyrzicowicz frater ipsius Pesconis de Bycowicz, Wlczko de Longa villa, Artlebus de Scaliczca, Johannes de Zbraczlawcze, Jessico de Krzizancow, Gindrzich de Racussek bona nostra fide sine dolo per nos in sollidum manu coniuncta et indivisa, dicta bona vendita in se et in quibuslibet suis partibus exbrigare defendere et tueri a quavis impeticione cum omnibus bonis nostris liberare a quolibet homine eadem bona impetente ad trigennium, prout jus terre Moravie exigit et deposcit et in registrum seu tabulas terre Moravie, quam primum in Olomucz concilium seu generale dominorum colloquium celebrabitur et tabule terre Moravie ibidem aperte fuerint, inscribere et intabulare secundum jus terre Moravie prius dicte, ibidemque Zdynca uxor Pesconis predicti, si habet aliquas justicias seu aliquod dotalicium in sepetactis venditis bonis resignando. Si quod aut quorum alterum ut prescribitur non faceremus, tunc statim duo nostrum, qui cum a dictis fratribus monebimur, quivis cum uno famulo et duobus equis obstagium verum et solitum in civitate Brunensi in domo honesta bonesti hospitis nobis per eosdem fratres deputata tenebimur et debemus subintrare, alter alterius absenciam non expectans, et obstagium a dicto monicionis termino quatuordecim diebus continuis adimplere. Et si in illis diebus quatuordecim prestito vel non prestito obstagio impedimentis, que predicti fratres in sepedictis venditis bonis sustinerent, forsitan non sublatis ipsis prioribus obstagialibus semper in codem obstagio manentibus, ex tunc alii duo nostrum, qui per ipsos fratres moniti fuerint, quilibet cum uno famulo et duobus equis idem obstagium tenebuntur cum predictis similiter observare, abinde nullatenus exituri, donec cum sepefatis fratribus pro predictis impedimentis plenarie concordarent. In quorum testimonium sigilla nostra propria de certa nostra sciencia presentibus sunt appensa, testimonio literarum. Datum Brunne anno domini millesimo trecentesimo nonagesimo, in die sancti Antonii abbatis.

(Orig. Perg. 7 h. Sig. im Archive des Augustinerklosters in Altbrünn, Fasc. 7 n. 502.)

588.

Nikolaus, Bischof von Olmütz, gestattet, dass Beneš von Turas das Leibgeding seiner Frau auf dem Hofe in Turas verschreibe. Dt. Brünn, 18. Jänner 1390.

Nicolaus etc. notum facimus etc. Quod constitutus in nostri presencia Beneschius de Durans fidelis noster dilectus de consensu Anne matris sue, Katerine conthorali sue legitime quinque marcas grossorum pragensium moravici numeri et pagamenti super curia in Durans, quam mater sua antedicta habet et tenet in verum dotalicium, que tunc presens fuit et ad hoc benivole consensit, pro vera dote, quod vulgariter leipgeding nuncupatur, demonstravit et resignavit et legitime deputavit, supplicans nobis tamquam superiori feudi domino humiliter et devote, quatenus ad predictam demonstracionem resignacionem et deputacionem ipsius dotis nostrum consensum adhibere et eidem huiusmodi dotalicium conferre generosius dignaremur. Nos etc. ad predictam dotem etc. nostrum consensum damus pariter benivolum et assensum sibique dictum dotalicium contulimus ut moris est et conferimus per presentes iuxta morem et consuetudinem vasallorum nostrorum et episcopatus nostri Olomucensis, nostris et ecclesie nostre Olomucensis juribus atque serviciis semper salvis. Dantes et concedentes eidem Katherine Nicolaum et Wernherum de Kirlicz fratres, fideles nostros, in veros et legitimos tutores, ut eam tueantur et gubernent contra quemlibet, qui eam vellet in dotalicio antedicto quomodolibet impedire. Testes sunt Jeniko de Dobroticz judex curie nostre Chremsirensis, Nicolaus de Kirlicz et Ulricus de Durans. Datum Brune anno domini M⁰CCC⁰ nonagesimo, in die sancte Prisce virginis.

(Aus dem ältesten Lehensquaterne im fürsterzb. Archive in Kremsier, p. 44.)

589.

Ladislaus, Herzog zu Opeln, verkauft dem Markgrafen Jodok die Stadt und Herrschaft Jägerndorf. Dt. Jägerndorf, 28. Februar 1390.

Wir Ladisla von gotes gnaden herczog zu Opul zu Wielim zur Cuija zu Dobrin etc. Bekennen fur uns unser erben und nachkomen, und tuen kunt offenlich mit disem brive allen den, die yn sehen oder horen lesen, das wir dem hochgebornen fursten herren Josten

marggraven und herren zu Merbern unserm liben swager und seinen rechten erben,
marggraven und herren zu Merhern, mit wolbedachtem mute, gutem vorrate und rechter
wissen recht und redlich vorkaufft und abgetreten haben, vorkauffen und abtreten mit crafft
diez brives zu rechter herschafft herlich zu haben zu halden und gerulichen zu besiczen,
ym. seinen rechten erben nachkomen marggraven und herren zu Merhern, die herschafft,
das ist die stat Jegerdorff mit der manschafft, dorffern landen und lewten, lehen geistlichen
und wertlichen, und allem dem, das dorczu gehoret, besucht und unbesucht, nichtes usgenomen,
das zu derselben stat Jegerdorff zu dem ganczen weichbilde, herschafft und lande doselbest
zugehoret, in aller der masse, als das der egenant marggraff Jost vormals selber ynne
gehabt hat, und als das von ym und herczog Hansen, dem alden und dem Jungen von
Tropaw, an uns ist komen, vor eine genante summa geldes, das ist eyleff tusent und
zwehundert schok, doran wir iczund wol und genczlich beczalet sein, zwetusent vierhundert
dreiczen schok, und czwenczig grosse Prager pfennynge, und ist auch zuwissen, umb die
beczalunge fumffhundert schocke grosser, als von wegen der lehen, des halben teiles der
vesten zu Lobenstein an der obgenannten summa geldes, das wir und unser erben, und der
egenant marggrave und seine erben, das halden sullen in solcher masse, als das yn andern
unsern briven, die doruber gegeben sein, eigentlich ist begriffen. Und furbas umb das
uberige gelt, das ist acht tusent zwehundert dreiczen schok und zwenczig grosse prager
pfennynge und muncze desselben geldes der vorgenant marggraff Jost und seine rechte
erben margg(ra)ven und herren zu Merhern uns und unsern rechten erben geben reichen
und beczalen sullen tusent sschok der egenanten grossen zwisschen hie und dem nechsten
Palmtage, und dornoch tusent schok derselben prager grossen uff sant Jeorgen tag, der
schirest komet. Und sullen uns die beczalunge tuen yn der stat zu Jegerdorff und von
danne sicher geleiten und antworten yn die stat zu wenygen Glogaw an alles geverde,
als sulche beczalunge derselben zweer tusent schocke yn andern unsern briven, die uns
doruber gegeben sein, lewterlich ist begriffen; und dornoch uff sante Michels tag, der
schirest komet, eileffhundert eyn und dreissig schok und sechs grosse, und furbas dornoch
von dem andern sante Michels tage uber fumff jare, die schirest noch enander volgen, ye
uff sant Michels tag eyleffhundert ein und dreissig schok und sechs grosse zubeczalen zu
Jegerdorff und furbas sicher geleiten und antworten zu wenygen Glogaw, als vorgeschriben
steet an alles geverde. Doch also, wir obgenanter herczog Ladisla, und unser erben
sullen dem vorgenanten marggraff Josten und seinen erben marggraven und herren zu Merhern
der vorgenanten summen des geldes eilefftusent und zweyhundert schok rechte gewere sein
und tun, als recht ist, kegen herczogen Hannus von Troppaw und seinen erben, uff die
vorgenanten lant Jegerdorff. Und doruff haben wir auch dem egenanten marggraff Josten
fur sich, seine erben und nachkomen marggraven und herren zu Merhern der egenanten
stat Jegerdorff herschafft, manschafft, lehenschafft und lehen geistlich und wertlich, land,
lewte, guter und was] dorczu gehoret, nichtes uszgenomen, als vorbegriffen ist, abgetreten,
yngegeben und yngeantwortet und uns der genczlich vorczegen und uns, unsern erben
und nachkomen doran keynerleye forderunge, recht noch anesproche behalden yn

deheynemweis an alles geverde. Mit urkunt dis brives vorsigelt mit unserm anhangunden ingesigel. Geben zu Jegerdorff noch Cristus geburt dreiczehenhundert jar dornach yn dem newenczigsten jare, des nechsten montags noch dem suntage, als man in der heiligen cristenlichen kirchen Reminiscere singet in der vasten.

(Orig. Perg. h. Sig. im k. k. geheimen Staatsarchive in Wien ; wurde in Abschrift mitgetheilt.)

590.

Ostruh von Batuchowitz unterwirft seinen Besitz daselbst der Lehenschaft (náprava) der Abtei Trebitsch. Dt. 12. März 1390 s. l.

Ad universorum tam præsentium quam futurorum notitiam præsentibus cupio devenire, quod ego dictus Ostruch de Batuschowicz maturo consilio et sana deliberatione præhabitis cum bonis meis hæreditariis, quæ a nobili viro domino Johanne de Mezricz piæ memoriæ, qui in Apulia est defunctus, pro quinquaginta marcis grossorum comparavi et cum bonis religiosorum virorum abbatis et conventus monasterii in Trebicz ibidem in Batuschowicz legitimam feci congressionem de colonaria nobilium virorum dominorum Johannis et Jaroslaw de Mezricz et dicti conventus de consensu et assensu, prædicta bona universa et singula monasterio et conventui in naprawam perpetuo subjugando. Sic, quod ego Ostrucho prædictus et mei successores de prædictis bonis servire tenebimur prout alii vasalli prædicti monasterii servire consueverunt et quod prædicta bona in ipsa congressione ad prædictum monasterium ratione naprawæ perpetue noscantur pertinere. Adjuncto etiam, si prædicta bona me per quemquam modum vendere seu alienare contingeret, quod eo jure, quo supra et non alio, hæc etiam haberem vendendi seu alienandi jus naprawe prædicto monasterio observando. In cuius rei evidentiam sigillum meum cum sigillis nobilium dominorum Johannis et Jaroslaw prædictorum de Mezricz in testimonium præsentibus sunt appensa. Datum anno domini millesimo trecentesimo nonagesimo, in die sancti Gregorii.

(Nach einer vom Brünner Stadtrathe ddto. 17. November 1649 vidimirten Abschrift im mährischen Landesarchive; das Orig. war damals mit 3 häng. Sig. versehen, wovon eines gebrochen war.)

591.

Markgraf Prokop bekennt. dem Juden Salmann aus Hostěhraditz 430 Mark Prager Groschen schuldig zu sein. Dt. Brünn, 24. März 1390.

Nos Procopius dei gracia marchio Moravie debitor principalis, et nos Benessius de Crawar alias de Crumpnaw, Laczko de Crawar, Johannes de Mezerzicz, Johannes de Stermberg alias de Luckaw, Petrus et Snatha eius filius dicti Hecht de Rossitz et Philippus de Swoyanow fideiussores, notum facimus universis. Quod providis judeis Salmanno de Hostiehradicz, Joseph de Recz et Radym magistro judeorum de Snoyma et ipsorum heredibus tenemur in solidum de vero debito quadringentas et triginta unam marcam grossorum

pragensium moravici pagamenti, promittentes lide nostra bona sine dolo quolibet, per nos
et heredes nostros in solidum sub obligacione omnium bonorum nostrorum mobilium et
inmobilium ubilibet habitorum, eisdem judeis solvere et numerare sine usura in festo
penthecosten proxime venturo. Quod si non fecerimus, extunc statim deinceps singulis
septimanis cuilibet marce dicte pecunie accrescat unus grossus predictorum ipsis judeis
pro usura et nichilominus duo nostrum, qui a dictis judeis monebuntur, illi per alias militares
personas ydoneas substitutas quivis cum uno famulo et duobus equis obstagium verum et
solitum in Hostiehradicz vel in Recz et domo honesta ipsis per eosdem judeos deputata
substituant ad prestandum, abinde non exituri quacumque juris causa, donec memoratis judeis
dictum debitum cum usuris et dampnis exinde racionabiliter quibuscumque probatis integre
persolvemus. Sit eis eciam potestas prestito vel non prestito bona nostra quelibet ac homines
nostros in solidum ubique locorum repertos auctoritate propria vel maioris cuiusvis arrestandi
et impignorandi usque ad satisfaccionem omnium premissorum, nequaquam eos in solvendo
alias ad quodquam superius dominium remittendos. Harum sub appensis nostris sigillis
testimonio litterarum. Datum Brunne feria quinta ante dominicam Palmarum, anno domini
millesimo trecentesimo nonagesimo.

(Orig. Perg. 8 h. Sig. im k. k. geh. Staatsarchive in Wien: wurde in Abschrift mitgetheilt.)

592.

*Markgraf Jodok gestattet, dass die Stadt Znaim einen Altar in der Nicolauskirche mit
7 Mark Zinses bestifte. Dt. Brünn, 8. April 1390.*

Jodocus dei gracia marchio et dominus Moravie tenore presencium recognoscimus
universis. Quod cum universorum dominus, per quem reges regnant et iusta decernunt, nos
elegerit ad regendum et gubernandum terras et gentes, dignum censuimus ad ea intendere,
que comoda respiciunt subditorum ac reipublice utilitatem et precipue ea, que cultus divini
augmentum intendunt, ut altissimus, cui dignas non possumus referre laudes et gracias,
saltim laudari possit in sanctis suis. Sane cum dilecti nostri judex et jurati civitatis nostre
Snoymensis graciam habeant fundandi unum altare in ecclesia s. Nicolai ibidem, pro
cuius dotacione septem marcas grossorum census in bonis dicte nostre civitatis Snoymensis
comparaverunt nobisque humiliter supplicaverint, quatenus fundacionis talis altaris et census
eius comparacioni consentire dignaremur: nos eorum precibus tamquam iustis annuentes
dictis altaris fundacioni et census empcioni presentibus nostrum impertimur consensum et
assensum, rogantes reverendum in Christo patrem dominum Nicolauum episcopum Olomucensem, ut dicti altaris fundacionem, ereccionem et dotacionem gratas et ratas habeat
ac dictos census eidem altari incorporet ac auctoritate ordinaria ea velit confirmare.
Presencium sub nostro appenso sigillo testimonio literarum. Datum Brunne anno domini
millesimo trecentesimo nonagesimo feria sexta infra octavas Pasche.

(Orig. Perg. Sig. fehlt im Znaimer Stadtarchive. — Auf der Plicatur: Ad mandatum dom.
Puscze Henricus de Spiluer.)

593.

Der Stadtrath von Znaim stiftet den St. Andreas-Altar in der Nicolaikirche in Znaim.
Dt. 11. April 1390.

In nomine domini amen. Cum ea que fiunt in tempore leviter transeant a memoria hominum, eo quod nichil stabile maneat in rerum natura, necessarium est firmari literis et testibus, ut successu temporis actores sint noti affuturis. Pro eo nos Fridlinus Bokch judex, Nicol de Hostradicz magister civium ceterique consules et jurati civitatis Snoymensis tenore presencium recognoscimus universis. Quod nos cupientes diem extreme messionis bonis operibus prevenire de bonis nobis a deo collatis in salutem animarum nostrarum et precipue propter submersionem felicis memorie domini Georii sacerdotis olim predicatoris ad sanctum Nicolaum in Snoyma unum altare in honore sancti Andree de consensu et licencia illustris principis et domini domini Jodoci marchionis Moravie ac reverendi in Christo patris et domini domini Nicolai episcopi Olomucensis et honorabilis viri domini Przedslai plebani ad sanctum Nicolaum in Snoym in eadem ecclesia sancti Nicolai de novo creavimus, fundavimus et ereximus. Cui pro dote septem marcas grossorum pragensium in et de nostre civitatis pretorio per nos et successores singulis annis altariste eiusdem altaris, qui pro tempore fuerit, per medium in festo sancti Georii per medium in festo sancti Michaelis solvendo assignavimus, volentes et ordinantes quod collacio sive presentacio ad nos et successores nostros et ad plebanum sancti Nicolai qui pro tempore fuerit pleno jure debeat pertinere. Et ne pro eo dissensionis materia inter nos et plebanum oriatur, ordinavimus de consensu eiusdem plebani, quod nos ista vice solum unum virum ydoneum ad ipsum altare debeamus presentare et postquam vacare contigerit idem altare, ipse plebanus vel eius successor solus sine nobis ad idem altare virum ydoneum secularem dumtaxat presentabit et sic perpetuis temporibus secundum vicissitudinem ad ipsum altare, quociens vacaverit, nos aut nostri successores vel plebanus debemus presentare. Volumus eciam quod altarista eiusdem altaris, qui pro tempore fuerit, singulis septimanis per circulum anni perpetuis feria secunda missam legat pro defunctis, feria quarta pro peccatis, feria sexta de sancta cruce et sabbato de beata virgine per se vel alium. Et si in hac negligens esset et remissus, pro qualibet missa neglecta perdet unum grossum, qui in censu sibi solvendo defalcetur. Volumus eciam, quod idem altarista missas suas ad voluntatem plebani et sine eius preiudicio legere debeat et servare ac in festivitatibus, in vesperis et missis ac in processionibus interesse debeat cum religione sua ac se plebano et sociis suis in hiis et aliis conformare. Pro eo rogamus humiliter et devote reverendum in Christo patrem et dominum dominum Nicolaum episcopum Olomucensem antedictum dicti altaris fundacionem et ereccionem gratam et ratam habere dignari ac dictum censum eidem altari incorporare, ut gaudeat ecclesiastica sua libertate ac omnia et singula prout superius expressantur in singulis suis punctis, articulis et clausulis et ad eius spectat officium, auctoritate ordinaria confirmare. In cuius rei testimonium nostre civitatis sigillum maius et eiusdem domini Przedslai plebani sancti Nicolai de nostra certa

65*

sciencia presentibus sunt appensa. Datum et actum anno domini M°CCC° nonagesimo, proxima feria secunda post dominicam Quasimodogeniti.

(Aus der Bestättigungsurkunde des Bischofes Nicolaus vom 15. Februar 1391 im ältesten Lehensquaterne des fürsterzbischöflichen Archives in Kremsier.)

594.

Pabst Bonifacius IX. beauftragt den Olmützer Bischof Nikolaus, den Stadtrath von Znaim vom Kirchenbanne und die Stadt vom Interdicte zu absolviren. Dt. Rom, 13. April 1390.

Bonifacius episcopus servus servorum dei, venerabili fratri episcopo Olomucensi salutem est apostolicam benediccionem. Sedes apostolica pia mater recurrentibus ad eam cum humilitate filiis post excessum libenter se propiciam exhibet et benignam. Exhibita nobis nuper pro parte judicis, juratorum antiquorum et novorum opidi Znoymensis tue diocesis pelicio continebat, quod olim ipsi seu eorum aliqui suadente diabolo quondam Georgium presbiterum cum quadam muliere, uxore legittima cuiusdam opidani dicti opidi, in domo et camera eiusdem opidani repertum ceperunt ipsumque presbiterum unacum dicta muliere in aquam submergi et interfici mandaverunt et fecerunt, proplerea excommunicacionis et alias penas et sentencias in tales canonibus latas incurrendo; quodque postmodum ipsi judex, jurati et eorum in hac parte complices propter hoc auctoritate ordinaria excommunicati publice nunciati, opidumque predictum ecclesiastico supposilum interdicto extiterunt. Cum autem, sicut eadem pelicio subiungebat, judex jurati et complices predicti pro salute anime dicti presbiteri unum altare in aliqua ecclesia erigere illudque sufficienter dotare sint parati, pro parte dictorum judicis, juratorum et complicum nobis fuit humiliter supplicatum, ut providere eis de opportuno absolucionis remedio et alias in premissis de benignitate apostolica digna-remur: nos igitur more pii patris, quem non pretereunt filiorum incommoda, volentes cum eisdem judice, juratis et eorum complicibus misericorditer agere in hac parte, ac attendentes quod iidem judex, jurati et complices certis ex causis sedem apostolicam, que propter premissa eis esset merito consulenda, commode accedere non possint, sinceritati tue, de qua plenam in domino fiduciam obtinemus, per apostolica scripta committimus et mandamus, quatenus, si est ita, recepto tamen prius ab eisdem judice, juratis et eorum complicibus de stando super huiusmodi excessibus nostris et ecclesie mandatis juramento, ipsos judicem, juratos et complices, si hoc humiliter pecierint, ab excommunicacionis et aliis sentenciis et penis, quas occasione premissorum incurrerunt, postquam altare ipsum erexerint et sufficienter, ut prefertur. dotaverint et ecclesie, cuius idem Georgius minister fuit, et aliis propter hoc iniuriam passis, si non satisfecerunt, satisfaciant competenter, iniunctis eis, quando huiusmodi parebunt mandatis et pro modo culpe et aliis, que de jure fuerint iniungenda ac pro tanto excessu penitencia salutari, que eisdem judici, juratis et complicibus sint ad salutem, auctoritate nostra hac vice dumtaxat absolvas in forma ecclesie consueta, prefatumque interdictum relaxes, ac tam eos quam proles eorum ad formam et statum, in quibus erant ante perpetracionem premissorum, restituas, omnemque inhabilitatis et infamie maculam sive notam occasione premissorum per eos contractam eadem auctoritate studeas abolere. Datum Rome apud sanctum Petrum idus Aprilis, pontificatus nostri anno primo.

(Inserirt in der Urkunde des Olmützer Bischofes Nikolaus ddo. 15. Februar 1391.)

595.

Andreas von Żeletitz schenkt dem Augustinerkloster in Kromau 30 Mark Prager Groschen. Dt. 17. April 1390. s. l.

In gotes name amen. Ich Anderl von Selaticz tu chunt allen leuten, daz ich mit wolbedachtem mut mit rat meiner pesten freunt, czu der czeit, da ich es tun mocht, geschapht hab dreyssik mark grosser guter silbreiner pfennig prager muncz merherischer czal und werung den geystleichen leuten den Augustinern in daz closter czu Crumpnaw. der stiftung der edeln und hochgeborn herren von der Leype, meiner und meiner vorvodern selen ewicleich czu bedechnusse und in demselben closter hab ich mir erwelt und genworticleich erwel mein peygrapht an all widerred. Di selben pfening schol Jandl von Tulaczicz und Francz meiner swester sun meiner hausfrawen Katherina, di ich gebeten hab darczu und geschikt czu rechten warn geschephtleuten diser sache, auf all mein schuldiger, alz ich in geschriben han geben mein schuld, di man mir schuldig ist, und auch hab ich geschikt und pit, alz ich gelaub und getrawe di obgenanten, daz si geben schullen dreissik schok meiner tochter Clara, di si nemen schullen von meinem gnedigem und hochgeborn hern hern Hinczen von der Leype, di ich ym gelihen hab. Ich tu auch chunt, ob icht abging an dem obgenannten gelt der dreyssik mark, di ich redleich geschikt hab in daz vorgenant closter, daz schol erfüllet werden an widerred von meiner varunden hab. Daz globt mein vorgenante hausfrawe czu erfüllen und czu vorpringen. Und des czu einer pessern und ewigen stetikeit hab ich gebeten di erbern leut czu geczeugnüsse: Heinreich von Geywicz, Luczk von Durhloz und Bolik von Moroticz, di ir insigl czu dem mein han angehangen an disen prif, der gegeben ist nach Crist geburt tausent drey hundert und in dem newnczigistem jar an dem andern suntag nach dem heiligen ostertag des genadenreichen jares.

(Orig. Perg. im k. k. geh. Staatsarchive in Wien. Von vieren hängen noch die drei ersten, mehr oder minder schadhaften Siegel an der Urkunde. In Abschrift mitgetheilt.)

596.

K. Wenzel IV. fordert die Italiener auf, dass sie dem von ihm zum Reichsvicar für Italien ernannten Markgrafen Jodok Treue und Ergebenheit bezeigen sollen. Dt. Karlstein, 1. Mai 1390.

Wenceslaus dei gracia Romanorum rex semper augustus et Boemie rex. Nobilis fidelis dilecte. Ad hoc, ut honor, jura, justicia et libertas sacri imperii, qui sicut accepimus in Italie partibus multipliciter involuta sunt hactenus, antiquum verum et debitum reducantur in statum, sacrosancta romana ecclesia mater nostra hucusque attrita dispendiis sub nostra et eiusdem imperii tranquilla defensione respiret, illustrem Jodocum marchionem Moravie, principem et patruum nostrum carissimum, in partem nostre sollicitudinis evocatum, nostrum et eiusdem imperii per Italiam et omnes partes ultramontanas, data sibi quo ad hoc potestate plenissima, constituimus vicarium generalem, prout in aliis nostre maiestatis literis desuper confectis plenius continetur. Idcirco fidelitatem tuam ex animo seriose requirimus et hortamur expresse volentes, quatenus eundem patruum nostrum utpote nostrum et imperii generalem vicarium honorifice ac decenter suscipere, favorabiliter et caritative tractare, sibique in procuranda parcium illarum republica et signanter in reformandis et effectualiter conservandis juribus nostris et imperii ac universis et singulis officium vicariatus predicti concernentibus, super quibus te requisitum habuerit, ac si maiestas nostra personaliter adesset, prout et quantum teneris, debes, potes et vales, assistere ac sine difficultate et contradiccione quibuslibet prompto quidem animo parere et intendere velis et debeas realiter cum effectu, talem te in hiis prompta et lidell diligencia exhibendo, quod desuper coram maiestate nostra commendari possis, et dictus illustris patruus noster fidei tue merito teneatur nostro nomine ad reddenda licita merita graciarum. Datum Karlstein die prima Maii, regnorum nostrorum anno Boemie XXVII. Romanorum vero XIIII⁰.

Ad mandatum domini Regis Johannes Caminensis Electus Cancellarius.

(Von dieser Urkunde sind im mährischen Landesarchive 29 mit beigedrücktem Siegel versehene, auf Pergament geschriebene Exemplare vorhanden, deren Text bei einigen unbedeutende Verschiedenheiten zeigt. — Vgl. die n. 597.)

597.

K. Wenzel IV. fordert alle Amtspersonen, den ganzen Adel und die Communen Italiens auf, dass sie dem Reichsvicar für Italien, Markgrafen Jodok von Mähren, Treue und Ergebenheit bezeigen. Dt. Karlstein, 1. Mai 1390.

Wenceslaus dei gracia Romanorum rex semper Augustus et Boemie rex universis et singulis principibus ecclesiasticis et secularibus, comitibus, vicecomitibus, baronibus, nobilibus, ministerialibus, militibus, clientibus, vicariis, locumtenentibus, capitaneis, gubernatoribus, presidibus, potestatibus, ancianis, prioribus arcium vexilliferis iusticie, burggraviis, castellanis, officialibus, civitatum opidorum et locorum comunitatibus et rectoribus eorumdem ceterisque nostris et imperii sacri subditis et fidelibus per Italiam et partes ultramontanas ubilibet constitutis, ad quos presentes pervenerint, graciam regiam et omne bonum. Incumbentibus nobis assidue varietatibus negociorum innumeris, dum pro felici statu reipublice regalis animus hinc inde distrahitur, dignum estimamus et summe necessarium arbitramur, ut qui tot regionibus nobis commissis provide gubernandis personaliter adesse non possumus, viros fide et circumspeccione probatos in partem nostre sollicitudinis statuamus. Licet autem dudum proficisci versus Italiam nedum in subsidium sancte romane ecclesie matris nostre, que tunc temporis in illis partibus opprimebatur quam plurimum et adhuc cottidie opprimi dinoscitur, sed et cciam pace tranquillitate et republica sacri imperii procuranda, eiusdem sacri romani imperii concitata potencia maiestas regia decrevisset, tamen nonullis arduis et evidentissimis causis urgentibus, que ultimata regnorum et principatuum nostrorum procurare possent dispendia, iter nostrum pronunc extitit impeditum: ad finem igitur, ne ob defectum nostre persone predictas Italie partes imperii sacri fideles ulterioribus subiacere contingat dispendiis, illustrem Jodocum marchionem Moravie, principem et patruum nostrum carissimum, in partem nostre sollicitudinis evocatum, de cuius fide et approbata constancia plenissime confidimus, nostrum et imperii sacri per Italiam et omnes partes ultramontanas, data sibi quoadhoc potestate plenissima, constituimus vicarium generalem, prout in aliis nostre maiestatis literis desuper confectis plenius continetur. Mandamus igitur universitati vestre tenore presencium firmiter et expresse omnino volentes, quatenus eundem patruum nostrum utpote nostrum et imperii sacri generalem vicarium honorifice ac decenter suscipere favorabiliter et caritative tractare, sibique in procuranda parcium illarum republica, et signanter in procurandis et effectualiter conservandis juribus nostris et imperii ac universis et singulis officium vicariatus predicti concernentibus, super quibus vos requisitos habuerit, ac si maiestas nostra personaliter adesset, prout et quantum tenemini, debetis, potestis et valetis assistere, ac sine difficultate et contradiccione quibuslibet prompto quidem animo parere et intendere velitis et debeatis realiter cum effectu, tales vos in hiis prompta et fideli diligencia exhibentes, quod desuper coram maiestate nostra commendari possitis, et dictus illustris patruus noster fidei vestre merito teneatur nostro nomine ad reddenda licita merita graciarum. Presencium sub regie nostre maiestatis sigillo testimonio literarum. Datum Karlstein anno domini millesimo trecentesimo nonagesimo, die prima mensis Maii, regnorum nostrorum anno Boemie vicesimoseptimo, Romanorum vero quarto decimo.

(Auf der Plicatur: Ad mandatum domini regis Johannes Caminensis electus, cancellarius. — In dorso: R. Bartholomäus de Novacivitate. — Von dieser Urkunde sind drei auf Pergament geschriebene, jedes mit einem grossen hängenden Sig. versehene Exemplare vorhanden; bei zweien fehlen die gesperrt gedruckten Worte: „prioribus arcium vexilliferis justicie." — Abgedruckt ist die Urkunde in Pelzl's K. Wenzel IV., I. Urkundenbuch, p. 90, n. 70. — Vgl. n. 596.)

598.

Franz der Jüngere von Carrara verspricht dem Reichsvikar für Italien, Jodok, Markgrafen von Mähren, in allen dessen Geschäften beihilflich zu sein. Dt. Grunburg, 28. Mai 1390.

Ego Franciscus junior de Carraria notum facio tenore presencium universis presentes literas visuris, lecturis et audituris. Quod matura deliberacione et sano consilio amicorum meorum prehabitis illustrissimo principi et domino, domino Jodoco marchioni Moravie ac sacri romani imperii vicario generali, dominabili amico meo carissimo, harum tenore promitto et spondeo absque omni dolo et fraude, ubicumque locorum extiterit, in omnibus et singulis suis negociis et agendis, ipsum in quantum vicarium imperii generalem quomodolibet concernentibus, rebus et corpore cum omni meo dominio, quod habeo et habere et consequi potero, necnon cum officialibus, gentibus armorum et subditis meis quibuscumque adherere et assistere efficaciter meis consilio, auxilio et favore, videlicet passus eciam per dominia et loca mea quecumque et prompte aperiendo et victualia pro suis pecuniis emi et comparari favere, amicabiliter fideliterque et legaliter eidem succurendo, omnibus excusacionibus et occasionibus proculmotis. Harum sub mei sigilli de certa mea sciencia appressione testimonio literarum. Datum in castro Grununbergii die vigessima octava mensis Maii, sub anno domini millesimo trecentessimo nonagessimo. Nos vero Ricardus de Vualvoforo, Egidius de Burgoponte de civitate Austria, per prefatum dominum Franciscum rogati et attentissime petiti presentibus literis in testimonium omnium premissorum, sigilla nostra duximus appendenda.

(Orig. Perg. mit 3 au rothen Seidenfäden häng. Sig. in den altständischen Akten des mähr. Landesarchives.)

599.

Bündnis zwischen Sigmund, König von Ungarn, Albert, Herzog von Österreich, und Jodok, Markgrafen von Mähren. Dto. Pressburg, 2. Juni 1390.

Sigismundus dei gracia Hungarie, Dalmacie, Croacie, Rame, Servie Lodomerie, Gallicie, Commanie Bulgarieque rex, ac marchio Brandenburgensis, sacri romani imperii archicamerarius, necnon Boemie et Lucemburgensis heres; Albertus eadem gracia dux Austrie Styrie, Karinthie et Carniole, comes Tyrolis etc. et Jodocus eadem gracia marchio et dominus Moravie etc. notum facimus tenore presencium universis. Quod nos ob fraterne caritatis internum amorem, quo tam ex debito sanquinis, quo coniuncti dinoscimur, quam antiqua divorum progenitorum nostrorum in nos derivata familiari affeccione invicem diligere nos censemus teneri, ad hoc singulari studio initimur, quo prescripta inter progenitores nostros et nos unione indissolubili recolecta et firmata revirescat dileccio mutua ac pax terris, tranquillitas fidelibus nostris et finaliter nobis ipsis exinde gloria, profectus et commodum procuretur. Ob hoc animo deliberato sano prelatorum et baronum nostrorum accedente consilio ligam seu unionem per nos invicem observandam infallibiliter inivimus per hunc modum. Primo videlicet, quod omnes tres in simul et quilibet nostrum reliquis duobus ipsorum cuilibet in omnibus et singulis, que honorem, exaltacionem, commodum et profectum nostrum et singulorum regnorum nostrorum, ducatuum et terrarum prospiciunt, omni posse et viribus nostris oportunis consiliis et auxiliis assistere debeamus fideliter et id ipsum effectualiter adimplere bona fide et sine dolo quolibet promittimus et spondemus, nec non adversus invasores seu occupatores regnorum ducatuum et terrenorum nostrorum et nostrum, cuiuslibet preeminencie dignitatis status gradus aut condicionis existat et presertim eos, qui quibusvis sinistris machinacionibus quemvis nostrorum in corpore seu rebus ledere impedire aut molestare satagerent, aut de facto temerarie aut iniuste regna, ducatus, provincias et terras nostras vel cuiusvis nostrum opprimere vel hostiliter invadere aut quemvis nostrum, quod absit, destituere seu ejicere ab eisdem seu eadem contra deum et iusticiam suis usibus propriis, usurpare conarentur, nos invicem iuvare fideliter tenebimus, volumus et debemus et ad resistendum talibus injuriis et injuriatoribus, prout necessitas et casus expoposcerint, tam per gentes armigeras quam cciam alios necessarios modos et vias debitam et operosam diligenciam adhibere ac talibus pro viribus obviare. Non licebit eciam cuiusvis nostrum sibi aliorum duorum aut cuiusvis ipsorum terras, dominia, barones, nobiles seu vasallos attrahere seu occasione pretensa quibuscumque ingeniis seu colore quesitis in [alterius dispendium propriis usibus vendicare, imo cciam, si quis sponte se obtulerint, non assumere nec assumptos quomodolibet receptare aut defensare, quin potius ipsos ad proprium, prout iustum est, remittere possessorem, nisi forte in hoc casu eiusdem sui possessoris accedat beneplacitum et voluntas. Assimili eciam nullus nostrum cuiusvis aliorum nostrum emulos seu inimcos signanter illos, si qui regna, ducatus, provincias et terras vel subditos nostrum cuiuslibet molestare, impedire seu iniuste diffidare presumpserint, ac etiam bannitos et ob eorum demerita a finibus seu domiciliis suis proscriptos acceptare, vel receptare aut in terris seu dominiis suis fovere poterit aut debebit, quin pocius ipsos utpote maleficos et notariis criminibus irretitos a dictis terris et dominiis nostris expellere et eliminare prorsus tenebimur et spondemus. Ceterum ut eo amplius in nostris et cuiuslibet nostrum terris communis procuretur utilitas et impedimentis semotis quibuslibet fideles nostri subditi et incole in augendis rebus et mercibus propriis valeant commodis inhiare, nos omnes tres et quilibet nostrum et universos et singulos homines cuiuscumque nostrum, qualiscumque condicionis existant et presertim mercatores, ad cuiusvis nostrum regna ducatus et dominia per terras et aquas pro acquirendis mercibus et aliis suis usibus procurandis declinantes in nostram defensionem et tutelam assumimus speciales, eosque universis et singulis juribus, privilegiis, libertatibus, graciis, indultis et consuetudinibus bonis et laudabilibus exnunc inantea frui et gaudere volumus, quibus olim sub serenissimorum quondam principum dominorum et progenitorum nostrorum et signanter domini Ludovici regis Hungarie felicis recordacionis temporibus freti sunt et laudabiliter potiti. Presentem tamen ligam et unionem contra serenissimum principem dominum Wenceslaum Romanorum et Bohemie regem ac illustrem dominum Johannem ducem Gorlicensem fratres nostros carissimos nolumus esse alicuius roboris ac vigoris, nec volumus cciam ligare et literis predecessorum nostrorum aliquale prejudicium generare. Presencium nostrarum testimonio literarum. Datum Bosonii in festo corporis Christi, anno domini millesimo trecentesimo nonagesimo.

(Von dem Olmützer Kapitel ddo. 8. Juli 1558 vidimirte Kopie im mähr. Landesarchive; das Orig. im k. k. geh. Staatsarchive in Wien. Abgedruckt in Kurz' Albrecht III., Band II., p. 276.)

600.

Nikolaus, Bischof von Olmütz, gestattet, dass Hanuš von Darkowitz, Paul Vogt in Teschen und ihre Mutter Sbinka ihren Antheil an der Veste Stollbach und am Dorfe Moštěnitz dem Jakob von Prus verkaufen. Dt. Mirau, 9. Juni 1390.

W ir Niclas etc. bekennen etc. das fur uns komen sein Hanus von Darchowicz, Paul vogt von Teschin bruder, unsir lieben getreun und Sbinka ir mutter, eliche wirtinne herrn Heinrich von Newojicz und haben uns zu wissen getan, das sie ir teil der vesten zu Stolbach und dorfes zu Mosczenicz als rechte erben mit iren zugehorungen, wie man die benennen mag mit sunderlichen worten, die von alders dozu gehoren und die von uns und unserm bischtum zu Olomucz zu rechtem mannlehen ruren und die egenannte frawe Sbinka, ire mutter, ir leipgeding, das sie gehabt hat uf demselben teile, vorkauft haben etc. Jacoben genannt Cuncziel von Pruss und Sbinkan von Drzienowe unsern lieben getreun und reichten in uf in unsir bende die vorgenannten guter mit iren zugehorungen als mannlehens recht ist. Und die egenannte frawe Sbinka vorzei ouch ires leipgedinges und rechtes. das sie dozu hatte oder gehaben mochte. Und baten uns die egenannten Hanus und Paul und frawe Sbinka ire mutter, das wir zu sulchem kaufe und ufreichungen derselben guter und leipgedinges unsir gunst und willen geben und dieselben den egenannten Jacoben Cunczel und Sbinken zu rechtem mannlehen geruchten zu leihen. Des haben wir etc. als ein bischof zu Olomucz rechter lehenherre der obgenannten guter zu sulchem vorgenannten kaufe und ufreichunge derselben guter und leipgedinges unsern guten willen und gunst gegeben etc. und also dieselben guter und was dozu gehoret dem egenannten Jacoben Cunczel und Sbinken vorliehen und vorleihen mit rechter wissen und mit craft dicz brifes in und iren lehenserben zu rechtem lehen etc. unschedlich uns und unserm bischtum zu Olomucz an unserm gewonlichen dinste und rechte. Des seint gezeuge Bernhart Hecht von Schuczendorf, Gerhard von Meraw ritter, Cuncze von Smalh, Jost von Wolfsberg und etliche andre unsere manne und lieben getreuen, die dobei waren. Mit urkund etc. Datum Meraw anno domini M°CCC° nonagesimo, in octava corporis Christi.

(Kremsierer Lehensquatern II., p. 71.)

601.

Der Prager erzbischöfliche Official Nikolaus Puchnik entscheidet, dass die Brüder Oneš und Hereš aus Schwabenitz verpflichtet seien, der dortigen Kirche jährlich eine Mark und 30 Groschen zu zinsen. Dt. Prag, 11. Juni 1390.

I n nomine domini amen. Coram nobis Nicolao Puchnik licenciato in decretis Pragensis et Olomucensis ecclesiarum canonico, curie archiepiscopalis Pragensis et apostolice sedis legati etc. officialis, honorabilis vir magister Petrus advocatus consistorii Pragensis, procurator substitutus et nomine procuratorio domini Wenceslai plebani ecclesie in Swabenicz Olomucensis diocesis, de cuius substitucione constat per acta cause presentis contra Onssonem et Herssonem clientes ibidem in Swabenicz libellum suum in scriptis obtulit huiusmodi sub tenore: Coram vobis honorabili viro domino Nicolao Puchnik licenciato in decretis Pragensis et Olomucensis ecclesiarum canonico, curie archiepiscopalis Pragensis et apostolice sedis legati officiali procurator et procuratorio nomine religiosi ac discreti viri domini Wenceslai plebani ecclesie in Swabenicz Olomucensis diocesis, sucque ecclesie nomine contra et adversus Onssonem et Herssonem armigeros ibidem de Swabenicz, seu quamlibet aliam personam pro eis et eorum altero in judicio legitime intervenientem in jure cum querela proponit et dicit. Quod licet prefata ecclesia in Swabenicz eiusdemque qui fuerant pro tempore rectores, antecessores ipsius domini Wenceslai, ac ipse dominus Wenceslaus nomine dicte ecclesie sue fuerint, salva controversia subscripta, in pacifica et quieta possessione percipiendi, tollendi et levandi annis singulis mediam marcam gravem, triginta duos grossos pro media marca computando nomine census, divisim tamen, scilicet sedecim grossos percipiendo in festo sancti Georgii et tottidem in festo s. Galli confessoris percipiendo de medio laneo agrorum in villa Diedconis, quem nunc tenet et excolit quidam Martinus laicus; tamen prefati Onsso et Hersso, pars adversa, nescitur, quo iure et, ut presumitur, propria temeritate inducti, temere et per potenciam eundem censum medie marce pro tribus terminis pro se sustulerunt et sibi usurpaverunt, ipsam ecclesiam in Swabenitz contra deum et justiciam percepcione huiusmodi census spoliando, qui quidem census pro tribus terminis, sicut prefertur, per dictos armigeros sublatus ad quadraginta octo grossos monete Pragensis se extendunt. Quare petit procurator dicti domini Wenceslai nomine procuratorio quo supra per vos honorandum dominum officialem predictum pronuncciari, decerni et declarari prefatam ecclesiam in Swabenicz ac ipsius rectores, qui fuerint pro tempore, fuisse in possessione percipiendi, tollendi et levandi nomine census et pro censu annuo mediam marcam gravem de medio laneo in villa Diedconis prescripta, eodemque censu per dictos armigeros fuisse et esse spoliatos, ipsam quoque ecclesiam ac dictum dominum Wenceslaum nomine ipsius ecclesie fore restituendum et reintegrandum, restitui et reintegrari per vos debere in et ad pristinam possessionem percepcionis medie marce census annui suprascripti, dictos quoque armigeros fore condempnandos et condempnari ad solucionem et restitucionem quadraginta octo grossorum census, ut prefertur, indebite sublati dicto domino Wenceslao faciendam et eisdem armigeris super ulteriori percepcione sive solucione census sepe dicti perpetuum silencium imponendum, imponique per vos debere vestra definitiva sentencia mediante, et in premissis officium vestrum implorando, ac impense postulans complementum, petit insuper expensas in litem factas, de faciendis protestatur, salvo jure addendi, corrigendi, minuendi, et aliis quibuslibet juris beneficiis semper salvis. Ad quem libellum Andreas Zabitecz procurator et nomine procuratorio prefatorum clientum, de cuius mandato similiter constat, per acta cause presentis salva ineptitudine et mala materia, salvisque juribus et defensionibus loco et tempore proponendis, salvaque eciam falsitate deductorum in eodem libello, respondit eidem libello negando narrata, prout narrantur, dicens, petita fieri non debere, animo litem contestandi. A quibus partibus de calumpnia et de veritate dicenda recepimus juramenta, datisque posicionibus et articulis, et ad easdem certis factis responsionibus et a testibus in huiusmodi causa coram discreto viro domino . . . plebano ecclesie in Mislonitz, Olomucensis diocesis, nostro in hac parte commissario, hinc inde productis, ab eisdem similiter de veritate dicenda juramentis receptis, eisque secreto et singillatim examinatis, et ipsorum dictis in scripta redactis, ac tandem publicatis: contra quorum testium dicta hinc inde fuit exceptum, replicacionibus pro parte plebani certa, et pro parte clientum generali subsecutis. Tandem dictis partibus in huiusmodi causa, si proposita non obstant, concludentibus et concludi petentibus cum ipsis in eadem conclusimus et in ipsa, si proposita non obstant, habuimus pro concluso, certam diem pro audienda diffinitiva sentencia ipsis partibus statuentes, quam ex certis et causis racionalibus ad diem hodiernum duximus prorogandam. Nos itaque Nicolaus Puchnik officialis predictus ipsius cause meritis diligenter visis, examinatis, ac provida deliberacione discussis, memoratis partibus coram nobis in judicio legitime comparentibus et sentenciam diffinitivam cum instancia ferri petentibus eandem in scriptis tulimus huiusmodi sub tenore: Cristi nomine invocato, pro tribunali sedentes et habentes pre oculis solum deum per hanc nostram sentenciam diffinitivam pronuncciamus, decernimus et declaramus ecclesiam in Swabenicz ac ipsius rectores fuisse in possessione percipiendi, tollendi et levandi mediam marcam gravem nomine census et pro censu singulis annis de medio laneo agrorum, quos predicti Onsso et Hersso tenent et possident, prout in libello supradicto exprimitur, ipsosque clientes ad dandum, restituendum quadraginta octo grossos de censu retento et imposterum ad solvendum mediam marcam gravem grossorum Pragensium in beatorum Georgii et Galli festis divisim per medium predicto domino Wenceslao plebano et ecclesie supradicte fore cogendos et componendos ac condempnandos et condempnamus finaliter et diffinitive, in his scriptis condempnantes nichilominus ipsos Onssonem et Herssonem clientes predicto domino Wenceslao plebano et ecclesie sue in Swabenicz in legitimas litis expensas, quarum nobis taxam imposterum reservamus. Lata et lecta est hec sentencia per nos officialem supradictum in consistorio Pragensi hora terciarum, anno domini MCCCLXXXX. die XI. mensis Junii, presentibus magistris Conrado de Bruc, Ludovico de Dresden advocatis, Simone de Slawietitz, Thoma de Nova Domo, procuratoribus dicti consistorii Pragensis. Datum Prage in officialatu curie archiepiscopalis Pragensis antedicto.

(Dobner Mon. IV., p. 379.)

602.

Sigmund von Myslibořitz verkauft dem Johann von Meziřič den Markt Radostin und die Dörfer Kotlas, Krasnoves, Ostrov und Böhmisch-Bor. Dt. 15. Juni 1390. s. l.

Noverint universi, quod ego Sigismundus de Misliboricz bona deliberacione maturoque consilio prehabitis bona mea hereditaria in opido Radostin, in villa Kathlak, in villa Krassendorf, in villa Ostraw et in villa bohemicali Bor cum hominibus censualibus, cum omnibus silvis maioribus et minoribus, rubetis, agris cultis et incultis, pratis, pascuis, fluminibus, aquarum decursibus, usufructibus, proventibus, jurepatronatus ecclesie in Radoslin, pleno dominio ac universis et singulis pertinenciis, quibuscunque nominibus censentur, per omnem modum, quemadmodum hactenus dicta bona omnia a mcis predecessoribus tenui et possedi, nil juris seu proprietatis in eisdem michi et heredibus meis reservantibus (sic), nobili viro domino Johanni de Mezerziecz, ipsius heredibus et successoribus pro trecentis marcis grossorum denariorum pragensium moravici numeri et pagamenti, videlicet sexaginta quatuor grossos pro marca qualibet computando, rite et racionabiliter perpetue et hereditarie titulo legitime vendicionis vendidi et vendo, resigno et condescendo in hiis scriptis ad habenda tenenda et disponenda, prout ipsis melius videbitur expedire. Promitto quoque et presentibus me obligo ego Sigismundus prescriptus venditor legitimus et nos Archlebus de Missliboricz, Albertus de Vethovia, Heinricus, Hinko et Janko fratres de Jewschvicz et Ludowicus de Bukowin fideiussores et compromissores ad infra scripta compromittimus unacum Sigismundo predicto bona nostra fide, manu confederata et insolidum sine dolo, dicta bona omnia in parte et in toto dicto domino Johanni, suis heredibus et successoribus jure et ritu terre Moravic a quolibet impetente nostris sumptibus et laboribus disbrigare et defensare et in primo colloquio dominorum Brune celebraturo, vel sine fraude in secundo, cum tamen tabule terre Moravic patefiunt, omnem extabulacionem dictorum bonorum facere et ipsis intabulare. Promittimus eciam dicta bona omnia ab omni abscussione ipsos tenere et possidere. Quod si omnia vel partem horum non fecerimus, quod absit, extunc statim duo nostrum prescriptorum, quicunque a suprafato domino Johanne, suis heredibus seu successoribus proinde moniti fuerimus, bii cum duobus famulis et quatuor equis obstagium debitum et consuetum in civitate Bruna et domo ipsis deputata per se vel interpositas idoneas personas, unus alterius absenciam non allegans, intemerate tenebuntur et debebunt subintrare et observare nulla racione exituri lamdiu, quousque omnia prelibata cum omnibus dampnis modum per quem- cumque exinde emergentibus, racionabiliter tamen demonstratis, dicto domino Johanni, heredibus et successoribus suis perfecta fuerint, adimpleta et soluta. Harum sub impensione de certa nostra sciencia nostrorum sigillorum testimonio literarum. Datum anno domini millesimo tricentesimo nonagesimo, in die sancti Viti martiris et patroni.

(Orig. Perg. in den Akten des Klosters Saar im mähr. Landesarchive. Von den 7 Sig. sind die 4 ersten abgerissen.)

603.

Die Grafen von S. Georgen, Hans von Forchtenstein und Graf Georg von Pösing erklären, dass sie dem Markgrafen von Mähren, Jost, ihre Gefangenschaft nicht übel entgelten wollen. St. Georgen 29. Juni 1390.

Wir graf Thoman und graf Peter gepruder und graf Thoman der junger, herren czu sand Jorigen und wir graf Hans von dem Forichtenstain und graf Jorig von Pösing bechennen offenleichen an disem prife und tun chund allen den, dy disen prif lesen oder horent lesen. Das wir geloben und versprechen mit unseren trewen an alles gever für uns und alle dy unsern und für alle dy, den durich unsern willen tun und lassen wellent, das wir dem hochgeboren durichleuchtigen fursten marggrafen Josten herren czu Merichern und allen den seynen von der gefänkchnuzz wegen, da er vns vorgenanten graf Thoman von sand Jörigen getan hat, nymer mer darumb czu sprechem nach reden nach manen wellen in allen wegen. Und das gelobe wir gancz und gar stet zu haben und czu halden mit unsern trewn an alles geverde. Mit urkunt des prifs versigelt mit vnsern anhangundem insigeln. Geben czu sand Jorigen an sand Peter und sand Paulslag der heyligen czwelifpoten nach Cristes gepurd drewczechen hundert jar darnach in dem newnczkisten jar.

(Das Original mit fünf gut erhaltenen Siegeln im fürstl. Schwarzenbergischen Archive zu Wittingau.)

604.

Nikolaus, Abt des Klosters Saar, bekundet die gütliche Beilegung des Strittes mit dem Kloster Oslawan bezüglich einer Schuld von 100 Mark. Dt Saar, 11. Juli 1390.

Nos fratres Nicolaus abbas, Johannes prior, Johannes subprior, Johannes bursarius totusque conventus monasterii Fontis sancte Marie virginis in Sar. ordinis Cisterciensis, Pragensis diocesis, recognoscimus tenore presencium universis, quod in causa litis et questionis. que inter nos ex una et venerabilem dominam Agnetem abbatissam eiusque conventum monasterii Vallis sancte Marie in Ossla dicti Cisterciensis ordinis, Olomucensis diocesis desuper quodam pecuniali debito, videlicet centum marcarum grossorum denariorum pragensium moravici numeri et pagamenti et censu desuper accreto parte vertebatur ex altera. per ordinacionem ac bonam iustam et racionabilem declaracionem illustrissimi principis et domini domini Jodoci marchionis et domini Moravie, nostri domini generosi sumus finaliter et amicabiliter cum effectu concordati. sic quod dictis abbatisse et conventui totum debitum, in quo eisdem racione certi mutui obligamur, iuxta nostrarum continenciam literarum iam actu persolvimus integraliter et ad plenum. Promittentes nos abbas et conventus predicti abbatisse et conventui supradictis nostro et successorum nostrorum nomine dictam amicabilem concordiam inter nos taliter factam sine dolo et sub fidei nostre puritate tenere firmiter et inviolabiliter observare nec contra eas de cetero ultra ordinacionem et amicabilem composicionem predictam de nostra bona voluntate et consensu factam quocunque quesito colore de iure vel de facto aliquid innovare, movere vel eciam attemptare jure speciali vel in seculari. Si vero nos vel successores nostros contra premissa contigeret, quod absit, aliquid attemptare, tunc virtute presencium renunnciamus expresse omni juri et accioni, privilegio et exempcioni, si que nobis competeret vel aliquomodo posset competere in premissis. In cuius rei evidenciam et maioris roboris firmitatem presentes eis de nostra certa sciencia dedimus litteras nostro et nostri conventus sigillis sigillatas. Rogamus eciam venerabilem patrem dominum Conradum abbatem Welegradensem, qui suum presentibus eciam appendit sigillum in testimonium omnium premissorum. Datum in monasterio Sar anno domini millesimo trecentesimo nonagesimo, in translacione beati Benedicti abbatis.

(Orig. Perg. 3 h. Sig. im Brünner Stadtarchive.)

605.

Bohuš von Taubenstein schenkt der Pfarre in Krasonitz die dortige wuste Veste.
Dt. Taubenstein, 17. Juli 1390.

Noverint universi presentes literas inspecturi, lecturi sive audituri, quod nos Bohussius de Thaubenstein sano et maturo consilio, bonaque deliberacione prehabitis, considerantes divinum cultum in ecclesia sancti Laurencii in villa Crasonicz Olomucensis diocesis per religiosum virum dominum Jacobum pro tunc plebanum dicte ecclesie diligenti assiduoque desiderio peragi et expleri, paucis quoque proventibus et emolumentis ab eadem ecclesia hactenus refoveri, ibi domino Jacobo ad suas preces, ecclesie quoque sue seu successoribus suis. legitimis ob relevamen suorum defectuum situacionem propugnaculi, seu ipsum propugnaculum, pro tunc desertum, locatum a parte pomerii in eadem villa Crasonicz, cum fossato ambiente illud propugnaculum, ex assensu nostrorum heredum omnium, ac eciam honorabilis viri domini Przedbori prepositi monasterii beate Marie virginis in Reusch ordinis premonstratensis Olomucensis diocesis consensu damus conferimus pure propter deum in perpetuum habendum tenendum et possidendum, quovis impedimento revoluto, per dominum Jacobum plebanum prefatum suosque legitimos successores, cum pleno dominio ipsius tantummodo propugnaculi cum fossato, cum nobis nostrisque predecessoribus iure hereditario competebat, de eodem propugnaculo et fossato eidem plenarie condescendentes, dominium tam ville ipsius Crasoniczensis tuicionem plebani et successorum ejus nobis, heredibus nostris, ibidem reservantes. Promittimus insuper fideliter bona nostra fide sincere sine dolo dictam nostram donacionem prescripti propugnaculi cum fossato pure propter deum factam, ut permittitur, nunquam in eternum revocare. In cuius rei testimonium sigillum proprium et ad peticionem nostram ob majorem dicte nostre donacionis noticiam firmitatisque ratitudinem sigilla venerabilis in Christo patris et domini Jaroslai abbatis monasterii Zabrdovicensis ordinis premonstratensis honorabiliumque dominorum scilicet domini Przedbori prepositi in Reusch supradicti Jacobi plebani ecclesie in Crasonicz, Johannis decani Vethoviensis et plebani ecclesie in Budcz, nec non validorum armigerorum Jesconis dicti Konias de Kniebnicz et Alberti de Castello alias de Slatina. de certa ipsorum sciencia presentibus sunt appensa. Actum et datum in castro Thaubenstein nuncupato. Anno domini millesimo trecentesimo nonagesimo, die dominico proximo ante festum sancte Marie Magdalene.

(Orig. Perg. im Archive des Stiftes Neureisch.)

606.

Wenzel von Boskowitz. Johann von Wartemberg etc. versprechen dem Markgrafen Jodok die Intabulation des Gutes Zumberg. Dt. Prag, 21. Juli 1390.

Nos Wanko de Boskowicz principalis, Jan de Wartemberg alias de Dyeczin et Stephanus de Opoczna fideiussores omnes in solidum notumfacimus tenore presencium universis. Quod nos omnes promittimus manu coniuncta indivisim bona nostra fide absque omni dolo, illustri principi domino Jodoco marchioni et domino Moravie et domino Henslino de Hostyne, alias de Turgow, ante proxima quatuor tempora et ultimo in eisdem quatuor temporibus proxime venturis statuere nobilem Smylonem de Sternberg alias de Holicz aut eius nepotem Ulricum de Sternberg alias de Chlumpcz, in locum prefati domini Henslini de Hostynye, alias de Turgow, ad disbrigandum et intabulandum bona Zumberg cum eorum pertinenciis, que nobilis dominus Henricus de Duba comparavit. Quod si non fecerimus, extunc quilibet nostrum loco sui statim promittimus mittere unum clientem militaris condicionis cum uno famulo et duobus equis in verum et consuetum obstagium in civitate maiori Pragensi et domo bonesti hospitis nobis deputata, et abinde nullomodo quacumque causa allegata debemus exire, donec prius omnia et singula dampna, que ob huiusmodi negligenciam fuerunt quocumque modo contracta et racionabiliter demonstrata, ipsis domino Jodoco marchioni et Henslino solverimus plene et in toto et predictum dominum Smilonem statuerimus in illum locum, prout superius est expressum. Presencium sub nostris appensis sigillis testimonio literarum. Datum Prage anno domini millesimo trecentesimo nonagesimo, proxima feria quinta ante festum Marie Magdalene.

(Orig. Perg. 3 h. Sig., wovon das zweite abgerissen, in den altständischen Akten des mähr. Landesarchives.)

607.

Nikolaus, Bischof von Olmütz, gestattet, dass Ditrich von Reichenberg die Morgengabe seiner Frau auf dem halben Dorfe Malhotitz versichere. Dt. Schauenstein, 4. Aug. 1390.

Wir Niclas von gotes gnaden etc. Bekennen und tun kunt offenlich mit diesem brieve allen den, die yn sehen oder horen lesen, das kumen ist in unser gegenwortigkeit Diethrich von Reichenberg, genannt von Malhaticz, unser lieber getrewer und hat mit guten willen und mit rechter wissen ufgegeben und ufgereichet frawen Margarethen seiner elichin wirtinne zu rechtem leipgedinge fumf und czwenczig mark behemischer grossen und merherischer czal. Und dasselbe gelt hat er ir beweiset uf und in dem halben dorfe czu Malhaticz und seine czugehorungen, wie man die sunderlich genennen mag. Des haben wir als ein bischof czu Olomuncz, obrister lehenherre sulcher guter, des egenannten leipgedinge der egenannten frawen Margarethen bestetiget und confirmiret, bestetigen und confirmiren das mit craft dies briffes in aller der masse und toglichkeit, als ander frawen leipgedinge recht und gewonheit ist in unserm bischtume, unschedlich uns und unsir kirchen zu Olomuncz an unserm dinste und rechte. Und geben ir doruber zu furmunde und vorweser herrn Benisch Schisma und Dirslawen seinen sun von Stralek, unsere lieben getrewen, die sie von unsern wegen etc. Testes: Henricus de Arnultowicz, Bulaczius de Schawnstein milites, Cunczo de Smola, Luczko de Ruske et alii quam plures nostri fideles, qui presentes fuerunt. Datum in castro Schauenstein anno domini M⁰CCC⁰ nonagesimo, feria quinta ante Laurencii.

(Aus dem Lehensquatern N. 2, p. 44, im fürsterzb. Archive in Kremsier.)

608.

Johann und Heinrich von Arnoltowitz verkaufen dem Olmützer Bischofe Nikolaus drei Dörfer zur bischöflichen Mensa. Dt. Schaumburg, 8. August 1390.

Nos Henricus et Jesco filius eius de Arnoltovicz notumfacimus tenore presencium universis. Quod bona et sufficienti deliberacione et maturo consilio prehabitis, non decepti neque per errorem sed de certa nostra sciencia reverendo in Christo patri ac domino domino Nicolao episcopo Olomucensi, nostro domino gracioso pro se et successoribus suis pro tempore episcopis ad mensam episcopalem nec non ecclesie Olomucensi iusto vendicionis titulo ac contractu vendidimus rite ac racionabiliter tres villas desertas, videlicet Polam, Katheindorf et Hodonawicz in districtu Gelczensi constitutas cum nemoribus, silvis etc. pro quadraginta marcis grossorum pragensium moravici numeri et pagamenti jam nobis in parata et numerata pecunia persolutis, de quarum eciam solucione bene fuimus contenti. Quapropter dictas villas et bona cum suis pertinenciis universis et singulis secundum jus feodale, quod in Moravia circa vasallos ecclesie Olomucensis communiter observatur, exbrigare gwerendare necnon ementem a quibuscunque impetentibus ea sub pena centum marcarum grossorum pagamenti et numeri predictorum dicto domino nostro episcopo successoribus et ecclesie Olomucensi predictis promittimus presentibus bona fide, contradiccione dolo seu fraude vel impedimentis quibuscunque non obstantibus. In casu vero, quod absit, non exbrigaremus vel evincerentur bona seu ville predicte per nos vel heredes nostros sicut premittitur, extunc huiusmodi centum marce idem dominus noster episcopus aut successores sui pro tempore in universis aliis nostris bonis ubicunque consistentibus, que ab ipso et ecclesia sua Olomucensi in feodum tenemus nostris, heredum et successorum nostrorum contradiccione et impedimentis cessantibus, recipere tollere necnon libere recuperare poterunt et debebunt. In quorum omnium testimonium et evidenciam pleniorem sigilla nostra presentibus sunt appensa, et nihilominus ut premissa omnia et singula maiori gaudeant firmitate petivimus valentes viros Cunczonem de Smola, Woytiechium de Malhaticz, Hensliconem de Cowalowicz et Henricum Tanfeld, ut sigilla sua cciam apponerent, qui hic similiter in rei testimonium presentibus appenderunt. Et nos predicti Cunico de Smola, Woitechius de Malhoticz, Henselico de

67

Cowalowicz et Henricus Tanfelt recognoscimus, quod presentes nos ad peticionem predictorum domini Henrici et Jesconis filii sui de Arnoltowicz in fidele testimonium premissorum sigilla nostra in perpetuam huius rei memoriam appendisse (sic). Actum et datum in castro Schaunburg anno domini M⁰CCC⁰ nonagesimo, feria secunda ante diem sancti Laurencii.

(Kremsierer Lehensquatern II., f. 68.)

609.

8. August 1390.

Markgraf Jodok bestätigt der Marienkirche zu Nauen die Schenkung einer Rente aus Fehlefanz zum Unterhalte eines ewigen Lichtes. Dt. Brandenburg.

(Riedel's Cod. Brandenb. A. VII., 341.)

610.

Nikolaus, Bischof von Olmütz, gestattet, dass Nikolaus von Türnau das Leibgeding seiner Frau auf dem Dorfe Türnau versichere. Dt. Freiberg, 9. August 1390.

Wir Niclas etc. bekennen etc. das kumen ist in unsre gegenwortigkeit Niclas von der Tirnaw, unser lieber getrewer und hat mit gutem willen und rechter wissen ufgegeben und ufgereichet frawen Katherinen, seiner elichin wirtinne, zu rechtem leipgeding fumf und czwenczig mark behemischer groschen und merherischer czal. Und dasselbe gelt hat er ir beweiset uf und in dem dorfe zu der Tirnaw, das von uns als einem bischof zu Olomuncz zu rechtem mannlehen ruret, und seinen zugehorungen, wie man die sunderlich genennen mag. Das haben wir als ein bischof zu Olomuncz obrister lehenherre des vorgenannten dorfes des egenannten leipgedinge der egenannten frawen Katherine gegeben und vorreichtet, geben und vorleihen mit craft dicz brifes in aller der masse und toglichkeit als ander frawen leipgedinge recht und gewonheit ist in unserm bischtum, unschedlich uns und unserm bischtume zu Olomuncz an unserm dinste und rechte. Und geben ir doruber furmunde und vorweser herrn Petren Meisner von Peterswald, iren vater, Mstichen von Skalicz iren öme und Smilo von Barchaw, unsere lieben getrewen, die sie von unsern wegen bei sulchem irem leipgedinge behalden und beschirmen sullen wider alle, die doran hindern oder schedigen wolten. Des seint gezeuge Cuncze vom Smalh, Jost von Wolfsberg unser marschalk, Woyczich von Malhaticz und Niclas von Braunswerde und etliche andere unsir lieben getrewn. Mit urkund etc. Datum Freiberg anno domini M⁰CCC⁰ nonagesimo, in vigilia sancti Laurencii.

(Aus dem Lehensquatern II., p. 45, im fürsterzb. Archive in Kremsier.)

611.

Nicolaus, Bischof von Olmütz, gestattet, dass Smilo von Barchaw seiner Frau die Dörfer Oppaczin, Barchaw und Besdek anweist unter der Bedingung, dass, wenn er früher stürbe, diese Dörffer an seine Frau und Kinder fallen; sollte sie aber nach dem Tode ihres Mannes wieder heiraten, so sollen ihr seine Kinder, so lange sie lebt, 6 Mark gr. prg. und mähr. Zahl auszahlen, nach ihrem Tode aber sollen sie dessen ledig sein. Der Bischof bestimmt als „furmunde und vorweser" hern Petren Meisner von Peterswald, Mstichen von Skalicz ire Bruder, und Niclasen. Des seint geczeug Cunczo vom Smolh, Jost von Wolfsberg unsir Marschalk, Woythech von Malhaticz. Niclas von Braunswerde. Geben czu Freiburg noch Cristes geburt 1390 in die s. Laurencii.

(Ältester Lehensquatern in Kremsier, p. 48.)

612.

Hřivin von Rosčitek verkauft dem Fabian von Vážan 120 Schock Groschen Einkunfte in dem Dorfe Čerčein. Dt. 12. August 1390. s. l.

Ego Rziwino de Roscitek notumfacio tenore presencium universis. Quod bona deliberacione previa sanoque amicorum meorum consilio viginti et centum sexagenas grossorum pragensium denariorum moravici numeri et pagamenti de et super curia cum duabus agriculturis in villa Czrnczin sita et tribus laneis censualibus minus quartali, ac silvis, pratis, pascuis, metis, viis omnibusque aliis utilitatibus et pertinenciis universis, quibuscumque nominibus censeantur, et veluti met tenui et possedi hucusque pacifice et quiete, famoso viro Pabyanoni de Wazan et eius heredibus, ac ad fideles manus Sdinconis et Misconis fratrum eius ibidem de Wazan et Adamkonis de Medlowicz pro centum marcis grossorum pragensium denariorum moravici numeri et pagamenti ad jus dotalicii vendidi. Nos quoque Sbinko de Drzenoweho, Pawliko de Morawan, Andreas dictus Kay de Harth-manicz, Habartus de Sarusek, Ulricus ibidem de Sarusek et Henricus de Sobyebrzich fidejussores compromissores et legitimi disbrigatores pro ipso Rziwino et cum ipso promittimus omnes insolidum una manu conjunctim et indivisim bona nostra fide absque omni dolo, prefato Pabyanoni et eius heredibus seu illis, ad quorum fideles manus promisimus, illas viginti et centum sexagenas in dictis bonis a quolibet homine ymmo a judeis quocumque jure spirituali aut seculari secundum jus terre Moravie disbrigare et libertare et in primo concilio dominorum, cum primum in Bruna tabularum apericio celebrata fuerit, propriis sumptibus et impensis intabulare et prefato Rziwino extabulare. Quod si non fecerimus et disbrigare, libertare seu intabulare non curaverimus prout superius est expressum, tunc statim duo ex nobis fidejussoribus supradictis, quicumque per dictum Pabyanonem et heredes ipsius seu illos, ad quorum fideles manus promisimus, proinde moniti fuerint, quilibet eorum in persona propria vel per substitutam personam idoneam et honestam equivalentem cum

67*

uno famulo et duobus equis obstagium verum et solitum in civitate Brunna et domo honesta eis per prefatum Pabyanonem et heredes eius seu illos, ad quorum fideles manus promisimus, deputata et ostensa intrare tenebuntur, diebus ibidem quatuordecim verum consuetum et fidele obstagium fideliter servaturi. Diebus autem quatuordecim eiusdem obstagii elapsis et dictis viginti et centum sexagenis in supradictis bonis nondum exbrigatis et intabulatis, mox alii duo ex nobis, quicumque monebuntur, ad prefatos duos similiter quilibet eorum in persona propria vel per substitutam personam idoneam et honestam equivalentem cum uno famulo et duobus equis obstagium intrare tenebuntur modo superius expressato, non exituri, donec memorato Pabyanoni et eius heredibus seu illis, ad quorum fideles manus promisimus, dicte viginti et centum sexagene in sepefatis bonis per nos disbrigate et intabulate non fuerint seu eciam libertate et donec de omnibus dampnis, que se memoratus Pabyano et eius heredes seu illi, ad quorum fideles manus promisimus, ob nonexbrigacionem et intabulacionem huiusmodi incurisse racionabiliter demonstrare poterit et docere, plene et integraliter fuerit satisfactum. Si vero aliquis legitimus heres dictorum bonorum prefata bona vellet abscutere, tunc dicto Pabyanoni et heredibus eius seu illis, ad quorum fideles manus promisimus, viginti et centum sexagenas grossorum dare et solvere tenebitur et debebit. Et si unum vel duos ex nobis fidejussoribus infra tunc mori, quod absit, contingeret et dictus Rziwino viveret. tunc ipse Rziwino, sed non nos fidejussores, alium vel alios loco illius. qui decesserit vel decesserint, in quatuor septimanis, si prefatus Pabyan seu heredes eius vel illi, ad quorum fideles manus promisimus, carere noluerit, statuere tenebitur et locare et presentem literam renovare. Quod si non fecerit, tunc prefatum obstagium continuare et observare promittimus, ut prefertur, donec omnia per nos, ut prefertur, fuerint observata, que in presenti litera sunt expressa. In cuius rei evidenciam et firmius robur sigilla nostra de certa nostra sciencia presentibus sunt appensa. Datum et actum anno domini millesimo trecentesimo nonagesimo. feria sexta proxima post festum sancti Laurencii martiris gloriosi.

(Orig. Perg. 7 h. Sig. in den Akten des Königinklosters Maria-Saal im mähr. Landesarchive.)

613.

28. August 1390.

Vergleich zwischen dem Markgrafen Jodok und dem Erzbischofe Albrecht von Magdeburg wegen des Schlosses Plaue. Dt. Tangermünde.

(Riedel's Cod. Brandenb. A. X., 14.)

614.

Der Olmützer Official Johann von Gulen entscheidet, dass die Präsentation des Priesters Martin aus Frankstadt auf die Pfarre in Schönfeld kanonisch sei. Dt. Olmütz, 29. Aug. 1390.

In nomine domini amen. Pridem coram nobis Johanne de Ghulen preposito ecclesie sancte Marie virginis in Wolframskirchen vicario in spiritualibus et officiali reverendi in

Christo patris et domini domini Nicolai episcopi Olomucensis, procurator procuratorio nomine discreti viri domini Martini de Frenstat presbiteri Olomuc. diocesis, de cuius mandato plene constabat, contra et adversus dominum Nicolaum Henrici de Pusmier presbiterum eiusdem diocesis peticionem suam sive libellum in scriptis obtulit huiusmodi sub tenore: Coram vobis honorabili viro domino Johanne canonico Olomuc. curie episcopalis Olomuc. officiali et vicario generali in spiritualibus proponit in jure cum querela procurator bonesti viri domini Martini de Franstat presbiteri Olomuc. diocesis presentati legitime ad ecclesiam in Schenfeld, vacantem per mortem domini Andree ultimi et immediati rectoris eiusdem, per venerabiles Juttam et conventum monasterii in Pusmier ad infanciam salvatoris ordinis sancti Benedicti eiusdem Olomuc. diocesis ipsius et procuratorio nomine contra Nicolaum Henrici de Pusmier, ut dicitur presbiterum predicte diocesis et contra quamlibet personam pro ipso legitime in judicio intervenientem, et dicit, quod licet idem Martinus per abbatissam et conventum predictas veras eiusdem ecclesie patronas ad ipsam ecclesiam in Schenfeld legitime sit vel fuerit presentatus confirmandusque ad candem, licetque dudum ante tempus et tempora vacacionis ecclesie predicte omnes gracie tam in forma pauperum quam in forma speciali per sanctissimum in Christo patrem et dominum Urbanum divina providencia felicis memorie papam sextum de beneficiis expectantibus olim facte tam ad predictorum abbatisse et conventus quam aliorum collacionem provisionem seu quamvis aliam disposicionem pertinentibus sint mortue et viribus evacuate, irrite et nulle nullique (sic) momenti et efficacie, et cum omnes gracie post tempus coronacionis domini Bonifacii pape moderni noni anno pontificatus sui primo per eum sint revocate: tamen idem Nicolaus Henrici occasione gracie, ut dicitur in forma pauperum per dictum dominum Urbanum papam sextum de beneficio ecclesiastico etc. ad collacionem abbatisse et conventus predictorum sibi facte, pretendens huiusmodi graciam et processus exinde secutos, licet false iniuste et inique adhuc fore et esse, ad predictam ecclesiam in Schenfeld per quendam plebanum ecclesie in Studnicz tamquam predicte gracie subexecutorem se intrudi procuravit, quam sic intrusus occupat et detinet occupatam, fructus et proventus percipiens ex cadem in ipsius presentati prejudicium, ut sic ipsum impediret prout et impedit, quominus ad predictam ecclesiam confirmari posset et investiri et quominus predicta sua presentacio suum possit debitum sortiri effectum. Quare honorabilis domine petit procurator predictus nomine quo supra, per vos et vestram diffinitivam sentenciam pronuncciari decerni et declarari, predictam pretensam graciam predicto Nicolao per predictum dominum Urbanum papam sextum sic, ut prefertur, factam ac omnes eius processus exinde secutos fore et esse mortuos invalidos irritos et inanes nulliusque momenti seu efficacie, ipsumque Nicolaum ab occupacione et detencione ecclesie predicte fore et esse per vos repellendum et amovendum ac repelli et amoveri debere de jure, prefatumque dominum Martinum presentatum ad ipsam ecclesiam confirmandum et confirmari debere et investiri, ac ad corporalem possessionem induci ac jurium et pertinenciarum ipsius. Petitque procurator predictus Nicolaum per vos condempnari ad persolvendum percepta et que percipi potuerunt ab ecclesia predicta a tempore occupacionis predicte presentato predicto expensas in lite factas et defaciendas *) etc.

---

*) Folgt die gewöhnliche Schlussformel des Klaglibells und die Eingangsformel der Sentenz.

Nos itaque Johannes vicarius et officialis supradictus etc. per nostram diffinitivam sentenciam etc. declaramus, presentacionem domini Martini presbiteri predicti antedictam et de ipso factam fuisse fore et esse canonicam suumque debitum debuisse et debere sortiri effectum eundemque dominum Martinum virtute eiusdem presentacionis in rectorem et plebanum dicte ecclesie in Schenfeld et in ac ad ipsam ecclesiam fore et esse instituendum et confirmandum ac instituimus et confirmamus, acceptacionemque provisionem investituram et occupacionem pretensas per dominum Nicolaum predictum attemptas fuisse fore et esse injustas iniquas et de facto attemptatas sibique domino Nicolao nullum jus compeciisse aut competere ad ecclesiam antedictam seu in ea, eidemque domino Nicolao super impedimentis et opposicionibus ac ipsa ecclesia in Schenfeld perpetuum silencium fore et esse imponendum et imponimus et sepedictum dominum Nicolaum prefato domino Martino in fructibus a tempore mote litis et expensis coram nobis legitime factis fore et esse condempnandum et condempnamus, quarum taxacionem nobis inposterum reservamus. Lecta et lata est hec sentencia per nos Johannem officialem supradictum in consistorio Olomuc. sub anno domini millesimo CCC nonagesimo die XXIX mensis Augusti presentibus scientificis viris magistris Gewehardo Jacobo de Melnico procuratoribus causarum consistorii Olomuc. Sulicone presbitero de Holeschaw et Andrea Treraz notario publico Olomuc. diocsis. Datum Olomucz officialatus curie episcopalis Olomuc. sub sigillo.

(Orig. Perg. an Pergamentstreifen h. S. im fürsterzb. Archive in Kremsier.)

615.

Der Stadtrath von Znaim bezeugt, dass zwischen dem Kloster s. Clara und der Znaimer Judengemeinde bezüglich der zwischen dem Kloster und der Judenschule befindlichen Mauer ein Schiedsspruch zu Gunsten des Klosters gefällt wurde. Dt. 7. September 1390. s. l.

Wir Fridl Pokch richter, Wenczlaw Cramer czu der czeit purgermeister und der gancz rat der stat czu Cznoym tun chund und bechennen öffenleich mit disem prif allen leuten, di in sehen oder horen lesen, daz ein zwayung gewest ist czwischen den geistleichen und andachtigen junkfrauen der aptessin und dem ganczen convent czu uns des clasters czu unser liben frauen sant Claren orden an einem tayl und den bescheiden juden leser von Jempnicz Abrahamen Schastlein und der ganczen gemayn czu uns der juden an dem andern tayl umb ein mauer, di czwischen dem claster und der juden schul ist gelegen. Nu haben si an peyden teilen di sach um di mauer gesaczt an di weisen mann Niclosen von Hostradicz und Engelprechten Goltsmid unser mitpurger und haben gelopt mit guten treuen, waz di genannten unser mitpurger daruber sprechen, daz si das gancz und gar wolten halten und dawider nicht tun noch reden. Nu haben di genannten unser mitpurger durch peyder tayl pet willen di sach czu in genumen und haben sich wol dervaren von leuten, den czu glauben ist, daz die mauer von alter gehört hat czu dem claster und haben mit wolbedachtem mut und mit gutem rat also über die sach ausgesprochen.

Von ersten, daz di juden mit irm gelt sullen di mauer auffüren oder mauern und sullen di mauer ewicleich mit irm gelt pessern alz oft ez not und durft geschicht. Und sullen auch daz wasser pey der mauer ausfüren und leiten an des clasters schaden. Auch mag di aptessin und ir nachkümling in di selb mauer paucn, waz in not und durft wirt, und daz sullen in di juden nicht weren. Auch sol di aptessin und ir nachkümling fürpas ewicleich von den juden chein gelt noch czins mer vardern, wenn di sach gancz und gar ist vorricht. Mit urkunt dicz prifs vorsigelt mit unserm anhangunden insigl durch der genannten peyder tayl pet willen. Der geben ist nach Crists gepurd dreyczehen hundert jar darnach in dem neunczkisten jar an dem mitichen an unsrer frauen obent, alz si wart geporen.

(Orig. Perg. h. S. in den Akten des Znaimer St. Claraklosters im mähr. Landesarchive.)

616.

Nikolaus, Bischof von Olmütz, gestattet, dass Wenzuch von Nemotitz das Leibgeding seiner Frau auf dem Dorfe Nemotitz versichere. Dt. Schauenstein, 9. September 1390.

Wir Niclas etc. bekennen etc. das komen ist in unser gegenwortigkeit Wenczuch von Nemoticz unser lieber getrewer und hat mit wolbedachtem mute, guten willen und rechter wissen ufgegeben und ufgereichet frawen Peterka seiner clicben wirtinne zu rechtem leipgeding das gancze dorf Nemoticz an den hof mit allen seinen zugehorungen, wie man die benennen mag, das von uns als einem bischof und unserm bischtum zu Olomucz zu rechtem mannlehen ruret, und dorzu holz videlicet seine welde, die dorzu gehoren, zu bawen und zu vorburnen, als fel*) als sie des bedarf, aber nicht zu vorkaufen. Des haben wir als ein bischof zu Olomuncz etc. Tutores: dominus Henricus de Arnoltowicz et Marquardus de Wolfberg. Testes: Cunczo de Smola, Henslico de Cowalowicz, Woitiech de Malhaticz et Henrich Tanphelt. Mit urkund etc. Datum in castro Schawenstein, anno domini M⁰CCC⁰ nonagesimo, feria sexta post festum nativitatis beate Marie virginis gloriose.

(Aus dem Lehensquatern II., p. 50, im fürsterzb. Archive in Kremsier.)

617.

Nikolaus, Bischof von Olmütz, gestattet, dass Kunik von Bilowitz das Leibgeding seiner Frau auf dem Dorfe Bilowitz versichere. Dt. Kremsier, 1. Oktober 1390.

Wir Niclas etc. bekennen etc. das kumen ist vor uns Cunik von Bielowicz unser lieber getrewer und hat mit wolbedachtem mute ufgegeben und ufgereichet frawen Anna seiner clicben wirtinne zu rechtem leipgeding zweihundert mark groser pfennige pragischer muncze und merherischer zal und dasselb gelt hat er ir beweiset in und uf dem dorfe zu

---

*) d. i. viel.

Bielowicz und seinen zugehorungen, wie man sie sunderlich genennen mag. Des haben wir als ein bischof zu Olomunez. obrister lehenherr desselben dorfes zu sulcher ufreichunge und ufgebunge unsre gunst und guten willen gegeben und haben mit wolbedachtem mute und rechter wissen das egenannte leipgedinge der egenannten frawe Anna gegeben und vorlihen, geben und vorleihen mit craft diez brifes in aller masse als leipgedinges recht und gewonheit ist in unsrem bischtum. unschedlich doch uns und unserm bischtum zu Olomunez an unserm dinste und rechte. Tutores: Paulico de Eulenburg, Jaroschius et Janacz fratres dicti Kuzieli de Bielowicz. Testes: nobiles viri domini Petrus de Sternberg, Stiborius de Czinneburg, Laczk de Crawar, Henricus de Biela dictus de Arnoltowicz. Mit urkund etc. Datum etc. Cremsir anno etc. nonagesimo. sabbato post Michaelis.

(Aus dem Lehensquatern II., p. 47, im fürsterzb. Archive in Kremsier.)

618.

Nikolaus, Bischof von Olmütz. gestattet, dass Milota von Schönstein, dann Ješek und Nikolaus. Brüder von Deštná, eine Güterunion eingehen. Dt. Kremsier, 2. Oktober 1390.

Nicolaus etc. notumfacimus etc. Quod constituti in nostri presencia personaliter fideles nostri Milota de Schienstain ab una et Jesco ac Nicolaus fratres de Deschczna parte ab altera nobis dilecti recognoverunt, qualiter cum omnibus et singulis ipsorum (bonis), que a nobis et ecclesia nostra Olomucensi in feodum tenent de presenti, congredi libenti animo vellent et uniri supplicantes nobis tamquam feodi domino ipsorum humiliter et devote, quatenus ad talem bonorum ipsorum congressionem atque unionem nostrum digneremur adhibere consensum. Nos vero supplicacionibus ipsorum benignius inclinati ad predictam congressionem et unionem ut prefertur nostrum damus benivolum consensum pariter et assensum. Quibus cciam favimus tenore presencium de certa nostra sciencia et expresse atque favemus de gracia speciali, quod prefati nostri fideles se mutuo cum omnibus ipsorum bonis, que a nobis sicut premittitur in feodum tenent ad presens, congressi sint et uniti, ac unus in alterius bonis succedat, si quem ex eis ab hac luce migrare contigerit legitimis feodi heredibus non relictis, nostris et ecclesie nostre Olomucensis juribus ac serviciis semper salvis. Harum quibus etc. Datum in civitate nostra Chremsir anno domini M⁰ trecentesimo nonagesimo, domincio die proximo post diem et festum sancti Michaelis archangeli.

(Kremsierer Lehensquatern II., p. 69.)

619·

Nikolaus, Bischof von Olmütz, gestattet, dass Hrabiše von Kremsier das Leibgeding seiner Frau auf dem Dorfe Čechowitz etc. versichere. Dt. Kremsier, 2. Oktober 1390.

Nicolaus etc. notumfacimus etc. Quod constitutus in nostra presencia Hrabischie de Chremsir fidelis noster dilectus Margarethe conthorali sue legitime bona, que a nobis et ecclesia nostra tenet et habet de presenti, videlicet unam curiam allodialem in villa Scziechovicz, humuletum, curticulam et ortum ibidem, atque in villa Sybielicz quartum dimidium laneos censuantes, pro sua dote, quod vulgariter leipgeding nuncupatur, demonstravit, resignavit et legitime deputavit, supplicans nobis tamquam superiori pheodi domino humiliter et devote, quatenus ad predictas demonstracionem, resignacionem et deputacionem ipsius dotis nostrum consensum adhibere et eidem dotalicium huiusmodi conferre graciosius dignaremur. Nos vero supplicacionibus ipsius benignius inclinati ad predictam dotem, que vulgariter leipgeding nominatur, in omni modo et forma, ut premittitur, nostrum consensum damus benivolum et assensum sibique dictum dotalicium contulimus, ut moris est, et conferimus per presentes juxta morem et consuetudinem vasallorum nostrorum et episcopatus nostri Olomucensis, nostris et Olomucensis ecclesie nostre juribus atque serviciis semper salvis. Dantes et concedentes eidem Margarethe Henslinum de Cowalowicz et Domanconem de Hulin fideles nostros dilectos in veros et legitimos tutores, ut eam tueantur et gubernent contra quemlibet, qui eam vellet in dotalicio antedicto quomodolibet impedire. Presentibus Heinrico de Biela milite, Cunczone de Smola, Henslico de Cowalowicz et Marquardo de Modricz atque quam pluribus testibus nostris fidelibus dilectis ad premissa constitutis. Harum etc. Datum Chremsir anno etc. nonagesimo, dominico die proximo post sancti Michaelis.

(Aus dem Lehensquatern II., p. 46, im fürsterzb. Archive in Kremsier.)

620.

Nikolaus, Bischof von Olmütz, gestattet, dass Kunz von Stollbach das Leibgeding seiner Frau auf dem Dorfe Muschnitz versichere. Dt. Kremsier, 3. Oktober 1390.

Wir Niclas etc. bekennen etc. das kumen ist vor uns Jacob genannt Cunczil von Stolbach unser lieber getrewer und hat mit wolbedachtem mute und rechter wissen ufgegeben und ufgereichet frawen Machnen, seiner elichin wirtinne zu rechter margengabe hundert mark grosser pfennige prager muncze und merherischer zal. Und dasselbe gelt hat er beweist in und uf dem teile des dorfes zu Muschnicz, das er kauft hat weder Hansen von Darthonicz, Paulen seinen bruder und frawen Sbinken ire muter, und seine zugehorungen, wie man die sunderlich benennen mag. Des haben wir als ein bischof zu Olomuncz obrister lehenherr desselben dorfes zu sulcher ufrichtunge und ufgebunge unsre gunst und guten willen gegeben und mit wolbedachtem mute und rechter wissen die egenannte margengabe der egenannten frawen Machnen gegeben und vorliehen, geben und vorleihen mit craft dicz brifes in aller der masse als morgengabe gewonheit und recht ist in unsrem bischtum, unschedlich doch uns und demselben bischtum zu Olomuncz an unserm dinste und rechte. Und geben doruber zu vormunde und vorweser herrn Marquarden von Wolfberg genannt (von) Cogietein, Josten seinen sun unsern marschalk und Cunczen vom Smalh unsere lieben getrewen etc. Testes: Henricus de Biela dictus de Arnoltowicz, Domanko de Hulin, Hensel de Cowalowicz et Cunico de Bielowicz etc. Mit urkund etc. Datum Cremsir anno domini M°CCC° nonagesimo, feria secunda post festum sancti Michaelis.

(Aus dem Lehensquatern II., p. 48, im fürsterzb. Archive in Kremsier.)

621.

Nikolaus, Bischof von Olmütz, schenkt den bei Zahlenitz gelegenen Teich dem Domának von Hulin zu Lehen. Dt. Kremsier, 4. Oktober 1390.

Nicolaus etc. recognoscimus etc. Quod considerata fidelitate et serviciis fidelibus, quibus devotus noster Domanko in Hulin nobis et ecclesie nostre servit cottidie et auctore domino servire poterit in futurum, de consilio et voluntate honorabilium virorum dominorum et fratrum nostrorum capituli Olomucensis piscinam nostram jacentem prope Zahlenicz et circa agros opidi Hulyn, que multis annis fuit utilis nobis et predecessoribus, nunc quasi desolata, eidem Domankoni et suis heredibus dedimus et donavimus prout presentibus damus et donamus jure feudi tenendam habendam et possidendam perpetuis temporibus affuturis, ut eam emendaret, restauraret et reformaret ad suum commodum et utilitatem. In quorum testimonium nostrum sigillum una cum sigillo capituli Olomucensis antedicti de nostra certa sciencia presentibus est appensum. Datum Chremsir anno domini M°CCC° nonagesimo, in die sancti Francisci, que fuit IIII[ta] dies Octobris.

(Kremsierer Lehensquatern II., p. 70.)

622.

Kelč, 21. Oktober 1390.

Beneschius de Russki assignat uxori sue Clare in verum dotalicium videcilecet leipgedinge unam curiam cum uno laneo ibidem in villa Russki, septem quartalia agrorum censualium, duas marcas census et duas piscinas cum pratis silvis et pertinenciis. Tutores: Laczko de Crawar, Drslaus de Stralek. Testes: Henericus de Fullenstein, Henericus de Arnultowicz, Cunczo de Smola, Henricus Tanphelt, Woczechius de Malhaticz. Datum in Gelcz Anno domini M°CCC° Nonagesimo fer. sexta ante Simonis et Jude.

(Älteste Lehensquatern in Kremsier, p. 45.)

623.

22. Oktober 1390.

Revers des Hanns, Edlen von Querfurt, wegen des ihm anvertrauten, vom Markgrafen Jodok dem Magdeburger Erzbischofe verpfändeten Schlosses Altenhausen. Dt. Magdeburg.

(Riedel's Cod. Brand. B. III., 109.)

624.

Nikolaus, Bischof von Olmütz, gestattet, dass Hermann Greifstet das Leibgeding seiner Frau auf seinem Zinslehen in Mödritz versichere. Dt. Mürau, 29. Oktober 1390.

Wir Niclas etc. bekennen etc. das komen ist in unsre gegenwortigkeit Hermann Greifstet unser lieber getrewer und hat mit gutem mute, willen und rechter wissen ufgegeben, ufgereichet frawen Anna seiner elichin wirtinne zu rechtem leipgedinge fumf mark geldes jerliches zinses bemischer groschen merherischer zal, und die hat er ir beweiset uf den acht marken geldes an einen vierdunk, die er hat zu Modricz und die von uns als einem bischof zu Olomuncz zu lehen ruret. In sulcher masse, das Albrecht Greifstet, sein bruder und Albrecht von Curowicz seiner swester sun dasselbe leipgedinge, ab es zu sulchem dinge queme, das er eher sturbe denn sein weip, mit fumfczig marken bemischer groschen und merherischer zal ablosen und ledigen mögen. Des haben zu der egenannten frawe Anna Jessken und Holupken von Modricz unsern lieben getrewen gesant, wenn sie selb von haftiger und leibes not wegen vor uns nicht komen mochte, die ir von unser wegen sulches leipgedinge, als dovor geschrieben stet, ufgeben und vorreichen sullen gleicherweis als wir dasselbe ir vorliehen und vorreichet hetten, unschedlich doch uns und unserm bischtum zu Olomuncz an unserm dinste und rechte. Und geben ir doruber zu furmund und vorweser die egenannten Albrecht Greifstet und Albrechten von Curowicz unsre lieben getrewen etc. Testes sunt: Bernhart Hecht et Gerhart de Meraw milites, Cunczo de Smolh etc. Mit urkund etc. Datum Meraw anno domini M⁰CCC⁰ nonagesimo, sabbato ante festum omnium sanctorum.

(Aus dem Lehensquatern II., p. 48, im fürsterzb. Archive in Kremsier.)

625.

31. October 1390.

Markgraf Jodok erneut die Bestätigung der Stadt Köpenick. Dt. Berlin.

(Riedel's Cod. Brand. A. XII, 48.)

626.

Nikolaus, Bischof von Olmütz, gibt dem Brünner Bürger Simon einen Hof in Chirlitz zu Lehen. Dt. Kremsier, 10. November 1390.

Nicolaus etc. dilecto nobis Simoni civi Brunnensi sororino nostro favorem nostrum et omne bonum. Consideratis meritis persone tue et serviciis tuis, que exhibuisti nobis et ecclesie nostre ac auctore domino poteris infuturum exhibere, tibi curiam in villa nostra

Kirliez per mortem bone memorie Johannis Nüssel quondam vasalli sine liberis defuncti ad nos de jure devolutam, jure feodi contulimus donavimus ac presentibus conferimus damus et donamus cum omnibus suis juribus et pertinenciis universis sicut idem Johannes et sui predecessores emdem tenuerunt et possiderunt, per te et heredes tuos legitimos masculini sexus in feodum habendam tenendam et possidendam. In quorum etc. Datum Chremsir anno LXXXX. feria V. ante festum Martini.

(Kremsierer Lehensquatern II., p. 70.)

627.

Nikolaus, Bischof von Olmütz, gestattet, dass Machnik von Štěpanowitz das Leibgeding seiner Frau auf dem Dorfe Štěpanowitz versichere. Dt. Kremsier, 17. November 1390.

Wir Niclas etc. bekennen etc. das kumen ist vor uns Machnik von Czepanowicz unser lieber getrewer und hat mit wolbedachtem mute und rechter wissen ufgegeben und ufgereichet frawen Annen seiner elichen wirtinne zu rechtem leipgeding sechzig mark grosser pfennige prager muncze und merherischer zal. Und dasselb gelt hat er ir beweiset in und uf dem dorfe doselbist zu Czepanowicz und allen seinen zugehorungen, wie man die sunderlich benennen mag. Des haben wir als ein bischof zu Olomuncz obrister lehenherr desselben dorfes zu sulcher ufreichunge und ufgebunge etc. (ut supra in forma precedenti) und geben ir doruber zu furmunde und vorweser Cunczo vom Smalh und Hensliken von Cowalowicz, unsre lieben getrewen etc. Des seint gezeuge Jost von Wolfberg unser marschalk, Domanko von Hulin und Heinreich Tanphelt unsre lieben getrewen. Mit urkund etc. Datum Cremsir anno domini M⁰CCC⁰ nonagesimo, feria quinta ante diem sancte Elizabeth.

(Aus dem Lehensquatern II., p. 49, im fürsterzb. Archive in Kremsier.)

628.

Der Olmützer Bischof Nikolaus bestättigt dem Zwittauer Vogte Konrad von Leitomyschl eine die Zwittauer Vogtei betreffende Urkunde des Olmützer Bischofes Johann.
Dt. Mirau, 1. December 1390.

Nicolaus dei et apostolicæ sedis gratia episcopus Olomucensis notum facimus tenore præsentium universis. Quod cum fidelis noster Conradus de Luthomuschel, civis Czwithaviensis emisset advocatiam in civitate nostra Czwittavia cum singulis suis pertinentiis, juribus et utilitatibus universis a dilecto nostro Johanne, olim advocato ibidem, pro trecentis et octuaginta marcis grossorum pragensium, moravici pagamenti, receptis litteris, quas idem Johannes advocatus habuit super advocatia antedicta, nobisque easdem præsentavit et cum debita petiit diligentia, ut sibi easdem confirmare dignaremur de gratia speciali. Quarum tenor per omnia sequitur in hæc verba: „Johannes dei et apostolicæ sedis gratia episcopus Olomucensis etc. Datum Modricz anno domini MCCCLIV. in festivitate omnium sanctorum." (vid. B. VIII.,

n. 281). — Nos vero Nicolaus episcopus Olomucensis supradictis ipsius petitionibus tamquam justis annuentes dictas litteras conscribi fecimus et eas cum originalibus auscultari atque per collationem diligentem ipsas in singulis punctis suis et clausulis et articulis, prout in eis expressantur, gratas et ratas habuimus, prout easdem de certa nostra scientia ratificamus et in dei nomine virtute præsentium confirmamus. Informati etiam fuimus, quod ipse advocatus diebus forensibus recipere debet unam parvam mensuram salis valentem quatuor denarios bonos, quod marktrecht in vulgari vocatur, secundum quod ibi prius servatum ac recipi fuit consuetum et non aliter ab antiquo, quod etiam sibi concessimus et præsentibus confirmamus. Præsentibus strenuis Bernhardo Hecht de Schuczendorff, Gerhardo de Meraw militibus, Chunczone de Smola, Jodoco de Wolffsberg marescallo, Henslicone de Repaw, Wenceslao provinciali in Czwittavia, Stephano Bavaro et aliis quam pluribus nostris fidelibus dilectis. Præsentium sub appenso nostro sigillo testimonio litterarum. Datum in castro nostro Meraw anno domini millesimo trecentesimo nonagesimo, feria quinta proxima post diem sancti Andreæ apostoli gloriosi.

(Aus einer aus dem 18. Jahrhundert stammenden abschriftlichen Privilegiensammlung der Stadt Zwittau in der Boček'schen Sammlung n. 12160 im mähr. Landesarchive.)

629.

Ješek Kužel bekennt, dass ihm Nikolaus, Bischof von Olmütz, den in seinem Dienste erlittenen Schaden ersetzt habe. Dt. Mirau, 1. December 1390.

Ego Josco Kuzel recognosco tenore presencium universis. Quod reverendus in Christo pater dominus meus dominus Nicolaus episcopus Olomucensis michi pro serviciis. quibus sibi serviri et laboribus et dampnis, quos et que apud eum habui et recepi, satisfecerit. ac precipue pro duobus equis apud eum destructis viginti tres marcas grossorum pragensium moravici numeri et pagamenti in paratis pecuniis exsolvit tradidit numeravit et assignavit. Ita quod sibi regracior et dimitto eum de omnibus et singulis supradictis liberum et solutum. sicut presentibus literis eum quito et quittum pronunccio et solutum. In quorum testimonium sigillum meum presentibus est appensum. Datum in castro Meraw anno domini M⁰CCC⁰ nonagesimo, feria quinta proxima post diem sancti Andree apostoli gloriosi.

(Orig. Perg. h. Sig. im fürsterzb. Archive in Kremsier.)

630.

Indulgenz Pabst Bonifatius IX., durch welche die Cisterzienser in Velehrad von dem Besuche gewisser Kirchen in Rom zur Erlangung des für das Jahr 1390 angekündigten Ablasses dispensirt und ihnen Erleichterungen zu diesem Zwecke verliehen werden. Dt. Rom, 2. December 1390.

Bonifacius episcopus servus servorum dei dilectis filiis Conrado abbati et conventui ac noviciis et conversis monasterii in Welegrad, Cisterciensis ordinis, Olomucensis diocesis salutem et apostolicam benediccionem. Piis et humilibus supplicum votis illis presertim, per que animarum saluti consulitur, libenter intendimus illaque favoribus prosequimur oportunis. Dudum siquidem felicis recordacionis Urbanus papa VI. predecessor noster ex certis racionabilibus causis ad id eius animum moventibus de consilio cciam fratrum suorum, de quorum numero tunc eramus, et apostolice potestatis plenitudine statuit, ut universi Christi fideles vere penitentes et confessi, qui in anno a nativitate domini nostri Jesu Christi millesimo trecentesimo nonagesimo instante tunc futuro et deinceps perpetuis temporibus de triginta tribus annis in triginta tres annos beatorum apostolorum Petri et Pauli basilicas ac Lateranensem et sancte Marie Maioris de urbe ecclesias causa devocionis visitarent, plenissimam omnium peccatorum suorum veniam consequerentur, ita, quod quicunque vellet huiusmodi indulgenciam assequi, si Romanus, ad minus triginta continuis vel interpollatis semel saltem in die, si vero peregrinus aut forensis existeret, modo simili quindecim diebus ad easdem basilicas et ecclesias accedere teneretur, prout in dicti predecessoris literis inde confectis plenius continetur. Cum autem, sicut exhibita nobis nuper pro parte vestra peticio continebat, vos, qui dictas basilicas et ecclesias ex singularis devocionis fervore et pro salute animarum vestrarum libenter personaliter visitaretis pro huiusmodi indulgenciis et remissionibus assequendis, desiderium vestrum in hac parte ex certis causis racionabilibus nequeatis comode adimplere, pro parte vestra nobis fuit humiliter supplicatum, ut super hoc providere vobis de benignitate apostolica dignaremur. Nos igitur, qui cunctorum Christi fidelium salutem intensis desideriis affectamus cupientes animarum vestrarum saluti, quantum cum deo possumus, salubriter providere, vestris huiusmodi supplicacionibus inclinati, ut confessor, quem quilibet vestrum duxerit eligendum labore personali ac expensis, quos in veniendi standi et redeundi itinere, si ad ipsam urbem, ut premittitur, personaliter venissetis, passi fuissetis, in alia pietatis opera per eundem confessorem commutato vobis auctoritate nostra concedere valeat, quod vos vere penitentes et confessi loco visitacionis basilicarum et ecclesiarum predictarum aliquas ecclesias illarum parcium, de quibus dicto confessori videbitur, quindecim continuis vel interpollatis diebus semel saltem in die infra annum huiusmodi si comode poteritis, alioquin infra festum resurreccionis dicti domini nostri Jesu Christi proxime venturum visitandi perinde assequamini indulgenciam et remissionem huiusmodi, ac si basilicas et ecclesias urbis predictas personaliter visitaretis, devocioni vestre tenore presencium auctoritate apostolica indulgemus. Volumus autem, quod ea, que oblaturi fuissetis basilicis et ecclesiis urbis predictis, ad basilicas et ecclesias ipsas quemtocius teneamini fideliter destinare. Nulli ergo omnino hominum liceat hanc paginam nostre concessionis et voluntatis infringere vel ei ausu temerario contraire. Si quis autem hoc attemptare presumpserit, indignacionem omnipotentis dei et beatorum Petri et Pauli apostolorum eius se noverit incursurum. Datum Rome apud sanctum Petrum IV. nonis Decembris, pontificatus nostri anno secundo.

631.

Nikolaus. Bischof von Olmütz, verleiht dem Wolfram von Panowitz fünf Mark jährlichen Zinses in Biskupitz zu Lehen. Dt. Mirau, 16. December 1390.

Nicolaus etc. fideli nostro Wolframo de Panowicz nobis sincere dilecto favorem nostrum et omne bonum. Fidelis dilecte. Consideratis meritis persone tue et serviciis tuis, que nobis exhibuisti etc. tibi quinque marcas annui census in villa Biscupicz in districtu Znoymensi per mortem bone memorie domine Margarethe relicte quondam Herbordi vasalli nostri etc. et eciam per mortem bone memorie Herbordi quondam nostri vasalli, filii sui sine liberis defuncti, ad nos legitime devolutas, recepto prius a te pro nobis et ecclesia Olomucensi desuper debite fidelitatis et omagii sicut juris et moris est prestito juramento, jure feudi contulimus etc. per te et heredes tuos legitimos masculini sexus in feodum habendas tenendas et possidendas etc. Presentibus strenuis viris Henrico de Byela dicto de Arnoltowicz, Bernhardo Hecht de Schuczendorf, Gerhardo de Meraw militibus, Cunczone de Smola et aliis quam pluribus fide dignis nostris fidelibus dilectis ad premissa constitutis. Harum etc. Datum in castro nostro Meraw anno domini millesimo trecentesimo nonagesimo, feria sexta ante diem sancti Thome apostoli gloriosi.

(Kremsierer Lehensquatern II., p. 119.)

632.

18. December 1390.

Markgraf Jodok vereignet der Stadt Osterburg das Stadtgericht. Dt. Tangermünde.

(Riedel's Cod. Brand. A. XVI., 335.)

633.

26. December 1390.

Markgraf Jodok verleiht das Dorf Lichtenberg an Otto Pflug und Heinrich Horst. Dt. Tangermünde.

(Riedel's Cod. Brand. A. XI., 313.)

634.

29. December 1390.

Markgraf Jodok vereinigt Hebungen aus Cuselitz einem Altare in der Jakobskirche zu Stendal. Dt. s. l.

(Riedel's Cod. Brand. A. XV., 184.)

635.

Johann von Meziřič entscheidet den Streit zwischen Susanna von Žhořec und der Propstei in Wolein bezüglich des Dorfes Pustina. Dt. 1390. s. l. et d.

Sub anno domini MCCC nonagesimo accidit sic, quod quedam mulier ex proprio nomine Zuzanna de Parva Zhorzecz se trahens quandam super curiam in villa Pustyna, sua quod esset, debite eam ad possidendum, asserens se eadem Zuzanna ipsam curiam, ut predicitur, sibi de jure patronatus pertinere. Ad quod religiosi fratres et domini prepositure de Myrzyn eandem ad curiam se trahentes ibi jus ad emdem curiam debitum quod haberent; sicque utraque pars videlicet predicta Zuzanna et ipsi domini et fratres de Myrzyn eiusdem prepositure condescenderunt in dominum Johannem de Mezirziecz, ut quid inter eos dictaret et mediarei, utraque pars in eodem contentaretur. Qui nobilis dominus Johannes ipsis firmiter silencium et perpetue imponens et volens sic habere, videlicet conspiciens justiciam utriusque injunxit predicte Zuzanne, ut ipsi fratres et domini sibi Zuzanne dantes sex marcas grossorum puri argenti, ammodo predictam curiam in ipsa Pustyna pro se reservarent et ipsam in pitanciam predictorum fratrum presencium et futurorum eviterne haberent. Tali tamen condiccione, ut ipsa Zuzanna numquam ibi ammodo in ipsa curia nullum jus patronatus aut alterius cuiusvis hominis reservaret, sed ipsa curia pro ipsis dominis in pytanciam perpetuo reservetur. Acta sunt hec et facta presentibus famosis et discretis viris Hincone purgravio temporis tunc de Mezirziecz, Symone judice, Martino Sutore, Michaele dicto Rzemen, Jesscone Hrbowssky, Swachone de Kamenecz, Zdychone, Johanne Sartore, Nicolao Baczata et Stefano Divite, testibus dignis ad premissum constitutis, qui pro tunc consules exstiterunt.

(Aus dem ältesten Stadtbuche im Archive der Stadt Gross-Meziřič.)

636.

Katharina von Latein frägt den Litold von Lichtenburg um Rath, wie sie sich gegen Milosta, der sie von ihrer Veste verdrängte, zu benehmen habe. Dt. 1390—1406. s. l. et d.

Urozenému panu Litoltovi z Lichtenburga, pánu na Vietově, mému pánu milému.

Modlitva ma věrná napřed Tvé Milosti. Pane milý, dávámť Tvé Milosti věděti i žaluji Tvé Milosti, žeť mě již Milosta odstrčil konečně ode všeho mého a slíbilť mi byl před Albrechtem z Marcinic a před Koňárovým synem, když jsem nesměla s tvrze sjíti, ež mi nechce nic jinak učiniti než jako svej vlastnej mateři a že mnú nechce jinam nikam hnúci, než abych tu při svém byla a vládla tak plně svým všiem hospodinstvím jakžto prvé a nade mnú chce tak šlechetně učiniti, ež jemu budu před svými přáteli i před dobrými děkovati. A já se něco ubezpečila na jeho řeč, ež mi před dobrými slíbil i sešla několikrát do kostela a zaciem jej Pelhřim z Police nekakým poselstvím obeslal, an mňe učekav v neděli ke mši i nepustil mne zase na tvrz a chce, abych se jemu zapsala a rukojmie mu zastavila, aby na mě péče neměl a měl mě po svéj vóli, kdyžby se mu událo s tvrzi sjeti, abych jej zase pustila, aby vždy tvrzi a mne moccn byl. A také chce, abych jemu dala list bratra svého, jakož má na deset kop plata v Jempnici a tak praví, když bych to učinila, ež mě chce zase na tvrz pustiti; a já o tom listu nic neviem, kto jej má, a bych pak vědala a byla jeho mocna, neráda bych mu jeho dala. A také bych se mu neráda zapisovala, ne bych snad musela misto jeho dievky býti, že by mě měl po svej vóli, nebo by něco opět sobě zamysla učinil by mi též potom jako nyní a snad bych nesměla neb nemohla proti němu o své před dobrými státi, jedno ačby se chcel také zapsati zase, aby mnú viec nehýbal nikam a dal mi mocnú mébo býti a žalosti mi žádnej nečinil. Tak bych se mu snad zapsala podle Vaší rady, ale jinak raději dietek, všeho což mám oželím, jedno ač by mi to Vaše Milost radila, ež je to mé dobré. Protož milý pane, prosim Tvej Milosti pro milý buoh, rač mě všemu naučiti a poraditi mi, kterak bych s tiem se všiem učinila, ješto by mé dobré bylo a mýob přátek (sic), mám-li se jemu zapsati či nemám a měla-li bych se jemu zapisovati, kteraký by to měl zápis býti, ješto by byl bez mej škody a mých dietek. A toho mi všeho rač rozumnú a pospěšnú odpověd dáti na svém listě, neb tu ješče bydlím u faráře, nemohlo-li by nic podobného býti, abych se někam jinam obrátila.

Kačna Albrechtova z Slatiny.

(Orig. Pap. beigedr. Sig. in den altständischen Akten des mährischen Landesarchives, Miscell. n. 89. — Das Datum wurde angesetzt, weil Albrecht von Slatina seiner Frau Kačna im J. 1390 auf diesem Dorfe 200 Mark verschrieb und er 1406 schon todt war.)

Nachträge.

1.

Der Kromauer Bürger Konrad und seine Frau Elisabeth schenken dem Augustinerkloster in Kromau einen Obstgarten und die Hälfte eines Weingartens. Dt. Kromau 30. Dezemb. 1356.

In nomine sanctæ et individuæ trinitatis amen. Qui parce seminat, parce metet et qui de benedictionibus seminat, de benedictione semper metet ad habendam felicitatem futurorum et perfrui gaudiis æternis sine fine, quæ oculus non vidit nec in cor hominis interioris ascendit. Noverint igitur universi tam præsentes quam futuri præsentium intuentes, quod ego Conradus et Elizabeta consors mea, servitor nobilis domini Czenkonis de Lypa supremi regni Bohemiæ marsalci, concivis civitatis Chrummaw, matura deliberatione præhabita sanoque consilio hujus sacri eloquii misterii diligenti animo inclinati ad hoc, ut in bona mentis et corporis valetudine constituti bonis operibus cupientes diem extremum prævenire, quorum interventione congrua et salubri non diffidimus nobis in eisdem remitiri vita in futura. Cum maximo desiderio cordis divinitus admoniti cupientes saluti animarum nostrarum, nostrorum parentum ac prædecessorum, ut etiam præsentis vitæ statum incolumitate nobis perfrui gratia divina concedat, hortum fructuum seu pomerium et mediam vincam superius ipso pomerio in monte situata jure proprietatis et titulo monasterio de novo fundato ac religiosis dominis viris et fratribus Nicolao priori, suppriori totique conventui ibidem pro nunc in Chrommaw eorumque successoribus, ordinis eremitarum sancti Augustini, in perpetuum donamus et irrevocabiliter concedimus et largimur libere et absolute. Tali conditione, quod se obligarunt prædicti fratres voluntarie ad singula jura et onera civitatis ipsos recipientia ratione prædicti pomerii et mediæ vineæ porrigenda; hoc etiam scilicet tenore interposito, quod quamdiu in carne divina favente clementia sumus constituti atque dies nostros in hac vita prorogamus, ipsam donationem tenere debemus nostra in potestate et quod singulis diebus in ævum una missa cum devotione per ipsos fratres pro anima nostra prædecessorumque nostrorum sine intermissione debeatur provide celebrari. Adjecto, quod si nos aut heredes aut quilibet diabolicæ inspirationis instinctu contra hanc donationis nostræ paginam contraire vel aliquam molestiam inferre attentaverit, cum maledictione perpetua nos obligamus. Hæc autem donatio facta est coram discretis viris Thoma judice pro tunc, scabinis tam modernis quam antiquis civitatis Chrommaw eorumque sigillo civitatis prædictæ in testimonium præscriptorum nostram ad exhortationem præsentes literas fecimus roborari. Sub anno domini millesimo trecentesimo quinquagesimo sexto, septimo nonas mensis Januarii, in domo Elpine (?) protunc judicis civitatis Chrommaw.

(Einfache Abschrift aus dem 17. Jahrh. im mährischen Landesarchive. — Das ungewöhnliche, vielleicht auch unrichtige Tagesdatum „septimo nonas" beziehe ich auf den 30. Dezember des Jahres 1356 mit dem Jahresanfange am 25. Dezember.)

2.

Čeněk von Lipa gestattet dem Augustinerkloster in Kromau die Fischerei im Flusse Rotigel für ewige Zeiten. Dt. 30. Mai 1358. s. l.

Nos Czenko de Lypa supremus regni Bohemiæ marsalcus ad perpetuam rei memoriam universis, ad quos præsentes pervenerint volumus fore notum. Quod divina nobis favente clementia et pro zelo, quem ad devotum ordinem fratrum eremitarum sancti Augustini habemus et habere dinoscimur ac ob reverentiam pretiosi corporis et sanquinis Christi sanctique Bartholomei apostoli, quorum sub titulo ex speciali devotionis affectu locum, monasterium sive conventum instauramus et fundamus dictis fratribus eremitis in civitate nostra Chrommaw, volentesque ipsis de necessariis congruentibus, ut tenemur, gratiosius providere, quatenus eo liberius divinis vacent servitiis: idcirco de bona voluntate nostra, certa scientia speque futuræ remunerationis prædictis fratribus damus libere et conferimus præsentium sub tenore piscationem seu piscaturam sub civitate nostra Chrommaw in flumine, quod vulgariter nuncupatur Rotygel circum civitatem prædictam et a piscina usque ad piscinam nostram, que jacet sub villa nostra Tumpnaw, a fine usque ad finem in longitudine et latitudine ex utraque parte, ita quod prædicta piscatura ad prædictum monasterium supranotatis fratribus perpetue spectare debeat. His nihilominus adjectis, quod idem fratres per se vel per suos, quos ad hoc elegerint, pro necessitate eorumque familia et non in alios usus piscare præsumant et hoc quotiescunque eis necessarium fuerit et videbitur esse oportunum. Promittentes insuper pro nobis et ipsis nostris heredibus et successoribus prædictam piscationem a dicto monasterio ac ipsis fratribus numquam perpetuis temporibus alienare nec eosdem impedire. Ut autem hujus nostræ donationis gratia a nullo inposterum valeat infringi nec ausu temerario violari, dominum et amicum nostrum Czenkonem dictum Crusyna et Wilhelmum de Talemperg, Henricum de Nosticz in Chrommaw, Benessium de Zdyslawcz in Lypnicz purchrabii et officiales nostri (sic), ut coram eis fieret, vocavimus in testimonium veritatis. In cujus robur perpetuum has supradictas literas fratribus nostri sigilli appensione fecimus communiri una cum appensione sigillorum testium supradictorum. Actum et datum anno domini millesimo trecentesimo quinquagesimo octavo, feria quarta post festum sanctæ trinitatis.

(Einfache Abschrift aus dem 17. Jahrb. im mähr. Landesarchive.)

3.

Čeněk von Lipa schenkt dem Augustinerkloster in Kromau einen Hof und Weingarten in Dobelitz. Dt. Prag 6. Februar 1360.

In nomine domini amen. Universorum deus conditor et amator animarum sane omnibus legem in primordio conditionis instituit, ut sicut ab uno se noscant creatos ita ad unmu reverti debeant finaliter conditorem et ut suæ possibilitatem legis habeant non excussam, variis vario modo largitus est bonitatis juvamenta et licet alius hic alius aliter currat, in ipso tamen principio. a quo conditi sunt, necessarium est, ut conveniant in fine. Huius ergo rei gratia commoniti nos Czenko de Lypa summus marschallus et præcipuus camerarius regni Bohemiæ ad universorum tam præsentium quam futurorum volumus notitiam pervenire, quod sicut illuminante nos divina conditoris gratia et ut ad eum, a quo creati sumus, pervenire possemus, nobis pie suggessit misericordia, quatenus monasterium seu conventum religiosorum virorum et venerabilium sacri ordinis fratrum eremitarum sancti Augustini de novo fundaremus in civitate nostra Chrommaw, sic et nunc denuo nos instigans admonuit benignitas divina, ut eisdem fratribus novæ fundationis in Chrommaw gratiam addentes gratiæ largius provideremus. Idcirco tamquam boni æmulatores meliorum carismatum pro salute nostra et omnium progenitorum nostrorum jam defunctorum animarum remedio de benigna liberalitate nostra concedimus et donamus jam dictis fratribus ordinis eremitarum sancti Augustini in Chrommaw curiam seu allodium quondam Reinschlini in villa Doblicz sitam cum una vinea in montibus Spanicz, quæ est supra vincam domini Poetini, et pomerium, quod est juxta molendinum eiusdem villæ, cum pratis et pascuis et si qua sunt talia dictæ curiæ attinentia, in perpetuum possidendam et utifruendam, tenendam et habendam libere et liberaliter omni exactione, steuris, censu sive quibuslibet aliis gravaminibus simpliciter et omnimode exclusis. Eo adjecto specialiter et expresse, quod nos advocatiam, tuitionem et supremam jurisdictionem in prædictis curia, allodio et, ut prædicitur, suis pertinentiis pro nobis, nostris heredibus et successoribus reservavimus. Promittentes insuper pro nobis et ipsis heredibus nostris prædictam curiam seu allodium a dicto monasterio ac ipsis fratribus numquam perpetuis alienare (temporibus), sed potius eos in possessione eorumdem pro viribus conservare. Ut autem huius nostræ donationis gratia a nullis inposterum valeat infringi nec ausu temerario violari, strenuos milites et amicos nostros speciales scilicet dominum Czenkonem dictum Cruschina cum fratre suo Johanne, dominum Przibkonem dictum Czassonem ut coram eis fieret, vocavimus in testimonium veritatis, in cuius robur perpetuum has literas supradictis fratribus nostri sigilli appensione fecimus communiri una cum appensione sigillorum testium supradictorum. Actum et datum in civitate Pragensi anno domini millesimo trecentesimo sexagesimo, in die sanctæ Dorotheæ virginis et martyris.

(Einfache, aus dem 17. Jahrh. stammende Abschrift im mähr. Landesarchive.)

4.

Gallus von Lemberg, Prior des Johanniterordens durch Böhmen, Polen etc., bekennt, dass ihm der Ordensconvent in Orlowitz von den Pitanzgeldern zehn Mark Prager Groschen geliehen habe, wofür er demselben eine Mark jährlichen Zinses von der Taberna in Orlowitz bis zur Rückzahlung der zehn Mark anweist. Dt. Orlowitz, 7. Jänner 1362.

Nos frater Gallus de Lemberch prior domorum per Bohemiam Poloniam Moraviam Austriam etc. ordinis sancti Johannis Hospitalis Jerosolimitani et frater Radczlaus dictus

Rzemdih de Malessow professionis eiusdem, commendator in Orlowicz, notumfacimus tenore presencium universis. Quod religiosi in Christo nobis carissimi fratres conventuales in Orlowicz de pyetancie pecunia, eis propter deum errogata, decem marcas grossorum argenteorum pragensis monete moravici pagamenti in parata pecunia nobis et dicte domui in Orlowicz benivole concesserunt. De quibus, prout expedit, volentes eos certos reddere et securos, animo deliberato consilioque super eo prehabito diligenti unam marcam annui census grossorum monete et pagamenti predictorum suscipiendam et habendam singulis annis in carnisprivio de taberna, sita in villa nostra Orlowicz dicta, absque quolibet impedimento ipsis fratribus conventualibus damus et presentibus deputamus. Ita videlicet, quod candem marcam a carnisprivio proxime venturo post decursum unius anni percipere inchoabunt, et sic semper deinceps continuando tam diu, donec eis prescripta pecunia ex toto et integraliter persolvatur. Eo nichilominus articulo intercluso, quod cum commendator in Orlowicz pro tempore persistens easdem decem marcas grossorum iam dictis fratribus conventualibus infra carnisprivium et diem paschatis presentabit, ex tunc prefata marca census ad nos et ad domum in Orlowicz libere revertetur; si autem non solvet in tempore antedicto, tunc rursus eandem marcam census possidebunt, quousque ipsis dicta pecunia non fuerit plenarie expedita. In casu autem, quod absit, quo ipsa taberna per gwerram generalem aut ignis adustionem, seu quovis alio periculo fuerit desolata, ex tunc commendator in Orlowicz, qui tunc temporis ibidem fuerit constitutus, pretactis fratribus conventualibus aliam marcam census eque certam aliunde tenebitur demonstrare percipiendam annis singulis sine omni impedimento sub solucionibus, condicionibus et pactis prenotatis, tam diu, donec eis decem marce grossorum predictorum totaliter persolvantur. In eius rei evidenciam et robur sigillum maius nostri prioratus et sigillum commendatoris supradicti presentibus est appensum. Datum in Orlowicz, anno domini millesimo trecentesimo sexagesimo secundo, die septima mensis Januarii.

(Orig. Perg. in Orlowitz, dem Landesarchive zur Abschrift mitgetheilt von H. Jedlička.)

5.

Čeněk von Lipa gestattet den Augustinern in Kromau, ihren Holzbedarf aus dem Freinwalde zu beziehen. Dt. Prag, 6. Juni 1363.

Nos Czenko de Lypa summus regni Bohemiæ camerarius ad perpetuam rei memoriam universis, ad quos præsentes pervenerint, volumus fore notum. Quod divina nobis favente clementia et ex zelo, quem ad deo devotum ordinem fratrum eremitarum sancti Augustini habemus et habere dinoscimur, ac ob reverentiam prætiosi corporis et sanquinis Christi sanctique Bartholomei apostoli, quorum sub titulo ex speciali devotionis affectu locum, monasterium seu conventum instauravimus et fundavimus dictis fratribus eremitis in civitate nostra Chrommaw, volentesque ipsis de necessariis congruentibus, ut tenemur, gratiosius providere, quatenus eo liberius divinis vacent servitiis: idcirco de bona voluntate nostra, certa scientia speque futuræ remunerationis prædictis fratribus damus libere et conferimus præsentium sub tenore partem silvæ nostræ dictæ Vreynwalt, quæ est a via, qua itur de Chrommaw in villam Wedrowicz secundum longitudinem ipsius silvæ a fine usque ad finem mensurandam et secundum latitudinem a dicta via usque ad summitatem montis dicti Vtyskopel inclusive, pro dicti monasterii ædificiis et lignis cremalibus in domo necessariis, ita quod dicta pars silvæ ad prædictum monasterium fratrum eremitarum sancti Augustini in Chrommaw perpetuo spectare debet, cum qua et in qua utilitatem suam quærere possint licite prout eis videbitur salubrius expedire. His nihilominus adjectis, quod dominium quoad venationem tantum in ipsa silva ad nos pertinere debebit. Volumus etiam, quod sæpedicti fratres quamcumque partem dictæ silvæ succiderint, semper ibi aliqua ligna divisim et separatim stare permittant, quod vulgariter hegholcz nuncupatur, prout consuetum est fieri in silva memorata, ne ligna omnino pereant et feræ locum habeant, in quo comodius habitent et abscondantur. Nosque Henricus de Lypa, Jeschko de Pürkenstein, Hinko Kruschina de Miloticz, Czenko et Wanko fratres de Potenstein et Czenko Kruschina de Leuchtenburk publice recognoscimus et testamur in hiis scriptis, nos donationi legationi et dationi prædictæ silvæ personaliter interfuisse et ad ipsius domini Czenkonis de Lypa preces et instantias sigilla nostra cum ipsius sigillo in testimonium appendi mandavimus ad maiorem certitudinem et cautelam præmissorum. Datum Pragæ anno domini millesimo trecentesimo sexagesimo tertio, feria tertia infra octavam corporis Christi.

(Einfache, aus dem 17. Jahrh. stammende Abschrift im mähr. Landesarchive.)

6.

Hartung von Weitmühl verkauft den Augustinern in Kromau einen jährlichen Zins von zwei Metzen Weizen. Dt. Kromau 21. September 1365.

Ego Hartungus dictus Weytenmül ad universorum tam præsentium quam futurorum notitiam tenore præsentium cupio pervenire. Quod ego matura deliberatione sanoque consilio præhabitis meo et hæredum meorum nomine devotis in Christo ac religiosis viris Nicolao priori, Ambrosio sacristæ, Hotkoni procuratori, fratri Theodorico totique conventui fratrum eremitarum sancti Augustini monasterii in civitate Chrommaw, qui nunc sunt aut succedente tempore advenerint, duos modios siliginis census annui, mensuræ civitatis Eywanczicensis cum censibus et singulis aliis proventibus et emolumentis, quos et que ego jure emphiteotico, vulgariter purkrecht dicto, in molendino meo superiori sub villa mea Rubschicz in flumine dicto Iglavia, quod habeo et possideo, rite rationabiliter et hereditarie pro decem marcis grossorum pragensium moravici pagamenti, quas ab ipsis fratribus integraliter in parato accepi, vendidi et vendo per eos eundem siliginis censum tenendum, percipiendum et hereditarie ac perpetue possidendum. Taliter, quod ipsi fratres domus et monasterii prædicti quicunque pro tempore fuerint, unum modium sililginis in festo beati Galli nunc proxime affuturo incipiendo et alterum modium eiusdem grani in festo beati Georgii immediate subsecuturo et sic deinde annis singulis a me, meis heredibus aut successoribus universis sine dolo firmiter et sincere antedictis fratribus ordinis sancti Augustini antedictos duos modios siliginis anno quolibet m supradictis terminis sine qualibet contradictione et difficultate ad plenum dare nec eos in perceptione eorundem impedire aut permittere in aliquo impediri. In cuius rei evidentiam et robur perpetue valiturum sigillum meum et sigilla strenuorum virorum domini Alberti de Koufung, Henrici dicti de Schellenberg et Zdenkonis Ungari de Rotiglia, quos ad hoc specialiter rogavi pro testibus, præsenti literæ de certa mea scientia sunt appensa. Actum et datum Chrommaw anno domini millesimo trecentesimo sexagesimo quinto, die beati Mathei apostoli et evangelistæ.

(Einfache, aus dem 17. Jahrh. stammende Abschrift im mähr. Landesarchive.)

7.

K. Wenzel IV. bestättigt die Erbfolgeordnung und Gütertheilung, welche Markgraf Johann von Mähren für seine Söhne festgesetzt hatte. Dt. Prag, 12. Mai 1371.

Wenczeslaus dei gracia Boemie rex, Brandemburgensis marchio et Slesie dux notumfacimus tenore presencium universis. Quod cum illustris Johannes marchio Moravie, princeps et patruus noster carissimus in et de principatu et dominio marchionatus Moravie, qui sibi et suis heredibus pro paterna sua porcione in illustre et insigne feodum a nobis tamquam rege Boemie et ipsius regni corona tenendus et perpetue possidendus datus et collatus dinoscitur, inter illustres Jodocum, Johannem et Procopium filios suos quasdam divisionem, disposicionem et ordinacionem fecerit, disposuerit et statuerit, quas sui predicti marchionatus barones et nobiles suis pendentibus sigillis attestaverunt, nobisque tamquam regi Boemie una cum predictis suis filiis cum instancia supplicarit, quatenus divisionem, ordinacionem et disposicionem huiusmodi auctoritate regia Boemie approbare, ratificare et confirmare graciosius dignaremur. Quarum quidem divisionis, ordinacionis et disposicionis tenor sequitur in hec verba: „In nomine domini amen. Johannes dei gracia marchio Moravie‟ bis Datum Brunne feria quarta proxima post dominicam, qua cantatur Judica anno MCCCLXXI. (vid. Band X., p. 137. n. 118). — Nos igitur, qui statum tranquillum et felicia comoda predictorum nostri fratris, filiorum et heredum suorum caritativis desideriis et fraterno semper amore prosequimur, audito prius et plenarie cognito, quod talis divisio, disposicio et ordinacio de unanimi et communi consensu et voluntate predictorum Jodoci, Johannis et Procopii rite processerint, ad votivas ipsorum precum instancias divisionem, ordinacionem et disposicionem prefatas una cum attestacione baronum et nobilium marchionatus predicti in omnibus suis tenoribus, sentenciis, punctis et clausulis, prout de verbo ad verbum expressantur superius, animo deliberato non per errorem aut improvide sed sano et maturo principum, baronum et procerum nostrorum fidelium accedente consilio ratificamus, approbamus et presentis scripti patrocinio de certa nostra sciencia et regia auctoritate Boemie confirmamus. Presencium sub regie majestatis nostre sigillo testimonio litterarum. Datum Prage anno

70

domini millesimo trecentesimo septuagesimo primo, indiccione nona, IV. idus Maii, regni nostri anno octavo.

(Inserirt in der Urkunde K. Wenzels Dt. Karlsbad, 10. Jänner 1376. — Vid. n. 13 dieses XI. Bandes.)

8.

Peter, Bischof von Leitomyšl, schenkt mit Zustimmung seines Kapitels dem Kloster der Augustiner Chorherren in Landskron das Dorf Střítež. Dt. 23. Juni 1371. s. l.

Petrus dei et apostolice sedis gracia episcopus Luthomuslensis notumfacimus universis, ad quos presentes venerint, tam presentibus quam futuris. Quod etsi ad universorum, que spiritualium opermn concernunt profectum humeris nostris ex nostri officii debito incumbentibus cura vigilanti et indefessa sollicitudine teneamur intendere, precipue tamen ad ea, per que deo animas lucrari possumus ac que religionis propaginem prospiciunt insistere et tanto vigilancius cogimur aciem nostre mentis convertere, quanto abinde post huius vite decursum ab eo speramus mercedem recipere, cui talenta nobis tradita tenemur reddere duplicata. Sane attendentes, quod in civitate nostra Lanczkronensi et ipsius districtu domino prosperante multitudo copiosa fidelium excrevit et crescere altissimo annuente speratur amplius in futurum, ne huiusmodi fidelibus ob paucitatem presbiterorum propter novitatem patrie aut ruralium sacerdotum forte simplicitate salubria animarum desint consilia, vel penuriam pabuli paciantur verbi dei et ne aliqui pauperes infirmi, qui in locis huiusmodi inhumaniter quoque deseruntur, miserabiliter pereant ob necessariorum defectum, quoddam monasterium ante portam dicte civitatis Lanczkronensis ad laudem et gloriam omnipotentis dei et gloriose virginis Marie necnon beatorum Nicolai confessoris et Katherine virginis et martiris, in quorum honore et vocabulo dictum monasterium et divini cultus augmentum prospeximus consecrandum, citra consecracionem huiusmodi de voluntate et expresso consensu capituli nostri fabricavimus, fundavimus et construximus pro regularibus canonicis nigris, ordinis sancti Augustini et pauperibus infirmis christianis, qui quidem canonici regulares potentes, ut speramus in opere bono et doctrina dictorum civitatis et districtus incolas, cum aliud religiosorum monasterium in eis non existat, viam vite verbo instruere valeant pariter et exemplo; advertentes eciam, quod nichil reputatur esse actum, ubi aliquid superest ad agendum et quod spiritualia sine temporalibus diu subsistere nequeunt: idcirco ne dicti religiosi a divino cultu, sana doctrina et exemplo bono desistere et pauperes infirmi cicius vitam finire aut diucius inegritudinibus ob temporalium necessitatum defectus detineri cogantur, pro usu, sustentacione, necessitate sive comodo dictorum religiosorum in dicto monasterio instituendorum et pauperum infirmorum recipiendorum ibidem ac dicto monasterio villam nostram Strzyetez, quam nostra propria pecunia a deo nobis collata a Jurzicone de Paczkaw comparatam, in qua nos et ecclesia seu mensa nostra sex sexagenas grossorum Pragensium denariorum annui census habuisse dinoscitur. loco quarum seu in quarum recompensam dicte ecclesie seu mense nostre villam superiorem Zabihlicz, in qua quindecim sexagene grossorum annui census existunt, similiter pro propria pecunia nostra de voluntate et expresso consensu capituli nostri comparatam necnon et curiam dictam Cronvelt prope Lanczkronam et molendinum cum duabus rotis situm super flumine dicto Sazawa, iuxta villam dictam Albrechtsdorf immediate super molendino advocati Lanczkronensis, sito super flumine supradicto, omnia nostra propria comparata pecunia de consensu et expressa voluntate dicti nostri capituli dedimus, contulimus et donavimus, damus, conferimus et donamus per ipsos religiosos pauperes et dictum monasterium iure hereditario perpetuis temporibus possidenda, cum omnibus officinis, casis et appendiis, terris, possessionibus cultis et non cultis, ortis, pratis, pascuis, silvis, rubetis, nemoribus, venacionibus, fossatis, aquis, aqueductibus, piscacionibus et piscinis, territoriis, accionibus personalibus et realibus ceterisque aliis quibuscunque ad dictas villam, curiam et molendinum aut dictarum ville et curie et molendini possessiones, domus et alia huiusmodi seu aliquorum eorum quomodolibet pertinentibus servitutibus, iuribus et iurisdiccionibus universis, recepcione berne, tuicione ac iudicio ultimi supplicii et membrorum truncacionis, per nostros et ecclesie nostre ministros seculares exercendo, nobis, successoribus et ecclesie nostre dumtaxat reservatis; penas tamen pecuniarias quascunque dicto monasterio volumus applicari. Et nos Nicolaus prior, Radevinus custos, Johannes cantor, Siboldus scolasticus totumque capitulum Luthomuslense, attendentes intencionem et propositum dicti reverendi patris et domini domini Petri episcopi nostri ex pietatis et misericordie visceribus emanare, volentesque, ut tam sollempne et saluberrimum opus ad finem laudabilem perducatur et optatum consequatur effectum, licet dicta villa Strzietez dudum alienata salva reempcione a nobis de ipsa, cum potuissemus, facienda ad nos et mensam nostram pertinere dinoscebatur, prehabitis tamen tractatibus diligentibus et deliberacione matura non solum semel, bis vel ter, immo pluries ob hoc capitulo in loco celebracionis capituli more solito congregati, non per errorem sed de certa sciencia et expressa omnium nostrum voluntate consensimus et consentimus empcioni dicte ville Strzietez ac dacioni, collacioni et donacioni ipsius ville, curie dicte Cronvelt, molendini et pertinenciarum ipsarum, ut superius exprimitur, per memoratum reverendum in Christo patrem et dominum dominum Petrum episcopum nostrum dictis religiosis, infirmis ac monasterio pia devocione factis ac ipsas dacionem, collacionem et donacionem inviolabiliter omni modo, condicione et forma, quibus melius possumus, eciam presentibus approbamus. In quorum omnium testimonium et perpetui roboris firmitatem presentes fieri et sigillorum nostrorum videlicet episcopi et capituli predictorum appensione fecimus communiri. Datum Luthomussl anno ab incarnacione domini millesimo trecentesimo septuagesimo primo, secunda feria in vigilia nativitatis sancti Johannis Baptiste ac martiris gloriosi.

(Inserirt in dem Transsumpte ddo. 20. September 1381. — Vid. n. 231 dieses Bandes.)

9.

Markgraf Johann verleiht dem Dorfe Schattau einen Jahrmarkt.
Dt. Eichhorn. 12. November 1373.

Johannes dei gracia marchio Moravie. Notum esse volumus, ad quos presentes pervenerint. universis. quod volentes, ut incole ville nostre Schataw dicte sue necessitatis commoda fructuosius consequantur et ut ipsa villa et ipsius incole in bonis fructuosum suscipiant incrementum. ipsis incolis, heredibus et successoribus ipsorum et eidem ville inperpetuum nundinas seu forum annuale de certa nostra sciencia et nostrorum sano accedente consilio cum omnibus juribus, consuetudinibus, libertatibus, emmunitatibus, usibus et observanciis. quibus nundine seu fora annualia aliorum locorum, civitatum seu oppidorum terre nostre Moravie hactenus frete seu freta sunt et quomodolibet pociuntur, de solita benignitatis nostre clemencia damus, conferimus et donamus. Decernentes et nostre celsitudinis statuentes edicto, quod ipse nundine seu fora annualia ipsius ville annis singulis in perpetuum inicium habere debent quarta die ante festum sancti Martini continuis octo diebus, die incluso octavo, durature seu duratura. Mandantes universis et singulis burgraviis, justiciariis totisque omnino marchionatus officialibus, quibuscunque nominibus nuncupentur, fidelibus nostris dilectis, qui mmc sunt vel pro tempore fuerint. seriose, quatenus dicte ville incolas, heredes et successores ipsorum ac ipsam villam Schatow in donacione hujusmodi nundinarum juribus, consuetudinibus et libertatibus, emmunitatibus, usibus et observanciis, quibus nundine seu fora annualia locorum quorumcunque perfruuntur, non debeant quomodolibet impedire, prout indignacionem nostri gravissimam curaverint evitare, quam si secus fecerint, irremissibiliter se noverint protinus incursuros. Presencium nostro sub appenso sigillo testimonio literarum. Datum Weverzi anno domini millesimo trecentesimo septuagesimo tercio, in crastino sancti Martini confessoris.

(Orig. Perg. h. Sig. im Gemeindearchive von Schatlau.)

10.

Albert von Sternberg, Bischof von Leitomyšl, verleiht denen, welche dem Augustinerkloster
in Landskron förderlich sind, einen 40tägigen Ablass. Dt. Leitomyšl, 18. August 1375.

In nomine domini amen. Albertus dei gracia Luthomuslensis episcopus universis christifidelibus, ad quos presentes pervenerint, pacem, gaudium et salutem in domino sempiternam. Suscepti pastoralis officii nos cottidiana cura sollicitatur, ut saluti animarum omnium christifidelium, precipue tamen nostro commissarum regimini, quantum cum deo possumus, salubriter intendamus. Sane considerantes, quod universos christifideles ad pietatis opera et devocionis studia divinis muneribus tanto studiosius excitamus, quanto per ea divine gracie reddi possunt apciores, eapropter omnibus vere confessis et penitentibus, qui ad ecclesiam monasterii sanctorum Nicolai et Katherine canonicorum regularium ordinis sancti Augustini in Lanczkrona nostre diocesis devoti accesserint in festivitatibus infrascriptis divinam graciam petituri et qui ad opus eiusdem monasterii manus porrexerint adiutrices quocienscunque, in infrascriptis singulis festivitatibus indulgencias subscriptas ex nostro officio pastorali misericorditer impartimur. Inprimis siquidem, qui prenominatum monasterium in nativitatis, circumcisionis, epiphaniarum, cene domini, passionis, resurreccionis cum duobus diebus, lancee, ascensionis, penthecostes cum duobus diebus, trinitatis, corporis Christi; item in concepcionis, annunciacionis, nativitatis, purificacionis et assumpcionis Virginis intemerate; item qui in sanctorum Angelorum, nativitatis Johannis Baptiste; item qui in beatorum Petri et Pauli, Andree, Johannis, Jacobi utriusque, Bartholomei, Symonis et Jude, Thome, Mathie, Mathei, Marci, Luce, Barnabe apostolorum et evangelistarum, necnon qui eciam in beatissimorum Stephani prothomartiris, Laurencii, Viti, Wenczeslai translacionis et transitus Adalberti, quinque fratrum, Zigismundi, Georgii, Mauricii, Victorini martirum gloriosorum; item qui in Gregorii, Ambrosii, Jeronimi, Augustini transitus et translacionis, Martini, Nicolai, Procopii confessorum beatorum; item qui in Marie Magdalene, Marthe, Felicitatis, Katherine, Margarethe. Dorothee, Juliane ac Ludmile, Elizabeth virginum et viduarum; insuper, qui in die innocencium. omnium sanctorum, in commemoracione omnium animarum et dedicacione monasterii memorati festivitatum devocionis causa accesserit sive accesserint, seu beneficium quodcunque a manu. linqua vel obsequio impenderint; postremo quocienscunque quis sermoni ibidem interfuerit, cantilenam hospodin pomiluj ny ante sermonem vel in missa vel quando corpus domini nostri Jesu Christi ad infirmum seu infirmos deportatur et deportabitur, cum aliis cantaverit, seu ipsum corpus dominicum conduxerit; item qui corpus Christi et sacrum oleum secuntur et pacem in missa recipiunt; item qui tria ave Maria dixerit in sero, quando trina vice pulsatur; item qui intersunt, quando salve regina decantatur; item qui misse, que mane de virgine beatissima Maria cantari vel legi consuevit, interfuerit et qui pro rege, episcopo et pro pace regni Boemie preces domino deo funderit, de omnipotentis dei misericordia et beatissimorum apostolorum Petri et Pauli atque Bartholomei eius sanctissimorum quoque martirum Viti, Wenczeslai, Adalberti, Zigismundi, Mauricii patronorum nostrorum meritis et intercessione confisi pro vice qualibet, et nichilominus singulis diebus festivitatum predictarum et ipsarum octavis, que tamen octavas habere dinoscuntur, quadraginta dierum indulgencias ipsis misericorditer in domino condonamus. Harum quibus sigilla nostra ad perpetuam rei memoriam et in testimonium omnium premissorum sunt appensa testimonio literarum. Datum in Luthomusl anno domini millesimo trecentesimo septuagesimo quinto, die decima octava mensis Augusti, tercia decima indiccione.

(Orig. Perg. h. Sig. im mähr. Landesarchive.)

11.

Jenčo von Strebec verkauft dem Ulrich Kortelangen seinen Lehensbesitz in Arnoltowitz.
Dt. Kremsier. 14. Februar 1376.

Noverint universi presencium noticiam habituri, quod ego Jenczo de Strebecz sufficienti et matura deliberacione prehabita de beneplacito reverendi in Christo patris domini Johannis Olomucensis episcopi honorabili et sapienti viro magistro Ulrico dicto Kortelangen. Henslino filio eius et eorum heredibus pretextu veri cambii seu commutacionis bonorum donavi et assignavi racionabiliter vendidi ac coram antedicto reverendissimo domino Olomucensi episcopo tamquam feodi domino libera et de mea bona voluntate resignavi omnia mea bona feodalia videlicet castrum cum media villa Arnoltowicz, opidum Mezerziczie. medietates villarum Jurzina Lhota et Strschietcz ac villas Kirschine. Hrachowicz, Wessela, Peschikowa Lhota, Oznicze (?) necnon Polomschko, Katherzinko et Hodonawsko ac omnia et singula mea bona feodalia cum silvis rubetis etc. pro villis Rzewnowicz et Nemoticz cum eorum juribus et pertinenciis et quadringentis marcis grossorum pragensium moravici numeri et pagamenti etc. et specialiter ad fideles manus strenui militis domini Johannis et Stachonis fratrum de Przisna teneor et mea bona fide promitto iure feodali disbrigare etc. Actum et datum Chremsir in die sancti Valentini sub anno domini M^{0}CCC^0 septuagesimo sexto.

(Kremsierer Lehensquatern II., p. 79.)

12.

Das Kloster Hradisch verkauft dem Ctibor Pluh das Gut Gaja sammt dem Dorfe Bukowan
auf dessen Lebenszeit. Dt. Kloster-Hradisch, 4. März 1382.

Nos Petrus divina favente clemencia abbas, Wenczeslaus prior, Martinus subprior, Wenczeslaus camerarius, Beneschius custos totusque conventus monasterii Gradicensis, ordinis Premonstratensis, Olomucensis diocesis cupimus fore notum universis presentibus et futuris. Quod considerantes et pensantes grata et accepta servicia, que nobis ac nostro monasterio nobilis vir Stiborius dictus Pluh hactenus gratanter exhibuit et ad presens constanter exhibet, cum eciam speramus in futuro exhibiturum, de consensu unanimi in loco capituli prelibati eidem Stiborio opidum nostrum Kyjow et villam Bukowan cum omnibus ipsorum pertinenciis et attinenciis, puta allodiis, agris cultis et incultis, pratis, pascuis, silvis omnique pleno jure et dominio damus et resignamus libere tenenda fruenda et possidenda dumtaxat ad tempora vite sue in usus ipsius quovismodo convertenda. Tali tamen condicione adjecta, quod ipse Stiborius dictus Pluh conventui nostro Gradicensi singulis annis duas marcas grossorum tenebitur presentare, unam in cena domini et aliam in festo Johannis baptiste; stcura eciam regalis cum fuerit, pro illa quinque sexagenas grossorum solvere et dare debebit. Et plebanus noster ibidem in Kyjow, qui est aut fuerit pro tempore, ligna succidendi in silva retro Bukowan, quantum necesse fuerit sue curie, plenam habebit libertatem; homines eciam plebani ab omnibus infestacionibus et judiciis prenominati domini Stiborii totaliter sunt soluti. Adjectum est eciam, ut omnes porciones ille, quas multifatus dominus Stiborius ademit et cum propriis pecuniis redemit, ipso viam carnis universe ingresso, una cum prenominatis bonis nostris ad nos et monasterium nostrum devolvantur. Cum autem sepedictus Stiborius mortuus fuerit, veluti singuli debitum carnis solvere tenemur, extunc quatuor equi valentes pro aratro et quatuor vacce ibidem in curia nostra Kyjow nobis debent resignari; segetes vero et blada, que in campis fuerint, ad nos pertinebunt; alia autem omnia videlicet armenta et grana ipse sepefatus Stiborius legare poterit pro sue libito voluntatis. Harum quibus sigilla nostra videlicet abbatis et conventus duximus appendenda testimonio literarum. Datum in monasterio nostro Gradicensi in die translacionis sancti Wenczeslai Boemorum patroni, anno domini millesimo trecentesimo octuagesimo secundo.

(Inserirt in der Urkunde des Nikolaus von Potenstein vom 12. März 1389. Vid. n. 544 dieses Bandes.)

13.

K. Wenzel IV. von Böhmen verordnet, dass das Gut Dřewčitz mit den Mensalgütern des Olmützer Bisthumes vereinigt werde. Dt. Prag, 11. October 1382.

Wenceslaus dei gracia Romanorum rex semper augustus et Boemie rex notumfacimus tenore presencium universis. Etsi celestis dispensacionis providencia ad hoc, licet insufficientibus meritis simus misericorditer evocati, ut regalis magnificencie dignitati fideliter presidentes universorum saluti ex quodam debito teneamur intendere; inter ceteras tamen sollicitudinum curas, quibus pro subditorum commodis et optata salute cogitacionis materia nostro pectori assidue infunditur, illa nobis est cura precipua, ad illud sedulum destinamus affectum, qualiter singularibus quibusdam prerogativa et gracia ecclesias sanctas dei ad laudem divini nominis et gloriam prosequamur ulterius in his, que earundem ecclesiarum et personarum ipsarum utilitates, commoda respiciunt et profectum. Sane constitutus in nostre majestatis presencia venerabilis Petrus Olomucensis ecclesie episcopus princeps consiliarius et devotus noster dilectus serenitati nostre proposuit, quod pluries deliberacione prehabita, quomodo dicte sue ecclesie, ipsius et successorum suorum Olomucensium episcoporum condicionem posset facere meliorem et ipsorum procurare utilitates et commoda, hoc attento maxime, ut cum dictos episcopos per reges Boemie pro statu felici et communi bono regni et incolarum ipsius regni nostri Bohemie et corone eiusdem regni evocari contingeret, haberent aliquas possessiones in eodem regno nostro Bohemie, ad quas ipsi episcopi Olomucenses cum familia et comitiva pro ipsorum necessitatibus declinarent: tandem fortalicium et villas Drzewczicz et Popowicz in regno nostro Bohemie sitas cum omnibus ipsorum juribus et pertinenciis emendas a strenuo Henrico de Merow duxerat, sicut et eas ab eodem Henrico post multos tractatus habitos pro duobus millibus septingentis et quinquaginta sexagenis grossorum denariorum pragensium ad mensam suam et episcoporum Olomucensium successorum suorum predictorum emit ac rite et racionabiliter comparavit. nobis humiliter supplicando, quatenus sibi nichilominus prefatis suis ecclesie Olomucensi et successoribus supradicta fortalicium et villas de innate nobis pietatis clemencia et favoris gracie singularis inviscerare, incorporare, unire, applicare, adjungere et auctoritate regia Boemie confirmare graciosius dignaremur necnon supradictis vendicioni et empcioni assensum nostrum favorosum impartire. Nos igitur attendentes devocionis eximie zelum prefati episcopi et eius commendabile imo preconiis insignibus efferendum propositum dignum duxit nostra serenitas, ut eius tam sancte quam eciam juste peticioni assensum benivolum preberemus. Animo igitur deliberato, non per errorem aut improvide, sed sano principum et baronum regni nostri Boemie accedente consilio ad laudem dei omnipotentis et gloriam eiusque matris Marie virginis gloriose necnon ad honorem inclitorum martyrum Wenceslai, qui princeps Boemorum non solum corporum sed animarum querens salutem propagator orthodoxe fidel venerandum eius corpus velut agnus innocens iniquissimo fratricide non expavescens exponere, glorioso certaminis triumpho palmam martirii meruit et eterna gloria extitit insignitus; Mauricii athlete fortissimi signiferi et primipularii illius alme legionis Thebeorum, qui pro Christi nomine spretis mundi vanitatibus martyrium subierunt, sancti quoque Christini, qui martirio coronatus, cui dominus omnipotens talem graciam dignatus est donare, quod ut vates et propheta in morte eciam futura pronunceiet et velut alter precursor domini ad penitenciam suos famulos miraculosius exhortetur; atque ob divi quondam Karoli, Romanorum imperatoris et Bohemie regis, et recolende memorie predecessorum nostrorum regum Bohemie et nostrarum animarum salute prefato venerabili Petro episcopo Olomucensi. suis. ecclesie sue et successoribus eiusdem ecclesie Olomucensis episcopis et mense eorum supradicta fortalicium et villas Drzewczicz et Popowicz cum omnibus ipsarum juribus et pertinenciis, eo jure sicut prefatus Henricus eadem fortalicium et villas habuisse et possedisse dinoscitur. inviscerandas incorporandas applicandas uniendas adjungendas et confirmandas duximus, ipsasque invisceramus applicamus unimus adjungimus et de certa nostra sciencia autoritate regia Boemie supradicta perpetuo nunquam a mensa dictorum episcoporum vendendas alienandas seu in toto vel in parte distrahendas per Olomucensis ecclesie episcopos sive capitulum graciosius confirmamus, prefatisque vendicioni et empcioni consensum pariter et assensum impartimur et benignius adhibemus. Volumus eciam, quod in casu, quo supradictum Petrum Olomucensem episcopum principem et consiliarium nostrum dilectum ad aliam contingeret transire ecclesiam, quod ipse ad vite sue tempora predicta fortalicium et villas Drzewczicz et Popowicz una cum ipsarum pertinenciis universis habere tenere possidere et eis uti et frui debeat absque contradiccione et impedimento successorum ipsius episcoporum Olomucensis ecclesie. Ita tamen, quod post ipsius mortem ad eosdem eius successores et mensam episcopalem modis et condicionibus supradictis revertantur. Nulli ergo omnio hominum liceat hanc nostre invisceracionis incorporacionis unionis applicacionis adjunccionis confirmacionis et consensus nostre donacionis paginam infringere aut eis quovis ausu temerario quomodolibet contraire. Si quis autem secus attemptare presumpserit, indignacionem nostram gravissimam et penam centum marcarum auri puri se noverit incursurum, quarum medietatem regalis nostri erarii sive fisci, residuam vero partem dictis Olomucensi episcopo et ecclesie sue injuriam passorum usibus decernimus applicandam. Testes huius rei sunt: venerabilis Joannes archiepiscopus pragensis apostolice sedis legatus princeps cancellarius et consiliarius, Theodricus Tarbatensis, Joannes Luthomislensis episcopi, illustres Jodocus et Procopius fratres marchiones Moravie patrui nostri, Przimislaus Theschinensis, Bunczlaus Legnicensis et Przimko Oppaviensis duces, spectabiles Rudolphus de Habspurk, Joannes lantgravius Luthembergensis comites, nobiles Joannes de Rosemberk, Tymo de Koldicz, Petrus de Wartemberg, Johannes de Wartemberg, Beneschius de Wartemberg alias de Wessels, Burkardus de Janowicz, Beneschius de Krumpnow et alii quam plures nobiles nostri fideles. Presencium sub regie nostre majestatis sigillo testimonio literarum. Datum Prage anno domini millesimo trecentesimo octuagesimo secundo, indiccione quarta, quinto idus Octobris, regnorum nostrorum anno Boemie vicesimo, Romanorum vero septimo.

(Inserirt in der Bestättigungsurkunde des K. Wenzel IV., ddo. 30. Juni 1396. — Vid. n. 272.)

14.

Wok von Kravář verkauft dem Olmützer Kanonikus Wilhelm Kortelangen das Dorf Deutsch-Jassenik auf dessen Lebenszeit. Dt. Neutitschein, 2. Oktober 1383.

Nos Wokco de Crawar supremus czude Olomucensis camerarius et dominus in Tyczyn pro nobis ac nobilibus dominis Wockone et Laczkone fratribus germanis de Crawar filiis nostris, qui adhuc minoris etatis existunt, necnon heredibus et successoribus nostris dominis in Tyczyn notumfacimus tenore presencium universis. Quod animo deliberato de certa sciencia et amicorum ac fidelium nostrorum consilio accedente honorabili viro domino Wilhelmo Körtelangen Olomucensi canonico villam nostram hereditariam Jessenyk theutonicalem nuncupatam districtus et dominii Tyczynensis cum judice judicio et ad ipsum spectantibus cum omnibus rusticis villanis hominibus censitis et ad glebam astrictis agricolis agricultoribus incolis inhabitatoribus domibus curiis areis censibus redditibus fructibus proventibus usufructibus obvencionibus emolimentis, agris cultis et incultis agriculturis pascuis planis montibus vallibus aquis aquarumve decursibus rivulis piscaturis aucupacionibus rubetis virgultis ortis arboribus juribus jurisdiccionibus penis emendis observanciis consuetudinibus honoranciis et honoribus ac omnibus et singulis pertinenciis et attinenciis suis, prout in metis et greniciis suis circumferencialiter antiquitus est distincta, necnon cum mero et mixto imperio judicio jurisdiccione et temporali potestate ac collacione ecclesie parochialis ibidem, dum vacaverit, ac omnibus et singulis aliis quibuscunque nominibus aut vocabulis specialiter valeant designari, nichil penitus excluso, prout nos ipsi eandem tenuimus gubernavimus et quiete possedimus usque modo, juste vendicionis titulo videlicet pro ducentis viginti marcis moravicalibus grossorum bohemicalium, que nobis pro parte dicti domini Wilhelmi assignate numerate et solute existunt in parata pecunia, vendidimus et assignavimus, vendimus et virtute presencium supradictam villam cum omnibus et singulis expressatis superius ad vite sue dumtaxat tempora vendidimus et cum pleno jure et dominio assignamus eidem, nichil nobis heredibus et successoribus nostris in dicta villa et pertinenciis suis juris dominii seu proprietatis reservantes. sed in ipsum Wilhelmum plenimode transferentes. Et quia debueramus eciam eidem in dicta villa demonstrare pro annuo censu suis temporibus deputato percipiendas et levandas quadraginta marcas grossorum bohemicalium moravici numeri et pagamenti. in quo defectus inventus est se extendens ad unam marcam et quinquaginta duos grossos. quem sibi supplendum demonstravimus in villa Mankindorf de certis agris censualibus. videlicet in festo sancti Georgii proxime venturo quadraginta duos grossos et in festo sancti Michahelis subsequenti similiter quadraginta duos grossos, residuam vero mediam marcam eidem deputavimus percipiendam a judice judicio et villa in Horka. Est ergo iste census annuus. quem in terminis subnotatis in dicta villa Jessenik eidem Wilhelmo annis singulis vite sue temporibus percipiendum et levandum deputavimus, hoc est intelligendum. si villa ipsa in pristino statu existeret seu reduceretur; sed propter ingentem pestilenciam pars agrorum ad presens manet deserta, ita quod notabiliter deperit de censibus et proventibus subnotatis, quos quidem defectus supplere sibi promittimus et demonstramus super judicio judice et villa in Horka, donec ad statum suum reducatur. Primo in festo sancti Martini racione steure communis seu annalis septem marce et XXI grossos. Item. super festo natalis domini racione robotarum unam marcam XXVI grossos. Item. super festo pasche viginti scapulas porcinas aut XX novem grossos. Item, super festo sancti Georgii de vero censu dicte ville, scilicet de quindecim laneis agrorum absque quartali undecim marcas quatuor grossos. Item, a judice dicte ville in eodem termino duas marcas et mediam marcam grossorum. Item, super festo pentecostes quinque fertones racione vaccarum vulgariter dicto Kuhgelt. Item super festo sancti Michaelis racione veri census undecim marcas quatuor grossos. Item, a judice ville predicte duas marcas et mediam marcam. Item, super codem festo centum sedecim pullos aut triginta novem grossos. Quorum omnium summa de dicta villa se extendit ad XXXVIII marcas et duodecim grossos. Eapropter intencionis nostre existit, ut prenominatus Wilhelmus in pacifica et quieta possessione dicte ville Jessenyk, hominum censuum et pertinenciarum suarum, ut superius specifice magis exprimitur, illesus vite sue temporibus omnimode conservetur, eidem Wilhelmo et ad fideles manus eius honorabilibus viris domino magistro Nicolao de Gewicz Olomucensi canonico ac magistro Gregorio rectori scolarum et notario civitatis Chremsirensis, pro nobis heredibus et successoribus nostris dominis in Tyczin promittimus presentibus bona fide sine omni fraude et dolo, dictam villam cum hominibus censibus et pertinenciis suis pretactis ab omni impeticione, cuiuscunque status preeminencie aut condicionis existat. efficaciter disbrigare. Volumus eciam et promittimus eundem Wilhelmum in quieta possessione dicte ville, censuum percepcione ac omnium et singulorum jurium consuetudinum et pertinenciarum suarum totis vite sue temporibus contra omnem hominem, eciam si marchio aut princeps seu alius quicunque existat, qui eum in dicta villa hominibus juribus et pertinenciis suis expressatis superius impedire invadere dampnificare seu violenciam aut injuriam conaretur inferre, protegere et fideliter defensare. Non permittemus eciam censum antedictum per quempiam arrestari jure vel facto spirituali seu temporali, terrestri aut feodali, sed sibi, aut cui duxerit committendum, singulis annis vite sue temporibus absque impedimento dari et integraliter assignari faciemus. Promittimus eciam dicto Wilhelmo, quod in casu, quod absit, quod dicta villa in hominibus domibus et pertinenciis suis prefatis racione gwerarum seu disceptacionum per nos aut nostros cuicunque seu quibuscunque motarum seu movendarum vel fortassis nobis aut nostris ab aliis motarum seu movendarum, per devastacionem exercituum, ignis incendium seu alio quovis modo destrui aut dampnificari contingeret, ita quod dictus Wilhelmus censum supradictum nequiret habere, extunc promittimus eidem tantum in aliis nostris bonis demonstrare quantum ibi deperisset, sic quod annuus census quadraginta marcarum, ut prefertur, ad plenum cedat ei. Si vero per incendium proprium eandem devastari aut deteriorari contingeret, ad huiusmodi recompensam nolumus obligari. Non licebit eciam nobis, heredibus et successoribus nostris dominis in Tyczin contra dictos contractus empcionis et vendicionis aliquo colore vel causa pretensis venire seu eos retractare quovismodo, sed quod dicta villa cum omnibus juribus jurisdiccionibus censibus et pertinenciis universis apud eum cunctis vite sue temporibus libere debeant permanere. Ita tamen, quod ipso ab hac vita decedente ad nos et heredes nostros cum pleno dominio jurisdiccione et justa devolucione in toto revertatur. Insuper ad robor et majorem efficaciam omnium premissorum rogavimus infra nominatos nobiles et strenuos viros, ut ipsi pro nobis heredibus et successoribus nostris prefatis ac una nobiscum dictis dominis Wilhelmo et magistris Nicolao et Gregorio promittant et fidem faciant omnium premissorum. Nos igitur Benessius de Crawar Romanorum regis camere magister et dominus in Crumnaw et Laczko de Crawar dominus in Helfenstein fratres germani dicti domini Wockonis et nos Pauliko de Eulenburg, Nicolaus de Stolticz, Johannes de Przne et Wenceslaus de Doloplass et nos judex scabini jurati cives et communitas in Tyczin notum esse volumus presentibus universis. Quod nos omnes et singuli ad rogatum et ob amorem specialem antedicti domini Wockonis una cum eo et pro eo necnon heredibus et successoribus suis dominis in Tyczin dextris datis in solidum et indivisim promisimus et promittimus vigore presencium bona fide absque fraude et dolo malo, domino Wilhelmo supradicto et ad manus eius dictis dominis magistris Nicolao et Gregorio pro omnibus et singulis premissis et expressatis superius in contractu empcionis et vendicionis ville Jessenik censum et omnium pertinenciarum suarum et nominatim pro quadraginta marcis annui census per dictum Wilhelmum annis singulis percipiendis et levandis. Si autem, quod absit, dicto Wilhelmo in dicta villa Jessenyk hominibus juribus consuetudinibus et pertinenciis suis impeticio aggravacio injuria violencia seu dampnum per quemcunque fortassis inferri contingeret, illud seu illa volumus et promittimus sibi disbrigare ac eum de omnibus et singulis hic et eciam superius per antedictum dominum Wockonem expressatis et premissis indempnem reddere et conservare. In casu vero, quod dictus Wilhelmus in possessione dicte ville censu et omnium pertinenciarum suarum omnibus vite sue temporibus per quemcunque, cuiuscunque eciam preeminencie gradus nobilitatis status aut condicionis existat, ut prefertur, impediretur dampnificaretur, injuria seu violencia gravaretur, extunc volumus et debemus dum per eum seu pro parte ipsius requisiti

71*

fuerimus. procurare et efficere. quod talia dampna aut injurie refundantur in toto et de illatis plenarie satisfiat. Si vero hoc non liet, extunc quicunque nos prefati duo aut unus nostrum per dictum Wilhelmum aut eius nomine moniti fuerimus, mox tenebimur promittimus et debemus hospicium publicum in Olomucz aut in Chremsir, quod nobis per eum aut pro parte sua fuerit demonstratum absque contradiccione quilibet nostrum cum uno famulo et duobus equis in personis propriis subintrare ad prestandum obstagium *) etc. In cuius rei testimonium et robur presentes literas fieri et omnium nostrorum premissorum · sigillorum appensione de certa sciencia fecimus communiri. Datum Tyczin die secunda mensis Octobris anno domini millesimo trecentesimo octuagesimo tercio feliciter amen.

(Kremsierer Lehensquatern III., f. 2.)

---

*) Folgt die gewöhnliche Einlagerformel.

INDEX.

A.

Abtsdorf (Absdorf), Ort in Böhmen 187.

Absdorf vid. Abtsdorf.

Adelheid soror Nicolai canon. Olom. 227.

Agriensis ecclesiæ episcopus: Johann 383.

Albea vid. Elbe.

Albersdorf 140. Heinrich 140.

Albrechtsdorf, Ort in Böhmen 555.

Alsatia vid. Elsass.

Altmark Brandenburg 427.

Alttitschein (Tyczyn). Markt bei Neutitschein 561.

Altum Vadum vid. Hohenfurth.

Alvensleben Herren von — 436.

Andegavensis dux vid. Anjou.

Anjou, Herzog 277.

Aquileja 429. Patriarch: Johann 429.

Aquilegiensis patriarcha vid. Aquileja.

Araczicz vid. Šaratice.

Arnoltovice (Arnoltowicz) eingegangenes Dorf bei Wall. Meziřič 259. 558. Jeneč 259. Klara relicta Jenč. 259. Henricus dictus de Bělá 529. 535. 536. 538. 543. Ješek fil. Hen. 529.

Arnoltowicz vid. Arnoltovice.

Artwikowicz vid. Hertikovice.

Aschaufenburgense concilium 370. 439.

Augustinerorden 296.

Aula regia vid. Königssaal.

Aulenburg vid. Sovinec.

Auspitz vid. Hustopeč.

Austerlitz (Nawsedlicz) 195. — Kommende des deutschen Ordens 195. — Kommendator: Ulrich von Grafenberg 195.

Auystleich Michael 162.

B.

Babice, Dorf bei Znaim 438. — Johann 438. — Wilhelm frat. Joh. 438.

Babice (Babicz), Dorf bei Olmütz 94. — Janek 94. parochus: Vlček 106.

Babicz vid. Babice.

Baiern 83. — Herzoge und Pfalzgrafen bei Rhein: Stephan der jüng. 83. — Otto 83. — Friedrich 83.

Barchaw? 530. — Smil 530. 531.

Barensis archiepiscopus: Bartholomäus 482.

Bartenberch vid. Wartemberg.

Basanicz vid. Vázanice.

Batouchovice (Batuschowicz), Dorf bei Gr. Meziřič 513. — Ostruh 513.

Batuschowicz vid. Batouchovice.

Bautsch vid. Budišov.

Bavarus Stephan 541.

Bebeg Dyetricus nobilis Hungariæ 352.

Bechina vid. Bechyně.

Bechyně, Stadt in Böhmen 4. 7. 334. — archidiakon: Boreš 204.

Beczmyl = Vicemil, böhm. Mannsname.

Běhařovice (Bieharzowicz), Markt bei Hroltowitz 315. — Stanislaus de B. 317. — Alexius de B. 317. — plebanus: Rupert 315. 316.

Bělá (Byela, Biela), Dorf bei Mistek 25. Heinrich dictus de Rožnov 240. 241. 390. 487. — Johann 487. — Henricus de Arnoltovice 536. 537. — Judex: 258.

Bělčice (Byelczicz), Dorf im Prachiner Kr. 4. 7.

Bemdorf jetzt Stadttheil von Auspitz 262.

Beneschaw vid. Benešov.

Benesov vid. Benešov.

Benešov (Benešov, Beneschaw), Stadt in Böhmen 4.
Beranov (Peranaw), Dorf bei Iglau 32. — Heinrich 32·
Berka Gerard clericus Olom. dioc. 246. 218. - - vid. Dubá.
Berlin. Stadt 427. 466.
Bernau. Stadt in Brandenburg 429.
Besdiekow vid. Bezděkov.
Bessel vid. Wartomberg und Veseli.
Bezděkov (Besdiekow), Dorf bei Busau 249.
Biela vid. Bělá.
Bielans vid. Vilanec.
Biesentz vid. Bisenz.
Bieharzowicz vid. Běbařovice.
Bilevská hora, Wald bei Bilowitz 165. 175.
Bilovice (Wylowicz, Byelowicz), Dorf bei Olmütz 52. 165. — Kunik 535. 538. — Anna uxor Kun. 535. — Jaroš Kužel 536. Janáč (Ješek) Kužel 536. 541.
Birkenstein vid. Pirkenstein.
Birnbaumhof (Pipawnhof) bei Iglau 111.
Birnyczka vid. Brníčko.
Bisenz vid. Bzenec.
Biskupice (Biskupicz), Dorf bei Kojetein 443.
Biskupice (Biskupicze), Dorf bei Hrotlowitz 543. — Herbord 543.
Biskupicz vid. Biskupice.
Bistricz flumen vid. Bystřice.
Bitov (Vöttau, Vethovia, Wethovia, Vetow, Byethov), Burg bei Zuaim. — Heinrich 15. Hensliu (Johannu) von Lichtenburg 19. 25. 27. 29. 30. 38. 54. 90. 177. 181. 182. 191. 231. 266. 267. 276. 287. 326. 330. 342. 383. 390. — Georg von Lichtenburg 19. 38. 54. 90. 177. 182. 191. 276. 326. 343. 418. 438. 462. 510. — Albrecht von Lichtenburg 276. 330. 335. 343. 446. 456. 525. — Hanns

326. 337. 340. 341. 347. — Čeněk Krušina 38. 549. 550. 552. — Wenzel Krušina 267. 336. — Hynek 446. 456. 510. — Litolt frat. Hyn. 446. 541. — Hynek Krušina de Milotitz 552. — capellanus in Bitov: Nicolaus. — vergl. Lichtenburg.
Blachno. böhm. Mannsname = Vlachník 248.
Blaschow vid. Blažov.
Blažov (Blaschow), Dorf bei Littau 249.
Blučina (Lauczans, Lawschans), Ort bei Raigern 285. — parochus: Andreas 299.
Bludov 41. — Andreas alias de Nechvalin 41. 338. 394. 395. — Diviš 383.
Bochovičky, Dorf bei Trebitsch 54.
Bodenstadt (Pottenstat), Stadt im nördl. Mähren 441. — Burggraf: Ulrich de Duban 441.
Böhmen. Könige: Johann 71. — Karl IV. 6. 10. 14. 15. 16. 33. 35. 41. 46. 48. 51. 61. 71. 83. 84. 95. 102. 103. 117. 121. 407. 414. 415. 418. 424. Elisabeth Gem. Karl IV. 136. — Wenzel IV. 13. 14. 15. 16. 36. 40. 42. 46. 61. 62. 95. 97. 102. 103. 160. 166. 186. 222. 223. 224. 230. 242. 268. 274. 275. 277. 278. 332. 337. 340. 341· 351. 352. 353. 354. 356. 357. 364. 365. 407. 414. 415. 418. 422. 428. 432. 433. 436. 437. 438. 442. 443. 451. 452. 479. 480. 481. 483. 487. 517. 518. 521. 553. 559. — Summus marschalcus Bohemiæ: Heinrich v. Lipá vid. Lipá. — Supremus camerarius: Boček de Poděbrad 52. — Magister curiæ regis Boh.: Johannes de Leuchtenberg 14. — Tabulæ regni Boh. (Landtafel) 241. — Protonotarius: Beneš de Chusnik 241.

Bohutice (Pochticz), Dorf bei Mähr. Kromau 412. — Marquard 412. 428.
Bolehradicz vid. Kunstat.
Boleslav 123. archidiaconu: Wenzl 123, 157.
Boleslav Mladá (Juvenis Boleslavia) 345. — Jonas judeus 345.
Boleslavicz, Ort in Böhmen = Boleslav? 371.
Boppard, Stadt 35.
Bor vid. Bory.
Borotice (Paraticz), Dorf bei Zuaim 308.
Borotin (Borotyn), Dorf bei Gewitsch 80. — Buděk 80.
Borotyn vid. Borotin.
Bory (Bor bohem.), Dorf bei Gr. Meziřič 524.
Bory (Bor), Dorf bei Pernstein 78.
Boskovice (Bozcowicz, Poskowicz), Johann canon. Olom. et decan. Chremsir. 11. 146. — Ulrich frat. Joh. 12. 17. 19. 38. 54. 68. 73. 90. 125· 126. 138. 140. 145. 146. 177. 231. 249. 282. 289. 320. 321. 330. 342. 347. — Vaněk frat. Joh. 12. 38. 126. 146. 446. 528. — Tas 38. 54. 73. 90. 125. 289. 320. 321.
Bozcowicz vid. Boskovice.
Brabant 83. Herzog: Wenzl 83. — cf. Luxemburg, Limburg.
Braclis, Conrad de — 205.
Brandenburg 332. 414. 420. 422. 424. 425. 426. 427. 428. — Markgrafen: Wenzel IV. 14. Sigmund 327. 351. 352. 353. 354. 356. 357. 420. 422. 424. 425. 426. Maria uxor Sigm. 352. 353. 354. 356. 357. Johann: 424. 425.
Brandenburg, Stadt 429. 438. — Domcapitel 429. 438.
Brandenburg Altstadt 431.
Branek vid. Bránky.
Bránky (Branek), Dorf bei Wal. Meziřič 65. Stefan 65. 198.

Braslavec (Zbraczlawcze), Dorf bei Kunstadt 510. Johann 510.

Braunsberg (Brunsberg), Stadt in Mähren 105. 494. Pichanus : Konrad 105. Johannes 492.

Braunswerde (vielleicht Braunsberg?) 530. Niklas 530. 531.

Brdnycz vid. Brtnice.

Brega Laurenz de — 205.

Bresla vid. Breslau.

Breslau (Wratislawia, Bresla). — Cives 249. — Bischof: 57. 187. Wenzel 454. — Domherrn : Konrad v. Kaufung 110. Johannes Physicus 162. — Archidiacon : 151. 156. — Monasterium s. Vincentii 211. Äbte : Johann 243. Markus 248. 258.

Břevnov, Kloster 377.

Březi (Brzezie), Dorf bei Náměšť. Br. Kr. 29.

Březka (Brziezka), Dorf bei Gr. Biteš 54.

Březké (Brzieske), Dorf bei Náměšť Br. Kr. 29.

Brieg, Herzoge : Heinrich 14. 454. Ludwig 454.

Brindisi (Brundusium) 151. Erzbischof: Marinus 151.

Brničko (Birnyczka), Dorf bei Hohenstadt 413. vid. Otaslavice.

Brod Deutsch- 36. Richter: Michael 36. Nicolaus fil. Mich. 36.

Brod Ungarisch- 26.

Brodek (Brodleins), Dorf bei Prossnitz 158.

Brodleins vid. Prödlitz.

Bsencz vid. Bzenec.

Brtnice (Brtnycz, Brdnycz) 181. Johannes Schossel 181. 394.

Brtnycz vid. Brtnice.

Bruck Kloster- 20. 74. 127. 137. 144. 147. 151. 203. 286. 291. 295. 308. 309. 363. 483. — Abt: Zacharias 74. 151. 222. 308. 309. 349. 363. 483. — Prior : Škoch 74. Paul 309.

Bruna vid. Brünn.

Bruna antiqua vid. Brünn Alt-.

Brundusinus episcopus vid. Brindisi.

Brunsberg vid. Braunsberg.

Brünn (Bruna) 48. 71. 95. 108. 109. 123. 145. 146. 155. 195. 196. 197. 207. 228. 234. 280. 286. 288. 301. 303. 360. 377. 379. 380. 386. 391. 396. 403. 404. 405. 469. — Bürger und Schöffen. 26. 104. 109. 142. 197. 259. 280. 286. 392. 393. 402. 539. — Häuser. Bischofshof 70. des Klost. Oslavan 469. des Kl. Saar 300. — Juden. 286. 360. 390. 391. 392. 393. Judenmeister 393. Judenschule 393. — Kirchen. Aller Heiligen 142. Pfarrer : Nicolaus 142. s. Jakob 104. 142. 300. Pfarrer : Johann (Hanko) 104. 142. 267. 460. 474. s. Mauritz 300. s. Nicolaus 393. s. Petr 26. 214. Capitulum : 259. 293. Canonici : Bartholomäus 132. Hartlieb 64. 110. Heinrich 104. Peter Liseck 26. 293. Petr de Pudwicz 44. 91. Philipp 104. 137. Præpositura : 459. 460. Præpositus : Nicolaus de Veseli 64. 104. 132. 176. 185. 260. 261. 475. — Klöster : Augustiner (Novum claustrum) 20. 141. 191. 194. 234. 236. 287. 290. 333. 409. 510. Priores : Augustin 104. 141. 226. 410. Philipp 489. Dominikaner : 22. 66. 147. 186. 209. Prior : Záviše 26. Wenzel 186. Herburg 25. 186. 194. Priorin : Dorothea 26. Karthäuser vid. Königsfeld. Minoriten 108. — Landrecht 19. 38. 53. 321. 330. 342. 389. 509. — Mühle : Molendinum Pohorliceri 155. — Plätze : Kohlmarkt 288. Niederer Markt (Gr. Platz) 393. Topfmarkt 70. — Spital zu s. Stefan 234. 285. 301. — Stadt-

richter 29. 286. 300. — Stadtschreiber 186. vid. Gelnhausen. — Vorstädte : Derrendrusl (Dornrössel) 20. Grillowitz vid. Křidlovice. Schütt (Scbuta, Kröna) 234. 285. 301. — Zünfte : Kupferschmiede 404. Lederer und Schuster 404. Zinngiesser 403.

Brünn Alt- (Bruna antiqua) 25. — Bürger 25. — Kapelle des h. Prokop und Ulrich 474. — Kirche des h. Wenzel 474. Pfarrer : Blažek 474. — Klöster : Maria Saal (Aula reginæ, Königinkloster) 128. 132. 142. 154. 198. 329. 332. 402. 409. Äbtissin : Berchta 128. 154. 198. 262. 402. 474. Anna 410. 411. 474. — Kapläne 411. — Kreuzherren 155.

Brünnles vid. Brničko.

Brzezie vid. Březí.

Brziezka vid. Březka.

Brzieske vid. Březké.

Bubek Georg magist. tavernicorum Ungariæ 383. — Emerich vid. Ungarn.

Buchlovice (Puchlowicz), Dorf bei Ung. Hradisch 50. — Jeronym 50. Stach 50.

Buč, Dorf bei Neureisch 527. — Plebanus : Johann 527.

Buč (Budcye), Dorf bei Saar? gelegen 54.

Bučovice (Pudischwicz) 49. — Erhart 49. — Čeněk 49. 255.

Bucowicz vid. Bukovice.

Budcye vid. Buč.

Buděčko (Budyeczin), Dorf bei Konitz 282.

Budějovice (Pudwicz) 44. magister Petrus 44. — Jakob 205.

Budissaw vid. Budišov.

Budišov (Budissaw) 281. 492. judex: Hanemann 281. Margaretha uxor Hanem. 281.

Budwicz, Dorf 443.

Budyeczin vid. Buděčko.

Bukovany (Bukowan). Dorf bei Gaja H52. 558.

Bukovice (Bucowicz) 115. — Ebruš 115. Dorothea uxor Ebrušii 115.

Bukovin (Bukowein), eingegangenes Dorf bei Znaim 110. — Veste 525. Artleb, Domherr in Brünn 110. Ludwig 525. — cliens 339.

Bukowan vid. Bukovany.

Bukowein vid. Bukovina.

Bukowin vid. Bukovin.

Bunczlaus = Boleslav.

Bunko, böhm. Taufname, verkürzt für Bohuněk.

Burgmanice (Burgmanicze), eingegangenes Dorf bei Dürnholtz 17.

Burgmanicze vid. Burgmanice.

Burgleins vid. Pürglitz.

Buska vid. Kunstat.

Busko, böhm. Taufname, verkürzt für Bušek.

Buzaw vid. Búzov.

Búzov (Buzaw) castrum 249. — Beneš alias de Wildenberg 17. 19. 22. 52. — Proček fil. Ben. 22. Půta frat. Ben. 22. — cf. Wildenberg.

Byela vid. Běla.

Byeleziez vid. Bělčice.

Byethov vid. Bitov.

Býkovice (Bykowicz), Dorf bei Blansko 59. — Nicolaus Býček 59. — Andreas frat. Nic. 59. — Pešek 510. — Zdenka uxor Peš. 510.

Bykowicz vid. Býkovice.

Bylebska vid. Bílevská.

Bystřice (Wistřitz), Dorf bei Olmütz 198. — Hynek 198. — Andreas fil. Hyn. 198. — Vítek fil. Hyn. 198. — Aleš alias de Mrskles 198. — ecclesia 248. — Johann presbyter 478.

Bystřice,. Marcharm bei Olmütz 266.

Bytesska vid. Byteška.

Byteška (Bytesska) bei Náměst Br. Kr. 29.

Bzenec (Bzenecz, Biesentz), Stadt 17. 317. 325. 368.

C.

Camera apostolica 117. 151. — collectores cameræ apostol. 117. 151.

Camerarius supremus vide Mähren.

Campus sacrus 206. — Cistercienses 206. — Abt: Benedict 206.

Canicz vid. Kounice.

Caplicz vid. Kaplice.

Carrara 519. Herzog Franz der jüng. 519.

Cartusia Major vid. Chartreuse.

Castellum vid. Hrádek.

Cerekvice (Czierkwicz), Ort in Böhmen 187.

Chartreuse 467. Karthäuser 467. — Prior: Johann 467.

Chekyn vid. Čekyň, Dorf bei Prerau 80. — Diva 80.

Chilecz vid. Chyleč.

Chlumec (Chlumpcz) vid. Sternberg.

Chlumpcz vid. Chlumec.

Chmeliště (Chmelistcze), Wald bei Prerau 360.

Cholina (Cholinow), Ort bei Littau

Cholinow vid. Cholina.

Chostelecz vid. Wolframs.

Chotner Jakob, Bürger in Wien 65.

Chremsirensis ecclesia vid. Kremsier.

Chrlice (Kirlicz), Dorf bei Brünn 443. — Nicolaus 511. — Werner 511.

Chrotenful vid. Krotenful.

Chrudichromy (Crudichrom), Dorf bei Boskowitz 80. — Nikolaus 80.

Chrumbnaw vid. Krumlov.

Chrumnaw vid. Kromau.

Chueperch vid. Kuhberg.

Chulen vid. Gulen.

Chunewald vid. Kunewald.

Chünigsvelt vid. Königsfeld.

Churhaw vid. Krhov.

Chusnik Beneš, Protonotar der böhm. Landtafel 241.

Chutten vid. Kuttenberg.

Chyleč (Chilecz), Dorf bei Leipnik,

235. 253. 321. — Martin 235. 253. 366. 367. — plebanus: Wicker 253. 254. — Slavek de Křenovice frat. Wick. 253. 254.

jetzt unter dem Namen Veseličko 254. — Johann 254. 282.

Cimburk (Czynnenburg, Czinburk, Czynburg) 11. 368. — Stibor (= Ctibor) alias de Tovačov 11. 17. 25. 37. 38. 54. 73. 90. 110. 146. 177. 182. 198. 231. 233. 282. 289. 319. 320. 321. 323. 330. 338. 342. 344. 369. 390. 454. 456. 486. 509. 536. — Albert (Aleš, Alsso) fil. Stib. 282. 289. 330. 343. — Margaretha uxor Stib. 282. — Jaroš alias de Hvězdlice 54. 73. 233. 249. 282. 320. 321. 344. 369. 446. 456. 462. — Aleš de Sehradice 446. — Albrecht, Bernhard, Matuš, Předbor fratres 446.

Cladrub vid. Kladruby.

Cnet = Vzuata, böhm. Mannsname.

Coberziez vid. Kobeřice.

Cobluk vid. Klobouky.

Cogietin vid. Kojetin.

Cogietin vid. Kojetein.

Coliczin vid. Količín.

Colloquium baronum generale vid. Landrecht.
Colonia super Albea vid. Kolin.
Coloniensis urbs vid. Köln.
Conicz vid. Konice.
Conopiscz vid. Sternberg.
Contagio vid. Pest.
Conwald vid. Kunewald.
Copanyna vid. Kopanina.
Cornicz vid. Kornice.
Corona sancta vid. Heiligenkron.
Coruzne vid. Koroužná.
Cowalowicz vid. Kovalovice.
Coyzow vid. Kolšov.
Cracovia 474. — Theodricus, clericus 474.
Cracowcze vid. Krakovec.
Crasonicz vid. Krasonice.
Crassitz vid. Krasice.
Crawar vid. Kravář.
Cremyze? 487. Vychek 487.
Crhov (Czirchaw) 51. — Fridrich 51.
Cropacz vid. Kropáč.
Cruciferi vid. Kreuzherrn.
Crudichrom vid. Chrudichromy.
Crumsyn vid. Krumsín.
Crunaw vid. Krumlov.
Cruzek vid. Kroužek.
Cryzanow vid. Křížanov.
Crzenowicz vid. Křenovice.
Crzizans vid. Křížanov.

Crzyzanow vid. Křížanov.
Cuda (suda) = Landrecht.
Cunicense monast. vid. Kounice.
Cunitz vid. Kounice et Konice.
Cunoschin vid. Koněšín
Cunowicz vid. Kunovice.
Cunstat vid. Kunstat.
Cunyssin vid. Koněšín.
Curiensis episcopus Petr: 371.
Curowicz vid. Kurovice.
Czabnicz villa? 153.
Czalouicz vid. Čalovice.
Czastalowicz vid. Častolovice.
Czechi vid. Čechyň.
Czechn vid. Čechyň.
Czelechovicz vid. Čelechovice.
Czepanowicz vid. Štěpanovice.
Czerhovicz vid. Čechovice.
Czernowicz vid. Černovice.
Czernyns vid. Černín.
Czerweny vid. Červena.
Czierkwicz vid. Cerekvice.
Czinburk vid. Cimburg.
Czirchaw vid. Crhov.
Czirthorie vid. Čertoryje.
Czlewing vid. Zlabings.
Czrnczin vid. Čerčín.
Czuchaw Fridrich de — Hauptmann in Glatz 378. 379.
Czuchlarn? 332. — Stefan 332.

Czudarius = cudarius, Landrechtsbeamte.
Czwittaw vid. Zwitau.
Czyrnyn = Černin, böhm. Mannsname.
Czynnenburg vid. Cimburg.
Čalovice (Czalouicz), Dorf iu Böhmen 27. — Sezema 27.
Castolovice (Czastalowicz), Přta de— Hauptmann in der Lausitz 51.
Čechovice (Czerhovicz wahrsch. verschrieben statt Čechowitz), Dorf bei Prossnitz 3. 36. 37. 38.
Čechyň (Czechn), Dorf bei Raussnitz 287. 290.
Čelechovice (Czelechovicz), Dorf bei Olmütz 21.
Čerčín (Czrnczin), Dorf bei Wischau 531.
Černin (Czernyns), Dorf bei Znaim 395. — Paul Čas 395.
Černovice (Czernowicz), Dorf bei Brünn 20.
Čertoryje (Czirthorie), Dorf bei Olmütz 200. — Oneš vid. Rakodavy.
Červena (Czerweny), wahrsch. eingegangenes Dorf 23. — Bartoš 23. — Racka (= Rastislava) uxor Bart. 23.
Čikov (Scykow), Dorf bei Gr. Bíteš 54.

D.

Dalečin (Daleczyn), Markt bei Ingrowitz 339. — Parochus: Sbynek 339.
Daleczyn vid. Dalečin.
Damnice (Tempnicz), Ort bei Pohrlitz 349. 442. 474?
Danubius flumen 355. 357.
Darthonicz vid. Darchowicz.
Darchowicz? Hanuš 522. 537. — Paul frat. Han. 522. 537. — Zbínka mat. Han. 522. 537.

Deblin (Deblyn im 14. Jahrh. den Herren von Lomnitz gehörig). — Jeneč 38. 54. 90. — Proček 38. 54. 90. 320.
Deblyn vid. Deblin.
Dědice (Diedconis villa), Dorf bei Wischau 523.
Děrné vid. Tyrn.
Derrendrusl vid. Brünn.
Deschczna vid. Deštná.

Deštná (Deschczua), Dorf 536. — Ješek 536. — Nikolaus 536.
Deutsche Kaiser und Könige: Karl IV. vid. Böhmen. — Wenzl IV. vid. Böhmen.
Deutscher Orden 179. — magister curiæ: Lukas 179. — commendator: Ulrich v. Grafenberg 195.
Dezal vid. Tazaly.
Diedconis villa vid. Dědice.
Dirnhof vid. Dvořec.

72*

Dirzowyez vid. Držovice.

Diva (Dyewa), böhm. Mannsname.

Dlouhá ves. Dorf bei Kojetein 510. Vlček 510.

Dobelice (Dobelicz, Dobilicz), Dorf bei M. Kromau 153. 348. 411. 550.

Dobelicz vid. Dobelice.

Dobilicz vid. Dobelice.

Dobročkovice (Dobroczkowicz), Dorf bei Bučowitz 30. — Johann 30. — Vlček lil. Joh. 30. — Laurentius fil. Joh. 30.

Dobroczkowicz vid. Dobročkovice.

Dobromělice (Dobromelicz), Ort bei Kojetein 123. — Marquard 123.

Dobromelicz vid. Dobromělice.

Dobrotice (Dobroticz), Dorf bei Holleschau 511. — Jeník 511.

Dobrusk vid. Dobruš.

Dobruš (Dobrusk), Ort in Böhmen 298. - Johann 298. - Jaroslav 298.

Dolan vid. Dolany.

Dolany (Dolan), Dorf bei Olmütz 89. 112. 149. 154. 176. 190. 434. — Erbrichterei 89. — Erbrichter: Vícen 434. 466. — Margaretha, dessen Witwe 434. 466. —Karthäuserkloster, genannt Vallis Josaphat 423. 434. 466. 467. Prior: Stefan 434. 466. — Půta de Dolan alias de Wildenberg 90. cf. Wildenberg.

Dollein vid. Dolany.

Doloplazy, Dorf bei Prerau 69. — Rus 69. — Wenzl 198. 470. 471. 472. 473. 563.

Domamyslice (Domislicz), Dorf bei Prossnitz 36.

Domislicz vid. Domamyslice.

Donau vid. Danubius.

Donka vid. Zdounky.

Dornhof 413.

Doubravnik (Dubrawnik) 153. — Nonnenkloster: 153. 242. — Äbtissin: Clara 242.

Dornholtz vid. Dürnholz.

Drahanovice, Dorf 106. — plehanus: Michik 106.

Drahotausch vid. Drahotuš.

Drahotuš (Drahthus, Drahotausch). Kunik 19. 38. 54. 446. — Machnik 23. 86. 87. — Friduš 200. — Erhard 383. — Arkleb 446. — Čeněk 446.

Drahthus vid. Drahotuš.

Dreskwicz vid. Treskowitz.

Dřevčice (Drzebscbicz, Drewicz, Drziewcicz), Dorf in Böhmen 10. 240. 241. 559. — Heinrich 10. 133. 240. 241.

Dřevohostice (Drzewohosczicz), Dorf bei Prerau 375. — Jindřich 375.

Drewicz vid. Drevčice.

Dřinové (Drzienowe), Dorf bei Zdounek 30. Sbynek 30. 522. 531.

Drisice (Drissicz), Dorf bei Wischau 59. 443. — Michael 59.

Drissicz vid. Drisice.

Drnovice (Drnovicz), Dorf bei Wischau 4. 7.

Drnovicz vid. Drnovice.

Drvovec (Durwowecz), Wald bei Bystrtz 194.

Drzebschicz vid. Dřevčice.

Drzewohosczicz vid. Dřevohostice.

Drzienowe vid. Dřinové.

Drziewcicz vid. Dřevčice.

Držovice (Dirzowycz), Dorf bei Prossnitz 283. — Kuah 283. — Pešik dictus Jicha 283.

Dubá Hynek Berka de — 228. 229. — Johann 257. — Heinrich 528.

Duban vid. Dubany.

Dubany (Duhan), Dorf bei Prossnitz 441. — Ulrich 441 (vid. Bodenstadt).

Dubčany (Dubczan), Dorf bei Olmütz 354. — Medvídek 354. — Zbynek 354.

Dubczan vid. Dubčany.

Dubenken, vielleicht das jetzige Ober-Dubenky bei Studein 287.

Dubravnik vid. Doubravnik.

Durans vid. Tuřany.

Durchlass vid. Tvořihráz.

Durchloz vid. Durchlass.

Durhloz vid. Tvořihráz.

Durlos vid. Tvořihráz.

Dürren Gobels? 395.

Duringheim, Stadt 83. 84.

Durrenholcz vid. Dürnholtz.

Dürnholtz (Dornholtz, Durrenholcz) 17. — Heinrich von Wartemberg 19. 146. 233.

Durwowecz vid. Drvovec.

Dvořec (Dworzecz), Dorf bei Telč 23.

Dvořec (Dworzecz), alias Dirnhof 430. cf. Dornhof.

Dworzecz vid. Dvořec.

Dyeczin = Děčín vid. Wartemberg.

Dyeva vid. Diva.

E.

Eberhard, lector ord. eremit. s. Augustini 77.

Eberswalde, Stadt in Brandenburg 430. 436. — Pfarrer: 436.

Efferdingen 224. 225.

Egerberg, Wilhelm de — 129. — Fridrich 129.

Eibenschitz vid. Ivančice.

Eilowitz (Gylowecz, Jilovec), Ort in Schlesien 485.

Einlager 379. 405.

Eisemburgensis comitatus 357.

Eiwanczicz vid. Eibenschitz.
Elbe (Albea), Fluss 240.
Elhoten (böhm. Lhota), Dorf, dessen Lage bei der großen Menge der Orte d. Nam. nicht näher bestimmt werden kann 430. — Michek 430.
Elsass 83. — Laudfogtei 83. 84. 407. 408.

Enczesdorf (= Enzersdorf?) 407.
— Heinrich 407.
Erfurt 380. — Karthäuser 380. — Prior: Johann 380.
Eswitawia vid. Svitava.
Eulburg vid. Sovinec.
Eule (Ilavia) 102. 103. — Bergwerke: 102. 103.

Everdingen vid. Efferdingen.
Ewanczicz vid. Ivančice.
Ewlenburg vid. Sovinec.
Eylenburg vid. Sovinec.
Eysrichsdorf? 51.
Eywancz vid. Ivaneč.
Ezzlingen, Erhard de, 77.

F.

Feur Conrad 376. — Anna uxor ejus 376.
Forchtenstein (Forichtenstain) 525. — Graf: Hanns 525.
Forichtenstain vid. Forchtenstein.
Fran vid. Vranov.
Frain vid. Vranov.
Frankenstein 46. 97. 407.
Frankreich 277. — König 277.
Frankstadt (Frenstat) 533. — Martin presbyter Olom. Dioc. 533.
Freiberg (Freyenburg, Freiburg) 131. — Vogtei 131. 461. — Vögte: Graschil Petr 461. — Heinz Girke 461. 492.
Freiburg vid. Freiberg.
Freising 337. — Bischof: Bertold 337. 347.
Freistadt 454. — Herzog: Heinrich 454.
Frenaw vid. Vranov.
Frenstat vid. Frankstadt.
Freyenburg vid. Freiberg.
Friczendorf vid. Fritzendorf.
Fritzendorf, Dorfb. Braunsberg 105.

Fulnek 485. — monasterium canon. s. Augustini 485. — capella in castro 486. — rector scholae 486. — Držislav v. Kravář.
Fullenstain vid. Füllstein.
Füllstein (Fullenstain, Villenstayn) 184. — Anna vid. Oslavany. — Heinrich 202. 312. 453. 464. 492. 506. 538.
Fünfkirchen (Quinque ecclesiæ) 352. — Bischof: Valentin 352.
Furstenberg Filipp 116.

G.

Gaiwitz vid. Kyjovice.
Galeaz Johann vid. Mailand.
Galpusch, Örtlichkeit bei Lačnov 458.
Galtnstein, vielleicht Goldenstein? 126.
Gardelege, Stadt in Brandenburg 433.
Gawaczsch? 46. — eccles. par. 46. — parochus: Nicolaus de Teya 46.
Gdossau (Gdusaw), Dorf bei Znaim 72.
Gdusaw vid. Gdossau.
Gebenna, Robertus de — 482.
Geilnhusen vid. Gelnhausen.
Gelcz vid. Kelč.

Gelnhausen (Guhlenhusen, Geylnhausen), Johann de — Stadtschreiber in Brünn 186. 300. 397. Reichmut 300.
Gemunde vid. Gmunden.
s. Georgen (Jorigen) 476. — Graf: Thomas 476. 525. — Peter 525. — Thomas jun. 525.
Gestrziebie vid. Jestřebí.
Gewitsch vid. Jevičko.
Geylnhausen vid. Gelnhausen.
Geywicz vid. Gaiwitz.
Giczin vid. Jičín.
Gilgenberg, Niklas Pillung de — 406. — Margaretha fil. Nik. 406 (vid. Pernstein).
Girke Heinz vid. Freiberg.

Glatz 46. 51. 97. 379. 407.
Glemkau (Lhinka, Hlinka), Ort bei Jägerndorf 453.
Glezen? 453. — Laurenz 453.
Glezin? Franz von — 348.
Glogau (Glogaw) 454. — Herzog: Heinrich 454.
Gmunden (Gemunde) 303. — Heinrich, Baumeister des Markg. Jodok 203. 303. 396. — Drudekin seine Frau 303. 396.
Gnast, früher Dorf, jetzt Ödung bei Joslowitz 124. — Geblin 124.
Gnehnicz (= Hnanice?) 77. — Nicolaus plebanus 77.
Gnoynicz vid. Hnojice.
Gobels vid. Dürren Gobels.

H.

I. und J.

Iglau (Iglawia). 30. 465. 488. —
Bürger 30. 31. 32. 99. 107. 111.
322. - - Theloneum minus 30. 31.
Stadtrichter 32. 111. — Mi-
noritenkloster 126. 201. — Fluss
552.
Iglavia vid. Iglau.
Ilavia vid. Eule.
Inquisitor haeresis: Eberhard
179.
Irice (Yricz), Dorf bei Dürnholtz 114.
Ivaneč. Ivanč (Ywancz), Dorf, jetzt
Meierhof bei Stoitzen bei Datschitz
3. 287. — Bohuš 3. 287.
Ivančice (Ewanczicz) 176. 236.
Nicolaus 176. — mensura 552.
Jacobau vid. Jakubov.
Jacubow vid. Jakubov.
Jägerndorf (Jegerdorf), Stadt in
Schlesien 511. 512.
Jaktař (Jaktars), Dorf bei Troppau
177. — plebanus: Petr 177.
Jaktars vid. Jaktař.
Jakubov (Jacubow, Jacobav), Ort
bei Jamnitz, nach welchem sich
eine Linie der Fernsteine benannte.
349. — Ingram alias de Pernstein
19. 38. 54. 90. 91. 114. 127.
153. — Ingram fil. Ingr. 91.
153. 321. Filip fil. Ingr. 91. 153.
321. Vzuata alias de Pernstein
38. 41. Siegfried 91. 153. —
cf. Perustein.

Jamolice 111. — parochus: Adam
114.
Janovice (Janowicz). Burkart de —
561.
Janowicz vid. Janovice.
Janstein (Jenstein), Burg. jetzt
Ruine. bei Triesch 85. 287. 297.
Jarohňovice. Dorf bei Kremsier
264. — parochus: Johann 264.
Jegerdorff vid. Jägerndorf.
Jelmo (Gylma), Dorf bei Studein
106. — Johann 106.
Jemnice (Jempnicz), Stadt im südl.
Mähren 177. 294. — plebanus:
Johannes 177. — Paulus 293. —
judex: 181.
Jempnicz vid. Jemnice.
Jenstein vid. Janstein.
Jeřmaň (Jerzmani), Dorf bei Littau
249.
Jerzmani vid. Jeřmaň.
Jesco = Ješek = Johann.
Ješkovice (Gyescowiczie), Dorf
bei Wischau 4. 7.
Jessenik, Dorf? 562.
Jestřebi (Gestrziebie), Dorf bei
Gr. Meziřič 54.
Jeuspicz vid. Jevišovice.
Jevičko, Stadt 297. — Augustiner-
kloster: 297.
Jevišovice (Jewissowicz, Jeuspicz),
Markt, nach welchem sich eine
Linie der Herren von Kunstat

nannte. 39. — Sazoma 39. 54.
90. 127. - - Heinrich 369. 446.
525. — Hynek 446. 525. —
Janek 525. — rector paroch. eccl.
Nicolaus 64.
Jewissowicz vid. Jevišovice.
Jičin (Giezin, Neutitschein in Mähr.)
9. — Cives 227. — Nicolaus,
Official des Magdeburger Erzb. 81.
Jihlavka, Dorf 287.
Jilovec vid. Eilowitz.
Jiřikovice (Gyrzikowicz), Dorf bei
Brünn 510.
Jivová (Gywowa), Markt bei Stern-
berg 258.
Jodok. Markgr. von Mähren vid.
Mähren.
Johanniter-Orden 550. — Prior:
Gallus de Lemberg 550.
Jorigen vid. Georgen.
Josaphat vid. Dolany.
Juden 201.
Juden vid. Iglau. Brünn. Boleslav
Mladá. Znaim. Mähr. Neustadt.
Judoch, Markgr. von Mähren vid.
Mähren.
Jungbunzlau vid. Boleslav
Mladá.
Jurzina Lhota vid. Lhota.
Juvenis Boleslavia vid. Boles-
slav Mladá.

K.

Kadeřin (Kaderzin), Dorf bei
Busau 249.
Kaderzin vid. Kadeřin.
Kadolcze vid. Kadolec.
Kadolec (Kadolcze), Dorf bei
Křižauau 29.
Kaisersberg. Stadt 83. 84.

Kallendorf (Kolendorf), Ort bei
Znaim 137. 147. 285.
Kanitz vid. Kounice.
Kaplice (Caplicz), Ort in Böhmen
64. — Jakob 64. 93.
Karthäuser - Orden: General-
capitel 467.

Kateřinice (Katheindorf, Kather-
zinko), Dorf bei Freiberg 529.
Kathait? 412. — Maršík 412.
Katheindorf vid. Kateřinice.
Katherzinko vid. Kateřinice.
Kathlak vid. Kotlasy.
Katscher (Keczer), Stadt in Preuß.

Krasonice (Crasonicz), Dorf bei
Neureisch 527. — plebanus: Jakoh
527.

Krassendorf vid. Krásnoves.

Kravář (Crawar): Beneš de Krumlov 1. 7. 9. 27. 38. 54. 90. 113.
126. 138. 140. 177. 279. 321.
343. 384. 390. 446. 484. 486.
509. 513. 561. 563. — Beneš
61. Ben. 486. — Ješek lil. Ben.
484. — Drslav frat. Ben. 485.
— Drslav de Fulnek pat. Ben.
27. 484. — Elisabeth uxor Drsl.
484. — Venceslaus de Strážnice
4. 6. 16. 19. 36. 37. 38. 51.
54. 73. 89. 90. 125. 126. 133.
177. — Petrus de Strážuice 19.
52. 54. — Petrus de Plumlov 4.
6. 7. 17. 38. 52. 54. 90. 125.
236. 289. 320. 330. 334. 335.
343. 390. 446. 455. 456. 462.
486. 509. — Lacek de Helfenstein 6. 17. 38. 52. 90. 125.
177. 233. 319. 320. 330. 335.
342. 343. 446. 455. 456. 462.
470. 471. 472. 486. 509. 513.
536. 538. 561. 563. — Vok 129.
— Vok de Jičín 9. 38. 52. 54.
90. 181. 188. 229. 231. 233.
282. 289. 320. 330. 341. 343.
— Purggravius Radislav 93.

Kravi Hora (Chueperch, Kuhberg),
Burg (jetzt Ruine) s. ö. von Ná-
měšť Br. Kr. — Ješek 27. —
Heinrich v. Schellenberg 446. 553.

Křemařov (Skrziniarzow), Dorf bei
Křížanau 29.

Kremsier (Cremsir, Chremsir), Ecclesia s. Mauritii 11. 72. — Præpositura: 365. 489. — præpositus
Albert 173. 182. 260. — Decanus
Johannes de Boskowitz 11. 73. —
Canonici: Theodricus 69. Petrus
de Meluik 72. Johann 365. 366.
— Capitulum 392. — Rector
scholarum 173. — ecclesia s. Mariæ
258. — Judex curiæ episcopalis:

Jeník de Dobrotitz 511. — Hrabiše vasallus episcop. 536. —
Margaretha uxor ejus 536.

Křenovice, Dorf bei Kojetein 253.
254. Slavek 253. 254.

Kreuzherrn 155. commendator generalis: Semovit Herzog zu Teschen
155. — Kommende in Altbrünn
vid. Brünn Alt-.

Krhov (Churhau), Dorf bei Hrotowitz
27.

Křidlovice (Griluvicz, jetzt Gasse
in Altbrünn) 26. — Johann 26.
259. — Elisabeth relicta ejus 26.
259.

Křidlovice (Grilwicz), Dorf bei
Joslowitz 222.

Kritschen vid. Podoli.

Křižanov (Crzizans, Cryzanow),
Ješek (= Johann) 19. 39. 78.
90. 446. — Vznata 19. 79. —
Milota 446.

Křižinkov (Krzizancow), Dorf bei
Tischnowitz 510. — Ješik 510.

Krně (Krnye), Stefan, Nicolaus 177.

Krnye vid. Krně.

Kromau vid. Krumlov.

Kronfeld, Dorf bei Landskron 100.
555.

Krontelsil vid. Krotenful.

Krotenful (Krontelsil, Chroteuful),
Dorf bei Landskron 100. 311.

Kropáč, Beiname einer Linie der
Herren von Holstein vid. dieses.

Kroužek (Cruzek) 154. — Ješek
154. — Elizabeth uxor Ješ. 154.

Krumlov (Chrunnaw, Crunaw,
Chrumbnaw) 4. — cives 280. 385.
548. — Augustinerkloster 279.
348. 384. 411. 427. 517. 548.
549. 550. 551. 552. — Prior:
Johann 279. 348. 384. 411. 427.
Nicolaus 548. 552. — Burggraf
Heinrich von Nostitz 549. — Liber
homagialium dominorum de Lipá
412. — judex curiæ 412. — cf.
Kravář.

Krumsín (Crumsyn), Dorf bei Plumenau 283. — Bedřich 283.

Kruschina vid. Lichtenburg.

Krzizancow vid. Křižinkov.

Kučerov (Guczeraw), Dorf bei
Wischau 37. — Gehlinus 37.

Kuhberg vid. Kraví Hora.

Kuhgeld 562.

Kumrowitz vid. Luha.

Kunewald (Conwald), Dorf bei
Neutitschein 229.

Kunovice (Cunowicz) 30. — Franěk
30. 31. 191. — Petrus frat. Frank.
30. 31. 191. — Wenceslaus fratruel.
eorum 30. 31. 191. — Wenzel
Probst des Klost. Kanitz vid.
Kounice.

Kunstat (Cunstat). — Erhart (Herart, Heralt) 15. 19. 36. 54. 55.
90. 125. 178. 257. 320. 335.
342. 343. 344. 345. 353. 354.
369. 390. 394. 430. 446. 455.
456. 462. 509. — Margaretha
uxor ejus 354. — Hartlieb 19.
63. — Smil de Lestnice 17. 37.
63. 73. 86. 90. 125. 127. 202.
233. 320. 353. — Erhart de
Lestnice 63. 73. 330. 446. —
Boček de Lestnice 446. — Fridrich
de Lest. canon. Olom. 63. 202.
— Kunik frat. Smilonis de Lest.
202. — Proček de Lisice 90. 343.
446. 455. — Aleš frat. Proč. 446
Ješek Puška (Buska) 19. 52. 54.
62. 90. 116. 127. 233. 236. 318.
320. 321. 330. 343. 369. 379.
390. 430. 446. 454. 456. 462.
— Boček de Poděbrad 54. 320.
440. — Wilhelm de Lučka 289.
321. 330. 342. 343. 446. — Erhart
de Lučka 456. — Čeněk, Smil
frat. Wilh. de L. 446. — Wilhelm
de Bolehradice 455. — cf. Richwald.

Kunygesfeld vid. Königsfeld.

Kurovice (Curowicz), Dorf bei
Hullein 539.

Kurthelangen vid. Kortelangen.
Kuttenberg (Chutten) 47. 97. 407. 408. — cives 365.
Kužel vid. Bilovice.
Kuziel vid. Kužel.
Kvasice (Quassicz), Ort bei Kremsier 289. — Beneš 289. 330. — Budiš 289. 330.

Ky = Kyj, böhm. Mannsname.
Kyjov (Kyjow), Stadt im südl. Mähren 462. 558.
Kyjow vid. Kyjov.
Kygovecz vid. Kyjovice.
Kyjovice (Geywicz, Gaiwitz, Kygovicz), Dorf nö. von Znaim 2.

Mix 2. — Bušek fil. ejus 2. — Kyjovec 222. — Heinrich 517.
Kyselovice (Kissielowicz), Dorf bei Kremsier 172.

L.

Lacembok (Laczeňbok), Heinrich 375.
Lačnov (Lacznaw), Dorf bei Zwittau 458.
Laczenbok vid. Lacembok.
Lacznaw vid. Lačnov.
Ladimirensis episcopus Hynek 397. cf. Prag.
Lahwičky vid. Lavičky.
Lamperten vid. Lombardei.
Lanczkrona vid. Landskron.
Landesschädiger 380. 395. 446. 447.
Landfriede 446.
Landherren 395.
Landrecht vid. Mähren, Brünn, Olmütz.
Landschöpfen 395.
Landskron (Lanczkrona), Stadt in Böhmen 80. — Augustinerkloster 80. 81. 100. 101. 155. 178. 204. 282. 323. 358. 371. 386. 478. 554. 556. — Probst: Heinrich 81. 204. 358. 386. 397. 478. Nicolaus 302. — eccles. paroch. 80. 81. 82. 100. 178.
Langenberc vid. Langenberg.
Langenberg (Langberc, Longberg) Jaroslav alias de Kněhnice 19. 37. 51. 73. 89. 125.
Langendorf vid. Dlouhá ves.
Langendorf alias Loučka (Luczka), Dorf bei Mähr. Trübau 345.
Langndorff vid. Langendorf.
Lapanicz vid. Šlapanice.

Laskow vid. Laškov.
Laškov (Laskow), Dorf bei Konitz 80. 302. — Bohuslav 80.
Lauczans vid. Lautschitz.
Lausitz (Lusicz), Markgraf: Johann 118. 419. 420. 424. 427. 429. — Hauptmann: Půta von Častolowitz 51.
Lautschitz vid. Blučina.
Lavičky (Lahwiczky), Dorf bei Gr. Meziřič 54.
Lawschans vid. Blučina.
Lebnaw vid. Levenov.
Lebus in Brandenburg 427.
Lechovice (Lechwicz), Dorf bei Znaim 401. — Sigfried 401. 483. — Beneš 401.
Lechwicz vid. Lechovice.
Ledeč (Ledecz, Leecz), Dorf bei Pohrlitz 41. — Hanušek 41. 257. 395.
Ledecz vid. Ledeč.
Leecz vid. Ledeč.
Legnicz vid. Lignitz.
Leipen vid. Lipá.
Leipnik vid. Lipník.
Leitomischl vid. Litomyšel.
Lemberg 474. Mathias clericus 474. — cf. Johanniterorden.
Leschnicz vid. Lestnice.
Lesnycz vid. Lestnice.
Lesonovice (Lessonowicze). Dorf bei Perustein 78.
Lessan vid. Lešany.
Lessonowicze vid. Lesonovice.

Lestnice (Lesnycz, Leschnicz), Smilo vid. Kunstat.
Lešany (Lessan), Dorf bei Prossnitz 21. — Albert 21. — Johann fil. ejus 21. — Shinka uxor Joh. 21.
Lethna vid. Letná.
Lethowitz vid. Letovice.
Letná (Lethna), Dorf in Böhmen 397.
Letovice (Lethowitz) 231. Čeněk 231. 256. 282. 456. — Jost 446. — Sigmund frat. Jost. 446. — Smil frat. Jost. 446.
Leuchtenberg (Lutemberg), Landgrafen: Johann 14. 36. 561. Andreas 36. Vanko 36.
Leuchtemburg vid. Lichtenburg.
Leupach Johannes dictus de — 122.
Levenov (Lewnow, Lebnaw), Dorf bei Hoheustadt 255. — Ulrich 255. 375.
Lewnow vid. Levenov.
Lhinka vid. Hlinka.
Lhota Jurina, Dorf bei Wall. Meziřič 558.
Lhota Pešikova, Dorf wahrsch. bei Wall. Meziřič 558.
Lhota, Dorf bei Gr. Meziřič 54.
Lhotice (Lhotycz), wahrsch. das jetzt Lhotka genannte Dorf bei Zuberstein 79.
Lhotka 302. Sdislaus 302. 322. — Mech 302. 322. — Vitek 322.
Lhotycz vid. Lhotice.

73*

Lichtenburg (Leuchtemburg, Luchtemburg) Hanns auf Vöttau 19.
27. 30. 201. 202. 326.
Georg auf Vöttau 19. 326.
Čeněk Krušina 38. 51. 90. —
Johann 326. cf. Bítov.
Lichtenstein Andreas von - - 199.
Johann Hofmeister des Herzogs
Albrecht 346. — Hanuš 446.
Lidmirow vid. Ludmirov.
Liebenthal villa 452. — Kuncš
152. Katharina uxor Kun. 452.
453. — Hanuš 453.
Liebinger Petr clericus Constanc.
dioc. 246. 248.
Lignitz (Legnicz) Herzoge: Boleslav
(Bunczlaus) 14. 561. Ruprecht 454.
Lilcz vid. Lulč.
Limburg (Lymburg), Herzog: Wenzl
83. 84. — cf. Luxemburg, Brabant.
Lincolmensis ecclesia 243.
Lipá (Lypa, Lypen, Leipen). —
Čeněk 549. 550. 551. — Henricus (Heinrich, Hynek) Oberstmarschall v. Böhmen 15. 19. 54.
90. 126. 129. 177. 276. 348.
358. 380. — Henricus juvenis
129. — Hynče 241. 249. 256.
282. 347. 348. 358. 380. 411.
427.464. 465.509. 517. — Hynče
jun. 330. 427. 446. 486. — Vasallen der Lipa's 411. — Judex
curiæ 412.- Liber homagialium 412.
Lipnain vid. Lipňany.
Lipňany (Lipnain), Dorf bei Olmütz
93. — Clemens presbyter 93.
Lipnice (Lypnycz, Lippnicz), Dorf
bei Datschitz 106. — Johann Rus
106. 162. — Beneš 430. 549.
(vid. Znaim).
Lipnick vid. Lipuik.
Lipnik 258. eccl. paroch. 258.
Lipová (Lipové), Dorf bei Byström
am Hostein 342.
Lipové vid. Lipová.
Lippen vid. Lipá.
Lippnicz vid. Lipnice.

Lisek Petr. Kanonikus in Brünn 26.
Litomyšel (Lutomusl, Luthomusul, Litomysl, Leitomischl). Bischöfe:
Albert v. Sternberg 4. 7. 17. 22.
57. 80. 112. 122. 181. 138.
110. 148. 150. 151. 154. 156.
176. 178. 566. Johann 183. 187.
190. 257. 417. 561. Petr 204.
205. 371. Capitulum 82. 100.
— Prior: Dluhomil 81. — Custos:
Johannes 81. — Cantor: Johannes
81. — Scolasticus: Andreas 81.
— Augustinerkloster 65. 133.
226. 235. 252. 290. 397. —
Karthause 122. 134. 135. 149.
154. 157. 190.
Litovel (Luthovia, Littau) 24. --
Advocatus: Andreas de Kornitz
24. — Mikeš de Žerotin 225. —
Clibor de — 180. — Domka
uxor Ctib. 180.
Littau vid. Litovel.
Lobczicz vid. Lovčice.
Lodènice (Lodyenicz), Ort bei
Mähr. Kromau 367. — parochus:
Johann 367.
Lodyenicz vid. Lodènice.
Lombardei (Lamperten) 481.
Lomnice (Lompnicz) 116. — Joh.
(Jeneč) 19. 330. 343. 374. 446.
Johann jun. 446. — Jeneč de
Deblin 38. 137. Beneš de Deblin
446. Vaněk, Čeněk frat. Ben. 446.
— Proček de Deblin 38. 126.
137. 178. 321. 330. 390. 455.
— Vznata 19. 129.
Lompnicz vid. Lomnice.
Longa villa vid. Langendorf.
Longberg vid. Laugenberg.
Losczicz vid. Loštice.
Losschicz vid. Loštice.
Losticz vid. Loštice.
Loštice (Losticz, Losschicz, Losczicz)
249. — Pūta alias de Wildenberg
17. 38. 52. 67.
Loučka (Luczka), Dorf bei Mähr.
Neustadt 202. 400.

Lovčice (Lobczicz), Dorf bei Gaya
114. Heinrich 114.
Lubenicz vid. Lubènice.
Lubènice (Lubnicz, Lubenicz), Dorf
bei Olmütz 86. 87.
Lubnice, Dorf bei Jamnitz 265. —
Filipp 265.
Lubnicz vid. Lubenice.
Luca monasterium vid. Bruck
Kloster.
Luca vid. Wiese.
Lucau vid. Lukov.
Lucerinensis episcopus Bartholomaeus 291.
Luchtenburch vid. Lichtenburg.
Luczka vid. Langendorf.
Luczka vid. Loučka.
Ludmirov (Lidmirow), Dorf bei
Littau 249.
Luha (Kumrowitz). Benedictinerprobstei 40. 312. — Probst Stiboslav (Zdislav), 40. 44. 268. 275.
312. 313. 314.
Luka vid. Wiese.
Lukov (Lucau) 41. — Seslin 41.
Lukov (Lukow), 4. Johannes de L.
vid. Sternberg.
Lukow vid. Lukov.
Lulč (Lulcz, Lilcz), Dorf bei
Wischau. Lucek 2. 308. 309. —
Margaretha uxor ejus 2. 308. —
Dorot. soror Mar. 2. (cf. Tvořibráz).
Lulcz vid. Lulč.
Lusicz vid. Lausitz.
Lutemberg vid. Leuchtenberg.
Luthomislensis vid. Leitomischel.
Luthovia vid. Littau.
Luttemburg vid. Luxenburg.
Luxemburg (Luttemburg) 83. 84.
407. 408. — Herzoge: Wenzl
83. 84. — cf. Brabant, Limburg.
Lymburg vid. Limburg.
Lypa vid. Lipá.
Lypen vid. Lipá.
Lypnycz vid. Lipnice.
Lyttawya vid. Litovel.

M.

Malešov (Malessow), Ort in Böhmen 551. Radslav dictus Řemdih 550.

Malkovice, Dorf bei Butschowitz 191, 510.

Manice, eingegangenes Dorf bei Brünn 226. Alšík 226, 235.

Mansionarii vid. Prag.

Marcinic vid. Martinice.

Marmarosiensis weywoda: Drag 352.

Marquarticz vid. Markvartice.

Markvartice (Marquarticz), Dorf bei Datschitz 441. — Stibor 441.

Martinice (Marcinic), Dorf bei Gr. Meziříč 544. — Albrecht 544.

Maryž, Hynek de — capitaneus Henrici de Nova Domo 318.

Matnicz, Dorf, vielleicht das jetzige bei Budwitz gelegene Martinkau? 438. - Andreas 438. — Klara uxor Aud. 439.

Medlowicz vid. Medlovice.

Medlovice (Medlowicz), Dorf bei Wischau 531. — Adamek 531.

Medricz vid. Modřice.

Meigdeburg vid. Magdeburg.

Meilan vid. Mailand.

Meissen (Mizsen) 230. — Markgraf: Wilhelm 230. 231.

Mejlice (Meylicz), Burg bei Wischau 77. 443. 445. — Burggravius: Meinuš 77. -- Alšík 195. castrenses: Vojtěch 77. 260. Juřík frat. Vojt. 260.

Meylicz vid. Mejlice.

Melnik — Petrus de, 72.

Meneis vid. Mönitz.

Meraw vid. Mürau.

Mèrin (Myrzyn), Markt bei Gr. Meziříč 544. -- Benediktinerprobstei 544.

Merow, Ort in Böhmen 559. — Heinrich 559.

Mezericz vid. Meziříčí Velké.

Meseritsch Groß- vid. Meziříčí Velké.

Messyn, Dorf? 336.

Meylan vid. Mailand.

Mezerecz vid. Meziříčí Velké.

Meziříčí Velké (Mesericz, Mezirziecz, Mezzersiez), Stadt und Burg im Igl. Kr. 54. cives 544. — Pfarrer: Wenzel Rod 232. Johannes sen., capitaneus Moraviae 2. 9. 10. 11. 16. 19. 25. 28. 38. 54. 79. 104. 125. 126. 129. 177. 232. 257. 513. Johannes jun. 19. 54. 287. 297. 330. 335. 343. 390. 391. 392. 394. 446. 456. 462. 509. 513. 544. Beneš pater Joh. jun. 54. Heinrich frat. Joh. 446. Jaroslav 287. 456. 513. Andreas 85. Dobeš 343. 390. — Burggraf: Hynek 544. — cf. Lomnice.

Mezirziecz vid. Meziříčí Velké.

Meziříčí Valašské 558.

Mezzersiez vid. Meziříči Velké.

Michalec vid. Michelsberg.

Michelsberg, Johann dictus Michalec de — 335.

Micmanice (Yczmans), Dorf bei Joslowitz 343.

Milocence monasterium in Bohemia 291. 295.

Mikulovice (Nicolowicz), Dorf bei Trebitsch 176. — Nicolaus 176.

Mileschin vid. Milešín.

Milešín (Mileschin), Dorf bei Křižanau 29.

Miličin 390. — Hynek 390.

Milkov (Mylkow), Dorf bei Konitz 249.

Milotka, Dorf? 458.

Miroslav (Mislabs), Markt bei Znaim 110.

Mirov (Meraw), Burg bei Müglitz 131. — Feodales: Gerhart 131. 302. 312. 374. 461. 522. 539. 541. 543. — Bernhart Hecht 374. — Henslin 374. — capitaneus: Kuneš de Zvole 374.

Mislabs vid. Mislitz.

Mislitz vid. Miroslav.

Mitraw vid. Mitrov.

Mitrov (Mitraw), Burg bei Neustadtl 446. — Dobeš 446.

Mittemwalde vid. Mittelwalde.

Mittelwalde (Mittemwalde), Stadt in Brandenburg 428.

Mitzmanns vid. Micmanice.

Mix = Mikeš = Nicolaus.

Mizsen vid. Meissen.

Mladieiow vid. Mladějov.

Mladějov (Mladieiow) Wenzel 19.

Mlecowicz vid. Mlekovice.

Mlekovice (Mlecowicz) 77. — Meinuš burggrav. castri Mejlitz 77. 376. 377. — Agnes uxor Mein. 376. — Hanuš fil. Mein. plebanus in Kvasice 376. 377. — Hereš 376. 377. — Vznata 376. 377.

Mochov, Dorf in Böhmen 117.

Mocre vid. Mokré.

Modřice, Ort bei Brünn 59. 443. 445. 539. — Marquard 59. 377. 537. . — Hereš dictus Smetana 377. — Ješek 459. 539. Holubek 559. — Burggraf: Hanuš von Soběslav 430.

Modrziez vid. Modřice.

Mödritz vid. Modřice.

Mohelnice (Muglicz), Stadt bei Olmütz 172. 502. 503. — cives: 374. — parochus: Engelbert 172. — ecclesia: 378.

Mohelno (Mohilna), Markt bei Námĕšť Br. Kr. 177. — paroch. eccl. 177. — parochus: Nicolaus 177.

Mohilna vid. Mohelno.

Mokré (Mocre), Wald bei Šakwitz.

Monbray Johann 243. 246.

Mönitz (Meneis), Markt bei Auspitz 154.

Monsterberg vid. Münsterberg.

Morasice (Morasicz, Moroticz), Dorf bei Mähr. Kromau 153. — Bolek 517.

Morasicz vid. Morasice.

Moravans vid. Moravany.

Moravany (Moravans), Dorf bei Brünn 148.—Pavlik 531. — parochus: Martin 148. — Nicolaus 474.

Moravia vid. Mähren.

Moravičany (Morawiczan), Dorf bei Müglitz 138. 140. 149. 150. 154. 176. 190. — Beneš 395. 411. 412. 427. — Anna mater Ben. 411. 412. 427.

Morawiczan vid. Moravičany.

Morkovice, Dorf bei Zdounek 337. — Marquard 337.

Moroticz vid. Morasice.

Mosczenicz vid. Moštěnice.

Moštěnice (Mosczenicz), Dorf bei Prerau 522.

Mostice (Mosticz, jetzt auch Mostiště, eine n. von Gr. Meziřič gelegene verfallene Burg), Bunko de — 1. — Busko de — 1.

Mosticz vid. Mostice.

Mostkovice (Mostkowycz), Dorf bei Prossnitz 283.

Mouchnice (Muschnicz), Dorf bei Koryčan 258. 537. — eccl. paroch. 258.

Moutnice (Mutnicz), Dorf bei Brünn 67. 147.

Mrskleš vid. Mrsklice.

Mrsklesy (Mrskles), Dorf bei Olmütz 198.

Mrsklice vid. Mrsklesy.

Muarabiczan vid. Moravičany.

Muglicz vid. Müglitz.

Müglitz vid. Mohelnice.

Mul weyten vid. Weitmühl.

Müncheberg, Stadt in Brandenburg 437.

Münster, Stadt 83. 84.

Münsterberg (Monsterberg) Joh. de — Kämmerer des Olm. Bischofes Johann 195. 196. 197.

Mürau vid. Mirov.

Muschil villa? 452.

Muschnicz vid. Mouchnice.

Muschtzyn Niklas de — 379.

Musslawe? Nicolaus de — 275.

Mutina 162. — Mathias 162.

Mutišov (Mutyschow), Ort bei Datschitz 124. 162. — Předota 124.

Mutnicz vid. Moutnice.

Mutyschow vid. Mutišov.

Mylkow vid. Milkov.

Myrzyn vid. Měřín.

Myslibořice (Mysliborzicz) Wenzel 19. 27. 38. 285. — Sigmund fil. Wenz. 285. 524. — Ratihor 27. 38. 54. 90. 110. 111. 127. 178. — Arkleb 285. 458. 525. — Albert 343.

Mysliborzicz vid. Myslibořice.

N.

Náklo, Dorf bei Olmütz 91. — Nicolaus 91.

Namesch vid. Náměšť.

Náměšť (Namyescz, Namesch), Ort im Olm. Kr. 258. 443. — eccl. paroch. 258. —

Napagedl vid. Napajedla.

Napajedla (Napagedl), Markt bei Ung. Hradisch 344. 345.

Našiměřice (Nassymyrzicz), Dorf bei Mähr. Kromau 65. — Budislav 65. 91. 198. 226.

Nassymyrzicz vid. Našiměřice.

Nawsedlicz vid. Austerlitz.

Nazarotensis episcopus: Johannes 123. 157.

Neboycz vid. Nevojice.

Nechvalin cf. Bludov.

Němčice (Nemptschicz), eingegang. Dorf, jetzt Meierhof bei Jaispitz 265. — Ješek dictus Ostraba.

Němčice (Nyemczycz), Dorf 106. — Branda 106.

Nemilany (Nymlaus), Ort bei Olmütz 358.

Nemojicz vid. Nevojice.

Nemotice (Nemoticz), Dorf bei Bučowitz 535. 558. — Wenzuch 535. — Peterka uxor Wen. 535.

Nemoticz vid. Nemotice.

Nemptschicz vid. Němčice.

Nenakunice, Dorf bei Olmütz 69. — Filip 69. — Micek 90.

Neskowicz vid. Niškovice.

Nětkovice, Dorf bei Zdounek 392.

Neudorf vid. Nová ves.

Neuhaus (Nova domus). Cives 162. 265. — Hermann 54. 90. 126. 321. 330. 342. 387. 446. 510. — Ulrich 90. 446. — Heinrich 90. 126. 177. 200. (senior) 265. 287. 297. 318. 328. 335. 342.

387. 446. 510. — Thomas procurator consistorii Prag. 524.

Neupackau 46. 97.

Neustadt vid. Uničov.

Neustift, Dorf bei Iglau 30. 31.

Neutitschein vid. Jičín.

Nevojice (Newogicz), Dorf bei Bučowitz 23. — Heinrich 23. 200. 248. 258. 374. 383. 522.

Newenburgensis ecclesia vid. Klosterneuburg.

Newetyn vid. Hněvotín.

Newogicz vid. Nevojice.

Nezamyslice, Dorf bei Wischau 282. 323. 359.

Nichow (Nyehow), Dorf bei Gr. Bitesch 29.

Nicolowicz vid. Mikulovice.

Nicz? Radslav de — 264.

Niderplawcz vid. Plaveč.

Niškowice (Neskowicz). Dorf bei Austerlitz 195.

Nitkowitz vid. Nětkovice.

Northampton 243. — archidiacon: Johannes Moubray 243. 246.

Nosticz Henricus de — Burggraf in Mähr. Kromau 549.

Nosalovice (Nossalovicz), Dorf bei Wischau 4. 7.

Nossalovicz vid. Nosalovice.

Nova castra vid. Nový hrad.

Nova civitas vid. Uničov.

Nova domus vid. Neuhaus.

Nový hrad (Nova castra), Burg bei Blansko 177. — Krašina 177.

Nová ves (Nova villa), Dorf bei Göding 307.

Nova villa vid. Königsfeld.

Nova villa vid. Nová ves.

Nürnberg 311. — Burggraf: Friedrich 341.

Nychow vid. Nichov.

Nyemczycz vid. Němčice.

Nyetkowicz vid. Nětkovice.

Nymanntz, Rempil, Ratald, Konrad de — 379.

Nymlaus vid. Nemilany.

O.

Obectov (Ubyczssow), Dorf bei Busau 249.

Obgyesda vid. Objezda.

Objezda (Obgyezda), böhmischer Frauenname 79.

Obřany (Obrzas), Dorf bei Brünn 20. 327.

Obrowitz vid. Zábrdovice.

Obrzas vid. Obřany.

Obstagium vid. Einlager.

Oderlice (Udrlicz), Dorf bei Littau 254. — Pešík 254.

Odrensia bona = Odrau? 4. 8.

Ohnice (Woynicz), Dorf bei Olmütz 86. 87.

Olbramovice (Wolbramicz), Ort bei Mähr. Kromau 124. — Albert 124. — Dětoch fil. Alb. 124. — Anna uxor Dět. 124.

Oldřišov (Oldrzischaw), Dorf bei? 68. 367. — parochus: Michael 367.

Oldrzischaw vid. Oldřišov.

Oleksovice (Olekwicz), Dorf bei Znaim 401. — Pešík 401. — parochus: Přibík 401. 483.

Olekwicz vid. Olkowitz.

Olesny vid. Olešna.

Olešna (Olesny), eingegangenes Dorf, an dessen Stelle jetzt der Fasauhof genannte Meierhof bei Schiltern steht 23. — Domaslav 23.

Olešnice (Ollesnycze), Dorf bei Littau 249.

Olkowitz vid. Oleksovice.

Ollesnycze vid. Olešnice.

Olmütz (Olomucz, Olomuncz) 48. 56. 73. 119. 120. 130. 152. 156. 210. 211. 336. 387. 486. — Bürger: 39. 171. 227. — Burggraf des Markgrafen 38. — Ecclesia Olomucensis: 82. 152. 160. 161. 169. 171. 188. 211. 213. 233. 248. 258. 340. 362. 371. 398. 473. 475. — Episcopatus Olomucensis: 449. 451. — Episcopi Olomucenses: Johann VIII. 10. 38. 39. 52. 64. 70. 72. 76. 92. 96. 120. 123. 128. 131. 159. 163. 166. 169. 170. 171. 173. 174. 185. 192. 195. 213. 304. 370. 558. — Petr III. 193. 207. 215. 233. 240. 241. 242. 250. 260. 263. 278. 281. 282. 302. 304. 310. 311. 314. 323. 340. 341. 348. 349. 398. 423. 559. — Nepotes episc. Petri 282. — Nicolaus 442. 443. 445. 446. 452. 453. 454. 458. 459. 461. 463. 464. 477. 484. 490. 492. 494. 497. 500. 502. 505. 506. 511. 514. 515. 516. 522. 528. 529. 530. 531. 535. 536. 537. 538. 539. 540. 541. 543. — Conrad 370. — Bruno 439. — Postulatus episcopus: Johann (Soběslav frat. march. Jodoci) 417. 429. — Officiales et vicarii in spirit. episcopi Olomucensis: Sander

Rambov archidiac. Preroviensis: 52. 68. 86. 93. 105. 107. 131. 148. 171. 172. 178. 307. 461. 463. 492. — Johann de Gulen 263. 293. 349. 398. 439. 477. 532. — Jakob de Kaplitz 64. 70. 93. 136. 158. — Capitulum Olomucense: 10. 11. 24. 38. 50. 57. 68. 76. 160. 175. 182. 213. 227. 238. 248. 258. 324. 338. 363. 364. 380. 393. 400. 463. 477. 478. 489. — Decanus: 238. 439. Decani: Bedricus de Lestnice 24. 37. 50. 56. 63. 68. 70. 76. 175. 182. 202. 227. 324. 340. Andreas 423. 499. 502. 504. — Praepositus: 238. Fridericus 38. 50. 55. 68. 70. 76. Jakob 175. 182. Mathias 340. 499. 502. 504. Vitek 317. — Archidiaconus: 364. 489. — Daniel 38. 50. 56. 68. 70. 76. 182. 227. Scolasticus: 364. 439. — Petr 56. 182. — Custos: 364. — Henricus 56. — Statuta capituli Olomucensis: 1. 12. 24. 85. 173. 174. 182. 237. 240. 362. 393. 439. 477. Canonici: Johann von Boskowitz 11. — Vojtěch von Otaslawitz 50. 123. 157. 182. 193. 237. 242. 465. — Kristan 52. 56. 165. — Johann von Kremsier 182. — Albert vid. Kremsier — Nicolaus 56. 227. — Johann alias Jeronym.

56. 123. 196. 267. 312. 398. —
Leo 56. Martin de Uteri 182.
393. — Jakob 56. 182. —
Franciscus 56. — Hermann de
Náklo 56. 116. 123. 193. 237.
242. 328. 461. — Artleb 81.
161. 165. 182. 229. 307. —
Wilhelm Kortelaugen 561. —
Vicarii eccl. Olomucensis 239.
Vlček 49. 264.—Vicarii perpetui:
Henricus de Počenitz 24. Staněk
de Pačov 50. Jakob de Budwitz
370. Thomas 56. Velik 56. 70.
158. 314. Georg 70. Stefan 314.
— Bonifantes 239. — Cantor
chori 239. 240. — Procuratores
consistorii Olomucensis 293. 371.
534. — Kirchen: Domkirche 55.
— s. Petr 55. 248. 258. 477.
— s. Mariae 55. 136. 248. 258.
477. — s. Francisci 55. —
s. Clara 55. -- s. Mauritz 39.
55. 248. 258. 477. — Schule
bei s. Mauritz 507. 508. —
s. Michael 55. --- s. Blasius 258.
— Capella s. Andreae extra muros
266. — Klöster: s. Catharina 42.
55. 94. 188. 264. 387. 388. 399.
— s. Jakob 55. 158. 213. 237.
— Minoriten 157. — Dominikaner
165. 167. 171. 213. 486. —
Marschall des Olmützer Bischofes:
131. 318. 461. — Kämmerer 195.
— Küchenmeister 374. — Hauptmann des Olmützer Bisthums 492.
— Verweser des Olmützer Bisthums 348. — Landrecht 16. 37
51. 73. 233. 289. 320. 330. 343.
369. 455. — Fleischbänke (ma-
cella carnium) 227. — Mühlen
266. 470. 471. — Hospital 266.
Apotheker 56. — Stadtvogtei 333.
334. 471.

Oloch, Dorf? 209.

Olomucz, Olomuncz vid. O l m ü t z.

Olomučany (Olomuczan), Dorf bei

Blansko 30. — Wilhelm alias de
Opatovice 30.
Olomuczany vid. O l o m u č a n y.
Olsan vid. O l š a n y.
Olšany, Dorf bei Olmütz 93. —
Bolík alias de Kolšov 93. 94.
248. 264. — Čeněk 248. — Anna
93. 94. --- Hanuš dictus Číhovec
94. 264. — Franěk 399. —
Bušek 264. -- eccl. 93. 94. —
parochus: Zdenko 94. — Johann
264.
Olšany (Olsan), Dorf bei Telč 23.
— Beneš 23.
Olschie vid. O l š í.
Olsen vid. Ö l s.
Öls (Olsen) 454. — Herzoge:
Konrad 454. — Konrad der jüng.
454.
Olši (Olschie), Dorf bei Gr. Meziřič
54. 180. — plebanus: Nicolaus
180.
Olssye = Olší rubetum bei Hrubčitz
373.
Onšov (Onssow), Dorf 106. —
Beneš 106.
Oussow vid. Onšov.
Opavia vid. T r o p a u.
Opatovice (Opatowicze), Dorf bei
Gewitsch 30. — Wilhelm alias de
Olomučan 30. — Vlček 59. 80.
— Beneš 79. — Objezda uxor
Ben.,79. — Jakob 79. Fridrich 80.
Opatovice (Opatowicz), Ort bei
Raigern 235.
Opatowicz vid. O p a t o v i c e.
Opatowicze vid. O p a t o v i c e.
Opočno (Opoczna), Stadt in Böhmen
257. — Stefan 257. 528.
Opoczna vid. O p o č n o.
Opoleczicz vid. O p o n ě š i c e.
Oponěšice (Opoleczicz), Dorf bei
Jamnitz 430. — Jakubek (Jakob)
430.
Oppeln (Opul, Opol), Herzog:
Ladislaus 454. 511. — Bolek 454.
-- Probst: Konrad von Kaufung

110. — Johann, Priester in Brünn
301.
Opul vid. O p p e l n.
Orlovice (Orlowicz), Dorf bei Au-
sterlitz 551. — Johanniterkom-
mende 551. — Commentator:
Radslav v. Malešov. 551.
Orlowicz vid. O r l o v i c e.
Oslavany (Oslowan, Ossla), Kloster
110. 176. 342. 343. 441. 460.
469. 526. — Äbtissin: Anna de
Füllenstein 114. 176. 184. 342.
343. — Agnes 441. 459. 460.
469. 526. — Probst: Adam 114.
-- Johann 469. — plebanus:
Nicolaus 343. 469.
Oslowan vid. O s l a v a n y.
Osové castrum et villa bei
Náměšť, Br. Kr. 29.
Ospilov (Ospylow), Dorf bei Littau
249.
Ospylow vid. O s p i l o v.
Ossek 206. -- Cistercienser 206.
Abt: Nicolaus 206.
Ossla vid. O s l a v a n y.
Ossowe vid. O s o v é.
Ostejkovice (Votiechowicz, Wo-
stejkowitz), Dorf bei Jamnitz 294.
Osterborch vid. O s t e r b u r g.
Osterburg (Osterborch), Stadt in
Brandenburg 432.
Österreich, Herzoge: Albrecht 163.
164. 224. 230. 231. 284. 335.
336. 337. 341. 466. 468. 469.
483. 487. 520. -- Leopold 207.
— Obersttruchseß: Albrecht von
Puchheim 199.
Ostopovice (Hostupowicz), Dorf
bei Brünn 91.
Ostra vid. O s t r o h.
Ostraba Ješek vid. N ě m č i c e.
Ostrau (Ostravia) 497. Johann
de — 77.
Ostravia vid. O s t r a u.
Ostraw vid. O s t r o v.
Ostroh genannt Stanitz, Stadt
bei Ung. Hradisch 17. 317. 325.

74

Ostrov (Ostraw), Dorf bei Saar 524.
Ostrovi, Wald bei Prerau 360.
Otaslavice (Othaslawicz), Dorf bei Prossnitz 50. — Vojtěch kanon. in Olmütz vid. Olmütz. — Nikolaus (Mikeš) Morava alias de Braiško 300. 413. 446.

Othaslawicz vid. Otaslavice.
Otislawicz vid. Otaslavice.
Otradice, Dorf bei Trebitsch 111. Černin 111.
Otrib vid. Otryby.
Otryby (Otrib), Ort in Böhmen 337. — Stibor 337.

Otto frater eremt. s. Augustini 77.
Oujezd (Ugezd), Dorf bei Gdossau 72. parochus: Nicolaus 72.
Ovčáry (Owczar), Dorf in Böhmen 367.
Owczar vid. Ovčáry.
Oznieze, Dorf? 558.

P.

Päbste. Bonifac VIII. 58. — Johann XXII. 296. — Gregor XI. 12. 34. 36. 40. 57. 68. 121. — Urban VI. 99. 100. 121. 134. 151. 156. 178. 205. 213. 214. 291. 295. 363. 364. 451. 475. 478. 481. 489. — Clemens VII. 481. — Bonifacius IX. 489. 507. 516. 541.
Pacov (Paczow), Dorf bei Mähr. Trübau 50. — Stauck perpet. vicar. in Olmütz 50. — Gallus alias de Kostelec 125.
Paczkaw? Juřik de — 554.
Paczow vid. Pačov.
Palonin (Polan, Pollein), Dorf bei Müglitz 138. 140. 149. 150. 154. 176. 190. 300. 301. — Přibík 395.
Palovice (Palowicz), Dorf bei Jamnitz 294.
Palowicz vid. Palovice.
Panaw vid. Fouava.
Panewicz 51. — Hauns 51. — Wolfram 172. — Otto 378. — Nikel 378. — Tilze 378. — Hauns 378. — Dheinhaid 378. — Tam 378.
Pano, Bischof von Polignano 116. 160. 193. 242.
Panovice (Panowicz) 543. — Wolfram 543.
Panowicz vid. Panovice.
Paraticz vid. Borotice.
Passau 211. 487. — Bischof 211.
Peranaw vid. Beranow.
Passeka vid. Těchanov.

Pawlow, Dorf bei Hohenstadt 202.
Pecarna vid. Pekárna.
Perchtolsdorf 198.
Pekárna (Pecarna), Wald bei Bystrtz 194.
Pennensis episcopus: Augustinus 291. 295. 310.
Pernstain vid. Pernstein.
Pernstein (Pernstain) castrum 256. — Ingram 19. 38. 54. 91. 126. 180. 256. — Filipp fil. Ingrami 91. 321. — Ingram fil. Ingrami 91. 339. — Bohuslaus fil. Ing. 180. 256. 330. 339. 343. — Znata alias de Jakubov 41. — Sigfried 91. — Smil 256. 321. 339. 374. 406. 407. 456. — Margaretha uxor Smilonis 406. 407. — Wilhelm 256. 330. 339. 446. 456. — cf. Jakubov.
Pest in Böhmen 170.
Petenie vid. Pteni.
Peterswald, Dorf bei Freiberg 530. — Peter Meissner 530. 531.
Petrovice (Petrowicz), Dorf 99. — plebanus: Nicolaus 99.
Petrowicz vid. Petrovice.
Pfalzgrafen bei Rhein: Stefan der jüng. 83. — Otto 83. — Fridrich 83. — Ruprecht der jüngere 341. — cf. Baiern.
Pflueg vid. Rabstein.
Pileus cardinalis tit. s. Praxedis 133. 136. 155. 160. 185. 186.
Pilgram (Pilgrams) 80. — Jakob, Johann, Bürger in Iglau 30. 31. 32.

Pilgrams vid. Pilgram.
Pillung Niklas vid. Gilgenberg.
Pirkenstein (Birkenstein) 177. — Ptáček 177. 249. 256. 277. 337. — Ješek 552.
Pirpawmhof vid. Birnbaumhof.
Pistovice (Pyeskovicz, Prescowicz), Dorf bei Wischau 4. 7.
Pivonice (Pywonicz), Dorf bei Pernstein 78.
Plass 206. — Cistercienser 206. — Abt: Heinrich 206.
Plaue, Burg in Brandenburg 532.
Plaveč Ober-; Dorf bei Znaim 91. — Mixik 91. — Nieder-Plaveč 431. — Janck 431.
Plawecz vid. Plaveč.
Plenkovice, Dorf bei Znaim 59. — Štěpánek 59.
Pluemenaw? Thomas de — 46.
Plumlaw vid. Plumlov.
Plumlov (Plumlow) 4. — cf. Kravář.
Pobrzycz vid. Podbřezice.
Pochticz vid. Bohutice.
Poczenicz vid. Počenice.
Počenice (Poczenicz) 24. — Henricus perpet. vicar. eccl. Olom. 24.
Podbřezice (Pobrzycz), Dorf bei Wischau 393.
Poděbrad (Podibrad), Boček 15. 52. 440. — supr. Bohem. camer. 52. — Wilhelm 344. — vid. Kunstat.
Podibrad vid. Poděbrad.
Podole vid. Podolí.
Podolé (Podole) 459. — Hrabiš 459.

Podolí (Gruczen, Kritschen), Dorf bei Brünn 342.

Podolí (Podols), Dorf bei Müglitz 202. 249.

Podols vid. P o d o l i.

Poherlicz vid. P o h o ř e l i c e.

Pohořelice (Pohorlicz, Poherlicz), Stadt 116. - plebanus: Nicolaus 184.

Pohorlicz vid. P o h r l i t z.

Pohrlitz vid. P o h o ř e l i c e.

Pohořilek (Pohorzielicye), Dorf bei Gr. Meziřič 54.

Pohorzielicye vid. P o h o ř i l e k.

Pokojovice (Pokoyowicz), Dorf bei Trebitsch 291. 295.

Pokoyowicz vid. P o k o j o v i c e.

Polam vid. P o l o m.

Polan vid. P a l o n i n.

Polanka, Dorf bei Mähr. Kromau 412. Příbík 412. 428.

Police, Dorf bei Jamnitz 544. — Pelhřim 544.

Polignano 116. — Bischof: Pano 116.

Polkovice (Polkowicz), Dorf bei Kojetein 319.

Polkowicz vid. P o l k o v i c e.

Poll Ulrich, Bürger in Wien 66.

Polná (Polne) 52. — Ptáček 52.

Polne vid. P o l n á.

Polom (Polam, Polomschko), Dorf bei Kelč 529. 558.

Polomschko vid. P o l o m.

Pommern 434. — Herzoge: Svantibor und Boguslav 434.

Pomuk 206. — Cistercienser 206. — Abt: Gerlach 206.

Ponava (Panaw), Fluss bei Brünn 20. 141.

Popice (Popicz) 383. — Vojslav 383.

Popitz vid. P o p i c e.

Popovice (Popowicz major), Dorf bei Kremsier 415.

Popovice, Ort in Böhmen 240. 241. 242. 559.

Popowicz minus vid. P o p ů v k y.

Popowicz major vid. P o p o v i c e.

Popůwky (Popowicz minus), Dorf bei Prerau 415.

Pösing 525. — Graf: Georg 525.

Poskowicz vid. B o s k o v i c e.

Posorzicz vid. P o z o ř i c e.

Possne? 829. — Franko dictus Provázek 329.

Potenstein (Potstain), Vaněk de — 178. 233. 257. 282. 302. 320. 321. 330. 342. 552. — Mikeš 289. 456. 462. — Johann alias de Žampach 302. 417. — Čeněk 552.

Potstain vid. P o t e n s t e i n.

Pottenstat vid. B o d e n s t a d t.

Potvorov (Potwaricz), Dorf bei Göding 49. 255.

Potwaricz vid. P o t v o r o v.

Pozkowicz vid. B o s k o v i c e.

Pozonium vid. P r e s s b u r g.

Pozořice (Posoricz), Dorf bei Wischau 410. — parochus: Sulek 410.

Prace (Pracz), Dorf bei Austerlitz 20.

Pracz vid. P r a c e.

Prag 48. 254. — Cives 48. 117. 254. — Ecclesia Pragensis 162. 163. 170. 187. 192. 193. 196. 207. 214. 220. 221. 267. 291. 296. 310. 362. 365. 370. 460. 561. — Suffraganeus: Hynek episc. Ladimirensis 397. — Officialis archiepiscopi: Boreš 204. 243. 246. 247. Nicolaus Puchník 532. — Canonici: Wenzel 81. Johannes Physicus 162. Kuneš (custos) 162. — Praepositus ad omnes sanctos: Petrus de Rosenberg 112. 138. 149. 150. 162. — Vyšehradensis ecclesia 116. — Ecclesia s. Galli 365. 366. — Ecclesia s. Mariae 415. Mansionarii ibidem 415. — Ecclesia s. Apollinaris 117. 162. 260. — Kreuzherren 441. — Karthäuser

135. — Zdéraz 232. 327. 377. — Advocati consistorii Prag. 522. 524. — Procuratores consistorii Prag. 524.

Prasklice (Prasklicz) alias Colhen, Dorf bei Zdounek 329. 337. 340. 400.

Přaslavice (Przasslawicz), Dorf bei Olmütz 473.

Praytenayher Georg 407.

Předmosti (Przedmost) bei Prerau 258.

Premonstratense monasterium 127. — Abbas: Johannes 127.

Prenzlau, Stadt in Brandenburg 430.

Prerau vid. P ř e r o v.

Přerov (Prerau, Prerobia) 359. — Archidiakon: Sander Rambor 52. — Nicolaus, Pfarrer in Šaratitz 243. 247. — eccl. paroch. 258. capella s. Laurencii 415. — Wälder bei Prerau 360.

Prerobia vid. P ř e r o v.

Prescowicz vid. P i s t o v i c e.

Pressburg (Pozonium), Stadt in Ungarn 357.

Přestavlky (Prziestawylk), Dorf bei Olmütz 93. — Bušek 93. 94. — Johann 93. 94. — Adam 93. 94. — Valentin, Burggraf am Spielberg 226.

Priegnitz 332.

Přikazy (Przikaz), Dorf bei Olmütz 24.

Prödlitz vid. B r o d e k.

Prokop, Markgr. v. Mähren vid. M ä h r e n.

Prosmericz vid. P r o s t o m ě ř i c e.

Prossnitz vid. P r o s t ě j o v.

Prosté (Prosty), Dorf bei Telč 23. — Rynart 23. — Nikolaus 23.

Prostějov (Frostes, Prostrans) 258. — eccl. paroch. 258. — paroch.: Johann 478.

Prostes vid. P r o s t ě j o v.

Prostoměřice (Prosmericz), Ort bei Znaim 252.
Prostrans vid. Prostějov.
Prosty vid. Prosté.
Prühl, Thalname bei Königsfeld 141.
Prus vid. Prusy.
Prusy (Prus), Dorf bei Wischau 522. -- Jakob Kunzel 522.
Przasslawicz vid. Přaslavice.
Przedmost vid. Předmostí.
Przíestawylk vid. Přestavlky.
Przikaz vid. Příkazy.
Przne vid. Pržno.
Pržno (Przne), Ort bei Vsetin 563.

Pteni (Petenie), Dorf bei Prossnitz 390.
Puchaim vid. Puchheim.
Puchheim (Puchaim) Albrecht, Oberattruchseß in Österreich 199. 276.
Puchlowicz vid. Buchlovice.
Puchnik Nikolaus 522. vid. Prag.
Pudischwicz vid. Bučovice.
Pudwicz vid. Budějovice.
Puklice Ješek 359.
Pulchri brasiatores vid. Schonmelzer.
Pürglitz. Burg in Böhmen 254. —

Königl. Notar: Wenzel v. Kojelein 254.
Puska vid. Puška.
Puška vid. Kunstat.
Pustimir (Pustmyr) 30. 120. 376. 143. -- Nonnenkloster 30. 279. 389. 413. 417. 533. Äbtissin: Hilaria 30. — Jutta 259. 413. 533. — eccl. paroch. 120. -- parochus: Johann Achim 376.
Pustmyr vid. Pustimir.
Pycskovicz vid. Pistovice.
Pywonicz vid. Pivonice.

Q.

Quassicz vid. Kvasice.

R.

Rabstein. Heinrich dictus Pflug de— 255. Stihor (Stybur) 347. 462. 558.
Račice (Radsicz), Burg in Mähren 4. 7.
Racussek vid. Rakousky.
Raczoczowicz vid. Ratkovice.
Radendorf? Ulrich de— 46.
Radičov (Radyczow, Radycjow), Dorf bei Mähr. Trübau 37. — Wenzel Oberstlandschreiber 37. 38. 53. 90. 126. 136.
Radkov (Ratkow), Dorf bei Pernstein 78. — Sulik 388. 391.
Radhostovice, Ort in Böhmen 361. — Jindřich 361. — Václav 361.
Radostin, Markt bei Gr. Meziřič 524.
Radotice, Dorf bei Jamnitz 181. — Jilji 181. — Hanns 181.
Radověsice (Radowyessycz), Ort in Böhmen 256. — Myslibor 256.
Radowyessycz vid. Radověsice.
Radslavičky, Dorf bei Gr. Meziřič 54.

Radyczov vid. Radičov.
Radycgow vid. Radičov.
Radsicz vid. Račice.
Rajhrad (Reigrad), Kloster 327. -- Probst: Benedict 327.
Rakodavy (Rakodaw), Dorf bei Tobitschau 248. — Ones alias de Čertoryje 200. 248.
Rakodaw vid. Rakodavy.
Rakousky (Racussek), eingegangenes Dorf, lag bei Kralitz im Olm. Kr. 510. — Jindřich 510.
Rakus vid. Rakousy.
Rakousy (Rakus), eingegangenes Dorf bei Prossnitz 3.
Rambov Sander, Archidiakon von Prerau u. Offizial des Olm. Bischofes vid. Olmütz.
Rancirov (Ranzern, Ranczier), Dorf bei Iglau 30. 31.
Ranczier vid. Ranzern.
Ranzern vid. Rancirov.
Rašovice (Rassovicz), Dorf bei Austerlitz 39. — Paul 39. 78.
Rassovicz vid. Rašovice.

Rataje (Ratays), Dorf bei Kremsier 68. 76. 77. — Mathias 209.
Ratays vid. Rataje.
Ratenau, Stadt in Brandenburg 431.
Ratibor 133. — Herzog: Johann 133. Johann fil. ejus 133.
Ratispona vid. Regensburg.
Ratkovice (Raczoczowicz), Dorf bei Hrottowitz 315.
Ratkow vid. Radkov.
Raudnitz 221. Probst 221.
Rauscins vid. Rausnitz.
Rausnitz vid. Rousinov.
Ravenensis cardinalis vid. Pileus.
Rechov? 336. — Sezema 336. — Kunášek 336. -- Petr 336. -- Johann 336.
Řečicov (Reczycz), Dorf bei Datschitz 106. — Adam Kadalice 106.
Reczycz vid. Řečice.
Redisch vid. Hradisch Kloster.
Rediss vid. Hradisch Ung.
Regensburg (Ratispona) 81. Canonici: Wenzl 81.

Reichenberg, Dietrich de— alias de Malhotitz 528. — Margaretha uxor ejus 528.

Reichsvikar in Italien 268. 274. 479. 480. 517. 518.

Reigrad vid. R a j h r a d.

Reisch Neu- (Reusch) 93. 124. 527. — Nonnenkloster 93. 185. Priorin: Jula 124. 125. — præpositus: Předbor 527.

Remi, Doynus magist. de— 292. 507.

Repaw vid. R e p o v.

Repov (Repaw, vielleicht Řipová bei Müglitz oder Řepov in Böhmen?) 131. — Bohuš 131. 312. 459. 461. — Henzlík 459. 541.

Rettein. Ort? 200. Mathias 200.

Reusch vid. R e i s c h N e u-.

Řevnovice (Rzewnowicz), Dorf? 558.

Ribnik vid. R y b n í k.

Richwald ehem. Burg, nach welcher sich eine Linie der Kunstate nannte. — Proček 38. 73. — Ješek 38. 73. — Ješek Puška 39. 127. — cf. Kunstat.

Riesenburg (Risemburg), Boreš 15.

Risemburg vid. R i e s e n b u r g.

Rittendorf, Dorf jetzt nicht bekannt 287.

Rohla vid. R o h l e.

Rohle (Rohla), Dorf bei Hohenstadt 378.

Rohy, Dorf bei Gr. Meziřič 54.

Roketnice (Rokytnicz), Dorf bei Prerau 198. 291. 295. — Hereš 198. 233. 319.

Rokytná (Rotigel), Dorf bei Mähr. Kromau 553. — Zdeněk Ungarus 553.

Rokytná fluvius 549.

Rokytnicz vid. R o k e t n i c e.

Romans? Dorf 51.

Roschowicz = Rošice? 32.

Roscitek vid. R o z č í t k y.

Rosemberg vid. R o s e n b e r g.

Rosenberg (Rosemberg, Rosenbirch) Petrus 6. 200. 224. 307. — Johannes frat. Petri 6. 224. 307. 561. — Petrus præpos. ad omnes sanctos Pragæ 112. 138. 140. 149. 150. 154. 162. — Ulrich 200. 224. — Hanns 200. — Heinrich 387.

Rosenbirch vid. R o s e n b e r g.

Rosenstein, Burg bei Teltsch 329. Burggraf: Hojík de Ustrašin 329.

Rosice (Rossicz), Petr Hecht (Luteus) 2. 11. 19. 25. 28. 29. 36. 54. 68. 79. 90. 127. 191. 231. 233. 259. 369. 413. 513. — Ulrich Hecht 137. 412. 413. 446. Catharina uxor Ulr. 412. — Vzuata (Cnet, Wznoth) 114. 255. 287. 338. 413. 446. 456. 513. — Jost frat. Vznat. 446. — Hynek frat. Vznat. 446. — parochus: Bernuš 114.

Rošice (Rosschicz), Dorf bei Iglau 30. 31.

Rosnow vid. R o ž n o v.

Rosschicz vid. R o š i c e.

Rossicz vid. R o s i c e.

Rossyeczka vid. R o z s i č k a.

Rostáni (Rostienie), Dorf bei Mähr. Trübau 306.

Rostienie vid. R o s t á n i.

Rotendorf 116. S u l i k 116.

Rotigel vid. R o k y t n á.

Rotygel vid. R o k y t n á.

Rousinov (Rauseins, Russinow), 28. 376.

Rousko (Ruske, Ruski), Dorf bei Kelč 529. — Lucek 529. — Beneš 538. — Klara uxor Ben. 538.

Rozčítky (Roscitek), früher Dorf, jetzt Meierhof bei Bučowitz 531. Řivín 531.

Roznowa vid. R o ž n o v.

Rožnov (Roznowa, Rosnow) 240. — Heinrich de Bělá 240. 374. 390.

Rozsička (Rossyeczka), früher Dorf, jetzt Meierhof bei Teltsch 124. — Janek 124.

Rubschicz vid. H r u b š i c e.

Ruscia terra 424. Waywoda: Johannes 424.

Ruscowicz? 106. Andreas clericus 106.

Ruske vid. R o u s k o.

Russki vid. R o u s k o.

Russinow vid. R o u s i n o v.

Rybnik, Dorf bei Mähr. Kromau 411. 413.

Rzepczicz, Ort in Böhmen 371.

Rzewnowicz vid. Ř e v n o v i c e.

S.

Saar (Sahar) 206. 526. — Cisterzienser: 206. 213. — Abt: Nicolaus 206. 213. 299. 526.

Sabogen vid. S a v o y e n.

Sáčany (Schaczans), Dorf bei Selowitz 448.

Sachsen 451. – Herzog: Rudolf 451.

Sals vid. Ž e l č.

Salzwedel, Stadt in Brandenburg 434.

Sampach vid. Ž a m p a c h.

Sander vid. R a m b o v.

Sarusek vid. Z a r u ž k y.

Saxonia, Nicolaus de — 86.

Savoyen (Sabogen) 303. — Michael 303.

Sázava, Fluss 555.

Scalicz vid. S k a l i c e.

Scaliczca vid. S k a s i č k a.

Scenecz vid. Š t ě n e c.

Schaczans vid. S á č a n y.

Schaicz vid. Z á j e č í.

Schattau (Schataw, Schatow), Dorf bei Znaim 127. 349. 372. 373. 556.

Styborschlag. Villa? 265. 318.
Stychowicz vid. Stichovice.
Suberstein vid. Zuberstein.
Suchohrdel vid. Suchohrdly.
Suchohrdly (Suchohrdel) 209. —
Kuník 209.
Suda = cuda.
Sudomērice (Sudomericz), Dorf
bei Strážnitz 307.
Sudomerzicz vid. Sudomērice.
Suesterherbok vid. sub. Brünn
den Art. Klöster.
Sundgau 34. — Graf: Kajetan 34.
— Jacobella fil. ejus. 34.
Sundorum comes vid. Sundgau.
Sušice (Schusschicz), Dorf bei Ung.
Hradisch 158.-Ješek Hromada 158.
Svanov (Swanow), Dorf bei Busau
249.
Svesedlice (Swessedliczie), Dorf
bei Olmütz 473.

Světlov (Swyetlaw) I. — cf. Stern-
berg.
Svitava (Eswitawia), Fluss bei
Brünn 20. 104.
Svojanov (Swoyanow) 91. — Filipp
Marschall des Markg. Jodok 91.
226. 255. 338. 345. 391. 394.
459. 513. — Ješek, Bruder des
Fil. 226. 391. 459.
Swabenicz vid. Švabenice.
Swanow vid. Svanov.
Swarczawia vid. Švarcava.
Swarczenaw vid. Schwarzenau.
Swessedliczie vid. Svesedlice.
Swola vid. Zvole.
Swoyanow vid. Svojanov.
Swyetlaw vid. Světlov.
Syczendorff vid. Schützendorf.
Synodus dioc. Olom. 173. 174.
Šakvice (Schechwicz), Dorf bei
Auspitz 115. — Vojtěch 116.

Samikovice (Semikowicz), Dorf
bei Mähr. Kromau 158.
Šaratice (Araczicz, Zarussicz), Dorf
bei Austerlitz 128. — parochus:
Nicolaus 128. 213. 247.
Šeletice (Selicz), Dorf nö. von
Znaim 3. — Hrček, Boček fratres 3.
Slapanice, Ort bei Brünn 439. 443.
Štěnce (Scenecz), Dorf in Böhmen
160. — plebanus: Petrus 160.
Štěpanov (Sczepanow), Dorf bei
Pernstein 78.
Štěpanovice (Czepanowicz), Dorf
540. — Machnik 540. — Anna
uxor Mach. 540.
Švabenice (Swabenicz), Ort bei
Wischau 148. — Oneš 523. —
Hereš 523. — parochus: Nicolaus
148. — Wenzel 523.
Švarcava (Swarczawia), Fluss bei
Brünn 20.

T.

Talemperg Wilhelm de— 549.
Tamicz vid. Tamovice.
Tamnycz = Damnice? 474.
Tamovice (Tamicz), Dorf bei Prerau
342.
Tangermünde, Stadt in Branden-
burg 432. — Burg 432. — Jo-
hannesstift auf der Burg 432.
Tannfeld (Thamfald)? 487. Heinrich
487. 529. 535. 538. 540. — Otto
487. — Albert 487.
Tarbatensis episcopus: Theo-
dricus 561.
Tasov (Tassow, Tassau) 3. Tas 3.
— Hynek presbyter Olom. 82.
87. 90. — Andreas clericus 179.
Tasovec vid. Tasov.
Tasovice (Tassowicze), Dorf bei
Znaim 349.- parochus: Sdislav 349.
Tassow vid. Tasov.
Tassowicze vid. Tasovice.
Taubenstain vid. Holubek.

Tázaly (Dezal), Ort bei Olmütz 358.
Techancz vid. Těchanov.
Těchanov (Techancz) alias Paseka,
Dorf bei Eulenberg 158. 188.
Tempnicz vid. Damnice.
Tepenec castrum 257.
Teschen 160. Herzog: Přimislav
160. 162. 454. 561. Semovit 454.
— Vogt: Paul 522.
Teschin vid. Teschen.
Tessinensis dux vid. Teschen.
Těšany (Tyesschaw, Tyschaw), Dorf
bei Brünn 67. 147.
Těšany (Tyeschan, Tyessaus), Dorf
bei Zdounek 260. 392.
Těšetice (Tesczicz), Dorf im Znaimer
Kreise 20.
Těšetice (Tesschetycz), Dorf bei
Olmütz 68. 77.
Tesczicz vid. Těšetice.
Tesschetycz vid. Těšetice.
Thamfald vid. Tannfeld.

Theudrici villa, Ort in Böhmen
187.
Thmen vid. Tmeň.
Thowierz vid. Tověř.
Thusnawicz vid. Tišnov.
Thusnowicz vid. Tišnov.
Tirnaw vid. Türnau.
Tirnavia vid. Tyrn.
Tirzka vid. Tržka.
Tischnowitz vid. Tišnov.
Tišnov (Thusnawicz, Thusnowicz)
64. 147. 168. — Nonnenabtei:
64. 115. — Äbtissin: Agnes 115.
137. 168. — Henslin 177.
Tmeň (Thmen), Wald bei Prerau
360.
Topanov (Tumpnaw), eingegangenes
Dorf bei Mähr. Kromau 549.
Topolany (Topolan), Dorf bei
Wischau 227.
Thoeskwicz vid. Töstitz.
Toscana (Tuskan) 481.

Töstitz (Thoeskwicz), Dorf bei Proßmeritz 252.

Tovačov (Towaczow), Stibor cf. Cimburg.

Tověř (Thowierz), Dorf bei Olmütz 112. 149. 154. 176.

Towaczow vid. Tovačov.

Trávnik (Strawnich), Dorf bei Holleschau 90. — Micek 90.

Trebeticz vid. Třebetice.

Třebetice (Trebeticz), Dorf bei Jamnitz 1.

Třebič (Trebitsch), Richter: Stefan 65. — Margaretha uxor Stef. 65. — monasterium: 513.

Trebitsch vid. Třebič.

Třebon (Trziebou), Stadt in Böhmen 386. — Augustiner 386. — Probst: Beneš 386.

Trenčin (Trencze) castrum 357.

Trencze vid. Trenčin.

Treskowitz vid. Troskolovice.

Třeština (Trzestyna), Dorf bei Müglitz.

Trier 35. Bischöfe: Kuno 35.

Tritschein vid. Třeština.

Tropau Herzoge: Johann 14. 133. 512. Přemek 69. 454. 561. Wenzel 69. Nicolaus 69. 454. Johann fil. Joh. 133. 512.—tabulæ terræ 486.

Troskotovice (Dreskwicz), Dorf bei Dürnholz 114. — plebanus: Bartolomeus 184. 442.

Troubky (Trubka, Trobecz), Dorf bei Prerau 87. — Buček 87. — parochus: Andreas de Znoyma 245.

Troubsko (Strucz), Dorf bei Brünn 293. — parochus: Johann 293.

Trpanovicz vid. Trpenovice.

Trpenovice (Trpanovicz), Dorf bei Prossnitz 3. — Hereš 390.

Tršice (Trssicz, Turssicz), Markt bei Leipnik 25. — Viknau 213.

Trssicz vid. Tršice.

Trstenice (Stibnicz, Strzenicz), Dorf bei M. Kromau. — Bohuuek 27. 226. 342. 509.

Trubka vid. Troubky.

Trzestyna vid. Třeština.

Trziebou vid. Třeboň.

Trzynicz? 90. Mathias 90.

Tržka (Tirzka), Ort bei Litomyšel 122. 123. 135. 190.

Tudensis episcopus 507.

Tulaczicz vid. Tulešice.

Tulešice (Tulaczicz), Dorf bei Mähr. Kromau 412. — Johann 412. 428. 517.

Tumpnaw vid. Topanov.

Turany (Durans), Dorf bei Brünn 443. — Beneš 511. — Katharina uxor Ben. 511. — Anna mater Ben. 511. — Ulrich 511.

Turnau, Stadt in Böhmen 64. — Dominikanerkloster 64.

Türnau (Tyrnavia), Stadt in Ungarn 357.

Türnau (Tirnaw), Dorf bei Mähr. Trübau 530. — Niklas 530. — Katharina uxor ejus 530.

Turovice, Dorf bei Bystřitz u. Hostein 341. — Hereš 341. — Margaretha uxor Her. 341.

Turssicz vid. Tršice.

Tuskan vid. Toscana.

Tvořihráz (Durchlass, Durlos, Durhloz) 2. — Adam 2. — Margaretha de Lulč fil. ejus 2. 308. — Dorothea filia ejus 2. — Lucek 286. 308. 309. 517.

Tvorovice (Tworowycz), Dorf bei Kojetein 283. 306.

Tworowycz vid. Tvorovice.

Tyczscheyn vid. Jičin.

Tyczyn vid. Alttitschein.

Tyessans vid. Těšany.

Tyesschaw vid. Těšany.

Tyeschan vid. Těšany.

Týn 4. præpos. Sezema de Usk 4.

Tynez vid. Týnec.

Týnec (Tyncz), Dorf 50. 307. — Wilhelm 90.

Tyrn (Tirnavia, Děrné), Ort in Schlesien 485.

Tyrnavia vid. Türnau.

Tyschaw vid. Těšany.

U.

Ubyczssow vid. Obectov.

Udrlicz vid. Oderlice.

Ugezd vid. Oujezd.

Újezd, Dorf bei Sslowitz 168. — judex 168.

Újezd, wahrsch. das bei Brünn gelegene Dorf 443.

Újezd, den Augustinern in Landskron gehöriges Dorf 478.

Ulin vid. Hulín.

Ungarn 331. 352. 353. 420. — Könige: Ludwig. 357. Sigmund

369. 381. 414. 415. 418. 420. 422. 423. 424. 425. 428. 432. 433. 520. — Königin: Maria 351. 352. 353. 354. 356. 357. Elisabeth 351. 352. 353. 354. 356. 357. — Stephan Ur Bruder Ludwigs 357. — Palatin: Stephan Waywode 383. 424. — Judex curiæ: Emerich Bubeck 383.

Uničov (Uniczow) 183. 210. — judex: Heinrich 183. Albert 183. — Minoritenkloster: 189. — Jo-

hannes magister 244. — Juden 375.

Uniczow vid. Uničov.

Ur Stephan vid. Ungarn.

Usk vid. Ústí.

Ústi (Usk) 4. — Sezema, præpos. Tynensis 4. 7. 112. 138. 140. 149. 150. 154. 361.

Ustin (Hustyn, Hustein), Dorf bei Olmütz 86.

Ustrassin vid. Ustrašín.

Ustrašín (Ustrassin), Ort in Böhmen 329. — Hojík. 329.

V.

W.

Wartemberg (Bartenberch) —
Marquard 15. 64. — Beneš auf
Veseli 146. 155. 169. 177. 201.
231. 561. — Heinrich auf Dürn-
holtz 19. 146. 233. — Vaněk
alias de Děčín 335. — Čeněk
336. Jan alias de Děčín 528. 561.
— Petr 561.
Wasanicz vid. Vázanice.
Wazan vid. Vážany.
Wedrowicz vid. Vedrovice.
Weisskirchen vid. Hranice.
Weitmühl (Weytenmul) 308. —
Dobeš 308. — Hartung 552.
Welegrad vid. Velehrad.
Weletyn vid. Veletín.
Werben, Stadt in Brandenburg 435.
Wesel, Stadt 35.
Weska vid. Veska.
Wessel vid. Veselí.
Wessele vid. Veseli.
Wesseliczko vid. Veseličko.
Wethovia vid. Bílov.
Wgesd vid. Újezd.
Wien 65. 66.
Wiese (Luca), Dorf bei Iglau 99.
— plebanus: Petr 99.
Wildenberg (Wildenwerch, Wyl-
lenperg, Vilmberg), Beneš de —
alias de Búzov 22. 66. 67. 73.
88. 90. 112. 125. 138. 140.
147. 249. 289. 318. 320. 330.

— Anna uxor Ben. 140. — Půta
frat. Ben. 22. 38. 39. 90. 112.
140. — Proček fil. Ben. 22. 67.
112. 138. 233. 249. 289. 320.
343. 369. — Půta dictus Saczler
22. — Půta de Loštice 67. 73.
140. — Elisabeth uxor Putae 140.
— Nikolaus crucifer frat. Ben.
67. — Půta (anni 1322) 129. —
cf. Búzov.
Wildenwerch vid. Wildenberg.
Wildinger Johann 348.
Wilenz vid. Vilanec.
Winczyerzicz, unbekanntes, viel-
leicht eingegangenes Dorf 78.
Wirbin vid. Vrbno.
Wisschaw vid. Vyškov.
Wissegradensis ecclesia vid.
Prag.
Wissowicz vid. Vyzovice.
Wistřitz vid. Bystřice.
Wlassin vid. Vlaším.
Wlkowe vid. Vlkov.
Wlkusch vid. Vlkoš.
Wodyerad vid. Voděrady.
Wolbramicz vid. Olbramovice.
Wolfharts 284. — Posch. Andreas
284. — Preyd (Brigitta), seine
Frau 284.
Wolframs vid. Kostelec.
Wolframskirchen 55. eccl. s.
Mariæ 55. — præpositus: Johann

de Gulen 314. 315. 316. 349.
398. 532. Johann Prusnicz 315.
Wolfsberg Jodok de—, Marschall
des Olm. Bisch. Nicolaus 492.
522. 530. 531. 537. 540. 541.
— Marquard genannt v. Kojetein
pater Jod. 535. 537.
Wollein vid. Měřín.
Worms, Bischof: Ekard 14.
Woyczyescho = Vojtěch, böhm.
Mannsname.
Woynicz vid. Ohnice.
Woytiechow vid. Vojtěchov.
Wrahovicz vid. Vrahovice.
Wratislavia vid. Breslau.
Wrbatka vid. Vrbětice.
Wrbieticz vid. Vrbětice.
Wren vid. Frain.
Wssetuli vid. Všetuly.
Wunderdorf Nikolaus de— 473.
474.
Würffel Niklas, Bürger in Wien 65.
Wydern vid. Vydří.
Wydra vid. Vydří.
Wyesek vid. Věžky.
Wylancz vid. Wilenz.
Wyllenperg vid. Wildenberg.
Wylowicz vid. Bílovice.
Wynarz vid. Vinary.
Wyssehorz vid. Výšehoř.
Wzdunka vid. Zdounky.

Y.

Yczmaus vid. Mitzmanns.   **Yricz** vid. Iřice.   **Ywancz** vid. Ivaneč.

Z.

Záběhlice (Zabihlicz), Ort in
Böhmen 555.
Zabihlicz vid. Záběhlice.
Záblatí (Zablatye), Dorf bei Os-
Biteschka 29.

Zablatye vid. Záblati.
Zábrdovice, Dorf bei Brünn 104.
132. 141. — Præmonstratenser
104. 196. — Abt: Jaroslav 104.
132. 141. 267. 296.

Zabrdovicense monasterium
vid. Zábrdovice.
Zabřeh (Zabrieh) 4. — cf. Steru-
berg.
Zabrieh vid. Zábřeh.

Corrigenda.

Lightning Source UK Ltd.
Milton Keynes UK
UKHW012211070119
334855UK00010BA/1802/P